CB128089

Primeiros Elogios ao *Use a Cabeça! C#*

"Nunca li um livro de informática do início ao fim, mas este manteve meu interesse preso da primeira até a última página. Se você quer aprender o C# e ainda se divertir, este é O livro para você."

- Andy Parker, programador C# iniciante

"É difícil realmente aprender uma linguagem de programação sem bons exemplos atraentes e este livro é repleto deles! O *Use a Cabeça! C#* guiará todos os iniciantes em uma relação longa e produtiva com o C# a o .NET Framework."

- Chris Burrows, desenvolvedor da equipe C# Compiler da Microsoft

"Com o *Use a Cabeça! C#*, Andrew e Jenny apresentaram um tutorial excelente sobre o aprendizado do C#. Ele é muito acessível e ainda assim examina uma grande quantidade de detalhes num estilo único. Se você ficou desanimado por livros mais convencionais sobre o C#, vai adorar este aqui."

- Jay Hilyard, desenvolvedor de softwares, coautor do *C# 3.0 Cookbook*

"Eu recomendaria este livro para qualquer pessoa que procura uma boa introdução para o mundo da programação e do C#. Da primeira página em diante, os autores conduzem o leitor em alguns os conceitos mais desafiadores do C# de uma maneira simples e fácil de seguir. No final de alguns dos projetos/laboratórios maiores, o leitor poderá recordar seus programas e respeitar o que eles conseguiram fazer."

- David Sterling, desenvolvedor da equipe Visual C# Compiler da Microsoft

"O *Use a Cabeça! C#* é um tutorial muito agradável, cheio de exemplos memoráveis e exercícios divertidos. Seu estilo jovial certamente cativará os leitores - desde os exemplos com anotações cheias de humor à coluna "Conversa informal", onde a classe abstrata e a interface discutem acaloradamente! Para qualquer novato em programação, não existe forma melhor de mergulhar no assunto."

- Joseph Albahari, engenheiro de projetos em C# na Egton Medical Information Systems, a maior e mais importante fornecedora de software relativo à área da saúde no Reino Unido, coautor do *C# 3.0 in a Nutshell* (C# 3.0 em poucas palavras)

"O *Use a Cabeça! C#* é um livro fácil de ler e entender. Eu recomendaria este livro para qualquer desenvolvedor que quer navegar nas águas do C#. Eu o recomendaria para o programador avançado que gostaria de entender melhor o que está acontecendo com seus códigos. [Eu o recomendaria para o programador] que queira encontrar uma forma melhor de explicar como o C# funciona para seus amigos menos experientes."

- Giuseppe Turitto, desenvolvedor C# e ASP.NET para o Cornwall Consulting Group (grupo de consultoria Cornwall)

"Andrew e Jenny cunharam outro livro Use a Cabeça! que conduz a uma experiência estimulante de aprendizado. Use um lápis, seu computador e aproveite a viagem conforme você envolve o lado esquerdo do seu cérebro, o lado direito e também seu cotovelo."

- Bill Mietelski, engenheiro de software

"Ler este livro, *Use a Cabeça! C#*, foi uma ótima experiência. Nunca esbarrei em outra série de livros que efetivamente ensine tão bem... Este é um livro que eu recomendaria com toda certeza para aqueles que queiram aprender C#."

- Krishna Pala, PCM (profissional certificado Microsoft)

Elogios sobre outros livros de série *Use a Cabeça!*

"O *Use a Cabeça! Java 2ª Edição* de Kathy e Bert transforma a página impressa na coisa mais próxima de uma GUI que você já tenha visto. De uma forma cômica, irônica e moderna, os autores fizeram do aprendizado do Java uma experiência envolvente que te faz perguntar 'o que vamos fazer em seguida?'"

- Warren Keuffel, Revista de Desenvolvimento de Software (Software Development Magazine)

"Além do estilo envolvente, que te obriga a prosseguir a partir do "não sei nada" até a condição de guerreiro especializado em Java, o *Use a Cabeça! Java 2ª Edição* examina uma enorme quantidade de questões práticas que outros textos deixam como o terrível "exercício para o leitor..." Ele é inteligente, cômico e irônico, moderno e prático - não existem muitos livros sobre os quais se pode afirmar isso e com os quais, ao mesmo tempo, consegue-se aprender coisas, tais como serialização de objetos e protocolos de ativação de rede".

- Dr. Dan Russel, Diretor de Ciências de Pesquisas sobre Experiência dos Usuários, Centro de Pesquisas da IBM em Almaden (e também professor de Inteligência Artificial na Universidade Stanford)

"Ele é rápido de ler, irreverente, divertido e envolvente. Tome cuidado - você pode acabar aprendendo alguma coisa!"

- Ken Arnold, Engenheiro Sênior aposentado na Sun Microsystems, coautor (com James Gosling, criador do Java) de *A Linguagem de Programação Java*

"Sinto um alívio, como se uma tonelada de livros tivesse sido tirada da minha mente."

- Ward Cunningham, inventor dos Wikis e fundador do Grupo Hillside

"Exatamente o tom correto para o programador experiente, legal, casual e meio nerd que existe em todos nós. A referência certa para as estratégias de desenvolvimento práticas - faz com que minha mente continue seguindo adiante sem que eu me atole em um papo maçante de professor."

- Travis Kalanick, Fundador do Scour e membro Red Swoosh do MIT TR100

"Existem os livros que você compra, os que você guarda, os que você deixa na sua cabeceira e, graças à O'Reilly e à equipe do Use a Cabeça!, agora existe a categoria definitiva, os livros Use a Cabeça!. Estes são os que você enche de orelhas, amassa e carrega para todo lado. O *Use a Cabeça! SQL* está no topo da minha lista. Até mesmo o livro sobre PDF que eu tenho como referência está amassado e rasgado."

- Bill Sawyew, Gerenciador de Currículos do ATG (Advanced Technology Group, Grupo de Tecnologias Avançadas), Oracle

"A clareza admirável, humor e doses substanciais de inteligência deste livro tornam-no o tipo de recurso que ajuda mesmo os que não são programadores a pensarem corretamente a respeito da resolução de problemas."

- Cory Doctorow, coeditor da Boing Boing, autor de *Down and Out in the Magic Kingdom* (Entrando e saindo no reino mágico) e *Someone Comes to Towns, Someone Leaves Town* (Alguém entra na cidade, alguém sai da cidade)

Elogios sobre outros livros de série *Use a Cabeça!*

"Recebi o livro ontem e comecei a ler... e não consegui mais parar. É com certeza muito legal. É divertido, mas cobre muita coisa e vai direto ao ponto. Estou realmente impressionado."

- Erich Gamma, reconhecido Engenheiro da IBM, coautor de *Design Patterns* (Padrões de Projeto)

"Um dos livros mais divertidos e inteligentes a respeito de projeto de softwares que eu já li."

- Aaron LaBerge, VP Technology, ESPN.com

"O que costumava ser um longo processo de aprendizado por tentativa e erro, agora foi reduzido a um bem ordenado e envolvente livro."

- Mike Davidson, CEO, Newsvine, Inc.

"O projeto elegante é o centro de cada capítulo. Cada conceito é conduzido com doses iguais de pragmatismo e sabedoria."

- Ken Goldstein, Vice-presidente Executivo, Disney Online

"Eu amo Use a Cabeça! HTML com CSS & XHTML 2ª Edição - ensina tudo o que você precisa saber num formato 'divertido'."

- Sally Applin, Artista e Designer de IU

"Normalmente, quando leio um livro ou artigo relacionado a padrões de projeto, eventualmente, tenho que cutucar meu próprio olho para ter certeza de que estou prestando atenção. Não com este livro. Embora possa parecer estranho, este livro faz com que aprender a respeito de padrões de projeto seja divertido.

"Enquanto os outros livros dizem 'Blah... Blah... Blah", este se exibe gritando 'Vamos agitar, gente'!"

- Eric Wuehler

"Eu amo este livro, literalmente. De fato, eu beijei o livro na frente da minha esposa."

- Satish Kumar

Outros títulos da Série *Use a Cabeça!*

Use a Cabeça! Java 2ª Edição

Use a Cabeça! Análise & Projeto Orientado a Objetos (A&POO)

Use a Cabeça! Ajax Profissional

Use a Cabeça! Iniciação Rápida Ajax 2ª Edição

Use a Cabeça! HTML com CSS e XHTML 2ª Edição

Use a Cabeça! Padrões de Projetos 2ª Edição

Use a Cabeça! Servlets e JSP 2ª Edição

Use a Cabeça! PMP 2ª Edição

Use a Cabeça! SQL

Use a Cabeça! Desenvolvimento de Software

Use a Cabeça! Java 2ª Edição

Use a Cabeça! Estatística

Use a Cabeça! Física

Use a Cabeça! Programação

Use a Cabeça! Rails 2ª Edição Revisada

Use a Cabeça! PHP e MySQL

Use a Cabeça! Álgebra

Use a Cabeça! Análise de dados

Use a Cabeça! Geometria 2D

Use a Cabeça! Iniciação Rápida Ajax 2a Ed

Use a Cabeça! JavaScript

Use a Cabeça! Desenvolvendo para iPhone

Use a Cabeça! Redes de Computadores

Use a Cabeça! Web Design

Use a Cabeça! C#

Segunda Edição

Andrew Stellman

Jennifer Greene

ALTA BOOKS
EDITORA
Rio de Janeiro, 2011

Use a Cabeça! C#, 2ª Edição Copyright © 2011 da Starlin Alta Con. Com. Ltda.
ISBN 978-85-7608-559-1

Produção Editorial:
Starlin Alta Con. Com. Ltda

Gerência Editorial
Anderson da Silva Vieira
Carlos Almeida

Supervisão de Produção
Angel Cabeza
Augusto Coutinho
Leonardo Portella

Equipe Editorial
Andréa Bellotti
Deborah Marques Requena
Heloísa Pereira
Sérgio Cabral

Tradução / Copidesque
Eveline Machado

Revisão Gramatical
Leonardo Portella
Damião Nascimento

Revisão Técnica
Claudio Rodolfo
Mestre em Ciência da Computação pela UFSCar

Josivan Pereira de Souza
Mestrando em Computação Aplicada na UTFPR

Diagramação:
Lúcia Quaresma

Fechamento:
Equipe Alta Books

Use a Cabeça! C# 2ª Edição © 2011 starlin Alta Con. Com. Ltda. Authorized translation of the english edition of Head First C#, 2nd Edition by Andrew Stellmen and Jennifer Greene © 20 O'Reilly Media. This translation is published and sold by permission of O'Reilly Media, Inc., the owner of all rights to publish and sell the same. Portuguese language edition published by Editora Alta Books, Copyright ©

Todos os direitos reservados e protegidos pela Lei 9.610 de 19/02/98. Nenhuma parte deste livro, sem autorização prévia por escrito da editora, poderá ser reproduzida ou transmitida, sejam quais forem os meios empregados: eletrônico, mecânico, fotográfico, gravação ou quaisquer outros.

Todo o esforço foi feito para fornecer a mais completa e adequada informação. Contudo, a editora e o(s) autor(es) não assume(m) responsabilidade pelos resultados e usos da informação fornecida.

Erratas e atualizações: Sempre nos esforçamos para entregar ao leitor um livro livre de erros técnicos ou de conteúdo. Porém, nem sempre isso é conseguido, seja por motivo de alteração de software, interpretação ou mesmo quando há alguns deslizes que constam na versão original de alguns livros que traduzimos. Sendo assim, criamos em nosso site, www.altabooks.com.br, a seção *Erratas*, onde relataremos, com a devida correção, qualquer erro encontrado em nossos livros.

Avisos e Renúncia de Direitos: Este livro é vendido como está, sem garantia de qualquer tipo, seja expressa ou implícita.

Marcas Registradas: Todos os termos mencionados e reconhecidos como Marca Registrada e/ou comercial são de responsabilidade de seus proprietários. A Editora informa não estar associada a nenhum produto e/ou fornecedor apresentado no livro. No decorrer da obra, imagens, nomes de produtos e fabricantes podem ter sido utilizados, e, desde já, a Editora informa que o uso é apenas ilustrativo e/ou educativo, não visando ao lucro, favorecimento ou desmerecimento do produto/fabricante.

Impresso no Brasil

O código de propriedade intelectual de 1º de julho de 1992 proíbe expressamente o uso coletivo sem autorização dos detentores do direito autoral da obra, bem como a cópia ilegal do original. Esta prática, generalizada, nos estabelecimentos de ensino, provoca uma brutal baixa nas vendas dos livros, a ponto de impossibilitar os autores de criarem novas obras.

Dados Internacionais de Catalogação na Publicação (CIP)

S824u Stellman, Andrew.
Use a cabeça! C# / Andrew Stellman, Jennifer Greene ; [tradução Eveline Machado]. – 2. ed. – Rio de Janeiro, RJ : Alta Books, 2011.
797 p. : il. – (Use a cabeça!)

Inclui índice.
Tradução de: Head first C#.
ISBN 978-85-7608-211-8

1 1. C# (Linguagem de programação de computador). 2. Microsoft Visual C# .Net. I. Greene, Jennifer. II. Título. III. Série.

CDU 004.438
CDD 005.13

Índice para catálogo sistemático:
1. Linguagem de programação de computador : C# 004.438

(Bibliotecária responsável: Sabrina Leal Araujo – CRB 10/1507)

ALTA BOOKS
EDITORA
Rua Viúva Claudio, 291 - Jacaré
Rio de Janeiro - RJ CEP 20970-031
Tel: 21 3278-8069 Fax: 21 3277-1253
www.altabooks.com.br
altabooks@altabooks.com.br

Este livro é dedicado com carinho à memória da baleia Sludgie, que nadou para o Brooklyn em 17 de abril de 2007.*

Você esteve no nosso canal apenas por um dia, mas estará em nossos corações para sempre.

* (NT) nome que literalmente significa algo como "enlameadinha"

Obrigado por comprar nosso livro! Nós realmente adoramos escrever sobre esse assunto e esperamos que você se divirta lendo-o...

...porque sabemos que você passará bons momentos aprendendo o C#.

Esta foto (e a do Canal Gowanus) foi tirada por Nisha Sondhe

Andrew Stellman, embora tenha sido criado em Nova York, viveu em Pittsburgh *duas vezes*. A primeira foi quando estava graduando-se na Escola de Ciências da Computação de Carnegie Mellon e, depois, quando ele e Jenny começaram sua empresa de consultoria e escreveram seu primeiro livro para a O'Reilly.

Quando ele se mudou de volta para sua cidade natal, seu primeiro trabalho depois da faculdade foi como programador na gravadora EMI Capitol — o que de fato fazia sentido, já que ele cursou o Colégio de LaGuardia em Música, Artes e Teatro para estudar violoncelo e baixo, especialmente para jazz. Ele e Jenny trabalharam juntos pela primeira vez na mesma empresa de software financeiro, onde ele estava gerenciando uma equipe de programadores. Ele teve o privilégio de trabalhar com alguns programadores excepcionais ao longo dos anos e gosta de pensar que aprendeu algumas coisinhas com eles.

Quando não está escrevendo livros, Andrew se mantém ocupado desenvolvendo programas inúteis (mas divertidos), tocando (mas na realidade, mais jogando videogame), estudando Tai-che e Aikido, namorando Lisa e cuidando de seu Lulu da Pomerânia.

Jennifer Greene estudou filosofia na faculdade, mas como todos deste campo, não conseguiu achar um bom emprego na área. Por sorte, ela é uma ótima testadora de software, então começou a prestar este serviço on-line; e foi essa a primeira vez em que ela teve uma boa ideia do que o gerenciamento de projeto significa.

Mudou-se para Nova York em 1998 para testar programas numa empresa de softwares financeiros. Ela gerenciava uma equipe numa empresa própria muito legal que lidava com inteligência artificial e processamento de linguagem natural.

Desde então, ela viajou pelo mundo todo trabalhando com diferentes equipes e fez todo tipo de projetos interessantes.

Gosta de viajar, assistir filmes de Bollywood, ler revistas em quadrinhos ocasionalmente, jogar PS3 (especialmente LittleBigPlanet!) e cuidar do seu cão whippet.

Jenny e Andrew desenvolvem programas e escrevem sobre engenharia de software desde que se conheceram em 1998. Seu primeiro livro, **Gerenciamento de Projeto de Software Aplicado**, foi publicado pela O'Reilly em 2005. Eles publicaram seu primeiro livro nesta série, Use a Cabeça! PMP, em 2007.

Eles fundaram a Consultoria Stellman & Greene em 2003 para desenvolver um projeto bem legal de engenharia de software para cientistas que estudavam os efeitos da exposição a herbicidas em veteranos do Vietnã. Quando não estão desenvolvendo softwares ou escrevendo livros, costumam realizar muitas palestras em conferências e encontros de engenheiros de software e gerenciadores de projeto.

Dê uma olhada em seu blog, Desenvolvendo Softwares Melhores **(Building Better Software): http://www.stellman-greene.com**

Conteúdo (sumário)

Conteúdo (a coisa real)

Introdução

Sua mente no C#. Você está sentado tentando aprender alguma coisa, mas sua mente fica insistindo em lhe dizer que este aprendizado *não é importante*. Sua mente diz: "Melhor deixar espaço para coisas mais importantes, como, por exemplo, quais animais selvagens evitar e se um local para a prática de arco e flecha para nudistas é uma ideia ruim". Então, como você engana sua mente para que ela pense que a sua vida realmente depende de aprender o C#?

1 seja produtivo com C#

Aplicações visuais em 10 minutos ou menos

Quer criar ótimos programas realmente rápido?

O C# é uma **linguagem de programação poderosa** e uma **ferramenta valiosa** na palma de sua mão. Com o **IDE Visual Studio**, você nunca mais terá que gastar horas escrevendo um código obscuro para fazer com que um botão funcione. Melhor ainda, você poderá **concentrar-se em realizar o seu trabalho**, ao invés de lembrar qual parâmetro de qual método é o *nome* para um botão, e qual é seu *rótulo*. Soa interessante? Siga as páginas, e vamos começar a programar.

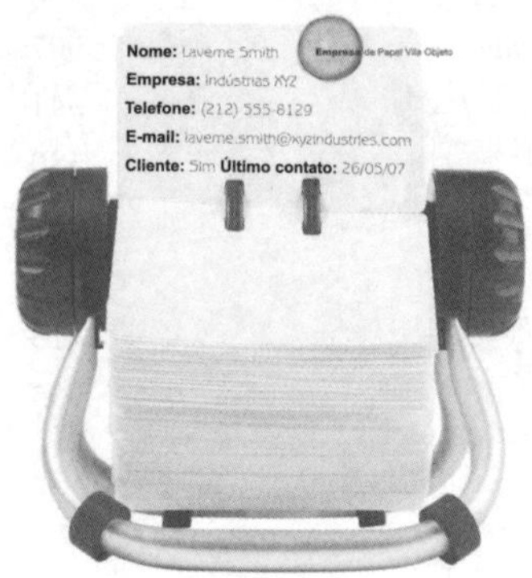

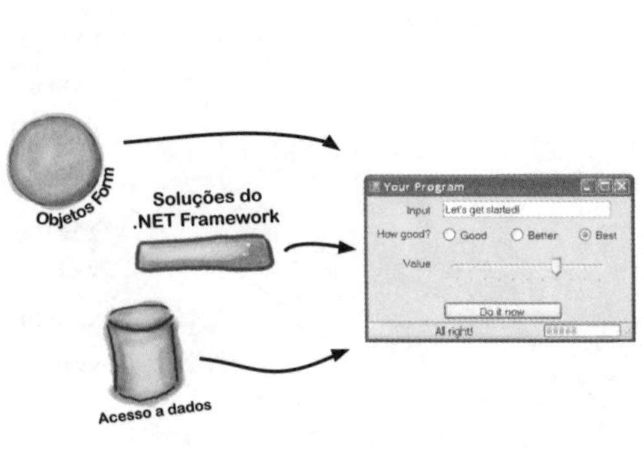

2 tudo é somente código

Nos bastidores

Você é um programador, não apenas usuário de IDE.

Você pode fazer muito usando o IDE. Mas existe um limite para o que o IDE pode fazer por você. Claro, existem muitas **tarefas repetitivas** que têm que ser feitas quando se desenvolve uma aplicação. E o IDE é ótimo para fazer essas coisas. Mas trabalhar com o IDE é *apenas o começo*. Pode-se fazer um programa realizar muito mais — e **escrever código C#** é a forma de conseguir isso. Uma vez que se tenha pegado o jeito da coisa com relação a programar, não há *nada* que seus programas não possam fazer.

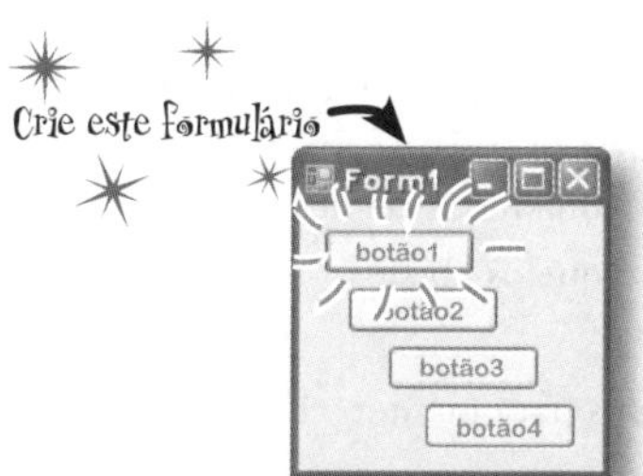

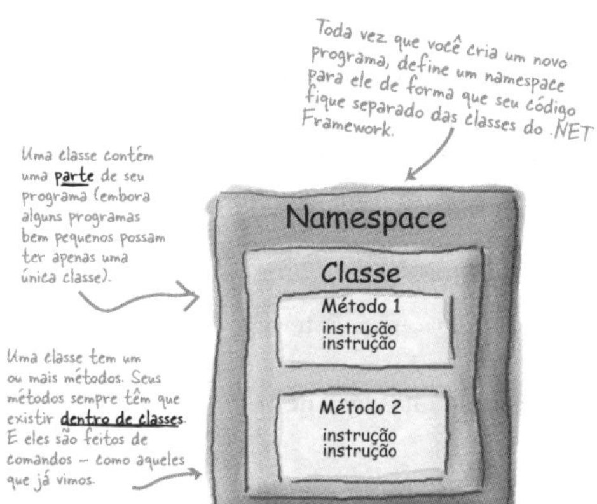

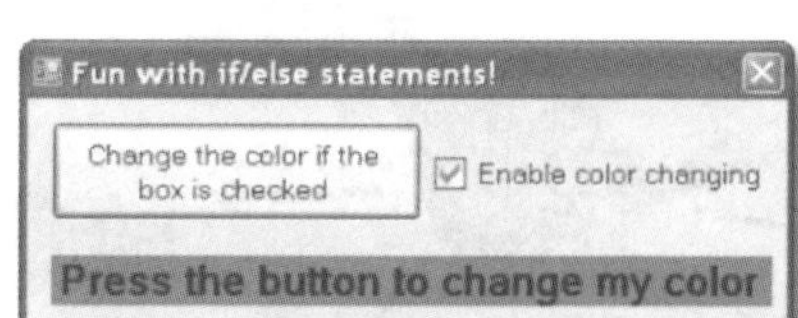

3 objetos: orientem-se!

Fazendo o código ter sentido

Cada programa que você escreve resolve um problema.

Quando você está desenvolvendo um programa, é sempre uma boa ideia começar pensando a respeito de qual problema ele deveria resolver. É por isso que ***objetos*** são tão úteis. Eles permitem que se estruture o código baseando-se no problema que se está resolvendo, de forma que você possa empregar seu tempo *pensando sobre o problema* que precisa ser enfrentado, ao invés de ficar atolado na mecânica de escrever código. Quando se usa um objeto corretamente, acaba-se com o código que é *simples* de escrever, e fácil de ler e alterar.

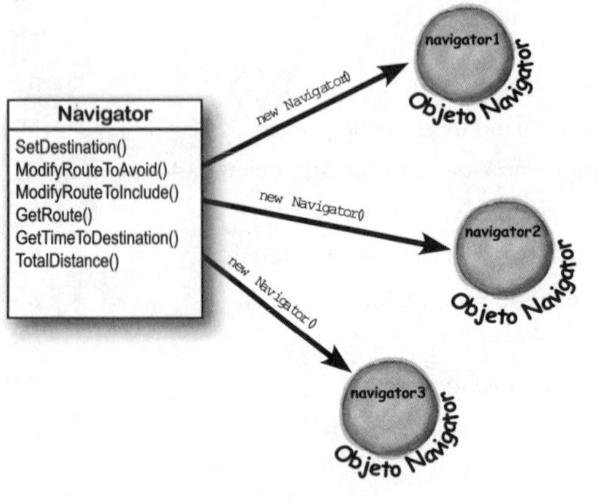

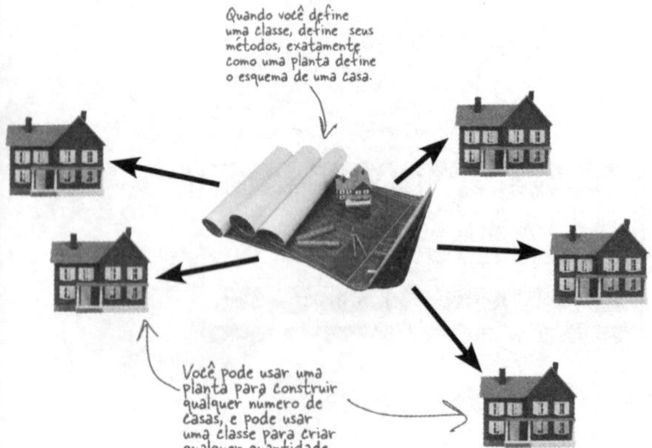

tipos e referências

4 São 10 horas. Você sabe onde seus dados estão?

Tipos de dados, bancos de dados, tenente-comandante de Dados... é tudo importante. Sem dados, seus programas são inúteis. **Informações** oriundas dos usuários são necessárias, e são usadas para procurar ou criar informação nova para devolver a eles. Na verdade, quase tudo que você faz em programação envolve **trabalho com dados** de uma forma ou de outra. Neste capítulo, você aprenderá as vantagens e as desvantagens dos **tipos de dados** C#, como trabalhar com dados em seu programa e até descobrir alguns segredos sujos sobre os **objetos** (*shhhhh... objetos são dados também*).


```
Dog fido;
Dog lucky = new Dog();
```

```
fido = new Dog();
```

```
lucky = null;
```

Laboratório C# 1

Um dia de corridas

João, Beto e Alfredo gostam de apostar em corridas, mas estão cansados de perder dinheiro. Eles querem que você construa um simulador, permitindo-lhes determinar os vencedores antes de colocar dinheiro na coisa. E, se você fizer um bom trabalho, eles dividirão com você os lucros.

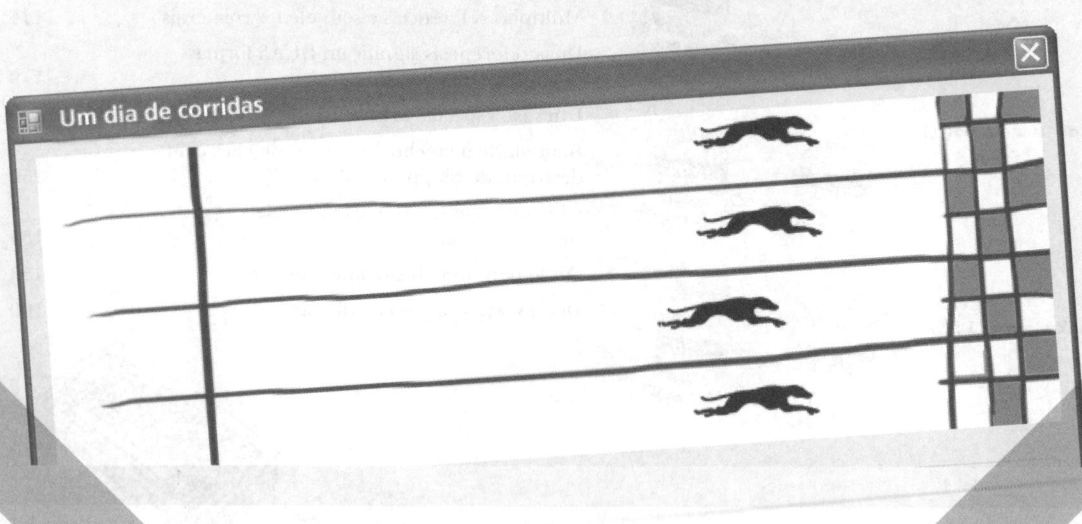

5 encapsulamento

Mantenha o que é privado... privado

Você já quis ter um pouco mais de privacidade?

Às vezes, seus objetos sentem-se da mesma forma. Assim como você não quer que ninguém que você não confie leia seu diário ou veja seus extratos bancários, um bom objeto não deixa ***outro*** objeto xeretar seus campos. Neste capítulo, você vai aprender sobre o poder do **encapsulamento**. Você **vai tornar seus dados de objeto privados** e adicionar métodos para **proteger a forma como esses dados são acessados**.

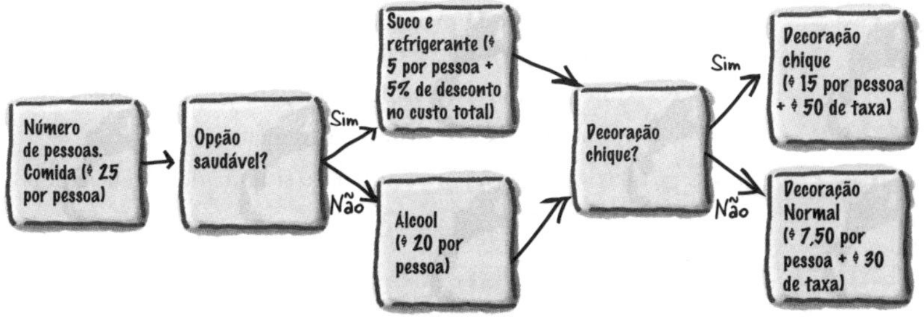

6 herança

Sua árvore genealógica do objeto

Às vezes você REALMENTE quer ser exatamente como seus pais.

Você já encontrou sem querer um objeto que faz ***quase*** exatamente o que você quer que o *seu* objeto faça? Você já se pegou pensando que se pudesse apenas ***mudar algumas coisas***, aquele objeto seria perfeito? Bem, essa é apenas uma razão que torna a **herança** um dos conceitos e técnicas mais poderosos na linguagem C#. Antes de avançar neste capítulo, você vai aprender como criar uma **subclasse** a partir de um objeto para herdar seu comportamento, mas mantendo a **flexibilidade** para alterar esse comportamento. Você ***vai evitar duplicar código, vai modelar o mundo real mais corretamente*** e vai ter um código que é ***mais fácil de dar manutenção***.

7 interfaces e classes abstratas

Fazendo as classes manterem suas promessas

Ações são mais importantes do que palavras.

Algumas vezes, você precisa agrupar seus objetos baseando-se **nas coisas que eles podem** fazer ao invés das classes das quais eles herdam. É aí que entram as **interfaces** — elas permitem que você trabalhe com qualquer classe que possa fazer o trabalho. Mas, com **grande poder vem grande responsabilidade** e qualquer classe que implementa uma interface precisa comprometer-se a **preencher todos os requisitos**... ou o compilador quebrará suas pernas, entende?

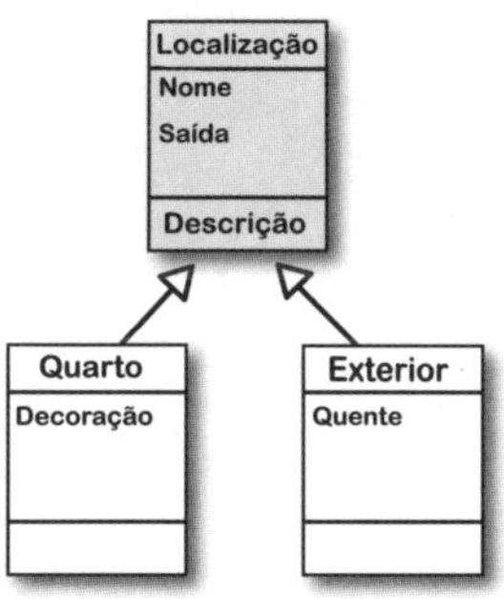

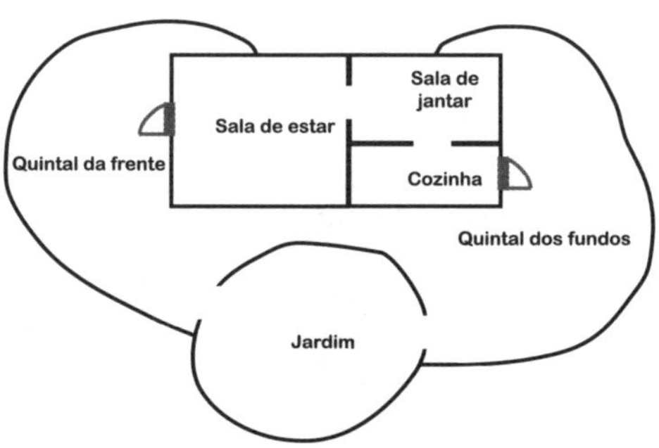

8 enumerações e coleções

Guardando muitos dados

Quando chove, pode ser garoa ou tempestade.

No mundo real, você não costuma lidar com seus dados em pequenas quantidades. Não, seus dados vão surgir em **quantidade**, **aos montes**, **em pilhas**. Você precisará de ferramentas muito poderosas para organizá-los e é aí que as **coleções** entram. Elas permitem que você **armazene**, **ordene** e **gerencie** todos os dados que seus programas precisam para se concentrar. Dessa forma, você pode pensar sobre escrever programas que trabalhem com seus dados e deixar as coleções se preocuparem em tomar conta deles para você.

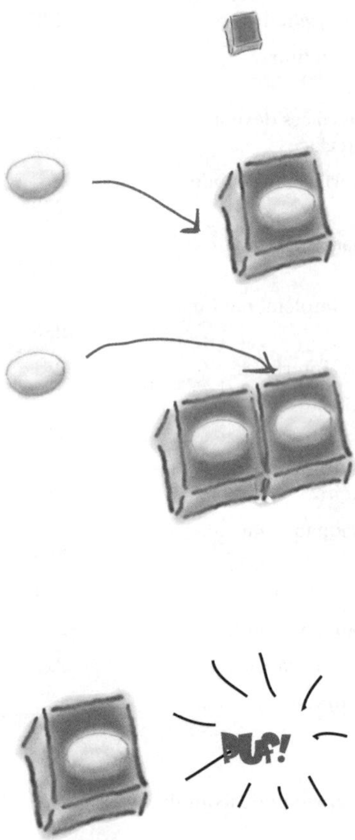

Laboratório C# 2

A Missão

Seu trabalho é criar um jogo de aventura onde um aventureiro importante está em uma missão para derrotar inimigos mortalmente perigosos nível após nível. Você vai criar um sistema de turnos, o que quer dizer que o jogador faz um movimento e, então, os inimigos fazem um. O jogador pode mover-se ou atacar, então cada inimigo tem a mesma chance. O jogo continua até que o jogador derrote todos os inimigos nos sete níveis ou morra.

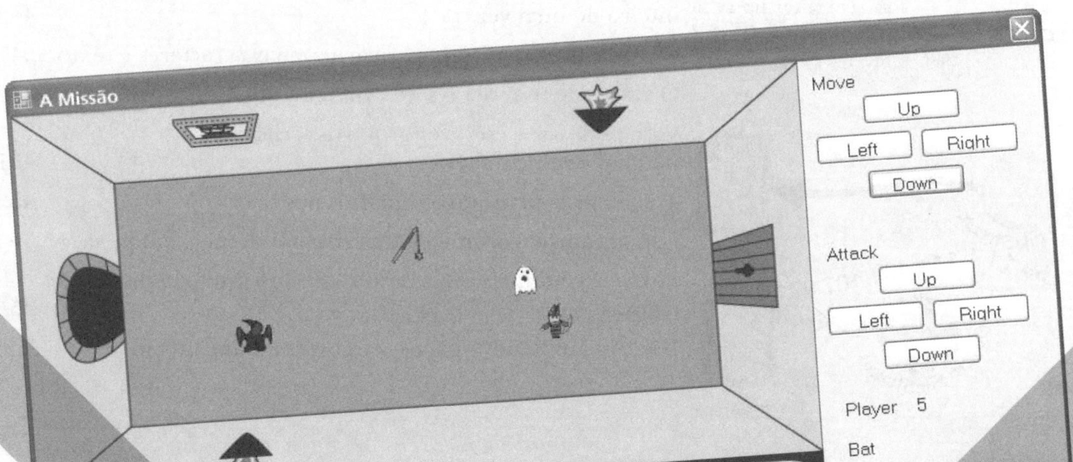

9 lendo e escrevendo em arquivos

Salve o array de bytes, salve o mundo

Às vezes, vale a pena ser um pouco persistente.

Até agora, todos os seus programas têm funcionado por muito pouco tempo. Eles são ativados, executam por um curto intervalo e desligam. Mas isso nem sempre é o bastante, principalmente quando você está lidando com informações importantes. Você precisa ser capaz de **salvar seu trabalho**. Neste capítulo, veremos como **escrever dados em um arquivo** e então, como ler essa informação de volta de um arquivo. Você aprenderá sobre as **classes stream** do .NET e também verá os mistérios do **hexadecimal** e do **binário**.

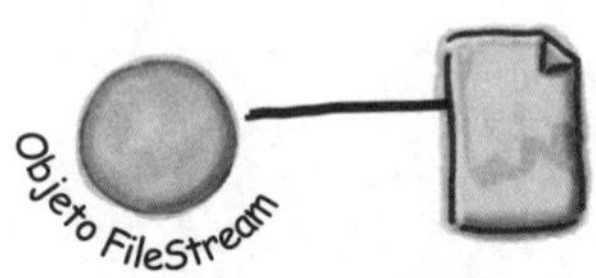

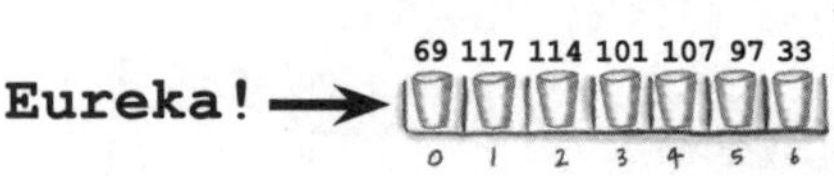

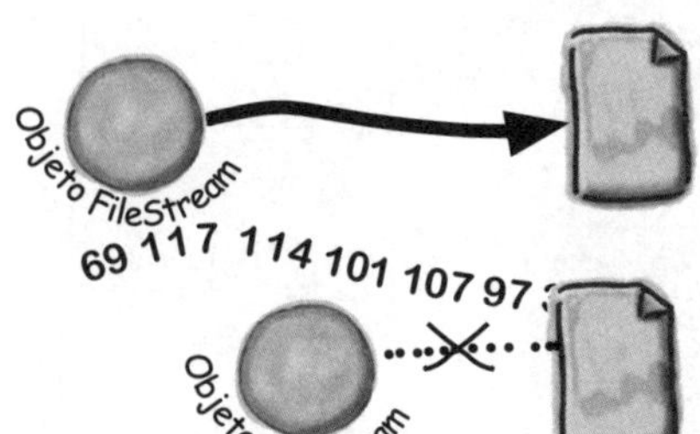

10 tratamento de exceções

Apagar incêndios é coisa do passado

Programadores não são treinados para serem bombeiros. Você trabalhou muito, enfrentou árduas leituras de manuais e alguns livros empolgantes da série Use a Cabeça!, e atingiu o ápice da sua profissão: **programador sênior**. Mas, você fica recebendo ligações aterrorizantes no meio da noite da sua empresa porque **seu programa paralisa** ou **não se comporta como deveria**. Nada tira mais você do caminho da programação do que ter que corrigir um erro estranho... mas com o **tratamento de exceções**, você pode escrever código para **lidar com os problemas** que aparecem. Ainda melhor, você pode até mesmo reagir a esses problemas e **manter as coisas funcionando**.

11 eventos e representantes (delegates)

O que o seu código faz quando você não está olhando

Seus objetos estão começando a pensar por eles mesmos.

Você nem sempre pode controlar o que um objeto está fazendo. Algumas coisas... simplesmente acontecem. E quando acontecerem, você vai querer que seus objetos sejam inteligentes o suficiente para **responderem a qualquer coisa** que apareça. É para isso que servem os eventos. Um objeto *publica* um evento, outro objeto se *inscreve* nele e todos trabalham juntos para manter as coisas funcionando. O que é ótimo, até que você deseja que seu objeto controle quem pode atender. Nesses casos, os **callbacks** serão úteis.

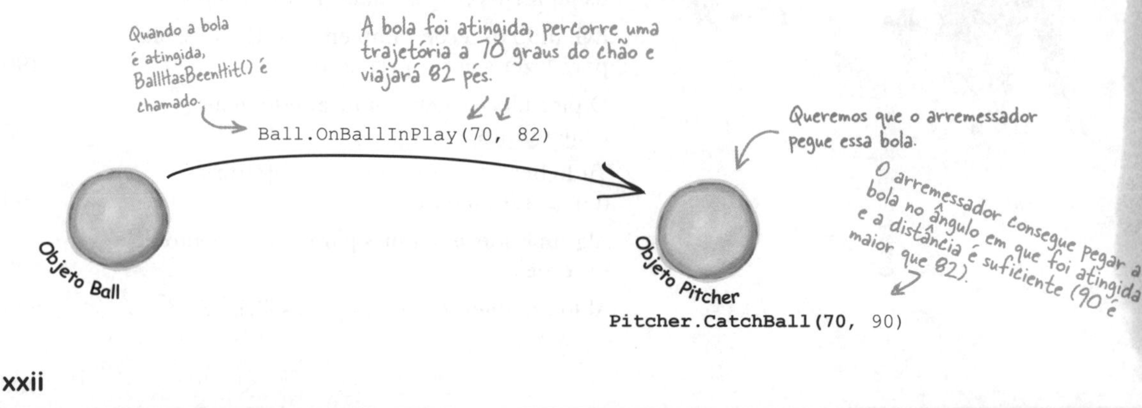

12 revisão e prévia

Conhecer, poder e desenvolver coisas legais

Aprender não serve muito até que você CRIE algo.

Até que você tenha realmente escrito um código funcional, é difícil ter certeza se realmente sabe alguns dos conceitos mais complexos do C#. Neste capítulo, usaremos o que aprendemos para fazer exatamente isso. Também teremos uma prévia de algumas ideias novas que estão surgindo. Nós também vamos desenvolver a fase 1 de uma **aplicação realmente complexa** e assegurar que você tenha um bom domínio sobre o que já aprendeu nos capítulos anteriores. Então, ponha o cinto de segurança... é hora de **desenvolver um software legal!**

Vida e morte de uma flor

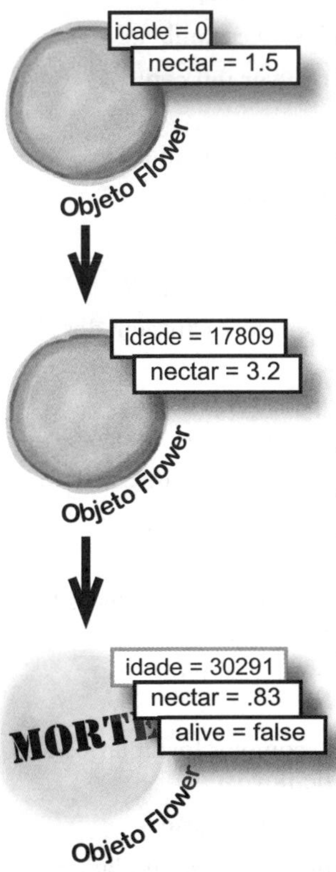

13 controles e gráficos

Deixe bonito

Algumas vezes é preciso fazer os gráficos você mesmo.

Passamos bastante tempo confiando que os controles lidavam com tudo o que fosse visual nas nossas aplicações. Mas, algumas vezes isso não é suficiente — por exemplo, quando você deseja **animar uma imagem**. E uma vez que comece a lidar com animação, vai acabar **criando seus próprios controles** para seus programas .NET, talvez adicionando um **buffer duplo**, e mesmo **desenhando diretamente nos formulários**. Tudo começa com o objeto **Graphics**, os **bitmaps** e uma determinação de não aceitar os gráficos como eles são.

14 CAPITÃO MARAVILHOSO A MORTE DO OBJETO

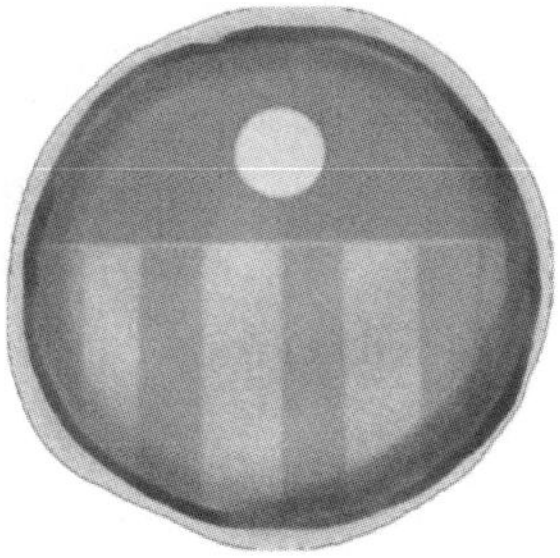

15 LINQ

Controle seus dados

É um mundo voltado para dados... é melhor você saber como viver nele.

Foram-se os tempos em que você podia programar por dias, mesmo semanas, sem ter de lidar com **montes de dados**. Nos dias de hoje, *tudo* **tem relação com dados**. De fato, você com frequência vai ter que lidar com dados oriundos de **mais de uma fonte**... e em mais de um formato. Bancos de dados, XML, coleções de outros programas... é tudo parte do trabalho de um bom programador C#. E é aí que o **LINQ** entra. Ele não só permite que você **consulte dados** de uma forma simples e clara, mas permite também que faça **agrupamentos e mescle os dados de muitas fontes**.

Laboratório C# 3

Invaders

Neste laboratório, você vai homenagear o mais popular, reverenciado e copiado ícone da história dos videogames, um jogo que não precisa de maiores apresentações. É hora de você desenvolver Space Invaders.

i sobras

As 11 principais coisas que queríamos incluir neste livro

A diversão está apenas começando!

Mostramos a você muitas ferramentas ótimas para desenvolver um **software realmente poderoso** com o C#. Mas, não seria possível incluir cada uma **das ferramentas, tecnologias ou técnicas neste livro** — simplesmente não existem páginas o suficiente. Tivemos que fazer algumas *escolhas realmente difíceis* a respeito do que incluir e o que deixar de fora. Aqui, apresentamos alguns tópicos que não sobreviveram aos cortes. Mas mesmo que não possamos nos aprofundar neles, ainda acreditamos que eles são **importantes e úteis**, e queremos dar a você uma pequena introdução a respeito deles.

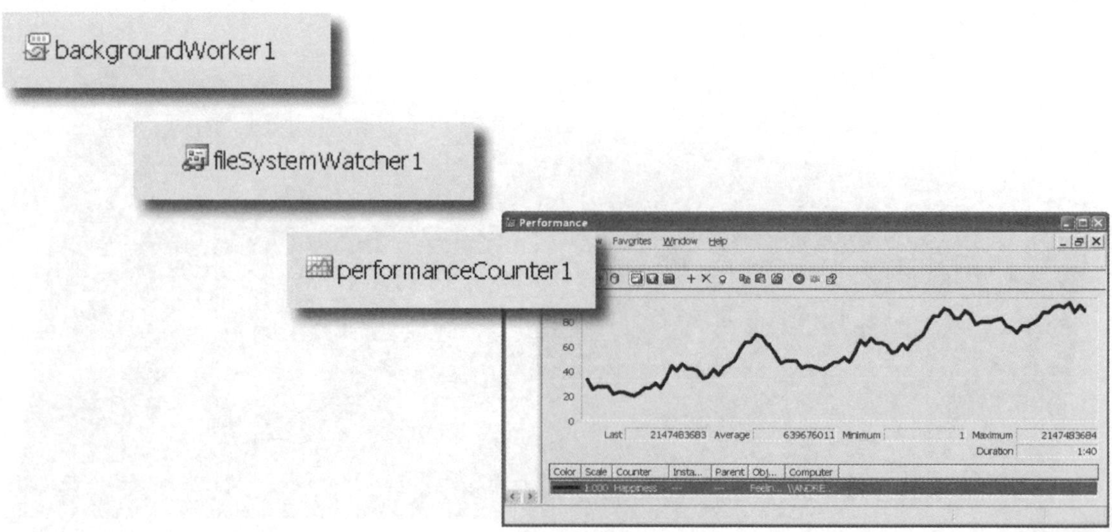

Introdução

Eu não acredito que puseram *isto* num livro de programação C#!

Dados Internacionais de Catalogação na Publicação (CIP)

S824u Stellman, Andrew.
Use a cabeça! C# / Andrew Stellman, Jennifer Greene ; [tradução Eveline Machado]. – 2. ed. – Rio de Janeiro, RJ : Alta Books, 2011.
797 p. : il. – (Use a cabeça!)

Inclui índice.
Tradução de: Head first C#.
ISBN 978-85-7608-211-8

1 1. C# (Linguagem de programação de computador). 2. Microsoft Visual C# .Net. I. Greene, Jennifer. II. Título. III. Série.

CDU 004.438
CDD 005.13

Índice para catálogo sistemático:
1. Linguagem de programação de computador : C# 004.438

(Bibliotecária responsável: Sabrina Leal Araujo – CRB 10/1507)

Nesta seção, respondemos à pergunta que não quer calar: "Então, por que puseram ISTO num livro de programação C#?"

A quem se destina este livro?

Se você responder "sim" para todas estas perguntas:

1. Você quer **aprender** C#?

2. Você gosta de xeretar – você aprende mais fazendo do que apenas lendo?

3. Você prefere **jantares com conversas estimulantes, ao invés de palestras acadêmicas cansativas e frias**?

este livro é para você.

Quem provavelmente deve fugir deste livro?

Se você responder "sim" para qualquer uma destas perguntas:

1. A ideia de escrever um monte de código deixa-o entediado ou um pouco nervoso?

2. Você é um ótimo programador em C++ ou Java procurando por um livro de consulta?

3. Você tem **medo de testar algo diferente**? Você preferiria fazer um tratamento de canal a misturar listras com xadrez? Você acredita que um livro técnico não pode ser sério se conceitos de C# são antropomorfizados?

este livro não é para você.

[Nota do marketing: este livro é para qualquer um com cartão de crédito ou débito].

Sabemos o que você está pensando.

"Como *isto* pode ser um livro de programação C# sério?"

"Por que todos estes gráficos?"

"Será que eu posso realmente *aprender* desta forma?"

Sabemos o que o seu cérebro está pensando.

Seu cérebro busca novidades. Ele está sempre procurando, vasculhando, esperando algo diferente. Ele foi feito assim e isto o ajuda a continuar vivo.

Então, o que seu cérebro faz com todas as coisas rotineiras, comuns e normais que encontra? Tudo que ele pode fazer para impedi-las de interferir no seu trabalho de *verdade* – registrar coisas *importantes*. Ele não se preocupa em gravar as coisas chatas. Elas nunca passam pelo filtro "isto obviamente não é importante".

Como seu cérebro sabe o que é importante? Imagine que um dia você esteja fazendo uma trilha e um tigre pula na sua frente: o que acontece dentro da sua cabeça e do seu corpo?

Os neurônios disparam. As emoções saem de controle. *A química do corpo intensifica-se*.

E é assim que seu cérebro sabe...

Isto deve ser importante! Não se esqueça!

Mas, imagine que você esteja em casa ou na biblioteca. É um lugar seguro, sem tigres. Você está estudando, preparando-se para uma prova ou tentando aprender algum assunto técnico complicado que seu chefe acha que vai levar uma semana, dez dias no máximo.

Só há um problema. Seu cérebro está tentando fazer um grande favor. Está tentando ter certeza de que este conteúdo *obviamente* inútil não fique empacando outros recursos escassos. Recursos que são mais bem utilizados guardando coisas realmente *importantes*. Como tigres. Como o perigo que o fogo representa. Como o fato de que você nunca deveria ter colocado as fotos daquela "festa" em sua página do Facebook.

E não há forma simples de dizer: "Ei cérebro, muito obrigado, mas não importa o quanto este livro é árduo e o quão pouco eu estou registrando-o na escala Richter emocional agora; eu *realmente* quero que você guarde essas coisas".

Entendemos que o leitor de um livro da série "Use a Cabeça! C#" é um aprendiz

Então, o que é preciso para *aprender* algo? Primeiro, você tem que *captar* e depois, certificar-se de não *esquecer*. Não é apenas enfiar fatos na sua cabeça. Com base nas últimas pesquisas sobre Ciência Cognitiva, Neurobiologia e Psicologia Educacional, aprender requer muito mais do que um texto em uma página. Nós sabemos o que estimula o seu cérebro.

Alguns dos princípios de aprendizado do Use a Cabeça! C#:

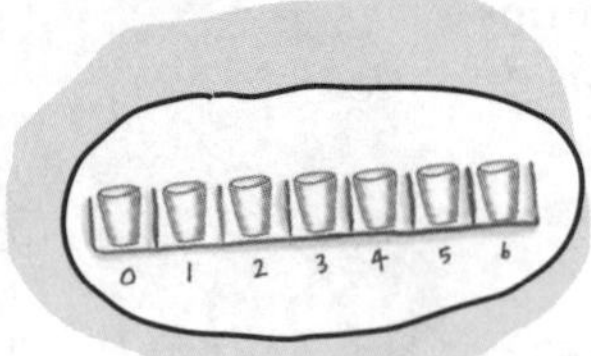

Torne-o visual. Imagens são muito mais fáceis de memorizar do que apenas palavras, tornam o aprendizado muito mais efetivo (até 89% de melhora em estudos de memória e de transferência de informações) e as coisas mais compreensíveis. **Coloque as palavras dentro ou perto dos gráficos** aos quais se relacionam, em vez de no final ou em outra página, e os leitores terão a probabilidade quase *dobrada* de resolver problemas relacionados com o conteúdo.

Utilize um estilo conversacional e personalizado. Em estudos recentes, alunos foram até 40% melhores em testes pós-aprendizado se o conteúdo era dirigido diretamente ao leitor, usando a primeira pessoa e estilo conversacional, em vez de um tom formal. Conte histórias, em vez de palestrar. Use uma linguagem casual. Não leve a si mesmo tão a sério. Em que *você* prestaria mais atenção: em um colega num jantar estimulante ou em uma palestra?

Faça a pessoa pensar mais a fundo. Em outras palavras, a menos que você exercite ativamente seus neurônios, pouca coisa acontecerá em sua cabeça. Um leitor tem que ser motivado, engajado, ficar curioso e inspirado a resolver problemas, chegar a conclusões e gerar um novo conhecimento. E para tanto, você precisa de desafios, exercícios, perguntas que motivem o pensamento e atividades que envolvam os dois lados do cérebro e os diversos sentidos.

Obtenha — e mantenha — a atenção do leitor. Todos nós já passamos pela experiência de "eu realmente quero aprender isto, mas não consigo passar da página um sem dormir". Seu cérebro presta atenção em coisas extraordinárias, interessantes, estranhas, que prendem a atenção, imprevisíveis. Aprender sobre um assunto técnico novo e difícil não precisa ser chato. Seu cérebro aprenderá muito mais facilmente se não for.

Toque suas emoções. Hoje, nós sabemos que sua habilidade de lembrar de algo é muito dependente de seu conteúdo emocional. Você lembra de coisas com as quais se importa. Você lembra quando *sente* algo. Não, não estamos falando sobre aquelas histórias de cortar o coração sobre um menino e seu cachorro. Estamos falando sobre emoções, tais como surpresa, curiosidade, diversão, "e se...?" e o sentimento de "eu sou o cara!" que surge quando você resolve um problema, aprende algo que todo mundo pensa que é difícil ou quando percebe que sabe algo que o Beto (aquele "eu sou mais técnico que você") da engenharia *não sabe*.

Metacognição: pensando sobre pensar

Se você realmente quer aprender e ainda mais rápida e profundamente, preste atenção em como você presta atenção. Pense em como você pensa. Aprenda sobre como você aprende.

A maioria de nós não fez cursos sobre metacognição ou teoria do aprendizado quando estava crescendo. *Esperava*-se que aprendêssemos, mas raramente éramos *ensinados* a aprender.

Mas, presumimos que se você está segurando este livro, quer realmente aprender a fazer programas em C#. E, provavelmente, você não quer gastar muito tempo. Se você quiser usar o que leu neste livro, precisa *lembrar* do que leu. E para isso, você tem que *entendê*-lo. Para aproveitar o máximo deste livro, ou de *qualquer* livro ou aprendizado em geral, responsabilize-se por seu cérebro, em cada conteúdo.

O truque é fazer com que seu cérebro veja o material novo que você está aprendendo como Realmente Importante. Crucial para seu bem-estar. Tão importante quanto um tigre. Caso contrário, você travará uma constante batalha, com seu cérebro fazendo seu melhor para impedir que o novo conteúdo "grude" nele.

Então, como é que você faz com que seu cérebro trate o C# como se ele fosse um tigre faminto?

Há a forma lenta e tediosa ou a mais rápida e efetiva. A forma lenta é a repetição incessante. Você obviamente sabe que consegue aprender e lembrar até mesmo os assuntos mais banais se ficar martelando a mesma coisa na cabeça. Com repetição suficiente, seu cérebro fala: "Isto não *parece* importante para ele, mas se ele continua olhando para a mesma coisa várias e várias e várias vezes, então imagino que deva ser".

A forma mais rápida é fazer ***qualquer coisa que potencialize a atividade cerebral***, especialmente *tipos* diferentes de atividade cerebral. As coisas na página anterior são uma grande parte da solução e elas todas comprovadamente ajudam seu cérebro a trabalhar a seu favor. Por exemplo, estudos mostram que colocar palavras dentro das figuras que elas descrevem (ao contrário de em outro lugar na página, como no título ou no corpo do texto), faz seu cérebro tentar entender como as palavras e a figura se relacionam, e isso ativa os neurônios. Mais neurônios ativados = mais chances de seu cérebro apreender isto como algo necessário para prestar atenção e, possivelmente, para registrar.

Um estilo conversacional ajuda porque as pessoas tendem a prestar mais atenção quando percebem que estão dentro de uma conversa, já que se espera que acompanhem o assunto e prestem atenção até o final. O incrível nisto é que seu cérebro não necessariamente se importa que a "conversa" seja entre você e um livro! Por outro lado, se o estilo de escrita é formal e seco, seu cérebro sente a mesma coisa que você sentiu naquela palestra, sentado em uma sala cheia de participantes passivos: não preciso ficar acordado.

Mas, figuras e estilo conversacional são apenas o começo.

Aqui está o que NóS fizemos:

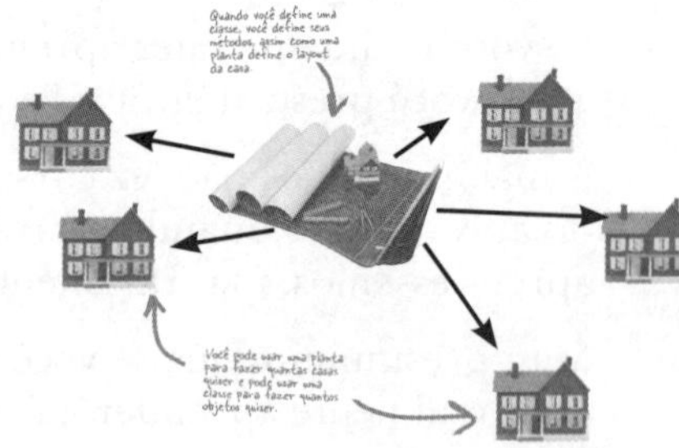

Usamos ***figuras*** porque seu cérebro entende melhor estímulos visuais, não o texto. Em relação ao seu cérebro, uma imagem realmente vale mais do que mil palavras. E quando o texto e as figuras são colocados juntos, nós embutimos o texto *nas* figuras porque seu cérebro funciona melhor quando o texto está *dentro* daquilo a que se refere, ao contrário de numa legenda ou enterrado em alguma outra parte do texto.

Nós usamos a ***redundância***, dizendo a mesma coisa de formas *diferentes* e com tipos de mídia diferentes, e em *vários sentidos*, para aumentar a chance de que o conteúdo seja codificado em mais de uma área de seu cérebro.

Usamos conceitos e figuras de formas ***inesperadas*** porque seu cérebro está aberto a novidades e usamos figuras e ideias com pelo menos *algum conteúdo* ***emocional*** porque seu cérebro está otimizado para prestar atenção na bioquímica das emoções. E é isto que te faz *sentir* que algo é mais provável de ser lembrado, mesmo se este sentimento não for nada além de um pouco de ***humor***, ***surpresa*** ou ***interesse***.

Usamos um ***estilo conversacional***, personalizado, porque seu cérebro é otimizado para prestar mais atenção quando acredita que está em uma conversa do que se acha que está ouvindo passivamente uma apresentação. Seu cérebro faz isto até mesmo quando você está *lendo*.

Incluímos mais de 80 ***atividades*** porque seu cérebro está otimizado para aprender e lembrar mais quando você ***faz*** algo do que quando você *lê* sobre algo. E fizemos exercícios desafiadores, porém possíveis de serem feitos, porque é isso que a maioria das pessoas prefere.

PONTO DE BALA

Usamos ***múltiplos estilos de aprendizado*** porque *você* talvez prefira procedimentos passo a passo, enquanto outra pessoa quer entender o geral primeiro, e uma terceira apenas quer ver um exemplo. Mas independentemente de sua preferência pessoal para o aprendizado, *todos* se beneficiam vendo o mesmo conteúdo de muitas formas.

Incluímos conteúdo para os ***dois lados de seu cérebro*** porque quanto mais do seu cérebro você ativar, maior a probabilidade de aprender e lembrar, bem como de ficar concentrado por mais tempo. Já que trabalhar um lado do cérebro geralmente significa dar ao outro lado uma chance de descansar, você pode ser mais produtivo em aprender por um período maior de tempo.

Conversa Quente

E incluímos ***histórias*** e exercícios que ***apresentam mais de um ponto de vista*** porque seu cérebro está otimizado a aprender mais profundamente quando é forçado a fazer avaliações e julgamentos.

Incluímos ***desafios***, com exercícios, fazendo ***perguntas*** que nem sempre possuem uma resposta direta, porque seu cérebro está preparado para aprender e lembrar quando ele tem que trabalhar em algo. Pense nisso – você não consegue deixar seu *corpo* em forma apenas *observando* as pessoas na academia. Mas, fizemos nosso melhor para garantir que quando você estiver trabalhando duro, seja sobre as coisas *certas*. Que ***você não esteja desperdiçando nem um dendrito extra*** processando um exemplo difícil de entender ou um texto excessivamente seco com muitos jargões.

Usamos **pessoas** nas histórias, exemplos, figuras etc. porque *você* é uma pessoa. E seu cérebro presta mais atenção em *pessoas* do que em *coisas*.

Veja o que fazer para que seu cérebro se curve em sinal de submissão

Então, fizemos nossa parte. O resto é com você. Estas dicas são o ponto de partida; escute seu cérebro e descubra o que funciona e o que não não funciona para você. Tente coisas novas.

1. **Vá devagar. Quanto mais você entende, menos você tem que memorizar.**
Não *leia* apenas. Quando o livro fizer uma pergunta, não vá direto para a resposta. Imagine que alguém realmente esteja fazendo uma pergunta. Quanto mais profundamente você forçar seu cérebro a pensar, melhor a chance de aprender e lembrar.

2. **Faça os exercícios. Faça suas próprias anotações.**
Nós as colocamos no livro, mas se as fizéssemos para você, seria como alguém fazer abdominais em seu lugar. E não olhe apenas para os exercícios. Use um lápis. Há muita evidência de que a atividade física durante o aprendizado pode melhorar o aprendizado.

3. **Leia as seções "Não existem perguntas idiotas".**
Isto significa todas elas. Elas não são mensagens adicionais opcionais – ***são parte do conteúdo principal***! Não passe reto por elas.

4. **Que isso seja a última coisa que você leia antes de dormir. Ou pelo menos última ocisa desafiante...**
Parte do aprendizado (especialmente a transferência para a memória de longo prazo) acontece depois que você fechou o livro. Seu cérebro precisa de um tempo sozinho para processar melhor. Se você acrescenta algo novo durante o processamento, uma parte do que acabou de aprender será perdida.

5. **Beba água. Em grande quantidade.**
Seu cérebro funciona melhor com uma bela quantidade de fluido. A desidratação (que pode acontecer antes de você sentir sede) diminui a função cognitiva.

6. **Converse sobre o que está lendo. Em voz alta.**
Falar ativa uma parte diferente do cérebro. Se você está tentando entender algo ou tentando melhorar sua chance de lembrar disto mais tarde, fale alto sobre o assunto. Melhor ainda, tente explicar isto para alguém. Você aprenderá mais rapidamente e pode descobrir ideias que não sabia que estavam lá quando você estava lendo a respeito.

7. **Ouça seu cérebro.**
Preste atenção se seu cérebro está ficando sobrecarregado. Se você se pegar lendo superficialmente ou esquecendo o que acabou de ler, é hora de um intervalo. Uma vez que tenha passado de certo ponto, você não aprenderá mais rapidamente tentando enfiar mais coisas na cabeça, e até pode prejudicar o processo.

8. **Sinta algo.**
Seu cérebro precisa saber que isto é *importante*. Envolva-se com as histórias. Crie seus próprios títulos para as fotos. Reclamar de uma piada ruim *ainda* é melhor do que não sentir nada.

9. **Crie um monte de software!**
Há apenas uma forma de aprender a programar: **escrever um monte de código**. E é isso que você vai fazer em todo este livro. Programação é uma habilidade e a única maneira de programar bem é praticar. Vamos ajudar nisso: todos os capítulos trazem exercícios com um problema para resolver.
Não passe batido por eles – muito do aprendizado acontece quando você resolve exercícios. Incluímos uma solução para cada exercício – não fique com medo de dar uma **olhadinha na resposta** se você travar! (É fácil se confundir com algo pequeno.) Mas, tente resolver o problema antes de olhar a resposta. E, definitivamente, faça isto antes de ir para a próxima parte do livro.

Do que você precisa para ler este livro:

Escrevemos este livro usando o Visual C# 2010 Express Edition que utiliza o C# 4.0 e o .NET Framework 4.0. Todas as telas vistas no livro foram tiradas dessa edição, portanto, recomendamos que você a utilize. Se você estiver usando as edições Visual Studio 2010 Professional, Premium, Ultimate ou Test Professional, verá algumas pequenas diferenças que indicamos sempre que possível. Você pode fazer o download da Express Edition gratuitamente no site Web da Microsoft — é instalada bem com outras edições, assim como com as versões anteriores do Visual Studio.

CONFIGURANDO O VISUAL STUDIO 2010 EXPRESS EDITION

- É bem fácil fazer o download e instalar o Visual C# 2010 Express Edition. Eis o link para fazer o download da página Visual Studio 2010 Express Edition:

  `http://www.microsoft.com/express/downloads/`

  Você não precisa marcar nenhuma opção na instalação para executar o código neste livro, mas sinta-se à vontade se quiser fazer isso.

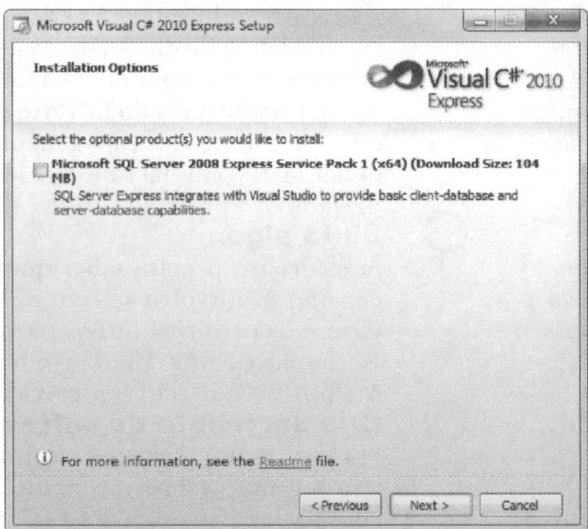

Se você realmente precisar usar uma versão mais antiga do Visual Studio, C# ou do .NET Framework, saiba que encontrará tópicos neste livro não compatíveis com sua versão. A equipe do C# na Microsoft acrescentou alguns recursos bem legais à linguagem. Lembre-se de que se você não estiver usando a versão mais atual, alguns códigos neste livro não funcionarão.

- Baixe o pacote de instalação do Visual C# 2010 Express Edition. Faça uma instalação completa. Isto deve instalar tudo de que você precisa: o IDE (você vai aprender sobre ele), o .NET Framework 4.0 e outras ferramentas.

- Uma vez instalado, você terá uma nova opção no menu Iniciar: ***Microsoft Visual C# 2010 Express Edition***. Clique nela para abrir o IDE e você estará pronto pra continuar lendo.

Leia-me

Esta é uma experiência de aprendizado, não um livro de consulta. Deliberadamente, eliminamos tudo que possa atrapalhar o aprendizado no qual estamos trabalhando neste ponto no livro. E na primeira vez que você ler o livro, precisará começar do começo porque fazemos deduções sobre o que você já viu e aprendeu.

Usamos muitos diagramas para facilitar a compreensão de conceitos difíceis.

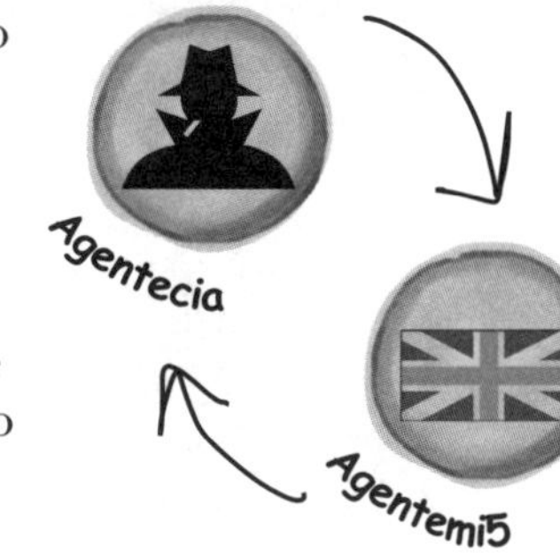

As atividades NÃO são opcionais.

Os exercícios e as atividades não são complementos — são parte do conteúdo principal do livro. Alguns deles são para ajudar com a memória, outros para compreensão, e alguns para aplicar o que aprendeu. ***Não pule os problemas escritos***. As palavras cruzadas são as únicas coisas que você não *precisa* fazer, mas elas são boas para dar uma chance ao seu cérebro de pensar sobre as palavras num contexto diferente.

A redundância é intencional e importante.

Uma diferença específica nos livros Use a Cabeça! é que nós queremos que você realmente entenda. E queremos que você termine o livro lembrando o que aprendeu. A maioria dos livros de consulta não tem a retenção de informações e a memória de longo prazo como um objetivo, mas este trata do *aprendizado*. Logo, você verá algo dos mesmos conceitos mais de uma vez.

Você deve fazer TODAS as atividades "Aponte seu lápis"

Aponte o seu lápis

As atividades marcadas com o logotipo Exercício (sapatos de corrida) são realmente importantes! Não as pule se você estiver querendo aprender o C# seriamente.

Exercício

Faça todos os exercícios!

A única grande suposição que fizemos quando escrevemos este livro é que você quer aprender a programar em C#. Então, sabemos que deseja começar imediatamente e aprofundar-se no código. Nós damos muitas oportunidades de aprimorar suas habilidades colocando exercícios em todos os capítulos. Alguns deles chamam-se "Faça isso!" – quando você vir isto, significa que mostraremos todos os passos para resolver um problema em particular. Mas, quando vir o logotipo Exercício com os sapatos de corrida, deixamos uma boa parte do problema para você resolver e demos a resposta que propomos. Não fique com receio de dar uma olhadinha na resposta – **isto não é colar**! Mas, você vai aprender mais se tentar resolver o problema primeiro.

Nós também colocamos todo o código-fonte das soluções dos exercícios na Web para que você possa baixá-los. Você irá encontrá-los em www.altabooks.com.br.

Se você vir o logotipo Jogos de Verão, a atividade será opcional e se você não gostar da lógica sinuosa, não gostará desta parte.

Os exercícios "Poder do cérebro" não têm respostas.

Para alguns deles, não existe só uma resposta certa e para outros, parte do aprendizado das atividades "Poder do cérebro" é você decidir se e quando suas respostas estão corretas. Em alguns destes exercícios você encontrará dicas para colocá-lo no caminho certo.

Revisão técnica

Lisa Kellner

Chris Burrows

Somos realmente agradecidos pela visão de Chris e retorno útil quase ridículo.

Sem fotografias (mas tão impressionantes quanto, são os revisores da primeira edição): Joe Albahari, Jay Hilyard, Aayam Singh, Theodore, Peter Ritchie, Bill Meitelski, Andy Parker, Wayne Bradney, Dave Murdoch, Bridgette Julie Landers. E um agradecimento especial a Jon Skeet por sua revisão completa e sugestões para a primeira edição!

Nick Paladino

David realmente nos ajudou, em especial com alguns truques IDE muito elegantes.

David Sterling

Revisores técnicos:

Quando escrevemos este livro, ele continha vários erros, defeitos, problemas, digitação incorreta e erros de aritmética terríveis. Tudo bem, não estava tão ruim assim. Mas ainda assim, estamos realmente gratos pelo trabalho que nossos revisores técnicos fizeram por este livro. Ele teria sido publicado com erros (incluindo um ou dois bem graves) se não fosse pela melhor equipe de revisão QUE JÁ EXISTIU...

Em primeiro lugar, gostaríamos de agradecer a **Chris Burrows** e a **David Sterling** por sua grande orientação técnica. Também queremos agradecer **Lisa Kellner** – este é nosso sexto livro que ela revisou, e ela fez uma diferença imensa na legibilidade do produto final. Obrigado Lisa! E um agradecimento especial a **Nicke Paladino**. Obrigado!

Chris Burrows é desenvolvedor na Microsoft na equipe C# Compiler, que focou no design e na implementação dos recursos da linguagem no C# 4.0, notavelmente dinâmico.

David Sterling trabalhou na equipe Visual C# Compiler por quase 3 anos.

Nicholas Paladino foi um MVP na Microsoft para o .NET/C#, desde o início da disciplina no programa MVP e tem mais de 13 anos de experiência na indústria de programação, especialmente visando as tecnologias Microsoft.

Agradecimentos

Nosso editor:

Queremos agradecer aos nossos editores, **Brett McLaughlin e Courtney Nash**, por editarem este livro. Brett ajudou em grande parte da narrativa e a ideia cômica no capítulo 14 foi toda dele, e achamos que ficou muito boa. Obrigado!

Courtney Nash

Brett McLaughlin

A equipe da O'Reilly:

Lou Barr

Lou Barr é uma designer gráfica excelente, que superou todos os limites neste livro, dedicando uma quantidade de tempo inacreditável e criando alguns visuais incríveis. Se você vir algo que pareça fantástico pode agradecer-lhe (e às suas habilidades geniais no InDesign). Ela fez todos os gráficos de monstros e alienígenas para os laboratórios e todos os quadrinhos. Muito obrigado, Lou! Você é nossa heroína e é ótimo trabalhar com você.

Sanders Kleinfeld

Tem tanta gente na O'Reilly a quem gostaríamos de agradecer, tomara que não nos esqueçamos de ninguém. Um agradecimento especial à nossa editora de produção **Rachel Monaghan**, criadora do índice **Lucie Haskins**, **Emily Quill** por sua revisão aguçada, **Ron Bilodeau** por doar seu tempo e especialização em confirmação prévia da impressão e **Sanders Kleinfeld** por oferecer uma última verificação — todos ajudaram a tirar este livro da produção e colocar na impressão em tempo recorde. E como sempre, adoramos **Mary Treseler** e mal podemos esperar para trabalhar com ela de novo! E um grande agradecimento para nossos outros amigos e editores, **Andy Oram** e **Mike Hendrickson**. E se você está lendo este livro agora, agradeça à melhor equipe de publicidade no mercado: **Marsee Henon**, **Sara Peyton**, **Mary Rotman**, **Jessica Boyd**, **Kathryn Barrett** e o restante do pessoal da Sebastopol.

1 seja produtivo com C#

Aplicações visuais em 10 minutos ou menos

Quer criar ótimos programas realmente rápidos?

O C# é uma **linguagem de programação poderosa** e uma **ferramenta valiosa** na palma de sua mão. Com **o IDE Visual Studio**, você nunca mais terá que gastar horas escrevendo um código obscuro para fazer com que um botão funcione. Melhor ainda, você poderá **concentrar-se em realizar o seu trabalho**, ao invés de lembrar qual parâmetro de qual método é o *nome* para um botão, e qual é sua *etiqueta (label)*. Soa interessante? Siga as páginas, e vamos começar a programar.

Por que você deve aprender C#

O C# e o IDE Visual Studio facilitam o trabalho de escrever código e de desenvolvê-lo rapidamente. Quando você estiver trabalhando com o C#, o IDE será seu melhor amigo e companhia constante.

O IDE – ou Visual Studio **Integrated Development Environment** (Ambiente Integrado de Desenvolvimento) – é uma parte importante de trabalhar com o C#. É um programa que ajuda a editar seu código, gerenciar seus arquivos e publicar seus projetos.

Aqui vemos o que o IDE automatiza para você...

Para escrever um programa ou apenas colocar um botão em um formulário, seu programa precisa de um monte de código repetitivo.

```
private void InitializeComponent()
{
   this.button1 = new System.Windows.Forms.Button();
   this.SuspendLayout();
   //
   // button1
   //
   this.button1.Location = new System.Drawing.Point(105, 56);
   this.button1.Name = "button1";
   this.button1.Size = new System.Drawing.Size(75, 23);
   this.button1.TabIndex = 0;
   this.button1.Text = "button1";
   this.button1.UseVisualStyleBackColor = true;
   this.button1.Click += new System.EventHandler(this.button1_Click);
   //
   // Form1
   //
   this.AutoScaleDimensions = new System.Drawing.SizeF(8F, 16F);
   this.AutoScaleMode = System.Windows.Forms.AutoScaleMode.Font;
   this.ClientSize = new System.Drawing.Size(292, 267);
   this.Controls.Add(this.button1);
   this.Name = "Form1";
   this.Text = "Form1";
   this.ResumeLayout(false);
}
```

```
using System;
using System.Collections.Generic;
using System.Windows.Forms;
namespace A_New_Program
{
    static class Program
    {
        /// <summary>
        /// O ponto de entrada principal da aplicação.
        /// </summary>
        [STAThread]
        static void Main()
        {
            Application.EnableVisualStyles();
            Application.SetCompatibleTextRenderingDefault(false);
            Application.Run(new Form1());
        }
    }
}
```

É preciso de todo este código apenas para desenhar um botão em um formulário. Adicionar alguns elementos visuais ao formulário poderia precisar até de dez vezes mais código.

O que você consegue com o Visual Studio e o C#...

Com uma linguagem como C#, otimizada para a programação em Windows, e com o IDE Visual Studio, você pode focar no que o seu programa deve **fazer** imediatamente:

O resultado é uma aplicação mais bonito que gasta menos tempo para ser escrito.

O C# e o IDE Visual Studio facilitam muitas coisas

Quando você usa C# e o Visual Studio, tem todos estes ótimos recursos ao seu alcance, sem nenhum trabalho extra. Juntos, eles permitem que você:

1. **Construa uma aplicação RAPIDAMENTE.** Criar programas em C# leva segundos. A linguagem é poderosa e fácil de aprender, e o IDE Visual Studio faz muito do trabalho automaticamente para você. Você pode deixar tarefas de código simples para o IDE e concentrar-se no que o seu código deve fazer.

2. **Faça uma interface do usuário com boa aparência.** O Form Designer no IDE Visual Studio é uma das ferramentas de projeto mais fáceis de usar que existem por aí. Ela faz tanto que você descobrirá que criar interfaces do usuário lindíssimas é uma das partes mais satisfatórias de desenvolver uma aplicação em C#. Você pode fazer programas profissionais com todos os recursos sem ter de passar horas escrevendo uma interface do usuário gráfica totalmente do zero.

3. **Crie e interaja com bases de dados.** O IDE inclui uma interface simples para construir bases de dados e integra-se perfeitamente ao SQL Server Compact Edition, assim como a muitos outros sistemas de banco de dados populares.

4. **Concentre-se em resolver seus problemas REAIS.** O IDE faz muito, mas ***você*** ainda está no controle do que é feito com o C#. Ele permite concentrar-se em seu programa, em seu trabalho (ou diversão!) e em seus clientes. Mas cuida de todo o trabalho repetitivo, tais como:

   ★ Manter o registro todos os seus projetos

   ★ Facilitar a edição do código de seu projeto

   ★ Manter o registro dos gráficos, áudio, ícones e outros recursos de seu projeto

   ★ Gerenciar e interagir com bases de dados

   Isto significa que todo o tempo que seria gasto para esta programação rotineira pode ser seu e usado para **criar programas muito legais**.

Você verá exatamente o que queremos dizer a seguir.

Ajude o diretor-geral a eliminar os papéis

A Empresa de Papel Vila Objeto contratou um novo diretor-geral. Ele adora fazer caminhadas, café e natureza... e decidiu ajudar a salvar as florestas; quer ser um executivo "sem papel", começando com seus contatos. Ele está a caminho de Aspen para esquiar no fim de semana e quer ter um novo programa de agenda pronto quando voltar. Caso contrário... bem... não será apenas o antigo diretor geral que estará em busca de um emprego.

É melhor você encontrar rapidamente uma forma destes dados entrarem no notebook do diretor.

Conheça as necessidades dos usuários antes de começar a fazer seu programa

Antes que possamos começar a escrever a aplicação de agenda – ou *qualquer* outro programa – precisamos de um minuto para pensar em **quem irá usá-lo** e **o que eles precisam** que seja feito.

1. O diretor-geral precisa conseguir executar seu programa de agenda no trabalho e também em seu notebook. Ele precisará de um instalador para ter certeza de que todos os arquivos corretos estejam em cada máquina.

O diretor quer executar seu programa no desktop e no notebook, então, um instalador é uma necessidade.

Pense em seus usuários e suas necessidades antes de começar a construir o código e eles ficarão contentes com o produto final assim que você terminar!

2. A equipe de vendas da Empresa de Papel Vila Objeto quer acessar sua agenda também. Eles podem usar seus dados para fazer listas de e-mail para obter mais pedidos de compra de papel de seus clientes.

   O diretor-geral acha que um banco de dados seria a melhor forma para que todos na empresa pudessem ter acesso aos seus dados, então, ele pode manter apenas uma cópia de todos os seus contatos.

Já sabemos que o Visual C# facilita o trabalho com as bases de dados. Ter os contatos em um banco de dados permite que o diretor e a equipe de vendas tenham acesso às informações, ainda que exista apenas uma cópia dos dados.

Aqui está o que você vai desenvolver

Você precisará de uma aplicação com uma interface gráfica do usuário, objetos para se comunicar com um banco de dados, o próprio banco de dados e um instalador. Parece muito trabalhoso, mas você fará isto tudo nas próximas páginas.

Aqui está a estrutura do programa que criaremos:

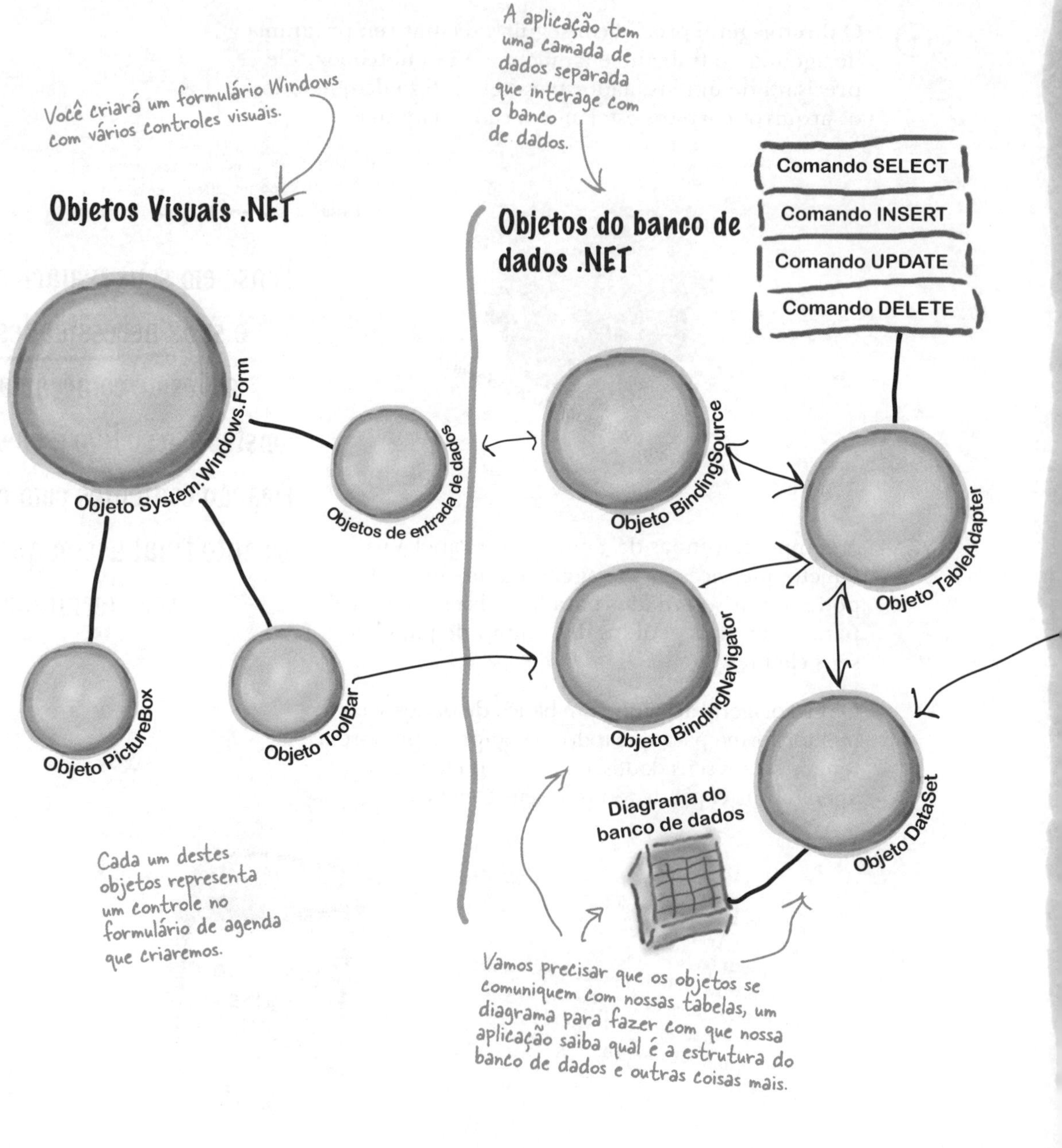

Os dados são armazenados em uma tabela no banco de dados SQL Server Compact.

Armazenamento de dados

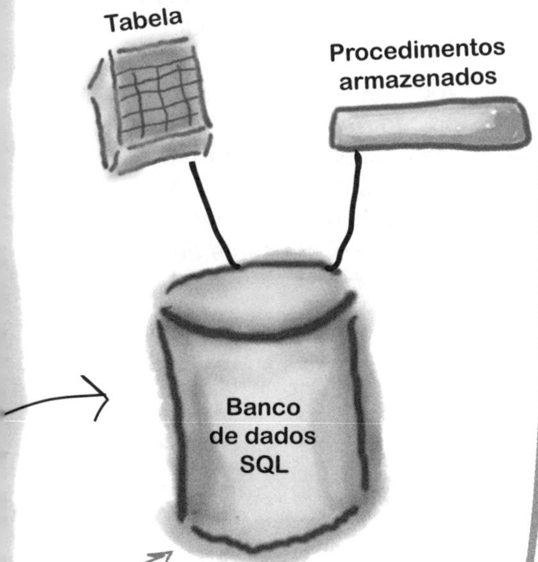

Aqui está o banco de dados em si, que o Visual Studio nos ajudará a criar e manter.

Uma vez que o programa tenha sido feito, ele será incluído num pacote do instalador do Windows.

Pacote de implantação

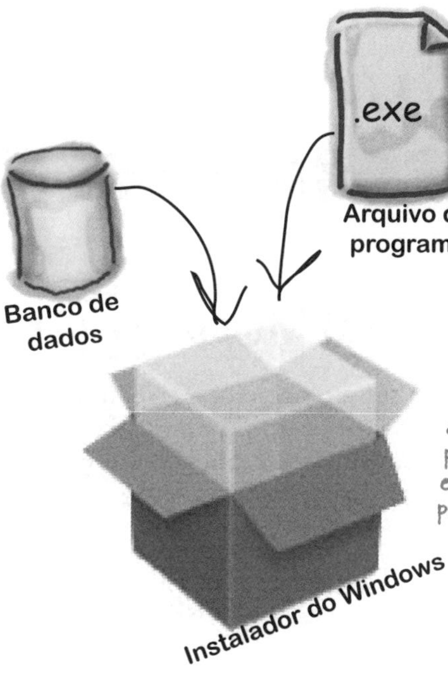

O departamento de vendas precisará apenas apontar e clicar para instalar e, então, usar seu programa.

O que você faz no Visual Studio...

Vá em frente e inicialize o Visual Studio, se ainda não o fez. Pule a página inicial e selecione New Project (Novo Projeto) no menu **File** (Arquivo). Nomeie seu projeto como "Contatos" e clique em OK. Há vários tipos de projeto a escolher. Selecione **Windows Forms Application** (Aplicação de Formulários Windows) e escolha "Contatos" como o nome de seu novo projeto.

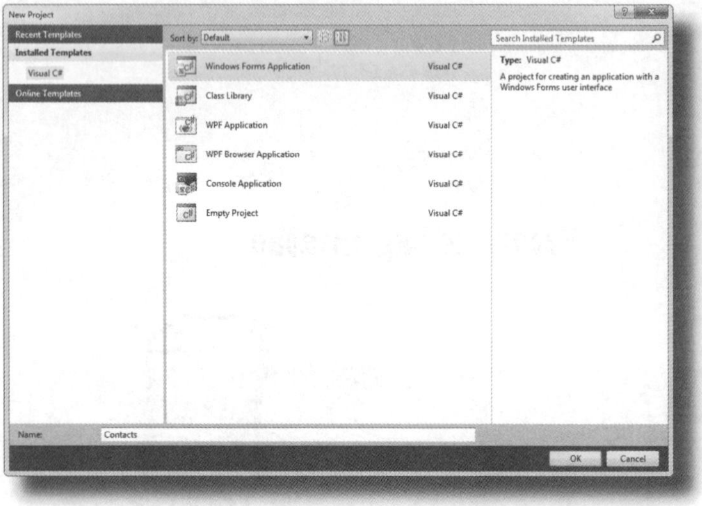

As coisas podem parecer um pouco diferentes em seu IDE.

Esta é a aparência da janela "New Project" (Novo Projeto) no Visual Studio 2010 Express Edition. Se você estiver usando a edição Professional ou Team Foundation, pode ser um pouco diferente. Mas não se preocupe, tudo ainda funciona exatamente da mesma forma.

O que o Visual Studio faz por você...

Salve seu projeto assim que o criar selecionando "Save All" (Salvar Tudo) no menu File (Arquivo) – isto salvará todos os arquivos do projeto na pasta. Se você selecionar "Salvar", somente aquele no qual você está trabalhando será salvo.

Assim que você salva o projeto, o IDE cria os arquivos `Form1.cs`, `Form1.Designer.cs` e `Program.cs`, quando cria um novo projeto. Ele acrescenta-os à janela Solution Explorer (Navegador de Solução) e, por padrão, coloca-os em `Meus Documentos\Visual Studio 2010\Projects\Contacts\`.

Este arquivo contém o código C# que define o comportamento do formulário.

Este possui o código que inicia o programa e exibe o formulário.

O código que define o formulário e seus objetos está aqui.

Form1.cs **Program.cs** **Form1.Designer.cs**

O Visual Studio cria estes três arquivos automaticamente.

Aponte seu lápis

Abaixo, vemos como, provavelmente, sua tela está agora. Você já deve ter percebido que a maioria destas janelas e arquivos baseia-se no que você já sabe. Abra as janelas Toolbox (Caixa de Ferramentas) e Error List (Lista de Erros) **escolhendo-as no menu View (Exibir) >> Other Windows (Outras Janelas)**. Preencha cada um dos espaços em branco com uma anotação, tentando descrever o que aquela parte do IDE faz. Adiantamos seu trabalho fazendo um para você.

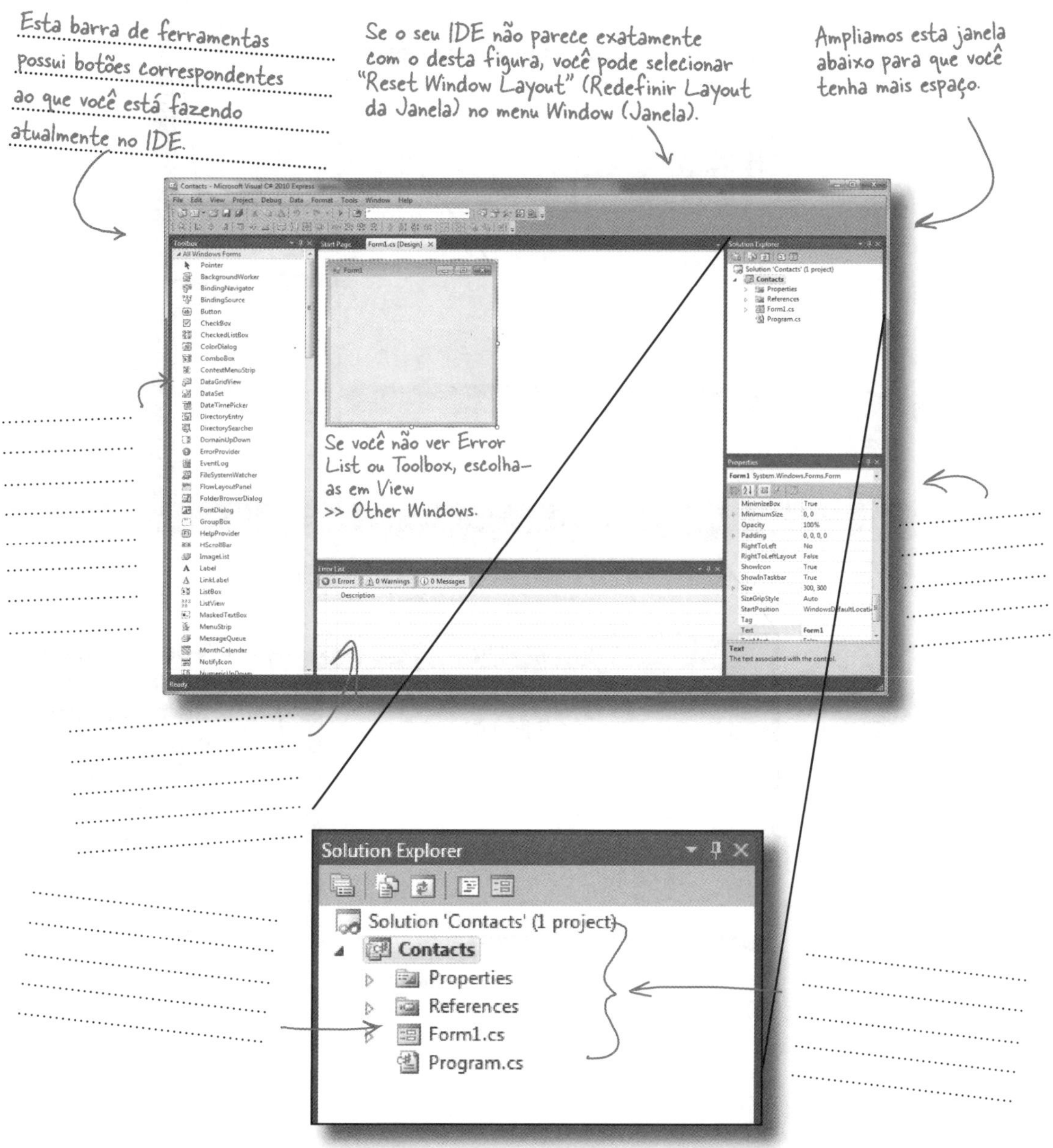

Aponte seu lápis Solução

Preenchemos os campos com as anotações sobre as diferentes seções do IDE Visual Studio C#. Você pode ter escrito algumas coisas diferentes, mas já deve ter percebido o básico sobre as finalidades de cada janela e seção do IDE.

Esta barra de ferramentas tem botões que se aplicam ao que você está fazendo atualmente no IDE.

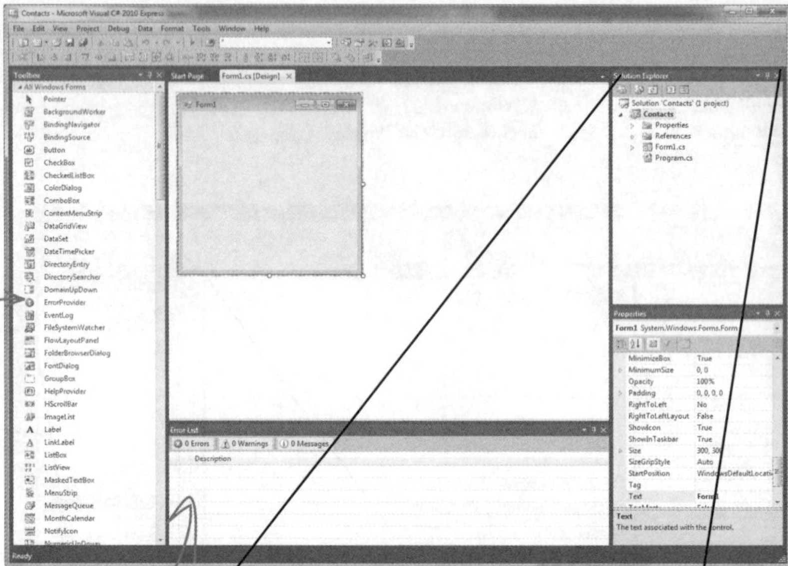

Essa é a toolbox. Ela possui vários controles visuais que você pode arrastar para seu formulário.

Esta janela mostra as propriedades do controle selecionado atualmente em seu formulário.

A janela Error List mostra quando há erros em seu código. Este painel mostrará muitas informações de diagnóstico sobre seu programa.

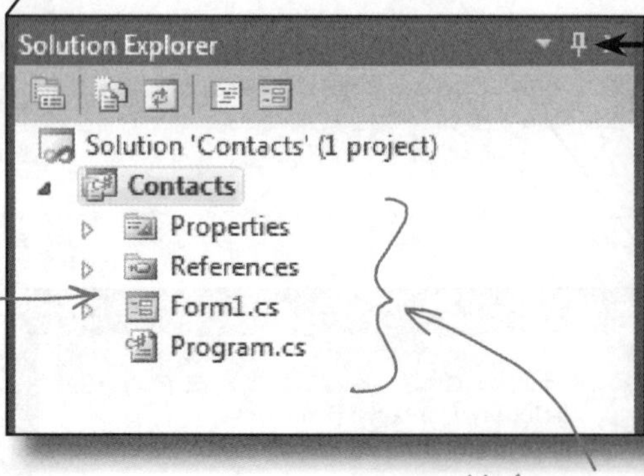

Os arquivos Form1.cs e Program.cs que o IDE criou quando você adicionou o novo projeto aparecem no Solution Explorer.

Você vê este pequeno ícone de tachinha? Se o clicar, poderá ativar ou desativar a ocultação automática. A janela Toolbox tem a ocultação automática ativada por padrão.

Você pode trocar de arquivos usando o Solution Explorer no IDE.

Não existem Perguntas Idiotas

P: Se o IDE escreve todo esse código para mim, aprender o C# é apenas uma questão de aprender como usar o IDE?

R: Não. O IDE é ótimo em gerar automaticamente algum código para você, mas é só isso que ele pode fazer. Há algumas coisas em que ele é muito bom, como, por exemplo, estabelecer bons pontos de partida e mudar as propriedades de controles automaticamente em seus formulários. Mas, a parte difícil da programação – descobrir e implementar o que seu programa precisa fazer – é algo que nenhum IDE pode fazer por você. Embora o IDE Visual Studio seja um dos ambientes de desenvolvimento mais avançados, ele só pode ir até esse ponto. É ***você*** – não o IDE – quem escreve o código que realmente faz o trabalho.

P: Eu criei um novo projeto no Visual Studio, mas quando entrei na pasta "Projetos" em Meus Documentos, não o vi lá. O que acontece?

R: Quando você cria pela primeira vez um novo projeto no Visual Studio 2010 Express, o IDE cria o projeto em sua pasta `Configuração Local\Dados de aplicações\TemporaryProjects`. Quando você salva o projeto pela primeira vez, ele pede um novo nome de arquivo e salva-o na pasta `Meus Documentos\Visual Studio2010\Projects`. Se você tentar abrir um novo projeto ou fechar o temporário, uma janela se abrirá para perguntar se você quer salvar ou descartar o projeto temporário. *(NOTA: As outras versões não Express do Visual Studio não usam uma pasta temporária de projetos. Elas criam o projeto diretamente em Projects!)*

P: E se o IDE criar um código que eu não queira em meu projeto?

R: Você pode modificá-lo. O IDE é feito para criar o código baseando-se na forma como o elemento que você arrastou ou adicionou é mais usado comumente. Mas, às vezes, não é exatamente isto que você quer. Tudo que o IDE faz por você – todas as linhas de código que ele cria, todos os arquivos que adiciona – pode ser alterado manualmente editando os arquivos ou através de uma interface simples de usar no IDE.

P: Tudo bem se eu baixei e instalei o Visual Studio Express? Ou eu preciso usar uma das versões do Visual Studio que não é de graça para fazer o descrito no livro?

R: Não há nada neste livro que você não possa fazer com a versão grátis do Visual Studio (que você pode baixar na página da Microsoft). As principais diferenças entre o Express e as outras edições (Professional e Team Foundation) não atrapalharão a forma de escrever no C# e de criar aplicações totalmente funcionais e completos.

P: Posso mudar os nomes dos arquivos que o IDE cria?

R: Claro. Quando você cria um novo projeto, o IDE fornece um formulário padrão chamado `Form1` (que tem arquivos chamados `Form1.cs`, `Form1.Designer.cs` e `Form1.resx`). Mas, você pode usar o Solution Explorer para mudar os nomes dos arquivos como quiser. Por padrão, os nomes dos arquivos são iguais aos nomes do formulário. Se você mudar os nomes dos arquivos, será capaz de ver na janela Properties (Propriedades) que o formulário ainda será chamado de `Form1`. Você pode mudar o nome do formulário alterando a linha "(Name)" na janela Properties. Se o fizer, os nomes do arquivo não mudarão.

O C# não se importa com os nomes escolhidos para seus arquivos ou formulários (ou qualquer outra parte do programa), embora haja algumas regras para isto. Mas, se você escolher nomes bons, tornará seus programas mais fáceis de trabalhar. Agora, não se preocupe com os nomes – falaremos mais sobre como escolher nomes bons para as partes de seu programa posteriormente.

P: Estou olhando para o IDE neste momento, mas minha tela não se parece com a sua! Algumas janelas estão faltando e outras estão no lugar errado. O que acontece?

R: Se você clicar no comando "Reset Window Layout" (Redefinir Layout da Janela) no menu "Window" (Janela), o IDE deverá restaurar o layout padrão das janelas. Então, você poderá usar o menu "View >> Other Windows" para fazer sua tela parecer como as deste capítulo.

O Visual Studio gerará um código que pode ser um ponto de partida para seus aplicativos.

Certificar-se de que o aplicativo faça aquilo que deve fazer ainda cabe a você.

Desenvolva a interface de usuário

Adicionar controles e arrumar a interface de usuário é tão fácil quanto arrastar e soltar no IDE Visual Studio. Vamos acrescentar um logotipo ao formulário:

1. **Utilize o controle PictureBox para acrescentar uma figura.** Clique no controle PictureBox na toolbox e arraste-o para o seu formulário. Nos bastidores, o IDE adicionou código a `Form1.Designer.cs` para um novo controle de imagem.

Se você não estiver vendo a toolbox, tente colocar o mouse sobre a palavra "Toolbox" que aparece no canto superior esquerdo do IDE. Se não estiver lá, selecione "Toolbox" do menu View (Exibir) para fazê-la aparecer.

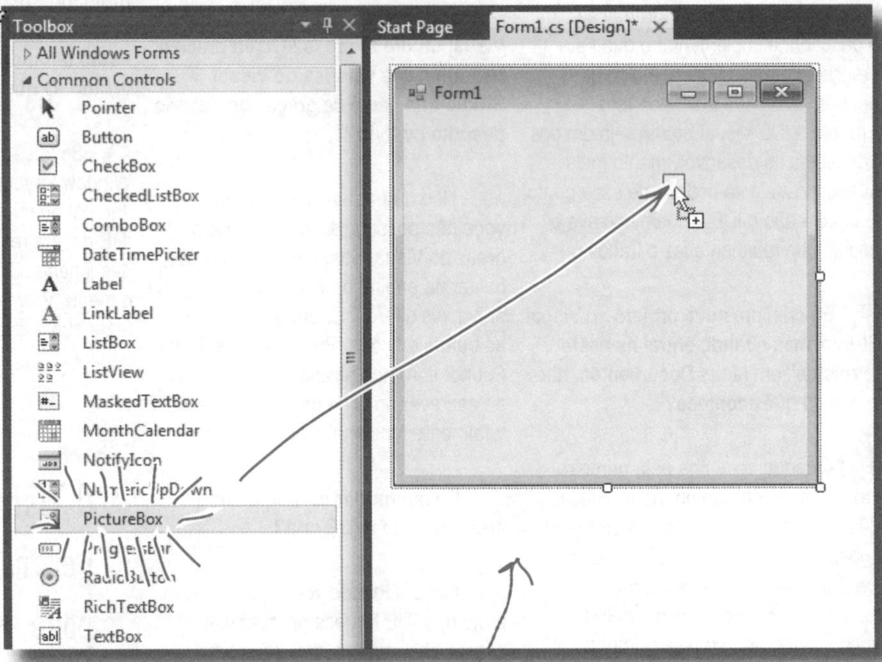

Toda vez que você alterar as propriedades de um controle no formulário, o código em Form1.Designer.cs também será mudado pelo IDE.

Form1.Designer.cs

Tudo bem se você não for um profissional em design de interface do usuário.

Falaremos muito mais sobre criar boas interfaces do usuário mais tarde. Por enquanto, vamos apenas colocar o logotipo e outros controles em seu formulário e preocupar-nos com o ***comportamento***. Adicionaremos um pouco de estilo mais tarde.

Você está aqui →

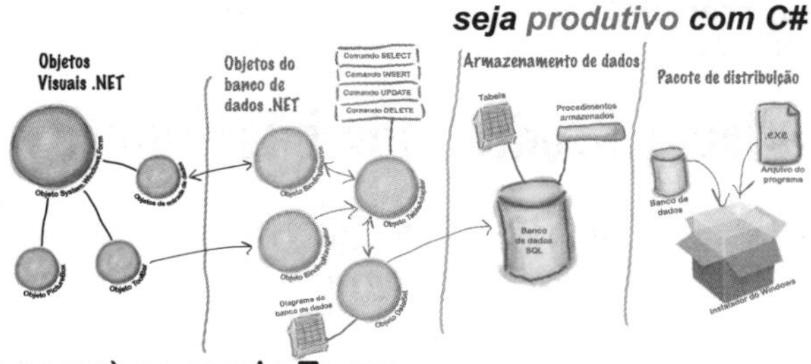

2 **Coloque a Picture Box (caixa de imagem) no modo Zoom.**
Todos os controles em seu formulário possuem propriedades ajustáveis. Clique na flechinha preta de um controle para acessá-las. Altere a propriedade Size (Tamanho) de PictureBox para "Zoom" para ver como isto funciona:

Clique nessa flechinha preta para acessar as propriedades de um controle.

Você também pode usar a janela "Properties" (Propriedades) no IDE para definir a propriedade Size. A flechinha preta facilitará acessar as propriedades mais comuns de qualquer controle.

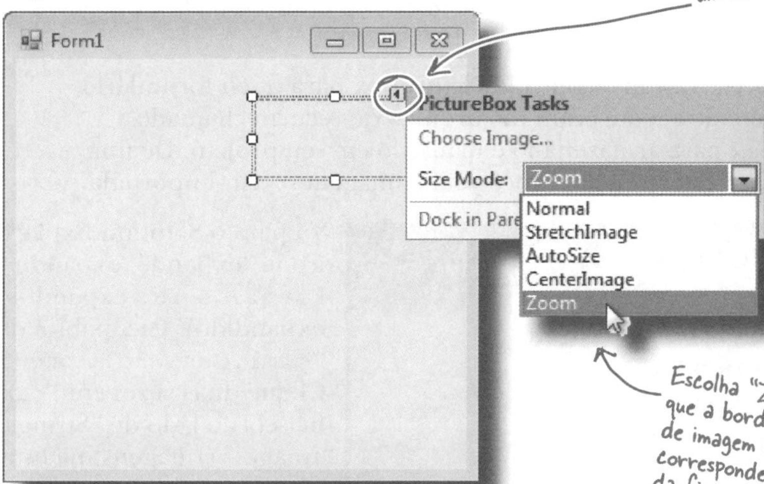

Escolha "Zoom" para que a borda da caixa de imagem mude para corresponder ao tamanho da figura que você colocou dentro dela.

Então, clique em "Choose Image" (Escolher Imagem) para ativar a caixa de diálogo Select Resource (Selecionar Recurso) para que possa importar um recurso local.

3 **Baixe o logotipo da Empresa de Papel Vila Objeto.**
Baixe o logotipo da Empresa de Papel Vila Objeto no site da editora (www.altabooks.com.br) e salve-o em seu disco rígido. Então, clique na seta das propriedades PictureBox e selecione Choose Image (Escolher Imagem). Você verá a janela Select Resources (Selecionar Recursos) aparecer. Clique no botão de rádio "Local Resource" (Recurso Local) para ativar o botão "Import..." (Importar) no topo do formulário. Clique nesse botão, encontre o logotipo e terá terminado.

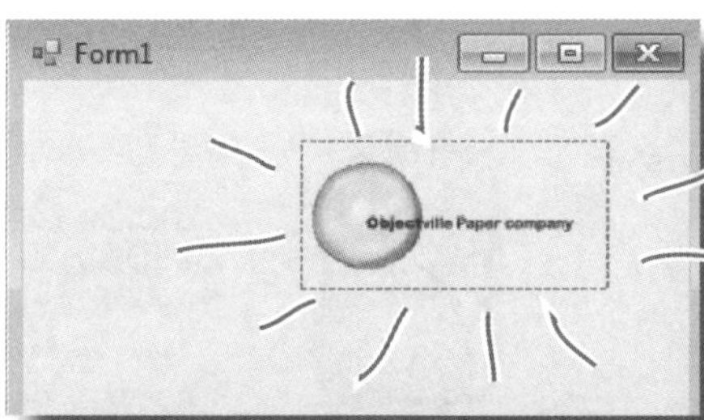

Aqui está o logo da OPC (Objectville Paper Company – Empresa de Papel Vila Objeto) e PictureBox usa o zoom para ficar do tamanho certo.

Visual Studio, nos bastidores

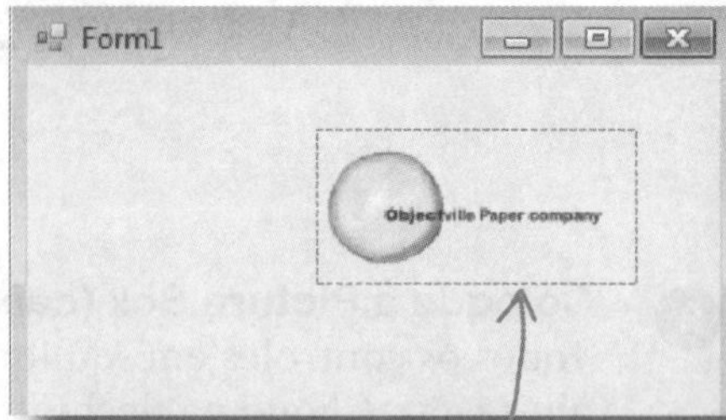

Esta imagem é agora um recurso da aplicação Lista de Contatos.

Toda vez que você faz algo no IDE Visual Studio, ele está ***escrevendo o código para você***. Quando você criou o logotipo e mandou o Visual Studio usar a imagem baixada, ele criou um recurso e associou-o ao sua aplicação. Um **recurso** é qualquer arquivo gráfico, de áudio, ícone ou outro tipo de arquivo de dados embutido na sua aplicação. O arquivo gráfico fica integrado ao programa para que, então, quando ele for instalado em outro computador, o gráfico seja instalado junto com ele e o PictureBox possa usá-lo.

Quando você arrastou o controle PictureBox para o seu formulário, o IDE automaticamente criou um arquivo de recurso chamado `Form1.resx` para armazená-lo e mantê-lo em seu projeto. Dê um duplo clique nesse arquivo e você verá a imagem recém-importada.

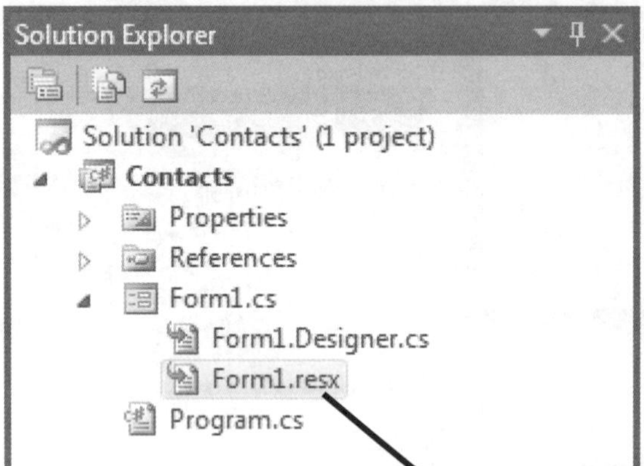

Vá para o Solution Explorer e clique no ícone "expand" (expandir) ao lado de `Form1.cs` para expandi-lo (se já não estiver expandido). Isto exibirá dois arquivos: `Form1.designer.cs` e `Form1.resx`. Clique duas vezes em `Form1.resx`, clique na seta ao lado de "Strings" e selecione "Images" (Imagens) na lista suspensa (ou pressione Ctrl-2) para ver o logotipo importado. Esse arquivo é o que o liga ao PictureBox e o IDE adicionou o código para fazer o link.

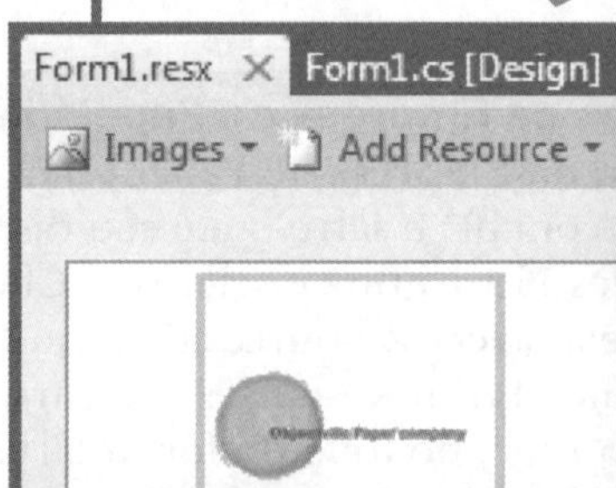

Se você escolheu outro botão "Import" (Importar) na caixa de diálogo Select Resource na última página, então sua imagem aparecerá na pasta Resources no Solution Explorer. Não se preocupe – apenas volte para Select Resources, escolha "Local Resource" e importe de novo a imagem para os recursos, e ele aparecerá aqui.

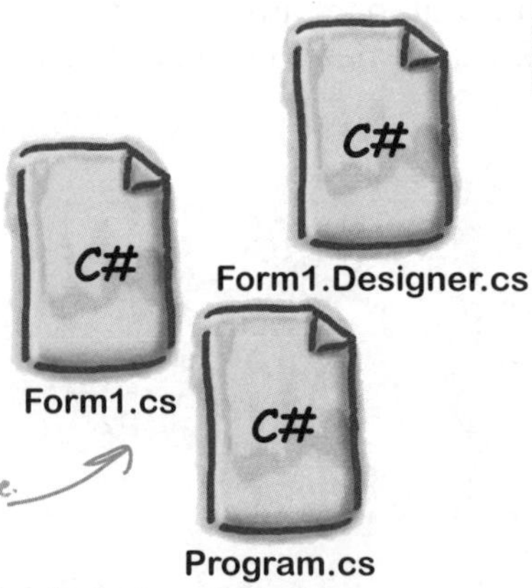

Aqui estão os arquivos que o Visual Studio criou anteriormente.

Quando você importou a imagem, o IDE criou este arquivo para você. Ele contém todos os recursos (gráficos, vídeo, áudio e outros dados armazenados) associados a Form1.

Complete o código gerado automaticamente

O IDE cria muito código para você, mas você ainda quer ter acesso a ele e acrescentar-lhe coisas. Vamos usar o logotipo para mostrar uma mensagem About (Sobre) quando os usuários executarem o programa e clicarem no logotipo.

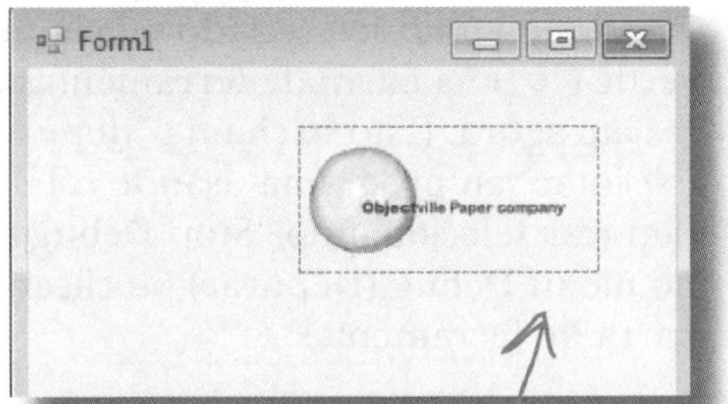

Quando você estiver editando um formulário no IDE, clicar duas vezes em qualquer controle da toolbox fará com que o IDE adicione automaticamente o código ao seu projeto. Faça com que o formulário apareça no IDE, então, clique duas vezes no controle PictureBox. O IDE adicionará código ao seu projeto que é executado sempre que um usuário clica em PictureBox. Você deve ver algum código semelhante ao seguinte aparecer:

```
public partial class Form1 : Form
{
    public Form1( )
    {
        InitializeComponent( );
    }
    private void pictureBox1_Click(object sender, EventArgs e)
    {
      MessageBox.Show("Contact List 1.0.\nWritten by: Your Name", "About");
    }
}
```

Quando você clicou duas vezes no controle PictureBox, o IDE criou este método. Ele será executado sempre que um usuário clicar no logotipo com a aplicação em execução.

Este nome de método dá uma boa ideia sobre quando ele é executado: quando alguém clica no controle PictureBox.

Quando você clicar duas vezes em PictureBox, ele abrirá este código com um cursor piscando bem aqui. Ignore qualquer janela que o IDE mostrar enquanto você digita; ele está tentando ajudá-lo, mas não precisamos disso agora.

Digite esta linha de código. Uma caixa de mensagem aparecerá com o texto que você digitou. A caixa terá o título "About" (Sobre).

Uma vez que você tenha digitado a linha de código, salve usando o ícone Save (Salvar) na barra de ferramentas do IDE ou selecionando "Save" no menu File. Adquira o hábito de clicar em "Save All" (Salvar Tudo) regularmente!

Não existem Perguntas Idiotas

P: O que é um método?

R: Um método é apenas um *bloco de código com um nome*. Falaremos muito mais sobre métodos no Capítulo 2.

P: O que aquele \n faz?

R: Isto é uma quebra de linha. Ela fala ao C# para colocar "Contact List 1.0" na linha um, então começar uma nova linha para "Written by:".

Você já pode executar sua aplicação

Pressione F5 no seu teclado ou clique no botão com a seta verde (▶) na barra de ferramentas para checar o que você fez até agora. (Isto se chama "depurar", o que significa apenas executar seu programa usando o IDE). Você pode parar de depurar selecionando "Stop Debugging" (Parar a Depuração) no menu Debug (Depurar) ou clicando neste botão ■ na barra de ferramentas:

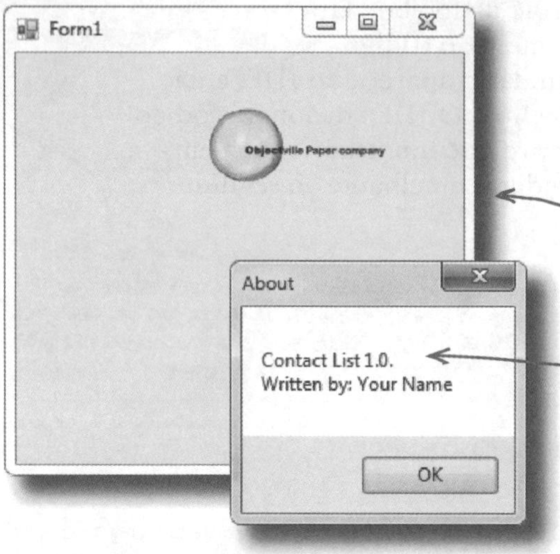

Esses três botões funcionam – e você não teve que escrever nenhum código para eles.

Clicar no logotipo da OPC ativa a caixa About (Sobre) que você acabou de codificar.

Onde estão meus arquivos?

Quando você executa seu programa, o Visual Studio copia todos os seus arquivos para `Meus Documentos\Visual Studio 2010\Projects\ Contacts\ Contacts\bin\debug`. Você pode acessar rapidamente esse diretório e executar seu programa clicando duas vezes no arquivo .exe que o IDE cria.

O C# transforma seu programa num arquivo que você pode executar, chamado de **executável**. Você o encontrará aqui, na pasta de depuração.

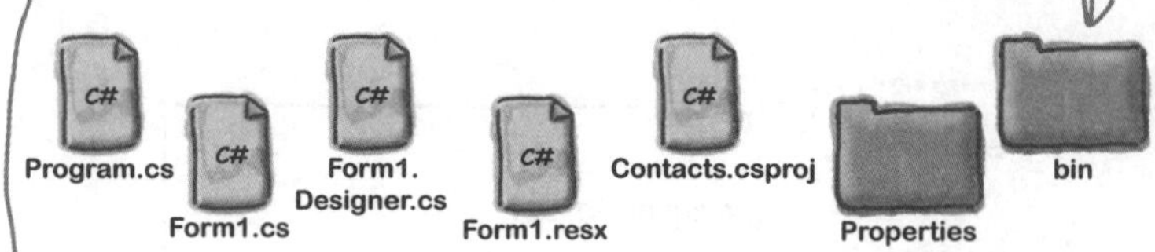

Isso não é um erro; existem dois níveis de pastas. A pasta interna possui os arquivos de código C# reais.

Não existem Perguntas Idiotas

P: No meu IDE, a seta verde está marcada como "Debug". Isso é ruim?

R: Não. Depurar, pelo menos para nossos propósitos agora, significa apenas executar sua aplicação dentro do IDE. Falaremos muito mais sobre depuração adiante. Por enquanto, você pode pensar sobre isso como uma forma de executar seu programa.

P: Eu não vejo o botão Stop Debugging em minha barra de ferramentas. O que acontece?

R: O botão Stop Debugging aparece apenas em uma barra de ferramentas especial que, por sua vez, **aparece somente** quando seu programa está em execução. Tente iniciar a aplicação de novo e veja se ele aparece.

O que já fizemos até agora

Criamos um formulário e um objeto PictureBox que abre uma caixa de mensagem quando clicado. A seguir, precisamos adicionar todos os outros campos do cartão, tais como o nome para contato e telefone.

Vamos armazenar essa informação em um banco de dados. O Visual Studio pode conectar os campos diretamente a ele, ou seja, não precisamos fazer uma bagunça com um monte de código de acesso a dados (o que é bom). Mas para isto funcionar, precisamos criar nossa base para que os controles no formulário possam usar seus dados. Então, vamos pular dos objetos visuais .NET diretamente para a seção de Data Storage (Armazenamento de Dados).

Objetos visuais .NET

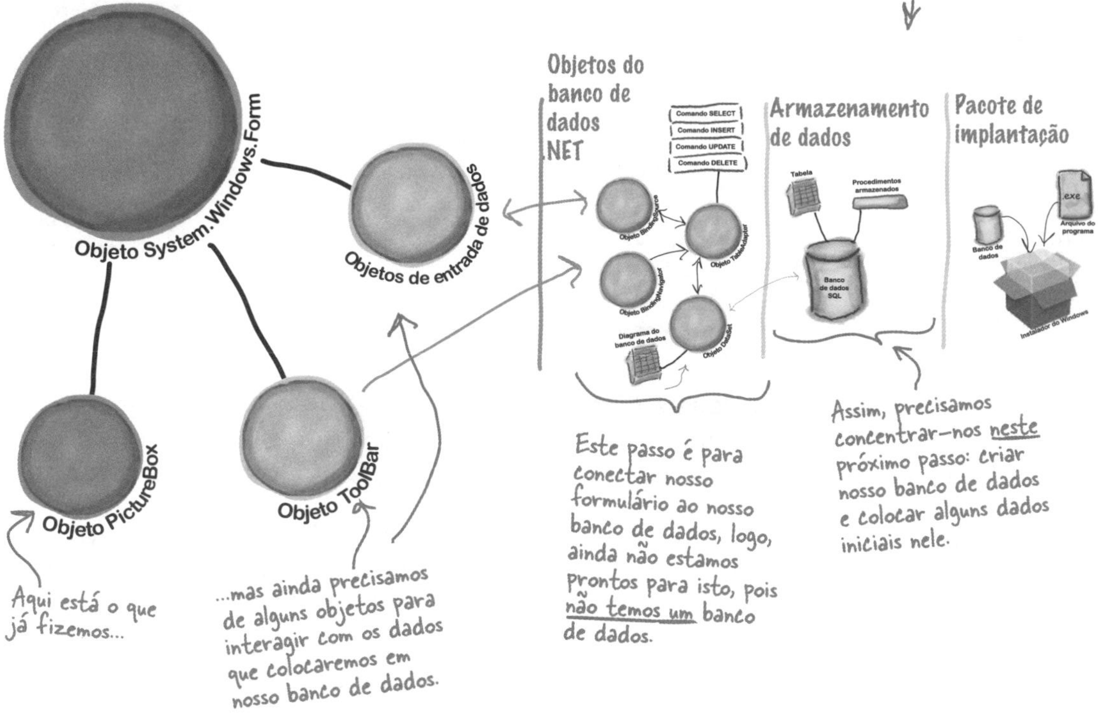

O Visual Studio pode criar código para conectar seu formulário a um banco de dados, mas você precisa ter o banco de dados no lugar certo ANTES de gerar o código.

Precisamos de um banco de dados para armazenar nossas informações

Antes de adicionarmos o restante dos campos ao formulário, precisamos criar um banco de dados para lhe associar. O IDE pode criar muito código para conectar nosso formulário aos nossos dados, mas precisamos definir o próprio banco de dados primeiro.

Certifique-se de que tenha parado de depurar antes de continuar.

1 **Adicione um novo banco de dados SQL ao seu projeto.**
No Navegador de Solução, **clique com o botão direito no projeto Contacts**, selecione Add (Adicionar) e escolha New Item (Novo Item). Escolha o ícone SQL Database (Banco de Dados SQL) e nomeie-o como **ContactDB.sdf**.

Este arquivo é nosso novo banco de dados.

ContactDB.sdf

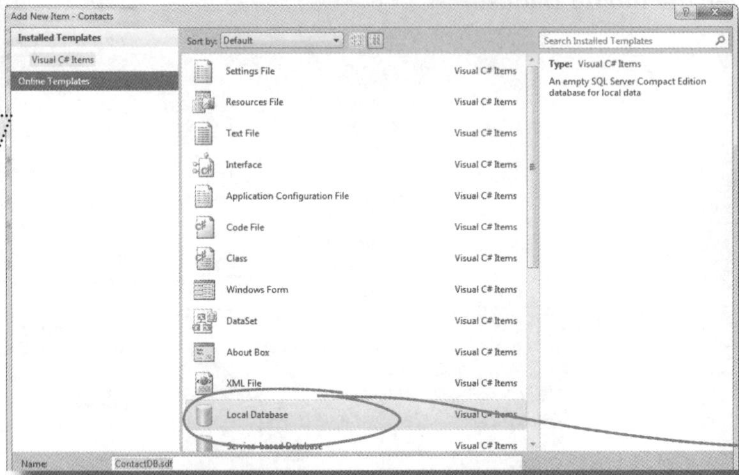

Escolha **Local Database** (Banco de Dados Local) para criar um arquivo SQL Server Compact Edition, que manterá seu banco de dados inteiro. Nomeie seu arquivo como ContactDB.sdf.

Local Database é realmente um arquivo do banco de dados SQL Server Compact Edition, que geralmente tem a extensão SDF. Fornece um modo fácil de incorporar um banco de dados em seu programa.

2 **Clique no botão Add na janela Add New Item (Adicionar Novo Item).**

3 **Cancele o Assistente de Configuração da Fonte de Dados.**
Por enquanto, queremos pular a configuração de uma fonte de dados, então clique no botão Cancel (Cancelar). Voltaremos a isto quando tivermos criado a estrutura de nosso banco de dados.

4 **Examine seu banco de dados no Navegador de Solução.**
Vá para o Navegador de Solução e você verá que ContactDB foi adicionado à lista de arquivos. Clique duas vezes em ContactDB.sdf e olhe no lado esquerdo de sua tela. A Toolbox mudou para Navegador do Banco de Dados.

Veja bem!

Se você não estiver usando a edição Express, verá "Server Explorer", em vez de "Database Explorer".

As edições Professional e Team Foundation do Visual Studio 2010 não possuem uma janela Navegador de Solução chamada Database Explorer. Em vez disso, elas possuem uma janela Server Explorer (Navegador de Servidores), que faz tudo que o Database Explorer faz, mas também permite explorar os dados em sua rede.

O IDE criou um banco de dados

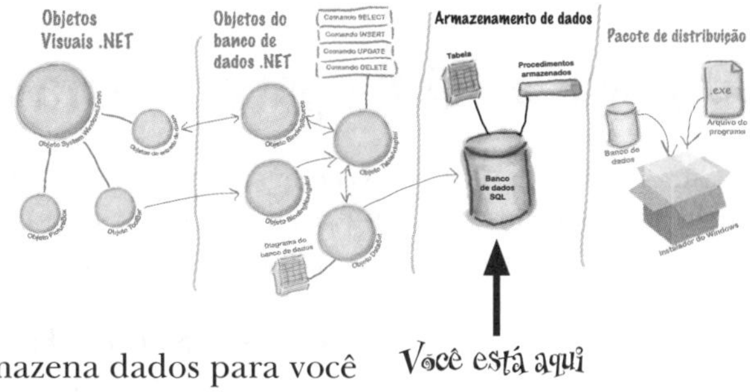

Quando você mandou o IDE adicionar um novo banco de dados SQL ao seu projeto, ele criou um novo para você. Um **banco de dados SQL** é um sistema que armazena dados para você de uma forma organizada e inter-relacionada. O IDE tem todas as ferramentas de que você precisa para manter seus dados e bases.

Os dados no banco de dados SQL ficam em tabelas. Por enquanto, você pode pensar em uma tabela como uma planilha. Ela organiza sua informação em colunas e linhas. As colunas são as categorias dos dados, tais como nome e telefone de contato, e cada linha são os dados para uma ficha individual.

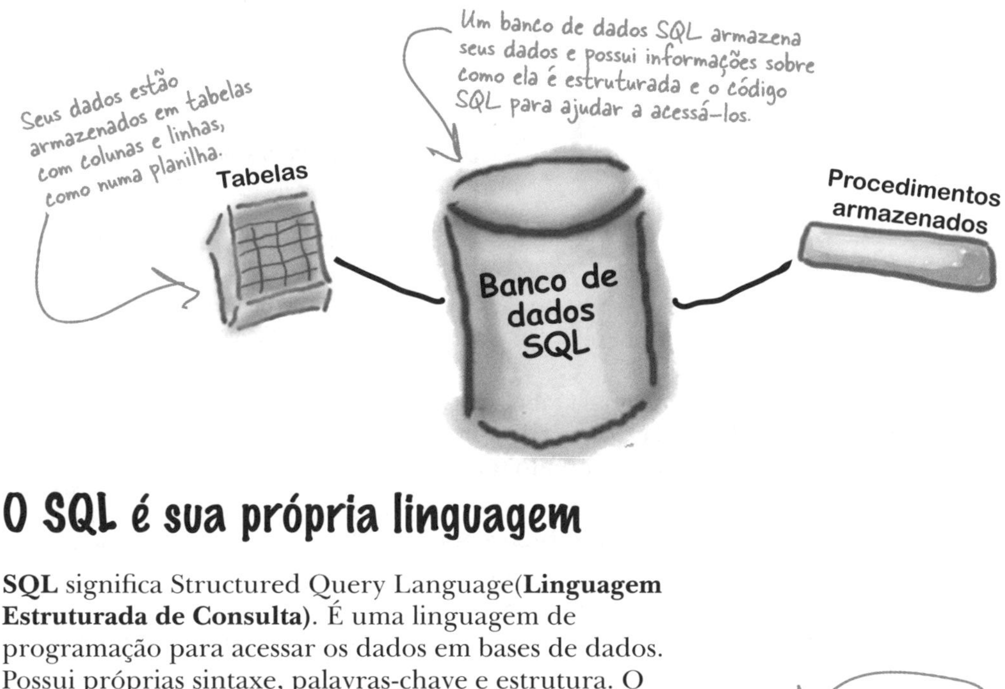

O SQL é sua própria linguagem

SQL significa Structured Query Language(**Linguagem Estruturada de Consulta**). É uma linguagem de programação para acessar os dados em bases de dados. Possui próprias sintaxe, palavras-chave e estrutura. O código SQL tem a forma de **instruções** e **consultas**, que acessam e recuperam os dados. Um banco de dados SQL pode possuir **procedimentos armazenados**, que são várias instruções e consultas SQL armazenadas no banco de dados e podem ser executadas a qualquer momento. O IDE gera instruções SQL e procedimentos armazenados automaticamente para permitir ao seu programa acessar os dados no banco de dados.

[nota do marketing: Podemos obter uma referência para o Use a Cabeça! SQL aqui?]

Criando a tabela para a Lista de Contatos

Temos um banco de dados e agora precisamos armazenar informações nele. Mas, na verdade, nossas informações têm de ir para uma tabela, estruturas usadas para guardar porções individuais dos dados. Para nossa aplicação, vamos **criar uma tabela chamada "People"** (Pessoas) para armazenar todas as informações de contato:

1 **Adicione uma tabela ao banco de dados ContactDB.**
Clique com o botão direito em Tables (Tabelas) no Navegador do Banco de Dados e selecione Create Table (Criar Tabela). Será aberta uma janela onde você pode definir as colunas na tabela que acabou de criar.

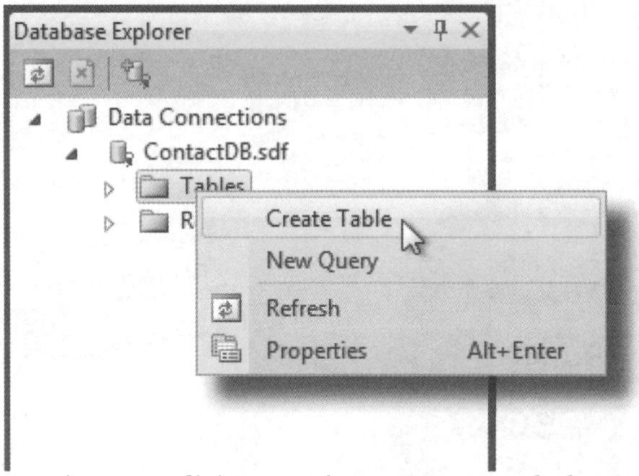

Agora, precisamos adicionar colunas à nossa tabela. Primeiro, vamos adicionar uma coluna chamada ContactID à nova tabela People, para que cada registro de Contato tenha seu próprio ID exclusivo.

2 **Adicione uma coluna ContactID à tabela People.**
Digite "ContactID" no campo Column Name (Nome da Coluna) e selecione Int na caixa suspensa Data Type (Tipo de Dados). Selecione "No" (Não) para Allow Nulls (Permitir Nulos).
Finalmente, vamos tornar esta coluna a chave primária de nossa tabela. Selecione a coluna ContactID que acabou de criar e clique no botão Primary Key (Chave Primária). Isto informa ao banco de dados que cada entrada terá uma entrada única de chave primária.

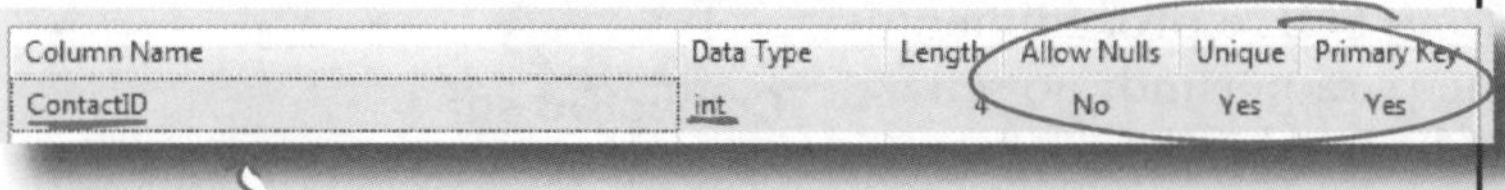

Adicione uma nova coluna chamada "ContactID" com o tipo de dados "int". Defina "Allow Nulls" para No, "Unique" (Único) para Yes (Sim) e Primary Key para "Yes".

Não existem Perguntas Idiotas

P: O que é mesmo uma coluna?

R: Uma coluna é um campo de uma tabela. Então, numa tabela chamada People, você pode ter uma coluna para FirstName e outra para LastName. Ela sempre terá um tipo de dado, também, tal como String, Date ou Bool.

P: Por que precisamos desta coluna ContactID?

R: Ela ajuda a ter ID exclusivo para cada registro na maioria das tabelas da bases de dados. Já que estamos armazenando informações de contato para pessoas individuais, decidimos criar uma coluna para isso e chamá-la de ContactID.

P: O que aquele Int em Data Type significa?

R: O tipo de dados informa ao banco de dados qual tipo de informação ela deve esperar de uma coluna. Int significa inteiro, que é apenas um número inteiro. Então, a coluna ContactID terá números inteiros.

P: Tem muitos detalhes aí. Eu deveria entender tudo isto?

R: Não, tudo bem se você não entender tudo agora. Seu objetivo agora deve ser familiarizar-se com o básico do uso do IDE Visual Basic para fazer o layout de seu formulário e executar seu programa. (Se você estiver curioso para saber mais agora sobre o banco de dados, poderá sempre ler o ***Use a Cabeça! SQL***.)

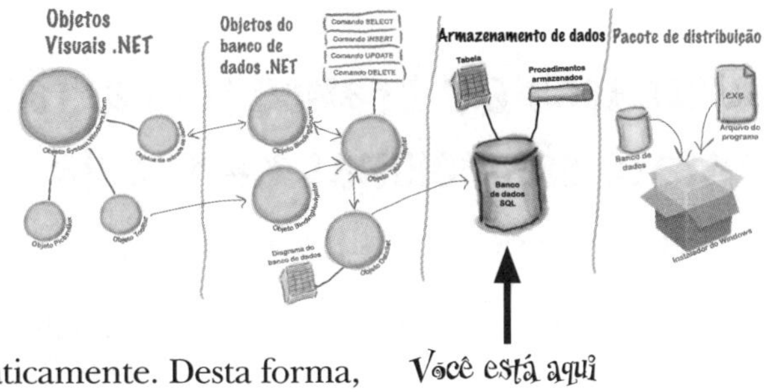

3 **Mande o banco de dados gerar IDs automaticamente.**

Já que ContactID é um número que serve para o banco de dados e não para nossos usuários, podemos mandar nosso banco lidar com a criação e a atribuição dos IDs automaticamente. Desta forma, não temos que nos preocupar em escrever código para fazer isto.

Nas propriedades abaixo de sua tabela, defina Identity para "True" para tornar ContactID uma coluna de identidade para sua tabela.

Tenha certeza de nomear a tabela como "People" na caixa Name.

Esta janela é o que você usa para definir sua tabela e os dados que ela armazenará.

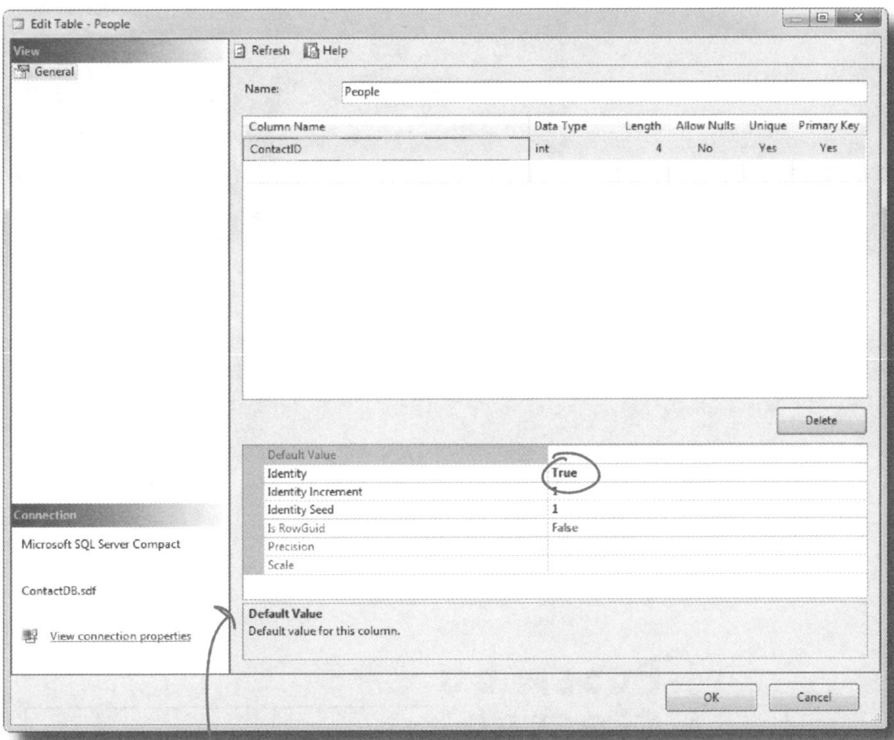

Uma chave primária ajuda seu banco de dados a consultar os registros rapidamente. Como a chave primária é o principal modo de seu programa localizar os registros, ela sempre precisa ter um valor.

Isto fará com que o campo ContactID se atualize automaticamente sempre que um novo registro for adicionado.

Você precisará clicar na coluna direita e selecionar "True" na lista suspensa ao lado de Identity para designar ContactID como o identificador de registro de sua tabela.

Os espaços em branco no cartão de contato são colunas na tabela People

Agora que você criou uma chave primária para a tabela, é preciso definir todos os campos que serão mantidos no banco de dados. Cada campo em nosso cartão de contato impresso deve tornar-se uma coluna na tabela People.

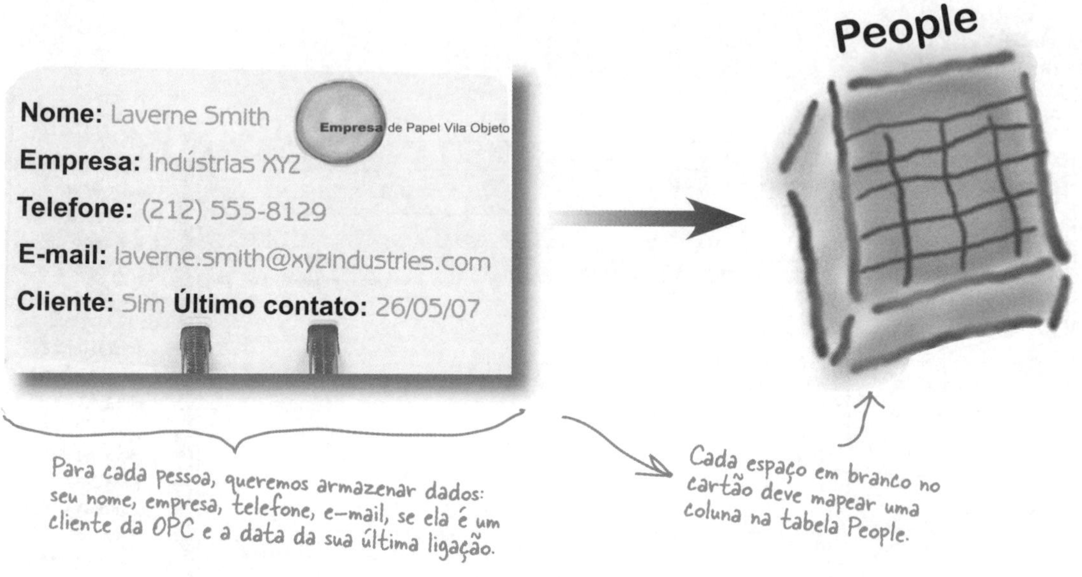

PODER DO CÉREBRO

Que tipos de problemas poderiam resultar do armazenamento de várias linhas para a mesma pessoa?

QUEM FAZ O QUÊ?

Agora que você criou uma tabela People e uma coluna de chave primária, precisa adicionar colunas para todos os campos de dados. Veja se consegue descobrir qual tipo de dado combina com uma das colunas em sua tabela e também associe o tipo de dado à sua descrição correta.

Nome da Coluna	Tipo de Dado	Descrição
Last Call	int	Este tipo armazena uma data e hora
Name	bit	Um tipo verdadeiro/ falso booleano
ContactID	nvarchar(100)	Uma string de letras, números e outros caracteres com um comprimento máximo de 100
Client?	datetime	Um número inteiro

QUEM FAZ O QUÊ? SOLUÇÃO

Agora que você criou uma tabela People e uma coluna de chave primária, precisa adicionar colunas para todos os campos de dados. Veja se consegue descobrir qual tipo de dado combina com cada uma das colunas em sua tabela e também associe o tipo de dado à sua descrição correta.

Nome da Coluna	Tipo de Dado	Descrição
Last Call (última ligação)		Este tipo armazena uma data e hora
	int	
Name (nome)		Um tipo verdadeiro/ falso booleano
	bit	
ContactID		Uma string de letras, números e outros caracteres com um comprimento máximo de 100
	nvarchar(100)	
Client?		
	datetime	Um número inteiro

Termine de construir a tabela

Volte para onde inseriu a coluna ContactID e adicione outras cinco colunas do cartão de contato. Aqui, vemos como sua tabela de dados deverá ficar quando você terminar:

Name: People

Column Name	Data Type	Length	Allow Nulls	Unique	Primary Key
ContactID	int	4	No	Yes	Yes
Name	nvarchar	100	Yes	No	No
Company	nvarchar	100	Yes	No	No
Telephone	nvarchar	100	Yes	No	No
Email	nvarchar	100	Yes	No	No
Client	bit	1	Yes	No	No
LastCall	datetime	8	Yes	No	No

Campos bit possuem valor True ou False e podem ser representados com uma caixa de seleção (checkbox).

Se você definir Allow Nulls para No, a coluna obrigatoriamente deverá ter um valor.

Alguns cartões podem ter informações faltando, então deixaremos algumas colunas em branco.

Clique no botão OK para salvar sua nova tabela. Isto adicionará uma tabela vazia ao seu banco de dados. (Se você clicou em OK anteriormente, você pode abrir a janela Edit Table novamente ao clicar com o botão direito na tabela presente do Database Explorer e escolher Edit Table Schema no menu.)

Assim que você clicar em OK, o Visual Studio adicionará uma nova tabela People ao banco de dados.

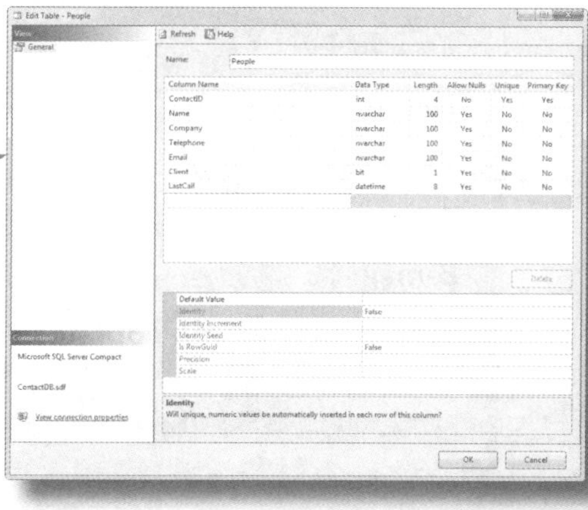

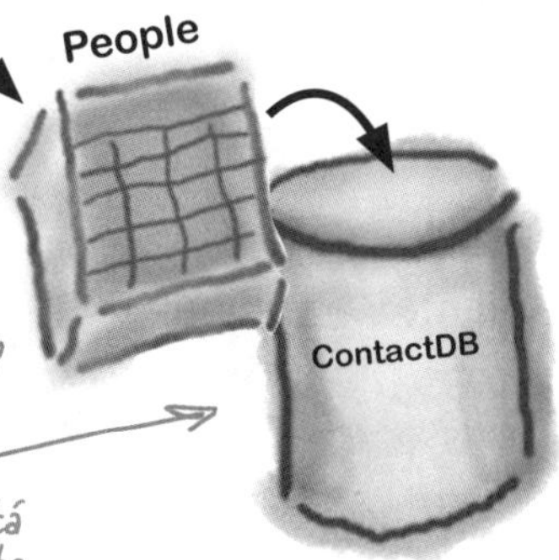

Esta nova tabela está vazia, mas está pronta para você adicionar dados!

Insira seus dados dos cartões no banco de dados

Agora, você está pronto para começar a fornecer cartões no banco de dados. Aqui estão alguns dos contatos do chefe – vamos usá-los para configurar o banco de dados com alguns registros.

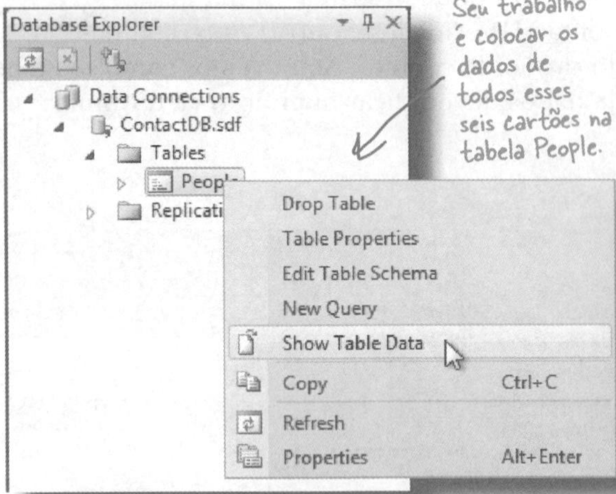

Seu trabalho é colocar os dados de todos esses seis cartões na tabela People.

① **Expanda Tables e, então, clique com o botão direito na tabela People no Navegador do Banco de Dados (Database Explorer ou Server Explorer) e selecione Show Table Data (Mostrar Dados da Tabela).**

② **Uma vez que você tenha visto a grade Tabela na janela principal, vá em frente e adicione todos os dados abaixo. (Você verá todos os valores nulos primeiro – apenas digite sobre eles quando adicionar sua primeira linha. Ignore os pontos de exclamação que aparecem ao lado dos dados). Você não precisa preencher a coluna ContactID. Isto é feito automaticamente.**

Digite "True" ou "False" na coluna Client. Tudo será traduzido para o modo como o SQL armazena informações de sim ou não.

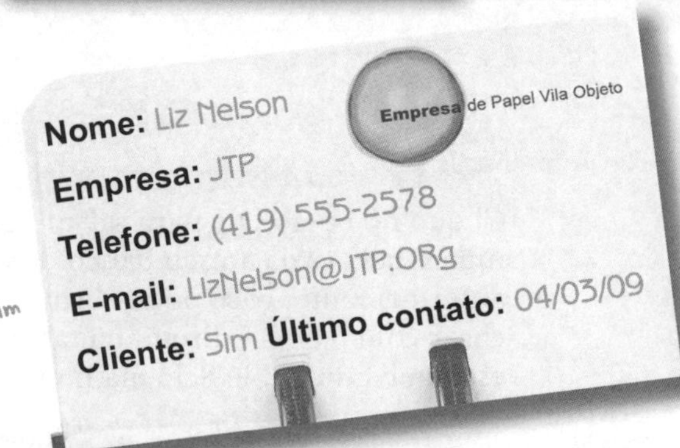

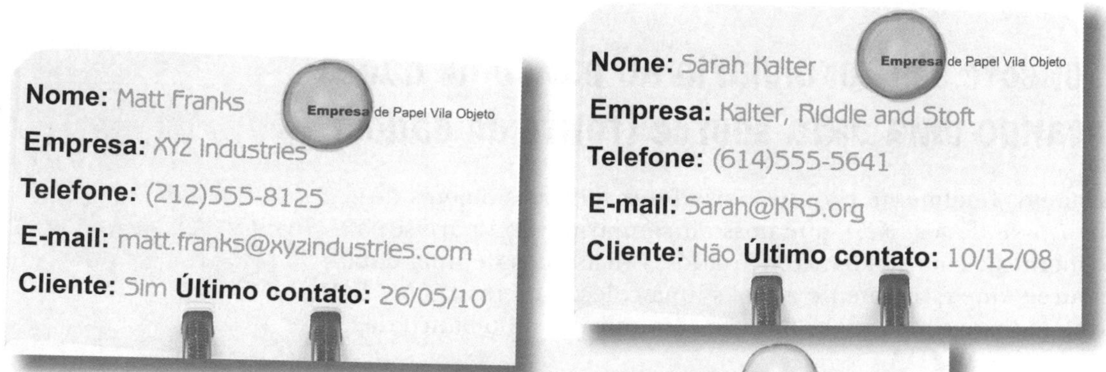

A Empresa de Papel Vila Objeto utiliza o padrão de representação de datas dia/mês/anos (dd/mm/aa), de forma que 26/05/10 apresenta 26 de maio de 2010. Se sua máquina estiver definida para um local diferente, você poderá precisar fornecer as datas de modo diferente.

③ **Uma vez que você tenha acrescentado todos os seis registros, selecione Save All no menu File novamente. Isto deve salvar os registros no banco de dados.**

"Save All" manda o IDE salvar tudo em sua aplicação. É diferente de "Save", que apenas salva o arquivo no qual você está trabalhando.

Não existem Perguntas Idiotas

P: Então, o que aconteceu com os dados depois que eu os acrescentei? Para onde eles foram?

R: O IDE armazenou automaticamente os dados que você acrescentou na tabela People em seu banco de dados. A tabela, suas colunas, os tipos de dados e todos os dados dentro dele estão guardados num arquivo do SQL Server Express, ContactDB.sdf. Esse arquivo é mantido como parte de seu projeto e o IDE o atualiza como o faz com seus arquivos de dados quando você os altera.

P: Certo, eu acrescentei seis registros. Eles serão parte do meu programa para sempre?

R: Sim, eles são tão parte de seu programa quanto o código que você escreveu e o formulário que está criando. A diferença é que, em vez de ser compilado como um programa executável, o arquivo ContactDB.sdf é copiado e armazenado junto com o executável. Quando sua aplicação precisar acessar os dados, ele lerá e gravará em ContactDB.sdf, no diretório de saída do programa.

Este arquivo é, na prática, um banco de dados SQL e seu programa pode usá-lo com o código que o IDE criou para você.

ContactDB.sdf

Conecte seu formulário ao banco de dados usando uma data source (fonte de dados)

Estamos finalmente prontos para desenvolver os objetos do banco de dados .NET que nosso formulário usará para se comunicar com seu banco de dados. Precisamos de uma **data source**, que é realmente apenas uma coleção de instruções SQL que seu programa usará para se comunicar com o banco de dados ContactDB.

1 **Volte para o formulário do sua aplicação.**
Feche nossa tabela People e o diagrama do banco de dados ContactDB. Agora, a aba Form1.cs [Design] deve estar visível.

Assim que você tiver fornecido os dados, feche a janela de entrada de dados para voltar ao seu formulário.

People: Query(C:\U...cts\ContactDB.sdf ×

	ContactID	Name	Company	Telephone	Email	Client	LastCall
	1	Lloyd Jones	Black Box Inc.	(718)555-5638	LJones@xblack...	True	5/26/2010 12:00...
	2	Lucinda Ericson	Ericson Events	(212)555-9523	lucy@ericsonev...	False	5/17/2010 12:00...
	3	Liz Nelson	JTP	(419)555-2578	liznelson@JTP....	True	3/4/2009 12:00:...
	4	Matt Franks	XYZ Industries	(212)555-8125	Matt.Franks@x...	True	5/26/2010 12:00...
	5	Sarah Kalter	Kalter, Riddle a...	(614)555-5641	sarah@krs.org	False	12/10/2008 12:0...
	6	Laverne Smith	XYZ Industries	(212)555-8129	Laverne.Smith...	True	4/11/2010 12:00...
▸*	NULL	NULL	NULL	NULL	NULL	NULL	NULL

2 **Adicione uma nova fonte de dados a sua aplicação.**
Isto já deve ser fácil neste ponto. Clique no menu Data (Dados) e, então, selecione Add New Data Source (Adicionar Nova Fonte de Dados)... na caixa suspensa.

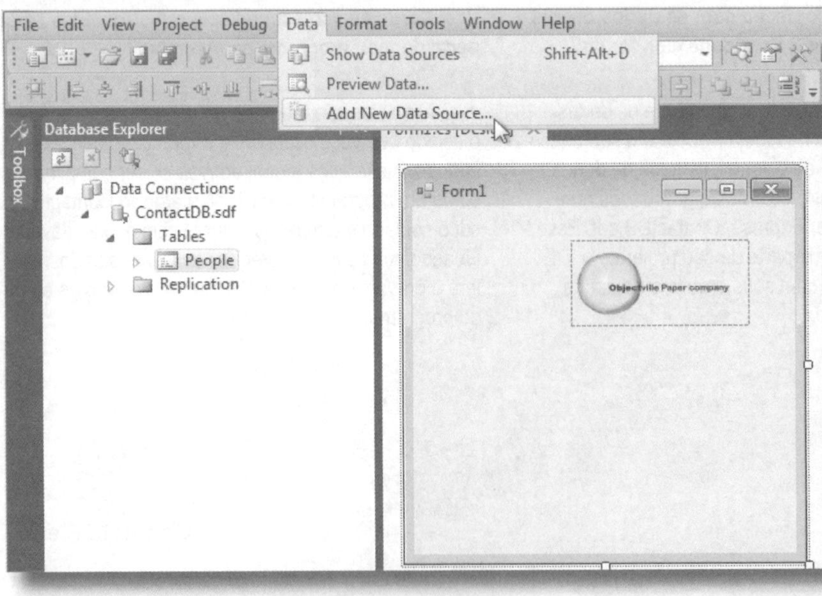

A data source que você está criando lidará com todas as interações entre seu formulário e seu banco de dados.

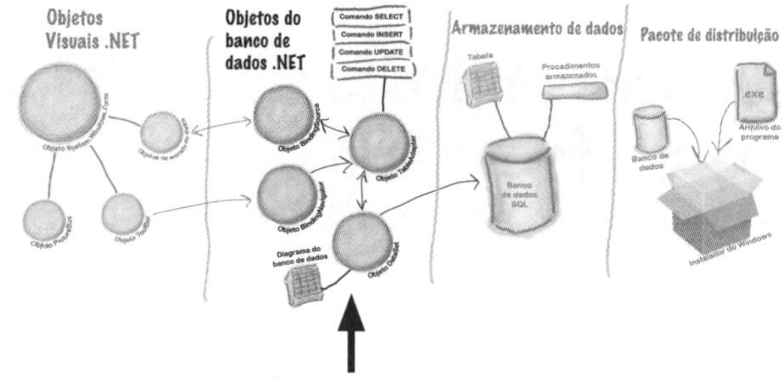

Você está aqui

❸ Configure sua nova data source.

Agora, você precisa configurar uma data source para usar seu banco de dados ContactDB. Eis o que você tem de fazer:

★ Passo 1: Escolha um Data Source Type (Tipo da Fonte de Dados). Selecione **Database** e clique no botão Next (Próximo).

★ Passo 2: Escolha um Database Model (Modelo do Banco de Dados). Selecione **Dataset** e clique no botão Next.

★ Passo 3: Escolha Your Data Connection (Sua Conexão de Dados). Você deverá ver seu banco de dados Contact na lista suspensa. Clique em Next.

★ Passo 4: Escolha Your Database Objects (Seus Objetos do Banco de Dados). Clique na caixa de seleção **Tables**.

★ No campo Dataset Name (Nome do Conjunto de Dados), certifique-se de que esteja escrito "ContactDBDataSet" e **clique em Finish** (Terminar).

Estes passos conectam sua nova data source à tabela People no banco de dados ContactDB.

Nas edições não Express, você pode ser solicitado a salvar a conexão na configuração da aplicação. Responda "Yes".

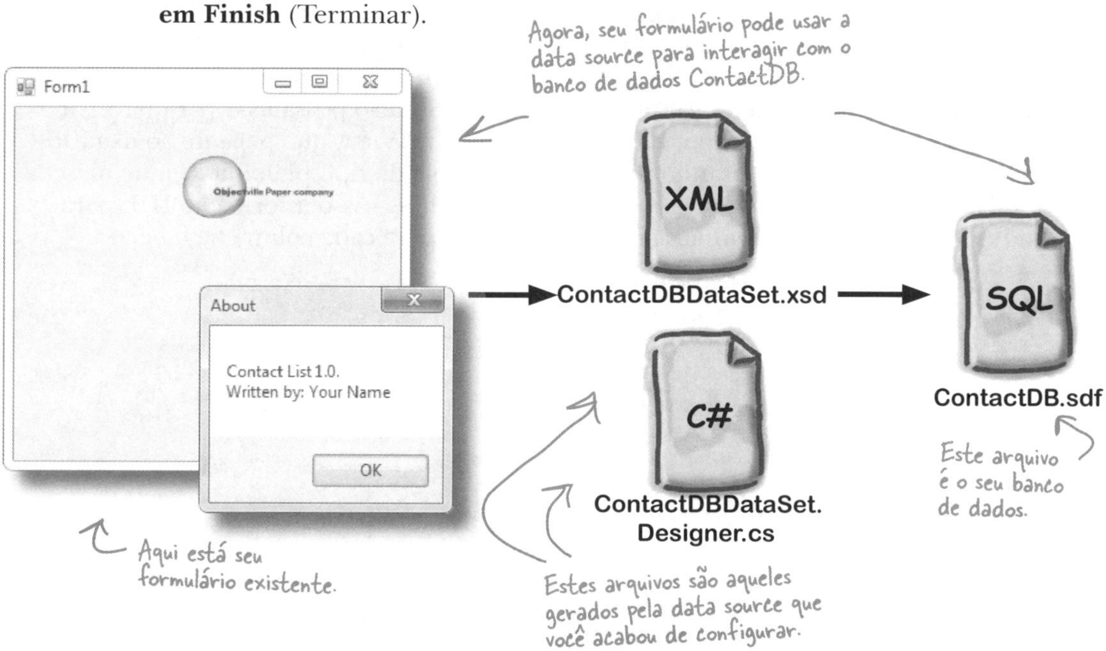

Adicione controles vinculados a dados em seu formulário

Deu um pouco de trabalho, mas agora voltamos para criar objetos de formulário que interagem com nosso armazenamento de dados.

Agora, podemos voltar ao nosso formulário e adicionar mais alguns controles. Mas, estes não são controles quaisquer, são controles *vinculados* ao nosso banco de dados e às colunas na tabela People. Isso significa que uma alteração nos dados em um dos controles no formulário automaticamente altera os dados na respectiva coluna no banco de dados.

Aqui vemos como criar diversos controles baseados no banco de dados:

Se você não estiver vendo essa aba, selecione "Show Data Sources" no menu Data.

1. **Selecione a data source que você quer usar.**
Selecione Show Data Sources (Mostrar Fontes de Dados) no menu suspenso Data (Dados). Isso abrirá a janela Data Sources, mostrando as fontes que você configurou para sua aplicação.

Você também pode procurar e clicar na aba Data Sources na parte inferior de sua janela Database Explorer.

Esta janela mostra todas as data sources. Temos apenas uma configurada, mas você poderia ter mais para tabelas ou bancos de dados diferentes.

2. **Selecione a tabela People.**
Abaixo de ContactDBDataSet, você deve ver a tabela People e todas as suas colunas. Clique no ícone "expandir" ao lado da tabela People para expandi-la – você verá as colunas adicionadas à sua tabela. Quando clicar na tabela People na janela Data Sources e arrastá-la para seu formulário, o IDE adicionará automaticamente os controles de dados ao seu formulário para que o usuário possa usar para navegar e fornecer dados. Por padrão, adiciona um DataGridView, que permite ao usuário trabalhar com os dados usando um grande controle do tipo planilha. Clique na seta ao lado da tabela People e selecione Details (Detalhes) – isso informa ao IDE para adicionar controles individuais ao seu formulário para cada coluna na tabela.

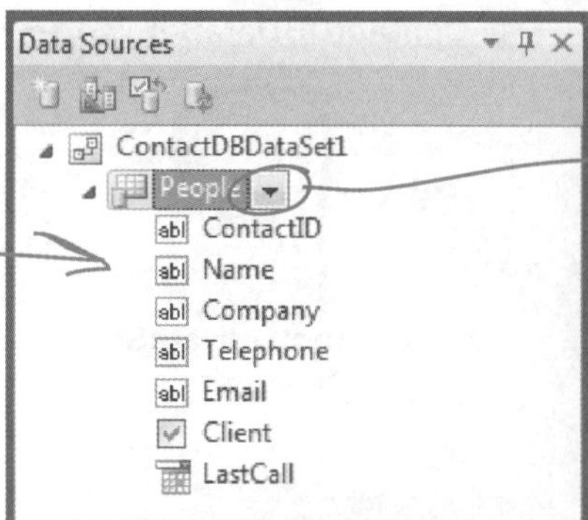

Clique nesta seta e escolha Details para informar ao IDE para adicionar controles individuais ao seu formulário, ao invés de um controle de dados grande do tipo planilha.

Todas as colunas criadas devem aparecer aqui.

Você verá apenas esta lista suspensa se obteve uma janela de desenho do formulário aberta no IDE. Permite que você **arraste os controles de dados** diretamente de sua fonte de dados e para seu formulário.

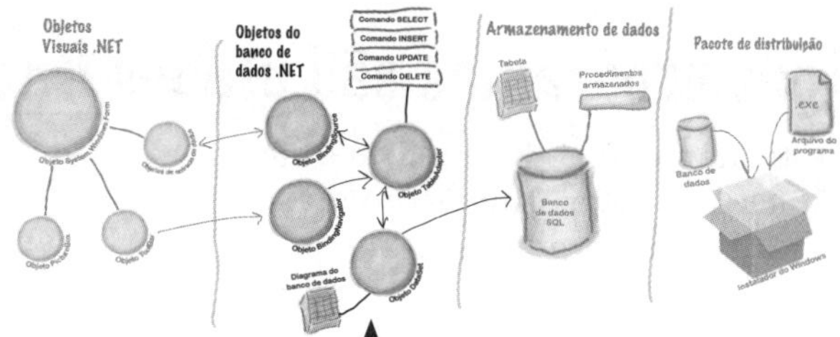

Você está aqui

3 **Crie controles que tenham vínculos com a tabela People.**
Arraste e solte a tabela People em seu formulário na janela de designer do formulário. Você deve ver controles aparecerem para cada coluna em seu banco de dados. Não se preocupe muito com a aparência deles agora; apenas se certifique de que todos apareçam no formulário.

Se, sem querer, você clicar fora do formulário no qual está trabalhando, poderá sempre voltar a ele clicando na aba "Form1.cs [Design]" ou abrindo `Form1.cs` no Navegador de Solução.

O IDE cria esta barra de ferramentas para navegar a tabela People.

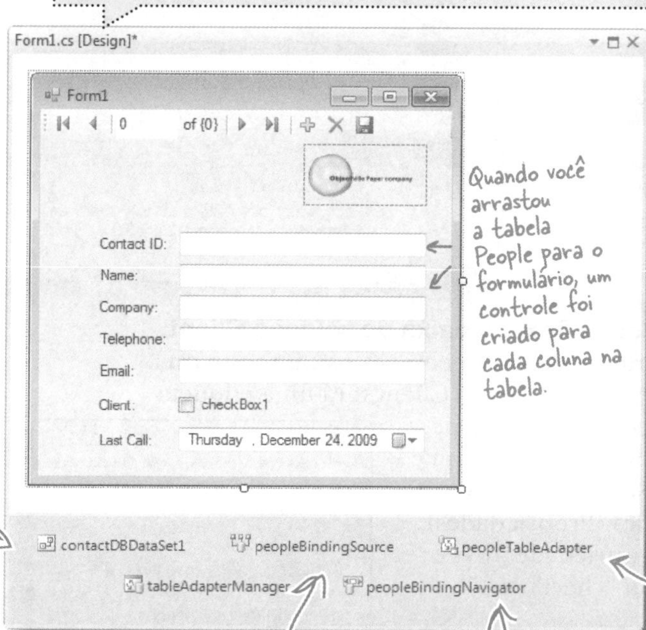

Quando você arrastou a tabela People para o formulário, um controle foi criado para cada coluna na tabela.

Este adaptador permite que seus controles interajam com os comandos SQL que o IDE e a fonte de dados geraram para você.

Estes não aparecerão em seu formulário, mas representam o código que o IDE criou para interagir com a tabela People e o banco de dados ContactDB.

Este objeto conecta o formulário à sua tabela People.

O navegador de vínculo conecta os controles da barra de ferramentas à sua tabela.

Bons programas são usados intuitivamente

Neste momento, o formulário funciona. Mas ele não está assim tão bonito. Sua aplicação tem que ser mais do que funcional. Ele deve ser fácil de usar. Apenas com alguns passos simples, você pode fazer com que o formulário pareça muito mais com os cartões de papel que estávamos usando no começo do capítulo.

Nosso formulário seria mais simples se parecesse bastante com o cartão de contato.

① **Alinhe seus campos e etiquetas.**
Alinhe seus campos e etiquetas na borda esquerda do formulário. Seu formulário se parecerá com outras aplicações e isso deixará seus usuários mais à vontade para usá-lo.

Linhas azuis aparecerão no formulário conforme você arrasta os controles. Elas existem para ajudá-lo a alinhar os campos.

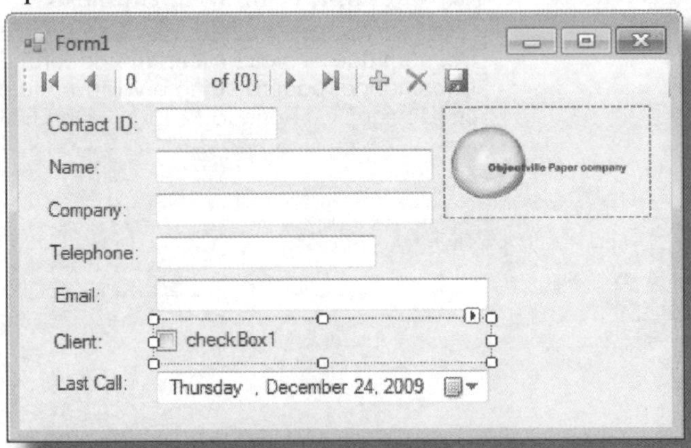

② **Mude a propriedade Text na caixa de seleção Client.**
Quando você arrastar pela primeira vez os campos para o formulário, sua caixa de seleção Client terá uma etiqueta à direita que precisa ser apagada. Logo abaixo do Solution Explorer (Navegador de Solução), você verá a janela Properties (Propriedades). Pagine para a propriedade Text e apague a etiqueta "checkbox1".

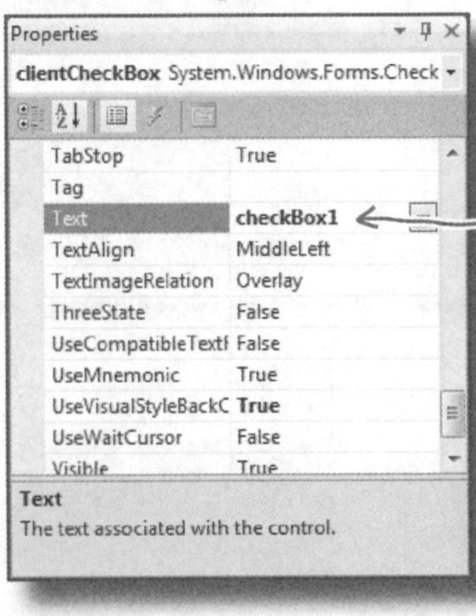

Apague esta palavra para retirar esta etiqueta.

Você está aqui

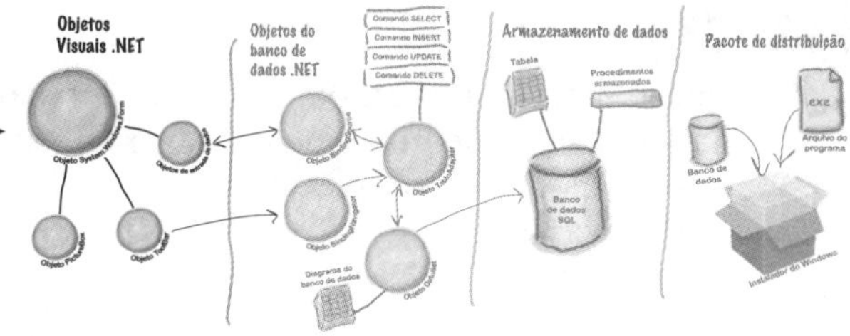

3. **Faça a aplicação parecer profissional.**
Você pode mudar o nome do formulário clicando em qualquer espaço vazio dentro dele e encontrando a propriedade Text na janela Properties de seu IDE. Mude o nome do formulário para *Empresa de Papel Vila Objeto – Lista de Contatos*.

Você também pode desativar os botões Maximizar e Minimizar nessa mesma janela procurando as propriedades MaximizeBox e MinimizeBox. Defina as duas para False.

A razão para você querer desativar o botão Maximizar é que maximizar seu formulário não mudará as posições dos controles, ficando estranho.

A janela Properties deve estar logo abaixo do Navegador de Solução, no painel direito inferior de seu IDE.

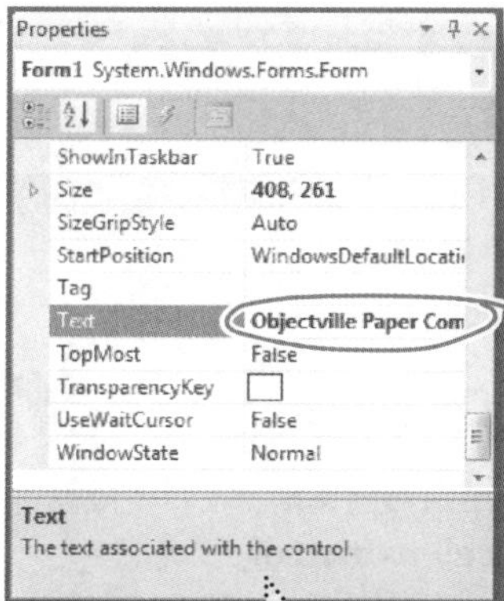

A propriedade Text controla o cabeçalho na barra de título de seu formulário.

Se você não tiver uma janela Properties, pode ativá-la selecionando-a no menu suspenso View (Exibir).

Um bom aplicativo não apenas funciona, mas é fácil de usar. É sempre uma boa ideia certificar-se de que ele se comporte como um usuário comum esperaria.

Test drive

Tudo bem, só mais uma coisa para fazer... executar seu programa e certificar-se de que ele funcione como o planejado! Faça como fez antes – pressione F5 em seu teclado ou clique na seta verde na barra de ferramentas (ou escolha "Run" [Executar] no menu Debug [Depurar]).

Clique no X no canto para parar o programa para que você possa seguir para o próximo passo.

Você sempre pode executar seus programas a qualquer hora, mesmo quando eles não estiverem prontos – mas, se houver algum erro no código, o IDE informará e o impedirá de continuar.

Estes controles permitem navegar pelos diferentes registros no banco de dados.

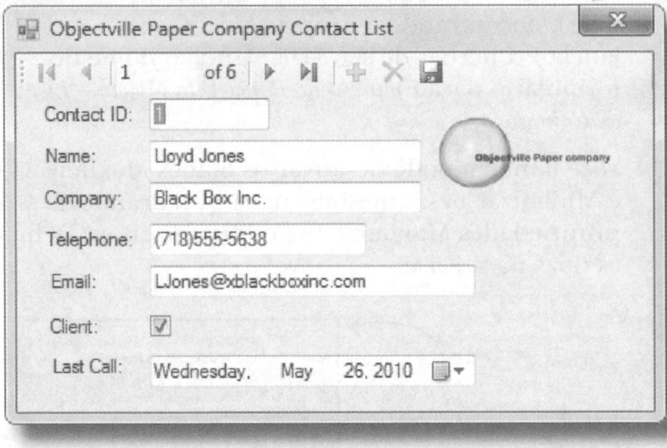

Construir seu programa sobrescreve os dados em seu banco de dados.

Passaremos mais tempo falando disso no próximo capítulo.

O IDE primeiro constrói, depois executa

Quando você executa seu programa no IDE, na verdade, ele faz duas coisas. Primeiro ele **constrói** seu programa, depois o **executa**. Isso envolve algumas partes distintas. O código é **compilado**, ou seja, transformado num arquivo executável. Então, ele coloca o código compilado junto com quaisquer recursos e outros arquivos, num subdiretório abaixo da pasta bin.

Neste caso, você encontrará o executável e o arquivo do banco de dados SQL em `bin/debug`. Já que ele copia o banco de dados todas as vezes, qualquer mudança feita será perdida na próxima vez que executar dentro do IDE. Mas, se você executar o executável a partir do Windows, ele salvará seus dados – até que você compile de novo, ponto no qual o IDE sobrescreverá o banco de dados SQL com uma nova cópia com os dados configurados de dentro do Navegador do Banco de Dados.

Veja bem!

Sempre que você constrói seu programa, o IDE coloca uma cópia nova do banco de dados na pasta bin. Isso irá sobrescrever qualquer dado adicionado quando você executar o programa.

Quando você depura seu programa, o IDE o reconstrói, caso o código tenha mudado – significando que seu banco de dados algumas vezes será sobrescrito quando você executar seu programa no IDE. Se você executar o programa diretamente a partir da pasta `bin/debug` *ou* `bin/release`, *ou se usar o instalador para instalá-lo em sua máquina, então você não terá este problema.*

Como transformar a SUA aplicação em uma aplicação para TODOS

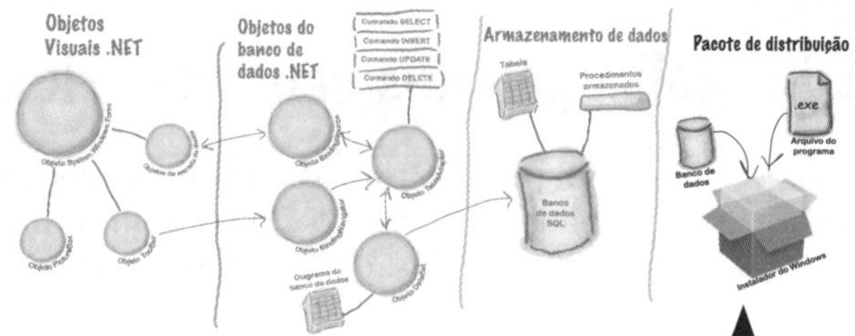

Neste ponto, você já tem um ótimo programa. Mas, ele só funciona na sua máquina. Ou seja, ninguém mais pode usar sua aplicação, comprá-lo de você, ver o quão genial você é e contratar você... e seu chefe e clientes não podem ver os relatórios que você está gerando a partir do banco de dados.

Você está aqui

O C# facilita pegar uma aplicação que você criou e **distribuí-lo**. A distribuição é pegar uma aplicação e instalá-lo em outras máquinas. E com o IDE Visual C#, você pode configurar uma distribuição com apenas dois passos.

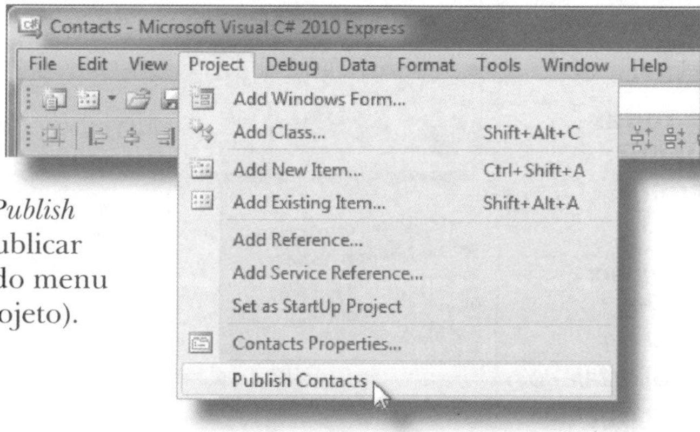

Construir a solução apenas copia os arquivos para sua máquina local. Publish cria um executável Setup e um arquivo de configuração para que então qualquer máquina possa instalar seu programa.

1. Selecione *Publish Contacts* (Publicar Contatos) do menu Project (Projeto).

2. Apenas aceite todos os padrões no Publish Wizard (Assistente de Publicação) clicando em Finish (Terminar). Você o verá compilar sua aplicação e, então, mostrar uma pasta que tem seu Setup.exe.

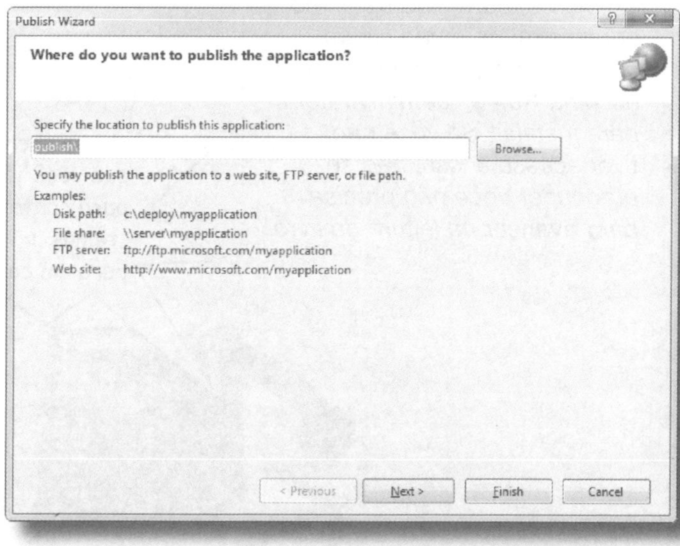

Se você estiver usando o Visual Studio Express, encontrará "Publish" no menu Project, mas em outras edições, poderá estar no menu Build (Construir).

Dê a aplicação aos seus usuários

Uma vez que tenha criado uma distribuição, você terá uma nova pasta chamada `publish/`. Ela contém muitas coisas, todas usadas para a instalação. A mais importante para seus usuários é `setup`, um programa que os permitirá instalar seu programa em seus próprios computadores.

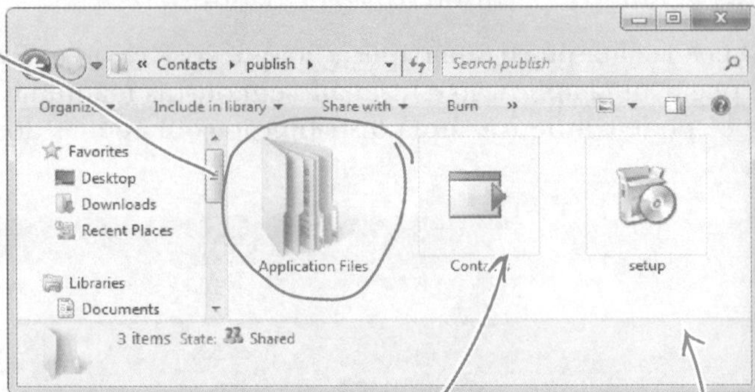

Veja bem!

Você talvez precise rodar o instalador como como administrador.

Se o SQL Server Compact não estiver instalado na máquina, o instalador irá realizar o download e instalá-lo automaticamente. Em algumas máquinas isto não funcionará, exceto se rodar o setup como administrador, então clique com o botão direito em setup e escolha Run as administrator para instalar. Se você não tiver acesso a isso, não se preocupe! Você não precisa para avançar na leitura do livro.

Minha secretária acabou de me contar que você já fez o novo banco de dados para contatos funcionar. Faça suas malas - temos um lugar no jatinho para Aspen para um cara ativo como você!

Parece que o chefe está satisfeito. Bom trabalho! No entanto, só tem mais uma coisa a fazer antes que você possa voar para as montanhas...

Você NÃO terminou: teste sua instalação

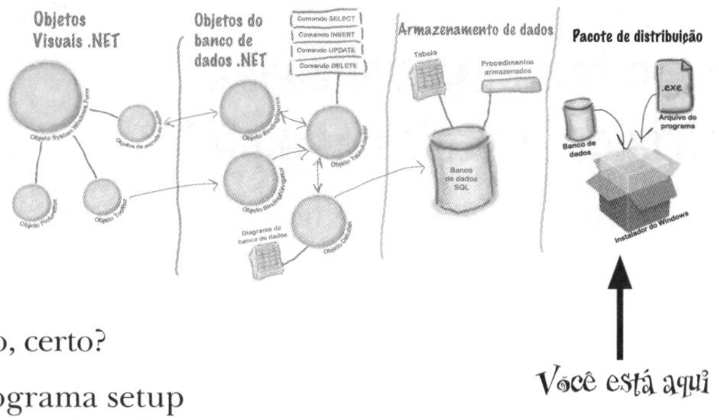

Antes que você estoure alguma garrafa de champanhe, precisa testar sua distribuição e instalação. Você não daria seu programa para ninguém antes de executá-lo primeiro, certo?

Feche o IDE Visual Studio. Clique no programa setup e selecione um local em seu computador para instalar o programa. Agora, execute-o de lá e tenha certeza de que ele funcione como você esperava. Você pode adicionar e alterar registros também, e eles serão salvos no banco de dados.

Agora, você pode fazer alterações nos dados e eles serão salvos no banco de dados.

Você pode usar as setas e o campo de texto para trocar de registro.

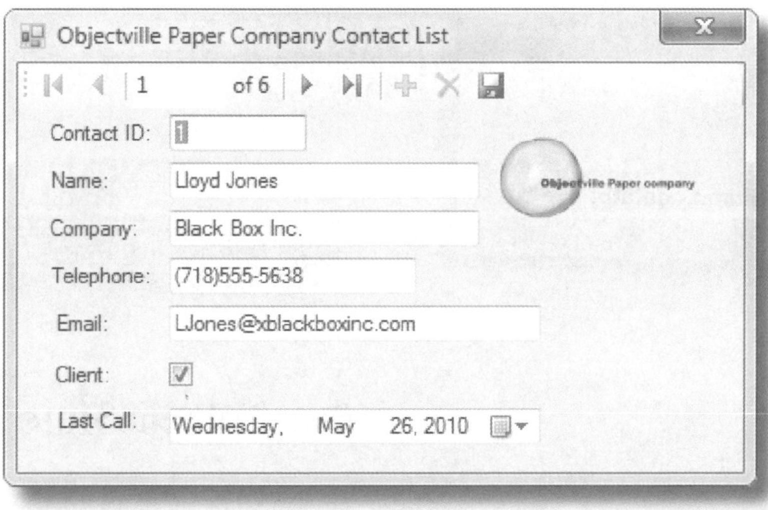

Vá em frente... faça algumas alterações. Você fez a distribuição, então desta vez elas serão mantidas.

Os contatos que você forneceu estão todos lá. Eles fazem parte do arquivo do banco de dados ContactDB.sdf, que é instalado junto com seu programa.

TESTE TUDO!

Teste seu programa, sua distribuição e os dados em sua aplicação.

Você fez uma aplicação dirigida a dados completo

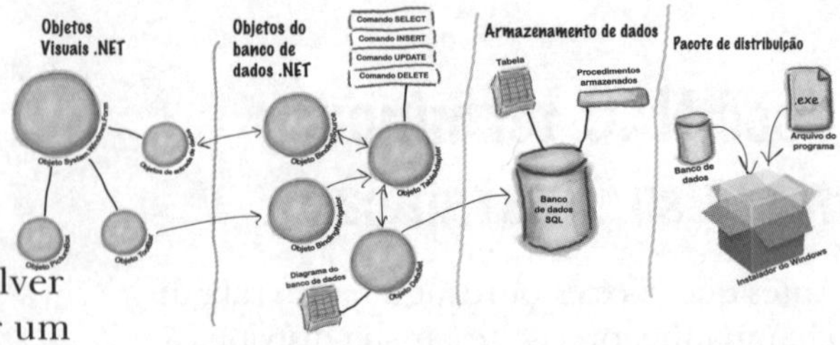

O IDE Visual Studio facilita muito desenvolver aplicações para o Windows, criar e projetar um banco de dados e ligar os dois. Você até mesmo foi capaz de fazer um instalador com alguns cliques extras.

Disso

para isso

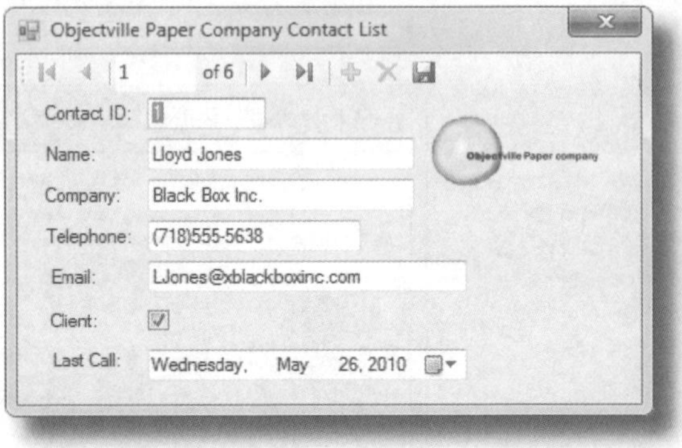

em pouquíssimo tempo.

O poder do Visual C# está na forma como você pode ativar e executar rapidamente com ele e, então, focar no que seu programa deve fazer... não em um monte de janelas, botões e código de acesso SQL.

Cruzadinha C#

Reserve um tempo para se sentar e exercitar seu vocabulário C# com essa cruzadinha. Todas as respostas são deste capítulo.

Verticais

1. O que está acontecendo quando o código está sendo transformado em um executável

2. O que você muda para alterar a aparência ou o comportamento dos controles em seu formulário

3. O que você está fazendo com seu programa quando você o executa de dentro do IDE

4. A caixa "About" no programa Empresa de Papel Vila Objeto - Lista de Contatos era uma delas

6. Você exibiu o logotipo Empresa de Papel Vila Objeto com um deles

7. Antes de começar a construir um programa, sempre pense sobre os usuários e suas __________

8. Um banco de dados SQL pode usar muitas dessas para armazenar seus dados

10. O tipo de dados em um banco de dados SQL que você usa para armazenar os valores true/false.

11. Antes de poder executar seu programa, o IDE faz isto para criar o executável e mover os arquivos para o diretório de saída

13. Você arrasta os controles disto e para seu formulário

Horizontais

3. O Navegador de _______ é onde você edita o conteúdo de suas tabelas SQL e conecta ao seu programa

5. Uma imagem, som, ícone ou arquivo anexado ao seu programa de forma que seu código possa acessar facilmente

9. Você constrói um deles para que possa distribuir seu programa para outro computador.

12. O que "I" em IDE significa

14. Quando você clicou duas vezes em um controle, o IDE criou isto para você e você adicionou código a ele

15. Toda linha contém várias e todas elas podem ter diferentes tipos de dados

16. O Navegador _______ mostra todos os arquivos em seu projeto

Solução da Cruzadinha C#

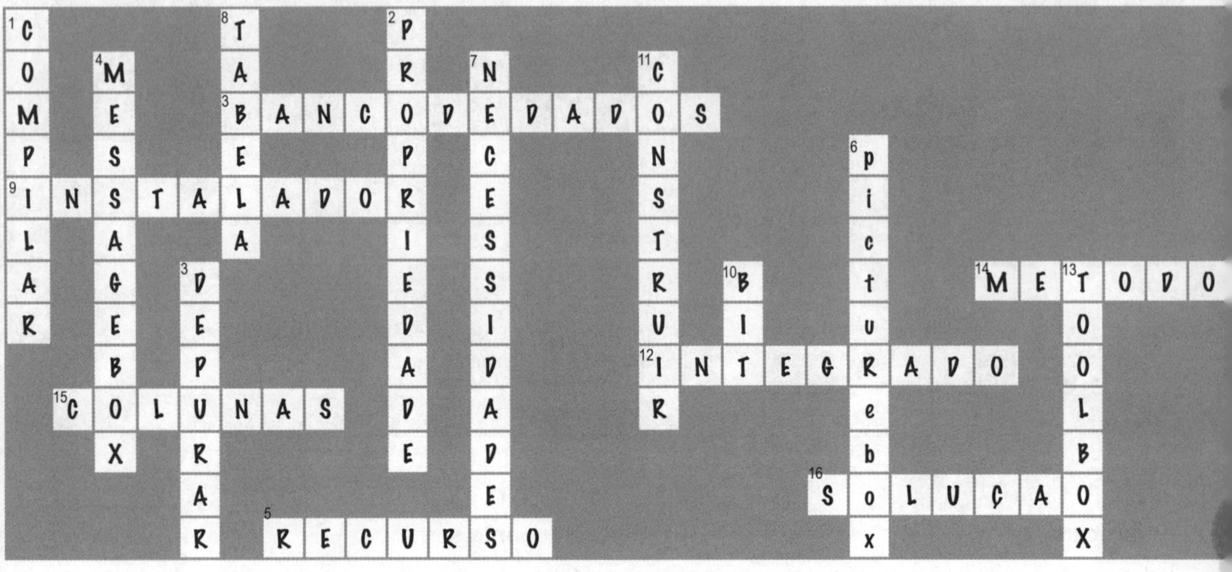

2 tudo é somente código

Debaixo do capô

Você é um programador, não apenas um usuário de IDE

Você pode fazer muito usando o IDE. Mas existe um limite para o que o IDE pode fazer por você. Claro, existem muitas **tarefas repetitivas** que devem ser feitas quando se desenvolve uma aplicação. E o IDE é ótimo para fazer essas coisas. Mas trabalhar com o IDE é *apenas o começo*. Pode-se fazer uma aplicação realizar muito mais – e **escrever código C#** é a forma de conseguir isso. Uma vez que se tenha pegado o jeito da coisa com relação a programar, não há *nada* que seus programas não possam fazer.

Enquanto você está fazendo isso...

O IDE é uma ferramenta poderosa – mas é tudo o que ele é, uma *ferramenta* para seu uso. Toda vez que você mudar seu projeto ou arrastar e soltar alguma coisa no IDE, ele criará código automaticamente. E ele é muito bom em escrever código **padrão**, ou seja, aquele que pode ser reutilizado sem exigir muita customização.

Todas essas tarefas são relacionadas com as ações padrão e ao código padrão. Essas são as coisas nas quais o IDE é ótimo para ajudar.

Vamos examinar o que o IDE faz no desenvolvimento típico de aplicação, quando estamos...

1. **Criando um projeto Aplicação Windows Forms**
Existem muitos tipos de aplicações que o IDE permite que se desenvolvam, mas nos concentraremos nos aplicações Windows Forms por agora. São programas com elementos visuais, tais como formulários e botões.

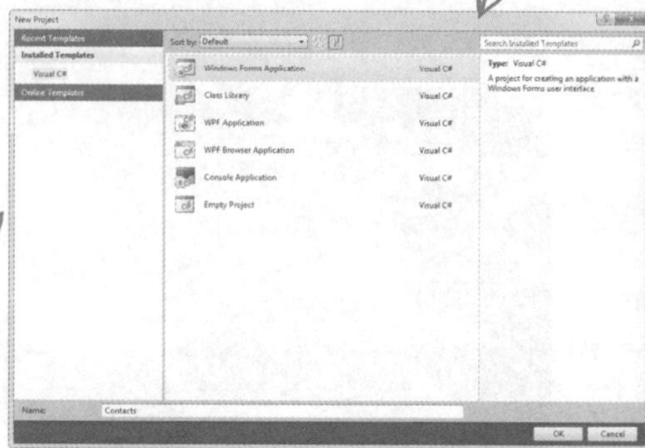

Sempre crie um projeto para a **aplicação Windows Forms** – isto diz ao IDE para criar um formulário vazio e adicioná-lo ao novo projeto.

2. **Arrastando um botão da toolbox para o formulário e clique nele duas vezes**
Botões são o meio pelo qual você faz as coisas acontecerem no seu formulário. Usaremos muitos botões para explorar várias partes da linguagem C#. Também são parte de quase todos os aplicações C# que você escreverá.

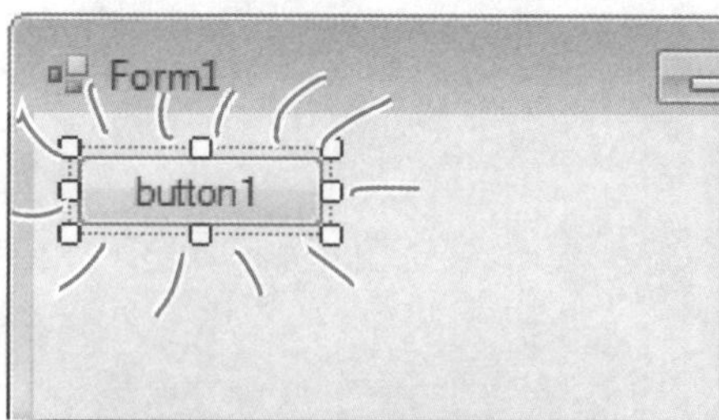

3. **Atribuindo uma propriedade em seu formulário**
A **janela Properties (Propriedades)** no IDE é uma ferramenta realmente poderosa usada para mudar atributos de quase todas as coisas em seu programa: todas as propriedades visuais e funcionais dos controles no formulário, atributos de seus bancos de dados e até opções do próprio projeto.

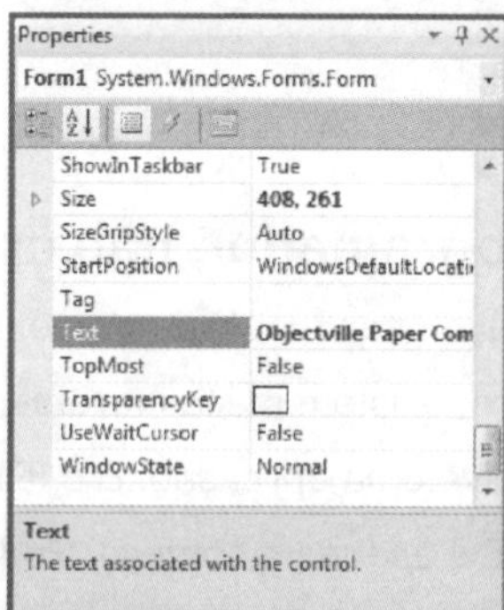

A **janela Properties** no IDE é apenas uma forma muito fácil de editar uma parte específica do código em Form1.Designer.cs automaticamente. Seria bem mais difícil fazer isso manualmente. Use o atalho **F4** para abrir a janela Properties se ela estiver fechada.

...o IDE está fazendo isso

Toda vez que você altera o IDE, ele altera uma parte do código, ou seja, alteram-se os arquivos que o contêm. Algumas vezes, apenas algumas poucas linhas são modificadas, mas em outras, arquivos inteiros são adicionados ao projeto.

Esses arquivos são criados a partir de um modelo predefinido que contém o código básico para criar e exibir um formulário.

1 **... o IDE cria arquivos e pastas para o projeto.**

WindowsApplication1.csproj **Form1.cs** **Form1.Designer.cs** **Program.cs** **Propriedades**

2 **... o IDE adiciona código ao arquivo `Form1.Designer.cs`, que adiciona o botão ao formulário e, então, adiciona código ao arquivo `Form1.cs` para lidar com o clique do botão.**

Form1.Designer.cs

```
private void button1_Click(object sender, EventArgs e)
{

}
```

O IDE sabe como adicionar um método vazio para lidar com um clique do botão, mas não sabe o que colocar dentro dele – isto é sua responsabilidade.

Esse código é adicionado a Form1.cs

Form1.cs

3 **... o IDE abre o arquivo `Form1.Designer.cs` e atualiza a linha de código.**

O IDE vai até este arquivo...

```
partial class Form1
{
  :
        this.Text = "Objectville Paper Company Contact List";
  :
}
```

Form1.Designer.cs

... e atualiza esta linha de código.

De onde vêm os programas

Um programa C# pode começar como instruções em vários arquivos, mas ele termina como um programa executado no seu computador. Eis como ele chega lá.

Todos os programas começam como arquivos de código-fonte

Você já viu como editar um programa e como o IDE o salva em arquivos e pastas. Esses arquivos **são** o seu programa – você pode copiá-los para outra pasta, abri-los e tudo estará lá: formulários, recursos, código e tudo o mais que foi adicionado ao projeto.

Pode-se pensar sobre o IDE como se ele fosse um tipo de editor de texto sofisticado. Ele automaticamente faz a indentação para você, muda as cores das palavras-chave, fecha os parênteses e até mesmo sugere quais palavras devem vir em seguida. Mas, no final, tudo o que o IDE faz é editar os arquivos que contêm seu programa.

O IDE agrupa todos os arquivos de seu programa numa **solução**, criando um arquivo de solução (`.sln`) e uma pasta que contém todos os demais arquivos do programa. O arquivo de solução tem uma lista de arquivos de projeto (que terminam com `.csproj`) na solução e os arquivos de projeto contêm listas de todos os outros arquivos associados ao programa. Neste livro, desenvolveremos soluções que têm apenas um único projeto dentro delas, mas você poderá facilmente adicionar outros projetos às suas soluções usando o Solution Explorer (Navegador de Soluções) do IDE.

Não há nenhuma razão para você não poder programar no Bloco de Notas, mas seria muito mais demorado.

O .NET Framework fornece as ferramentas certas para o trabalho

C# é apenas uma linguagem – por si mesma, não pode *fazer* efetivamente nada. E é aí que entra o **.NET Framework**. Lembra daquele botão Maximizar removido do formulário de Contatos? Quando se pressiona o botão Maximizar de uma janela, existe um código que lhe diz para aumentar a si mesma e ocupar toda a tela. Esse código é parte do .NET Framework. Botões, caixas de seleção, listas... todos são peças do .NET Framework. Assim como as pequenas peças internas que associam seu formulário ao banco de dados. Ele tem ferramentas para desenhar gráficos, ler e gravar arquivos, gerenciar coleções de coisas... todo tipo de ferramentas para muitos tipos de trabalho que os programadores têm de fazer todos os dias.

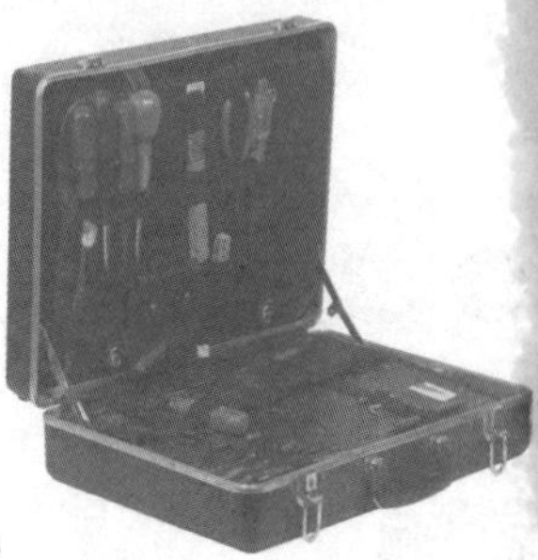

As ferramentas no.NET Framework estão divididas em vários **namespaces**. Você já os viu antes, no início de seu código nas linhas "using". Um namespace é chamado de `System.Windows.Forms` – é de onde seus botões, caixas de seleção e formulários se originam. Sempre que você criar um novo projeto de aplicação Windows Forms, o IDE adicionará os arquivos necessários para que seu projeto contenha um formulário, que terão a linha "`using System.Windows.Forms`" no início.

Compile o programa para criar um executável

Quando você seleciona "Build Solution" (Construir Solução) no menu Build (Construir), o IDE **compila** seu programa. Ele faz isso executando o **compilador**, uma ferramenta que lê o código–fonte de seu programa e o transforma num **executável**. O executável é um arquivo em seu disco que termina em `.exe` – aquilo em que você clica duas vezes para executar seu programa. Quando um programa é construído, o executável é criado dentro da pasta bin, que fica dentro da pasta do projeto. Quando você publica sua solução, o executável é copiado (juntamente com qualquer outro arquivo necessário) para a pasta de publicação.

Quando você seleciona "Start Debugging" (Iniciar Depuração) no menu Debug (Depurar), o IDE compila o programa e executa o executável. Ele tem mais algumas ferramentas avançadas para **depurar** seu programa, o que apenas quer dizer executá-lo e ser capaz de colocá-lo em pausa (ou "interrompê-lo") de forma que se possa descobrir o que está acontecendo.

Seu programa executa dentro do CLR

Quando você clica duas vezes no executável, o Windows executa seu programa. Mas, existe uma "camada" extra entre os dois chamada **Common Language Runtime (Execução da Linguagem Comum)** ou CLR. Era uma vez, num passado não tão distante (mas, antes do C# existir) um mundo onde escrever programas era mais difícil, pois tínhamos que lidar com o hardware e outras coisas de baixo nível nos computadores. Você nunca sabia exatamente como alguém iria configurar seu computador. O CLR – frequentemente chamado de **máquina virtual** – cuida de todos esses detalhes para você, fazendo um tipo de "tradução" do seu programa para o computador que o está executando.

Você não precisa preocupar-se com o CLR nesse momento. É suficiente saber que ele existe e que toma conta do seu programa automaticamente. Aprenderemos mais sobre ele conforme avançarmos.

Você aprenderá uma série de coisas que o CLR pode fazer. Por exemplo, ele gerencia rigorosamente a memória do computador, descobrindo quando um programa é encerrado com certas partes de dados e livrando-se delas para você. Era algo feito pelos próprios programadores e algo com o qual você não tem que se preocupar. Você pode não ter percebido antes, mas o CLR vai facilitar a tarefa de aprender C#.

O IDE ajuda você a fazer seu código

Você já viu algumas coisas que o IDE pode fazer. Vamos examinar com mais detalhe algumas das ferramentas que ele fornece.

O Solution Explorer mostra tudo no seu projeto
Você emprega muito do seu tempo indo de uma classe para outra e a forma mais fácil de fazer isto é usando o Solution Explorer (Navegador de Solução). Eis como fica o Solution Explorer depois de criar o programa Empresa de Papel Vila Objeto – Lista de Contatos:

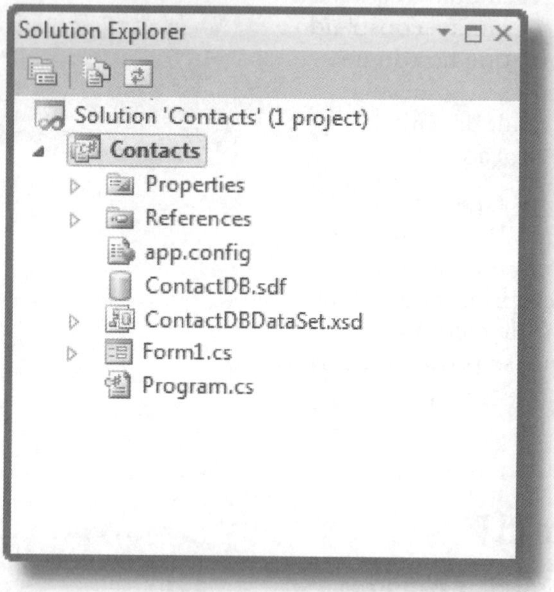

O Solution Explorer mostra os diferentes arquivos na pasta de solução.

Use as abas para alternar entre os arquivos abertos
Uma vez que seu programa está dividido em mais de um arquivo, normalmente, você terá muitos arquivos de código abertos ao mesmo tempo. Quando for o caso, cada um deles terá sua própria aba no editor de código. O IDE mostra um asterisco (*) ao lado de um nome de arquivo que ainda não tenha sido salvo.

Eis o arquivo de recursos do formulário ao qual você adicionou o logotipo Empresa de Papel Vila Objeto – Lista de Contatos.

Quando estamos trabalhando num formulário, temos duas abas para ele ao mesmo tempo – uma para o designer do formulário e outra para ver o código do formulário. Use a **guia de controle** para alternar entre as janelas abertas rapidamente.

O IDE ajuda você a escrever seu código

Você notou pequenas janelas aparecendo conforme você vai escrevendo código no IDE? Isto é um recurso chamado IntelliSense e é realmente útil. Uma das coisas que ele faz é mostrar as formas possíveis de completar a linha de código atual. Se você digitar `MessageBox` e um ponto, ele saberá que há três formas válidas de completar essa linha:

```
MessageBox.
```

O IDE sabe que MessageBox tem três métodos chamados Equals, ReferenceEquals e Show. Se você digitar S, ele selecionará Show. Digite "(" ou espaço, Tab ou Enter para informar ao IDE para preencher para você. Isto pode poupar muito tempo, caso você esteja digitando muitos nomes extensos de métodos.

Se você selecionar Show e digitar (, o IntelliSense do IDE mostrará informações sobre como completar a linha:

```
MessageBox.Show(
```

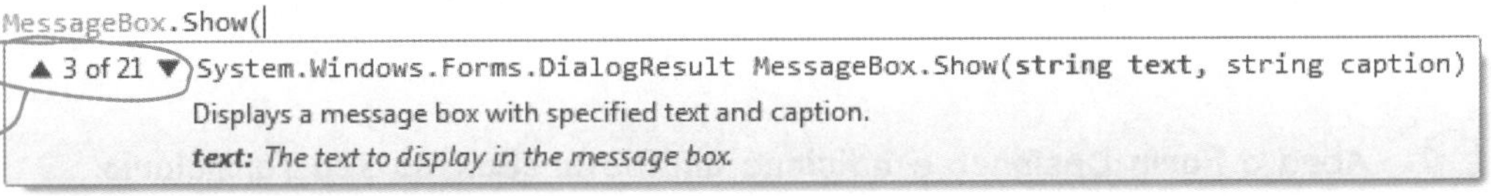

Isso significa que há 21 formas diferentes de chamar o método Show de MessageBox (como, por exemplo, formas de exibir diferentes botões e ícones).

O IDE também tem atalhos chamados fragmentos (**snippets**) que permitem digitar uma abreviação para informá-lo para preencher o restante do código. Eis um útil: digite mbox e pressione a tecla Tab duas vezes, e o IDE preencherá o método `MessageBox.Show` para você:

```
MessageBox.Show("Test");
```

A Lista de Erros ajuda você a resolver os erros de compilação

Se você ainda não descobriu como é fácil cometer erros de digitação num programa C#, descobrirá muito em breve! Por sorte, o IDE tem uma ótima ferramenta para resolvê-los. Quando você construir sua solução, qualquer problema que tenha impedido a compilação aparecerá na janela Error List (Lista de Erros), na parte inferior do IDE:

Quando você usa Start Debugging para executar seu programa dentro do IDE, a primeira coisa feita é a construção de seu programa. Se ele compilar, então o programa será executado. Se não, ele não será executado e exibirá os erros na Error List (Lista de Erros).

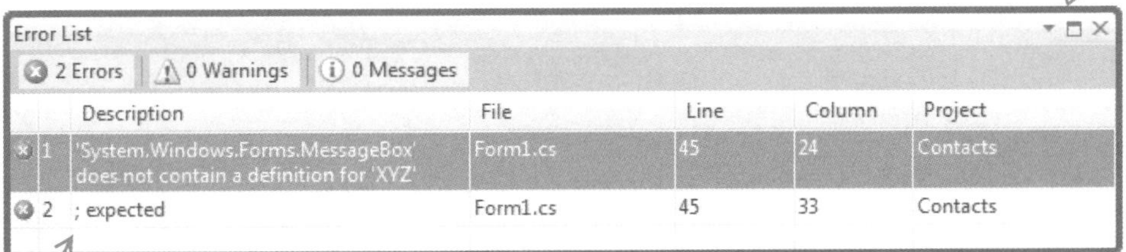

Um **ponto e vírgula** faltando no final de uma instrução é um dos erros mais comuns que impedem a construção de seu programa!

Clique duas vezes num erro e o IDE se deslocará para o problema no código:

```
private void pictureBox1_Click(object sender, EventArgs e)
{
    MessageBox.XYZ("hi")
}
```

O IDE vai sublinhar em vermelho para mostrar que há um erro.

Quando você notar um "Faça isso!", abra o IDE e siga as instruções. Diremos a você exatamente o que fazer e indicaremos o que procurar para obter o máximo do exemplo mostrado.

Quando coisas são alteradas no IDE, o código é também mudado

O IDE é ótimo para escrever código visual. Mas, você não precisa acreditar na nossa palavra. Abra o Visual Studio, **crie um novo projeto de aplicação Windows Forms** e veja por você mesmo.

Faça isso!

1. **Abra o código do designer**

   Abra o arquivo `Form1.Designer.cs` no IDE. Mas agora, em vez de abrir no Form Designer (Designer de Formulários), abra seu código clicando com o botão direito no Solution Explorer e selecionando "View Code" (Exibir Código). Procure a declaração de classe Form1:

```
partial class Form1
```

Notou que é uma classe parcial? Falaremos sobre isso em breve.

2. **Abra o Form Designer e adicione um PictureBox ao seu formulário**

   Acostume-se a trabalhar com mais de uma aba. Vá para o Solution Explorer e abra Form Designer clicando duas vezes em `Form1.cs`. **Arraste um novo PictureBox** para um novo formulário.

3. **Encontre e expanda o código gerado pelo designer para o controle PictureBox**

   Então, retorne para a aba Form1.Designer.cs no IDE. Pagine e procure a seguinte linha de código:

Clique no sinal de mais

```
[+] Windows Form Designer generated code
```

Clique no sinal de + no lado esquerdo da linha para expandir o código. Pagine e procure as seguintes linhas:

```
//
// pictureBox1
//
this.pictureBox1.Location = new System.Drawing.Point(276, 28);
this.pictureBox1.Name = "pictureBox1";
this.pictureBox1.Size = new System.Drawing.Size(100, 50);
this.pictureBox1.TabIndex = 0;
this.pictureBox1.TabStop = false;
```

Não se preocupe se os números em seu código para as linhas Location e Size forem um pouco diferentes destes...

Espere, espere! O que isso quer dizer?

Volte no código por um minuto. Ali está, na parte de cima da seção do código gerado pelo Form Designer do Windows:

```
/// <summary>
/// O método requerido para o suporte do Designer - não modifique
/// o conteúdo desse método com o editor de código.
/// </summary>
```

A maioria dos comentários começa com duas barras (//). Mas, o IDE algumas vezes adiciona estes comentários com três barras.

Estes são comentários XML e você pode usá-los para documentar seu código. Vá para a **seção #1 "Sobras"** no Apêndice deste livro para aprender mais sobre eles.

Nada mais atraente para uma criança do que um grande cartaz que diz: "Não toque nisso!". Admita, você está tentado... vamos modificar o conteúdo desse método com o editor de código! **Adicione um botão ao seu formulário e, então, faça o seguinte:**

1. **Modifique o código que define a propriedade Text de button1. O que você pensa que vai acontecer com a janela Properties do IDE?**
   Tente – veja o que acontece! Agora, volte ao designer de formulários e verifique a propriedade Text. Ela mudou?

2. **Continue no designer e use a janela Properties para modificar a propriedade Name para outra coisa.**
   Veja se você consegue fazer com que o IDE modifique a propriedade Name. Ela aparece na janela Properties bem no topo, sob "(Name)". O que aconteceu com o código? E com os comentários nele?

3. **Modifique o código que define a propriedade Location para (0,0) e a propriedade Size para deixar o botão bem grande.**
   Funcionou?

4. **Volte para o designer e modifique a propriedade BackColor do botão para outra coisa.**
   Olhe com atenção o código `Form1.Designer.cs`. Foram adicionadas linhas?

Você não precisa salvar o formulário ou executar o programa para ver as modificações. Apenas faça a alteração no editor de código e clique na aba denominada "Form1.cs [Design]" para ir para o designer de formulários – as alterações deverão aparecer imediatamente.

É sempre mais fácil usar o IDE para alterar o código gerado pelo Designer de seu formulário. Mas quando isto é feito, qualquer alteração feita no IDE acabará como uma alteração no código do seu projeto.

Toda vez que você cria um novo programa, define um namespace para ele de forma que seu código fique separado das classes do.NET Framework.

Anatomia de um programa

O código de cada programa C# sempre é estruturado sempre exatamente da mesma forma. Todos os programas usam **namespaces, classes** e **métodos** para deixar o código mais fácil de gerenciar.

Uma classe contém uma parte de seu programa (embora alguns programas bem pequenos possam ter apenas uma única classe).

Uma classe tem um ou mais métodos. Seus métodos sempre têm de existir dentro de uma classe. E eles são feitos de instruções – como aquelas que já vimos.

Vamos examinar seu código mais de perto

Abra o código de `Form1.cs` de seu projeto Contatos para que possamos examiná-lo passo a passo.

1 ***O arquivo de código inicia usando as ferramentas do.NET Framework***

Você vai notar um grupo de linhas `using` no início de cada arquivo de programa. Elas dizem ao C# quais partes do.NET Framework usar. Se você usar outras classes que estão em outros namespaces, adicionará linhas `using` para elas também. Já que os formulários com frequência usam muitas ferramentas diferentes no .NET Framework, o IDE automaticamente adiciona várias linhas `using` quando cria um formulário e adiciona-o a seu projeto.

```
using System;
using System.Collections.Generic;
using System.ComponentModel;
using System.Data;
using System.Drawing;
using System.Linq;
using System.Text;
using System.Windows.Forms;
```

Estas linhas **using** estão no início de cada arquivo de código. Elas dizem ao C# para usar essas classes do .NET Framework. Cada uma diz ao seu programa que as classes nesse arquivo .cs em particular usarão todas as classes em um namespace .NET Framework específico.

Algo a lembrar: você realmente não *tem* que usar uma instrução `using`. Sempre poderá usar o nome totalmente qualificado. Portanto, se você omitir `using System.Windows.Forms`, poderá ainda exibir uma caixa de mensagem chamada `System.Windows.Forms.MessageBox.Show( )` e o compilador saberá sobre qual namespace você está falando.

2 **Os programas C# são organizados usando classes**

Cada programa C# é organizado usando **classes**. Uma classe pode fazer qualquer coisa, mas a maioria delas faz algo bem específico. Quando se cria um novo programa, o IDE adiciona uma classe chamada `Form1` que mostra um formulário.

```
namespace Contacts
{
    public partial class Form1 : Form
    {
```

Quando você chamou o programa Contatos, o IDE criou um namespace para ele chamado Contacts adicionando a palavra-chave namespace no início de seu arquivo de código. Tudo dentro das chaves faz parte do namespace Contacts.

Esta é a classe Form1. Ela contém todo o código para desenhar o formulário e os controles Toolbox nele. O IDE o criou quando foi informado para criar um novo projeto do aplicação Windows Forms.

Procure os pares correspondentes de chaves. Cada { sempre tem de ter um }. Alguns pares podem ficar dentro de outros.

3 **As classes contêm métodos que executam ações**

Quando uma classe precisa fazer alguma coisa, ela usa um **método**. Ele obtém uma entrada, executa alguma ação e, algumas vezes, produz um resultado. A forma de passar informações de entrada para um método é usando **parâmetros**. Os métodos podem ter comportamentos diferentes dependendo de qual entrada recebem. Alguns métodos produzem saída. Quando o fazem, isto é chamado de **valor de retorno**. Se você notar a palavra-chave `void` na frente de um método, significa que ele não retorna nada.

```
public Form1()
{
    InitializeComponent();
}
```

Esta linha **chama um método** denominado InitializeComponent( ), que o IDE também criou para você.

4 **Uma instrução executa uma única ação**

Quando você adicionou a linha `MessageBox.Show()` ao programa, estava adicionando uma **instrução**. Todo o método é feito de instruções. Quando seu programa chama um método, ele executa sua primeira instrução, depois, a próxima e assim por diante. Quando o método fica sem instruções ou encontra uma instrução `return`, ele encerra e o programa continua depois da instrução que chamou originalmente o método.

Este é um **método** chamado pictureBox1_Click( ), que é chamado quando o usuário clica na caixa de imagem.

Este método tem dois **parâmetros** chamados sender e e.

```
private void pictureBox1_Click(object sender, EventArgs e)
{
    MessageBox.Show("Contact List 1.0", "About");
}
    }
}
```

Isto é uma **instrução**. Você já sabe o que ela faz – abre uma pequena janela com uma caixa de mensagem.

Sua instrução chamou o método Show(), que é parte da classe MessageBox, que, por sua vez, está dentro do namespace System.Windows.Forms.

Sua instrução passou dois parâmetros para o método Show(). O primeiro foi uma string de texto para ser exibida na caixa de mensagem e o segundo, uma string para ser mostrada na barra de título.

Cada programa C# pode ter apenas um único método de ponto de entrada e ele sempre se chamará Main(). É assim que se determina por onde começar quando ele é executado.

Seu programa sabe por onde começar

Quando você criou uma nova solução Windows Application, um dos arquivos que o IDE adicionou foi chamado de **Program.cs**. Vá para o Solution Explorer e clique duas vezes nele. Ele tem uma classe chamada `Program` e dentro dela, um método chamado `Main()`. Esse método é o **ponto de entrada**, o que quer dizer que ele é o primeiro a ser executado no programa.

Eis um código que o IDE criou para você automaticamente no capítulo anterior. Você o encontrará em Program.cs.

Seu código de perto

```
1
using System;
using System.Linq;
using System.Collections.Generic;
using System.Windows.Forms;
            2
namespace Contacts
{                    3
    static class Program
    {
        /// <summary>
        /// O ponto de entrada principal de aplicação.
        /// </summary>
        [STAThread]
        static void Main()
        {                    5
            Application.EnableVisualStyles();
          4 Application.SetCompatibleTextRenderingDefault(false);
            Application.Run(new Form1());
        }
    }
}
```

O namespace para todo este código é Contacts. Falaremos mais sobre namespaces algumas páginas adiante.

As linhas que começam com barras são comentários, que podem ser adicionados em qualquer lugar desejado. As barras dizem ao C# para ignorar o que segue.

Cada vez que o programa é executado, ele começa aqui, no ponto de entrada.

Esta instrução cria e mostra o formulário Contatos, e encerra o programa quando o formulário é fechado.

Eu declaro!

A primeira parte de cada classe ou método é chamada de <u>declaração</u>.

Lembre-se, isso é apenas o ponto de partida para que você mergulhe no código. Mas antes de fazê-lo, você precisa saber o que está vendo.

1 **O C# e o .NET têm muitos recursos predefinidos.**
Você encontrará linhas como esta no topo de quase todo arquivo de classe C#. `System.Windows.Forms` é um **namespace**. A linha `using System.Windows.Forms` faz com que tudo o que existe nesse namespace esteja disponível para ser usado pelo seu programa. Neste caso, esse namespace tem muitos elementos visuais, tais como botões e formulários.

Seus programas vão usar cada vez mais namespaces como estes conforme você aprender o C# e os outros recursos predefinidos do .NET neste livro.

Se você não especificou a linha "using", terá que digitar explicitamente System.Windows.Forms sempre que usar qualquer coisa nesse namespace.

2 **O IDE escolhe um namespace para seu código.**
Eis o namespace que o IDE criou para você – ele escolheu `Contacts` baseando-se no nome do projeto. Todo o código em seu programa está contido nesse namespace.

Os namespaces permitem utilizar o mesmo nome em diferentes programas, contanto que os programas não estejam também no mesmo namespace.

3 **Seu código fica armazenado numa classe.**
Esta classe em particular é chamada de `Program`. O IDE a criou e adicionou o código que inicia o programa e exibe o formulário Contacts.

Você pode ter múltiplas classes em um mesmo namespace.

4 **Este código tem um método e ele contém várias instruções.**
Um namespace tem classes e as classes têm métodos. Dentro de cada método está um conjunto de instruções. Neste programa, as instruções lidam com a inicialização do formulário Contacts. Os métodos estão onde a ação acontece – cada um deles **faz** algo.

Tecnicamente, um programa pode ter mais de um método Main( ) e você pode informar ao C# que um é o ponto de entrada... mas, não precisará fazer isso agora.

5 **Cada programa tem um tipo de método especial chamado de ponto de entrada.**
Cada programa C# **deve** ter um único método chamado `Main`. Mesmo que existam muitos métodos, apenas um pode ser o primeiro a ser executado e este é seu método `Main()`. O C# checa cada classe no código procurando um método que informa `static void Main()`. Então, quando o programa é executado, a primeira instrução nesse método é executada e tudo mais segue dessa primeira instrução.

Cada programa C# deve ter um único método chamado Main. Ele é o ponto de entrada no seu código. Quando você executar seu código, o código no método Main( ) será executado PRIMEIRO.

Você pode mudar o ponto de entrada de seu programa

Desde que seu programa tenha um ponto de entrada, não importa em qual classe está seu método do ponto de entrada ou o que esse método faz. **Abra o programa escrito no Capítulo** 1, remova o método Main em Program.cs e crie um novo ponto de entrada.

Faça isso!

Escreva o que aconteceu quando você modificou o nome do método e por que você acha que isso aconteceu.

1. Retorne para **Program.cs** e altere o nome do método **Main** para **NotMain.** Agora, **tente construir e executar** o programa. O que acontece?

____

____

2. Agora, vamos criar um novo ponto de entrada. **Adicione uma nova** classe chamada AnotherClass.cs. Adicionam-se classes ao programa clicando com o botão direito no nome do projeto no Solution Explorer e selecionando "Add (Adicionar) >>Class (Classe)...". Chame seu arquivo de classe de AnotherClass.cs. O IDE adicionará uma classe ao seu programa chamada AnotherClass. Eis o arquivo que o IDE adicionou:

Clique com o botão direito no projeto em Properties e selecione "Add" e "Class..."

```
using System;
using System.Linq;
using System.Collections.Generic;
using System.Text;

namespace Contacts
{
    class AnotherClass
    {
    }
}
```

Estas quatro linhas using padrão foram adicionadas ao arquivo.

Esta classe está no mesmo namespace Contacts que o IDE adicionou quando criamos pela primeira vez o projeto da aplicação Windows.

O IDE automaticamente deu o nome para a classe baseando-se no nome do arquivo.

3. Adicione uma nova linha using ao topo do arquivo: **using System.Windows.Forms;** Não se esqueça de adicionar um ponto e vírgula no final da linha!

4. Adicione o seguinte método à classe **AnotherClass** digitando-o em algum ponto dentro das chaves:

```
class AnotherClass
{
    public static void Main()
    {
        MessageBox.Show("Pow!");
    }
}
```

MessageBox é uma classe contida no namespace System.Windows.Forms e este é o motivo para adicionar a linha using no passo #3. Show() é um método que faz parte da classe MessageBox.

O C# é **sensível ao tamanho da fonte!** Esteja certo de que as letras maiúscula e minúscula batam com o código de exemplo.

Agora execute!

Então, o que aconteceu?

Em vez de mostrar a aplicação Contacts, seu programa agora mostra esta caixa de mensagem. Quando você criou o novo método `Main( )`, deu a seu programa um novo ponto de entrada. Agora, a primeira coisa que ele faz é executar as instruções nesse método – o que quer dizer executar a instrução `MessageBox.Show( )`. Não há mais nada no método, então, depois de clicar no botão OK, o programa ficará sem instruções para executar e, encerrará.

5 Descubra como corrigir seu programa para que ele mostre Contacts novamente.

Dica: Você tem de mudar apenas duas linhas em dois arquivos para fazer isso.

Aponte o seu lápis

Preencha as notas para descrever as linhas nesse arquivo C# para onde as setas apontam. Nós preenchemos a primeira pra você.

```
using System;
using System.Linq;
using System.Text;
using System.Windows.Forms;

namespace SomeNamespace
{
      class MyClass {
            public static void DoSomething() {
                  MessageBox.Show("This is a message");
            }
      }
}
```

As classes C# têm essas linhas "using" para adicionar métodos de outros namespaces.

Não existem Perguntas Idiotas

P: Qual a ideia por trás de todas aquelas chaves?

R: O C# usa as chaves para agrupar as instruções em **blocos**. As chaves sempre devem existir em pares. Você apenas verá uma chave de fechamento depois de ver uma chave de abertura. O IDE ajuda a checar isso – clique numa chave e você verá que ele destaca a correspondente sombreando-a com uma cor escura.

P: Não entendi muito bem o que é o ponto de entrada. Vocês podem explicar mais uma vez?

R: Seu programa tem muitas instruções, mas que não são executadas todas ao mesmo tempo. O programa começa com a primeira instrução, executa-a, passa para a próxima e assim por diante. Geralmente, essas instruções são organizadas em muitas classes. Portanto, quando você executa seu programa, como ele sabe com qual instrução começar?

Para isso serve o ponto de entrada. O compilador não construirá o código, a não ser que exista **exatamente um método chamado** `Main()`, que chamamos de ponto de entrada. O programa começa executando a primeira instrução em `Main()`.

P: Como eu obtenho erros na janela Error List (Lista de Erros) quando tento executar meu programa? Eu pensei que isto só acontecesse quando eu ativasse "Build Solution" (Construir Solução).

R: Porque a primeira coisa que acontece quando você escolhe "Start Debugging" (Iniciar Depuração) no menu ou pressiona o botão da barra de ferramentas para que o programa seja executado é que ele salva todos os arquivos em sua solução, e em seguida, tenta compilá-los. E quando você compilar seu código – seja quando você o executa, seja quando cria a solução – se existirem erros, o IDE irá exibi-los na Lista de Erros, em vez de executar seu programa.

Muitos erros que aparecem quando você compila seu código também surgem na janela Error List e como rabiscos vermelhos sob seu código.

Aponte o seu lápis Solução

Preencha as notas para descrever as linhas nesse arquivo C# para onde as setas apontam. Nós preenchemos a primeira para você.

```
using System;
using System.Linq;
using System.Text;
using System.Windows.Forms;

namespace SomeNamespace
{
    class MyClass {
        public static void DoSomething() {
            MessageBox.Show("This is a message");
        }
    }
}
```

As classes C# têm essas linhas "using" para adicionar métodos de outros namespaces.

Todo o código está contido em classes, de forma que o programa precisa de uma aqui.

Esta classe tem um método. Seu nome é "DoSomething" e quando é chamado, abre um MessageBox.

Isto é uma instrução. Quando ela é executada, abre uma pequena janela com uma mensagem.

QUAL É MEU PROPÓSITO

Associe cada um desses fragmentos de código gerados pelo IDE ao que ele faz. (Alguns deles são novos – dê um palpite para ver se acerta!)

```
partial class Form1
{
  .
  .
  this.BackColor = Color.DarkViolet;
  .
  .
  .
}
```

```
// Este loop é executado três vezes
```

```
partial class Form1
{
  private void InitializeComponent()
  {
  .
  .
  .
  }
}
```

```
number_of_pit_stopsLabel.Name
        = "number_of_pit_stopsLabel";
number_of_pit_stopsLabel.Size
        = new System.Drawing.Size(135, 17);
number_of_pit_stopsLabel.Text
        = "Number of pit stops:";
```

```
/// <summary>
/// Ativa a imagem de Rover quando
/// o botão é clicado
/// </summary>
```

```
partial class Form1
{
  .
  .
  .
  this.MaximizeBox = false;
  .
  .
  .
}
```

Define propriedades para uma etiqueta

Nada – é um comentário que o programador adiciona para explicar o código para qualquer um que o esteja lendo.

Desativa o ícone maximizar ( ) na barra de título na janela `Form1`

Um tipo especial de comentário que o IDE usa para explicar o que um bloco inteiro de código faz

Muda a cor de fundo da janela `Form1`

Um bloco de código executado sempre que um programa abre a janela `Form1`

QUAL É MEU PROPÓSITO SOLUÇÃO

Associe cada um desses fragmentos de código gerados pelo IDE ao que ele faz. (Alguns deles são novos - dê um palpite para ver se acerta!)

```
partial class Form1
{
  .
  .
  .
  this.BackColor = Color.DarkViolet;
  .
  .
  .
}
```

```
// Este loop é executado três vezes
```

```
partial class Form1
{
  private void InitializeComponent()
  {
  .
  .
  .
  }
}
```

```
number_of_pit_stopsLabel.Name
        = "number_of_pit_stopsLabel";
number_of_pit_stopsLabel.Size
        = new System.Drawing.Size(135, 17);
number_of_pit_stopsLabel.Text
        = "Number of pit stops:";
```

```
/// <summary>
/// Ativa a imagem de Rover quando
/// o botão é clicado
/// </summary>
```

```
partial class Form1
{
  .
  .
  .
  this.MaximizeBox = false;
  .
  .
  .
}
```

Define propriedades para uma etiqueta

Nada – é um comentário que o programador adiciona para explicar o código para qualquer um que o esteja lendo.

Desativa o ícone maximizar (▭) na barra de título na janela `Form1`

Um tipo especial de comentário que o IDE usa para explicar o que um bloco inteiro de código faz

Muda a cor de fundo da janela `Form1`

Um bloco de código executado sempre que um programa abre a janela `Form1`

Duas classes podem estar no mesmo namespace

Dê uma olhada nestes dois arquivos de classe de um programa chamado `PetFiler2`. Eles têm três classes: uma classe `Dog`, uma `Cat` e uma `Fish`. Uma vez que estão todas no mesmo namespace `PetFiler2`, as instruções no método `Dog.Bark()` podem chamar `Cat.Meow()` e `Fish.Swim()`. Não importa como os diversos namespaces e classes são divididos nos arquivos. Eles se comportam da mesma forma quando executados.

SomeClasses.cs

```
namespace PetFiler2 {

   class Dog {

      public void Bark() {
         // as instruções
entram aqui
      }

   }

   partial class Cat {

      public void Meow() {
         // mais instruções
      }

   }
}
```

Quando uma classe é "pública", isso quer dizer que todas as demais classes no programa podem acessar seus métodos.

MoreClasses.cs

```
namespace PetFiler2 {

  class Fish {
     public void Swim() {
       // instruções
     }
  }
  partial class Cat {
     public void Purr() {
        // instruções
     }
  }
}
```

Já que essas classes estão no mesmo namespace, todas elas podem "ver" umas às outras – mesmo que estejam em arquivos diferentes. Uma classe pode estender-se em muitos arquivos também, mas você precisará usar a palavra-chave partial (parcial) quando declará-la.

Você poderá apenas dividir uma classe em vários arquivos diferentes se a palavra-chave partial for usada. Provavelmente, você não a usará em nenhum código que escreverá neste livro, mas o IDE utiliza-a para dividir seu formulário em dois arquivos, Form1.cs e Form1.Designer.cs.

Há mais coisas para os namespaces e as declarações da classe, mas você não precisará delas para o trabalho que está fazendo agora. Vá para #2 no apêndice "Sobras" para ler mais.

Seus programas usam variáveis para trabalhar com dados

No fim das contas, todos os programas são basicamente processadores de dados. Algumas vezes, os dados estão na forma de um documento ou em uma imagem num videogame, ou em uma mensagem instantânea. Mas, são apenas dados. E é aí que as **variáveis** entram. Elas são o que seu programa usa para armazenar os dados.

> **Veja bem!**
>
> **Você está familiarizado com outra linguagem?**
>
> *Se estiver, poderá achar algumas coisas neste capítulo realmente familiares. E mais, vale a pena reservar um tempo para fazer totalmente os exercícios, pois pode haver alguns modos de o C# ser diferente do que você está acostumado.*

Declare suas variáveis

Sempre que você **declara** uma variável, você está dizendo ao seu programa seu *tipo* e *nome*. Uma vez que o C# sabe o tipo da sua variável, isto impedirá que seu programa compile se você cometer um erro e tentar fazer algo que não faz sentido, como, por exemplo, subtrair “Totó” de 48353.

Estes são os tipos das variáveis.

Estes são os nomes das variáveis.

```
int maxWeight;
string message;
bool boxChecked;
```

O C# usa o tipo da variável para definir quais dados essas variáveis podem conter.

Os nomes são de SUA ESCOLHA. Como para os métodos e as classes, use nomes que façam sentido e descrevam o uso da variável.

As variáveis variam

Uma variável tem diferentes valores em momentos diferentes enquanto seu programa é executado. Em outras palavras, o valor de uma variável ***varia*** (por isso “variável” é um nome tão bom). Isto é realmente importante porque esta ideia é vital para cada programa que você escreveu ou escreverá no futuro. Assim, por exemplo, se seu programa define a variável `myHeight` para 63:

```
int myHeight = 63;
```

sempre que `myHeight` aparecer no código, o C# vai substituí-la pelo seu valor 63. Então, mais tarde, se você alterar seu valor para 12:

```
myHeight = 12;
```

O C# vai substituí-la por 12 – mas a variável ainda é chamada `myHeight`.

Sempre que seu programa precisar trabalhar com números, texto, valores true/false ou qualquer outro tipo de dado, você usará variáveis para controlá-los.

Você deve atribuir valores às variáveis antes de usá-las

Experimente incluir estas instruções num programa C#:

```
int z;
MessageBox.Show("The answer is " + z);
```

Vá em frente, teste. Um erro acontecerá e o IDE se recusará a compilar seu código. Isto ocorre porque o IDE checa cada variável para se certificar de que você tenha-lhe atribuído um valor antes de usá-la. A forma mais fácil de ter certeza se você não esqueceu de fazer isso é combinar a instrução que declara uma variável com uma instrução que atribui seu valor:

Estes valores são atribuídos às variáveis.

```
int maxWeight = 25000;
string message = "Hi!";
bool boxChecked = true;
```

Cada declaração tem um tipo, exatamente como antes.

Se você escreve um código que usa uma variável que ainda não tenha recebido um valor, ele não compilará. É fácil evitar esse erro combinando sua declaração da variável e a atribuição numa mesma instrução.

Depois de atribuir um valor à sua variável, ele pode ser alterado. Assim, não há desvantagem em atribuir um valor inicial a uma variável quando você a declara

Alguns tipos úteis

Cada variável tem um tipo que diz ao C# que espécie de dados ela pode armazenar. Veremos muitos detalhes sobre muitos tipos diferentes do C# no Capítulo 4. Enquanto isso, iremos concentrar-nos nos três tipos mais populares. O tipo `int` armazena inteiros (ou números inteiros), `string` armazena `texto` e `bool`, valores true/false booleanos.

> va-ri-á-vel, adjetivo.
>
> capaz de ser alterado ou adaptado.
>
> *A ponteira de velocidade **variável** da furadeira permite que Beto ajuste a ferramenta de mais lento para mais rápido, de acordo com a tarefa a ser realizada.*

Para os programadores, a palavra "string" quase sempre significa uma string de texto e "int" é quase sempre uma abreviação de inteiro

C# usa símbolos matemáticos familiares

Uma vez que você tenha alguns dados armazenados em variáveis, o que pode ser feito? Bem, se forem números, provavelmente, você vai querer adicionar, subtrair, multiplicar ou dividir. E é aí que entram os **operadores**. Você já conhece os básicos. Vamos apresentar mais alguns. Eis um bloco de código que usa operadores para realizar algumas operações matemáticas simples:

```
int number = 15;
number = number + 10;
number = 36 * 15;
number = 12 - (42 / 7);
number += 10;
number *= 3;
number = 71 / 3;

int count = 0;
count ++;
count --;

string result = "hello";
result += " again " + result;
MessageBox.Show(result);
result = "the value is: " + count;
result = "";

bool yesNo = false;
bool anotherBool = true;
yesNo = !anotherBool;
```

Declaramos uma nova variável inteira chamada number e definimos para 15. Então, adicionamos 10. Depois da segunda instrução, number será igual a 25.

A terceira instrução muda o valor de number, definindo-o para ser igual a 36 vezes 15, resultando em 540. Então, redefine novamente e definindo para ser igual a 12 – (42 / 7), que resulta em 6

Este operador é um pouco diferente. += significa "pegue o valor de number e adicione 10". Já que number no momento é igual a 6, adicionar-lhe 10 define seu valor para 16.

O operador *= é semelhante a +=, exceto que multiplica o valor atual em number por 3, de forma que definido para 48.

Normalmente, 71 dividido por 3 é 23.666666... Mas quando você estiver dividindo dois inteiros, sempre obterá um resultado inteiro, portanto, 23.666... será trumcado para 23.

Você usará inteiros frequentemente para contar e quando for o caso, os operadores ++ e -- serão úteis. ++ aumenta count, adicionando um ao valor e -- diminui, subtraindo um dele, de forma que acaba sendo igual a zero.

Este MessageBox mostrará uma caixa que diz: "hello again hello" (olá novamente olá).

Quando se utiliza o operador + com uma string, ele apenas concatena duas strings. Ele converterá automaticamente números em strings.

As "" é uma string vazia. Sem caracteres (é como um tipo de zero para adicionar strings).

Um booleano armazena true ou false. O Operador ! significa negação (NOT). Ele transforma true em false e vice-versa.

Relaxe

Não fique preocupado tentando memorizar os operadores nesse ponto.

Você irá conhecê-los porque os verá repetidamente.

Use o depurador para ver suas variáveis mudarem

Depure isto!

O depurador é uma ótima ferramenta para entender como seus programas funcionam. Você pode usá-lo para ver o código na página anterior em ação

1 **Crie um novo projeto de aplicação Windows Forms**

Arraste um botão para seu formulário e clique-o duas vezes. Forneça todo o código na página anterior. Então, veja os comentários na tela abaixo:

Form1.cs

Chapter_2_Code.Form1 | button1_Click(object sender, EventArgs e)

```
private void button1_Click(object sender, EventArgs e)
{
    // Here's a great way to use the IDE to see how this code works!
    //
    // First, create a new project in the IDE add a button. Next, double-click on the
    // button so the IDE adds a button1_Click method to your program. Fill in that
    // method with all of the code, starting with "int number = 15;".
    //
    // Now put a breakpoint on the first line by right-clicking on it and choosing
    // "Breakpoint >> Insert Breakpoint". The line should turn red.
    //
    // Next, start debugging your program. You'll see it break on the line where you
    // inserted the breakpoint. Your program's just paused! If you click the Run
    // toolbar button (or hit F5), it will continue. Right-click on "number" and
    // choose "Expression: 'number' >> Add Watch" from the menu. The bottom panel in
    // the IDE should change to the Watches window, and there should be a line in that
    // window for "number". Step through the program line by line using Step Over (F10).
    // You can see the value of the "number" variable change as you go!
    //
    // Do the same for the count, result, yesNo, and anotherBool variables.

    int number = 15;
    number = number + 10;
    number = 36 * 15;
    number = 12 - (42 / 7);
    number += 10;
    number *= 3;
    number = 71 / 3;

    int count = 0;
    count++;
    count--;

    string result = "hello";
    result += " again " + result;
    MessageBox.Show(result);
    result = "the value is: " + count;
    result = "";

    bool yesNo = false;
    bool anotherBool = true;
    yesNo = !anotherBool;
}
```

100 %

Criar um novo projeto de aplicação Windows Forms informará ao IDE para criar um novo projeto com um formulário em branco e um ponto de entrada. Você pode querer nomeá-lo com algo como "Capítulo 2 programa 1" – você irá construir muitos programas ao longo do livro.

Os comentários (que começam com duas ou mais barras ou estão entre as marcas /* e */) aparecem no IDE como texto verde. Você não tem que se preocupar com o que digita entre essas marcas, pois os comentários são sempre ignorados pelo computador.

Quando você define um ponto de interrupção em uma linha de código, a linha fica vermelha e um ponto vermelho aparece na margem do editor de código.

Quando você depura seu código executando-o dentro do IDE, assim que seu programa atingir um ponto de interrupção, fará uma pausa e permitirá que você examine e mude os valores de todas as variáveis.

2 **Insira um ponto de interrupção na primeira linha de código**

Clique com o botão direito na primeira linha de código (`int number = 15;`) e escolha "Insert Breakpoint" (Inserir Ponto de Interrupção) no menu Breakpoint. (Você também pode clicar e escolher Debug [Depurar] >> Toggle Breakpoint [Alternar Ponto de Interrupção] ou pressionar F9).

Vire a página e continue!

3 **Comece a depurar seu programa**
Execute seu programa no depurador clicando no botão Start Debugging (Iniciar Depuração) (pressionando F5 ou escolhendo Debug >> Start Debugging no menu). Seu programa deverá iniciar como sempre e abrirá o formulário.

4 **Clique no botão para inicializar o ponto de interrupção**
Assim que seu programa chegar à linha de código que tem o ponto de interrupção, o IDE ativará automaticamente o editor de código que destacará a linha de código atual em amarelo.

```
int number = 15;
number = number + 10;
number = 36 * 15;
number = 12 - (42 / 7)
number += 10;
number *= 3;
number = 71 / 3;
```

Você também pode **ficar** sobre uma variável enquanto está depurando para ver seu valor exibido em uma dica da ferramenta... e pode fixá-la para que fique aberta!

5 **Adicione um acompanhamento para a variável `number`**
Clique com o botão direito na variável `number` (qualquer ocorrência servirá!) e escolha **Expression: 'number' >> Add Watch** (Adicionar Acompanhamento) no menu. A janela Watch deverá aparecer no painel, na parte inferior do IDE:

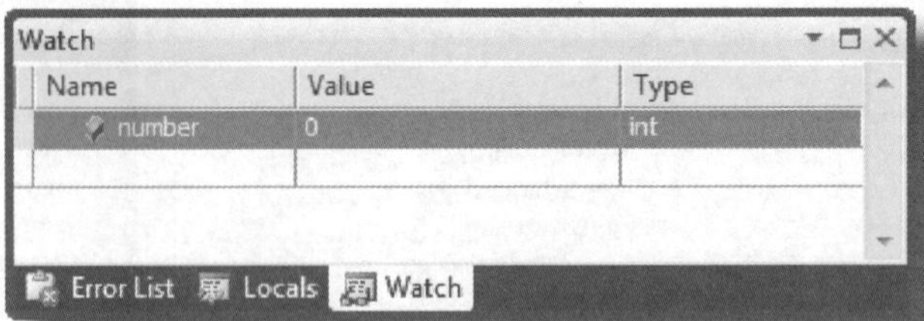

Adicionar um watch pode ajudar a controlar os valores das variáveis em seu programa. Isso realmente é útil quando seus programas ficam mais complexos.

6 **Percorra o código**
Pressione F10 para percorrer o código. (Você também pode escolher Debug >> Step Over [Percorrer] no menu ou clicar no botão Step Over na barra de ferramentas Debug). A linha de código atual será executada, definindo o valor de number para 15. A próxima linha de código será destacada em amarelo e a janela Watch será atualizada.

Assim que a variável number obter um novo valor (15), seu acompanhamento será atualizado.

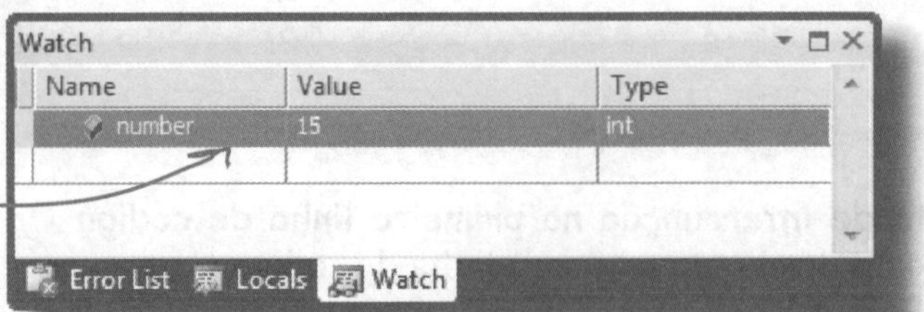

7 **Continue a executar o programa**
Quando você quiser continuar, apenas pressione F5 (ou Debug >> Continue [Continuar]) e o programa continuará a execução como sempre.

Loops executam uma ação repetidamente

Eis algo peculiar sobre a maioria dos grandes programas: eles quase sempre implicam realizar algumas tarefas repetidamente. É para isto que servem **os loops** – eles dizem ao seu programa para executar certo conjunto de instruções, contanto que alguma condição seja `true` (ou `false`!).

Dica do IDE: Chaves

Se suas chaves não coincidirem, seu programa não será construído, levando a erros frustrantes. Felizmente, o IDE pode ajudar nisto! Coloque seu cursor em uma chave e o IDE destacará sua correspondente:

```
bool test;
while (test == true)
{
    // O conteúdo do loop
}
```

```
while (x > 5)
{
    x = x - 3;
}
```

Esta é uma das principais razões para os booleanos serem tão importantes. Um loop usa um teste para descobrir se ele deve continuar executando.

Num loop while, todas as instruções dentro das chaves são executadas, contanto que a condição entre parênteses seja verdadeira.

Cada loop for tem três instruções. A primeira configura o loop. A instrução continuará executando, contanto que a segunda seja verdadeira. E a terceira é executada depois de cada volta do loop.

```
for (int i = 0; i < 8; i = i + 2)
{
    MessageBox.Show("I'll pop up 4 times");
}
```

Use um fragmento de código para escrever loops for simples

Você digitará alguns loops for em instantes e o IDE pode ajudar um pouco a acelerar a criação do código. Digite `for` e pressione a tecla Tab duas vezes, e o IDE automaticamente irá inserir o código para você. Se você digitar uma nova variável, ele automaticamente atualizará o restante do fragmento. Pressione a tecla Tab novamente e o cursor saltará para a palavra length.

Pressione a tecla Tab para fazer o cursor ir até a palavra length. O número de vezes que esse loop é executado é determinado pelo que você definiu para a palavra length. Você pode mudar para um número ou uma variável.

```
for (int i = 0; i < length; i++)
{

}
```

Se você alterar a variável para alguma outra coisa, o fragmento automaticamente mudará as duas outras ocorrências dela.

Hora de começar a codificar

O verdadeiro trabalho de qualquer programa está nas suas instruções. Mas, as instruções não existem num vácuo. Portanto, vamos preparar o caminho e escrever um código. **Crie um novo projeto de aplicação Windows Forms.**

Construa este formulário

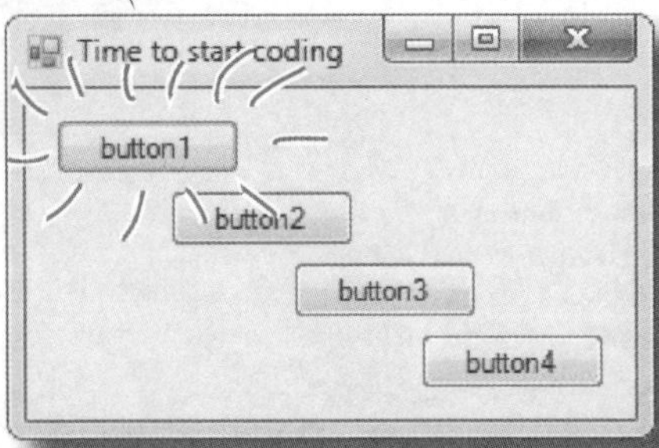

Algumas dicas úteis

★ Não se esqueça de que todas as suas instruções precisam terminar com um ponto e vírgula:

```
name = "Joe";
```

★ Você pode adicionar comentários ao seu código iniciando-os com duas barras:

```
// este texto é ignorado
```

★ As variáveis são declaradas com um **nome** e um **tipo** (você aprenderá sobre vários tipos no Capítulo 4):

```
int weight;
// weight é um inteiro
```

★ O código para uma classe ou um método fica entre chaves:

```
public void Go( ) {
  // seu código aqui
}
```

★ Na maioria das vezes, o espaço em branco extra é bom:

```
int j          =     1234   ;
```

é o mesmo que:

```
int j = 1234;
```

Adicione instruções para exibir uma mensagem

Comece clicando duas vezes no primeiro botão. Então, adicione as seguintes instruções no método `button1_Click()`. Examine atentamente o código e a saída produzida.

```
private void button1_Click(object sender, EventArgs e)
{
        // isto é um comentário
        string name = "Quentin";
        int x = 3;
        x = x * 17;
        double d = Math.PI / 2;
        MessageBox.Show("nome é" + name
                + "\nx is " + x
                + "\nd is " + d);
}
```

x é uma variável. A parte "int" diz ao C# que é um inteiro e o restante da instrução define seu valor para 3.

Existe uma classe predefinida chamada Math e ela tem um membro chamado PI. Math está contida no namespace System, logo, o arquivo do qual vem este código precisará de uma linha <u>using System;</u> no início.

O \n é uma <u>sequência de escape</u> para adicionar uma quebra de linha à caixa de mensagem.

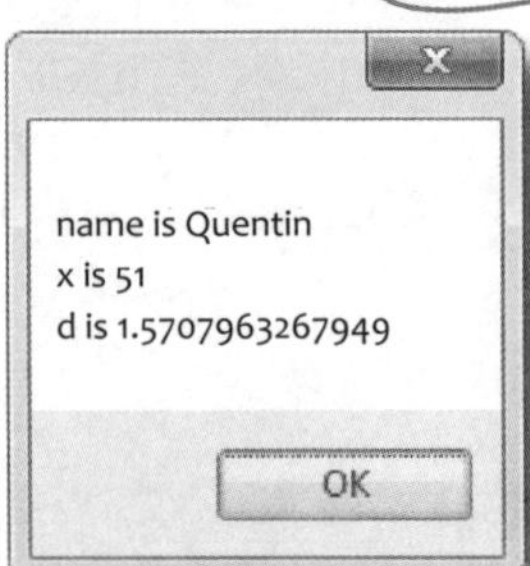

Instruções if/else tomam decisões

Use **instruções if/else** para dizer aos seus programas para fazerem certas coisas apenas no caso de as **condições** estabelecidas serem (ou não) verdadeiras. Muitas instruções if/else verificam se duas coisas são iguais. É neste caso que se utiliza o operador = =. Ele difere do operador sinal de igual simples (=), que é usado para atribuir valores.

Cada instrução if começa com um teste condicional.

```
if (someValue == 24)
{
    MessageBox.Show("The value was 24.");
}
```

A instrução dentro das chaves será executada somente se o teste for verdadeiro.

Sempre use dois sinais de igual para verificar se suas coisas são iguais entre si.

As instruções if/else são bastante simples. Se o teste condicional for verdadeiro, o programa executará as instruções entre o primeiro conjunto de chaves. Se não for o caso, executará as instruções dentro do segundo conjunto.

```
if (someValue == 24)
{
    // Você pode ter quantas instruções
    // quiser entre as chaves
    MessageBox.Show("The value was 24.");
} else {
    MessageBox.Show("The value wasn't 24.");
}
```

Veja bem!

Não confunda os dois operadores de sinais de igual!

Você usa um sinal de igual (=) para definir o valor de uma variável, mas os dois sinais (==) para comparar duas variáveis. Você não acreditaria em quantos erros em programas – mesmo alguns cometidos por programadores experientes – são causados por colocar = no lugar de ==. Se você observar o IDE reclamando que "não se pode converter implicitamente o tipo 'int' em 'bool'" (cannot implicitly convert type 'int' to 'bool'), provavelmente, você cometeu este erro.

Estabeleça condições e veja se elas são verdadeiras

Use **instruções if/else** para dizer ao programa para fazer certas coisas só quando as **condições** configuradas forem (ou não) verdadeiras.

Quando você usa um operador condicional para comparar dois números, isto é chamado teste condicional.

Utilize operadores lógicos para checar as condições

Você acabou de ver o operador = = usado para testar se duas variáveis são iguais. Existem alguns outros operadores também. Não se preocupe em memorizá-los agora – nós os veremos nos próximos capítulos.

★ O operador != funciona como = =, exceto pelo fato de ser verdadeiro se duas coisas que você está comparando **não são iguais**.

★ Você pode usar > ou < para comparar números e ver se um é maior ou menor do que o outro.

★ Os operadores = =, !=, > e < são chamados de **operadores condicionais**. Quando você os usa para testar duas variáveis ou valores, é chamado de **teste condicional**.

★ Você pode combinar testes condicionais individuais num teste longo usando o operador && para AND (operação E lógica) e o operador || para OR (operação OU lógica). Então, para checar se i é igual a 3 ou se j é menor que 5, faça `(i == 3) || (j < 5)`.

Defina uma variável, então, verifique seu valor

Aqui, vemos o código para o segundo botão. É uma instrução if/else que checa uma **variável** inteira chamada x para ver se ela é igual a 10.

Pare seu programa antes de fazer isto – o IDE não deixará que você edite o código enquanto o programa está sendo executado. Você pode pará-lo fechando a janela, usando o botão stop (parar) na barra de ferramentas ou selecionando "Stop Debugging" (Parar Depuração) no menu Debug.

```
private void button2_Click(object sender, EventArgs e)
{
    int x = 5;
    if (x == 10)
    {
        MessageBox.Show("x must be 10");
    }
    else
    {
        MessageBox.Show("x isn't 10");
    }
}
```

Primeiro, criamos uma variável chamada x e fazemos com que seja igual a 5. Então, checamos se ela é igual a 10.

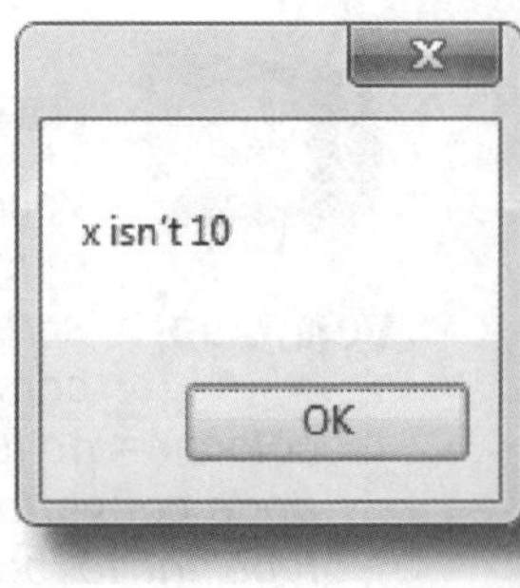

Eis a saída. Veja se você pode ajustar uma linha de código e fazer com que informe "x must be 10" (x deve ser 10).

Acrescente outro teste condicional

O terceiro botão produz esta saída. Agora, mude duas linhas de código para que ele abra duas caixas de mensagem.

Esta linha checa someValue para ver se ele é igual a 3 e, então, checa para ter certeza de que name (nome) é "Joe".

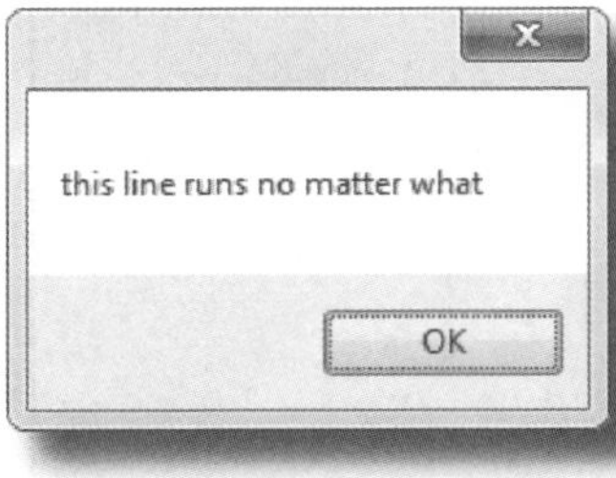


```
private void button3_Click(object sender, EventArgs e)
{
    int someValue = 4;
    string name = "Bobbo Jr.";
    if ((someValue == 3) && (name == "Joe"))
    {
        MessageBox.Show("x is 3 and the name is Joe");
    }
    MessageBox.Show("this line runs no matter what");
}
```

Adicione loops ao seu programa

Aqui está o código para o último botão. Ele possui dois loops. O primeiro é um loop **`while`**, que repete as instruções dentro das chaves, contanto que a condição seja verdadeira – faça algo *enquanto* isto for verdadeiro. O segundo é um loop **`for`**. Examine e veja como isto funciona.

```
private void button4_Click(object sender, EventArgs e)
{
    int count = 0;
    while (count < 10)
    {
        count = count + 1;
    }
    for (int i = 0; i < 5; i++)
    {
        count = count - 1;
    }
    MessageBox.Show("The answer is " + count);
}
```

Este loop continua repetindo-se, contanto que a variável count seja menor que 10.

A segunda parte da instrução for é o teste. Ele diz "enquanto i se mantiver menor que cinco o loop deve continuar". O teste é executado antes do bloco de código e o bloco será executado apenas se o teste for verdadeiro.

Isto configura o loop. Apenas atribui um valor ao inteiro que será usado nele.

Esta instrução é executada no final de cada loop. Neste caso, adiciona um a i sempre que o loop é executado. Isto é chamado de iterador e é executado <u>imediatamente</u> <u>após</u> de todas as instruções no bloco de código.

Antes de clicar no botão, leia todo o código e tente descobrir o que a caixa de mensagem mostrará. Então, clique e veja se você está certo!

Aponte seu lápis

Vamos praticar um pouco mais os testes condicionais e loops. Dê uma olhada no código abaixo. Circule os testes condicionais e complete os espaços para que os comentários descrevam corretamente o código em execução.

Completamos o primeiro para você.

```
int result = 0; // esta variável manterá o resultado final
int x = 6; // declare uma variável x e defina-a para 6
while (x > 3) {
  // execute estas instruções, contanto que ..................
  result = result + x; // adicione x ..................

  x = x - 1; // subtraia ..................
}
for (int z = 1; z < 3; z = z + 1) {
  // comece o loop ao ..................
  // continue o loop, contanto que ..................
  // após cada loop, ..................
  result = result + z; // ..................
}
// a próxima instrução abrirá uma caixa de mensagem que diz
// ..................
MessageBox.Show("The result is " + result);
```

Mais a respeito dos testes condicionais

Você pode fazer testes condicionais simples checando o valor de uma variável usando um operador de comparação. Eis como se comparam dois inteiros, x e y:

```
x < y (menor que)
x > y (maior que)
x == y (comparação de igualdade, com dois sinais de igual)
```

Esses são os testes usados com mais frequência.

Então, seu loop será executado para sempre!

Toda vez que seu programa executar um teste condicional, o resultado será **`true`** ou **`false`**. Se for **`true`**, então seu programa passará pelo loop mais uma vez. Todo loop deve ter um código que, se for executado vezes suficientes, deverá fazer com que o teste condicional finalmente retorne **`false`**. Mas, se isso não acontecer, ele continuará executando até que você encerre o programa ou desligue o computador!

Algumas vezes, chama-se isto de loop infinito e há realmente vezes em que você desejará usar um em seu programa.

Aponte o seu lápis

Eis alguns loops. Escreva se cada um deles vai repetir-se para sempre ou se, finalmente, terminará. Se o loop encerrar, quantas vezes ele fará o loop?

Loop #1

```
int count = 5;
while (count > 0) {
   count = count * 3;
   count = count * -1;
}
```

Loop #2

```
int i = 0;
int count = 2;
while (i == 0) {
   count = count * 3;
   count = count * -1;
}
```

Lembre-se, um loop for sempre executa o teste condicional no início do bloco e o iterador no final do bloco.

Loop #3

```
int j = 2;
for (int i = 1; i < 100;
     i = i * 2)
{
   j = j - i;
   while (j < 25)
   {
      j = j + 5;
   }
}
```

Para o Loop #3, quantas vezes esta instrução será executada? (→ `j = j - i;`)

Loop #4

```
while (true) { int i = 1;}
```

Loop #5

```
int p = 2;
for (int q = 2; q < 32;
     q = q * 2)
{
   while (p < q)
   {
      p = p * 2;
   }
   q = p - q;
}
```

Para o Loop #5, quantas vezes esta instrução será executada? (→ `q = p - q;`)

*Dica: q inicia igual a 2. Pense em quando o iterador "q = q * 2" é executado.*

PODER DO CÉREBRO

Você pode pensar num motivo para querer criar um loop que nunca para de executar? (Dica: Você usará um no Capítulo 13...)

Aponte seu lápis Solução

Vamos praticar um pouco mais os testes condicionais e loops. Dê uma olhada no código abaixo. Circule os testes condicionais e complete os espaços para que os comentários descrevam corretamente o código em execução.

```
int result = 0; // esta variável manterá o resultado final

int x = 6; // declare uma variável x e defina-a para 6

while (x > 3) {

  // execute estas instruções, contanto que x seja menor do que 3

  result = result + x; // adicione x à variável result (resultado)

  x = x - 1; // subtraia 1 do valor de x

}

for (int z = 1; z < 3; z = z + 1) {

  // comece o loop ao declarar uma variável x e atribuir-lhe o valor 1

  // continue o loop, contanto que z seja menor que 3

  // após cada loop, adicione 1 a z

  result = result + z; // adicione o valor de z ao resultado

}

// a próxima instrução abrirá uma caixa de mensagem que diz

// O resultado é 18

MessageBox.Show("The result is " + result);
```

Este loop é executado duas vezes – primeiro com z definido para 1 e, então, uma segunda vez, com z definido para 2. Uma vez que ele chega a 3, já não é menor do que 3, então, o loop é encerrado.

Aponte o seu lápis Solução

Eis alguns loops. Escreva se cada um deles vai repetir-se para sempre ou se, finalmente, ele terminará. Se o loop encerrar, quantas vezes ele fará o loop?

Loop #1
Este loop é executado uma vez só

Loop #2
Este loop é executado para sempre

Loop #3
Este loop é executado 7 vezes

Loop #4
Outro loop infinito

Loop #5
Este loop é executado 8 vezes

Reserve um tempo para realmente descobrir este. Eis uma oportunidade perfeita para experimentar o depurador sozinho! Defina um ponto de interrupção na instrução q = p – q;. Adicione acompanhamentos para as variáveis p e l, e percorra o loop.

Não existem Perguntas Idiotas

P: Toda instrução está sempre em uma classe?

R: Sim. Toda vez que um programa C# faz alguma coisa, é porque instruções foram executadas. Elas são partes das classes que, por sua vez, são partes de namespaces. Mesmo que pareça que algo não seja uma instrução dentro de uma classe – como, por exemplo, quando se utiliza o designer para definir uma propriedade num objeto em seu formulário – se pesquisarmos o código, veremos que o IDE adicionou ou alterou instruções dentro de alguma classe em algum ponto.

P: Existe algum nome de namespace sem autorização de uso? Existe algum que eu seja obrigado a usar?

R: Sim, existem alguns namespaces que não se tem autorização para utilizar. Notou como todas as linhas `using` no início de seus arquivos de classe sempre começam com `System`? É porque existe um namespace `System` usado pelo .NET Framework. É nele que você encontrará todas as ferramentas importantes para adicionar capacidade a seus programas, como, por exemplo, `System.Data`, que permite trabalhar com tabelas e bases de dados, e `System.IO`, que permite trabalhar com arquivos e fluxos de dados. Mas, na maioria dos casos, pode-se escolher qualquer nome para um namespace (desde que seja composto somente por letras, números e sublinhados). Quando você cria um novo programa, o IDE automaticamente escolhe um namespace baseando-se no nome do programa.

P: Eu ainda não entendi por que preciso dessa coisa de classes parciais.

R: As classes parciais permitem distribuir o código de uma classe em mais de um arquivo. O IDE emprega essa técnica quando cria um formulário – ele mantém o código editado num arquivo (como, por exemplo, `Form1.cs`) e o código é modificado automaticamente em outro (nesse caso, `Form1.Designer.cs`). No entanto, não é preciso fazer isso com um namespace. Um namespace pode estar distribuído em um, dois, uma dúzia ou mais arquivos. Apenas coloque a declaração do namespace no início do arquivo e tudo que estiver entre as chaves após a declaração pertencerá a este namespace. Mais uma coisa: pode-se ter mais de uma classe num mesmo arquivo. E mais de um namespace também. Você aprenderá muito mais a respeito das classes nos próximos capítulos.

P: Digamos que eu arraste alguma coisa para um formulário e o IDE gere um monte de código automaticamente. O que acontece com este código se eu clicar em "desfazer"?

R: A melhor forma de responder a esta pergunta é experimentar – faça algo onde o IDE gera código para você. Arraste um botão em um formulário, altere propriedades. Então, tente desfazer. O que acontece? Bem, para coisas simples, o que você deve observar é que o IDE é inteligente o suficiente para desfazer por ele mesmo. Mas em situações mais complexas, como, por exemplo, adicionar um novo banco de dados SQL ao seu projeto, você receberá uma mensagem de aviso. Ele ainda sabe como desfazer a ação, mas pode não ser capaz de refazê-la.

P: Exatamente quão cuidadoso eu preciso ser com o código gerado pelo IDE?

R: Normalmente, deve-se tomar muito cuidado. É muito útil saber o que o IDE está fazendo com o seu código e, de vez em quando, você precisará saber o que existe ali para conseguir resolver um problema sério. Mas, na maioria dos casos, deve ser possível fazer tudo o que se deseja através do IDE.

PONTOS DE BALA

- Você diz ao seu programa para realizar tarefas usando instruções. Elas são sempre parte das classes e cada classe sempre está em um namespace.
- Toda instrução termina com um ponto e vírgula (;).
- Quando se utilizam ferramentas visuais no IDE Visual Studio, código é automaticamente adicionado ou alterado em seu programa.
- Os blocos de código são contidos dentro de chaves `{ }`. Classes, loops `while`, instruções if/else e muitos outros tipos de instruções usam esses blocos.
- Um teste condicional é sempre `true` ou `false`. Utiliza-se ele para determinar quando um loop termina e qual bloco de código executar em uma instrução if/else.
- Sempre que um programa precisar armazenar algum dado, usa-se uma variável. Use = para atribuir valor a ela e == para testar se duas são iguais.
- Um loop `while` executa tudo dentro de seu bloco (definido por chaves), contanto que o *teste condicional* seja `true`.
- Se um teste condicional for `false`, o código do loop `while` não será executado e a execução se deslocará para o código imediatamente após o bloco do loop.

Ímãs de Geladeira

Parte de um programa em C# está toda embaralhada na porta de geladeira. Você pode ordenar os fragmentos de código para produzir um código funcional em C# que apresente a caixa de mensagem? Algumas das chaves caíram no chão e são muito pequenas para pegar, então se sinta à vontade para adicionar quantas precisar! (Dica: você precisará mesmo adicionar algumas. Escreva-as!)

"" é uma string vazia – significa que Result ainda não tem nenhum caractere.

Este ímã não caiu da geladeira...

```
string Result = "";
```

```
MessageBox.Show(Result);
```

```
if (x == 1) {
Result = Result + "d";
x = x - 1;
}
```

```
if (x == 2) {
Result = Result + "b c";
}
```

```
if (x > 2) {
Result = Result + "a";
}
```

```
int x = 3;
```

```
x = x - 1;
Result = Result + "-";
```

```
while (x > 0) {
```

Saída:

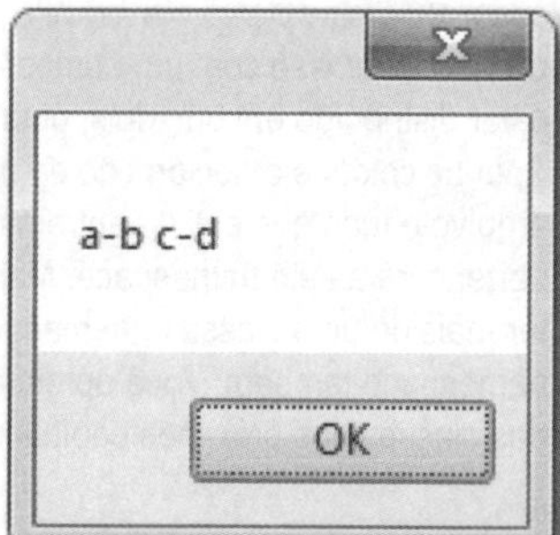

Respostas na página 82.

Você criará muitas aplicações neste livro e precisará dar a cada um, um nome diferente. Recomendamos nomear este como "2 Fun if-else statements" (2 Diversão com instruções if-else), com base no número do capítulo e no texto na barra de título do formulário.

Passaremos muitos exercícios semelhantes a este no livro inteiro. Daremos a você a resposta após algumas páginas. Se ficar parado sem saber o que fazer, não tenha medo de dar uma olhadinha na resposta – isto não é trapaça!

Exercício

É hora de praticar um pouco com as instruções if/else. Você pode fazer este programa?

Eis o formulário.

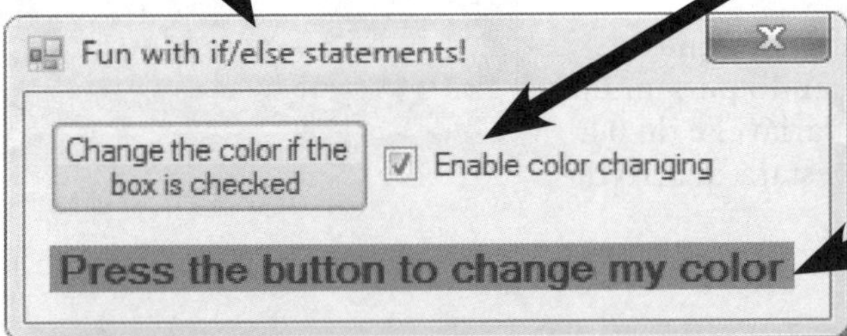

Adicione esta caixa de seleção.

Arraste-a da toolbox para o formulário. Use a propriedade **`Text`** para mudar o texto ao lado. (Você também usa a propriedade **`Text`** para mudar o botão e o texto da etiqueta.)

Isto é uma etiqueta.

Você pode usar as propriedades para alterar o tamanho da fonte e deixá-la em negrito. Use a propriedade **`BackColor`** para deixar o fundo vermelho – escolha "**`Red`**" (vermelho) na seleção de cores da Web.

Abra esta mensagem se o usuário clicar no botão, mas a caixa de seleção NÃO ESTIVER marcada.

Se a sua caixa de seleção tiver **`checkBox1`** como nome (você pode mudar a propriedade **`Name`** se quiser), então, eis o teste condicional para ver se ela está marcada:

```
checkBox1.Checked == true
```

Se o usuário clicar no botão e a caixa ESTIVER marcada, mude a cor de fundo da etiqueta (label).

Se a cor de fundo da etiqueta for vermelha, mude-a para azul quando o botão for clicado. Se ela for azul, mude-a de volta para vermelho. Eis a instrução que altera a cor de fundo de uma etiqueta chamada **`label1`**:

```
label1.BackColor = Color.Red;
```

(Dica: O teste condicional para checar se a cor de fundo de uma etiqueta é vermelha parece muito com essa instrução – mas com uma diferença importante!)

Exercício

Vamos fazer algo **chamativo**! Comece criando uma nova aplicação Windows Forms no IDE.

1 Eis o formulário a construir

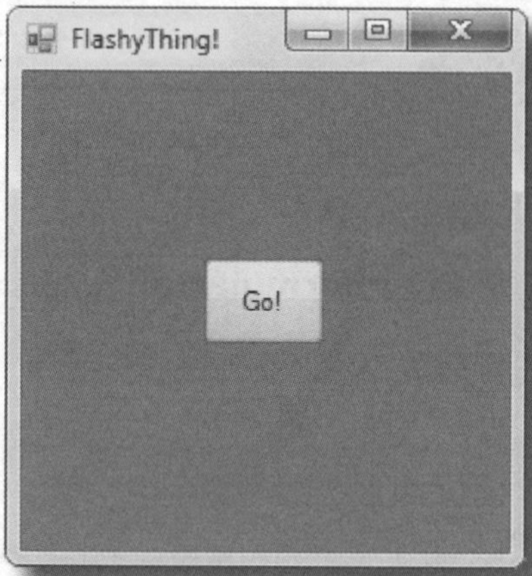

Dica: Se você declarar uma variável dentro de um loop for – for(int c = 0; ...) – ela só será válida dentro das chaves desse loop. Logo, se você tiver dois loops que usam a mesma variável, poderá declará-la em cada loop ou ter uma única declaração fora do loop. E se a variável c já estiver declarada fora dos loops, você não poderá usá-la em nenhuma.

2 Faça com que o fundo do formulário fique totalmente psicodélico!

Quando o botão for clicado, faça com que o fundo do formulário fique trocando para muitas cores! Crie um loop com uma variável **c** de 0 a 253. Eis o bloco de código que estará dentro das chaves desse loop:

```
this.BackColor = Color.FromArgb(c, 255 - c, c);

Application.DoEvents();
```

Essa linha dirá ao programa para parar seu loop momentaneamente e fazer outras coisas necessárias, tais como, renovar o formulário, verificar os cliques do mouse etc. Experimente esta linha e veja o que acontece. O formulário não irá redesenhar-se, pois está aguardando até o loop ser feito antes de lidar com esses eventos..

Agora, você usará Application.DoEvents() para assegurar que seu formulário seja responsivo enquanto está em um loop, mas é um tipo de alteração. Você não deve usar este código fora de um programa de treinamento como este. Posteriormente no livro, você aprenderá um modo muito melhor de permitir que seus programas façam mais de uma coisa por vez!

Me imprima em cores!

O .NET tem várias cores predefinidas, tais como Blue (azul) e Red (vermelho), mas permite que você crie suas próprias cores usando o método Color.FromArgb( ), especificando três números: um valor vermelho, um valor verde e um valor azul.

3 Deixe-o mais lento

Diminua a velocidade do piscar adicionando esta linha após a linha `Application.DoEvents()`:

```
    System.Threading.Thread.Sleep(3);
```

Esta instrução insere uma espera de 3 milissegundos no loop. É parte da Biblioteca .NET e está no namespace `System.Threading`.

4 Deixe-o mais suave

Vamos fazer as cores executarem um ciclo inverso ao inicial. Adicione outro loop em que **c** vá de 254 até 0. Use o mesmo bloco de código entre as chaves.

5 Faça com que ele continue

Encapsule seus dois loops dentro de outro que os execute continuamente e não pare, de forma que, quando o botão for pressionado, o fundo comece a mudar de cor e continue fazendo isso sem parar. (Dica: O loop `while (true)` será executado para sempre!)

Quando um loop está dentro de outro, chamamos de loop "aninhado".

Opa! O programa não para mais!

Execute seu programa no IDE. Inicie os loops. Agora, feche a janela. Espere um pouco – o IDE não voltou para o modo de edição! Ele está agindo como se o programa ainda estivesse executando. Você precisará, de fato, parar o programa usando o botão stop (parar) no IDE (ou selecione "Stop Debugging" (Parar Depuração) no menu Debug).

6 Faça-o parar

Faça o loop que você criou no passo #5 parar quando o programa é fechado. Modifique seu loop externo para o seguinte:

```
while (Visible)
```

Agora, execute o programa e clique no X no canto. A janela fecha e o programa para! Exceto... que há um atraso de alguns segundos antes que o IDE volte para o modo de edição.

Quando você estiver checando um valor booleano, tal como Visible em uma instrução if ou loop, algumas vezes será tentador testar (Visible == true). Você pode deixar o "==true" de fora – é suficiente apenas incluir o booleano.

Dica: O operador && significa "AND". É como você enfileira um monte de testes condicionais para formar um único grande teste que será verdadeiro somente se o primeiro teste for true E o segundo também E o terceiro etc. Ele será útil para resolver este problema.

Quando você estiver trabalhando com um formulário ou controle, Visible será true enquanto ele estiver sendo exibido. Se você defini-lo para false, o formulário ou controle desaparecerá.

Você consegue imaginar o que está causando este atraso? Pode corrigir o problema de forma que o programa encerre imediatamente quando se fecha a janela?

Exercício Solução

É hora de praticar um pouco com as instruções if/else. Você pode fazer este programa?

```
using System;
using System.Collections.Generic;
using System.ComponentModel;
using System.Data;
using System.Drawing;
using System.Linq;
using System.Text;
using System.Windows.Forms;

namespace Fun_with_If_Else
{
    public partial class Form1 : Form
    {
        public Form1()
        {
            InitializeComponent();
        }

        private void button1_Click(object sender, EventArgs e)
        {
            if (checkBox1.Checked == true)
            {
                if (label1.BackColor == Color.Red)
                {
                    label1.BackColor = Color.Blue;
                }
                else
                {
                    label1.BackColor = Color.Red;
                }
            }
            else
            {
                MessageBox.Show("The box is not checked");
            }
        }
    }
}
```

Aqui está o código para o formulário. Chamamos a solução de "Fun with If Else" (Diversão com If Else), de forma que o IDE criou o namespace Fun_with_If_Else. Se você deu à sua solução um nome diferente, terá um nome de namespace diferente.

O IDE adicionou um método chamado buttol_Click() ao seu formulário quando você clicou duas vezes no botão. O método é executado toda vez que o botão é pressionado.

A instrução if externa verifica a caixa de seleção para ver se ela está marcada. Verifique!

A instrução if interna verifica a cor da etiqueta. Se no momento ela estiver vermelhe, executa uma instrução que a deixe azul.

Esta instrução será executada se a cor de fundo da etiqueta não for vermelha para retorná-la para vermelha.

Este MessageBox será aberto se a caixa de seleção não estiver marcada.

Você pode baixar o código de todas as soluções dos exercícios neste livro em www.altabooks.com.br

Exercício Solução

Vamos fazer algo **chamativo!**

Quando o IDE adicionou este método, também acrescentou um return extra antes da chave. Algumas vezes, colocaremos a chave na mesma linha para poupar espaço – mas o C# não se importa com o espaço extra, logo isto é perfeitamente válido.

Algumas vezes, não mostraremos todo o código numa solução, apenas as partes alteradas. Toda a lógica do projeto FlashyThing (Coisa que Pisca) está no método button1_Click( ) que o IDE adicionou quando você clicou duas vezes no botão do designer de formulários.

Consistência geralmente é muito importante para facilitar que as pessoas leiam o código. Mas, estamos mostrando de propósito modos diferentes, pois você precisará acostumar-se a ler o código de pessoas diferentes usando estilos diferentes.

```
private void button1_Click(object sender, EventArgs e) {
    while (Visible) {
        for (int c = 0; c < 254 && Visible; c++) {
            this.BackColor = Color.FromArgb(c, 255 - c, c);
            Application.DoEvents();
            System.Threading.Thread.Sleep(3);
        }
        for (int c = 254; c >= 0 && Visible; c--) {
            this.BackColor = Color.FromArgb(c, 255 - c, c);
            Application.DoEvents();
            System.Threading.Thread.Sleep(3);
        }
    }
}
```

O loop externo fica executando enquanto o formulário está visível. Logo que ele é fechado, Visible é false e o while para de executar.

O primeiro loop for faz com que as cores sejam alteradas de uma forma e o segundo, inverte essa ordem para deixar a variação mais suave.

Usamos && Visible ao invés de && Visible == true. É como dizer "se for visível", ao invés de "se for verdadeiro que é visível" – significam a mesma coisa.

Resolvemos o problema do atraso extra usando o operador && para fazer com que cada um dos loops também cheque a propriedade Visible. Desta forma, os loops encerram assim que Visible se torna false.

Você conseguiu descobrir o que estava causando o atraso? Conseguiu resolver o problema de forma que o programa terminasse imediatamente quando você fechasse a janela?

O atraso acontece porque os loops for precisam terminar antes que o while possa checar se Visible ainda é true. Pode-se resolver o problema adicionando **`&& Visible`** ao teste condicional em cada loop for.

Seu código está um pouco diferente do nosso? Existe mais de uma forma de resolver qualquer problema de programação – como, por exemplo, usar loops while no lugar de loops for. Se seu programa funciona, então você fez o exercício corretamente!

Jogos de Verão

Seu ***trabalho*** é pegar os fragmentos de código da piscina e colocá-los nas linhas em branco no código principal. Você **não** pode usar os mesmos fragmentos mais de uma vez e não precisa usar todos eles. Seu ***objetivo*** é fazer uma classe que compile e execute. Não se engane: este exercício é mais difícil do que parece.

```
int x = 0;
String Poem = "";

while ( __________ ) {

    _____________________________
    if ( x < 1 ) {
        ___________________________
    }
    _____________________________

    if ( __________ ) {

        ___________________________

        __________
    }
    if ( x == 1 ) {

        ___________________________
    }
    if ( __________ ) {

        ___________________________
    }

    __________
}
__________________
```

Saída

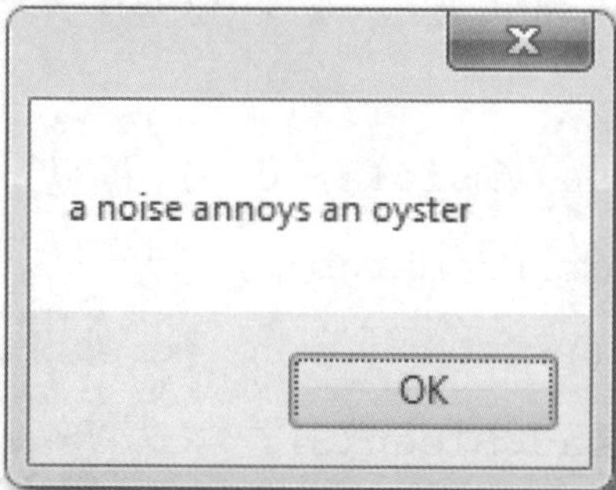

Incluímos estes exercícios "Jogos de verão" em todo o livro para dar ao seu cérebro um exercício extra forte. Se você adora pequenos quebra-cabeças de lógica tortuosa, gostará deste aqui. Se não, de qualquer forma, tente – mas não fique receoso de olhar a resposta para entender o que está acontecendo. E se você for desafiado por um quebra-cabeça, com certeza, prossiga.

Nota: cada fragmento da piscina só pode ser usado uma vez!

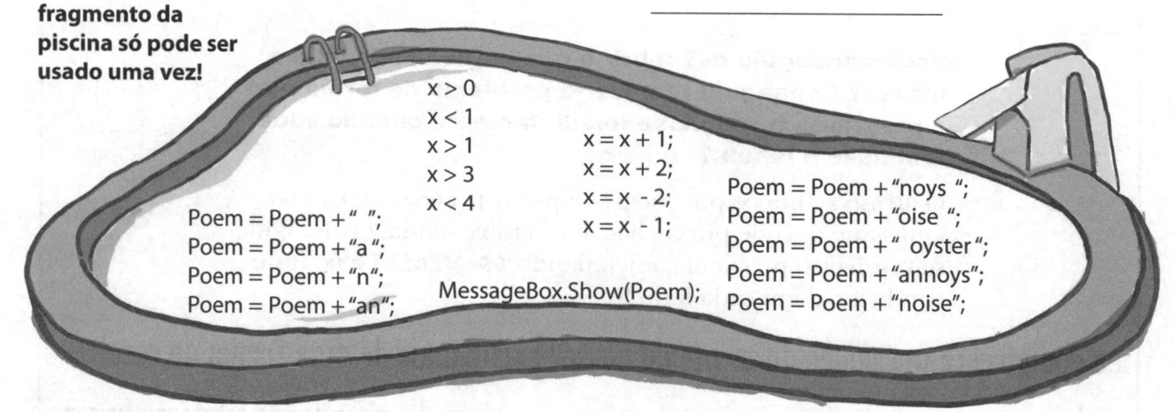

Respostas na página 83.

Cruzadinha C#

Como um jogo de palavras cruzadas ajuda você a aprender o C#? Bem, as palavras nele são relacionadas com a linguagem e retiradas deste capítulo. As pistas também ajudam a exercitar sua mente e no fim das contas, isso ajudará você a criar rotas alternativas para o C# diretamente no seu cérebro.

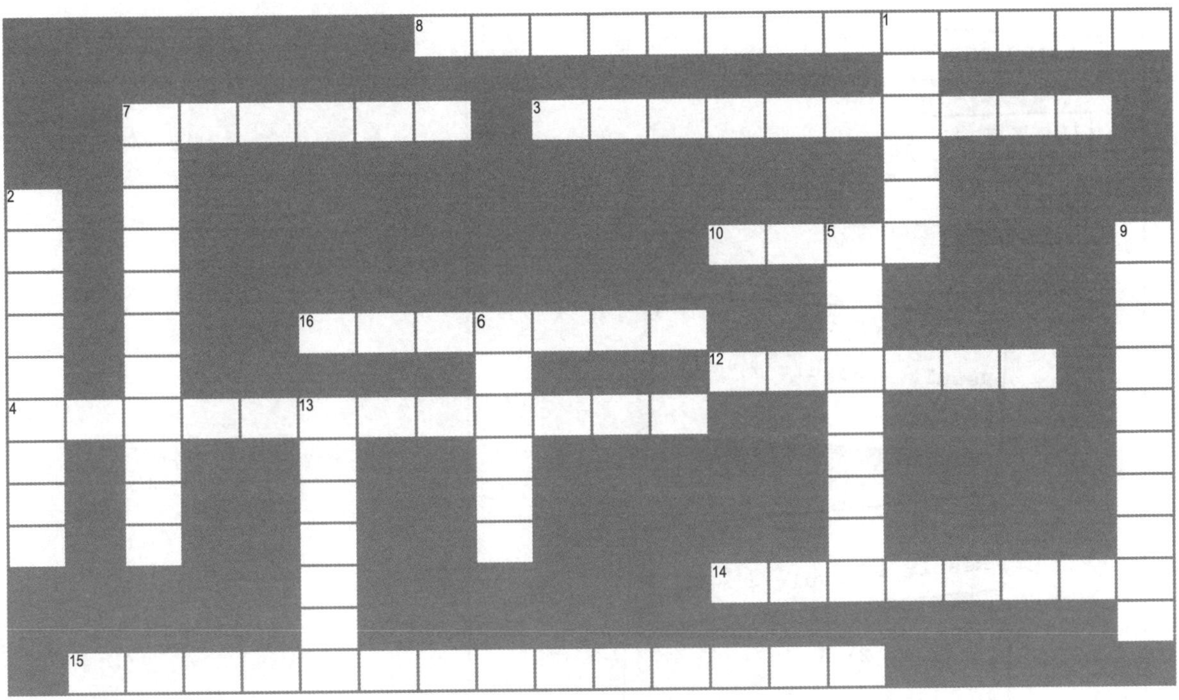

Verticais

1. A saída de um método é o seu valor de______
2. `System.Windows.Forms` é um exemplo de um destes
5. Um pequeno trecho de um programa que faz algo
6. Um bloco de código é cercado por______
7. O tipo de teste que diz a um loop quando encerrar
9. Você pode chamar ______`.Show()` para mostrar uma caixa de diálogo simples do Windows
13. O tipo de variável que contém um número inteiro

Horizontais

3. Você passa informações para um método usando ______
4. `button1.Text` e `checkBox3`.Name são exemplos de
7. Contém métodos
8. Toda instrução termina com um destes
10. O nome do ponto de entrada de todo programa C#
12. Suas instruções de código são contidas por eles
14. Um tipo de variável que pode ser true ou false
15. Um método especial que diz ao seu programa por onde começar
16. Este tipo de classe se distribui por vários arquivos

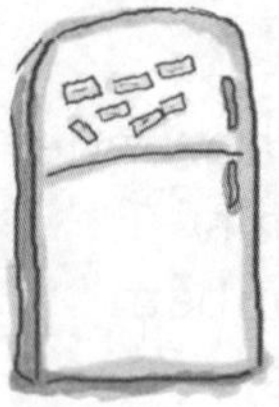

Ímãs de Geladeira – Solução

Parte de um programa em C# está toda embaralhada na porta de geladeira. Você pode ordenar os fragmentos de código para produzir um código funcional em C# que apresente a caixa de mensagem? Algumas das chaves caíram no chão e são muito pequenas para pegar, então se sinta à vontade para adicionar quantas precisar!

```
string Result = "";

int x = 3;

while (x > 0) {
{

    if (x > 2) {
    Result = Result + "a";
    }

    x = x - 1;
    Result = Result + "-";

    if (x == 2) {
    Result = Result + "b c";
    }

        if (x == 1) {
        Result = Result + "d";
        x = x - 1;
        }
}

MessageBox.Show(Result);
```

Esse ímã não caiu da geladeira...

Na primeira iteração do loop, x é igual a 3, então este teste condicional será true.

Esta instrução faz com que x seja igual a 2 na primeira vez que o loop é executado e 1, na segunda.

Saída:

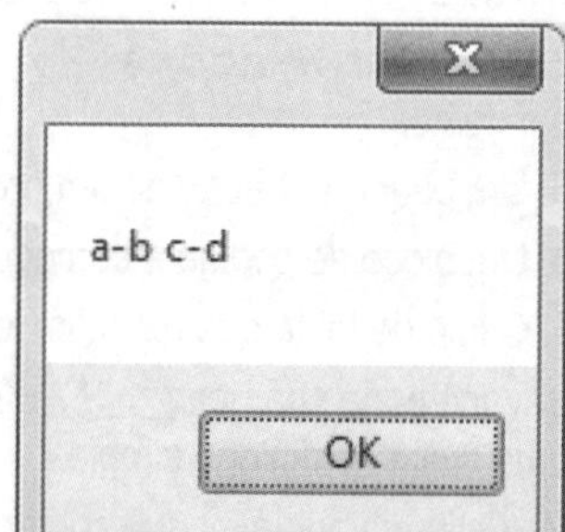

Solução dos Jogos de Verão

Seu **trabalho** é pegar os fragmentos de código da piscina e colocá-los nas linhas em branco no código. Seu **objetivo** é fazer uma classe que compile e execute.

```
int x = 0;
String Poem = "";

while ( x < 4 ) {

   Poem = Poem + "a";
   if ( x < 1 ) {
      Poem = Poem + " ";
   }
   Poem = Poem + "n";

   if ( x > 1 ) {

      Poem = Poem + " oyster";

      x = x + 2;
   }
   if ( x == 1 ) {

      Poem = Poem + "noys ";
   }
   if ( x < 1 ) {

      Poem = Poem + "oise ";
   }

   x = x + 1;
}
MessageBox.Show(Poem);
```

Saída:

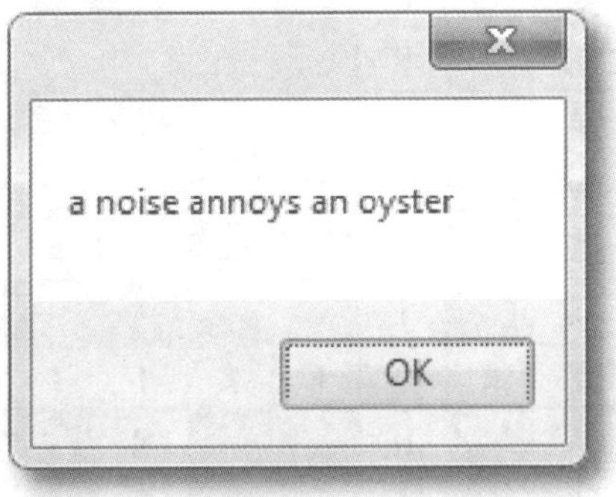

Você conseguiu uma solução diferente? Digite-a no IDE e veja se funciona! Há mais de uma solução correta no quebra-cabeça.

Se você quiser um desafio real, veja se pode descobrir qual é! Eis uma dica: Há outra solução que mantém os fragmentos de palavras em ordem.

Solução da Cruzadinha C#

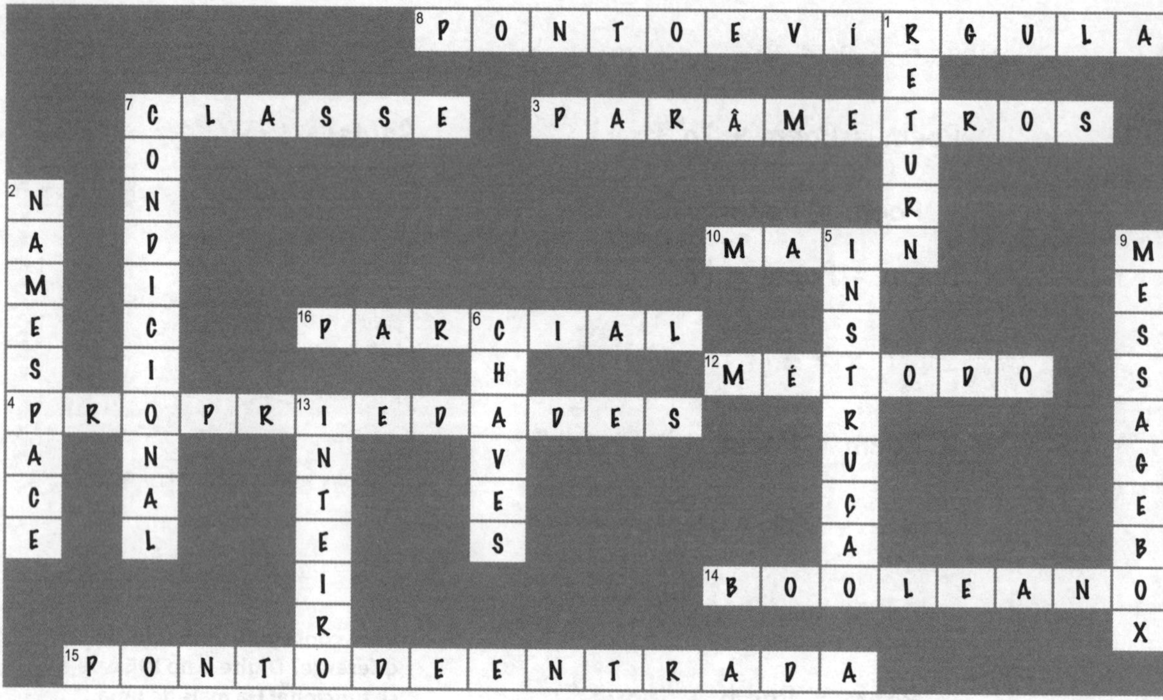

3 objetos: orientem-se!

Fazendo o código fazer sentido

Cada programa que você escreve resolve um problema.

Quando você está desenvolvendo um programa, é sempre uma boa ideia começar pensando a respeito de qual problema ele deveria resolver. É por isso que ***objetos*** são tão úteis. Eles permitem que se estruture o código baseando-se no problema que se está resolvendo, de forma que você possa empregar seu tempo *pensando sobre o problema* que precisa ser enfrentado, ao invés de ficar atolado na mecânica de escrever código. Quando se usa um objeto corretamente, acaba-se com o código que é *simples* de escrever e fácil de ler e alterar.

Como Mike pensa a respeito de seus problemas

Mike é um programador que vai a uma entrevista de emprego. Ele mal pode esperar para mostrar suas habilidades com o C#, mas primeiro tem que chegar lá – e está prestes a se atrasar!

1. **Mike decide qual caminho pegará para chegar ao local da entrevista.**

Pegarei a 31st Street bridge, continuarei pela Liberty Avenue e irei por Bloomfield.

Mike define seu destino, então determina um caminho.

2. **Ainda bem que ele estava com o rádio ligado. Ele ouve que o trânsito está muito lento no caminho escolhido e isso iria atrasá-lo!**

Mike recebe novas informações a respeito de uma rua que ele precisa evitar.

Aqui é Frank Loudly para o programa 'Relatório de trânsito nós vemos tudo'. Parece que um acidente envolvendo três carros na Liberty Avenue faz com que o trânsito fique quase parado por toda a extensão da Avenue até a 32nd Street.

3. **Mike imagina um novo caminho para chegar à entrevista a tempo.**

Agora, ele pode imaginar um novo caminho para chegar ao local da entrevista.

Sem problemas. Se eu pegar a Route 28, ainda chego a tempo!

Como o sistema de navegação do carro de Mike pensa sobre este problema

Mike desenvolveu seu próprio sistema de navegação GPS, que ele usa para ajudá-lo a andar pela cidade.

Eis um diagrama de classes no programa de Mike. Ele mostra o nome em cima e os métodos embaixo.

Navigator
SetCurrentLocation() SetDestination() ModifyRouteToAvoid() ModifyRouteToInclude() GetRoute() GetTimeToDestination() TotalDistance()

```
SetDestination("Fifth Ave & Penn Ave");
string route;
route = GetRoute();
```

O sistema de navegação define um destino e sugere uma rota.

Eis a saída do método GetRoute( ) – uma string com as instruções que Mike deve seguir.

```
"Take 31st Street Bridge to Liberty Avenue to Bloomfield"
```

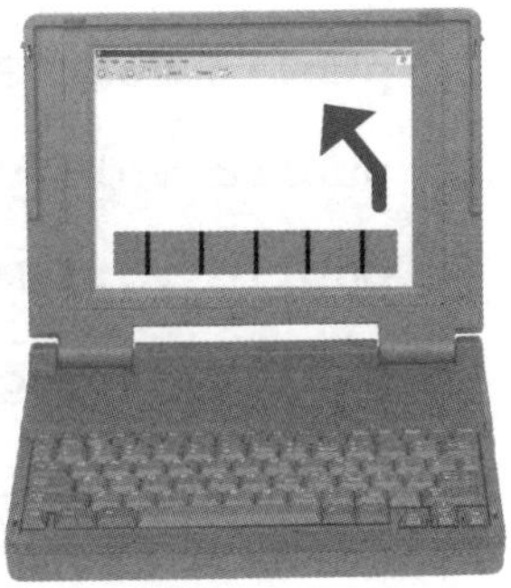

O sistema de navegação recebe novas informações a respeito de uma rua que ele deve evitar.

```
ModifyRouteToAvoid("Liberty Ave");
```

Agora ele pode calcular uma nova rota até o destino.

```
string route;
route = GetRoute();
```

```
"Take Route 28 to the Highland Park Bridge to Washington Blvd"
```

GetRoute( ) informa uma nova rota que não inclui a rua que Mike quer evitar.

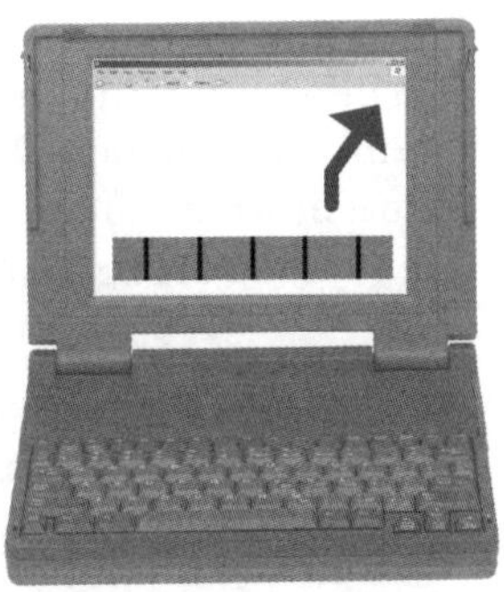

O sistema de navegação de Mike resolve o problema da mesma forma que ele faz.

A classe Navigator de Mike tem métodos para definir e modificar rotas

A classe `Navigator` de Mike tem métodos onde toda a ação acontece. Mas, diferente dos métodos `button_ Click()` nos formulários que você desenvolveu, todos eles concentram-se em torno de um único problema: percorrer uma rota dentro de uma cidade. É por isso que Mike agrupou-os todos em uma mesma classe e chamou-a de `Navigator`.

Mike projetou sua classe `Navigator` para facilitar criar e modificar rotas. Para conseguir um caminho a seguir, o programa de Mike chama o método `SetDestination()` para definir o destino e, então, usa `GetRoute()` para colocar a rota em uma string. Se for preciso modificar a rota, o programa chamará o método `ModifyRouteToAvoid()` para modificar a rota de modo a evitar certa rua, então chama o método `GetRoute()` para conseguir as novas instruções.

Mike escolheu nomes para os métodos que fariam sentido para alguém que estava pensando em criar uma rota na cidade.

```
class Navigator {

    public void SetCurrentLocation(string locationName) { ... }

    public void SetDestination(string destinationName) { ... };

    public void ModifyRouteToAvoid(string streetName) { ... };

    public string GetRoute() { ... };

}
```

Este é o tipo de retorno do método. Significa que a instrução que chama o método GetRoute( ) pode usá-lo para definir uma variável de string que conterá as instruções. Quando for **void**, o método não retornará nada.

```
string route =
        GetRoute();
```

Alguns métodos têm um valor de retorno

Todos os métodos são feitos de instruções que fazem coisas. Alguns apenas executam suas instruções e saem. Mas, outros têm um **valor de retorno** ou um valor calculado ou gerado dentro do método e enviado de volta para a instrução que chamou esse método. O tipo do valor de retorno (como `string` ou `int`) é chamado de **tipo de retorno**.

A instrução **return** faz com que o método saia imediatamente. Se o seu método não tiver um valor de retorno – ou seja, ele é declarado com tipo de retorno void – então a instrução return apenas deverá terminar com um ponto e vírgula e não é obrigatório que ele exista dentro do método. Mas, se o método tiver um tipo de retorno, ele obrigatoriamente deverá ter a instrução.

Eis um exemplo de método que tem um tipo de retorno – ele retorna um int. O método usa os dois **parâmetros** para calcular o resultado e usa a instrução **return** para passar o valor de volta para a instrução que o chamou.

```
public int MultiplyTwoNumbers(int firstNumber, int secondNumber) {
        int result = firstNumber * secondNumber;
        return result;
}
```

Eis um comando que chama um método para multiplicar dois números. Ele retorna um int:

```
int myResult = MultiplyTwoNumbers(3, 5);
```

Os métodos podem ter valores como 3 e 5. Mas você também pode usar variáveis para passar valores para eles.

PONTOS DE BALA

- As classes têm métodos que contêm instruções que realizam ações. Você pode construir uma classe fácil de usar escolhendo métodos que fazem sentido.
- Alguns métodos têm um **tipo de retorno**. Você define o tipo de retorno de um método em sua declaração. Um método com uma declaração que inicia com "`public int`" retorna um valor int. Eis um exemplo de instrução que retorna um valor int: `return 37;`
- Quando um método tem um tipo de retorno, Ele **deve** ter uma instrução `return` que retorna um valor coincidente com um tipo de retorno. Portanto, se você obtiver um método que é declarado como "`public string`", então precisará de uma instrução return que retorna uma string.
- Assim que uma instrução `return` em um método é executada, seu programa volta para a instrução que chamou o método.
- Nem todos os métodos têm um tipo de retorno. Um método com uma declaração que inicia com "`public void`" não retorna nada. Você ainda pode usar uma instrução `return` para sair de um método `void: if (finishedEarly) { return; }`

Use o que você aprendeu para desenvolver um programa que usa uma classe

Vamos associar um formulário a uma classe e fazer seu botão chamar um método nela.

Faça isso!

1. Crie um novo projeto de Aplicação Windows Forms no IDE. Então, adicione um arquivo de classe chamado `Talker.cs` clicando com o botão direito no projeto no Solution Explorer (Navegador de Solução) e selecionando "Class..." (Classe) no menu Add (Adicionar). Quando você der para a seu novo arquivo de classe o nome "Talker.cs", o IDE automaticamente nomeará a classe dentro do novo arquivo como `Talker`. Então, abrirá a nova classe numa nova aba dentro do IDE.

2. Adicione `using System.Windows.Forms;` ao topo do arquivo de classe. Em seguida, adicione o seguinte código à classe:

```
class Talker {
    public static int BlahBlahBlah(string thingToSay, int numberOfTimes)
    {
        string finalString = "";
        for (int count = 1; count <= numberOfTimes; count++)
        {
            finalString = finalString + thingToSay + "\n";
        }
        MessageBox.Show(finalString);
        return finalString.Length;
    }
}
```

Esta instrução declara uma variável finalString e define-a para ser igual a uma string vazia.

Esta linha de código adiciona o conteúdo de thingToSay e uma quebra de linha ("\n") ao final para a variável finalString.

O valor de retorno do método BlahBlahBlah( ) é um inteiro que informa o tamanho total da mensagem mostrada. Você pode adicionar ".Length" a qualquer string para descobrir seu tamanho.

Isto é chamado de **propriedade**. Toda string tem uma propriedade chamada Length. Quando ela calcula o comprimento da string, uma quebra de linha ("\n") conta como um caractere.

Vire a página para continuar!

Então, o que você acabou de construir?

A nova classe tem um método chamado `BlahBlahBlah()` que precisa de dois parâmetros. O primeiro é uma string que lhe diz algo que ele deve falar e o segundo é o número de vezes que ele deve repetir o que diz. Quando ele é chamado, mostra uma caixa de mensagem com a mensagem repetida várias vezes. Seu valor de retorno é o tamanho da string. O método precisa de uma string para seu parâmetro `thingToSay` e um número para seu parâmetro `numberOfTimes`. Ele receberá os parâmetros de um formulário que servirá para que o usuário digite um texto usando um controle **`TextBox`** e um número usando um controle **`NumericUpDown`**.

Agora, adicione o seguinte formulário ao seu projeto.

Defina o texto padrão do TextBox para "Hello!" usando sua propriedade Text.

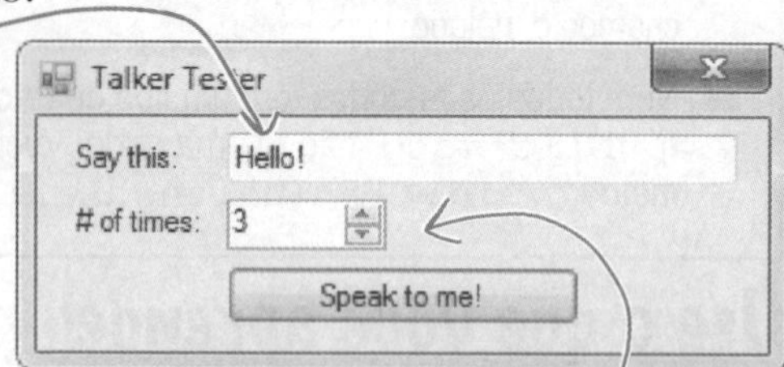

Este é um controle NumericUpDown. Defina sua propriedade Minimum para 1, sua propriedade Maximum para 10 e sua propriedade Value para 3.

3 Faça com que o formulário de seu projeto fique assim.
Então, clique duas vezes no botão e faça com que ele execute o seguinte código que chama `BlahBlahBlah()` e atribui seu valor de retorno a um inteiro chamado len:

```
private void button1_Click(object sender, EventArgs e)
{
    int len = Talker.BlahBlahBlah(textBox1.Text, (int)numericUpDown1.Value);
    MessageBox.Show("The message length is " + len);
}
```

4 Agora, execute seu programa! Clique no botão e você verá ele mostrar duas caixas de mensagem. A classe mostra a primeira e o formulário, a segunda.

O método BlahBlahBlah() mostra esta caixa de mensagem baseando-se em seus parâmetros.

Quando o método retorna um valor, o formulário abre nesta caixa de mensagem.

Você pode adicionar uma classe ao seu projeto e compartilhar seus métodos com as outras classes no projeto.

Mike tem uma ideia

A entrevista foi ótima! Mas, o trânsito de manhã fez Mike pensar sobre melhorias para seu navegador.

Ele poderia criar três classes Navigator diferentes...

Mike *poderia* copiar e colar o código da classe `Navigator` em duas outras. Assim, seu programa poderia conter três rotas ao mesmo tempo.

Esta caixa é um **diagrama de classe**. Ele lista todos os métodos numa classe e é uma forma fácil de obter uma visão geral de tudo o que ela faz.

Navigator
SetDestination() ModifyRouteToAvoid() ModifyRouteToInclude() GetRoute() GetTimeToDestination() TotalDistance()

Navigator2
SetDestination() ModifyRouteToAvoid() ModifyRouteToInclude() GetRoute() GetTimeToDestination() TotalDistance()

Navigator3
SetDestination() ModifyRouteToAvoid() ModifyRouteToInclude() GetRoute() GetTimeToDestination() TotalDistance()

Exato! Manter três cópias do mesmo código seria realmente complicado. Muitos problemas a serem resolvidos implicam representar uma ***coisa*** muitas vezes diferentes. Neste caso, um monte de rotas. Mas, poderia ser um monte de turbinas, cães, arquivos de música ou qualquer outro exemplo. Todos estes programas teriam algo em comum: sempre precisariam tratar o mesmo tipo de coisa da mesma forma, não importando quantas fossem em cada caso.

Mike pode usar objetos para resolver o problema

Objetos são a ferramenta do C# para trabalhar com várias coisas semelhantes. Mike pode usar objetos para programar sua classe `Navigator` apenas uma vez, mas usar *quantas vezes quiser* num programa.

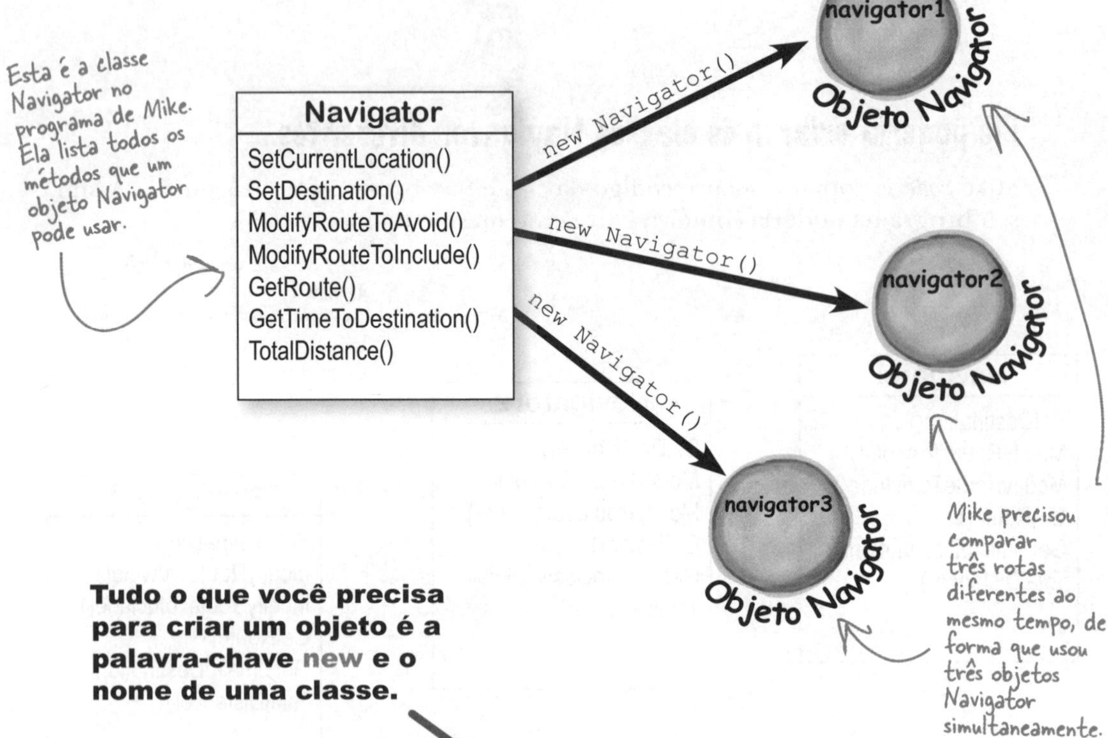

Tudo o que você precisa para criar um objeto é a palavra-chave new e o nome de uma classe.

```
Navigator navigator1 = new Navigator();
navigator1.SetDestination("Fifth Ave & Penn Ave");
string route;
route = navigator1.GetRoute();
```

Agora você pode usar o objeto! Quando você cria um objeto a partir de uma classe, ele tem todos os métodos dela.

Você pode usar uma classe para construir um objeto

Uma classe é como uma planta de uma casa para um objeto. Se você quisesse construir cinco casas idênticas num empreendimento de construção no subúrbio, não pediria ao arquiteto para desenhar cinco cópias idênticas de plantas. Você usaria somente uma para construir as cinco casas.

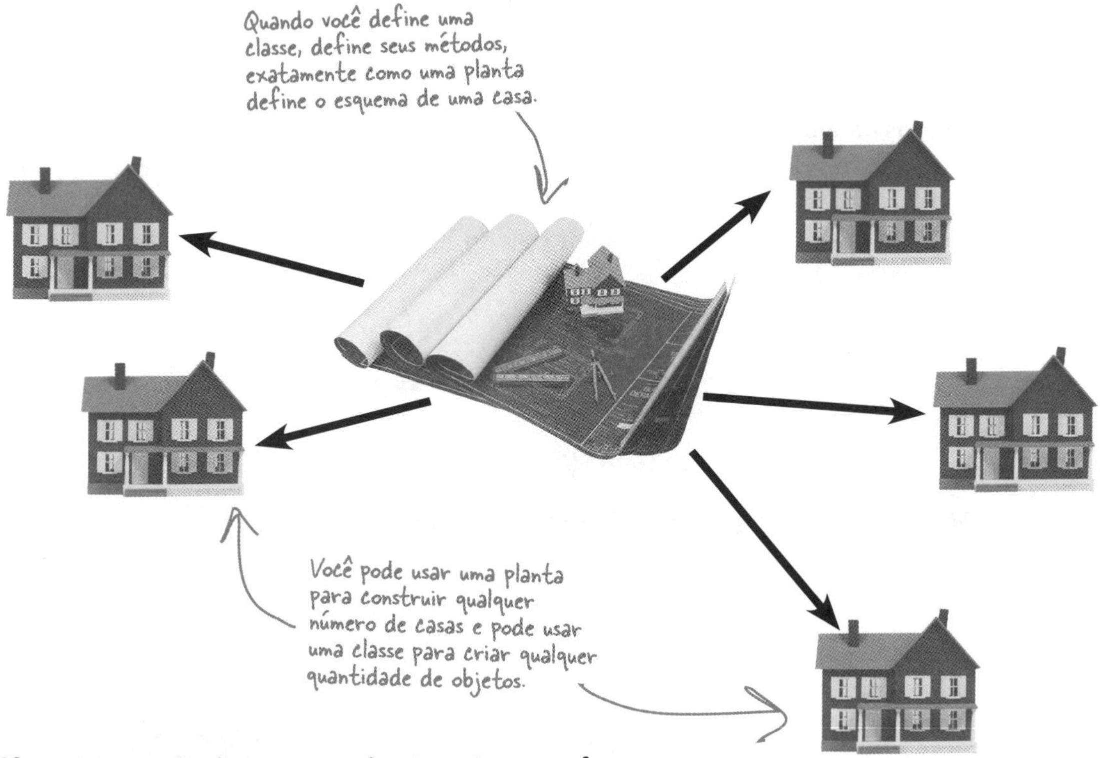

Um objeto obtém seus métodos de sua classe

Uma vez que uma classe tenha sido criada, você pode criar quantos objetos queira usando-a com a instrução new. Quando fizer isto, todo método em sua classe fará parte do objeto.

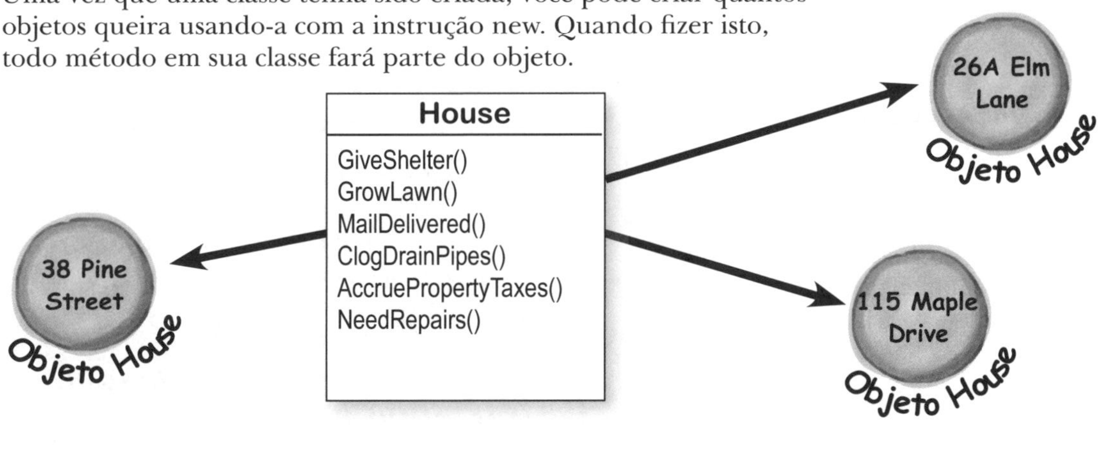

Quando você cria um novo objeto a partir de uma classe, ele é chamado de uma instância dessa classe

Adivinhe só... você já sabe isto! Tudo na toolbox é uma classe: existe uma classe `Button`, `TextBox`, `Label` etc. Quando você arrasta um botão da toolbox, o IDE automaticamente cria uma instância da classe `Button` e chama-a de `button1`. Quando você arrasta um segundo botão, uma outra instância chamada `button2`, é criada. Cada instância de `Button` tem seus próprios métodos e propriedades. Mas, todo botão age exatamente da mesma forma, já que são instâncias da mesma classe.

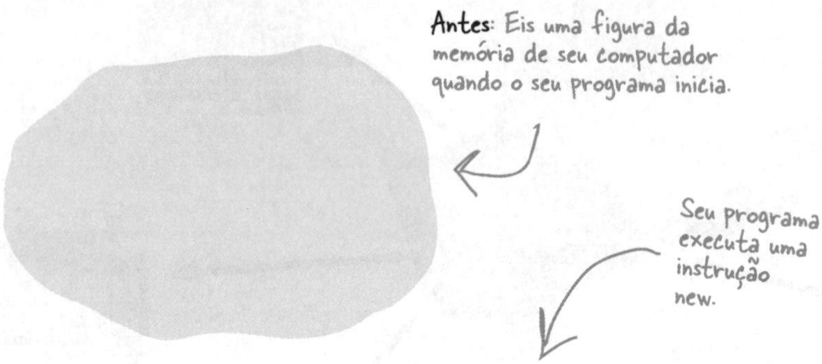


```
House mapleDrive115 = new House();
```

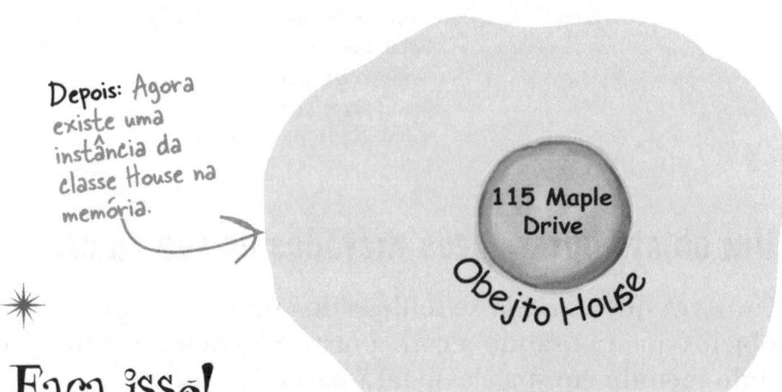

Faça isso!

Veja você mesmo!

Abra qualquer projeto que use um botão `button1` e utilize o IDE para procurar por todo o projeto o texto **"`button1 = new`"**. Você encontrará o código que o IDE adicionou ao designer formulários para criar a instância da classe `Button`.

> **ins-tância, substantivo.**
> Um exemplo ou ocorrência de algo. *O recurso de procura e substituição do IDE encontra cada* ***instância*** *de uma palavra e a substitui por outra.*

Uma solução melhor... o que os objetos conseguiram para você!

Mike faz um novo programa de comparação de rotas que usa objetos para encontrar a menor entre três rotas para o mesmo destino. Eis como ele desenvolveu o programa.

GUI é a sigla para Graphical User Interface (Interface Gráfica de Usuário), que é o que você está construindo quando faz um formulário no designer de formulários.

1. Mike cria uma GUI com uma caixa de texto – `textBox1` contém o **destino** das três rotas. Então, adiciona `textBox2`, que tem uma rua cuja rota específica deve **evitar**; e `textBox3`, que conterá uma rua diferente que a terceira rota deve **incluir**.

2. Ele criou um objeto `Navigator` e definiu seu destino.

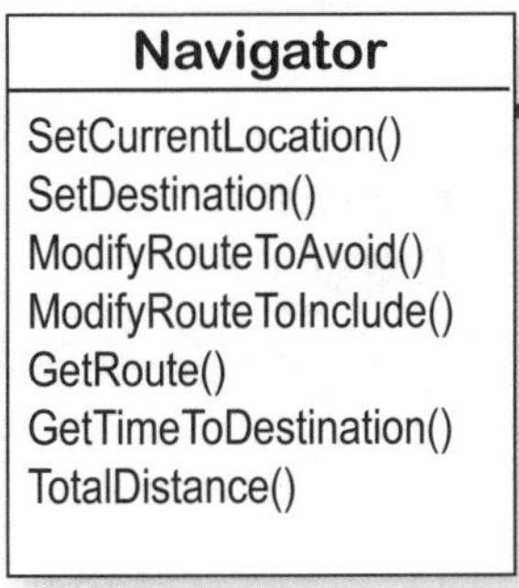

O objeto navigator1 é uma instância da classe Navigator.

```
string destination = textBox1.Text;

Navigator navigator1 = new Navigator();

navigator1.SetDestination(destination);

route = navigator1.GetRoute();
```

Os métodos SetDestination(), ModifyRouteToAvoid() e ModifyRouteToInclude() têm um parâmetro string.

3. Em seguida ele adicionou um segundo objeto `Navigator` chamado `navigator2`. Chamou seu método `SetDestination()` para definir o destino e, então, chamou seu método `ModifyRouteToAvoid()`.

4. O terceiro objeto `Navigator` é chamado `navigator3`. Mike definiu seu destino e chamou seu método `ModifyRouteToInclude()`.

5. Agora, Mike pode chamar o método `TotalDistance()` de cada objeto para descobrir qual é a rota mais curta. E você teve apenas que escrever o código uma vez, e não três!

Sempre que você cria um novo objeto a partir de uma classe, ele é chamado criando uma instância dessa classe.

Está certo, não demos. Um programa de navegação geográfico é algo realmente complicado de construir. Mas, programas complicados seguem os mesmos padrões dos simples. O programa de navegação de Mike é um exemplo de como alguém usaria objetos na vida real.

Teoria e prática

Falando em padrões, eis um padrão que você verá sempre no livro. Apresentaremos um conceito ou uma ideia (como objetos) no decorrer de algumas páginas, usando imagens e pequenos trechos de código para demonstrar a ideia. Esta é sua oportunidade para voltar e tentar entender o que está acontecendo sem ter que se preocupar em colocar o programa para funcionar.

```
House mapleDrive115 = new House();
```

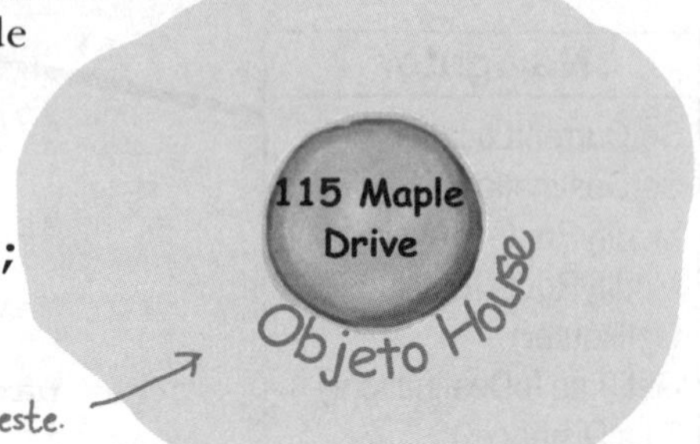

Quando estivermos apresentando um novo conceito (como objetos), mantenha seus olhos abertos nas imagens e trechos de código como este.

Depois de termos apresentado um conceito, você terá uma chance de colocá-lo em seu cérebro. Algumas vezes, seguiremos a teoria com um exercício escrito – como, por exemplo, o exercício *Aponte seu lápis* na próxima página. Outras vezes, pularemos diretamente para o código. Essa combinação de teoria e prática é um modo eficiente de tirar esses conceitos da página e fixá-los em seu cérebro.

Um pequeno aviso para os exercícios do código

Se você mantiver algumas coisas em mente, os exercícios do código serão mais suaves:

- ★ É fácil ser pego em problemas de sintaxe, tais como, parênteses que faltam ou aspas. Uma chave que falta pode causar muitos erros de construção.
- ★ É ***muito melhor*** ver a solução do que ficar frustrado com um problema. Quando você fica frustrado, seu cérebro não gosta de aprender.
- ★ Todo o código neste livro é testado e funciona no Visual Studio 2010! Mas, é fácil digitar coisas erradas sem querer (tais como digitar um ao invés de L minúsculo).
- ★ Se sua solução simplesmente não for construída, tente fazer o download no site da Editoria Alta Books: **www.altabooks.com.br**

Quando você tiver problemas com um exercício de codificação, não tenha medo de olhar a solução. Você também pode fazer download da solução no site da Editora Alta Books.

Aponte seu lápis

Siga os mesmos passos que Mike seguiu na página anterior para escrever o código para criar objetos `Navigator` e chamar seus métodos.

```
string destination = textBox1.Text;
string route2StreetToAvoid = textBox2.Text;
string route3StreetToInclude = textBox3.Text;
```

Adiantamos um pouco as coisas para você. Eis o código que Mike escreveu para obter o destino e os nomes de ruas nas caixas de texto.

```
Navigator navigator1 = new Navigator();
navigator1.SetDestination(destination);
int distance1 = navigator1.TotalDistance();
```

E aqui está o código para criar o objeto Navigator, definir seu destino e obter a distância.

1. Crie o objeto **navigator2**, defina seu destino, chame seu método **ModifyRouteToAvoid( )** e use seu método **TotalDistance( )** para definir uma variável inteira chamada **distance2**.

```
Navigator navigator2 = ...........................
navigator2. ...........................
navigator2. ...........................
int distance2 = ...........................
```

2. Crie o objeto **navigator3**, defina seu destino, chame seu método **ModifyRouteToInclude( )** e use seu método **TotalDistance( )** para definir uma variável inteira chamada **distance3**.

....

....

....

....

O método Math.Min( ) construído no .NET Framework compara dois números e retorna o menor. Mike usou-o para achar a menor distância até o destino.

```
int shortestDistance = Math.Min(distance1, Math.Min(distance2, distance3));
```

Aponte seu lápis Solução

Siga os mesmos passos que Mike seguiu na página anterior para escrever o código para criar objetos `Navigator` e chamar seus métodos.

```
string destination = textBox1.Text;
string route2StreetToAvoid = textBox2.Text;
string route3StreetToInclude = textBox3.Text;
```

Adiantamos um pouco as coisas para você. Eis o código que Mike escreveu para obter o destino e os nomes de ruas nas caixas de texto.

```
Navigator navigator1 = new Navigator();
navigator1.SetDestination(destination);
int distance1 = navigator1.TotalDistance();
```

E aqui está o código para criar o objeto Navigator, definir seu destino e obter a distância.

1. Crie o objeto **navigator2**, defina seu destino, chame seu método **ModifyRouteToAvoid( )** e use seu método **TotalDistance( )** para definir uma variável inteira chamada **distance2**.

```
Navigator navigator2 = new Navigator( )
navigator2. SetDestination(destination);
navigator2. ModifyRouteToAvoid(route2StreetToAvoid);
int distance2 = navigator2.TotalDistance( );
```

2. Crie o objeto **navigator3**, defina seu destino, chame seu método **ModifyRouteToInclude( )** e use seu método **TotalDistance( )** para definir uma variável inteira chamada **distance3**.

```
Navigator navigator3 = new Navigator( )
navigator3.SetDestination(destination);
navigator3.ModifyRouteToInclude(route3StreetToInclude);
int distance3 = navigator3.TotalDistance( );
```

O método Math.Min( ) construído no .NET Framework compara dois números e retorna o menor. Mike usou-o para achar a menor distância até o destino.

```
int shortestDistance = Math.Min(distance1, Math.Min(distance2, distance3));
```

Escrevi algumas classes até agora, mas não tinha usado "new" para criar uma instância ainda! Isto quer dizer que posso chamar métodos sem ter que criar objetos?

Sim! É por isso que você usou a palavra-chave `static` em seus métodos.

Dê uma outra olhada na declaração da classe `Talker` que você criou algumas páginas atrás:

```
class Talker
{
   public static int BlahBlahBlah(string thingToSay, int numberOfTimes)
   {
     string finalString = "";
```

Quando você chamou o método, não criou uma nova instância new de `Talker`. Apenas fez isso:

```
Talker.BlahBlahBlah("Hello hello hello", 5);
```

Isto é o que chamamos método estático e você esteve fazendo isso até agora. Se você tirar a palavra-chave `static` da declaração do método `BlahBlahBlah()`, deverá criar uma instância de `Talker` para poder chamá-lo. Tirando esta distinção, os métodos estáticos são exatamente iguais aos métodos de objetos. Você pode passar parâmetros para eles, eles podem retornar valores e existem dentro de classes.

Há uma outra coisa que você pode fazer com a palavra-chave `static`. Você pode marcar sua **classe inteira** como static e, então, todos os seus métodos **deverão** ser `static` também. Se você tentar adicionar um método não estático a uma classe estática, não compilará.

Não existem Perguntas Idiotas

P: Quando penso em algo como "estático", penso em alguma coisa que não se modifica. Isto significa que os métodos não estáticos podem mudar, mas os estáticos não? Eles se comportam de forma diferente?

R: Não, tanto os métodos estáticos como os não estáticos são exatamente iguais. A única diferença é que os estáticos não precisam de uma instância, enquanto que os não estáticos exigem uma. Muitas pessoas têm problemas para lembrar isso porque a palavra "estático" não é realmente muito clara.

P: Então, não posso usar minha classe até criar uma instância de um objeto?

R: Você pode usar seus métodos estáticos. Mas, se tiver métodos sem esta qualidade, precisará de uma instância antes de poder usá-los.

P: Então, por que eu usaria um método que precisa de uma instância? Por que não torná-los todos estáticos?

R: Porque se você tem um objeto que está sendo usado para registrar certos dados – tais como as instâncias de Miguel de sua classe Navigator que controlava uma rota diferente – então, pode usar os métodos de cada instância para trabalhar com esses dados. Então, quando Mike chamou o método ModifyRouteToAvoid( ) na instância navigator2, afetou somente a rota armazenada naquele objeto em particular. Não afetou os objetos navigator1 ou navigator3. É assim que ele foi capaz de trabalhar com três diferentes rotas ao mesmo tempo – e o seu programa pôde controlar tudo.

P: Então, como uma instância mantém registro de seus dados?

R: Vire a página e descubra!

Uma instância usa campos para manter registro sobre coisas

Você mudou o texto num botão definindo sua propriedade `Text` no IDE. Quando faz isto, o IDE adiciona um código como o seguinte ao designer:

```
button1.Text = "Text for the button";
```

Tecnicamente, está definindo uma **propriedade**. Uma propriedade é muito parecida com um campo – mas vamos chegar nisto daqui a pouco.

Agora, você sabe que `button1` é uma instância da classe `Button`. O que esse código faz é modificar um **campo** na instância `button1`. Você pode adicionar os campos a um diagrama de classe – só precisa desenhar uma linha horizontal no meio dele. Os campos são colocados acima desta linha e os métodos, abaixo.

É assim que um diagrama de classe é usado para mostrar seus campos. Cada instância da classe utiliza-os para controlar seu estado.

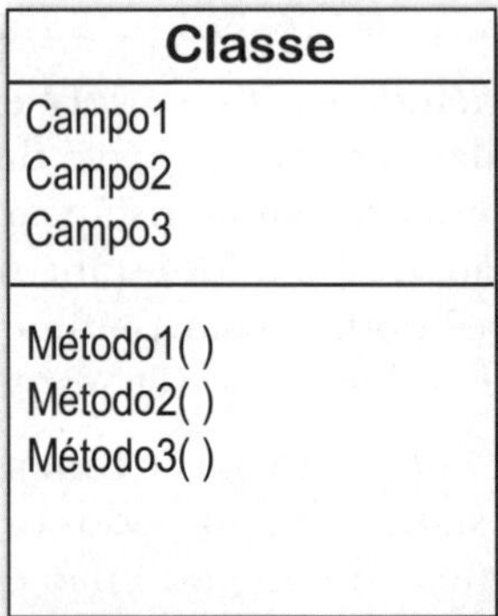

Adicione esta linha para separar os campos dos métodos.

Métodos são o que o objeto faz. Campos são o que ele sabe.

Quando Mike criou três instâncias da classe `Navigator`, seu programa criou três objetos. Cada um deles foi usado para controlar uma rota diferente. Quando o programa criou a instância `navigator2` e chamou seu método `SetDestination()`, definiu o destino para essa instância. Isso não afetou `navigator1` nem `navigator3`.

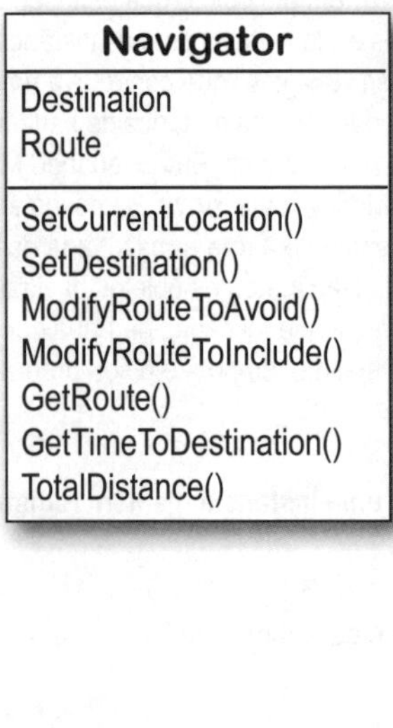

Cada instância de Navigator sabe seu destino e rota.

O que um objeto Navigator faz é deixar que você defina um destino, modifique a rota e obtenha informações sobre ela.

O comportamento de um objeto é definido pelos seus métodos e ele usa seus campos para controlar seu estado.

Vamos criar algumas instâncias!

É fácil adicionar campos a suas classes. Apenas declare as variáveis fora de qualquer método. Agora, cada instância tem sua própria cópia dessas variáveis.

Lembre-se, quando você notar um "void" escrito na frente de um método, quer dizer que ele não retorna nada.

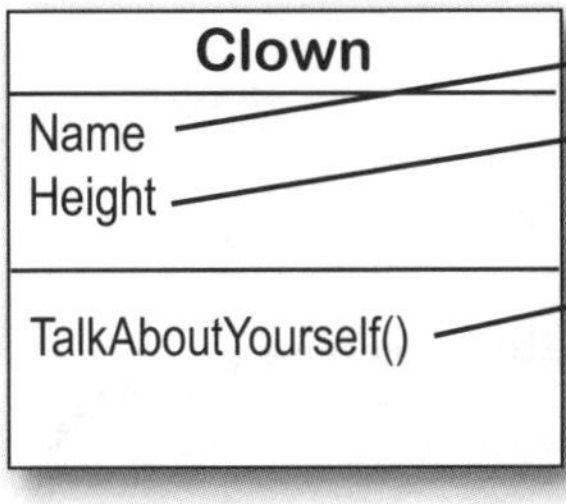


```
class Clown {
   public string Name;
   public int Height;

   public void TalkAboutYourself() {
     MessageBox.Show("My name is "
         + Name + " and I'm "
         + Height + " inches tall.");
   }
}
```

Quando você quiser criar instâncias de sua classe, **não use** a palavra-chave static nem na declaração da classe nem na declaração do método.

"Lembre-se, o operador *= diz ao C# para pegar o que quer que esteja à esquerda dele e multiplicar pelo que estiver à direita.

Aponte seu lápis

Escreva o conteúdo de cada caixa de mensagem que será exibida depois da instrução ao lado ser executada.

```
Clown oneClown = new Clown();
oneClown.Name = "Boffo";
oneClown.Height = 14;
oneClown.TalkAboutYourself();
```
"My name is _______ and I'm ______ inches tall."

```
Clown anotherClown = new Clown();
anotherClown.Name = "Biff";
anotherClown.Height = 16;
anotherClown.TalkAboutYourself();
```
"My name is _______ and I'm ______ inches tall."

```
Clown clown3 = new Clown();
clown3.Name = anotherClown.Name;
clown3.Height = oneClown.Height - 3;
clown3.TalkAboutYourself();
```
"My name is _______ and I'm ______ inches tall."

```
anotherClown.Height *= 2;
anotherClown.TalkAboutYourself();
```
"My name is _______ and I'm ______ inches tall."

Graças à memória

Quando seu programa cria um objeto, ele existirá numa área da memória do computador chamada **heap**. Quando seu código cria um objeto com uma instrução `new`, o C# imediatamente reserva um espaço no heap para que ele possa armazenar os dados daquele objeto.

Eis uma figura do heap antes do programa começar. Note que está vazio.

Vamos olhar com cuidado o que aconteceu aqui.

Aponte seu lápis Solução

Escreva o conteúdo de cada caixa de mensagem que será exibida depois da instrução ao lado ser executada.

Cada uma das instruções **new** cria uma instância da classe Clown reservando uma parte da memória no heap para esse objeto e preenchendo-o com os dados do objeto.

```
Clown oneClown = new Clown();
oneClown.Name = "Boffo";
oneClown.Height = 14;
oneClown.TalkAboutYourself();
```

"My name is Boffo and I'm 14 inches tall."

```
Clown anotherClown = new Clown();
anotherClown.Name = "Biff";
anotherClown.Height = 16;
anotherClown.TalkAboutYourself();
```

"My name is Biff and I'm 16 inches tall."

```
Clown clown3 = new Clown();
clown3.Name = anotherClown.Name;
clown3.Height = oneClown.Height - 3;
clown3.TalkAboutYourself();
```

"My name is Biff and I'm 11 inches tall."

```
anotherClown.Height *= 2;
anotherClown.TalkAboutYourself();
```

"My name is Biff and I'm 32 inches tall."

Quando seu programa cria um novo objeto, ele é adicionado ao heap.

O que passa pela mente de seu programa

Aqui está como seu programa cria a nova instância da classe `Clown`:

```
Clown myInstance = new Clown();
```

Na realidade, aqui temos duas instruções combinadas em uma. A primeira declara uma variável do tipo `Clown` (`Clown myInstance`). A segunda cria um novo objeto e o atribui à variável recém-criada (`myInstance = new Clown( );`). Eis a aparência do heap depois de cada uma dessas instruções:

Este objeto é uma instância da classe Clown.

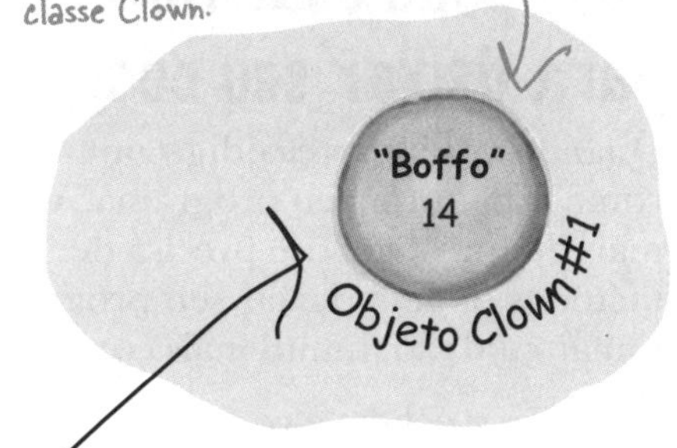

O primeiro objeto é criado e seus campos são definidos.

1

```
Clown oneClown = new Clown( );
oneClown.Name = "Boffo";
oneClown.Height = 14;
oneClown.TalkAboutYourself( );
```

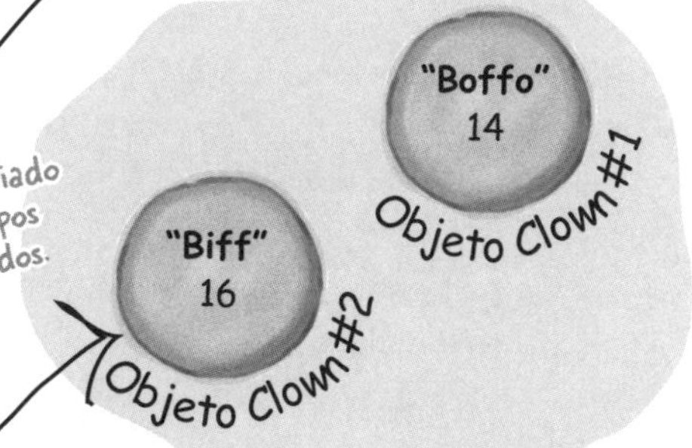

Estas instruções criam um segundo objeto e preenchem-no com dados.

2

```
Clown anotherClown = new Clown( );
anotherClown.Name = "Biff";
anotherClown.Height = 16;
anotherClown.TalkAboutYourself( );
```

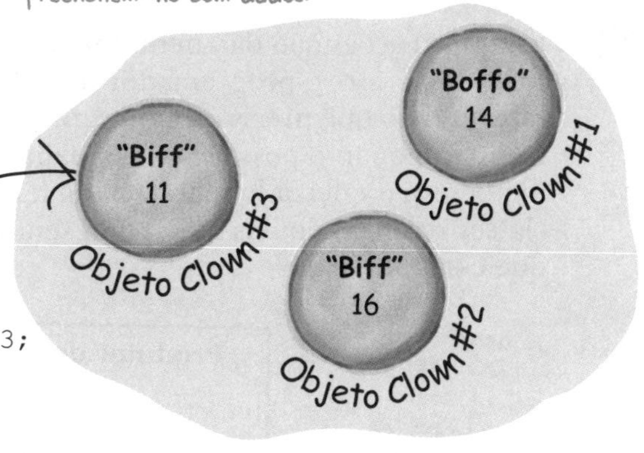

3

```
Clown clown3 = new Clown( );
clown3.Name = anotherClown.Name;
clown3.Height = oneClown.Height - 3;
clown3.TalkAboutYourself();
```

Então, o terceiro objeto Clown é criado e preenchido.

4

```
anotherClown.Height *= 2;
anotherClown.TalkAboutYourself( );
```

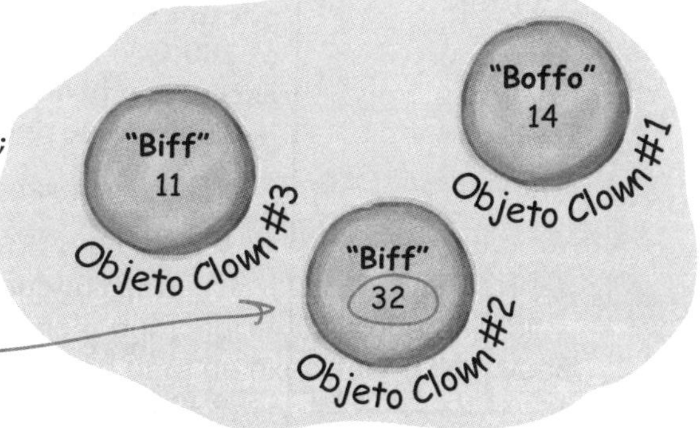

Não existe nenhum comando `new`, ou seja, estas instruções não criam um novo objeto. Apenas modificam um que já está na memória.

Você pode usar nomes de classes e métodos para deixar seu código mais claro

Quando você insere código num método, está fazendo uma escolha sobre como estruturar seu programa. Vai usar um único método? Irá dividi-lo em mais de um? Ou você precisa de um método em tudo? As escolhas sobre os métodos podem deixar seu programa muito mais claro – ou, se você não tomar cuidado, muito mais confuso.

1. Eis um belo e compacto trecho de código. Ele vem de um programa de controle que executa uma máquina que faz barras de doces.

O método chkTemp() retorna um inteiro... mas o que ele faz?

```
int t = m.chkTemp();
if (t > 160) {
   T tb = new T();
   tb.clsTrpV(2);
   ics.Fill();
   ics.Vent();
   m.airsyschk();
}
```

"tb", "ics" e "m" são nomes péssimos! Não temos como imaginar o que eles fazem. E para que serve a classe T?

O método clsTrpV( ) tem um parâmetro, mas não sabemos para que ele serve.

Dê uma segunda olhada neste código.
Você consegue descobrir para que ele serve?

2. Estas instruções não dão nenhuma pista sobre por que o código está fazendo isto. Neste caso, o programador ficou feliz com os resultados porque conseguiu fazer tudo o que precisava num único método. Mas, tornar seu código tão compacto quanto possível não é realmente útil! Vamos dividi-lo em vários métodos para deixá-lo mais fácil de ler e vamos também assegurar que as classes recebam nomes que façam sentido. Mas, vamos começar descobrindo o que esse código deve fazer.

Como você descobre o que seu código deve fazer? Bem, todo código é escrito por um motivo. Cabe a você determiná-lo! Aqui, podemos consultar a página do manual de especificações que o programador seguiu.

Produtor de Barras de Doces Tipo 5 General Electronics

Manual de Especificações

A temperatura do creme precisa ser checada a cada 3 minutos por um sistema automatizado. Se a temperatura **ultrapassar os 160°C**, o doce estará quente demais e o sistema precisará **executar o procedimento de liberação do sistema de isolamento de doce para resfriamento (CICS).**

- Feche a válvula do fluxo de curso na turbina #2
- Encha o sistema de isolamento com água para resfriamento
- Libere a água
- Verifique se não existe nenhuma evidência de ar no sistema

3 Esta página do manual tornou muito mais fácil entender o código. Também nos deu algumas boas dicas sobre como facilitar o entendimento do nosso código. Agora, sabemos por que o teste condicional verifica a variável **t** com 160 – o manual diz que qualquer temperatura além desta significa que o creme está quente demais. E acontece que **m** é uma classe que controla a máquina de fazer doce, com métodos estáticos para checar a temperatura do creme e o sistema de ar. Então, vamos colocar a checagem de temperatura em um método e escolher nomes para a classe e os métodos que deixem seus objetivos óbvios.

```
public boolean IsNougatTooHot() {
  int temp = Maker.CheckNougatTemperature();
  if (temp > 160) {
    return true;
  } else {
    return false;
  }
}
```

O tipo de retorno do método IsNougatTooHot()

Ao nomear a classe como "Maker" e o método como "CheckNougatTemperature", o código fica muito mais fácil de entender.

O valor de retorno desse método é um booleano, ou seja, ele retorna um valor true ou false.

4 O que as especificações dizem a respeito do que fazer quando o creme está quente demais? Elas nos dizem para empregar o procedimento de liberação do sistema de isolamento de doces para resfriamento (ou CICS). Então, vamos criar outro método e escolher um nome óbvio para a classe `T` (que é a classe que controla a turbina) e para a classe `ics` (que controla o sistema de isolamento para resfriamento e que tem dois métodos para encher e liberar o sistema):

```
public void DoCICSVentProcedure() {
    Turbine turbineController = new Turbine();
    turbineController.CloseTripValve(2);
    IsolationCoolingSystem.Fill();
    IsolationCoolingSystem.Vent();
    Maker.CheckAirSystem();
}
```

Um tipo de retorno void quer dizer que o método não retorna nenhum valor.

5 Agora, o código está muito mais claro! Mesmo que você não saiba que o procedimento de liberação do CICS precisará ser executado se o creme estiver muito quente, **é muito mais óbvio o que este código está fazendo:**

```
if (IsNougatTooHot() == true) {
   DoCICSVentProcedure();
}
```

Você pode tornar seu código mais fácil de ler e entender ao pensar a respeito do problema que está sendo resolvido por ele. Se você escolher nomes para seus métodos que façam sentido para alguém que entenda o problema, então seu código será muito mais fácil de decifrar... e desenvolver!

Dê às suas classes uma estrutura natural

Pare um momento e lembre-se do motivo para que seus métodos sejam claros: **porque cada programa resolve um problema ou tem um propósito**. Pode não ser um problema comercial – algumas vezes, o propósito de um programa (como o FlashyThing) é apenas ser divertido ou legal! Mas não importa o que seu programa faz, quanto mais você puder fazer com que seu código se assemelhe ao problema que está tentando resolver, mais fácil será escrevê-lo (e lê-lo, fazer correções, e manutenção...).

Use diagramas de classes para planejá-las

Um diagrama de classe é uma forma simples de desenhar suas classes no papel. É realmente uma ferramenta valiosa para projetar seu código ANTES de começar a escrevê-lo.

Escreva o nome da classe no topo do diagrama. Depois, o nome de cada método na caixa abaixo. Agora, você pode ver todas as partes da classe numa única olhada!

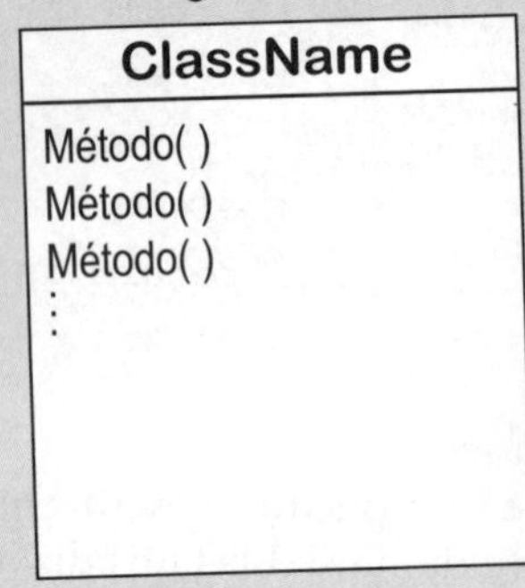

Vamos desenhar um diagrama de classe

Dê uma nova olhada na instrução `if` no item #5 na página anterior. Você já sabe que as instruções sempre são contidas dentro de métodos, que, por sua vez, estão contidos em classes, certo? Neste caso, a instrução `if` estava num método chamado `DoMaintenanceTests()`, que faz parte da classe `CandyController`. Agora, olhe o código e o diagrama de classe. Veja como se relacionam?

```
class CandyController {

  public void DoMaintenanceTests() {
    ...
    if (IsNougatTooHot() == true) {
      DoCICSVentProcedure();
    }
    ...
  }

  public void DoCICSVentProcedure() ...

  public boolean IsNougatTooHot() ...
}
```

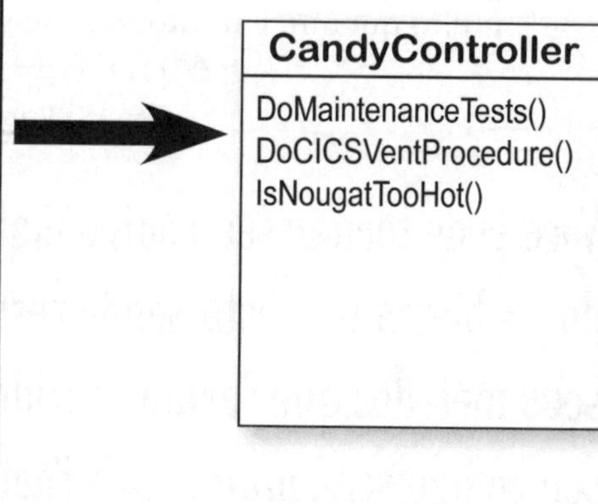

Aponte seu lápis

O código para o sistema de controle de doces desenvolvido na página anterior chamava três outras classes. Volte atrás no livro, olhe o código e preencha os diagramas de classe.

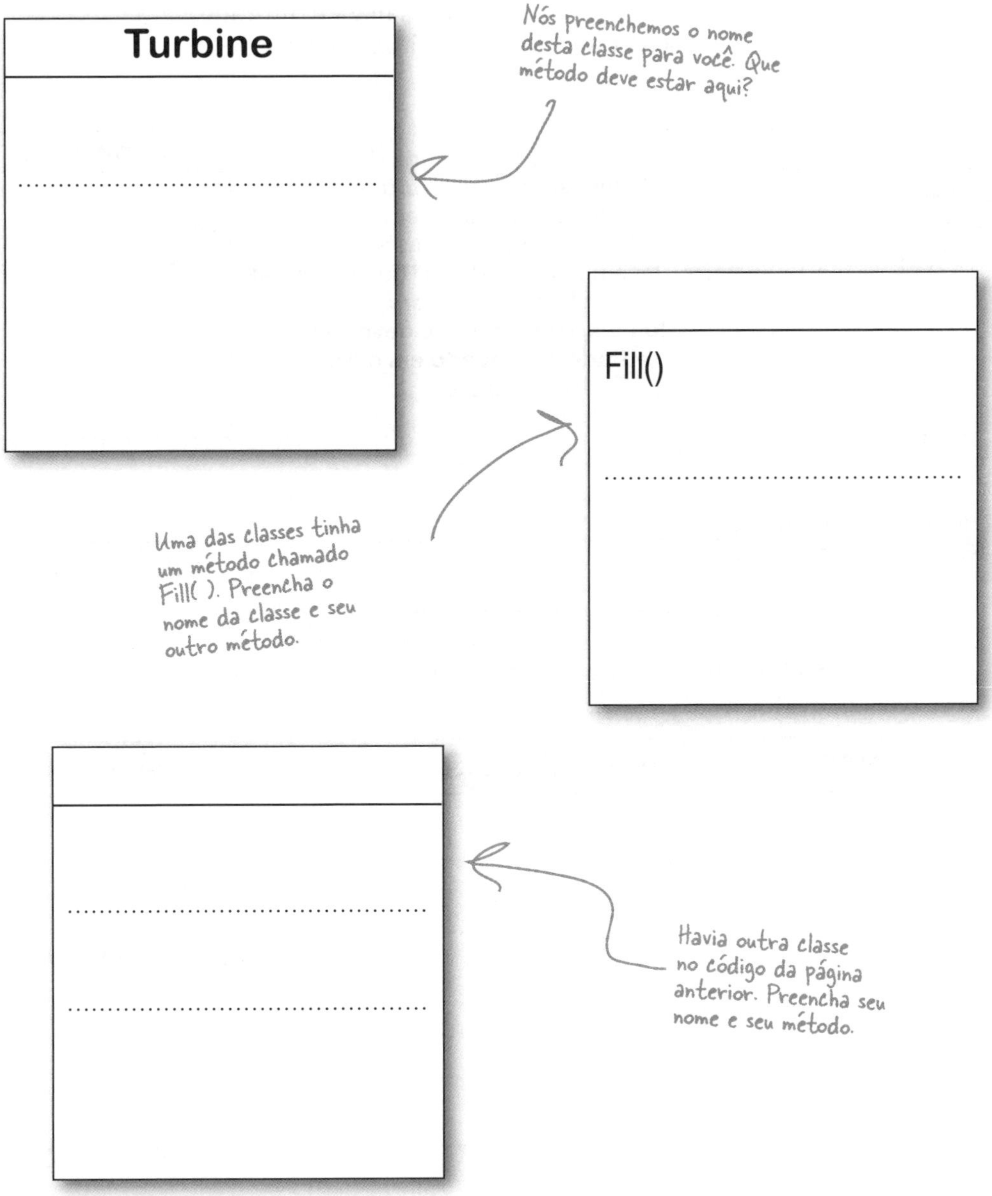

Diagramas de classe ajudam a organizar suas classes de forma que elas façam sentido

Escrever diagramas de classes facilita vislumbrar problemas potenciais nelas **antes** de escrever o código. Pensar nas suas classes de um ponto de vista mais elevado antes de entrar nos detalhes pode ajudar a projetar uma estrutura de classes que permita ao código resolver o problema para o qual é escrito. Isso permite dar um passo para trás e certificar-se de que você não esteja planejando escrever um código desnecessário ou métodos e classes mal estruturados, e também que aqueles que você escreve sejam claros e fáceis de usar.

Dishwasher
CleanDishes() AddDetergent() SetWaterTemperature() ParkTheCar()

→ **A classe é chamada de "Dishwasher", então todos os métodos deveriam ser sobre lavar louça (dishwasher). Mas um deles – ParkTheCar() – não tem nada a ver com louças, de forma que deve ser retirado e colocado em outra classe.** →

Dishwasher
CleanDishes() AddDetergent() SetWaterTemperature()

Aponte o seu lápis Solução

O código para o sistema de controle de doces desenvolvido na página anterior chamava três outras classes. Volte atrás no livro, olhe o código e preencha os diagramas de classe.

Você pode descobrir que Maker é uma classe porque aparece na frente do ponto em Maker.CheckAirSystem()

Turbine
CloseTripValve()

IsolationCoolingSystem
Fill() Vent()

Maker
CheckNougatTemperature() CheckAirSystem()

Aponte seu lápis

Cada uma dessas classes tem um sério problema de projeto. Escreva o que você pensa que está errado com cada classe e como corrigi-la.

Class23

CandyBarWeight()
PrintWrapper()
GenerateReport()
Go()

Esta classe é parte do sistema de produção de doces visto antes.

....

....

....

....

DeliveryGuy

AddAPizza()
PizzaDelivered()
TotalCash()
ReturnTime()

DeliveryGirl

AddAPizza()
PizzaDelivered()
TotalCash()
ReturnTime()

As duas classes fazem parte do sistema que uma pizzaria usa para controlar a entrega das pizzas.

....

....

....

....

CashRegister

MakeSale()
NoSale()
PumpGas()
Refund()
TotalCashInRegister()
GetTransactionList()
AddCash()
RemoveCash()

A classe `CashRegister` faz parte de um programa usado por um sistema de cobrança de uma loja de conveniência automatizado.

....

....

....

....

Aponte seu lápis Solução

Eis como corrigimos as classes. Mostramos apenas uma forma de resolver os problemas – mas há muitas formas de fazer o projeto dessas classes dependendo de como elas são usadas.

Esta classe faz parte do sistema de produção de doces visto antes.

O nome da classe não descreve seu propósito. Um programador que visse uma linha de código chamada Class23.Go() não teria a menor ideia do que a linha faz. Também devemos renomear o método para ser mais descritivo – escolhemos MakeTheCandy(), mas poderia ser qualquer outra coisa.

CandyMaker

CandyBarWeight()
PrintWrapper()
GenerateReport()
MakeTheCandy()

As duas classes fazem parte do sistema que uma pizzaria usa para controlar a entrega das pizzas.

Parece que as duas classes DeliveryGuy e DeliveryGirl fazem a mesma coisa – mantêm controle de um entregador que está fora fazendo uma entrega para clientes. Um design melhor seria substituir as duas por uma única e adicionar-lhe um campo para o sexo da pessoa.

DeliveryPerson

Gender

AddAPizza()
PizzaDelivered()
TotalCash()
ReturnTime()

Adicionamos um campo Gender porque supomos que existia um motivo para controlar homens e mulheres separadamente e deveria ser o motivo original de existirem duas classes distintas.

A classe `CashRegister` faz parte de um programa usado por um sistema de cobrança de uma loja de conveniência automatizado.

Todos os métodos na classe têm relação com o que uma caixa registradora faz – fazer vendas, obter listas de transações, adicionar dinheiro... exceto um: bombear gasolina. É uma boa ideia separar esse método numa outra classe.

CashRegister

MakeSale()
NoSale()
Refund()
TotalCashInRegister()
GetTransactionList()
AddCash()
RemoveCash()

```
public partial class Form1 : Form
{
  private void button1_Click(object sender, EventArgs e)
  {
    String result = "";
    Echo e1 = new Echo();
    _________________________
    int x = 0;
    while ( ___________ ) {
      result = result + e1.Hello() + "\n";
      __________________________
      if ( ____________ ) {
        e2.count = e2.count + 1;
      }
      if ( ____________ ) {
        e2.count = e2.count + e1.count;
      }
      x = x + 1;
    }
    MessageBox.Show(result + "Count: " + e2.count);
  }

  class ____________ {
    public int _________ = 0;
    public string ___________ {
      return "helloooo...";
    }
  }
}
```

Jogos de Verão

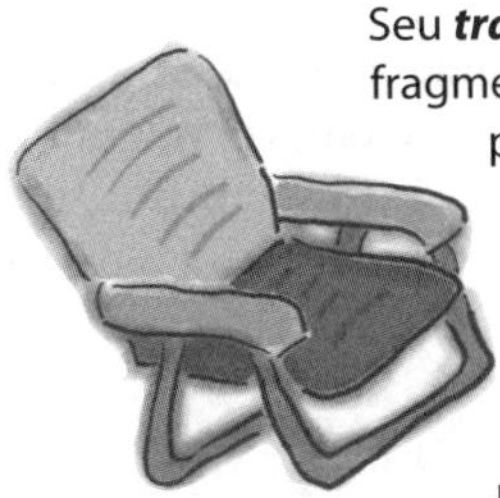

Seu ***trabalho*** é pegar os fragmentos de código da piscina e colocá-los nas linhas em branco no código. Você **pode** usar o mesmo fragmento mais de uma vez e não precisa usar todos eles. Seu ***objetivo*** é criar classes que compilarão, executarão e produzirão a saída listada

Saída

Questão de bônus

Se a última linha da saída fosse **24**, em vez de **10**, como você completaria o quebra-cabeça? Você pode fazer isto mudando apenas uma instrução.

Nota: Cada fragmento na piscina só pode ser usado uma vez!

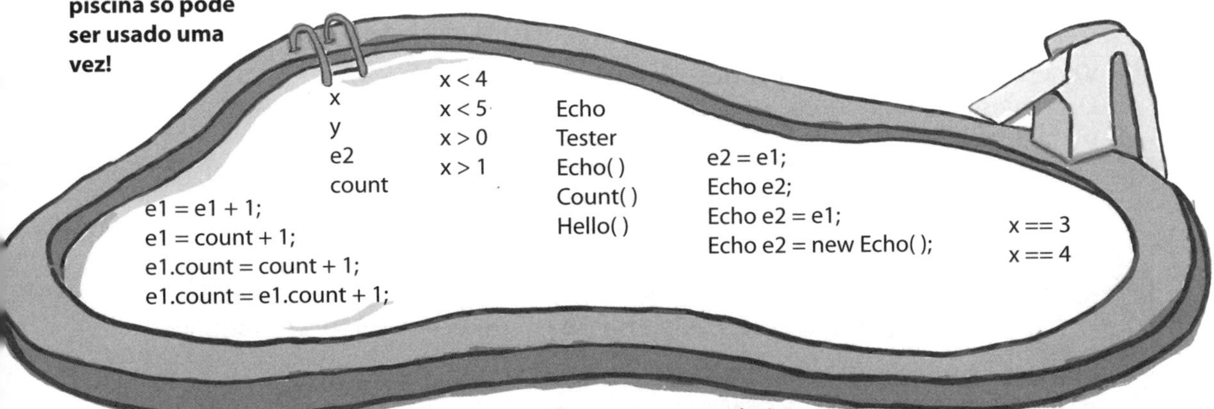

Respostas na página 122.

Desenvolva uma classe para trabalhar com alguns caras

Joe e Bob emprestam dinheiro um para o outro todo tempo. Vamos criar uma classe para controlar isso. Começaremos com uma visão geral do que iremos construir.

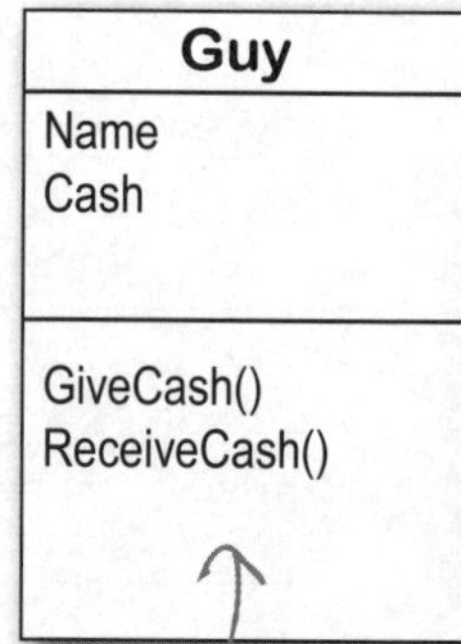

Escolhemos nomes para os métodos que fazem sentido. Você chama o método GiveCash() de um objeto Guy para lhe informar para abrir mão de parte de seu dinheiro e seu método ReceiveCash() quando deseja que ele pegue algum dinheiro de volta. Poderíamos ter chamado de GiveCashToSomeone() e ReceiveCashFromSomeone(), mas isso teria sido muito longo!

1 Vamos criar uma classe Guy (cara) e adicionar duas instâncias dela a um formulário

O formulário terá dois campos, um chamado `joe` (para controlar o primeiro objeto) e outro chamado `bob` (para o segundo).

As instruções new, que criam as duas instâncias, estão no código que é executado quando o formulário é criado. Eis como o heap fica depois que o formulário é carregado:

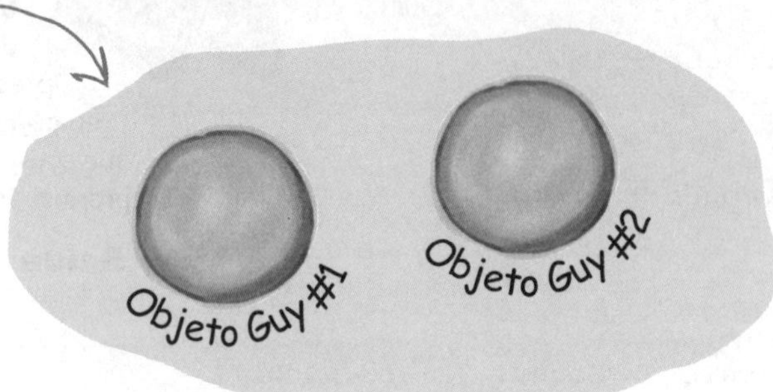

2 Vamos definir para cada objeto Guy campos de nome e dinheiro

Os dois objetos representam caras diferentes, cada um deles tem um nome e uma quantidade de dinheiro no bolso.

Cada cara tem um campo Name que controla seu nome e um Cash que armazena quantos reais eles têm no bolso.

Quando você pega uma instância de Guy e chama seu método ReceiveCash(), você passa a quantidade de dinheiro que será tomada como um parâmetro. Assim, chamar joe.ReceiveCash(25) informa a Joe para receber 25 reais e adicioná-los à sua carteira.

3 Vamos dar e tirar dinheiro dos caras

Usaremos o método `ReceiveCash()` de cada cara para aumentar o valor que cada um possui e usaremos `GiveCash()` para reduzir.

O formulário chama o método ReceiveCash() do objeto. É chamado de ReceiveCash() porque ele está recebendo dinheiro.

```
joe.ReceiveCash(25);
```

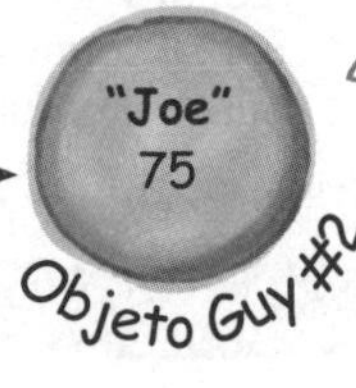

O método retorna o valor em reais que o cara adicionou ao seu campo Cash.

Crie um projeto para os caras

Crie um novo projeto de Windows Forms Application (porque você usará um formulário). Então, use o Solution Explorer para adicionar uma nova classe chamada `Guy`. Adicione "`using System.Windows.Forms;`" ao início do arquivo da classe `Guy`. Então, preencha a classe `Guy`. Eis o código:

Faça isso!

A classe Guy tem dois campos. O campo Name é uma string e conterá o nome do cara ("Joe"). E o campo Cash é um inteiro, que controlará quantos reais eles têm no bolso.

O método GiveCash() tem um parâmetro chamado amount que será usado para dizer ao cara quanto dinheiro dar.

Ele usa uma instrução if para verificar se existe dinheiro suficiente – se for o caso, esta quantidade será tirada do bolso e retornada como valor de retorno.

Guy se certifica de que você esteja solicitando uma quantidade positiva de dinheiro; de outra forma, estaria somando dinheiro, em vez de subtraí-lo.

```
class Guy {
    public string Name;
    public int Cash;

    public int GiveCash(int amount) {
        if (amount <= Cash && amount > 0) {
            Cash -= amount;
            return amount;
        } else {
            MessageBox.Show(
             "I don't have enough cash to give you " + amount,
             Name + " says...");
            return 0;
        }
    }
```

Se o cara não tiver dinheiro suficiente, ele dirá a você isso com uma caixa de mensagem e, então, fará com que GiveCash() retorne 0.

O método ReceiveCash() funciona como GiveCash(). Uma quantidade é passada como parâmetro, checa para ver se é maior que zero e, então, adiciona ao total de dinheiro.O

```
    public int ReceiveCash(int amount) {
        if (amount > 0) {
            Cash += amount;
            return amount;
        } else {
            MessageBox.Show(amount + " isn't an amount I'll take",
                   Name + " says...");
            return 0;
        }
    }
}
```

Se a quantidade for positiva, o método ReceiveCash() retorna a quantidade adicionada. Se for zero ou negativo, o cara mostra uma caixa de mensagem e retorna zero.

Preste atenção na colocação de suas chaves. É fácil errar o número delas – certifique-se de que toda chave de abertura tenha uma chave de fechamento correspondente. Quando elas estiverem todas corretas, o IDE irá **endentá-las** para você **automaticamente** quando a última chave de fechamento for digitada.

Desenvolva um formulário para interagir com os caras

A classe `Guy` é ótima, mas é só o começo. Agora, coloque-a em um formulário que use duas instâncias dela. Ele terá etiquetas para mostrar seus nomes e quanto dinheiro eles têm, e botões para dar e tirar dinheiro deles.

Crie isso!

1 Adicione dois botões e três etiquetas ao seu formulário

As duas etiquetas superiores mostram quanto dinheiro cada cara tem. Também adicionaremos um campo chamada `bank` no formulário – a terceira etiqueta mostra quanto dinheiro tem. Você deverá alterar o nome de algumas etiquetas que arrastará para os formulários. Você pode fazer isto **clicando em cada uma delas** e **mudando a linha "(Name)"** na janela Properties (Propriedades). Isso fará com que seu código fique mais fácil de ler porque você usará "joesCashLabel" e " bobsCashLabel", em vez de "label1" e "label2".

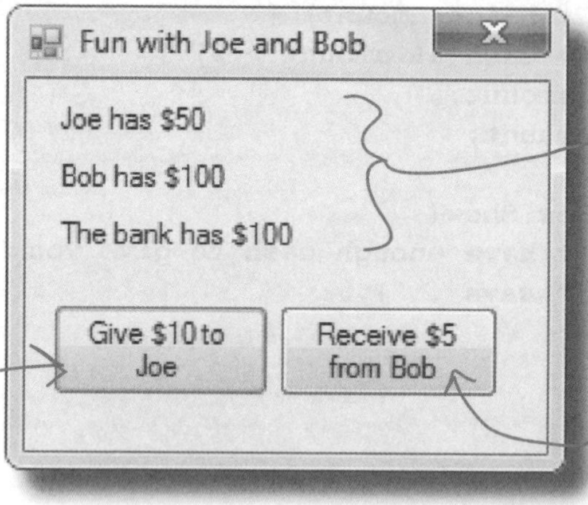

Nomeie a etiqueta superior como joesCashLabel, a abaixo dela como bobsCashLabel, e a inferior como bankCashLabel. Você pode deixar as propriedades Text de todas inalteradas; adicionaremos um método ao formulário para defini-las.

Este botão chamará o método ReceiveCash() do objeto Joe, passará 10 como a quantidade e irá subtrair do campo bank do formulário o dinheiro que Joe recebe.

Este botão chamará o método GiveCash() do objeto Bob, passando 5 como a quantidade e adicionando o dinheiro que ele dá ao campo bank do formulário.

2 Adicione campos ao seu formulário

Seu formulário precisará controlar os dois caras, logo, você precisará de um campo para cada um. Chame-os de joe e bob. Então, adicione um campo ao formulário chamado bank para controlar quanto dinheiro o formulário tem que dar e receber dos caras.

```
namespace Your_Project_Name {
    public partial class Form1 : Form {

        Guy joe;
        Guy bob;
        int bank = 100;

        public Form1() {
            InitializeComponent();
        }
```

Já que estamos usando objetos Guy para controlar Joe e Bob, você declarará seus campos no formulário usando a classe Guy.

A quantidade de dinheiro no campo bank do formulário sobe e desce de acordo com a quantidade de dinheiro recebida ou dada aos objetos Guy.

3 Adicione um método ao formulário para atualizar as etiquetas

As etiquetas no lado direito do formulário mostram quanto cada cara tem e quanto está armazenado no campo `bank`. Então, adicione o método `UpdateForm()` para mantê-las atualizadas – **certifique-se de que o tipo de retorno seja void** para dizer ao C# que o método não retorna um valor. Digite o seguinte método no formulário logo abaixo de onde você adicionou o campo `bank`:

```
public void UpdateForm() {
    joesCashLabel.Text = joe.Name + " has $" + joe.Cash;
    bobsCashLabel.Text = bob.Name + " has $" + bob.Cash;
    bankCashLabel.Text = "The bank has $" + bank;
}
```

Note como as etiquetas são atualizadas usando os campos Name e Cash do objeto Guy.

Esse novo método é simples. Ele apenas atualiza as três etiquetas definindo suas propriedades Text. Você fará com que cada botão a chame para manter as etiquetas atualizadas.

4 Clique duas vezes em cada botão e adicione o código para interagir com os objetos

Certifique-se de que o botão da esquerda seja chamado `button1` e o da direita, `button2`. Clique duas vezes em cada um deles – quando você fizer isto, o IDE adicionará dois métodos ao formulário, `button1_Click()` e `button2_Click()`. Adicione o seguinte código em cada um deles:

```
private void button1_Click(object sender, EventArgs e) {
    if (bank >= 10) {
        bank -= joe.ReceiveCash(10);
        UpdateForm();
    } else {
        MessageBox.Show("The bank is out of money.");
    }
}
```

Quando o usuário clicar no botão "Give $ 10 to Joe", o formulário chamará o método ReceiveCash( ) do objeto Joe – mas apenas se o banco tiver dinheiro suficiente.

O banco precisa de pelo menos $10 para dar a Joe. Se não tiver o suficiente, mostrará essa caixa de mensagem.

```
private void button2_Click(object sender, EventArgs e) {
    bank += bob.GiveCash(5);
    UpdateForm();
}
```

O botão "Receive $ 5 from Bob" não precisa checar quanto existe no banco porque ele apenas adicionará qualquer que seja o valor retornado por Bob.

Se Bob não tiver mais dinheiro, GiveCash() retornará zero.

5 Inicie Joe com $ 50 e inicie Bob com $ 100

É de sua responsabilidade determinar **como Joe e Bob devem iniciar com seus campos Cash e Name devidamente definidos**. Coloque este código diretamente abaixo de `InitializeComponent()` no formulário. Isto faz parte de um método gerado pelo designer executado somente em uma única oportunidade, quando o formulário é iniciado pela primeira vez. Depois disto, clique em ambos os botões algumas vezes – certifique-se de que um botão tire $ 10 do banco e adicione o dinheiro a Joe e que o outro tire $ 5 de Bob e o adicione ao banco.

```
public Form1() {
    InitializeComponent();
    // Inicialize joe e bob aqui!
}
```

Adicione as linhas de código aqui para criar os dois objetos e defina seus campos Name e Cash.

Exercício

Exercício Solução

É de sua responsabilidade **determinar como Joe e Bob devem iniciar com seus campos Cash e Name devidamente definidos.** Coloque este código diretamente abaixo de `InitializeComponent()` no formulário.

```
public Form1() {
    InitializeComponent();

    bob = new Guy();
    bob.Name = "Bob";
    bob.Cash = 100;

    joe = new Guy();
    joe.Name = "Joe";
    joe.Cash = 50;

    UpdateForm();
}
```

Eis onde configuramos a primeira instância de Guy. A primeira linha cria o objeto e as próximas duas definem seus campos.

Então, fazemos o mesmo com a segunda instância da classe Guy.

Chame UpdateForm() para que as etiquetas estejam corretas na primeira vez que o formulário aparecer.

Salve o projeto agora – voltaremos a usá-lo daqui a algumas páginas.

Não existem Perguntas Idiotas

P: Por que a solução não inicia com "Guy bob = new Guy( )"? Por que vocês deixaram de fora o primeiro "Guy"?

R: Porque você já declarou o campo `bob` no topo do formulário. Lembra que a instrução "`int i = 5;`" é o mesmo que duas instruções "`int i`" e "`i = 5;`"? Aqui ocorre o mesmo. Você pode tentar declarar a variável bob numa linha assim: "`Guy bob = new Guy( );`". Mas, você já tem a primeira parte da instrução ("`Guy bob;`") no início do formulário. Então, só precisa da segunda metade da linha, a parte que define o campo bob para criar uma nova instância de `Guy()`.

P: Certo, então por que não nos livramos da linha "`Guy bob;`" no topo do formulário?

R: Então, a variável chamada `bob` existirá somente dentro daquele método "public Form1( )" especial. Quando você declara uma variável dentro de um método, ela é válida somente dentro dele - não pode ser acessada de nenhum outro método. Mas, quando você a declara fora de um método, mas dentro de uma classe ou um formulário adicionado, então adicionou um campo acessível a partir de ***qualquer outro método*** dentro do formulário.

P: O que acontece se eu tirar a primeira linha com "Guy"?

R: Você terá problemas - seu formulário não funcionará porque ele nem mesmo definirá a variável `bob` do formulário. Pense a respeito um minuto e perceberá porque isto funciona assim. Se você tem o seguinte código no início de seu formulário:

```
public partial class Form1 : Form {
    Guy bob;
```

e, então, tem este código depois, dentro de um método:

```
Guy bob = new Guy( );
```

assim, você declarou ***duas*** variáveis. Isto é confuso porque as duas têm o mesmo nome. Mas, uma delas é válida para o formulário inteiro e a outra – a nova que você adicionou – é válida apenas dentro do método. A próxima linha (`bob.Name = "Bob";`) atualiza somente a variável ***local*** e nem encosta na do formulário. Então, quando você tentar executar seu código, ele mostrará uma mensagem de erro medonha ("NullReferenceException not handled"), que significa que você tentou usar um objeto antes de criá-lo com new.

Existe uma forma ainda mais fácil de inicializar objetos

Quase todo objeto criado precisa ser inicializado de alguma forma. E o objeto `Guy` não é exceção – ele é inútil até que você defina seus campos `Name` e `Cash`. É tão comum ter que inicializar campos que o C# oferece um atalho para isto chamado **inicializador de objeto**. E o IntelliSense do IDE ajudará a fazer isso.

Os inicializadores de objeto poupam tempo e fazem seu código ser mais compacto e fácil de ler... e o IDE ajuda você a escrevê-los.

1. Eis o código original que escrevemos para inicializar o objeto `Guy` de Joe.

```
joe = new Guy();
joe.Name = "Joe";
joe.Cash = 50;
```

2. Apague as duas linhas e o ponto e vírgula depois de "`Guy()`" e adicione uma chave de abertura.

```
joe = new Guy() {
```

3. Pressione espaço. Assim que você o fizer, o IDE exibirá uma janela do IntelliSense que mostra todos os campos que você pode inicializar.

```
joe = new Guy() {
```

4. Pressione a tecla Tab para adicionar o campo `Cash`. Então, defina para ser igual a 50.

```
joe = new Guy() { Cash = 50
```

5. Digite uma vírgula. Assim que fizer isso, o outro campo aparecerá.

```
joe = new Guy() { Cash = 50,
```

6. Encerre o inicializador de objeto. Veja que você poupou duas linhas de código!

```
joe = new Guy() { Cash = 50, Name = "Joe" };
```

A nova declaração faz exatamente a mesma coisa que as três linhas de código originalmente escritas. É mais curta e fácil de ler.

Algumas ideias para projetar classes claras

★ **Você está criando seu programa para resolver um problema.**
Passe algum tempo pensando a respeito do problema. Ele se divide em partes distintas facilmente? Como você o explicaria para alguém? Estas são as boas coisas a pensar ao projetar suas classes.

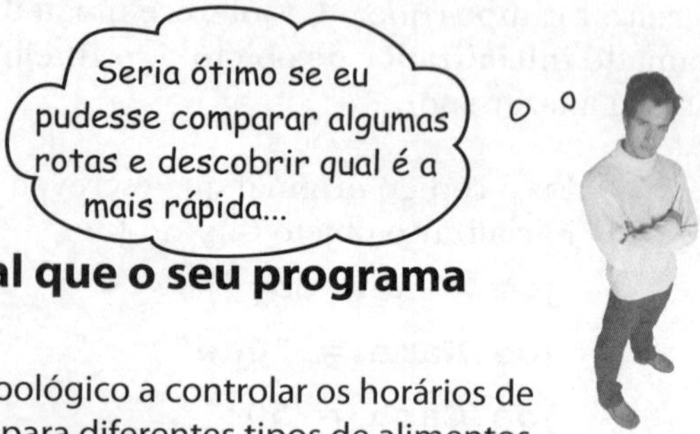

★ **Quais são as coisas do mundo real que o seu programa usará?**
Um programa que ajuda um funcionário do zoológico a controlar os horários de alimentação de seus animais pode ter classes para diferentes tipos de alimentos e animais.

★ **Use nomes descritivos para classes e métodos.**
Outras pessoas devem ser capazes de descobrir o que suas classes e métodos fazem apenas olhando seus nomes.

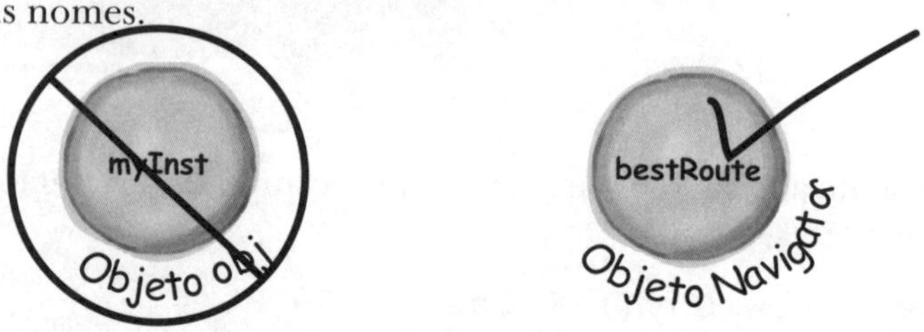

★ **Procure similaridades entre as classes.**
Algumas vezes, duas classes podem ser combinadas numa única se forem realmente semelhantes. O sistema de fabricação de doces pode ter três ou quatro turbinas, mas apenas um único método para fechar a válvula de curso que usa um número de turbina como parâmetro.

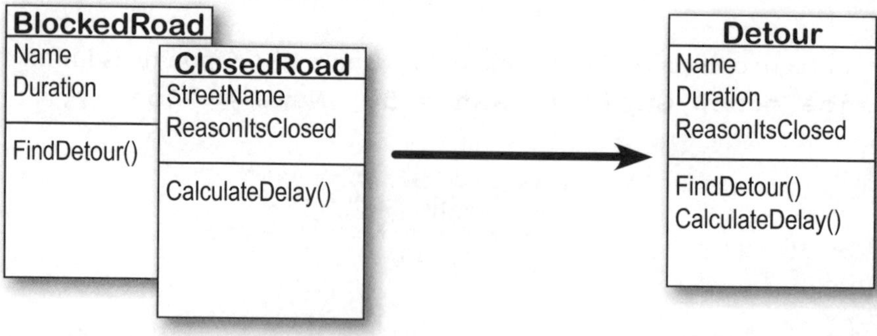

Exercício

Adicione botões ao programa "Fun with Joe and Bob" (Diversão com Joe e Bob) para fazer os caras darem dinheiro um para o outro.

1. **Use um inicializador de objetos para inicializar a instância de Guy do Bob.**
Você já fez isto com Joe. Agora, faça com que a instância de Bob funcione com um inicializador de objetos também.

Se você já clicou no botão, pode apagá-lo, adicioná-lo novamente e renomeá-lo. Então, apague o antigo método button3_Click() que o IDE adicionou anteriormente e use o novo método adicionado agora.

2. **Adicione mais dois botões ao seu formulário.**
O primeiro botão diz que Joe deve dar $ 10 para Bob e o segundo diz que Bob deve dar 5 de volta para Joe. **Antes que você clique duas vezes no botão**, vá até a janela Properties (Propriedades) e mude o nome de cada botão usando a linha "(Name)" – ela fica **no topo** da lista de propriedades. Nomeie o primeiro botão como **`joeGivesToBob`** e o segundo como **`bobGivesToJoe`**.

Este botão diz a Joe para dar $ 10 para Bob, assim, você deve usar a linha "(Name)" na janela Properties para nomeá-la como joeGivesToBob.

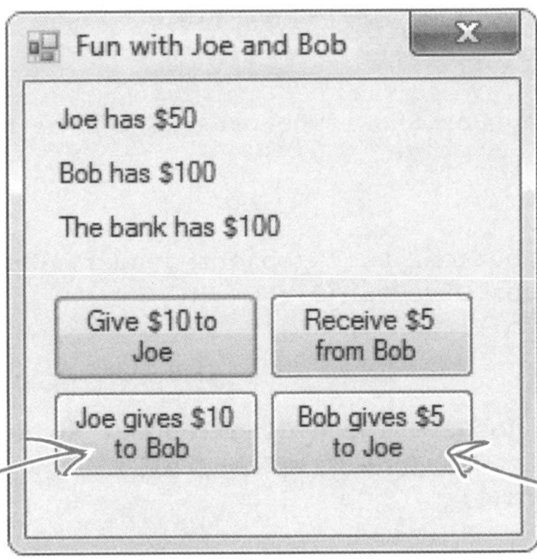

Este botão diz a Bob para dar 5 para Joe. Nomeie-o como bobGivesToJoe.

3. **Faça os botões funcionarem.**
Clique duas vezes no botão `joeGivesToBob` no designer. O IDE adicionará um método ao formulário chamado `joeGivesToBob_Click()`, que é executado quando o botão é clicado. Complete esse método para fazer Joe dar 10 para Bob. Então, clique duas vezes no outro botão e complete o novo método `bobGivesToJoe_Click()` criado pelo IDE para que Bob dê 5 para Joe. Certifique-se de que o formulário seja atualizado depois que o dinheiro trocar de mãos.

Exercício Solução

Adicione botões no programa "Fun with Joe and Bob" para fazer os caras darem dinheiro um ao outro.

```
public partial class Form1 : Form {
    Guy joe;
    Guy bob;
    int bank = 100;

    public Form1() {
        InitializeComponent();
        bob = new Guy() { Cash = 100, Name = "Bob" };
        joe = new Guy() { Cash = 50, Name = "Joe" };
        UpdateForm();
    }

    public void UpdateForm() {
        joesCashLabel.Text = joe.Name + " has $" + joe.Cash;
        bobsCashLabel.Text = bob.Name + " has $" + bob.Cash;
        bankCashLabel.Text = "The bank has $" + bank;
    }

    private void button1_Click(object sender, EventArgs e) {
        if (bank >= 10) {
            bank -= joe.ReceiveCash(10);
            UpdateForm();
        } else {
            MessageBox.Show("The bank is out of money.");
        }
    }

    private void button2_Click(object sender, EventArgs e) {
        bank += bob.GiveCash(5);
        UpdateForm();
    }

    private void joeGivesToBob_Click(object sender, EventArgs e) {
        bob.ReceiveCash(joe.GiveCash(10));
        UpdateForm();
    }

    private void bobGivesToJoe_Click(object sender, EventArgs e) {
        joe.ReceiveCash(bob.GiveCash(5));
        UpdateForm();
    }

}
```

Eis os inicializadores de objeto para as duas instâncias da classe Guy. Bob é inicializado com 100 e seu nome.

Para fazer Joe dar dinheiro a Bob, chamamos o método GiveCash() de Joe e mandamos seu resultado para o método ReceiveCash() de Bob.

Dê uma boa olhada em como os métodos Guy estão sendo chamados. Os resultados retornados por GiveCash() são colocados diretamente em ReceiveCash() como seu parâmetro.

O truque aqui é pensar em quem está dando o dinheiro e quem está recebendo.

Antes de prosseguir, reserve um minuto e vá para #1 no apêndice "Sobras" porque há uma sintaxe básica que não cobrimos ainda. Você não precisará dela para prosseguir, mas é uma boa ideia ver o que há.

Cruzadinha de Objetos

É hora de dar uma pausa ao lado esquerdo do seu cérebro esquerdo e colocar o lado direito para funcionar: todas as palavras são relacionadas a objetos e são deste capítulo.

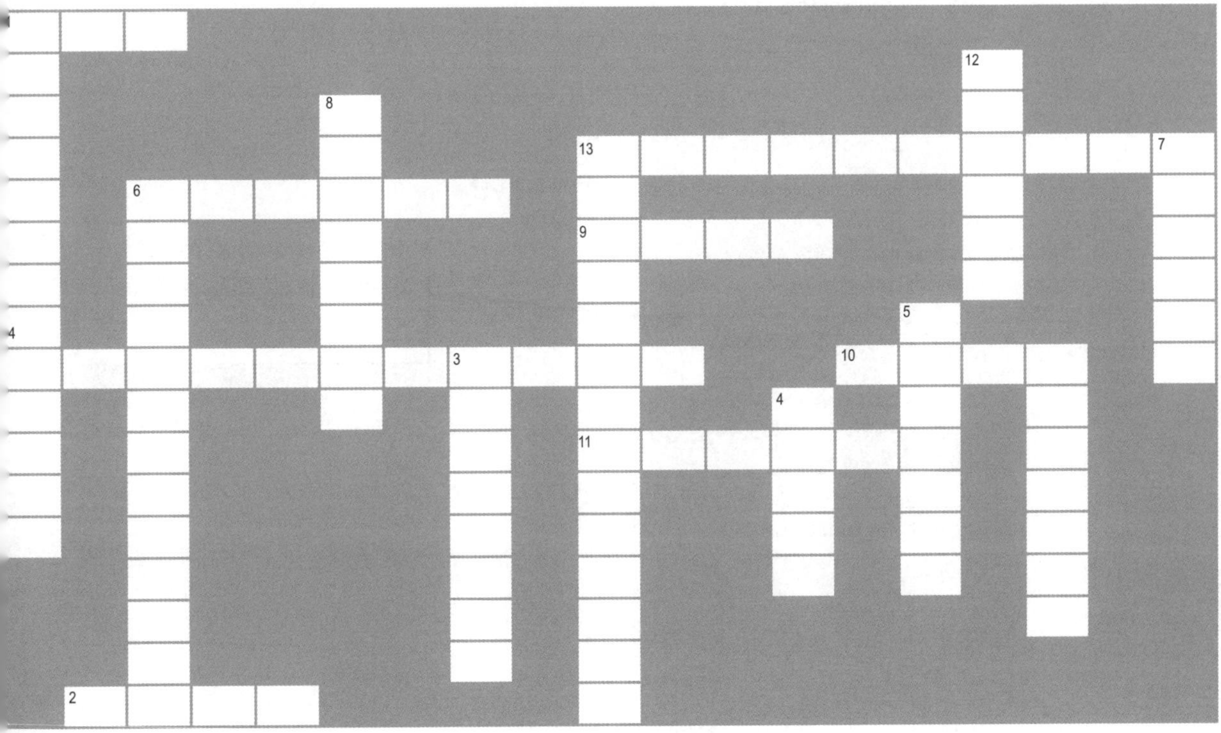

Horizontais

1. A instrução que você usa para criar um objeto
2. Se o tipo de retorno de um método é ________, ele não retorna nada.
6. O que é usado para criar um objeto
9. Um bom _______ de método define o que ele faz
10. Onde o objeto está contido
11. Os campos de um objeto definem seu _________
13. O que se utiliza para passar informações para um método
14. Usado para definir um atributo nos controles e outras classes

Verticais

1. Este controle de formulário deixa que o usuário escolha um número dentro de um intervalo especificado.
3. É uma ótima ideia criar um __________ de classe no papel antes de começar a escrever o código
4. Um objeto usa isto para controlar o que ele sabe
5. Definem o que um objeto faz
6. Os métodos de um objeto definem seu _______
7. Não use esta palavra-chave em sua definição de classe se quiser criar instâncias dela.
8. Um objeto é uma __________ de uma classe
12. Esta instrução informa a um método para sair imediatamente e pode especificar o valor a ser passado de volta à instrução que chamou o método.

Solução dos Jogos de Verão

Seu ***trabalho*** era pegar os fragmentos de código da piscina e colocá-los nas linhas em branco no código. Seu ***objetivo*** era criar classes que compilarão, executarão e produzirão a saída listada.

```
public partial class Form1 : Form
{
  private void button1_Click(object sender, EventArgs e)
  {
    String result = "";
    Echo e1 = new Echo();
    Echo e2 = new Echo( );
    int x = 0;
    while ( x < 4 ) {
      result = result + e1.Hello() + "\n";
      e1.count = e1.count + 1;
      if ( x == 3 ) {
        e2.count = e2.count + 1;
      }
      if ( x > 0 ) {
        e2.count = e2.count + e1.count;
      }
      x = x + 1;
    }
    MessageBox.Show(result + "Count: " + e2.count);
  }

  class Echo {
    public int count = 0;
    public string Hello() {
      return "helloooo...";
    }
  }
}
```

Aqui está a resposta certa.
E aqui a da questão de bônus!

Echo e2 = e1;

Solução da Cruzadinha de Objetos

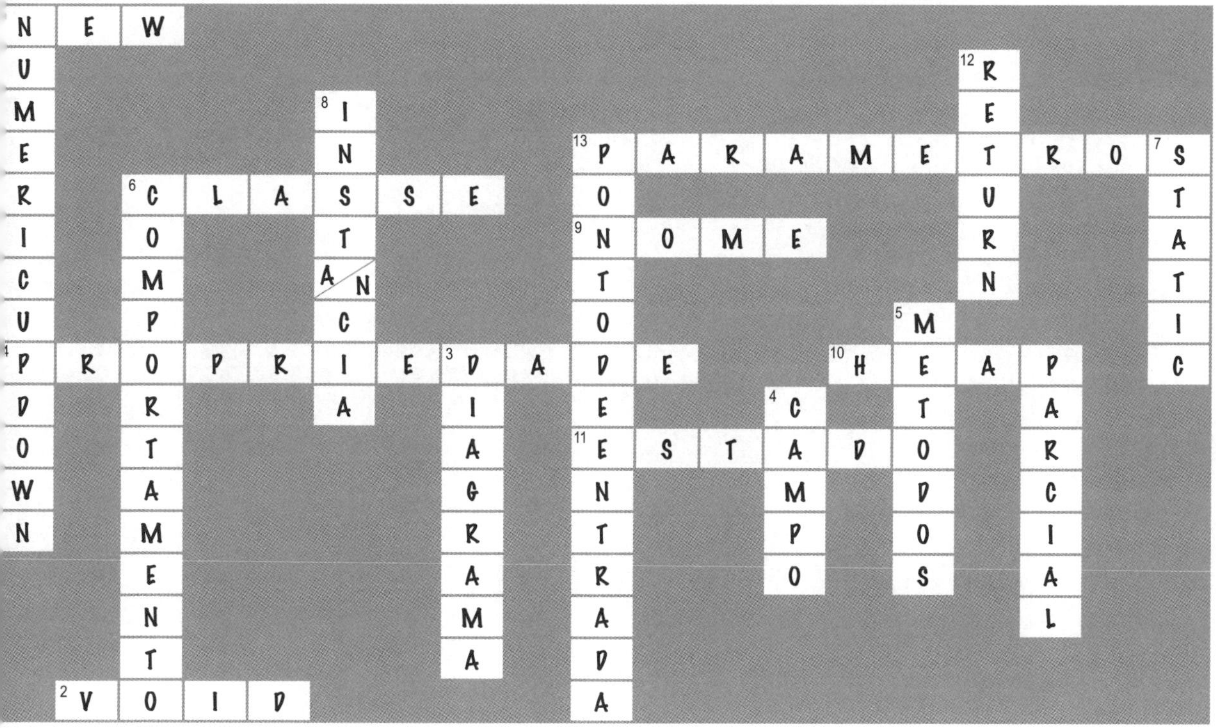

4 tipos e referências

São 10 horas. Você sabe onde seus dados estão?

Tipos de dados, bancos de dados, Tenente-Comandante Dados... é tudo importante. Sem dados, seus programas são inúteis. **Informações** oriundas dos usuários são necessárias, e são usadas para procurar ou criar informação nova para devolver a eles. Na verdade, quase tudo que você faz em programação envolve **trabalho com dados** de uma forma ou de outra. Neste capítulo, você aprenderá as vantagens e as desvantagens dos **tipos de dados** C#, como trabalhar com dados em seu programa e até descobrir alguns segredos sujos sobre os **objetos** (*shhhhh...objetos são dados também*).

O tipo da variável determina qual tipo de dado ela pode armazenar

Há muitos **tipos** predefinidos no C# e cada um armazena um tipo diferente de dado. Você já viu alguns dos mais comuns e já sabe como usá-los. Mas, há alguns poucos para ver ainda e eles realmente podem ser úteis também.

Tipos que você usará sempre

Não deveria surpreender que `int`, `string`, `bool` e `double` sejam os tipos mais comuns.

★ `int` pode armazenar qualquer número **inteiro** de -2.147.483.648 a 2.147.483.647.

Um número inteiro não possui ponto decimal.

★ `string` pode conter texto de qualquer tamanho (incluindo a string vazia `""`).

★ `bool` é um valor booleano – é `true` ou `false`.

★ `double` pode armazenar qualquer número **real** de +-5,0 x 10^{-324} até +-1.7 x 10^{308} com até 16 dígitos significativos. Essa faixa parece estranha e complicada, mas é realmente muito simples. A parte "dígitos significativos" significa a *precisão* do número: 35.048.410.000.000, 1.743.059, 14,43857 e 0,00004374155 possuem sete dígitos significativos. 10^{308} significa que você pode armazenar qualquer número tão grande quanto 10^{308} (ou 1 seguido de 308 zeros) – desde que ele tenha apenas 16 ou menos dígitos significativos. Na outra extremidade, 10^{-324} significa que você podc armazenar qualquer número tão pequeno quanto 10^{-324} (ou um ponto decimal seguido de 324 zeros seguidos de 1)... mas, adivinha, desde que tenha apenas 16 ou menos dígitos significativos.

"float" é uma forma abreviada para "floating point" (ponto flutuante) – ao contrário de um número com "ponto fixo", que sempre tem o mesmo número de casas decimais.

Mais tipos para números inteiros

Antigamente a memória dos computadores era muito cara e os processadores eram muito lentos. E, acredite ou não, se você usasse o tipo errado, isso poderia deixar seu programa bem mais lento. Felizmente, os tempos mudaram e, na maioria das vezes, se você precisar armazenar um número inteiro, poderá apenas usar um int. Mas, às vezes, você realmente precisa de algo maior... e, de vez em quando, algo menor também. É por isso que o C# dá mais opções:

Muitas vezes, se você estiver usando esses tipos é porque está resolvendo um problema onde realmente ajuda ter o efeito de "voltar para o começo", sobre o qual você lerá daqui a pouco.

★ `byte` pode armazenar qualquer número **inteiro** entre 0 e 255.

★ `sbyte` pode armazenar qualquer número **inteiro** de -128 até 127.

★ `short` pode armazenar qualquer número **inteiro** de -32.768 até 32.767.

★ `ushort` pode armazenar qualquer número **inteiro** de 0 até 65.535.

★ `uint` pode armazenar qualquer número **inteiro** de 0 até 4.294.967.295.

O "u" significa "unsigned" (sem sinal)

O "s" em sbyte significa "signed" (com sinal), ou seja, ele pode ser negativo (o "sinal" é um sinal de menos).

★ `long` pode armazenar qualquer número **inteiro** entre menos e mais que 9 bilhões de bilhões.

★ `ulong` pode armazenar qualquer número **inteiro** entre 0 e mais ou menos 18 bilhões de bilhões.

Tipos para armazenar números *realmente* GRANDES e *realmente* pequenos

Às vezes, 7 dígitos significativos não é precisão o bastante. E acredite ou não, às vezes, 10^{38} não é grande o suficiente e 10^{-45} não é tão pequeno quanto se necessita. Muitos programas escritos para finanças ou para pesquisa científica apresentam estes problemas a todo o momento, então, o C# nos dá mais dois tipos:

Quando seu programa precisar lidar com moedas, geralmente você desejará usar um decimal para armazenar o número.

- ★ `float` pode armazenar qualquer número de +- 1.5×10^{-45} até +-3.4×10^{38} com 7 dígitos significativos.
- ★ `decimal` pode armazenar qualquer número de +- 1.0×10^{-28} até +-7.9×10^{28} com 28-29 dígitos significativos.

Quando você usou a propriedade Value em seu controle numericUpDown, estava usando um decimal.

Um "literal" significa apenas um número que você digita em seu código. Então, quando você digita "int i = 5;", o 5 é um literal.

Literais têm tipos também

Quando você digita um número diretamente em seu programa C#, está usando um **literal**... e todo literal é automaticamente associado a um tipo. Você pode checar isso por si mesmo – apenas coloque essa linha de código que atribui o literal `14.7` à variável `int`:

```
int myInt = 14.7;
```

Agora, tente construir o programa. Você verá isso:

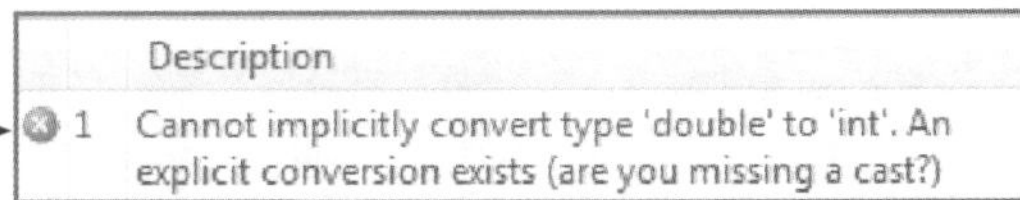

Esse é o mesmo erro que você encontrará se tentar definir um `int` para ser igual a uma variável `double`. O que o IDE está informando é que o literal `14.7` tem um tipo – é um `double`. Você pode mudar seu tipo para um `float` colocando um F no final (`14.7F`). E `14.7M` é um decimal.

O "M" significa "dinheiro" (money) – verdade!

Se você tentar atribuir um float literal a um double ou um decimal literal a um float, o IDE dará a você uma mensagem útil lembrando-o de adicionar o sufixo correto. Legal!

Mais alguns tipos predefinidos úteis

Algumas vezes você precisa armazenar um único caractere, tal como Q ou 7, e quando o fizer, usará o tipo `char`. Os valores literais para `char` estão sempre entre aspas (`'x'`, `'3'`). Você pode incluir **sequências de escape** nas aspas também (`'\n'` é uma quebra de linha, `'\t'` é uma tabulação). Você escreve uma sequência de escape em seu código C# usando dois caracteres, mas seu programa armazenará cada sequência de escape como um único caractere na memória.

Você aprenderá muito mais sobre como char e byte relacionam-se no Capítulo 9.

E finalmente, há mais um tipo importante: **`object`**. Você já viu como pode criar objetos criando instâncias de classes. Bem, cada um desses objetos pode ser atribuído a uma variável `object`. Você aprenderá tudo sobre como os objetos e as variáveis, que se referem aos objetos, funcionam posteriormente neste capítulo.

PODER DO CÉREBRO

O Windows 7 tem um recurso realmente elegante na Calculadora chamado modo "Programmer" (Programador), onde você pode ver o binário e o decimal ao mesmo tempo!

Você pode usar a calculadora do Windows para converter números decimais (normais, base 10) e binários (números de base 2 escritos apenas com uns e zeros) – coloque-a no modo Científico, digite um número e clique no botão de rádio **Bin** para convertê-lo em binário. Clique, então, em **Dec** para convertê-lo de volta. Agora, **digite alguns limites superiores e inferiores para os tipos de número inteiro** (como, por exemplo, -32,768 e 255) e converta-os em binários. Você consegue descobrir ***por que*** o C# tem esses limites particulares?

Uma variável é um copo cheio de dados para a viagem

Todos os seus dados ocupam lugar na memória. (Lembra do heap do último capítulo?). Então, parte do seu trabalho é pensar sobre *quanto* espaço você precisará sempre que usar uma string ou um número em seu programa. Essa é uma das razões pelas quais as variáveis são usadas. Elas permitem reservar espaço suficiente na memória para armazenar seus dados.

Nem todos os dados terminam no heap. Os tipos do valor geralmente mantêm seus dados em outra parte da memória chamada de pilha. Você aprenderá sobre isso no Capítulo 14.

Pense numa variável como um copo no qual você guarda seus dados. O C# usa um monte de tipos diferentes de copos para guardar tipos diferentes de dados. E como os diferentes tamanhos de copos na lanchonete, há diferentes tamanhos de variáveis também.

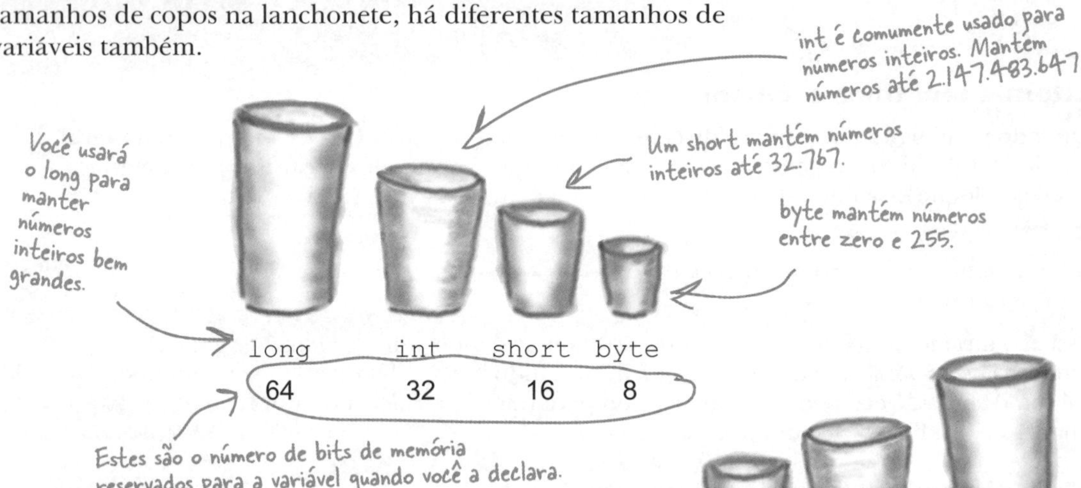

Os números com casas decimais são armazenados diferentemente dos números inteiros. Você pode lidar com a maioria de seus números com casas decimais usando `float`, o menor tipo de dado que armazena decimais. Se você precisar ser mais preciso, use um `double`. E se estiver escrevendo uma aplicação financeiro, onde armazenará valores de moeda, desejará usar o tipo `decimal`.

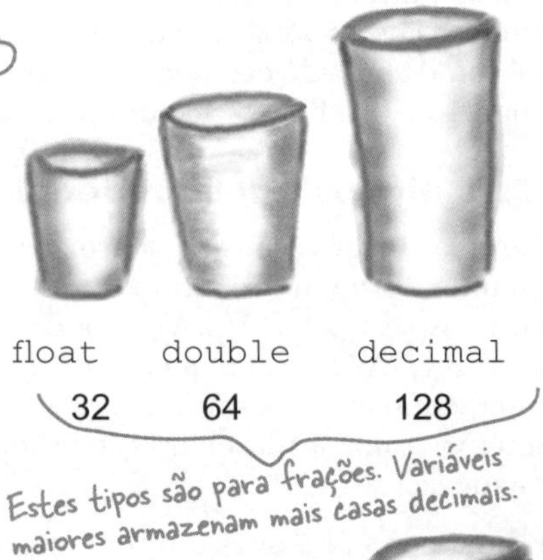

Mas, nem sempre lidamos com números. (Você não gostaria de tomar café quente num copo de plástico nem café frio num de papel). O compilador C# também pode lidar com caracteres e tipos não numéricos. O tipo `char` mantém um caractere e o `string` é usado para muitos caracteres "amarrados". Não há um tamanho estabelecido para um objeto `string`. Ele se expande para manter quantos dados você precisar. O tipo de dados `bool` é usado para armazenar valores true ou false, tais como aqueles que você usou para as instruções `if`.

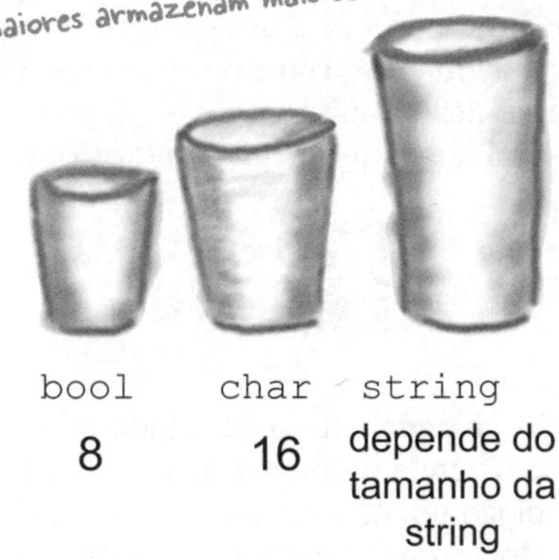

Cinco quilos de dados num saco de 2,5 quilos

Quando você declara sua variável como um tipo, é assim que o seu compilador irá encará-la. Mesmo que o valor esteja muito acima do limite superior do tipo que você declarou, o compilador verá o copo no qual está, não o número dentro. Então, isto não funcionará:

```
int leaguesUnderTheSea = 20000;
short smallerLeagues = leaguesUnderTheSea;
```

20.000 caberiam em um `short`, sem problema. Mas, como `leaguesUnderTheSea` é declarada como um `int`, o compilador verá isso como do tamanho do `int` e irá considerá-lo muito grande para colocar em um contêiner `short`. O compilador não fará estas conversões para você dinamicamente. Você precisa ter certeza de que está usando o tipo certo para os dados com os quais está trabalhando.

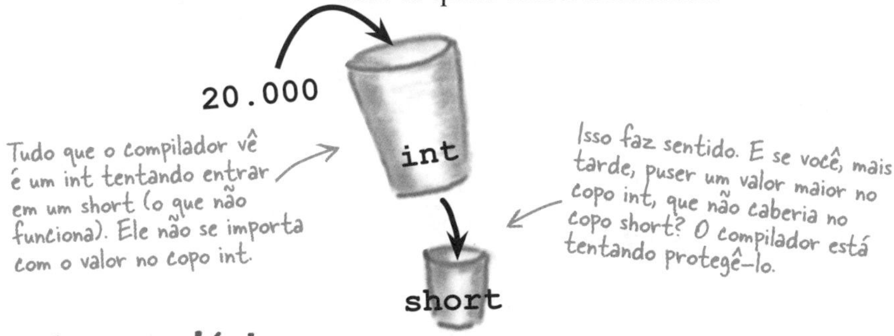

Aponte o seu lápis

Três dessas instruções não compilarão porque estão tentando colocar muitos dados em uma variável pequena ou porque estão colocando o tipo errado de dados dentro dela. Circule-as.

```
int hours = 24;                    string taunt = "your mother";

short y = 78000;                   byte days = 365;

bool isDone = yes;                 long radius = 3;

short RPM = 33;                    char initial = 'S';

int balance = 345667 - 567;        string months = "12";
```

Mesmo quando um número tem o tamanho certo, você não pode apenas atribuí-lo a qualquer variável

Vamos ver o que acontece quando você tenta atribuir um valor `decimal` a uma variável `int`.

Faça isso!

1 Crie um novo projeto e adicione um botão a ele. Então, adicione estas linhas ao método **`Click()`** do botão:

```
decimal myDecimalValue = 10;
int myIntValue = myDecimalValue;
MessageBox.Show("The myIntValue is " + myIntValue);
```

2 Tente construir seu programa. Ops – surgiu um erro que se parece com isso:

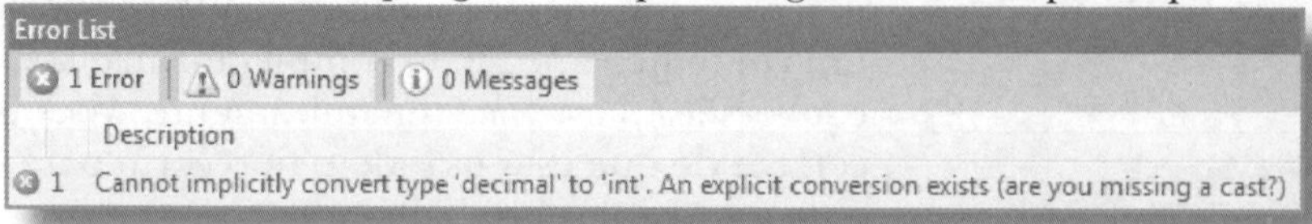

Veja como o IDE descobriu que você, provavelmente, esqueceu de fazer o casting.

3 Elimine o erro fazendo o casting do `decimal` em um `int`. Uma vez que você mudou a segunda linha para parecer com isso, seu programa compilará e rodará:

```
int myIntValue = (int) myDecimalValue;
```

É aqui que você faz o **cast** do valor decimal em um int.

Então o que aconteceu?

O compilador não deixará você atribuir um valor a uma variável se for do tipo errado – mesmo que essa variável possa manter bem o valor – porque essa é a causa por trás de um enorme número de erros. Quando você usa o cast, está dizendo ao compilador que sabe que os tipos são diferentes e nesta ocasião, em particular, não tem problema o C# espremer os dados numa nova variável.

Pare por um minuto para voltar ao começo do capítulo anterior e checar como você usou o casting quando passou NumericUpDown.Value para o formulário Talker Tester.

Aponte o seu lápis Solução

Três destas instruções não compilarão porque estão tentando colocar muitos dados em uma variável pequena ou porque estão colocando o tipo errado de dados dentro dela. Circule-as.

```
short y = 78000;
```

O tipo short mantém números de –32,767 até 32,768. Este número é muito grande!

```
byte days = 365;
```

Um byte pode apenas manter um valor até 256. Você precisará de um short para isto.

```
bool isDone = yes;
```

Você só pode atribuir um valor "true" ou "false" a um booleano.

Quando você converter um valor grande demais, o C# irá ajustá-lo automaticamente

Você já viu que podemos fazer cast de um `decimal` em um `int`. Acontece que *qualquer* número pode ser convertido em *qualquer outro*. Mas, isto não significa que o ***valor*** fica intacto no processo. Se você converter uma variável `int` definida para 365 em uma variável `byte`, 365 será muito grande para o **`byte`**. Mas, em vez de mostrar um erro, o valor simplesmente **será ajustado**: por exemplo, o casting de 256 em um `byte` terá como resultado 0, 257 seria convertido em 1, 258 em 2 etc., até 365, que acabará sendo **109**. E uma vez que você tenha voltado a 255 de novo, o valor de conversão se "ajustará" de volta para zero.

Ajuste você mesmo!

Não há mistério em como o casting "ajusta" os números – você pode fazer isto sozinho. Apenas use a calculadora do Windows, altere-a para o modo Científico e calcule 365 Mod 256 (usando o botão "Mod", que faz um cálculo de módulo). Você terá como resultado 109.

Ei, eu estou combinando números e strings em minhas caixas de mensagens desde que eu aprendi sobre loops no Capítulo 2! Eu estive fazendo a conversão dos tipos todo esse tempo?

Sim! O operador + converte para você.

O que você tem feito é usar o operador +, que **faz muita conversão para você automaticamente** – e ele é especialmente inteligente nesse aspecto. Quando você usar + para adicionar um número ou um booleano a uma string, ele converterá automaticamente esse valor em uma string. Se você usar + (*, / ou –) com dois tipos diferentes, **ele automaticamente converterá o tipo menor num maior**. Aqui está um exemplo:

```
int myInt = 36;
double myFloat = 16.4D;
myFloat = myInt + myFloat;
```

Quando você está atribuindo um valor numérico a um double, precisa adicionar um D no final do número para dizer ao compilador que é um float e não um double.

Já que um `int` pode caber em um `float`, mas o contrário não é verdadeiro, o operador + converte `myInt` num `float` antes de adicioná-lo a `myFloat`.

Aponte seu lápis

Você nem sempre pode fazer o casting de um tipo em qualquer outro.

Crie um novo projeto, arraste um botão para um formulário, clique duas vezes nele e digite estas instruções. Então, compile o programa – ele apresentará muitos erros. Risque aquelas que apresentarem erros. Isso ajudará você a descobrir com quais tipos se pode fazer o cast e com quais não!

```
int myInt = 10;
byte myByte = (byte)myInt;
double myDouble = (double)
myByte;
bool myBool = (bool)myDouble;
string myString = "false";
myBool = (bool)myString;
myString = (string)myInt;
myString = myInt.ToString();
myBool = (bool)myByte;
myByte = (byte)myBool;
short myShort = (short)myInt;
char myChar = 'x';
myString = (string)myChar;
long myLong = (long)myInt;
decimal myDecimal = (decimal)
myLong;
myString = myString + myInt +
myByte + myDouble + myChar;
```

O C# faz algum casting automaticamente

Há duas conversões importantes que não exigem casting. A primeira é feita automaticamente sempre que você usa operadores aritméticos, como neste exemplo:

```
long l = 139401930;

short s = 516;

double d = l - s;

d = d / 123.456;

MessageBox.Show("The answer is " + d);
```

O operador - subtraiu short de long e o operador = converteu o resultado em um double.

O operador + é inteligente o bastante para converter o decimal numa string.

A outra forma do C# converter tipos para você automaticamente é quando você usa o operador + para **concatenar** strings (o que significa apenas grudar uma string no fim de outra, como você tem feito com as caixas de mensagens). Quando você usa o + para concatenar uma string com algo de outro tipo, ele automaticamente converte os números em strings para você. Abaixo, vemos um exemplo. As primeiras duas linhas estão certas, mas a terceira não compilará.

```
long x = 139401930;

MessageBox.Show("The answer is " + x);

MessageBox.Show(x);
```

O compilador C# lança um erro que menciona algo sobre argumentos inválidos (um argumento é o que o C# chama de valor, que você está transmitindo para o parâmetro de um método). Isso porque o parâmetro para `MessageBox.Show()` é uma `string` e este código passou um `long`, que é o tipo errado para o método. Mas, você pode convertê-lo numa string bem facilmente chamando seu método `ToString()`. Esse método é um membro de todo tipo de valor e objeto. (Todas as classes que você mesmo criou possuem um método `ToString()` que retorna o nome da classe). É assim que você pode converter x em algo que `MessageBox.Show()` possa usar:

```
MessageBox.Show(x.ToString());
```

Aponte o seu lápis Solução

Você nem sempre pode fazer a casting de um tipo em qualquer outro. Crie um novo projeto, arraste um botão para um formulário e digite estas instruções em seu método. Então, compile o programa – ele apresentará muitos erros. Risque aquelas que apresentarem erros. Isso ajudará você a descobrir com quais tipos se pode fazer o casting e com quais não!

`int myInt = 10;`

`byte myByte = (byte)myInt;`

`double myDouble = (double)myByte;`

~~`bool myBool = (bool)myDouble;`~~

`string myString = "false";`

~~`myBool = (bool)myString;`~~

~~`myString = (string)myInt;`~~

`myString = myInt.ToString();`

~~`myBool = (bool)myByte;`~~

~~`myByte = (byte)myBool;`~~

`short myShort = (short)myInt;`

`char myChar = 'x';`

~~`myString = (string)myChar;`~~

`long myLong = (long)myInt;`

`decimal myDecimal = (decimal) myLong;`

`myString = myString + myInt + myByte + myDouble + myChar;`

Quando você chama um método, os argumentos devem corresponder aos tipos dos parâmetros

Um parâmetro é o que você define em seu método. Um argumento é o que você transmite a ele. Um método com um parâmetro int pode ter um argumento byte.

Tente chamar `MessageBox.Show(123)` – passando a `MessageBox.Show()` um literal (123), em vez de uma string. O IDE não permitirá que você execute seu programa. Em vez disto, ele mostrará um erro: "Argument '1': cannot convert from 'int' to 'string'" ("Argumento '1': não pode converter 'int' em 'string'"). Algumas vezes o C# pode fazer a conversão automaticamente – como se seu método esperasse um `int`, mas você lhe passasse um short – mas não pode fazer isso para `ints` e `strings`.

Quando o compilador mostra um erro "argumentos inválidos", quer dizer que você tentou chamar um método com variáveis cujos tipos não correspondem aos parâmetros.

Mas, `MessageBox.Show()` não é o único método que provocará erros do compilador se você tentar passar uma variável cujo tipo não corresponde ao parâmetro. *Todos* os métodos farão isso, até aqueles que você mesmo escreveu. Vá em frente e tente digitar esse método completamente válido em uma classe:

```
public int MyMethod(bool yesNo) {
   if (yesNo) {
      return 45;
   } else {
      return 61;
   }
}
```

Um lembrete – o código que chama esse parâmetro não tem que passar uma variável chamada yesNo. Apenas tem que passar um valor booleano ou uma variável. O único lugar onde ele é chamado yesNo é dentro do código do método

Ele funcionará bem se você lhe transmitir o que ele espera (um bool) – chame `MyMethod(true)` ou `MyMethod(false)` e ele compilará normalmente.

Mas, o que acontece se você passar um inteiro ou uma string? O IDE mostra um erro igual àquele quando passou 123 para `MessageBox.Show()`. Agora, tente passar um booleano, mas atribuindo o valor de retorno a uma string ou transmitindo-o à `MessageBox.Show()`. Isso não funcionará também – o método retorna um int, não um long nem a string que `MessageBox.Show()` espera.

Você pode atribuir qualquer coisa a uma variável, parâmetro ou campo com o tipo **object**.

As instruções if sempre testam para saber se algo é true

Você notou como escrevemos nossa instrução assim:

if (yesNo) {

Não tivemos que dizer explicitamente "if (yesNo = = true)". Isso por que uma instrução if sempre checa se algo é true. Você checa se algo é false usando ! (um ponto de exclamação ou o operador NOT). "if (!yesNo)" é o mesmo que "if (yesNo = = false)". Em nossos exemplos de código daqui em diante, você geralmente nos verá fazer "if (yesNo)" ou "if (!yesNo)" e não iremos verificar explicitamente para saber se um booleano é true ou false.

Realmente, o C# fornece um modo de usar as palavras-chave reservadas como nomes da variável, colocando @ na frente da palavra-chave. Você poderá fazer isso com nomes não reservados também, se quiser.

Há cerca de 77 **palavras reservadas** no C#. Essas são as palavras reservadas pelo compilador C#; você não pode usá-las como nomes de variáveis. Você as conhecerá muito bem quando terminar de ler este livro. Aqui estão algumas já usadas por você. Escreva o que você acha que essas palavras fazem no C#

namespace	
for	
class	
public	
else	
new	
using	
if	
while	

→ Respostas na página 134.

Exercício

Crie uma calculadora de reembolso para uma viagem de negócios. Ela deve permitir ao usuário digitar a leitura da quilometragem inicial e final no hodômetro. Com os dois números, calculará quantos quilômetros viajou e descobrirá quanto deveria ser reembolsado se a empresa lhe pagasse $ .39 para cada milha gasta com seu carro.

1. **Comece com um novo projeto Windows.**
Faça o formulário parecer-se com isso:

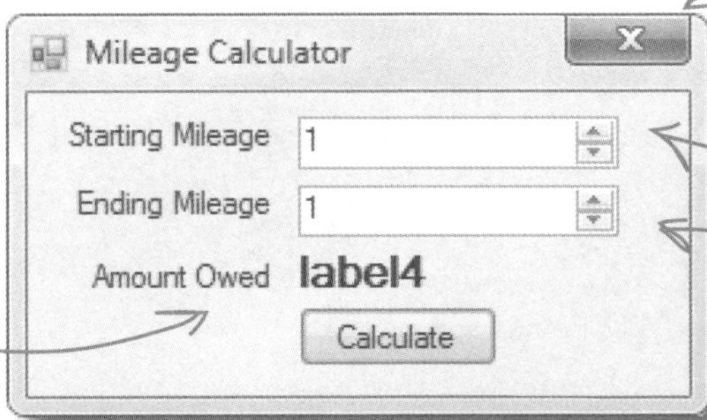

Elimine os botões de minimizar e maximizar.

Esta etiqueta tem 12 pontos e está em negrito.

Para os dois controles NumericUpDown, defina a propriedade Minimum para 1 e Maximum para 999999.

Quando você terminar o formulário, clique duas vezes no botão para acrescentar algum código ao projeto.

2. **Crie as variáveis necessárias para a calculadora.**
Coloque as variáveis na definição de classe no topo de `Form1`. Você precisa de duas variáveis numéricas inteiras para controlar a leitura inicial e final do hodômetro. Chame-as de `startingMileage` e `endingMileage`. Você precisa de três números que possam manter casas decimais. Torne-os doubles e chame-os de `milesTraveled`, `reimburseRate` e `amountOwed`. Defina o valor de `reimburseRate` para .39.

3. **Faça sua calculadora funcionar.**
Acrescente o código no método `button1_Click()` para:
   - ★ Certificar-se de que o número no campo Starting Mileage seja menor que o número no campo Ending Mileage. Se não for, mostre uma caixa de mensagem que diz "A quilometragem inicial deve ser menor que a quilometragem final". Escreva o título da caixa como "Impossível Calcular".
   - ★ Subtrair o número inicial do final e, então, multiplicar o resultado pela taxa de reembolso usando essas linhas:

```
milesTraveled = endingMileage -= startingMileage;
amountOwed = milesTraveled *= reimburseRate;
label4.Text = "$" + amountOwed;
```

4. **Execute.**
Certifique-se de que esteja informando os números certos. Tente mudar o valor inicial deixando-o maior que o final e veja se mostra a caixa de mensagem.

Exercício Solução

Você foi solicitado a criar uma calculadora de reembolso para uma viagem de negócios. Aqui vemos o código para a primeira parte do exercício.

```
public partial class Form1 : Form
{
   int startingMileage;
   int endingMileage;
   double milesTraveled;
   double reimburseRate = .39;
   double amountOwed;
   public Form1() {
       InitializeComponent();
   }
   private void button1_Click(object sender, EventArgs e){
     startingMileage = (int) numericUpDown1.Value;
     endingMileage = (int)numericUpDown2.Value;
       if (startingMileage <= endingMileage){
           milesTraveled = endingMileage -= startingMileage;
           amountOwed = milesTraveled *= reimburseRate;
           label4.Text = "$" + amountOwed;
       } else {
          MessageBox.Show(
    "The starting mileage must be less than the ending mileage",
                    "Cannot Calculate Mileage");
       }
   }
}
```

`int` funciona muito bem para números inteiros. Esse número poderia ir até 999.999. Então, um `short` ou um `byte` não serviriam.

Você se lembra de ter tido que mudar o valor `decimal` do controle numericUpDown para um `int`?

Este bloco deve descobrir por quantos quilômetros você viajou e, então, multiplicá-los pela taxa de reembolso.

Usamos uma forma alternativa de chamar o método MessageBox.Show() aqui. Fornecemos dois parâmetros: o primeiro é a mensagem a exibir e o segundo vai na barra de título.

Este botão parece estar funcionando, mas ele tem um grande problema. Você consegue identificá-lo?

1. **Agora, adicione outro botão ao formulário.**
Iremos controlar esse problema adicionando um botão ao seu formulário que mostra o valor do campo `milesTraveled`. (Você também pode usar o depurador para isso!)

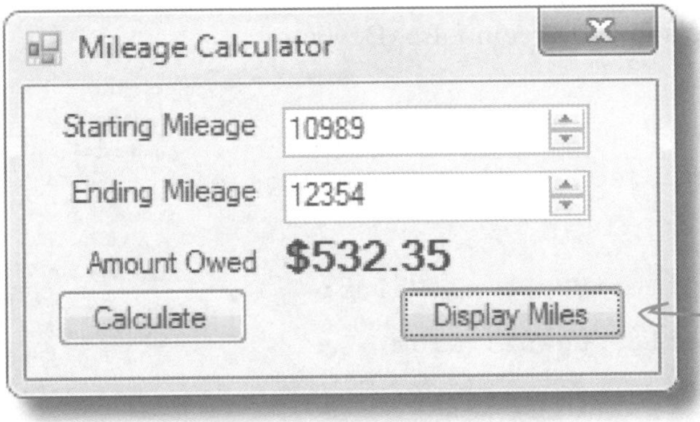

Clicar neste botão após clicar em Calculate (Calcular), deve mostrar o número de quilômetros viajados numa caixa de mensagem.

Quando você tiver terminado o formulário, clique duas vezes no botão Display Miles (Mostrar Quilometragem) para adicionar um código ao projeto.

2. **Uma linha já deve ser o suficiente.**
Tudo que precisamos é fazer com que o formulário mostre a variável `milesTraveled`, certo? Então, esta linha deve fazer isso:

```
private void button2_Click(object sender, EventArgs e) {
        MessageBox.Show(milesTraveled + " miles", "Miles Traveled");
}
```

3. **Execute.**
Digite alguns valores e veja o que acontece. Primeiro, digite as quilometragens inicial e final, e clique no botão Calculate. Então, clique no botão Display Miles para ver o que está armazenado no campo `milesTraveled`.

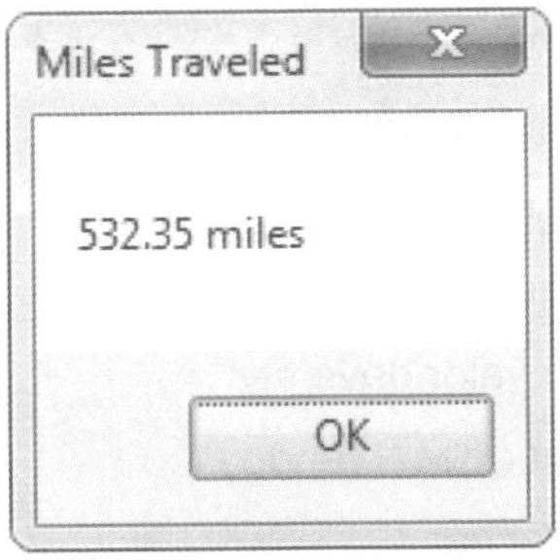

4. **Hum, algo não está certo...**
Não importa qual número é usado, ele é sempre igual ao débito. Por quê?

Combinando = com um operador

Dê uma boa olhada no operador que usamos para subtrair a quilometragem final da inicial (- =). O problema é que ele não subtrai apenas, também atribui um valor à variável no lado esquerdo do sinal de subtração. A mesma coisa acontece na linha onde multiplicamos o número de quilômetros percorridos pela taxa de reembolso. Devemos substituir - = e *= por apenas – e *:

Estes são chamados **operadores compostos**. Este subtrai startingMileage de endingMileage, mas também atribui um novo valor a endingMileage e milesTraveled ao mesmo tempo

```
private void button1_Click(object sender, EventArgs e)
{
  startingMileage = (int) numericUpDown1.Value;
  endingMileage = (int)numericUpDown2.Value;
    if (startingMileage <= endingMileage){
        milesTraveled = endingMileage -= startingMileage;
        amountOwed = milesTraveled *= reimburseRate;
        label4.Text = "$" + amountOwed;
    } else {
       MessageBox.Show("The starting mileage number must
                        be less than the ending mileage number",
                        "Cannot Calculate Mileage");
    }
```

Assim é melhor – agora, seu código não modificará endingMileage e milesTraveled.

```
milesTraveled = endingMileage - startingMileage;
amountOwed = milesTraveled * reimburseRate;
```

Então, bons nomes de variáveis podem ajudar aqui? Com certeza! Dê uma olhada mais cuidadosa no que cada variável deve fazer. Você já tem muitas pistas no nome `milesTraveled` – você sabe que é a variável que o formulário está exibindo incorretamente e teve uma boa ideia de como este valor deve ser calculado. Então, você poderá tirar vantagem disso quando estiver observando seu código para tentar identificar a falha. Seria muito mais difícil achar o problema se as linhas incorretas se parecem com isso:

```
mT = eM -= sM;
aO = mT *= rR;
```

As variáveis nomeadas assim são inúteis para informá-lo sobre quais deveriam ser seus propósitos.

Objetos usam variáveis também

Até agora, observamos objetos como se fossem separados de outros tipos. Mas, um objeto é apenas outro tipo de dado. Seu código trata os objetos exatamente como trata números, strings e booleanos. Ele usa variáveis para trabalhar com eles:

Usando um int

1. Escreva uma instrução para declarar o inteiro.

```
int myInt;
```

2. Atribua um valor à nova variável.

```
myInt = 3761;
```

3. Use o inteiro em seu código.

```
while (i < myInt) {
```

Usando um objeto

1. Escreva instrução para declarar o objeto.

```
Dog spot;
```

Quando você tem uma classe, tal como Dog, a usa como o tipo em uma instrução de declaração da variável.

2. Atribua um valor ao objeto.

```
spot = new Dog();
```

3. Cheque um dos campos do objeto.

```
while (spot.IsHappy) {
```

Então, não importa se estou trabalhando com um objeto ou um valor numérico. Se for para a memória e meu programa precisar usá-lo, utilizarei uma variável.

Objetos são apenas mais um tipo de variável que seu programa pode usar.

Se seu programa precisar trabalhar com um número inteiro muito grande, use um `long`. Se precisa de um número inteiro pequeno, use um `short`. Se precisar de um valor yes/no, use um `booleano`. E se ele precisa de algo que late e senta, use `Dog` (cão). Não importa qual tipo de dado com o qual seu programa precisa trabalhar, ele usará uma variável.

Refira-se aos seus objetos com variáveis de referência

Quando você cria um novo objeto, usa um código como **`new Guy()`**. Mas isso não é o suficiente; embora esse código crie um novo objeto **Guy** no heap, não lhe dá uma forma de *acessar* o objeto. ***Você precisa de uma referência para o objeto***. Então, você cria uma **variável de referência**: uma variável do tipo **Guy** com um nome, tal como **`joe`**. Então, **`joe`** é uma referência para o novo objeto **Guy** criado. Sempre que você quiser usar esse cara específico, poderá fazer referência a ele com a variável de referência chamada **`joe`**.

Isto é chamado de **instanciar** o objeto.

Então, quando você tiver uma variável que seja um tipo de objeto, ela será uma variável de referência: uma referência para um objeto específico. Dê uma olhada:

Aqui está o heap antes do seu código rodar. Não há nada lá.

```
public partial class Form1 : Form
{
    Guy joe;

    public Form1()
    {
       InitializeComponent();

      joe = new Guy();
    }
```

Esta variável chama-se joe e irá referir-se a um objeto do tipo Guy.

Esta é a variável de referência...

...e este é o objeto ao qual joe agora se refere.

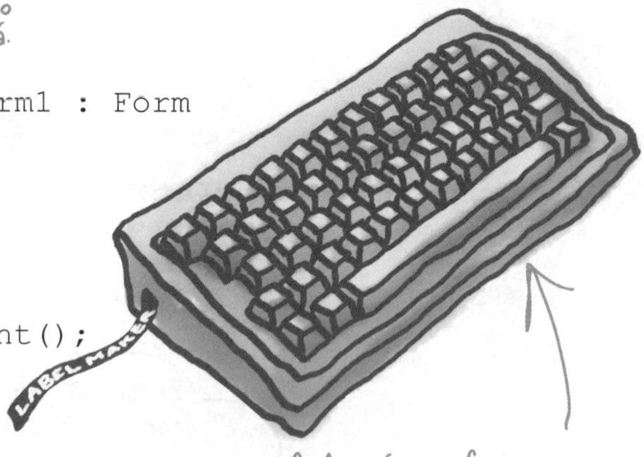

Criar uma referência é como fazer uma etiqueta com uma **etiquetadora** – em vez de grudar uma nas suas coisas, você está usando-a para identificar um objeto, podendo referir-se a ele mais tarde.

Aqui está o heap depois que o código foi executado. Há um objeto, com a variável Joe referindo-se a ele.

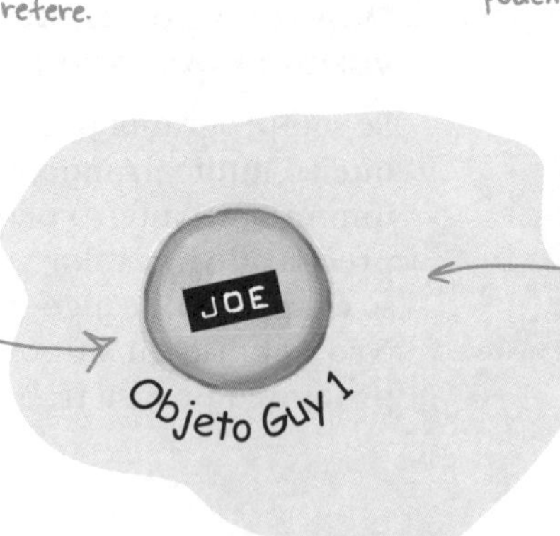

A ÚNICA forma de se referir a esse objeto Guy é através da variável de referência chamada joe.

Referências são como etiquetas para seu objeto

Em sua cozinha, provavelmente, você tem um pote de sal e de açúcar. Se você trocasse seus nomes, faria uma refeição bem desagradável – embora as etiquetas tivessem mudado, o conteúdo dos potes continuaria o mesmo. ***Referências são como etiquetas***. Você pode mudar as etiquetas de posição, apontá-las para coisas diferentes, mas é o **objeto** que dita quais métodos e dados estão disponíveis, não a referência propriamente dita.

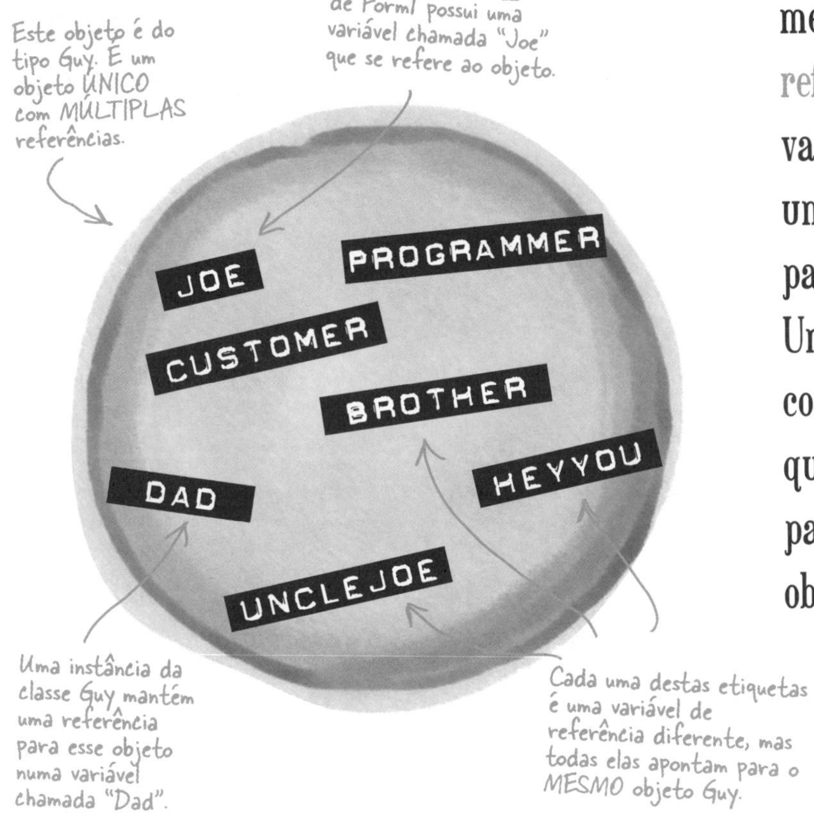

Quando seu código precisa trabalhar com um objeto na memória, ele usa uma referência, que é uma variável cujo tipo é uma classe do objeto para o qual apontará. Uma referência é como uma etiqueta que seu código usa para falar sobre um objeto específico.

Você nunca se refere ao seu objeto diretamente. Por exemplo, você não poderá escrever um código como `Guy.GiveCash()` se **Guy** for seu tipo de objeto. O compilador C# não sabe a qual **Guy** você está se referindo, já que você pode ter muitas instâncias de **Guy** no heap. Então, você precisa de uma variável de referência, como **joe**, que você atribui a uma instância específica, tal como `Guy joe = new Guy()`.

Agora, você pode chamar métodos, tais como `joe.GiveCash()`. **joe** refere-se a uma instância específica da classe **Guy** e seu compilador C# saberá exatamente qual instância usar. E, como você viu acima, você pode ter ***várias etiquetas apontando para a mesma instância***. Então, poderia dizer `Guy dad = joe` e chamar `dad.GiveCash()`. Também funciona – é isso que os filhos de Joe fazem todos os dias (pedem dinheiro).

Há muitas referências diferentes para o mesmo Guy porque muitos métodos diferentes usam-no para coisas diferentes. Cada referência possui um nome diferente que faz sentido em seu contexto.

Se não há mais nenhuma referência, seu objeto é coletado como lixo

Se todas as etiquetas forem retiradas de um objeto, mais nenhum programa pode acessá-lo. Isso quer dizer que o C# marca o objeto para a **coleta de lixo**. Isso acontece quando o C# se livra dos objetos sem referência e retoma a memória que os objetos usavam para que seu programa funcionasse.

Para um objeto continuar no heap, ele tem que ser referido. Depois, da última referência para o objeto desaparecer, o objeto some também.

1. **Eis aqui um código que cria um objeto.**

```
Guy joe = new Guy()
 { Name = "Joe", Cash = 50 };
```

Quando você usa a instrução "new", está dizendo ao C# para criar um objeto. Quando obtém uma variável de referência, tal como "Joe", e atribui a esse objeto, é como se estivesse colocando uma nova etiqueta nele.

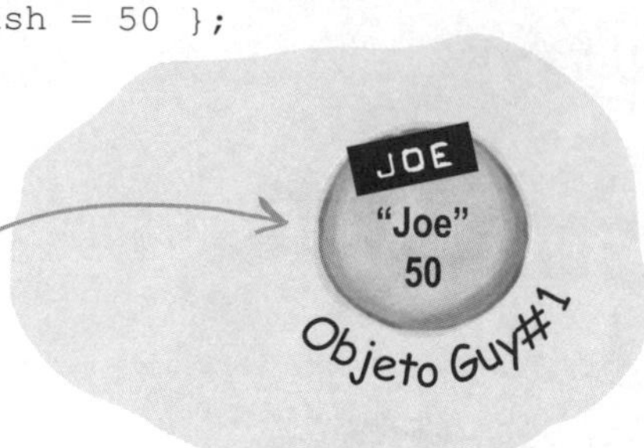

2. **Agora, vamos criar um segundo objeto.**

```
Guy bob = new Guy()
 { Name = "Bob", Cash = 75 };
```

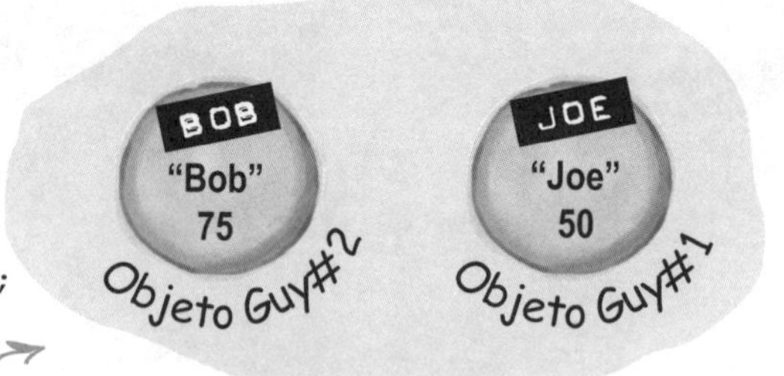

Agora, temos duas instâncias do objeto Guy e duas variáveis de referência: uma para cada Guy.

3. **Vamos pegar a referência para o primeiro objeto e mudá-la para que aponte para o segundo objeto.**

```
joe = bob;
```

Agora, joe está apontando para o mesmo objeto que bob.

Mas, não existe mais uma referência para o primeiro objeto Guy...

...logo o C# marca o objeto para a coleta de lixo e finalmente o joga fora. Já era!

Cruzadinha do tipo

Dê um tempo, sente-se e dê algo para o lado direito de seu cérebro fazer. É a sua cruzadinha padrão; todas as respostas da solução são palavras deste capítulo.

Quando terminar, vire a página e continue com o restante do capítulo.

Verticais

2. Você pode combinar a declaração de variável e a __________ num único comando
3. Uma variável que aponta para um objeto
4. O que seu programa usa para trabalhar com os dados que estão na memória
6. Se você quiser armazenar um valor de moeda, use este tipo 9. += e -= são este tipo de operação
10. Uma declaração de variável sempre começa com isto
11. Todo objeto tem este tipo que o converte em uma string
12. Quando você obtém uma variável deste tipo, pode atribuir qualquer valor a ela

Horizontais

1. A segunda parte de uma declaração de variável
3. "namespace", "for", "while", "using" e "new" são exemplos de palavras ______________
5. O que (int) faz nesta linha de código: x = (int) y;
7. Quando um objeto não tem mais nenhuma referência apontando para ele, é removido do heap usando a coleta de ______________
9. O que você faz quando usa o operador + para ligar duas strings
13. O tipo numérico que mantém os maiores números
14. O tipo que armazena uma única letra ou número
15. \n e \r são sequências ______________
16. Os quatro tipos de número inteiro que mantêm apenas números positivos

→ Respostas na página 165.

Múltiplas referências e seus efeitos colaterais

Você tem que ser cuidadoso quando começar a mover as variáveis de referência. Muitas vezes, pode parecer que você está apenas apontando uma variável para um objeto diferente. Mas, você pode acabar removendo todas as referências para outro objeto no processo. Isso não é ruim, mas pode não ser o que você planejou. Dê uma olhada:

1

```
Dog rover = new Dog();
rover.Breed = "Greyhound";
```

Objetos: 1

Referências: 1

Rover é um objeto Dog com o campo Breed configurado para "Grayhound"

2

```
Dog fido = new Dog();
fido.Breed = "Beagle";
Dog spot = rover;
```

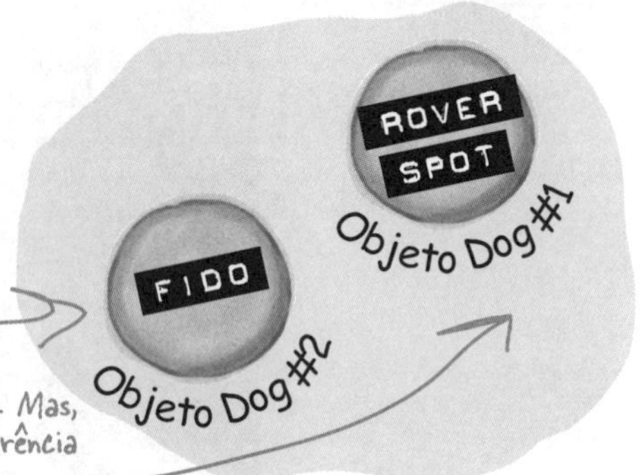

Objetos: 2

Referências: 3

Fido é outro objeto Dog. Mas, Spot é apenas outra referência para o primeiro objeto.

3

```
Dog lucky = new Dog();
lucky.Breed = "Dachshund";
fido = rover;
```

Objetos: 2

Referências: 4

Lucky é um terceiro objeto. Mas, Fido está agora apontando para o objeto #1. Então, o objeto #2 ficou sem referências. Ele não existe mais pelo menos em relação ao programa.

Aponte o seu lápis

Agora é a sua vez. Aqui, vemos um grande bloco de código. Descubra quantos objetos e referências existem em cada estágio. No lado direito, desenhe uma figura dos objetos e etiquetas no heap.

1

```
Dog rover = new Dog();
rover.Breed = "Greyhound";
Dog rinTinTin = new
Dog();
Dog fido = new Dog();
Dog quentin = fido;
```

Objetos:______

Referências:______

2

```
Dog spot = new Dog();
spot.Breed = "Dachshund";
spot = rover;
```

Objetos:______

Referências:______

3

```
Dog lucky = new Dog();
lucky.Breed = "Beagle";
Dog charlie = fido;
fido = rover;
```

Objetos:______

Referências:______

4

```
rinTinTin = lucky;
Dog laverne = new Dog();
laverne.Breed = "pug";
```

Objetos:______

Referências:______

5

```
charlie = laverne;
lucky = rinTinTin;
```

Objetos:______

Referências:______

Aponte o seu lápis

Agora é a sua vez. Aqui, vemos um grande bloco de código. Descubra quantos objetos e referências existem em cada estágio. No lado direito, desenhe uma figura dos objetos e etiquetas no heap.

1

```
Dog rover = new Dog();
rover.Breed = "Greyhound";
Dog rinTinTin = new Dog();
Dog fido = new Dog();
Dog quentin = fido;
```

Objetos: 3

Referências: 4

Um novo objeto Dog é criado, mas Spot é a única referência para ele. Quando Spot é definido para = a Rover, esse objeto é eliminado.

2

```
Dog spot = new Dog();
spot.Breed = "Dachshund";
spot = rover;
```

Objetos: 3

Referências: 5

Aqui, um novo objeto Dog é criado, mas quando Fido é definido para Rover, o objeto de Fido de #1 é eliminado.

3

```
Dog lucky = new Dog();
lucky.Breed = "Beagle";
Dog charlie = fido;
fido = rover;
```

Objetos: 4

Referências: 7

Charlie foi definido para Fido quando ele ainda estava no objeto #3. Então, depois disso, Fido moveu-se para o objeto #1, deixando Charlie para trás.

4

```
rinTinTin = lucky;
Dog laverne = new Dog();
laverne.Breed = "pug";
```

Objetos: 4

Referências: 8

Dog #2 perde sua última referência e foi eliminado.

Quando Rin Tin Tin moveu-se para o objeto de Lucky, o antigo objeto Rin Tin Tin desapareceu.

5

```
charlie = laverne;
lucky = rinTinTin;
```

Objetos: 4

Referências: 8

Aqui, as referências movem-se, mas nenhum objeto novo é criado. E definir Lucky para Rin Tin Tin não fez nada porque eles já apontavam para o mesmo objeto.

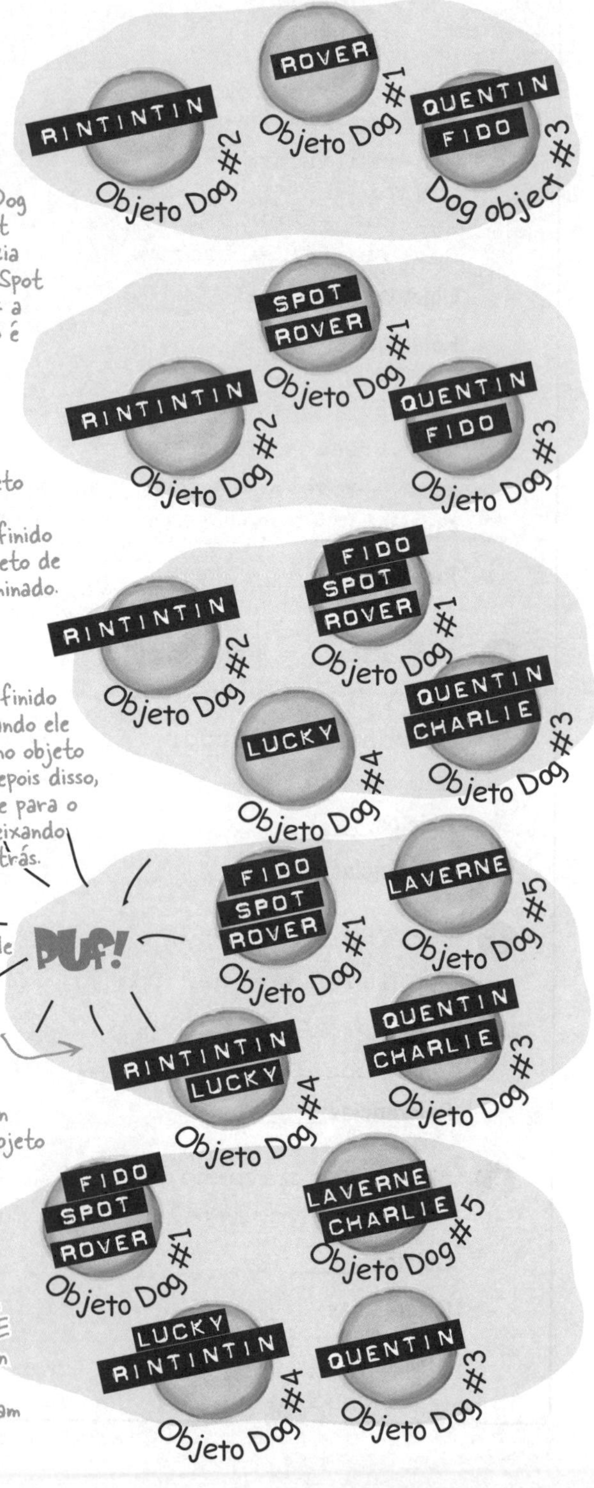

Exercício

Crie um programa com uma classe `elephant`. Crie duas instâncias `elephant` e troque os valores de referência que apontam para elas, ***sem*** fazer nenhuma instância `elephant` ser jogada fora.

Aqui está o diagrama de classe para a classe Elephant que precisa criar.

1 Comece com um novo projeto de Aplicação Windows.

Faça o formulário parecer-se com isso:

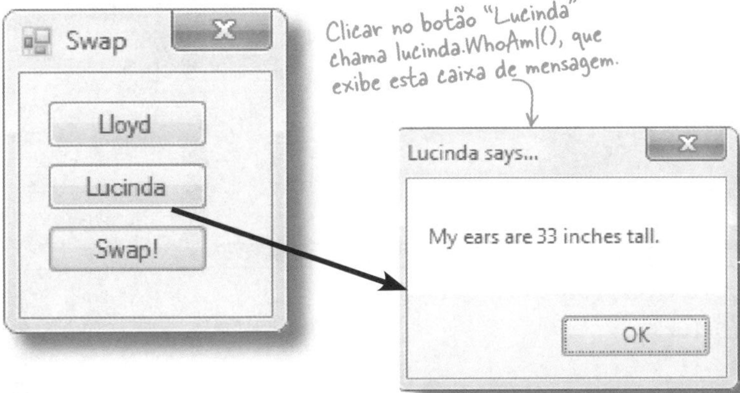

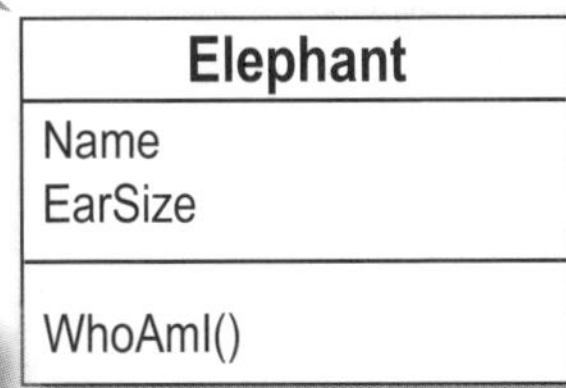

2 Crie a classe Elephant.

Adicione uma classe `Elephant` ao projeto. Dê uma olhada no diagrama da classe `Elephant` – você vai precisar de um campo `int` chamado `EarSize` e um campo `String` chamado `Name`. (Certifique-se de que ambos sejam públicos). Então, adicione um método chamado `WhoAmI()`, que exiba uma caixa de mensagem com informações sobre o nome e o tamanho da orelha do elefante.

3 Crie duas instâncias Elephant e uma referência.

Adicione dois campos `Elephant` à classe Form1 (na área logo abaixo da declaração de classe) chamados `Lloyd` e `Lucinda`. Inicialize-os de forma que tenham o nome e o tamanho de orelha corretos. Aqui estão os inicializadores do objeto **`Elephant`** para adicionar ao seu formulário:

```
lucinda = new Elephant() { Name = "Lucinda", EarSize = 33 };
lloyd = new Elephant() { Name = "Lloyd", EarSize = 40 };
```

4 Faça os botões " Lloyd" e "Lucinda" funcionarem.

Faça o botão Lloyd chamar **`lloyd.WhoAmI()`** e o Lucinda chamar `lucinda.WhoAmI()`.

5 Faça funcionar o botão swap (troca).

Esta é a parte difícil. Faça o botão Swap ***trocar*** as duas referências, para que quando você clicar nele, as variáveis `Lloyd` e `Lucinda` troquem objetos e uma caixa "Objects swapped" (Objetos trocados) seja exibida. Teste seu programa clicando no botão Swap e, em seguida, nos outros dois botões. A primeira vez que você clicar nele, o botão Lloyd deverá abrir a caixa de mensagens de Lucinda e o botão Lucinda deverá abrir a caixa de mensagem de Lloyd. Se você clicar no botão Swap novamente, tudo deverá voltar ao normal.

A coleta de lixo do C# é feita com qualquer objeto sem referências. Então, aqui vai uma dica: Se você quiser passar cerveja de um copo para outro com água, precisará de um terceiro para colocar a água...

Solução do Exercício

Crie um programa com uma classe `elephant`. Crie duas instâncias `elephant` e troque os valores de referência que apontam para elas, ***sem*** fazer nenhuma instância `Elephant` ser jogada fora.

Este é o código de definição da classe Elephant no arquivo Elephant.cs que adicionamos ao projeto. Não se esqueça da linha "using System.Windows.Forms;" no topo da classe. Sem ela, a instrução MessageBox não funcionará.

```
using System.Windows.Forms;

class Elephant {
  public int EarSize;
  public string Name;
  public void WhoAmI() {
     MessageBox.Show("My ears are " + EarSize + " inches tall.",
        Name + " says…");
  }
}
```

Aqui está o código da classe Form1 de Form1.cs.

Se você apenas apontar Lloyd para Lucinda, não haverá mais nenhuma referência apontando para Lloyd e seu objeto será descartado. É por isso que você precisa fazer com que a referência Holder seja mantida no objeto Lloyd até que Lucinda possa chegar até ela.

```
public partial class Form1 : Form {
    Elephant lucinda;
    Elephant lloyd;

    public Form1()
    {
        InitializeComponent();
        lucinda = new Elephant()
             { Name = "Lucinda", EarSize = 33 };
        lloyd = new Elephant()
             { Name = "Lloyd", EarSize = 40 };
    }

    private void button1_Click(object sender, EventArgs e) {
        lloyd.WhoAmI();
    }

    private void button2_Click(object sender, EventArgs e) {
        lucinda.WhoAmI();
    }

    private void button3_Click(object sender, EventArgs e) {
        Elephant holder;
        holder = lloyd;
        lloyd = lucinda;
        lucinda = holder;
        MessageBox.Show("Objects swapped");
    }
}
```

Não existe uma instrução **new** para a referência porque não queremos criar outra instância de Elephant.

strings e arrays são diferentes de todos os outros tipos de dados vistos, pois são os únicos sem um tamanho definido (pense um pouco sobre isto).

PODER DO CÉREBRO

Por que você acha que não acrescentamos um método Swap() à classe Elephant?

Duas referências significam DUAS formas de mudar um dado do objeto

Faça isso!

Além de perder todas as referências para um objeto, quando você possui múltiplas referências, pode alterá-lo acidentalmente. Em outras palavras, uma referência para um objeto pode ***alterá-lo***, enquanto outra referência para esse objeto ***nem imagina*** que algo mudou. Observe:

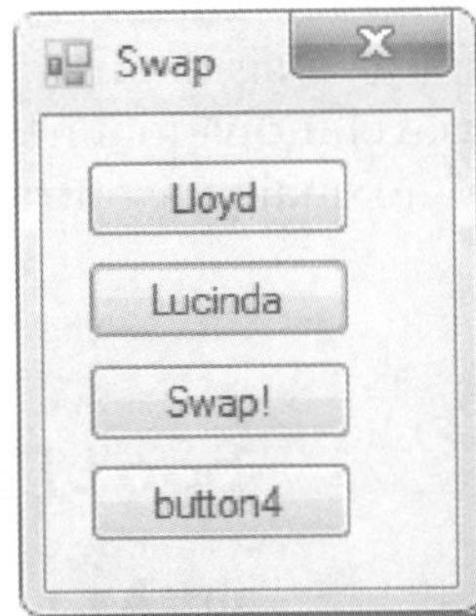

1. Acrescente outro botão em seu formulário.

2. Adicione esse código no botão. Você consegue adivinhar o que acontecerá quando clicar nele?

```
private void button4_Click(object sender, EventArgs e)
{
    lloyd = lucinda;
    lloyd.EarSize = 4321;
    lloyd.WhoAmI();
}
```

Esta instrução diz para definir EarSize para 4321 em qualquer objeto para o qual a referência lloyd aponte.

Depois da execução deste código, as variáveis lloyd e lucinda referem-se ao MESMO objeto Elephant.

Você está chamando o método WhoAmI() do objeto **lloyd**.

Mas, lloyd aponta para a mesma coisa que lucinda.

3. Tudo bem, vá em frente e clique no novo botão. Espere um pouco, essa é a caixa de mensagem da Lucinda. Nós não chamamos o método `WhoAmI()` de Lloyd?

É a caixa de mensagem de lucinda...

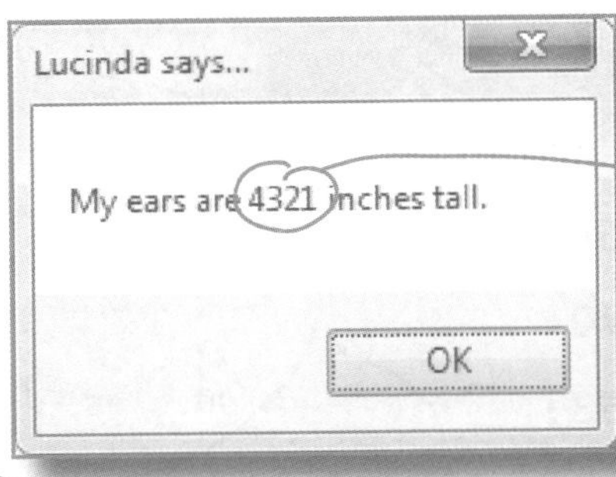

Mas, definimos EarSize usando a referência lloyd! O que aconteceu?

lloyd e lucinda agora são intercambiáveis. Mudanças em um afetam o objeto para o qual AMBOS apontam... não há mais uma diferença real entre lloyd e lucinda, pois eles apontam para o MESMO objeto.

Note que os dados NÃO estão sendo sobrescritos — as únicas coisas mudando aqui são as referências.

Um caso especial: arrays

Se você tem que controlar muitos dados do mesmo tipo, tal como uma lista de alturas ou um grupo de cachorros, você pode fazê-lo usando um **array**. O que o torna especial é que ele é um **grupo de variáveis** tratado como um objeto. Um array é uma forma de armazenar e modificar mais de uma parte de dados sem ter que controlar cada variável individualmente. Quando você cria um array, declara-o como qualquer outra variável, com um nome e um tipo:

Você poderia combinar a declaração da variável myArray com sua inicialização – assim como qualquer variável. Então, isso ficaria assim:

bool[ ] myArray = new bool[15];

Você declara um array especificando seu tipo, seguido pelos colchetes.

```
bool[] myArray;
myArray = new bool[15];
myArray[4] = true;
```

Este array possui 15 elementos.

Você usa a palavra-chave new para criar um array porque é um objeto. Então, uma variável de array é um tipo de variável de referência.

Esta linha define o valor do quinto elemento de myArray para true. É o quinto porque o primeiro é myArray[0], o segundo é myArray[1] etc.

Use cada elemento em um array como se fosse uma variável normal

Quando você usa um array, primeiro precisa **declarar uma variável de referência** que aponte para o array. Então, precisa **criar o objeto de array** usando a instrução `new`, especificando o tamanho que deseja que o array tenha. Depois, pode **definir os elementos** no array. Aqui, vemos um exemplo de código que declara e preenche um array – e o que está acontecendo no heap quando você faz isso. O primeiro elemento no array possui um **índice** de zero.

Na memória, o array é armazenado como uma parte da memória, mesmo que existam diversas variáveis int dentro dele

O tipo de cada elemento no array.

nome

```
int[] heights;
heights = new int[7];
heights[0] = 68;
heights[1] = 70;
heights[2] = 63;
heights[3] = 60;
heights[4] = 58;
heights[5] = 72;
heights[6] = 74;
```

Você se refere a estes pelo índice, mas cada um funciona essencialmente como uma variável int normal.

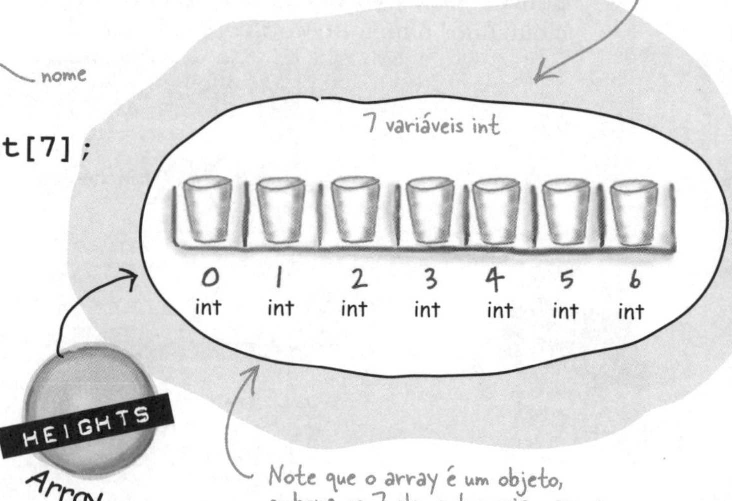

Note que o array é um objeto, embora os 7 elementos sejam apenas tipos de valor – como aqueles nas primeiras duas páginas deste capítulo.

Os arrays podem conter um monte de variáveis de referência também

Você pode criar um array de referências de objeto exatamente como cria um array de números ou strings. Os arrays não se importam com o tipo de variável que armazenam – isto cabe a você. Você pode ter um array de `ints` ou um de objetos `Duck`, sem problemas.

Aqui, vemos o código que cria um array de 7 variáveis `Dog`. A linha que inicializa o array apenas cria variáveis de referência. Já que há só duas linhas `new Dog()`, apenas duas instâncias reais da classe `Dog` são criadas.

Quando você define ou recupera um elemento de um array, o número dentro dos colchetes é chamado índice. O primeiro elemento no array possui um índice de zero.

```
Dog[] dogs = new Dog[7];
dogs[5] = new Dog();
dogs[0] = new Dog();
```

Esta linha declara uma variável dogs para manter um array de referências para os objetos Dog e, então, cria um array de 7 elementos.

Estas duas linhas criam novas instâncias de Dog() e colocam-nas nos índices 0 e 5.

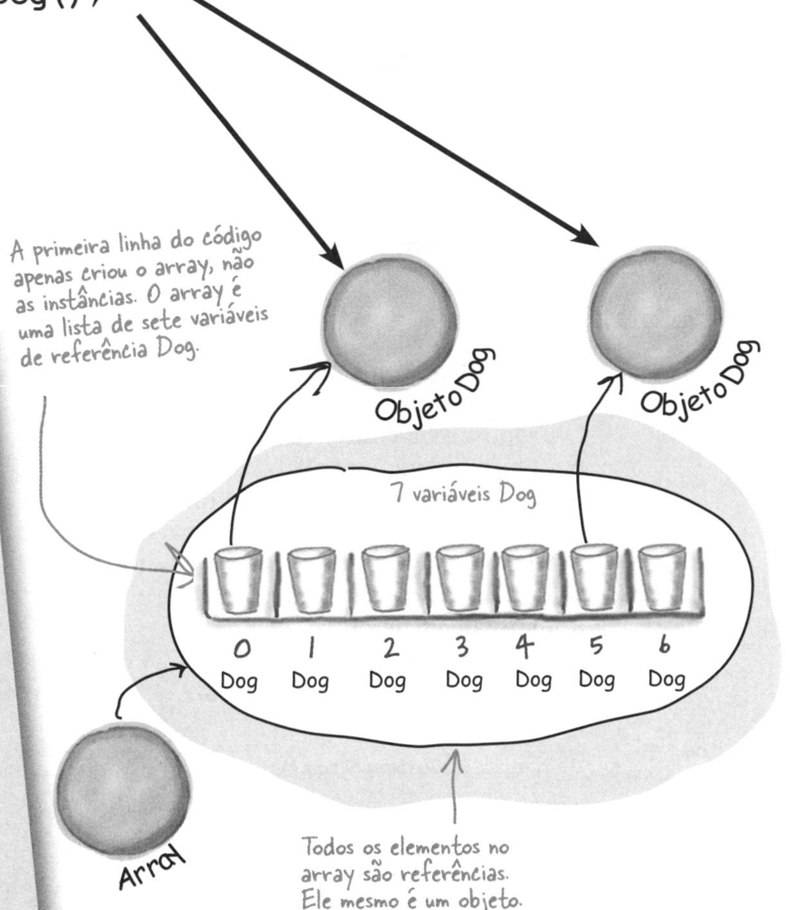

O comprimento de um array

Você pode descobrir quantos elementos cabem num array usando sua propriedade Length. Então, se você tem um array chamado heights, pode usar heights.Length para descobrir seu tamanho. Se houver 7 elementos no array, isto retornará a você 7 – ou seja, os elementos estão numerados de 0 a 6.

Bem-vindo à lanchonete de sanduíches com desconto, Sloppy Joe's!

Sloppy Joe's possui uma pilha de carne, um montão de pão e mais temperos do que você imagina. Mas, o que ele não tem é um menu! Você consegue fazer um programa que crie um novo menu *aleatório* para ele todos os dias?

Faça isso!

MenuMaker
Randomizer Meats Condiments Breads
GetMenuItem()

1. **Comece um novo projeto e adicione uma classe MenuMaker**

Se você precisa criar um menu, precisa de ingredientes. E os arrays são perfeitos para estas listas. Também vamos precisar escolher ingredientes aleatórios para juntar em um sanduíche. Felizmente, o .NET Framework possui uma classe embutida chamada `Random` que gera números aleatórios. Então, teremos quatro campos em nossa classe: um campo Randomizer, que mantém uma referência para um objeto `Random`, e três arrays de `strings`, que armazenam carnes, temperos e pães.

```
class MenuMaker {
    public Random Randomizer;

    string[] Meats = { "Roast beef", "Salami", "Turkey", "Ham", "Pastrami" };

    string[] Condiments = { "yellow mustard", "brown mustard",
                  "honey mustard", "mayo", "relish", "french dressing" };

    string[] Breads = { "rye", "white", "wheat", "pumpernickel",
                  "italian bread", "a roll" };
}
```

O campo Randomizer mantém uma **referência** para um objeto Random. Chamar seu método Next( ) gerará números aleatórios.

A classe possui três campos para armazenar três arrays diferentes de strings. Irá usá-los para criar os itens aleatórios do menu.

Lembre-se de usar colchetes para acessar um membro de um array. O valor de Breads[2] é "wheat".

Nota como você está iniciando esses arrays? Isso é chamado de inicializador de coleção e você aprenderá tudo sobre eles no Capítulo 8.

2. **Acrescente um método GetMenuItem() à classe que gera um sanduíche aleatório**

O propósito da classe é gerar sanduíches, então, adicionaremos um método para fazer exatamente isto. Usará o método `Next()` do objeto `Random` para escolher uma carne, condimento e pão de cada arrays aleatoriamente. Quando você passar um parâmetro int a `Next()`, o método retornará um número aleatório menor que esse parâmetro. Então, se seu objeto `Random` chama-se `Randomizer`, chamar `Randomizer.Next(7)` retornará um número aleatório entre 0 e 6.

Como saber qual parâmetro passar ao método `Next()`? Bem, isso é fácil – apenas passe `Length` de cada array. Isso retornará o índice de um item aleatório no array.

```
public string GetMenuItem() {
    string randomMeat = Meats[Randomizer.Next(Meats.Length)];
    string randomCondiment = Condiments[Randomizer.Next(Condiments.Length)];
    string randomBread = Breads[Randomizer.Next(Breads.Length)];
    return randomMeat + " with " + randomCondiment + " on " + randomBread;
}
```

O método GetMenuItem() retorna uma string que contém um sanduíche criado com os elementos aleatórios dos três arrays.

O método coloca um item aleatório do array Meats em randomMeat passando Meats.Length ao método Next( ) do objeto Random. Já que há 5 itens no array Meats, Meats.Length é 5, então Next(5) retornará um número aleatório entre 0 e 4.

Como isso funciona...

O método randomizer.Next(7) gera um número aleatório menor que 7. Meats.Length retorna o número de elementos em Meats. Então, randomizer.Next(Meats.Length) resulta num número aleatório maior ou igual a zero, mas menor do que o número de elementos no array Meats.

```
Meats[Randomizer.Next(Meats.Length)]
```

Meats é um array de strings. Ele tem cinco elementos, de 0 a 4. Portanto, Meats[0] é igual a "Roast Beef" e Meats[3] é igual a "Ham".

3 Crie seu formulário

Adicione seis etiquetas ao formulário, de `label1` até `label6`. Então, adicione código para definir a propriedade `Text` de cada etiqueta usando um objeto `MenuMaker`. Você precisará inicializar o objeto usando uma nova instância da classe `Random`. Aqui está o código:

```
public Form1() {
    InitializeComponent();

    MenuMaker menu = new MenuMaker() { Randomizer = new Random() };

    label1.Text = menu.GetMenuItem();
    label2.Text = menu.GetMenuItem();
    label3.Text = menu.GetMenuItem();
    label4.Text = menu.GetMenuItem();
    label5.Text = menu.GetMenuItem();
    label6.Text = menu.GetMenuItem();
}
```

Use um inicializador de objeto para definir o campo Randomizer do objeto MenuMaker para uma nova instância da classe Random.

Agora, você está pronto para gerar seis sanduíches diferentes e aleatórios usando o método GetMenuItem().

Eis algo para pensar. O que aconteceria se você esquecesse de inicializar o campo Randomizer do objeto MenuMaker? Você pode pensar em um modo de impedir isso de acontecer?

Quando você executar o programa, os seis nomes mostrarão seis sanduíches diferentes aleatórios.

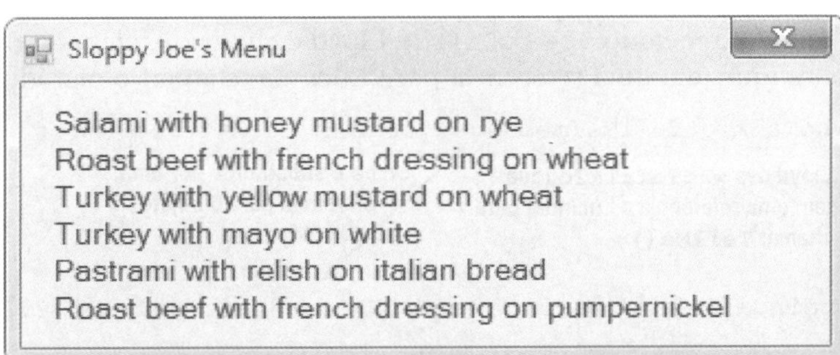

Objetos usam referências para falar uns com os outros

Elephant
Name EarSize
WhoAmI() TellMe() SpeakTo()

Até aqui, você viu formulários comunicarem-se com objetos usando variáveis de referência para chamar seus métodos e checar seus campos. Os objetos também podem chamar os métodos de um outro usando referências. Na verdade, não há nada que um formulário possa fazer que seus objetos não possam porque **seu formulário é apenas outro objeto**. E quando os objetos se comunicam entre si, uma palavra-chave útil que possuem é `this`. Sempre que um objeto usa a palavra-chave `this`, ele se refere a ele mesmo – é uma referência que aponta para o objeto que chama.

1 **Aqui vemos um método para mandar um elefante falar**

Vamos adicionar um método à classe `Elephant`. Seu primeiro parâmetro é uma mensagem de um `elephant`. Seu segundo é o `elephant` que disse:

```
public void TellMe(string message, Elephant whoSaidIt) {
    MessageBox.Show(whoSaidIt.Name + " says: " + message);
}
```

Aqui está como ele fica quando é chamado. Você pode adicionar a `button4_Click()`, mas adicione **antes da instrução que redefine as referências!** `(lloyd = lucinda;)`

```
lloyd.TellMe("Hi", lucinda);
```

Nós chamamos o método `TellMe()` de Lloyd e passamos dois parâmetros: "Hi" e uma referência para o objeto de Lucinda. O método usa seu parâmetro `whoSaidIt` para acessar o parâmetro `Name` de qualquer elefante que tenha sido transmitido em `TellMe()` usando o segundo parâmetro.

2 **Aqui vemos um método que chama outro método**

Agora, vamos adicionar um método `SpeakTo()` à classe `Elephant`. Ele usa uma palavra-chave especial: **this**. Essa é uma referência que **permite a um objeto falar dele mesmo**.

```
public void SpeakTo(Elephant whoToTalkTo, string message) {
  whoToTalkTo.TellMe(message, this);
}
```

Este método na classe Elephant chama um método TalkTo() de outro elephant. Permite que um elephant se comunique com outro.

Vamos ver melhor como isso funciona.

```
lloyd.SpeakTo(lucinda, "Hello");
```

Quando o método `SpeakTo()` de Lloyd é chamado, ele usa seu parâmetro `talkTo` para (que tem uma referência para Lucinda) chamar o método `TellMe()` de Lucinda.

```
whoTalkTo.TellMe(message, this);
```

Lloyd usa **`whoToTalkTo`** (que tem uma referência a Lucinda) para chamar **`TellMe()`**

`this` é substituído por uma referência para o objeto de Lloyd

```
lucinda.TellMe(message, [uma referência para Lloyd]);
```

Então, Lucinda age como se tivesse sido chamada com `("Hello", lloyd)` e mostra essa mensagem:

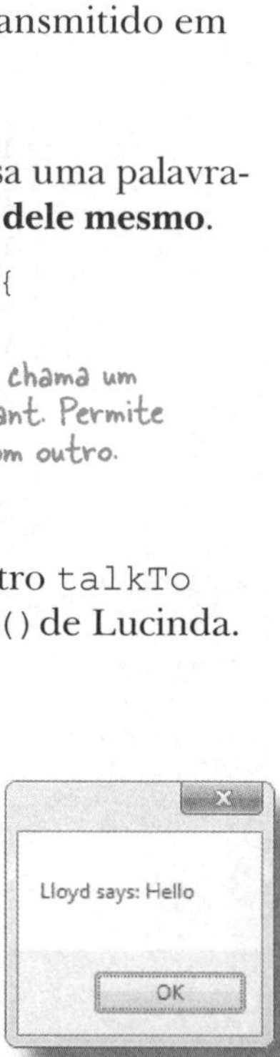

Onde nenhum objeto jamais esteve

Há outra palavra-chave importante que você usará com objetos. Quando você cria uma nova referência e não a define para nada, ela tem um valor. Ela começa definida para `null`, o que quer dizer que não está apontando para nada.

Neste momento, só há um objeto. A referência fido é está definida para null.

```
Dog fido;
Dog lucky = new Dog();
```

Agora que fido está apontando para um objeto, não é mais igual a null.

```
fido = new Dog();
```

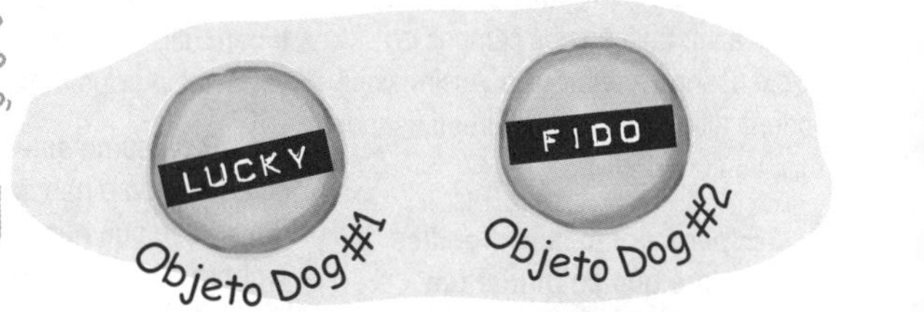

Quando definimos lucky para null, não está mais apontando para seu objeto, logo, ele é eliminado pela coleta de lixo.

```
lucky = null;
```

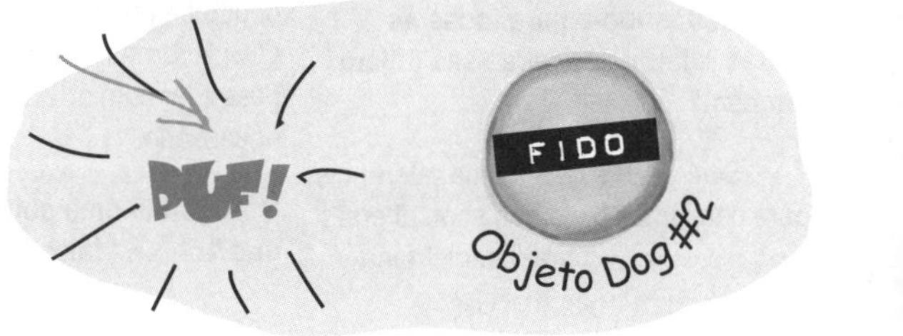

Não existem Perguntas Idiotas

P: Pergunto de novo – meu formulário é um objeto?

R: Sim! É por isso que seu código de classe começa com uma declaração de classe. Abra o código para um formulário e veja você mesmo. Depois, abra `Program.cs` em qualquer programa que você tenha escrito até agora e olhe o método `Main()` – você encontrará "`new Form1()`".

P: Por que eu usaria null?

R: Há algumas formas de ver `null` usado em programas típicos. A mais comum é testando:

```
if (lloyd == null) {
```

Esse teste retornará `true` se a referência `lloyd` for definida para `null`.

Outra forma de ver a palavra-chave `null` sendo usada é quando você ***quer*** que seu objeto seja eliminado pela coleta de lixo. Se você possui uma referência para um objeto e terminou de usá-lo, definir a referência para `null` imediatamente irá marcá-lo como lixo (a não ser que exista outra referência para ele em algum lugar).

P: Você fica falando sobre coleta de lixo, mas o que é isso?

R: Lembra como falamos sobre a Execução da Linguagem Comum (ou CLR) no começo do segundo capítulo? É a máquina virtual que executa todos os programas .NET. Uma *máquina virtual* é uma forma de isolar os programas em execução do restante do sistema operacional. Uma coisa que ela faz é administrar a memória que usa. Ou seja, ela controla todos os seus objetos, descobre quando a última referência para o objeto desaparece e libera a memória que estava usando.

Não existem Perguntas Idiotas

P: Eu ainda não sei se entendi direito como as referências funcionam.

R: Referências são a forma de você usar todos os métodos e os campos num objeto. Se você criar uma referência para o objeto `Dog`, poderá usá-la para acessar qualquer método criado no objeto `Dog`. Se você tiver um método (não estático) chamado `Dog.Bark()` ou `Dog.Beg()`, poderá criar uma referência chamada spot. Então, poderá usá-la para acessar `spot.Bark()` ou `spot.Beg()`. Também poderia alterar a informação nos campos do objeto usando a referência. Assim, você poderia alterar um campo Breed usando `spot.Breed`.

P: Espere, então isso significa que sempre que eu mudar um valor através de uma referência, estou mudando-o para todas as outras referências para esse objeto também?

R: Sim. Se `rover` é uma referência para o mesmo objeto que spot, alterar `rover.Breed` para "beagle" faria com que `spot.Breed` fosse "beagle".

P: Ainda não entendi os diferentes tipos mantendo valores com tamanhos diferentes. O que acontece?

R: Certo. A questão sobre variáveis é que elas atribuem um tamanho ao seu número, não importando o tamanho de seu valor. Então, se você nomeia uma variável e lhe dá um tipo `long`, mesmo que o número seja bem pequeno (como, digamos, 5), o CLR reserva memória o bastante para que fique bem grande. Quando você pensa nisso, percebe que é bem útil. Afinal, são chamadas de variáveis porque mudam o tempo todo.

O CLR presume que você sabe o que está fazendo e não dará a uma variável um tipo de que não precisa. Então, embora o número possa não ser grande agora, há uma chance de que após um pouco de matemática, ele possa mudar. O CLR fornece memória suficiente para lidar com qualquer tipo de número necessário.

P: Repita uma coisa pra mim – o que "`this`" faz?

R: `this` é uma variável especial que você só pode usar dentro de um objeto. Quando você está dentro de uma classe, usa `this` para se referir a qualquer campo ou método daquela instância em particular. É especialmente útil quando você está trabalhando com uma classe cujos métodos chamam outras classes. Um objeto pode usá-la para enviar **uma referência para si mesmo**, para outro objeto. Então, se `Spot` chamar um dos métodos de `Rover` passando `this` como um parâmetro, ele estará dando a `Rover` uma referência para o objeto `Spot`.

Sempre que você tem código em um objeto que será instanciado, a instância pode usar a variável especial this, que tem uma referência para si mesma.

PONTOS DE BALA

Realmente há um caso muito específico onde você não declara um tipo – você aprenderá sobre ele quando usar a palavra-chave "var" no Capítulo 14.

- Quando você declara uma variável, SEMPRE dá a ela um tipo. Às vezes, você a combina com a definição do valor.
- Há **tipos de valor** para as variáveis que mantêm tamanhos diferentes de números. Os maiores números devem ser do tipo `long` e os menores (até 255) podem ser declarados como `bytes`.
- Cada tipo de valor tem um tamanho e você não pode colocar um valor de tipo maior em uma variável menor, não importa qual seja o tamanho efetivo dos dados.
- Quando você estiver usando valores literais, use o sufixo F para indicar um float (15.6F) e M para um decimal (36.12M).
- Há alguns tipos (tais como `short` para `int`) que o C# sabe como converter automaticamente. Quando o compilador não permite que você defina uma variável igual a um valor para um tipo diferente, é quando você precisa fazer o casting.
- Há algumas palavras reservadas pela linguagem e você não pode nomear suas variáveis com elas. Por exemplo, `for`, `while`, `using`, `new` e outras fazem coisas específicas na linguagem.
- Referências são como etiquetas: você pode ter quantas referências para um objeto que quiser e todas irão referir-se à mesma coisa.
- Se um objeto não possui uma referência, é coletado como lixo.

Aponte o seu lápis

Aqui, temos um array de objetos `Elephant` e um loop que irá percorrê-lo e encontrará aquele com as maiores orelhas. Qual é o valor de `biggestEars.Ears` **após** cada iteração do loop for?

```
private void button1_Click(object sender, EventArgs e)
{
  Elephant[] elephants = new Elephant[7];
  elephants[0] = new Elephant() { Name = "Lloyd", EarSize = 40 };
  elephants[1] = new Elephant() { Name = "Lucinda", EarSize = 33 };
  elephants[2] = new Elephant() { Name = "Larry", EarSize = 42 };
  elephants[3] = new Elephant() { Name = "Lucille", EarSize = 32 };
  elephants[4] = new Elephant() { Name = "Lars", EarSize = 44 };
  elephants[5] = new Elephant() { Name = "Linda", EarSize = 37 };
  elephants[6] = new Elephant() { Name = "Humphrey", EarSize = 45 };

  Elephant biggestEars = elephants[0];
  for (int i = 1; i < elephants.Length; i++)
  {
    if (elephants[i].EarSize > biggestEars.EarSize)
    {
      biggestEars = elephants[i];
    }
  }
  MessageBox.Show(biggestEars.EarSize.ToString());
}
```

Estamos criando um array de 7 referências Elephant().

Todo array começa com índice 0, logo, o primeiro elephant no array é Elephants[0].

Esta linha faz a referência biggestEars apontar para qualquer elefante para o qual elephants[i] aponta.

Tome cuidado – este loop começa com o **segundo elemento** do array (no índice 1) e repete seis vezes até que i seja igual ao tamanho do array.

Iteração #1 biggestEars.EarSize = _____

Iteração #2 biggestEars.EarSize = _____

Iteração #3 biggestEars.EarSize = _____

Iteração # 4 biggestEars.EarSize = _____

Iteração #5 biggestEars.EarSize = _____

Iteração #6 biggestEars.EarSize = _____

Respostas na página 166.

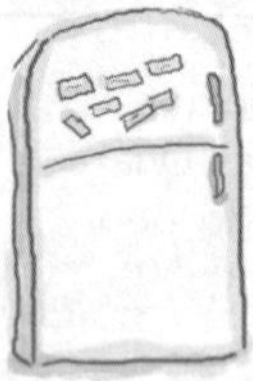

Ímãs de geladeira

O código para um botão está todo embaralhado na geladeira. Você consegue reorganizar os fragmentos para formar um método de trabalho que produza a saída listada abaixo?

```
int y = 0;
```

```
refNum = index[y];
```

```
islands[0] = "Bermuda";
islands[1] = "Fiji";
islands[2] = "Azores";
islands[3] = "Cozumel";
```

```
int refNum;
while (y < 4) {
```

```
result += islands[refNum];
```

```
MessageBox.Show(result);
```

```
index[0] = 1;
index[1] = 3;
index[2] = 0;
index[3] = 2;
```

```
}
```

```
}
```

```
string[] islands = new string[4];
```

```
result += "\nisland = ";
```

```
int[] index = new int[4];
```

```
y = y + 1;
```

```
private void button1_Click (object sender, EventArgs e)
{
```

```
string result = "";
```

Respostas na página 167.

Jogos de Verão

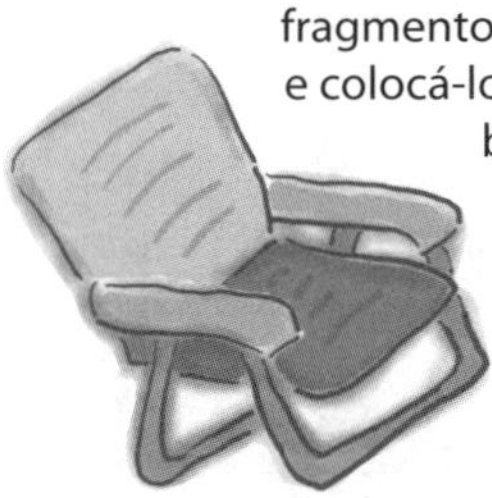

A sua ***tarefa*** é pegar os fragmentos de código da piscina e colocá-los nas linhas em branco no código. Você **pode** usar o mesmo fragmento mais de uma vez e não precisará usar todos eles. Seu ***objetivo*** é fazer uma classe que compilará, executará e produzirá a saída listada.

Saída

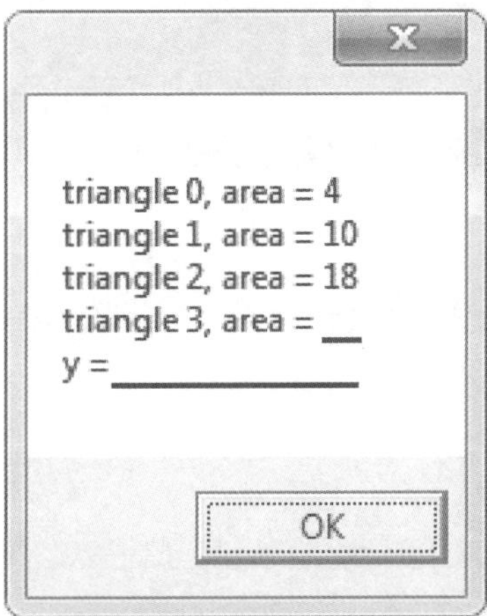


```
class Triangle
{
  double area;
  int height;
  int length;
  public static void Main(string[] args)
  {
    string results = "";
    __________
    ___________________________
    while ( ________ )
    {
      _________________________
      _____.height = (x + 1) * 2;
      _____.length = x + 4;
      __________________
      results += "triangle " + x + ", area";
      results += " = " + _____.area + "\n";
      ___________
    }
    ___________
    x = 27;
    Triangle t5 = ta[2];
    ta[2].area = 343;
    results += "y = " + y;
    MessageBox.Show(results +
      ", t5 area = " + t5.area);
  }
  void setArea()
  {
    ____________ = (height * length) / 2;
  }
}
```

Aqui está o ponto de entrada para a aplicação. Presuma que seja um arquivo com as linhas "using" certas no topo.

Dica: SetArea() NÃO é um método estático. Volte ao Capítulo 3 para relembrar o que a palavra-chave static significa.

Pergunta de Bônus!
Para ter pontos de bônus extras, use os fragmentos da piscina para completar as duas lacunas da saída.

Nota: Cada fragmento da piscina pode ser usado mais de uma vez.

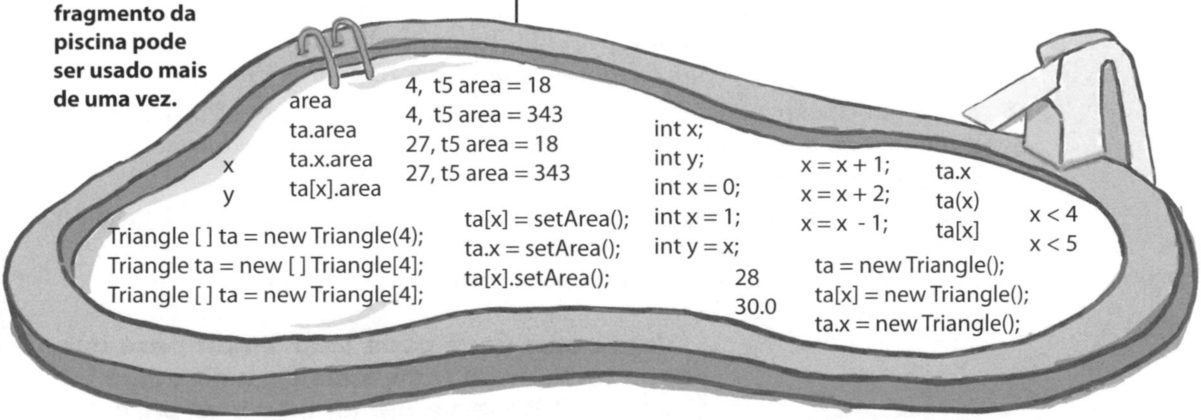

Respostas na página 168.

Desenvolva um jogo de digitação

Você atingiu uma quilometragem... sabe o suficiente para construir um jogo! Eis como seu jogo funcionará. O formulário exibirá letras aleatórias. Se o jogador digitar uma delas, ela desaparecerá e a taxa de precisão aumentará. Se o jogador digitar uma letra incorreta, a taxa de precisão diminuirá. Quando o jogador continua digitando letras, o jogo vai cada vez mais rapidamente, ficando mais difícil a cada letra correta. Se o formulário preencher as letras, a jogo terá acabado!

Faça isso!

1. **Desenvolva o formulário.**

Eis como ficará o formulário no formulário:

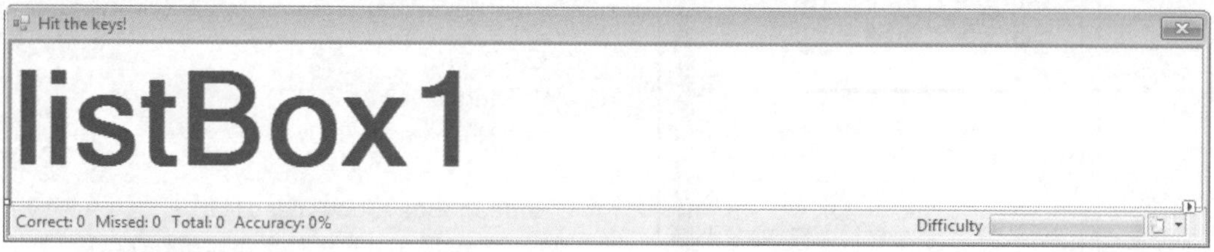

Você precisará:

- ★ Desativar as caixas minimizar e maximizar. Então, defina a propriedade **`FormBorderStyle`** do formulário para **`Fixed3D`**. Assim, o jogador não será capaz de arrastar e redimensionar sem querer. Então, redimensione-o para que fique muito mais largo do que alto (definimos o tamanho de nosso formulário para 876, 174).
- ★ Arrastar um **`ListBox`** de Toolbox (Caixa de Ferramentas) para o formulário. Defina sua propriedade **`Dock`** para Fill (Preencher) e sua propriedade **`MultiColumn`** para True. Defina sua **Font** para 72 pontos e negrito.
- ★ Em Toolbox, expanda o grupo "All Windows Forms" (Todos os Formulários Windows) no topo. Isto exibirá muitos controles. Encontre o controle **`Timer`** e clique duas vezes nele para adicioná-lo ao seu formulário.
- ★ Encontrar **`StatusStrip`** no grupo "All Windows Forms" em Toolbox e clicar duas vezes para adicionar uma barra de status ao seu formulário. Agora, você deverá ver os ícones **`StatusStrip`** e **`Timer`** na área cinza na parte inferior do designer de formulários:

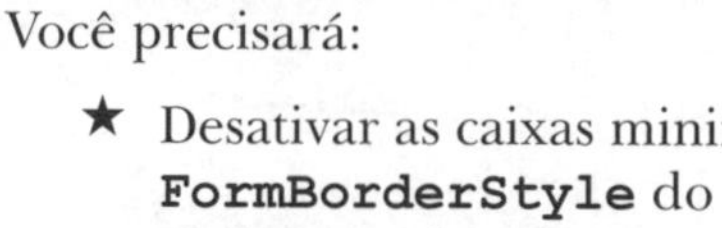

Veja como você pode usar Timer para que seu formulário faça mais de uma coisa por vez? Reserve um minuto e vá para #3 no apêndice "Sobras" para aprender mais sobre outro modo de fazer isso.

Relaxe

Você usará três controles novos, mas eles são fáceis de trabalhar!

Mesmo que você não tenha visto um Listbox, StatusStrip ou Timer antes, já sabe como definir suas propriedades e trabalhar com eles em seu código. Você aprenderá muito mais sobre eles nos próximos capítulos.

2. **Configure o controle StatusStrip.**
Veja de perto a barra de status na parte inferior da tela. Em um lado, tem uma série de etiquetas:

E do outro lado, tem uma etiqueta e uma barra de progresso:

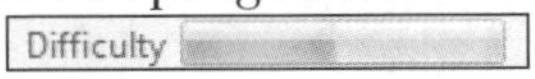

Adicione `StatusLabel` a `StatusStrip` clicando em sua lista suspensa e selecionando `StatusLabel`:

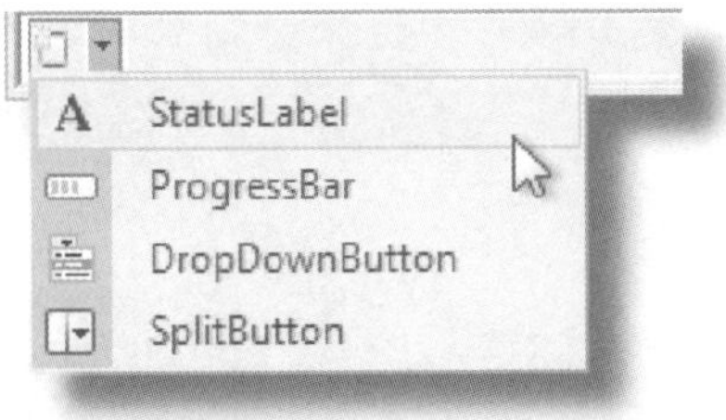

★ Defina a propriedade `SizingGrip` de `StatusStrip` para False.

★ Use a janela Properties (Propriedades) para definir (Name) para `correctLabel` e `Text` para "Correct: 0". Adicione mais três `StatusLabels`: `missedLabel`, `totalLabel` e `accuracyLabel`.

★ Adicione mais um `StatusLabel`. Defina `Spring` para `True`, `TextAlign` para `MiddleRight` e `Text` para "Difficulty" (Dificuldade). Finalmente, adicione ProgressBar e nomeie-a como `difficultyProgressBar`.

3. **Configure o controle Timer.**
Você notou como seu controle Timer não apareceu em seu formulário? É porque Timer é um *controle não visual*. Realmente não muda a aparência do formulário. Faz exatamente uma coisa: **chama um método sempre de novo**. Defina a propriedade **`Interval`** do controle Timer para 800, para que ele chame seu método a cada 800 milessegundos. Então, **clique duas vezes no ícone *timer1*** no designer. O IDE fará o que sempre faz quando você clica duas vezes em um controle: adicionará um método ao seu formulário. Desta vez, adicionará um chamado **`timer1_Tick`**. Eis o código para ele:

```
private void timer1_Tick(object sender, EventArgs e)
{
    // Adicione uma tecla aleatória a Listbox
    listBox1.Items.Add((Keys)random.Next(65, 90));
    if (listBox1.Items.Count > 7)
    {
        listBox1.Items.Clear();
        listBox1.Items.Add("Game over");
        timer1.Stop();
    }
}
```

Você adicionará um campo chamado "random" daqui a pouco. Você pode adivinhar qual será seu tipo?

4 **Adicione uma classe para controlar as estatísticas do jogador.**

Stats
Total Missed Correct Accuracy
Update()

Se o formulário for exibir o número total de teclas pressionadas pelo jogador, o número das que faltam, o número das corretas e a precisão do jogador, então precisaremos de um modo de controlar esses dados. Parece um serviço para uma nova classe! Adicione uma classe chamada `Stats` ao seu projeto. Ela terá quatro campos int chamados `Total`, `Missed`, `Correct` e `Accuracy`, e um método chamado `Update` com um parâmetro `bool`: `true` se o jogador digitou uma letra correta que estava em ListBox ou `false` se o jogador perdeu uma

```
class Stats
{
    public int Total = 0;
    public int Missed = 0;
    public int Correct = 0;
    public int Accuracy = 0;

    public void Update(bool correctKey)
    {
        Total++;

        if (!correctKey)
        {
            Missed++;
        }
        else
        {
            Correct++;
        }

        Accuracy = 100 * Correct / (Missed +
Correct);
    }
}
```

Sempre que o método Update() é chamado, ele calcula de novo a % correta e coloca-a no campo Accuracy.

5 **Adicione campos ao seu formulário para manter um objeto Stats e um objeto Random.**

Você precisará de uma instância de sua nova classe **`Stats`** para armazenar realmente as informações, portanto, adicione um campo chamado **`stats`** para armazená-las. E você já viu que precisará de um campo chamado **`random`** – ele contará um objeto **`Random`**. Adicione os dois campos ao topo de seu formulário:

```
public partial class Form1 : Form
{
    Random random = new Random();
    Stats stats = new Stats();
    ...
```

6 Lide com as teclas.

Há uma última coisa que seu jogo precisa fazer: sempre que o jogador pressiona uma tecla, ele precisa verificar se essa tecla está correta (e remover a letra de ListBox se estiver) e atualizar as estatísticas em `StatusStrip`.

Volte para o designer de formulários e selecione o formulário. Então, vá para a janela Properties e clique no botão com raio. Vá para a linha **KeyDown** e **clique duas vezes nela**. Isto informa ao IDE para adicionar um método chamado `Form1_KeyDown()` que é chamado sempre que o usuário pressiona uma tecla. Eis o código para o método:

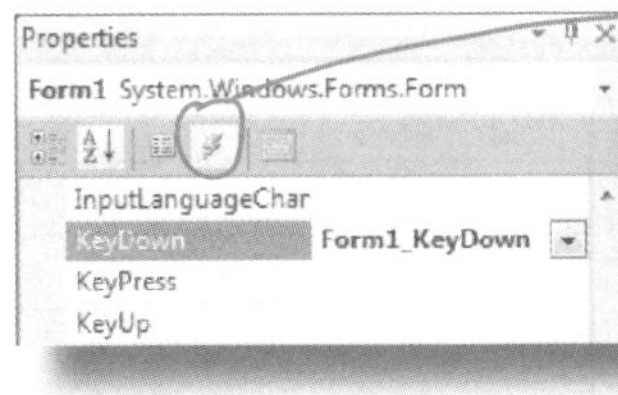

Clique neste botão para mudar a exibição da janela Properties. O botão à esquerda muda a janela Properties de volta para mostrar as propriedades.

São chamados de eventos e você aprenderá muito mais sobre eles depois.

```
private void Form1_KeyDown(object sender, KeyEventArgs e)
{
    // Se o usuário pressionou uma tecla que está em ListBox, remova-a
    // então, torne o jogo um pouco mais rápido
    if (listBox1.Items.Contains(e.KeyCode))
    {
        listBox1.Items.Remove(e.KeyCode);
        listBox1.Refresh();
        if (timer1.Interval > 400)
            timer1.Interval -= 10;
        if (timer1.Interval > 250)
            timer1.Interval -= 7;
        if (timer1.Interval > 100)
            timer1.Interval -= 2;
        difficultyProgressBar.Value = 800 - timer1.Interval;

        // O usuário pressionou uma tecla correta, portanto atualize o objeto Stats
        // chamando seu método Update() com o argumento true
        stats.Update(true);
    }
    else
    {
        // O usuário pressionou uma tecla incorreta, portanto atualize o objeto
Stats
        // chamando seu método Update( ) com o argumento false
        stats.Update(false);
    }

    // Atualize as etiquetas em StatusStrip
    correctLabel.Text = "Correct: " + stats.Correct;
    missedLabel.Text = "Missed: " + stats.Missed;
    totalLabel.Text = "Total: " + stats.Total;
    accuracyLabel.Text = "Accuracy: " + stats.Accuracy + "%";
}
```

Esta instrução if verifica ListBox para saber se ele contém a tecla que o jogador pressionou. Se contiver, então a tecla será removida de ListBox e a dificuldade do jogo será aumentada.

Esta é a parte que aumenta a dificuldade quando o jogador tem mais teclas corretas. Você pode tornar o jogo mais fácil reduzindo as quantidades que são subtraídas de timer1.Interval ou mais difícil aumentando-as.

Quando o jogador pressiona uma tecla, o método Form1_KeyDown() chama o método Update() do objeto Stats para atualizar as estatísticas do jogador, então, exibe-as em StatusStrip.

7 Execute seu jogo.

Seu jogo terminou! Experimente e veja como você se saiu. Você pode precisar ajustar o tamanho da fonte de ListBox e assegurar que ele mantém 7 letras, e pode mudar a dificuldade ajustando os valores que são subtraídos de `timer1.Interval` no método `Form1_KeyDown()`.

Há cerca de 77 **palavras reservadas** no C#. Elas são reservadas pelo compilador C#; você não pode usá-las como nomes de variáveis. Você as conhecerá muito bem quando terminar de ler este livro. Aqui estão algumas que você já usou. Escreva o que você acha que essas palavras fazem no C#.

`namespace`	Namespaces servem para ter certeza de que os nomes em uso no seu programa não colidirão com aqueles usados no .NET Framework ou outras classes externas usadas no seu programa. Todas as classes e métodos em um programa estão dentro de um namespace.
`for`	Ele permite que você faça um loop que executa três instruções. Primeiro, ele declara a variável que usará, depois a instrução que avalia a variável em uma condição. A terceira instrução faz algo com o valor.
`class`	Uma classe é como você define um objeto. As classes possuem propriedades e métodos. Propriedades são o que elas sabem e métodos, o que elas fazem.
`public`	Uma classe pública pode ser usada por todas as outras classes no projeto. Quando um método ou variável é declarada como pública, pode ser usada por classes e chamada por métodos fora daquela em que está sendo declarada.
`else`	O código que inicia com else será executado se a instrução if anterior falhar.
`new`	Você utiliza-o para criar uma nova instância de um objeto.
`using`	Esta é uma forma de listar todos os namespaces que você está usando em seu programa. using permite que você use o código do .NET Framework e classes predefinidas de terceiros, assim como classes que você mesmo pode fazer.
`if`	Uma forma de configurar uma instrução condicional em um programa. Diz que se algo é true, faz uma coisa e se não for, faça outra.
`while`	Os loops while são loops que continuam a executar enquanto a condição neles é true.

Solução da Cruzadinha

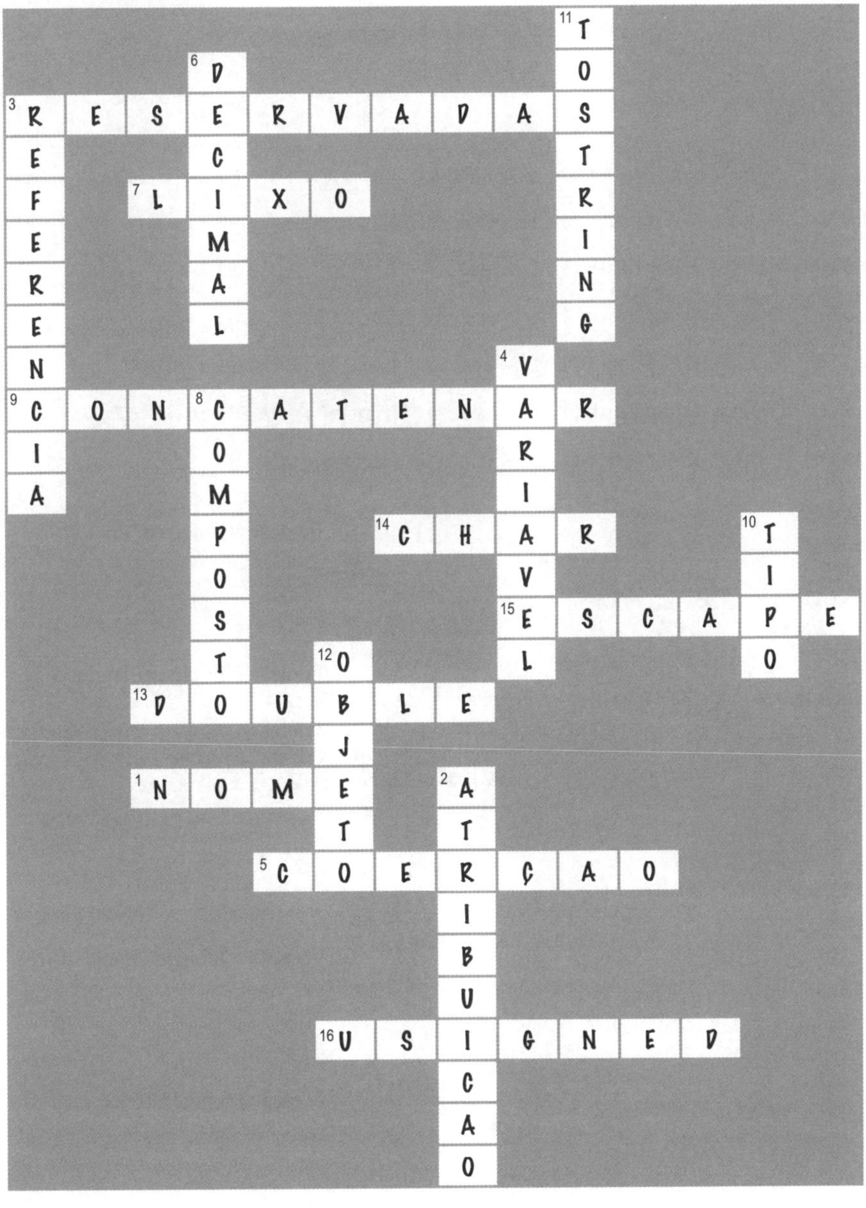

Aponte o seu lápis Solução

Aqui, temos um array de objetos Elephant e um loop que irá percorrê-lo e encontrará aquele com as maiores orelhas. Qual é o valor de **biggestEars.Ears após** cada iteração do loop for?

```
private void button1_Click(object sender, EventArgs e)
{
  Elephant[] elephants = new Elephant[7];
  elephants[0] = new Elephant() { Name = "Lloyd", EarSize = 40 };
  elephants[1] = new Elephant() { Name = "Lucinda", EarSize = 33 };
  elephants[2] = new Elephant() { Name = "Larry", EarSize = 42 };
  elephants[3] = new Elephant() { Name = "Lucille", EarSize = 32 };
  elephants[4] = new Elephant() { Name = "Lars", EarSize = 44 };
  elephants[5] = new Elephant() { Name = "Linda", EarSize = 37 };
  elephants[6] = new Elephant() { Name = "Humphrey", EarSize = 45 };

  Elephant biggestEars = elephants[0];
  for (int i = 1; i < elephants.Length; i++)
  {
    if (elephants[i].EarSize > biggestEars.EarSize)
    {
      biggestEars = elephants[i];
    }
  }
  MessageBox.Show(biggestEars.EarSize.ToString());
}
```

Você lembrou que o loop começa com o segundo elemento do array? Por que você acha que isso foi feito assim?

A referência biggestEars é usada para controlar qual elemento, que vimos enquanto percorremos o loop for, possui as maiores orelhas até o momento.

Use o depurador para verificar isto! Coloque seu ponto de interrupção aqui e observe biggestEars.EarSize.

Iteração #1 biggestEars.EarSize = 40

Iteração #2 biggestEars.EarSize = 42

Iteração #3 biggestEars.EarSize = 42

Iteração # 4 biggestEars.EarSize = 44

Iteração #5 biggestEars.EarSize = 44

Iteração #6 biggestEars.EarSize = 45

O loop for começa com o segundo elefante e compara-o a qualquer outro para o qual biggestEars aponte. Se as suas orelhas forem maiores, ele apontará biggestEars para esse elefante. Então, ele vai para o próximo e para o próximo... no final do loop, biggestEars apontará para aquele com as maiores orelhas.

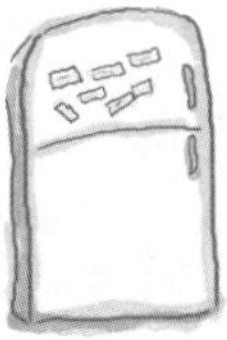

Ímãs de Geladeira – Solução

O código para um botão está todo embaralhado na geladeira. Você consegue reorganizar os fragmentos para formar um método de trabalho que produza a saída listada abaixo?

```
private void button1_Click (object sender, EventArgs e)
{
    string result = "";
    int[] index = new int[4];
    index[0] = 1;
    index[1] = 3;
    index[2] = 0;
    index[3] = 2;
    string[] islands = new string[4];
    islands[0] = "Bermuda";
    islands[1] = "Fiji";
    islands[2] = "Azores";
    islands[3] = "Cozumel";
    int y = 0;
    int refNum;
    while (y < 4) {
        refNum = index[y];
        result += "\nisland = ";
        result += islands[refNum];
        y = y + 1;
    }
    MessageBox.Show(result);
}
```

É aqui que o array index[ ] é inicializado.

O array islands[ ] é inicializado aqui.

A string result é feita utilizando o operador += para concatenar linhas nela.

O loop while extrai um valor Do array index[ ] e usa-o para o índice no array islands[ ].

Solução dos Jogos de Verão

Note como esta classe contém o ponto de entrada, mas também cria uma instância dela mesma? Isso é completamente válido no C#.

```
class Triangle
{
   double area;
   int height;
   int length;
   public static void Main(string[] args)
   {
      string results = "";
      int x = 0;
      Triangle[] ta = new Triangle[4];
      while ( x < 4 )
      {
         ta[x] = new Triangle();
         ta[x].height = (x + 1) * 2;
         ta[x].length = x + 4;
         ta[x].setArea();
         results += "triangle " + x + ", area";
         results += " = " + ta[x].area + "\n";
         x = x + 1;
      }
      int y = x;
      x = 27;
      Triangle t5 = ta[2];
      ta[2].area = 343;
      results += "y = " + y;
      MessageBox.Show(results +
         ", t5 area = " + t5.area);
   }
   void setArea()
   {
      area = (height * length) / 2;
   }
}
```

Após esta linha, temos um array de quatro referências Triangle – mas ainda não existe nenhum objeto Triangle!

O loop while cria as quatro instâncias de Triangle chamando a instrução new quatro vezes.

Resposta Bônus

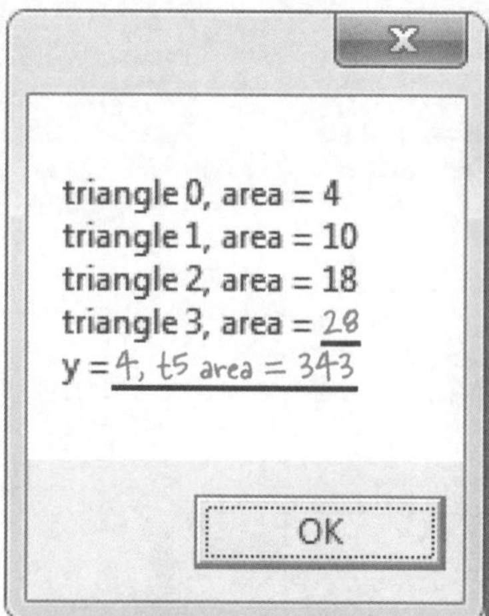

O método setArea() usa os campos height e length para definir o campo area. Já que ele não é um método estático, pode apenas ser chamado de dentro de uma instância de Triangle.

Nome: Data:

Laboratório C#

Um dia de corridas

Este laboratório dá uma especificação que descreve um programa para você desenvolver usando o conhecimento obtido nos últimos capítulos.

Este projeto é maior do que os já vistos até agora. Então, leia tudo antes de começar e reserve algum tempo para pensar. E não se preocupe se ficar preso em uma parte – não há nada novo aqui, portanto pode continuar lendo o livro e voltar ao laboratório mais tarde.

Preenchemos alguns poucos detalhes do projeto e certificamo-nos de que você tenha todas as peças necessárias... e mais nada.

É sua responsabilidade terminar o trabalho.

Você pode baixar um executável deste laboratório no nosso site Web... mas não lhe daremos o código da resposta.

Especificações: desenvolva um simulador de pista de corridas

Joe, Bob e Al gostam de apostar em corridas, mas estão cansados de perder dinheiro. Eles querem que você construa um simulador, permitindo-lhes determinar os vencedores *antes* de colocar dinheiro na coisa. E, se você fizer um bom trabalho, eles dividirão com você os lucros.

Eis como você vai desenvolver para eles...

Os caras

Joe, Bob e Al querem apostar numa corrida de cachorros. Joe começa com $ 50, Bob com $ 75 e Al com $ 45. Antes de cada corrida, eles decidem se querem apostar e quanto cada um vai investir. Eles podem mudar as apostas até o início da corrida... mas, depois que ela começar, as apostas são encerradas.

O salão de apostas

O salão de apostas manterá registro do dinheiro de cada um e quais apostas fizeram. Existe um valor mínimo de apostas de $ 5. O sistema aceita somente uma aposta por pessoa em cada corrida.

O sistema checa para se certificar de que cada apostador tenha dinheiro o suficiente para cobrir sua aposta – portanto, eles não podem apostar se não tiverem dinheiro suficiente.

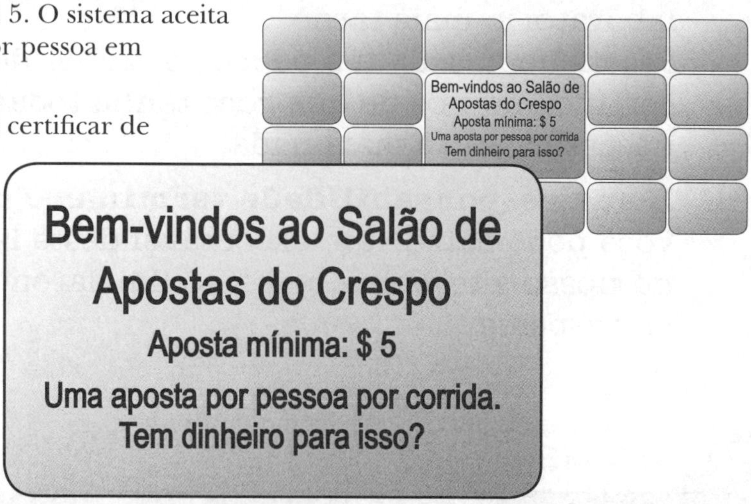

Apostando

Todas as apostas são o dobro ou nada – o vencedor dobra seu dinheiro ou perde o que apostou. Existe um limite mínimo de apostas de $ 5 e cada um pode apostar até $ 15 num único cão. Se ele ganhar, o apostador terminará com o dobro da quantidade que apostou (depois da corrida terminar). Se ele perder, aquela quantidade desaparecerá de seu total.

Todas as apostas: dobro ou nada
Aposta mínima: $ 5
Até $ 15 por cão
Vencedores: $$ adicionado
Perdedores: $$ removido

Digamos que um cara aposte $ 10 na janela. No final da corrida, se o cachorro vencer, seu dinheiro final aumentará em $ 10 (porque ele mantém os $ 10 originais apostados e ganha mais $ 10 por ter vencido). Se perder, seu total diminui em $ 10.

A corrida

Existem quatro cães que correm em linha reta. O vencedor da corrida é o primeiro a cruzar a linha de chegada. Uma corrida é totalmente aleatória, não existem obstáculos ou vantagens e um cão não tem mais chance de vencer as próximas corridas baseando-se no seu histórico passado.

Se você quer desenvolver um sistema com obstáculos, por favor faça isto! Será uma ótima oportunidade de praticar a escrita de um código e ainda se divertir.

Parece divertido? Temos mais detalhes para mostrar... →

Você precisará de três classes e um formulário

Você terá que desenvolver três classes principais no seu projeto, bem como uma GUI para o simulador. Você deve ter um array de três objetos `Guy` para controlar os três caras e seus resultados, e um array de quatro objetos `GreyHound` que disputarão as corridas. Além disso, cada instância de `Guy` deve ter seu próprio objeto `Bet`, que controla as apostas e paga ou toma dinheiro no final de cada corrida.

Será preciso adicionar `using System.Windows.Forms` no topo das classes GreyHound e Guy. E você precisará adicionar `using System.Drawing` a Greyhound (porque o código no final dessa página usa Point, que é o que está naquele namespace). Você também precisará adicionar a palavra–chave pública na frente de cada declaração de classe.

Adiantamos o seu trabalho com descrições de classes e alguns fragmentos de código. Você terá de terminar de desenvolvê-los.

Fornecemos o esqueleto da classe que você precisa desenvolver. Sua tarefa é completar os métodos.

Greyhound
StartingPosition RacetrackLength MyPictureBox Location Randomizer
Run() TakeStartingPosition()

Vê como o diagrama de classe corresponde ao código?

```
public class Greyhound {
   public int StartingPosition; // Onde PictureBox inicia
   public int RacetrackLength; // O tamanho da pista de corrida
   public PictureBox MyPictureBox = null; // Meu objeto PictureBox
   public int Location = 0; // Minha posição na pista
   public Random Randomizer; // Uma instância de Random

   public bool Run( ) {
     // Avance 1, 2, 3 ou 4 espaços aleatoriamente
     // Atualize a posição de PictureBox no formulário
     // Retorna true se eu ganhei a corrida
   }
   public void TakeStartingPosition( ) {
     // Redefina minha posição para a linha de partida
   }
}
```

Você só precisa de uma instância de Random – a referência Randomizer de cada Greyhound deve apontar para o mesmo objeto Random.

Adicionamos comentários para dar a você uma ideia do que fazer.

O inicializador do objeto Greyhound é bem simples. Apenas passe uma referência para o PictureBox certo no formulário para cada objeto Greyhound.

Não quebre muito a cabeça com isso... algumas vezes, só é preciso definir uma variável e pronto.

Seu objeto pode controlar coisas em seu formulário...

A classe `Greyhound` controla a posição na pista durante a corrida. Ela também atualiza o local de `PictureBox` que representa o cão se movendo pela pista. Cada instância de `Greyhound` usa um campo chamado `MyPictureBox` para a referência de PictureBox no formulário que mostra a imagem de um cão. Suponha que a variável `distance` contenha a distância que um cão vai avançar. Então, este código vai atualizar a posição de `MyPictureBox` ao adicionar `distance` ao seu valor `X`

Você terá que ter certeza que o formulário passe o PictureBox correto para o inicializador de objeto de cada Greyhound.

```
Point p = MyPictureBox.Location;
p.X += distance;
MyPictureBox.Location = p;
```

Você obtém a posição atual da imagem...

... adiciona o valor para avançar para sua coordenada X...

... e, então, atualiza o local da caixa de imagem no formulário.

Guy
Name MyBet Cash MyRadioButton MyLabel
UpdateLabels() PlaceBet() ClearBet() Collect()

```
class Guy {
    public string Name; // O nome do cara
    public Bet MyBet; // Uma instância de Bet( ) que tem sua aposta
    public int Cash; // Quanto dinheiro ele tem

    // Os últimos dois campos são os controles no formulário da GUI dos caras
    public RadioButton MyRadioButton; // Meu RadioButton
    public Label MyLabel; // Minha Label

    public void UpdateLabels( ) {
      // Defina minha etiqueta para a descrição da minha aposta e a etiqueta em meu
       // meu botão de rádio para mostrar meu dinheiro ("João tem 43 reais")
    }v

    public void ClearBet() { } // Redefina minha aposta para que seja zero

    public bool PlaceBet(int Amount, int Dog) {
      // Faça uma nova aposta e armazene-a no meu campo de aposta
      // Retorne true se o cara teve dinheiro suficiente para apostar
    }

    public void Collect(int Winner) { } // Cobre minha aposta se eu ganhei
```

Assim que você definir MyLabel para uma etiqueta no formulário, será capaz de mudar o texto da etiqueta usando MyLabel.Text. E o mesmo ocorre para MyRadioButton!

Quando você inicializar o objeto Guy, defina seu campo MyBet para null e chame seu método UpdateLabels() assim que terminar de inicializar.

Adicione seu código aqui.

Lembre-se que as apostas são representadas por instâncias de Bet.

A chave aqui é usar o objeto Bet... deixe que ele faça o trabalho.

Este é o objeto que a classe Guy usa para representar apostas na aplicação.

O inicializador de objeto para Bet apenas define a quantia, o cão e o apostador.

Bet
Amount Dog Bettor
GetDescription PayOut

```
class Bet {
    public int Amount; // A quantidade de dinheiro que foi apostada
    public int Dog; // O número do cão em que apostamos
    public Guy Bettor; // O cara que fez a aposta

    public string GetDescription( ) {
       // Retorne uma string que diga quem fez a aposta, quanto
       // dinheiro foi apostado e em qual cão ("João apostou 8
       // no cão #4"). Se a quantidade for zero, a aposta não foi feita
       // ("João não apostou").
    }

    public int PayOut(int Winner) {
       // O parâmetro é o vencedor da corrida. Se o cão venceu,
       // retorne a quantia apostada. De outra forma, retorne um valor
       // negativo do valor apostado.
    }
}
```

Esta é uma tarefa de programação bem comum: montar uma string ou mensagem a partir de vários bits de dados individuais.

Dica: Você instanciará Bet no código de Guy, que usará a palavra-chave **this** para passar uma referência dele mesmo para o inicializador de Bet.

Eis aqui a arquitetura de sua aplicação

Passe algum tempo examinando cuidadosamente a arquitetura. Ela parece bem complicada à primeira vista, mas não há nada aqui que você não saiba. Sua tarefa é implementar essa arquitetura você mesmo, começando com os arrays `GreyHound` e `Guy` no seu formulário principal.

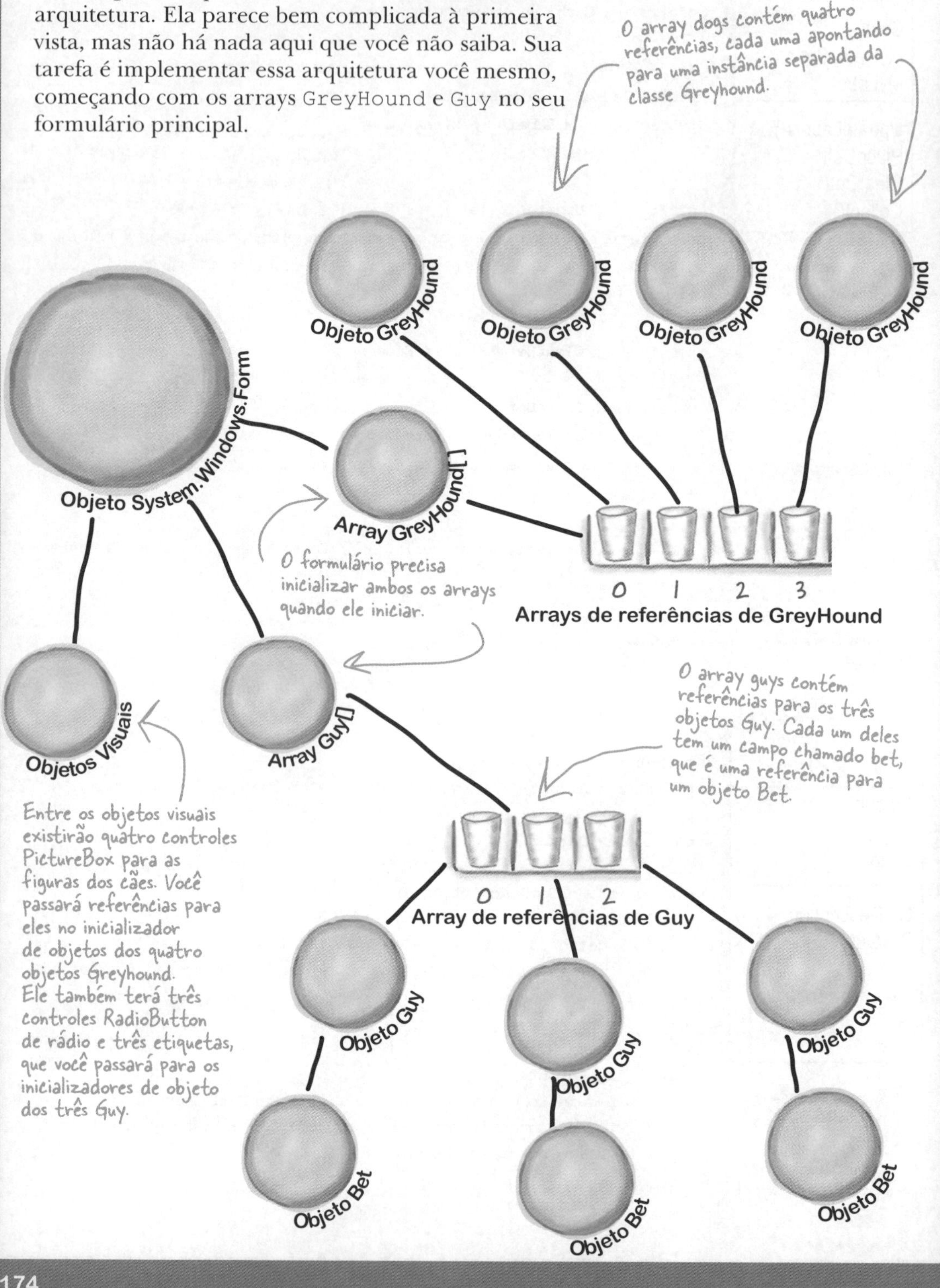

Quando um cara faz uma aposta, ele cria um novo objeto Bet

Primeiro, o formulário informa a Guy #2 para fazer uma aposta de $ 7 no cão #3...

...então, Guy # 2 cria uma nova instância de Bet, usando a palavra-chave this para informar ao objeto Bet que ele é o apostador...

```
Guy[1].PlaceBet(7, 3)
```

```
MyBet = new Bet( )
{ Amount = 7, dog = 3, Bettor = this );
```

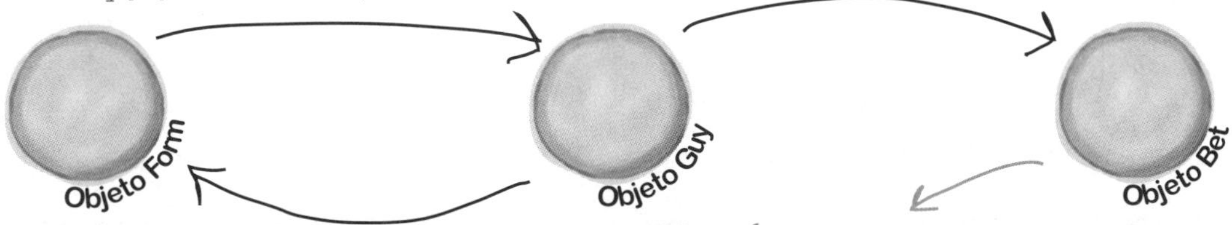


```
true
```

...e como Guy tem dinheiro suficiente para apostar, PlaceBet( ) retorna true.

O formulário diz aos cães para continuarem correndo até que um vença

Quando o usuário diz ao formulário para começar a corrida, ele inicia um loop para animar cada cão correndo na pista.

O método Run( ) de cada cão checa se ele ganhou a corrida, para que os loops terminem imediatamente assim que um deles vencer.

while (***não existe vencedor***) {
    for(***faça um loop em cada cão, certificando-se de que ainda nenhum venceu***) {
        faça o cão avançar um valor determinado
    }
}

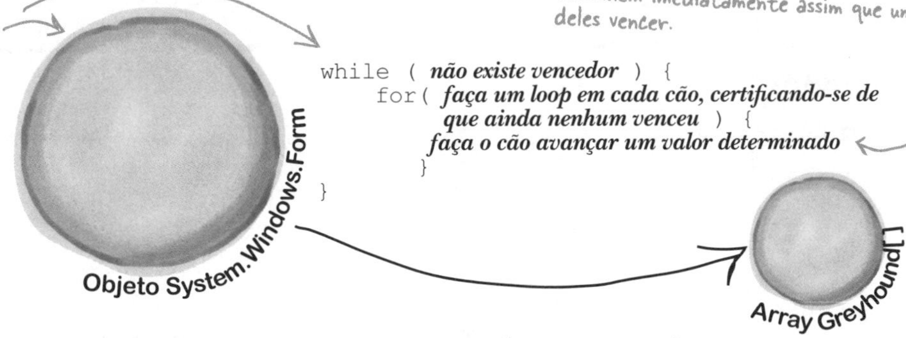

O objeto Bet descobre se deve ser feito algum pagamento

O salão de apostas no formulário diz para cada Guy qual cão venceu para que ele possa recolher qualquer vencedor a partir de sua aposta.

```
Guy[1].Collect(winningDog)
```

```
MyBet.PayOut(winningDog)
```

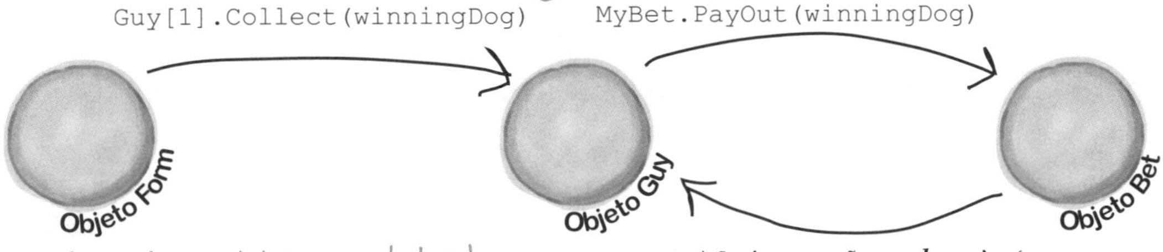

Guy vai ter seu dinheiro aumentado pelo resultado em Bet.Payout(). Portanto, se o cão ganhou, ele deverá retornar Amount. De outra forma, retornará -Amount.

if (***meu cão ganhou***) {
    return Amount;
} else {
    return -Amount;
}

Aparência de sua GUI

A interface gráfica do usuário para a aplicação "Dia de Corrida" consiste num formulário dividido em duas seções. A parte de cima é a pista de corridas: um controle `PictureBox` para a pista e quatro outros para os cães. A metade inferior do formulário mostra o salão de apostas, onde três caras (Joe, Bob e Al) podem apostar no resultado da corrida.

Você usará a propriedade Length do controle PictureBox da pista para determinar o comprimento da pista no objeto Greyhound, que ele usará para descobrir quem ganhou a corrida.

Cada um dos quatro cães tem seu próprio controle PictureBox. Quando você inicializar cada um dos quatro objetos Greyhound, o campo MyPicturebox de cada um terá uma referência para um desses objetos. Você passará a referência (juntamente com o tamanho da pista de corrida e a posição inicial) para o inicializador de objeto de Greyhound.

Defina a propriedade SizeMode de cada PictureBox para Zoom.

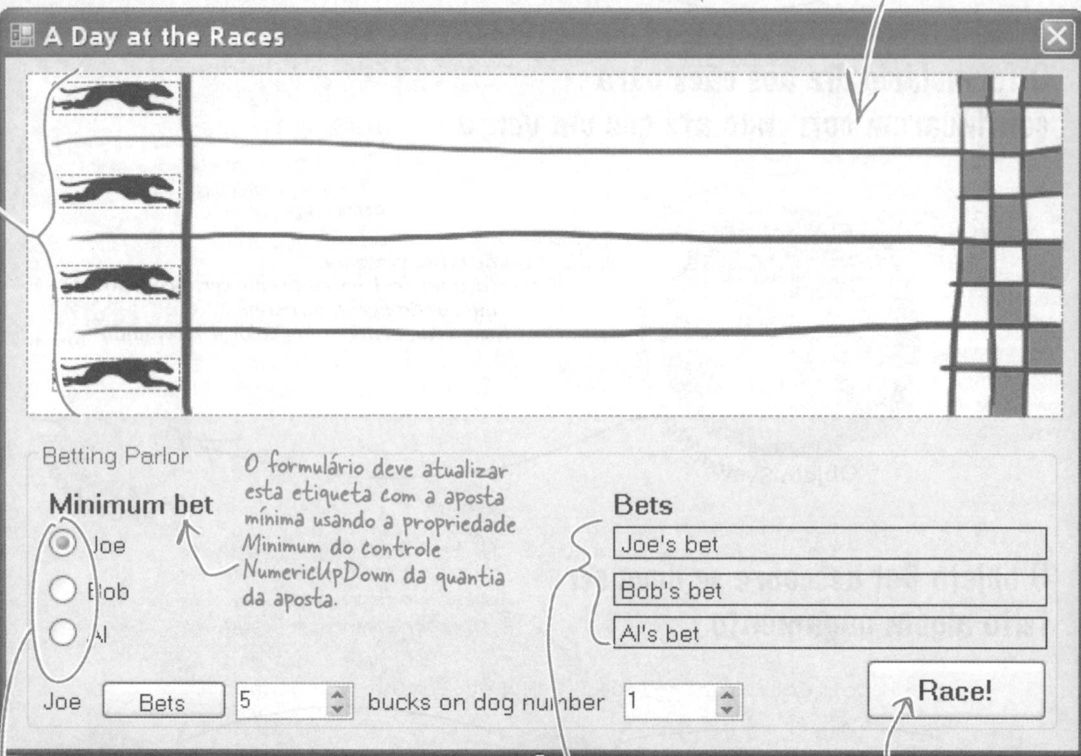

O formulário deve atualizar esta etiqueta com a aposta mínima usando a propriedade Minimum do controle NumericUpDown da quantia da aposta.

Todos os três caras podem apostar na corrida, mas apenas uma única janela de apostas existe, assim, apenas um pode apostar de cada vez. Estes botões de rádio são usados para selecionar qual cara faz a aposta.

Quando um cara aposta, ele apaga qualquer aposta anterior. A aposta atual aparece nestes controles de label. Cada um deles tem AutoSize definido para False e BorderStyle definido para FixedSingle.

Uma vez que as apostas tenham sido feitas, clique neste botão para iniciar a corrida.

Você pode baixar os arquivos gráficos de www.altabooks.com.br

Apostando

Use os controles na caixa de agrupamento do Salão de Apostas para fazer a aposta de cada rapaz. Existem três estágios distintos aqui:

Quando um cara aposta, seu objeto Guy atualiza esta etiqueta usando a referência MyLabel. Ele também atualiza o dinheiro que ele tem usando sua referência MyRadioButton.

1 Nenhuma aposta ainda foi feita

Quando o programa inicia, ou se uma corrida terminou, nenhuma aposta estará registrada no Salão. Você verá o total de dinheiro de cada cara ao lado de seu nome, à esquerda.

2 Todos apostam

Para apostar, selecione o botão de rádio de um cara, selecione uma quantidade e um cão, e clique no botão Bets (Apostas). Seu método `PlaceBet()` atualizará a etiqueta e o botão de rádio.

Já que Al apostou $ 12 no cão vencedor, seu dinheiro sobe em 12. Os outros dois caras perdem o dinheiro que apostaram.

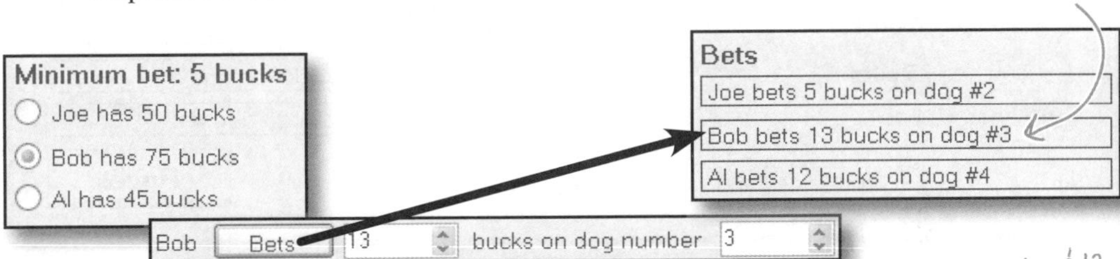

3 Depois da corrida, cada cara recebe seus lucros (ou paga os prejuízos!)

Uma vez que a corrida tenha terminado e existe um vencedor, cada objeto Guy chama seu método **`Collect()`** e adiciona seu lucro ou prejuízo ao seu dinheiro.

Já que Al apostou $ 12 no cão vencedor, seu dinheiro sobe em 12. Os outros dois caras perdem o dinheiro que apostaram.

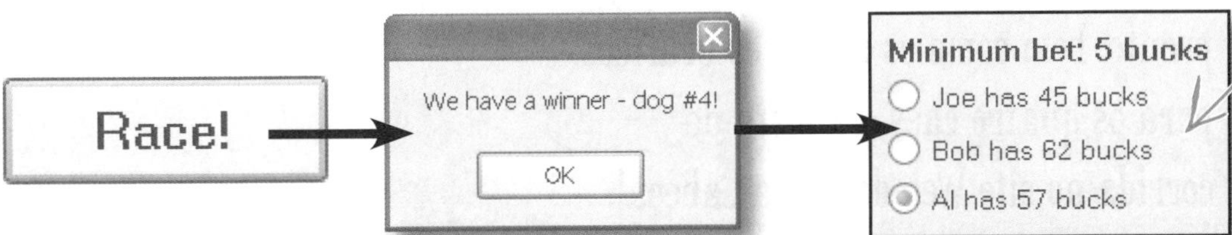

Certifique-se de que todos os objetos Greyhound compartilhem um objeto Random! Se cada cão criar sua própria instância nova de Random, você poderá ver um erro onde todos os cães geram a mesma sequência de números aleatórios.

O produto final

Você saberá que sua aplicação "Um Dia de Corrida" está pronta quando os caras puderem apostar e a corrida puder ser vista.

Durante a corrida, as imagens dos quatro cães correm na pista de corrida até que um deles vença.

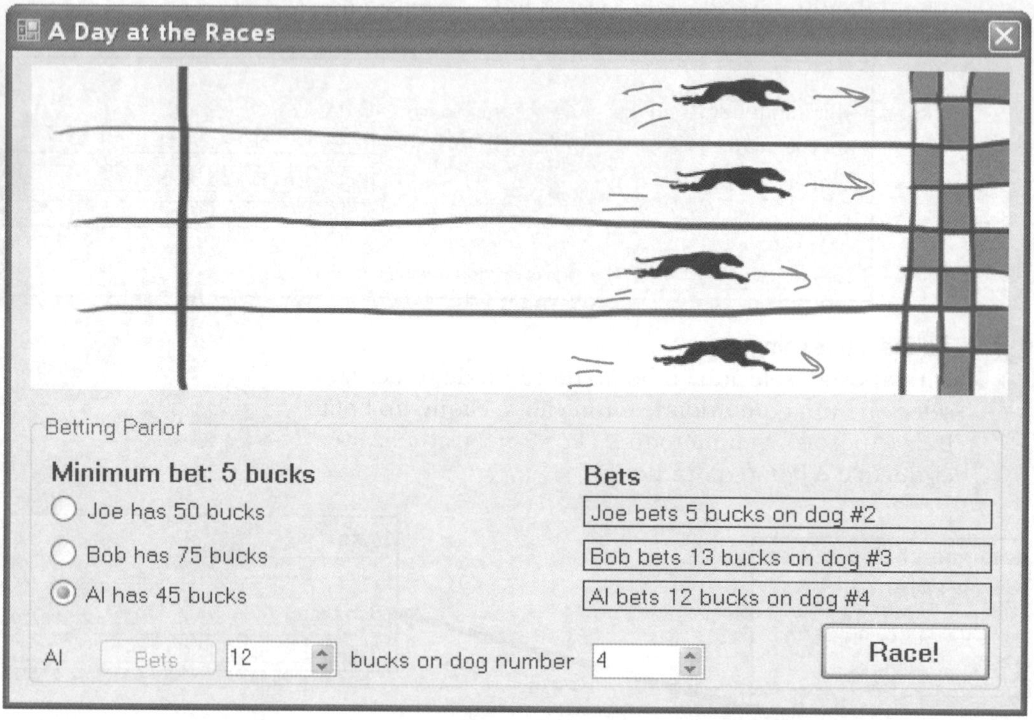

Durante a corrida, nenhuma aposta pode ser feita... e certifique-se de que uma nova corrida não possa ser iniciada enquanto os cães estiverem correndo!

Você pode baixar um executável pronto, bem como os arquivos gráficos para os quatro cães e a pista de corrida no site Web do Use a Cabeça!: www.altabooks.com.br

Mas, você não encontrará o código-fonte! Na vida real, você não terá uma solução para seus problemas de programação. Eis a sua chance de testar realmente seu conhecimento em C# e ver o quanto já aprendeu!

5 encapsulamento

Mantenha o que é privado... em privado

Você já quis ter um pouco mais de privacidade?

Às vezes, seus objetos sentem-se da mesma forma. Assim como você não quer que ninguém que você não confie leia seu diário ou veja seus extratos bancários, um bom objeto não deixa ***outro*** objeto bisbilhotar seus campos. Neste capítulo, você vai aprender sobre o poder do **encapsulamento**. Você **vai tornar seus dados de objeto privados** e adicionar métodos para **proteger a forma como esses dados são acessados**.

Katkleen é uma promotora de eventos

Ela planeja jantares para seus clientes e está indo muito bem. Mas, ultimamente, anda tendo problemas para responder aos seus clientes rápido o bastante com uma estimativa de preço para seus serviços.

Quando um novo cliente pede à Kathleen para fazer uma festa, ela precisa calcular o número de convidados, quais bebidas servir e quais peças de decoração deve comprar. Então, ela usa um cálculo bem complicado para descobrir o custo total, baseado em um fluxograma que ela usa há anos. A notícia ruim é que leva muito tempo para trabalhar com esse fluxograma e, enquanto ela está fazendo a estimativa, seus clientes em potencial estão conversando com outros promotores de eventos.

Cabe a você criar um estimador de preço de eventos baseado no C# e salvar o negócio dela. Imagine a festa que ela fará para você quando conseguir!

O que um estimador faz?

Katkleen examina algumas partes básicas de seu sistema para descobrir os custos de um evento. Aqui, vemos uma parte do que ela concluiu:

Programa de Planejamento de Festas da Kathleen – Estimativa de Custo para um Jantar

- Para cada pessoa na lista de convidados há um custo de $25 para alimentação.
- Os clientes têm uma opção em relação às bebidas. A maioria das festas serve bebidas alcoólicas, o que custa $ 20 por pessoa. Mas eles também podem escolher fazer uma festa sem álcool. Kathleen chama isso de "opção saudável" e custa apenas $ 5 por pessoa, incluindo refrigerante e suco, em vez de álcool. A opção saudável é mais fácil para ela e, por isso, ela dá ao cliente um desconto de 5% no valor da festa também.
- Há duas opções de custo de decoração. Se um cliente escolhe a decoração normal, sai $ 7,50 por pessoa com uma taxa de $30 do trabalho. Um cliente pode também aprimorar a decoração da festa escolhendo a "opção chique" – que custa $15 por pessoa com uma taxa única de $50 para o trabalho.

Aqui temos uma outra visão no mesmo conjunto de custos, dividido em um pequeno fluxograma para ajudá-lo a ver como funciona:

Algumas dessas escolhas envolvem uma mudança no preço final do evento, assim como nos custos individuais por pessoa.

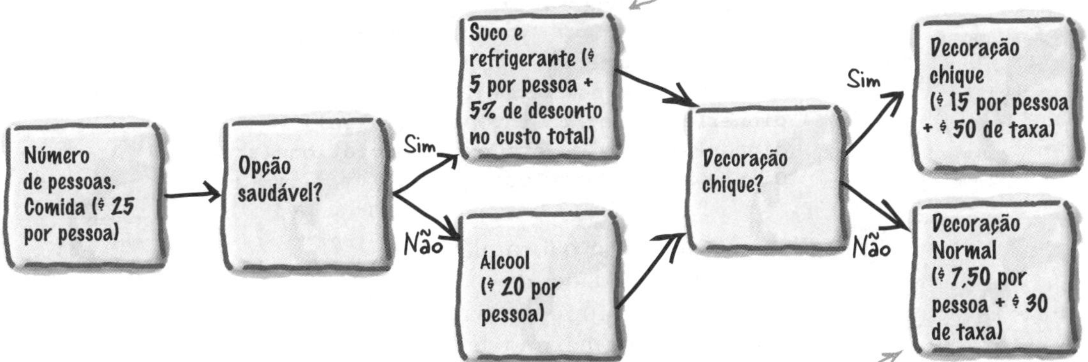

Enquanto a maioria das escolhas afeta o custo para cada convidado, há também taxas únicas para contabilizar.

Exercício

Faça um programa para resolver o problema de estimativa da festa da Kathleen.

1. Crie um novo projeto de aplicação Windows, adicione um arquivo de classe chamado **`DinnerParty.cs`** e crie a classe DinnerParty usando o diagrama de classe à esquerda. Ele tem três métodos: **`CalculateCostOfDecorations()`**, **`SetHealthyOption()`** e **`CalculateCost()`**. Para os campos, use **`decimal`** para os dois custos, **`int`** para o número de pessoas e **`bool`** para controlar se a **Healthy Option foi selecionada ou não. Certifique-se de um M depois de cada literal** que você atribuir a um valor decimal (10.0M).

DinnerParty
NumberOfPeople CostOfBeveragesPerPerson CostOfDecorations
SetHealthyOption() CalculateCostOfDecorations() CalculateCost()

Aqui está o diagrama para a classe DinnerParty que você precisará criar.

2. Eis uma ferramenta útil do C#. Já que o custo de alimentação não será alterado pelo programa, você pode declará-lo como uma ***constante***, que é como uma variável exceto por seu valor que nunca pode ser mudado. Esta é a declaração a ser usada:

```
public const int CostOfFoodPerPerson = 25;
```

3. Volte à página anterior para ter certeza de que entendeu direito a lógica para os métodos. Só um deles retorna um valor (um decimal) – os outros dois são `void`. O método `CalculateCostOfDecorations()` calcula o custo da decoração para o número de pessoas que estarão na festa. Use o método `CalculateCost()` para calcular o custo total acrescentando o custo da decoração ao custo das bebidas e da comida por pessoa. Se o cliente quiser a opção saudável, você poderá aplicar o desconto no método `CalculateCost()` depois de calcular o custo total.

4. Adicione este código ao seu formulário:

```
DinnerParty dinnerParty;
public Form1( ) {
  InitializeComponent( );
  dinnerParty = new DinnerParty( ) { NumberOfPeople = 5 };
  dinnerParty.SetHealthyOption(false);
  dinnerParty.CalculateCostOfDecorations(true);
  DisplayDinnerPartyCost( );
}
```

Você vai declarar o campo dinnerParty no formulário e adicionará estas quatro linhas abaixo de InitializeComponent().

O método SetHealthyOption() usa um parâmetro bool (healthyOption) para atualizar o campo CostOfBeveragesPerPerson baseado na decisão do cliente em querer ou não a opção saudável.

5. Eis como deve ficar o formulário. Utilize as propriedades do controle `NumericUpDown` para definir o número máximo de pessoas para 20, o mínimo para 1 e o padrão para 5. Remova os botões de maximizar e minimizar também.

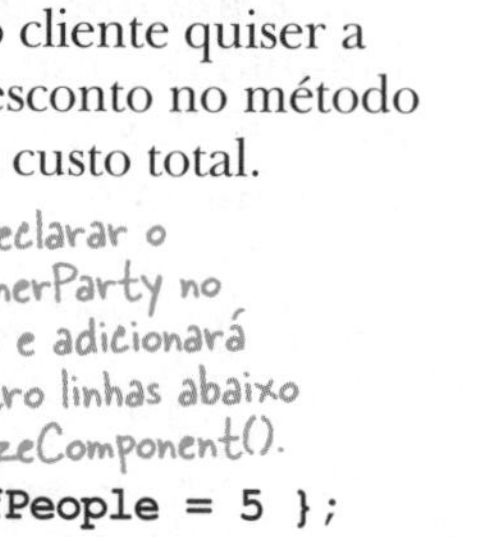

Defina o valor padrão para 5. O mínimo deve ser 1 e o máximo, 20.

Defina a propriedade Checked de Fancy Decorations (Decorações Chiques) para true.

Esta é apenas uma etiqueta denominada labelCost. A propriedade Text está vazia, a propriedade BorderStyle definida para Fixed3D e AutoSize definida para false.

Você não precisa adicionar "using System.Windows.Forms;" à sua classe DinnerParty porque ela não utiliza MessageBox.Show( ) ou nada mais deste namespace do .NET Framework.

6 Em vez de usar um botão para calcular os custos, esse formulário atualizará a etiqueta de custo automaticamente assim que você usar uma caixa de seleção ou o controle `NumericUpDown`. A primeira coisa que você precisa fazer é criar um método no formulário que exiba o custo.
Adicione este método a Form1(). Ele será chamado quando o controle `NumericUpDown` for clicado:

Este método será chamado por todos os outros que você cria no formulário. Ele é a forma como você atualiza a etiqueta de custo com o valor correto sempre que algo muda.

Adicione este método ao formulário – ele recalculará o custo da festa e o colocará na etiqueta Cost.

```
private void DisplayDinnerPartyCost( )
{
    decimal Cost = dinnerParty.CalculateCost(checkBox2.Checked);
    costLabel.Text = Cost.ToString("c");
}
```

Mude o nome da etiqueta que exibe o custo para costLabel.

Passar "c" para ToString( ) manda-o formatar o custo como um valor monetário. Se você estiver em um país que usa dólares, ele acrescentará um sinal de dólar.

Isto será true se a caixa de seleção para Healthy Option (Opção Saudável) estiver marcada.

7 Agora, associe o campo `NumericUpDown` à variável `NumberOfPeople` que você criou na classe DinnerParty e exiba o custo no formulário. Clique duas vezes no controle `NumericUpDown` – o IDE adicionará um ***manipulador de eventos*** ao seu código. Este é um método que executa toda vez que o controle é alterado. Ele redefinirá o número de pessoas na festa. Preencha-o assim:

Você vem usando as sub-rotinas de evento o tempo todo – quando você clica duas vezes num botão, o IDE adiciona um manipulador de evento Click. Agora, você sabe como é chamada.

```
private void numericUpDown1_ValueChanged(
                                    object sender, EventArgs e)
{
    dinnerParty.NumberOfPeople = (int) numericUpDown1.Value;
    DisplayDinnerPartyCost( );
}
```

Você precisa fazer o casting de numericUpDown.Value em um int porque é uma propriedade Decimal.

Ops – há um problema com esse código. Você consegue identificá-lo? Não se preocupe se ainda não consegue vê-lo. Nós nos aprofundaremos nele em apenas alguns minutos!

O valor que você envia do formulário para o método será fancyBox.Checked. Ele será passado como um parâmetro booleano para o método na classe.

Estes são métodos de apenas duas linhas. A primeira chamará o método que você criou na classe para calcular os custos e a segunda exibirá o custo total no formulário.

8 Clique duas vezes na caixa de seleção Fancy Decorations no formulário e certifique-se de que primeiro ela chame `CalculateCostOfDecorations()` e, depois, `DisplayDinnerPartyCost()`. A seguir, clique duas vezes na caixa de seleção Healthy Option e certifique-se de que ela chame o método `SetHealthyOption()` na classe DinnerParty e, então, chame o método `DisplayDinnerPartyCost()`.

Aqui está o código de DinnerParty.cs.

```
class DinnerParty {
    const int CostOfFoodPerPerson = 25;
    public int NumberOfPeople;
    public decimal CostOfBeveragesPerPerson;
    public decimal CostOfDecorations = 0;

    public void SetHealthyOption(bool healthyOption) {
        if (healthyOption) {
            CostOfBeveragesPerPerson = 5.00M;
        } else {
            CostOfBeveragesPerPerson = 20.00M;
        }
    }

    public void CalculateCostOfDecorations(bool fancy) {
        if (fancy)
        {
            CostOfDecorations = (NumberOfPeople * 15.00M) + 50M;
        } else {
            CostOfDecorations = (NumberOfPeople * 7.50M) + 30M;
        }
    }
    public decimal CalculateCost(bool healthyOption) {
        decimal totalCost = CostOfDecorations +
                ((CostOfBeveragesPerPerson + CostOfFoodPerPerson)
                    * NumberOfPeople);

        if (healthyOption) {
            return totalCost * .95M;
        } else {
            return totalCost;
        }
    }
}
```

Utilizar uma constante para CostOfFoodPerPerson garante que o valor não possa ser alterado. Também deixa o código mais fácil de ler – fica claro que esse valor nunca muda.

Quando o formulário cria pela primeira vez o objeto, ele usa o inicializador para definir NumberOfPeople. Então, chama SetHealthyOption() e CalculateCostOfDecorations() para definir os outros campos.

Usamos "if(Fancy)" em vez de digitar "if (Fancy = = true)" porque a instrução if sempre checa se a condição é true.

Usamos parênteses para ter certeza de que a matemática funciona devidamente.

Isso aplicará o desconto de 5% ao custo total do evento se a opção não alcoólica foi escolhida.

Fizemos você usar um `decimal` para os preços porque ele é projetado para obter valores monetários. Apenas certifique-se de sempre colocar um "M" após todo literal – então, se você quiser armazenar $ 35.26, tenha certeza de escrever 35.26M. Você pode lembrar isto porque M significa *Money* (Dinheiro)!

```
public partial class Form1 : Form {
    DinnerParty dinnerParty;
    public Form1() {
        InitializeComponent();
        dinnerParty = new DinnerParty() { NumberOfPeople = 5 };
        dinnerParty.CalculateCostOfDecorations(fancyBox.Checked);
        dinnerParty.SetHealthyOption(healthyBox.Checked);
        DisplayDinnerPartyCost();
    }

    private void fancyBox_CheckedChanged(object sender, EventArgs e) {
        dinnerParty.CalculateCostOfDecorations(fancyBox.Checked);
        DisplayDinnerPartyCost();
    }

    private void healthyBox_CheckedChanged(object sender, EventArgs e) {
        dinnerParty.SetHealthyOption(healthyBox.Checked);
        DisplayDinnerPartyCost();
    }

    private void numericUpDown1_ValueChanged(object sender, EventArgs e) {
        dinnerParty.NumberOfPeople = (int)numericUpDown1.Value;
        DisplayDinnerPartyCost();
    }

    private void DisplayDinnerPartyCost() {
        decimal Cost = dinnerParty.CalculateCost(healthyBox.Checked);
        costLabel.Text = Cost.ToString("c");
    }
}
```

Chamamos DisplayDinnerPartyCost para inicializar a etiqueta que mostra o custo assim que o formulário é carregado.

Mudanças nas caixas de seleção no formulário definem os booleanos healthyOption e Fancy para true ou false nos métodos SetHealthyOption() e CalculateCostOfDecorations().

Chamamos **nossas caixas de seleção** de "healthyBox" e "fancyBox" para que você possa ver o que está acontecendo em seus métodos do manipulador de eventos.

O novo custo do jantar precisa ser recalculado e exibido sempre que o número muda ou as caixas de seleção são marcadas.

Formatando strings

Você já viu como pode converter qualquer variável em uma string usando seu método ToString(). Se você passar "c" para ToString(), irá convertê-la na moeda local. Você também pode passar "f3" para formatá-la como um número decimal com três casas decimais. "0" (isso é um zero) para converter em um número inteiro, "0%" para uma porcentagem de número inteiro e "n" para exibir como um número com um separador de ponto para milhares. Pare um minuto e veja como cada um fica em seu programa!

Teste Drive da Kathleen

Rob é um dos clientes favoritos da Kathleen. Ela fez o casamento dele ano passado e agora está planejando um jantar importante para ele.

Quando você inicia o programa, a caixa Fancy Decorations já deve estar marcada porque você definiu sua propriedade Checked para true. Definir o número de pessoas para 10 dará um custo de $ 575.

Rob: (no telefone): Oi Kathleen. Como está a preparação do meu jantar?

Kathleen: Tudo certo. Estávamos fora hoje de manhã procurando itens pra decoração e você vai adorar o que escolhemos.

Rob: Que ótimo. Escute, acabei de receber uma ligação da tia da minha mulher. Ela e o marido vão ficar conosco por algumas semanas. Você pode dizer como fica a estimativa para aumentar de 10 para 12 pessoas a lista de convidados?

Kathleen: Claro! Eu lhe passo isto daqui a pouco

Alterar o valor Number of People (Número de Pessoas) de 10 para 12 e ressionar Enter mostra $ 665 como o custo total. Hmm, isso parece um pouco baixo...

Kathleen: Tudo bem. Parece que o custo total para o jantar subirá de $ 575 para $ 665.

Rob: Só $ 90 de diferença? Parece ótimo! E se decidirmos não fazer a decoração chique? Qual é o custo então?

Kathleen: Hum, parece que fica...hum, $ 660.

Rob: $ 660? Pensei que a decoração era $ 15 por pessoa. Você alterou o preço? Se a diferença é só de $ 5, devemos fazer a decoração chique. Vou lhe dizer uma coisa: seu sistema de preços é confuso.

Kathleen: Acabamos de adotar um programa que faz a estimativa para nós. Mas, parece que ele tem algum problema. Só um segundo enquanto eu acrescento a decoração chique de volta na conta final.

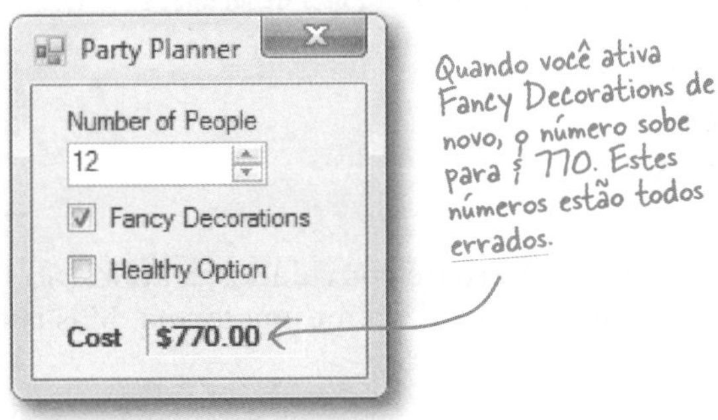

Kathleen: Roberto, eu acho que houve um erro. Parece que o custo com a decoração chique subiu para $ 770. Isto parece fazer mais sentido. Mas, estou começando a desconfiar desta aplicação. Vou mandá-lo de volta para consertar alguns erros e fazer a sua estimativa à mão. Posso retornar para você amanhã?

Rob: Eu não vou pagar $ 770 só para acrescentar duas pessoas ao jantar. O preço que você estabeleceu antes era muito mais razoável. Vou pagar os $ 665 que você falou antes, mas não posso pagar mais que isso!

PODER DO CÉREBRO

Por que você acha que os números estão saindo errados toda vez que a Kathleen altera alguma coisa?

Cada opção deve ser calculada individualmente

Embora tenhamos nos certificado de calcular todos os números de acordo com o que a Kathleen disse, não pensamos no que aconteceria quando as pessoas alterassem apenas uma das opções no formulário.

Quando você inicia o programa, o formulário define o número de pessoas para 5 e Fancy Decorations (Decorações Chiques) para true. Ele deixa Healthy Option (Opção Saudável) desmarcada e calcula o custo do jantar como $ 350. Aqui, vemos como ele chega ao custo total inicial:

Relaxe

Não se preocupe! Desta vez não foi sua culpa.

Criamos um pequeno erro cruel no código que lhe demos para mostrar o quanto é fácil ter problemas quando os objetos usam os campos uns dos outros... e o quanto é difícil identificar esses problemas.

5 pessoas.
$ 20 por pessoa para bebidas → **Custo total de bebidas = $ 100**
$ 25 por pessoa para comida → **Custo total de comida = $ 125**
$ 15 por pessoa para decorações mais $ 50 de taxa. → **Custo total das decorações = $ 125**

Até agora, tudo certo.

$ 100 + $ 125 + $ 125 = $ 350

Quando você altera o número de convidados, a aplicação deve recalcular a estimativa total da mesma forma. Mas isso não acontece:

10 pessoas.
$ 20 por pessoa para bebidas → **Custo total de bebidas = $ 200**
$ 25 por pessoa para comida → **Custo total de comida = $ 250**
$ 15 por pessoa para decorações mais $ 50 de taxa. → **Custo total das decorações = $ 200**

$ 200 + $ 250+ $ 200 = $ 650

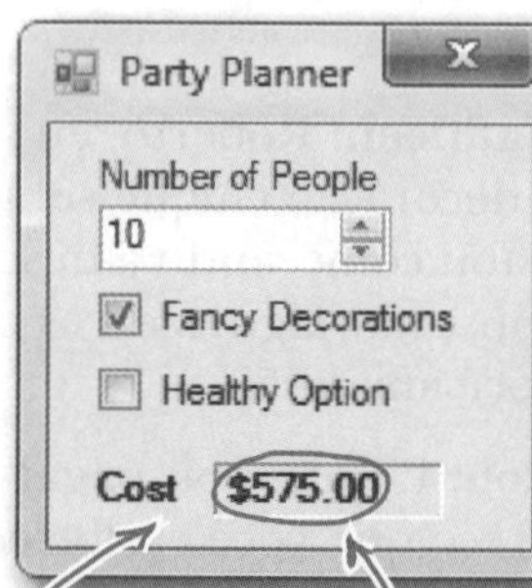

Este é o total que deveríamos ter. Mas, não está certo!

O programa está adicionando o custo antigo das decorações ao novo custo de comida e bebida.

Ele está calculando $ 200 + $ 250+ $ 125 = $ 575

Novo custo de comida e bebida. Decorações antigas.

Desmarque a caixa de seleção Fancy Decorations, então, marque-a de novo.

Isto fará com que o campo `CostOfDecorations` do objeto `DinnerParty` seja atualizado, então o custo correto de $ 650 aparecerá.

O problema de perto

Dê uma olhada no método que lida com as alterações do valor no controle `numericUpDown`. Ele define o valor do campo para a variável `NumberofPeople` e chama o método `DisplayDinnerPartyCost()`. Então, conta com esse método para fazer o novo cálculo de todos os novos custos individuais.

```
private void numericUpDown1_ValueChanged(
                          object sender, EventArgs e) {

   dinnerParty.NumberOfPeople = (int)numericUpDown1.Value;

   DisplayDinnerPartyCost();
}
```

Essa linha define o valor de NumberofPeople nesta instância de DinnerParty para o valor no formulário.

Este método chama o método CalculateCost(), mas não o método CalculateCostofDecorations().

Então, quando você faz uma alteração no valor do campo `NumberofPeople`, esse método nunca é chamado:

```
public void CalculateCostOfDecorations(bool Fancy) {

    if (Fancy) {

        CostOfDecorations = (NumberOfPeople * 15.00M) + 50M;

    } else {

        CostOfDecorations = (NumberOfPeople * 7.50M) + 30M;

    }
}
```

Esta variável é definida para o valor $125 a partir de quando o formulário chamou o método pela primeira vez e já que esse método não é chamado novamente, o valor não muda.

É por isso que o número corrige a si próprio quando você ativa novamente a decoração chique. Clicar na caixa de seleção faz o programa executar CalculateCostOf Decorations( ) de novo.

As pessoas nem sempre usarão suas classes exatamente da forma como você espera.

... e algumas vezes as "pessoas" que estão usando suas classes é você! Você pode escrever uma classe hoje que usará amanhã.

Felizmente, o C# possui uma ferramenta poderosa para assegurar que seu programa sempre funcione corretamente – mesmo quando as pessoas fazem coisas que você nunca imaginou. É chamada de **encapsulamento** e é uma técnica muito útil para trabalhar com os objetos.

É fácil usar acidentalmente seus objetos de forma errada

A Kathleen teve problemas porque seu formulário ignorou o método conveniente `CalculateCostOfDecorations()` que você configurou e, em vez disso, foi diretamente para os campos na classe `DinnerParty`. Então, embora sua classe `DinnerParty` funcionasse bem, o formulário chamou-a de uma forma inesperada... e isso causou problemas.

1 Como a classe DinnerParty esperava ser chamada

A classe `DinnerParty` deu ao formulário um método muito bom para calcular o custo total das decorações. Tudo que ele tinha de fazer era definir o número de pessoas, chamar `CalculateCostOfDecorations()` e `CalculateCost()` retornaria o custo correto.

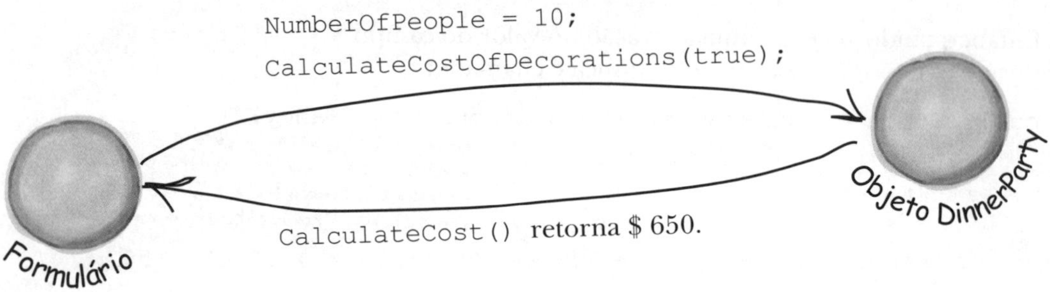

2 Como a classe DinnerParty foi chamada realmente

O formulário definiu o número de pessoas, mas só chamou o método `CalculateCost()` sem primeiro recalcular o custo das decorações. Isto prejudicou todo o cálculo e Kathleen acabou dando o preço errado a Rob.

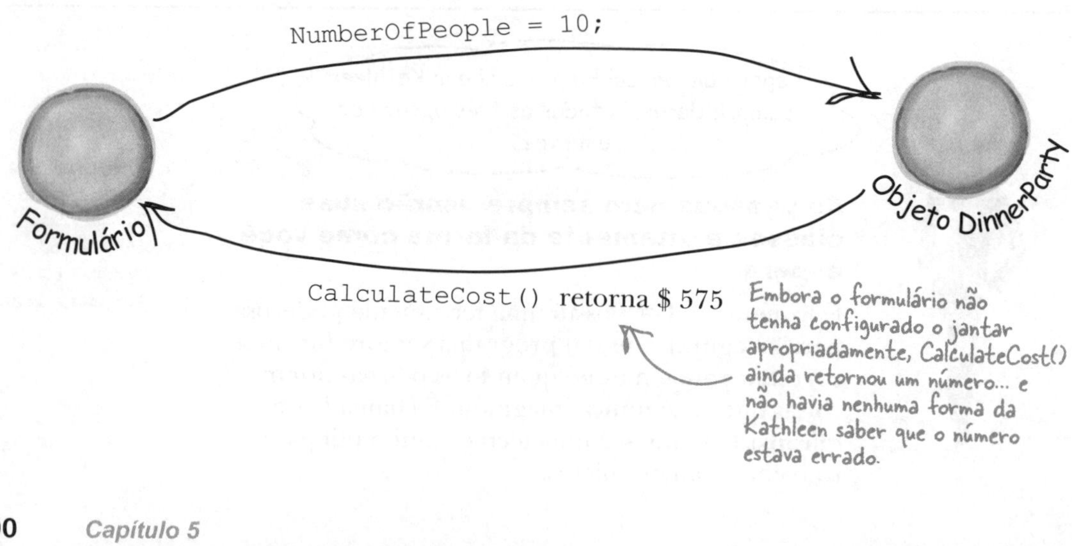

Encapsulamento significa manter privados alguns dados em uma classe

Utilize sua preguiça em seu próprio benefício – se você deixar de incluir "private" ou "public", então o C# presumirá que seu campo é privado.

Existe uma forma fácil de evitar este tipo de problema: certifique-se de que só exista uma forma de usar sua classe. Felizmente, o C# facilita isto permitindo que você declare alguns campos como `private`. Até agora, você só viu campos públicos. Se você tem um objeto com um campo público, qualquer outro objeto pode ler ou alterar esse campo. Mas, se você o torna privado, então **esse campo pode ser acessado apenas de dentro do objeto** (ou por outro objeto *da mesma classe*).

É mais, os métodos estáticos de uma classe podem acessar o campo private em qualquer instância dessa classe.

Se você quer que um campo seja privado, tudo que precisa fazer é usar a palavra-chave private quando o declara. Isso diz ao C# que se você tem uma instância de DinnerParty, seu campo numberOfPeople só pode ser lido e escrito por essa instância – ou outra instância de DinnerParty. Os outros objetos nem saberão de sua existência.

```
class DinnerParty {
    private int numberOfPeople;

    ...

    public void SetPartyOptions(int people, bool fancy) {
        numberOfPeople = people;
        CalculateCostOfDecorations(fancy);
    }

    public int GetNumberOfPeople() {
        return numberOfPeople;
    }
```

Os outros objetos ainda precisam de uma forma de definir o número de pessoas para o jantar. Uma boa forma de lhes dar acesso é adicionar métodos para definir ou obter o número de pessoas. Assim, você pode ter certeza de que o método CalculateCostOfDecorations() será executado toda vez que o número de pessoas for alterado. Isso cuidará daquele erro chato.

Tornando *private* o campo que mantém o número de convidados, damos ao formulário apenas uma forma de dizer à classe DinnerParty quantas pessoas estão no jantar – e podemos ter certeza de que o custo da decoração será recalculado corretamente. Quando você torna algum dado privado e escreve código para usar esses dados, isso é chamado de *encapsulamento*.

> en-cap-su-la-do, adj.
> envolvido por uma cobertura ou membrana protetora. *Os mergulhadores estavam totalmente **encapsulados** por seu submarino e só podiam entrar e sair pela porta pressurizada.*

Use o encapsulamento para controlar o acesso aos métodos e aos campos de sua classe

Quando você torna todos os seus campos e métodos públicos, qualquer outra classe pode acessá-los. Tudo que sua classe faz e sabe torna-se um livro aberto para todas as outras classes em seu programa... e você acabou de ver como isso pode fazer com que sua aplicação comporte-se de formas que nunca imaginou. O encapsulamento permite que você controle o que você compartilha e o que mantém privado dentro de sua classe. Vamos ver como isso funciona:

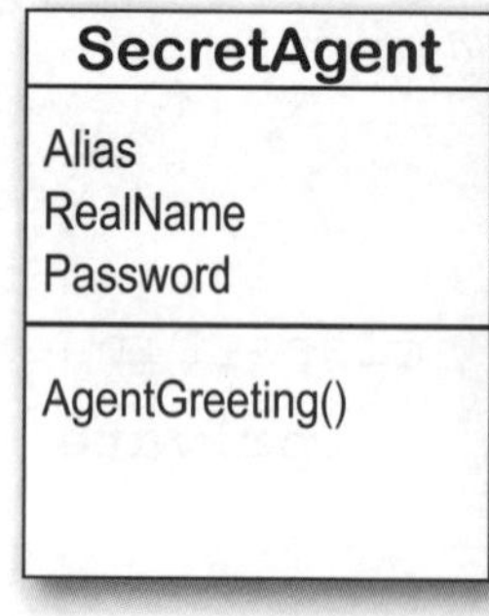

1 O superespião Herb Jones defende a vida, a liberdade e a busca pela felicidade como um agente disfarçado na URSS. Seu objeto `agenteCIA` é uma instância da classe `SecretAgent`.

```
RealName: "Herb Jones"
Alias: "Dash Jones"
Password: "the crow flies at midnight"
```

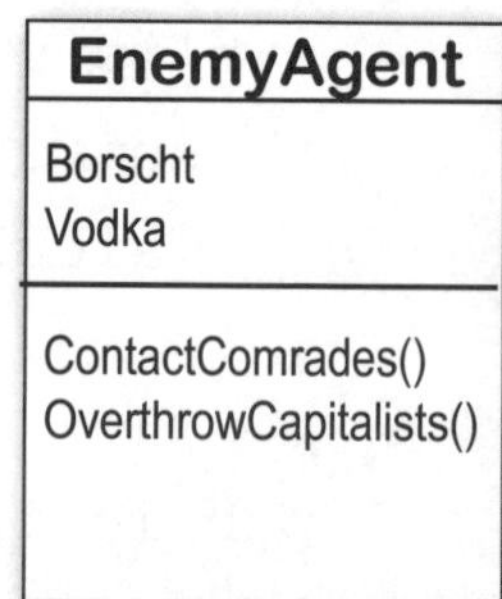

2 O agente Jones possui um plano para ajudá-lo a despistar os agentes inimigos da KGB. Ele adicionou um método `AgentGreeting()` que tem uma senha como parâmetro. Se ele não receber a senha correta, apenas revelará seu codinome (alias), Marco Presto.

3 Parece uma forma à prova de falhas de proteger a identidade do agente, certo? Contanto que o objeto do agente que o chama não tenha a senha correta, o nome dele estará seguro.

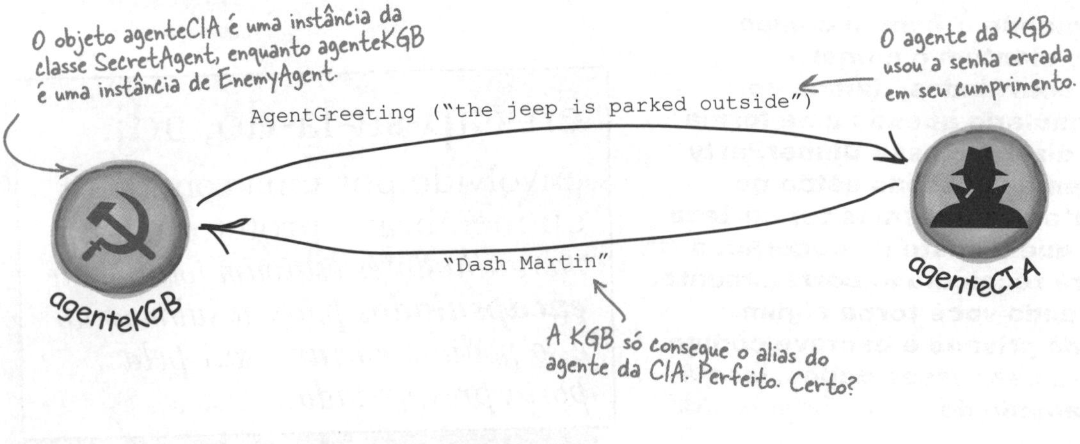

Mas o campo realName fica REALMENTE protegido?

Então, contanto que a KGB não saiba nenhuma das senhas dos agentes da CIA, os nomes de verdade da CIA estarão seguros. Certo? Mas, e a declaração do campo para o campo `realName`?

Definir suas variáveis como public significa que elas podem ser acessadas, e até mesmo alteradas de fora da classe.

```
public string RealName;
```

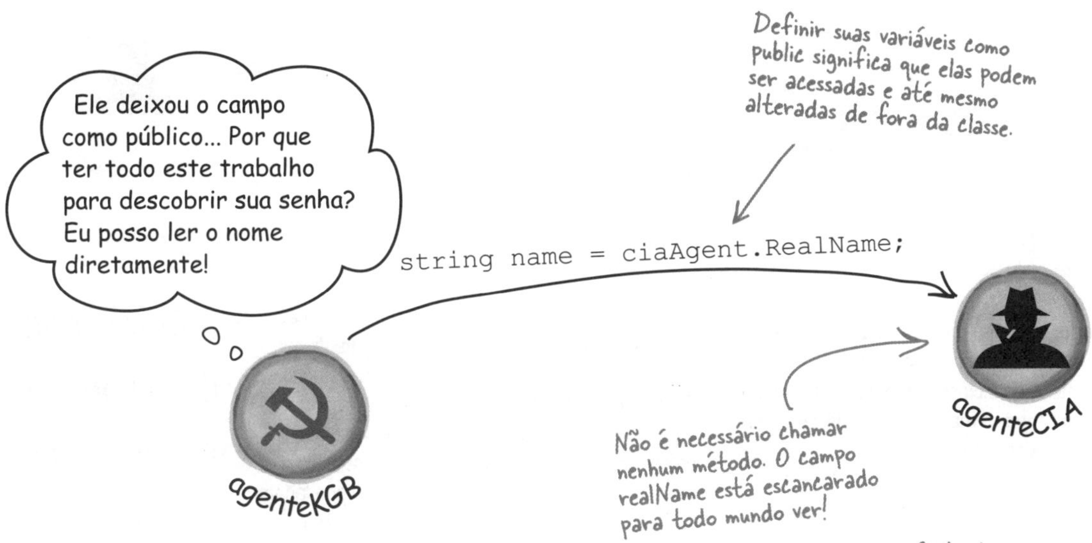

O objeto agenteKGB não consegue acessar os campos privados do agenteCIA porque eles são instâncias de classes **diferentes**.

O agente Jones pode usar campos **`private`** para impedir que sua identidade secreta seja vista a partir dos objetos do espião inimigo. Uma vez que você tenha declarado o campo `realName` como private, a única forma de acessá-lo é ***chamando os métodos que têm acesso às partes privadas da classe***. Então, o agente da KGB é frustrado!

Só substitua public por private e, boom, seus campos agora estão escondidos do mundo.

```
private string realName;
```

Manter seus campos e métodos privados garante que nenhum código externo fará mudanças inesperadas nos valores que você está usando.

Você também quer garantir que o campo que armazena a senha seja private, caso contrário o agente inimigo pode descobri-la.

Campos e métodos privados só podem ser acessados de dentro da classe

Só há uma forma de um objeto chegar aos dados armazenados dentro dos campos privados de outro objeto: usando campos e métodos públicos que retornem os dados. Mas, enquanto os agentes da KGB e do MI5 precisam usar o método `AgentGreeting()`, agentes amigáveis podem ver tudo – qualquer classe pode **ver os campos privados em outras instâncias da mesma classe.**

Agora que os campos são private, esta é basicamente a única forma de um agenteMI5 poder obter o nome verdadeiro de um agenteCIA.

agenteMI5 é uma instância da classe BritishAgent, logo, também não tem acesso aos campos privados de agenteCIA.

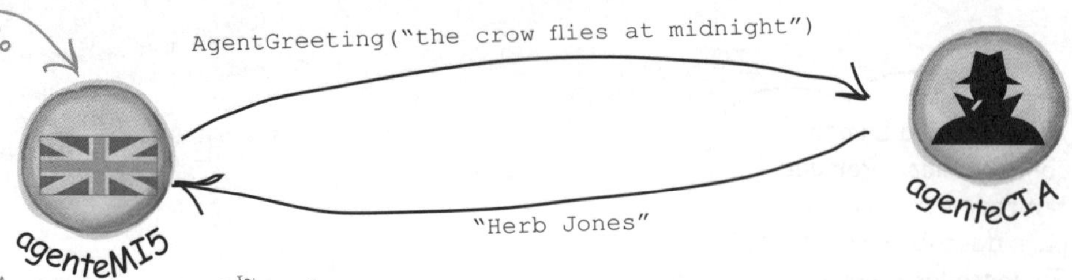

Apenas outro objeto agenteCIA pode vê-los.

Não existem Perguntas Idiotas

P: Certo, então eu preciso acessar os dados privados através de métodos públicos. Mas o que acontece se a classe com o campo private não me der uma forma de chegar até os dados e meu objeto precisar usá-los?

R: Então, você não poderá acessar os dados de fora do objeto. Quando você está escrevendo uma classe, deve sempre ter certeza de dar aos outros objetos alguma forma de obter os dados necessários. Os campos privados são uma parte muito importante do encapsulamento, mas eles são só parte da história. Escrever uma classe com bom encapsulamento significa dar aos outros objetos uma forma clara e fácil de usar para obter os dados necessários, sem lhes dar acesso para raptar os dados dos quais sua classe necessita.

P: Por que eu desejaria manter um campo sem uma forma de ser acessado por outra classe?

R: Às vezes, uma classe precisa controlar a informação necessária para ela operar, mas que nenhum outro objeto precisa realmente ver. Aqui vemos um exemplo. Quando os computadores geram números aleatórios, usam valores especiais chamados *seeds* (sementes). Você não precisa saber como eles funcionam, mas toda instância de `Random`, na verdade, contém um array de várias dezenas de números que ela usa para garantir que `Next()` sempre dê a você um número aleatório. Se você criar uma instância de `Random`, não conseguirá ver esse array. Isso porque você não precisa dele – mas se você tivesse acesso a ele, poderia ser capaz de colocar valores nele que fariam com que fornecesse valores não aleatórios. Por isto, os seeds foram completamente encapsulados.

P: Ei, acabei de reparar que todas as sub-rotinas de evento que eu tenho usado tem a palavra-chave private. Por que são private?

R: Porque os formulários do C# são configurados de forma que só os controles neles possam inicializar as sub-rotinas de evento. Quando você coloca a palavra-chave `private` na frente de qualquer método, ele pode ser usado de dentro de sua classe. Quando o IDE adiciona um manipulador de evento ao seu programa, ele o declara como privado para que outros formulários ou objetos não possam chegar até ele. Mas, não há regras que digam que um manipulador de evento deve ser private. Na verdade, você pode checar isso sozinho – clique duas vezes em um botão, então, mude sua declaração do manipulador de evento para `public`. O código ainda compilará e será executado.

A única forma de um objeto poder chegar aos dados armazenados num campo private dentro de outro objeto é usando métodos public que retornam esses dados.

Aponte o seu lápis

Aqui, vemos uma classe com alguns campos private. Circule as instruções abaixo que **não compilarão** se forem executadas de fora da classe usando **uma instância do objeto chamada mySuperChef**.

```
class SuperChef
{
      public string cookieRecipe;
      private string secretIngredient;
      private const int loyalCustomerOrderAmount = 60;
      public int Temperature;
      private string ingredientSupplier;

      public string GetRecipe (int orderAmount)
      {
            if (orderAmount >= loyalCustomerOrderAmount)
            {
                  return cookieRecipe + “ ” + secretIngredient;
            }
            else
            {
                  return cookieRecipe;
            }
      }
}
```

1. `string ovenTemp = mySuperChef.Temperature;`

2. `string supplier = mySuperChef.ingredientSupplier;`

3. `int loyalCustomerOrderAmount = 94;`

4. `mySuperChef.secretIngredient = “cardamom”;`

5. `mySuperChef.cookieRecipe = “get 3 eggs, 2 1/2 cup flour, 1 tsp salt, 1 tsp vanilla and 1.5 cups sugar and mix them together. Bake for 10 minutes at 375. Yum!”;`

6. `string recipe = mySuperChef.GetRecipe(56);`

7. Depois de executar todas as linhas que serão compiladas, qual o valor de `recipe`?

....

....

Aponte seu lápis Solução

Aqui, vemos uma classe com alguns campos private. Circule as instruções abaixo que **não compilarão** se forem executadas de fora da classe usando **uma instância do objeto chamada mySuperChef**.

```
class SuperChef
{
    public string cookieRecipe;
    private string secretIngredient;
    private const int loyalCustomerOrderAmount = 60;
    public int Temperature;
    private string ingredientSupplier;

    public string GetRecipe (int orderAmount)
    {
        if (orderAmount >= loyalCustomerOrderAmount)
        {
            return cookieRecipe + " " + secretIngredient;
        }
        else
        {
            return cookieRecipe;
        }
    }
}
```

A única forma de descobrir o ingrediente secreto é comprar um monte de biscoitos. O código externo não pode acessar este campo diretamente.

1. `string ovenTemp = mySuperChef.Temperature;`

#1 não compila porque você não pode atribuir um int a uma string.

2. `string supplier = mySuperChef.ingredientSupplier;`

3. `int loyalCustomerOrderAmount = 94;`

4. `mySuperChef.secretIngredient = "cardamom";`

#2 e #4 não compilam porque ingredientSupplier e secretIngredient são privados.

5. `mySuperChef.cookieRecipe = "get 3 eggs, 2 1/2 cup flour, 1 tsp salt, 1 tsp vanilla and 1.5 cups sugar and mix them together. Bake for 10 minutes at 375. Yum!";`

6. `string recipe = mySuperChef.GetRecipe(56);`

Mesmo que você tenha criado uma variável local chamada loyalCustomerAmount e a tenha definido para 54, isso não mudou o valor loyalCustomerAmount do objeto, que ainda é 60 – portanto, não imprimirá o ingrediente secreto.

7. Depois de rodar as linhas acima que serão compiladas, qual o valor de `recipe`?

"get 3 eggs, 2 1/2 cup flour, 1 tsp salt, 1 tsp vanilla and 1,5 cups sugar and mix them together. Baker for 10 minuters at 375. Yum!"

Porque algumas vezes você deseja que sua classe oculte as informações do resto do programa.

Muitas pessoas acham o encapsulamento um pouco estranho na primeira vez em que o encontram porque a ideia de ocultar de outra classe os campos, propriedades ou métodos de uma classe é um pouco complicada. Mas, há alguns bons motivos para você querer pensar em quais informações exibir em sua classe para o resto do programa.

O encapsulamento torna suas classes...

★ **Fáceis de usar**

Você já sabe que as classes usam campos para controlar seu estado. E muitas delas usam métodos para manter esses campos atualizados – os métodos que nenhuma outra classe chamará. É muito comum ter uma classe com campos, métodos e propriedades que nunca serão chamados por nenhuma outra classe. Se você tornar esses membros privados, então eles não aparecerão na janela IntelliSense mais tarde, quando você precisar usar essa classes.

★ **Fáceis de manter**

Lembra do erro no programa da Kathleen? Ele ocorreu porque o formulário acessou um campo diretamente, ao invés de usar um método para defini-lo. Se esse campo fosse privado, você teria evitado o erro.

★ **Flexíveis**

Muitas vezes, você desejará voltar e adicionar recursos a um programa que escrevem um tempo atrás. Se suas classes estiverem bem encapsuladas, então você saberá exatamente como usá-las mais tarde.

Encapsulamento significa ter uma classe que oculta informações da outra. Ajuda a evitar erros em seus programas.

PODER DO CÉREBRO

Você pode construir uma classe mal encapsulada agora para tornar seus programas mais difíceis de modificar posteriormente?

O programa de navegação de Mike pode usar um encapsulamento melhor

Geocatching (Geocaptura) é um esporte no qual as pessoas usam seus navegadores GPS para ocultar e buscar contêineres que podem ser escondidos em qualquer lugar no mundo. Mike realmente está no negócio GPS, portanto você pode ver por que ele gosta tanto.

Lembra do programa de navegação de ruas de Mike no Capítulo 3? Mike se juntou a um grupo de geocaptura e ele acha que seu navegador lhe dará uma vantagem. Mas, tem um tempo desde que ele trabalhou nele e agora, tem um pouco de problemas. O programa de navegação de Mike tem uma classe `Route` que armazena uma única rota entre dois pontos. Mas, ele está tendo todos os tipos de erros porque não consegue descobrir como ela deve ser usada! Eis o que aconteceu quando Mike tentou voltar para o navegador e modificar o código:

Droga, não consigo lembrar se eu devo definir o campo StartPoint ou usar o método SetStartPoint(). Sei que isso funcionava antes!

- ★ Mike define a propriedade `StartPoint` para as coordenadas GPS de sua casa e a propriedade `EndPoint` para as coordenadas de seu escritório, e verificou a propriedade `Length`. Ela dizia que era 15.3. Quando ele chamou o método `GetRouteLength()`, ele retornou 0.
- ★ Ele usa a propriedade `SetStartPoint()` para definir o ponto inicial para as coordenadas de sua casa e a propriedade `SetEndPoint()` para definir o ponto final para seu escritório. O método `GetRouteLength()` retornou 9.51 e a propriedade `Length` continha 5.91.
- ★ Quando ele tentou usar a propriedade `StartPoint` para definir o ponto inicial e a propriedade `SetEndPoint()` para definir o ponto final, `GetRouteLength()` sempre retornou 0 e a propriedade `Length` sempre continha 0.
- ★ Quando ele tentou usar o método `SetStartPoint()` para definir o ponto inicial e a propriedade `EndPoint` para definir o ponto final, a propriedade `Length` continha 0 e o método `GetRouteLength()` fez o programa paralisar com um erro que dizia algo sobre não ser capaz de dividir por zero.

Aponte o seu lápis

Route
StartPoint EndPoint Length
GetRouteLength() GetStartPoint() GetEndPoint() SetStartPoint() SetEndPoint() ChangeStartPoint() ChangeEndPoint()

Eis o objeto Route do programa de navegação de Mike. Quais propriedades ou métodos ***você*** tornaria **`private`** para facilitar o uso?

....

....

....

....

....

Há muitos modos de resolver este problema, todos potencialmente corretos! Escreva aquele que você considera ser melhor.

Pense em um objeto como uma caixa preta

Algumas vezes, você ouvirá um programador referir-se a um objeto como uma "caixa preta" e é um modo muito bom de pensar sobre eles. Quando você chama os métodos de um objeto, realmente não se importa como esse método funciona - pelo menos, não agora. Tudo que importa é que ele obtenha as entradas fornecidas e faça a coisa certa.

Quando você volta ao código que não via por um tempo, é fácil esquecer como pretendia que fosse usado. É onde o encapsulamento facilita muito sua vida!

Sei como meu objeto Route funciona! O que importa para mim **agora** é descobrir como usá-lo para meu projeto de geocaptura.

Voltando ao Capítulo 3, Mike estava pensando em como construir seu navegador. É quando ele realmente se importou com o modo como o objeto Route funcionava. Mas, isso foi um tempo atrás.

Desde então, ele colocou seu navegador funcionando e vem usando-o por um longo tempo. Ele sabe que ele funciona bem o bastante para ser, de fato, útil para sua equipe de geocaptura. Agora, ele deseja **reutilizar** seu objeto Route.

Se você encapsular bem suas classes hoje, isso as tornará muito mais fáceis de reutilizar amanhã.

Se Mike tivesse pensado no encapsulamento quando construiu originalmente seu objeto Route! Se ele tivesse, então ele não estaria lhe dando dor de cabeça hoje!

Agora, Mike só deseja pensar em seu objeto Route como uma caixa preta. Ele deseja fornecer suas coordenadas nele e obter a distância. Ele não deseja pensar em como Route calcula essa distância... pelo menos não agora.

Start Point(Ponto Inicial)

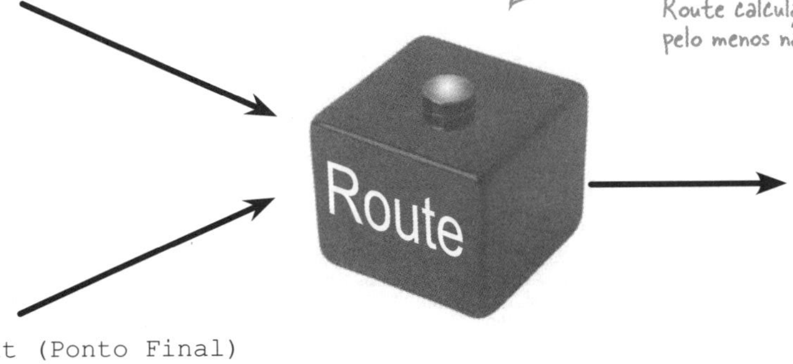

Lengh (Distância)

End Point (Ponto Final)

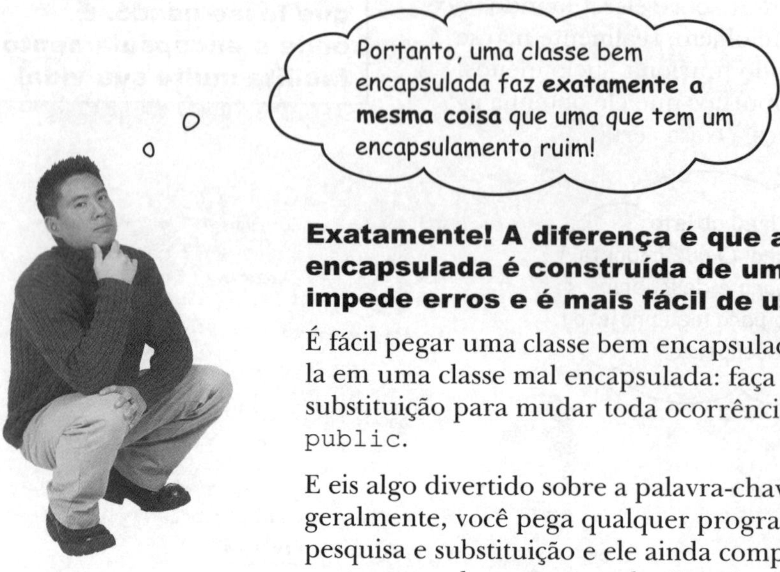

Exatamente! A diferença é que a bem encapsulada é construída de um modo que impede erros e é mais fácil de usar.

É fácil pegar uma classe bem encapsulada e transformá-la em uma classe mal encapsulada: faça uma pesquisa e substituição para mudar toda ocorrência de `private` em `public`.

E eis algo divertido sobre a palavra-chave `private`: geralmente, você pega qualquer programa, faz essa pesquisa e substituição e ele ainda compilará e funcionará exatamente do mesmo modo. Esta é uma razão para o encapsulamento ser difícil de entender para alguns programadores.

Até agora, tudo que você aprendeu foi sobre como fazer seus programas **fazerem coisas** – realizar certos comportamentos. O encapsulamento é um pouco diferente. Ele não muda como seu programa se comporta. É mais um "jogo de xadrez" da programação: ocultando certas informações em suas classes quando as projeta e constrói, você configura uma estratégia de como elas irão interagir mais tarde. Quanto melhor a estratégia, mais flexível e mantido serão seus programas, e mais erros serão evitados.

E como o xadrez, há um número quase ilimitado de possíveis estratégias de encapsulamento!

Algumas ideias para encapsular classes

★ **Pense em formas nas quais os campos possam ser usados incorretamente.**
O que pode dar errado se eles não forem definidos corretamente?

★ **Tudo na sua classe é public?**
Se sua classe só possui campos e métodos públicos, provavelmente você precisará passar um pouco mais de tempo pensando no encapsulamento.

★ **Quais campos requerem que algum processamento ou cálculo seja feito quando são definidos?**
Esses são os principais candidatos para o encapsulamento. Se alguém escrevesse um método posteriormente que muda o valor em algum deles, isso poderia causar problemas para o trabalho que seu programa está tentando fazer.

★ **Só torne os campos e os métodos public se precisar.**
Se você não tem uma razão para declarar algo como público, não o faça. Você pode bagunçar bastante as coisas para você mesmo deixando todos os campos em seu programa públicos – mas também não vá tornando tudo privado. Passar um pouco de tempo no início do projeto pensando em quais campos realmente precisam ser públicos e quais não, pode economizar muito tempo mais tarde.

O encapsulamento mantém seus dados em boas condições

Às vezes, o valor em um campo muda quando seu programa faz o que deve fazer. Se você não disser explicitamente ao seu programa para redefinir o valor, poderá fazer seus cálculos usando o antigo. Quando for este o caso, você desejará que seu programa execute algumas instruções sempre que um campo for alterado – como, por exemplo, fazer o programa da Kathleen recalcular o custo sempre que você alterar o número de pessoas. Podemos evitar o problema encapsulando os dados, utilizando campos privados. Forneceremos um método para obter o valor do campo e outro para definir o campo e fazer todos os cálculos necessários.

Um exemplo rápido de encapsulamento

Uma classe `Farmer` usa um campo para armazenar o número de vacas e o multiplica por um número para descobrir quantos sacos de ração para gado são necessários para alimentá-las:

```
class Farmer
{
        private int numberOfCows;
}
```

É melhor deixarmos esse campo como private para que ninguém possa alterá-lo sem também mudar bagsOfFeed – se eles saírem de sincronia, isso criará erros!

Quando você cria um formulário para permitir que um usuário digite o número de vacas num campo numérico, precisa ser capaz de alterar o valor no campo `numberOfCows`. Para fazer isso, você pode criar um método que retorne o valor do campo para o objeto do formulário:

```
public const int FeedMultiplier = 30;
public int GetNumberOfCows()
{
        return numberOfCows;
}
public void SetNumberOfCows(int newNumberOfCows)
{
        numberOfCows = newNumberOfCows;
        BagsOfFeed = numberOfCows * FeedMultiplier;
}
```

O fazendeiro precisa de 30 sacos de ração para cada vaca.

Adicionaremos um método para dar a outras classes uma forma de conseguir o número de vacas.

Estes aqui fazem a mesma co

E aqui temos um método para definir o número de vacas que assegura a alteração do campo BagsOfFeed também. Agora, não há como os dois saírem de sincronia.

Usamos camelCase para os campos privados e PascalCase para os públicos. PascalCase significa colocar com letra maiúscula a primeira letra em toda palavra no nome da variável. camelCase é parecido com PascalCase, exceto que a primeira letra é minúscula. Isso faz as letras maiúsculas parecerem as "corcovas" de um camelo.

As propriedades facilitam o encapsulamento

Você pode usar as **propriedades**, que são métodos que parecem campos para outros objetos. As propriedades podem ser usadas para obter ou definir um **campo de armazenamento**, que é apenas um nome para um campo definido por uma propriedade.

```
private int numberOfCows;
public int NumberOfCows
{
    get
    {
        return numberOfCows;
    }
    set
    {
        numberOfCows = value;
        BagsOfFeed = numberOfCows * FeedMultiplier;
    }
}
```

Renomearemos o campo private como numberOfCows (repare a letra minúscula "n"). Este será o **campo de armazenamento** para a propriedade NumberOfCows.

Geralmente, você usará as propriedades combinando-as com uma declaração de campo normal. Aqui está a declaração para NumberOfCows.

Este é um **acessador get**. Ele é um método executado sempre que a propriedade NumberOfCows é **lida**. Possui um valor de retorno que corresponde ao tipo da variável – neste caso, ele retorna o valor da propriedade privada numberOfCows.

Este é um **acessador set**, chamado sempre que a propriedade NumberOfCows é **definida**. Embora o método não aparente não tenha nenhum parâmetro, na verdade ele possui um chamado **value** que contém qualquer valor para o qual o campo foi definido.

Você *usa* os acessadores get e set exatamente como campos. Aqui, temos o código para um botão que define o número de vacas e, então, mostra os sacos de ração:

```
private void button1_Click(object sender, EventArgs e) {
    Farmer myFarmer = new Farmer();
    myFarmer.NumberOfCows = 10;

    int howManyBags = myFarmer.BagsOfFeed;

    myFarmer.NumberOfCows = 20;
    howManyBags = myFarmer.BagsOfFeed;
}
```

Quando esta linha define NumberOfCows para 10, o acessador set define o campo privado numberOfCows e, então, atualiza o campo público BagsOfFeed.

Como o acessador set NumberOfCows atualizou BagsOfFeed, agora você pode obter seu valor.

Embora o código trate NumberOfCows como um campo, ele executa o acessador set, passando-lhe 20. E quando ele consulta o campo BagsOfFeed, ele executa o acessador get, que retorna 300.

Crie uma aplicação para testar a classe Farmer

Crie uma nova aplicação Windows Forms para testar a classe **`Farmer`** e veja as propriedades em ação. Usaremos o método **`Console.WriteLine()`** para escrever os resultados na janela de saída no IDE.

Faça isso

1 Adicione a classe Farmer ao seu projeto:

```
class Farmer {
    public int BagsOfFeed;
    public const int FeedMultiplier = 30;

    private int numberOfCows;
    public int NumberOfCows {
        (adicione os acessadores get e set da página anterior)
    }
}
```

2 Crie este formulário:

Nomeie este botão como "calculate" (calcular) – ele usa os dados públicos Farmer para escrever uma linha na saída.

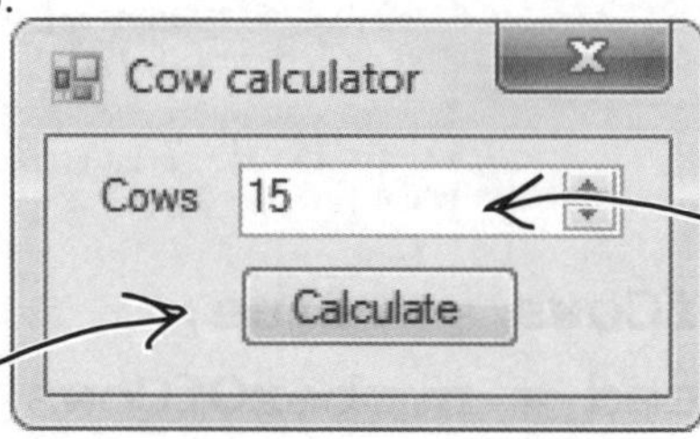

Defina o Value do controle NumericUpDown para 15, seu Minimum para 5 e seu Maximum para 300.

3 Aqui está o formulário do código. Ele usa `Console.WriteLine()` para enviar sua saída para a **janela Output** (que você pode fazer aparecer selecionando "Output" no menu Debug (Depurar) >> Windows). Você pode passar vários parâmetros para `WriteLine()` – o primeiro é a string a escrever. Se você incluir "`{0}`" na string, então `writeLine()` substituirá pelo primeiro parâmetro. Substituirá "{1}" pelo segundo, "`{2}`" pelo terceiro etc.

```
public partial class Form1 : Form {
    Farmer farmer;
    public Form1() {
        InitializeComponent();
        farmer = new Farmer() { NumberOfCows = 15 };
    }
    private void numericUpDown1_ValueChanged(object sender, EventArgs e) {
        farmer.NumberOfCows = (int)numericUpDown1.Value;
    }
    private void calculate_Click(object sender, EventArgs e) {
        Console.WriteLine("I need {0} bags of feed for {1} cows",
            farmer.BagsOfFeed, farmer.NumberOfCows);
    }
}
```

Use o método Console.WriteLine() para enviar uma linha de texto à janela de saída do IDE.

WriteLine( ) substitui "{0}" pelo valor no primeiro parâmetro e "{1}" pelo segundo parâmetro.

Use propriedades automáticas para terminar a classe

Parece que a Calculadora de Vacas funciona muito bem. Faça um teste – execute-a e clique no botão. Então, altere o número de vacas para 30 e clique de novo. Faça a mesma coisa com 5 vacas e, então, com 20. É assim que sua janela Output deve ficar:

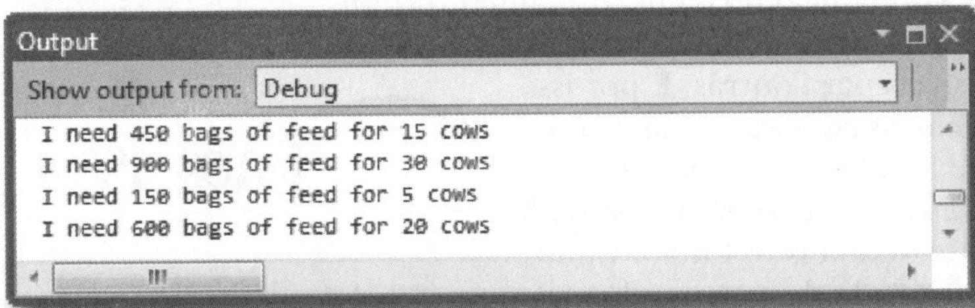

Você pode ver como isto o leva a adicionar sem querer um erro realmente irritante ao seu programa?

Mas, há um problema com a classe. Adicione um botão ao formulário que execute esta instrução:

```
farmer.BagsOfFeed = 5;
```

Agora, execute seu programa novamente. Ele funciona bem até você pressionar o botão New (novo). Mas, pressione esse botão e, então, o botão Calculate (Calcular) de novo. Agora, sua saída diz que você precisa de 5 sacos de ração – não importa quantas vacas você tem! Assim que você mudar `NumericUpDown`, o botão Calculate deverá funcionar de novo.

Encapsule totalmente a classe Farmer

O problema é que sua classe **não está totalmente encapsulada**. Você usou propriedades para encapsular `NumberOfCows`, mas `BagsOfFeed` ainda é public. Este é um problema comum. Na verdade, é tão comum que o C# possui uma forma de consertá-lo automaticamente. Basta mudar o campo público BagsOfFeed para uma ***propriedade automática***. O IDE facilita muito para você adicionar propriedades automáticas. Aqui vemos como:

O fragmento de código prop tab tab adiciona uma propriedade automática ao seu código.

1. Remova o campo `BagsOfFeed` da classe `Farmer`. Coloque o cursor onde o campo costumava ficar e, então, digite **prop** e pressione Tab duas vezes. O IDE adicionará esta linha ao seu código:

```
public int MyProperty { get; set; }
```

2. Pressione a tecla Tab – o cursor pulará para `MyProperty`. Altere seu nome para `BagsOfFeed`:

```
public int BagsOfFeed { get; set; }
```

Agora, você tem uma propriedade, em vez de um campo. Quando o C# vê isso, ele funciona exatamente do mesmo jeito como se você tivesse usado um campo de armazenamento (como `numberOfCows` private por trás da propriedade pública `NumberOfCows`).

3. Ainda não resolveu nosso problema. Mas, há uma forma fácil de fazer isso – torne-a uma **propriedade de somente leitura**:

```
public int BagsOfFeed { get; private set; }
```

Tente reconstruir seu código – você terá um erro na linha no botão que define `BagsOfFeed` dizendo que o **acessador set está inacessível**. Você não pode modificar `BagsOfFeed` de fora da classe Farmer – precisará remover essa linha para que seu código compile, portanto remova o botão do formulário. Agora, sua classe `Farmer` está mais bem encapsulada!

E se quisermos alterar o multiplicador de ração?

Fizemos uma Calculadora de Vacas para usar uma `const` no multiplicador de ração. Mas, e se quisermos usar a mesma classe `Farmer` em programas diferentes que precisam de outros multiplicadores de ração? Você viu como o encapsulamento ruim pode causar problemas quando você deixa os campos em uma classe muito acessíveis para outras. É por isso que você deve ***somente tornar os campos e os métodos públicos se precisar***. Já que a Calculadora de Vacas nunca atualiza `FeedMultiplier`, não há necessidade de permitir que outra classe defina isto. Então, vamos transformar em uma propriedade de somente leitura que usa um campo de armazenamento.

Faça isso

1 Remova esta linha de seu programa:

```
public const int FeedMultiplier = 30;
```

Use prop tab tab para adicionar uma propriedade de somente leitura. Mas, ao invés de adicionar uma propriedade automática, use um campo de armazenamento:

```
private int feedMultiplier;
public int FeedMultiplier { get { return feedMultiplier; } }
```

Esta propriedade age exatamente como um campo int, exceto que ao invés de armazenar um valor, apenas retorna o campo de armazenamento, feedMultiplier. E como não há nenhum acessador set, ele é de apenas leitura. Ele tem um get público, significando que qualquer outra classe pode ler o valor de FeedMultiplier. Mas, como seu set é private, isso o torna de apenas leitura – pode apenas ser definido por uma instância de Farmer.

Como mudamos FeedMultiplier de um const público para um campo int privado, mudamos seu nome, portanto inicia com uma letra minúscula "f". É uma convenção de nomenclatura muito padrão que você verá no livro.

2 Vá em frente e faça essa alteração em seu código. Depois execute-o. Ops – algo deu errado! **`BagsOfFeed` sempre retorna 0 sacos**!

Espere, isso faz sentido. `FeedMultiplier` nunca foi inicializado. Ele começa com o valor padrão zero e nunca muda. Quando é multiplicado pelo número de vacas, ainda resulta em zero. Então, adicione um inicializador de objeto:

```
public Form1() {
    InitializeComponent();
    farmer = new Farmer() { NumberOfCows = 15, feedMultiplier = 30 };
```

Ops – o **programa não vai compilar**! Você deve ver este erro:

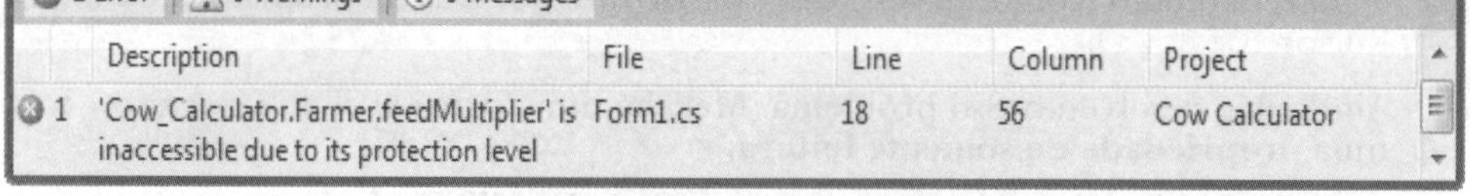

Error List

1 Error | 0 Warnings | 0 Messages

	Description	File	Line	Column	Project
1	'Cow_Calculator.Farmer.feedMultiplier' is inaccessible due to its protection level	Form1.cs	18	56	Cow Calculator

Você só pode inicializar campos e propriedades públicos dentro de um inicializador de objeto. Então, como você pode garantir que seu objeto será inicializado corretamente se alguns campos que precisam ser inicializados são privados?

Use um construtor para inicializar campos privados

Se você precisa inicializar seu objeto, mas alguns dos campos são privados, um inicializador de objeto apenas não dará conta. Felizmente, há um método especial que você pode acrescentar a qualquer classe, um **construtor**. Se uma classe possui um construtor, essa é **a primeira coisa que será executada** quando a classe for criada com a instrução `new`. Você pode passar parâmetros para o construtor para lhe dar valores que devam ser inicializados. Mas, o construtor **não possui um valor de retorno**, pois, na realidade, você não vai chamá-lo diretamente. Você passa seus parâmetros para a instrução `new`. E já sabe que new retorna o objeto – portanto, não é possível que um construtor retorne nada.

Tudo que você tem que fazer para adicionar um construtor a uma classe é adicionar um método que possua o mesmo nome da classe e nenhum valor de retorno.

1 **Adicione um construtor à sua classe Farmer**

Este construtor possui apenas duas linhas, mas há muita coisa acontecendo aqui. Então, vamos ver tudo passo a passo. Já sabemos que precisamos do número de vacas e de um multiplicador de ração para a classe, então iremos adicioná-los como parâmetros ao construtor. Como mudamos `feedMultiplier` de `const` para `int`, agora precisamos de um valor inicial para ele. Portanto, iremos assegurar que seja passado para o construtor. Usaremos o construtor para definir o número de vacas também.

Repare como não há "void", "int" ou qualquer tipo depois de "public". Isso porque os construtores não possuem um valor de retorno.

```
public Farmer(int numberOfCows, int feedMultiplier) {
    this.feedMultiplier = feedMultiplier;
    NumberOfCows = numberOfCows;
```

palavra-chave "this" ...m this. ...eedMultiplier ...forma ao C# ...ue você está ...alando sobre ...campo, não o ...arâmetro com mesmo nome.

A primeira coisa que faremos é definir o multiplicador de ração porque ele precisa estar definido antes que possamos chamar o acessador set NumberOfCows.

Se definirmos apenas o campo privado numberOfCows, o acessador set NumberOfCows nunca seria chamado. Definir NumberOfCows assegura que ele seja chamado.

Este é o erro que você verá se seu construtor tiver parâmetros, mas o seu novo não tem nenhum.

Error List

2 Errors | 0 Warnings | 0 Messages

	Description	File	Line	Column	Project
1	'Cow_Calculator.Farmer' does not contain a constructor that takes 0 arguments	Form1.cs	18	22	Cow Calculator

2 **Agora, altere o formulário para que ele use o construtor**

A única coisa que você precisa fazer agora é alterar o formulário para a instrução `new`, que cria o objeto `Farmer`, usar o construtor, em vez de um inicializador de objeto. Assim que você substituir a instrução `new`, ambos os erros irão desaparecer e seu código funcionará!

```
public Form1() {
    InitializeComponent();
    farmer = new Farmer(15, 30);
}
```

Você já sabe que o formulário é um objeto. Bem, ele tem um construtor também! É isso que é esse método – note como seu nome é Form1 (como a classe) e não possui nenhum valor de retorno.

É onde a instrução new chama o construtor. Parece **exatamente igual a qualquer instrução new**, exceto por ter parâmetros que passa ao método do construtor. Quando você o digitar no código, preste atenção no IntelliSense que aparece – parece com qualquer outro método.

Construtores de perto

Vamos dar uma olhada mais de perto no construtor Farmer para que possamos ter uma boa ideia do que está acontecendo.

Os construtores não retornam nada, então não existe um tipo de retorno.

Este construtor possui dois parâmetros, que funcionam exatamente como quaisquer parâmetros comuns. O primeiro informa o número de vacas e o segundo é o multiplicador de ração.

```
public Farmer(int numberOfCows, int feedMultiplier) {
    this.feedMultiplier = feedMultiplier;
    NumberOfCows = numberOfCows;
}
```

Precisamos definir o multiplicador primeiro porque a segunda instrução chama o acessador set NumberOfCows, que precisa que feedMultiplier tenha um valor para poder definir BagsOfFeed.

Precisamos de um modo de diferenciar o campo chamado feedMultiplier do parâmetro com o mesmo nome. É onde a palavra-chave "this" se torna realmente útil.

Como "this" é sempre uma referência para o objeto atual, this.feedMultiplier se refere ao campo. Se você omitir "this", então feedMultiplier irá referir-se ao parâmetro. Portanto, a primeira linha no construtor define o campo privado feedMultiplier para ser igual ao segundo parâmetro do construtor.

Não existem Perguntas Idiotas

P: É possível ter um construtor sem nenhum parâmetro?

R: Sim. É muito comum realmente para uma classe ter um construtor sem parâmetros. Na verdade, você já viu um exemplo disso – **o construtor do seu formulário**. Olhe dentro de um formulário Windows adicionado recentemente e encontre a declaração de seu construtor:

```
public Form1( ) {
       InitializeComponent( );
}
```

Esse é o construtor para seu objeto do formulário. Ele não tem nenhum parâmetro, mas tem que fazer muitas coisas. Pare um minuto e abra o `Form1.Designer.cs`. Encontre o método `InitializeComponent()` clicando no sinal de mais próximo a "Windows Form Designer generated code" (código gerado pelo Designer de Formulários do Windows).

Esse método inicializa todos os controles no formulário e define todas as suas propriedades. Se você arrastar um novo controle para o formulário no designer de formulários do IDE e definir algumas de suas propriedades na janela Properties (Propriedades), verá essas mudanças refletidas dentro do método `InitializeComponent()`.

O método `InitializeComponent()` é chamado dentro do construtor do formulário para que os controles sejam inicializados assim que o objeto do formulário é criado. (Lembre-se, todo formulário exibido é apenas outro objeto que usa métodos que o .NET Framework fornece no namespace `System.Windows`.Forms para exibir janelas, botões e outros controles.)

Veja bem!

Quando o parâmetro de um método tem o mesmo nome de um campo, então ele <u>mascara</u> o campo.

Você notou como o parâmetro `feedMultiplier` do construtor se parece bastante com o campo de armazenamento por trás da propriedade `FeedMultiplier`? Se você quisesse usar o campo de armazenamento no construtor, usaria a palavra-chave this: `feedMultiplier` refere-se ao parâmetro e `this.feedMultiplier` é como você acessaria o campo private.

Não existem Perguntas Idiotas

P: Por que eu precisaria de uma lógica complicada em um acessador get ou set? Isto não é apenas uma forma de criar um campo?

R: Porque há um momento em que você sabe que ao definir um campo terá que fazer algum cálculo ou executar alguma ação. Pense no problema de Kathleen – eles apareceram porque o formulário não executou o método para recalcular o custo das decorações depois de definir o número de pessoas na classe `DinnerParty`. Se substituíssemos o campo por um acessador set, então poderíamos garantir que o acessador set recalcularia o custo. (Na verdade, você fará exatamente isso daqui a apenas algumas páginas!)

P: Espere um minuto – então, qual é a diferença entre um método e um acessador get ou set?

R: Não há nenhuma! Os acessadores get e set são um tipo especial de método – parece com um campo para os outros objetos e é chamado sempre que o campo é definido. Os acessadores get sempre retornam um valor que é o mesmo tipo do campo e os acessadores set sempre têm um parâmetro chamado value, cujo tipo é o mesmo do campo. Ah, e por falar nisso, você pode apenas dizer "propriedade", em vez de "acessador get e set".

P: Então, você pode ter QUALQUER tipo de instrução numa propriedade?

R: Com certeza. Tudo que você pode fazer num método, pode fazer numa propriedade. Elas podem chamar outros métodos, acessar outros campos, até criar objetos e instâncias. Mas, só são chamados quando uma propriedade é acessada, logo, não há motivo para existir nenhuma instrução neles sem relação com obter ou definir a propriedade.

P: Se um acessador set sempre tem um parâmetro chamado value, por que sua declaração não tem parênteses com "int value" dentro, como você teria com qualquer outro método que tem um parâmetro chamado value?

R: Porque o C# foi feito para você não ter que digitar uma informação extra da qual o compilador não precisa. O parâmetro é declarado sem você ter que digitá-lo explicitamente, o que não parece muito quando você está digitando uma ou duas coisas – mas quando tem que digitar algumas centenas, isso pode poupar muito tempo (além de prevenir erros).

Todo acessador set ***sempre*** tem exatamente um parâmetro chamado value e o tipo desse parâmetro ***sempre*** corresponde ao tipo da propriedade. O C# possui toda a informação necessária sobre o tipo e o parâmetro assim que você digita "`set {`". Então, não há necessidade de digitar mais nada e com o compilador C#, você não digitará mais que o necessário.

P: Espere um segundo – é por isso que eu não preciso acrescentar um valor de retorno ao meu construtor?

R: Exatamente! Seu construtor não possui um valor de retorno porque ***todo*** construtor é sempre `void`. Seria redundante digitar "`void`" no início de cada construtor, portanto você não precisa.

P: Eu posso ter um get sem um set e um set sem um get?

R: Sim! Quando você tem um acessador get, mas não tem um set, cria uma propriedade de apenas leitura. Por exemplo, a classe `SecretAgent` pode ter um campo `ReadOnly` para o nome:

```
string name = "Dash Martin";
public string Name {
    get { return name; }
}
```

E se você criar uma propriedade com um acessador set, mas não um get, seu campo de armazenamento poderá apenas ser escrito, mas não lido. A classe `SecretAgent` poderia usar isto para uma propriedade Password na qual outros espiões poderiam escrever, mas não ver:

```
public string Password {
   set {
   if (value == secretCode) {
     name = "Herb Jones";
   }
}
```

Ambas as técnicas podem vir muito a calhar quando você está fazendo o encapsulamento.

P: Venho usando objetos por um tempo, mas não escrevi um construtor. Isto significa que algumas classes não precisam de um?

R: Não, significa apenas que o C# criará automaticamente um construtor com zero parâmetro se não houver nenhum definido. Se você definir um construtor, então ele não fará isso. É uma ferramenta valiosa para o encapsulamento, pois significa que você tem a opção – mas não a exigência – de forçar a qualquer pessoa a instanciar sua classe para usar seu construtor.

Propriedades (acessadores get e set) são um tipo especial de método que só é executado quando outra classe lê ou escreve uma propriedade.

Aponte o seu lápis

Dê uma olhada nos acessadores `get` e `set`. O formulário que está usando essa classe possui uma nova instância de `CableBill` chamada `thisMonth` e chama o método `GetThisMonthsBill()` com um clique no botão. Escreva o valor da variável `amountOwed` depois do código abaixo ser executado.

```
class CableBill {
    private int rentalFee;
    public CableBill(int rentalFee) {
        this.rentalFee = rentalFee;
        discount = false;
    }

    private int payPerViewDiscount;
    private bool discount;
    public bool Discount {
        set {
            discount = value;
            if (discount)
            payPerViewDiscount = 2;
            else
            payPerViewDiscount = 0;
        }
    }

    public int CalculateAmount(int payPerViewMoviesOrdered) {
        return (rentalFee - payPerViewDiscount) * payPerViewMoviesOrdered;
    }
}
```

1.
```
CableBill january = new CableBill(4);
MessageBox.Show(january.CalculateAmount(7).ToString());
```
Qual é o valor de amountOwed?

2.
```
CableBill february = new CableBill(7);
february.payPerViewDiscount = 1;
MessageBox.Show(february.CalculateAmount(3).ToString());
```
Qual é o valor de amountOwed?

3.
```
CableBill march = new CableBill(9);
march.Discount = true;
MessageBox.Show(march.CalculateAmount(6).ToString());
```
Qual é o valor de amountOwed?

Não existem Perguntas Idiotas

P: Eu reparei que você usou nomes começando com letra maiúscula em alguns campos, mas letra minúscula para outros. Isto importa?

R: Sim – importa para você. Mas, não para o compilador. O C# não se preocupa com a forma como você nomeia suas variáveis, mas se você escolher nomes estranhos, isto dificultará a leitura do seu código. Às vezes,ele pode ficar confuso quando você tem variáveis com o mesmo nome, exceto pelo fato de que uma começa com letra maiúscula e a outra com minúscula.

O C# diferencia letras maiúsculas e minúsculas. Você pode ter duas variáveis diferentes chamadas `Party` e `party` no mesmo método. Será confuso ler, mas seu código compilará bem. Aqui vão algumas dicas sobre nomes de variáveis para ajudá-lo a fazer isso corretamente. Elas não são regras rígidas – o compilador não liga se uma variável começa com letra maiúscula ou minúscula – mas são boas sugestões para ajudá-lo a deixar seu código mais fácil de ler.

1. Quando você declarar um campo privado, deve estar em camelCase e iniciar com uma letra minúscula. (É chamado de camelCase porque inicia com uma letra minúscula e as palavras adicionais ficam em maiúscula, portanto lembram as corcovas em um camelo.)

2. As propriedades e os métodos públicos devem usar PascalCase (iniciam com uma letra maiúscula).

3. Os parâmetros para os métodos devem estar em camelCase.

4. Alguns métodos, especialmente construtores, terão parâmetros com os mesmos nomes dos campos. Quando isso acontece, o parâmetro **mascara** o campo, ou seja, as instruções no método que usam o nome acabam referindo-se ao parâmetro, não ao campo. Use a palavra-chave **`this`** para resolver o problema – adicione-a à variável para dizer ao compilador que você está falando sobre o campo, e não sobre o parâmetro.

Aponte o seu lápis

Este código tem problemas. Escreva o que você acha que está errado com ele e o que você mudaria.

```
class GumballMachine {
        private int gumballs;

        private int price;
        public int Price
        {
          get
          {
                return price;
          }
        }

        public GumballMachine(int gumballs, int price)
        {
                gumballs = this.gumballs;
                price = Price;
        }

        public string DispenseOneGumball(int price, int coinsInserted)
        {
                if (this.coinsInserted >= price) { // check the field
                        gumballs -= 1;
                        return "Here's your gumball";
                } else {
                        return "Please insert more coins";
                }
        }
}
```

Aponte seu lápis Solução

Escreva o valor da variável amountOwed depois que o código abaixo foi executado.

```
1. CableBill january = new CableBill(4);
   MessageBox.Show(january.CalculateAmount(7).ToString());
```

Qual é o valor de amountOwed? **28**

```
2. CableBill february = new CableBill(7);
   february.payPerViewDiscount = 1;
   MessageBox.Show(february.CalculateAmount(3).ToString());
```

Qual é o valor de amountOwed? **não vai compilar**

```
3. CableBill march = new CableBill(9);
   march.Discount = true;
   MessageBox.Show(march.CalculateAmount(6).ToString());
```

Qual é o valor de amountOwed? **42**

Aponte o seu lápis Solução

Este código tem problemas. Escreva o que você acha que está errado com ele e o que você mudaria.

O preço com letras minúsculas refere-se ao parâmetro do construtor, não ao campo. Esta linha define o PARAMETRO para o valor retornado pelo acessador get Price, mas Price ainda não foi definido ainda! Então, ele não faz nada útil. Se você alterar o parâmetro do construtor para Price com letra maiúscula, essa linha funcionará corretamente.

A palavra-chave "this" está no "gumballs" (chicletes) errado. this.gumballs refere-se à propriedade, enquanto que gumballs refere-se ao parâmetro.

```
public GumballMachine(int gumballs, int price)
{
      gumballs = this.gumballs;
      price = Price;
}
```

Este parâmetro mascara o campo privado chamado Price e o comentário diz que o método deveria estar checando o valor do campo de armazenamento price.

```
public string DispenseOneGumball(int price, int coinsInserted)
{
      if (this.coinsInserted >= price) { // check the field
            gumballs -= 1;
            return "Here's your gumball";
      } else {
            return "Please insert more coins";
      }
}
```

A palavra-chave "this" está num parâmetro, ao qual ela não pertence. Ela deveria estar em price porque esse campo é mascarado por um parâmetro.

Exercício

Use o que você aprendeu sobre propriedades e construtores para corrigir o programa Planejador de Festa da Kathleen.

1 **Como corrigir a calculadora do Jantar**

Para corrigir a classe `DinnerParty`, vamos precisar garantir que o método `CalculateCostOfDecorations()` seja chamado toda vez que `NumberOfPeople` mudar.

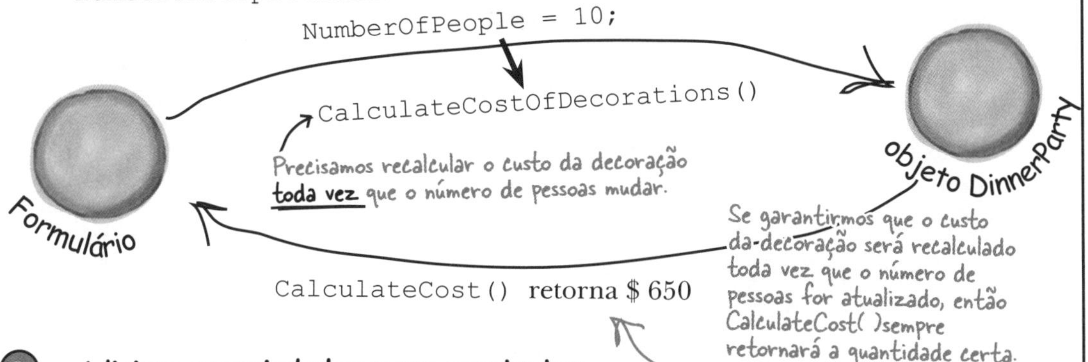

2 **Adicione propriedades e um construtor**

Tudo que você precisa fazer para resolver o problema da Kathleen é garantir que a classe `DinnerParty` esteja bem encapsulada. Você vai começar **transformando `NumberOfPeople` em uma propriedade** que sempre chame `CalculateCostOfDecorations()` quando for chamada. Então, **adicionará um construtor** que garanta que a instância seja inicializada corretamente. Finalmente, você **alterará o formulário** para que ele use o novo construtor. Se você fizer isto corretamente, será a única alteração que terá de fazer no formulário.

★ Você precisará criar uma nova propriedade para `NumberOfPeople` com um acessador set que chama `CalculateCostOfDecorations()`. Precisará de campo de armazenamento chamado numberOfPeople.

★ O acessador set `NumberOfPeople` precisa ter um valor para passar como o parâmetro para o método `CalculateCostOfDecorations()`. Então, adicione um campo `bool` privado chamado `fancyDecorations` que você define sempre que `CalculateCostOfDecorations()` é chamado.

★ Acrescente um construtor que configure a classe. Ele precisa ter três parâmetros para o número de pessoas, Health Options e decorações chiques. O formulário atualmente chama dois métodos quando inicializa o objeto `DinnerParty` – coloque-os no construtor:

```
dinnerParty.CalculateCostOfDecorations(fancyBox.Checked);
dinnerParty.SetHealthyOption(healthyBox.Checked);
```

★ Aqui, temos o construtor para o formulário – todo o resto fica igual:

```
publicForm1( ) {
    InitializeComponent( );
    dinnerParty = new DinnerParty((int)numericUpDown1.Value,
                          healthyBox.Checked, fancyBox.Checked);
    DisplayDinnerPartyCost( );
}
```

Exercício Solução

Use o que você aprendeu sobre propriedades e construtores para corrigir o programa Planejador de Festa da Kathleen.

```
class DinnerParty {
    const int CostOfFoodPerPerson = 25;

    private int numberOfPeople;
    public int NumberOfPeople {
        get { return numberOfPeople; }
        set {
            numberOfPeople = value;
            CalculateCostOfDecorations(fancyDecorations);
        }
    }
    private bool fancyDecorations;

    public decimal CostOfBeveragesPerPerson;
    public decimal CostOfDecorations = 0;

    public DinnerParty(int numberOfPeople, bool healthyOption, bool fancyDecorations) {
        NumberOfPeople = numberOfPeople;
        this.fancyDecorations = fancyDecorations;
        SetHealthyOption(healthyOption);
        CalculateCostOfDecorations(fancyDecorations);
    }

    public void SetHealthyOption(bool healthyOption) {
        if (healthyOption) {
            CostOfBeveragesPerPerson = 5.00M;
        } else {
            CostOfBeveragesPerPerson = 20.00M;
        }
    }

    public void CalculateCostOfDecorations(bool fancy) {
        fancyDecorations = fancy;
        if (fancy) {
            CostOfDecorations = (NumberOfPeople * 15.00M) + 50M;
        } else {
            CostOfDecorations = (NumberOfPeople * 7.50M) + 30M;
        }
    }

    public decimal CalculateCost(bool healthyOption) {
        decimal totalCost = CostOfDecorations
           + ((CostOfBeveragesPerPerson + CostOfFoodPerPerson) * NumberOfPeople);

        if (healthyOption) {
            return totalCost * .95M;
        } else {
            return totalCost;
        }
    }
}
```

Agora que numberOfPeople é privado, não há como o formulário mudá-lo sem também recalcular o custo das decorações. Isto corrigirá o erro que quase custou à Kathleen um de seus melhores clientes!

Usando uma propriedade, você pode garantir que o custo das decorações seja recalculado sempre que o número de pessoas muda.

Tome cuidado com o modo como você usa "this". Você precisará que ele informe a diferença entre o parâmetro e o campo privado chamado numberOfPeople.

Tenha certeza de que armazenou as decorações chiques em um campo para que o acessador set NumberOfPeople possa usá-lo.

Portanto, você vai precisar colocar "this" na frente de "fancyDecorations" porque o parâmetro fancyDecorations mascara o campo privado com o mesmo nome.

6 herança

Sua árvore genealógica do objeto

Às vezes você REALMENTE quer ser exatamente como seus pais.

Você já encontrou sem querer um objeto que faz ***quase*** exatamente o que você quer que o ***seu*** objeto faça? Você já se pegou pensando que se pudesse apenas ***mudar algumas coisas***, aquele objeto seria perfeito? Bem, essa é apenas uma razão que torna a **herança** um dos conceitos e técnicas mais poderosos na linguagem C#. Antes de avançar neste capítulo, você vai aprender como criar uma **subclasse** a partir de um objeto para herdar seu comportamento, mas mantendo a **flexibilidade** para alterar esse comportamento. Você vai **evitar duplicar código**, vai **modelar o mundo real** mais corretamente e vai ter um código ao que é mais **fácil dar manutenção.**

Kathleen organiza aniversários também

Agora que você fez seu programa funcionar, Kathleen está usando-o o tempo todo. Mas, ela não organiza só jantares – ela organiza aniversários também e os preços são um pouco diferentes. Ela precisará de você para acrescentar aniversários ao seu programa.

Acabei de receber um pedido de uma festa de aniversário para 10 pessoas. O seu programa pode lidar com isso?

Estes dois são iguais ao do jantar.

Estimativa de custo para um aniversário

- $ 25 por pessoa.
- Há duas opções para o custo da decoração. Se um cliente opta por uma decoração normal, são $ 7,50 por pessoa com uma taxa de $ 30. Um cliente também pode sofisticar a decoração da festa com a "Opção Chique" – que custa $ 15 por pessoa com uma taxa única de $ 50.
- Quando a festa tem quatro pessoas ou menos, ela usa um bolo de 20 cm ($ 40). Caso contrário, usa um de 40 cm ($ 75).
- Escrever no bolo custa $ .25 para cada letra. O bolo de 20 cm pode ter até 16 letras escritas e o de 40, até 40 letras.

O aplicativo deve lidar com os dois tipos de festas. Use um controle de aba e uma aba para cada tipo de festa.

Grande parte das alterações tem a ver com bolos e a escrita neles.

Precisamos de uma classe BirthdayParty

Modificar seu programa para calcular o custo das festas de aniversário de Kathleen significa acrescentar uma nova classe e alterar o formulário para permitir que você lide com os dois tipos de festa.

Você fará tudo isso em um minuto – mas primeiro, precisará ter uma ideia do que o trabalho envolve.

Aqui vemos o que precisamos fazer:

BirthdayParty
NumberOfPeople CostOfDecorations CakeSize CakeWriting
CalculateCostOfDecorations() CalculateCost()

1. **Crie uma nova classe BirthdayParty**
Sua nova classe BirthdayParty precisará calcular os custos, lidar com as decorações e checar o tamanho da escrita no bolo.

2. **Adicione um TabControl ao seu formulário**
Cada aba no formulário parece bastante com o controle `GroupBox` usado para escolher qual cara fez a aposta no Salão de Apostas do laboratório. Apenas clique na aba que deseja exibir e arraste controles para ela.

3. **Dê um nome para a primeira aba e mova os controles Dinner Party para ela**
Você arrastará cada um dos controles que lidam com o jantar para dentro da nova aba. Eles funcionarão exatamente como antes, mas só serão exibidos quando a aba jantar for selecionada.

4. **Dê um nome à segunda aba e adicione novos controles Birthday Party**
Você projetará a interface para lidar com os aniversários, assim como fez para os jantares.

5. **Ligue sua classe de aniversário aos controles**
Agora, tudo que você precisa fazer é acrescentar uma referência `BirthdayParty` aos campos do formulário e adicionar o código para cada um de seus novos controles para que eles usem seus métodos e propriedades.

Não existem Perguntas Idiotas

P: Por que não podemos apenas criar uma nova instância de `DinnerParty`, como o Mike fez quando quis comparar três rotas em seu programa de navegação?

R: Porque se você criasse outra instância da classe `DinnerParty`, conseguiria usá-la apenas para planejar jantares extras. Duas instâncias da mesma classe poderão ser muito úteis se você precisar gerenciar dois conjuntos diferentes do mesmo tipo de dados. Mas, se você precisar armazenar **tipos diferentes de dados**, precisará de **classes diferentes**.

P: Como eu sei o que colocar na nova classe?

R: Antes que você possa começar a construir uma classe, precisa saber qual problema ela deve resolver. É por isso que você precisava falar com a Kathleen – ela é quem usará o programa. Ainda bem que você fez um monte de anotações! Você pode inventar métodos, campos e propriedades para sua classe pensando no comportamento dela (o que ela ***precisa fazer***) e em seu estado (o que ela ***precisa saber***).

Desenvolva o Planejador de Festa versão 2.0

Use decimal como o tipo para os campos e as propriedades que mantêm valor monetário.

Inicie um novo projeto – iremos desenvolver para Kathleen uma nova versão de seu programa que lida com festas de aniversário *e* jantares. Começaremos criando uma classe `BirthdayParty` bem encapsulada para fazer o cálculo real.

BirthdayParty
NumberOfPeople CostOfDecorations CakeSize CakeWriting
CalculateCostOfDecorations() CalculateCost()

Faça isto!

1 Adicione a classe BirthdayParty ao seu programa

Você já sabe como lidará com a propriedade `NumberOfPeople` e com o método `CostOfDecorations` – eles são exatamente iguais aos seus correspondentes em `DinnerParty`. Começaremos criando sua nova classe e adicionando os itens idênticos, então, acrescentaremos o restante do comportamento.

★ Adicione um campo int público chamado `CakeSize`. Você irá adicionar um método privado chamado `CalculateCakeSize()` que define `CakeSize` para 8 ou 16, dependendo do número de pessoas. Portanto, primeiro, adicionaremos o construtor e acessador set `NumberOfPeople`. Também acrescentaremos mais campos e uma constante.

```
using System.Windows.Forms;

class BirthdayParty {
    public const int CostOfFoodPerPerson = 25;

    public decimal CostOfDecorations = 0;
    private bool fancyDecorations;
    public int CakeSize;

    public BirthdayParty(int numberOfPeople,
                         bool fancyDecorations, string cakeWriting)
    {
        this.numberOfPeople = numberOfPeople;
        this.fancyDecorations = fancyDecorations;
        CalculateCakeSize();
        this.CakeWriting = cakeWriting;
        CalculateCostOfDecorations(fancyDecorations);
    }
```

Certifique-se de que tenha adicionado esta instrução using ao início da classe, pois irá chamar MessageBox.Show().

Quando o objeto BirthdayParty é inicializado, ele precisa saber o número de pessoas, o tipo de decoração e a escrita no bolo, para que possa iniciar com o custo certo do bolo quando CalculateCost() for chamado.

O construtor está chamando o acessador set para definir a escrita do bolo, no caso do parâmetro ser longo demais para o bolo, portanto ele tem que calcular o tamanho do bolo primeiro.

O construtor define as propriedades, então executa os cálculos.

★ Você precisará de uma propriedade string `CakeWriting` para manter a escrita no bolo. O acessador set `CakeWriting` checa `CakeSize` porque tamanhos diferentes de bolo podem conter números diferentes de letras. Então, ele usa `value.Length` para checar o tamanho da string. Se ela for muito grande, em vez de definir o campo privado, o acessador set abre uma caixa de mensagem que diz: "Muitas letras para um bolo de 40 cm" (ou de 20 cm) ("Too many letters for a 16-inch cake" (or 8-inch cake)).

Esta propriedade é um pouco mais complexa do que as vistas antes. Ela verifica o tamanho do bolo para ver se ele é longo demais, usando a variável maxLength para armazenar o comprimento máximo. Se for longo demais, mostrará uma mensagem de erro, então **cortará o campo de armazenamento** no lado direito, para que ele possa ser carregado na caixa de texto.

★ E você precisará do método `CalculateCakeSize()` também. Aqui está:

```
private void CalculateCakeSize() {
    if (NumberOfPeople <= 4)
        CakeSize = 8;
    else
        CakeSize = 16;
}
```

O método CalculateCakeSize() define o campo CakeSize. É chamado pelo acessador set NumberOfPeople e o método CalculateCost().

```
private string cakeWriting = "";
public string CakeWriting {
    get { return this.cakeWriting; }
    set {
        int maxLength;
        if (CakeSize == 8)
            maxLength = 16;
        else
            maxLength = 40;
        if (value.Length > maxLength) {
            MessageBox.Show("Too many letters for a " + CakeSize + " inch cake");
            if (maxLength > this.cakeWriting.Length)
                maxLength = this.cakeWriting.Length;
            this.cakeWriting = cakeWriting.Substring(0, maxLength);
        }
        else
            this.cakeWriting = value;
    }
}
```

É onde a propriedade CakeWriting assegura que a escrita do bolo nunca será longa demais para o tamanho do bolo. Seu acessador set verifica o tamanho do bolo, então usa a propriedade Length do campo de armazenamento para assegurar que não seja longa demais. Se for, cortará a string no lado direito.

Você notou como **omitimos** algumas chaves? Quando você só tem uma instrução em um bloco de código, não precisa adicionar chaves a ele.

Toda string tem um método Substring() que retorna uma parte da string. Este a corta no comprimento permitido, portanto você precisará recarregar a escrita na caixa de texto quando o texto ou o tamanho do bolo mudar.

As chaves são opcionais para os blocos com uma linha

Muitas vezes, você terá uma instrução if ou um loop while que apenas tem uma instrução dentro de seu bloco. Quando isso acontecer muito, você poderá acabar com muitas chaves – e isso pode ser muito feio! O C# ajuda a evitar esse problema permitindo que você omita as chaves se houver apenas uma instrução. Portanto, esta sintaxe é perfeitamente válida para um loop e uma instrução if::

```
for (int i = 0; i < 10; i++)
    DoTheJob(i);

if (myValue == 36)
    myValue *= 5;
```

Continue com a classe BirthdayParty

★ Termine a classe `BirthdayParty` adicionando o método `CalculateCost()`. Mas, ao invés de pegar o custo da decoração e adicionar o custo das bebidas (que é o que acontece em `DinnerParty`), ela adicionará o custo do bolo.

Estamos usando decimal porque estamos lidando com preços e o valor monetário.

```
public decimal CalculateCost() {
    decimal TotalCost = CostOfDecorations + (CostOfFoodPerPerson * NumberOfPeople);
    decimal CakeCost;
    if (CakeSize == 8)
        CakeCost = 40M + CakeWriting.Length * .25M;
    else
        CakeCost = 75M + CakeWriting.Length * .25M;
    return TotalCost + CakeCost;
}

private int numberOfPeople;
public int NumberOfPeople {
    get { return numberOfPeople; }
    set  {
        numberOfPeople = value;
        CalculateCostOfDecorations(fancyDecorations);
        CalculateCakeSize();
        this.CakeWriting = cakeWriting;
    }
}

public void CalculateCostOfDecorations(bool fancy)  {
    fancyDecorations = fancy;
    if (fancy)
        CostOfDecorations = (NumberOfPeople * 15.00M) + 50M;
    else
        CostOfDecorations = (NumberOfPeople * 7.50M) + 30M;
}
}
```

O método CalculateCost() é muito parecido com o de DinnerParty, exceto que adiciona o custo do bolo, ao invés da Opção Saudável.

Fazer o método CakeWriting cortar o tamanho do bolo é apenas metade da solução. A outra metade é assegurar que o acessador set CakeWriting seja executado sempre que o número de pessoas mudar.

Portanto, quando o número de pessoas mudar, a classe primeiro irá recalcular o tamanho do bolo, depois seu acessador set de CakeWriting para cortar o texto – portanto, se uma festa com 10 pessoas se transformar em uma com 4 pessoas, então a mensagem com 36 letras será cortada para uma que caberá no bolo menor.

Este método é exatamente como aquele na classe DinnerParty.

2 **Use TabControl para adicionar abas ao formulário**

Você arrastará um `TabControl` da toolbox para o formulário e irá redimensioná-lo para que caiba no formulário inteiro. Mude o texto de cada aba usando a propriedade `TabPages`: um botão "..." será exibido na janela Properties (Propriedades) ao lado da propriedade. Quando o clicar, o IDE abrirá uma janela que permite editar as propriedades de cada aba. Defina a propriedade `Text` das abas para "Dinner Party" (Jantar) e "Birthday Party" (Aniversário).

Clique nas abas para alternar entre elas. Use a propriedade TabCollection para mudar o texto de cada uma. Clique o botão "..." ao lado dela e selecione a propriedade Text de cada aba.

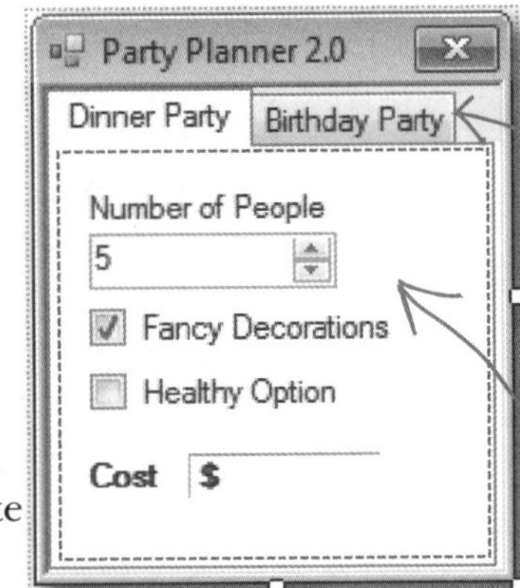

Depois de arrastar os controles Dinner Party para a aba, eles ficarão visíveis quando a aba Dinner Party for selecionada.

3 **Cole os controles Dinner Party em sua aba**

Abra o programa Planejador de Festas do Capítulo 5 em outra janela IDE. Selecione os controles na guia, copie-os e **cole-los na nova aba Dinner Party**. Você precisará clicar **dentro** da guia para assegurar que serão colocados no lugar certo (do contrário, terá um erro sobre não ser capaz de adicionar um componente a um contêiner do tipo `TabControl`).

Algo a lembrar aqui: quando você copia e cola um controle em um formulário, está adicionando apenas o controle em si, **não os manipuladores de evento do controle**. E precisará verificar para assegurar que o nome (Name) esteja definido corretamente na janela Properties para cada um deles. Certifique-se de que cada controle tenha o mesmo nome que tinha em seu projeto do Capítulo 5, então clique duas vezes em cada controle depois de adicioná-lo para acrescentar um manipulador de eventos do evento vazia.

4 **Desenvolva a interface de usuário Birthday Party**

A GUI de Birthday Party possui um controle `NumericUpDown` para o número de pessoas, um controle `CheckBox` para a decoração chique e um controle `Label` com uma borda em 3D para o custo. Então, você adicionará um controle `TextBox` para a escrita do bolo.

Clique na aba Birthday Party e adicione os novos controles.

Esta aba usa os controles NumericUpDown, CheckBox e Label assim como a aba Dinner Party faz. Nomeie-os como numberBirthday, fancyBirthday e birthdayCost.

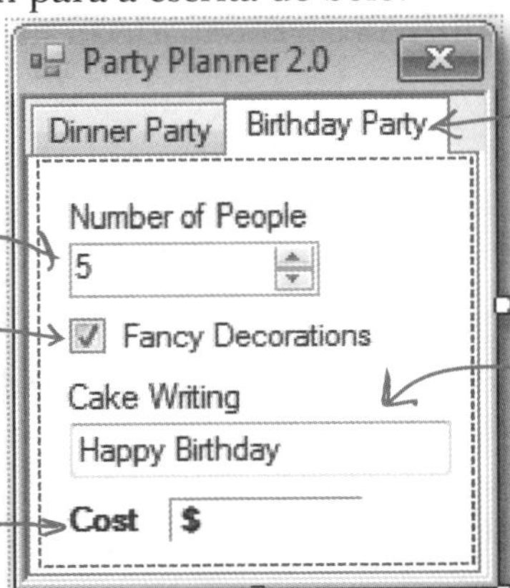

Adicione um controle TextBox chamado cakeWriting para a escrita no bolo (e uma etiqueta acima dele para que o usuário saiba para que ele serve). Use sua propriedade Text para lhe dar um valor padrão de "Happy Birthday" (Feliz Aniversário).

Continue com o código para o formulário...

5 **Junte tudo**

Todas as peças estão aqui – agora é só uma questão de escrever um pouco de código para fazer os controles funcionarem.

★ Você precisará de campos em seu formulário que tenham referências para um objeto BirthdayParty e um objeto Dinner Party, e precisará instanciá-los no construtor.

★ Você já tem um código para os manipuladores de evento dos controles do jantar – estão em seu projeto do Capítulo 5. Se você não clicou duas vezes nos controles NumericUpDown e CheckBox na aba Dinner Party para adicionar os manipuladores de evento, faça isto agora. Então, copie o conteúdo de cada manipulador de evento do programa do Capítulo 5 e cole-o aqui. Eis o código para o formulário:

```
public partial class Form1 : Form {
    DinnerParty dinnerParty;
    BirthdayParty birthdayParty;
    public Form1( ) {
        InitializeComponent( );
        dinnerParty = new DinnerParty((int)numericUpDown1.Value,
                          healthyBox.Checked, fancyBox.Checked);
        DisplayDinnerPartyCost( );

        birthdayParty = new BirthdayParty((int)numberBirthday.Value,
                  fancyBirthday.Checked, cakeWriting.Text);

        DisplayBirthdayPartyCost( );
    }

    // As sub-rotinas de evento fancyBox, healthyBox e numericUpDown1 e
    // o método DisplayDinnerCost( ) são idênticos àqueles no
    // exercício Jantar no final do Capítulo 5.
```

A instância BirthdayParty é inicializada no construtor do formulário, exatamente como a instância DinnerParty.

★ Adicione código ao método do manipulador de evento ao controle `NumericUpDown` para definir a propriedade `NumberOfPeople` do objeto e faça a caixa de seleção Fancy Decorations (Decorações Chiques) funcionar.

```
private void numberBirthday_ValueChanged(object sender, EventArgs e) {
    birthdayParty.NumberOfPeople = (int)numberBirthday.Value;
    DisplayBirthdayPartyCost();
}

private void fancyBirthday_CheckedChanged(object sender, EventArgs e) {
    birthdayParty.CalculateCostOfDecorations(fancyBirthday.Checked);
    DisplayBirthdayPartyCost();
}
```

As sub-rotinas de evento dos controles CheckBox e NumericUpDown são como aquelas para o jantar.

★ Use a página Events (Eventos) na janela Properties para adicionar um manipulador de eventos de evento `TextChanged` ao TextBox `cakeWriting`. Clique no botão com raio na janela Properties para alternar para a página Events. Então, selecione o TextBox e pagine até encontrar o evento `TextChanged`. Clique-o duas vezes para adicionar um manipulador de eventos de evento.

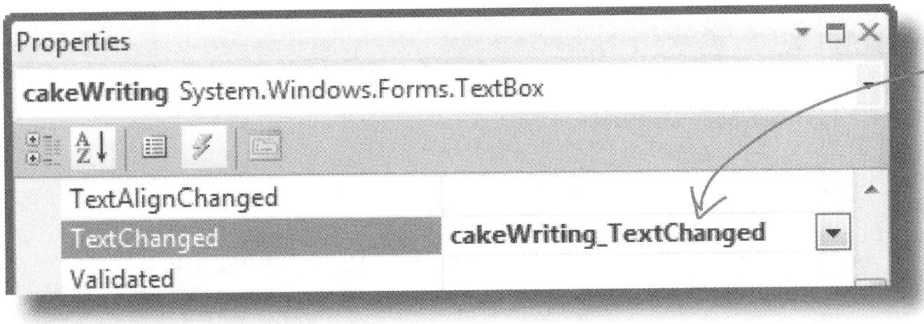

Quando você selecionar o TextBox cakeWriting e clicar duas vezes na linha TextChanged na página Events da janela Properties, o IDE adicionará um manipulador de eventos de evento que é inicializada sempre que o texto na caixa muda.

```
private void cakeWriting_TextChanged(object sender, EventArgs e) {
    birthdayParty.CakeWriting = cakeWriting.Text;
    DisplayBirthdayPartyCost();
}
```

★ Acrescente um método `DisplayBirthdayPartyCost()` e adicione-o a todas as sub-rotinas de evento para que a etiqueta de custo seja atualizada automaticamente sempre que houver uma mudança.

O modo como o formulário lida com a escrita do bolo pode ser realmente simples porque a classe BirthdayParty está **bem encapsulada**. Tudo que o formulário tem que fazer é usar seus controles para definir as propriedades no objeto e o objeto cuidará do resto.

```
    private void DisplayBirthdayPartyCost() {
        cakeWriting.Text = birthdayParty.CakeWriting;
        decimal cost = birthdayParty.CalculateCost();
        birthdayCost.Text = cost.ToString("c");
    }
}
```

Toda a inteligência para lidar com a escrita, número de pessoas e tamanho do bolo está predefinida nos acessadores set de NumberOfPeople e de CakeWriting, portanto o formulário só tem que definir e exibir os valores.

... e você terminou com o formulário!

❻ Seu programa terminou – é hora de executá-lo

Tenha certeza de que o programa funciona como deveria. Veja se ele abre uma caixa de mensagem informando que o texto é grande demais para o bolo. Certifique-se de que o preço esteja sempre certo. Se estiver funcionando, você terminou!

Inicie o programa e vá para a aba Dinner Party. Certifique-se de que funcione como seu antigo programa Planejador de Festas.

Clique na guia Birthday Party. Certifique-se de que o custo muda quando você altera o número de pessoas ou clica na caixa de texto Fancy Decorations.

O cálculo funciona corretamente? Neste caso, 10 pessoas significam $25 por pessoa ($ 2,50) mais $ 75 para um bolo de 40 cm mais $ 7.50 por pessoa ($ 75) para as decorações não chiques mais uma taxa de decoração de $ 30 mais $ 0,25 por letra para 21 letras no bolo $ (5,25).

Portanto, $ 250 + $ 75 + $ 75 + $ 30 + $ 5.25 = $ 435.25. Funciona!

Quando você digitar na caixa de texto Cake Writing (Escrita do Bolo), o manipulador de evento TextChanged deverá atualizar o custo sempre que você adicionar ou remover uma letra.

Mais uma coisa... Você pode acrescentar uma taxa de $ 100 para festas com mais de 12 pessoas?

A Kathleen está com tanto trabalho, graças a seu programa, que ela pode começar a cobrar um pouco mais de seus clientes maiores. Então, o que será necessário para mudar seu programa e acrescentar a taxa extra?

★ Mude `DinnerParty.CalculateCost()` para checar `NumberOfPeople` e acrescentar $ 100 ao valor de retorno se ele for maior que 12.

★ Faça exatamente o mesmo para `BirthdayParty CalculateCost()`.

Pare por um minuto e pense em como você adicionaria uma taxa para ambas as classes DinnerParty e BirthdayParty. Que código você poderia escrever? Onde ele deveria ser colocado?

É fácil... Mas, o que acontece se houver três classes parecidas? Ou quatro? Ou doze? E se você tivesse que manter esse código e fazer mais alterações depois? E se você tivesse que fazer exatamente a ***mesma alteração*** em cinco ou seis classes com uma ***relação muito próxima***?

Você está certo! Ter o mesmo código repetido em classes diferentes é ineficiente e induz a erros.

Para nossa sorte, o C# nos oferece uma forma melhor de construir classes que são relacionadas e compartilham um comportamento: a ***herança***.

Quando suas classes usam a herança, você só precisa escrever seu código uma vez

Não é coincidência que suas classes `DinnerParty` e `BirthdayParty` tenham muito código em comum. Quando você escreve programas C#, frequentemente cria classes que representam coisas no mundo real – e essas coisas geralmente se relacionam entre si. Suas classes possuem um **código parecido** porque as coisas que elas representam no mundo real – um aniversário e um jantar – possuem comportamentos parecidos.

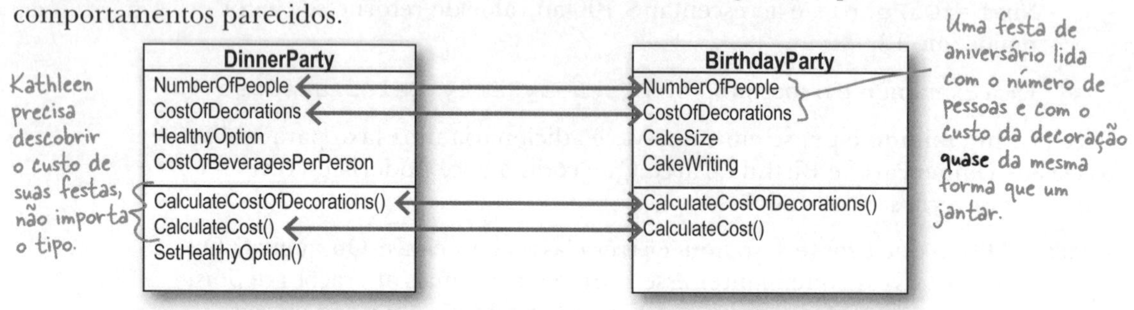

Jantares e aniversários são festas

Quando você tem duas classes, que são casos mais específicos de algo mais geral, pode configurá-las de forma que **herdem** da mesma classe. Assim, cada uma delas é uma **subclasse** da mesma **classe base**.

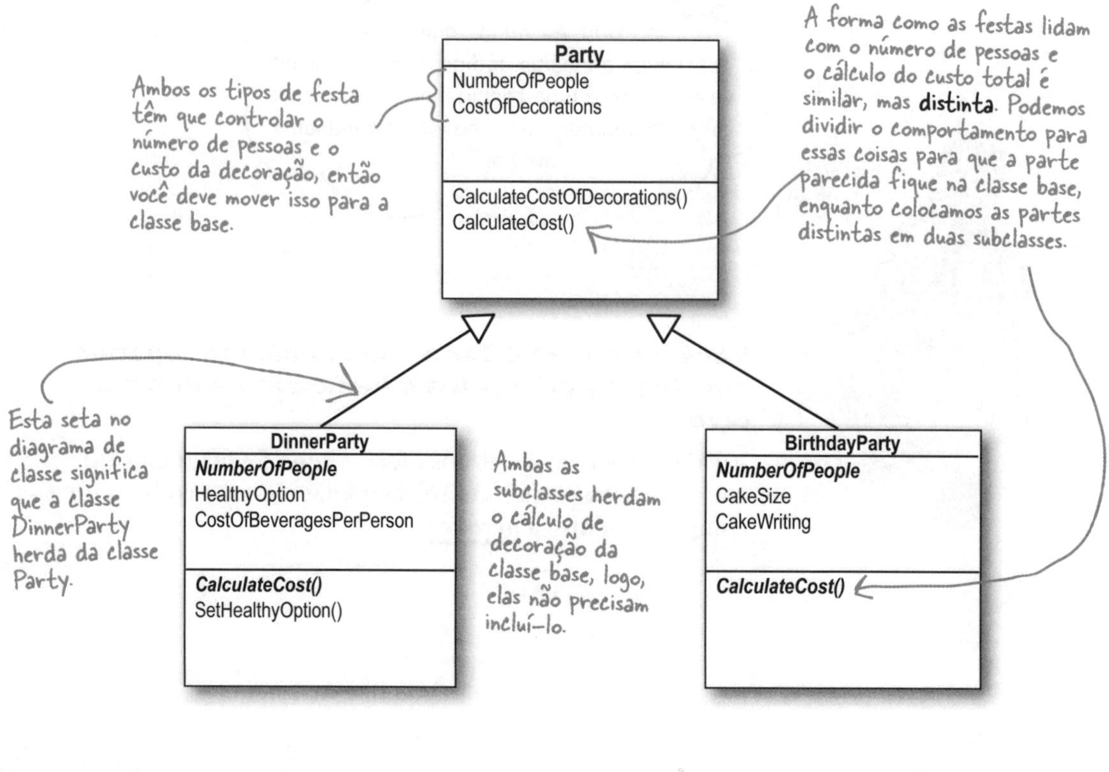

Faça seu modelo de classe começando pelo geral e especificando cada vez mais

Os programas C# usam a herança porque ela imita a relação que seus modelos têm no mundo real. As coisas do mundo real geralmente ficam em uma **hierarquia**, que vai do mais geral ao mais específico, e seus programas possuem sua própria **hierarquia de classes**, que faz a mesma coisa. Em seu modelo de classe, as classes mais abaixo na hierarquia **herdam** daquelas mais acima.

Geral

Em um modelo de classe, Queijo pode herdar de Laticínio, que herdaria de Comida.

Comida

Laticínio Pássaro

Queijo

Cheddar

Cheddar Envelhecido de Vermont

Específico

Se você tem uma receita que precisa de queijo cheddar, pode usar o cheddar envelhecido de Vermont. Mas, se a receita colocar comoobrigatório este tipo, você não poderá usar qualquer cheddar – precisa deste específico.

Geral

Todo pássaro é um animal, mas nem todo animal é um pássaro.

Animal

Pássaro

Pássaro cantor

Para alguém procurando um animal de estimação, qualquer pássaro cantor serviria. Mas, para um ornitólogo estudando a família de pássaros mimidae, confundir os sockingbirds do norte e do sul seria inaceitável.

Mockingbird

Mockingbird do norte

Específico

Algo abaixo na hierarquia herda a maioria ou todos os atributos de tudo acima. Todos os animais comem e procriam, então os Mockingbirds do norte comem e procriam.

her-dar, verbo.
derivar uma característica dos pais ou ancestrais. *Ela queria que o bebê* ***herdasse*** *seus grandes olhos castanhos, e não os pequenos olhos azuis de seu marido.*

Como você criaria um simulador de zoológico?

Leões e tigres e ursos... uau! Além desses, hipopótamos, lobos e um felino ocasional. Seu trabalho é criar um programa que simule um zoológico. (Não fique muito animado – não vamos fazer o código realmente, apenas criar as classes para representar os animais).

Recebemos uma lista de alguns dos animais que estarão no programa, mas não todos. Sabemos que cada animal será representado por um objeto e que os objetos irão mover-se no simulador, fazendo qualquer coisa que cada animal em particular esteja programado para fazer.

Mais importante, queremos que o programa seja fácil para os outros programadores manterem. Ou seja, eles precisarão ser capazes de adicionar suas próprias classes mais tarde se quiserem adicionar novos animais ao simulador.

Então, qual é o primeiro passo? Antes que possamos falar sobre animais **específicos**, precisamos descobrir as **generalidades** que eles têm em comum – as características abstratas que ***todos*** os animais têm. Daí, poderemos colocar essas características numa classe da qual todas as classes de animais possam herdar.

1 Procure as coisas que os animais têm em comum
Dê uma olhada nestes seis animais. O que um lion (leão), hippo (hipopótamo), tiger (tigre), cat (gato), wolf (lobo) e dalmation (dálmata) têm em comum? Como eles estão relacionados? Você terá que descobrir essa relação para que possa inventar um modelo de classe que inclua todos eles.

Use a herança para evitar a duplicação de código em subclasses

Você já sabe bastante para perceber que duplicar código é ruim. É difícil de manter e sempre causa dores de cabeça no futuro. Então, vamos escolher campos e métodos para uma classe base Animal que você **só tenha que escrever uma vez**, assim cada uma das subclasses de animais poderá herdá-los. Vamos começar com os campos públicos:

★ `Picture`: uma imagem que você pode colocar em um PictureBox.

★ `Food`: o tipo de comida que esse animal come. Neste momento, só pode haver dois valores: carne ou grama.

★ `Hunger`: um int representa o nível de fome de um animal. Ele muda dependendo de quando (e quanto) o animal come.

★ `Boundaries`: uma referência para uma classe que armazena a altura, largura e local da área na qual onde o animal andará.

★ `Location`: as coordenadas X e Y onde o animal está.

E mais, a classe Animal possui quatro métodos que os animais podem herdar:

★ `MakeNoise()`: um método para permitir que o animal emita um som.

★ `Eat()`: o comportamento para quando o animal encontra sua comida preferida.

★ `Sleep()`: um método que faz o animal deitar e tirar uma soneca.

★ `Roam()`: os animais gostam de andar em suas áreas no zoológico.

2 Desenvolva uma classe base para dar aos animais tudo que eles têm em comum

Os campos, propriedades e métodos na classe base darão a todos os animais que herdam dela um estado e um comportamento comuns. Todos são animais, então faz sentido chamar a classe base de Animal.

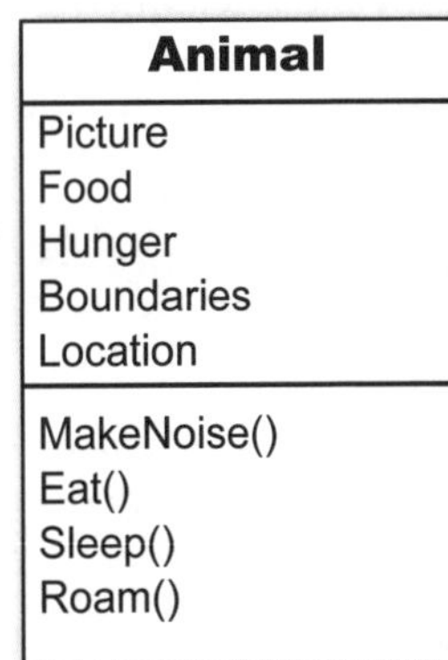

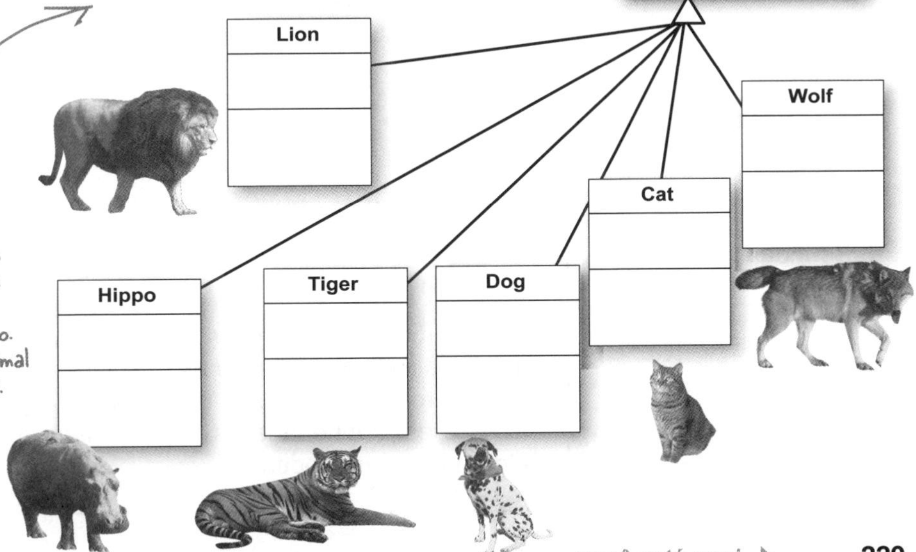

Escolher uma classe base quer dizer fazer escolhas. Você poderia ter decidido usar uma classe ZooOccupant que define os custos da comida e da manutenção, ou uma classe Attraction com métodos para como os animais entretêm os visitantes do zoológico. Mas, achamos que Animal faz mais sentido aqui. Você concorda?

Animais diferentes produzem sons diferentes

Leões rugem, cachorros latem e, até onde nós sabemos, hipopótamos não fazem nenhum som. Cada uma das classes que herdam de Animal terá um método `MakeNoise()`, mas cada um desses métodos funcionará de forma diferente e terá um código diferente. Quando uma subclasse muda o comportamento de um dos métodos que herdou, dizemos que ela **sobrescreve** o método.

Só porque uma propriedade ou um método está na classe base Animal, isso não quer dizer que toda subclasse terá que usá-lo da mesma forma... nem mesmo usá-lo!

Pense o que você precisa sobrescrever

Quando uma subclasse altera o comportamento de um método que ela herdou, chamamos de sobrescrição. Todo animal precisa comer. Mas, um cachorro pode comer alguns pedaços de carne, enquanto um hipopótamo come enormes quantidades de grama. Então, como seria o código para este comportamento? Tanto o cachorro quanto o hipopótamo sobrescreveriam o método `Eat()`. O método do hipopótamo o faria consumir, digamos, 10 quilogramas de feno cada vez que fosse chamado. O método `Eat()` do cachorro, por outro lado, reduziria a quantidade de comida para uma lata de 400 gramas de comida canina.

Então, quando você tem uma subclasse que herda de uma classe base, ela **deve** herdar todos os comportamentos da classe... mas, você pode **modificá-los** na subclasse para que eles não funcionem exatamente da mesma forma. É para isso que serve a anulação.

3 **Descubra o que cada animal faz que a classe Animal faz diferente – ou não faz**

O que cada tipo de animal faz que todos os outros não fazem? Cachorros comem comida canina, então o método `Eat()` do cachorro precisará sobrescrever o método `Animal.Eat()`. Hipopótamos nadam, então ele terá um método `Swim()` que não existirá na classe Animal.

Animal
Picture Food Hunger Boundaries Location
MakeNoise() Eat() Sleep() Roam()

PODER DO CÉREBRO

Já sabemos que alguns animais sobrescreverão os métodos **`MakeNoise()`** e **`Eat()`**. Quais animais sobrescreverão **`Sleep()`** ou **`Roam()`**? Algum deles fará isso? E as propriedades – quais animais sobrescreverão algumas propriedades?

Pense em como agrupar os animais

O cheddar envelhecido de Vermont é um tipo de queijo, que é um laticínio, que é um tipo de comida e um bom modelo de classe para comida representaria isso. Para nossa sorte, o C# nos dá uma forma fácil de fazer essas coisas. Você pode criar uma cadeia de classes que herdam umas das outras, começando com a classe base mais do topo e descendo. Então, você poderia ter uma classe `Food`, com uma subclasse chamada `DairyProduct` que serve como a classe base para `Cheese`, que tem uma subclasse chamada `Cheddar`, da qual `AgedVermontCheddar` herda.

4 Procure classes que tenham muito em comum

Cachorros e lobos não são parecidos? Ambos são caninos e pode apostar, se observarmos seus comportamentos, eles terão muito em comum. Provavelmente, eles comem a mesma comida e dormem da mesma forma. E os gatos domésticos, tigres e leões? Acontece que os três se movem pelos seus habitats da mesma forma. Há uma boa chance de que você possa ter uma classe `Feline` que fica entre `Animal` e aquelas três classes de gatos, que pode ajudar a evitar duplicar o código entre eles.

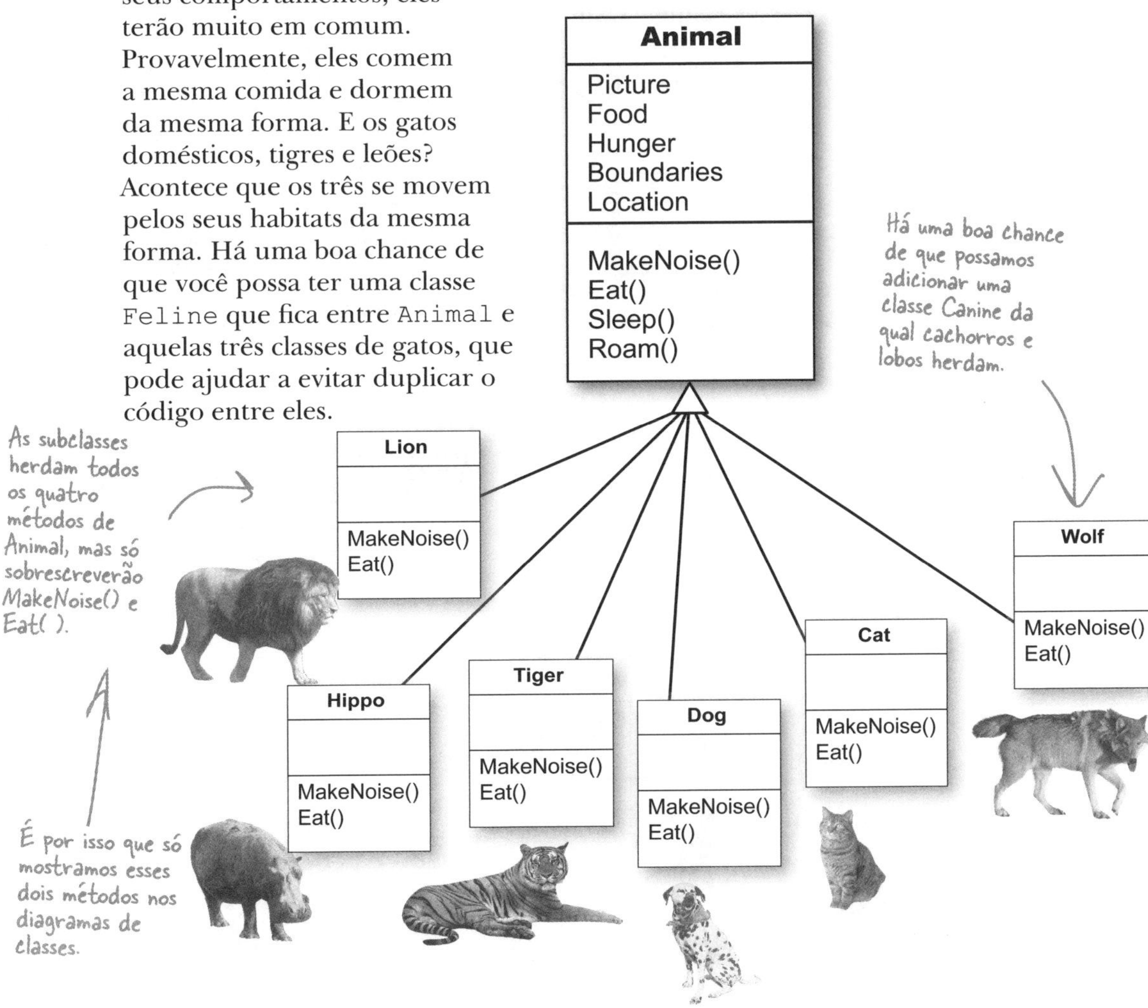

Crie a hierarquia de classes

Quando você cria suas classes para que haja uma classe base no topo com subclasses abaixo dela e essas subclasses possuem suas próprias subclasses que herdam delas, isto se chama **hierarquia de classes**. Isto é mais do que apenas evitar duplicar o código, embora, certamente, seja um grande benefício de uma hierarquia bem feita. Mas no fim das contas, o maior benefício é seu código tornar-se muito fácil de entender e manter. Quando você vir o código do simulador de zoológico, sempre que observar um método ou propriedade definida na classe Feline, *saberá imediatamente* que se trata de algo que todos os gatos compartilham. A hierarquia se transforma num mapa que ajuda na interpretação de seu programa.

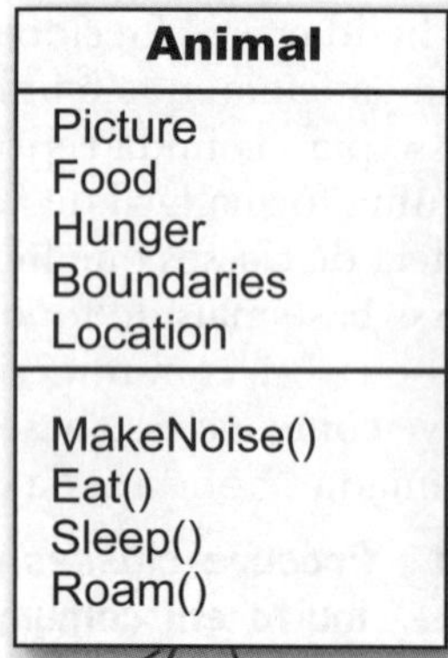

5 **Termine sua hierarquia de classes**

Agora que você sabe como organizar os animais, pode adicionar as classes Feline e Canine.

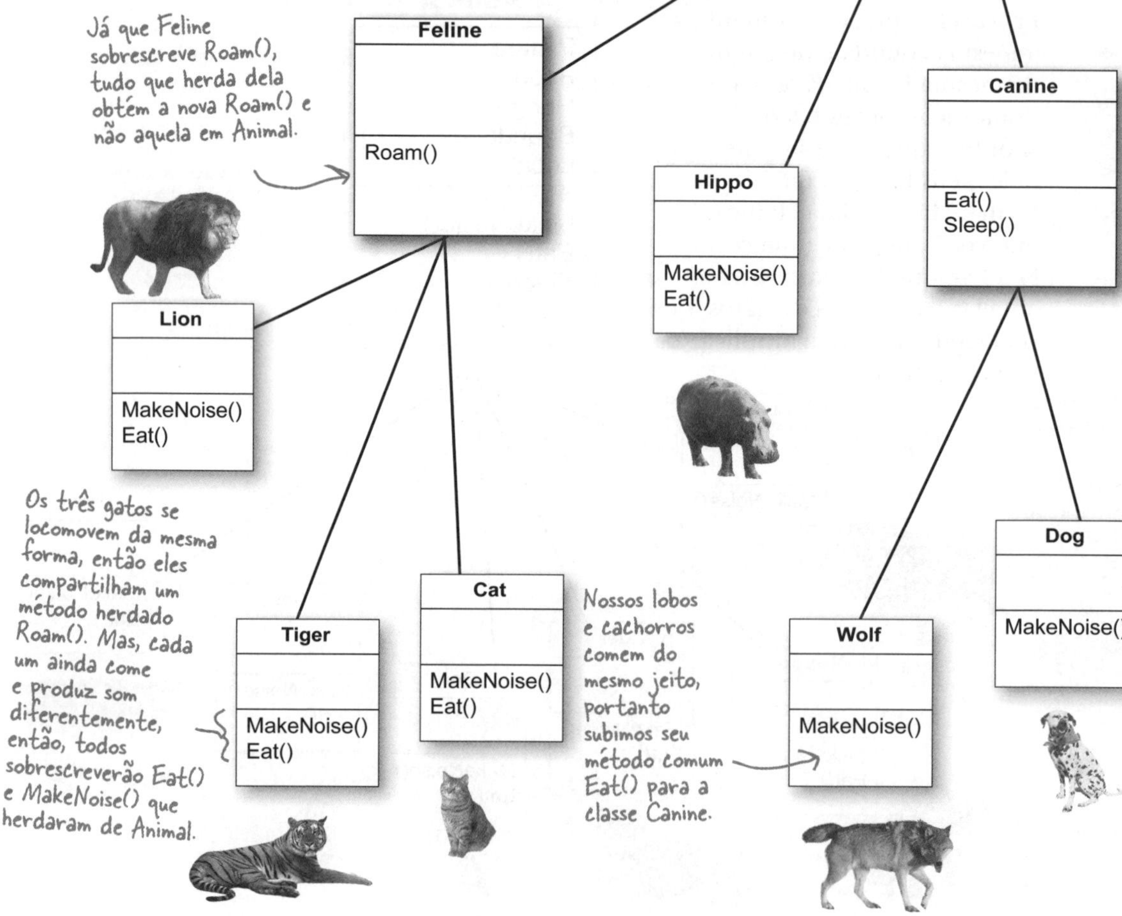

Toda subclasse estende sua classe base

> **hi-e-rar-qui-a, substantivo.**
> um arranjo ou classificação na qual grupos ou coisas são classificadas umas acima das outras. *O presidente da Dynamco subiu do almoxarifado ao topo da **hierarquia** empresarial.*

Você não está limitado aos métodos que uma subclasse herda de sua classe base... mas você já sabia disso! Afinal, você tem feito suas próprias classes. Quando você acrescenta herança a uma classe, o que está fazendo é pegar a classe construída e ***estender***, adicionando todos os campos, propriedades e métodos na classe base. Então, se você quisesse adicionar um método `Fetch()` ao cachorro, isto seria perfeitamente normal. Ele não vai herdar ou sobrescreve nada – só o cachorro terá esse método e ele não vai acabar em Lobo, Canine, Animal, Hipopótamo ou em nenhuma outra classe.

cria um novo objeto Cão `Dog spot = new Dog();`

chama a versão em Cão `spot.MakeNoise();`

chama a versão em Animal `spot.Roam();`

chama a versão em Canine `spot.Eat();`

chama a versão em Canine `spot.Sleep();`

chama a versão em Cão `spot.Fetch();`

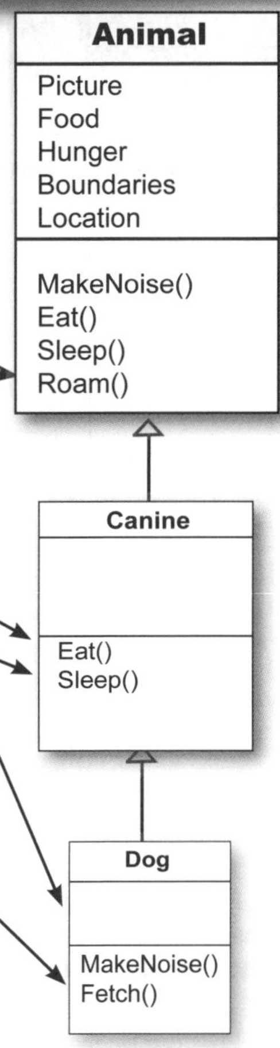

O C# sempre chama o método mais específico

Se você disser ao seu objeto cachorro para andar, só haverá um método que pode ser chamado – aquele na classe Animal. Mas, e para falar para o seu cachorro produzir som? Qual `MakeNoise()` é chamado?

Bem, não é muito difícil descobrir. Um método na classe Dog diz como os cachorros fazem isso. Se estiver na classe `Canine`, ela informa como todos os caninos fazem isso. E se está em `Animal`, então é uma descrição desse comportamento, que é tão geral que se aplica a todos os animais. Assim, se você pedir ao seu cachorro para produzir um som, primeiro o C# olhará dentro da classe `Dog` para encontrar o comportamento que se aplica *especificamente* a cachorros. Se `Dog` não possuir um, checará `Canine` e depois disso, `Animal`.

Use dois pontos para herdar de uma classe base

Quando você está escrevendo uma classe, usa **dois pontos (:)** para fazê-la herdar de uma classe base. Isso a transforma em uma subclasse e fornece **todos os campos, propriedades e métodos** da classe da qual ela herda.

Quando uma subclasse herda de uma classe base, todos os campos, propriedades e métodos nesta são automaticamente adicionados à subclasse.

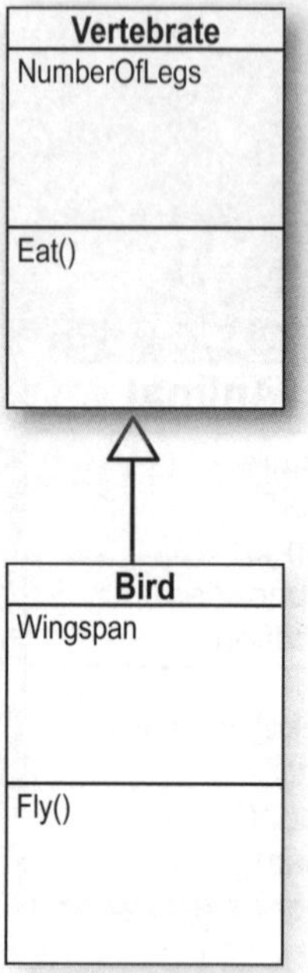


```
class Vertebrate
{
    public int NumberOfLegs;
    public void Eat( ) {
        // o código para fazer o animal comer
    }
}
```

A classe Bird usa dois pontos para herdar da classe Vertebrate. Isso significa que ela herda todos os campos, propriedades e métodos de Vertebrate.

```
class Bird : Vertebrate
{
    public double Wingspan;
    public void Fly( ) {
        // o código para fazer o pássaro voar
    }
}
```

Você estende uma classe adicionando dois pontos ao final da sua declaração da classe, seguindo com a classe base da qual herdar.

```
public button1_Click(object sender, EventArgs e) {
    Bird tweety = new Bird();
    tweety.Wingspan = 7.5;
    tweety.Fly();
    tweety.NumberOfLegs = 2;
    tweety.Eat();
}
```

tweety é uma instância de Bird, então ela tem os métodos e os campos de Bird como sempre.

Já que a classe Bird herda de Vertebrate, toda instância de Bird também possui campos e métodos definidos na classe Vertebrate.

Não existem Perguntas Idiotas

P: Por que a seta aponta para cima, da subclasse para a classe base? Em vez disso, o diagrama não ficaria melhor com uma seta apontando para baixo?

R: Pode parecer melhor, mas não seria tão certo. Quando você configura uma classe para herdar de outra, cria essa relação na subclasse – a classe base continua a mesma. E isso faz sentido quando você pensa da perspectiva da classe base. Seu comportamento continua totalmente inalterado quando você adiciona uma classe que herda dela. A classe base nem sequer sabe dessa nova classe que herdou dela. Seus métodos, campos e propriedades continuam totalmente intactos. Mas, a subclasse certamente muda seu comportamento. Toda instância da subclasse automaticamente recebe todas as propriedades, campos e métodos da classe base e isso acontece só com o acréscimo dos dois pontos. É por isso que você desenha a seta em seu diagrama, para que ele seja parte da subclasse e aponte para a classe base da qual ela herda.

Aponte o seu lápis

Dê uma olhada nestes modelos de classe e declarações, então circule as instruções que não funcionarão.

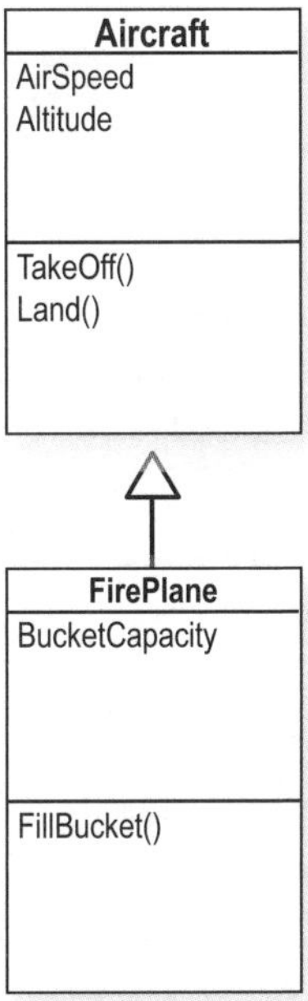


```
class Aircraft {
   public double AirSpeed;
   public double Altitude;
   public void TakeOff() { ... };
   public void Land() { ... };
}

class FirePlane : Aircraft {
   public double BucketCapacity;
   public void FillBucket() { ... };
}

public void FireFightingMission() {
   FirePlane myFirePlane = new FirePlane();
   new FirePlane.BucketCapacity = 500;
   Aircraft.Altitude = 0;
   myFirePlane.TakeOff();
   myFirePlane.AirSpeed = 192.5;
   myFirePlane.FillBucket();
   Aircraft.Land();
}
```

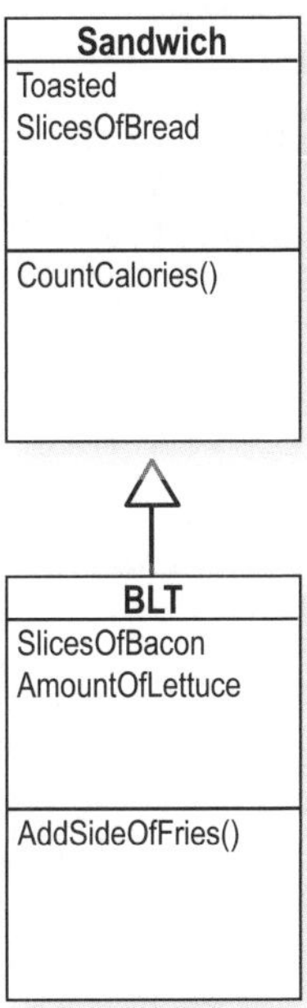


```
class Sandwich {
   public boolean Toasted;
   public int SlicesOfBread;
   public int CountCalories() { ... }
}

class BLT : Sandwich {
   public int SlicesOfBacon;
   public int AmountOfLettuce;
   public int AddSideOfFries() { ... }
}

public BLT OrderMyBLT() {
   BLT mySandwich = new BLT();
   BLT.Toasted = true;
   Sandwich.SlicesOfBread = 3;
   mySandwich.AddSideOfFries();
   mySandwich.SlicesOfBacon += 5;
   MessageBox.Show("My sandwich has "
      + mySandwich.CountCalories + "calories".);
   return mySandwich;
}
```

Aponte o seu lápis Solução

Dê uma olhada nestes modelos de classe e declarações. então circule as instruções que não funcionarão.

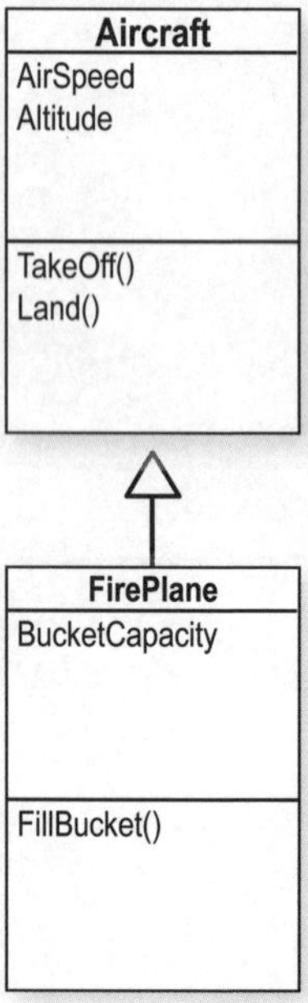


```
class Aircraft {
   public double AirSpeed;
   public double Altitude;
   public void TakeOff() { ... };
   public void Land() { ... };
}

class FirePlane : Aircraft {
   public double BucketCapacity;
   public void FillBucket() { ... };
}

public void FireFightingMission() {
   FirePlane myFirePlane = new FirePlane();
   new FirePlane.BucketCapacity = 500;
   Aircraft.Altitude = 0;
   myFirePlane.TakeOff();
   myFirePlane.AirSpeed = 192.5;
   myFirePlane.FillBucket();
   Aircraft.Land();
}
```

Não é assim que você usa a palavra-chave new.

Estas instruções usam os nomes da classe, em vez do nome da instância, myFirePlane.

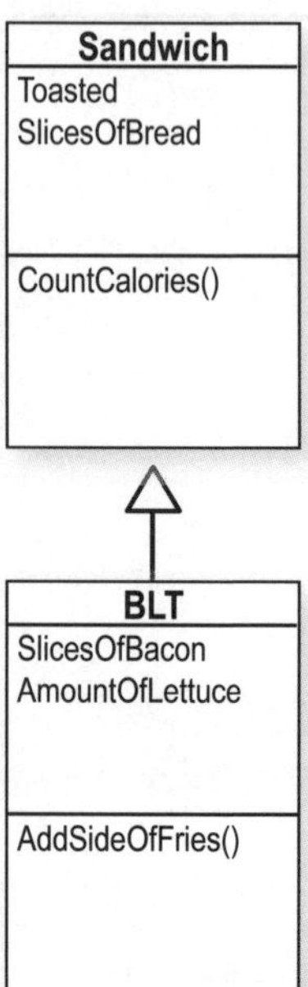


```
class Sandwich {
   public boolean Toasted;
   public int SlicesOfBread;
   public int CountCalories() { ... }
}

class BLT : Sandwich {
   public int SlicesOfBacon;
   public int AmountOfLettuce;
   public int AddSideOfFries() { ... }
}

public BLT OrderMyBLT() {
   BLT mySandwich = new BLT();
   BLT.Toasted = true;
   Sandwich.SlicesOfBread = 3;
   mySandwich.AddSideOfFries();
   mySandwich.SlicesOfBacon += 5;
   MessageBox.Show("My sandwich has "
      + mySandwich.CountCalories + "calories".);
   return mySandwich;
}
```

Estas propriedades fazem parte da instância, mas as instruções estão tentando chamá-las incorretamente usando os nomes de classe.

CountCalories é um método, mas esta instrução não inclui os parênteses ( ) depois da chamada ao método.

Sabemos que herança adiciona os campos, propriedades e métodos da classe base à subclasse...

A herança é simples quando sua subclasse precisa herdar ***todos*** os métodos, propriedades e campos da classe base.

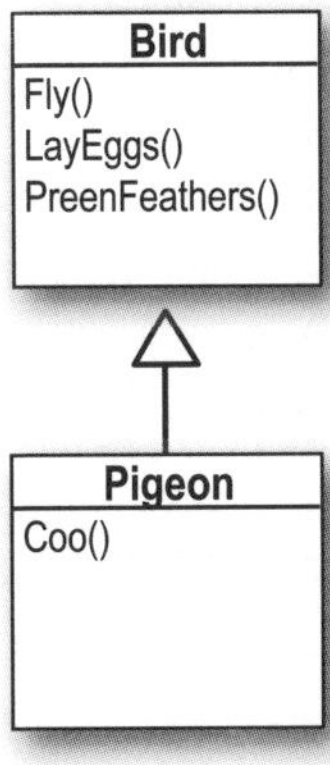

Pigeon é uma subclasse de Bird, então, quaisquer campos e métodos em Bird são automaticamente parte de Pigeon também.

```
class Bird {
   public void Fly() {
    // aqui, você faz seu pássaro voar
   }
   public void LayEggs() { ... };
   public void PreenFeathers() { ...
};
}

class Pigeon : Bird {
   public void Coo() { ... }
}

class Penguin : Bird {
   public void Swim() { ... }
}
```

...mas alguns pássaros não voam!

O que você faz se sua classe base possui um método que sua subclasse precisa ***modificar***?

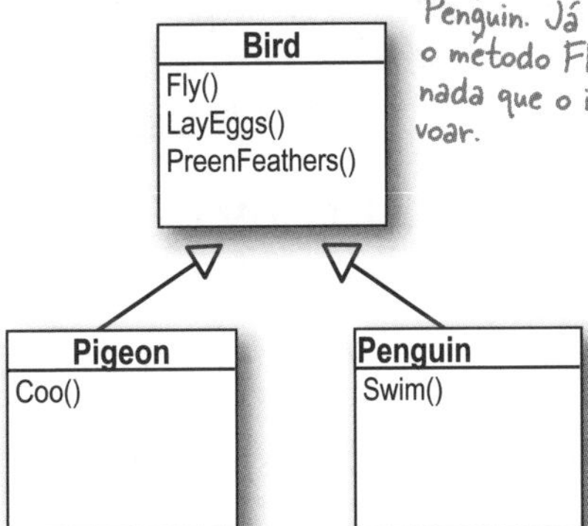

Izzy é uma instância de Penguin. Já que herdou o método Fly(), não há nada que o impeça de voar.

```
public void BirdSimulator() {
    Pigeon Harriet = new Pigeon();
    Penguin Izzy = new Penguin();
    Harriet.Fly();
    Harriet.Coo();
    Izzy.Fly();
}
```

Tanto Pigeon quanto Penguin herdam de Bird, então os dois obtêm os métodos Fly(), LayEggs() e PreenFeathers().

Os objetos Penguin não deveriam poder voar! Mas, se a classe Penguin herda de Bird, então você terá pinguins voando por todos os lados. O que faremos então?

Pigeons voam, botam ovos e ajeitam suas penas, logo, não existirão problemas com a classe Pigeon herdando de Bird.

PODER DO CÉREBRO

Se esse fosse seu código de Simulador de Pássaros, o que você faria para evitar que os pinguins voassem?

Uma subclasse pode sobrescrever métodos para alterar ou substituir os métodos herdados

Às vezes, você tem uma subclasse que deveria herdar a *maioria* dos comportamentos da classe base, mas *não todos*. Quando você quer alterar os comportamentos que uma classe herdou, pode **sobrescrever** os métodos.

1. **Adicione a palavra-chave virtual ao método na classe base**
Uma subclasse só pode sobrescrever um método se for marcada com a palavra-chave **virtual**, que diz ao C# permitir para a subclasse anule os métodos.

```
class Bird {

    public virtual void Fly( ) {

        // o código para fazer o pássaro voar

    }

}
```

Adicionar a palavra-chave virtual ao método Fly() diz ao C# que uma subclasse pode sobrescrevê-los.

2. **Adicione um método com o mesmo nome à classe derivada**
Você precisará ter exatamente a mesma assinatura – ou seja, o mesmo valor de retorno e parâmetros – e precisará usar a palavra-chave **override** na declaração.

```
class Penguin : Bird {
    public override void Fly() {
       MessageBox.Show("Penguins can't fly!")
    }
}
```

Para sobrescrever o método Fly( ), acrescente um método idêntico à subclasse e use a palavra-chave override.

Quando você sobrescrever um método, seu novo método precisa ter exatamente a mesma assinatura daquele na classe base ao qual está anulando. Neste caso, isso quer dizer que ele precisa chamar-se Fly, retornar void e não ter nenhum parâmetro.

Use a palavra-chave override para adicionar um método à sua subclasse que substitua o herdado. Antes que você possa sobrescrever um método, precisa marca-lo como virtual na classe base.

Em qualquer lugar onde se pode usar uma classe base, pode-se utilizar uma de suas subclasses

Uma das coisas mais úteis que você pode fazer com herança é usar uma subclasse no lugar da classe base da qual ela herda. Se o seu método `Recipe()` tem um objeto `Cheese` e você tem uma classe `AgedVermontCheddar` que herda de `Cheese`, você pode passar uma instância de `AgedVermontCheddar` para o método `Recipe()`. Mas, este só terá acesso aos campos, propriedades e métodos que fazem parte da classe `Cheese` – ele não tem acesso a nada específico de `AgedVermontCheddar`

1. Digamos que temos um método para analisar os objetos `Sandwich`:

```
public void SandwichAnalyzer(Sandwich specimen) {
      int calories = specimen.CountCalories();
      UpdateDietPlan(calories);
      PerformBreadCalculations(specimen.SlicesOfBread, specimen.Toasted);
}
```

2. Você pode passar um sanduíche ao método – mas, poderia passar também um BLT (sanduíche de bacon, alface e tomate). Já que um BLT é um tipo de sanduíche, configurados de forma que ele herde da classe Sandwich:

```
public button1_Click(object sender, EventArgs e) {
      BLT myBLT = new BLT();
      SandwichAnalyzer(myBLT);
}
```

Falaremos mais sobre isso no próximo capítulo!

3. Você sempre pode ***descer*** no diagrama de classe – uma variável de referência pode sempre ser definida para ser igual a uma instância de uma de suas subclasses. Mas, você não pode ***subir*** no diagrama.

```
public button2_Click(object sender, EventArgs e) {
      Sandwich mySandwich = new Sandwich();
      BLT myBLT = new BLT();
      Sandwich someRandomSandwich = myBLT;
      BLT anotherBLT = mySandwich;     // <--- ISTO NÃO COMPILARÁ!!!
}
```

Você pode atribuir myBLT a qualquer variável Sandwich porque um BLT é um tipo de sanduíche.

Mas, você não pode atribuir mySandwich a uma variável BLT porque nem todo sanduíche é um BLT! É por isso que esta última linha causará um erro.

Mensagens Misturadas

Exercício

```
a = 6;    56
b = 5;    11
a = 5;    65
```

Listamos um pequeno programa C# abaixo. Um bloco do programa está faltando! Seu desafio é associar o bloco candidato de código (à esquerda) à saída – o que está na caixa de mensagem que o programa abre – que você veria se o bloco fosse inserido. Nem todas as linhas da saída serão usadas e algumas linhas da saída podem ser usadas mais de uma vez. Desenhe linhas conectando os blocos candidatos de código com sua saída correspondente.

Instruções:

1. Preencha as quatro lacunas no código.

2. Relacione os candidatos de código à saída.

```
class A {
  public int ivar = 7;
  public ___________ string m1() {
    return "A's m1, ";
  }
  public string m2() {
    return "A's m2, ";
  }
  public ___________ string m3() {
    return "A's m3, ";
  }
}

class B : A {
  public ___________ string m1() {
    return "B's m1, ";
  }
}
```

```
class C : B {
  public ___________ string m3() {
    return "C's m3, " + (ivar + 6);
  }
}

class Mixed5 {
  public static void Main(string[] args) {
    A a = new A();
    B b = new B();
    C c = new C();
    A a2 = new C();
    string q = "";
    [                    ]
    System.Windows.Forms.MessageBox.Show(q);
  }
}
```

Aqui está o ponto de entrada para o programa – ele não mostra um formulário, apenas abre uma caixa de mensagem.

Dica: Pense muito mesmo sobre o que esta linha realmente significa.

o código candidato vai aqui (três linhas)

candidatos a código:

```
q += b.m1();
q += c.m2();
q += a.m3();
```

```
q += c.m1();
q += c.m2();
q += c.m3();
```

```
q += a.m1();
q += b.m2();
q += c.m3();
```

```
q += a2.m1();
q += a2.m2();
q += a2.m3();
```

saída:

```
A's m1, A's m2, C's m3, 6

B's m1, A's m2, A's m3,

A's m1, B's m2, A's m3,

B's m1, A's m2, C's m3, 13

B's m1, C's m2, A's m3,

B's m1, A's m2, C's m3, 6

A's m1, A's m2, C's m3, 13
```

(Não apenas digite isto no IDE – você aprenderá muito mais se fizer no papel!)

Jogos de Verão

Sua ***tarefa*** é pegar os fragmentos de código na piscina e colocá-los nas linhas em branco do código. Você pode usar o mesmo fragmento mais de uma vez e pode não usar todos eles. Seu ***objetivo*** é fazer um conjunto de classes que compilarão e serão executadas juntas como um programa. Não se engane – este exercício é mais difícil do que parece.

```
class Rowboat ...................... {
   public .............. rowTheBoat() {
      return "stroke natasha";
   }
}
```

```
class ................ {
   private int ............... ;
 .......... void .................. (...........) {
      length = len;
   }
   public int getLength() {
    .....................;
   }
   public ...................... move() {
      return    "...............";
   }
}
```

```
class TestBoats {
  ...................... Main(){
   ............ xyz = "";
   ............ b1 = new Boat();
      Sailboat b2 = new ............... ();
      Rowboat .......... = new Rowboat();
      b2.setLength(32);
      xyz = b1. .......... ();
      xyz += b3. .......... ();
      xyz += ..........move();
      System.Windows.Forms.MessageBox.Show(xyz);
   }
}
```

Dica: Este é o ponto de entrada do programa.

```
class ................: Boat {
   public ............................ () {
      return " ................ ";
   }
}
```

SAÍDA:

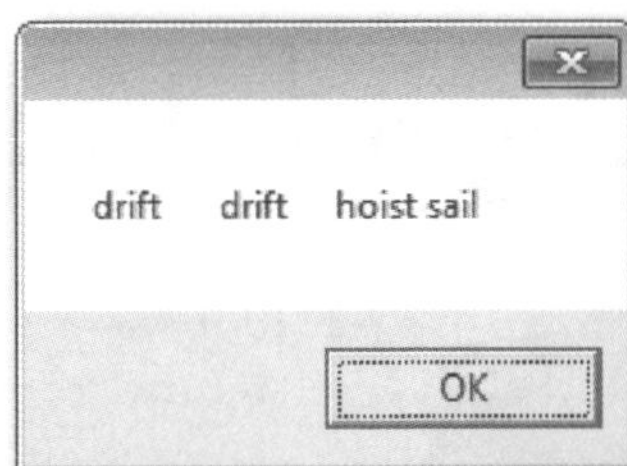

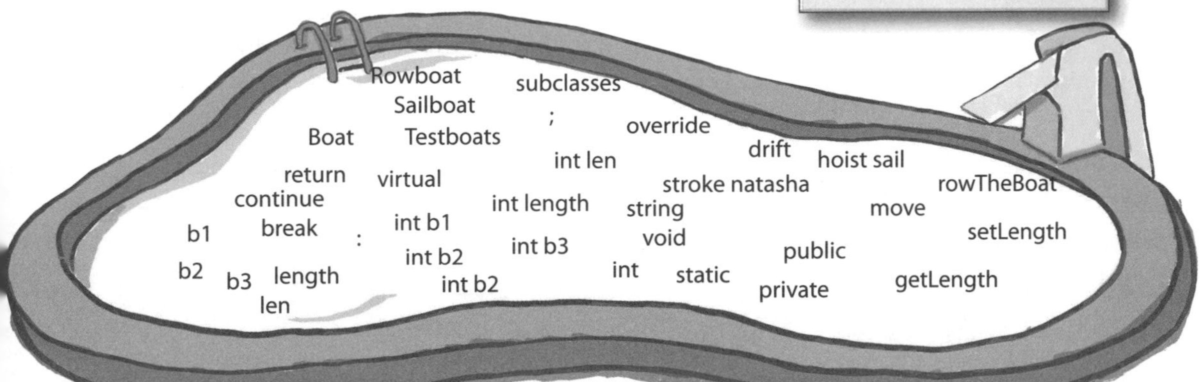

pratique **mais**

Exercício Solução

Mensagens Misturadas

```
a = 6;   56
b = 5;   11
a = 5;   65
```

```
class A {
  public  virtual  string m1() {
...
  public  virtual  string m3() {
}
```

```
class B : A {
  public  override  string m1() {
...
class C : B {
  public  override  string m3() {
```

Você sempre pode substituir uma referência para uma subclasse no lugar de uma classe base. Em outras palavras, sempre pode usar algo mais específico no lugar de algo mais geral – portanto, se você tiver uma linha de código que solicite `Canine`, poderá enviar-lhe uma referência para `Dog`. Portanto, esta linha de código:

```
A a2 = new C();
```

significa que você está instanciando um novo objeto `C`, então criando uma referência `A` chamada a2 e apontando-a para nesse objeto. Nomes como `A`, `a2` e `C` contribuem para um bom quebra-cabeça, mas são um pouco difíceis de entender. Eis algumas linhas que seguem o mesmo padrão, mas têm nomes que você pode entender:

```
Sandwich mySandwich = new BLT();
Cheese ingredient= new
AgedVermontCheddar();
Songbird tweety = new
NorthernMockingbird();
```

```
q += b.m1();
q += c.m2();
q += a.m3();
________
q += c.m1();
q += c.m2();
q += c.m3();
________
q += a.m1();
q += b.m2();
q += c.m3();
________
q += a2.m1();
q += a2.m2();
q += a2.m3();
```

```
A's m1, A's m2, C's m3, 6
B's m1, A's m2, A's m3,
A's m1, B's m2, C's m3, 6
B's m1, A's m2, C's m3, 13
B's m1, C's m2, A's m3,
A's m1, B's m2, A's m3,
B's m1, A's m2, C's m3, 6
A's m1, A's m2, C's m3, 13
```

Jogos de Verão Solução

```
class Rowboat: Boat {
    public string  rowTheBoat() {
        return "stroke natasha";
    }
}
class Boat {
    private int length ;
    public void setLength ( int len )
{
        length = len;
    }
    public int getLength() {
        return length ;
    }
    public virtual string move() {
        return "drift ";
    }
}
```

```
class TestBoats {
  public static void  Main(){
    string xyz = "";
    Boat b1 = new Boat();
    Sailboat b2 = new Sailboat ();
    Rowboat b3 = new Rowboat();
    b2.setLength(32);
    xyz = b1.move();
    xyz += b3.move();
    xyz += b2.move();
    System.Windows.Forms.MessageBox.Show(xyz);
  }
}
class Sailboat : Boat {
  public override string move () {
    return "hoist sail ";
  }
}
```

Não existem Perguntas Idiotas

P: A respeito do ponto de entrada mostrado nos Jogos de Verão – isso quer dizer que eu posso ter um programa sem um formulário Form1?

R: Sim. Quando você cria um novo projeto Aplicação Windows, o IDE cria todos os arquivos desse projeto para você, inclusive Program.cs (que contém uma classe estática com um ponto de entrada) e Form1.cs (que contém um formulário vazio chamado Form1).

Tente isto: em vez de criar um novo projeto Aplicação Windows, crie um projeto vazio selecionando "Empty Project" (Projeto Vazio), ao invés de "Windows Application" (Aplicação Windows) quando cria um novo projeto no IDE. Então, acrescente-lhe um arquivo de classe no Solution Explorer (Navegador de Solução) e digite toda a solução dos Jogos de Verão. Já que o seu programa usa uma caixa de mensagem, você precisa adicionar uma **referência** clicando com o botão direito em "References" (Referências) no Solution Explorer, selecionando "Add Reference" (Adicionar Referência) e escolhendo System. Windows.Forms na aba .NET (Isto é outra coisa que o IDE faz automaticamente quando você cria uma Aplicação Windows). Finalmente, selecione "Properties" (Propriedades) no menu Project (Projeto) e escolha o tipo de saída "Windows Application".

Agora, execute... você verá os resultados! Parabéns, você acabou de criar um programa C# desde o princípio.

Volte para o início do Capítulo 2 se precisar lembrar sobre Main() e o ponto de entrada!

P: Eu posso herdar da classe que contém o ponto de entrada?

R: Sim. O ponto de entrada ***deve*** ser um método estático, mas esse método ***não tem que estar*** numa classe estática. (Lembre-se, a palavra-chave `static` não significa que a classe não pode ser instanciada, mas sim que seus métodos ficam disponíveis quando o programa inicia. Então, no programa dos Jogos de Verão, você pode chamar `TestBoats.Main()` de qualquer outro método sem declarar uma variável de referência ou instanciar um objeto usando uma instrução `new`.)

P: Eu ainda não entendi por que chamamos alguns métodos de "virtuais" – eles parecem reais para mim!

R: O nome "virtual" tem a ver com o modo como o .NET lida com os métodos virtuais nos bastidores. Ele usa algo chamado de tabela de método virtual (ou vtable). Essa é uma tabela que o .NET usa para controlar quais métodos são herdados e quais foram sobrescritos. Não se preocupe – você não precisa saber como funciona para usar os métodos virtuais!

P: O que você quis dizer com só poder subir no diagrama de classe, mas não descer?

R: Quando você tem um diagrama com uma classe acima da outra, a classe mais acima é mais *abstrata* do que a mais abaixo. Classes mais específicas ou concretas (como `Shirt` ou `Car`, por exemplo) herdam daquelas mais abstratas (como `Clothing` ou `Vehicle`, no exemplo). Quando você pensa assim, é fácil notar como, se tudo de que você precisa é um veículo, um carro, uma van ou uma moto poderão servir. Mas, se você precisar de um carro, uma moto não será útil.

A herança funciona exatamente da mesma forma. Se você tem um método com `Vehicle` como um parâmetro e se a classe `Motorcycle` herda da classe `Vehicle`, você pode passar uma instância de `Motorcycle` para o método. Mas, se o método tiver `Motorcycle` como um parâmetro, você não poderá passar qualquer objeto de `Vehicle` porque ele pode ser uma instância `Van`. Então, o C# não saberia o que fazer quando um método tentasse acessar a propriedade `Handlebars`.

Você pode sempre passar uma instância de uma subclasse para qualquer método cujos parâmetros esperam a classe da qual herda.

Olhe, eu não consigo ver por que preciso usar as palavras-chave "virtual" e "override". Se eu não usá-las, o IDE simplesmente dará um aviso, mas o aviso realmente não significa nada - meu programa ainda é executado! Ou seja, colocarei as palavras-chave se for a coisa "certa" a fazer, mas parece que estou complicando sem nenhuma razão boa.

Há uma razão importante para virtual e override!

As palavras-chave `virtual` e `override` não são apenas uma decoração. Elas realmente fazem uma diferença real em como seu programa funciona. Mas, veja por si mesmo – eis um exemplo real para mostrar como funcionam.

Ao invés de criar uma aplicação Windows Forms, você criará uma nova aplicação do console! Isto significa que ele não terá um formulário.

Faça isto!

❶ **Crie uma nova aplicação do console e adicione classes.**
Clique com o botão direito no projeto no Solution Explorer (Navegador de Solução) e adicione classes, como sempre. Adicione as cinco classes a seguir: `Jewels`, `Safe`, `Owner`, `Locksmith` e `JewelThief`.

Os aplicativos do console não usam formulários

Se você criar uma aplicação do console, ao invés de uma aplicação Windows Forms, tudo que o IDE criará será uma nova classe chamada Program com um método do ponto de entrada Main() vazio. Quando você o executar, ele abrirá uma janela de comando para exibir a saída. Você praticará muito usando as aplicações do console nos próximos capítulos.

❷ **Adicione o código para as novas classes.**
Eis o código para as cinco classes novas adicionadas:

```
class Jewels {
    public string Sparkle() {
        return "Sparkle, sparkle!";
    }
}
```

Um objeto Safe mantém uma referência Jewels em seu campo de conteúdo. Não retorna essa referência, a menos que Open() seja chamado com a combinação certa.

```
class Safe {
    private Jewels contents = new Jewels();
    private string safeCombination = "12345";
    public Jewels Open(string combination)
    {
        if (combination == safeCombination)
            return contents;
        else
            return null;
    }
    public void PickLock(Locksmith lockpicker) {
        lockpicker.WriteDownCombination(safeCombination);
    }
}
```

Observe como a palavra-chave private oculta o conteúdo e a combinação.

Um locksmith (chaveiro) pode pegar uma fechadura de combinação e obter a combinação chamando o método PickLock() e passando uma referência para si mesmo. O cofre chama o método WriteDownCombination() com a combinação.

```
class Owner {
    private Jewels returnedContents;
    public void ReceiveContents(Jewels safeContents) {
        returnedContents = safeContents;
        Console.WriteLine("Thank you for returning my jewels! " + safeContents.Sparkle());
    }
}
```

3 **A classe JewelThief herda de Locksmith.**

O Jewel Thief (ladrão de joias) é locksmith (chaveiro) que não deu certo! Eles podem abrir a uma fechadura de um cofre, mas em vez de devolver as joias para o proprietário, roubam!

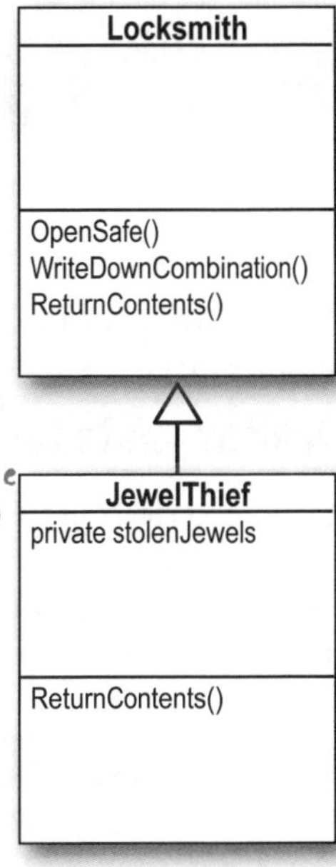


```
class Locksmith {
    public void OpenSafe(Safe safe, Owner owner) {
        safe.PickLock(this);
        Jewels safeContents = safe.Open(writtenDownCombination);
        ReturnContents(safeContents, owner);
    }

    private string writtenDownCombination = null;
    public void WriteDownCombination(string combination) {
        writtenDownCombination = combination;
    }

    public void ReturnContents(Jewels safeContents, Owner owner) {
        owner.ReceiveContents(safeContents);
    }
}
```

O método OpenSafe() de Locksmith seleciona uma fechadura, abre o cofre e retorna o conteúdo para o proprietário.

```
class JewelThief : Locksmith {
    private Jewels stolenJewels = null;
    public void ReturnContents(Jewels safeContents, Owner owner) {
        stolenJewels = safeContents;
        Console.WriteLine("I'm stealing the contents! " + stolenJewels.Sparkle());
    }
}
```

Um objeto JewelThief herda os métodos OpenSafe() e WriteDownCombination(). Mas, quando o método OpenSafe() chama ReturnContents() para retornar as joias para o proprietário, JewelThief as rouba!

4 **Eis o método Main() para a classe Program.**

Mas, ***não execute ainda!*** Antes de executar o programa, tente descobrir o que irá imprimir no console.

```
class Program {
    static void Main(string[] args) {
        Owner owner = new Owner();
        Safe safe = new Safe();

        JewelThief jewelThief = new JewelThief();
        jewelThief.OpenSafe(safe, owner);

        Console.ReadKey();
    }
}
```

ReadKey() aguarda o usuário pressionar uma tecla. Impede o programa de terminar.

Aponte o seu lápis

Leia o código de seu programa. Antes de executá-lo, escreva o que você acha que será impresso no console. (Dica: Descubra o que `JewelThief` herda de `Locksmith`!)

....

Uma subclasse pode ocultar os métodos na superclasse

Vá em frente e execute o programa JewelThief. Como é uma aplicação do console, ao invés de escrever sua saída do console na janela Output (Saída), Abrirá uma janela de comando e imprimirá a saída nela. Eis o que você deve ver.

Você esperava que a saída do programa fosse diferente? Talvez algo como:

```
I'm stealing the contents! Sparkle, sparkle!
```

Parece que JewelThief (Ladrão de joias) agiu como um Locksmith (Chaveiro)! O que aconteceu?

Ocultar métodos versus sobrescrever métodos

O motivo do objeto `JewelThief` ter agido como um objeto `Locksmith` quando seu método `ReturnContents()` foi chamado foi por causa do modo como a classe `JewelThief` declarou seu método `ReturnContents()`, Há uma grande dica nessa mensagem de aviso que você obteve quando compilou seu programa:

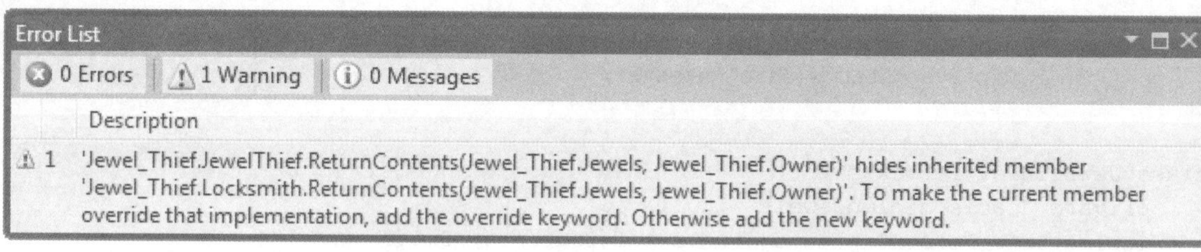

Como a classe `JewelThief` herda de `Locksmith` e substitui o método `ReturnContents()` com seu próprio método, parece que `JewelThief` está sobrescrevendo o método `ReturnContents()` de Locksmith. Mas, isso não é realmente o que está acontecendo. Provavelmente, você esperava que `JewelThief` sobrescrevesse o método (sobre isto falaremos em breve), mas `JewelThief` está ocultando-o.

Há uma grande diferença. Quando uma subclasse oculta o método, ela substitui (tecnicamente, ela "declara de novo") um método em sua classe base que tem o mesmo nome. Portanto, agora nossa subclasse realmente tem dois métodos diferentes que compartilham um nome: um que herda de sua classe base e outro novinho, que é definido em sua própria classe.

Se uma subclasse apenas adicionar um método com o mesmo nome de um método em sua superclasse, apenas ocultará o método da superclasse, ao invés de anulá-lo.

Use referências diferentes para chamar os métodos ocultos

`JewelThief` oculta apenas o método `ReturnContents()` (em oposição a estendê-lo) e isso faz com que aja como um objeto `Locksmith` sempre que é chamado como um objeto `Locksmith`. `JewelThief` herda uma versão de `ReturnContents()` de `Locksmith` e define uma segunda versão dele, significando que há dois métodos diferentes com o mesmo nome. Isso significa que sua classe precisa de dois modos diferentes de chamá-lo.

E de fato, tem exatamente isso. Se você obtiver uma instância de `JewelThief`, poderá usar uma variável de referência `JewelThief` para chamar o novo método `ReturnContents()`. Mas, se você usar uma variável de referência `Locksmith` para chamá-lo, chamará o método `ReturnContents()` de `Locksmith` oculto.

```
// A subclasse JewelThief oculta um método na classe base Locksmith,
// portanto, você pode ter um comportamento diferente do mesmo objeto
// com base na referência usada para chamá-lo!

// Declarar seu objeto JewelThief como uma referência Locksmith faz com
// que ele chame o método ReturnContents( ) da classe base
Locksmith calledAsLocksmith = new JewelThief( );
calledAsLocksmith.ReturnContents(safeContents, owner);

// Declarar seu objeto JewelThief como uma referência JewelThief faz com
// que ele chame o método ReturnContents( ) de JewelThief, pois oculta o
// método da classe base com o mesmo nome.
JewelThief calledAsJewelThief = new JewelThief( );
calledAsJewelThief.ReturnContents(safeContents, owner);
```

Use a palavra-chave new quando estiver ocultando métodos

Veja de perto essa mensagem de aviso. Com certeza, nunca lemos realmente a maioria de nossos avisos, certo? Mas, desta vez, realmente lemos o que diz: **Para fazer o membro atual sobrescrever essa implementação, adicione a palavra-chave override. Do contrário, adicione a palavra-chave new.**

Portanto, volte para seu programa e adicione a palavra-chave **new**.

```
new public void ReturnContents(Jewels safeContents, Owner owner) {
```

Assim que você adicionar `new` à declaração do método `ReturnContents()` da classe `JewelThief`, essa mensagem de erro desaparecerá. Mas, seu programa ainda agirá como você esperaria! Ele ainda chama o método `ReturnContents()` definido no objeto `Locksmith`. Por quê? Porque o método `ReturnContents()` está sendo chamado ***a partir de um método definido pela classe Locksmith*** – especificamente, de dentro de `Locksmith.OpenSafe()`, mesmo que esteja sendo iniciado por um objeto `JewelThief`. Se `JewelThief` apenas **ocultar** o método `ReturnContents()`, seu próprio `ReturnContents()` nunca será chamado.

Você pode descobrir como fazer JewelThief sobrescrever o método ReturnContents(), ao invés de apenas ocultá-lo? Veja se você pode fazer isso antes de virar para a próxima página!

Use as palavras-chave override e virtual para herdar o comportamento

Realmente queremos que nossa classe `JewelThief` sempre use seu próprio método `ReturnContents()`, não importando como seja chamada. É como esperamos que a herança funcione na maioria das vezes e é chamado de **anulação**. É muito fácil fazer com que sua classe faça isso. A primeira coisa que você precisa fazer é usar a palavra-chave **override** quando declarar o método `ReturnContents()`, assim:

```
class JewelThief {
        ...
        override public void ReturnContents
                  (Jewels safeContents, Owner owner)
```

Mas, não é tudo que você precisa fazer. Se você apenas adicionar override e tentar compilar, terá um erro como este:

Novamente, veja realmente de perto e leia o erro. `JewelThief` não pode sobrescrever o membro `ReturnContents()` herdado porque não está marcado como `virtual`, `abstract` ou `override` em `Locksmith`. Bem, é um erro fácil de corrigir! Apenas marque `ReturnContents()` de `Locksmith` com a palavra-chave `virtual`:

```
class Locksmith {
      ...
      virtual public void ReturnContents
               (Jewels safeContents, Owner owner)
```

Agora, execute seu programa de novo. Eis o que você deve ver.

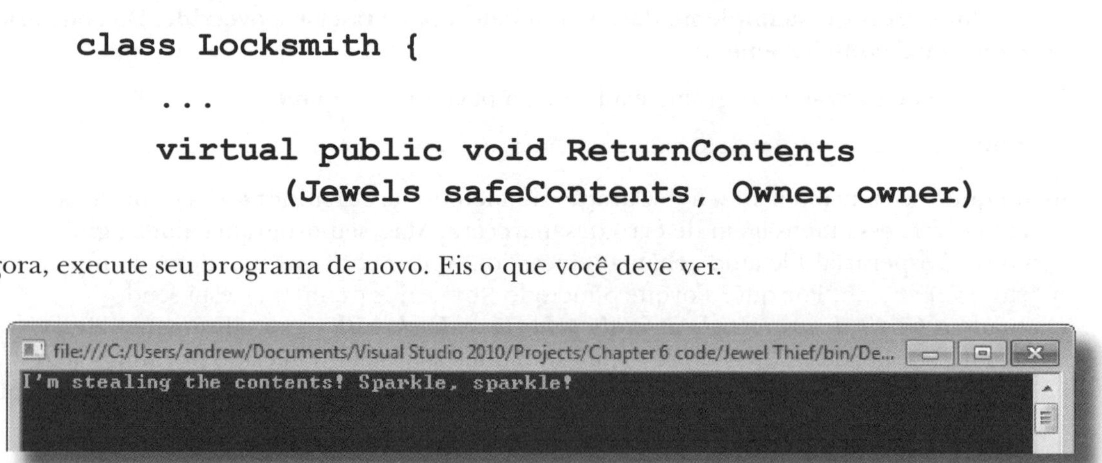

E *eis* a saída que estamos procurando.

Exatamente. Na maioria das vezes, você deseja sobrescrever os métodos, mas ocultá-los é uma opção.

Quando você estiver trabalhando com uma subclasse que estende uma classe base, muito provavelmente usará mais a anulação do que usa a ocultação. Portanto, quando vir esse aviso do compilador sobre ocultar um método, preste atenção nele! Certifique-se de que realmente deseja ocultar o método e simplesmente não tenha esquecido de usar as palavras-chave `virtual` e `override`. Se você sempre usar as palavras-chave `virtual`, `override` e `new` corretamente, nunca terá problemas assim de novo!

Se você quiser sobrescrever um método em uma classe base, sempre marque-o com a palavra-chave virtual e sempre use a palavra-chave override quando quiser sobrescrever o método em uma subclasse. Se não, você acabará ocultando sem querer os métodos.

Uma subclasse pode acessar sua classe base usando a palavra-chave base

Mesmo quando você sobrescrever um método ou uma propriedade em sua classe base, às vezes, ainda desejará acessá-lo. Felizmente, podemos usar **base**, que nos permite acessar qualquer método na classe base.

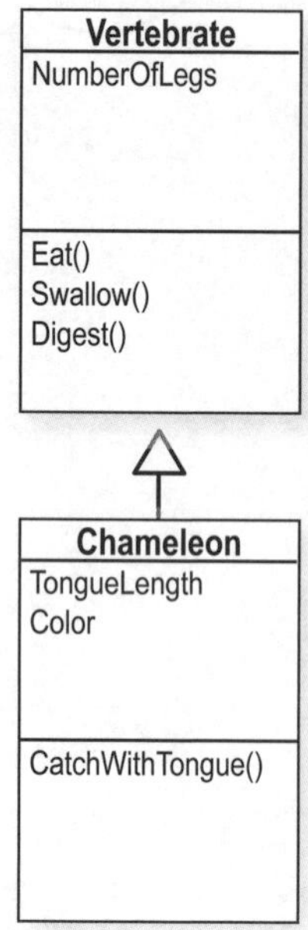

1. Todos os animais comem, então a classe `Vertebrate` possui um método `Eat()` que tem um objeto `Food` como seu parâmetro.

```
class Vertebrate {
    public virtual void Eat(Food morsel) {
        Swallow(morsel);
        Digest();
    }
}
```

2. Os camaleões comem pegando comida com suas línguas. Então, a classe `Chameleon` herda de `Vertebrate`, mas sobrescreve `Eat()`.

```
class Chameleon : Vertebrate {
    public override void Eat(Food morsel) {
        CatchWithTongue(morsel);
        Swallow(morsel);
        Digest();
    }
}
```

O camaleão precisa engolir e digerir a comida, assim como qualquer outro animal. Então, realmente precisamos duplicar esse código?

3. Em vez de duplicar o código, podemos usar a palavra-chave **base** para chamar o método sobrescreve. Agora, temos acesso a ambas versões, antiga e nova, de `Eat()`.

```
class Chameleon : Vertebrate {
    public override void Eat(Food morsel) {
        CatchWithTongue(morsel);
        base.Eat(morsel);
    }
}
```

Esta linha chama o método Eat() na classe base da qual Chameleon herdou.

Agora que você teve uma chance de absorver algumas ideias por trás da herança, eis algo para pensar. Embora reutilizar o código seja uma boa maneira de economizar teclas pressionadas, outra parte valiosa da herança é que ela facilita manter seu código posteriormente. **Você pode pensar em um motivo para isto ser verdade?**

Quando uma classe base tem um construtor, sua subclasse precisa de um também

Se sua classe tem construtores com parâmetros, então qualquer classe que herde dela **deve chamar esses construtores**. O construtor da subclasse pode ter parâmetros diferentes do construtor da classe base.

Adicione esta linha extra Ao final da declaração do construtor de sua subclasse para informar ao C# que ele precisa **chamar o construtor da classe base** toda vez que a subclasse for instanciada.

```
class Subclass : BaseClass {
    public Subclass(parameter list)
      : base(the base class's parameter list) {
      // primeiro, o construtor da classe base é executado
      // depois, qualquer instrução aqui ia bem
    }
}
```

Aqui está o construtor para a subclasse.

O construtor da classe base é executado antes do construtor da subclasse

Mas, não precisa aceitar nossa palavra – veja você mesmo!

Faça isto!

1. **Crie uma classe base com um construtor que abre uma caixa de mensagem**
   Adicione um botão a um formulário que instancie esta ***classe base*** e mostre uma a caixa de mensagem:

```
class MyBaseClass {
    public MyBaseClass(string baseClassNeedsThis) {
        MessageBox.Show("This is the base class: " + baseClassNeedsThis);
    }
}
```

Este é um parâmetro do qual o construtor da classe base precisa.

2. **Tente adicionar uma subclasse, mas não chame o construtor.**
   Então, adicione um botão a um formulário que instancie essa ***subclasse*** e mostre outra caixa de mensagem:

```
class MySubclass : MyBaseClass{
    public MySubclass(string baseClassNeedsThis, int anotherValue) {
        MessageBox.Show("This is the subclass: " + baseClassNeedsThis
            + " and " + anotherValue);
    }
}
```

Selecione Build >> Build Solution no IDE e verá um erro a partir deste código.

1 No overload for method 'MyBaseClass' takes '0' arguments

Fique atento a esse erro ligeiramente enigmático. Ele significa que sua subclasse não chamou o construtor base.

3. **Conserte o erro fazendo o novo construtor chamar aquele da classe base**
   Então, instancie a subclasse e ***veja em que ordem*** as duas caixas de mensagem aparecem!

```
class MySubclass : MyBaseClass{
    public MySubclass(string baseClassNeedsThis, int anotherValue)
        : base(baseClassNeedsThis)
    {
       // o restante da subclasse é o mesmo
```

É assim que enviamos à classe base o parâmetro de que seu construtor precisa.

Adicione esta linha para mandar o C# chamar o construtor na classe base. Ele possui uma lista de parâmetros que mostra o que é passado ao construtor da classe base. O erro será eliminado e você poderá criar um botão para ver as duas caixas de mensagem aparecerem!

Agora você está pronto para terminar o trabalho para a Kathleen!

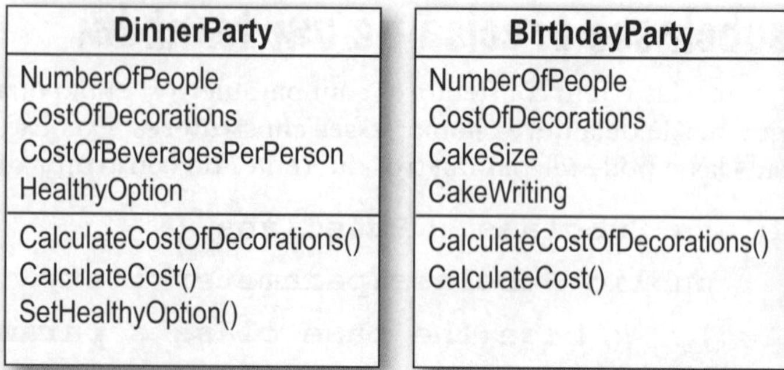

Quando deixamos a Kathleen pela última vez, tinha terminado de adicionar as festas de aniversário ao seu programa. Ela precisa que você cobre um extra de $ 100 para festas com mais de 12 pessoas. A princípio, você teria de escrever o mesmo código duas vezes, um para cada classe. Agora que você sabe como usar a herança, pode fazer com que herdem da mesma classe base que contém todo o código compartilhado, escrevendo-o apenas uma vez.

Se fizermos tudo certo, devemos poder alterar as duas classes sem mudar nada no formulário!

1. **Vamos criar o novo modelo da classe**
   Ainda teremos as mesmas classes `DinnerParty` e `BirthdayParty`, mas agora elas herdarão de uma única classe `Party`. Precisamos que elas tenham exatamente os mesmos métodos, propriedades e campos, assim, não teremos que fazer nenhuma alteração no formulário. Mas, alguns desses métodos, propriedades e campos serão movidos para a classe base `Party` e podemos ter que sobrescrever alguns deles.

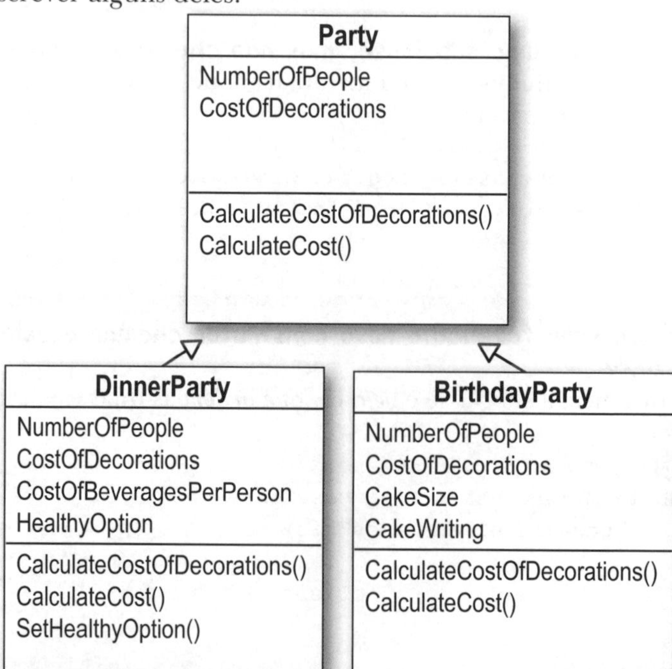

2 Crie a classe base Party

Crie a classe Party – certifique-se de que seja pública. Você precisará olhar bem atentamente as propriedades e os métodos no diagrama de classe e descobrir o que precisa mover para fora de `DinnerParty` e de `BirthdayParty` e para dentro de `Party`.

Mais tarde, você aprenderá sobre a palavra-chave "protected". Um campo protegido é público para uma subclasse, mas privado para tudo mais.

★ Mova as propriedades `NumberOfPeople` e `CostOfDecorations` para `Party`, para que elas sejam compatíveis com `DinnerParty` e `BirthdayParty`.

★ Faça o mesmo para `CalculateCostOfDecorations()` e `CalculateCost()`. Se esses métodos precisarem de quaisquer campos privados, você precisará movê-los também. (Lembre-se, as subclasses podem ver apenas os campos **públicos** – quando você mover um campo privado para Party, as classes DinnerParty e BirthdayParty não terão acesso a ele).

★ Você também precisa de um construtor. Dê uma olhada melhor nos construtores `BirthdayParty` e `DinnerParty` – tudo que eles têm em comum deve ser movido para ele.

★ Agora **acrescente $ 100 de taxa** para as festas com mais de 12 pessoas. Afinal, é por isso que estamos fazendo tudo! É comum a ambas as festas, de aniversário e de jantar, então pertence a Party.

3 Faça DinnerParty herdar de Party

Agora que `Party` faz muitas coisas que `DinnerParty` faz, você pode eliminar a sobreposição e manter apenas a parte de `DinnerParty`, exclusiva dos jantares.

★ Certifique-se de que o construtor esteja funcionando corretamente. Ele faz algo que o construtor `Party` não faz? Se fizer, mantenha isso e deixe todo o restante para o construtor da classe base.

★ Qualquer lógica que tenha relação com a definição da Healthy Option deve ficar em `DinnerParty`.

★ Oh oh – não poderemos sobrescrever o método `CalculateCost()` aqui se quisermos manter o código do formulário igual, pois nosso formulário precisa passar um bool chamado `healthyOption`. Portanto, iremos **sobrecarregá-lo** – que significa apenas adicionar um novo método `CalculateCost()` à classe que tem parâmetros diferentes. Portanto, você usará exatamente a mesma declaração do método que usou no início do capítulo. Mas, poderá ainda aproveitar a herança chamando `base.CalculateCost()` para acessar o método `CalculateCost()` na classe `Party`.

Você aprenderá tudo sobre a sobrecarga no Capítulo 8 – isto é apenas uma pequena prévia para lhe dar uma ajuda mais tarde.

4 Faça BirthdayParty herdar de Party

Faça a mesma coisa para `BirthdayParty` – deixe qualquer coisa não específica dos aniversários para a classe base e mantenha a funcionalidade específica do aniversário em `BirthdayParty`.

★ O que o construtor `BirthdayParty` precisa fazer que não é parte de `Party`?

★ Você precisará lidar com o custo do bolo dentro de `BirthdayParty`. Isso usa um método e uma propriedade, logo, você precisará fazer a anulação.

★ Sim, você pode sobrescrever uma propriedade! É exatamente como sobrescrever um método. Quando você define o valor de `base.NumberOfPeople`, ele chama o acessador set da propriedade na classe base. Você precisará usar a palavra-chave `base` tanto para obter, quanto para definir o valor.

Veja só – você alterou as classes DinnerParty e Birthday Party para que elas herdassem de uma mesma classe base, Party. Então, você pôde fazer a alteração no cálculo do custo para adicionar $ 100 de taxa e não teve que mudar nada no formulário. Legal!

```
class Party
{
    const int CostOfFoodPerPerson = 25;
    private bool fancyDecorations;
    public decimal CostOfDecorations = 0;
```

Este código foi tirado das classes DinnerParty e BirthdayParty e passado para Party.

O construtor Party faz tudo que estava previamente nos dois construtores DinnerParty e BirthdayParty.

```
    public Party(int numberOfPeople, bool fancyDecorations) {
        this.fancyDecorations = fancyDecorations;
        this.NumberOfPeople = numberOfPeople;
    }

    private int numberOfPeople;
    public virtual int NumberOfPeople {
        get { return numberOfPeople; }
        set {
            numberOfPeople = value;
            CalculateCostOfDecorations(fancyDecorations);
        }
    }
```

NumberOfPeople precisa ser virtual porque BirthdayParty preciso sobrescrê-lo (para que, então, uma alteração no número de pessoas calcule um novo tamanho de bolo).

```
    public void CalculateCostOfDecorations(bool fancy) {
        fancyDecorations = fancy;
        if (fancy)
            CostOfDecorations = (NumberOfPeople * 15.00M) + 50M;
        else
            CostOfDecorations = (NumberOfPeople * 7.50M) + 30M;
    }
```

O cálculo da decoração é idêntico na festa de aniversário e no jantar, então faz sentido movê-lo para Party. Dessa forma, nenhuma parte do código é duplicada em múltiplas classes.

```
    public virtual decimal CalculateCost() {
        decimal TotalCost = CostOfDecorations + (CostOfFoodPerPerson *
        NumberOfPeople);
        if (NumberOfPeople > 12)
        {
            TotalCost += 100M;
        }
        return TotalCost;
    }
}
```

O cálculo do custo precisa ser um método virtual porque o aniversário o anula (e também o estende chamando o método da classe base).

```
class BirthdayParty : Party {
    public int CakeSize;

    public BirthdayParty(int numberOfPeople, bool fancyDecorations, string cakeWriting)
        : base(numberOfPeople, fancyDecorations) {
        CalculateCakeSize();
        this.CakeWriting = cakeWriting;
        CalculateCostOfDecorations(fancyDecorations);
    }

    private void CalculateCakeSize() {
        if (NumberOfPeople <= 4)
            CakeSize = 8;
        else
            CakeSize = 16;
    }

    private string cakeWriting = "";
    public string CakeWriting {
        get { return this.cakeWriting; }
        set {
            int maxLength;
            if (CakeSize == 8)
                maxLength = 16;
            else
                maxLength = 40;
            if (value.Length > maxLength) {
                MessageBox.Show("Too many letters for a " + CakeSize + " inch cake");
                if (maxLength > this.cakeWriting.Length)
                    maxLength = this.cakeWriting.Length;
                this.cakeWriting = cakeWriting.Substring(0, maxLength);
            } else
                this.cakeWriting = value;
        }
    }

    public override decimal CalculateCost() {
        decimal CakeCost;
        if (CakeSize == 8)
            CakeCost = 40M + CakeWriting.Length * .25M;
        else
            CakeCost = 75M + CakeWriting.Length * .25M;
        return base.CalculateCost() + CakeCost;
    }

    public override int NumberOfPeople {
        get { return base.NumberOfPeople; }
        set {
            base.NumberOfPeople = value;
            CalculateCakeSize();
            this.CakeWriting = cakeWriting;
        }
    }
}
```

O construtor conta com a classe base para fazer a maioria do trabalho. Depois, chama CalculateCakeSize(), assim como o antigo construtor BirthdayParty fazia.

O método CalculateCakeSize() é específico das festas de aniversário, então, continua na classe BirthdayParty.

A propriedade CakeWriting permanece intocada na classe BirthdayParty também.

CalculateCost() também precisa ser anulado porque precisa primeiro calcular o custo do bolo e, então, adicioná-lo ao custo calculado no método CalculateCost() da classe Party.

A propriedade NumberOfPeople tem que sobrescrever aquela em Party porque o acessador set precisa recalcular o tamanho do bolo. O acessador set precisa chamar base.NumberOfPeople para que o acessador set em Party também seja executado.

Continua na página 256.

Exercício Solução ...continuação

Aqui está a última classe na solução da Kathleen. (Não há nenhuma alteração no código do formulário).

```
class DinnerParty : Party
{
    public decimal CostOfBeveragesPerPerson;

    public DinnerParty(int numberOfPeople, bool healthyOption,
                       bool fancyDecorations)
        : base(numberOfPeople, fancyDecorations) {
        SetHealthyOption(healthyOption);
        CalculateCostOfDecorations(fancyDecorations);
    }

    public void SetHealthyOption(bool healthyOption) {
        if (healthyOption)
            CostOfBeveragesPerPerson = 5.00M;
        else
            CostOfBeveragesPerPerson = 20.00M;
    }

    public decimal CalculateCost(bool healthyOption) {
        decimal totalCost = base.CalculateCost()
                       + (CostOfBeveragesPerPerson * NumberOfPeople);

        if (healthyOption)
            return totalCost * .95M;
        else
            return totalCost;
    }
}
```

Este campo público só é usado em jantares, não em aniversários, por isso, ele fica na classe.

Para fazer o que a antiga classe DinnerParty fazia, o novo construtor chama o construtor de Party, então chama SetHealthyOption().

O método SetHealthyOption() continua exatamente o mesmo.

DinnerParty precisa de um CalculateCost() diferente que tem um parâmetro, portanto, ao invés de anulá-lo, sobrecarregamos. Ele chama o método CalculateCost() em Party usando a palavra-chave `base`, então adiciona o custo das bebidas e acrescenta o desconto da opção saudável.

Você aprenderá como a sobrecarga funciona no Capítulo 8

O programa é perfeito. Está muito mais fácil fazer meus negócios agora - muito obrigada!

Oh oh – ainda há um erro em potencial no programa!

Agora, `DinnerParty` tem dois métodos `CalculateCost()`, um que herda de `Party` e este novo que adicionamos. Não encapsulamos totalmente a classe – alguém poderia facilmente usar mal esse código chamando o método `CalculateCost()` errado. Portanto se você fizer isto:

```
DinnerParty dinner = new DinnerParty(5, true, true);
decimal cost1 = dinner.CalculateCost(true);
decimal cost2 = dinner.CalculateCost();
```

`cost1` será definido para 261.25, ao passo que `cost2` será definido para 250. Não é uma questão teórica – é um problema real. Algumas vezes, há um código na classe base que você não deseja chamar diretamente. Pior ainda, nunca pretendemos que a classe `Party` fosse instanciada... mas não há nada que impeça alguém de fazer isso. Nem mesmo sabemos o que acontecerá se alguém criar uma instância de `Party`? Podemos assegurar que fará algo que não pretendíamos.

Felizmente, o C# fornece uma solução realmente boa para esses problemas, que você aprenderá no próximo capítulo!

Construa um sistema de gerenciamento de colmeia

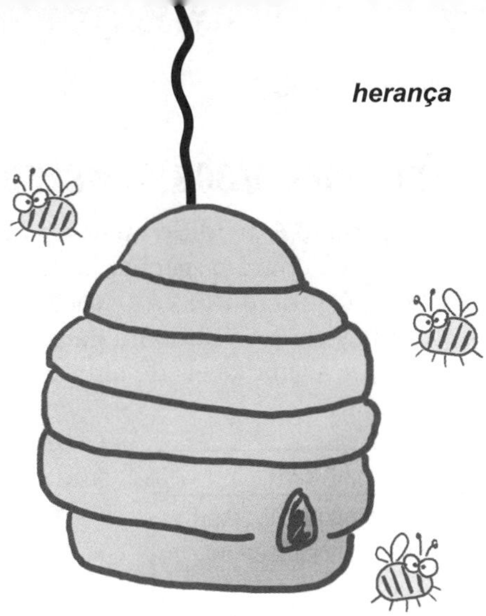

Uma abelha rainha precisa de sua ajuda! Sua colmeia está fora de controle e ela precisa de um programa para administrá-la. Ela tem uma colmeia cheia de operárias e muitas tarefas a fazer por toda parte. Mas, em algum momento ela perdeu o controle do que cada abelha está fazendo e a noção se ela tem ou não força operária para fazer as tarefas que precisam ser feitas.

Cabe a você construir um sistema de gerenciamento de colmeia para ajudá-la a controlar suas operárias. É assim que ele vai funcionar:

1. **A rainha atribui tarefas a suas operárias**
   Há seis possíveis tarefas que as operárias podem fazer. Algumas sabem como coletar néctar e produzir mel, outras podem manter a colmeia ou patrulhar procurando inimigos. Algumas delas podem fazer qualquer tarefa na colmeia. Então, seu programa precisará fornecer-lhe uma forma de atribuir um trabalho para qualquer abelha que esteja disponível para fazê-lo.

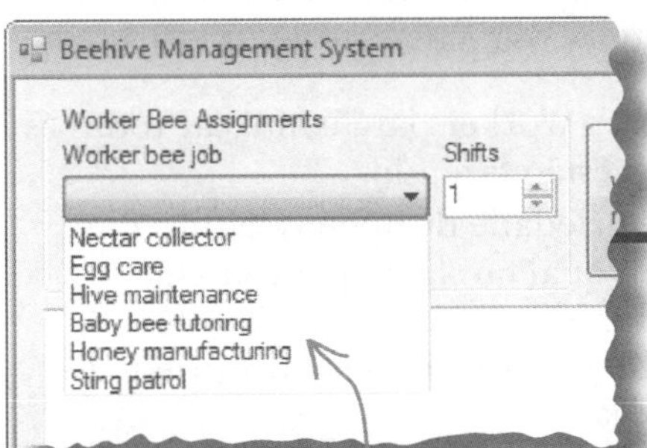

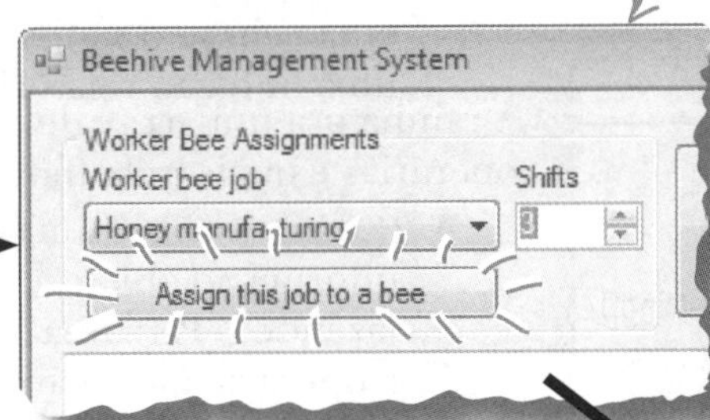

As abelhas trabalham em turnos e a maioria das tarefas exige mais de um turno. Então, a rainha digita o número de turnos que o trabalho terá e clica no botão "Assign this job" (Atribuir esta tarefa).

A lista suspensa (drop-down) mostra todas as seis tarefas que as operárias podem fazer. A rainha sabe qual trabalho precisa ser feito e ela não liga para qual abelha fará o quê. Então, ela apenas seleciona a tarefa a ser feita – o programa descobrirá se há uma operária disponível para fazê-la e atribuirá o trabalho a ela.

Se houver uma abelha disponível para fazer o trabalho, o programa irá atribuí-lo e avisar à rainha que o trabalho será feito.

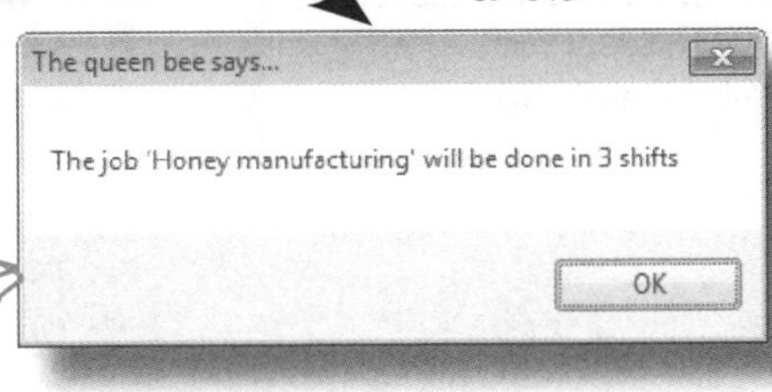

2. **Quando as tarefas estiverem todas atribuídas, será hora de trabalhar**
   Quando a rainha acabar de atribuir o serviço, ela mandará as abelhas trabalharem no próximo turno clicando no botão "Work the next shift" (Próximo turno). O programa, então, irá gerar um relatório de turno que informa quais abelhas trabalharam naquele turno, quais tarefas fizeram e mais quantos turnos elas trabalharão em cada tarefa.

Primeiro você construirá o sistema básico

Este projeto é dividido em duas partes. A primeira é uma espécie de revisão, onde você criará o sistema básico para gerenciar a colmeia. Ela tem duas classes, `Queen` e `Worker`. Você fará o formulário para o sistema e vai associá-lo a duas classes. Também garantirá que as classes sejam bem encapsuladas para que sejam fáceis de alterar quando passarmos para a segunda parte.

Às vezes, diagramas de classe listam os campos privados e os tipos.

Queen

private workers: Worker[]
private shiftNumber: int

AssignWork()
WorkTheNextShift()

CurrentJob e ShiftsLeft são propriedades de apenas leitura.

Worker

CurrentJob: string
ShiftsLeft: int

private jobsICanDo: string[]
private shiftsToWork: int
private shiftsWorked: int

DoThisJob()
WorkOneShift()

O programa possui um objeto `Queen` que gerencia o trabalho em andamento.

★ `Queen` usa um array de objetos `Worker` para controlar cada uma das operárias e se a elas foram atribuídas tarefas. Ela fica armazenada num campo privado `Worker[]` chamado `worker`.

★ O formulário chama o método `AssignWork()`, passando uma string para o trabalho que precisa ser feito e um int para o número de turnos. Ele retornará true se encontrar uma operária para a qual atribuir um trabalho ou false se não conseguir encontrar uma operária para o trabalho.

★ O botão "Work the next shift" do formulário chama `WorkTheNextShift()`, que manda as operárias trabalharem e retorna um relatório de turno para ser exibido. Ele manda cada objeto Worker trabalhar um turno, então checa o status da operária para que possa adicionar uma linha ao relatório.

A rainha usa um array de objetos Worker para controlar todas as operárias e quais trabalhos elas estão fazendo.

★ `CurrentJob` é uma propriedade de apenas leitura que informa ao objeto `Queen` qual tarefa a operária está fazendo ("Patrulha", "Manutenção da Colmeia" etc.). Se a operária não estiver fazendo nenhuma, a propriedade retornará uma string vazia.

★ O objeto `Queen` tenta atribuir uma tarefa a uma operária usando seu método `DoThisJob()`. Se essa operária ainda não estiver fazendo uma tarefa e se essa for uma que ela saiba como fazer, então ela aceitará a atribuição e o método retornará true. Caso contrário, retornará false.

★ Quando o método `WorkOneShift()` é chamado, a operária trabalha em um turno. Ele controla quantos turnos faltam na tarefa atual. Se o trabalho terminar, então redefinirá seu trabalho atual para uma string vazia, para que a abelha possa assumir sua próxima atribuição.

String.IsNullOrEmpty()

Cada abelha armazena seu trabalho atual como uma string. Portanto, uma operária pode descobrir se está fazendo um trabalho no momento verificando sua propriedade CurrentJob – ela será igual a uma string vazia se a abelha estiver esperando por sua próxima tarefa. O C# oferece uma forma fácil de fazer isso: String.IsNullOrEmpty(CurrentJob) retornará true se a string CurrentJob estiver vazia ou for nula e false, caso contrário.

Exercício

Uma abelha rainha precisa da sua ajuda! Use o que você aprendeu sobre classes e objetos para construir um sistema de gerenciamento de colmeia para ajudá-la a controlar suas operárias.

1 **Crie o formulário**

O formulário é muito simples – toda sua inteligência está nas classes `Queen` e `Worker`. O formulário tem um campo privado Queen e dois botões que chamam seus métodos `AssignWork()` e `WorkTheNextShift()`. Você precisará adicionar um controle ComboBox para as tarefas das operárias (volte à página anterior para ver os itens listados), um controle `NumericUpDown`, dois botões e uma caixa de texto com muitas linhas para o relatório de turno. Você também precisará do construtor do formulário – está abaixo da tela.

Este é um controle ComboBox chamado "workerBeeJob". Use sua propriedade Items para definir a lista e defina sua propriedade DropDownStyle para "DropDownList", para que o usuário só possa escolher os itens da lista. A caixa Shifts (Turnos) é um controle NumericUpDown chamado "shifts".

Nomeie este TextBox como "report" (relatório) e defina sua propriedade MultiLine para true.

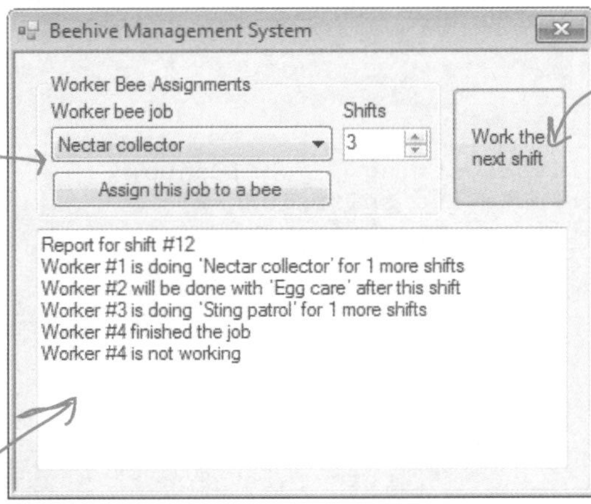

O botão nextShift chama o método WorkTheNextShift( ) da rainha, que retorna uma string com o relatório de turno.

Examine com cuidado este relatório de turno gerado pelo objeto Queen. Ele começa com o número do turno, então informa o que cada operária está fazendo. Use as sequências de escape "\r\n" para adicionar uma quebra de linha no meio de uma string.

```
public Form1() {
   InitializeComponent();
   Worker[] workers = new Worker[4];
   workers[0] = new Worker(new string[] { "Nectar collector", "Honey manufacturing" });
   workers[1] = new Worker(new string[] { "Egg care", "Baby bee tutoring" });
   workers[2] = new Worker(new string[] { "Hive maintenance", "Sting patrol" });
   workers[3] = new Worker(new string[] { "Nectar collector", "Honey manufacturing",
            "Egg care", "Baby bee tutoring", "Hive maintenance", "Sting patrol" });
   queen = new Queen(workers);
}
```

Cada construtor do objeto Worker tem um parâmetro, um array de strings que informará quais tarefas ela sabe fazer.

Seu formulário precisará de um campo Queen chamado queen. Você passará esse array de referências do objeto Worker para o construtor do objeto Queen.

2 **Crie as classes Worker e Queen**

Você sabe quase tudo que precisa sobre as classes `Worker` e `Queen`. Só há mais alguns detalhes. Queen.`AssignWork()` faz um loop no array `worker` do objeto `Queen` e tenta atribuir o trabalho a cada `Worker` usando seu método `DoThisJob()`. O objeto `Worker` checa seu array de strings `jobsICanDo` para ver se ela pode fazer o trabalho. Se ela puder, definirá seu campo privado `shiftsToWork` para a duração do trabalho, `CurrentJob` para o trabalho e `shiftsWorked` para zero. Quando ela trabalhar em um turno, aumentará `shiftsWorked` em um. A propriedade de apenas leitura `ShiftsLeft` retorna `shiftsToWork - shiftsWorked` - a rainha usa isso para ver quantos turnos ainda faltam para completar o trabalho.

Exercício Solução

```
class Worker {
    public Worker(string[] jobsICanDo) {
        this.jobsICanDo = jobsICanDo;
    }

    public int ShiftsLeft {
        get {
            return shiftsToWork - shiftsWorked;
        }
    }

    private string currentJob = "";
    public string CurrentJob {
        get {
            return currentJob;
        }
    }

    private string[] jobsICanDo;
    private int shiftsToWork;
    private int shiftsWorked;

    public bool DoThisJob(string job, int numberOfShifts) {
        if (!String.IsNullOrEmpty(currentJob)
            return false;
        for (int i = 0; i < jobsICanDo.Length; i++)
            if (jobsICanDo[i] == job) {
                currentJob = job;
                this.shiftsToWork = numberOfShifts;
                shiftsWorked = 0;
                return true;
            }
        return false;
    }

    public bool WorkOneShift() {
        if (String.IsNullOrEmpty(currentJob))
            return false;
        shiftsWorked++;
        if (shiftsWorked > shiftsToWork) {
            shiftsWorked = 0;
            shiftsToWork = 0;
            currentJob = "";
            return true;
        }
        else
            return false;
    }
}
```

O construtor apenas define a propriedade JobsICanDo, que é um array de strings. Ela é privada porque queremos que a rainha pergunte se a operária pode fazer um trabalho, em vez de checar se ela sabe como fazê-lo.

ShiftsLeft é uma propriedade de apenas leitura que calcula quantos turnos faltam para completar o trabalho atual.

CurrentJob é uma propriedade de apenas leitura que informa à rainha qual tarefa precisa ser feita.

A rainha usa o método DoThisJob() da operária para lhe atribuir trabalho – ele checa sua propriedade JobsICanDo para ver se ela sabe como fazer o trabalho.

Usamos ! – o operador NOT – para checar se a string NÃO é nula ou vazia. É como checar para ver se algo é false.

A rainha usa o método WorkOneShift() da operária para lhe dizer para trabalhar no próximo turno. O método só retorna true se esse for **o último turno** que ela está trabalhando. Dessa forma, a rainha pode adicionar uma linha ao relatório para dizer que a abelha terá acabado depois desse turno.

Dê uma boa olhada na lógica aqui. Primeiro, ela checa o campo currentJob: se a operária não estiver fazendo um trabalho, ele apenas retornará false, o que para o método. Se não, então ele aumentará ShiftsWorked e depois checará para ver se o trabalho foi terminado comparando-o com ShiftsToWork. Se foi, o método retornará true. Caso contrário, retornará false.

```
class Queen {
    public Queen(Worker[] workers) {
        this.workers = workers;
    }

    private Worker[] workers;
    private int shiftNumber = 0;

    public bool AssignWork(string job, int numberOfShifts) {
        for (int i = 0; i < workers.Length; i++)
            if (workers[i].DoThisJob(job, numberOfShifts))
                return true;
        return false;
    }

    public string WorkTheNextShift() {
        shiftNumber++;
        string report = "Report for shift #" + shiftNumber + "\r\n";
        for (int i = 0; i < workers.Length; i++)
        {
            if (workers[i].WorkOneShift())
                report += "Worker #" + (i + 1) + " finished the job\r\n";
            if (String.IsNullOrEmpty(workers[i].CurrentJob))
                report += "Worker #" + (i + 1) + " is not working\r\n";
            else
              if (workers[i].ShiftsLeft > 0)
               report += "Worker #" + (i + 1) + " is doing '" + workers[i].CurrentJob
                    + "' for " + workers[i].ShiftsLeft + " more shifts\r\n";
              else
                report += "Worker #" + (i + 1) + " will be done with '"
                    + workers[i].CurrentJob + "' after this shift\r\n";
        }
        return report;
    }
}
```

A rainha mantém seu array de operárias privado porque uma vez atribuídas, nenhuma outra classe poderia conseguir alterá-las... nem mesmo vê-las, já que ela é a única que dá ordens. O construtor define o valor do campo.

Quando ela atribui uma tarefa às suas operárias, começa com a primeira e tenta dar um trabalho a ela. Se não conseguir, continua com a próxima. Quando uma abelha que pode fazer o trabalho é encontrada, o método retorna (o que interrompe o loop).

O método WorkTheNextShift() da rainha manda cada operária trabalhar em um turno e adiciona uma linha ao relatório, dependendo do status da operária.

Nós já mostramos o código do construtor. Aqui está o restante para o formulário:

```
Queen queen;

private void assignJob_Click(object sender, EventArgs e) {
    if (queen.AssignWork(workerBeeJob.Text, (int)shifts.Value) == false)
        MessageBox.Show("No workers are available to do the job '"
            + workerBeeJob.Text + "'", "The queen bee says...");
    else
        MessageBox.Show("The job '" + workerBeeJob.Text + "' will be done in "
            + shifts.Value + " shifts", "The queen bee says...");
}

private void nextShift_Click(object sender, EventArgs e) {
    report.Text = queen.WorkTheNextShift();
}
```

O formulário usa seu campo queen para manter uma referência para o objeto Queen, que, por sua vez, tem um array de referências para os objetos worker.

O botão assignJob chama o método AssignWork( ) de queen para atribuir trabalho a uma operária e exibe uma caixa de mensagem, dependendo de uma operária estar ou não disponível para o trabalho.

O botão nextShift diz para a rainha trabalhar no próximo turno. Ela gera um relatório que é exibido na caixa de texto do relatório.

Cruzadinha de Herança

Antes de você ir para a próxima parte do exercício, dê um descanso para o seu cérebro com uma cruzadinha rápida.

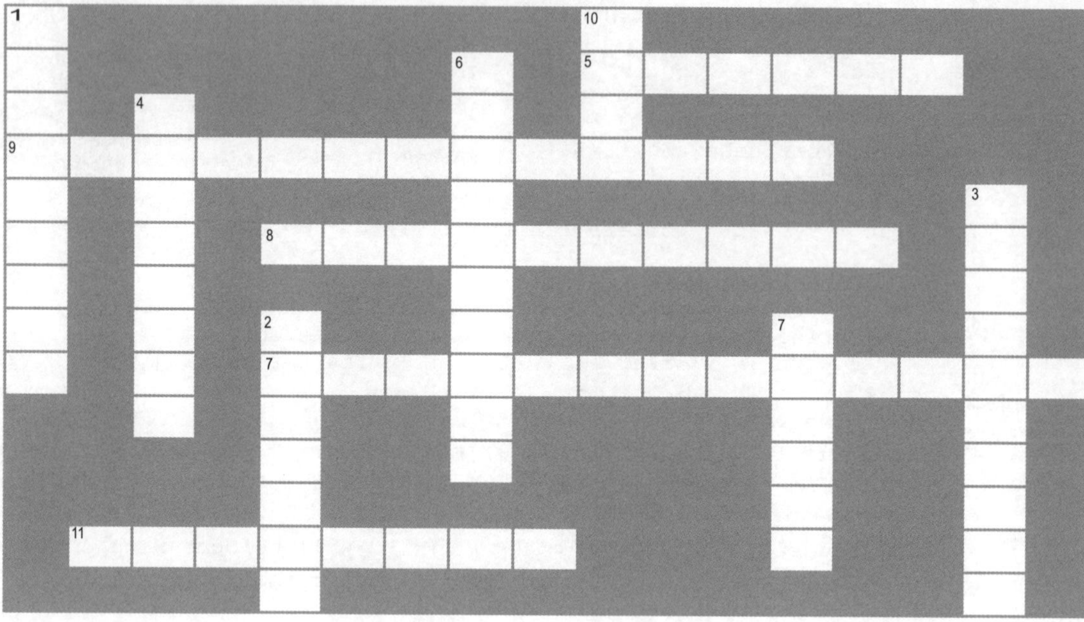

Horizontais

5. Este método obtém o valor de uma propriedade.

7. Este método retornará true se você passar "".

8. O construtor em uma subclasse não precisa dos mesmos _______ que o de sua classe base.

9. Um controle em um formulário que permite criar aplicativos com abas.

11. Este tipo de classe não pode ser instanciado.

Verticais

1. Uma ______ pode sobrescrever os métodos de sua classe base.

2. Se você quiser que uma subclasse anule um método, marque-o com esta palavra-chave na classe base.

3. Um método em uma classe que é executado assim que é instanciado.

4. O que uma subclasse faz para substituir um método na classe base.

6. Isto contém classes base e subclasses.

7. O que você está fazendo quando adiciona dois pontos a uma declaração de classe.

10. Uma subclasse usa esta palavra-chave para chamar os membros da classe da qual herdou.

Respostas na página 268.

Use a herança para estender o sistema de gerenciamento de abelhas

Agora que você tem um sistema básico feito, use a herança para deixá-lo controlar quanto mel cada abelha consome. Abelhas diferentes consomem quantidades diferentes de mel e a rainha é quem mais consome. Então, você usará o que aprendeu sobre a herança para criar uma classe base `Bee` da qual `Queen` e `Worker` herdam.

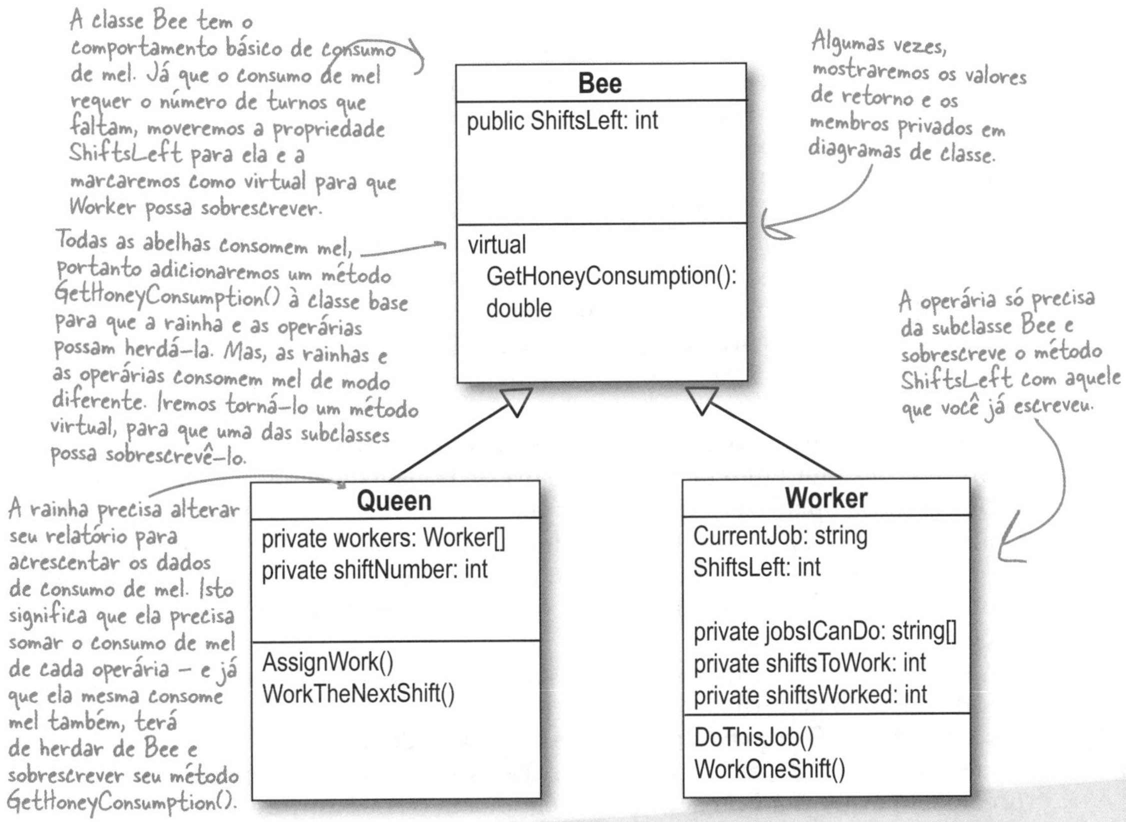

Adicionar Item Existente

Sempre que você tiver um exercício em duas partes, é uma boa ideia começar um novo projeto para a segunda metade. Desta forma, você pode sempre voltar para a primeira solução se precisar. Uma forma fácil de fazer isso é clicar com o botão direito no nome do projeto no Solution Explorer (Navegador de Solução) do novo projeto no IDE, selecionar "Add Existing Item" (Adicionar Item Existente) no menu, navegar para a pasta do projeto antigo e selecionar os arquivos que deseja adicionar. O IDE fará novas cópias desses arquivos na nova pasta e vai adicioná-los ao projeto.

Mas, existem algumas coisas com as quais você deve tomar cuidado. O IDE NÃO vai alterar o namespace, então você precisará editar cada arquivo de classe e alterar sua linha de namespace à mão. E se você adicionar um formulário, acrescente seus arquivos de designer (.Designer.cs) e recurso (.resx) – e certifique-se de ter alterado seus namespaces também.

Exercício

Ainda não terminamos! A rainha precisa controlar quanto mel a colmeia está gastando com suas operárias. Aqui, temos uma chance perfeita de usar suas novas habilidades da herança!

1 **A rainha precisa saber quanto mel a colmeia usa**

A rainha acabou de receber um telefonema de suas abelhas contadoras, que lhe disseram que a colmeia não está produzindo mel o bastante. Ela precisará saber quanto mel ela e suas operárias estão usando para que decida se transfere as abelhas da manutenção de ovos para a produção de mel.

★ Todas as abelhas consomem mel, então, a colmeia funciona à base de muito mel. É por isso que elas precisam continuar produzindo.

★ As operárias consomem mais mel quando estão trabalhando. Elas precisam da maior parte quando o trabalho começa, para terem muita energia para a tarefa. Elas consomem cada vez menos conforme vão trabalhando. No último turno, a abelha usa 10 unidades de mel; no penúltimo, ela usa 11, no antepenúltimo, 12 e assim por diante. Então, se a abelha está trabalhando (o que significa que seu ShiftsLeft é maior que zero), você pode calcular quantas unidades de mel consumir adicionando 9 a `ShiftsLeft`.

★ Se uma abelha não tem uma tarefa (ou seja, seu `ShiftsLeft` é zero), ela consome apenas 7,5 unidades de mel por turno.

★ Estes são números para as abelhas normais. Se uma abelha pesa mais que 150 miligramas, ela usa 35% mais mel. Porém, isto não inclui as rainhas (veja abaixo).

★ As rainhas precisam de muito mel. Uma rainha consome mais mel quando ela tem mais operárias trabalhando porque dá muito trabalho supervisioná-las. Ela precisa consumir tanto mel quanto se tivesse trabalhado a mesma quantidade de turnos que a operária com o maior número de turnos restantes em seu trabalho.

★ Então, ela ainda tem mais necessidades de mel: ela usará 20 unidades extras por turno se houver duas ou menos operárias trabalhando, ou 30 se houver três ou mais. Para o consumo da rainha não vale a regra dos 35%, já que todas as rainhas pesam 275 miligramas.

★ A rainha precisa de todos os números do consumo de mel calculados no final de cada relatório de turno.

2 **Crie uma classe Bee para lidar com os cálculos do mel**

Já que as operárias e a rainha fazem seus cálculos sobre mel de formas similares, você poderá evitar duplicar seu código tendo uma classe base `Bee` da qual `Worker` e `Queen` possam herdar. Você sabe que cada abelha precisa saber seu próprio peso (para saber se deve multiplicar seu gasto de mel por 35%).

★ Crie o método `GetHoneyConsumption()` que calcula a quantidade de mel que uma operária consome. Já que as operárias e a rainha precisam fazer esse cálculo, mas a rainha precisa fazer um cálculo extra também, faz sentido a operária herdá-lo e a rainha anulá-lo.

★ O método `GetHoneyConsumption()` precisa do número de turnos restantes, então adicione uma propriedade virtual de apenas leitura chamada `ShiftsLeft` que retorna zero. `ShiftsLeft` da operária irá anulá-lo.

★ O cálculo do consumo de mel precisa incluir o peso da abelha, então o construtor `Bee` precisará usar o peso como um parâmetro e armazená-lo num campo. Já que nenhuma outra classe precisa usá-lo, você deve torná-lo privado.

Esta é uma boa regra geral. Você deve tornar os campos e os métodos privados por padrão e só torná-los públicos se outra classe precisar deles. Desta forma, você evita problemas em seus programas causados por uma classe acessando as propriedades ou os métodos da outra incorretamente.

Dica: Você pode usar a mensagem de erro ligeiramente misteriosa "no overload" (sem sobrecarga) para seu próprio benefício! Faça a classe Worker herdar de Bee, então desenvolva seu projeto. Quando o IDE exibir o erro, clique duas vezes nele e o IDE irá para o construtor Worker automaticamente. Muito conveniente!

3 **Faça a classe Worker herdar de Bee**

Você precisará configurar o construtor para chamar o seu equivalente da classe base, como você fez com a Kathleen. Você precisará alterar o construtor `Worker` para que ele use o peso da abelha como um parâmetro e passe esse parâmetro para o construtor da classe base. Depois, acrescente a palavra-chave `override` ao método `ShiftLeft` de `Worker`. Uma vez feito isso, cada worker poderá calcular seu consumo de mel para a rainha... e você não precisará fazer nenhuma outra alteração na classe `Worker`!

4 **Faça a classe Queen herdar de Bee**

A classe Queen precisa de um pouco mais de alterações que a classe `Worker`, já que efetivamente calculará o total de mel e irá adicioná-lo ao relatório de turno.

★ Sobrescreva o método `Bee.GetHoneyConsumption()` e adicione o cálculo extra da rainha. Ela precisará calcular se existem duas ou menos operárias com tarefas, para saber se precisa de 20 ou 30 unidades extras. Então, ela precisará adicionar isso ao número de unidades que ela usaria se tivesse o mesmo número de turnos restantes que a operária com o maior número deles.

★ Atualize `WorkTheNextShift()` da rainha adicionando a linha de consumo de mel ao relatório. Inclua um loop para somar o consumo de mel para cada operária e encontre também aquela com o maior consumo – faça isso **antes** da rainha dizer a cada operária para trabalhar no próximo turno (para que ela tenha os números de consumo para o turno atual). Ela vai somar esses números, seu próprio consumo e incluir uma linha ao final do relatório, que diz: "Consumo de Mel Total: xxx unidades" (onde xxx é o número de unidades de mel consumido).

★ Você precisará atualizar o construtor Queen assim como fez com Worker.

Vá para a classe Queen e digite "public override" – quando pressionar a barra de espaço, o IDE automaticamente listará todos os métodos que você pode sobrescrever. Selecione o método que quer substituir e ele preencherá a chamada do método base automaticamente.

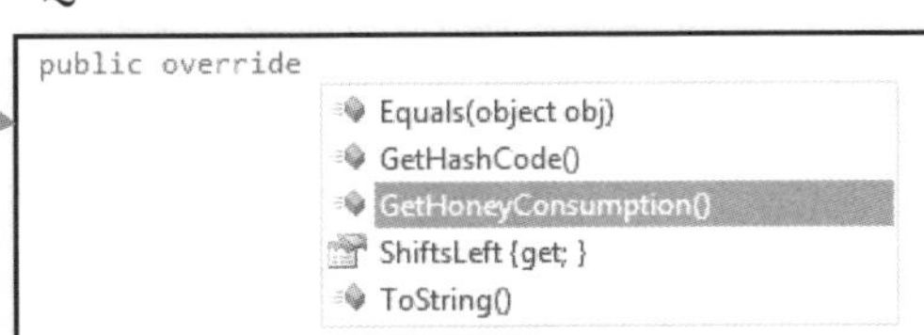

5 **Atualize o formulário para instanciar as abelhas corretamente**

Já que você alterou os construtores `Queen` e `Worker`, também precisará alterar a forma como são chamados. Cada construtor possui um novo parâmetro `Weight`. Assim, você precisará usar pesos:

★ Operária #1: 175 mg; Operária #2: 114 mg; Operária #3: 149 mg; Operária #4: 155 mg; Rainha: 275 mg.

Esta é a única alteração que você terá que fazer no formulário!

Exercício Solução

Aqui está a classe Bee. Ela faz o cálculo de consumo de mel básico usado pelas classes Worker e Queen.

A classe Bee possui um construtor que define seu campo Weight e um método HoneyConsumption() que calcula quanto mel uma operária consome.

```
class Bee {
    public Bee(double weight) {
        this.weight = weight;
    }

    public virtual int ShiftsLeft {
        get { return 0; }
    }

    private double weight;

    public virtual double GetHoneyConsumption() {
        double consumption;
        if (ShiftsLeft == 0)
            consumption = 7.5;
        else
            consumption = 9 + ShiftsLeft;
        if (weight > 150)
            consumption *= 1.35;
        return consumption;
    }
}
```

Se uma abelha estiver um turno restante, ela consumirá 10; se faltarem 2, consumirá 11 etc. Se ela não tiver nenhuma tarefa, então consumirá 7,5. Se ShiftsLeft for zero, então a abelha não tem trabalho.

Se a abelha pesa mais de 150mg, então o consumo sobe em 35%.

A herança facilita atualizar seu código e adicionar o novo comportamento de consumo de mel às classes Queen e Worker. Teria sido muito mais difícil fazer essa alteração se existisse muito código duplicado.

Só o construtor de formulário mudou – o restante dele é exatamente o mesmo.

```
public Form1() {
  InitializeComponent();

  Worker[] workers = new Worker[4];
  workers[0] = new Worker(new string[] { "Nectar collector", "Honey manufacturing" }, 175);
  workers[1] = new Worker(new string[] { "Egg care", "Baby bee tutoring" }, 114);
  workers[2] = new Worker(new string[] { "Hive maintenance", "Sting patrol" }, 149);
  workers[3] = new Worker(new string[] { "Nectar collector", "Honey manufacturing",
          "Egg care", "Baby bee tutoring", "Hive maintenance", "Sting patrol" }, 155);
  queen = new Queen(workers);
}
```

A única alteração no formulário é que os pesos precisam ser adicionados aos construtores Worker.

```
class Worker : Bee {
    public Worker(string[ ] jobsICanDo, int weight)
        : base(weight) {
        this.jobsICanDo = jobsICanDo;
    }
    public override int ShiftsLeft {
    //...o restante da classe é o mesmo...
```

Tudo que a classe Worker precisa é herdar de Bee e ter seu construtor ajustado para que ele use um parâmetro Weight, passe-o ao construtor da classe base e sobrescreve a propriedade Bee.ShiftsLeft adicionando a palavra-chave override na declaração de propriedade.

A classe Queen precisou de algumas alterações, começando por herdar de Bee.

```
class Queen : Bee {
    public Queen(Worker[ ] workers)
        : base(275) {
        this.workers = workers;
    }

    public string WorkTheNextShift( )
    {
        double totalConsumption = 0;
        for (int i = 0; i < workers.Length; i++)
            totalConsumption += workers[i].GetHoneyConsumption( );
        totalConsumption += GetHoneyConsumption( );

        //... aqui fica o código original deste método, menos a instrução return

        report += "Total honey consumption: " + totalConsumption + " units";
        return report;
    }

    public override double GetHoneyConsumption( ) {
        double consumption = 0;
        double largestWorkerConsumption = 0;
        int workersDoingJobs = 0;
        for (int i = 0; i < workers.Length; i++) {
            if (workers[i].GetHoneyConsumption( ) > largestWorkerConsumption)
                largestWorkerConsumption = workers[i].GetHoneyConsumption( );
            if (workers[i].ShiftsLeft > 0)
                workersDoingJobs++;
        }
        consumption += largestWorkerConsumption;
        if (workersDoingJobs >= 3)
            consumption += 30;
        else
            consumption += 20;
        return consumption;
    }
}
```

A rainha pesa 275 mg, então seu construtor chama o construtor base Bee e passa-lhe um peso de 275.

WorkTheNextShift() tem um loop adicionado ao topo que chama o método GetHoneyConsumption() de cada operária e chama seu próprio método GetHoneyConsumption() para calcular o consumo total.

O restante de WorkTheNextShift() é o mesmo, exceto que ele adiciona a linha de mel ao relatório.

A rainha sobrescreve o método GetHoneyConsumption( ) de Bee para fazer seu cálculo. Encontra a operária com o maior consumo e acrescenta 20 ou 30 baseando-se em quantas operárias estão trabalhando.

Este loop observa o consumo de todas as operárias e encontra aquela com o maior consumo.

Se houver três ou mais operárias trabalhando, a rainha precisará de mais 30 unidades de mel; caso contrário, precisará de mais 20.

Solução da Cruzadinha de Herança

1 S									10 B							
U							6 H		5 A	C	E	S	S	O		
B		4 A					I		S							
9 C	O	N	T	R	O	L	E	D	E	A	B	A				
L		U					R								3 C	
A		L		8 P	A	R	A	M	E	T	R	O	S		O	
S		A					R								N	
S		C		2 V			Q					7 H			S	
E		A		7 I	S	N	U	L	L	O	R	E	M	P	T	Y
		O		R			I					R			R	
				T			A					D			U	
				U								A			T	
	11 E	S	T	A	T	I	C	A				R			O	
				L											R	

7 interfaces e classes abstratas

Fazendo as classes manterem suas promessas

Ações são mais importantes do que palavras.

Algumas vezes, você precisa agrupar seus objetos baseando-se nas **coisas que eles podem fazer** ao invés das classes das quais eles herdam. É aí que entram as **interfaces** – elas permitem que você trabalhe com qualquer classe que possa fazer o trabalho. Mas, com **grande poder vem grande responsabilidade** e qualquer classe que implementa uma interface precisa comprometer-se a **preencher todos os requisitos**... ou o compilador quebrará suas pernas, entende?

Vamos voltar ao colmei-ço

A corporação Bee-nâmica Geral quer que o Sistema de Gerenciamento de Colmeias criado no capítulo anterior seja um Simulador de Colmeias completo. Eis uma visão geral das especificações para a nova versão do programa:

Simulador de Colmeias da Bee-nâmica Geral

Para melhor representar a vida na colmeia, precisaremos adicionar capacidades específicas para as abelhas operárias.

- Todas as abelhas consomem mel e têm um peso.
- As rainhas atribuem tarefas, monitoram os relatórios e dizem às operárias para trabalharem no próximo turno.
- Todas as operárias trabalham em turnos.
- Abelhas patrulheiras com ferrão precisarão ser capazes de afiá-los, procurar inimigos e ferroá-los.
- As abelhas coletoras de néctar são responsáveis por encontrar flores, recolher o néctar, então retornar para a colmeia.

As classes Bee e Worker parecem que não vão mudar muito. Podemos estender as classes que já temos para lidar com esses novos recursos.

Parece que precisaremos ser capazes de armazenar dados diferentes para cada abelha operária, de acordo com o trabalho que elas fazem.

Muitas coisas ainda são iguais

As abelhas no novo Simulador de Colmeia ainda consumirão mel como antes. A abelha rainha ainda precisa ser capaz de atribuir tarefas para as operárias e examinar os relatórios de turno que dizem quem está fazendo o quê. As operárias também trabalham em turnos como antes e apenas o trabalho delas foi elaborado um pouco mais.

Podemos usar a herança para criar classes para tipos diferentes de abelhas

Eis uma hierarquia de classes com as classes `Worker` e `Queen` que herdam de `Bee`, e `Worker` tem as subclasses `NectarCollector` e `StingPatrol`.

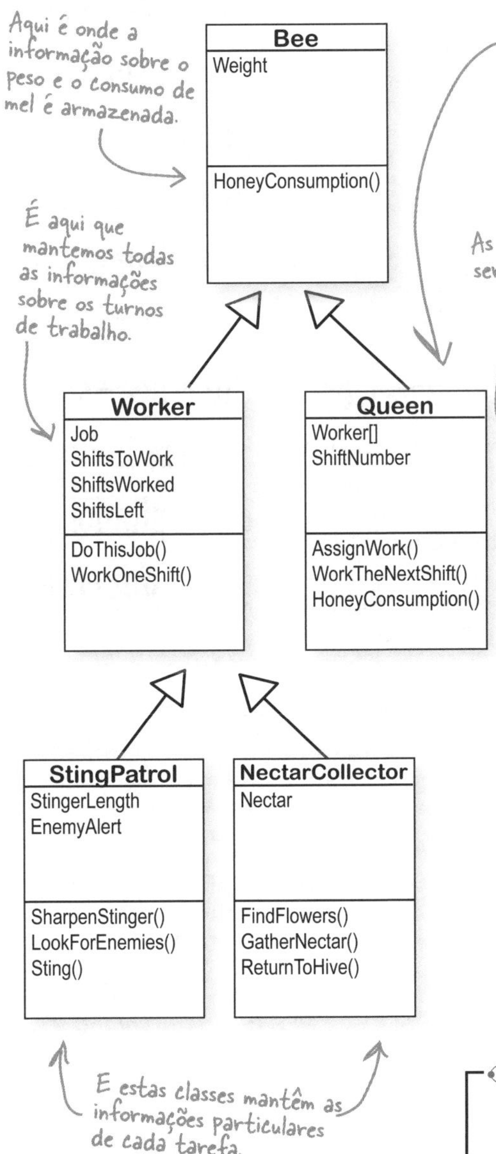

Lembra como a rainha precisa de mel extra? É aqui que sobrescrevemos o método HoneyConsumption().

As novas classes serão assim.

StingPatrol e NectarCollector herdam da classe Worker.

```
class StingPatrol : Worker
{
      int StingerLength;
      bool enemyAlert;
      public bool SharpenStinger (int Length)
      {...}
      public bool LookForEnemies(){...}
      public void Sting(string Enemy){...}
}

class NectarCollector : Worker
{
      int Nectar;
      public void FindFlowers (){...}
      public void GatherNectar(){...}
      public void ReturnToHive(){...}
}
```

PODER DO CÉREBRO

O que acontecerá se tivermos uma abelha que precisa ferroar **e** coletar néctar?

Uma interface diz para uma classe que ela precisa implementar certos métodos e propriedades

Uma classe pode apenas herdar de outra classe. Assim, criar duas subclasses separadas para as abelhas `StingPatrol` e `NectarCollector` não ajudará se precisarmos de uma abelha que pode fazer os **dois** trabalhos.

O método `DefendTheHive()` da rainha pode apenas dizer para os objetos StingPatrol manterem a colmeia segura. Ela adoraria treinar as outras abelhas para usarem seus ferrões, mas ela não tem nenhuma forma de comandá-las ao ataque.

```
class Queen {
  private void DefendTheHive(StingPatrol patroller) { ... }
}
```

Você usa uma interface para exigir de uma classe que ela inclua todos os métodos e propriedades listados na interface – se ela não incluir, o compilador irá gerar um erro.

Há objetos `NectarCollector` que sabem como coletar o néctar das flores e instâncias de `StingPatrol` que podem afiar seus ferrões e patrulhar os inimigos. Mas, mesmo que a rainha possa ensinar `NectarCollector` a defender a colmeia adicionando métodos, tais como `SharpenStinger()` e `LookForEnemies()` à sua definição de classe, ela ainda não poderá passá-lo para seu método `DefendTheHive()`. Ela poderia usar dois métodos diferentes:

```
private void DefendTheHive(StingPatrol patroller);
private void AlternateDefendTheHive(NectarCollector patroller);
```

Mesmo que a rainha adicione métodos da patrulha com ferrão a um objeto NectarCollector, ela ainda não poderá passá-lo para seu método DefendTheHive() porque espera uma referência StingPatrol. Ela não pode simplesmente definir uma referência StingPatrol para ser igual a um objeto NectarCollector.

Ela poderia adicionar um segundo método chamado AlternateDefendTheHive( ) que tem uma referência NectarCollector, mas isso seria complicado e difícil de trabalhar.

Mas, esta não é uma solução particularmente boa. Os dois métodos seriam idênticos, pois chamariam os mesmos métodos nos objetos passados para eles. A única diferença é que um método teria um `StingPatrol` e o outro teria um `NectarCollector` que tem os métodos necessários para patrulhar a colmeia. E você já sabe como é difícil manter dois métodos idênticos.

Felizmente, o C# nos fornece **interfaces** para lidar com situações como estas. As interfaces permitem definir muitos métodos que uma classe ***deve*** ter.

Uma interface ***requer*** que uma classe tenha certos métodos e o modo como faz isso é ***fazendo o compilador gerar erros***, caso não encontre todos os métodos requeridos pela interface em toda classe que a implementa. Esses métodos podem ser codificados diretamente na classe ou podem ser herdados de uma classe base. A interface não se importa com o modo como os métodos ou as propriedades chegam lá, contanto que estejam lá quando o código for compilado.

E mais, os métodos DefendTheHive() e AlternateDefendTheHive() seriam idênticos, exceto pelo tipo do parâmetro. Se ela quisesse ensinar os objetos BabyBeeCare ou Maintenance a defenderem a colmeia, precisaria continuar adicionando novos métodos. Que bagunça!

Use a palavra-chave interface para definir uma interface

Adicionar uma interface ao seu programa é muito parecido com acrescentar uma classe, exceto que você nunca escreve nenhum método. Você apenas define o tipo de retorno e parâmetros dos métodos, mas em vez de um bloco de instruções dentro de chaves, você termina a linha com um ponto e vírgula.

As interfaces nunca armazenam dados, logo você **não pode adicionar nenhum campo**. Mas, você *pode* adicionar definições para as propriedades. O motivo é que os acessos get e set são apenas métodos e as interfaces são para forçar as classes a terem certos métodos com nomes, tipos e parâmetros específicos. Logo, se você tiver um problema que pareça poder ser resolvido adicionando um campo a uma interface, tente **usar uma propriedade** – há chances de que fará o que você está procurando.

Os nomes de interfaces começam com I

Sempre que você criar uma interface, deve fazer seu nome começar com um I maiúsculo. Na verdade, não existe uma regra que o obrigue a isto, mas fazê-lo torna seu código mais fácil de entender. Você pode ver por si mesmo o quanto. Entre no IDE em qualquer linha em branco dentro de qualquer método e digite "I" – o IntelliSense mostrará as interfaces .NET.

Você declara uma interface desta forma:

```
interface IStingPatrol
{
    int AlertLevel { get;}
    int StingerLength { get; set;}
    bool LookForEnemies();
    int SharpenStinger(int length);
}
```

As interfaces não armazenam dados. Então, não têm campos... mas, podem ter propriedades.

Qualquer classe que implemente este método deve ter todos estes métodos e propriedades, ou o programa não compilará.

Qualquer classe que implemente esta interface precisará ter um método SharpenSting() que tem um parâmetro int.

```
interface INectarCollector
{
    void FindFlowers();
    void GatherNectar();
    void ReturnToHive();
}
```

Você não escreve o código para os métodos na interface, apenas seus nomes. Você escreverá os métodos na classe que a implementa.

Portanto, como isto ajuda a rainha? Agora, ele pode criar um único método que tem qualquer objeto que sabe como defender a colmeia:

```
private void DefendTheHive(IStingPatrol patroller)
```

Como isto tem uma referência IStingPatrol, você pode passar para QUALQUER objeto que implemente IStingPatrol.

Isto dá à abelha um único método que pode ter `StingPatrol`, `NectarStinger` ou qualquer outra abelha que saiba como defender a colmeia - não importa qual classe ela passa para o método. Contanto que implemente `IStingPatrol`, o método `DefendTheHive()` terá a garantia de que o objeto tem os métodos e as propriedades necessários para defender a colmeia.

Tudo numa interface pública é automaticamente público porque você irá usá-la para definir os métodos e as propriedades públicas de qualquer classe que a implemente.

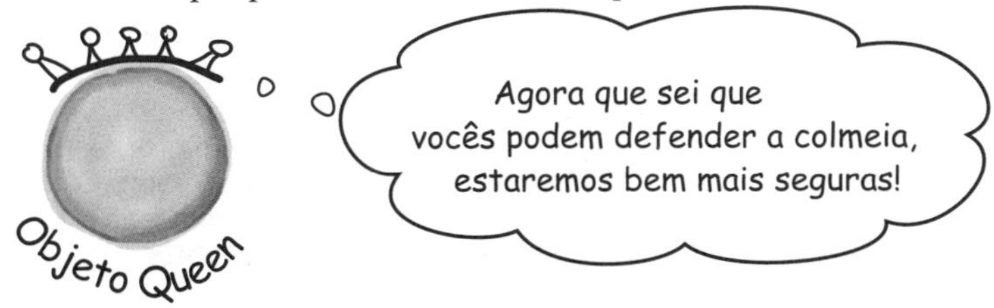

Agora você pode criar uma instância de NectarStinger que realiza ambas as tarefas

Você usa o **operador dois pontos** para **implementar** uma interface, exatamente como faz com a herança. Ele funciona assim: a primeira coisa depois dos dois pontos é a classe da qual herda, seguido por uma lista de interfaces – a menos que não herde de uma classe, neste caso, é somente a lista de interfaces (sem nenhuma ordem em particular).

Você **implementa** uma interface com um operador dois pontos, exatamente como com a herança.

Esta classe **herda** de Worker, implementa INectarCollector e IStingPatrol.

```
class NectarStinger : Worker, INectarCollector,
IStingPatrol {
        public int AlertLevel {
            get { return alertLevel; }
        }

        public int StingerLength {
            get { return stingerLength; }
            set {
                stingerLength = value;
            }
        }

        public bool LookForEnemies() {...}
        public int SharpenStinger(int length)
        {...}
        public void FindFlowers() {...}
        public void GatherNectar() {...}
        public void ReturnToHive() {...}
}
```

Você pode usar mais de uma interface se separá-las com vírgulas.

NectarStinger define o campo de retorno da propriedade AlertLevel em seu método LookForEnemies().

Cada método na interface tem um método na classe. De outra forma, não compilará.

A abelha retrai seu ferrão quando não existem inimigos por perto, de forma que o campo de armazenamento muda seu valor com o passar do tempo.

Quando você cria um objeto NectarStinger, ele será capaz de fazer o trabalho de uma operária NectarCollector e uma StingPatrol.

Quando você tem uma classe que implementa uma interface, ela age como qualquer outra classe. Você pode instanciá-la com `new` e usar seus métodos:

```
NectarStinger bobTheBee = new NectarStinger();

bobTheBee.LookForEnemies();

bobTheBee.FindFlowers();
```

Não existem Perguntas Idiotas

P: Ainda não entendi bem como as interfaces melhoram o código da colmeia. Você ainda precisará adicionar uma classe `NectarStinger` e ela ainda terá um código duplicado... certo?

R: As interfaces não são para impedir que você duplique o código. São para permitir que você use uma classe em mais de uma situação. O objetivo é criar uma classe operária que possa fazer duas tarefas diferentes. Você ainda precisará criar classes para elas – esse não é o motivo. O motivo das interfaces é que agora temos um modo de ter uma classe que faz várias tarefas . Digamos que você tenha um método `PatrolTheHive()` que tem um objeto `StingPatrol` e um método `CollectionNectar()` que tem um objeto `NectarCollector`. Mas, você não deseja que `StingPatrol` herde de `NectarCollector` ou vice-versa – cada classe tem métodos públicos e propriedades que a outra não deve ter. Agora, reserve um minuto e tente pensar em um modo de criar uma única classe cujas instâncias podem ser passadas para ambos os métodos. É sério, feche o livro, espere um minuto e tente pensar em um modo! Como você fará isto?

As interfaces corrigem esse problema. Agora, você pode criar uma referência `IStingPatrol` – e pode apontar para qualquer objeto que implemente `IStingPatrol`, não importa qual seja a classe real. Ela pode apontar para `StingPatrol`, `NectarStinger` ou até um objeto totalmente não relacionado. Se você tiver uma referência `IStingPatrol` apontando para um objeto, então sabe que pode usar todos os métodos e propriedades que fazem parte da interface `IStingPatrol`, independentemente do tipo real do objeto.

Mas, a interface é apenas parte da solução, você ainda precisará criar uma nova classe que a implemente, uma vez que realmente não vem com nenhum código. As interfaces não são para evitar a criação de classes extras ou evitar o código duplicado. Elas são para criar uma classe que possa fazer mais de uma tarefa sem contar com a herança, pois a herança traz muita bagagem extra – você terá que herdar todo método, propriedade e campo, não apenas aqueles que têm relação com a tarefa específica.

Você pode pensar em modos de ainda poder evitar a duplicação do código ao usar uma interface? Você pode criar uma classe separada chamada `Stinger` ou `Proboscis` para conter o código específico para ferroar e coletar néctar. `NectarStinger` e `NectarCollection` poderiam criar uma instância privada de `Proboscis` e sempre que precisassem coletar néctar, elas chamariam seus métodos e definiriam suas propriedades.

As classes que implementarem interfaces devem incluir TODOS os métodos da interface

Implementar uma interface significa que você tem que ter um método na classe para cada e toda propriedade e método declarado na interface – se não for o caso, o código não compilará. Se uma classe implementar mais de uma interface, precisará incluir todas as propriedades e métodos em cada uma das interfaces implementadas. Mas, não precisa aceitar nossa sugestão...

Faça isso!

1. **Crie uma nova aplicação e adicione um novo arquivo de classe chamado IStingPatrol.cs**
   Em vez de adicionar uma classe, digite a interface **`IStingPatrol`** de duas páginas atrás. Seu programa deverá compilar.

2. **Adicione uma classe Bee ao projeto**
   Não acrescente nenhum método ou propriedade ainda. Apenas implemente IStingPatrol:

```
class Bee : IStingPatrol
{
}
```

3. **Tente compilar o programa**
   Selecione "Rebuild" (Reconstruir) no menu Build (Construir). Opa – o compilador não deixará você fazer isso:

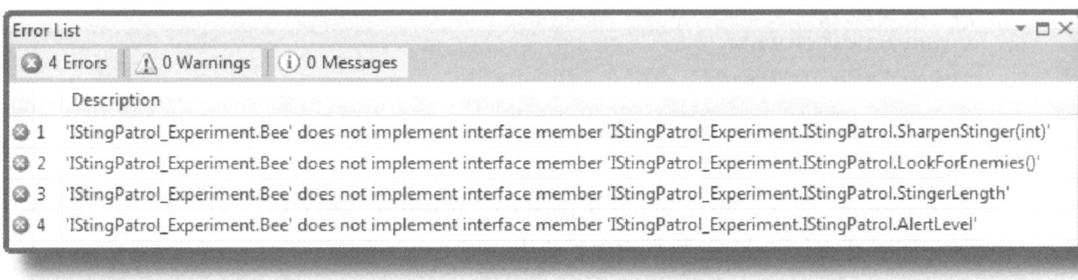

Você verá um destes erros "does not implement" (não implementa) para cada membro de IStingPatrol que não está implementado na classe. O compilador **realmente** quer que você implemente cada método na interface.

4. **Adicione os métodos e propriedades à classe Bee**
   Adicione um método `LookForEnemies` e um método `SharpenStinger` – eles não têm nenhuma relação com nada, apenas precisam compilar. Então, adicione um acessador `get` para um `int` chamado `Alertlevel` e os acessos `get` e `set` para um `int` chamado `StingerLength`. Agora, o programa compilará!

Pratique um pouco com interfaces

As interfaces são realmente fáceis de usar e a melhor forma de entendê-las é começar a usá-las. Então, crie um novo projeto de Aplicação Windows Forms, arraste um botão para o formulário e vamos lá!

Faça isso!

1. Eis uma classe `TallGuy` e o código para um botão que a cria usando um inicializador de objeto e que chama seu método `TalkAboutYourself()`. Nada de novo até aqui – usaremos isso num minuto.

```
class TallGuy {
    public string Name;
    public int Height;

    public void TalkAboutYourself() {
        MessageBox.Show("My name is " + Name + " and I'm "
           + Height + " inches tall.");
    }
}

private void button1_Click(object sender, EventArgs e) {
    TallGuy tallGuy = new TallGuy() { Height = 74, Name = "Jimmy" };
    tallGuy.TalkAboutYourself();
}
```

2. Vamos criar uma interface `IClown` para a classe.
Você já sabe que tudo dentro de uma interface tem que ser público. Mas, não aceite nossa palavra. Crie um novo projeto e declare uma interface você mesmo, desta forma:
`interface IClown`

Agora, tente declarar um método privado dentro da interface:
`private void Honk();`

Selecione Build (Construir) >> Build Solution (Construir Solução) no IDE. Você verá o seguinte erro:

`1 The modifier 'private' is not valid for this item`

Agora, continue e **apague o modificador de acesso `private`** – o erro desaparecerá e o código compilará sem problemas.

Você não precisa digitar "public" dentro da interface porque ela automaticamente faz com que todos os métodos e propriedades sejam públicos.

3. Antes de seguir para a próxima página, veja se consegue criar o resto da interface `IClown` e modifique a classe `TallGuy` para implementá-la. Adicione sua interface ao seu projeto exatamente como faria com uma classe: clique com o botão direito no projeto no Solution Explorer (Navegador de Solução) e adicione um arquivo de classe chamado `IClown.cs`.
Sua nova interface `IClown` deve ter um método `void` chamado `Honk` que não deve ter nenhum parâmetro e uma propriedade de apenas leitura `string` chamada `FunnyThingIHave`, que tem um acessador `get`, mas não um `set`.

4 Eis a interface – acertou?

```
interface IClown
{
    string FunnyThingIHave { get; }
    void Honk();
}
```

Aqui está um exemplo de uma interface com um acessador get sem um set. Lembre-se: as interfaces não podem conter campos, mas quando você implementa esta propriedade de apenas leitura numa classe, ela se parece como um campo para os outros objetos.

Certo, agora modifique a classe `TallGuy` para implementar `IClown`. Lembre-se, o operador dois pontos é sempre seguido pela classe base da qual herda (se existir alguma) e, então, uma lista de interfaces para implementar, todas separadas por vírgulas. Já que não há uma classe base e apenas uma interface a implementar, a declaração fica assim:

```
class TallGuy : IClown
```

TallGuy vai implementar a interface IClown.

Tenha certeza de que o restante da classe seja o mesmo, incluindo os dois campos e o método. Selecione " Build Solution" do menu Build no IDE para compilar e desenvolver o programa. Você verá dois erros, incluindo este:

```
'TallGuy' does not implement interface
member 'IClown.Honk()'
```

O IDE informa é que quando você disse que TallGuy implementaria IClown, prometeu adicionar todas as propriedades e métodos nessa interface... e depois você quebrou a promessa!

5 Os erros desaparecerão assim que você adicionar todos os métodos e propriedades definidos na interface. Então, continue e implemente-a. Adicione uma propriedade string de apenas leitura chamada `FunnyThingIHave` com um acessador get que sempre retorna a string "`big shoes`" (sapatos grandes). Então, adicione um método `Honk()` que abre uma caixa de mensagem que diz: "Honk honk!".
Eis como será:

```
public string FunnyThingIHave {
    get { return "big shoes"; }
}

public void Honk() {
    MessageBox.Show("Honk honk!");
}
```

A interface exige apenas que uma classe que a implemente tenha uma propriedade FunnyThingIHave com um acessador get. Você pode colocar qualquer acessador get nela, mesmo um que sempre retorne a mesma string sempre. A maioria dos acessadores get não funcionará assim, mas funcionará bem se fizer o que você precisa que faça.

A interface diz que você precisa de um método void público chamado Honk, mas não diz o que o método precisa fazer. Ele pode fazer qualquer coisa – não importa o que seja, o código compilará desde que algum método exista com a assinatura correta.

6 Agora seu código vai compilar! Atualize seu botão para que ele chame o método `Honk()` do objeto `Tallguy`.

Você não pode instanciar uma interface, mas pode referir-se a ela

Digamos que você tenha um método que precisa de um objeto que possa executar o método `FindFlowers()`. Qualquer objeto que tenha implementado a interface `INectarCollector` serviria. Poderia ser um objeto `Worker`, um objeto `Robot` ou um `Dog`, desde que implemente a interface `INectarCollector`.

É para isso que servem as **referências da interface**. Você pode usar uma para se referir a um objeto que implementa a interface necessária e sempre terá certeza de que ela tem os métodos certos para o que você quer fazer – mesmo que você não saiba muito mais a respeito dele.

Você pode criar um array de referências IWorker, mas não pode instanciar uma interface. Mas, o que você pode fazer é apontar essas referências para novas instâncias de classes que implementam IWorker. Agora, você pode ter um array que mantém muitos tipos diferentes de objetos!

Se você tentar instanciar uma interface, o compilador reclamará.

Isso não funcionará...

```
IStingPatrol dennis = new IStingPatrol();
```

1 Cannot create an instance of the abstract class or interface

Você não pode usar a palavra-chave `new` com uma interface, o que faz sentido – os métodos e as propriedades não estão implementados. Se você pudesse criar um objeto a partir de uma interface, como ele saberia o que fazer?

... mas, isso sim.

```
NectarStinger fred = new NectarStinger();
IStingPatrol george = fred;
```

Lembra como você podia passar uma referência de BLT para qualquer classe que esperasse um sanduíche porque BLT herdava de Sandwich? Aqui é a mesma coisa – você pode usar NectarStinger em qualquer método ou instrução que espera um IStingPatrol.

Mesmo que este objeto possa fazer mais coisas, quando você usa uma referência da interface, só tem acesso aos métodos na interface.

A primeira linha é uma instrução `new` comum, criando uma referência chamada Fred e apontando-a para um objeto `NectarStinger`.

A segunda linha é onde as coisas começam a ficar interessantes porque **cria uma nova variável de referência usando `IStingPatrol`**. Ela pode parecer um pouco estranha na primeira vez que você a vê. Mas, observe o seguinte:

```
NectarStinger ginger = fred;
```

Você sabe o que esta terceira instrução faz: cria uma nova referência `NectarStinger` chamada `ginger` e aponta-a para qualquer objeto para o qual `fred` esteja apontando. A instrução `george` usa `IStingPatrol` da mesma forma.

Então, o que aconteceu?

Existe apenas uma instrução `new`, logo **apenas um objeto** foi criado. A segunda instrução criou uma variável de referência chamada `george` que pode apontar para uma instância de **qualquer classe que implementa `IStingPatrol`**.

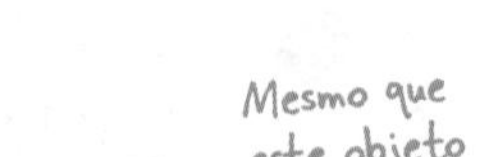

Referências de interfaces funcionam exatamente como referências de objetos

Você já sabe tudo a respeito da existência dos objetos na memória heap. Quando você trabalha com uma referência de interface, é apenas outra forma de se referir aos mesmos objetos com os quais já está lidando. Veja – é fácil!

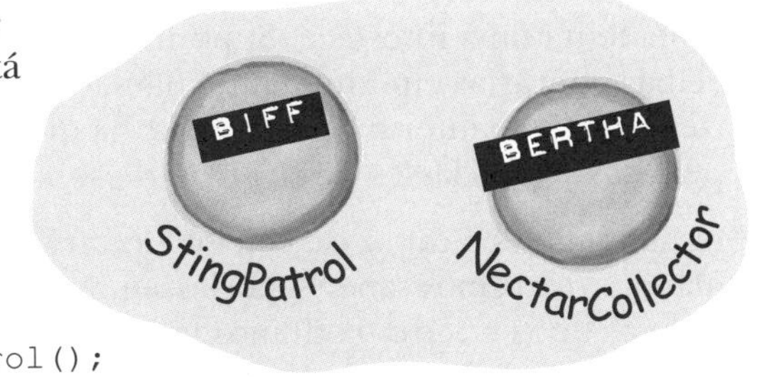

1 **Crie duas abelhas**

Até aqui, tudo é bastante familiar.

```
StingPatrol biff = new StingPatrol();
NectarCollector bertha = new NectarCollector();
```

Iremos supor que StingPatrol implementa a interface IStingPatrol e NectarCollector implementa a interface INectarCollector.

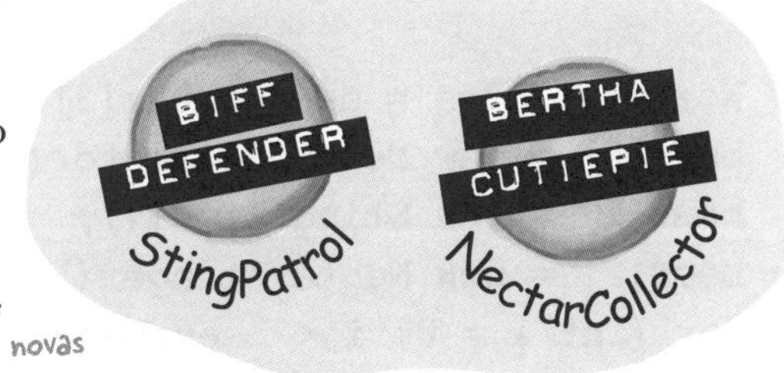

2 **Adicione as referências IStingPatrol e INectarCollector**

Você pode usar as referências da interface exatamente como usa qualquer outro tipo de referência.

```
IStingPatrol defender = biff;
INectarCollector cutiePie = bertha;
```

Estas duas instruções usam interfaces para criar novas referências para os objetos existentes. Você pode simplesmente apontar uma referência de interface para uma instância de uma classe que a implementa.

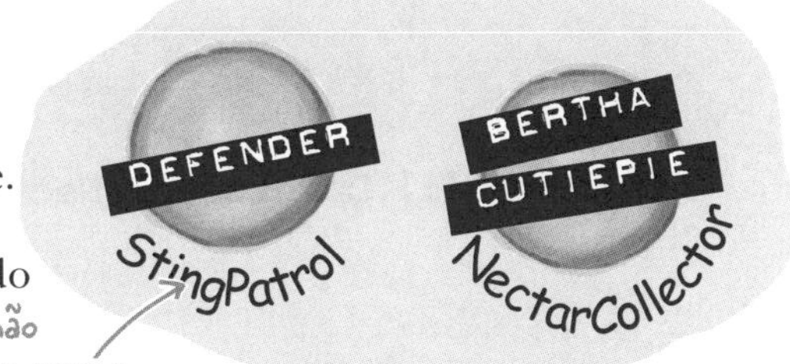

3 **Uma referência de interface manterá um objeto vivo**

Quando não existe mais nenhuma referência para um objeto, ele desaparece. Mas, não existe nenhuma regra que diga que as referências tenham que ser todas do mesmo tipo! Uma referência de interface é tão boa quanto uma referência de objeto no que diz respeito ao controle dos objetos.

O objeto não desapareceu porque defender ainda está apontado para ele.

```
biff = null
```

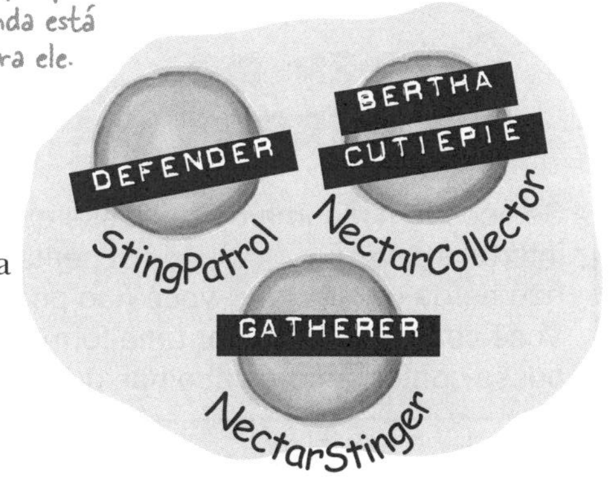

4 **Atribua uma nova instância a uma referência de interface**

Você realmente não *precisa* de uma referência de objeto – pode criar um novo objeto e atribuí-lo diretamente a uma variável de referência da interface.

`INectarCollector` gatherer = new `NectarStinger`();

Você pode descobrir se uma classe implementa uma interface específica usando "is"

Algumas vezes você precisa descobrir se certa classe implementa uma interface. Suponha que temos todas as abelhas operárias em um array, chamado `Bees`. Podemos fazer o array manter o tipo `Worker`, já que todas as abelhas operárias serão classes `Worker` ou de subclasses dela.

Mas, qual delas é capaz de coletar néctar? Em outras palavras, queremos saber se a classe implementa a interface `INectarCollector`. Podemos usar a palavra-chave **is** para descobrir exatamente isso.

Todas as operárias estão em um array de Worker. Usaremos "is" para classificar qual tipo de operária cada abelha é.

Temos um array de abelhas operárias que são candidatas a uma missão de coleta de néctar. Então, fazemos um loop no array e usamos "is" para determinar quais delas têm os métodos e as propriedades corretos para o trabalho.

```
Worker[] bees = new Worker[3];
bees[0] = new NectarCollector();
bees[1] = new StingPatrol();
bees[2] = new NectarStinger();
for (int i = 0; i < bees.Length; i++)
{
    if (bees[i] is INectarCollector)
    {
        bees[i].DoThisJob("Nectar Collector", 3);
    }
}
```

is permite comparar as interfaces E também outros tipos!

Isto quer dizer: se a abelha implementa INectarCollector... faça o seguinte.

Agora que sabemos que a abelha é uma coletora de néctar, podemos dar-lhe a tarefa de fazer isso.

Não existem Perguntas Idiotas

P: Espere um pouco. Quando coloco uma propriedade em uma interface, parece uma propriedade automática. Isto significa que posso usar apenas propriedades automáticas quando implemento uma interface?

R: Não, não mesmo. É verdade que uma propriedade dentro de uma interface é muito parecida com uma propriedade automática – tal como `Job` e `ShiftsLeft` na interface `IWorker` na próxima página. Mas, definitivamente não são propriedades automáticas. Você poderia implementar `Job` assim.

```
public Job { get;
private set; }
```

Você precisa do set privado, pois as propriedades automáticas requerem que você tenha `set` e `get` (mesmo que sejam privados). Mas, você também poderia implementar assim:

```
public job { get {
return "Accountant"; } }
```

e o compilador ficará muito contente com isso também. Você também pode adicionar um acessador set – a interface requer um get, mas não diz que você não pode ter um set também. (Se você usar uma propriedade automática para implementá-lo, poderá decidir por si mesmo se deseja que set seja privado ou público.)

PODER DO CÉREBRO

Se você tem alguma outra classe que não herda de `Worker`, mas que **implementa** a interface `INectarCollector`, então, ela poderá fazer a tarefa também! Mas, como não herda de `Worker`, você não pode colocá-la em um array com as outras abelhas. Você consegue imaginar uma forma de solucionar esse problema e criar um array que possa conter tanto as abelhas quanto essa nova classe?

Interfaces podem herdar de outras interfaces

Quando uma classe herda de outra, ela recebe todos os métodos e propriedades da classe base. **A herança da interface** é ainda mais simples. Já que não existe um corpo de método real em nenhuma interface, você não precisa preocupar-se em chamar construtores ou métodos de base. As interfaces herdadas apenas acumulam todos os métodos e propriedades das interfaces das quais herdam.

Quando desenharmos uma interface num diagrama de classes, mostraremos a herança usando linhas pontilhadas.

```
interface IWorker
{
  string Job { get; }
  int ShiftsLeft { get; }
  void DoThisJob(string job, int shifts)
  void WorkOneShift()
}
```

Criamos uma nova interface IWorker da qual as demais devem herdar.

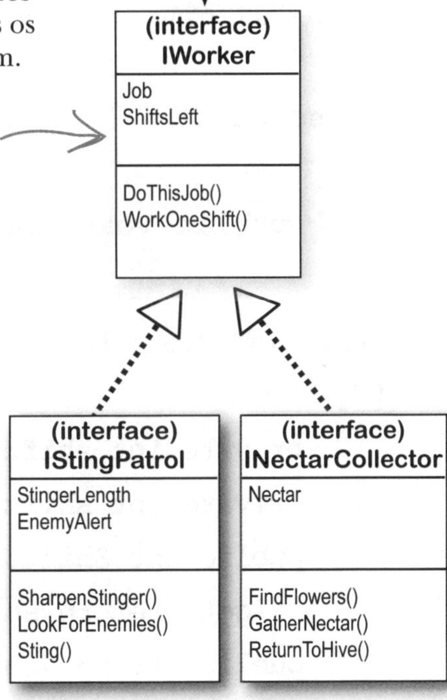

Qualquer classe que implementa uma interface que herda de IWorker precisa implementar seus métodos e propriedades

Quando uma classe implementa uma interface, ela deve incluir cada propriedade e método nessa interface. E se essa interface herda de outra, então todos *esses* métodos e propriedades também devem ser implementados.

```
interface IStingPatrol : IWorker
{
    int AlertLevel { get;}
    int StingerLength { get; set;}
    bool LookForEnemies();
    int SharpenStinger(int length);
}
```

Eis aqui a mesma interface IStingPatrol, mas agora ela herda da interface IWorker. Parece uma pequena mudança, mas faz uma grande diferença em qualquer classe que implementa IStingPatrol.

Uma classe que implementa IStingPatrol não só precisa implementar estes métodos...

...mas também os métodos herdados da interface IWorker.

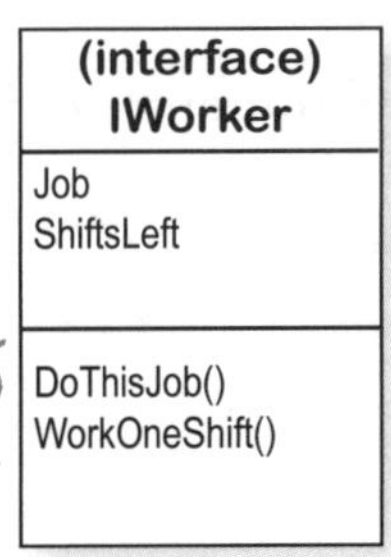

O RoboBee 4000 pode fazer o trabalho de uma abelha operária sem usar o precioso mel

RoboBee
ShiftsToWork ShiftsWorked ShiftsLeft Job
DoThisJob()

Vamos criar uma nova abelha, RoboBee 4000, que funcionará usando gasolina. Podemos fazer com que ela herde da interface `IWorker`, portanto poderá fazer tudo o que uma abelha operária normal pode.

```
class Robot
{
    public void ConsumeGas() {...}
}
class RoboBee : Robot, IWorker
{
    private int shiftsToWork;
    private int shiftsWorked;
    public int ShiftsLeft
      {get {return shiftsToWork - shiftsWorked;}}
    public string Job { get; private set; }
    public bool DoThisJob(string job, int shiftsToWork){...}
    public void WorkOneShift() {...}
}
```

Esta é a nossa classe Robot básica, portanto os robôs podem funcionar com gasolina.

A classe RoboBee herda de Robot e implementa IWorker. Ou seja, ela é um robô, mas pode fazer o trabalho de uma abelha operária. Perfeito!

A classe RoboBee implementa todos os métodos da interface IWorker.

Se RoboBee não implementasse tudo da interface IWorker, o código não compilaria.

Lembre-se, para as outras classes na aplicação, não existe nenhuma diferença funcional entre um RoboBee e uma abelha operária normal. Ambos implementam a interface `IWorker`, então ambos agem como abelhas operárias, no que diz respeito ao restante do programa.

Mas, ainda é possível distinguir entre os tipos usando `is`:

```
if (workerBee is Robot) {
   // agora, conhecemos workerBee
   // este é um objeto Robot
}
```

Podemos ver qual classe ou interface workerBee implementa ou quais subclasses com "is".

Qualquer classe pode implementar QUALQUER interface, desde que mantenha sua promessa de implementar os métodos e as propriedades da interface.

is diz a você o que um objeto implementa, as diz ao compilador como tratar seu objeto

Algumas vezes, você tem que chamar um método que um objeto obtém a partir de uma interface que ele implementa. Mas, como saber se aquele objeto é do tipo certo? Você pode usar **is** para descobrir. Então, pode usar **as** para tratar esse objeto – que agora você sabe que é do tipo certo – como tendo o método que você precisa chamar.

```
IWorker[] bees = new IWorker[3];
    bees[0] = new NectarStinger();
    bees[1] = new RoboBee();
    bees[2] = new Worker();
```

Todas estas abelhas implementam IWorker, mas não sabemos quais implementam outras interfaces, como, por exemplo, INectarCollector.

Fazemos um loop em cada abelha...

Não podemos chamar os métodos INectarCollector nas abelhas. São do tipo IWorker e não conhecem os métodos INectarCollector.

```
for (int i = 0; i < bees.Length; i++) {
    if (bees[i] is INectarCollector) {
        INectarCollector thisCollector;
        thisCollector = bees[i] as INectarCollector;
        thisCollector.GatherNectar();
        ...
```

...e checamos para ver se ela implementa INectarCollector.

Usamos "as" para dizer: trate este objeto COMO uma implementação INectarCollector.

AGORA, podemos chamar os métodos INectarCollector.

Aponte seu lápis

Veja o array à esquerda. Para cada uma destas instruções, escreva quais valores de `i` iriam torná-la avaliada como `true`. E mais, duas não compilarão – risque estas linhas.

```
IWorker[] Bees = new IWorker[8];
Bees[0] = new NectarStinger();
Bees[1] = new RoboBee();
Bees[2] = new Worker();
Bees[3] = Bees[0] as IWorker;
Bees[4] = IStingPatrol;
Bees[5] = null;
Bees[6] = Bees[0];
Bees[7] = new INectarCollector();
```

1. `(Bees[i] is INectarCollector)`

....

2. `(Bees[i] is IStingPatrol)`

....

3. `(Bees[i] is IWorker)`

....

Uma cafeteira também é um eletrodoméstico

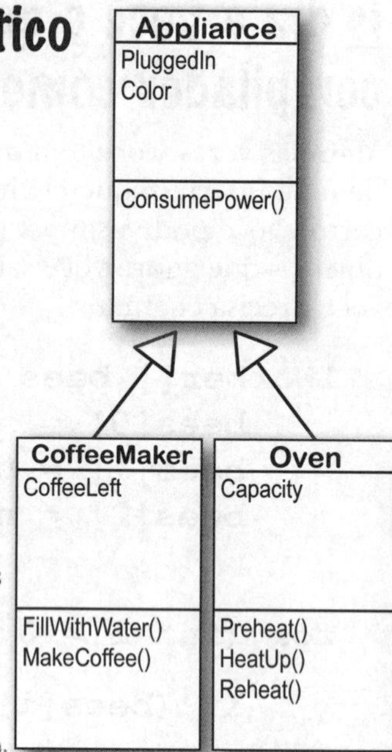

Se você está tentando imaginar como diminuir sua conta de energia elétrica mensal, não se preocupará com o que cada eletrodoméstico faz. Apenas se importará com a potência que eles consomem. Logo, se você estiver escrevendo um programa que monitora seu consumo de eletricidade, provavelmente, escreverá uma classe `Appliance`. Mas, se precisasse distinguir entre uma cafeteira e um forno, teria que desenvolver uma hierarquia de classes. Então, adicionaria os métodos e propriedades específicos de uma cafeteira ou forno em algumas classes `CoffeeMaker` e `Oven`, e eles herdariam de uma classe `Appliance` com seus métodos e propriedades em comuns.

```
public void MonitorPower(Appliance appliance) {
    // o código para acrescentar dados ao banco de dados
    // de consumo de energia doméstico
}
```

Eis um método para o programa monitorar o consumo de potência numa casa.

Este código apareceria mais tarde no programa para monitorar o consumo da cafeteira.

```
CoffeeMaker misterCoffee = new CoffeeMaker( );
MonitorPower(misterCoffee);
```

Mesmo que o método MonitorPower() tenha uma referência para um objeto Appliance, você pode lhe passar uma referência misterCoffee porque CoffeeMaker é uma subclasse de Appliance.

Você já viu isto no capítulo anterior, quando aprendeu como passar uma referência BLT para um método que esperava um Sandwich.

Aponte seu lápis Solução

Veja o array à esquerda. Para cada uma destas instruções, escreva quais valores de `i` iriam torná-la avaliada como `true`. E mais, duas não compilarão – risque estas linhas.

```
IWorker[] Bees = new IWorker[8];
Bees[0] = new NectarStinger();
Bees[1] = new RoboBee();
Bees[2] = new Worker();
Bees[3] = Bees[0] as IWorker;
Bees[4] = IStingPatrol;            (riscada)
Bees[5] = null;
Bees[6] = Bees[0];
Bees[7] = new INectarCollector();  (riscada)
```

NectarStinger() implementa a interface IStingPatrol

1. `(Bees[i] is INectarCollector)`

0, 3 e 6

2. `(Bees[i] is IStingPatrol)`

0, 3 e 6

3. `(Bees[i] is IWorker)`

0, 1, 2, 3, e 6

O upcasting acima funciona tanto com objetos quanto com interfaces

O ato de substituir uma subclasse por uma classe base – como trocar uma cafeteira por um eletrodoméstico ou um BLT por um sanduíche – é chamado de **upcasting** É uma ferramenta realmente poderosa obtida quando se criam hierarquias de classes. A única desvantagem do upcasting acima é que você só pode usar as propriedades e os métodos da classe base. Em outras palavras, quando você trata uma cafeteira como um eletrodoméstico, não pode dizer-lhe para fazer café ou se encher de água. Mas, *pode* dizer se ela está ou não ligada, pois isto é algo possível com qualquer eletrodoméstico (e é por isso que a propriedade `PluggedIn` faz parte da classe `Appliance`).

1. **Vamos criar alguns objetos**

   Podemos criar duas classes, `CoffeeMaker` e `Oven`, da forma tradicional:

```
CoffeeMaker misterCoffee = new CoffeeMaker();
Oven oldToasty = new Oven();
```

Começaremos instanciando os objetos Oven e CoffeeMaker normalmente.

2. **E o que acontece se quisermos criar um array de eletrodomésticos?**

   Você não pode colocar um `CoffeeMaker` em um array `Oven[]`, nem o inverso. Mas, pode colocar ambos em um array `Appliance[]`.

```
Appliance[] kitchenWare = new Appliance[2];
kitchenWare[0] = misterCoffee;
kitchenWare[1] = oldToasty;
```

Você pode usar o upcasting para criar um array de eletrodomésticos que possa aceitar tanto cafeteiras quanto fornos.

3. **Mas, você não pode tratar um eletrodoméstico como se fosse um forno**

   Quando você obtém uma referência `Appliance`, pode **apenas** acessar os métodos e propriedades relacionados aos eletrodomésticos. Você **não pode** usar os métodos e propriedades `CoffeeMaker` usando a referência Appliance, mesmo ***que você saiba que é realmente um CoffeeMaker***. Logo, as instruções seguintes funcionarão bem porque tratam um objeto `CoffeeMaker` como um `Appliance`:

```
Appliance powerConsumer = new CoffeeMaker();
powerConsumer.ConsumePower();
```

   Mas, logo que você tentar usá-la como `CoffeeMaker`:

```
powerConsumer.MakeCoffee();
```

   seu código não compilará e o IDE exibirá um erro:

```
'Appliance' does not contain a
definition for 'MakeCoffee'
```

Esta linha não compilará porque powerConsumer é uma referência Appliance, assim, só pode ser usada para fazer coisas comuns a eletrodomésticos.

powerConsumer é uma referência Appliance apontando para um objeto CoffeeMaker.

pois assim que você fizer o upcasting acima de uma subclasse para uma classe base, poderá acessar apenas os métodos e as propriedades que **coincidem com a referência** que está usando para acessar o objeto.

Downcasting deixa que você transforme seu eletrodoméstico de volta em cafeteira

O upcasting é uma ótima ferramenta, porque permite usar uma cafeteira ou um forno em qualquer lugar onde você precisa de um eletrodoméstico. Mas, tem uma grande desvantagem: se você estiver usando uma referência `Appliance` que aponta para um objeto `CoffeeMaker`, poderá apenas usar os métodos e as propriedades que pertencem a `Appliance`. É aí que entra o **downcasting**: com ele você pega sua **referência com upcasting anterior** e transforma-o de volta. Você pode descobrir se seu `Appliance` é realmente um `CoffeeMaker` usando a palavra-chave **`is`**. E uma vez que você tenha certeza disso, poderá converter um `Appliance` de volta em um `CoffeeMaker`, usando a palavra-chave **`as`**.

1. **Vamos começar com CoffeMaker que sofreu o upcasting.**
   Eis o código que usamos:

```
Appliance powerConsumer = new CoffeeMaker();
powerConsumer.ConsumePower();
```

Eis nossa referência Appliance que aponta para um objeto CoffeeMaker.

2. **Mas, e se quisermos transformar Appliance de volta em CoffeMaker?**
   O primeiro passo para o downcasting é usar a palavra-chave `is` para checar se ela é possível.

```
if (powerConsumer is CoffeeMaker)
   // então, podemos fazer o downcasting!
```

3. **Agora que sabemos que é um CoffeeMaker, vamos usá-lo como se fosse um**
   A palavra-chave `is` é o primeiro passo. Uma vez que você sabe Que uma referência `Appliance` está apontando para um objeto `CoffeeMaker`, pode usar "`as`" para fazer a conversão abaixo. Isso permite que você use os métodos e as propriedades da classe `CoffeeMaker`. E já que `CoffeeMaker` herda de `Appliance`, ainda tem os métodos e as propriedades de `Appliance`.

```
if (powerConsumer is CoffeeMaker) {
   CoffeeMaker javaJoe = powerConsumer as CoffeeMaker;
   javaJoe.MakeCoffee();
}
```

A referência javaJoe aponta para o mesmo objeto CoffeeMaker que powerConsumer. Mas, é uma referência CoffeeMaker, portanto pode chamar o método MakeCoffee().

Quando o downcasting falha, as retorna null

E o que acontece se você tentar usar `as` para converter um objeto `Oven` em um `CoffeeMaker`? Retornará null – e se você tentar usá-lo, o . NET fará seu programa parar.

```
if (powerConsumer is CoffeeMaker) {
   Oven foodWarmer = powerConsumer as Oven;
   foodWarmer.Preheat();
}
```

Ops! Estes não coincidem!

powerConsumer NÃO é um objeto Oven. Então, quando você tenta fazer o downcasting com "as", a referência foodWarmer acaba definida para null. E quando você tenta usar uma referência nula, acontece isto...

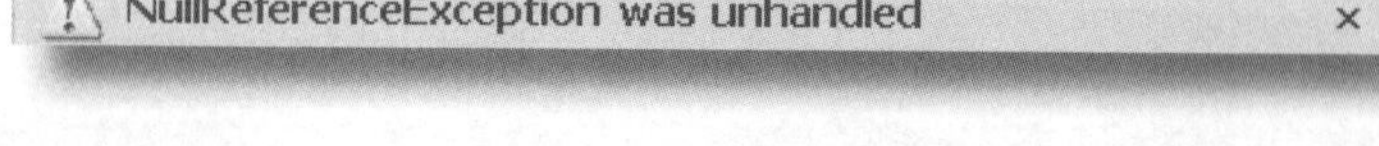

O upcasting e o downcasting funcionam com interfaces também

Você já sabe que `is` e `as` funcionam com as interfaces. Bem, então fazem todos os truques do upcasting e do downcasting. Vamos adicionar uma interface `ICooksFood` para qualquer classe que possa aquecer comida. E criaremos também uma classe `Microwave` – `Microwave` e `Oven` implementam essa interface. Agora, temos três formas diferentes de acessar um objeto `Oven`. E o `IntelliSense` do IDE pode ajudá-lo a descobrir exatamente o que você pode e o que não pode fazer com cada um deles:

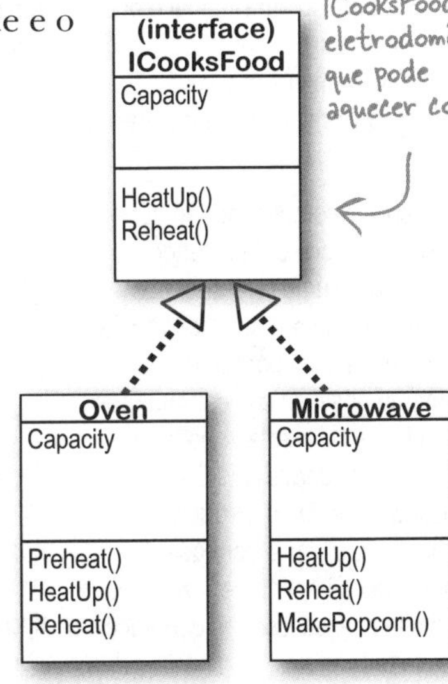

Qualquer classe que implementa ICooksFood é um eletrodoméstico que pode aquecer comida.

```
Oven misterToasty = new Oven();
misterToasty.
```

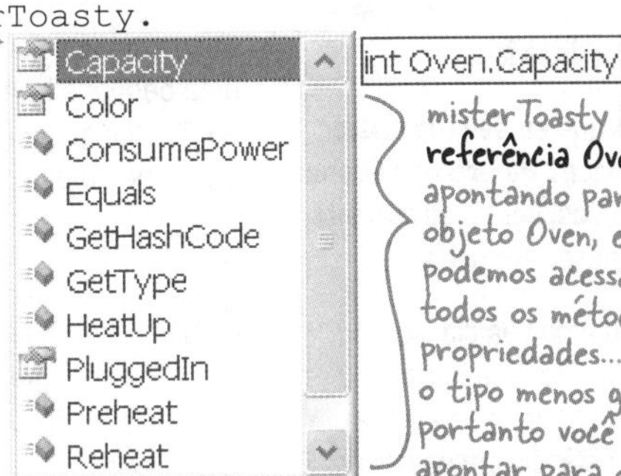

Assim que você digitar o ponto, a janela IntelliSense aparecerá com uma lista de todos os membros que você pode usar.

misterToasty é uma **referência Oven** apontando para um objeto Oven, então podemos acessar todos os métodos e propriedades... mas, é o tipo menos genérico, portanto você só pode apontar para objetos Oven.

```
ICooksFood cooker;
if (misterToasty is ICooksFood)
    cooker = misterToasty as ICooksFood;
    cooker.
```

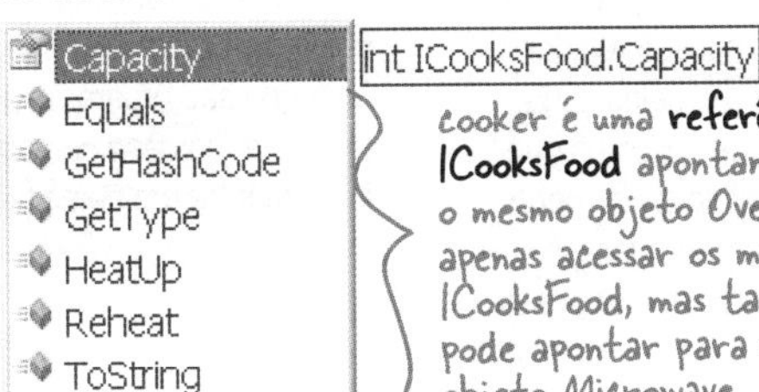

cooker é uma **referência ICooksFood** apontando para o mesmo objeto Oven. Pode apenas acessar os membros ICooksFood, mas também pode apontar para um objeto Microwave.

```
Appliance powerConsumer;
if (misterToasty is Appliance)
    powerConsumer = misterToasty;
    powerConsumer.
```

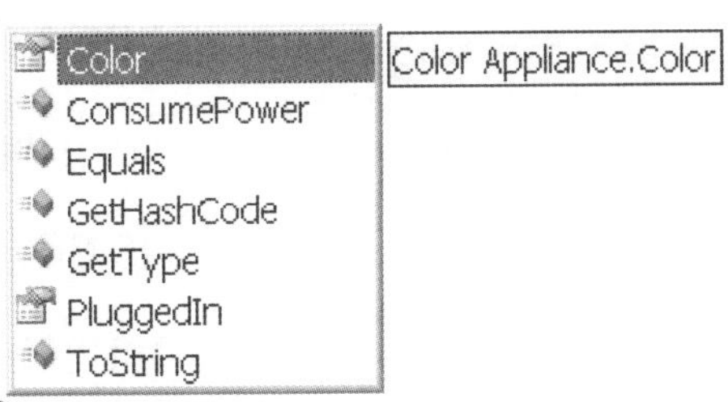

powerConsumer é uma **referência Appliance**. Pode apenas acessar os campos públicos, métodos e propriedades em Appliance. Você pode apontar também para um objeto CoffeeMaker se quiser.

Três diferentes referências apontando para o mesmo objeto podem acessar diferentes métodos e propriedades, dependendo do tipo da referência.

Não existem Perguntas Idiotas

P: Volte um pouco – você me disse que eu sempre posso usar o upcasting, mas nem sempre o downcasting. Por quê?

R: Porque o compilador pode avisar quando o upcasting está errada. A única forma de um upcasting não funcionar é se você estiver tentando definir um objeto para ser igual a uma classe da qual ele não herde ou uma interface que ele não implementa. E o compilador pode descobrir imediatamente que você não fez o upcasting corretamente e mostrar um erro.

Por outro lado, o compilador não sabe como checar se você está fazendo o downcasting *de* uma referência de objeto ou interface *para* uma referência que não é válida. Isso porque é perfeitamente possível colocar qualquer nome de classe ou interface no lado direito da palavra-chave `as`. Se o downcasting for ilegal, a instrução as retornará `null`. E é bom que o compilador não o impeça de fazer isso porque muitas vezes isso é o que você desejaria fazer.

P: Alguém me disse que uma interface é como um contrato, mas não entendi bem o porquê. O que isso quer dizer?

R: Ouvimos isso também – muitas pessoas gostam de dizer que uma interface é como um contrato (essa é realmente uma pergunta muito comum em entrevistas de emprego). E é verdade, até certo ponto. Quando você faz com que sua classe implemente uma interface, está dizendo ao compilador que promete colocar certos métodos nela. O compilador forçará você a manter a sua promessa.

Mas, achamos que é mais fácil lembrar como as interfaces funcionam se você pensar nelas como um tipo de lista de verificação. O compilador confere a lista para ter certeza de que você realmente colocou todos os métodos da interface na sua classe. Se não for o caso, ele reclamará e não deixará que você compile.

P: E se eu quiser colocar um corpo do método em minha interface? Posso?

R: Não, o compilador não deixará você fazer isso. Uma interface não tem permissão de conter nenhuma instrução. Mesmo que você use o operador dois pontos para implementar uma interface, não é a mesma coisa que herdar de uma classe. Implementar uma interface não acrescenta nenhum comportamento à sua classe ou altera-a de qualquer forma. Tudo o que é feito é dizer ao compilador para se certificar de que a classe tenha os métodos que a interface diz que deveria ter.

P: Então, porque eu deveria querer usar uma interface? Parece que apenas adiciona restrições, sem efetivamente mudar minha classe em nada.

R: Porque quando sua classe implementa uma interface, uma referência da interface pode apontar para qualquer instância dessa classe. E isso é realmente útil – permite criar um tipo de referência que pode funcionar com vários tipos diferentes de objetos.

Eis um exemplo rápido. Um cavalo, boi, mula e novilho, todos podem puxar uma carroça. Mas, num simulador de zoológico, cada um deles seria uma classe diferente. Digamos que você tenha um passeio de carrinho no zoológico e quisesse criar um array de qualquer animal que possa ser usado para isso. Ops – você não pode simplesmente criar um array que manterá tudo isso. Se todos herdassem da mesma classe base, você poderia criar um array desse tipo. Mas, vamos supor que não herdem. O que fazer?

É aí que as interfaces são úteis. Você pode criar uma interface `IPuller` com métodos para puxar carrinhos. Agora, você pode declarar seu array da seguinte forma:

```
IPuller[] pullerArray;
```

Agora, você pode colocar uma referência para qualquer animal que queira nesse array, desde que implemente a interface `IPuller`.

P: Existe uma forma mais fácil de implementar as interfaces? São várias coisas para digitar!

R: E veja só, existe! O IDE disponibiliza para você um atalho muito poderoso que automaticamente implementa uma interface. Comece a digitar a sua classe:

```
class
  Microwave : ICooks-
Food
   { }
```

Clique em ICooksFood – você verá uma pequena barra aparecer debaixo do "I". Coloque o mouse sobre ela e um ícone surgirá.

```
interface ICooksFood
ICooksFood
```

Algumas vezes, é difícil clicar no ícone, mas Ctrl-ponto funcionará também.

Clique no ícone e escolha "Implement Interface 'ICooksFood'" (Implementar Interface 'ICooksFood') do menu. Automaticamente serão adicionados todos os membros ainda não implementados. Cada um terá uma única instrução `throws` – elas fazem com que seu programa pare, como um lembrete, no caso de você esquecer de implementar um deles (você aprenderá mais sobre `throws` no Capítulo 10).

Uma interface é como uma lista de checagem que o compilador verifica para ter certeza de que sua classe implementou certo conjunto de métodos.

Exercício

Estenda a interface IClown e use classes que a implementem.

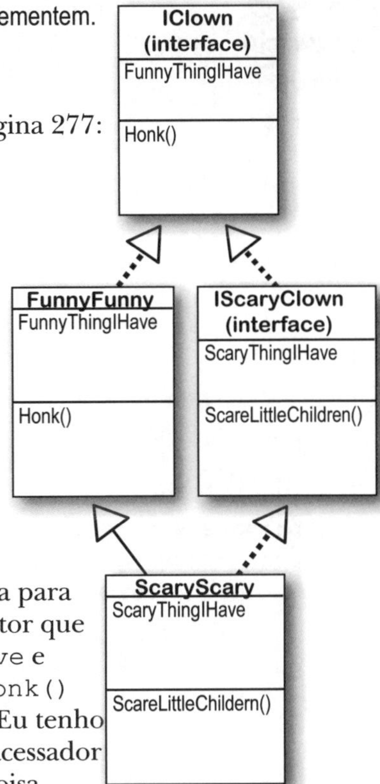

1. Comece com a interface `IClown` do último "", na página 277:

```
interface IClown {
    string FunnyThingIHave { get; }
    void Honk();
}
```

2. Estenda `IClown` criando uma nova interface, `IScaryClown`, que herda de `IClown`. Deve ter uma propriedade string adicional chamada `ScaryThingIHave` com um acessador get, mas não um set, e um método `void` chamado `ScareLittleChildren()`.

3. Crie as seguintes classes:

★ Uma classe para palhaços engraçados chamada `FunnyFunny`, que usa uma variável string privada para armazenar uma coisa engraçada. Use um construtor que tenha um parâmetro chamado `FunnyThingIHave` e use-o para definir o campo privado. O método `Honk()` deve mostrar "Honk honk! I have a " (Fom fom! Eu tenho um), seguido da coisa engraçada que ele tem. O acessador set `FunnyThingIHave` deve retornar a mesma coisa.

★ Uma classe de palhaço assustador chamada `ScaryScary`, que usa uma variável privada para armazenar um número inteiro passado a ela pelo seu construtor num parâmetro chamado `numberOfScaryThings`. O acessador get `ScaryThingIHave` deve retornar uma string que consiste no número do construtor seguido de "spiders" (aranhas). `ScareLittleChildren()` abrirá uma caixa de mensagem informando: "Boo! Gotcha" (Buh! Peguei vocês!).

4. Eis o código para um botão – mas ele não está funcionando. Você consegue descobrir como corrigir isso?

```
private void button1_Click(object sender, EventArgs e) {
    ScaryScary fingersTheClown = new ScaryScary("big shoes", 14);
    FunnyFunny someFunnyClown = fingersTheClown;
    IScaryClown someOtherScaryclown = someFunnyClown;
    someOtherScaryclown.Honk();
}
```

Exercício Solução

Estenda a interface IClown e use classes que a implementem.

```
interface IClown {
    string FunnyThingIHave { get; }
    void Honk();
}

interface IScaryClown : IClown {
string ScaryThingIHave { get; }
    void ScareLittleChildren();
}

class FunnyFunny : IClown {
    public FunnyFunny(string funnyThingIHave) {
        this.funnyThingIHave = funnyThingIHave;
    }
    private string funnyThingIHave;
    public string FunnyThingIHave {
        get { return "Honk honk! I have " + funnyThingIHave; }
    }

    public void Honk() {
        MessageBox.Show(this.FunnyThingIHave);
    }
}
```

O método Honk() usa apenas o acessador set para exibir sua mensagem – não é preciso ter o mesmo código duas vezes.

Você poderia ter implementado o método e a propriedade de IClown de novo, mas por que não herdar de FunnyFunny?

Já que ScaryScary é uma subclasse de FunnyFunny e esta implementa IClown, ScaryScary também implementa IClown.

```
class ScaryScary : FunnyFunny, IScaryClown {
    public ScaryScary(string funnyThingIHave, int numberOfScaryThings)
        : base(funnyThingIHave) {
        this.numberOfScaryThings = numberOfScaryThings;
    }
    private int numberOfScaryThings;
    public string ScaryThingIHave {
        get { return "I have " + numberOfScaryThings + " spiders"; }
    }

    public void ScareLittleChildren() {
        MessageBox.Show("Boo! Gotcha!");
    }
}
private void button1_Click(object sender, EventArgs e) {
    ScaryScary fingersTheClown = new ScaryScary("big shoes", 14);
    FunnyFunny someFunnyClown = fingersTheClown;
    IScaryClown someOtherScaryclown = someFunnyClown as ScaryScary;
    someOtherScaryclown.Honk();
}
```

Você pode definir uma referência FunnyFunny para ser igual a um objeto ScaryScary porque ScaryScary herda de FunnyFunny. Mas, você não pode definir nenhuma referência IScaryClown para qualquer palhaço porque não sabe se o palhaço é assustador. É por isso que você precisa usar a palavra-chave as.

Você também pode usar a referência someOtherScaryClown para chamar ScareLittleChildren() – mas não pode tê-la a partir da referência someFunnyClown.

Há mais do que apenas público e privado

Chamamos os métodos, campos e propriedades de uma classe de seus **membros**. Qualquer membro pode ser marcado com o modificador de acesso public ou private.

Você já sabe como a palavra `private` é importante, como usá-la e como ela difere de `public`. O C# tem um nome para elas: **modificadores de acesso**. O nome faz sentido porque quando você altera um modificador de acesso em uma propriedade, campo ou método numa classe – seus **membros** – ou da classe inteira, modifica a forma como as outras classes podem acessá-lo. Existem mais alguns tipos de modificadores de acesso que você usará, mas começaremos com os conhecidos:

(contanto que possam acessar a classe que declara)

- **`public` quer dizer que qualquer um pode acessar**
  Quando você marca uma classe ou um membro com `public`, está dizendo ao C# que qualquer instância de outra classe pode acessá-lo. É o menos restritivo dos modificadores de acesso. E você já viu como ele pode causar problemas – apenas marque os membros da classe como públicos se tiver um motivo para isso. É assim que você se certifica de que suas classes estão bem encapsuladas.

- **`private` quer dizer que apenas os outros membros podem acessar**
  Quando você marca um membro de uma classe como `private`, ele só poderá ser acessado por outros membros dentro daquela classe ou por **outras instâncias dessa classe**. Você não pode marcar uma classe como `private` – a menos que a classe **resida dentro de outra**, neste caso ela está disponível apenas para as instâncias de sua classe contêiner. Então, ela é privada por padrão e se você quiser que seja pública, precisará marcá-la como public.

  Se você omitir o modificador de acesso quando declarar um membro da classe, ele terá como padrão private.

- **`protected` quer dizer público para as subclasses, privado para tudo mais**
  Você já viu como uma subclasse está impossibilitada de acessar os campos privados em sua classe `base` – ela tem que usar a palavra-chave base para obter os membros públicos do objeto base. Não seria conveniente se as subclasses pudessem acessar os campos privados? É para isso que existe o modificador de acesso `protected`. Qualquer membro de classe marcado com `protected` pode ser acessado por qualquer outro de sua classe e por qualquer membro de uma subclasse de sua classe.

  Se você omitir o modificador de acesso quando declara uma classe ou uma interface, então por padrão, ela é definida para internal. E isso é bom para a maioria das classes – significa que qualquer outra classe no assembly pode lê-la. Se você não estiver usando diversos assemblies, internal funcionará tão bem quanto public para as classes e as interfaces. Experimente – vá para um antigo projeto, mude algumas classes para internal e veja o que acontece.

- **`internal` quer dizer público apenas para as outras classes num assembly**
  As classes do .NET Framework predefinidas são **assemblies** - bibliotecas de classes que estão na lista de referências de seu projeto. Você pode ver uma lista deles clicando com o botão direito em "References" (Referências) no Solution Explorer (Navegador de Solução) e escolhendo "Add Reference..." (Adicionar Referências) – quando você cria uma nova aplicação Windows Forms, o IDE automaticamente inclui as referências necessárias para desenvolver uma aplicação Windows. Quando você desenvolve um assembly, pode usar a palavra-chave `internal` para manter classes privadas dentro desse assembly, de forma a poder expor somente as classes que desejar. Você pode combinar isto com `protected` – qualquer coisa marcada como `protected internal` pode ser acessada apenas de dentro do assembly **ou** de uma subclasse.

- **`sealed` quer dizer que esta classe não pode ser subclassificada**
  Há algumas classes das quais você não pode herdar. Muitas das do .NET Framework são assim – vá em frente, tente criar uma classe que herde de `String` (é a classe cujo método `IsEmptyOrNull()` foi usado no capítulo anterior). O que acontece? O compilador não permitirá que seu código compile. Ele apresenta um erro "cannot derive from sealed type 'string'" (não é possível derivar do tipo fechado 'string'). Você pode fazer o mesmo com suas classes - apenas adicione `sealed` depois do modificador de acesso.

  Sealed é um modificador, mas não é um modificador de acesso. É porque afeta apenas a herança – não muda o modo como a classe pode ser acessada.

Há um pouco mais sobre todas essas definições. Dê uma olhada em Sobras #2 no apêndice para aprender mais sobre elas.

Os modificadores de acesso mudam a visibilidade

Vamos dar uma olhada de perto nos modificadores de acesso e como eles afetam o **escopo** dos vários membros da classe. Fizemos duas mudanças: o campo de armazenamento `funnyThingIHave` é agora protected e modificamos o método `ScareLittleChildren()` para usar o campo `funnyThingIHave`.

Faça estas duas mudanças na solução do seu exercício. Então, altere o modificador de acesso protected de volta para private e veja quais erros aparecem.

1 Eis duas interfaces. `IClown` define um palhaço que buzina e tem algo engraçado. `IScaryClown` herda do palhaço. Um palhaço assustador faz tudo que um palhaço faz, mais o fato de que ele tem algo assustador e assusta as criancinhas.

```
interface IClown {
    string FunnyThingIHave { get; }
    void Honk();
}

interface IScaryClown : IClown {
    string ScaryThingIHave { get; }
    void ScareLittleChildren();
}
```

A palavra-chave "this" também muda a variável a que você está se referindo. Ela diz ao C#: "Olhe na instância atual da classe para ver se acha qualquer coisa à qual eu estou conectado – mesmo que coincida com um parâmetro ou variável local".

Esta é uma forma muito comum de usar "this", já que o parâmetro e o campo de armazenamento têm o mesmo nome. funnyThingIHave refere-se ao parâmetro e this.funnyThingIHave é o campo de armazenamento.

2 A classe `FunnyFunny` implementa a interface `IClown`. Tornamos o campo `funnyThingIHave` `protected` para que ele possa ser acessado por qualquer instância de uma subclasse de FunnyFunny.

```
class FunnyFunny : IClown {
    public FunnyFunny(string funnyThingIHave) {
        this.funnyThingIHave = funnyThingIHave;
    }
    protected string funnyThingIHave;
    public string FunnyThingIHave {
        get { return "Honk honk! I have " + funnyThingIHave; }
    }

    public void Honk() {
        MessageBox.Show(this.FunnyThingIHave);
    }
}
```

Ao adicionar "this", dizemos ao C# que estamos falando sobre o campo de armazenamento, não sobre o parâmetro com o mesmo nome.

Mudamos FunnyThingIHave para protected. Veja como afeta o método ScaryScary.ScaryLittleChildren().

Quando você usa "this" com uma propriedade, isso diz ao C# para executar o acessador get ou set.

Modificadores de Acesso de Perto

3 A classe `ScaryScary` implementa a interface `IScaryClown`. Também herda de `FunnyFunny` e como `FunnyFunny` implementa `IClown`, isso significa que `ScaryScary` implementa também. Veja como o método `ScareLittleChildren()` acessa o campo de armazenamento `funnyThingIHave` – ele pode fazer isso porque usamos o modificador de acesso `protected`. Se o tivéssemos tornado `private`, esse código não compilaria.

```
class ScaryScary : FunnyFunny, IScaryClown {
    public ScaryScary(string funnyThingIHave,
                      int numberOfScaryThings)
        : base(funnyThingIHave) {
        this.numberOfScaryThings = numberOfScaryThings;
    }

    private int numberOfScaryThings;
    public string ScaryThingIHave {
        get { return "I have " + numberOfScaryThings + " spiders"; }
    }

    public void ScareLittleChildren() {
        MessageBox.Show("You can't have my "
                        + base.funnyThingIHave);
    }
}
```

numberOfScaryThings é private, o que é típico de um campo de armazenamento. Logo, apenas outra instância de ScaryScary seria capaz de vê-lo.

A palavra-chave protected diz ao C# para fazer com que algo seja privado para todos, **menos** para as instâncias de uma subclasse.

A palavra-chave "base" diz ao C# para usar o valor da classe base. Mas, poderíamos também usar "this" neste caso. Você pode imaginar o motivo?

Se deixássemos funnyThingIHave como private, o compilador exibiria um erro. Mas, quando mudamos para protected, torna-se visível para qualquer subclasse de FunnyFunny.

3 Eis um botão que instancia `FunnyFunny` e `ScaryScary`. Veja como ele usa as para fazer o downcasting de `someFunnyClown` para uma referência `IScaryClown`.

```
private void button1_Click(object sender, EventArgs e) {
    ScaryScary fingersTheClown = new ScaryScary("big shoes", 14);
    FunnyFunny someFunnyClown = fingersTheClown;
    IScaryClown someOtherScaryclown = someFunnyClown as ScaryScary;
    someOtherScaryclown.Honk();
}
```

Colocamos algumas etapas extras para mostrar que você pode fazer o upcasting de ScaryScary para FunnyFunny, então fazer o downcasting disso para IScaryClown. Mas, todas essas três linhas poderiam ser contraídas em uma única linha. Você pode descobrir como?

Já que este manipulador de evento de clique do botão não é parte de FunnyFunny nem de ScaryScary, não pode acessar o campo protegido funnyThingIHave.

Estamos fora das duas classes, portanto as instruções aqui só têm acesso aos membros públicos de quaisquer objetos FunnyFunny ou ScaryScary.

Não existem Perguntas Idiotas

P: Por que eu usaria uma interface, em vez de apenas escrever todos os métodos necessários diretamente na minha classe?

R: Você pode acabar com vários classes diferentes conforme escreve programas cada vez mais complexos. As interfaces permitem agrupar essas classes pelo tipo de trabalho feito. Elas ajudam a certificar-se de que cada classe fará um determinado tipo de trabalho usando os mesmos métodos. A classe pode fazer o trabalho de qualquer forma necessária e, por causa da interface, você não precisa preocupar-se em entender como ela completa certas tarefas.

Eis um exemplo: você pode ter uma classe caminhão e uma barco que implementam `ICarryPassenger`. Digamos que a interface `ICarryPassenger` estipule que qualquer classe que a implementa deva ter um método `ConsumeEnergy()`. Seu programa poderia usar ambas as classes para carregar passageiros, mesmo que o método `ConsumeEnergy()` da classe barco use energia oriunda do vento e o método da classe caminhão use óleo diesel.

Imagine que você não tivesse a interface `ICarryPassenger`. Seria difícil informar ao seu programa quais veículos podem carregar pessoas e quais não. Você teria que examinar cada classe que seu programa poderia usar e tentar descobrir se existe ou não um método para carregar pessoas. Daí, teria que chamar cada um dos veículos que seu programa usará com qualquer método definido para carregar os passageiros. E uma vez que não existe uma interface padrão, eles poderiam ter qualquer nome ou estar ocultos dentro de outros métodos. Você pode ver como isso pode muito rapidamente se tornar bastante confuso.

P: Porque eu preciso usar uma propriedade? Por que não posso usar somente campos?

R: Boa pergunta. Uma interface apenas define a forma como uma classe deve realizar uma determinada tarefa. Ela não é um objeto em si, de forma que não pode ser instanciada nem armazenar informações. Se você adicionasse um campo que era apenas uma declaração de variável, então o C# teria que armazenar esse dado em algum lugar – e a interface não pode armazenar os dados por si só. Uma propriedade é um modo de fazer algo parecer um campo para os outros objetos, mas como é realmente um método, de fato não armazena nenhum dado.

P: Qual a diferença entre uma referência comum de objeto e uma referência de interface?

R: Você já sabe como uma referência de objeto comum funciona. Se você criar uma instância de `Skateboard` chamada `VertBoard`, então uma nova referência para ela chamada `HalfPipeBoard`, os dois apontarão para a mesma coisa. Mas, se `Skateboard` implementar a interface `IStreetTricks` e você criar uma referência de interface para `Skateboard` chamada `StreetBoard`, ela só saberá dos métodos na classe `Skateboard`, que estão também na interface `IStreetTricks`.

Todas as três referências estão apontando realmente para o mesmo objeto. Se você chamasse o objeto usando as referências `HalfPipeBoard` ou `VertBoard`, conseguiria acessar qualquer método ou propriedade no objeto. Se chamar usando a referência `StreetBoard`, terá acesso apenas aos métodos e às propriedades na interface.

P: Então, por que eu usaria uma referência de interface se ela limita as possibilidades do objeto?

R: As referências de interface dão a você uma forma de trabalhar com vários tipos diferentes de objetos que fazem a mesma coisa. Você pode criar um array usando o tipo de referência da interface, permitindo-lhe passar e receber informações dos métodos em `ICarryPassenger`, independentemente de você trabalhar com um objeto caminhão, cavalo, monociclo, carro etc. A forma como cada um desses objetos faz esse trabalho é provavelmente um pouco diferente, mas com as referências de interface, você sabe que todos eles têm os mesmos métodos com os mesmos parâmetros e têm os mesmos tipos de retorno. Assim, você pode chamá-los e passar informações para eles exatamente da mesma forma.

P: Por que eu desejaria fazer com que algo fosse protegido, em vez de público ou privado?

R: Porque isso ajuda a encapsular melhor suas classes. Muitas vezes, uma subclasse precisa acessar alguma parte interna de sua classe base. Por exemplo, se você precisar sobrescrever uma propriedade, será bastante comum usar o campo de armazenamento da classe base no acessador get, para retornar algum tipo de variação. E quando você desenvolve classes, deve deixar algo público somente se houver algum motivo. Usar o modificador de acesso protected permite expor apenas para a subclasse que precisa dela e manter privado de tudo mais.

As referências de interface conhecem apenas os métodos e as propriedades que são definidos na interface.

Algumas classes nunca deveriam ser instanciadas

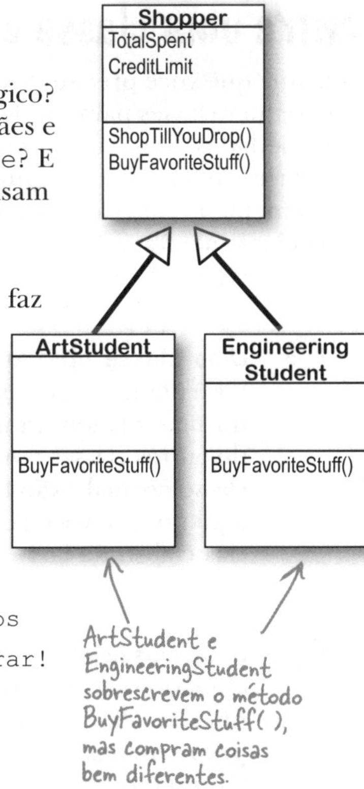

Lembra da nossa hierarquia de classes do simulador de zoológico? Certamente, você acabará instanciando vários hipopótamos, cães e leões. Mas, o que dizer a respeito das classes `Canine` e `Feline`? E a classe `Animal`? Parece que há algumas classes que não precisam ser instanciadas... e, de fato, não faz nenhum sentido que elas sejam. Veja um exemplo.

Vamos começar com uma classe básica para um estudante que faz compras numa livraria estudantil.

```
class Shopper {
        public void ShopTillYouDrop( ) {
                while (TotalSpent < CreditLimit)
                        BuyFavoriteStuff( );
        }
        public virtual void BuyFavoriteStuff ( ) {
                // sem implementação aqui - não sabemos
                // o que os nosso aluno gosta de comprar!
        }
}
```

Eis a classe `ArtStudent` – ela subclassifica Shopper.

```
class ArtStudent : Shopper {
    public override void BuyFavoriteStuff () {
        BuyArtSupplies();
        BuyBlackTurtlenecks();
        BuyDepressingMusic();
    }
}
```

E a classe `EngineeringStudent` também herda de Shopper.

```
class EngineeringStudent : Shopper {
    public override void BuyFavoriteStuff () {
        BuyPencils();
        BuyGraphingCalculator();
        BuyPocketProtector();
    }
}
```

Então, o que acontece quando você instancia Shopper? Faz algum sentido fazer isso?

Uma classe abstrata é como um cruzamento entre uma classe e uma interface

Imagine que você precise de algo como uma interface que requer classes para implementar certos métodos e propriedades. Mas, você precisa incluir algum código nessa interface, de forma que alguns métodos não precisem ser implementados em cada classe que herda. O que você quer é uma **classe abstrata**. Você obtêm os recursos de uma interface, mas pode escrever o código como numa classe normal.

Um método com uma declaração, mas sem instruções nem corpo é chamado de **método abstrato**. As classes que herdam precisam implementar os métodos abstratos, da mesma forma como quando herdam de uma interface.

- **Uma classe abstrata é como uma classe normal**
  Você define uma classe abstrata como faz com uma normal. Ela tem campos e métodos, e você pode herdar de outras classes também, exatamente como com uma classe normal. Não há quase nada novo para aprender aqui porque você já sabe tudo a respeito do que uma classe abstrata faz!

Apenas as classes abstratas podem ter métodos abstratos. Se você colocar um deles numa classe, terá que marcar essa classe como abstrata ou não compilará. Você aprenderá mais sobre como marcar uma classe como abstrata em alguns minutos.

- **Uma classe abstrata é como uma interface**
  Quando você cria uma classe que implementa uma interface, concorda em implementar todas as propriedades e métodos nela definidos. Uma classe abstrata funciona da mesma forma – ela pode incluir declarações de propriedades e métodos que, assim como em uma interface, precisam ser implementados por qualquer classe que herda.

O oposto de uma classe abstrata é uma **concreta**. Um método concreto possui um corpo e todas as classes com as quais você tem trabalhado até agora são concretas.

- **Mas, uma classe abstrata não pode ser instanciada**
  A maior diferença entre uma classe **concreta** e uma **abstrata** é que você não pode usar `new` para criar uma instância de uma abstrata. Se você fizer isso, o C# mostrará um erro quando você tentar compilar seu código.

```
Cannot create an instance of the
abstract class or interface 'MyClass'
```

Este erro ocorre porque você tem métodos abstratos sem código algum! O compilador não deixará você instanciar uma classe com código faltando, da mesma forma que não deixará instanciar uma interface.

Espere, o quê? Uma classe que eu não posso instanciar? Por que eu desejaria uma coisa dessas?

Porque você quer fornecer algum código, mas ainda quer que as subclasses preencham o restante do código.

Algumas vezes, ***coisas ruins acontecem*** quando você cria objetos que nunca deveriam ser criados. A classe no topo de seu diagrama de classes normalmente tem alguns campos que espera que suas subclasses definam. Uma classe Animal pode ter um cálculo que depende de um booleano chamado HasTail ou Vertebrate, mas não há nenhum modo de definir isso por si mesma.

Aqui está um exemplo...

Eis uma classe que o Clube de Astrofísica Vila Objeto usa para enviar seus foguetes para diferentes planetas.

Não faz sentido definir estes campos na classe base porque não sabemos qual foguete ou planeta estaremos usando.

```
class PlanetMission {
  public long RocketFuelPerMile;
  public long RocketSpeedMPH;
  public int MilesToPlanet;

  public long UnitsOfFuelNeeded() {
    return MilesToPlanet * RocketFuelPerMile;
  }

  public int TimeNeeded() {
    return MilesToPlanet / (int) RocketSpeedMPH;
  }

  public string FuelNeeded() {
    return "You'll need "
      + MilesToPlanet * RocketFuelPerMile
      + " units of fuel to get there. It'll take "
      + TimeNeeded() + " hours.";
  }
}
```

Os astrofísicos têm duas missões – uma para Marte e outra para Vênus.

```
class Venus : PlanetMission {
    public Venus() {
        MilesToPlanet = 40000000;
        RocketFuelPerMile = 100000;
        RocketSpeedMPH = 25000;
    }
}

class Mars : PlanetMission {
    public Mars() {
        MilesToPlanet = 75000000;
        RocketFuelPerMile = 100000;
        RocketSpeedMPH = 25000;
    }
}
```

Os construtores para as subclasses Mars e Venus definem os três campos que herdaram de Planet. Mas, esses campos **não serão definidos** se você instanciar Planet diretamente. Então, o que acontece quando FuelNeeded() tenta usá-los?

```
private void button1_Click(object s, EventArgs e) {
  Mars mars = new Mars();
  MessageBox.Show(mars.FuelNeeded());
}
```

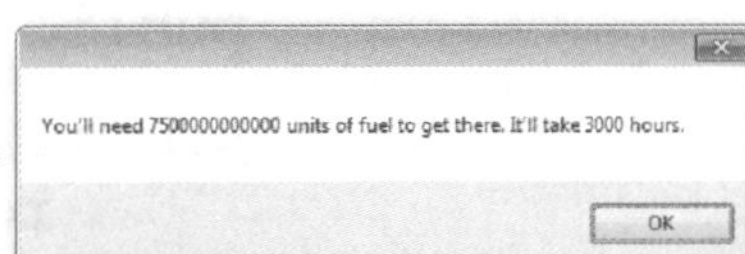


```
private void button2_Click(object s, EventArgs e) {
  Venus venus = new Venus();
  MessageBox.Show(venus.FuelNeeded());
}
```

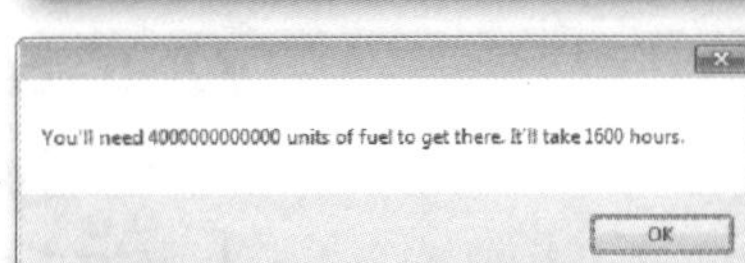


```
private void button3_Click(object s, EventArgs e) {
  PlanetMission planet = new PlanetMission();
  MessageBox.Show(planet.FuelNeeded());
}
```

Antes que você vire a página, tente descobrir o que acontecerá quando o usuário clicar no terceiro botão...

Como dissemos, algumas classes nunca devem ser instanciadas

Os problemas começam quando você cria uma instância da classe `PlanetMission`. Seu método `FuelNeeded()` espera que os campos sejam definidos pela subclasse. Mas, quando não são, obtêm seus valores padrão – zero. E quando o C# tenta dividir um número por zero...

```
private void button3_Click(object s, EventArgs e) {
  PlanetMission planet = new PlanetMission();
  MessageBox.Show(planet.FuelNeeded());
}
```

A classe PlanetMission não foi escrita para ser instanciada. Devemos apenas herdar dela. Mas, tentamos instanciá-la e aí os problemas começaram.

Quando o método FuelNeeded() tentou dividir por RocketSpeedMPH, ele era zero. E quando você divide por zero, isso acontece.

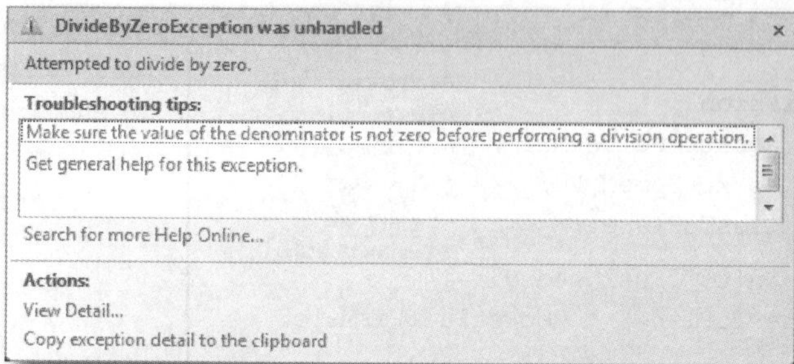

Solução: use uma classe abstrata

Quando você marca uma classe como `abstract`, o C# não permite escrever um código para instanciá-la. É muito parecido com uma interface – age como um modelo para as classes que herdam dela.

Adicionar a palavra-chave "abstract" à declaração de classe diz ao C# que esta é uma classe abstrata e não pode ser instanciada.

```
abstract class PlanetMission {
    public long RocketFuelPerMile;
    public long RocketSpeedMPH;
    public int MilesToPlanet;

    public long UnitsOfFuelNeeded( ) {
        return MilesToPlanet * RocketFuelPerMile;
    }
    // o resto da classe é definido aqui
}
```

Agora, o C# se recusará a compilar nosso programa até removermos a linha que cria uma instância de PlanetMission.

PODER DO CÉREBRO

Volte à solução para o programa de planejamento de festas de Kathleen no capítulo anterior nas páginas 254-256, e dê uma olhada nos problemas de encapsulamento que deixamos no código. Você pode descobrir como usaria uma classe abstrata para resolvê-los?

Um método abstrato não tem corpo

Você sabe como uma interface tem apenas declarações para métodos e propriedades, mas realmente não tem nenhum corpo de método? Isto porque todo método numa interface é um **método abstrato**. Portanto, iremos implementá-lo! Assim que fizermos, o erro acabará. Sempre que você estende uma classe abstrata, precisa assegurar que sobrescreverá todos os seus métodos abstratos. Felizmente, o IDE tornará este serviço mais fácil. Apenas digite "public override" – assim que pressionar a barra de espaço, o IDE exibirá uma caixa suspensa com uma lista de qualquer método que você pode sobrescrever. Selecione o método `SetMissionInfo()` e preencha-o:

Cada método numa interface é automaticamente abstrato, de forma que você não precisa usar a palavra-chave abstract em uma interface, somente em uma classe abstrata. Apenas as classes abstratas podem ter métodos abstratos... mas, elas podem ter métodos concretos também.

```
abstract class PlanetMission {

    public abstract void SetMissionInfo(

        int MilesToPlanet, int rocketFuelPerMile,

        long rocketSpeedMPH);

    // o resto da classe...
```

Este método abstrato é exatamente como seria numa interface – ele não tem um corpo e qualquer classe que herde de PlanetMission deve implementar o método SetMissionInfo() ou o programa não compilará.

Se você adicionar esse método e tentar desenvolver o programa, o IDE mostrará um erro.

```
'VenusMission' does not implement inherited abstract
member 'PlanetMission.SetMissionInfo(long, int, int)'
```

Então, vamos implementá-lo! Uma vez feito, o erro desaparecerá.

Quando você herda de uma classe abstrata, precisa sobrescrever todos os seus métodos abstratos.

```
class Venus : PlanetMission {
    public Venus() {
        SetMissinInfo(40000000, 100000, 25000);
    }
    public override SetMissionInfo(int milesToPlanet, long rocketFuelPerMile,
     int rocketSpeedMPH) {
        this.MilesToPlanet = milesToPlanet;
        this.RocketFuelPerMile = rocketFuelPerMile;
        this.RocketSpeedMPH = rocketSpeedMPH;
    }
}
```

Aponte seu lápis

Eis a sua chance de demonstrar suas habilidades artísticas. À esquerda, você encontrará os conjuntos de declarações de classes e interfaces. Sua tarefa é desenhar os diagramas de classe associados no lado direito. Fizemos o primeiro para você. Não se esqueça de usar uma linha tracejada para implementar uma interface e uma linha cheia para herdar de uma classe.

Dado:

1)
```
interface Foo { }
class Bar : Foo { }
```

2)
```
interface Vinn { }
abstract class Vout : Vinn { }
```

3)
```
abstract class Muffie : Whuffie { }
class Fluffie : Muffie { }
interface Whuffie { }
```

4)
```
class Zoop { }
class Boop : Zoop { }
class Goop : Boop { }
```

5)
```
class Gamma : Delta, Epsilon { }
interface Epsilon { }
interface Beta { }
class Alpha : Gamma,Beta { }
class Delta { }
```

Qual é a figura?

1)

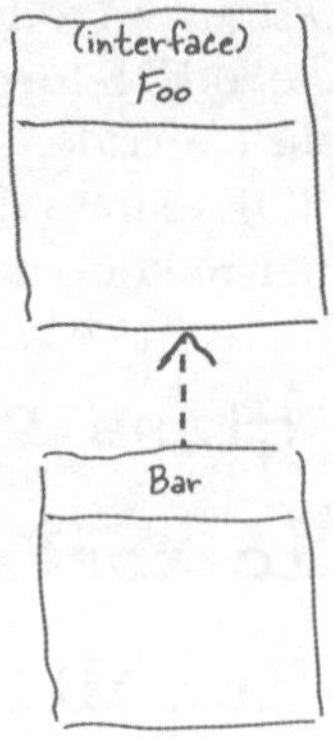

2)

3)

4)

5)

À esquerda você encontrará os conjuntos de diagramas de classes. Sua tarefa é transformá-los em declarações C# válidas. Fizemos o número 1 para você.

Dado:

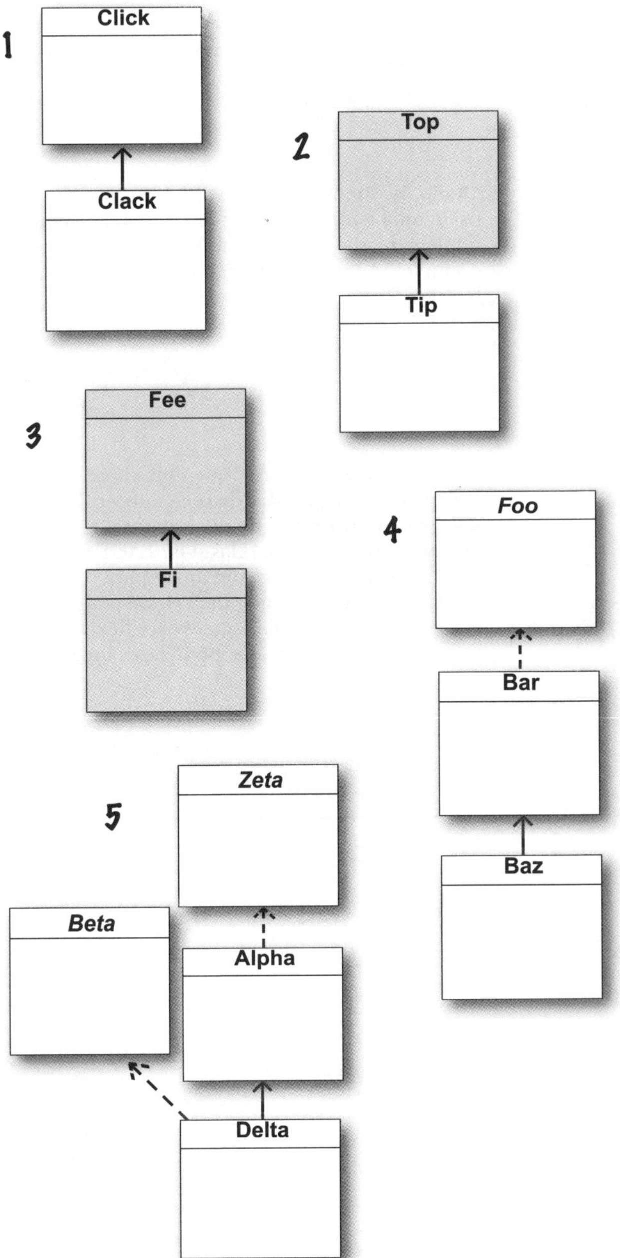

Qual é a declaração?

1) public class Click { }

public class Clack : Click { }

2)

3)

4)

5)

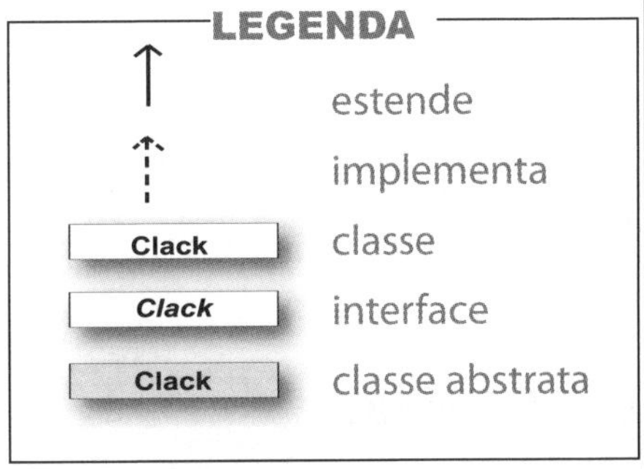

Conversa Quente

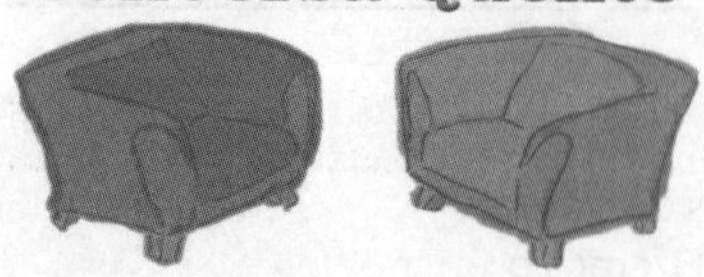

Conversa de hoje: **Uma classe abstrata e uma interface batem cabeça sobre a pergunta que não quer calar: "Quem é mais importante?"**

Classe abstrata: Para mim, é óbvio quem é mais importante entre nós. Os programadores precisam de mim para completar suas tarefas. Vamos encarar. Você nem chega perto disso.

Interface: Claro. Essa é boa.

Classe abstrata: Você não pode realmente achar que é mais importante que eu. Você nem mesmo usa uma herança verdadeira – você é apenas implementada.

Interface: Ótimo, lá vamos nós de novo. As interfaces não usam uma herança real. As interfaces são apenas implementadas. Isso é apenas ignorância pura e simples. A implementação é tão boa quanto a herança, de fato é até melhor!

Classe abstrata: Melhor? Você deve estar louca. Eu sou muito mais flexível que você. Posso ter métodos abstratos ou concretos. Posso até ter métodos virtuais se quiser. Claro, eu não posso ser instanciada, mas até aí, você também não. E eu posso fazer basicamente tudo o mais que uma classe comum pode.

Interface: Ah, é? E se alguém quiser que uma classe herde de você *e* também de uma outra colega? **Você não pode herdar de duas classes**. É preciso escolher de qual classe herdar. E isso é grosseria pura! Não existe limite para o número de interfaces que uma classe pode implementar. E você falando em ser flexível! Comigo, um programador pode fazer uma classe implementar qualquer coisa.

Aponte seu lápis Solução

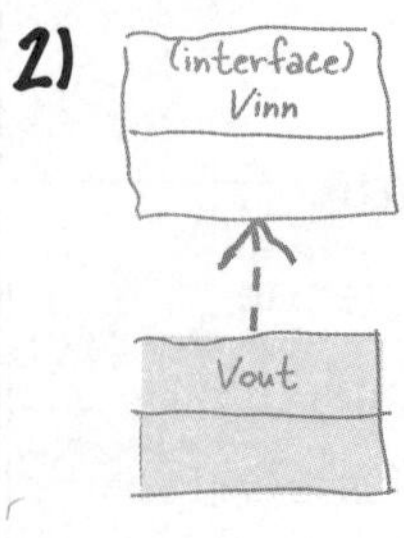

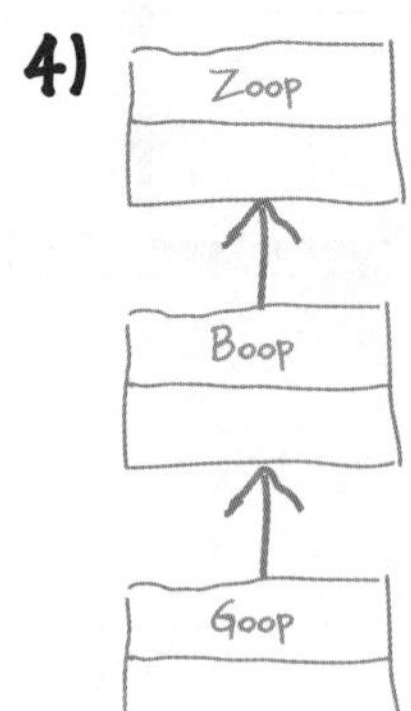

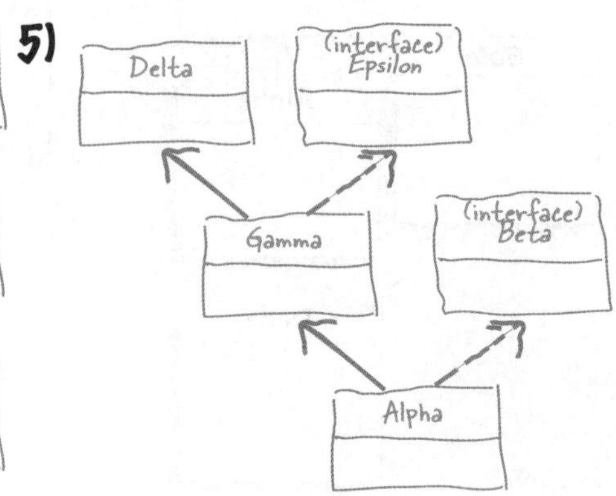

Qual é a Figura?

Classe abstrata: Você pode estar exagerando sua capacidade só um pouquinho.

Interface: Você pensa assim só porque pode conter código, você é a melhor coisa que já foi inventada desde o pão fatiado. Mas, você não pode mudar o fato de que um programa só pode herdar de uma classe por vez. Assim, você é um pouco limitada. Claro, eu não posso incluir código nenhum. Mas, na realidade, o código é valorizado demais.

Classe abstrata: Esse é exatamente o tipo de bobagem que eu esperaria escutar de uma interface. O código é extremamente importante! É o que faz um programa ser executado.

Interface: Nove entre dez vezes, um programador quer ter a certeza de que um objeto tem certas propriedades e métodos, mas não importa realmente como eles são implementados.

Classe abstrata: Você acha? Eu duvido – os programadores sempre se preocupam com seus métodos e propriedades.

Interface: Certo, tem razão. De vez em quando. Mas, pense sobre quantas vezes você já viu um programador escrever um método que usa um objeto que apenas precisa possuir um outro método qualquer e que realmente não se importa, naquele ponto, com a forma como ele foi desenvolvido. É só importante que ele exista. Então, bang! Ele precisa apenas escrever uma interface. Problema resolvido!

Classe abstrata: Claro, com certeza, diga a um codificador que ele não pode codificar.

Interface: Ah, ***deixa pra lá***!

---

2)
```
abstract class Top { }
class Tip : Top { }
```

3)
```
abstract class Fee { }
abstract class Fi : Fee { }
```

4)
```
interface Foo { }
class Bar : Foo { }
class Baz : Bar { }
```

5)
```
interface Zeta { }
class Alpha : Zeta { }
interface Beta { }
class Delta : Alpha, Beta { }
```

Delta herda de Alpha e implementa Beta

Qual é a Declaração?

Ainda está me incomodando não poder herdar de duas classes. Se eu não puder herdar de mais de uma classe, então terei que usar interfaces. Essa é uma grande limitação do C#, não?

Não é uma limitação, é uma proteção.

Se o C# deixasse que você herdasse de mais de uma classe base, estaríamos abrindo uma verdadeira caixa de Pandora. Quando uma linguagem permite que uma subclasse herde de duas classes base, isto se chama **herança múltipla**. E dando-lhe interfaces, o C# poupa você de uma enorme confusão que gostamos de chamar de...

O Mortal Diamante da Morte!

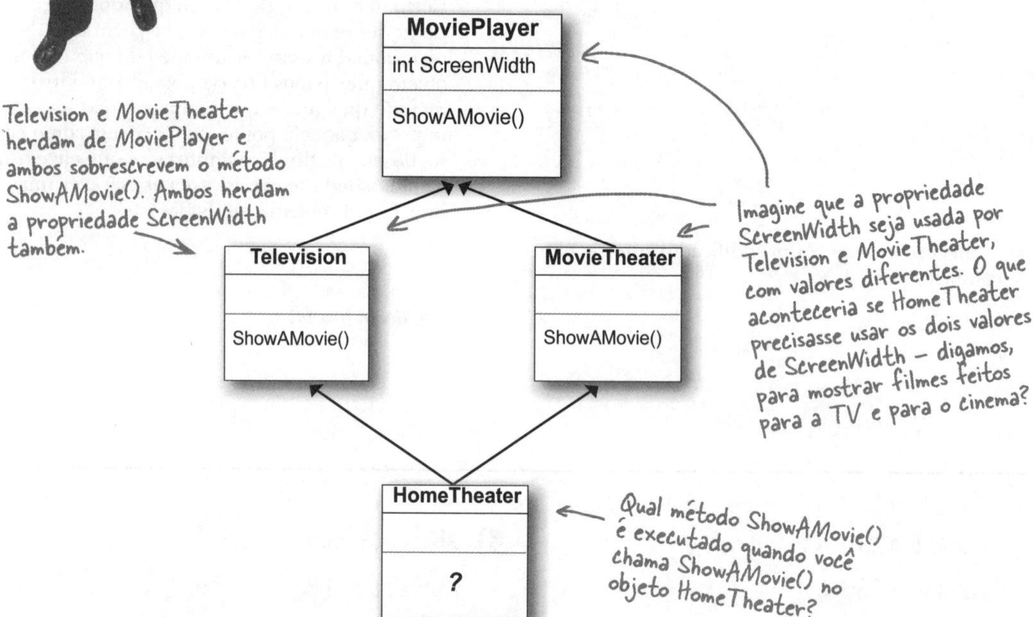

Evite a ambiguidade!

Uma linguagem que permite o Mortal Diamante da Morte pode levar a algumas situações bem horríveis, porque você precisa de regras especiais para lidar com esse tipo de ambiguidade... o que significa trabalho extra quando estiver desenvolvendo seu programa! O C# protege você de ter de lidar com isso fornecendo interfaces. Se `Television` e `MovieTheater` forem interfaces, em vez de classes, então o mesmo método `ShowAMovie()` poderá atender a ambas. Tudo o que importa para a interface é que exista um método chamado `ShowAMovie()`.

Jogos de Verão

Seu ***trabalho*** é pegar os fragmentos de código da piscina e colocá-los nas linhas em branco no código principal e na saída. Você pode usar o mesmo fragmento mais de uma vez e não precisa usar todos eles. Seu ***objetivo*** é fazer um conjunto de classes que compilarão, executarão e produzirão a saída listada.

```
...................... Nose {
.................... ;
    string Face { get; }
}

abstract class........ : ..........{
    public virtual int Ear()
    {
        return 7;
    }
    public Picasso(string face)
    {
     ...................... = face;
    }
    public virtual string Face {
    .......... { ........................ ; }
    }
    string face;
}

class ............. : ............... {
    public Clowns() : base("Clowns") { }
}
```

```
class ............. : .................. {
    public Acts() : base("Acts") { }
    public override .................. {
        return 5;
    }
}

class........... : ..........{
    public override string Face {
      get { return "Of76"; }
    }
    public static void Main(string[] args) {
        string result = "";
        Nose[] i = new Nose[3];
        i[0] = new Acts();
        i[1] = new Clowns();
        i[2] = new Of76();
        for (int x = 0; x < 3; x++) {
            result += ( .................. + " "
                      + .................. ) + "\n";
        }
        MessageBox.Show(result);
    }
}
```

Aqui está o ponto de entrada – este é um programa C# completo

Saída

Nota: Cada fragmento na piscina pode ser usado mais de uma vez!

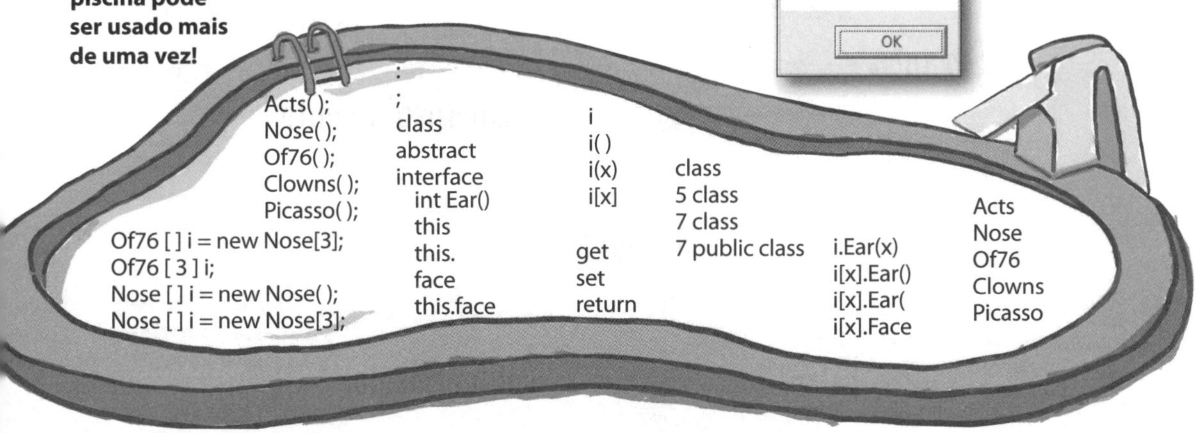

Respostas na página 324.

A ideia de que você poderia combinar seus dados e seu código em classes e objetos era bem revolucionária quando foi apresentada pela primeira vez – mas, é assim que você está desenvolvendo todos os seus programas C# até agora, então pode pensar nisso como programação pura e simples.

Você é um programador orientado a objetos

Existe um nome para o que você esteve fazendo. É chamado de **programação orientada a objetos** ou OOP. Antes que linguagens, tais como o C# existissem, as pessoas não usavam objetos e métodos quando criavam seu código. Usavam apenas funções (que é o nome equivalente aos métodos em linguagens que não são OOP), que ficavam todas juntas num único ponto – como se cada programa fosse uma única e grande classe estática que tivesse apenas métodos estáticos. Era muito mais difícil criar programas que modelassem os problemas que estavam sendo resolvidos. Por sorte, você nunca teve que escrever programas sem a OOP porque isso é um componente fundamental do C#.

Os quatro princípios da programação orientada a objetos

Quando os programadores falam sobre a OOP, eles se referem a quatro princípios importantes. Eles devem parecer familiares neste ponto porque você esteve trabalhando com cada um deles. Você reconhecerá os primeiros três princípios por seus nomes: **herança**, **abstração** e **encapsulamento**. O último é chamado de **polimorfismo**. Isto soa meio estranho, mas no fim das contas, você já conhece todos também.

Encapsulamento quer dizer criar um objeto que controla seu estado internamente usando campos privados e usar propriedades e métodos públicos para permitir que outras classes trabalhem apenas a parte dos dados internos necessários.

Isto apenas quer dizer ter uma classe ou interface que herda de outra.

Herança

Encapsulamento

Abstração

A palavra "polimorfismo" literalmente significa "muitas formas". Você consegue pensar num momento quando um objeto tenha assumido muitas formas em seu código?

Você está usando a abstração quando cria um modelo de classe que começa classes mais gerais – ou abstratas – e tem classes mais específicas que herdam dela.

Polimorfismo

Polimorfismo quer dizer que um objeto pode assumir muitas formas diferentes

Toda vez que você usar um Mockingbird no lugar de um animal ou queijo Cheddar Vermont envelhecido numa receita que espera apenas queijo, está usando o **polimorfismo**. É isso que você está fazendo toda vez que faz o upcasting ou o downcasting. Está pegando um objeto e usando-o em um método ou uma instrução que espera alguma outra coisa.

Você está usando o polimorfismo quando pega uma instância de uma classe e usará em uma instrução ou um método que espera um tipo diferente, tal como uma classe base ou uma interface que uma classe implementa.

Mantenha os olhos abertos para o polimorfismo no próximo exercício!

Você está prestes a fazer um exercício realmente grande – o maior que viu até este momento – e usará muito o polimorfismo nele, então mantenha os olhos abertos. Eis uma lista de quatro situações típicas de uso do polimorfismo. Mostramos um exemplo de cada uma delas (no entanto, você não verá estas linhas em particular no exercício). Assim que você notar um código similar àquele que escreverá no exercício, **marque na lista**:

- ☐ Pegar qualquer variável de referência que use uma classe e defini-la para ser igual a uma instância de uma classe diferente.

```
NectarStinger bertha = new NectarStinger();
INectarCollector gatherer = bertha;
```

- ☐ Efetuar o upcasting usando uma subclasse em uma instrução ou um método que espere a classe base.

```
spot = new Dog();
zooKeeper.FeedAnAnimal(spot);
```

Se FeedAnAnimal() esperar um objeto Animal e Dog herdar de Animal, então você poderá passar Dog para FeedAnAnimal().

- ☐ Criar uma variável de referência cujo tipo seja uma interface e apontá-la para um objeto que implemente essa interface.

```
IStingPatrol defender = new StingPatrol();
```

Isto é upcasting também!

- ☐ Efetuar o downcasting usando a palavra-chave `as`.

```
void MaintainTheHive(IWorker worker) {
    if (worker is HiveMaintainer) {
        HiveMaintainer maintainer = worker as HiveMaintainer;
        ...
```

O método MaintainTheHive() pode ter IWorker como parâmetro. Ele usa as para apontar uma referência HiveMaintainer para a operária.

Exercício Longo

Vamos construir uma casa! Crie um modelo de uma casa usando classes para representar os cômodos e outras áreas, e uma interface para qualquer lugar que tenha uma porta.

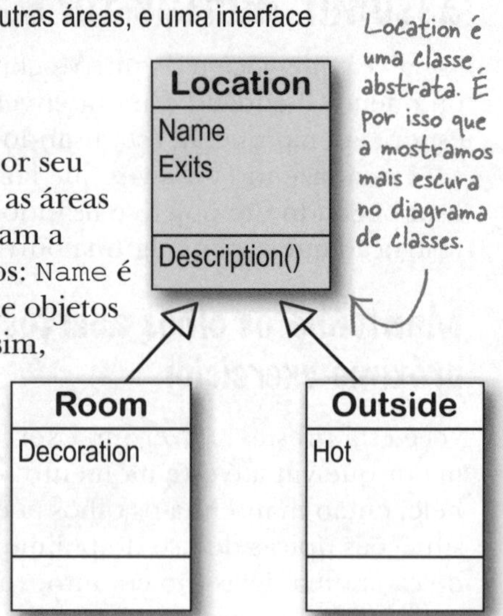

1 Comece com um modelo de classe

Cada cômodo ou local na casa será representado por seu próprio objeto. As salas internas herdam de `Room`, as áreas externas herdam de `Outside` e ambas subclassificam a mesma classe base, `Location`. Ela tem dois campos: `Name` é o nome do local ("Kitchen") e `Exits` é um array de objetos `Location` ao qual o local atual está conectado. Assim, `diningRoom.Name` será igual a "`Dining Room`" e `diningRoom.Exits` será igual ao array `{ LivingRoom, Kitchen }`.

➔**Crie um projeto de aplicação Windows Forms e adicione as classes Location, Room e Outside.**

2 Você precisará de uma planta da casa

Esta casa tem três cômodos, um quintal da frente, um quintal dos fundos e um jardim. Existem duas portas: a da frente conecta a sala ao quintal da frente e a porta dos fundos conecta a cozinha ao quintal dos fundos.

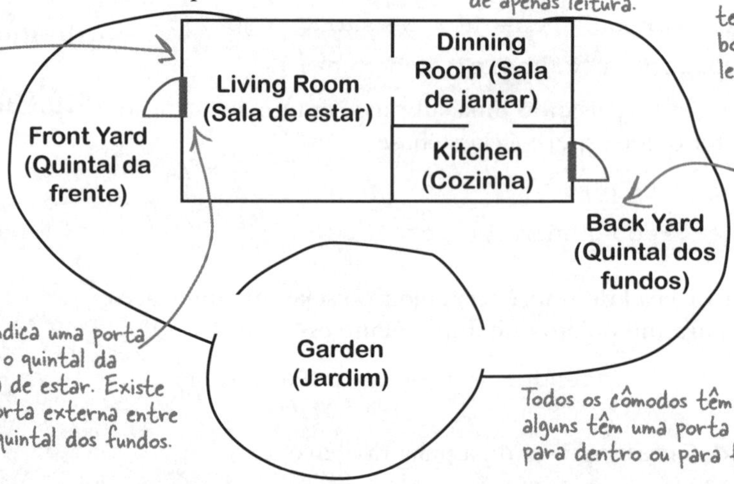

3 Use a interface IHasExteriorDoor em salas com uma porta externa

Existem duas portas externas na casa, a da frente e a dos fundos. Cada local com uma (o quintal da frente, o dos fundos, a sala de estar e a cozinha) deve implementar `IHasExteriorDoor`. A propriedade de apenas leitura `DoorDescription` contém uma descrição da porta (a porta da frente é "uma porta de carvalho com uma maçaneta de latão" e a dos fundos é "uma porta com tela"). A propriedade `DoorLocation` contém uma referência para Location, para onde a porta leva (`kitchen`).

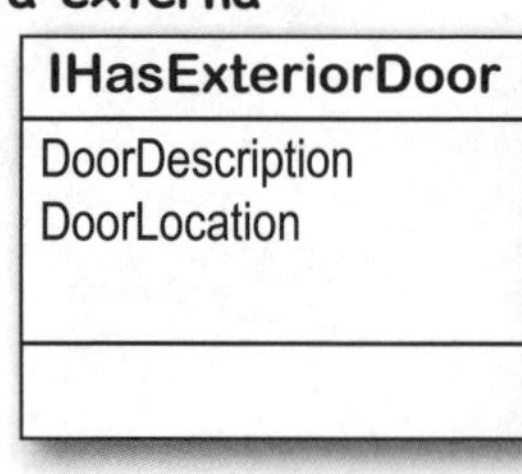

4 Aqui está a classe Location

Para dar a você um ponto de partida, eis a classe Location:

```
abstract class Location {
    public Location(string name) {
        this.name = name;
    }
    public Location[] Exits;
    private string name;
    public string Name {
        get { return name; }
    }
    public virtual string Description {
        get {
    string description = "You're standing in the " + name
        + ". You see exits to the following places: ";
    for (int i = 0; i < Exits.Length; i++) {
        description += " " + Exits[i].Name;
        if (i != Exits.Length - 1)
            description += ",";
    }
    description += ".";
    return description;
        }
    }
}
```

O construtor define o campo do nome, que é o campo de armazenamento de apenas leitura da propriedade Name.

Description é um método virtual. Você precisará sobrescrevê-lo.

O campo público Exits é um array de referências Location que controla todos os outros locais aos quais este local se conecta.

A classe Room sobrescreverá e estenderá Description para adicionar a decoração e Outside adicionará a temperatura.

A propriedade Description retorna uma string que descreve a sala, incluindo o nome e uma lista de todos os locais aos quais se conecta (que se encontra no campo Exits[ ]). Suas subclasses terão que alterar a descrição ligeiramente, então irão sobrescrevê-la.

Lembre-se, Location é uma classe abstrata – você pode herdar dela e declarar as variáveis de referência do tipo Location, mas não pode instanciá-la.

5 Crie as classes

Primeiro, crie as classes Room e Outside baseando-se no modelo de classes. Então, crie mais duas: OutsideWithDoor, que herda de Outside e implementa IHasExteriorDoor, e RoomWithDoor, que subclassifica Room e implementa IHasExteriorDoor.

Aqui estão as declarações de classe para ajudar um pouco:

Inicie as classes agora – daremos mais detalhes sobre as classes na próxima página.

```
class OutsideWithDoor : Outside, IHasExteriorDoor
{
    // A propriedade DoorLocation vai aqui
    // A propriedade DoorDescription de apenas leitura vai aqui
}

class RoomWithDoor : Room, IHasExteriorDoor
{
    // A propriedade DoorLocation vai aqui
    // A propriedade DoorDescription de somente leitura vai aqui
}
```

Esse será um exercício bem grande... mas, prometemos que será divertido! E você com certeza aprenderá tudo conforme for fazendo.

Ainda não acabou - vire a página!

Exercício Longo (Continuação)

Agora que você tem o modelo de classes, pode criar os objetos para todas as partes da casa e adicionar um formulário para explorá-lo.

6 Como os objetos da sua casa funcionam

Eis a arquitetura para dois dos seus objetos, `frontYard` e `livningRoom`. Uma vez que cada um deles tem uma porta, ambos precisam ser instâncias de uma classe que implementa `IHasExteriorDoor`. A propriedade `DoorLocation` mantém uma referência para o local no outro lado da porta.

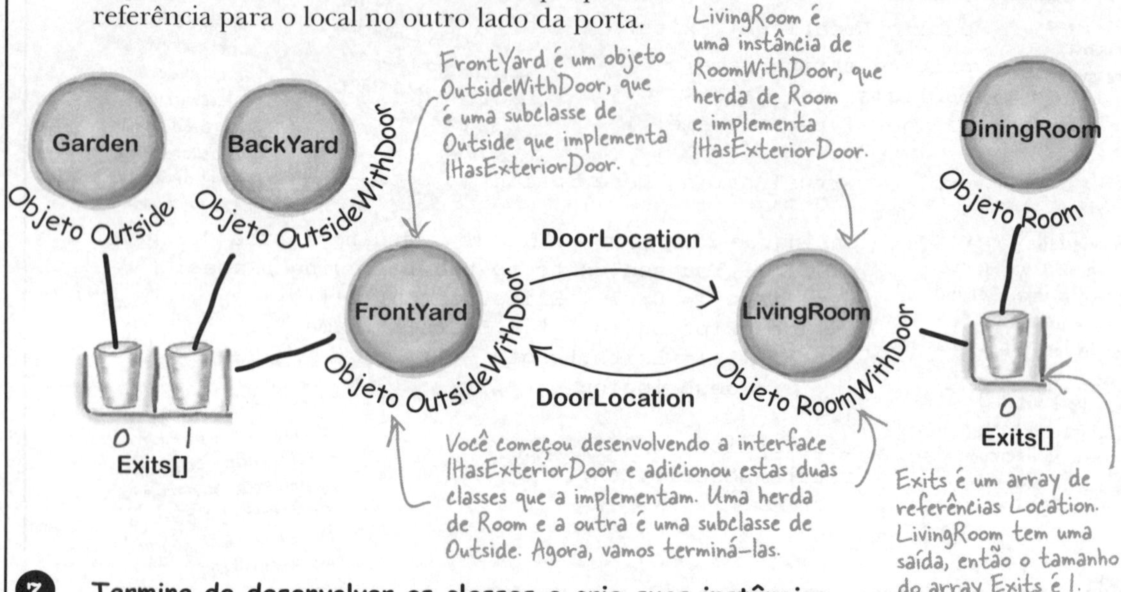

7 Termine de desenvolver as classes e crie suas instâncias

Você já tem todas as classes – agora, é hora de terminá-las e desenvolver seus objetos.

★ Você tem que se certificar de que o construtor da classe `Outside` defina a propriedade de apenas leitura Hot e anule a propriedade `Description` para adicionar o texto "It's very hot here" (Está muito quente aqui), se `Hot` for true. Está quente no quintal dos fundos, mas não no da frente nem no jardim.

★ O construtor para `Room` precisa definir `Decoration` e deve sobrescrever a propriedade `Description` para adicionar "You see *(the decoration)* here" [Você vê (a decoração) aqui]. A sala de estar tem um tapete antigo, a de jantar tem um candelabro de cristal e a cozinha tem acessórios em aço inox e uma porta com tela que leva para o quintal dos fundos.

★ Seu formulário precisa criar cada um dos objetos e manter uma referência para cada um. Então, adicione um método ao formulário chamado `CreateObjects()` e chame-o no construtor do formulário.

Cada local deve ter seu próprio campo na classe do formulário.

★ Instancie cada um dos objetos para os seis locais da casa. Eis uma das linhas para isso:

```
RoomWithDoor livingRoom = new RoomWithDoor("Living Room",
    "an antique carpet" , "an oak door with a brass knob");
```

★ Seu método `CreateObjects()` tem que preencher o campo `Exits[]` de cada objeto:

```
frontYard.Exits = new Location[] { backYard, garden };
```

Exits é um array de referências Location, assim, esta linha cria um que contém duas referências.

Estas são as chaves. Qualquer outra coisa causará um erro.

8 **Desenvolva um formulário para explorar a casa**

Desenvolva um formulário simples para explorar a casa. Ele deve ter uma grande caixa de texto com várias linhas chamada `description` para mostrar a descrição do cômodo atual. Um `ComboBox` chamado exits lista todas as saídas no cômodo atual. Ele tem dois botões: `goHere` vai para a sala selecionada no ComboBox e `goThroughTheDoor` só é visível quando existe uma porta externa.

É aqui que você configurará o que preenche o ComboBox.

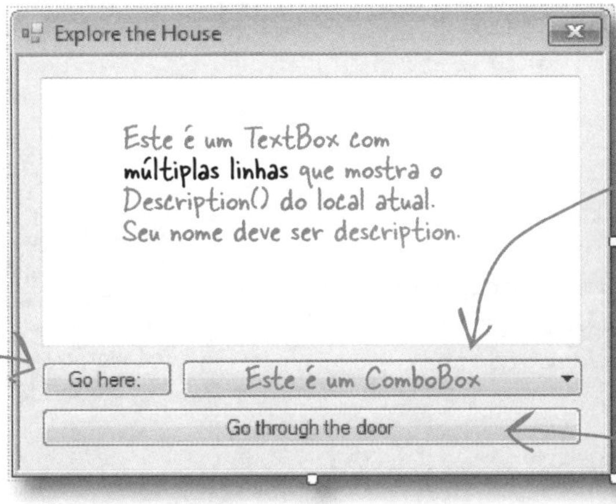

Clique no botão **goHere** para ir para outro lugar.

O ComboBox contém uma lista de todas as saídas, de forma que seu nome deve ser **exits**. Tenha certeza de que DropDownStyle esteja definido para DropDownList.

Este botão é apenas visível quando você está em um cômodo com uma porta externa. Você pode deixá-lo visível ou invisível definindo sua propriedade Visible para true ou false. É chamado de **goThroughTheDoor**.

9 **Agora, você só precisa fazer o formulário funcionar!**

Você tem todas as peças, agora só precisa fazê-las funcionar todas juntas.

★ Você precisará de um campo em seu formulário chamado `currentLocation` para controlar seu local atual.

★ Adicione um método `MoveToANewLocation()` que tenha um parâmetro `Location`. Esse método deve primeiro definir `currentLocation` para o novo local. Então, limpará a caixa combo usando seu método `Items.Clear()`, depois adicionará o nome de cada local no array `Exits[]` usando o método `Items.Add()` da caixa combo. Finalmente, redefina a caixa combo para que ela mostre o primeiro item da lista, definindo para zero sua propriedade `SelectedIndex`.

★ Defina a caixa de texto para que ela tenha a descrição do local atual.

★ Use a palavra-chave **`is`** para verificar se o local atual tem uma porta. Se tiver, faça com que o botão "Go through the door" (Passe pela porta) fique visível usando sua propriedade Visible. Se não for o caso, faça com que fique invisível.

★ Se o botão "Go here:" (Vá para:) for clicado, vá para o local selecionado na caixa combo.

★ Se o botão "Go through the door" for clicado, vá para o local ao qual a porta se conecta.

Dica: Quando você escolhe um item na caixa combo, seu índice selecionado na caixa será igual ao índice do local correspondente no array Exits[].

Outra dica: O campo currentLocation do seu formulário é uma referência Location. Então, mesmo que esteja apontado para um objeto que implementa IHasExteriorDoor, você não poderá simplesmente digitar "currentLocation.DoorLocation" porque DoorLocation não é um campo em Location. Você precisará fazer o downcasting se quiser tirar o local da porta do objeto.

Exercício Longo Solução

para o modelo da casa. Usamos classes para representar os cômodos e os locais, e uma interface para qualquer lugar que tenha uma porta.

```
interface IHasExteriorDoor {
    string DoorDescription { get; }
    Location DoorLocation { get; set; }
}

class Room : Location {
    private string decoration;

    public Room(string name, string decoration)
        : base(name) {
        this.decoration = decoration;
    }

    public override string Description {
        get {
            return base.Description + " You see " + decoration + ".";
        }
    }
}

class RoomWithDoor : Room, IHasExteriorDoor {
    public RoomWithDoor(string name, string decoration, string doorDescription)
        : base(name, decoration)
    {
        this.doorDescription = doorDescription;
    }

    private string doorDescription;
    public string DoorDescription {
        get { return doorDescription; }
    }

    private Location doorLocation;
    public Location DoorLocation {
        get { return doorLocation; }
        set { doorLocation = value; }
    }
}
```

Eis a interface IHasExteriorDoor.

A classe Room herda de Location e adiciona um campo de armazenamento para a propriedade de apenas leitura Decoration. Seu construtor define o campo

A classe RoomWithDoor herda de Room e implementa IHasExteriorDoor. Ela faz tudo o que o cômodo faz, mas adiciona uma descrição da porta externa ao construtor. Também adiciona DoorLocation, uma referência para o local para onde a porta conduz. DoorDescription e DoorLocation são exigidas por IHasExteriorDoor.

```
class Outside : Location {
    private bool hot;
    public bool Hot { get { return hot; } }

    public Outside(string name, bool hot)
        : base(name)
    {
        this.hot = hot;
    }

    public override string Description {
        get {
            string NewDescription = base.Description;
            if (hot)
                NewDescription += " It's very hot.";
            return NewDescription;
        }
    }
}
```

Outside é bem parecida com Room – ela herda de Location e acrescenta um campo de armazenamento para a propriedade Hot, que é usada no método Description() estendido a partir da classe base.

```
class OutsideWithDoor : Outside, IHasExteriorDoor {
    public OutsideWithDoor(string name, bool hot, string doorDescription)
        : base(name, hot)
    {
        this.doorDescription = doorDescription;
    }

    private string doorDescription;
    public string DoorDescription {
        get { return doorDescription; }
    }

    private Location doorLocation;
    public Location DoorLocation {
        get { return doorLocation; }
        set { doorLocation = value; }
    }

    public override string Description {
        get {
            return base.Description + " You see " + doorDescription + ".";
        }
    }
}
```

OutsideWithDoor herda de Outside e implementa IHasExteriorDoor, e parece muito com RoomWithDoor.

A propriedade Description da classe base é preenchida, se o local está quente ou não. E conta com a propriedade Description da classe Location original para adicionar a descrição principal e as saídas.

Ainda não terminamos – vire a página!

Exercício Longo Solução (Continuação)

Aqui está o código do formulário. Está todo no Form1.cs, dentro da declaração de Form1.

```
public partial class Form1 : Form
{
    Location currentLocation;

    RoomWithDoor livingRoom;
    Room diningRoom;
    RoomWithDoor kitchen;

    OutsideWithDoor frontYard;
    OutsideWithDoor backYard;
    Outside garden;

    public Form1() {
        InitializeComponent();
        CreateObjects();
        MoveToANewLocation(livingRoom);
    }

    private void CreateObjects() {
        livingRoom = new RoomWithDoor("Living Room", "an antique carpet",
                "an oak door with a brass knob");
        diningRoom = new Room("Dining Room", "a crystal chandelier");
        kitchen = new RoomWithDoor("Kitchen", "stainless steel appliances", "a screen door");

        frontYard = new OutsideWithDoor("Front Yard", false, "an oak door with a brass knob");
        backYard = new OutsideWithDoor("Back Yard", true, "a screen door");
        garden = new Outside("Garden", false);

        diningRoom.Exits = new Location[] { livingRoom, kitchen };
        livingRoom.Exits = new Location[] { diningRoom };
        kitchen.Exits = new Location[] { diningRoom };
        frontYard.Exits = new Location[] { backYard, garden };
        backYard.Exits = new Location[] { frontYard, garden };
        garden.Exits = new Location[] { backYard, frontYard };

        livingRoom.DoorLocation = frontYard;
        frontYard.DoorLocation = livingRoom;

        kitchen.DoorLocation = backYard;
        backYard.DoorLocation = kitchen;
    }
```

É assim que o formulário controla qual cômodo está sendo mostrado.

O formulário usa estas variáveis de referência para controlar os cômodos na casa.

O construtor do formulário cria os objetos e, então, usa o método MoveToANewLocation.

Quando o formulário cria os objetos, primeiro ele precisa instanciar as classes e passar as informações corretas para o construtor de cada uma.

É aqui que passamos a descrição da porta para os construtores OutsideWithDoor.

É aqui que o array Exits[] de cada instância é preenchido. Precisamos esperar para fazer isto até depois de todas as instâncias serem criadas, pois do contrário, não teríamos nada para colocar em cada array!

Para os objetos IHasExteriorDoor, precisamos definir os locais de sua porta.

```
    private void MoveToANewLocation(Location newLocation) {
        currentLocation = newLocation;

        exits.Items.Clear();
        for (int i = 0; i < currentLocation.Exits.Length; i++)
            exits.Items.Add(currentLocation.Exits[i].Name);
        exits.SelectedIndex = 0;

        description.Text = currentLocation.Description;

        if (currentLocation is IHasExteriorDoor)
            goThroughTheDoor.Visible = true;
        else
            goThroughTheDoor.Visible = false;
    }

    private void goHere_Click(object sender, EventArgs e) {
        MoveToANewLocation(currentLocation.Exits[exits.SelectedIndex]);
    }

    private void goThroughTheDoor_Click(object sender, EventArgs e) {
        IHasExteriorDoor hasDoor = currentLocation as IHasExteriorDoor;
        MoveToANewLocation(hasDoor.DoorLocation);
    }
}
```

O método MoveToANewLocation() mostra um novo local no formulário.

Primeiro, precisamos limpar a caixa combo, depois podemos adicionar cada nome dos locais. Finalmente, definimos para zero seu índice selecionado (ou a linha destacada) para que mostre o primeiro item na lista. Não se esqueça de definir a propriedade DropDownStyle do ComboBox para "DropDownList" – dessa forma o usuário não poderá digitar nada na caixa.

Isso faz com que o botão "Go through the door" (Passe pela porta) fique invisível se o local atual não implementar IHasExteriorDoor.

Quando o usuário clica no botão "Go here:" (Vá para:) ele vai para o local selecionado na caixa combo.

Precisamos usar a palavra-chave **as** para fazer o downcasting de currentLocation para IHasExteriorDoor, para podermos acessar o campo DoorLocation.

Mas ainda não acabamos!

Tudo bem ao criar o modelo de uma casa, mas não seria melhor transformá-lo num jogo? Vamos fazer isso! Você brincará de esconde-esconde contra o computador. Precisaremos adicionar uma classe `Opponent` e fazer com que se esconda em um cômodo. E precisaremos que a casa seja bem maior. Ah, e será preciso algum lugar para nos escondermos! Adicionaremos uma nova interface, de forma que alguns cômodos tenham um local para nos escondermos. Finalmente, atualizaremos o formulário para permitir que você verifique os locais para esconder e controle quantos movimentos fez tentando encontrar seu oponente. Parece divertido? Claro que sim!

Vamos começar!

Exercício

Hora de brincar de esconde-esconde! Desenvolva seu próprio programa original de casa para adicionar mais cômodos, esconderijos e um oponente que se esconde de você.

Crie um novo projeto e use a opção "Add Existing Item" (Adicionar Item Existente) do IDE para adicionar as classes da primeira parte do exercício.

1 Adicione uma interface IHidingPlace

Não é preciso fazer nada extravagante aqui. Qualquer subclasse `Location` que implemente `IHidingPlace` tem um lugar para que o oponente se esconda. Apenas precisa de uma string para armazenar o nome do esconderijo ("no armário", "debaixo da cama" etc.).

★ Forneça-lhe um acessador get, mas nenhum set – vamos definir isto no construtor, já que um cômodo tem um esconderijo, não precisaremos mudar isso nunca mais.

2 Adicione classes que implementem IHidingPlace

Você precisará de mais duas classes: `OutsideWithHidingPlace` (que herda de `Outside`) e `RoomWithHidingPlace` (que herda de `Room`). Além disso, vamos fazer com que qualquer cômodo com uma porta tenha um esconderijo e teremos que herdar de `RoomWithHidingPlace`, em vez de `Room`.

Assim, todo cômodo com uma porta externa terá também um esconderijo.

3 Adicione uma classe para seu oponente

O objeto Opponent encontrará um local para esconder aleatoriamente e será sua tarefa encontrá-lo.

★ Ele precisará de um campo `Location` privado (`myLocation`) para controlar onde está e um campo privado `Random` (`random`) para usar quando for para um esconderijo aleatório.

★ O construtor obtém um local inicial e define `myLocation` para ele, e define `random` para uma nova instância de `Random`. Ele começa no jardim da frente (isso será passado pelo formulário) e irá de um esconderijo a outro aleatoriamente. Ele se move 10 vezes quando o jogo inicia. Quando encontrar uma porta externa, deverá jogar uma moeda para ver se passa ou não por ela.

★ Adicione um método `Move()` que mova o oponente de seu local atual para um novo. Primeiro, se ele estiver em um cômodo com porta, jogará uma moeda para decidir se passa por ela ou não, assim, se `random.Next(2)` for igual a 1, ele passará pela porta. Então, ele escolhe uma das saídas de seu local atual aleatoriamente e passa por ela. Se o lugar não tiver um esconderijo, ele fará isso de novo – ele escolherá uma saída aleatória a partir de seu local atual e irá para ela, e continuará fazendo isto até que encontre um esconderijo.

★ Adicione um método `Check()` que tenha um local como parâmetro e retorne true se o oponente estiver escondido lá ou false se não.

4 Adicione mais cômodos à casa

Atualize seu método `CreateObjects()` para adicionar mais cômodos:

★ Adicione **escadas** com um corrimão de madeira que conectem a sala ao **hall superior**, que terá um quadro de um cachorro e um armário onde é possível se esconder.

★ O hall superior se conecta a três cômodos: o **quarto principal** com uma cama grande, um **segundo** com uma cama pequena e um **banheiro** com uma pia e um vaso sanitário. É possível se esconder debaixo da cama em qualquer quarto ou no chuveiro.

★ O quintal da frente e o dos fundos conectam-se com a **calçada**, onde é possível se esconder na garagem. Além disso, deve ser possível se esconder num galpão no **jardim**.

5 **Certo, hora de atualizar o formulário**

Você precisará adicionar alguns botões ao formulário. E ficará um pouco mais complicado deixá-los visíveis ou invisíveis, dependendo do estado do jogo.

Você usará os dois botões de cima e a caixa combo exatamente da mesma forma de antes, exceto que eles devem ser visíveis apenas enquanto o jogo estiver em execução.

Quando o jogo começar pela primeira vez, o botão hide (esconder) deverá ser o único mostrado. Quando você clicar nele, o formulário contará até 10 na caixa de texto e chamará o método Move() do oponente 10 vezes. Então, o botão deverá ficar invisível.

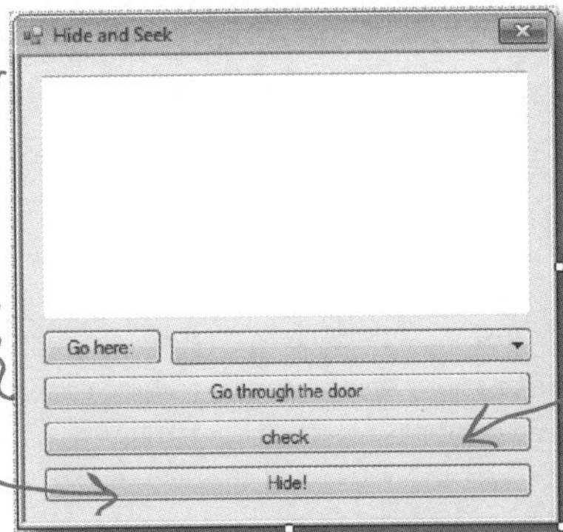

O botão do meio é chamado de check (verificar). Não é preciso definir sua propriedade Text.

Este é o botão que você usará para checar o esconderijo do cômodo. Ele deve ser visível apenas se você estiver em um cômodo que tenha um lugar para esconder. Quando for mostrado, sua propriedade Text será alterada de "check" para a palavra "Check", seguida do nome do esconderijo – portanto, para um cômodo com um esconderijo embaixo da cama, o botão deverá mostrar "Check under the bed" (Olhar embaixo da cama).

6 **Faça os botões funcionarem**

Existem dois botões novos para adicionar ao formulário.

Volte ao Capítulo 2 para relembrar sobre DoEvents() e Sleep() – serão úteis.

★ O botão do meio deve checar o esconderijo no cômodo atual e deve ser visível apenas quando você estiver num cômodo que possua um local para esconder usando o método `Check()` do oponente. Se ele for encontrado, então reiniciará o jogo.

★ O botão abaixo é como você inicia o jogo. Ele conta até 10 mostrando "1..." esperando 200 milissegundos, então "2...", "3..." e assim por diante, na caixa de texto. Depois de mostrar cada número, ele dirá ao oponente para se mover chamando seu método `Move()`. Então, mostrará "Ready or not, here I come!" (Pronto ou não, aí vou eu!) por meio segundo, então o jogo iniciará.

7 **Adicione um método para redesenhar o formulário e outro para reiniciar o jogo**

Adicione um método `RedrawForm()` que coloque o texto correto na caixa de texto de descrição, torne os botões visíveis ou invisíveis e coloque a etiqueta correta no botão do meio. Depois, adicione um método `ResetGame()` que é executado quando o oponente é encontrado. Ele reinicia o objeto oponente para que ele comece no quintal da frente de novo – ele se esconderá quando você clicar no botão "Hide!" (Esconder!). Ele deve deixar o formulário com tudo invisível, exceto a caixa de texto e o botão "Hide!". A caixa de texto deve dizer onde você encontrou o oponente e quantos movimentos foram feitos.

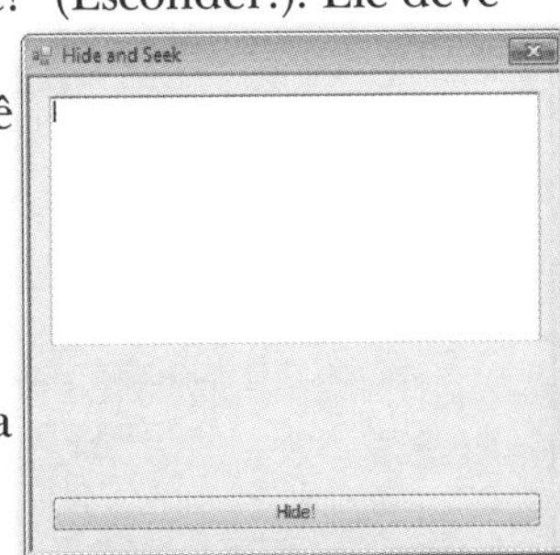

8 **Controle quantos movimentos o jogador efetuou**

Certifique-se de que a caixa de texto mostre o número de vezes que você verificou um esconderijo ou se moveu entre os cômodos. Quando o oponente for encontrado, uma caixa de mensagem deve ser mostrada com "You found me in X moves!" (Você me achou em X movimentos!).

9 **Faça com que as coisas pareçam certas quando o jogo começar**

Quando você iniciar o programa pela primeira vez, tudo o que deve ver é uma caixa de texto vazia e o botão "Hide!". Quando clicar no botão, a brincadeira começará!

Exercício Solução

Desenvolva seu próprio programa original de casa para adicionar mais cômodos, esconderijos e um oponente que se esconde de você.

Eis a nova interface IHidingPlace. Ela tem apenas um campo string com um acessador get que retorna o nome do esconderijo.

```
interface IHidingPlace {
    string HidingPlaceName { get; }
}

class RoomWithHidingPlace : Room, IHidingPlace {
    public RoomWithHidingPlace(string name, string decoration, string hidingPlaceName)
        : base(name, decoration)
    {
        this.hidingPlaceName = hidingPlaceName;
    }

    private string hidingPlaceName;
    public string HidingPlaceName {
        get { return hidingPlaceName; }
    }

    public override string Description {
        get {
            return base.Description + " Someone could hide " + hidingPlaceName + ".";
        }
    }
}
```

A classe RoomWithHidingPlace herda de Room e implementa IHidingPlace adicionando a propriedade HidingPlaceName. O construtor define seu campo de armazenamento.

```
class RoomWithDoor : RoomWithHidingPlace, IHasExteriorDoor {
    public RoomWithDoor(string name, string decoration,
                        string hidingPlaceName, string doorDescription)
        : base(name, decoration, hidingPlaceName)
    {
        this.doorDescription = doorDescription;
    }

    private string doorDescription;
    public string DoorDescription {
        get { return doorDescription; }
    }

    private Location doorLocation;
    public Location DoorLocation {
        get { return doorLocation; }
        set { doorLocation = value; }
    }
}
```

Como decidimos que cada cômodo com uma porta também precisava de um esconderijo, fizemos RoomWithDoor herdar de RoomWithHidingPlace. A única mudança é que seu construtor obtém o nome de um esconderijo e envia-o para o construtor RoomWithHidingPlace.

```
class OutsideWithHidingPlace : Outside, IHidingPlace {
    public OutsideWithHidingPlace(string name, bool hot, string hidingPlaceName)
        : base(name, hot)
    { this.hidingPlaceName = hidingPlaceName; }

    private string hidingPlaceName;
    public string HidingPlaceName {
        get { return hidingPlaceName; }
    }

    public override string Description {
        get {
           return base.Description + " Someone could hide " + hidingPlaceName + ".";
        }
    }
}

class Opponent {
    private Random random;
    private Location myLocation;
    public Opponent(Location startingLocation) {
        myLocation = startingLocation;
        random = new Random();
    }
    public void Move() {
        if (myLocation is IHasExteriorDoor) {
            IHasExteriorDoor LocationWithDoor =
                                    myLocation as IHasExteriorDoor;
            if (random.Next(2) == 1)
                myLocation = LocationWithDoor.DoorLocation;
        }
        bool hidden = false;
        while (!hidden) {
            int rand = random.Next(myLocation.Exits.Length);
            myLocation = myLocation.Exits[rand];
            if (myLocation is IHidingPlace)
                hidden = true;
        }
    }
    public bool Check(Location locationToCheck) {
        if (locationToCheck != myLocation)
            return false;
        else
            return true;
    }
}
```

A classe OutsideWithHidingPlace herda de Outside e implementa IHidingPlace, exatamente como RoomWithHidingPlace faz.

O construtor da classe Opponent tem como parâmetro um local inicial. Ele cria uma nova instância de Random, que usa para se mover aleatoriamente entre os cômodos.

O método Move() primeiro checa para ver se o cômodo atual tem uma porta usando a palavra-chave **is** – se for o caso, existirá uma chance de 50% de atravessá-la. Então, vai para um local aleatório e continua movendo-se até encontrar um esconderijo.

A parte principal do método Move() é o loop while. Ele continua fazendo o loop até que a variável hidden seja true – e irá defini-la para true quando encontrar um cômodo com um esconderijo.

O método Check() apenas checa o local do oponente no lugar que é passado usando uma referência Location. Se os dois apontarem para o mesmo objeto, o oponente foi encontrado!

Não acabamos ainda - vire a página!

Exercício Solução (Continuação)

Eis todo o código para o formulário. As únicas coisas que ficam iguais são os métodos goHere_Click() e goThroughTheDoor_Click().

Aqui estão os campos na classe Form1. Ela os utiliza para controlar os locais, o oponente e o número de movimentos que o jogador fez.

```
int Moves;

Location currentLocation;

RoomWithDoor livingRoom;
RoomWithHidingPlace diningRoom;
RoomWithDoor kitchen;
Room stairs;
RoomWithHidingPlace hallway;
RoomWithHidingPlace bathroom;
RoomWithHidingPlace masterBedroor
RoomWithHidingPlace secondBedroor

OutsideWithDoor frontYard;
OutsideWithDoor backYard;
OutsideWithHidingPlace garden;
OutsideWithHidingPlace driveway;

Opponent opponent;
```

O construtor Form1 cria os objetos, configura o oponente e reinicia o jogo. Adicionamos um parâmetro booleano a ResetGame() para que ele mostre a mensagem apenas quando você ganhar, não quando você iniciar o programa pela primeira vez.

```
public Form1() {
    InitializeComponent();
    CreateObjects();
    opponent = new Opponent(frontYard);
    ResetGame(false);
}
private void MoveToANewLocation(Location newLocation) {
    Moves++;
    currentLocation = newLocation;
    RedrawForm();
}
```

O método MoveToANewLocation() define um novo local e, então, redesenha o formulário.

```
private void RedrawForm() {
    exits.Items.Clear();
    for (int i = 0; i < currentLocation.Exits.Length; i++)
        exits.Items.Add(currentLocation.Exits[i].Name);
    exits.SelectedIndex = 0;
    description.Text = currentLocation.Description + "\r\n(move #" + Moves + ")";
    if (currentLocation is IHidingPlace) {
        IHidingPlace hidingPlace = currentLocation as IHidingPlace;
        check.Text = "Check " + hidingPlace.HidingPlaceName;
        check.Visible = true;
    }
    else
        check.Visible = false;
    if (currentLocation is IHasExteriorDoor)
        goThroughTheDoor.Visible = true;
    else
        goThroughTheDoor.Visible = false;
}
```

Precisamos do nome do esconderijo, mas temos apenas o objeto CurrentLocation, que não tem uma propriedade HidingPlaceName. Assim, podemos usar **as** para copiar a referência para uma variável IHidingPlace.

RedrawForm() preenche a lista da caixa combo, define o texto (adicionando o número de movimentos) e torna os botões visíveis ou invisíveis, dependendo de existir ou não uma porta ou do cômodo ter um esconderijo.

Uau – você adicionou toda uma ala à casa apenas adicionando algumas linhas! É por isso que as classes e os objetos bem encapsulados são realmente úteis.

```
private void CreateObjects() {
    livingRoom = new RoomWithDoor("Living Room", "an antique carpet",
            "inside the closet", "an oak door with a brass handle");
    diningRoom = new RoomWithHidingPlace("Dining Room", "a crystal chandelier",
             "in the tall armoire");
    kitchen = new RoomWithDoor("Kitchen", "stainless steel appliances",
            "in the cabinet", "a screen door");
    stairs = new Room("Stairs", "a wooden bannister");
    hallway = new RoomWithHidingPlace("Upstairs Hallway", "a picture of a dog",
            "in the closet");
    bathroom = new RoomWithHidingPlace("Bathroom", "a sink and a toilet",
            "in the shower");
    masterBedroom = new RoomWithHidingPlace("Master Bedroom", "a large bed",
            "under the bed");
    secondBedroom = new RoomWithHidingPlace("Second Bedroom", "a small bed",
            "under the bed");

    frontYard = new OutsideWithDoor("Front Yard", false, "a heavy-looking oak door");
    backYard = new OutsideWithDoor("Back Yard", true, "a screen door");
    garden = new OutsideWithHidingPlace("Garden", false, "inside the shed");
    driveway = new OutsideWithHidingPlace("Driveway", true, "in the garage");

    diningRoom.Exits = new Location[] { livingRoom, kitchen };
    livingRoom.Exits = new Location[] { diningRoom, stairs };
    kitchen.Exits = new Location[] { diningRoom };
    stairs.Exits = new Location[] { livingRoom, hallway };
    hallway.Exits = new Location[] { stairs, bathroom, masterBedroom, secondBedroom };
    bathroom.Exits = new Location[] { hallway };
    masterBedroom.Exits = new Location[] { hallway };
    secondBedroom.Exits = new Location[] { hallway };
    frontYard.Exits = new Location[] { backYard, garden, driveway };
    backYard.Exits = new Location[] { frontYard, garden, driveway };
    garden.Exits = new Location[] { backYard, frontYard };
    driveway.Exits = new Location[] { backYard, frontYard };

    livingRoom.DoorLocation = frontYard;
    frontYard.DoorLocation = livingRoom;

    kitchen.DoorLocation = backYard;
    backYard.DoorLocation = kitchen;
}
```

O novo método CreateObjects() cria todos os objetos para desenvolver a casa. Ele parece bastante com o antigo, mas tem muitos lugares para onde podemos ir.

Não acabamos ainda – vire a página!

Exercício Solução (Continuação)

Aqui está o resto do código do formulário. As subrotinas de evento do botão goHere e goThroughTheDoor são idênticas àquelas da primeira parte deste exercício, portanto volte umas páginas se quiser vê-las.

```
private void ResetGame(bool displayMessage) {
   if (displayMessage) {
      MessageBox.Show("You found me in " + Moves + " moves!");
      IHidingPlace foundLocation = currentLocation as IHidingPlace;
      description.Text = "You found your opponent in " + Moves
           + " moves! He was hiding " + foundLocation.HidingPlaceName + ".";
   }
   Moves = 0;
   hide.Visible = true;
   goHere.Visible = false;
   check.Visible = false;
   goThroughTheDoor.Visible = false;
   exits.Visible = false;
}

private void check_Click(object sender, EventArgs e) {
    Moves++;
    if (opponent.Check(currentLocation))
        ResetGame(true);
    else
        RedrawForm();
}

private void hide_Click(object sender, EventArgs e) {
    hide.Visible = false;

    for (int i = 1; i <= 10; i++) {
        opponent.Move();
        description.Text = i + "... ";
        Application.DoEvents();
        System.Threading.Thread.Sleep(200);
    }

    description.Text = "Ready or not, here I come!";
    Application.DoEvents();
    System.Threading.Thread.Sleep(500);

    goHere.Visible = true;
    exits.Visible = true;
    MoveToANewLocation(livingRoom);
}
```

O método ResetGame() reinicia o jogo. Ele mostra a mensagem final e faz com que todos os botões, exceto "Hide!", fiquem invisíveis.

Queremos mostrar o nome do esconderijo, mas CurrentLocation é uma referência Location, portanto não nos dá acesso ao campo HidingPlaceName. Por sorte, podemos usar a palavra-chave **as** para fazer o downcasting para uma referência HidingPlace que aponta para o mesmo objeto.

Quando você clica no botão **check**, ele verifica se o oponente está escondido ou não no cômodo atual. Se ele estiver, reiniciará o jogo. Se não, o formulário será redesenhado (para atualizar o número de movimentos).

Lembra de DoEvents() de FlashyThing no Capítulo 2? Sem ele, a caixa de texto não se renova e o programa parece congelado.

O botão **hide** é o que começa o jogo. A primeira coisa que ele faz é deixar ele mesmo invisível. Então, ele conta até 10 e diz ao oponente para se mover. Finalmente, ele faz com que o primeiro botão e a caixa combo fiquem visíveis e coloca o jogador na sala de estar. O método MoveToANewLocation() chama RedrawForm().

Cruzadinha OOP

Horizontais

2. O que um método abstrato não tem

3. O C# não permite a herança __________.

5. Quando você passa uma subclasse para um método que espera a classe base, está usando este princípio de OOP.

7. O princípio de OOP onde você oculta dados privados e exibe apenas os métodos e os campos que outras classes precisam acessar.

9. Um dos quatro princípios OOP implementado usando o operador dois pontos.

13. Todos os métodos numa interface são automaticamente __________.

14. Se sua classe implementa uma interface que __________ de outra interface, então você precisa implementar os seus membros também.

16. Um modificador de acesso inválido para qualquer coisa dentro de uma interface.

17. Programação __________ a Objeto significa criar programas que combinam seus dados e código em classes e objetos.

Verticais

1. Quando você move métodos comuns de classes específicas para uma classe mais genérica da qual todos herdam, está usando este princípio OOP.

2. Se uma classe que implementa uma interface não implementar todos os seus métodos e acessos get e set, o projeto não vai ________.

4. Tudo numa interface é automaticamente _________

6. Uma classe abstrata pode incluir tanto métodos abstratos quanto _________.

8. Você não pode ______________ uma classe abstrata.

10. Uma classe que implementa isto precisa incluir todos os métodos e acessos get e set definidos.

11. O que você faz com uma interface

12. A palavra-chave is retorna true se um ____________ implementa uma interface.

15. Uma interface não pode incluir tecnicamente um __________, mas pode definir acessos get e set que vão parecer exatamente como um, visto de fora.

Solução dos Jogos de Verão da página 305

Seu ***trabalho*** é pegar os fragmentos de código da piscina e colocá-los nas linhas em branco no código e na saída. Você pode usar o mesmo fragmento mais de uma vez e não precisará usar todos eles. Seu ***objetivo*** é fazer um conjunto de classes que compilará, executará e produzirá a saída listada.

```
interface Nose {
int Ear() ;
    string Face { get; }
}

abstract class Picasso : Nose {
    public virtual int Ear()
    {
        return 7;
    }
    public Picasso(string face)
    {
        this.face = face;
    }
    public virtual string Face
    get { return face ; }
    }
    string face;
}

class Clowns : Picasso {
    public Clowns() : base("Clowns") { }
}
```

As propriedades podem aparecer em qualquer lugar na classe! Será mais fácil ler seu código se todas elas estiverem no topo, mas é perfeitamente válido ter a propriedade face na parte inferior da classe Picasso.

É aqui que a classe Acts chama o construtor em Picasso, do qual herda. Ela passa "Acts" para o construtor, que é armazenado na propriedade face.

```
class Acts : Picasso {
    public Acts() : base("Acts") { }
    public override int Ear() {
        return 5;
    }
}

class Of76 : Clowns {
    public override string Face {
      get { return "Of76"; }
    }
    public static void Main(string[] args) {
        string result = "";
        Nose[] i = new Nose[3];
        i[0] = new Acts();
        i[1] = new Clowns();
        i[2] = new Of76();
        for (int x = 0; x < 3; x++) {
            result += ( i[x].Ear() + " "
                    + i[x].Face ) + "\n";
        }
        MessageBox.Show(result);
    }
}
```

Face é um acessador get que retorna o valor da propriedade face. Os dois são definidos em Picasso e herdados nas subclasses.

Solução da Cruzadinha OOP

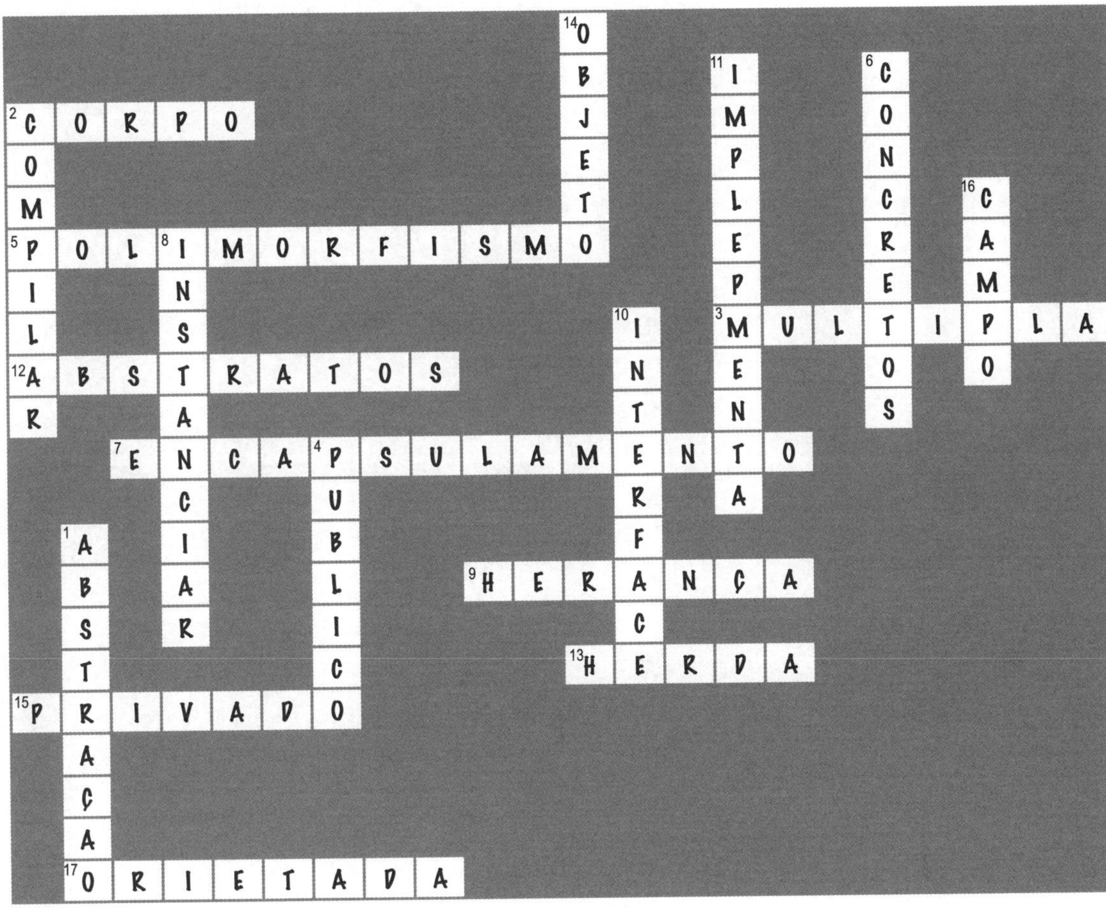

8 enumerações e coleções

Guardando muitos dados

Quando chove, é tempestade.

No mundo real, você não costuma lidar com seus dados em pequenas quantidades. Não, seus dados vão surgir em **quantidade, aos montes, em pilhas**. Você precisará de ferramentas muito poderosas para organizá-los e é aí que as **coleções** entram. Elas permitem que você **armazene, ordene e gerencie** todos os dados que seus programas precisam para se concentrar. Dessa forma, você pode pensar sobre escrever programas que trabalhem com seus dados e deixar as coleções se preocuparem em tomar conta deles para você.

Strings nem sempre servem para armazenar categorias de dados

Suponha que você tenha muitas abelhas operárias, todas representadas pela classe `Worker`. Como você escreveria um construtor que tivesse um serviço como parâmetro? Se você usar uma string para o nome do serviço, poderá acabar com um código que se parece com o seguinte:

Nosso software de gerenciamento de abelhas controla as tarefas de cada operária usando uma string, tal como "StingPatrol" ou "NectarCollector".

Nosso código permitiria que esses valores fossem passados em um construtor, mesmo que o programa suporte apenas Sting Patrol, Nectar Collector e outros serviços que uma abelha faz.

```
Worker buzz = new Worker("Attorney General");
Worker clover = new Worker("Dog Walker");
Worker gladys = new Worker("Newscaster");
```

Este código compilará sem problemas. Mas, estes serviços não fazem nenhum sentido para uma abelha. A classe Worker não deveria permitir esses tipos como dados válidos.

Provavelmente, você pode adicionar código ao construtor `Worker` para checar cada string e assegurar que seja um trabalho válido para abelhas. Mas, caso você adicione novos trabalhos que as abelhas podem fazer, terá de alterar esse código e compilar a classe `Worker` novamente. Mas, essa seria uma solução ruim. O que aconteceria se você tivesse outras classes que precisassem checar os tipos de operárias que elas podem ser? Agora, você teria que duplicar o código e isso é um mau caminho a seguir.

O que você precisa é uma forma de dizer: "Ei, existem apenas alguns valores permitidos aqui". Você precisa **enumerar** os valores que podem ser usados.

Enums permitem trabalhar com um conjunto de valores válidos

Um **enum** é um tipo de dado que permite apenas certos valores. Assim, poderíamos definir um enum chamado `Jobs` e definir as tarefas permitidas:

Ao coisa entre as chaves é chamada de lista de enumeradores e cada item é um enumerador. A coisa toda é chamada de enumeração.

*Mas, a maioria das pessoas chama-as apenas de **enums**.*

Este é o nome do enum.

```
enum Job {
    NectarCollector,
    StingPatrol,
    HiveMaintenance,
    BabyBeeTutoring,
    EggCare,
    HoneyManufacturing,
}
```

O último enumerador não precisa terminar com uma vírgula, mas isto facilita reorganizar os itens usando cortar e colar.

Cada uma destas é uma tarefa válida. Qualquer uma pode ser usada como um valor Jobs.

Separe cada valor com uma vírgula e termine a coisa toda com uma chave.

Agora, você pode referir-se a isto com tipos, como a seguir:

Este é o nome do enum.

Finalmente, o valor que você quer do enum.

```
Worker nanny = new Worker(Job.EggCare);
```

Mudamos o construtor Worker para aceitar Worker.Jobs como seu tipo de parâmetro.

Mas, você não pode simplesmente inventar um novo valor para o enum! Se fizer isso, o programa não compilará.

```
private void button1_Click(object sender EventArgs e)
{
      Worker buzz = new Worker(Jobs.AttorneyGeneral);
}
```

Eis o erro que você obtém do compilador.

```
X  'Jobs' does not contain a definition for
   'AttorneyGeneral'
```

Enums permitem representar números usando nomes

Algumas vezes, será mais fácil trabalhar com números se você tiver nomes para eles. Você pode atribuir números para os valores num enum e usar os nomes para se referir a eles. Dessa forma, você não terá um monte de números sem significado espalhados pelo seu código. Aqui está um enum para controlar a pontuação numa competição canina:

Você pode fazer o casting de um int em um enum e você pode fazer o casting de um enum (baseado no int) de volta em um int.

```
public enum TrickScore {
    Sit = 7,
    Beg = 25,
    RollOver = 50,
    Fetch = 10,
    ComeHere = 5,
    Speak = 30,
}
```

Eles não precisam aparecer em nenhuma ordem em particular e você pode dar múltiplos nomes para o mesmo número.

Forneça um nome, depois "=" e a seguir o número que o nome substitui.

Alguns enums são um tipo diferente, tal como byte ou long – como aquele na parte inferior desta página – e você pode fazer o casting de volta em seu tipo.

Eis uma parte de um método que usa o enum `TrickScore` fazendo seu casting para e a partir de um `int`.

O casting (int) diz para o compilador transformar isto no número representado. Portanto, uma vez que TrickScore.Fetch tem um valor 10, (int)TrickScore.Fetch transforma-o no valor int 10.

```
int value = (int)TrickScore.Fetch * 3;
MessageBox.Show(value.ToString());
TrickScore score = (TrickScore)value;
MessageBox.Show(score.ToString());
```

Como Fetch tem um valor 10, esta instrução define o valor para 30.

Você pode fazer o casting de um int de volta em um TrickScore. Como o valor é igual a 30, a pontuação é definida para TrickScore. Fetch, Portanto, quando você chama score.ToString(), ele retorna "Speak".

Você pode fazer o casting de enum como um número e fazer cálculos com ele ou pode usar o método `ToString()` para tratar o nome como uma string. Se você não atribuir nenhum número aos nomes, os itens na lista receberão valores por padrão. O primeiro item terá o valor 0, o segundo 1 etc.

Mas, o que acontece se você quiser usar números realmente grandes num dos enumeradores? O tipo padrão para os números em um enum é `int`, então você precisará especificar o tipo necessário usando o operador :, como no exemplo que segue:

```
public enum TrickScore : long {
        Sit = 7,
        Beg = 2500000000025
}
```

Isso diz ao compilador para tratar os valores dentro do enum TrickScore como do tipo long, não int.

Se você tentasse compilar este código sem especificar long como o tipo, veria a seguinte mensagem:

`Cannot implicitly convert type 'long' to 'int'.`

Exercício

Use o que você aprendeu sobre enums para desenvolver uma classe que mantém cartas de baralho.

Card
Suit Value Name

1 **Crie um novo projeto e adicione uma classe Card**

Você precisará de dois campos públicos: `Suit` (que pode ser `Spades`, `Clubs`, `Diamonds` ou `Hearts`) e `Value` (`Ace`, `Two`, `Three... Ten`, `Jack`, `Queen` e `King`). E você precisará de uma propriedade de apenas leitura `Name` (“`Ace of Spades`”, “`Five of Diamonds`”).

2 **Use dois enums para definir os naipes e os valores**

Use o recurso Add (Adicionar) >> Class (Classe) familiar no IDE para adicioná-los, substituindo a palavra `class` por `enum` nos arquivos recém-criados. Certifique-se de que `(int)Suits.Spades` seja igual a 0, seguido de `Clubs` (igual a 1), `Diamonds` (2) e `Hearts` (3). Torne os valores idênticos aos nominais: `(int)Values.Ace` deve ser 1, `Two` deve ser 2 etc. `Jack` deve ser igual a 11, `Queen` igual a 12 e `King` igual a 13.

3 **Adicione uma propriedade para o nome da carta**

`Name` deve ser uma propriedade de apenas leitura. O acessador get deve retornar uma string que descreve a carta. Este código será executado num formulário que chama a propriedade `Name` de uma classe `card` e exibe-a:

```
Card card = new Card(Suits.Spades, Values.Ace);
string cardName = card.Name;
```

Para isto funcionar, sua classe Card precisará de um construtor com dois parâmetros.

O valor de `card.Name` deve ser “ `Ace of Spades`”.

4 **Adicione um botão do formulário que mostre o nome de uma carta aleatória**

Seu programa pode criar uma carta com um naipe e valor aleatórios fazendo o casting de um número aleatório entre 0 e 3 como `Suits` e outro número aleatório entre 1 e 13 como `Values`. Para isto, você pode aproveitar um recurso da classe predefinida `Random` que fornece três formas diferentes para chamar seu método `Next()`:

```
Random random = new Random();
int numberBetween0and3 = random.Next(4);
int numberBetween1and13 = random.Next(1, 14);
int anyRandomInteger = random.Next();
```

*Quando você tem mais de uma forma de chamar um método, isso é chamado de **sobrecarga**. Veremos mais sobre isso adiante...*

Isso diz a Random para retornar um valor que seja pelo menos 1, mas menor que 14.

Não existem Perguntas Idiotas

P: Espere um pouco. Quando eu estava digitando este código, notei que uma janela IntelliSense apareceu dizendo algo como “3 de 3” (3 of 3) quando eu usei o método `Random.Next()`. O que isso quer dizer?

R: O que você viu foi um método que estava **sobrecarregado**. Quando uma classe tem um método que você pode chamar de mais de uma forma, isso é chamado de sobrecarga. Quando você utiliza uma classe com um método sobrecarregado, o IDE informa todas as opções que você tem. Neste caso, a classe `Random` tem três métodos `Next()` possíveis. Assim que você digita “random.Next(“ na janela de código, o IDE mostra uma janela sua caixa IntelliSense que exibe os parâmetros para os diferentes métodos sobrecarregados. As setas para cima e para baixo perto de “3 de 3”, deixam que você navegue entre as opções. Isso é muito útil quando você está lidando com um método com uma dezena ou mais de definições sobrecarregadas. Portanto, quando estiver fazendo isso, escolha o método `Next()` sobrecarregado certo! Mas, não se preocupe muito com isso agora – falaremos mais sobre a sobrecarga mais adiante no capítulo.

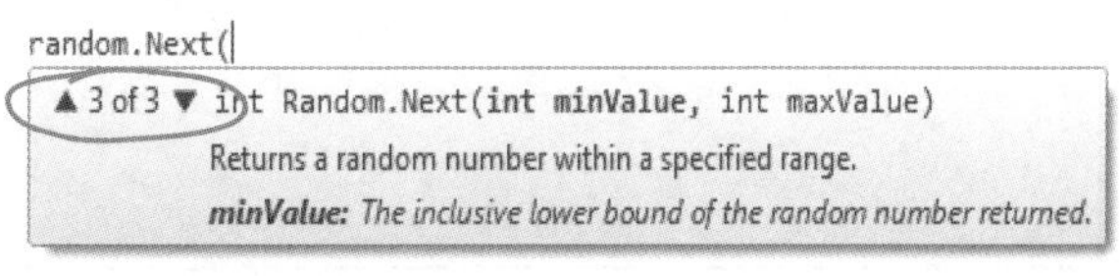

Exercício Solução

Um baralho é um ótimo exemplo de onde limitar os valores é importante. Ninguém quer mostrar suas cartas e ver um Joker of Clubs (Coringa de Paus) ou um 13 de Hearts (Copas). Aqui está como escrevemos a classe `Cards`.

```
enum Suits {
    Spades,
    Clubs,
    Diamonds,
    Hearts
}
```

Quando você não especifica os valores, o primeiro item na lista igual a zero, o segundo é 1, o terceiro é 2 etc.

```
enum Values {
    Ace = 1,
    Two = 2,
    Three = 3,
    Four = 4,
    Five = 5,
    Six = 6,
    Seven = 7,
    Eight = 8,
    Nine = 9,
    Ten = 10,
    Jack = 11,
    Queen = 12,
    King = 13
}
```

Eis onde definimos o valor de Values.Ace para 1.

A classe Card tem uma propriedade Suit do tipo Suits e uma propriedade Value do tipo Values.

```
class Card {
    public Suits Suit { get; set; }
    public Values Value { get; set; }

    public Card(Suits suit, Values value) {
        this.Suit = suit;
        this.Value = value;
    }

    public string Name {
        get { return Value.ToString() + " of " + Suit.ToString(); }
    }
}
```

O acessador get da propriedade Name pode aproveitar da forma como o método ToString() de um enum retorna seu nome convertido numa string.

Eis o código para o botão que mostra o nome de uma carta aleatória.

Aqui é onde usamos o método sobrecarregado Random.Next() para gerar um número aleatório para fazer o casting para enum.

```
Random random = new Random();
private void button1_Click(object sender, EventArgs e) {
    Card card = new Card((Suits)random.Next(4), (Values)random.Next(1, 14));
    MessageBox.Show(card.Name);
}
```

Poderíamos usar um array para criar um baralho...

E se você quiser criar uma classe para representar um baralho? Será preciso uma forma de controlar cada carta no baralho e uma maneira de saber a ordem em que elas estão. Um array `Card` poderia servir – a carta mais acima do baralho estaria no valor 0, a seguinte no 1 e assim por diante. Eis um ponto de partida – uma classe Deck que começa com um conjunto completo de 52 cartas.

Essa declaração do array continuaria por todas as cartas. Apenas abreviamos aqui para poupar espaço.

```
class Deck {
    private Card[] cards =  {
        new Card(Suits.Spades, Values.Ace),
        new Card(Suits.Spades, Values.Two),
        new Card(Suits.Spades, Values.Three),
        // ...
        new Card(Suits.Diamonds, Values.Queen),
        new Card(Suits.Diamonds, Values.King),
    };

    public void PrintCards() {
        for (int i = 0; i < cards.Length; i++)
            Console.WriteLine(cards[i].Name());
    }
}
```

...mas e se você quisesse fazer mais que isso?

Pense em tudo o que você poderia precisar fazer com um baralho. Se você estiver jogando com as cartas, precisará mudar frequentemente a ordem delas, adicionar e remover cartas do baralho. Não é muito fácil fazer isso com um array.

PODER DO CÉREBRO

Como você poderia adicionar um método `Shuffle()` à classe Deck para reordenar as cartas na ordem aleatória? E um método para lidar com a primeira carta de cima do baralho? Como você adicionaria uma carta ao baralho?

Os arrays são difíceis de trabalhar

Um array é ótimo para armazenar uma lista fixa de valores ou referências. Mas, uma vez que você precisa mover os elementos do array ou adicionar mais elementos do que o array pode conter, as coisas começam a ficar meio chatas.

1. Todo array tem um tamanho e você precisa conhecê-lo para trabalhar com ele. Você pode usar referências nulas para manter alguns elementos vazios:

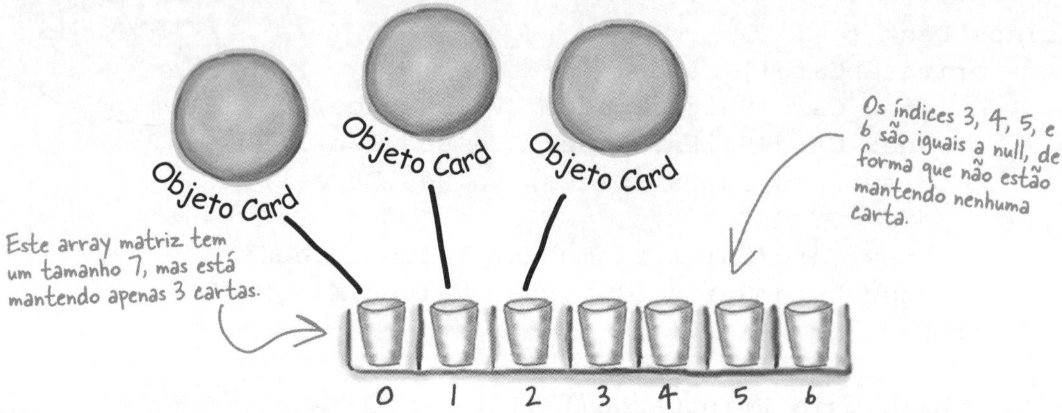

2. Você precisa controlar quantas cartas estão sendo mantidas. Então, precisa de um campo `int`, que você poderia chamar de `topCard`, que mantém o índice da última carta no baralho. Assim, nosso array de 3 cartas tem um `Length` 7, mas definiríamos `topCard` para ser igual a 3.

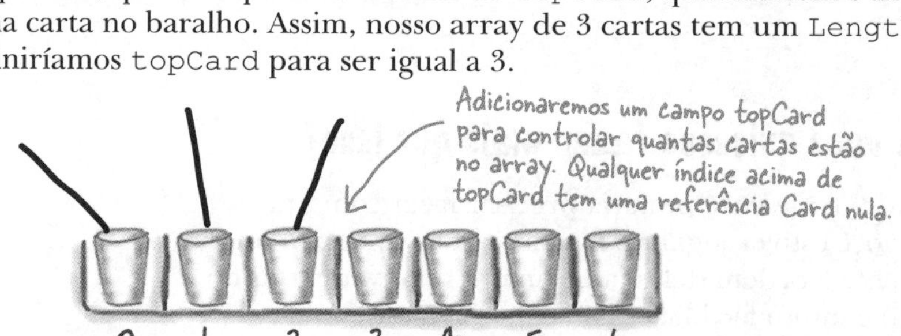

Existe um método Array.Resize() predefinido no .NET Framework que faz exatamente isso.

3. Mas, as coisas começam a ficar complicadas. É fácil adicionar um método `Peek()` que retorna uma referência para a carta de cima do baralho – de forma que você possa ver o topo do baralho. Mas, e se você quiser adicionar uma carta? Se `topCard` for menor que `Length` do array, você poderá apenas colocar sua carta no array nesse índice e somar 1 a `topCard`. Mas, se o array estiver cheio, você terá de criar um novo array maior e copiar as cartas existentes para ele. Remover uma carta é bem fácil – mas depois de subtrair 1 de topCard, você precisará definir o índice do array da carta removida de volta para null. E se você precisar tirar uma carta **do meio da lista**? Se você remover a carta 4, terá de mover a carta 5 para trás para substituí-la, e então mover para trás a 6, depois a 7... puxa, que bagunça!

Listas facilitam guardar coleções de... qualquer coisa

O .NET Framework tem diversas classes de **coleção** que lidam com as situações complicadas que surgem quando você adiciona e remove os elementos do array. O tipo mais comum de coleção é `List<T>`. Uma vez que você cria um objeto `List<T>`, é fácil adicionar, remover, observar e mesmo mover os itens de um lugar da lista para outro. Eis como uma lista funciona:

1 Primeiro, você cria uma nova instância de List<T>

Todo array tem um tipo - você não usa apenas um array, usa um array de `int`, um array de `Card` etc. As listas funcionam da mesma forma. Você precisa especificar o tipo de objeto ou o valor que a lista manterá colocando-o entre sinais de menor e maior < > quando usa a palavra-chave `new` para criá-lo.

Algumas vezes, omitiremos <T> porque pode tornar o livro um pouco mais difícil de ler. Quando você vir List, pense em List<T>!

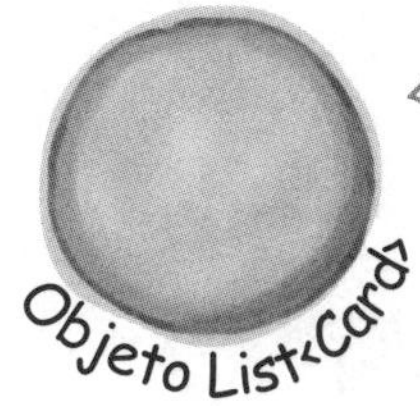

Você especificou <Card> quando criou a lista, então agora essa lista mantém referências somente para os objetos Card.

Relaxe

O <T> no final de List<T> significa que é *genérico*.

O T é substituído por um tipo – portanto, List<int> apenas significa um List de ints. Você praticará muito o genérico nas próximas páginas.

2 Agora, você pode adicionar a List<T>

Uma vez que você tenha um objeto `List<T>`, pode adicionar tantos itens quanto queira (desde que sejam ***polimórficos*** com qualquer tipo especificado quando você criou seu novo `List<T>`).

Significa que podem ser atribuídos ao tipo: interfaces, classes abstratas, classes base etc.

```
cards.Add(new Card(Suits.Diamonds, Values.King);
cards.Add(new Card(Suits.Clubs, Values.Three);
cards.Add(new Card(Suits.Hearts, Values.Ace);
```

Uma lista mantém seus elementos em ordem, como um array. King of Hearts é o primeiro, 3 of Clubs o segundo e Ace of Hearts o terceiro.

Você pode adicionar tantas cartas quanto queira a List – apenas chame o método Add(). Ele se certificará de que você tenha "espaços" suficientes para os itens. Se começar a ficar sem, a lista automaticamente se redimensionará.

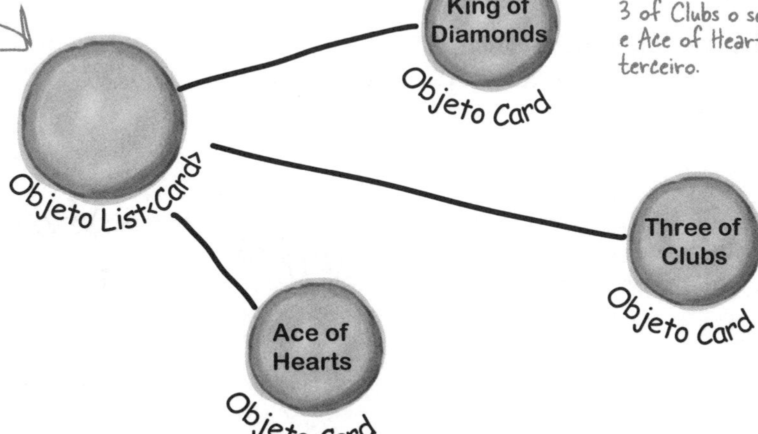

Listas são mais flexíveis que arrays

A classe `List` é predefinida no .NET Framework e deixa você fazer muitas coisas com os objetos que não pode fazer com os antigos arrays comuns. Veja algumas coisas que você pode fazer com `List<T>`.

1 Você pode criar uma.

```
List<Egg> myCarton = new List<Egg>();
```

2 Adicione algo.

```
Egg x = new Egg();
myCarton.Add(x);
```

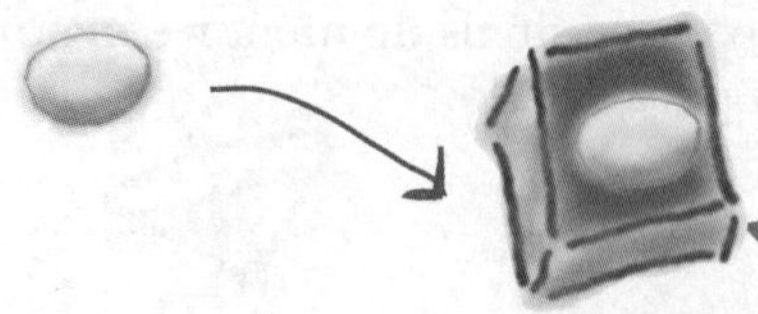

3 Adicione algo mais.

```
Egg y = new Egg();
myCarton.Add(y);
```

4 Descubra quantas coisas estão dentro dela.

```
int theSize = myCarton.Count;
```

5 Descubra se tem algo em particular.

```
bool Isin = myCarton.Contains(x);
```

Agora, você pode procurar qualquer Egg dentro da lista. Isso com certeza retornaria true.

6 Descubra onde essa coisa está.

```
int idx = myCarton.IndexOf(y);
```

O índice para x seria 0 e o índice para y seria 1.

7 Tire algo dela.

```
myCarton.Remove(y);
```

Quando removemos y, deixamos apenas x em List, então ela some! E finalmente, teremos o lixo coletado.

Aponte seu lápis

Preencha o restante da tabela abaixo olhando o código `List` no lado esquerdo e colocando o que você acha que poderia ser o código se ele estivesse usando um array comum. Não esperamos que você acerte tudo exatamente, mas faça o melhor que puder.

Suponha que estas instruções sejam executadas em ordem, uma após a outra.

Preenchemos alguns para você...

Lista	array comum
`List<String> myList = new List <String>();`	String [] myList = new String[2];
`String a = "Yay!";`	String a = "Yay!";
`myList.Add(a);`	
`String b = "Bummer";`	String b = "Bummer";
`myList.Add(b);`	
`int theSize = myList.Count;`	
`Guy o = myList[1];`	
`bool isIn = myList.Contains(b);`	

Dica: Você precisará de mais de uma linha de código aqui.

Aponte seu lápis Solução

Sua tarefa foi preencher o restante da tabela abaixo vendo o código `List` no lado esquerdo e colocando o que você acha que poderia ser o código se ele estivesse usando um array comum.

Lista	array comum
`List<String> myList =` `new List <String>();`	`String[] myList = new String[2];`
`String a = "Yay!"`	`String a = "Yay!";`
`myList.Add(a);`	`myList[0] = a;`
`String b = "Bummer";`	`String b = "Bummer";`
`myList.Add(b);`	`myList[1] = b;`
`int theSize = myList.Count;`	`int theSize = myList.Length;`
`Guy o = myList[1];`	`Guy o = myList[1];`

`bool isIn = myList.Contains(b);`	`bool isIn = false;`
	`for (int i = 0; i < myList.`
	`Length; i++) {`
	`if (b == myList[i]) {`
	`isIn = true;`
	`}`
	`}`

Listas são objetos que usam métodos exatamente como qualquer outra classe utilizada até agora. Você pode ver a lista de métodos disponíveis de dentro do IDE apenas digitando um ponto ao lado do nome `List` e passa parâmetros para ela como passaria para uma classe que você mesmo criou.

Com os arrays, você fica muito mais limitado. Você precisa definir o tamanho do array quando o cria e qualquer lógica que precisar ser executada nele terá que ser escrita por você.

O .NET Framework tem uma classe Array que facilita algumas coisas, mas estamos nos concentrando nos objetos List porque eles são muito mais fáceis de usar.

Listas encolhem e aumentam dinamicamente

Faça isto!

Uma coisa ótima em um `List` é que você não precisa saber qual vai ser seu tamanho quando o cria. Um `List` automaticamente aumenta e diminui para se adequar ao conteúdo. Eis um exemplo de alguns métodos que fazem com que trabalhar com o tipo `List` seja mais fácil do que fazer o mesmo com os arrays. **Crie um novo Console Aplication** e adicione este código ao método `Main()`. Ele não imprimirá nada – **use o depurador** para percorrer o código e veja o que está acontecendo.

Estamos declarando um List de objetos Shoe chamado ShoeCloset.

Você pode usar uma instrução new dentro do método List.Add().

```
List<Shoe> shoeCloset = new List<Shoe>();

shoeCloset.Add(new Shoe()
     { Style = Style.Sneakers, Color = "Black" });
shoeCloset.Add(new Shoe()
     { Style = Style.Clogs, Color = "Brown" });
shoeCloset.Add(new Shoe()
     { Style = Style.Wingtips, Color = "Black" });
shoeCloset.Add(new Shoe()
     { Style = Style.Loafers, Color = "White" });
shoeCloset.Add(new Shoe()
     { Style = Style.Loafers, Color = "Red" });
shoeCloset.Add(new Shoe()
     { Style = Style.Sneakers, Color = "Green" });

int numberOfShoes = shoeCloset.Count;
foreach (Shoe shoe in shoeCloset) {
     shoe.Style = Style.Flipflops;
     shoe.Color = "Orange";
}

shoeCloset.RemoveAt(4);

Shoe thirdShoe = shoeCloset[3];
Shoe secondShoe = shoeCloset[2];
shoeCloset.Clear();

shoeCloset.Add(thirdShoe);
if (shoeCloset.Contains(secondShoe))
     Console.WriteLine("That's surprising.");
```

Um tipo especial de loop para Lists é o `foreach`. Ele vai executar uma instrução para cada objeto em List. Esse loop cria um identificador chamado `shoe`. Conforme o loop percorre os itens, define `shoe` para ser igual ao primeiro item na lista, depois ao segundo e assim por diante até o loop terminar.

Isto retorna o número total de objetos Shoe em List.

Os loops foreach funcionam nos arrays também! De fato, eles funcionam em qualquer coleção.

Este loop foreach percorre cada um dos sapatos no armário.

O método Remove() vai retirar o objeto por sua referência; RemoveAt() faz o mesmo pelo número do índice.

O método Clear() remove todos os objetos em um List.

Salvamos as referências de dois sapatos antes de limpar a lista. Adicionamos uma delas de volta, mas a outra ainda está faltando.

Esta linha nunca é executada porque Contains() retornará false. Apenas adicionamos thirdShoe à lista limpa, não fifthShoe.

Aqui está a classe Shoe que estamos usando e o enum Style usado.

```
class Shoe {
    public Style Style;
    public string Color;
}

enum Style {
    Sneakers,
    Loafers,
    Sandals,
    Flipflops,
    Wingtips,
    Clogs,
}
```

Os genéricos podem armazenar qualquer tipo

Você já viu que um `Lista` pode armazenar strings ou `Shoes`. Você pode também fazer `Lists` de inteiros ou qualquer outro objeto que criar. Isso torna `List` uma coleção genérica. Quando você cria um novo objeto `List`, associa-o a um tipo específico: pode ser um `List` de inteiros, strings ou objetos `Shoe`. Isso facilita trabalhar com os `Lists` – uma vez criada a lista, você sempre saberá o tipo de dados que ela armazena.

Na realidade, isto não quer dizer que você está adicionando a letra. É a notação que você verá sempre que uma classe ou interface trabalhar com todos os tipos. A parte <T> quer dizer que você pode colocar um tipo aqui, como, por exemplo, List<Shoe>, e isso limita seus membros a esse tipo.

```
List<T> name = new List<T>();
```

As listas podem ser muito flexíveis (permitindo qualquer tipo) ou muito restritivas. Ou seja, elas podem fazer o que os arrays fazem, em seguida algumas coisas a mais.

O .NET Framework possui algumas interfaces genéricas que permitem às coleções desenvolvidas por você funcionarem com qualquer tipo. A classe `List` implementa essas interfaces e é por isso que você pode criar um `List` de inteiros e trabalhar com ele quase como faria com um `List` de objetos `Shoe`.

→ ***Veja você mesmo***. Digite a palavra **`List`** no IDE, clique nela com o botão direito e selecione "Go To Definiton" (Ir Para Definição). Isso vai levar você para a declaração da classe List. Ela implementa algumas interfaces:

É daqui que vêm RemoveAt(), IndexOf() e Insert().

```
class List<T> : IList<T>,
ICollection<T>, IEnumerable<T>, IList,
ICollection, IEnumerable
```

É de onde Add(), Clear(), CopyTo() e Remove() vêm. É a base para todas as coleções genéricas.

Esta interface permite que você use foreach, entre outras coisas.

PONTO DE BALA

- **`List`** é uma classe do .NET Framework.
- Um `List` se **redimensiona dinamicamente** para qualquer tamanho necessário. Ele tem uma capacidade certa – sempre que você adicionar dados suficientes à lista, ela vai aumentar para acomodá-los.
- Para colocar algo num `List`, use **`Add()`**. Para remover, use **`Remove()`**.
- Você pode remover os objetos usando seu número de índice com **`RemoveAt()`**.
- Você declara o tipo de `List` usando um **argumento do tipo**, que é um nome do tipo entre sinais de maior e menor. Por exemplo, `List<Frog>` significa que `List` será capaz de armazenar somente objetos do tipo `Frog`.
- Para descobrir onde algo está guardado (e se está) num `List`, use **`indexOf()`**.
- Para saber quantos elementos estão em um `List`, use a propriedade **`Count`**.
- Você pode utilizar o método **`Contains()`** para descobrir se um objeto em particular está em um `List`.
- **`foreach`** é um tipo especial de loop que vai iterar por todos os elementos em um `List` e executar código nele. A sintaxe para um loop foreach é **`foreach` (string s in StringList)**. Você não tem que dizer para o loop foreach para aumentar em um; ele vai percorrer toda a lista por si mesmo.

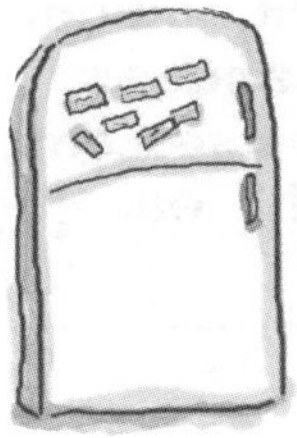

Ímãs de Geladeira

Você pode reconstruir os fragmentos do código para criar um formulário Windows funcional que mostre a caixa de mensagem abaixo quando você clica em um botão?

```
a.RemoveAt(2);
```

```
List<string> a = new List<string>();
```

```
public void printL (List<string> a){
```

```
private void button1_Click(object sender,
EventArgs e){

}
```

```
if (a.Contains("two")) {
    a.Add(twopointtwo);
}
```

```
a.Add(zilch);
a.Add(first);
a.Add(second);
a.Add(third);
```

```
}
```

```
string result = "";
```

```
if (a.Contains("three")){
    a.Add("four");
}
```

```
foreach (string element in a)
{
    result += "\n" + element;
}
```

```
MessageBox.Show(result);
```

```
if (a.IndexOf("four") != 4) {
    a.Add(fourth);
}
```

```
}
```

```
printL(a);
```

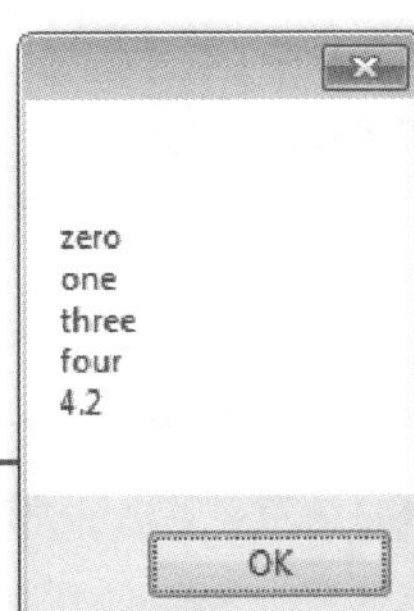


```
string zilch = "zero";
string first =  "one";
string second = "two";
string third = "three";
string fourth = "4.2";
string twopointtwo = "2.2";
```

Ímãs de Geladeira Solução

Lembra de como falamos sobre o uso de nomes simples no capítulo 3? Bem, isso vale para um bom código, mas torna estes quebra - cabeças fáceis demais. Apenas não use nomes enigmáticos como "print L()" em situações reais.

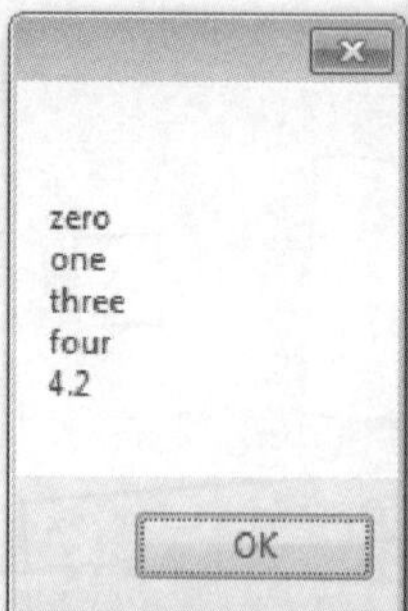


```
private void button1_Click(object sender, EventArgs e)
{
    List<string> a = new List<string>();
    string zilch = "zero";
    string first = "one";
    string second = "two";
    string third = "three";
    string fourth = "4.2";
    string twopointtwo = "2.2";
    a.Add(zilch);
    a.Add(first);
    a.Add(second);
    a.Add(third);
    if (a.Contains("three")){
        a.Add("four");
    }
    a.RemoveAt(2);
    if (a.IndexOf("four") != 4) {
        a.Add(fourth);
    }
    if (a.Contains("two")) {
        a.Add(twopointtwo);
    }
    printL(a);
}
public void printL (List<string> a){
    string result = "";
    foreach (string element in a)
    {
        result += "\n" + element;
    }
    MessageBox.Show(result);
}
}
```

Você pode descobrir por que "2.2" nunca é adicionado à lista, mesmo tendo sido declarado aqui?

RemoveAt() remove o elemento no índice 2 – que é o terceiro na lista.

O método printL() usa um loop foreach para percorrer uma lista de strings, adicionar todas elas a uma grande string, então e mostrá-la numa caixa de mensagem.

O loop foreach percorre todos os elementos na lista e imprime-os.

Não existem Perguntas Idiotas

P: Então, por que eu usaria um enum em vez de `List`? Eles não resolvem o mesmo problema?

R: Enums são um pouco diferentes de `Lists`. Em primeiro lugar, os enums são **tipos**, ao passo que `Lists` são **objetos**.

Você pode pensar nos enums como uma forma prática de armazenar ***listas de constantes*** para poder referir-se a isto pelo nome. Eles são ótimos para manter a legibilidade do seu código e assegurar que você sempre usará os nomes certos da variável para acessar os valores realmente usados com frequência.

Um `List` pode armazenar praticamente qualquer coisa. Uma vez que é uma lista de ***objetos***, cada elemento em uma lista tem seus próprios métodos e propriedades. Os enums, por outro lado, devem ser atribuídos a um dos **tipos de valor** do C# (como os mostrados na primeira página do Capítulo 4). Assim, você não pode armazenar variáveis de referência neles.

Os enums não podem mudar de tamanho dinamicamente. Eles não podem implementar interfaces nem ter métodos, e você terá que fazer seu casting para outro tipo para armazenar um valor de um enum em outra variável. Junte tudo isso e perceberá que existem algumas grandes diferenças entre as duas formas de armazenar os dados. Mas, ambas são úteis e têm suas próprias aplicações.

P: Certo, parece que os `Lists` são bem poderosos. Então, por que eu usaria um array?

R: Se você souber que tem um número fixo de itens com os quais trabalhar ou se deseja uma sequência fixa de valores com um tamanho fixo, então um array será perfeito. Por sorte, você pode facilmente converter qualquer lista em um array usando o método `ToArray()`... e converter um array numa lista usando um dos construtores sobrecarregados do objeto `List<T>`.

Os arrays também ocupam menos memória e tempo da CPU para seus programas, mas isso é responsável apenas por um aumento minúsculo da performance. Se você tiver que fazer a mesma coisa, digamos, milhões de vezes por segundo, poderá querer usar um array e não uma lista. Mas, se seu programa estiver sendo executado lentamente, será muito improvável que trocar listas por arrays corrigirá o problema.

P: Não entendi o termo "genérico". Por que chamar algo de coleção genérica? Por que um array não é genérico?

R: Uma coleção genérica é um objeto de coleção (ou um objeto predefinido que permite armazenar e gerenciar diversos outros objetos) configurado para armazenar um tipo apenas (ou mais de um tipo, o que você verá em breve).

P: Tudo bem. Isto explica a parte "coleção". Mas, o que a torna genérica?

R: Os supermercados costumavam colocar os itens genéricos embalados em grandes pacotes brancos com letras pretas que apenas informavam o nome do que havia dentro ("batatas fritas", "refrigerante", "sabão" etc.). A marca genérica destaca o que existe dentro do pacote, não tem tanta preocupação com o visual.

A mesma coisa acontece com os tipos de dados genéricos. Seu `List<T>` funcionará exatamente da mesma forma, independentemente do que existe dentro. Uma lista de objetos `Shoe`, `Card`, inteiros, longs ou mesmo outras listas ainda agirão no nível do contêiner. Assim, você pode sempre adicionar, remover, inserir etc., não importa o que está contido na lista em si.

O termo "genérico" refere-se ao fato de que mesmo que uma instância específica de List só possa armazenar um tipo específico, a classe List em geral trabalha com qualquer tipo.

É para isso que serve o <T>. É a forma pela qual você associa uma instância específica de List a um tipo. Mas, a classe List inteira é genérica o suficiente para trabalhar com QUALQUER tipo. É por isso que as coleções genéricas são diferentes de qualquer coisa que você viu até agora.

P: Eu posso ter uma lista sem um tipo?

R: Não. Toda lista – de fato, toda coleção genérica (e você vai aprender sobre as demais em breve) – precisa ter um tipo associado a ela. O C# tem listas não genéricas chamadas `ArrayLists` que podem armazenar qualquer tipo de objeto. Se você quiser usar um `ArrayList`, terá de incluir na linha "`using.System.Collections;`" no seu código. Mas, você realmente não deverá precisar fazer isto, pois um `List<object>` funcionará bem!

Quando você cria um novo objeto List, sempre fornece um tipo - isso diz ao C# qual tipo de dado vai ser armazenado. Uma lista pode armazenar um tipo de valor (tal como int, bool, string etc.) ou uma classe.

Inicializadores de coleções funcionam exatamente como os de objetos

O C# dá a você um ótimo atalho para diminuir o trabalho de digitação quando você precisa criar uma lista e imediatamente adicionar vários itens. Quando você cria um novo objeto `List`, pode usar um **inicializador de coleção** para conseguir uma lista inicial de elementos. Eles serão adicionados assim que a lista for criada.

Você viu este código algumas páginas atrás – ele cria um novo List<Shoe> e preenche-o com novos objetos Shoe.

```
List<Shoe> shoeCloset = new List<Shoe>();

shoeCloset.Add(new Shoe() { Style = Style.Sneakers, Color = "Black" });
shoeCloset.Add(new Shoe() { Style = Style.Clogs, Color = "Brown" });
shoeCloset.Add(new Shoe() { Style = Style.Wingtips, Color = "Black" });
shoeCloset.Add(new Shoe() { Style = Style.Loafers, Color = "White" });
shoeCloset.Add(new Shoe() { Style = Style.Loafers, Color = "Red" });
shoeCloset.Add(new Shoe() { Style = Style.Sneakers, Color = "Green" });
```

O mesmo código reescrito utilizando um inicializador de coleção

Notou como cada objeto Shoe é inicializado com seu próprio inicializador de objeto? Você pode aninhá-los em um inicializador de coleção, como este.

Você pode criar um inicializador de coleção pegando cada item que está sendo adicionado usando Add() e acrescentando-o à instrução que cria a lista.

```
List<Shoe> shoeCloset = new List<Shoe>() {
    new Shoe() { Style = Style.Sneakers, Color = "Black" },
    new Shoe() { Style = Style.Clogs, Color = "Brown" },
    new Shoe() { Style = Style.Wingtips, Color = "Black" },
    new Shoe() { Style = Style.Loafers, Color = "White" },
    new Shoe() { Style = Style.Loafers, Color = "Red" },
    new Shoe() { Style = Style.Sneakers, Color = "Green" },
};
```

A instrução para criar a lista é seguida de chaves com instruções new, separadas por vírgulas.

Você não está limitado a usar as instruções new no inicializador – pode usar variáveis também.

Um inicializador de coleção torna seu código mais compacto ao permitir que você combine a criação de uma lista com o acréscimo de um conjunto inicial de itens.

Vamos criar uma lista de patos

Faça isto!

Eis aqui uma classe `Duck` que controla sua extensa coleção de patos. (Você *tem* uma coleção de patos, não?) **Crie uma nova aplicação do console** e adicione uma nova classe `Duck` e um enum `KindOfDuck`.

Duck
Size Kind
Quack() Swim() Eat() Walk()

```
class Duck {
    public int Size;
    public KindOfDuck Kind;
}

enum KindOfDuck {
    Mallard,
    Muscovy,
    Decoy,
}
```

A classe tem dois campos públicos. Tem também alguns métodos que não estamos mostrando aqui.

Usaremos um enum chamado KindOfDuck para controlar os tipos de patos que temos na coleção.

Adicione Duck e KindOfDuck ao seu projeto.

Eis o inicializador para sua lista de patos

Temos seis patos, então criaremos um `List<Duck>` com um inicializador de coleção com seis instruções. Cada instrução no inicializador cria um pato novo, usando um inicializador de objeto para definir os campos `Size` e `Kind` de cada objeto `Duck`. **Adicione este código** ao seu método `Main()` em `Program.cs`:

```
List<Duck> Ducks = new List<Duck>( ) {
    new Duck( ) { Kind = KindOfDuck.Mallard, Size = 17 },
    new Duck( ) { Kind = KindOfDuck.Muscovy, Size = 18 },
    new Duck( ) { Kind = KindOfDuck.Decoy, Size = 14 },
    new Duck( ) { Kind = KindOfDuck.Muscovy, Size = 11 },
    new Duck( ) { Kind = KindOfDuck.Mallard, Size = 14 },
    new Duck( ) { Kind = KindOfDuck.Decoy, Size = 13 },
};
// Isto impede a saída de desaparecer antes de você poder ler
Console.ReadKey( );
```

Você irá adicionar o código ao seu método Main() para imprimir no console. Mantenha esta linha no final para que o programa fique aberto até você pressionar uma tecla.

Listas são fáceis, mas ORDENAR pode ser complicado

Não é difícil pensar em formas de ordenar números ou letras. Mas, baseando-se em que você ordena dois objetos, especialmente se eles tiverem diversos campos? Em alguns casos, você pode querer ordenar os objetos pelo valor num campo de nome e em outros, pode fazer sentido ordená-los por altura ou data de nascimento. Existem muitas formas de ordenar as coisas e as listas suportam todas elas.

Você pode ordenar uma lista de patos por tamanho...

Ordenado do menor para o maior...

...ou por tipo.

Ordenado por tipo de pato...

Tecnicamente, não é o List<T> que sabe como se ordenar. Depende de um objeto IComparer<T>, sobre o qual você aprenderá em breve.

As listas sabem como se ordenar

Toda lista tem um método `Sort()` que reorganiza todos os itens, colocando-os em ordem. As listas já sabem como ordenar a maior parte dos tipos predefinidos e classes, e é fácil ensiná-las como ordenar as classes que você mesmo cria.

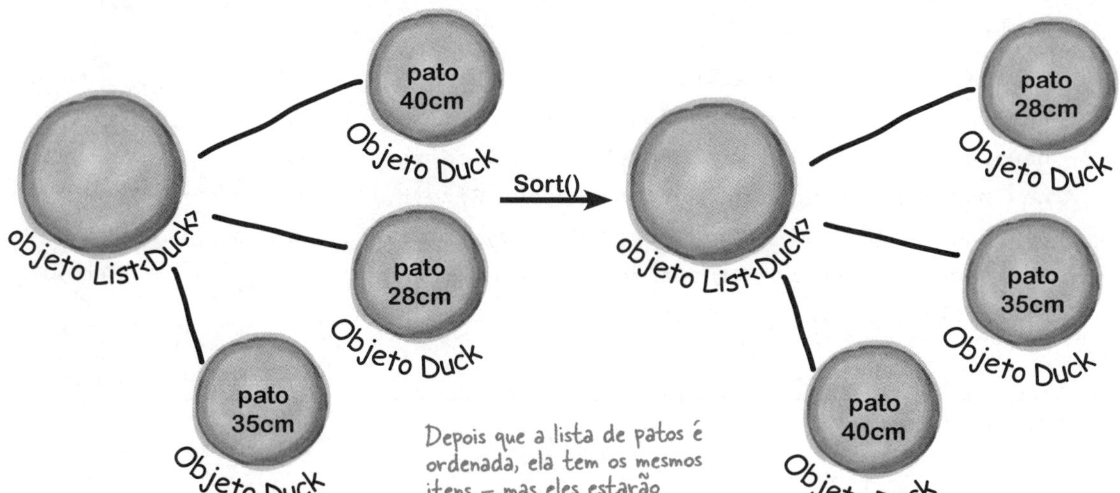

Depois que a lista de patos é ordenada, ela tem os mesmos itens – mas eles estarão numa ordem diferente.

IComparable<Duck> ajuda sua lista a ordenar seus patos

O método `List.Sort()` sabe como ordenar qualquer tipo ou classe que **implementa a interface `IComparable<T>`**. Essa interface tem apenas um membro – um método chamado `CompareTo()`. O método `Sort()` usa o método `CompareTo()` de um objeto para compará-lo com outro e usa seu valor de retorno (um int) para determinar quem é o primeiro.

Mas, algumas vezes precisamos ordenar uma lista de objetos que não implementa `IComparable<T>` e o .NET tem outra interface para ajudar com isso. Você pode passar a `Sort()` uma instância de uma classe que implemente `IComparer<T>`. Essa interface também tem um método. O método `Sort()` do objeto `List` usa o método `Compare()` do objeto comparador para comparar os pares de objetos, para determinar qual deles virá primeiro numa lista.

Você pode fazer qualquer classe trabalhar com o método predefinido Sort() de List fazendo-o implementar IComparable<T> e adicionando um método CompareTo().

O método CompareTo() de um objeto compara-o com outro objeto

Uma forma de permitir que nosso objeto `List` ordene é modificar a classe `Duck` para que ela implemente `IComparable<Duck>`. Para isso, adicionaríamos um método `CompareTo()` que receberia uma referência `Duck` como um parâmetro. Se o pato a ser comparado deve aparecer depois do pato atual na lista ordenada, `CompareTo()` deve retornar um número positivo.

Atualize a classe Duck de seu projeto implementando `IComparable<Duck>` para que se ordene com base no tamanho do pato:

```
class Duck : IComparable<Duck> {
    public int Size;
    public KindOfDuck Kind;

    public int CompareTo(Duck duckToCompare) {
        if (this.Size > duckToCompare.Size)
            return 1;
        else if (this.Size < duckToCompare.Size)
            return -1;
        else
            return 0;
    }
}
```

Quando você implementa IComparable<T>, especifica o tipo sendo comparado quando faz a classe implementar a interface.

A maioria dos métodos CompareTo() parece muito com isto. Este método primeiro compara o campo Size com o de outro pato. Se este pato for maior, retornará 1. Se for menor, retornará -1. Se forem iguais, retornará zero.

Se você quer ordenar sua lista do menor para o maior, faça com que CompareTo() retorne um número positivo se estiver comparando com um pato menor e um número negativo, caso contrário.

Adicione este código ao final de seu método `Main()` acima da chamada para `Console.ReadKey()` para dizer à sua lista de patos para se ordenar. Use o depurador para ver isto funcionando, **colocando um ponto de interrupção** no método `CompareTo()`.

```
ducks.Sort();
```

Use IComparer para dizer a List como se ordenar

As listas têm uma interface especial predefinida no .NET Framework que permite desenvolver uma classe separada Sua lispara ajudar `List<T>` a ordenar seus membros. Ao **implementar a interface `IComparer<T>`**, você pode dizer a `List` exatamente como ele deve ordenar seus objetos. Você faz isso implementando o método `Compare()` da interface `IComparer<T>`. Tem dois parâmetros, x e y, e retorna um int. Se x é menor que y, deve retornar um valor negativo. Se forem iguais, deve retornar zero. E se x é maior que y, deve retornar um valor positivo.

Sua lista irá ordenar de forma diferente, dependendo de como você implementar ICompares<T>

Eis um exemplo de como você declararia uma classe comparadora para comparar os objetos `Duck` por tamanho. Adicione ao seu projeto como uma nova classe:

Esta classe implementa IComparer e especifica o tipo de objeto que pode ser ordenado: objetos Duck.

Estes vão sempre ser equivalentes: o mesmo tipo em cada um.

```
class DuckComparerBySize : IComparer<Duck>
{
        public int Compare(Duck x, Duck y)
        {
            if (x.Size < y.Size)
                return -1;
            if (x.Size > y.Size)
                return 1;
            return 0;
        }
}
```

O método Compare() retorna um int e tem dois parâmetros: os dois devem ser do tipo que você está ordenando.

Você pode fazer qualquer tipo de comparação que queira no método.

Qualquer número negativo significa que o objeto x deve ser colocado antes do objeto y. x é "menor que" y.

Qualquer número positivo significa que o objeto x deve ser colocado depois do objeto y. x é "maior que" y.

O quer dizer que os dois objetos devem ser tratados como iguais (usando este cálculo comparativo).

Adicione este método PrintDucks à sua classe Program em seu projeto para que possa imprimir os patos em uma lista.

Eis um método para imprimir os patos em um List<Duck>

```
public static void PrintDucks(List<Duck> ducks)
{
    foreach (Duck duck in ducks)
        Console.WriteLine(duck.Size.ToString() + "-inch " + duck.Kind.ToString());
    Console.WriteLine("End of ducks!");
}
```

Atualize seu método Main() para chamá-lo antes e depois de você ordenar a lista, para que possa ver os resultados!

Crie uma instância de seu objeto de comparação

Quando você quiser ordenar usando `IComparer<T>`, precisará criar uma nova instância da classe que o implementa. Esse objeto existe por um motivo: para auxiliar `List.Sort()` a descobrir como ordenar o array. Mas, como qualquer outra classe (não estática), você precisa instanciá-la antes de usar.

Omitimos o código já visto algumas páginas atrás para inicializar a lista. Inicialize sua lista antes de tentar ordená-la! Se você não fizer isto, obterá uma exceção de ponteiro null.

```
DuckComparerBySize sizeComparer = new DuckComparerBySize();
ducks.Sort(sizeComparer);
PrintDucks(ducks);
```

Você passará para Sort() uma referência para o novo objeto DuckComparerBySize como seu parâmetro.

Adicione este código ao método Main() de seu programa para ver como os patos são ordenados.

Ordenados do menor para o maior...

Múltiplas implementações de IComparer, muitas formas de ordenar seus objetos

Você pode criar múltiplas classes `IComparer<Duck>` com diferentes lógicas de ordenação para ordenar os patos de modos diferentes. Então, poderá usar o comparador que deseja quando for necessário ordenar de uma forma em particular. Eis aqui outra implementação de um comparador de patos para adicionar ao seu projeto:

Este comparador ordena por tipo de pato. Lembre-se, quando você compara o enum Kind, está comparando seus valores de **índice**.

```
class DuckComparerByKind : IComparer<Duck> {
    public int Compare(Duck x, Duck y) {
        if (x.Kind < y.Kind)
            return -1;
        if (x.Kind > y.Kind)
            return 1;
        else
            return 0;
    }
}
```

Então, patos reais vêm antes de crioulos, que vêm antes dos de madeira.

Comparamos as propriedades Kind dos patos, portanto os patos são ordenados com base no valor de índice do enum KindOfDuck.

Note como "maior que" e "menor que" têm significados diferentes aqui. Usamos < e > para comparar os valores de índice do enum, que nos permite colocar os patos em ordem.

Eis um exemplo de como enums e Lists podem trabalhar juntos. Enum serve para armazenar números e são usados para ordenar a lista.

```
DuckComparerByKind kindComparer = new DuckComparerByKind();
ducks.Sort(kindComparer);
PrintDucks(ducks);
```

Ordenados pelo tipo de pato...

Mais código de ordenação de patos para seu método Main().

> **Se você não fornecer Sort() com um objeto IComparer<T>, ele usará um padrão que pode ordenar os tipos do valor ou comparar as referências. Vá para Sobras #5 no Apêndice para aprender um pouco mais sobre como comparar os objetos.**

IComparer pode fazer comparações complexas

Uma vantagem de criar uma classe separada para ordenar seus patos é poder criar uma lógica mais complexa nessa classe – e pode adicionar membros que ajudem a determinar como a lista será ordenada.

```
enum SortCriteria {
    SizeThenKind,
    KindThenSize,
}

class DuckComparer : IComparer<Duck> {
    public SortCriteria SortBy = SortCriteria.SizeThenKind;

    public int Compare(Duck x, Duck y) {
        if (SortBy == SortCriteria.SizeThenKind)
            if (x.Size > y.Size)
                return 1;
            else if (x.Size < y.Size)
                return -1;
            else
                if (x.Kind > y.Kind)
                    return 1;
                else if (x.Kind < y.Kind)
                    return -1;
                else
                    return 0;
        else
            if (x.Kind > y.Kind)
                return 1;
            else if (x.Kind < y.Kind)
                return -1;
            else
                if (x.Size > y.Size)
                    return 1;
                else if (x.Size < y.Size)
                    return -1;
                else
                    return 0;
    }
}

DuckComparer comparer = new DuckComparer();

comparer.SortBy = SortCriteria.KindThenSize;
ducks.Sort(comparer);
PrintDucks(ducks);

comparer.SortBy = SortCriteria.SizeThenKind;
ducks.Sort(comparer);
PrintDucks(ducks);
```

Este enum diz ao objeto de que forma ordenar os patos.

Eis uma classe mais complexa para comparar os patos. Seu método Compare() usa os mesmos parâmetros, mas examina o campo público SortBy para determinar como ordenar os patos.

A instrução if checa o campo SortBy. Se ele estiver definido para SizeThenKind, primeiro ordenará os patos por tamanho e, depois dentro de cada tamanho, ordenará por tipo.

Em vez de apenas retornar 0 quando os dois patos são do mesmo tamanho, o comparador checa seu tipo e retorna 0 somente se os dois patos são do mesmo tamanho e tipo.

Se SortBy não for definido para SizeThenKind, o comparador primeiro ordenará pelo tipo de pato. Se os dois patos forem do mesmo tipo, irá comparar seu tamanho.

Eis como usaríamos o objeto de comparação. Primeiro, instanciaríamos o objeto normalmente. Então, poderíamos definir o campo SortBy do objeto antes de chamar ducks.Sort(). Agora, você pode mudar a forma como a lista ordena seus patos apenas mudando um campo no objeto. Adicione este código ao final de seu método Main(). Agora, ele ordena e reordena a lista muitas vezes!

Exercício

Crie cinco cartas aleatórias e, depois, ordene-as.

1 **Crie um código para criar um conjunto de cartas misturado**
Crie uma nova aplicação do console e adicione um código ao método `Main()` que cria cinco objetos Card aleatórios. Depois de criar cada objeto, use o método predefinido `Console.WriteLine()` para escrever seu nome na saída. Use `ReadKey()` no final do programa para impedir sua janela de desaparecer quando o programa terminar.

2 **Crie uma classe que implemente IComparer<List> para ordenar as cartas**
Eis uma boa chance de usar aquele atalho do IDE que implementa uma interface:

```
class CardComparer_byValue : IComparer<Card>
```

Então, clique em `IComparer<Card>` e passe o mouse sobre I. Você deverá ver uma caixa aparecer debaixo dele. Quando você clicar nela, o IDE mostrará sua janela "Implement interface" (Implementar interface):

Algumas vezes, é um pouco difícil abrir esta caixa, portanto o IDE tem um atalho útil: apenas pressione **ctrl-ponto**.

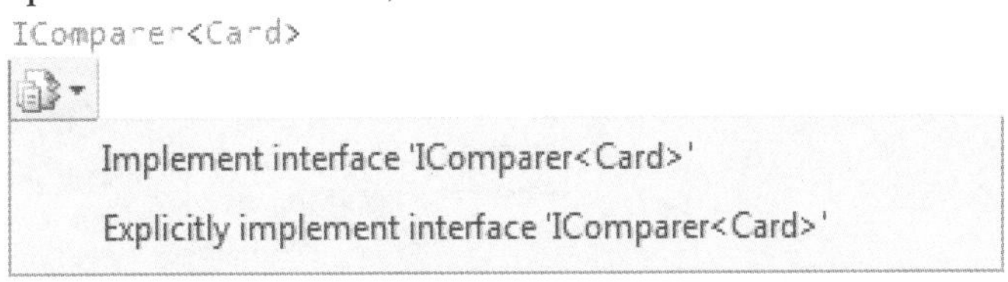

Clique em "Implement interface IComparer<Card>" (Implementar interface IComparer<Card>) na caixa para informar ao IDE para preencher automaticamente todos os métodos e propriedades necessários para a implementação. Neste caso, ele cria um método `Compare()` vazio para comparar duas cartas, `x` e `y`. Escreva o método para que ele retorne 1 se `x` for maior que `y`, -1 se for menor e 0 se forem a mesma carta. Neste caso, certifique-se de que qualquer rei venha antes de qualquer valete, que vem antes de qualquer quatro, que vem antes de qualquer ás.

3 **Certifique-se de que o resultado pareça correto**
Eis aqui como a sua janela de saída deve ficar depois que você clicar no botão.

Quando você usa o método predefinido Console.WriteLine(), ele adiciona uma linha a esta saída. Console.ReadKey() aguarda que você pressione uma tecla antes do programa terminar.

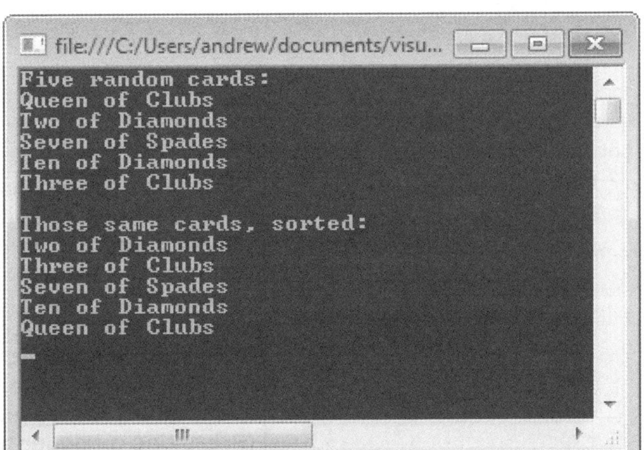

Seu objeto IComparer precisa ordenar as cartas por valor, assim as cartas com valores menores aparecem primeiro na lista.

Exercício Solução

Crie cinco cartas aleatórias e, depois, ordene-as.

Eis as "entranhas" da ordenação de cartas, que usa o método predefinido List.Sort(). Sort() tem um objeto IComparer, que tem um único método: Compare(). Essa implementação pega duas cartas e primeiro compara seus valores, depois seus naipes.

```
class CardComparer_byValue : IComparer<Card> {
    public int Compare(Card x, Card y) {
        if (x.Value < y.Value) {
            return -1;
        }
        if (x.Value > y.Value) {
            return 1;
        }
        if (x.Suit < y.Suit) {
            return -1;
        }
        if (x.Suit > y.Suit) {
            return 1;
        }
        return 0;
    }
}
```

Se x tiver um valor maior, retornará 1. Se o valor de x for menor, retornará -1. Lembre-se, ambas as instruções de retorno encerram o método imediatamente.

Estas instruções apenas são executadas se x e y têm o mesmo valor – ou seja, as duas primeiras instruções de retornam não foram executadas.

Se nenhuma das outras quatro instruções de retorno for executada, as cartas deverão ser as mesmas – então, retorne zero.

```
static void Main(string[] args)
{
    Random random = new Random();
    Console.WriteLine("Five random cards:");
    List<Card> cards = new List<Card>();
    for (int i = 0; i < 5; i++)
    {
        cards.Add(new Card((Suits)random.Next(4),
                           (Values)random.Next(1, 14)));
        Console.WriteLine(cards[i].Name);
    }

    Console.WriteLine();
    Console.WriteLine("Those same cards, sorted:");
    cards.Sort(new CardComparer_byValue());
    foreach (Card card in cards)
    {
        Console.WriteLine(card.Name);
    }
    Console.ReadKey();
}
```

Eis um List genérico De objetos Card para armazenar as cartas. Uma vez que as cartas estão na lista, é fácil ordená-las usando um IComparer.

Estamos usando Console.ReadKey() para impedir que os aplicativos do console saiam depois de terminarem. Isso é ótimo de aprender, mas não tanto quanto se você deseja escrever aplicativos reais da linha de comando. Se você usar Ctrl-F5 para iniciar seu programa, o IDE será executado sem a depuração. Quando terminar, imprimirá "Press any key to continue..." (Pressione qualquer tecla para continuar...) e desejará uma tecla pressionada. Mas, ele não depura seu programa (pois está sendo executado sem a depuração), portanto seus pontos de interrupção não funcionarão.

Sobrescrever um método ToString() permite a um objeto descrever-se

Todo objeto .NET tem um **método chamado** `ToString()` **que o converte em uma string**. Por padrão, ele apenas retorna o nome de sua classe (`MyProject.Duck`). O método é herdado de `Object` (lembre-se, é a classe base para todo objeto). É um método realmente útil e é muito usado. Por exemplo, o operador + para concatenar as strings **chama automaticamente o `ToString()` de um objeto**. E `Console.WriteLine()` ou `String.Format()` irá chamá-lo automaticamente quando você passar objetos para eles, o que pode ser realmente útil quando você deseja transformar um objeto em uma string.

Volte para seu programa de ordenação de patos. Coloque um ponto de interrupção no método `Main()` em qualquer lugar depois da lista ser inicializada e depure seu programa. Então, **pare sobre qualquer variável `ducks`** para que ela mostre o valor em uma janela. Sempre que você vir uma variável no depurador que tem uma referência para `List`, poderá explorar seu conteúdo clicando no botão +:

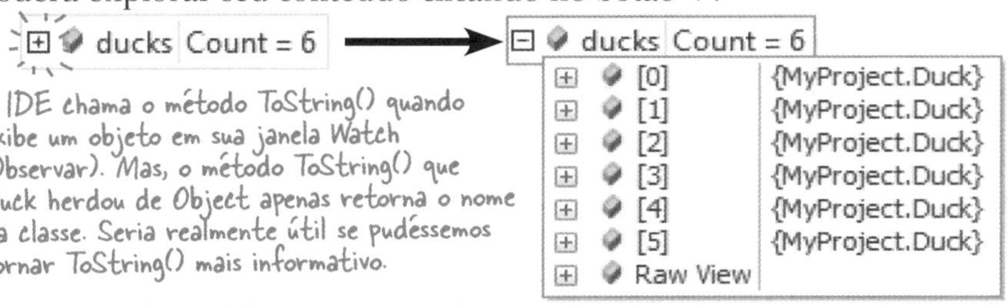

O IDE chama o método ToString() quando exibe um objeto em sua janela Watch (Observar). Mas, o método ToString() que Duck herdou de Object apenas retorna o nome da classe. Seria realmente útil se pudéssemos tornar ToString() mais informativo.

Portanto, ao invés de passar um valor para Console.WriteLine(), String.Format() etc., você pode passar um objeto – seu método ToString() é chamado automaticamente. Isso também funciona com os tipos do valor, tais como ints e enums!

Hmm, não é tão útil quanto esperávamos. Você pode ver que existem seis objetos `Duck` na lista ("MyProject" é o namespace usado). Se você clicar no botão + ao lado de um pato, poderá ver seus valores `Kind` e `Size`. Mas, não seria mais fácil se você pudesse ver todos eles de uma só vez?

Felizmente, `ToString()` é um método `virtual` em `Object`, a classe base de todo objeto. Portanto, tudo que você precisa fazer é **sobrescrever o método `ToString()`** – e quando o fizer, verá os resultados imediatamente na janela Watch do IDE! Abra sua classe `Duck` e comece a adicionar um método novo digitando **`override`**. Assim que pressionar a barra de espaço, o IDE mostrará os métodos que você pode sobrescrever:

```
override
```

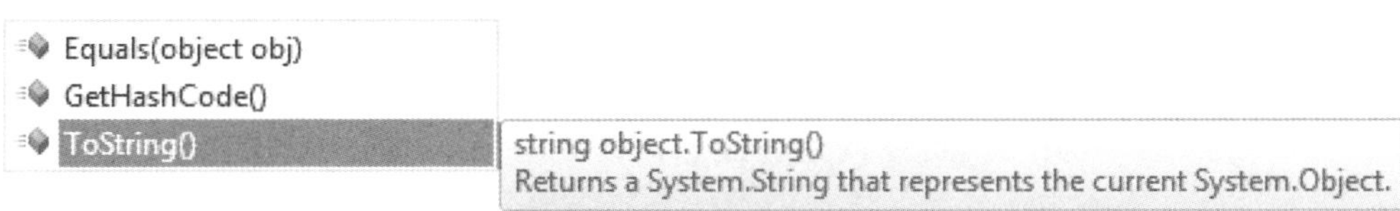

Clique em `ToString()` para dizer ao IDE para adicionar um novo método `ToString()`. Substitua o conteúdo para que fique assim:

```
public override string ToString()
{
    return "A " + Size + " inch " + Kind.ToString();
}
```

Execute seu programa e veja a lista de novo. Agora, o IDE mostra o conteúdo de `Ducks`!

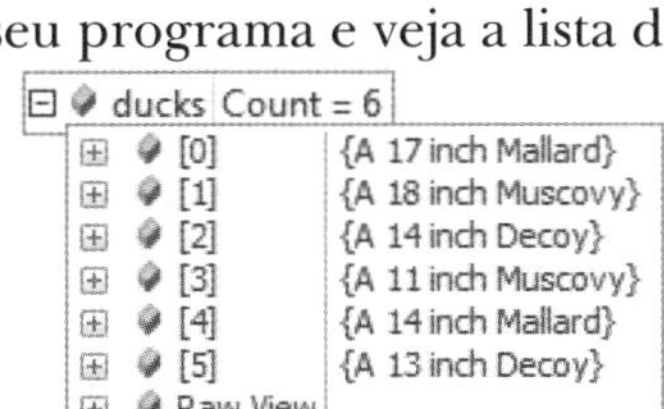

Quando o depurador do IDE mostra um objeto, ele chama o método ToString() do objeto e mostra seu conteúdo.

Atualize seus loops foreach para permitir que Ducks e Cards se imprimam

Você viu dois exemplos diferentes de programas fazendo um loop em uma lista de objetos e chamando `Console.WriteLine()` para imprimir uma linha no console de cada objeto – como este loop `foreach` que imprime toda carta em `List<Card>`:

```
foreach (Card card in cards)
{
    Console.WriteLine(card.Name);
}
```

O método `PrintDucks()` fez algo parecido para os objetos `Duck` em `List`:

```
foreach (Duck duck in ducks)
{
    Console.WriteLine(duck.Size.ToString() + "-inch " + duck.Kind.ToString());
}
```

Você também pode deixar de fora o .ToString () e o operador + o chamará automaticamente.

Isto é algo muito comum para fazer com os objetos. Mas, agora que seu `Duck` tem um método `ToString()`, seu método `PrintDucks()` deve aproveitar:

```
public static void PrintDucks(List<Duck> ducks) {
    foreach (Duck duck in ducks) {
        Console.WriteLine(duck);
    }
    Console.WriteLine("End of ducks!");
}
```

Se você passar a Console.WriteLine() uma referência para um objeto, ele chamará o método ToString() desse objeto automaticamente.

Adicione isto ao seu programa `Ducks` e execute-o de novo. Ele imprimirá a mesma saída. E agora, se você quiser adicionar, digamos uma propriedade `Gender` ao seu objeto `Duck`, terá apenas que atualizar o método `ToString()` e tudo que o utilizar (inclusive o método `PrintDucks()`) refletirá essa mudança.

Adicione um método ToString( ) ao seu objeto Card também

Seu objeto `Card` já tem uma propriedade `Name` que retorna o nome da carta:

```
public string Name
{
    get { return Value.ToString() + " of " + Suit.ToString(); }
}
```

Você ainda tem permissão para chamar ToString() assim, mas agora, sabe que não é necessário neste caso, pois + chama-o automaticamente.

É exatamente o que seu método `ToString()` deve fazer. Portanto, adicione um método `ToString()` à classe `Card`:

```
public override string ToString()
{
    return Name;
}
```

Agora, seus programas que usam os objetos `Card` serão mais fáceis de depurar.

ToString() é útil para muito mais do que apenas tornar seus objetos mais fáceis de identificar no IDE. Mantenha seus olhos abertos nos próximos capítulos e verá como é útil para todo objeto ter um modo de se converter em uma string. É por isso que todo objeto tem um método ToString().

Quando você escreve um loop foreach, está usando IEnumerable<T>

Loops foreach de perto

Os inicializadores de coleção funcionam com QUALQUER objeto IEnumerable<T> – desde de que também tenham o método chamado Add ()

Vá para o IDE, encontre uma variável `List<Duck>` e use IntelliSense para ver seu método `GetEnumerator()`. Comece digitando ".GetEnumerator" e veja o que surge:

```
ducks.GetEnumerator
   GetEnumerator   List<Duck>.Enumerator List<Duck>.GetEnumerator()
                   Returns an enumerator that iterates through the System.Collections.Generic.List<T>.
```

Adicione uma linha para criar um novo array de objetos `Duck`:

```
Duck[] duckArray = new Duck[6];
```

Então, digite `duckArray.GetEnumerator` – o array também tem um método `GetEnumerator()`. É por isso que todo `List` e arrays implementam uma interface chamada **`IEnumerable<T>`**, que contém um método. Esse método, `GetEnumerator()`, retorna um **objeto Enumerator**.

É o objeto `Enumerator` que fornece o mecanismo que permite fazer um loop em uma lista em ordem. Eis um loop `foreach` que faz um loop em `List<Duck>` com uma variável chamada `duck`:

```
foreach (Duck duck in ducks) {
   Console.WriteLine(duck);
}
```

E aqui está o que o loop está realmente fazendo nos bastidores:

```
IEnumerator<Duck> enumerator = ducks.GetEnumerator();
while (enumerator.MoveNext()) {
      Duck duck = enumerator.Current;
      Console.WriteLine(duck);
}
IDisposable disposable = enumerator as IDisposable;
if (disposable != null) disposable.Dispose();
```

Quando uma coleção implementa IEnumerable<T>, está dando-lhe um modo de escrever um loop que percorre seu conteúdo em ordem.

(Não se preocupe com as duas últimas linhas agora. Você aprenderá sobre `IDisposable` no Capítulo 9.) ← *Tecnicamente, há um pouco mais que isto, mas você entendeu...*

Esses dois loops imprimem os mesmos patos. Você pode ver isto por si mesmo executando ambos; eles terão a mesma saída.

Eis o que está acontecendo. Quando você está fazendo um loop em uma lista ou um array (ou qualquer outra coleção), o método `MoveNext()` retorna true se há outro elemento na lista ou false, se o enumerador atingiu o final da lista. A propriedade `Current` sempre retorna uma referência para o elemento atual. Adicione tudo junto e terá um loop `foreach`!

Tente experimentar isto mudando o ToString() de seu Duck para aumentar a propriedade Size, Depure seu programa e pare sobre um Duck. Então, faça de novo. Lembre-se, sempre que você o fizer, o IDE chamará seu método ToString()

O que você acha que aconteceria durante um loop foreach se seu método ToString() mudar um dos campos do objeto?

Você pode fazer o upcasting de uma lista inteira usando IEnumerable

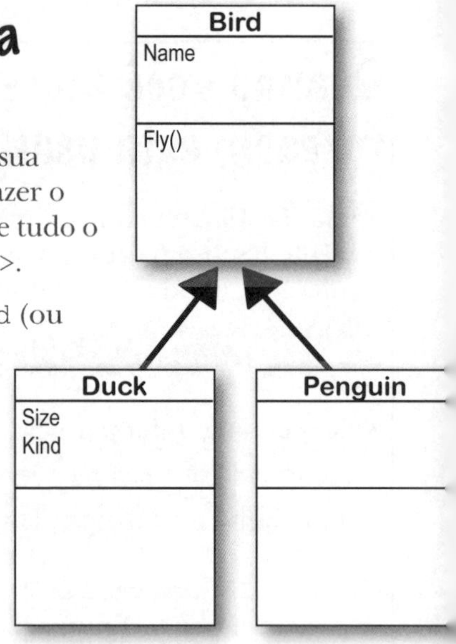

Lembra como você pode fazer o upcasting de qualquer objeto para sua superclasse? Bem, quando você obteve um `List` de objetos, pôde fazer o upcasting da lista inteira de uma só vez. É chamado de **covariância** e tudo o que você precisa é de uma referência da interface `IEnumerable<T>`.

Crie uma aplicação do console e adicione uma classe base, `Bird` (ou `Duck` para estender) e uma classe `Penguin`. Usaremos o método `ToString()` para facilitar ver qual classe é qual.

```
class Bird {
    public string Name { get; set; }
    public virtual void Fly() {
        Console.WriteLine("Flap, flap");
    }
    public override string ToString() {
        return "A bird named " + Name;
    }
}
```

Eis uma classe Bird e uma classe Penguin que herda dela. Adicione-as a um novo projeto de aplicação do console, então copie sua classe Duck existente para ele. Mude sua declaração para que estenda Bird.

```
class Penguin : Bird
{
    public override void Fly() {
       Console.WriteLine("Penguins can't fly!");
    }
    public override string ToString() {
       return "A penguin named " + base.Name;
    }
}
```

```
class Duck : Bird, IComparable<Duck> {
        // O resto da classe é igual
}
```

Aqui estão as primeiras linhas de seu método `Main()` para inicializar sua lista, então **fazer o upcasting**.

```
List<Duck> ducks = new List<Duck>( ) { /* inicialize sua lista como sempre */}
IEnumerable<Bird> upcastDucks = ducks;
```

Copie o mesmo inicializador da coleção que você vem usando para inicializar seu List de patos.

Veja de perto essa última linha de código. Você está obtendo uma referência para seu `List<Duck>` e atribuindo-o a uma variável de interface `IEnumerable<Bird>`. Depure-o e verá que está apontando para o mesmo objeto.

Combine seus pássaros em uma única lista

A covariância é realmente útil quando você deseja ter uma coleção de objetos e adicioná-los a uma lista mais geral. Eis um exemplo: se você tiver uma lista de objetos `Bird`, poderá adicionar sua lista `Duck` em uma etapa fácil. Aqui está um exemplo que utiliza o método `List.AddRange()`, que você pode usar para adicionar o conteúdo de uma lista a outra.

```
List<Bird> birds = new List<Bird>();
birds.Add(new Bird() { Name = "Feathers" });
birds.AddRange(upcastDucks);
birds.Add(new Penguin() { Name = "George" });
foreach (Bird bird in birds) {
    Console.WriteLine(bird);
}
```

Assim que os patos sofrerem o upcasting para um IEnumerable<Bird>, você poderá adicioná-los a uma lista de objetos Bird.

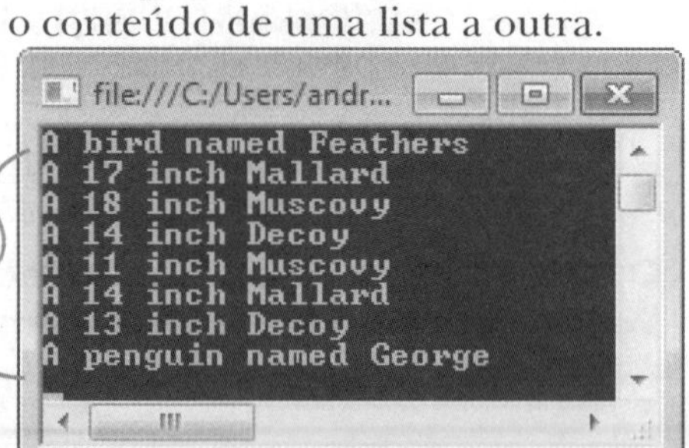

Você pode desenvolver seus próprios métodos sobrecarregados

Você também pode usar uma instrução using, ao invés de mudar o namespace. Se você quiser aprender mais sobre namespaces, reserve um minuto e vá para Sobras #2 no Apêndice.

Você vem usando **métodos sobrecarregados** e até um construtor sobrecarregado que faziam parte das classes .NET Framework predefinidas e objetos, portanto já pode ver como são úteis. Não seria legal se você pudesse desenvolver métodos sobrecarregados em suas próprias classes? Bem, você pode – e é fácil! Tudo que precisa fazer é escrever dois ou mais métodos que têm o mesmo nome, mas com parâmetros diferentes.

Faça isto!

1. **Crie um novo projeto e adicione a classe Card.**
Você pode fazer isto facilmente clicando com o botão direito no projeto no Solution Explorer (Navegador de Solução) e selecionando "Existing Item" (Item Existente) no menu Add (Adicionar). O IDE fará uma cópia da classe e irá adicioná-la ao projeto. O arquivo **ainda terá o namespace do antigo projeto**, portanto vá para o início do arquivo Card.cs e mude a linha `namespace` para coincidir com o nome do novo projeto criado. Então, faça o mesmo para os enums `Values` e `Suits`.

Se você não fizer isto, apenas será capaz de acessar a classe Card especificando seu namespace (como oldnamespace.Card).

2. **Adicione alguns métodos novos sobrecarregados à classe Card.**
Crie dois métodos static `DoesCardMatch()`. O primeiro deve verificar o naipe de uma carta. O segundo deve verificar seu valor. Ambos retornarão true se a carta coincidir.

```
public static bool DoesCardMatch(Card cardToCheck, Suits suit) {
   if (cardToCheck.Suit == suit) {
      return true;
   } else {
      return false;
   }
}
public static bool DoesCardMatch(Card cardToCheck, Values value) {
   if (cardToCheck.Value == value) {
      return true;
   } else {
      return false;
   }
}
```

Os métodos sobrecarregados não têm que ser estáticos, mas é bom praticar um pouco como escrevê-los.

Você já viu a sobrecarga. Volte para o programa de planejador de festa da Kathleen no Capítulo 6 na página 253 – 256 – você adicionou um método CalculateCost() sobrecarregado à classe DinnerParty.

3. **Adicione um botão ao formulário para usar os novos métodos.**
Adicione este código ao botão:

```
Card cardToCheck = new Card(Suits.Clubs, Values.Three);
bool doesItMatch = Card.DoesCardMatch(cardToCheck, Suits.Hearts);
MessageBox.Show(doesItMatch.ToString());
```

Note como você está usando ToString() aqui. É porque MessageBox.Show() tem uma string, não um booleano ou um objeto.

Assim que você digitar "`DoesCardMatch(`", o IDE mostrará que você realmente desenvolveu um método sobrecarregado: `Card.DoesCardMatch(`

`▲ 1 of 2 ▼ bool Card.DoesCardMatch(Card cardToCheck, Suits suit)`

Reserve um minuto e lide com os dois métodos para que possa acostumar-se com a sobrecarga.

Exercício

Pratique um pouco usando `Lists` construindo uma classe para armazenar um baralho de cartas, junto com um formulário que o utilize.

1 **Construa um formulário que o permita mover as cartas entre os dois baralhos**

Você já construiu uma classe Card. Agora, é hora de desenvolver uma classe para manter qualquer quantidade de cartas, que chamaremos de `Deck`. Um baralho real tem 52 cartas, mas a classe `Deck` pode manter qualquer quantidade – ou nenhuma carta. Então, você construirá um formulário que mostre o conteúdo de dois objetos `Deck`. Quando você iniciar pela primeira vez o programa, deck #1 (baralho 1) terá até 10 cartas aleatórias e deck #2 terá um baralho completo de 52 cartas, ambos armazenados pelo naipe, então, pelo valor – e você pode redefinir o baralho para seu estado inicial usando dois botões Reset (Reiniciar). O formulário também tem botões (identificados como "<<" e ">>") para mover as cartas entre os baralhos.

Estes botões são nomeados como moveToDeck2 (o de cima) e moveToDeck2 (o de baixo). Eles movem as cartas de um baralho para outro.

Lembre-se, você pode usar a propriedade Name de um controle para lhe dar um nome para tornar seu código mais fácil de ler. Então, quando clicar duas vezes no botão, seu manipulador de eventos receberá um nome coincidente.

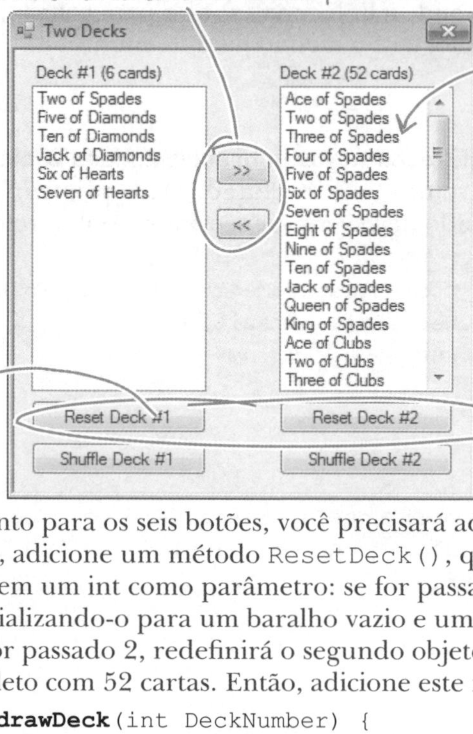

Use dois controles ListBox para mostrar os dois baralhos. Quando o botão moveToDeck1 for clicado, ele moverá a carta selecionada do baralho #2 para o baralho #1.

Estes botões são nomeados como shuffle1 e shuffle2. Eles chamam o devido método Deck.Shuffle(), então redesenham o baralho.

Os botões reset1 e reset2 chamam primeiro o método ResetDeck(), então o método RedrawDeck).

Além das sub-rotinas de evento para os seis botões, você precisará adicionar dois métodos para o formulário. Primeiro, adicione um método `ResetDeck()`, que redefine um baralho para seu estado inicial. Ele tem um int como parâmetro: se for passado 1, redefinirá o primeiro objeto `Deck` reinicializando-o para um baralho vazio e um número aleatório com até 10 cartas aleatórias; se for passado 2, redefinirá o segundo objeto Deck para que ele contenha um baralho completo com 52 cartas. Então, adicione este método:

```
private void RedrawDeck(int DeckNumber) {
    if (DeckNumber == 1) {
        listBox1.Items.Clear();
        foreach (string cardName in deck1.GetCardNames())
            listBox1.Items.Add(cardName);
        label1.Text = "Deck #1 (" + deck1.Count + " cards)";
    } else {
        listBox2.Items.Clear();
        foreach (string cardName in deck2.GetCardNames())
            listBox2.Items.Add(cardName);
        label2.Text = "Deck #2 (" + deck2.Count + " cards)";
    }
}
```

Dê uma olhada em como usamos o loop **foreach** para adicionar cada carta do baralho a listbox.

O método RedrawDeck() mistura o baralho, desenha cartas aleatórias a partir dele e atualiza os dois controles listbox com o que estiver nos dois objetos Deck.

2 Desenvolva a classe Deck

Quando você tem as declarações para uma classe sem a implementação, isto é chamado de "esqueleto"

Eis o esqueleto da classe `Deck`. Preenchemos vários métodos para você. Você precisará terminá-la escrevendo os métodos `Shuffle()` e `GetCardNames`, e terá que colocar o método `Sort()` funcionando. Também adicionamos dois **construtores sobrecarregados** úteis: um que cria um baralho com 52 cartas e outro que tem um array de objetos `Card` e carrega-os no baralho.

Deck
Count
Add() Deal() GetCardNames() Shuffle() Sort()

Deck armazena suas cartas em um List – mas, é mantido privado para assegurar que está bem encapsulado.

Se você não passar parâmetros para o construtor, ele criará um baralho completo com 52 cartas.

...parâmetro ...m o tipo ...numerable<Card>, ...e permite passar ...alquer coleção para ... construtor, não ...penas um List<T> ...u um array.

Este construtor sobrecarregado tem um parâmetro – um array de cartas, que ele carrega como o baralho inicial.

```
class Deck {
    private List<Card> cards;
    private Random random = new Random();

    public Deck() {
        cards = new List<Card>();
        for (int suit = 0; suit <= 3; suit++)
            for (int value = 1; value <= 13; value++)
                cards.Add(new Card((Suits)suit, (Values)value));
    }

    public Deck(IEnumerable<Card> initialCards) {
        cards = new List<Card>(initialCards);
    }

    public int Count { get { return cards.Count; } }

    public void Add(Card cardToAdd) {
        cards.Add(cardToAdd);
    }

    public Card Deal(int index) {
        Card CardToDeal = cards[index];
        cards.RemoveAt(index);
        return CardToDeal;
    }

    public void Shuffle() {
        // este método embaralha as cartas reorganizando-as em uma ordem aleatória
    }

    public IEnumerable<string> GetCardNames() {
        // este método retorna um array de strings que contém o nome de cada carta
    }

    public void Sort() {
        cards.Sort(new CardComparer_bySuit());
    }
}
```

O método Deal lida com uma carta do baralho – ele remove o objeto Card do baralho e retorna uma referência para ele. Você pode lidar a partir do início do baralho passando 0 ou lidar a partir do meio passando o índice da carta a ser lidada.

***Dica**: A propriedade SelectedIndex do controle ListBox será igual ao índice da carta na lista. Você pode passá-la diretamente para o método Deal( ). Se nenhuma carta for selecionada, será menor que zero. Nesse caso, o botão moveToDeck não deverá fazer nada.*

Novamente, mesmo que GetCardNames() retorne um array, iremos exibir IEnumerable<stringgg

Você precisará escrever o método Shuffle() e o método GetCardNames(), e adicionar uma classe que implemente IComparer para fazer o método Sort() funcionar. E precisará adicionar a classe Card já escrita. Se você usar "Add Existing Item" para adicioná-la, não se esqueça de mudar seu namespace.

***Outra dica**: O formulário realmente facilita testar seu método Shuffle(). Continue clicando no botão "Reset Deck #1" (Redefinir Baralho 1) até obter um baralho com três cartas. Isso facilitará ver se seu código para embaralhar funciona.*

Exercício Solução

Desenvolva uma classe para armazenar um baralho de cartas, junto com um formulário que o utilize.

```
class Deck {
    private List<Card> cards;
    private Random random = new Random();
    public Deck() {
        cards = new List<Card>();
        for (int suit = 0; suit <= 3; suit++)
            for (int value = 1; value <= 13; value++)
                cards.Add(new Card((Suits)suit, (Values)value));
    }
```

Eis o construtor que cria um baralho completo com 52 cartas. Ele usa um loop for aninhado. O externo faz um loop nos quatro naipes. Isso significa que o loop interno, que percorre os 13 valores, é executado quatro vezes separadas, uma por naipe.

```
    public Deck(IEnumerable<Card> initialCards) {
        cards = new List<Card>(initialCards);
    }
```

Aqui está o outro construtor – esta classe tem dois construtores sobrecarregados, cada um com parâmetros diferentes.

```
    public int Count { get { return cards.Count; } }

    public void Add(Card cardToAdd) {
        cards.Add(cardToAdd);
    }

    public Card Deal(int index) {
        Card CardToDeal = cards[index];
        cards.RemoveAt(index);
        return CardToDeal;
    }
```

Os métodos Add e Deal são bem simples – eles usam os métodos para a lista Cards. O método Deal remove uma carta da lista e o método Add adiciona uma carta à lista.

```
    public void Shuffle() {
        List<Card> NewCards = new List<Card>();
        while (cards.Count > 0) {
            int CardToMove = random.Next(cards.Count);
            NewCards.Add(cards[CardToMove]);
            cards.RemoveAt(CardToMove);
        }
        cards = NewCards;
    }
```

O método Shuffle() cria uma nova instância de List<Cards> chamada NewCards. Então, tira cartas aleatórias do campo Cards e prende-as em NewCards até que Cards esteja vazio. Uma vez terminado, redefine o campo Cards para apontar para a nova instância. A antiga instância não terá mais nenhuma referência apontando para ela, portanto será coletada pelo coletor de lixo.

```
    public IEnumerable<string> GetCardNames() {
        string[] CardNames = new string[cards.Count];
        for (int i = 0; i < cards.Count; i++)
            CardNames[i] = cards[i].Name;
        return CardNames;
    }

    public void Sort() {
        cards.Sort(new CardComparer_bySuit());
    }
}
```

Seu método GetCardNames() precisa criar um array que seja grande o bastante para manter todos os nomes da carta. Este usa um loop for, mas também poderia usar foreach.

```
class CardComparer_bySuit : IComparer<Card>
{
    public int Compare(Card x, Card y)
    {
        if (x.Suit > y.Suit)
            return 1;
        if (x.Suit < y.Suit)
            return -1;
        if (x.Value > y.Value)
            return 1;
        if (x.Value < y.Value)
            return -1;
        return 0;
    }
}
```

Ordenar pelo naipe é muito parecido com ordenar pelo valor. A única diferença é que neste caso, os naipes são comparados primeiro, então os valores serão comparados apenas se os naipes coincidirem.

Ao invés de usar if/else if, usamos uma série de instruções if. Isto funciona porque cada instrução if apenas será executada se a anterior não foi – do contrário, a anterior teria retornado.

```
    Deck deck1;
    Deck deck2;
    Random random = new Random();

    public Form1() {
        InitializeComponent();
        ResetDeck(1);
        ResetDeck(2);
        RedrawDeck(1);
        RedrawDeck(2);
    }

    private void ResetDeck(int deckNumber) {
        if (deckNumber == 1) {
            int numberOfCards = random.Next(1, 11);
            deck1 = new Deck(new Card[] { });
            for (int i = 0; i < numberOfCards; i++)
                deck1.Add(new Card((Suits)random.Next(4),
                                   (Values)random.Next(1, 14)));
            deck1.Sort();
        } else
            deck2 = new Deck();
    }
```

O construtor do formulário precisa redefinir os dois baralhos, e então redesenhá-los.

Para definir deck #1, este método primeiro usa random.Next() para selecionar quantas cartas irão para o baralho, então cria um novo baralho vazio. Ele usa um loop for para adicionar as muitas cartas aleatórias. Ele termina ordenando o baralho. Redefinir deck #2 é fácil – apenas crie uma nova instância de Deck().

Você já obteve o método RedrawDeck() nas instruções.

Não terminamos ainda - vire a página!

Exercício Solução ...continuação

Nomear seus controles facilita muito ler seu código. Se eles fossem chamados de button1_Click, button2_Click etc., você não saberia o código de qual botão está vendo!

Eis o resto do código para o formulário.

```
    private void reset1_Click(object sender, EventArgs e) {
        ResetDeck(1);
        RedrawDeck(1);
    }

    private void reset2_Click(object sender, EventArgs e) {
        ResetDeck(2);
        RedrawDeck(2);
    }

    private void shuffle1_Click(object sender, EventArgs e) {
        deck1.Shuffle();
        RedrawDeck(1);
    }

    private void shuffle2_Click(object sender, EventArgs e) {
        deck2.Shuffle();
        RedrawDeck(2);
    }

    private void moveToDeck1_Click(object sender, EventArgs e) {
        if (listBox2.SelectedIndex >= 0)
            if (deck2.Count > 0) {
                deck1.Add(deck2.Deal(listBox2.SelectedIndex));
            }
        RedrawDeck(1);
        RedrawDeck(2);
    }

    private void moveToDeck2_Click(object sender, EventArgs e) {
        if (listBox1.SelectedIndex >= 0)
            if (deck1.Count > 0)
                deck2.Add(deck1.Deal(listBox1.SelectedIndex));
        RedrawDeck(1);
        RedrawDeck(2);
    }
}
```

Estes botões são bem simples – primeiro redefine ou mistura o baralho, então o redesenha.

Você pode usar a propriedade SelectedIndex do controle ListBox para descobrir qual carta o usuário selecionou, então movê-la de um baralho para outro. (Se for menor que zero, nenhuma carta foi selecionada, portanto o botão não faz nada.) Assim que a carta é movida, ambos os baralhos precisam ser redesenhados.

Use dicionário para armazenar chaves e valores

Uma lista é como uma grande página cheia de nomes. Mas, e se você quiser, para cada nome, um endereço? Ou detalhes para cada carro numa listagem de garagem? Para isso você pode usar um **dicionário**. Eles permitem associar um valor especial – a **chave** – a vários dados – o **valor**. E mais uma coisinha: uma chave específica pode **aparecer somente uma única vez** num dicionário.

Esta é a chave. É como você procura uma definição num (sim, você adivinhou) dicionário.

> **di-ci-o-ná-rio**
>
> Um livro que lista palavras de uma linguagem em ordem alfabética e seus significados.

Este é o valor. São os dados associados a uma determinada chave.

Eis como declarar um `Dictionary` no C#:

```
Dictionary <Tkey, TValue> kv = new Dictionary <TKey, TValue>();
```

Esses são como o List<T>. <T> quer dizer que um tipo vai aqui. Então, você pode declarar um tipo para a chave e outro para o valor.

Isto representa o tipo. O primeiro item entre os sinais de maior que menor que é sempre a chave e o segundo, sempre os dados.

E aqui está um `Dictionary` em ação:

```
private void button1_Click(object sender, EventArgs e)
{
    Dictionary<string, string> wordDefinition =
        new Dictionary<string, string>();

    wordDefinition.Add ("Dictionary", "A book that lists the words of a "
                      + "language in alphabetical order and gives their meaning");
    wordDefinition.Add ("Key", "A thing that provides a means of gaining access to "
                      + "our understanding something.");
    wordDefinition.Add ("Value", "A magnitude, quantity, or number.");

    if (wordDefinition.ContainsKey("Key")){
        MessageBox.Show(wordDefinition["Key"]);
    }

}
```

Este dicionário tem valores de string para as chaves e strings como o valor. É como um dicionário de verdade: termo e definição.

O método Add() é a forma de adicionar chaves e valores ao dicionário.

Add() tem uma chave, então um valor.

ContainsKey() diz a você se uma chave existe num dicionário. Prático, não?

Eis como você recupera o valor para uma chave. Parece com o uso de um índice do array – recupere o valor para a chave nesse índice.

Lista de funcionalidades de um dicionário

Os dicionários parecem bastante com listas. Os dois são flexíveis ao permitirem trabalhar com muitos tipos de dados e também possuem muita funcionalidade predefinida. Eis os métodos `Dictionary` básicos:

★ **Adicione um item.**

Você pode adicionar um item a um dicionário passando uma chave e um valor para o seu método `Add()`.

```
Dictionary<string, string> myDictionary = new Dictionary<string, string>();
myDictionary.Add("some key", "some value");
```

★ **Procure um valor usando sua chave.**

A coisa mais importante que você faz com um dicionário é procurar valores – o que faz sentido porque você armazenou esses valores num dicionário para poder procurá-los usando suas chaves únicas. Para `Dictionary<string, string>`, você pesquisará os valores usando uma chave de string e ele retornará uma string.

```
string lookupValue = myDictionary["some key"];
```

★ **Remova um item.**

Exatamente como `List`, você pode remover um item de um dicionário usando o método `Remove()`. Tudo que você precisa passar para ele é o valor `Key` para remover a chave e o valor.

```
myDictionary.Remove("some key");
```

Uma chave é única num dicionário; qualquer uma só pode aparecer uma única vez. Os valores podem aparecer qualquer número de vezes – duas chaves podem ter o mesmo valor. Dessa forma, quando você procura ou remove uma chave, o dicionário sabe qual remover.

★ **Recupere uma lista de chaves.**

Você pode obter uma lista de todas as chaves num dicionário usando a propriedade `Keys` e fazendo um loop nela usando um loop `foreach`. Deveria ficar assim:

```
foreach (string key in myDictionary.Keys) { ... };
```

Keys é uma propriedade de seu objeto dicionário. Esse dicionário em particular tem chaves de string, de forma que Keys é uma coleção de strings.

★ **Conte os pares no dicionário.**

A propriedade `Count` retorna o número de pares chave-valor que estão no dicionário:

```
int howMany = myDictionary.Count;
```

Chaves e valores podem ter tipos diferentes

Os dicionários são realmente versáteis e podem armazenar praticamente qualquer coisa, desde strings até números e objetos. Eis aqui um exemplo de dicionário que armazena um inteiro como uma chave e um objeto pato como um valor.

```
Dictionary<int, Duck> duckDictionary = new Dictionary<int, Duck>();
duckDictionary.Add(376, new Duck()
                { Kind = KindOfDuck.Mallard, Size = 15 });
```

É comum ver um dicionário que mapeia inteiros para objetos quando você está atribuindo números ID únicos para os objetos.

Construa um programa que usa um dicionário

Eis um programa do qual qualquer fã de beisebol de Nova York gostará. Quando um jogador importante se aposenta, o time aposenta o número de sua camisa. Iremos construir um programa que pesquisa quem usou os números famosos e quando esses números foram aposentados. Eis uma classe para controlar o número da camisa:

Faça isto!

Yogi Berra era o nº 8 para um time e Cal Ripken, Jr. era o nº 8 para o outro, Mas, em um Dictionary, apenas uma chave pode mapear um único valor, portanto incluiremos apenas os números de um time aqui. Você pode pensar em um modo de armazenar os números aposentados para diversos times?

```
class JerseyNumber {
    public string Player { get; private set; }
    public int YearRetired { get; private set; }

    public JerseyNumber(string player, int numberRetired) {
        Player = player;
        YearRetired = numberRetired;
    }
}
```

Eis o formulário:

E aqui está todo o código para o formulário:

```
public partial class Form1 : Form {
   Dictionary<int, JerseyNumber> retiredNumbers = new Dictionary<int, JerseyNumber>() {
        {3, new JerseyNumber("Babe Ruth", 1948)},
        {4, new JerseyNumber("Lou Gehrig", 1939)},
        {5, new JerseyNumber("Joe DiMaggio", 1952)},
        {7, new JerseyNumber("Mickey Mantle", 1969)},
        {8, new JerseyNumber("Yogi Berra", 1972)},
        {10, new JerseyNumber("Phil Rizzuto", 1985)},
        {23, new JerseyNumber("Don Mattingly", 1997)},
        {42, new JerseyNumber("Jackie Robinson", 1993)},
        {44, new JerseyNumber("Reggie Jackson", 1993)},
  };
   public Form1() {
        InitializeComponent();
        foreach (int key in retiredNumbers.Keys) {
            number.Items.Add(key);
        }
   }
   private void number_SelectedIndexChanged(object sender, EventArgs e) {
        JerseyNumber jerseyNumber = retiredNumbers[(int)number.SelectedItem];
        nameLabel.Text = jerseyNumber.Player;
        yearLabel.Text = jerseyNumber.YearRetired.ToString();
   }
}
```

Use um inicializador de coleção para preencher seu Dictionary com objetos JerseyNumber.

Adicione cada chave do dicionário à coleção Items de ComboBox.

A propriedade SelectedItem da ComboBox é um Object. Como a chave Dictionary é um int, precisamos fazer seu casting em um valor int antes de fazer a pesquisa no Dictionary.

Use o evento SelectedIndexChanged de ComboBox para atualizar os dois rótulos no formulário com os valores do objeto JerseyNumber recuperado no Dictionary.

Exercício Longo

Desenvolva um jogo de **Go Fish!** (Vá pescar!) que você possa jogar contra o computador

Este exercício é um pouco diferente...
Há uma boa chance de que você esteja aprendendo C# porque quer um emprego como desenvolvedor profissional. É por isso que modelamos esse exercício como se fosse uma tarefa dada a um profissional. Quando você trabalha como um programador numa equipe, normalmente não cria um programa inteiro do início até o fim. Ao contrário, você desenvolve uma *parte* de um programa maior. Então, vamos dar a você um quebra-cabeças com algumas das peças já montadas. O código para o formulário é dado no passo 3. Você só tem que digitá-lo – o que pode parecer uma grande ajuda da nossa parte, mas significa que suas classes ***devem trabalhar com aquele código***. E isso pode ser um desafio!

1 **Comece com as especificações**

Todo projeto de desenvolvimento profissional de software começa com uma especificação e este não será exceção. Você desenvolverá um clássico jogo chamado ***Go Fish!*** Pessoas diferentes jogam com regras ligeiramente diferentes, então, eis aqui um lembrete das que você usará:

★ O jogo começa com um baralho de 52 cartas. Cinco são dadas para cada jogador. As restantes são chamadas de **stock**. Cada jogador, na sua vez, pede um **valor** ("alguém tem sete?"). Qualquer outro jogador que tenha cartas com aquele valor deve entregá-las. Se ninguém tiver uma, o jogador precisa "go fishing (ir pescar)" no stock, pegando uma carta dele.

★ O objetivo do jogo é fazer books, que são conjuntos completos de todas as quatro cartas com o mesmo valor. O jogador com a maior quantidade delas no fim do jogo é o vencedor. Tão logo um jogador tenha montado um book, ele a coloca virada para cima na mesa para que todos os demais jogadores possam ver quais books cada um tem.

★ Quando um jogador coloca um book na mesa, isso pode fazer com que ele fique sem cartas. Se for o caso, ele tem que pegar mais cinco do stock. Se sobrarem menos de cinco cartas no stock, ele terá que pegar todas. O jogo acaba assim que o stock acabar. O vencedor é então aquele que tiver mais books.

★ Para essa versão computadorizada de Go Fish, deve existir dois jogadores programados e um jogador humano. Toda rodada começa com o jogador humano selecionando uma das cartas em sua mão, que deverá ser visível sempre para ele. Ele faz isso escolhendo uma de suas cartas e indicando que ele vai pedir uma carta. Os dois jogadores programados, então, pedirão suas cartas. Os resultados de cada rodada devem ser exibidos. Isso se repetirá até que um dos jogadores vença.

★ O jogo deve cuidar de todos os detalhes de troca de cartas e montagem de books automaticamente. Uma vez que um jogador tenha vencido, o jogo termina. O nome do vencedor deve, então, ser exibido (ou dos vencedores, se houver empate). Nenhuma outra ação pode ser feita – o jogador deve reiniciar o programa para começar um novo jogo.

Se você não souber o que está desenvolvendo antes de começar, como saberá quando terminou? É por isso que a maior parte dos projetos profissionais de software começa com uma especificação que diz o que você irá desenvolver.

② Crie o formulário

Crie o formulário para o jogo Go Fish! Ele deve ter um controle `ListBox` para a mão do jogador, dois controles `TextBox` para o progresso do jogo e um botão para que o jogador peça uma carta. Para jogar, o usuário tem que selecionar uma das cartas de sua mão e clicar no botão para perguntar se os jogadores computadorizados têm cartas com aquela carta.

Este controle TextBox deve ter sua propriedade Name definida para textName. Nesta tela, está desativada, mas deve ser ativada quando o programa começar.

Defina a propriedade Name deste botão para buttonStart. Ela está desativada nesta tela, mas começa ativada. Ela será desativado quando o jogo começar.

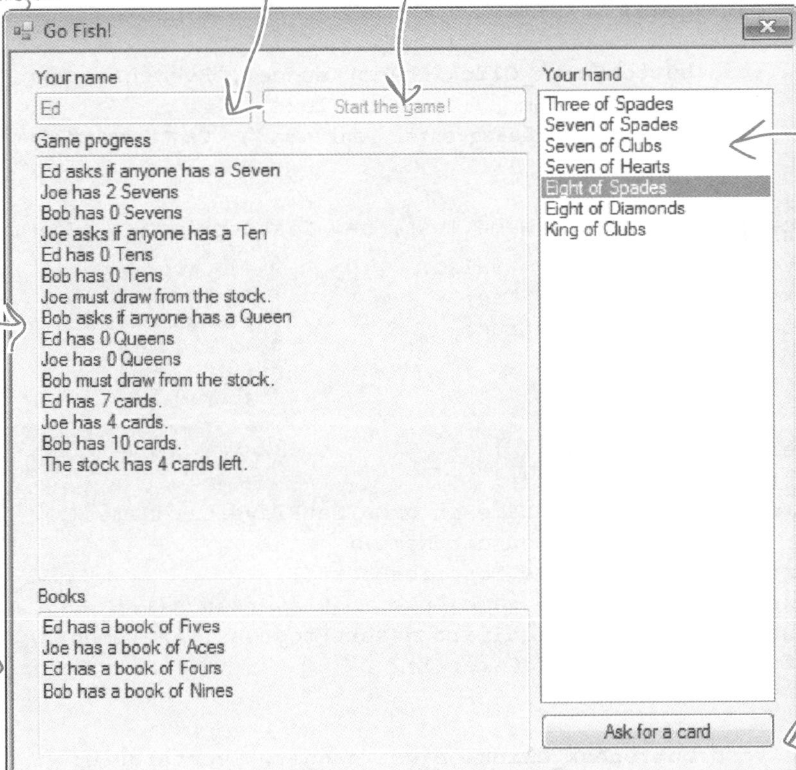

A mão atual do jogador é mostrada num controle ListBox chamado listHand. Você pode definir seu nome usando sua propriedade Name.

Estes são os controles TextBox chamados textProgress e textBooks.

Defina a propriedade ReadOnly dos dois controles TextBox para True – isso fará com que sejam caixas de texto de apenas leitura e definirá a propriedade Multiline para true.

Defina a propriedade Name deste botão para buttonAsk e defina sua propriedade Enabled para False. Isso vai desativá-lo, ou seja, ele não poderá ser pressionado. O formulário deve ativá-lo assim que o jogo começar.

Ainda não terminou - vire a página!

Exercício Longo Solução

3 Eis o código do formulário

Digite-o exatamente como você o vê aqui. O restante do código a ser escrito terá que trabalhar com ele.

```
public partial class Form1 : Form {
    public Form1() {
        InitializeComponent();
    }

    private Game game;

    private void buttonStart_Click(object sender, EventArgs e) {
        if (String.IsNullOrEmpty(textName.Text)){
            MessageBox.Show("Please enter your name", "Can't start the game yet");
            return;
        }
        game = new Game(textName.Text, new List<string> { "Joe", "Bob" },
    textProgress);
        buttonStart.Enabled = false;
        textName.Enabled = false;
        buttonAsk.Enabled = true;
        UpdateForm();
    }

    private void UpdateForm() {
        listHand.Items.Clear();
        foreach (String cardName in game.GetPlayerCardNames())
            listHand.Items.Add(cardName);
        textBooks.Text = game.DescribeBooks();
        textProgress.Text += game.DescribePlayerHands();
        textProgress.SelectionStart = textProgress.Text.Length;
        textProgress.ScrollToCaret();
    }

    private void buttonAsk_Click(object sender, EventArgs e) {
        textProgress.Text = "";
        if (listHand.SelectedIndex < 0) {
            MessageBox.Show("Please select a card");
            return;
        }
        if (game.PlayOneRound(listHand.SelectedIndex)) {
            textProgress.Text += "The winner is... " + game.GetWinnerName();
            textBooks.Text = game.DescribeBooks();
            buttonAsk.Enabled = false;
        } else
            UpdateForm();
    }
}
```

Esta é a única classe com a qual o formulário interage. Ela executa todo o jogo.

A propriedade Enabled ativa ou desativa um controle no formulário.

Quando você começa um novo jogo, ele cria uma nova instância da classe Game, ativa o botão "Ask" (Perguntar), desativa o botão "Start Game" (Iniciar Jogo) e redesenha o formulário.

Este método limpa e preenche de novo o List Box que mantém a mão do jogador, então atualiza as caixas de texto.

Usar SelectionStart e ScrollToCaret() assim pagina a caixa de texto até o final, portanto se houver texto demais a exibir de uma só vez, ela paginará até a parte inferior.

A linha SelectionStart move o cursor da caixa de texto que pisca até o final e uma vez que tenha movido, o método ScrollToCaret() paginará a caixa para baixo até o cursor.

O jogador seleciona uma das cartas e clica no botão "Ask" para ver se algum dos outros jogadores tem uma carta com o mesmo valor. A classe Game joga uma rodada usando o método PlayOneRound().

4 **Você vai precisar deste código aqui também**

Você vai precisar do código escrito antes para a classe `Card`, os enums `Suits` e `Values`, a classe `Deck` e a classe `CardComparer_byValue`. Mas, você deverá adicionar mais alguns métodos à classe `Deck`... e precisará entendê-los para usá-los.

```
public Card Peek(int cardNumber) {
    return cards[cardNumber];
}
```

O método Peek() permite que você dê uma espiada numa carta do baralho sem ter de pegá-la.

```
public Card Deal() {
    return Deal(0);
}
```

Alguém sobrecarregou Deal() para deixá-lo um pouco mais fácil de ler. Se você não passar nenhum parâmetro, dará a carta do topo do baralho.

```
public bool ContainsValue(Values value) {
    foreach (Card card in cards)
        if (card.Value == value)
            return true;
    return false;
}
```

O método ContainsValue() procura no baralho todo as cartas com um valor e retornará true se encontrar alguma. Você pode adivinhar como usará isto no jogo Go Fish?

```
public Deck PullOutValues(Values value) {
    Deck deckToReturn = new Deck(new Card[] { });
    for (int i = cards.Count - 1; i >= 0; i--)
        if (cards[i].Value == value)
            deckToReturn.Add(Deal(i));
    return deckToReturn;
}
```

Você usará o método PullOutValues() quando desenvolver o código para conseguir uma vaza de cartas do baralho. Ele procura qualquer carta com um valor coincidente, tira-as do baralho e retorna um baralho novo sem aquelas cartas.

```
public bool HasBook(Values value) {
    int NumberOfCards = 0;
    foreach (Card card in cards)
        if (card.Value == value)
            NumberOfCards++;
    if (NumberOfCards == 4)
        return true;
    else
        return false;
}
```

O método HasBook() checa um baralho para ver se ele contém uma vaza de quatro cartas de qualquer valor que seja passado como parâmetro. Ele retornará true se existir uma vaza no baralho, false se não.

```
public void SortByValue() {
    cards.Sort(new CardComparer_byValue());
}
```

O método SortByValue() ordena o baralho usando a classe Comparer_byValue.

→ Ainda não terminou - vire a página!

Exercício Longo (continuação)

5 **Agora, vem a parte DIFÍCIL: Desenvolva a classe Player**
Há uma instância da classe `Player` para cada um dos três jogadores. Elas serão criadas pelo manipulador de eventos do botão `buttonStart`.

Olhe atentamente cada comentário – eles dizem o que os métodos devem fazer. Sua tarefa é desenvolvê-los.

```
class Player
{
    private string name;
    public string Name { get { return name; } }
    private Random random;
    private Deck cards;
    private TextBox textBoxOnForm;
    public Player(String name, Random random, TextBox textBoxOnForm) {
       // O construtor para a classe Player inicializa quatro campos
       // private, então, adiciona uma linha ao controle TextBox no
       // formulário que diz "João entrou no jogo" - mas use o nome
       // no campo privado e não se esqueça de adicionar uma quebra
       // de linha no fim de cada linha adicionada a TextBox.
    }
    public IEnumerable<Values> PullOutBooks( ) { } // veja a página de frente do código
    public Values GetRandomValue( ) {
       // Este método obtém um valor aleatório - mas deve ser um que exista no baralho!
    }
    public Deck DoYouHaveAny(Values value) {
       // É onde um oponente pergunta se o jogador tem cartas de certo valor
       // Use Deck.PullOutValues( ) para retirar os valores. Adicione
       // uma linha a TextBox que diz "João tem 3 seis" - use o novo
       // método estático Card.Plural( )
    }
    public void AskForACard(List<Player> players, int myIndex, Deck stock) {
       // Eis uma versão sobrecarregada de AskForACard( ) - escolha
       // um valor aleatório do baralho usando GetRandomValue( )
       // pergunte usando AskForACard( )
    }
    public void AskForACard(List<Player> players, int myIndex, Deck stock, Card.Values value) {
       // Pergunte para os outros jogadores se eles têm um valor.
       // Primeiro, adicione uma linha a TextBox: "João pergunta se
       // alguém tem alguma Dama". Então, percorra a lista de
       // jogadores passada como parâmetro e pergunte a cada um
       // deles se ele tem o valor (usando seu método
       // DoYouHaveAny( )). Ele deve passar um baralho - adicione
       // ao seu. Controle quantas cartas foram adicionadas. Se não
       // houver nenhuma, você mesmo terá lidar com uma do stock
       // (que também foi passado como parâmetro) e você terá que
       // adicionar uma linha a TextBox: "João tem que pegar uma
       // carta do stock"
    }
    // Eis uma propriedade e alguns métodos pequenos que já foram escritos para você
    public int CardCount { get { return cards.Count; } }
    public void TakeCard(Card card) { cards.Add(card); }
    public IEnumerable<string> GetCardNames( ) { return cards.GetCardNames( ); }
    public Card Peek(int cardNumber) { return cards.Peek(cardNumber); }
    public void SortHand( ) { cards.SortByValue( ); }
}
```

Este método Peek() acrescentado à classe Deck será útil. Ele permite ao programa olhar uma das cartas do baralho dado um índice, mas diferente de Deal( ), ele não remove a carta.

```
public IEnumerable<Values> PullOutBooks() {
    List<Values> books = new List<Values>();
    for (int i = 1; i <= 13; i++) {
        Values value = (Values)i;
        int howMany = 0;
        for (int card = 0; card < cards.Count; card++)
            if (cards.Peek(card).Value == value)
                howMany++;
        if (howMany == 4) {
            books.Add(value);
            for (int card = cards.Count - 1; card >= 0; card--)
                cards.Deal(card);
        }
    }
    return books;
}
```

Você terá que desenvolver DUAS versões sobrecarregadas do método AskForACard(). A primeira será usada pelos oponentes quando eles perguntarem os valores – irá procurar em suas mãos uma carta e encontrará uma carta para pedir. A segunda será usada quando o jogador pedir uma carta. As duas perguntam para TODOS os demais jogadores (tanto computadorizados quanto humanos) qualquer carta que tenha o mesmo valor.

6 **Você precisará adicionar este método à classe Card**

É um método estático que tem um valor e retorna seu plural – dessa forma um "cinco" retornará "cincos", mas um "seis" deve retornar "seis". Uma vez que ele é estático, você o chama com o nome da classe – `Card.Plural()` – e não a partir de uma instância.

```
public partial class Card {
    public static string Plural(Values value) {
        if (value == Values.Six)
            return "Sixes";
        else
            return value.ToString() + "s";
    }
}
```

Usamos uma classe partial para adicionar este método estático a Card para facilitar que você veja o que está acontecendo. Mas, você não precisa usar uma classe partial – se quiser, poderá simplesmente adicioná-la diretamente à classe Card existente

Quase lá - continue virando!

Exercício Longo (continução)

7 **O resto do trabalho: Desenvolva a classe Game**

O formulário mantém uma instância de Game. Ela gerencia o jogo. Examine atentamente como é usada no formulário.

As classes Player e Game usam uma referência para o TextBox com diversas linhas no formulário para imprimir mensagens para o usuário ler. Adicione "using SystemWindows.Forms" ao topo de seus arquivos.

```
class Game {
    private List<Player> players;
    private Dictionary<Card.Values, Player> books;
    private Deck stock;
    private TextBox textBoxOnForm;
    public Game(string playerName, IEnumerable<string> opponentNames, TextBox textBoxOnForm) {
        Random random = new Random( );
        this.textBoxOnForm = textBoxOnForm;
        players = new List<Player>( );
        players.Add(new Player(playerName, random, textBoxOnForm));
        foreach (string player in opponentNames)
            players.Add(new Player(player, random, textBoxOnForm));
        books = new Dictionary<Values, Player>( );
        stock = new Deck( );
        Deal( );
        players[0].SortHand( );
    }
    private void Deal( ) {
        // É onde o jogo começa - este método é chamado apenas no
        // início do jogo. Ele embaralha o stock, dá cinco cartas para
        // cada jogador e usa um loop foreach para chamar o método
        // PullOutBooks( ) de cada um.
    }
    public bool PlayOneRound(int selectedPlayerCard) {
        // Jogue uma rodada do jogo. O parâmetro é a carta que o
        // jogador selecionou na sua mão - obtenha seu valor. Então,
        // percorra todos os jogadores e chame os métodos
        // AskForACard( ) de cada um, começando pelo jogador
        // humano (que deve estar no índice zero na lista Players -
        // certifique-se de que ele pergunte o valor da carta que
        // selecionou). Então, chame PullOutBooks( ) - se ele retornar
        // true, então o jogador ficou sem cartas e precisa comprar uma
        // nova mão. Depois que todos jogaram, ordene a mão do
        // jogador humano (para que ela apareça bem arrumada no
        // formulário). Verifique se o stock está sem cartas. Se estiver,
        // redefina TextBox no formulário para informar: "O stock
        // está sem cartas. O jogo acabou!" e retorne true. Se não for o
        // caso, o jogo ainda não acabou, logo retorne false.
    }
    public bool PullOutBooks(Player player) {
        // Monte os books de um jogador. Retorne true se o jogador
        // ficar sem cartas, se não for o caso, retorne false. Cada book
        // deve ser adicionado ao dicionário Books. Um jogador fica
        // sem cartas quando usa todas as suas restantes para montar
        // um book vaza - e assim ganha o jogo.
    }
    public string DescribeBooks( ) {
        // Retorne uma longa string que descreva os books de todos,
        // examinando o dicionário Books: "João tem um book de
        // seis. (quebra de linha) Edu tem um book de Ases."
    }
```

Usar IEnumerable<T> nos membros da classe public é uma ótima maneira de tornar suas classes mais flexíveis e é algo que você precisa considerar quando seu código precisar ser reutilizado. Agora, outra pessoa poderá usar string[] List<string> ou algo mais inteiramente para instanciar a classe Game.

É ótimo para a encapsulação também. Se você exibir um IEnumerable<T> ao invés de, digamos, List<T>, então não poderá escrever sem querer o código que o modifica.

Eis uma dica para escrever o método GetWinnerName(): Você precisará criar um novo Dictionary<string, int> chamado winners (vencedores) no topo do método. O dicionário de vencedores permitirá que você use o nome de cada jogador para pesquisar o número de vazas feitas durante a partida. Primeiro, você usará um loop foreach para percorrer os books que os jogadores fizeram e construir o dicionário. Então, usará outro loop foreach para encontrar o número mais alto de books associado a qualquer jogador. Mas, pode haver um empate – mais de um jogador pode ter a maioria dos books! Portanto, você precisará de mais de um loop foreach para procurar todos os jogadores que têm o número de books que você encontrou no segundo loop e construir uma string que informe quem venceu.

```
public string GetWinnerName( ) {
        // este método é chamado no final do jogo. Ele usa seu próprio
        // dicionário (Dictionary<string, int> winners) para controlar
        // com quantos books cada jogador acabou no dicionário de
        // vazas. Primeiro, ele usa um loop foreach em book.Keys - -
        // foreach(Values value in books.Keys) - - para preencher seu
        // dicionário winners com a quantidade de books de cada um.
        // Então, faz um loop nesse dicionário para encontrar o maior
        // número de books, o que determina o vencedor. E, finalmente,
        // faz uma última passagem por winners para montar uma lista
        // de vencedores em uma string ("João e Edu", por exemplo).
        // Se houver um vencedor, retornará uma string como: «Edu
        // com 3 books». Do contrário, retornará uma string como esta:
        // "Um empate entre João e Beto com 2 books."
}

 // Eis aqui alguns pequenos métodos que já foram escritos para você

public IEnumerable<string> GetPlayerCardNames( ) {
        return players[0].GetCardNames( );
}

public string DescribePlayerHands( ) {
    string description = "";
    for (int i = 0; i < players.Count; i++) {
        description += players[i].Name + " has "+ players[i]. CardCount;
        if (players[i].CardCount = = 1)
            description += " card." + Environment.NewLine;
        else
            description += " cards"  + Environment.NewLine;
}
description += "The stock has " + stock.Count + " cards left.";
return description;
}
```

Vá para a janela Watch e digite (int)'\r' para fazer o casting do caractere \r em um número. Ele se transforma em 13. '\r' transforma-se em 10. Todo caractere transforma-se em seu próprio número único chamado valor Unicode. Você aprenderá mais sobre isso no próximo capítulo.

Use Environment.NewLine para adicionar quebras de linha

Você vem usando \n no livro para adicionar uma quebra de linha às caixas de mensagem. O .Net também fornece uma constante conveniente para adicionar quebras de linha: Environment.NewLine. Sempre contém o valor constante "\r\n". Se você realmente vir os caracteres que compõem um arquivo de texto formatado do Windows no final de cada linha, verá dois caracteres: '\r' e '\n'. Os outros sistemas operacionais (tais como o Unix) usam apenas '\n' para indicar o final de cada linha. O método MessageBox.Show() é esperto o bastante para converter automaticamente os caracteres '\n' em quebras de linha, Mas, seu código poderá ser mais fácil de ler se você usar Environment.NewLine, ao invés dos caracteres de escape. E mais, Environment.NewLine é o que é anexado ao final de cada linha quando você usa Console.WriteLine().

Exercício Longo Solução

Aqui estão os métodos preenchidos na classe Game.

```
private void Deal() {
    stock.Shuffle();
    for (int i = 0; i < 5; i++)
        foreach (Player player in players)
            player.TakeCard(stock.Deal());
    foreach (Player player in players)
        PullOutBooks(player);
}
```

O método Deal() é chamado quando o jogo começa – ele embaralha o stock e, então, dá cinco cartas para cada jogador. Então, retira qualquer book que os jogadores tenham recebido..

```
public bool PlayOneRound(int selectedPlayerCard) {
    Values cardToAskFor = players[0].Peek(selectedPlayerCard).Value;
    for (int i = 0; i < players.Count; i++) {
        if (i == 0)
            players[0].AskForACard(players, 0, stock, cardToAskFor);
        else
            players[i].AskForACard(players, i, stock);
        if (PullOutBooks(players[i])) {
            textBoxOnForm.Text += players[i].Name
                        + " drew a new hand" + Environment.NewLine;
            int card = 1;
            while (card <= 5 && stock.Count > 0) {
                players[i].TakeCard(stock.Deal());
                card++;
            }
        }
        players[0].SortHand();
        if (stock.Count == 0) {
            textBoxOnForm.Text =
                "The stock is out of cards. Game over!" + Environment.NewLine;
            return true;
        }
    }
    return false;
}
```

Depois que o jogador ou um oponente pede uma carta, o jogo retira qualquer vaza feita. Se o jogador ficar sem book, ele compra uma nova mão de 5 cartas stock.

Tão logo o jogador clique no botão "Ask for a card" (Pedir uma carta), o jogo chama AskForACard() com essa carta. Então, chama o mesmo método para cada oponente.

Depois que a rodada termina, o jogo ordena a mão do jogador para se certificar de que as cartas apareçam em ordem no formulário. Então, checa para ver se o jogo acabou. Se for o caso, PlayOneRound() retornará true.

```
public bool PullOutBooks(Player player)
{
    IEnumerable<Values> booksPulled = player.PullOutBooks();
    foreach (Values value in booksPulled)
        books.Add(value, player);
    if (player.CardCount == 0)
        return true;
    return false;
}
```

PullOutBooks() examina as cartas de um jogador para ver se ele conseguiu quatro do mesmo valor. Se for o caso, elas serão adicionadas ao dicionário de vazas. E se não sobrar nenhuma carta depois disso, retornará true.

O formulário precisa mostrar uma lista de livros, então usa DescribeTheBooks( ) para transformar o dicionário de vazas do jogador em texto.

```
public string DescribeBooks() {
    string whoHasWhichBooks = "";
    foreach (Values value in books.Keys)
        whoHasWhichBooks += books[value].Name + " has a book of "
            + Card.Plural(value) + Environment.NewLine;
    return whoHasWhichBooks;
}

public string GetWinnerName() {
    Dictionary<string, int> winners = new Dictionary<string, int>();
    foreach (Values value in books.Keys) {
        string name = books[value].Name;
        if (winners.ContainsKey(name))
            winners[name]++;
        else
            winners.Add(name, 1);
    }
    int mostBooks = 0;
    foreach (string name in winners.Keys)
        if (winners[name] > mostBooks)
            mostBooks = winners[name];
    bool tie = false;
    string winnerList = "";
    foreach (string name in winners.Keys)
        if (winners[name] == mostBooks)
        {
            if (!String.IsNullOrEmpty(winnerList))
            {
                winnerList += " and ";
                tie = true;
            }
            winnerList += name;
        }
    winnerList += " with " + mostBooks + " books";
    if (tie)
        return "A tie between " + winnerList;
    else
        return winnerList;
}
```

Depois que a última carta foi comprada, o jogo precisa determinar quem ganhou. É o que GetWinnerName() faz. E usará um dicionário chamado winners para fazer isso. O nome de cada jogador é uma chave no dicionário, seu valor, o número de books que aquele jogador conseguiu durante o jogo.

Em seguida, o jogo examina o dicionário para determinar o número de books que o jogador, com a maior quantidade delas, tem. Coloca esse valor numa variável chamada mostBooks.

Agora que nós sabemos qual jogador tem mais books, o método pode criar uma string que lista o vencedor (ou vencedores).

Não acabamos ainda - vire a página!

Exercício Longo (continução)

Aqui estão os métodos preenchidos na classe Player.

```
public Player(String name, Random random, TextBox textBoxOnForm) {
    this.name = name;
    this.random = random;
    this.textBoxOnForm = textBoxOnForm;
    this.cards = new Deck( new Card[] {} );
    textBoxOnForm.Text += name +
            " has just joined the game" + Environment.NewLine;
}
```

Aqui está o construtor da classe Player. Ele define seus campos privados e adiciona uma linha à caixa de texto de progresso dizendo que o jogador se juntou ao jogo.

```
public Values GetRandomValue() {
    Card randomCard = cards.Peek(random.Next(cards.Count));
    return randomCard.Value;
}
```

O método GetRandomValue() usa Peek() para olhar uma carta aleatória na mão do jogador.

```
public Deck DoYouHaveAny(Values value) {
    Deck cardsIHave = cards.PullOutValues(value);
    textBoxOnForm.Text += Name + " has " + cardsIHave.Count + " "
          + Card.Plural(value) + Environment.NewLine;
    return cardsIHave;
}
```

DoYouHaveAny() usa o método PullOutValues() para retirar e retornar todas as cartas que coincidem com o parâmetro.

```
public void AskForACard(List<Player> players, int myIndex, Deck stock) {
    Values randomValue = GetRandomValue();
    AskForACard(players, myIndex, stock, randomValue);
}
```

Existem dois métodos AskForACard() sobrecarregados. Este é usado pelos oponentes – ele pega uma carta aleatória e chama o outro AskForACard().

Miniexercício de bônus: Você pode descobrir um modo de melhorar o encapsulamento e o design em sua classe Player substituindo `List<Player>` por `IEnumerable<Player>` nestes dois métodos sem mudar como o software funciona? Vá para Sobras #7 no Apêndice para ver uma ferramenta útil para ajudar nisso.

```
public void AskForACard(List<Player> players, int myIndex,
      Deck stock, Values value) {
    textBoxOnForm.Text += Name + " asks if anyone has a "
                               + value  + Environment.NewLine;
    int totalCardsGiven = 0;
    for (int i = 0; i < players.Count; i++) {
        if (i != myIndex) {
            Player player = players[i];
            Deck CardsGiven = player.DoYouHaveAny(value);
            totalCardsGiven += CardsGiven.Count;
            while (CardsGiven.Count > 0)
                cards.Add(CardsGiven.Deal());
        }
    }
    if (totalCardsGiven == 0) {
        textBoxOnForm.Text += Name +
              " must draw from the stock." + Environment.NewLine;
        cards.Add(stock.Deal());
    }
}
```

Este método AskForACard() examina todo jogador (exceto aquele que está perguntando), chamando seu método DoYouHaveAny() e adiciona qualquer carta entregue à mão do jogador.

Se nenhuma carta foi entregue, o jogador terá que comprar uma do stock usando o método Deal().

E ainda MAIS outros tipos de coleções...

`List` e `Dictionary` são duas das **coleções genéricas predefinidas** que são parte do .NET Framework . Listas e dicionários são muito flexíveis – você pode acessar qualquer dos dados em qualquer ordem. Mas, algumas vezes você precisa restringir a forma como um programa trabalha com os dados porque a *coisa* que você está representando dentro do seu programa funciona dessa forma no mundo real. Para situações como essas, você pode usar **`Queue`** (fila) ou **`Stack`** (pilha). Essas são as outras duas coleções genéricas que se parecem com listas, mas são especialmente boas para se certificar de que os dados sejam processados seguindo uma ordem.

Existem ainda outros tipos de coleções – mas estas são as que você provavelmente vai encontrar mais vezes.

Use uma Fila quando o primeiro objeto que você armazenou será o primeiro a ser usado, como, por exemplo:

- ★ Carros movendo-se por uma rua estreita de mão única
- ★ Pessoas numa fila
- ★ Clientes esperando para serem atendidos por um setor de suporte por telefone
- ★ Qualquer outra coisa que precise ser tratada na base do primeiro a chegar, primeiro a atender.

Uma fila é do tipo primeiro a entrar, primeiro a sair, o que quer dizer que o primeiro objeto colocado nela é o primeiro que se retira para usar.

Use uma Pilha quando você sempre quiser usar o objeto armazenado mais recente, como, por exemplo:

- ★ Mobília colocada num caminhão de mudanças
- ★ Uma pilha de livros onde se quer ler aquele que foi acrescentado mais recentemente
- ★ Pessoas entrando ou saindo de um avião.
- ★ Uma pirâmide humana, onde os mais acima devem descer primeiro ... imagine a bagunça se alguém embaixo sair antes!

Uma pilha é do tipo primeiro a entrar, último a sair – o primeiro objeto que entra na pilha é o último que sai dela.

Coleções genéricas são uma parte importante do .NET Framework

Elas são realmente úteis – tanto que o IDE automaticamente acrescenta o seguinte comando no topo de qualquer classe adicionada a um projeto:

```
using System.Collections.Generic;
```

Quase todo projeto grande inclui algum tipo de coleção genérica porque seus programas precisam armazenar dados. E quando você está lidando com grupos de coisas similares no mundo real, elas quase sempre caem numa categoria que corresponde muito bem a um dos tipos de coleções.

Uma fila é como uma lista que deixa que você coloque objetos no final e use os do começo. Uma pilha só deixa você acessar o último objeto colocado nela.

Você pode, no entanto, usar foreach para enumerar uma pilha ou uma fila porque elas implementam **IEnumerable**!

Uma fila é FIFO – First In, First Out (Primeiro a Entrar, Primeiro a Sair)

Uma **queue** (fila) parece muito com uma lista, exceto que você não pode adicionar ou remover os itens em qualquer lugar. Para adicionar um objeto a uma fila, você o **enfileira**. Isso adiciona o objeto ao final da fila. Você pode **desenfileirar** o primeiro objeto do início da fila. Quando faz isso, o objeto é removido da fila e o restante dos objetos avançam nela uma posição.

Cria uma nova fila de strings.

```
Queue<string> myQueue = new Queue<string>();
myQueue.Enqueue("first in line");
myQueue.Enqueue("second in line");
myQueue.Enqueue("third in line");
myQueue.Enqueue("last in line");
string takeALook = myQueue.Peek();          ①
string getFirst = myQueue.Dequeue();        ②
string getNext = myQueue.Dequeue();         ③
int howMany = myQueue.Count; ④
myQueue.Clear();
MessageBox.Show("Peek() returned: " + takeALook + "\n"
    + "The first Dequeue() returned: " + getFirst + "\n"
    + "The second Dequeue() returned: " + getNext + "\n"
    + "Count before Clear() was " + howMany + "\n"
    + "Count after Clear() is now " + myQueue.Count);
                                                    ⑤
```

Aqui, adicionamos quatro itens à fila. Quando os retiramos dela, eles vêm na mesma ordem em que foram enfileirados.

Peek() permite "ver" o primeiro item da fila sem removê-lo.

O primeiro Dequeue() retira o primeiro item da fila. Então, o segundo item sobre para o primeiro lugar – a próxima chamada do mesmo método retirará esse item em seguida.

O método Clear() **remove** todos os objetos da fila.

A propriedade Count da fila retorna o número de itens nela.

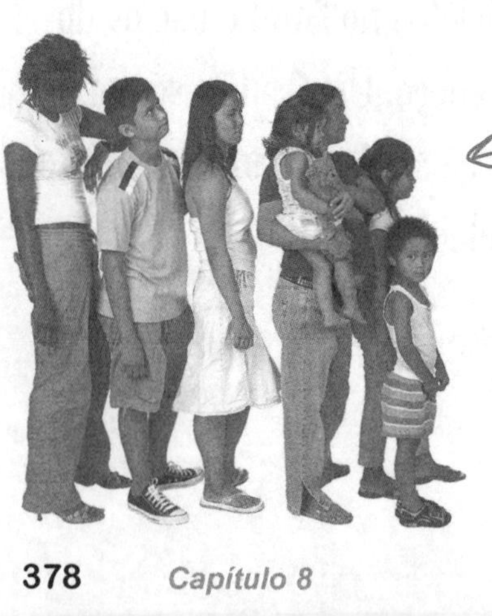

Os objetos numa fila precisam esperar sua vez. O primeiro na fila é o primeiro a sair dela.

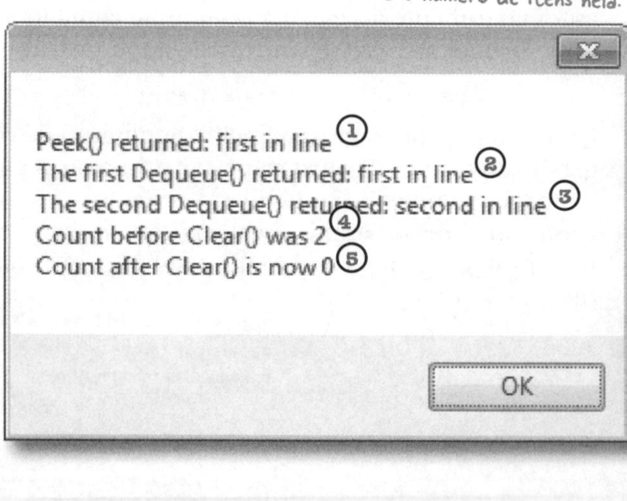

Uma pilha é LIFO - Last In, First Out (Último a Entrar, Primeiro a Sair)

Uma **stack** (pilha) é realmente similar a uma fila – com uma grande diferença. Você **empilha** um item numa pilha e quando quer obter um dela, **tira**-o. Quando você tira um item de uma pilha, acaba com o que mais recentemente foi colocado nela. É exatamente como uma pilha de pratos, revistas ou qualquer outra coisa – você pode colocar algo no topo da pilha, mas precisa primeiro tirar os de cima antes de conseguir pegar o que está embaixo.

Quando você coloca (push) um item em uma pilha, os demais itens ficam em uma posição para trás daquele item no topo.

Criar uma pilha é exatamente como criar qualquer outra coleção genérica.

```
Stack<string> myStack = new Stack<string>();
myStack.Push("first in line");
myStack.Push("second in line");
myStack.Push("third in line");
myStack.Push("last in line");
(1) string takeALook = myStack.Peek();
(2) string getFirst = myStack.Pop();
(3) string getNext = myStack.Pop();
(4) int howMany = myStack.Count;
myStack.Clear();
MessageBox.Show("Peek() returned: " + takeALook + "\n"
    + "The first Pop() returned: " + getFirst + "\n"
    + "The second Pop() returned: " + getNext + "\n"
    + "Count before Clear() was " + howMany + "\n"
    + "Count after Clear() is now " + myStack.Count); (5)
```

Quando você tira (pop) um item de uma pilha, recupera o que mais recentemente foi empilhado.

Você também pode usar Environment.NewLine, ao invés de \n aqui, mas queríamos que o código fosse mais fácil de ler.

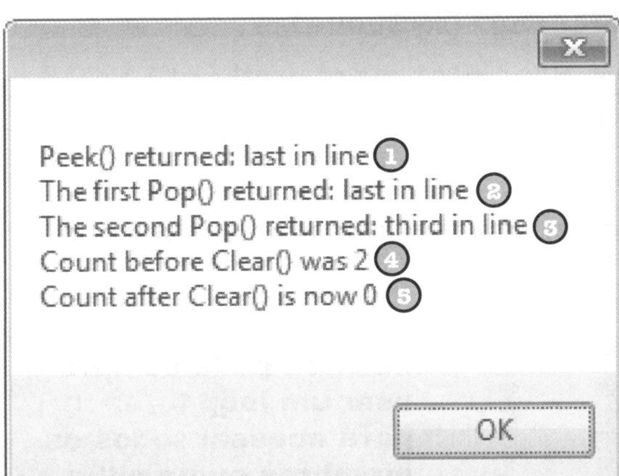

O último objeto que você colocar numa pilha é o primeiro que vai sair dela.

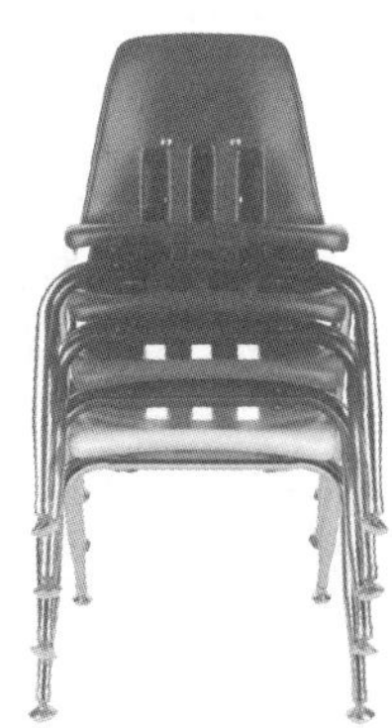

Não se preocupe – você não desiste de nada quando usa uma fila ou uma pilha.

É muito fácil copiar um objeto `Queue` para um objeto `List`. E é igualmente fácil copiar um `List` para um `Queue`, um `Queue` para um `Stack`... de fato, você pode criar um `List`, `Queue` ou `Stack` a partir de qualquer outro objeto que implemente a interface **IEnumerable**. Tudo o que você precisa fazer é usar o construtor sobrecarregado que deixa você passar a coleção da qual quer copiar como um parâmetro. Isso quer dizer que você tem a flexibilidade e a conveniência de representar seus dados com a coleção que melhor coincide com a forma como precisa que sejam usados. (Mas lembre-se, você está fazendo uma cópia, significando que está criando um novo objeto e adicionando-o ao heap.)

Vamos configurar uma pilha com quatro itens – neste caso, uma de strings.

```
Stack<string> myStack = new Stack<string>();
myStack.Push("first in line");
myStack.Push("second in line");
myStack.Push("third in line");
myStack.Push("last in line");

Queue<string> myQueue = new Queue<string>(myStack);
List<string> myList = new List<string>(myQueue);
Stack<string> anotherStack = new Stack<string>(myList);
MessageBox.Show("myQueue has " + myQueue.Count + " items\n"
    + "myList has " + myList.Count + " items\n"
    + "anotherStack has " + anotherStack.Count + " items\n");
```

É fácil converter essa pilha numa fila, então copiar a fila para uma lista, então copiar a lista para outra pilha.

Todos os quatro itens foram copiados para as novas coleções.

...e você pode sempre usar um loop foreach para acessar todos os membros numa pilha ou fila!

Exercício

Escreva um programa para ajudar uma cafeteria cheia de lenhadores querendo algumas panquecas, a organizar o atendimento. Comece com a classe `Lumberjack`, preenchendo o código que falta. Então, crie o formulário e adicione as sub-rotinas de evento.

1 Aqui está a classe **`Lumberjack`**. Preencha o acessador get para `FlapjackCount` e os métodos `TakeFlapjacks` e `EatFlapJack`.

```
class Lumberjack {
    private string name;
    public string Name { get { return name; } }
    private Stack<Flapjack> meal;
    public Lumberjack(string name) {
        this.name = name;
        meal = new Stack<Flapjack>( );
    }
    public int FlapjackCount { get { // retorne a contagem } }
    public void TakeFlapjacks(Flapjack Food, int HowMany) {
        // Adicione algumas panquecas na pilha Meal
    }
    public void EatFlapjacks( ) {
        // Escreva esta saída no console
    }
}
```

```
enum Flapjack {
    Crispy,
    Soggy,
    Browned,
    Banana
}
```

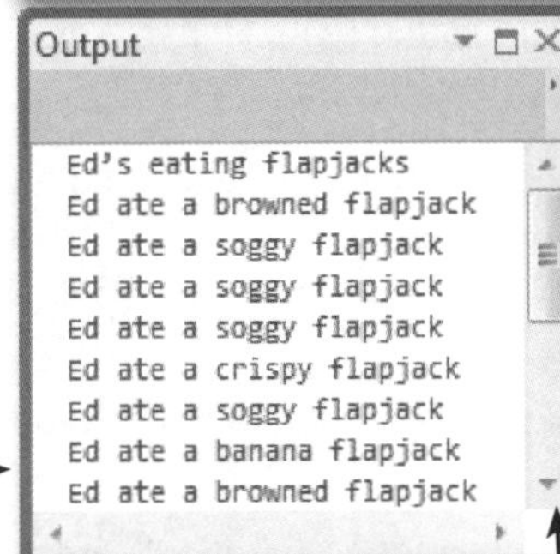

2 Crie o formulário. Ele permite inserir os nomes dos lenhadores numa caixa de texto para serem colocados na fila do café da manhã. Você pode dar ao lenhador na frente da fila um prato de panquecas e, então, dizer-lhe para comê-las usando o botão "Next lumberjack" (Próximo lenhador). Fornecemos o manipulador de evento do clique para o botão "Add flapjacks" "Adicionar panquecas". Use uma fila chamada **breakfastLine** para controlar os lenhadores.

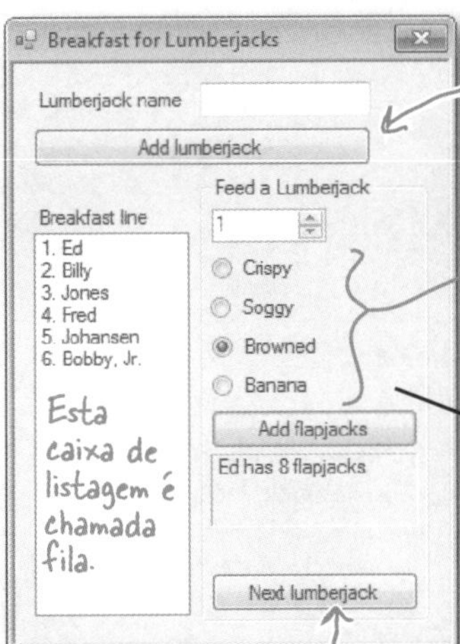

Quando o usuário clicar em "Add Lumberjack", adicione o nome na caixa de texto à fila BreakfastLine.

Quando você arrastar estes controles RadioButton para a caixa de grupo, o formulário automaticamente os conectará e permitirá apenas ao usuário selecionar um deles de cada vez. Olhe o método addFlapjacks_Click para descobrir qual deve ser seu nome.

Note como o enum Flapjack usa letras em caixa alta ("joggy"), mas o valor de saída está em caixa baixa ("soggy")? Aqui vai uma dica para ajudá-lo a acertar o valor de saída. ToString () retorna um objeto string, um dos seus elementos públicos é um método chamado ToLower () que retorna uma versão em caixa baixa do string

```
private void addFlapjacks_Click(...) {
    Flapjack food;
    if (crispy.Checked == true)
        food = Flapjack.Crispy;
    else if (soggy.Checked == true)
        food = Flapjack.Soggy;
    else if (browned.Checked == true)
        food = Flapjack.Browned;
    else
        food = Flapjack.Banana;

    Lumberjack currentLumberjack = breakfastLine.Peek();
    currentLumberjack.TakeFlapjacks(food,
                          (int)howMany.Value);
    RedrawList();
}
```

Note a sintaxe especial de "else if".

Peek() retorna uma referência para o primeiro lenhador na fila.

O controle NumericUpDown é chamado de howMany e a etiqueta é chamada de nextInLine.

Este botão deve tirar da fila o próximo lenhador, chamar seu EatFlapjacks(), então redesenhar a caixa de listagem.

Você precisa adicionar um método RedrawList() para atualizar a caixa de listagem com o conteúdo da fila. Todos os três botões devem chamá-lo. **Eis uma dica:** *use um loop foreach.*

```
private Queue<Lumberjack> breakfastLine = new Queue<Lumberjack>();
private void addLumberjack_Click(object sender, EventArgs e) {
    breakfastLine.Enqueue(new Lumberjack(name.Text));
    name.Text = "";
    RedrawList();
}
private void RedrawList() {
    int number = 1;
    line.Items.Clear();
    foreach (Lumberjack lumberjack in breakfastLine) {
        line.Items.Add(number + ". " + lumberjack.Name);
        number++;
    }
    if (breakfastLine.Count == 0) {
        groupBox1.Enabled = false;
        nextInLine.Text = "";
    } else {
        groupBox1.Enabled = true;
        Lumberjack currentLumberjack = breakfastLine.Peek();
        nextInLine.Text = currentLumberjack.Name + " has "
            + currentLumberjack.FlapjackCount + " flapjacks";
}   }
private void nextLumberjack_Click(object sender, EventArgs e) {
    Lumberjack nextLumberjack = breakfastLine.Dequeue();
    nextLumberjack.EatFlapjacks();
    nextInLine.Text = "";
    RedrawList();
}
class Lumberjack {
    private string name;
    public string Name { get { return name; } }
    private Stack<Flapjack> meal;

    public Lumberjack(string name) {
        this.name = name;
        meal = new Stack<Flapjack>();
    }

    public int FlapjackCount { get { return meal.Count; } }

    public void TakeFlapjacks(Flapjack food, int howMany) {
        for (int i = 0; i < howMany; i++) {
            meal.Push(food);
    }   }

    public void EatFlapjacks() {
        Console.WriteLine(name + "'s eating flapjacks");
        while (meal.Count > 0) {
            Console.WriteLine(name + " ate a "
              + meal.Pop().ToString().ToLower() + " flapjack");
}   }   }
```

Chamamos a caixa de listagem de "line" e a etiqueta entre os dois botões de "nextInLine".

O método RedrawList() usa um loop foreach para retirar (poull) os lenhadores de sua fila e adicioná-los à caixa de listagem.

A instrução if atualiza a etiqueta com informação sobre o primeiro lenhador da fila.

O método TakeFlapjacks atualiza a pilha Meal.

Aqui é onde o enum Flapjack fica com letra minúscula. Reserve um minuto e descubra o que está acontecendo.

O método EatFlapjacks usa um loop while para imprimir a refeição do lenhador.

meal.Pop() retorna um enum, cujo método ToString() é chamado para retornar um objeto string, cujo método ToLower() é chamado para retornar outro objeto string.

Cruzadinha de Coleções

Horizontais

3. Uma instância de uma coleção ___________ funciona apenas com um tipo específico.
6. Um tipo especial de loop que funciona apenas em IEnumerable<T>.
9. O nome do método usado para enviar uma string para o console.
10. Como se remove algo de uma pilha.
11. Um objeto que é como um array, porém mais flexível.
13. Dois métodos numa classe com o mesmo nome, mas parâmetros diferentes são ______________ .
15. Um método para determinar se um objeto está numa coleção.
19. Uma forma fácil de controlar as categorias.
20. Todas as coleções genéricas implementam esta interface.
21. Como você remove alguma coisa de uma fila.

Verticais

1. A coleção genérica que permite mapear chaves para Valores.
2. Esta coleção é primeiro a entrar, primeiro a sair.
4. A classe predefinida que permite ao programa escrever texto na saída.
5. Um método para determinar quantas coisas estão numa coleção.
7. O único método na interface IComparable.
8. Muitos projetos profissionais começam com isto.
12. Um objeto que implementa esta interface ajuda a sua lista a ordenar seu conteúdo.
14. Como você adiciona algo a uma fila.
16. Esta coleção é primeiro a entrar, último a sair.
17. Como você adiciona alguma coisa a uma pilha.
18. Este método retorna o próximo objeto que será retirado de uma pilha ou uma fila.

Solução da Cruzadinha de Coleções

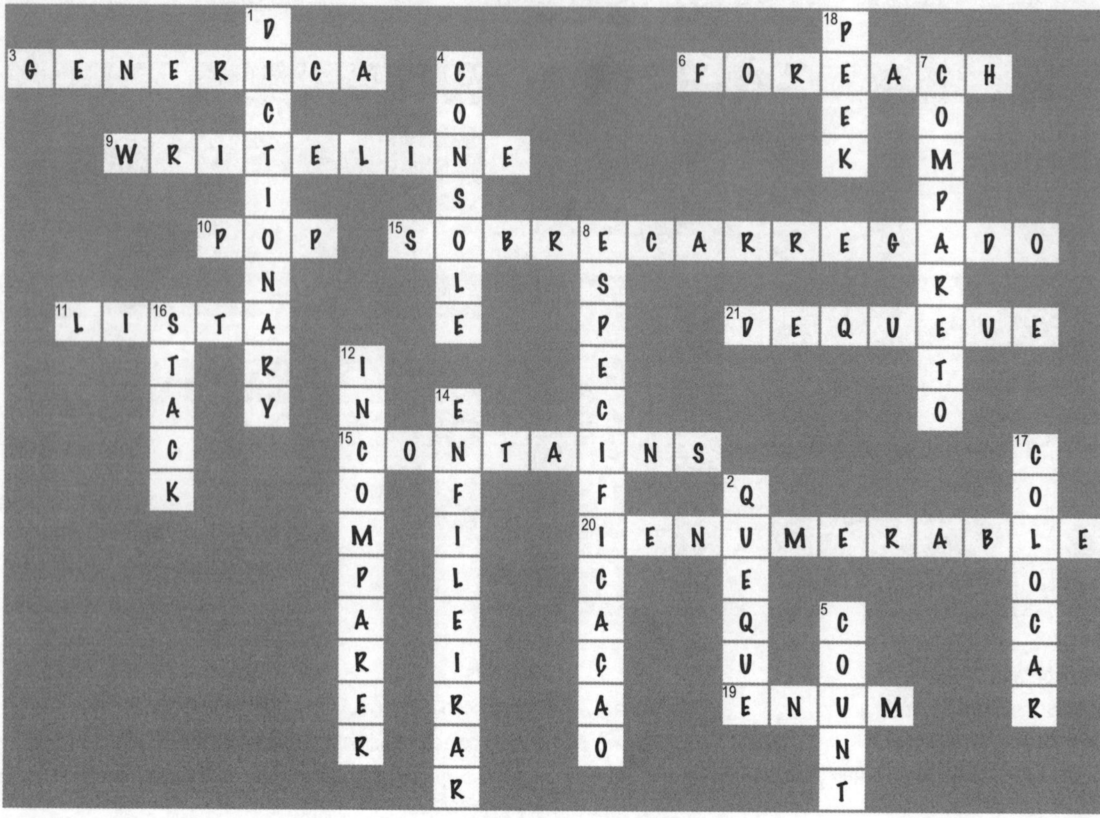

ome:

Data:

Laboratório C#

A Missão

Este laboratório contém uma especificação que descreve um programa para você criar, usando o conhecimento adquirido nos últimos capítulos. Este projeto é maior do que os já vistos até agora. Então, leia tudo antes de começar e reserve algum tempo para pensar. E não se preocupe se ficar preso em uma parte – não há nada novo aqui, assim, você pode continuar lendo o livro e voltar ao laboratório mais tarde.

Preenchemos alguns detalhes do projeto para você e certificamo-nos de que você tenha todas as peças necessárias... e mais nada.

É sua responsabilidade terminar o trabalho.

Você pode baixar um executável deste laboratório no nosso site Web... mas, não daremos a você o código da resposta.

A especificação: fazer um jogo de aventura

Seu trabalho é criar um jogo de aventura onde um aventureiro importante está em uma missão para derrotar inimigos mortalmente perigosos nível após nível. Você vai criar um **sistema de turnos**, o que quer dizer que o jogador faz um movimento e, então, os inimigos fazem um. O jogador pode mover-se ***ou*** atacar, então, cada inimigo tem a mesma chance. O jogo continua até que o jogador derrote todos os inimigos nos sete níveis ou morra.

Os inimigos têm uma pequena vantagem – eles podem mover-se em toda jogada e depois disso, atacarão se o jogador estiver ao alcance deles.

A janela do jogo dá uma visão de cima da masmorra onde o jogador enfrenta seus inimigos.

O jogador pode pegar armas e poções pelo caminho.

O jogador e os inimigos movem-se pela masmorra.

O jogador move-se usando os quatro botões direcionais.

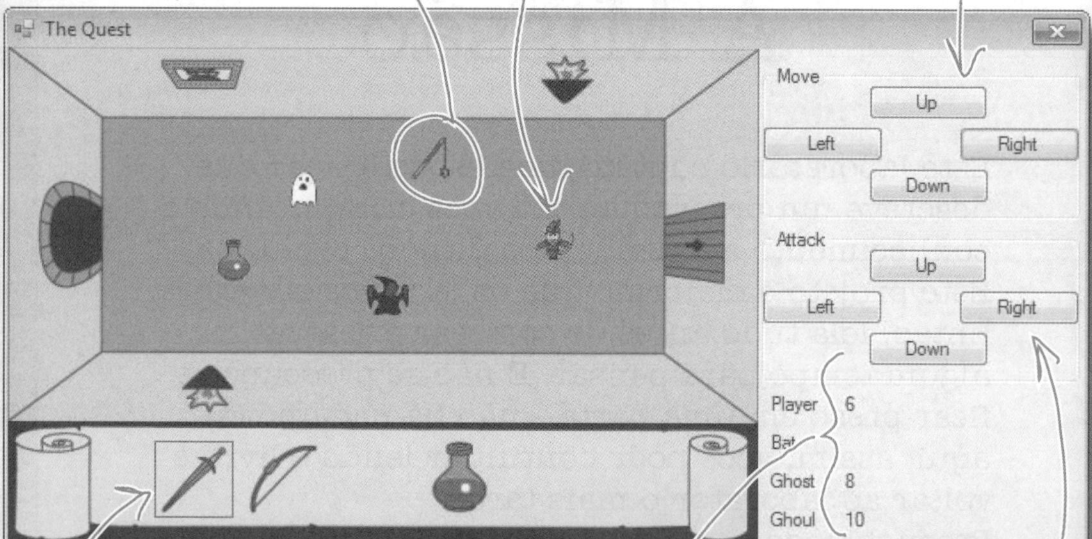

Este é o inventário do jogador. Ele mostra os itens que o jogador pegou e desenha uma caixa em torno do item em uso no momento. O jogador clica em um item para equipá-lo e utiliza o botão Attack (Atacar) para usá-lo.

O jogo mostra o número de **pontos de vida** do jogador e dos inimigos. Quando o jogador ataca um inimigo, os pontos de vida do inimigo diminuem. Quando os pontos de vida chegam a zero, o inimigo ou o jogador morre.

Estes quatro botões são usados para atacar os inimigos e beber poções. (O jogador pode usar qualquer botão para beber uma poção.)

O jogador seleciona as armas...

Há armas e poções espalhadas pela masmorra que o jogador pode pegar e usar para derrotar seus inimigos. Tudo a fazer é ir até a arma e ela desaparece do chão e aparece em seu inventário.

Uma caixa preta em volta da arma significa que ela está equipada. Armas diferentes funcionam de forma diferente – elas têm alcances diversos, algumas só atacam em uma direção, enquanto outras têm um alcance maior e causam diferentes níveis de dano aos inimigos.

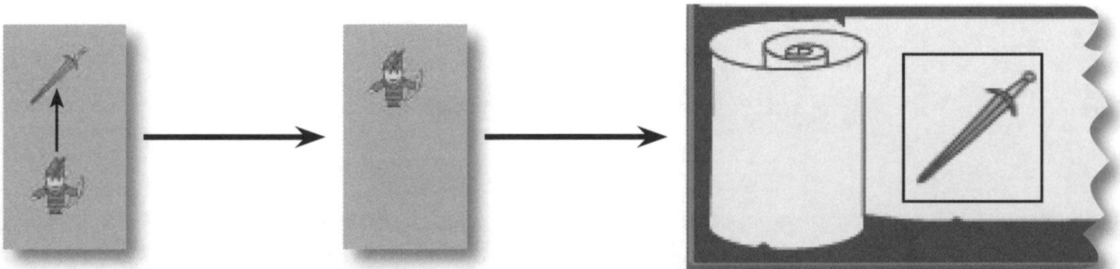

...e ataca inimigos com elas

Cada nível no jogo tem uma arma que o jogador pode pegar e usar para derrotar seus inimigos. Quando a arma é selecionada, deve desaparecer do chão do jogo.

O morcego está à direita do jogador, então ele ataca com o botão de ataque Right (Direito).

O ataque faz os pontos de vida do morcego diminuírem, neste caso, de 6 para 2.

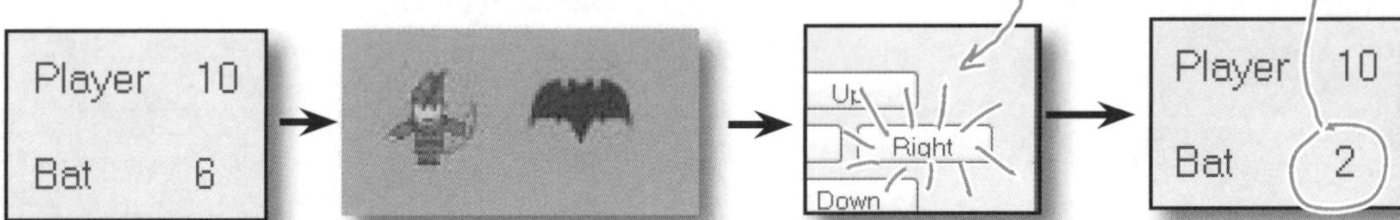

Níveis mais avançados têm mais inimigos

Há três tipos diferentes de inimigos: um morcego, um fantasma e um zumbi. O primeiro nível tem apenas um morcego. O sétimo, que é o último, tem os três inimigos.

Um zumbi move-se rapidamente na direção do jogador e causa um grande dano quando ataca.

O morcego voa um pouco aleatoriamente. Quando está perto do jogador, causa um pequeno dano.

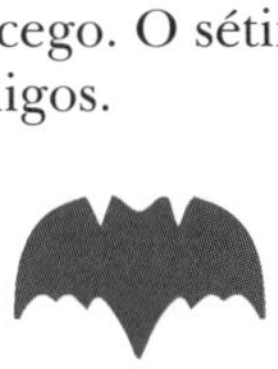

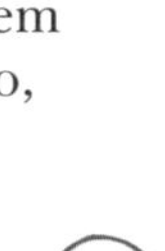

O fantasma move-se vagarosamente na direção do jogador. Assim que chega perto dele, ataca e causa um dano médio.

O projeto: criando o formulário

O formulário dá ao jogo seu visual único. Use sua propriedade `BackgroundImage` para exibir a imagem da masmorra, inventário e uma série de controles `PictureBox` para mostrar o jogador, as armas e os inimigos na masmorra. Você usará um controle `TableLayoutPanel` para exibir os pontos de vida do jogador, morcego, fantasma e zumbi, assim como botões para andar e atacar.

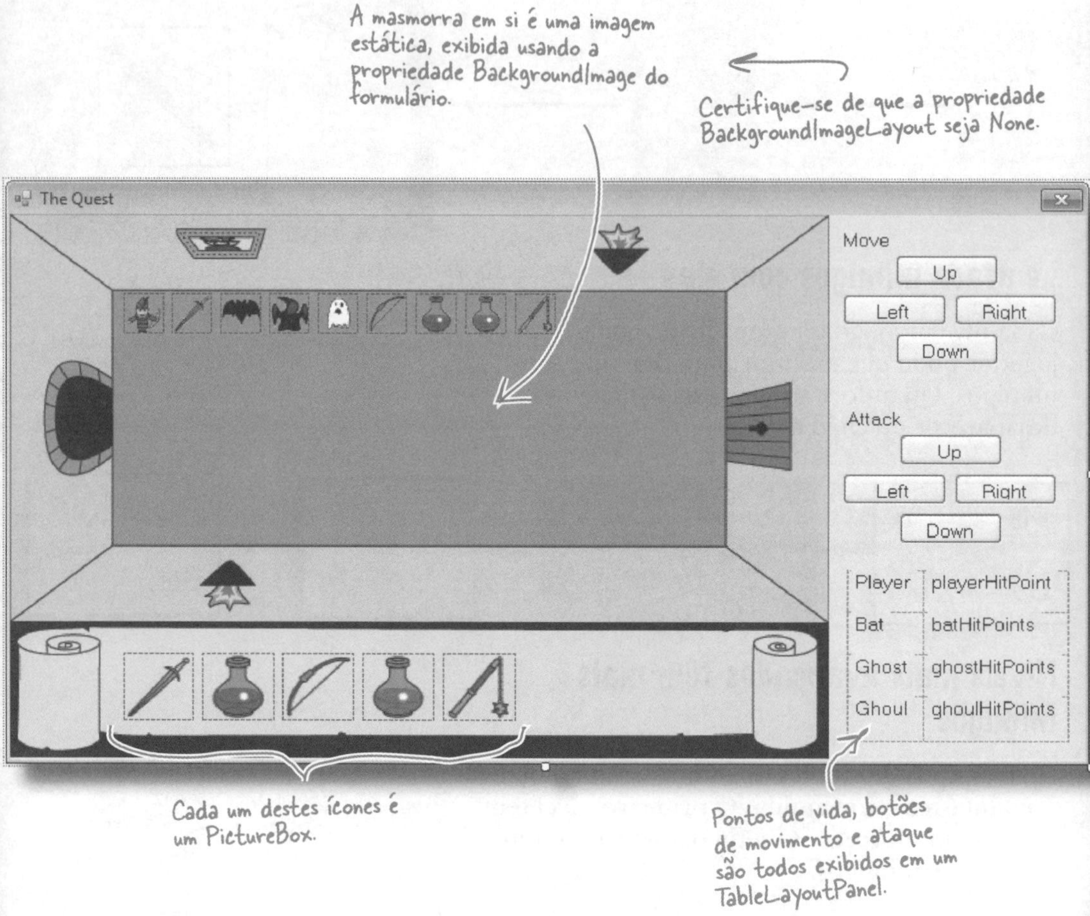

Baixe a imagem de fundo e os gráficos para as armas, inimigos e jogador no site da Alta Books: www.altabooks.com.br

Tudo na masmorra é um PictureBox

Jogadores, armas e inimigos devem ser representados por ícones. Adicione nove controles `PictureBox` e defina suas propriedades `Visible` para `False`. Então, seu jogo pode mover os Controles e alterar suas propriedades `Visible` conforme precisar.

Você pode definir a propriedade BackColor de PictureBox para color. Transparent, para permitir que a imagem de fundo ou a cor do formulário apareça com qualquer pixel transparente na imagem.

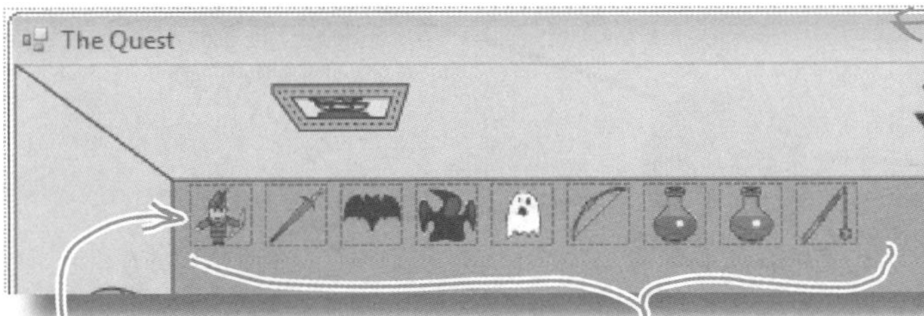

Adicione nove controles PictureBox à masmorra. Use a propriedade Size para cada um ter 30x30. Não importa onde você vai colocá-los – o formulário irá movê-los. Use a setinha preta que aparece quando você clica no PictureBox para definir para cada uma das imagens no Website da Alta Books.

Depois de ter adicionado os nove controles PictureBox, clique com o botão direito no ícone do jogador e selecione "Bring to Front" (Trazer para Frente), então envie os três ícones de arma para trás. Isto assegura que os ícones do jogador fiquem "acima" de qualquer outro item selecionado.

Os controles se sobrepõem no IDE, assim, o formulário precisa saber quais estão na frente e quais estão atrás. É isso que os comandos do designer de formulário "Bring to Front" e "Send to Back" (Enviar para Trás) fazem.

O inventário contém controles PictureBox também

Você pode representar o inventário do jogador como cinco controles `PictureBox` 50x50. Defina a propriedade `BackColor` de cada **`Color.Transparent`** (se você usar a janela Properties (Propriedades) para definir a propriedade, digite na linha `BackColor`). Já que os arquivos de figura têm um fundo transparente, você verá o pergaminho e a masmorra atrás deles:

Você vai precisar de mais cinco PictureBoxes com 50x50 para o inventário.

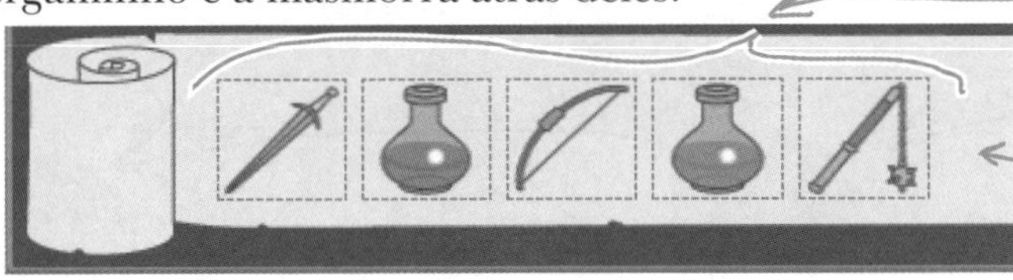

Quando o jogador se equipa com uma das armas, o formulário deve definir o BorderStyle desse ícone da arma para FixedSingle e o BorderStyle do restante dos ícones para None.

Crie sua janela de estatísticas

Os pontos de vida estarão num `TableLayoutPanel`, assim como os botões de ataque e movimento. Para os pontos de vida, crie duas colunas no painel e arraste o divisor da coluna um pouco para a esquerda. Acrescente quatro linhas, cada uma com 25% de altura, e adicione controles `Label` a cada uma das oito células:

2 colunas, 4 linhas... 8 células para suas estatísticas dos pontos de vida.

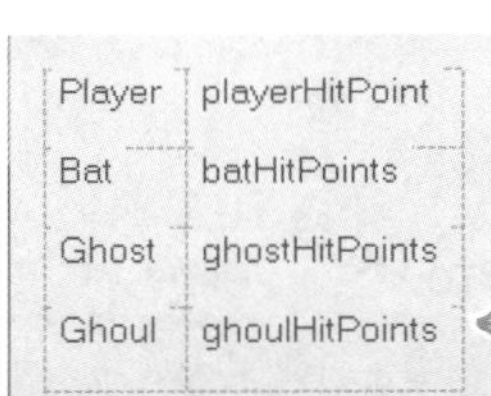

Cada célula possui um Label e você pode atualizar esses valores durante o jogo.

A arquitetura: usando os objetos

Esta é só uma visão geral. Daremos muito mais detalhes sobre como o jogador e os inimigos se movem, como o inimigo descobre se está perto do jogador etc.

Você precisará de vários tipos de objeto em seu jogo: um objeto `Player`, muitos subtipos de um objeto `Enemy` e muitos subtipos de um objeto `Weapon`. E você também precisará de um objeto para acompanhar tudo que está acontecendo: o objeto `Game`.

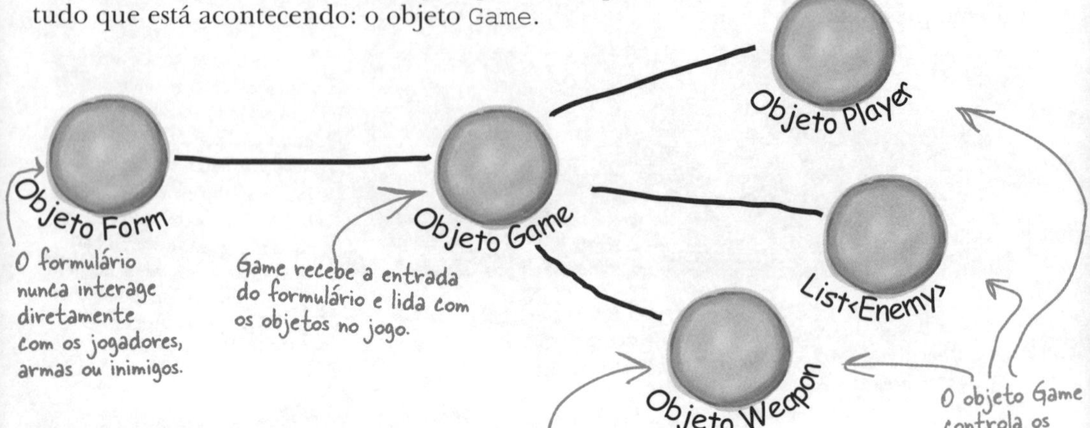

O objeto Game lida com turnos

Quando um dos botões de movimento de seu formulário for clicado, este chamará o método `Move()` do objeto `Game`. Esse método permitirá que o jogador tenha sua vez e, então, que todos os inimigos se movam. Logo, é `Game` que lida com a parte do movimento baseada em turnos no jogo.

Por exemplo, assim funcionam os botões de movimento:

Deixamos os parâmetros fora deste diagrama. Cada método Move() recebe uma direção e alguns deles, um objeto Random também.

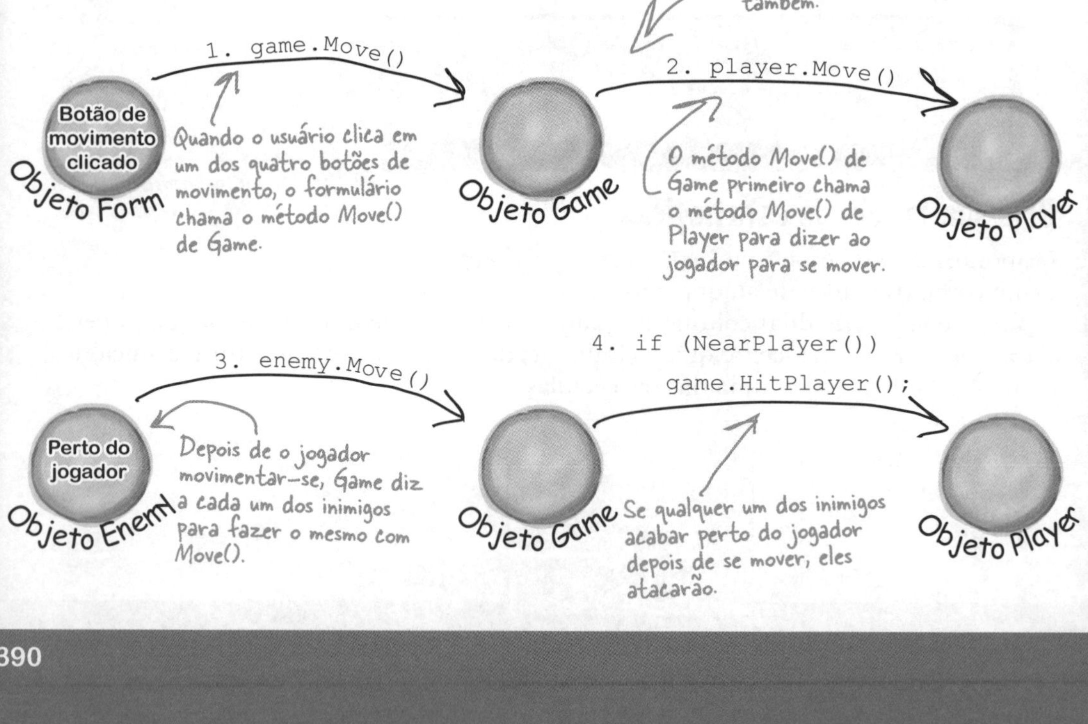

O formulário delega atividade ao objeto Game

O movimento, o ataque e o inventário começam no formulário. Então, clicar no botão de movimento ou ataque, ou em um item no inventário inicializa o código em seu formulário. Mas, é o objeto `Game` que controla os objetos no jogo. Logo, o formulário deve passar tudo que acontece para o objeto `Game` e este continua daí:

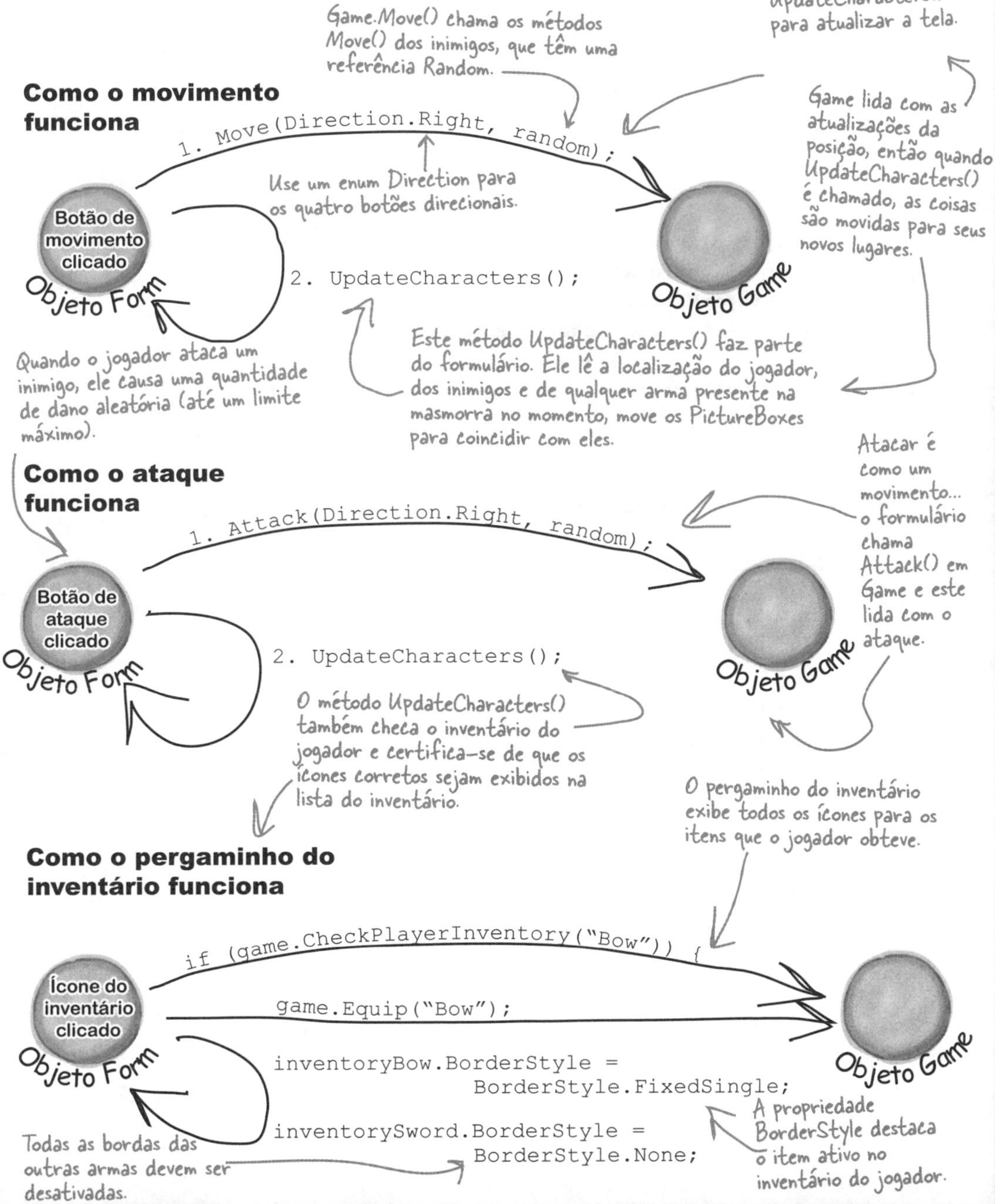

Criando a classe Game

Começamos a classe Game para você no código abaixo. Há muito a ser feito – por isso, leia este código com atenção, entre no IDE e prepare-se para trabalhar:

```
using System.Drawing;

class Game {
  public List<Enemy> Enemies;
  public Weapon WeaponInRoom;


  private Player player;
  public Point PlayerLocation { get { return player.Location; } }
  public int PlayerHitPoints { get { return player.HitPoints; } }
  public List<string> PlayerWeapons { get { return player.Weapons; } }

  private int level = 0;
  public int Level { get { return level; } }

  private Rectangle boundaries;
  public Rectangle Boundaries { get { return boundaries; } }

  public Game(Rectangle boundaries) {
    this.boundaries = boundaries;
    player = new Player(this,
      new Point(boundaries.Left + 10, boundaries.Top + 70));
  }
  public void Move(Direction direction, Random random) {
    player.Move(direction);
    foreach (Enemy enemy in Enemies)
      enemy.Move(random);
  }
  public void Equip(string weaponName) {
    player.Equip(weaponName);
  }
  public bool CheckPlayerInventory(string weaponName) {
    return player.Weapons.Contains(weaponName);
  }
  public void HitPlayer(int maxDamage, Random random) {
    player.Hit(maxDamage, random);
  }
```

Você precisará de Rectangle e Point de System.Drawing, portanto, adicione isto ao topo de sua classe.

Tudo bem essas propriedades permanecerem públicas se Enemy e Weapon estiverem bem encapsulados... em outras palavras, apenas garanta que o formulário não possa fazer nada inapropriado com elas.

O jogo mantém um objeto Player privado. O formulário apenas interagirá com ele através de métodos em Game, em vez de diretamente.

O objeto Rectangle possui campos Top (em cima), Bottom (embaixo), Left (Esquerda) e Right (Direita) e funciona perfeitamente para a área geral do jogo.

Game começa com uma caixa delimitadora para a masmorra e cria um novo objeto Player nela.

O movimento é simples: mova o jogador na direção do formulário informada e mova cada inimigo em uma direção aleatória.

Estes são todos bons exemplos de encapsulamento... Game não sabe como Player lida com estas ações, ele apenas passa a informação necessária e deixa Player fazer o resto.

```
public void IncreasePlayerHealth(int health, Random random) {
  player.IncreaseHealth(health, random);
}

public void Attack(Direction direction, Random random) {
  player.Attack(direction, random);
  foreach (Enemy enemy in Enemies)
    enemy.Move(random);
}

private Point GetRandomLocation(Random random) {
  return new Point(boundaries.Left +
    random.Next(boundaries.Right / 10 - boundaries.Left / 10) * 10,
        boundaries.Top +
    random.Next(boundaries.Bottom / 10 - boundaries.Top / 10) * 10);
}

public void NewLevel(Random random) {
  level++;
  switch (level) {
    case 1:
      Enemies = new List<Enemy>();
      Enemies.Add(new Bat(this, GetRandomLocation(random)));
      WeaponInRoom = new Sword(this, GetRandomLocation(random));
      break;
  }
}
}
```

Attack() é quase igual a Move(). O jogador ataca e os inimigos têm sua vez de jogar.

GetRandomLocation() será útil no método NewLevel(), que irá usá-lo para determinar onde colocar os inimigos e as armas.

Isto é só um truque matemático para conseguir um local aleatório dentro do retângulo que representa a área da masmorra.

Só acrescentamos case para o nível 1. É sua função adicionar cases para os outros níveis.

Temos espaço apenas no inventário para uma porção azul e uma vermelha. Portanto, se o jogador já tiver uma poção vermelha, então o jogo não adicionará uma poção vermelha ao nível (e o mesmo ocorre para a poção azul).

Termine o restante dos níveis

É sua função terminar o método NewLevel().
Aqui estão os detalhes para cada nível:

Nível	Inimigos	Armas
2	Fantasma	Poção azul
3	Zumbi	Arco
4	Morcego, Fantasma	Arco, se não foi pego no 3; caso contrário, poção azul
5	Morcego, Zumbi	Poção vermelha
6	Fantasma, Zumbi	Bastão
7	Morcego, Fantasma, Zumbi	Bastão, se não foi pega no 6; caso contrário, poção vermelha
8	N/A	N/A – termine o jogo com Application.Exit()

Então, se a poção azul ainda estiver no inventário do jogador do Nível 2, nenhuma aparecerá neste nível.

Esta apenas aparece se a poção vermelha do Nível 5 já foi utilizada.

Encontrando comportamento comum: movimento

Você já sabe que duplicar código é ruim e o código duplicado normalmente aparece quando dois ou mais objetos compartilham o mesmo comportamento. Este é o caso no jogo da masmorra também... tanto os inimigos quanto os jogadores se movimentam.

Vamos criar uma classe `Mover`, para abstrair esse comportamento comum em um único lugar. `Player` e `Enemy` herdarão de `Mover`. E embora as armas não se movam, elas herdam de `Mover` também porque precisam de algumas de suas propriedades e métodos. `Mover` possui um método `Move()` para se mover e uma propriedade `Location` de apenas leitura que o formulário pode usar para posicionar uma subclasse de `Mover`.

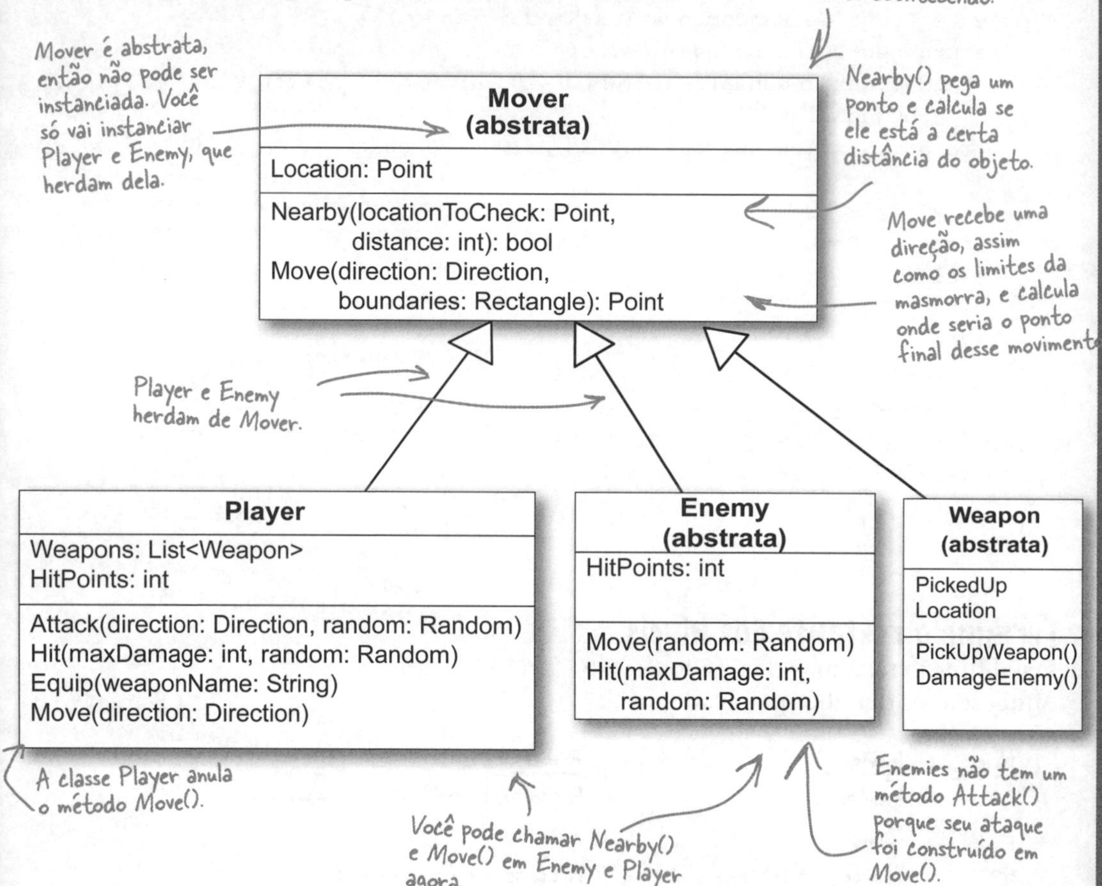

Acrescente um enum Direction

A classe `Mover`, assim como muitas outras classes, precisa de um enum `Direction`. Crie esse enum e forneça quatro valores enumerados: `Up`, `Down`, `Left` e `Right`.

O código-fonte da classe Mover

Aqui está o código para Mover:

Já que propriedades protegidas ficam disponíveis apenas para subclasses, o objeto formulário não consegue definir a posição... apenas lê através do método get público que definimos.

```
abstract class Mover {
  private const int MoveInterval = 10;
  protected Point location;
  public Point Location { get { return location; } }
  protected Game game;

  public Mover(Game game, Point location) {
    this.game = game;
    this.location = location;
  }

  public bool Nearby(Point locationToCheck, int distance) {
    if (Math.Abs(location.X - locationToCheck.X) < distance &&
        (Math.Abs(location.Y - locationToCheck.Y) < distance)) {
      return true;
    } else {
      return false;
    }
  }
  public Point Move(Direction direction, Rectangle boundaries) {
    Point newLocation = location;
    switch (direction) {
      case Direction.Up:
        if (newLocation.Y - MoveInterval >= boundaries.Top)
          newLocation.Y -= MoveInterval;
        break;
      case Direction.Down:
        if (newLocation.Y + MoveInterval <= boundaries.Bottom)
          newLocation.Y += MoveInterval;
        break;
      case Direction.Left:
        if (newLocation.X - MoveInterval >= boundaries.Left)
          newLocation.X -= MoveInterval;
        break;
      case Direction.Right:
        if (newLocation.X + MoveInterval <= boundaries.Right)
          newLocation.X += MoveInterval;
        break;
      default: break;
    }
    return newLocation;
  }
}
```

Instâncias de Mover recebem o objeto Game e uma posição atual.

O método Nearby checa a distância de Point em relação à posição atual do objeto. Se estiverem a uma distância entre si, então retornará true; se não, retornará false.

O método Move tenta mover-se um passo em uma direção. Se ele conseguir, retorna o novo Point. Se chegar a um dos limites, retorna o Point original.

Se o local final estiver fora dos limites, a nova posição permanecerá a mesma do ponto inicial.

Finalmente, este novo local é retornado (que ainda pode ser o mesmo do ponto inicial!)

Essa é uma instrução switch. Se parece muito com a instrução if/else, exceto que, ao invés de executar certas instruções se o valor for verdadeiro ou falso, ela compara um valor com o grupo de opções diferentes. Neste caso ela checa o enum direction, e executa diferentes instruções baseado no seu valor. Você aprenderá mais sobre instruções switch no próximo capítulo.

A classe Player controla o jogador

Aqui, vemos o início da classe Player. Comece com este código no IDE e prepare-se para continuá-lo.

Os objetos Player e Enemy precisam ficar dentro da masmorra, significando que precisam conhecer os limites da área do jogo. Use o método Contains() dos limites Rectangle para assegurar que eles não saiam dos limites.

```
class Player : Mover {
  private Weapon equippedWeapon;
  private int hitPoints;
  public int HitPoints { get { return hitPoints; } }

  private List<Weapon> inventory = new List<Weapon>();
  public List<string> Weapons {
    get {
      List<string> names = new List<string>();
      foreach (Weapon weapon in inventory)
        names.Add(weapon.Name);
      return names;
    }
  }

  public Player(Game game, Point location);
        : base(game, location) {
    hitPoints = 10;
  }

  public void Hit(int maxDamage, Random random) {
    hitPoints -= random.Next(1, maxDamage);
  }

  public void IncreaseHealth(int health, Random random) {
    hitPoints += random.Next(1, health);
  }

  public void Equip(string weaponName) {
    foreach (Weapon weapon in inventory) {
      if (weapon.Name == weaponName)
        equippedWeapon = weapon;
    }
  }
}
```

Todas as propriedades de Player estão ocultas do acesso direto.

Um Player pode manter muitas armas no inventário, mas só pode usar uma de cada vez

Player herda de Mover, então isto passa Game e o local para essa classe base.

O construtor do jogador define 10 para hitPoints e chama o construtor da classe base.

Quando um inimigo ataca o jogador, ele causa uma quantidade de dano aleatória. E quando uma poção aumenta a força do jogador, a quantidade aumentada também é aleatória.

O método Equip() diz ao jogador para usar uma de suas armas. O objeto Game chama esse método quando um dos ícones no inventário é clicado.

Embora as poções ajudem o jogador e não causem dano ao inimigo, ainda assim são **consideradas armas** pelo jogo. Desta forma, o inventário pode ser um List<Weapon> e o jogo pode apontar para uma com sua referência WeaponInRoom.

Um objeto Player só pode ter um objeto Weapon em uso por vez

Escreva o método Move() para Player

Game chama o método Player's Move() para dizer ao jogador para se mover em certa direção. Move() recebe a direção para se mover como um argumento (usando o enum Direction que você já deve ter adicionado). Aqui está o começo deste método:

Isto acontece quando um dos botões de movimento no formulário é clicado.

```
public void Move(Direction direction) {
  base.location = Move(direction, game.Boundaries);
  if (!game.WeaponInRoom.PickedUp) {
    // veja se a arma está próxima e possivelmente a selecione
  }
}
```

Move está na classe base Mover.

Quando o jogador seleciona uma arma, ela precisa desaparecer da masmorra e aparecer no inventário.

Você precisa completar o restante deste método. Cheque e veja se a arma está próxima do jogador (em uma unidade de distância). Se estiver, pegue a arma e adicione-a ao inventário do jogador.

Weapon e o formulário serão responsáveis por deixar o PictureBox da arma invisível quando o jogador a pegar... isto não é função da classe Player.

Se a arma for a única que o jogador possui, vá em frente e prepare-a imediatamente. Assim, o jogador poderá usá-la na próxima jogada.

Acrescente um método Attack() também

Todas as armas têm um método Attack() que possui um enum Direction e um objeto Random. O Attack() do jogador descobrirá qual arma está preparada e chamará seu Attack().

O próximo é o método Attack(). Ele é chamado quando um dos botões de ataque do formulário é clicado e é executado numa direção (novamente, a partir do enum Direction). Aqui está a assinatura do método:

Se a arma for uma poção, Attack() irá removê-la do inventário após o jogador bebê-la.

```
public void Attack(Direction direction, Random random) {
   // Seu código entra aqui
}
```

Se o jogador não tiver uma arma equipada, este método não fará nada. Se o jogador tiver uma, deverá chamar o método Attack() da arma.

Mas, as poções são um caso especial. Se uma poção for usada, remova-a do Inventário do jogador, já que ela não está mais disponível.

As poções implementarão uma interface IPotion (mais sobre isso em um minuto, então você poderá usar a palavra-chave "is" para ver se Weapon é uma implementação de IPotion.

Morcegos, fantasmas e zumbis herdam da classe Enemy

Daremos a você outra classe abstrata útil: `Enemy`. Cada tipo diferente de inimigo possui sua própria classe que herda da classe `Enemy`. Os diferentes tipos de inimigos movem-se de maneiras diferentes, assim, a classe abstrata `Enemy` deixa o método `Move` como um método abstrato – as três classes de inimigos precisarão implementá-lo diferentemente, dependendo de como se movem.

Enemy (abstract)
HitPoints: int
Move(random: Random) Hit(maxDamage: int, random: Random)

```
abstract class Enemy : Mover {
   private const int NearPlayerDistance = 25;
   private int hitPoints;
   public int HitPoints { get { return hitPoints; } }
   public bool Dead { get {
        if (hitPoints <= 0) return true;
        else return false;
     }
   }
   public Enemy(Game game, Point location, int hitPoints)
        : base(game, location) { this.hitPoints = hitPoints; }

   public abstract void Move(Random random);

   public void Hit(int maxDamage, Random random) {
      hitPoints -= random.Next(1, maxDamage);
   }

   protected bool NearPlayer() {
     return (Nearby(game.PlayerLocation,
                    NearPlayerDistance));
   }
   protected Direction FindPlayerDirection(Point playerLocation) {
     Direction directionToMove;
        if (playerLocation.X > location.X + 10)
           directionToMove = Direction.Right;
     else if (playerLocation.X < location.X - 10)
           directionToMove = Direction.Left;
     else if (playerLocation.Y < location.Y - 10)
           directionToMove = Direction.Up;
     else
           directionToMove = Direction.Down;
      return directionToMove;
   }
}
```

O formulário pode usar esta propriedade de apenas leitura para ver se o inimigo deve ser visível na masmorra do jogo.

Cada subclasse de Enemy implementa isto.

Quando o jogador ataca um inimigo, ele chama o método Hit() do inimigo, que subtrai um número aleatório dos pontos de vida.

A classe Enemy herdou o método Nearby() de Mover, que pode ser usado para descobrir se o inimigo está perto do jogador.

Se você forneceu para FindPlayerDirection() a localização do jogador, ele usará o campo location da classe base para descobrir onde o jogador está em relação ao inimigo e retornará um enum Direction que informa em qual direção o inimigo precisa mover-se para se aproximar do jogador.

Escreva as diferentes subclasses de Enemy

As três subclasses diferentes de `Enemy` são bem fáceis. Cada inimigo possui um número diferente de pontos de vida iniciais, ele se move de forma diferente e provoca uma quantidade de dano diferente quando ataca. Você precisará fazer cada um passar um parâmetro `startingHitPoints` diferente para o construtor base `Enemy` e terá de escrever métodos `Move()` diferentes para cada subclasse.

Aqui vemos um exemplo de como uma dessas classes pode ficar:

```
class Bat : Enemy {
    public Bat(Game game, Point location)
        : base(game, location, 6)
    { }
    public override void Move(Random random) {
        // Seu código vai aqui
    }
}
```

O morcego começa com 6 pontos de vida, logo ele passa 6 para o construtor da classe base.

Provavelmente, você não precisará de nenhum construtor para isto; a classe base cuida de tudo.

O morcego voa por aí um tanto aleatoriamente, portanto usa Random para voar em uma direção aleatória na metade do tempo.

Quando um inimigo não tiver mais pontos de vida, o formulário não vai mais exibi-lo. Mas, ele ainda constará na lista Enemies do jogo até que o jogador termine o nível.

Cada uma destas subclassifica a classe base Enemy que, por sua vez, subclassifica Mover.

O morcego começa com seis pontos de vida. Ele continua se aproximando do jogador e atacando, **desde que tenha um ou mais pontos de vida**. Quando ele se move, existe uma chance de 50% de que seja na direção do jogador e 50% de que seja numa direção aleatória. Depois que o morcego se move, ele checa se está perto do jogador – se estiver, então ele atacará com até 2 pontos de dano.

Devemos garantir que o formulário verifique se um inimigo deve ser visível em todos os turnos.

O fantasma é mais difícil de derrotar que o morcego, mas como este, ele só vai mover-se e atacar se seus pontos de vida forem maiores que zero. Ele começa com 8 pontos. Quando ele se move, existe uma chance em três de que ele vá na direção do jogador e duas chances em três de permanecer parado. Se estiver perto do jogador, ele atacará com até 3 pontos de dano.

O fantasma e o zumbi usam Random para fazê-los se mover mais lentamente que o jogador.

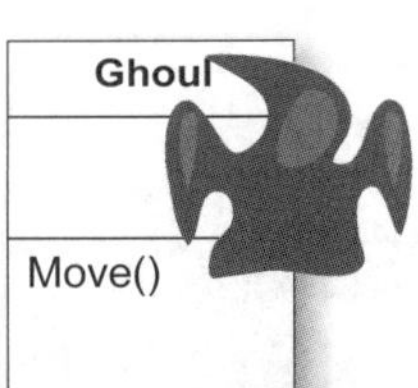

O zumbi é o inimigo mais difícil. Ele começa com 10 pontos de vida e só se move e ataca se seus pontos forem maiores que zero. Quando ele se move, há duas chances em três de que vá em direção ao jogador e uma em três de ficar parado. Se estiver perto do jogador, ele atacará com até quatro pontos de dano.

Weapon herda de Mover, cada arma herda de Weapon

Precisamos de uma classe base Weapon, assim como tínhamos uma classe base Enemy. E cada arma tem uma posição, assim como uma propriedade indicando se ela foi selecionada ou não. Aqui está a classe base Weapon:

Weapon (abstract)
PickedUp Location
PickUpWeapon() DamageEnemy()

Weapon herda de Mover porque usa seus métodos Nearby() e Move() em DamageEnemy().

```
abstract class Weapon : Mover {

  protected Game game;
  private bool pickedUp;
  public bool PickedUp { get { return pickedUp; } }
  private Point location;
  public Point Location { get { return location; } }

  public Weapon(Game game, Point location) {
    this.game = game;
    this.location = location;
    pickedUp = false;
  }

  public void PickUpWeapon() { pickedUp = true; }

  public abstract string Name { get; }

  public abstract void Attack(Direction direction, Random random);

  protected bool DamageEnemy(Direction direction, int radius,
                             int damage, Random random) {
    Point target = game.PlayerLocation;
    for (int distance = 0; distance < radius; distance++) {
      foreach (Enemy enemy in game.Enemies) {
        if (Nearby(enemy.Location, target, radius)) {
          enemy.Hit(damage, random);
          return true;
        }
      }
      target = Move(direction, target, game.Boundaries);
    }
    return false;
  }
}
```

Uma arma selecionada (pickedUp) não deve mais ser exibida... o formulário pode usar este acesso get para descobrir isso.

Toda arma possui uma posição na masmorra do jogo.

O construtor define os campos game e location, e define pickedUp para false (porque a arma ainda não foi selecionada).

Cada classe de arma precisa implementar uma propriedade Name e um método Attack() que determina como essa arma ataca.

A propriedade Name de cada arma retorna seu nome ("Sword", "Mace", "Bow").

Cada arma possui um alcance e um padrão de ataque diferentes e por isso, elas implementam o método Attack() de forma diferente.

O método Nearby() na classe Mover tem apenas dois parâmetros, Point e int, e compara Point com o local do campo Mover. Você precisará adicionar um Nearby() sobrecarregado quase idêntico, exceto que tem três parâmetros, dois Points e uma distância, que compara o primeiro ponto (Point) com o segundo (ao invés do local). Você também precisará adicionar uma sobrecarga similar para o método Move().

O método DamageEnemy() é chamado por Attack(). Ele tenta achar um inimigo em certa direção e raio. Se ele achar, chamará o método Hit() do inimigo e retornará true. Se nenhum inimigo for encontrado, ele retornará false.

Armas diferentes atacam de formas diferentes

Cada subclasse de `Weapon` possui seu próprio nome e logística de ataque. Seu trabalho é implementar essas classes. Aqui está a estrutura básica para uma subclasse `Weapon`:

Cada subclasse representa uma das três armas: uma espada, arco ou bastão.

```
class Sword : Weapon {

    public Sword(Game game, Point location)
        : base(game, location) { }

    public override string Name { get { return "Sword"; } }

    public override void Attack(Direction direction, Random random) {
        // Seu código vai aqui
    }
}
```

Cada subclasse conta com a classe base para fazer o trabalho de inicialização.

Basicamente, codificamos especificamente o nome de cada arma.

O objeto Game passará a direção na qual atacar.

O jogador pode usar as armas sempre – elas nunca serão abaixadas ou pararão de funcionar.

A sword (espada) é a primeira arma que o jogador seleciona. Ela tem um grande ângulo de ataque: se ele atacar, então primeiro tentará atacar um inimigo que está nessa direção – se não existir nenhum inimigo lá, examinará a direção à direita do ataque original e atacará qualquer inimigo ali, e se ainda assim não acertar, tentará atacar um inimigo à esquerda da direção original do ataque. Ela tem um raio 10 e causa três pontos de dano.

Pense cuidadosamente sobre isto... o que é a direita da esquerda? O que é a esquerda da direção para cima?

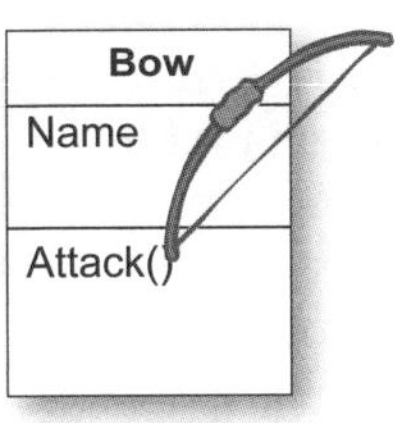

O bow (arco) possui um ângulo muito restrito de ataque, mas tem um alcance bem grande – o raio de ataque é 30, mas ele só causa 1 ponto de dano. Ao contrário da espada, que ataca em três direções (porque o jogador a movimenta num grande arco), quando o jogador usa o arco em uma direção, ele apenas atira nessa única direção.

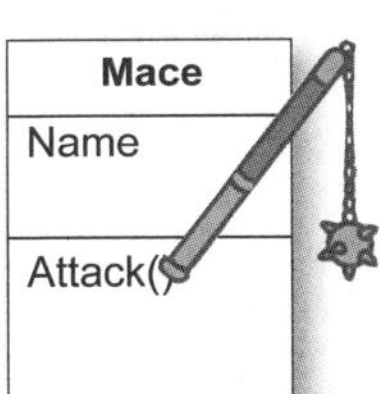

A mare (maça) é a arma mais poderosa na masmorra. Não importa em qual direção o jogador ataca com ele – já que faz um círculo completo, atacará qualquer inimigo num raio 20 e causará até 6 pontos de dano.

As diferentes armas chamarão DamageEnemy() de muitas formas. O bastão ataca em todas as direções, assim, se o jogador estiver atacando para a direita, chamará DamageEnemy(Direction.Right, 20, 6, random). Se não acertar nenhum inimigo, atacará para frente. Se não houver nenhum inimigo lá, tentará à esquerda e, então, para baixo – um movimento de círculo completo.

As poções implementam a interface IPotion

Existem duas poções, uma azul e uma vermelha, que aumentam a saúde do jogador. Elas funcionam como as armas – o jogador as pega na masmorra, coloca-as clicando no inventário e **usa-as clicando em um dos botões de ataque**. Então, faz sentido herdarem da classe abstrata `Weapon`.

Porém, as poções funcionam um pouco diferente também, assim você precisará adicionar uma interface `IPotion` para que possam ter um comportamento extra: aumentar a saúde do jogador. Essa interface é realmente simples. As poções só precisam adicionar uma propriedade de apenas leitura chamada `Used` que retornará `false` se o jogador não tiver usado a poção e `true`, se tiver. O formulário a usará para determinar se deve ou não mostrar a poção no inventário.

```
interface IPotion {
  bool Used { get; }
}
```

IPotion faz com que as poções possam ser usadas só uma vez. Também é possível descobrir se Weapon é uma poção com "if (weapon is IPotion)", graças à interface.

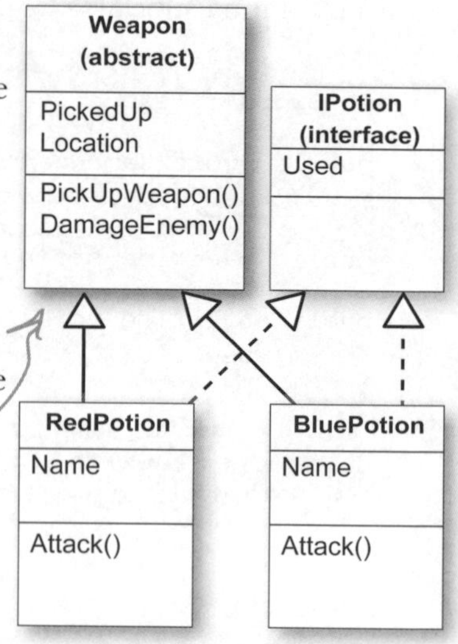

As poções herdam da classe Weapon porque são usadas como armas – o jogador clica na poção no pergaminho do inventário para prepará-la, então clica em qualquer botão de ataque para usá-la.

Você deve ser capaz de escrever estas classes usando este diagrama de classes e a informação que segue.

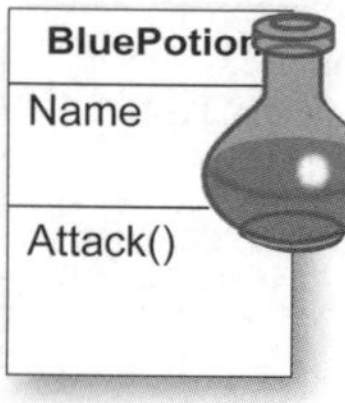

A propriedade `Name` da classe `BluePotion` deve retornar a string "Blue Potion". Seu método `Attack()` será chamado quando o jogador usar a poção azul – ela deve aumentar em até 5 pontos a saúde do jogador chamando o método `IncreasePlayerHealth()`. Depois que o jogador usa a poção, seu método `Used()` deve retornar `true`.

Se o jogador pegar uma poção azul no nível 2, usá-la, e pegar outra no nível 4, o jogo criará duas instâncias BluePotion diferentes.

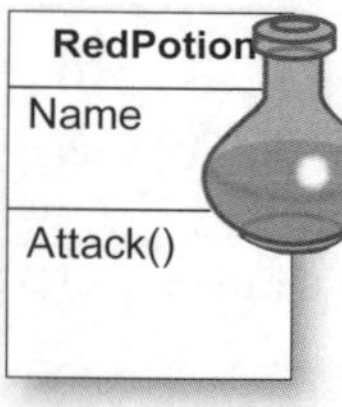

A classe `RedPotion` é muito parecida com `BluePotion`, exceto que sua propriedade `Name` retorna a string "Red Potion" e seu método `Attack()` aumenta a saúde do jogador em até 10 pontos.

O formulário junta tudo

Existe uma instância do objeto `Game` e ela existe como um campo privado de seu formulário. Ela é criada no evento `Load` do formulário e as várias sub-rotinas de evento no formulário usam os campos e os métodos do objeto Game para manter o jogo em andamento.

Tudo começa com a sub-rotina de evento `Load` do formulário, que passa um `Rectangle` para `Game`, definindo os limites da área de jogo da masmorra. Aqui está o código do formulário para ajudar um pouco:

```
private Game game;
private Random random = new Random();
private void Form1_Load(object sender,
                        EventArgs e) {
    game = new Game(new Rectangle(78, 57, 420, 155));
    game.NewLevel(random);
    UpdateCharacters();
}
```

Estes são os limites da masmorra na imagem de fundo que você vai baixar e adicionar ao formulário.

Usando um Rectangle

Você encontrará muitos Rectangles sempre que trabalhar com formulários. Você pode criar um passando os valores X, Y, Width e Height ou dois Points (para os cantos opostos). Uma vez que você tenha uma instância de retângulo, pode também acessar seus valores Left, Right, Top e Bottom, assim como seus valores X, Y, Width e Height.

Lembre-se de clicar duas vezes em **cada** PictureBox para que o IDE adicione uma sub-rotina de evento separada para cada um deles.

O formulário possui uma sub-rotina de evento separada para cada evento `Click` de `PictureBox`. Quando o jogador clicar na espada, primeiro verificará se ela está no inventário usando o método `CheckPlayerInventory()` do objeto `Game`. Se o jogador estiver segurando a espada, o formulário chamará `game.Equip()` para equipá-lo. Então, definirá a propriedade `BorderStyle` de cada `PictureBox` para desenhar uma caixa em volta da espada e assegurar que nenhum dos outros ícones tenha uma caixa em volta.

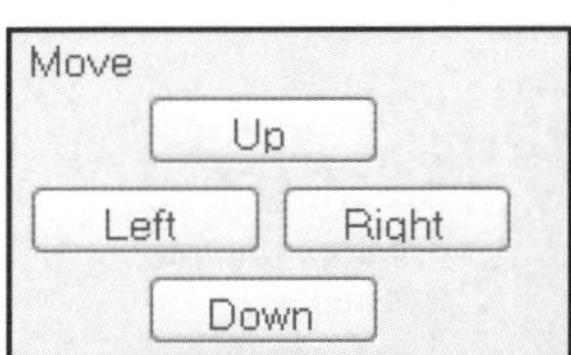

Há uma sub-rotina de evento para cada um dos quatro botões direcionais. São bem simples. Primeiro, o botão chama `game.Move()` com o valor `Direction` apropriado, então chama o método `UpdateCharacters()` do formulário.

Altere os botões de volta quando o jogador segurar a espada, o arco ou o bastão.

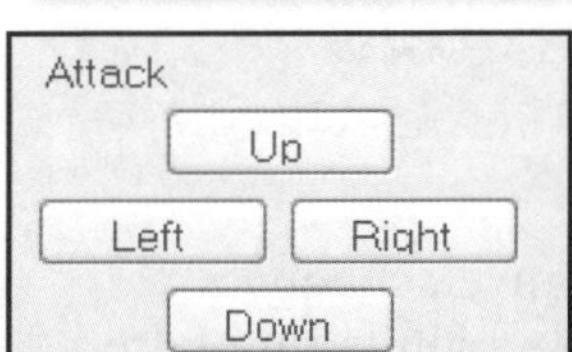

As quatro sub-rotinas de evento dos botões de ataque também são muito simples. Cada botão chama game.`Attack()`, então o método `UpdateCharacters()` do formulário. Se o jogador preparar uma poção, ela ainda será usada da mesma forma – chamando `game.Attack()` – mas, as poções não têm direção. Então, deixe os botões Left, Right e Down invisíveis quando o jogador preparar uma poção e altere o texto no botão Up para "Drink" (Beber).

O método UpdateCharacters() do formulário posiciona os PictureBoxes

A última parte do jogo é o método `UpdateCharacters()` do formulário. Quando todos os objetos tiverem se movido e atuado uns nos outros, o formulário atualizará tudo... então, as armas que foram abaixadas terão as propriedades `Visible` de seus `PictureBoxes` definidas para false, os inimigos e os jogadores serão desenhados em seus novos lugares (e os mortos ficarão invisíveis) e o inventário será atualizado.

Isto é o que você tem que fazer:

1 Atualize a posição e as estatísticas do jogador

A primeira coisa a fazer é atualizar `PictureBox` de localização do jogador e o rótulo que mostra seus pontos de vida. Você precisará de algumas variáveis para determinar se mostrará cada um dos vários inimigos.

```
void UpdateCharacters( ) {
   Player.Location = game.PlayerLocation;
   playerHitPoints.Text =
     game.PlayerHitPoints.ToString( );

   bool showBat = false;
   bool showGhost = false;
   bool showGhoul = false;
   int enemiesShown = 0;
   // aqui vai mais código...
```

A variável showBat será definida para true se tornamos PictureBox do morcego visível. O mesmo vale para showGhost e showGhoul.

2 Atualize a localização e os pontos de vida de cada inimigo

Cada inimigo pode estar em uma nova posição e ter uma definição diferente de pontos de vida. Você precisa atualizar cada inimigo depois de atualizar a localização do jogador:

```
foreach (Enemy enemy in game.Enemies) {
  if (enemy is Bat) {
    bat.Location = enemy.Location;
    batHitPoints.Text = enemy.HitPoints.ToString();
    if (enemy.HitPoints > 0) {
      showBat = true;
      enemiesShown++;
    }
  }
  // etc...
```

Este aqui vai logo após o código acima.

Isto afetará apenas um pouco a visibilidade dos controles PictureBox do inimigo.

Você vai precisar de mais duas instruções if como esta em seu loop foreach – uma para o fantasma e outra para o zumbi.

Depois que você fazer um loop em todos os inimigos no nível, cheque a variável `showBat`. Se o morcego foi morto, então `showBat` ainda será false, logo, torne seu `PictureBox` invisível e limpe o rótulo de seus pontos de vida. Depois, faça o mesmo para `showGhost` e `showGhoul`.

3 **Atualize os PictureBoxes da arma**

Declare uma variável `weaponControl` e use uma grande instrução `switch` para defini-la para o `PictureBox` que corresponde à arma no lugar.

```
sword.Visible = false;
bow.Visible = false;
redPotion.Visible = false;
bluePotion.Visible = false;
mace.Visible = false;
Control weaponControl = null;
switch (game.WeaponInRoom.Name) {
   case "Sword":
      weaponControl = sword; break;
```

Certifique-se de que os nomes de seus controles correspondam a estes nomes. É fácil acabar com erros que são difíceis de controlar se eles não corresponderem.

Você terá mais cases para cada tipo de arma.

O restante dos cases deve definir a variável `weaponControl` para o controle correto no formulário. Depois de `switch`, defina `weaponControl.Visible` para `true` para exibir.

4 **Defina a propriedade Visible em cada PictureBox dos ícones do inventário**

Verifique o método `CheckPlayerInventory( )` do objeto `Game` para descobrir se os diversos ícones do inventário devem ser exibidos ou não.

5 **Aqui está o restante do método**

O resto do método faz três coisas. Primeiro, verifica para saber se o jogador já selecionou a arma no local, portanto sabe se é para exibi-la ou não. Então, verifica para saber se o jogador morreu. E finalmente, verifica para saber se o jogador derrotou todos os inimigos. Se derrotou, então ele avançará para o próximo nível.

```
weaponControl.Location = game.WeaponInRoom.Location;
if (game.WeaponInRoom.PickedUp) {
  weaponControl.Visible = false;
} else {
  weaponControl.Visible = true;
}
if (game.PlayerHitPoints <= 0) {
  MessageBox.Show("You died");
  Application.Exit();
}
if (enemiesShown < 1) {
  MessageBox.Show("You have defeated the enemies on this level");
  game.NewLevel(random);
  UpdateCharacters();
}
```

Todo nível tem uma arma. Se ela foi selecionada, precisaremos tornar seu ícone invisível.

Application.Exit() imediatamente sai do programa. Faz parte de System.Windows.Forms, então você vai precisar da instrução using apropriada se quiser usá-lo dentro de um formulário.

Se não houver mais inimigos no nível, então o jogador derrotou todos eles e é hora de ir para o próximo estágio.

A diversão está apenas começando!

Sete níveis, três inimigos... este é um jogo bem legal. Mas, você ainda pode melhorá-lo. Aqui temos algumas ideias para você começar...

Deixe os inimigos mais inteligentes

Você consegue descobrir como alterar os métodos Move() dos inimigos para que sejam mais difíceis de derrotar? Veja se consegue mudar suas constantes em propriedades e acrescente uma forma de alterá-las no jogo.

Acrescente mais níveis

O jogo não tem que acabar depois de sete níveis. Veja se consegue colocar mais... você consegue descobrir como fazer o jogo durar indefinidamente? Se o jogador ganhar, faça um final legal animado com fantasmas e morcegos dançando! E o jogo terminará abruptamente se o jogador morrer. Você consegue pensar em mais algum final legal para o usuário? Talvez, deixá-lo recomeçar o jogo ou jogar seu último nível de novo.

Acrescente tipos diferentes de inimigos

Você não precisa limitar a masmorra a zumbis, fantasmas e morcegos. Veja se consegue adicionar mais inimigos ao jogo.

Acrescente mais armas

O jogador definitivamente precisará de mais ajuda para derrotar qualquer novo inimigo acrescentado. Pense em novas maneiras a respeito de como as armas podem atacar ou coisas diferentes que as poções podem fazer. Tire vantagem do fato de Weapon ser uma subclasse de Mover – crie armas mágicas que o jogador deva perseguir!

Acrescente mais gráficos

Você pode ir para **www.altabooks.com.br** para encontrar mais arquivos de gráficos para obter inimigos, armas e outras imagens adicionais para ajudá-lo a estimular sua imaginação.

Torne-o um jogo de ação

Eis um desafio interessante. Você pode descobrir como usar o evento KeyDown e Timer utilizado no Jogo de Digitação do Capítulo 4 para mudar este jogo baseado em turnos em um jogo de ação?

Esta é a sua chance de se exibir! Você inventou uma nova versão legal do jogo? Junte-se ao fórum Use a Cabeça, faça valer seus direitos e conte vantagem: www.headfirstlabs.com/books/hfcsharp/ (em inglês)

9 lendo e escrevendo arquivos

Salve o array de bytes, salve o mundo

Às vezes, vale a pena ser um pouco persistente.

Até agora, todos os seus programas têm funcionado por muito pouco tempo. Eles são ativados, executam por um curto intervalo e desligam. Mas isso nem sempre é o bastante, principalmente quando você está lidando com informações importantes. Você precisa ser capaz de **salvar seu trabalho**. Neste capítulo, veremos como **escrever dados em um arquivo** e então, como **ler essa informação de volta** de um arquivo. Você aprenderá sobre as **classes stream** do .NET e também verá os mistérios do **hexadecimal** e do **binário**.

O .NET usa streams para ler e escrever dados

Um **stream** é como o .NET Framework coloca e retira dados do seu programa. Quando seu programa lê ou escreve em um arquivo, conecta-se a outro computador em rede ou quando faz qualquer coisa que **envia ou recebe bytes** de um lugar para outro, você está usando streams.

Sempre que quiser ler ou escrever dados em um arquivo, usará um objeto Stream.

Digamos que você tenha um programa simples – um formulário com uma manipulador de eventos que precisa ler dados de um arquivo. Você usará um objeto Stream para isto.

E se o seu programa precisar escrever dados fora do arquivo, ele poderá usar outro objeto Stream.

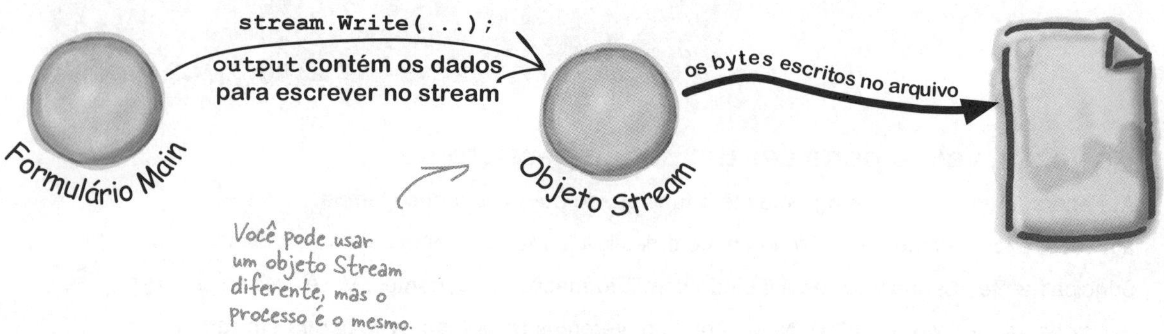

Streams diferentes leem e escrevem coisas diferentes

Todo stream é uma subclasse da classe abstrata **`Stream`** e há muitas classes stream predefinidas que fazem coisas diferentes. Iremos nos concentrar em ler e escrever em arquivos comuns, mas tudo aprendido neste capítulo é aplicável a arquivos compactados ou criptografados, ou streams de rede que não usam arquivos de forma alguma.

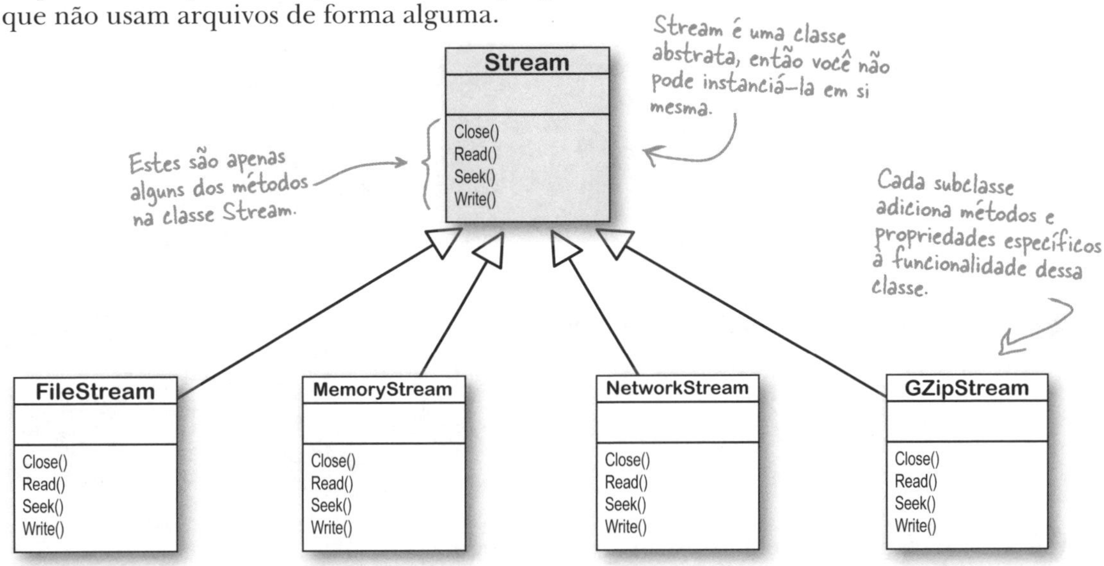

Um objeto `FileStream` permite ler e escrever em arquivos.

Um objeto `MemoryStream` permite ler e escrever dados em seções da memória.

Um objeto `NetworkStream` permite ler e escrever dados para outros computadores ou dispositivos numa rede.

Um objeto `GZipStream` permite compactar dados para que ocupem menos espaço e sejam mais fáceis de baixar e armazenar.

Coisas que você pode fazer com um stream:

1. **Escrever no stream.**
   Você pode escrever texto ou dados binários em um stream através do método `Write()` de um stream.

2. **Ler dados do stream.**
   Você pode usar o método `Read()` para recuperar dados de um arquivo, uma rede ou memória, ou praticamente de qualquer outro lugar, usando um stream.

3. **Alterar sua posição no stream.**
   A maioria dos streams suporta um método `Seek()` que permite encontrar uma posição dentro dele, permitindo ler ou inserir dados num local específico.

Os streams permitem ler e escrever dados. Use o tipo certo de stream para os dados com os quais você está trabalhando.

Um FileStream lê e escreve bytes em um arquivo

Quando seu programa precisa escrever algumas linhas de texto em um arquivo, muitas coisas devem acontecer:

Certifique-se de que Adicionou `using System.IO;` a qualquer programa que use streams.

1 Crie um novo objeto `FileStream` e mande-o escrever no arquivo.

Um FileStream só pode ser anexado a um arquivo por vez.

2 O `FileStream` anexa-se a um arquivo.

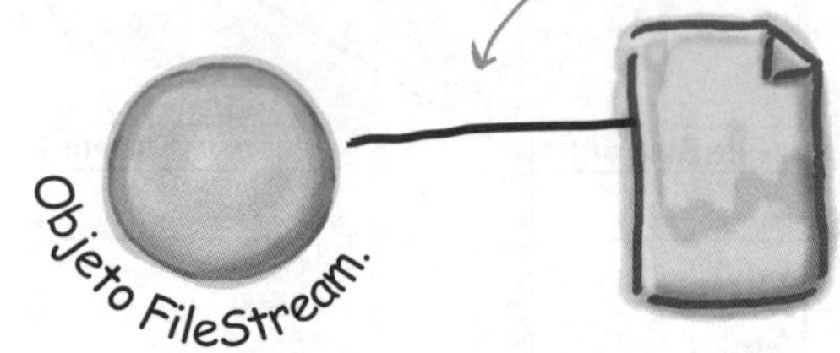

3 Os streams escrevem bytes em arquivos, logo, você precisará converter a string que deseja escrever num array de `bytes`.

Isto se chama **codificação** e falaremos mais sobre isso depois...

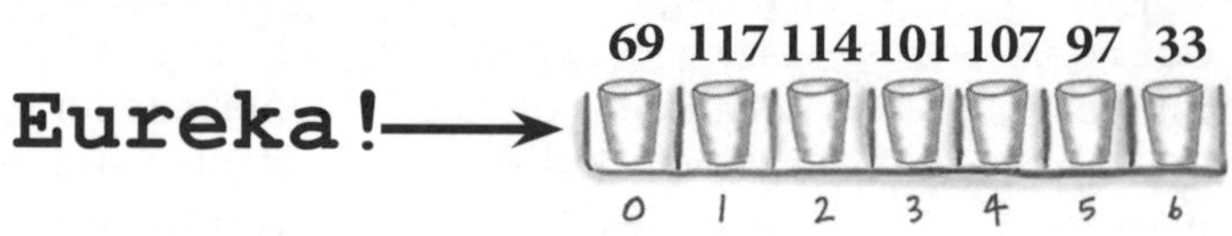

4 Chame o método `Write()` de stream e passe-o ao array de `bytes`.

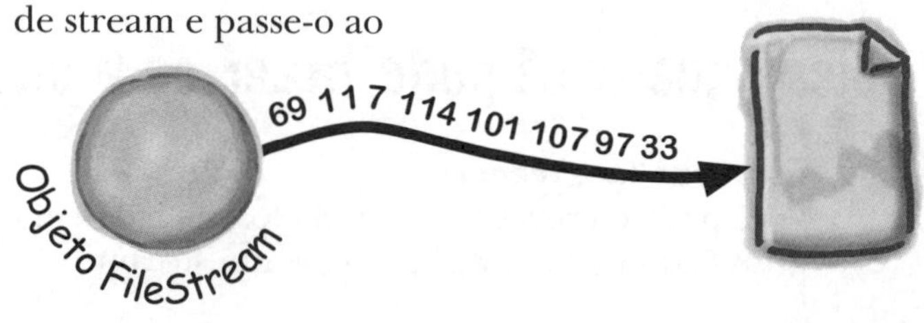

5 Feche o arquivo para que os outros programas possam acessá-lo.

Esquecer de fechar um stream é um grande problema. Se isso acontecer, o arquivo travará e os outros programas não poderão usá-lo até você fechar seu stream.

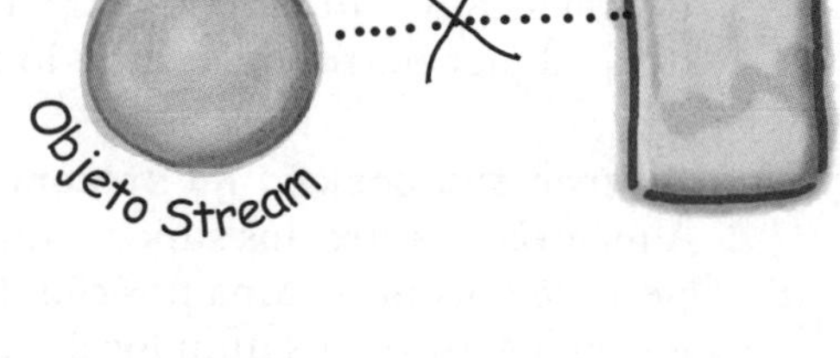

Como escrever texto em um arquivo em 3 passos simples

O C# possui uma classe conveniente chamada **StreamWriter** que faz todas essas coisas num único passo fácil. Tudo a fazer é criar um novo objeto **StreamWriter** e dar-lhe um nome de arquivo. Ele **automaticamente** cria um `FileStream` e abre arquivo. Então, você pode usar os métodos `Write()` e `WriteLine()` de `StreamWriter` para escrever tudo que quiser em um arquivo.

StreamWriter cria e gerencia um objeto FileStream para você automaticamente.

1. **Use o construtor de StreamWriter para abrir ou criar um arquivo**
Você pode passar um nome de arquivo para o construtor `StreamWriter()`. Quando você faz isso, o escritor automaticamente abre o arquivo. `StreamWriter` também possui um construtor sobrecarregado que tem um `bool`: true se você quiser adicionar texto ao final de um arquivo existente (ou anexar) ou false se quiser apagar o arquivo existente e criar um novo com o mesmo nome.

```
StreamWriter writer = new StreamWriter(@"C:\newfiles\toaster oven.txt",true);
```

Colocar @ na frente do nome do arquivo diz ao C# para tratar isto como uma string literal, sem caracteres de escape, tais como \t para tabulação ou \n para nova linha.

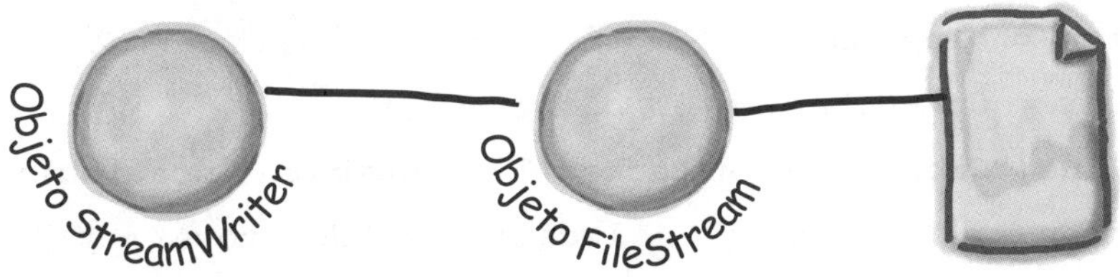

2. **Use os métodos Write() e WriteLine() para escrever no arquivo**
Estes métodos funcionam exatamente como aqueles em `Console`: `Write()` escreve texto e `WriteLine()` escreve texto e acrescenta uma quebra de linha ao final. Se você incluir "{0}", "{1}", "{2}" etc. dentro da string que está escrevendo, os métodos incluirão parâmetros nas strings sendo escritas: "{0}" é substituído pelo primeiro parâmetro após a string sendo escrita, "{1}" é substituído pelo segundo etc.

```
writer.WriteLine("The {0} is set to {1} degrees.", appliance, temp);
```

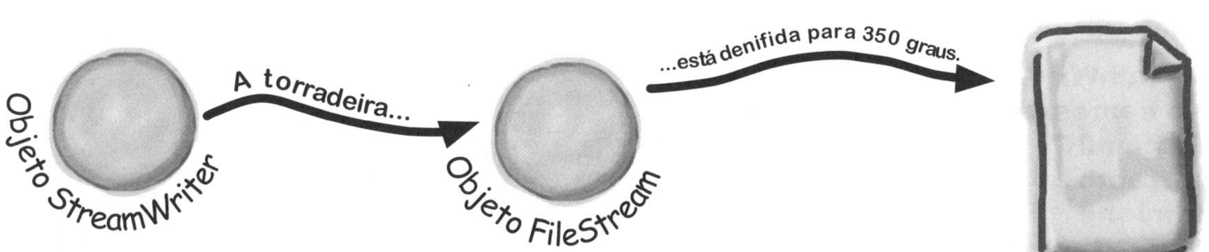

3. **Chame o método Close() para liberar o arquivo**
Se você deixar o stream aberto e anexado a um arquivo, então ele manterá o arquivo aberto travado e nenhum outro programa poderá usá-lo. Portanto, sempre feche seus arquivos!

```
writer.Close();
```

O Trapaceiro prepara outro plano diabólico

Provavelmente, não é uma boa ideia escrever em sua pasta-raiz e seu SO pode nem mesmo permitir fazer isto. Portanto, selecione outro diretório no qual deseja escrever.

Os cidadãos da vila Objeto vivem há muito tempo com medo do Trapaceiro. Agora, ele está usando um `StreamWriter` para implementar outro plano maligno. Vamos ver o que está acontecendo. Crie uma nova aplicação de console e adicione isto ao método `Main()`:

O caminho começa com um sinal @ para que StreamWriter não interprete "\" como o início de uma sequência de escape.

Esta linha cria o objeto StreamWriter e informa-o sobre onde o arquivo estará.

```
StreamWriter sw = new StreamWriter(@"C:\secret_plan.txt");
sw.WriteLine("How I'll defeat Captain Amazing");
sw.WriteLine("Another genius secret plan by The Swindler");
sw.Write("I'll create an army of clones and ");
sw.WriteLine("unleash them upon the citizens of Objectville.");
string location = "the mall";
for (int number = 0; number <= 6; number++){
    sw.WriteLine("Clone #{0} attacks {1}", number, location);
    if (location == "the mall") { location = "downtown"; }
    else { location = "the mall"; }
}
sw.Close();
```

WriteLine() adiciona uma nova linha depois de escrever. Write() só envia texto, sem nenhuma linha extra no fim.

Você consegue descobrir o que está acontecendo com a variável location neste código?

Você pode usar {} no texto para passar variáveis à string sendo escrita. {0} é substituído pelo primeiro parâmetro depois da string, {1} pelo segundo e assim por diante.

Close() libera qualquer conexão com o arquivo e quaisquer recursos que StreamWriter esteja usando. O texto não será escrito se você não fechar o stream.

Isto é o que o código acima produz.

StreamWriter é o namespace System.IO, portanto adicione "using System. IO ao início de seu programa.

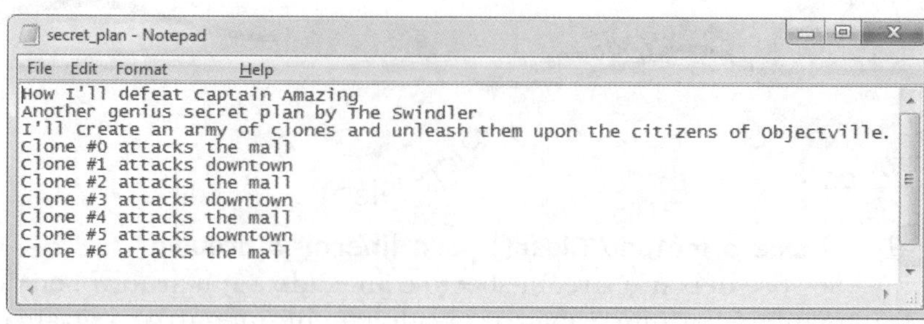

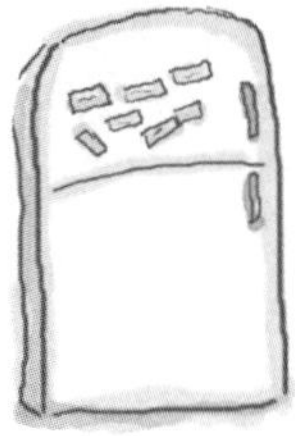

Ímãs de Geladeira de StreamWriter

Suponha que você tenha o código para `button1_Click()` exibido abaixo. Sua tarefa é usar os ímãs para construir o código para a classe Flobbo para que, quando o manipulador de evento for chamado, produza a saída mostrada no final da página. Boa sorte!

```
private void button1_Click(object sender, EventArgs e) {
    Flobbo f = new Flobbo("blue yellow");
    StreamWriter sw = f.Snobbo();
    f.Blobbo(f.Blobbo(f.Blobbo(sw), sw), sw);
}
```

```
sw.WriteLine(Zap);
Zap = "red orange";
return true;
```

```
}
```

```
sw.WriteLine(Zap);
sw.Close();
return false;
```

```
public bool Blobbo
    (bool Already, StreamWriter sw) {
```

```
public bool Blobbo(StreamWriter sw) {
```

```
sw.WriteLine(Zap);
Zap = "green purple";
return false;
```

```
}
```

```
return new
    StreamWriter("macaw.txt");
```

```
}
```

```
}
```

```
}
```

```
private string Zap;
public Flobbo(string Zap)
{
    this.Zap = Zap;
}
```

```
class Flobbo {
```

```
if (Already) {
```

```
} else {
```

```
public StreamWriter Snobbo() {
```

Saída:

```
macaw.txt - Notepad
File Edit Format View Help
blue yellow
green purple
red orange
```

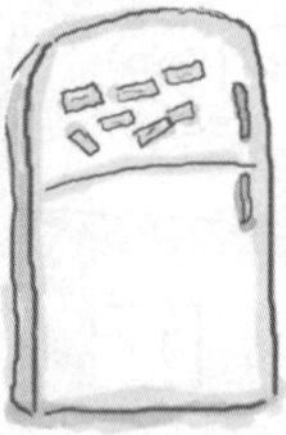

Ímãs de Geladeira de StreamWriter — Solução

Sua tarefa foi construir a classe Flobbo com os ímãs para criar a saída desejada.

```
private void button1_Click(object sender, EventArgs e) {
    Flobbo f = new Flobbo("blue yellow");
    StreamWriter sw = f.Snobbo();
    f.Blobbo(f.Blobbo(f.Blobbo(sw), sw), sw);
}
```

Apenas um lembrete: selecionamos intencionalmente nomes de variáveis estranhos e métodos nestes quebra-cabeças porque se usássemos nomes realmente bons, o quebra-cabeças seria fácil demais! Não use nomes assim em seu código, ok?

```
class Flobbo {
    private string Zap;
    public Flobbo(string Zap) {
        this.Zap = Zap;
    }

    public StreamWriter Snobbo() {
        return new
          StreamWriter("macaw.txt");
    }

    public bool Blobbo(StreamWriter sw) {
        sw.WriteLine(Zap);
        Zap = "green purple";
        return false;
    }

    public bool Blobbo
      (bool Already, StreamWriter sw) {
        if (Already) {
            sw.WriteLine(Zap);
            sw.Close();
            return false;
        } else {
            sw.WriteLine(Zap);
            Zap = "red orange";
            return true;
        }
    }
}
```

O método Blobbo() é sobrecarregado — ele tem duas declarações com parâmetros diferentes.

Feche os arquivos quando terminar de usá-los.

Saída:

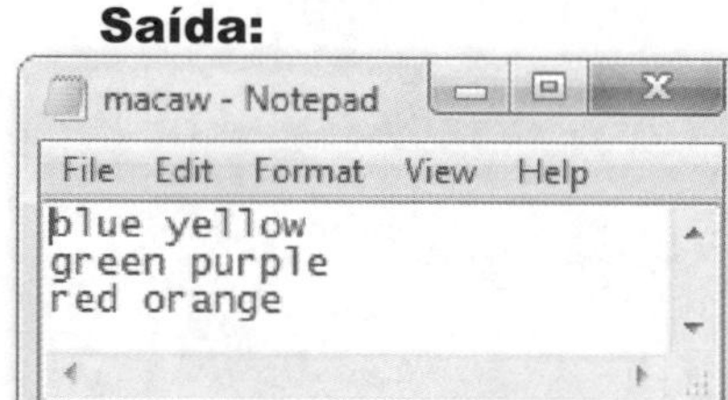

Ler e escrever usando dois objetos

Vamos ler os planos secretos de Trapaceiro com outro stream, um `StreamReader`. Ele funciona exatamente como um `StreamWriter`, mas, em vez de escrever num arquivo, você informa ao leitor o nome do arquivo que deve ser lido em seu construtor. O método `ReadLine()` retorna uma string com a próxima linha do arquivo. Você pode escrever um loop que leia linhas até que seu campo `EndOfStream` seja true – é quando não tem mais linhas para ler:

> **Uma nota rápida. Estamos lidando de modo rápido e vago com a palavra "stream". Um `StreamReader` (que herda de `TextReader`) é uma classe que lê caracteres a partir de streams. Não é um stream em si. Quando você passa um nome de arquivo para seu construtor, ele cria um stream e fecha-o quando você chama seu método `Close()`. Também tem um construtor sobrecarregado que tem um `Stream`. Veja como funciona:**

```
StreamReader reader =
   new StreamReader(@"c:\secret_plan.txt");
StreamWriter writer =
   new StreamWriter(@"c:\emailToCaptainAmazing.txt");
```

Passe o arquivo que você quer ler para o construtor de StreamReader.

Este programa usa um StreamReader para ler o plano do Trapaceiro e um StreamWriter para escrever um arquivo que será enviado por e-mail ao Capitão Maravilhoso

```
writer.WriteLine("To: CaptainAmazing@objectville.net");
writer.WriteLine("From: Commissioner@objectiville.net");
writer.WriteLine("Subject: Can you save the day... again?");
writer.WriteLine();
writer.WriteLine("We've discovered the Swindler's plan:");
while (!reader.EndOfStream) {
  string lineFromThePlan = reader.ReadLine();
  writer.WriteLine("The plan -> " + lineFromThePlan);
}
writer.WriteLine();
writer.WriteLine("Can you help us?");
writer.Close();
reader.Close();
```

Um método WriteLine() vazio escreve uma linha em branco.

EndOfStream é a propriedade que informa se não há mais dados restando para ler no arquivo.

Este loop lê uma linha do leitor e escreve-a no escritor.

Feche todo stream que abrir, mesmo se você estiver só lendo um arquivo.

StreamReader e StreamWriter abriram seus próprios streams quando você os instanciou. Chamar seus métodos Close( ) informa-os para fechar esses streams.

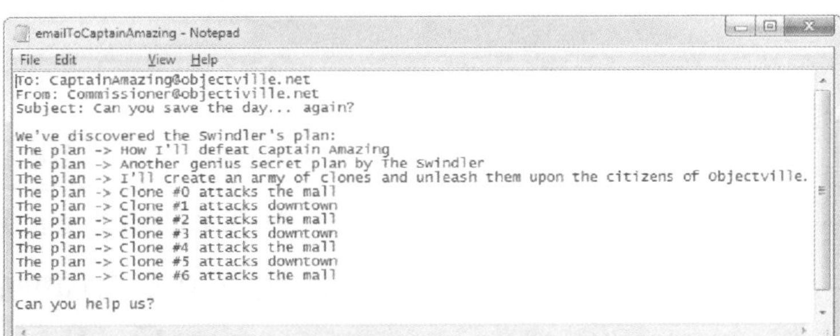

Os dados podem passar por mais de um stream

Uma grande vantagem de trabalhar com streams no .NET é que seus dados podem passar por mais de um stream a caminho de seu destino final.Um dos muitos tipos de streams que vêm com o .NET é a classe `CryptoStream`. Isso permite criptografar seus dados antes de fazer qualquer outra coisa com eles:

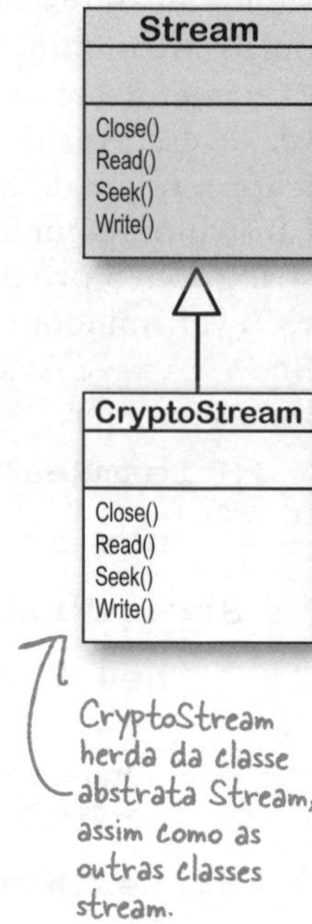

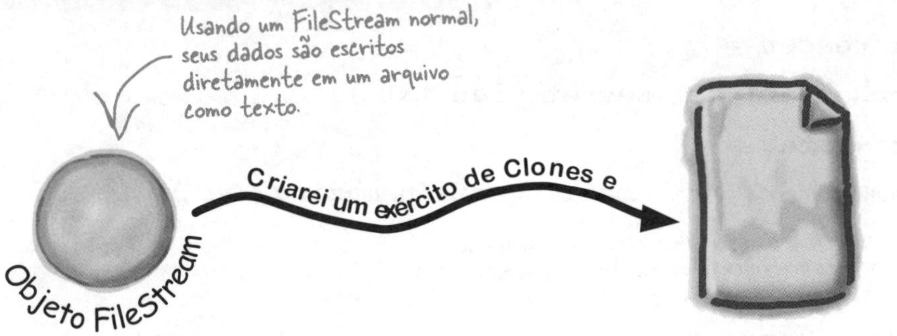

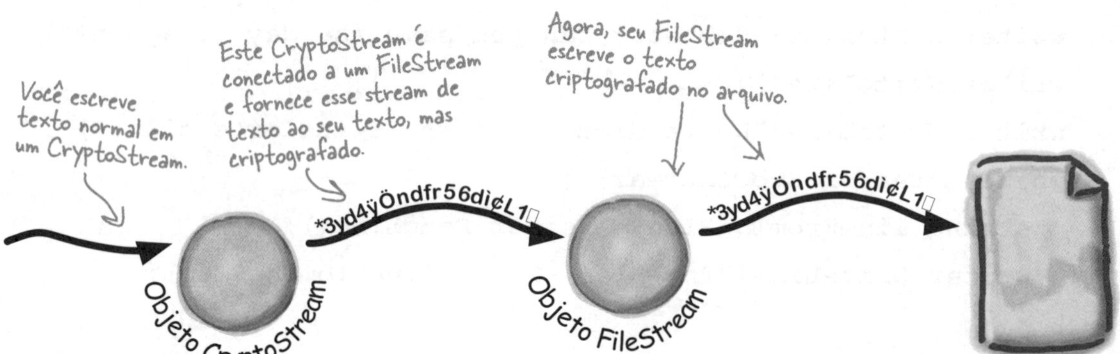

Você pode ENCADEAR os streams. Um stream pode escrever em outro, que pode escrever em outro... frequentemente terminando num stream de rede ou arquivo.

Jogos de Verão

Seu ***trabalho*** é pegar os fragmentos de código da piscina e colocá-los nas linhas em branco no programa. Você pode usar o mesmo fragmento mais de uma vez e não precisa usar todos eles. Seu ***objetivo*** é fazer o programa produzir a saída mostrada à direita.

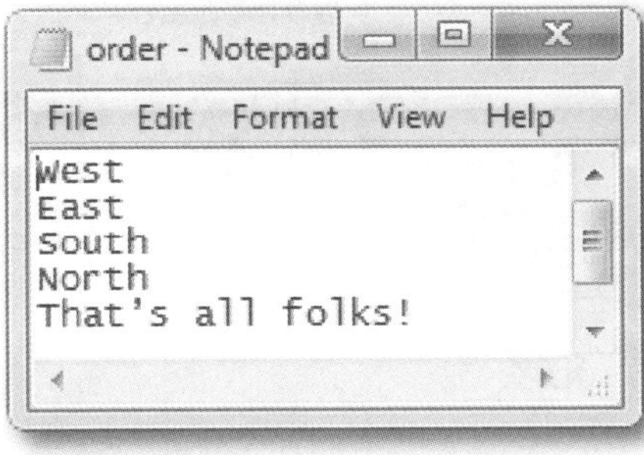


```
class Pineapple {
  const ______ d = "delivery.txt";
  public _____ ______
      { North, South, East, West, Flamingo }
  public static void Main() {
    _________ o = new ___________("order.txt");
    Pizza pz = new Pizza(new _________(d, true));
    pz.________(Fargo.Flamingo);
    for (_____ w = 3; w >= 0; w--) {
      Pizza i = new Pizza
             (new ___________(d, false));
      i.Idaho((Fargo)w);
      Party p = new Party(new __________(d));
      p.___________(o);
    }
    o.___________("That's all folks!");
    o.__________();
  }
}
```

```
class Pizza {
  private _____________ ________;
  public Pizza(___________ ________) {
    ______.writer = writer;
  }
  public void ______(_______.Fargo f) {
    writer.__________(f);
    writer.___________();
  }
}

class Party {
  private _____________ reader;
  public Party(_____________ reader) {
    ___________.reader = reader;
  }
  public void HowMuch(___________ q) {
    q.__________(reader.__________());
    reader.___________();
  }
}
```

Nota: Cada fragmento de código na piscina pode ser usado mais de uma vez!

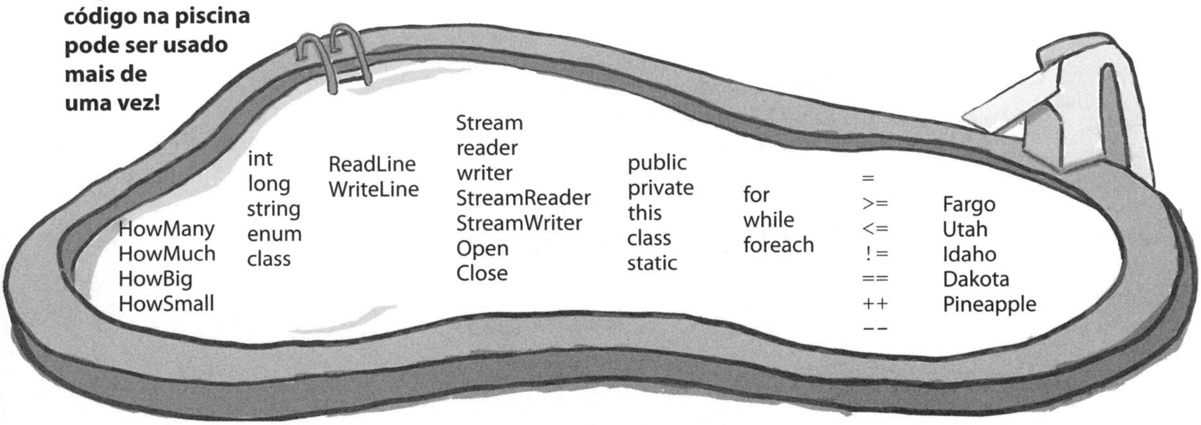

Solução dos Jogos de Verão

Este enum (especificamente, seu método ToString()) é usado para imprimir grande parte da saída.

Aqui está o ponto de entrada para o programa. Ele cria um StreamWriter, que é passado para a classe Party. Então, faz um loop nos membros Fargo, passando cada um deles para o método Pizza.Idaho() imprimir.

```
class Pineapple {
    const string d = "delivery.txt";
    public enum Fargo { North, South, East, West, Flamingo }
    public static void Main() {
        StreamWriter o = new StreamWriter("order.txt");
        Pizza pz = new Pizza(new StreamWriter(d, true));
        pz.Idaho(Fargo.Flamingo);
        for (int w = 3; w >= 0; w--) {
            Pizza i = new Pizza(new StreamWriter(d, false));
            i.Idaho((Fargo)w);
            Party p = new Party(new StreamReader(d));
            p.HowMuch(o);
        }
        o.WriteLine("That's all folks!");
        o.Close();
    }
}
```

A classe Pizza mantém um StreamWriter como um campo privado e seu método Idaho() escreve enums Fargo no arquivo usando seus métodos ToString(), que WriteLine() chama automaticamente.

```
class Pizza {
    private StreamWriter writer;
    public Pizza(StreamWriter writer) {
        this.writer = writer;
    }
    public void Idaho(Pineapple.Fargo f) {
        writer.WriteLine(f);
        writer.Close();
    }
}
```

A classe Party possui um campo StreamReader e seu método HowMuch() lê uma linha de StreamReader e escreve-a em um StreamWriter.

```
class Party {
    private StreamReader reader;
    public Party(StreamReader reader) {
        this.reader = reader;
    }
    public void HowMuch(StreamWriter q) {
        q.WriteLine(reader.ReadLine());
        reader.Close();
    }
}
```

Use objetos predefinidos para exibir caixas de diálogo padrão

Quando você estiver trabalhando em um programa que lê e escreve em arquivos, existe uma boa chance de precisar mostrar uma caixa de diálogo em algum momento para solicitar ao usuário um nome de arquivo. É por isso que o .NET vem com objetos para exibir as caixas de diálogo de arquivos padrão do Windows.

Esta é a caixa de diálogo FolderBrowseDialog.

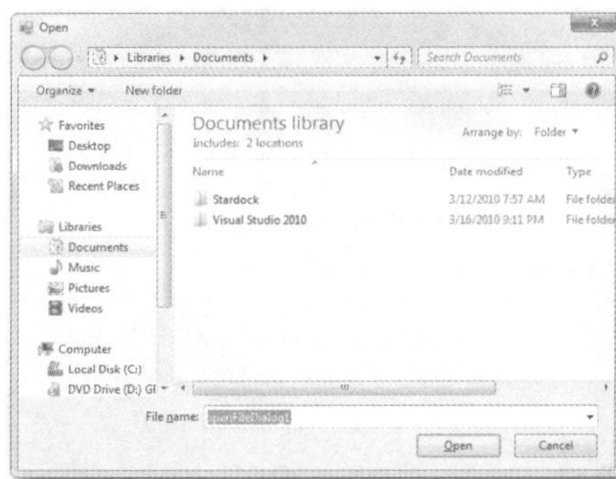

O .NET possui caixas de diálogo predefinidas, tais como OpenFileDialog, para selecionar um arquivo para abrir.

ShowDialog() exibe uma caixa de diálogo

Exibir uma caixa de diálogo é fácil. Tudo que você deve fazer é:

Vamos ver estes passos com você em um minuto.

1. Crie uma instância do objeto caixa de diálogo. Você pode fazer isso no código usando `new` ou pode arrastar de Toolbox (Caixa de ferramentas) para o seu formulário.

2. Defina as propriedades do objeto caixa de diálogo. Algumas úteis incluem `Title` (que define o texto na barra de título), `InitialDirectory` (que informa qual diretório abrir primeiro) e `FileName` (para as caixas de diálogo Open (Abrir) e Save (Salvar)).

3. Chame o método `ShowDialog()` do objeto. Isso abre a caixa de diálogo e não retorna até que o usuário clique no botão OK, em Cancel (Cancelar) ou até que feche a janela.

4. O método `ShowDialog()` retorna um `DialogResult`, que é um enum. Alguns de seus membros são `OK` (o que significa que o usuário clicou em OK), `Cancel`, `Yes` e `No` (para As caixas de diálogo Yes/No).

As caixas de diálogo são apenas outro controle do .NET

Você pode acrescentar caixas de diálogo de arquivo padrão do Windows ao seu programa apenas arrastando-as para seu formulário – arraste um controle `OpenFileDialog` de Toolbox e solte-o em seu formulário. Em vez de aparecer como um controle visual, você verá ele aparecer no espaço abaixo de seu formulário. Isso porque ele é um **componente**, um tipo especial de **controle Toolbox não visual** que não aparece diretamente no formulário, mas utilizável no código de seu formulário, como qualquer outro controle.

"Não visual" quer dizer apenas que não aparece em seu formulário quando você o arrasta da Toolbox.

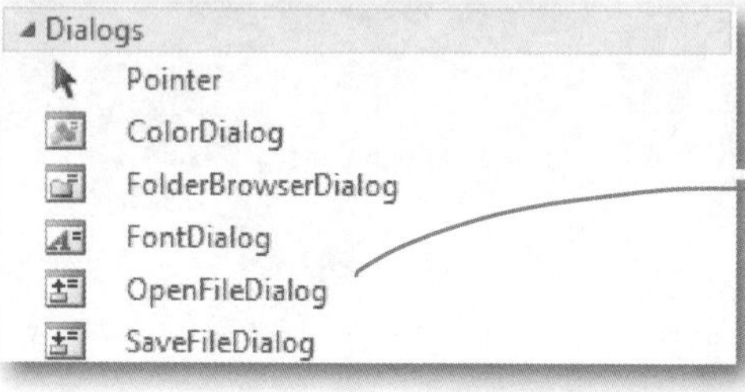

Quando você arrasta um componente da Toolbox para dentro de seu formulário, o IDE exibe-o no espaço abaixo do editor de formulário.

A propriedade InitialDirectory altera a pasta exibida primeiro quando a caixa de diálogo abre.

A propriedade Filter permite alterar os filtros que aparecem abaixo na caixa de diálogo, tais como quais tipos de arquivos mostrar.

```
openFileDialog1.InitialDirectory = @"c:\MyFolder\Default\";
openFileDialog1.Filter = "Text Files (*.txt)|*.txt|"
  + "Comma-Delimited Files (*.csv)|*.csv|All Files (*.*)|*.*";
openFileDialog1.FileName = "default_file.txt";
openFileDialog1.CheckFileExists = true;
openFileDialog1.CheckPathExists = false;
DialogResult result = openFileDialog1.ShowDialog();
if (result == DialogResult.OK){
    OpenSomeFile(openFileDialog1.FileName);
}
```

Estas propriedades mandam a caixa de diálogo exibir uma mensagem de erro se o usuário tentar abrir um arquivo ou caminho que não exista no disco.

Exiba a caixa de diálogo usando seu método ShowDialog(), que retorna um DialogResult. Isto é um enum que você pode usar para checar se o usuário clicou ou não no botão OK. Será definido para DialogResult.OK se o usuário clicou em OK e para DialogResult.Cancel se ele clicou em Cancel.

Caixas de diálogo também são objetos

Um objeto **`OpenFileDialog`** mostra a janela "Open" (Abrir) padrão do Windows e **`SaveFileDialog`** mostra a janela "Save" (Salvar). Você pode exibi-los criando uma instância `new`, definindo as propriedades no objeto e chamando seu método `ShowDialog()`. Esse método retorna um enum `DialogResult` (como algumas caixas de diálogo têm mais de dois botões ou resultados, um simples `bool` não seria o suficiente).

Quando você arrasta um objeto caixa de diálogo para salvar de Toolbox para seu formulário, o IDE apenas adiciona uma linha como esta ao método InitializeComponent() de seu formulário.

```
saveFileDialog1 = new SaveFileDialog();

saveFileDialog1.InitialDirectory = @"c:\MyFolder\Default\";

saveFileDialog1.Filter = "Text Files (*.txt)|*.txt|"

  + "Comma-Delimited Files (*.csv)|*.csv|All Files (*.*)|*.*";

DialogResult result = saveFileDialog1.ShowDialog();

if (result == DialogResult.OK){

    SaveTheFile(saveFileDialog1.FileName);

}
```

A propriedade Filter não é difícil de descobrir. Apenas compare o que existe entre os caracteres | na string com o que aparece na janela.

O objeto SaveFileDialog abre a caixa de diálogo "Save as..." (Salvar como...) padrão do Windows.

Quando o usuário escolhe um arquivo, seu caminho completo é salvo na propriedade FileName.

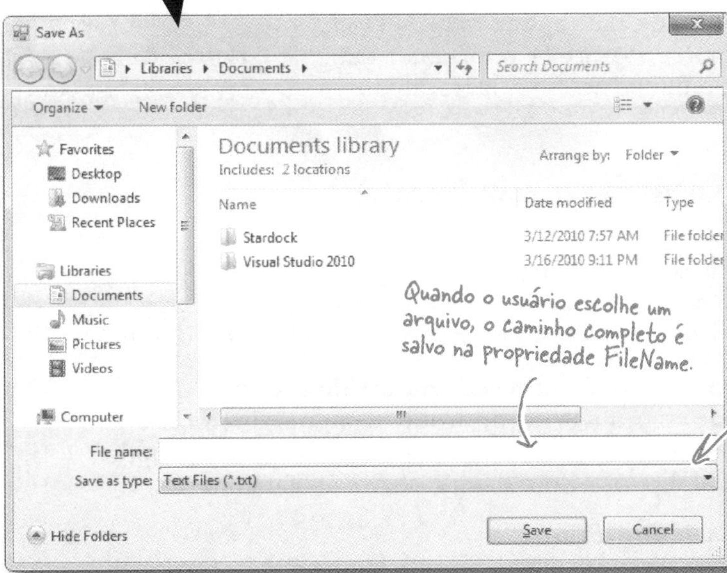

A propriedade Title deixa você alterar este texto.

O método ShowDialog() abre a caixa de diálogo e abre a pasta especificada na propriedade InitialDirectory.

Quando o usuário escolhe um arquivo, o caminho completo é salvo na propriedade FileName.

Mude a lista "Save as type" (Salvar como tipo) usando a propriedade **Filter**.

O DialogResult retornado pelo método ShowDialog() permite que você descubra qual botão o usuário clicou.

Use as classes predefinidas File e Directory para trabalhar com arquivos e diretórios

Assim como `StreamWriter`, a classe `File` cria, nos bastidores, streams para você trabalhar com arquivos. Você pode usar seus métodos para realizar ações mais comuns sem ter de criar `FileStreams` primeiro. Os objetos `Directory` permitem trabalhar com diretórios inteiros cheios de arquivos.

Coisas que você pode fazer com File:

1. **Descobrir se um arquivo existe**
   Você pode checar para ver se um arquivo existe usando o método `Exists()`. Ele retornará true se existir e false se não.

2. **Ler e escrever no arquivo**
   Você pode usar o método `OpenRead()` para acessar dados de um arquivo ou o método `Create()` ou `OpenWrite()` para escrever nele.

3. **Anexar texto a um arquivo**
   O método `AppendAllText()` permite anexar texto a um arquivo criado. Inclusive, criará o arquivo se ele não existir quando o método for executado.

4. **Obter informações sobre o arquivo**
   Os métodos `GetLastAccessTime()` e `GetLastWriteTime()` retornam a data e hora do último acesso e alteração do arquivo.

FileInfo funciona como File

Se você for trabalhar muito com um arquivo, poderá criar uma instância da classe FileInfo, em vez de usar os métodos estáticos da classe File.

A classe FileInfo faz quase exatamente o mesmo que a classe File, exceto pelo fato de ter de instanciá-la para usá-la. Você pode criar uma nova instância de FileInfo e acessar seu método Exists() ou seu método OpenRead(), exatamente da mesma forma.

A única diferença é que a classe File é mais rápida para um pequeno número de ações e FileInfo é mais apropriada para trabalhos maiores.

File é uma classe estática, portanto é apenas um conjunto de métodos que permitem trabalhar com arquivos. FileInfo é um objeto que você instancia e seus métodos são iguais àqueles vistos em File.

Coisas que se pode fazer com Directory:

1. **Criar um novo diretório**
   Crie um diretório usando o método `CreateDirectory()`. Tudo a fazer é fornecer o caminho; este método faz o resto.

2. **Obter uma lista de arquivos em um diretório**
   Você pode criar um array de arquivos em um diretório usando o método `GetFiles()`; apenas informe ao método sobre qual diretório você deseja saber e ele fará o resto.

3. **Apagar um diretório**
   Apagar um diretório é bem simples também. Use o método `Delete()`.

Não existem Perguntas Idiotas

P: Eu ainda não entendi esse negócio de {0} e {1} que faz parte de `StreamWriter`.

R: Quando você estiver imprimindo strings num arquivo, frequentemente se encontrará tendo de imprimir o conteúdo de diversas variáveis. Por exemplo, você pode ter de escrever algo assim:

```
writer.WriteLine("My name is " + name +
    "and my age is " + age);
```

É muito chato e tende a erros ter que usar + para combinar as strings. É mais fácil tirar vantagem de {0} e {1}:

```
writer.WriteLine(
  "My name is {0} and my age is {1}",
   name, age);
```

Será muito mais fácil ler esse código, especialmente se muitas variáveis forem incluídas na mesma linha.

P: Por que você colocou um @ na frente da string com o nome de arquivo?

R: Quando você adiciona uma string literal ao seu programa, o compilador converte as sequências de escape, tais como `\n` e `\r`, em caracteres especiais. Isso dificulta digitar os nomes de arquivos que possuem muitos caracteres com barras invertidas. Se você colocar `@` na frente da string, isso dirá ao C# para não interpretar as sequências de escape. Também dirá para incluir as quebras de linha em sua string, assim, por exemplo, você pode pressionar Enter no meio da string e uma quebra de linha será inserida na saída:

```
string twoLine = @"this is a string
that spans two lines.";
```

P: O que significam `\n` e `\t` mesmo?

R: São sequências de escape. `\n` é uma nova linha e `\t` é uma tabulação. `\r` é um caractere de retorno ou metade do retorno do Windows – nos arquivos de texto Windows, as linhas devem terminar com `\r\n` (como falamos quando introduzimos `Environment.NewLine` no Capítulo 8). Se você quiser usar uma barra invertida *de verdade* em sua string, sem que o C# interprete-a como o início de uma sequência de escape, basta digitar uma barra invertida ***dupla***: \\.

P: O que você falou no começo sobre converter uma string em um array de bytes? Como isso funciona?

R: Provavelmente, muitas vezes, você ouviu que os arquivos num disco são representados em bits e bytes. Ou seja, quando você escreve um arquivo em um disco, o sistema operacional trata-o como uma longa sequência de bytes. `StreamReader` e `StreamWriter` estão convertendo de *bytes* em *caracteres* para você – isso é chamado de codificar e decodificar. Lembra do Capítulo 4, como uma variável `byte` pode armazenar qualquer número entre 0 e 255? Todo arquivo no disco rígido é uma longa sequência de números entre 0 e 255. Cabe aos programas que leem e escrevem esses arquivos interpretarem os bytes como dados significativos. Quando você abre um arquivo no Bloco de Notas, ele converte cada byte individual em um caractere – por exemplo, `E` é 69 e `a` é 97 (mas, isto depende da codificação... você aprenderá mais sobre as codificações em breve). E quando digita um texto no Bloco de Notas e o salva, ele converte de volta cada caractere em um byte e o salva no disco. E se você quiser escrever uma `string` em um stream, precisará fazer o mesmo.

P: Se eu estiver usando apenas um `StreamWriter` para escrever em um arquivo, por que devo preocupar-me se ele está criando um `FileStream` para mim?

R: Se você estiver apenas lendo ou escrevendo linhas em ordem em arquivos de texto, necessitará apenas de `StreamReader` e `StreamWriter`. Mas, quando precisar fazer qualquer coisa mais complexa que isso, terá de começar a trabalhar com outros streams. Se for preciso escrever dados, tais como números, arrays, coleções ou objetos em um arquivo, um `StreamWriter` apenas não será o suficiente. Mas, não se preocupe, veremos como isso funciona muito mais detalhadamente daqui a pouco.

P: E se eu quiser criar minhas próprias caixas de diálogo? Posso fazer isso?

R: Sim, claro que pode. Você pode adicionar um novo formulário ao seu projeto, projetando-o como quiser. Então, pode criar uma nova instância dele com `new` (assim como quando criou um objeto `OpenFileDialog()`). Depois, pode chamar seu método `ShowDialog()` e ele funcionará como qualquer outra caixa de diálogo. Falaremos mais sobre adicionar outros formulários ao seu programa no Capítulo 13.

P: Por que eu preciso preocupar-me em fechar os streams depois de ter trabalhado com eles?

R: Alguma vez um processador de texto informou que não pode abrir um arquivo porque estava "ocupado"? Quando um programa usa um arquivo, o Windows trava-o e evita que outros programas usem-no. E ele fará isso para seu programa quando abrir um arquivo. Se você não chamar o método `Close()`, então é possível que seu programa mantenha um arquivo aberto e travado até que termine.

Aponte o seu lápis

O .NET possui duas classes predefinidas com vários métodos estáticos para trabalhar com arquivos e pastas. A classe **`File`** fornece métodos para trabalhar com arquivos e a **`Directory`** permite lidar com diretórios. Escreva o que você acha que fazem essas linhas de código.

Código	O que o código faz

`if (!Directory.Exists(@"c:\SYP")) {`
`    Directory.CreateDirectory(@"c:\SYP");`
`}`	

`if (Directory.Exists(@"c:\SYP\Bonk")) {`
`    Directory.Delete(@"c:\SYP\Bonk");`
`}`	

`Directory.CreateDirectory(@"c:\SYP\Bonk");`	
`Directory.SetCreationTime(@"c:\SYP\Bonk",` `        new DateTime(1976, 09, 25));`	
`string[] files = Directory.GetFiles(@"c:\windows\",` `        "*.log", SearchOption.AllDirectories);`	

`File.WriteAllText(@"c:\SYP\Bonk\weirdo.txt",`
`        @"This is the first line`
`and this is the second line`
`and this is the last line");`	

`File.Encrypt(@"c:\SYP\Bonk\weirdo.txt");` Veja se consegue adivinhar o que esta linha faz – você ainda não viu isso.	
`File.Copy(@"c:\SYP\Bonk\weirdo.txt",` `        @"c:\SYP\copy.txt");`	
`DateTime myTime =` `        Directory.GetCreationTime(@"c:\SYP\Bonk");`	
`File.SetLastWriteTime(@"c:\SYP\copy.txt", myTime);`	
`File.Delete(@"c:\SYP\Bonk\weirdo.txt");`	

Use caixas de diálogo especializadas para abrir e salvar arquivos (tudo com apenas algumas linhas de código)

Você pode criar um programa que abre um arquivo de texto. Ele permitirá que você faça alterações no arquivo e salve-as com muito pouco código, tudo utilizando os controles .NET padrão. Veja como:

Faça isso

> Eis um truque para fazer seu `TextBox` preencher o formulário. Arraste um `TableLayoutPanel` da tolbox `Containers` para o formulário, defina sua propriedade `Dock` para `Fill` e use seus editores de propriedade `Rows` e `Columns` para fornecer duas linhas e uma coluna. Arraste o `TextBox` para a célula superior. Então, arraste um `FlowLayoutPanel` de Toolbox para a célula inferior, defina `Dock` para `Fill`, defina sua propriedade `FlowDirection` para `RightToLeft` e arraste os dois botões para ela. Defina ao tamanho da linha superior em `TableLayoutPanel` para 100% e redimensione a linha inferior para que os dois botões caibam. Agora, seu editor será redimensionado suavemente!

1. **Crie um formulário simples.**
Tudo de que você precisa é de um `TextBox` e dois `Buttons`. Solte os controles `OpenFileDialog` e `SaveFileDialog` no formulário também. Clique duas vezes nos botões para criar seus manipuladores de eventos e **adicione um campo string privado chamado `name` ao formulário**. Não se esqueça de colocar uma instrução `using` no topo para `System.IO`.

2. **Associe o botão Open (Abrir) a `openFileDialog`.**
O botão `Open` mostra um `OpenFileDialog` e, então, usa `File.ReadAllText()` para ler o arquivo na caixa de texto:

```
private void open_Click(object sender, EventArgs e) {
  if (openFileDialog1.ShowDialog() == DialogResult.OK) {
    name = openFileDialog1.FileName;
    textBox1.Clear();
    textBox1.Text = File.ReadAllText(name);
  }
}
```

Clicar Open mostra o controle OpenFileDialog.

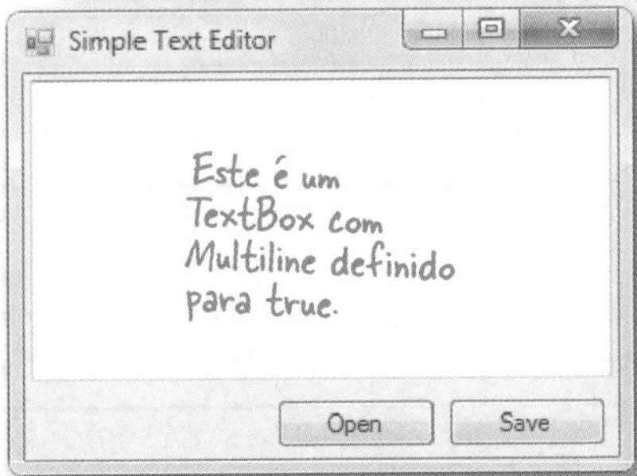

3. **Agora, associe o botão Save (Salvar).**
O botão Salve usa o método `File.WriteAllText()` para salvar o arquivo:

```
private void save_Click(object sender, EventArgs e) {
  if (saveFileDialog1.ShowDialog() == DialogResult.OK) {
    name = saveFileDialog1.FileName;
    File.WriteAllText(name, textBox1.Text);
  }
}
```

Os métodos ReadAllText() e WriteAllText() são parte da classe File. Vamos falar sobre isso na próxima página. Iremos vê-los com mais detalhes daqui a algumas poucas páginas.

4. **Lide com as outras propriedades das caixas de diálogo.**
   - ★ Use a propriedade `Title` de `saveFileDialog` para alterar o texto na barra de título.
   - ★ Defina a propriedade `initialFolder` para fazer `OpenFileDialog` iniciar num diretório específico.
   - ★ Filtre `OpenFileDialog` para que mostre apenas arquivos de texto usando a propriedade `Filter`.

Se você não adicionar um filtro, as listas suspensas no final das caixas de diálogo para abrir e salvar ficarão vazias. Tente usar este filtro: "Text File (*.txt)|*.txt".

Aponte o seu lápis Solução

O .NET possui duas classes predefinidas com vários métodos estáticos para trabalhar com arquivos e pastas. A classe **`File`** fornece métodos para trabalhar com arquivos e a **`Directory`** permite lidar com diretórios. Seu trabalho era escrever o que cada parte do código fez.

Código	O que o código faz

if (!Directory.Exists(@”c:\SYP”)) {
    Directory.CreateDirectory(@”c:\SYP”);
}
	Checa se a pasta C:\SYP existe. Se não, ele a cria.

if (Directory.Exists(@”c:\SYP\Bonk”)) {
    Directory.Delete(@”c:\SYP\Bonk”);
}
	Checa se a pasta C:\SYP\Bonk existe. Se existir, é apagada.

Directory.CreateDirectory(@”c:\SYP\Bonk”);	Cria o diretório C:\SYP\Bonk.
Directory.SetCreationTime(@”c:\SYP\Bonk”, new DateTime(1976, 09, 25));	Define o tempo de criação da pasta C:\SYP\Bonk para 25 de setembro de 1976.
string[] files = Directory.GetFiles(@”c:\windows\”, ”*.log”, SearchOption.AllDirectories);	Recupera uma lista de todos os arquivos em C:\Windows que correspondem ao padrão *.log, incluindo todos os arquivos correspondentes em qualquer subdiretório.
File.WriteAllText(@”c:\SYP\Bonk\weirdo.txt”, @”This is the first line and this is the second line and this is the last line”);	Cria um arquivo chamado “weirdo.txt” (se ele já não existir) na pasta C:\SYP\Bonk e escreve três linhas de texto nele.
File.Encrypt(@”c:\SYP\Bonk\weirdo.txt”); Esta é uma alternativa ao uso de CryptoStream.	Aproveita a criptografia predefinida do Windows para criptografar o arquivo “weirdo.txt” usando as credenciais da conta conectada.
File.Copy(@”c:\SYP\Bonk\weirdo.txt”, @”c:\SYP\copy.txt”);	Copia o arquivo C:\SYP\Bonk\weirdo.txt para C:\SYP\Copy.txt.
DateTime myTime = Directory.GetCreationTime(@”c:\SYP\Bonk”);	Declara a variável myTime e define-a para ser igual ao tempo de criação da pasta C:\SYP\Bonk.
File.SetLastWriteTime(@”c:\SYP\copy.txt”, myTime);	Altera a hora da última escrita do arquivo copy.txt em C:\SYP\ para que seja igual a qualquer hora armazenada na variável myTime
File.Delete(@”c:\SYP\Bonk\weirdo.txt”);	Apaga o arquivo C:\SYP\Bonk\weirdo.txt.

IDisposable garante o descarte apropriado de seus objetos

Muitas classes do .NET implementam uma interface particularmente útil chamada `IDisposable`. Ela **possui apenas um membro** chamado **`Dispose()`**. Sempre que uma classe implementa `IDisposable`, ela diz que há coisas importantes a serem feitas para se encerrar, geralmente porque **alocou recursos** que não serão devolvidos até que você mande. O método `Dispose()` é como você diz ao objeto para liberar esses recursos.

Você pode usar o recurso "Go To Definition" (Ir Para Definição) no IDE para mostrar a definição oficial do C# de `IDisposable`. Vá para seu projeto e digite "`IDisposable`" em qualquer lugar dentro de uma classe. Então, clique com o botão direito e selecione "Go To Definition" no menu. Ele abrirá uma nova aba com código. Expanda todo o código e verá isto:

Você aprenderá mais sobre "Go To Definition" mais tarde.

Declare um objeto em um bloco using e o método Dispose() do objeto é chamado automaticamente.

```
namespace System
{
    // Summary:
    // Define um método para liberar os recursos alocados.
    public interface IDisposable
    {
        // Sumário:
        //    Efetua a tarefas definidas pela aplicação
        //    associadas a liberar, soltar ou
        //    redefinir os recursos não gerenciados.
        void Dispose( );
    }
}
```

Muitas classes alocam recursos importantes, tais como memória, arquivos e outros objetos. Isto significa que passam a controlá-los e não os liberam até que você diga que terminou de trabalhar com eles.

Qualquer classe que implementa IDisposable irá liberar imediatamente todos os recursos que controlou assim que você chamar seu método Dispose(). É quase sempre a última coisa feita antes de terminar de trabalhar com o objeto.

Go To Definition

Há um recurso útil no IDE que permite ir automaticamente para a definição de qualquer variável, objeto ou método. Basta clicar nele com o botão direito e selecionar "Go To Definition", e o IDE irá diretamente para o código que o define. Você também pode pressionar F12, ao invés de usar o menu.

a-lo-car, verbo.
distribuir recursos ou deveres para um propósito específico. *A equipe de programação estava irritada com seu gerente de projeto porque ele **alocou** todas as salas de conferência para um seminário de gerenciamento inútil.*

Evite erros no sistema de arquivos com instruções using

Estivemos falando durante todo o capítulo que é preciso **fechar seus streams**. Isso porque os erros mais comuns enfrentados pelos programadores quando lidam com arquivos são causados por streams não fechados corretamente. Felizmente, o C# oferece uma ótima ferramenta que impede isto de acontecer com você: `IDisposable` e o método `Dispose()`. Quando você **coloca seu código stream em uma instrução `using`**, ele automaticamente fecha seus streams para você. Tudo a fazer é **declarar sua referência stream** com uma instrução `using`, seguida de um bloco de código (dentro de chaves) que use essa referência. Quando você fizer isso, a instrução using **automaticamente chamará o método `Dispose()` do stream**, assim que terminar de executar o bloco de código. Eis como isso funciona:

Estas instruções "using" são diferentes daquelas na parte de cima de seu código.

Uma instrução using é sempre seguida de uma declaração de objeto...

...e, então, por um bloco de código dentro de chaves.

```
using (StreamWriter sw = new StreamWriter("secret_plan.txt")) {
    sw.WriteLine("How I'll defeat Captain Amazing");
    sw.WriteLine("Another genius secret plan");
    sw.WriteLine("by The Swindler");
}
```

Estas instruções podem usar o objeto criado na instrução using acima como qualquer objeto normal.

Quando a instrução using termina, o método Dispose() do objeto em uso é executado.

Neste caso, o objeto em uso é apontado por sw – que foi declarado na instrução using – portanto, Dispose() da classe Stream é executado... o que fecha o stream.

Todo stream possui um método `Dispose()` que o fecha. Então, se você declarar seu stream numa instrução using, ele sempre se fechará!

Quando você usar um stream, SEMPRE deverá declará-lo dentro de uma instrução using. Isso assegura que ele sempre será fechado!

Utilize diversas instruções using para múltiplos objetos

Você pode empilhar instruções `using` umas sobre as outras – não é preciso conjuntos extras de chaves ou indentação.

```
using (StreamReader reader = new StreamReader("secret_plan.txt");
using (StreamWriter writer = new StreamReader("email.txt");
{
    // as instruções que usam reader e writer
}
```

Você não precisa chamar Close() nos streams agora porque a instrução using os fechará automaticamente.

Problemas no trabalho

Conheça Brian. Ele gosta de seu trabalho como desenvolvedor C#, mas *adora* tirar um dia de folga de vez em quando. Porém, seu chefe **odeia** quando as pessoas tiram dias de folga, então Brian deve inventar uma boa desculpa.

Você pode ajudar Brian criando um programa para gerenciar suas desculpas

Use o que você sabe sobre ler e escrever arquivos para criar um gerenciador de desculpas que Brian possa usar para controlar quais desculpas ele já usou recentemente e como elas funcionaram com o chefe.

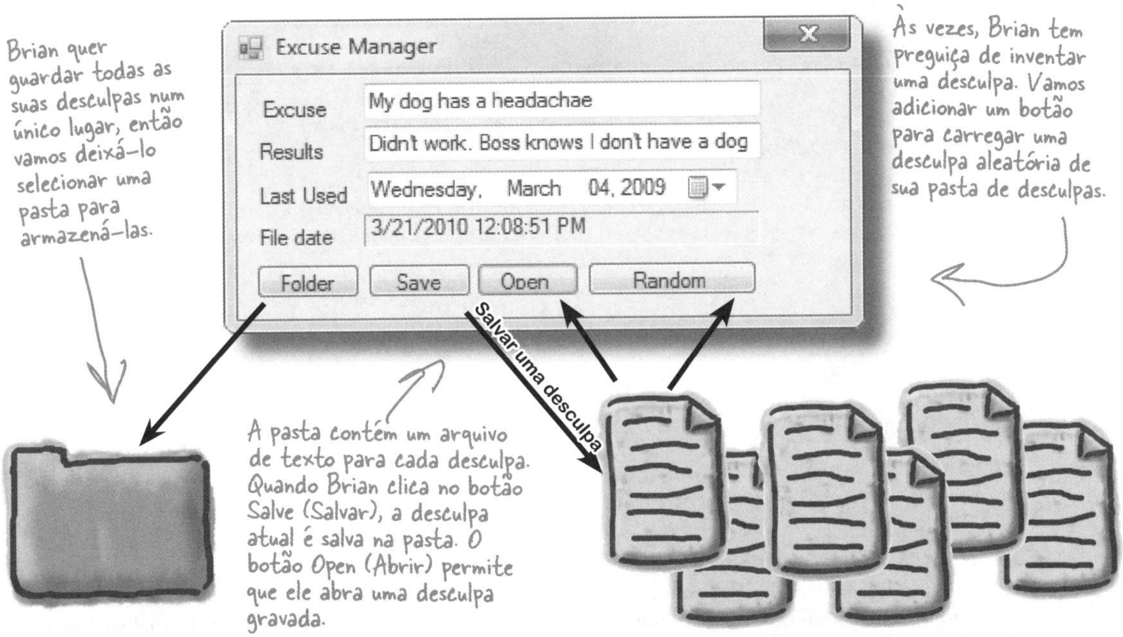

Exercício

Crie um gerenciador de desculpas para que Brian possa gerenciar suas desculpas no trabalho.

Excuse
Description: string Results: string LastUsed: DateTime ExcusePath: string
OpenFile(string) Save(string)

1 Desenvolva o formulário

Este formulário possui alguns recursos especiais:

★ Quando o formulário é carregado pela primeira vez, **apenas o botão Folder (Pasta) deve estar ativado** – desative os outros três até que o usuário selecione uma pasta.

★ Quando o formulário abre ou salva uma desculpa, ele exibe a data do arquivo de desculpas usando um controle `Label` com `AutoSize` definido para `False` e `BorderStyle` para `Fixed3D`.

★ Depois que uma desculpa é salva, o formulário abre uma caixa de mensagem "Excuse Written" (Desculpa Salva).

★ O botão Folder exibe uma caixa de diálogo de navegação de pastas. Se o usuário selecionar uma pasta, ativará os botões Save (Salvar), Open (Abrir) e Random Excuse (Desculpa Aleatória).

★ O formulário sabe quando há alterações não salvas. Quando não houver nenhuma alteração sem gravação, o texto na barra de título do formulário será "Excuse Manager" (Gerenciador de Desculpas). Mas, quando o usuário alterar qualquer um dos três campos, um asterisco (*) será acrescentado à barra de título. Ele é retirado quando os dados são salvos ou uma nova desculpa é aberta.

★ O formulário precisará controlar a pasta atual e se a desculpa atual foi ou não salva. Você pode descobrir quando a desculpa não foi salva **usando os manipuladores de evento Changed** para os três controles de entrada.

Quando você arrasta uma caixa de texto para um formulário e clica duas vezes nela, cria uma manipulador de eventos Changed para esse campo.

2 Crie uma classe Excuse e armazene uma instância dela no formulário

Agora, adicione um campo `CurrentExcuse` ao formulário para manter a desculpa atual. Você precisará de **três construtores sobrecarregados**: um para quando o formulário é carregado pela primeira vez, outro para abrir um arquivo e um terceiro para uma desculpa aleatória. Adicione os métodos `OpenFile()` para abrir uma desculpa (para os construtores usarem) e `Save()` para salvar a desculpa. Então, acrescente este método `UpdateForm()` para atualizar os controles (ele dará algumas **dicas** sobre a classe):

```
private void UpdateForm(bool changed) {
  if (!changed)  {
     this.description.Text = currentExcuse.Description;
     this.results.Text = currentExcuse.Results;
     this.lastUsed.Value = currentExcuse.LastUsed;
     if (!String.IsNullOrEmpty(currentExcuse.ExcusePath))
       FileDate.Text = File.GetLastWriteTime(currentExcuse.ExcusePath).ToString();
       this.Text = "Excuse Manager";
  }
  else
       this.Text = "Excuse Manager*";
    this.formChanged = changed;
}
```

Este parâmetro indica se o formulário foi alterado ou não. Você precisará de um campo em seu formulário para controlar este status.

Lembre-se, a ! significa NÃO – então, isto checa se o caminho para a desculpa NÃO está nulo ou vazio.

Clique duas vezes nos controles de entrada para que o IDE crie manipuladores de evento Changed para você. Os manipuladores para os três controles primeiro fazem alterações na instância de Excuse, então chamam UpdateForm(true) – logo, cabe a você alterar os campos em seu formulário.

E inicialize o valor `LastUsed` da desculpa no construtor do formulário:

```
public Form1() {
    InitializeComponent();
    currentExcuse.LastUsed = lastUsed.Value;
}
```

3 Faça o botão Folder abrir um navegador de pastas

Quando o usuário clicar no botão Folder, o formulário deverá exibir uma caixa de diálogo "Browse for Folder". O formulário precisará armazenar a pasta em um campo para que outras caixas de diálogo possam usá-la. Quando o formulário é **carregado pela primeira vez**, os botões Save, Open e Random Excuse estão **desativados**, mas se o usuário selecionar uma pasta, o botão Folder irá ativá-los.

4 **Faça o botão Save salvar a desculpa atual num arquivo**

Clicar no botão Save (Salvar) deve fazer uma caixa de diálogo Save As (Salvar Como) aparecer.

★ Cada desculpa é salva num arquivo texto separado. A primeira linha do arquivo é uma desculpa, a segunda é o resultado e a terceira é a data de quando foi usada pela última vez (usando o método `ToString()` de `DateTimePicker()`). A classe `Excuse` deve ter um método `Save()` para salvar uma desculpa num arquivo específico.

★ Quando a caixa de diálogo Save As é aberta, sua pasta deve ser definida para a pasta selecionada pelo usuário usando o botão Folder e o nome do arquivo deve ser definido para a desculpa mais uma extensão ".txt".

★ A caixa de diálogo deve ter dois filtros: Text Files (Arquivos de Texto) (*.txt) e All Files (Todos os Arquivos) (*.*).

★ Se o usuário tentar salvar a desculpa atual, mas tiver deixado a desculpa ou o resultado em branco, o formulário deverá exibir uma caixa de diálogo de aviso:

Você pode exibir esse ícone de Exclamação usando o método MessageBox.Show() sobrecarregado que permite especificar um parâmetro MessageBoxIcon.

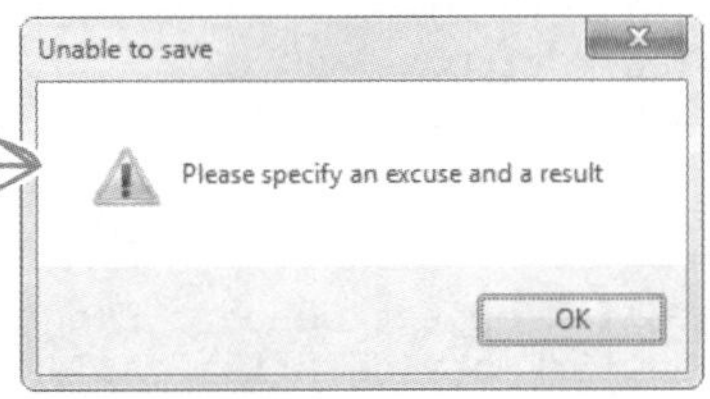

5 **Faça o botão Open abrir uma desculpa salva**

Clicar no botão Open deve exibir a caixa de diálogo Open.

★ Quando a caixa de diálogo Open for aberta, sua pasta deve ser definida para a pasta que o usuário selecionou usando o botão Folder.

★ Adicione um método `Open()` à classe `Excuse` para abrir uma desculpa de um arquivo dado.

★ Use `Convert.ToDateTime()` para carregar a data salva no controle `DateTimePicker`.

★ Se o usuário tentar abrir uma desculpa gravada, mas a desculpa atual não foi gravada ainda, esta caixa de diálogo aparecerá:

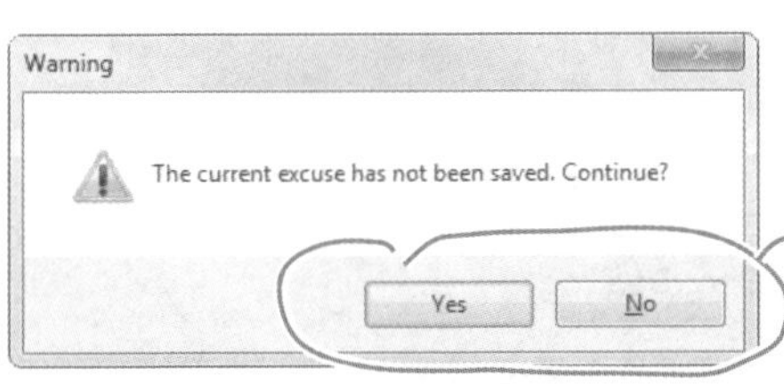

Exiba uma caixa de diálogo com Yes/No (Sim/Não) usando o método MessageBox.Show() sobrecarregado que permite especificar o parâmetro MessageBoxButtons.YesNo. Se o usuário clicar em "No", Show() retornará DialogResult.No.

6 **Finalmente, faça o botão Random Excuse carregar uma desculpa aleatória**

Quando o usuário clica no botão Random Excuse (Desculpa Aleatória), ele examina a pasta de desculpas, escolhe uma delas aleatoriamente e abre-a.

★ O formulário precisará salvar um objeto `Random` em um campo e passá-lo para um dos construtores sobrecarregados do objeto `Excuse`.

★ Se a desculpa atual não foi salva, o botão deverá abrir a mesma caixa de diálogo de aviso do botão Open.

Exercício Solução

Crie um gerenciador de desculpas para que Brian possa gerenciar suas desculpas no trabalho.

```
private Excuse currentExcuse = new Excuse();
private string selectedFolder = "";
private bool formChanged = false;
Random random = new Random();
```

O formulário usa campos para armazenar o objeto Excuse atual na pasta selecionada, lembrar se a desculpa atual foi ou não alterada e manter um objeto Random para o botão Random Excuse.

```
private void folder_Click(object sender, EventArgs e) {
    folderBrowserDialog1.SelectedPath = selectedFolder;
    DialogResult result = folderBrowserDialog1.ShowDialog();
    if (result == DialogResult.OK) {
        selectedFolder = folderBrowserDialog1.SelectedPath;
        save.Enabled = true;
        open.Enabled = true;
        randomExcuse.Enabled = true;
    }
}
```

Se o usuário selecionou uma pasta, o formulário salva seu nome e ativa os outros três botões.

As duas barras verticais significam OR (OU) – isto será true se description estiver vazio OU se results estiver vazio.

```
private void save_Click(object sender, EventArgs e) {
    if (String.IsNullOrEmpty(description.Text) || String.IsNullOrEmpty(results.Text)) {
        MessageBox.Show("Please specify an excuse and a result",
            "Unable to save", MessageBoxButtons.OK, MessageBoxIcon.Exclamation);
        return;
    }
    saveFileDialog1.InitialDirectory = selectedFolder;
    saveFileDialog1.Filter = "Text files (*.txt)|*.txt|All files (*.*)|*.*";
    saveFileDialog1.FileName = description.Text + ".txt";
    DialogResult result = saveFileDialog1.ShowDialog();
    if (result == DialogResult.OK) {
        currentExcuse.Save(saveFileDialog1.FileName);
        UpdateForm(false);
        MessageBox.Show("Excuse written");
    }
}
```

É aqui que os filtros são definidos para a caixa de diálogo Save As.

Isto fará com que duas linhas apareçam na caixa suspensa "File of Type" (Arquivos do Tipo) na parte inferior da caixa de diálogo Save: uma para Text Files (*.txt) e outra para All Files (*.*).

```
private void open_Click(object sender, EventArgs e) {
    if (CheckChanged()) {
        openFileDialog1.InitialDirectory = selectedFolder;
        openFileDialog1.Filter = "Text files (*.txt)|*.txt|All files (*.*)|*.*";
        openFileDialog1.FileName = description.Text + ".txt";
        DialogResult result = openFileDialog1.ShowDialog();
        if (result == DialogResult.OK) {
            currentExcuse = new Excuse(openFileDialog1.FileName);
            UpdateForm(false);
        }
    }
}
```

Use o enum DialogResult retornado pelas caixas de diálogo Open e Save para garantir que você só abrirá ou salvará se o usuário clicou em "OK", não em "Cancel" (Cancelar).

```
private void randomExcuse_Click(object sender, EventArgs e) {
    if (CheckChanged()) {
        currentExcuse = new Excuse(random, selectedFolder);
        UpdateForm(false);
    }
}
```

```
private bool CheckChanged() {
    if (formChanged) {
        DialogResult result = MessageBox.Show(
               "The current excuse has not been saved. Continue?",
                "Warning", MessageBoxButtons.YesNo, MessageBoxIcon.Warning);
        if (result == DialogResult.No)
            return false;
    }
    return true;
}

private void description_TextChanged(object sender, EventArgs e) {
    currentExcuse.Description = description.Text;
    UpdateForm(true);
}

private void results_TextChanged(object sender, EventArgs e) {
    currentExcuse.Results = results.Text;
    UpdateForm(true);
}

private void lastUsed_ValueChanged(object sender, EventArgs e) {
    currentExcuse.LastUsed = lastUsed.Value;
    UpdateForm(true);
}

class Excuse {
    public string Description { get; set; }
    public string Results { get; set; }
    public DateTime LastUsed { get; set; }
    public string ExcusePath { get; set; }
    public Excuse() {
        ExcusePath = "";
    }
    public Excuse(string excusePath) {
        OpenFile(excusePath);
    }
    public Excuse(Random random, string folder) {
        string[] fileNames = Directory.GetFiles(folder, "*.txt");
        OpenFile(fileNames[random.Next(fileNames.Length)]);
    }
    private void OpenFile(string excusePath) {
        this.ExcusePath = excusePath;
        using (StreamReader reader = new StreamReader(excusePath)) {
            Description = reader.ReadLine();
            Results = reader.ReadLine();
            LastUsed = Convert.ToDateTime(reader.ReadLine());
        }
    }
    public void Save(string fileName) {
        using (StreamWriter writer = new StreamWriter(fileName))
        {
            writer.WriteLine(Description);
            writer.WriteLine(Results);
            writer.WriteLine(LastUsed);
}   }   }
```

MessageBox.Show() também retorna um enum DialogResult que podemos examinar.

Aqui estão as três manipuladores de eventos Changed para os três campos de entrada no formulário. Se qualquer uma delas for inicializada, a desculpa mudou, então primeiro atualizamos a instância Excuse e chamamos UpdateForm(), depois adicionamos o asterisco à barra de título do formulário e definimos Changed para true.

Passar true para UpdateForm() apenas avisa para marcar o formulário como alterado, mas não atualizar os controles de entrada.

O botão Random Excuse usa Directory.GetFiles() para ler todos os arquivos de texto na pasta selecionada em um array, então escolhe um índice do array aleatório para abrir.

Utilizamos uma instrução using sempre que abrirmos um stream. Dessa forma, nossos arquivos sempre serão fechados.

É aqui que a instrução using entra. Declaramos StreamWriter dentro de uma instrução using, portanto seu método Close() é chamado automaticamente!

Você chamou LastUsed.ToString()? Lembre-se, WriteLine() chama isto automaticamente!

Escrever arquivos geralmente envolve tomar muitas decisões

Você escreverá muitos programas com apenas uma entrada, talvez de um arquivo, e deverá decidir o que fazer baseando-se somente nela. Aqui está o código que usa a longa instrução `if` – é muito comum. Ela checa a variável `part` e imprime diferentes linhas no arquivo com base em qual enum é usado. Há muitas escolhas possíveis, logo há muitos `else ifs`:

```
enum BodyPart {
    Head,
    Shoulders,
    Knees,
    Toes
}
```

Aqui temos um enum – desejaremos comparar uma variável com cada um dos quatro membros e escrever uma linha diferente para StreamWriter, dependendo de com qual ela coincide. Também escreveremos algo diferente se não houver uma equivalência.

```
private void WritePartInfo(BodyPart part, StreamWriter writer) {
  if (part == BodyPart.Head)
    writer.WriteLine("the head is hairy");
  else if (part == BodyPart.Shoulders)
    writer.WriteLine("the shoulders are broad");
  else if (part == BodyPart.Knees)
    writer.WriteLine("the knees are knobby");
  else if (part == BodyPart.Toes)
    writer.WriteLine("the toes are teeny");
  else
    writer.WriteLine("some unknown part is unknown");
}
```

Se usarmos uma série de instruções if/else, acabaremos escrevendo este "if (part ==[option])" muitas vezes.

Teremos um else final no caso de não encontrarmos uma coincidência.

PODER DO CÉREBRO

O que pode acontecer de errado quando você escreve um código com muitas instruções if/else? Pense sobre os erros de digitação e falhas causados por chaves, um único sinal de igual etc.

Use uma instrução switch para escolher a opção correta

Comparar uma variável com vários valores diferentes é um padrão muito comum que você verá sempre. Especialmente quando estiver lendo e escrevendo arquivos. É tão comum, na verdade, que o C# tem um tipo especial de instrução específico para esta situação.

Não há nada sobre uma instrução switch especificamente relacionado a arquivos. É apenas uma ferramenta útil do C# utilizável aqui.

Uma **instrução switch** compara uma variável com muitos valores de forma fácil de ler e compacta. Aqui, vemos uma instrução switch que faz o mesmo que a série de instruções `if/else` na página anterior:

Uma instrução switch compara UMA variável com VÁRIOS valores possíveis.

```
enum BodyPart
{
    Head,
    Shoulders,
    Knees,
    Toes,
}

private void WritePartInfo(BodyPart part, StreamWriter writer)
{
    switch (part) {
        case BodyPart.Head:
            writer.WriteLine("the head is hairy");
            break;
        case BodyPart.Shoulders:
            writer.WriteLine("the shoulders are broad");
            break;
        case BodyPart.Knees:
            writer.WriteLine("the knees are knobby");
            break;
        case BodyPart.Toes:
            writer.WriteLine("the toes are teeny");
            break;
        default:
            writer.WriteLine("some unknown part is unknown");
            break;
    }
}
```

Você começará com a palavra-chave switch seguida de uma variável que será comparada com muitos valores possíveis diferentes.

O corpo da instrução switch é uma série de cases que comparam o que quer que siga a palavra-chave switch com um valor em particular.

Todo case termina com "break;", portanto, o C# sabe onde um case termina e o próximo começa.

Você também pode terminar um case com "return" – o programa compilará contanto que não haja nenhum modo de usar case para 'fracassar' no seguinte.

Cada um dos casos consiste na palavra-chave case seguida do valor a ser comparado e dois pontos. Depois disso, há uma série de instruções seguidas por "break;". Essas instruções serão executados se o case corresponder ao valor de comparação.

As instruções switch podem terminar com um bloco "default", que será executado se nenhum outro case corresponder.

Use uma instrução switch para deixar seu baralho ler em um arquivo ou escrever ele mesmo em um

Escrever uma carta de baralho num arquivo é bem simples – basta um loop que escreva o nome de cada carta em um arquivo. Aqui, temos um método que você pode adicionar ao objeto `Deck` que faz exatamente isso:

```
public void WriteCards(string filename) {
    using (StreamWriter writer = new StreamWriter(filename)) {
        for (int i = 0; i < cards.Count; i++) {
            writer.WriteLine(cards[i].Name);
        }
    }
}
```

A instrução switch permite testar um valor em muitos cases e executar diferentes instruções, dependendo de com qual coincide.

Mas, e quanto a ler o arquivo? Não é tão simples. É aí que a instrução switch pode ser útil.

```
Suits suit;
switch (suitString) (
    case "Spades":
        suit = Suits.Spades;
        break;
    case "Clubs":
        suit = Suits.Clubs;
        break;
    case "Hearts":
        suit = Suits.Hearts;
        break;
    case "Diamonds":
        suit = Suits.Diamonds;
        break;
    default:
        MessageBox.Show(suitString + " isn't a valid suit!");
}
```

A instrução switch começa com um **valor** de comparação. Ela é chamada a partir de um método com um naipe armazenado em uma string.

Cada uma destas linhas **case** compara algum valor com o valor na linha switch. Se corresponderem, ela executará todas as instruções a seguir até chegar em um **break**.

A linha **default** vem no final. Se nenhum dos cases corresponderem, as instruções depois de default serão executadas.

Acrescente um construtor Deck() sobrecarregado que leia um baralho em um arquivo

Você pode usar uma instrução switch para criar um novo construtor para a classe `Deck` escrita no último capítulo. Esse construtor lê em um arquivo e checa cada linha procurando uma carta. Qualquer carta válida é adicionada ao baralho.

Aqui está um método, que você pode encontrar em toda string, que pode ser útil: `Split()`. Permite dividir a string em um array de substrings passando-lhe um array `char[]` de caracteres separadores que serão usados para dividir a string.

```
public Deck(string filename) {
    cards = new List<Card>();
    StreamReader reader = new StreamReader(filename);
    while (!reader.EndOfStream) {
        bool invalidCard = false;
        string nextCard = reader.ReadLine();
        string[] cardParts = nextCard.Split(new char[] { ' ' });
        Values value = Values.Ace;
        switch (cardParts[0]) {
            case "Ace": value = Values.Ace; break;
            case "Two": value = Values.Two; break;
            case "Three": value = Values.Three; break;
            case "Four": value = Values.Four; break;
            case "Five": value = Values.Five; break;
            case "Six": value = Values.Six; break;
            case "Seven": value = Values.Seven; break;
            case "Eight": value = Values.Eight; break;
            case "Nine": value = Values.Nine; break;
            case "Ten": value = Values.Ten; break;
            case "Jack": value = Values.Jack; break;
            case "Queen": value = Values.Queen; break;
            case "King": value = Values.King; break;
            default: invalidCard = true; break;
        }
        Suits suit = Suits.Clubs;
        switch (cardParts[2]) {
            case "Spades": suit = Suits.Spades; break;
            case "Clubs": suit = Suits.Clubs; break;
            case "Hearts": suit = Suits.Hearts; break;
            case "Diamonds": suit = Suits.Diamonds; break;
            default: invalidCard = true; break;
        }
        if (!invalidCard) {
            cards.Add(new Card(suit, value));
        }
    }
}
```

Esta linha diz ao C# para dividir a string nextCard usando um espaço como um caractere separador. Isto divide a string "Six of Diamonds" no array {"Six", "of", "Diamonds"}.

Esta instrução switch checa a primeira palavra na linha para ver se ela corresponde a um valor. Se corresponder, o valor certo será atribuído à variável value.

Fazemos a mesma coisa para a terceira palavra na linha, mas convertemos isto em um naipe.

Existe uma forma mais fácil de armazenar seus objetos em arquivos. Chama-se serialização.

Em vez de escrever cuidadosamente cada campo e valor num arquivo, linha por linha, você pode salvar seu objeto facilmente serializando-o em um stream. ***Serializar*** um objeto é como ***achatá-lo***, para que possa inseri-lo num arquivo. E por outro lado, você pode ***desserializá-lo***, que é como tirá-lo do arquivo e ***inflá-lo*** de novo.

Tudo bem, só para ficar claro aqui: Também há um método chamado Enum.Parse() – você aprenderá sobre ele no Capítulo 14 – que converterá a string "Spades" no valor enum Suits.Spades. Mas, a serialização ainda faz muito mais sentido aqui. Você descobrirá mais sobre isso em breve.

O que acontece com um objeto quando ele é serializado?

Parece que algo misterioso deve acontecer com um objeto para copiá-lo do heap e colocá-lo em um arquivo, mas, na verdade, é bem simples.

1 Objeto no heap

Quando você cria uma instância de um objeto, ele tem um **estado**. Tudo que um objeto "sabe" é o que torna uma instância de uma classe diferente de outra instância da mesma classe.

2 Objeto serializado

Quando o C# serializa um objeto, ele **salva o estado completo do objeto**, para que uma instância (objeto) idêntica possa ser trazida de volta à vida na heap mais tarde.

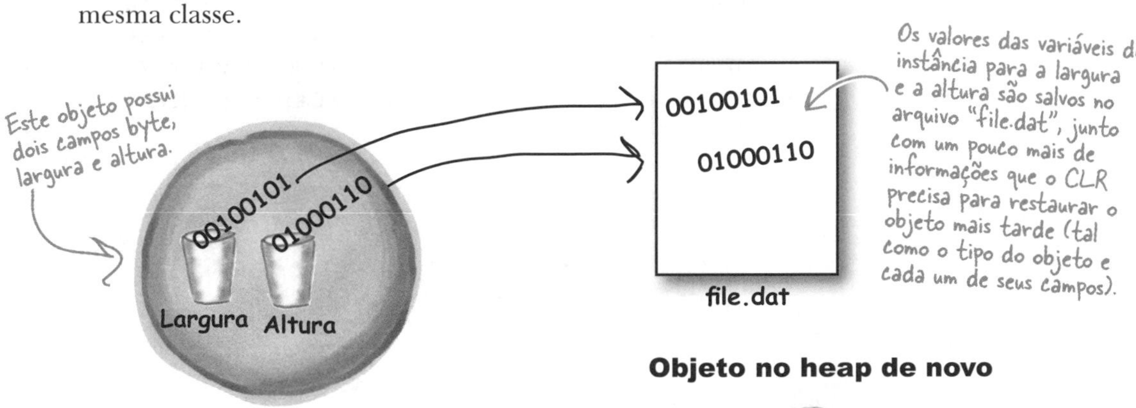

Objeto no heap de novo

3 E mais tarde...

Mais tarde – talvez depois de dias e em um programa diferente – você pode voltar ao arquivo e **desserializá-lo**. Isso tira a classe original de volta do arquivo e restaura-a **exatamente como era**, com todos os seus campos e valores intactos.

Mas, o que É exatamente o estado de um objeto? O que precisa ser salvo?

Já sabemos que **um objeto armazena seu estado em seus campos**. Então, quando um objeto é serializado, cada um desses campos precisa ser salvo no arquivo.

A serialização começa a ficar interessante quando você tem objetos mais complicados. 37 e 70 são bytes – eles são tipos de valores, então podem apenas ser escritos em um arquivo como estão. Mas, e se um objeto possuir uma variável de instância que é uma *referência* do objeto? E um objeto com cinco variáveis de instância que são referências do objeto? E se essas mesmas variáveis de instância do objeto possuírem variáveis de instância?

Pense por um minuto. Qual parte de um objeto é potencialmente única? Imagine o que precisa ser restaurado para se obter um objeto idêntico àquele salvo. De alguma forma tudo no heap deve ser escrito no arquivo.

EXERCITANDO O CÉREBRO

O que deve acontecer para este objeto `Car` ser salvo, para que seja restaurado ao seu estado original? Digamos que o carro possua três passageiros, um motor 3.0 e pneus radiais para todo tipo de terreno... essas coisas não são parte do estado do objeto `Car`? O que deve acontecer com elas?

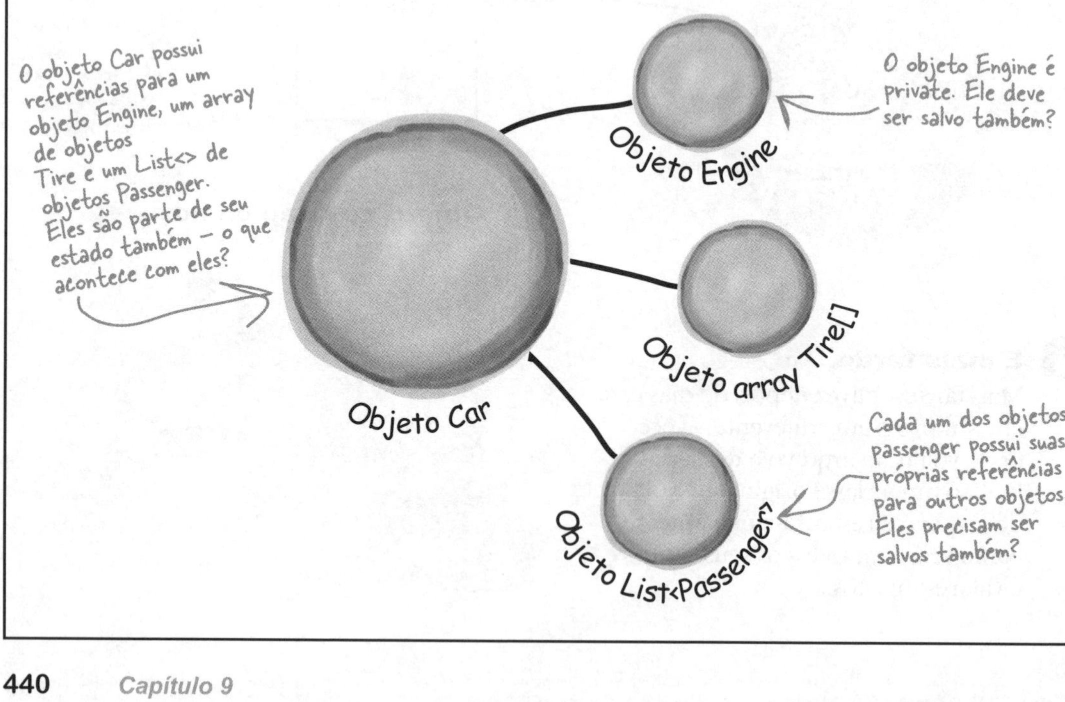

Quando um objeto é serializado, todos os objetos aos quais se refere são serializados também...

...e todos os objetos aos quais *eles* se referem, todos *aqueles aos quais os outros objetos* se referem e assim por diante. Mas, não se preocupe – pode parecer complicado, mas tudo isso acontece automaticamente. O C# começa com o objeto que você deseja serializar e procura em seus campos os outros objetos. Então, ele faz o mesmo para todos eles. Cada objeto é escrito no arquivo, junto com todas as informações que o C# precisa para reconstituir tudo, quando o objeto é desserializado.

Algumas pessoas chamam este grupo inteiro de objetos conectados de "grafo".

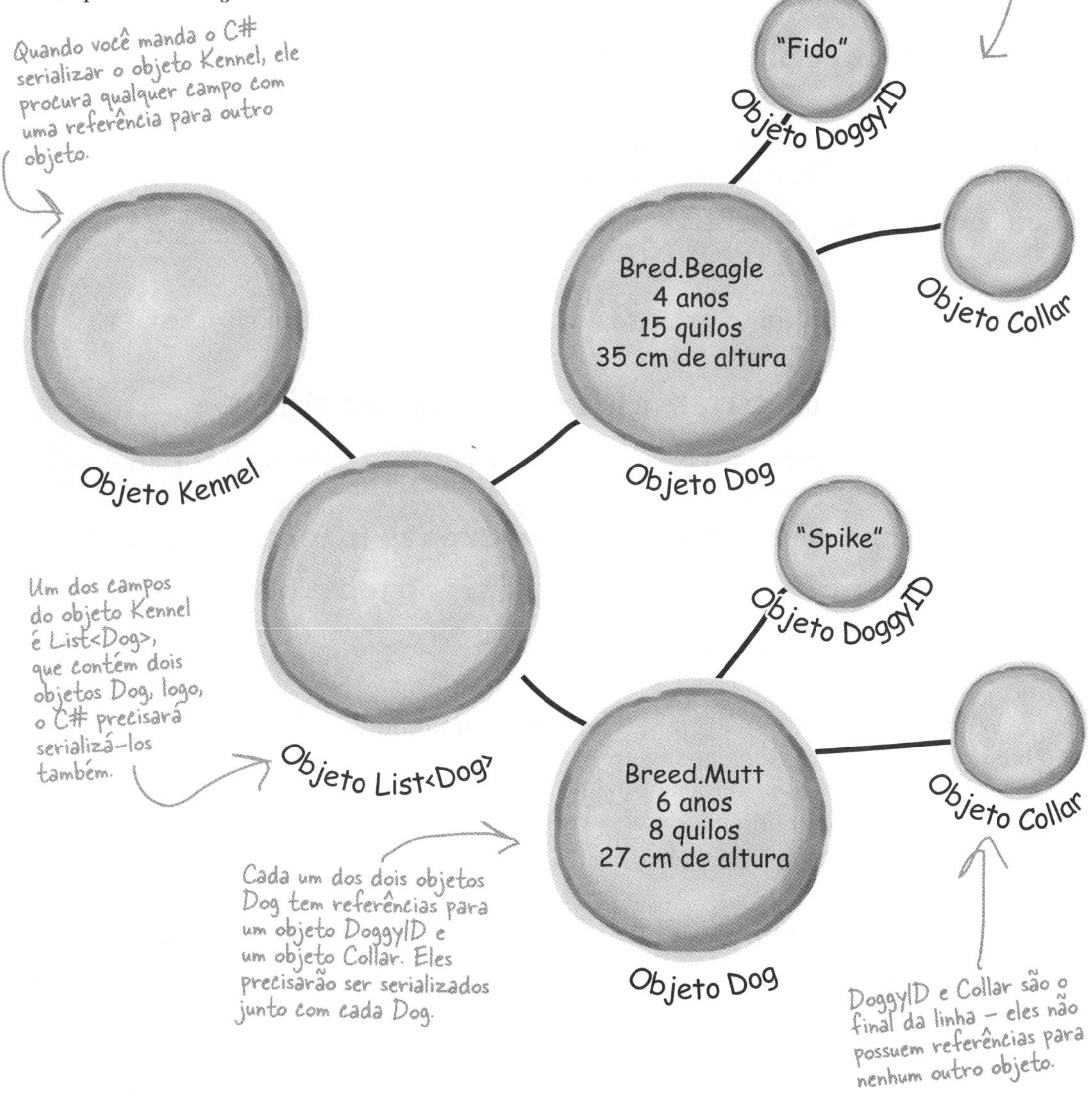

A serialização permite ler ou escrever um objeto inteiro de uma vez

Você não está limitado a ler e escrever linhas de texto em seus arquivos. Você pode usar a **serialização** para permitir que seus programas copiem objetos inteiros em arquivos e depois leem de volta... tudo em apenas algumas linhas de código! Há um pouco de trabalho de preparação a ser feito – adicione uma linha [Serializable] ao topo da classe a serializar – mas depois disto, tudo estará pronto para ser escrito.

É rápido copiar um objeto num arquivo ou lê-lo de um. Você pode serializá-lo ou desserializá-lo.

Você precisará de um objeto BinaryFormatter

Para serializar um objeto – *qualquer* um – a primeira coisa a fazer é criar uma instância de `BinaryFormatter`. É bem simples - tudo que é preciso é uma linha de código (e uma linha `using` extra no topo do arquivo da classe).

```
using System.Runtime.Serialization.Formatters.Binary;
...
BinaryFormatter formatter = new BinaryFormatter();
```

Agora, apenas crie um stream e leia ou escreva seus objetos

Use o método `Serialize()` do objeto `BinaryFormatter` para escrever qualquer objeto em um stream.

O método File.Create() cria um novo arquivo. Você pode abrir um já existente usando File.OpenWrite().

```
using (Stream output = File.Create(filenameString)) {
   formatter.Serialize(output, objectToSerialize);
}
```

O método Serialize() obtém um objeto e escreve-o em um stream. Isso é muito mais fácil do que você mesmo criar um método para escrevê-lo!

E uma vez que você tenha um objeto serializado em um arquivo, use o método `Deserialize()` do objeto `BinaryFormatter` para lê-lo de volta. O método retorna uma referência, logo, você precisa fazer o casting da saída para que corresponda ao tipo da variável de referência para a qual você está copiando.

```
using (Stream input = File.OpenRead(filenameString)) {
   SomeObj obj = (SomeObj)formatter.Deserialize(input);
}
```

Quando você usar Deserialize() para ler um objeto de volta de um stream, não se esqueça de fazer o casting do valor de retorno para corresponder ao tipo de objeto que você está lendo.

Se você quiser que sua classe seja serializável, marque-a com o atributo [Serializable]

Um **atributo** é uma tag especial que você pode adicionar ao topo de qualquer classe C#. É assim que o C# armazena **metadados** sobre seu código ou informação sobre como o código deve ser usado ou tratado. Quando você **adiciona `[Serializable]` ao topo de uma classe logo acima da declaração da classe**, está dizendo ao C# que ela pode ser serializada com segurança. E você só faz isso com as classes que incluem campos que são os tipos de valor (tais como `int`, `string` ou `enum`) ou outras classes serializáveis. Se você não adicionar o atributo à classe que quer serializar ou se incluir um campo com um tipo não serializável, então ocorrerá um erro em seu programa quando você tentar executá-lo. ***Veja você mesmo...***

Faça isso

1. **Crie uma classe e serialize-a**

Lembra da classe `Guy` do Capítulo 3? Vamos serializar Joe para que possamos manter um arquivo que sabe quanto dinheiro ele tem nos bolsos, mesmo depois de fechar seu programa.

```
[Serializable]
 class Guy
```

Você precisa adicionar este atributo ao topo de qualquer classe para serializá-la.

Aqui está o código para serializá-la em um arquivo chamado "`Guy_file.dat`" – adicione um botão "Save Joe" (Salvar Joe) e um "Load Joe" (Carregar Joe) ao formulário:

```
using System.IO;
using System.Runtime.Serialization.Formatters.Binary;
...

private void saveJoe_Click(object sender, EventArgs e)
{
  using (Stream output = File.Create("Guy_File.dat")) {
    BinaryFormatter formatter = new BinaryFormatter();
    formatter.Serialize(output, joe);
  }
}
private void loadJoe_Click(object sender, EventArgs e)
{
  using (Stream input = File.OpenRead("Guy_File.dat")) {
    BinaryFormatter formatter = new BinaryFormatter();
    joe = (Guy)formatter.Deserialize(input);
  }
  UpdateForm();
}
```

Você precisará dessas duas linhas using. A primeira é para os métodos do arquivo e do stream, e a segunda é para a serialização.

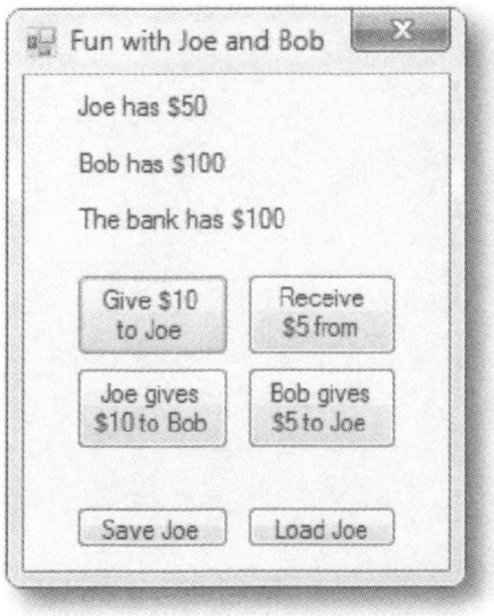

2. **Execute o programa e lide com ele.**

Se o Joe tivesse $ 200 guardados de suas transações com o Bob enquanto se executa o programa, seria uma pena perdê-los só porque você precisou desligar. Agora, seu programa pode salvar Joe em um arquivo e restaurá-lo quando você quiser.

Vamos serializar e desserializar um baralho

Pegue um baralho e escreva-o em um arquivo. O C# facilita muito a serialização de objetos. Tudo a fazer é criar um stream e escrever seus objetos.

Faça isso

1 Crie um novo projeto e adicione as classes Deck e Card

Clique com o botão direito no projeto no Solution Explorer (Navegador de Solução), escolha "Add/Existing Item" (Adicionar/Item Existente) e acrescente as classes `Card` (carta) e `Deck` (baralho)(os enums `Suits` e `Values` e as interfaces `CardComparer_bySuit` e `CardComparer_byValue`) usadas em Go Fish! no Capítulo 8. Você também precisará adicionar as duas classes comparadoras de cartas, já que `Deck` as usa. O IDE copiará os arquivos para um novo projeto – altere a linha namespace no topo de cada arquivo de classe para corresponder ao novo `namespace` de seu projeto.

2 Marque as classes como serializáveis

Adicione o atributo `[Serializable]` a todas as classes adicionadas ao projeto.

Se você não fizer isso, o C# não permitirá serializar as classes em um arquivo.

3 Adicione alguns métodos úteis ao formulário

O método `RandomDeck` cria uma baralho aleatório e o método `DealCards` lida com todas as cartas e imprime-as no console.

```
Random random = new Random();
private Deck RandomDeck(int number) {
    Deck myDeck = new Deck(new Card[] { });
    for (int i = 0; i < number; i++)
    {
        myDeck.Add(new Card(
            (Suits)random.Next(4),
            (Values)random.Next(1, 14)));
    }
    return myDeck;
}
```

Isto cria um baralho vazio e adiciona algumas cartas aleatórias usando a classe Card do último capítulo.

```
private void DealCards(Deck deckToDeal, string title) {
    Console.WriteLine(title);
    while (deckToDeal.Count > 0)
    {
        Card nextCard = deckToDeal.Deal(0);
        Console.WriteLine(nextCard.Name);
    }
    Console.WriteLine("------------------");
}
```

O método DealCards() lida com cada uma das cartas do baralho e imprime no console.

4 **Certo, o trabalho de preparação está pronto... agora serialize o baralho**

Comece adicionando botões para serializar um baralho aleatório em um arquivo e lê-lo de volta. Cheque a saída do console, assegurando que o baralho escrito seja o mesmo lido.

```
private void button1_Click(object sender, EventArgs e) {
    Deck deckToWrite = RandomDeck(5);
    using (Stream output = File.Create("Deck1.dat")) {
      BinaryFormatter bf = new BinaryFormatter();
      bf.Serialize(output, deckToWrite);
    }
    DealCards(deckToWrite, "What I just wrote to the file");
}
private void button2_Click(object sender, EventArgs e) {
    using (Stream input = File.OpenRead("Deck1.dat")) {
      BinaryFormatter bf = new BinaryFormatter();
      Deck deckFromFile = (Deck)bf.Deserialize(input);
      DealCards(deckFromFile, "What I read from the file");
    }
}
```

O objeto BinaryFormatter pega qualquer objeto marcado com o atributo Serializable – neste caso, um objeto Deck – e escreve-o num stream usando seu método Serialize().

O método Deserialize() de BinaryFormatter retorna um Object, que é apenas o tipo geral do qual todo objeto C# herda – razão pela qual precisamos fazer o casting dele em um objeto Deck.

5 **Agora, serialize vários baralhos no mesmo arquivo**

Depois de abrir um stream, você pode escrever o quanto quiser nele. Você pode serializar quantos objetos precisar no mesmo arquivo. Então, agora, adicione mais dois botões para escrever um número aleatório de baralhos no arquivo. Cheque a saída para ter certeza de que tudo está bem.

```
private void button3_Click(object sender, EventArgs e) {
    using (Stream output = File.Create("Deck2.dat")) {
      BinaryFormatter bf = new BinaryFormatter();
      for (int i = 1; i <= 5; i++) {
          Deck deckToWrite = RandomDeck(random.Next(1,10));
          bf.Serialize(output, deckToWrite);
          DealCards(deckToWrite, "Deck #" + i + " written");
      }
    }
}
private void button4_Click(object sender, EventArgs e) {
    using (Stream input = File.OpenRead("Deck2.dat")) {
      BinaryFormatter bf = new BinaryFormatter();
      for (int i = 1; i <= 5; i++) {
          Deck deckToRead = (Deck)bf.Deserialize(input);
          DealCards(deckToRead, "Deck #" + i + " read");
      }
    }
}
```

Você pode serializar um objeto após outro no mesmo stream.

Note como a linha que lê um único baralho do arquivo usa (Deck) para fazer o casting da saída de Deserialize() em um Deck. Isso porque Deserialize() retorna um objeto, mas não necessariamente sabe qual tipo de objeto.

Contanto que você faça o casting dos objetos lidos no stream para o tipo certo, não há limites para o número deles que se pode serializar.

6 **Veja o arquivo que você escreveu**

Abra `Deck1.dat` no Bloco de Notas (`File.Create()` o criou na pasta `bin\Debug` sob sua pasta de projetos). Pode não ser o tipo de leitura que você faria na praia, mas ele possui todas as informações para restaurar o seu baralho inteiro.

Quando você serializa objetos em um arquivo, eles são escritos em um formato binário.

Mas, isso não significa indecifrável – apenas compacto. É por isso que você pode reconhecer as strings quando abre um arquivo com objetos serializados: essa é a forma mais compacta que o C# pode escrever as strings em um arquivo – como strings. Mas, escrever um número como uma string realmente seria um desperdício. Qualquer `int` pode ser armazenado em quatro bytes. Então, seria estranho se o C# armazenasse, digamos, o número 49.369.144 como uma string de 8 caracteres que você pudesse ler – 10 caracteres se você incluir os pontos. Isso seria desperdício de espaço!

Nos bastidores

O .NET usa o **Unicode** para codificar um caractere ou string em bytes. Felizmente, o Windows tem uma ferramenta útil para ajudar a entender como o Unicode funciona. Abra o Mapa de Caracteres (menu Iniciar, sob Acessórios / Ferramentas do Sistema ou Iniciar/Executar e digite "charmap.exe").

Quando você vir todas as letras e símbolos usados nos idiomas do mundo, perceberá quantas *coisas* diferentes precisam ser escritas em um arquivo só para armazenar texto. É por isso que o .NET **codifica** todas as suas strings e caracteres em um formato chamado Unicode. Codificar apenas quer dizer obter os dados lógicos (tal como a letra H) e transformá-los em bytes (o número 72). Ele precisa fazer isso porque as letras, números, enums e outros dados acabarão como bytes no disco ou na memória. E é por isso que o Mapa de Caracteres é útil – ele mostra como as letras são codificadas em números.

Selecione a fonte Arial e arraste a barra para baixo até chegar às letras hebraicas. Encontre a letra Shin e clique nela.

Assim que clicar na letra, seu número Unicode aparecerá na barra de status. A letra hebraica Shin é o número 05E9. Isso é um número hexadecimal – "**hex**" para abreviar.

Você pode converter em decimal usando a calculadora do Windows: abra-a, coloque-a no modo científico, clique no botão de rádio "Hex", digite "05E9" e, então, clique em "Dec" – o resultado é 1.513.

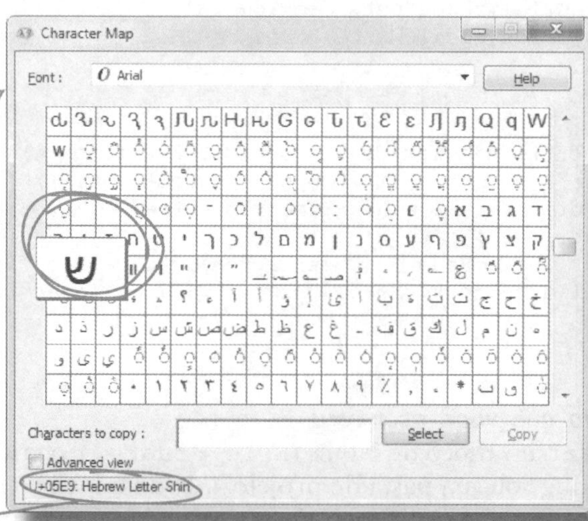

Unicode é um padrão da indústria desenvolvido por um grupo sem fins lucrativos chamado Consórcio Unicode (Unicode Consortium) e ele funciona em programas e plataformas de computadores diferentes. Reserve um minuto para visitar seu site: **http://unicode.org/**

O .NET usa o Unicode para armazenar caracteres e texto

Os dois tipos C# para armazenar texto e caracteres – `string` e `char` – mantêm seus dados na memória como Unicode. Quando eles são escritos como bytes em um arquivo, cada um dos números em Unicode é escrito no arquivo. Comece um projeto novo e arraste três botões para o formulário e usaremos os métodos `File.WriteAllBytes()` e `ReadAllBytes()` para ter uma noção exata de como os dados Unicode são escritos em um arquivo.

Faça isso

1 Escreva uma string normal em um arquivo e leia de volta

Use o mesmo método `WriteAllText()` do editor de texto para fazer o primeiro botão escrever "Eureka!" no arquivo "eureka.txt". Então, crie um novo array de bytes chamado `eurekaBytes`, leia o arquivo nela e imprima todos os bytes lidos:

```
File.WriteAllText("eureka.txt", "Eureka!");
byte[] eurekaBytes = File.ReadAllBytes("eureka.txt");
foreach (byte b in eurekaBytes)
    Console.Write("{0} ", b);
Console.WriteLine();
```

O método ReadAllBytes() retorna uma referência para um novo array de bytes com todos os bytes lidos do arquivo.

Você verá os seguintes bytes escritos na saída: `69 117 114 101 107 97 33`. Agora, **abra o arquivo no Editor de Texto Simples** escrito anterior no capítulo. Ele diz "Eureka!".

2 Faça o segundo botão exibir os bytes como números hexadecimais

Não é apenas o Mapa de Caracteres que mostra os números como hexa. Quase tudo que você lê relacionado à codificação dos dados exibirá os dados em hexa, por isto, é útil saber como trabalhar com eles. Torne o código para a manipulador de eventos do segundo botão em seu programa **idêntico ao primeiro**, altere apenas a linha `Console.Write()` para que ela fique assim:

```
    Console.Write("{0:x2} ", b);
```

Hexa usa números de 0 a 9 e letras de A a F para representar os números de base 16, então 6B é igual a 107.

Isso diz a `Write()` para imprimir o parâmetro 0 (o primeiro após a string para imprimir) como um código hexa de dois caracteres. Então, ele escreve os mesmos sete bytes em hexa, em vez de decimal: `45 75 72 65 6b 61 21`

3 Faça o terceiro botão escrever em letras hebraicas

Volte ao Mapa de Caracteres e clique duas vezes no caractere Shin (ou clique no botão Selecionar). Isso irá adicioná-lo à caixa "Caracteres a copiar". Então, faça o mesmo com o restante das letras em "Shalom": Lamed (U+05DC), Vav (U+05D5) e o Final Mem (U+05DD). Agora, adicione o código para a manipulador de eventos do terceiro botão. Ele será idêntico ao botão 2, exceto por uma mudança. Clique no botão "Copiar", no Mapa de Caracteres, cole as letras sobre "Eureka!" e adicione o parâmetro `Encoding.Unicode`, para que a linha fique assim:

```
File.WriteAllText("eureka.txt", "שלום", Encoding.Unicode);
```

Você notou que o IDE colou as letras de **trás para frente**? É porque ele sabe que a escrita hebraica é lida da direita para a esquerda, assim, quando encontra letras hebraicas em Unicode, exibe-as da direita para a esquerda. Coloque o cursor no meio das letras – as setas direcionais esquerda e direita invertem-se! Isso facilita muito se você precisar escrever em hebraico. Agora, execute o código e observe atentamente a saída: `ff fe e9 05 dc 05 d5 05 dd 05`. Os primeiros dois caracteres são "FF FE", que é uma forma em Unicode de dizer que teremos uma string de dois bytes. O restante dos bytes são as letras hebraicas – mas, elas estão invertidas, então U+05E9 aparece como **e9 05**. Agora, abra o arquivo em seu Editor de Texto Simples – tudo parece certo!

O C# pode usar arrays de byte para mover dados

Já que todos os seus dados acabaram codificados como **bytes**, faz sentido pensar em um arquivo como um **grande array de bytes**. E você já sabe como ler e escrever arrays de byte.

Aqui está o código para criar um array de bytes, abrir um stream de entrada e ler os dados em bytes de 0 a 6 do array.

```
byte[] greeting;
greeting = File.ReadAllBytes(filename);
```

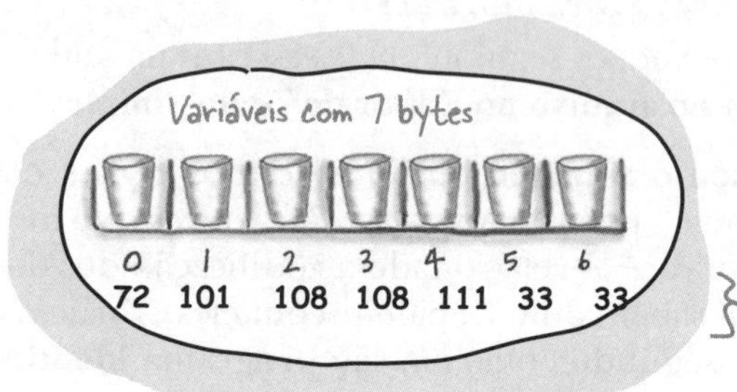

Estes números são os números Unicode para os caracteres em "Hello!!"

Este é um método estático para os Arrays que inverte a ordem dos bytes. Só estamos usando-o para mostrar que as alterações no array de bytes são escritas de forma idêntica no arquivo.

```
Array.Reverse(greeting);
File.WriteAllBytes(filename, greeting);
```

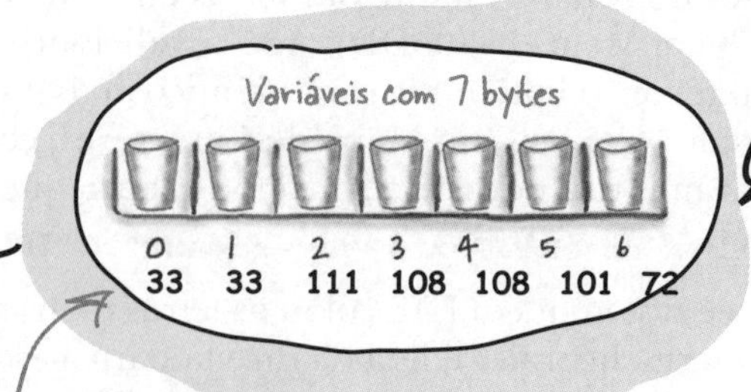

Quando o programa escreve o array de bytes em um arquivo, o texto fica invertido também.

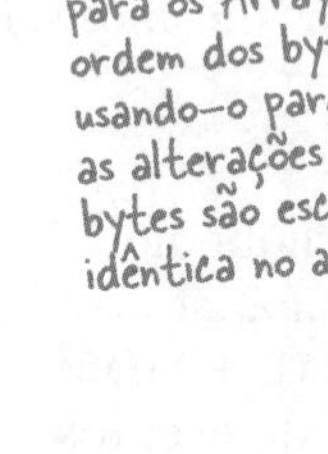

Agora, os bytes estão na ordem inversa.

Inverter os bytes em "Hello!!" apenas funciona porque cada um dos caracteres tem um byte de comprimento. Você pode descobrir por que isto não funcionará para שלום?

Use um BinaryWriter para escrever dados binários

StreamWriter também codifica seus dados. Apenas especifica no texto e na codificação do texto.

Você *poderia* codificar todas as suas strings, chars, ints e floats em arrays de bytes antes de escrevê-los em arquivos, mas isso seria muito tedioso. É por isso que o .NET tem uma classe muito útil chamada **`BinaryWriter`**, que **codifica seus dados automaticamente** e os escreve em um arquivo. Tudo a fazer é criar um `FileStream` e passá-lo ao construtor de `BinaryWriter`. Então, você pode chamar seus métodos para escrever os dados. Então vamos criar uma nova aplicação de console que usa `BinaryWritter` para escrever dados binários em um arquivo.

Faça isso

1. Comece criando uma aplicação do console e configurando alguns dados para escrever num arquivo.

```
int intValue = 48769414;
string stringValue = "Hello!";
byte[] byteArray = { 47, 129, 0, 116 };
float floatValue = 491.695F;
char charValue = 'E';
```

Se você usar File.Create(), um novo arquivo será Criado – se já houver um lá, ele irá apagá-lo e iniciar um novo. Há também o método File.OpenWrite(), que abre o arquivo existente e começa a sobrescreve-lo desde o início.

2. Para usar um `BinaryWriter`, primeiro você precisa abrir um novo stream com `File.Create()`:

```
using (FileStream output = File.Create("binarydata.dat"))
using (BinaryWriter writer = new BinaryWriter(output)) {
```

3. Agora, basta chamar seu método `Write()`. Cada vez que você o fizer, ele adicionará novos bytes ao final do arquivo com uma versão codificada de qualquer dado passado como um parâmetro.

```
writer.Write(intValue);
writer.Write(stringValue);
writer.Write(byteArray);
writer.Write(floatValue);
writer.Write(charValue);
```

Cada instrução Write() codifica um valor em bytes e envia-os ao objeto FileStream. Você pode passar qualquer tipo do valor e ela irá codificá-lo automaticamente.

FileStream escreve os bytes no final do arquivo.

Aponte o seu lápis

4. Agora, use o mesmo código de antes para ler o arquivo que acabou de escrever.

```
byte[] dataWritten = File.ReadAllBytes("binarydata.dat");
foreach (byte b in dataWritten)
    Console.Write("{0:x2} ", b);
Console.WriteLine(" - {0} bytes", dataWritten.Length);
Console.ReadKey();
```

Uma dica: As strings podem ter tamanhos variados, por isto ela deve começar com um número para informar ao .NET o seu tamanho. Além disso, você pode procurar a string e os valores Unicode de char usando o Mapa de Caracteres.

Escreva a saída nas lacunas abaixo. Você pode **determinar quais bytes correspondem** a cada uma das cinco instruções `Write()`? Marque cada grupo de bytes com o nome da variável.

__ - ___ bytes

Aponte o seu lápis
Solução

Os valores float e int ocupam 4 bytes quando você os escreve em um arquivo. Se você usasse long ou double, eles ocupariam 8 bytes cada.

86 29 e8 02 06 48 65 6c 6c 6f 21 2f 81 00 74 f6 d8 f5 43 45 - 20 bytes

intValue | stringValue | byteArray | charValue

O primeiro byte na string é 6 – esse é o comprimento dela. Você pode usar o Mapa de Caracteres para procurar cada um dos caracteres em "Hello!" – começa com U+0048 e termina com U+0021.

Se você usar a calculadora do Windows para converter estes bytes de hexa para decimal, verá que estes são os números em byteArray.

char mantém um caractere Unicode e 'E' ocupa apenas um byte – é codificado como U+0045.

Use BinaryReader para ler os dados de volta

A classe `BinaryReader` funciona exatamente como `BinaryWriter`. Você cria um stream, anexa o objeto `BinaryReader` e chama seus métodos. Mas, o leitor **não sabe quais dados estão no arquivo**! E não tem como saber. Seu valor de ponto flutuante `491.695F` foi codificado como `d8 f5 43 45`. Mas, esses mesmos bytes são um `int` perfeitamente válido – 1.140.185.334. Então, você precisará dizer a `BinaryReader` exatamente quais tipos ler do arquivo. Acrescente mais um botão ao seu formulário e faça-o ler os dados que você acabou de escrever.

Não precisa acreditar na gente. Substitua a linha que lê o float por uma chamada para ReadInt32(). (Você precisará alterar o tipo de floatRead para int). Então, poderá ver por si mesmo o que ele lê no arquivo.

1. Comece configurando os objetos `FileStream` e `BinaryReader`:

```
using (FileStream input = File.OpenRead("binarydata.dat"))
using (BinaryReader reader = new BinaryReader(input)) {
```

2. Você informa a `BinaryReader` que tipo de dados ler chamando seus diferentes métodos.

```
    int intRead = reader.ReadInt32();
    string stringRead = reader.ReadString();
    byte[] byteArrayRead = reader.ReadBytes(4);
    float floatRead = reader.ReadSingle();
    char charRead = reader.ReadChar();
```

Cada tipo de valor possui seu próprio método em BinaryReader() que retorna os dados no tipo correto. A maioria não precisa de nenhum parâmetro, mas ReadBytes() possui um que informa a BinaryReader quantos bytes ler.

3. Você informa a `BinaryReader` que tipo de dados ler chamando seus diferentes métodos.

```
    Console.Write("int: {0}  string: {1}  bytes: ", intRead, stringRead);
    foreach (byte b in byteArrayRead)
        Console.Write("{0} ", b);
    Console.Write(" float: {0}  char: {1} ", floatRead, charRead);
}
Console.ReadKey();
```

Aqui está a saída que é impressa no console:

```
int: 48769414  string: Hello!  bytes: 47 129 0 116  float: 491.695  char: E
```

Você pode ler e escrever arquivos serializados manualmente também

Arquivos serializados não parecem tão bonitos quando você os abre no Bloco de Notas. Você encontrará todos os arquivos já escritos na pasta `bin\Debug` de seu projeto – vamos parar por um minuto para nos familiarizar com a estrutura interna de um arquivo serializado.

Faça isso

1 **Serialize dois objetos Card em arquivos diferentes**

Use o código de serialização já escrito para serializar o Three of Clubs (**Três de Paus**) para `three-c.dat` e o Six of Hearts (**Seis de Copas**) para `six-h.dat`. Cheque para ter certeza de que ambos foram escritos, estejam agora em uma pasta e ambos tenham o mesmo tamanho de arquivo. Então, abra um deles no Bloco de Notas:

Há algumas palavras no arquivo, mas a maioria é ilegível.

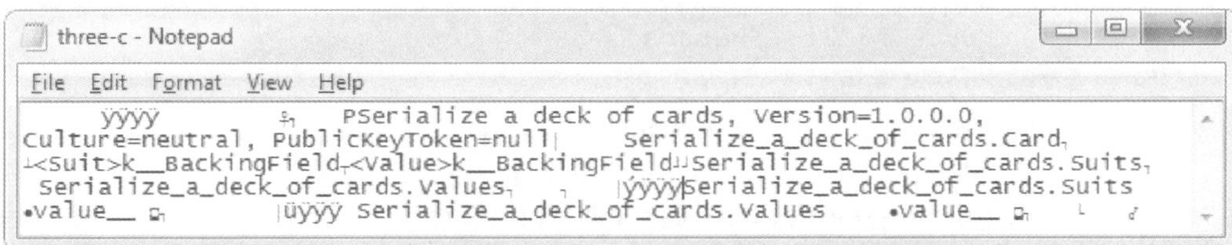

2 **Escreva um loop para comparar os dois arquivos binários**

Usamos o método `ReadByte()` para ler o próximo byte de um stream – ele retorna um `int` com o valor desse byte. Também usamos o campo `Length` do stream para, com certeza, ler todo o arquivo.

```
byte[] firstFile = File.ReadAllBytes("three-c.dat");
byte[] secondFile = File.ReadAllBytes("six-h.dat");
for (int i = 0; i < firstFile.Length; i++)
    if (firstFile[i] != secondFile[i])
        Console.WriteLine("Byte #{0}: {1} versus {2}",
            i, firstFile[i], secondFile[i]);
```

Este loop examina o primeiro byte de cada um dos arquivos e compara-os, então o segundo, o terceiro etc. Quando ele encontra uma diferença, escreve uma linha no console.

Os dois arquivos são lidos em dois arrays de byte diferentes e, por isso, podem ser comparados byte por byte. Já que a mesma classe foi serializada em dois arquivos diferentes, serão quase iguais... mas, vejamos o QUÃO iguais são.

Veja bem!

Quando você escreve em um arquivo, nem sempre começa do zero!

Tome cuidado se você usar File.OpenWrite(). Ele não apaga o arquivo – apenas começa a sobrescrever os dados partindo do início. É por isso que estamos usando File.Create() – ele cria um novo arquivo.

Ainda não terminamos - vire a página!

Encontre as diferenças entre os arquivos e use essa informação para alterá-los

O loop que você acabou de escrever identifica exatamente onde os dois arquivos serializados Card diferem. Já que a única diferença entre os dois objetos era seus campos Suit e Value, então essa deveria ser a única diferença entre seus arquivos também. Logo, se encontrarmos os bytes que mantêm o naipe e o valor, seremos capazes de **alterá-los para criar uma nova carta** com qualquer naipe e valor desejados!

Você também pode serializar seus objetos para o XML. Vá para a Extra 9 no apêndice para aprender mais sobre isto.

3 Dê uma olhada na saída do console para ver como os dois arquivos diferem

O console deve mostrar que os dois bytes diferem:

```
Byte #322: 1 versus 3
Byte #382: 3 versus 6
```

Isto faz muito sentido! Volte ao enum Suits do capítulo anterior e verá que o valor para Clubs é 1 e para Hearts é 3, portanto é a primeira diferença. E a segunda – seis versus três – é obviamente o valor da carta. Você pode encontrar números de byte diferentes, o que não é nenhuma surpresa: você pode estar usando um namespace diferente, o que alteraria o tamanho do arquivo.

Lembra como o namespace foi incluído como parte do arquivo serializado? Se seu namespace for diferente, então os números de byte serão outros também.

Humm, se o byte #322 no arquivo serializado representa o naipe, então deveríamos poder alterá-lo lendo esse arquivo, alterando o único byte e escrevendo-o novamente. (Lembre-se, seu próprio arquivo serializado pode armazenar o naipe num local diferente).

4 Escreva código para criar manualmente um novo arquivo com um Rei de Espadas

Use um dos arrays lidos, altere-o para que contenha uma nova carta e depois, escreva-o de volta.

```
firstFile[322] = (byte)Suits.Spades;
firstFile[382] = (byte)Values.King;
File.Delete("king-s.dat");
File.WriteAllBytes("king-s.dat", firstFile);
```

Se você encontrar números de byte diferentes no passo #3, substitua-os aqui.

Agora, **desserialize a carta a partir de king-s.dat** e veja se é o Rei de Espadas.

Agora que você sabe quais bytes contêm o naipe e o valor, pode alterar somente esses bytes no array antes que seja escrito em king-s.dat.

Trabalhar com arquivos binários pode ser complicado

O que você faz se tem um arquivo e não está certo de seu conteúdo? Você não sabe qual aplicação o criou e precisa saber algo sobre ele – mas, quando você o abre no Bloco de Notas, ele parece um monte de lixo. O que aconteceria se você não tivesse mais opções e realmente precisasse olhar dentro dele? Olhando para a figura, fica bem claro que o Bloco de Notas não é a ferramenta certa.

Aqui está a carta serializada, aberta no Bloco de Notas. Não será útil de jeito nenhum.

Você pode entender algumas coisas – tais como, os nomes do enum ("Suit" e "Value") e o nome do namespace que usamos ("Serialize_a_deck_of_cards"). Mas, isso não é tão útil assim.

Há outra opção – é um formato chamado de despejo em hexa, uma forma padrão de observar os dados binários. É definitivamente mais informativo que observar o arquivo no Bloco de Notas. Hexadecimal – ou "hexa" – é uma forma convencional de exibir os bytes em um arquivo. Todo byte requer 2 caracteres em hexa. Assim, você pode ver muitos dados em um espaço bem pequeno e em um formato que facilita a identificação de padrões. Além disso, é útil exibir dados binários em linhas com 8, 16 ou 32 bytes de extensão porque a maioria desses dados tende a se agrupar em conjuntos de 4, 8, 16 ou 32... como todos os tipos no C#. Por exemplo, um int ocupa 4 bytes e fica com 4 bytes de extensão quando é serializado no disco. Eis como o mesmo arquivo fica como um despejo em hexa, usando um dos inúmeros programas gratuitos de despejo em hexa disponíveis para o Windows:

Você pode ver imediatamente o valor numérico de cada byte no arquivo.

O número no início de cada linha é o deslocamento (ou a distância no arquivo) do primeiro byte na linha.

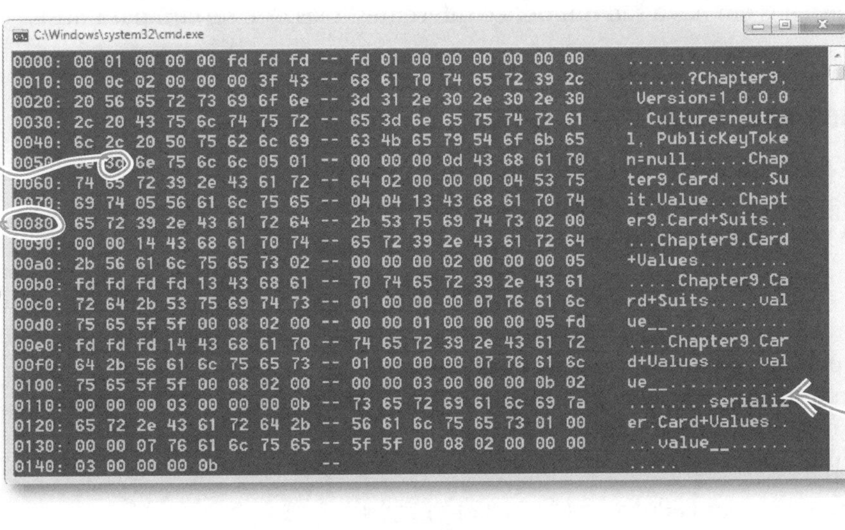

Você pode ver o texto original, mas os caracteres sem sentido são substituídos por pontos.

Use streams de arquivo para criar um despejo em hexa

Um **despejo em hexa** é uma visualização *hexadecimal* do conteúdo de um arquivo e é uma forma muito comum para os programadores analisarem a fundo sua estrutura interna. A maioria dos sistemas operacionais tem um utilitário de despejo em hexa predefinido. Infelizmente, o Windows não. Então vamos fazer um!

Como fazer um despejo em hexa

Comece com um texto conhecido:

```
We the People of the United States, in Order to form a more perfect Union...
```

Eis como ficaria um despejo em hexa desse texto:

Repetimos, você pode ver imediatamente o valor numérico de cada byte no arquivo.

```
0000: 57 65 20 74 68 65 20 50 -- 65 6f 70 6c 65 20 6f 66   We the People of
0010: 20 74 68 65 20 55 6e 69 -- 74 65 64 20 53 74 61 74    the United Stat
0020: 65 73 2c 20 69 6e 20 4f -- 72 64 65 72 20 74 6f 20   es, in Order to
0030: 66 6f 72 6d 20 61 20 6d -- 6f 72 65 20 70 65 72 66   form a more perf
0040: 65 63 74 20 55 6e 69 6f -- 6e 2e 2e 2e               ect Union...
```

Acrescentaremos o número no começo de cada linha usando o deslocamento do primeiro byte nela.

E vamos precisar substituir os caracteres sem sentido por pontos.

Cada um desses números – 57, 65, 6F – é o valor de um byte no arquivo. O motivo de alguns "números" terem valores com letras é que são *hexadecimais* (ou hexas). Esta é apenas outra forma de escrever um número. Em vez de usar dez dígitos de 0 a 9, usa dezesseis dígitos de 0 a 9 mais as letras de A a F.

Cada linha em nosso despejo em hexa representa dezesseis caracteres na entrada usada para gerá-la. Em nosso despejo, os primeiros quatro caracteres são o deslocamento no arquivo – a primeira linha começa no caractere 0, a próxima no 16 (ou hexa 10), depois 32 (hexa 20) etc. (Os outros despejos em hexa são um pouco diferentes, mas este servirá para nós).

Trabalhando com hexa

Você pode colocar números hexa diretamente em seu programa – apenas acrescente os caracteres 0x (um zero seguido de x) na frente do número:

```
int j = 0x20;
MessageBox.Show("The value is " + j);
```

Quando você usa o operador + para concatenar um número a uma string, ele é convertido em decimal. Você pode usar o método estático `String.Format()` para converter seu número em uma string formatada em hexa:

```
string h = String.Format("{0:x2}", j);
```

String.Format() usa os parâmetros exatamente como Console.WriteLine(), ou seja, você não precisa aprender nada novo para usá-lo.

StreamReader e StreamWriter servirão muito bem (agora)

Nosso despejo em hexa escreverá seu despejo em um arquivo e, já que ele está apenas escrevendo texto, um `StreamWriter` servirá. Mas, também podemos aproveitar o método **`ReadBlock()`** em `StreamReader`. Ele lê um bloco de caracteres em um array `char` – você especifica o número de caracteres que quer ler e ele vai lê-los ou, se houver menos do que esse número no arquivo, vai ler até o fim do arquivo. Já que estamos exibindo 16 caracteres por linha, leremos blocos de 16 caracteres.

O motivo do método ser chamado de "ReadBlock()" é que quando você o chama, ele "bloqueia" (significando que impede a execução e não retorna para seu programa) até que tenha lido todos os caracteres solicitados ou fique sem dados para ler.

Portanto, acrescente mais um botão ao seu programa – adicione este despejo em hexa nele. Altere as primeiras duas linhas para que apontem para os verdadeiros arquivos em seu disco rígido. Comece com um arquivo `Card` serializado. Então, veja se pode modificá-lo para usar as caixas de diálogo Open (Abrir) e Save As (Salvar Como).

```
using (StreamReader reader = new StreamReader(@"c:\files\inputFile.txt"))
using (StreamWriter writer = new StreamWriter(@"c:\files\outputFile.txt", false))
{
  int position = 0;

  while (!reader.EndOfStream) {
     char[] buffer = new char[16];
     int charactersRead = reader.ReadBlock(buffer, 0, 16);
     writer.Write("{0}: ", String.Format("{0:x4}", position));
     position += charactersRead;

     for (int i = 0; i < 16; i++) {
        if (i < charactersRead) {
           string hex = String.Format("{0:x2}", (byte)buffer[i]);
           writer.Write(hex + " ");
        }
        else
           writer.Write("   ");

        if (i == 7) { writer.Write("-- "); }
        if (buffer[i] < 32 || buffer[i] > 250) { buffer[i] = '.'; }
     }
     string bufferContents = new string(buffer);
     writer.WriteLine("   " + bufferContents.Substring(0, charactersRead));
  }
}
```

A propriedade EndOfStream de StreamReader retornará false se ainda houver caracteres a serem lidos no arquivo.

Este ReadBlock() lê até 16 caracteres em um array char.

O método estático String.Format converte números em strings. "{0:x4}" manda Format() imprimir o segundo parâmetro – neste caso, position – como um número hexa com 4 caracteres.

Este loop percorre os caracteres e imprime cada um deles em uma linha na saída.

Alguns caracteres com um valor abaixo de 32 não imprimem, assim, substituiremos todos eles por um ponto.

Você pode converter um array char[] em uma string passando-o para o construtor sobrecarregado de strings.

Toda string possui um método Substring que retorna uma parte da string. Neste caso, retorna os primeiros caracteres charactersRead começando pela parte inicial (posição 0). (Olhe de novo a parte superior do loop para ver onde charactersRead está definido – o método ReadBlock() retorna o número de caracteres lidos no array.)

Use Stream.Read() para ler os bytes de um stream

Faça isso

O despejo em hex funciona muito bem para os arquivos de texto. Mas, há um problema. Tente usar `File.WriteAllBytes()` para escrever um array de bytes com valores acima de 127 em um arquivo, então executá-lo em seu despejo. Oh oh – todos são lidos como "fd"! É porque **StreamReader é construído para ler arquivos de texto** que contêm apenas bytes com valores abaixo de 128. Portanto, façamos do modo certo – lendo os bytes diretamente do stream usando o método **`Stream.Read()`**. E como um bônus, iremos construí-lo exatamente como um utilitário de despejo em hexa real: faremos com que obtenha um nome de arquivo como um **argumento da linha de comandos**.

Crie uma nova aplicação do console e **chame-a de `hexdumper`**. O código para o programa está na página da frente. Eis como ficará quando você executar o programa:

Se você executar hexdumper sem nenhum argumento, ele retornará uma mensagem de erro e sairá com um código de erro.

Também sairá com um erro se você passar o nome de um arquivo que não existe.

```
C:\Windows\system32\cmd.exe

C:\temp>hexdumper
usage: hexdmper file-to-dump

C:\temp>hexdumper does-not-exist.dat
File does not exist: does-not-exist.dat
usage: hexdmper file-to-dump

C:\temp>hexdumper king-s.dat
0000: 00 01 00 00 00 ff ff ff -- ff 01 00 00 00 00 00 00    ................
0010: 00 0c 02 00 00 00 50 53 -- 65 72 69 61 6c 69 7a 65    ......PSerialize
0020: 20 61 20 64 65 63 6b 20 -- 6f 66 20 63 61 72 64 73     a deck of cards
0030: 2c 20 56 65 72 73 69 6f -- 6e 3d 31 2e 30 2e 30 2e    , Version=1.0.0.
0040: 30 2c 20 43 75 6c 74 75 -- 72 65 3d 6e 65 75 74 72    0, Culture=neutr
0050: 61 6c 2c 20 50 75 62 6c -- 69 63 4b 65 79 54 6f 6b    al, PublicKeyTok
0060: 65 6e 3d 6e 75 6c 6c 05 -- 01 00 00 00 1e 53 65 72    en=null......Ser
0070: 69 61 6c 69 7a 65 5f 61 -- 5f 64 65 63 6b 5f 6f 66    ialize_a_deck_of
0080: 5f 63 61 72 64 73 2e 43 -- 61 72 64 02 00 00 00 15    _cards.Card.....
0090: 3c 53 75 69 74 3e 6b 5f -- 5f 42 61 63 6b 69 6e 67    <Suit>k__Backing
00a0: 46 69 65 6c 64 16 3c 56 -- 61 6c 75 65 3e 6b 5f 5f    Field.<Value>k__
00b0: 42 61 63 6b 69 6e 67 46 -- 69 65 6c 64 04 04 1f 53    BackingField...S
00c0: 65 72 69 61 6c 69 7a 65 -- 5f 61 5f 64 65 63 6b 5f    erialize_a_deck_
00d0: 6f 66 5f 63 61 72 64 73 -- 2e 53 75 69 74 73 02 00    of_cards.Suits..
00e0: 00 00 20 53 65 72 69 61 -- 6c 69 7a 65 5f 61 5f 64    .. Serialize_a_d
00f0: 65 63 6b 5f 6f 66 5f 63 -- 61 72 64 73 2e 56 61 6c    eck_of_cards.Val
0100: 75 65 73 02 00 00 00 02 -- 00 00 00 05 fd ff ff ff    ues.............
0110: 1f 53 65 72 69 61 6c 69 -- 7a 65 5f 61 5f 64 65 63    .Serialize_a_dec
0120: 6b 5f 6f 66 5f 63 61 72 -- 64 73 2e 53 75 69 74 73    k_of_cards.Suits
0130: 01 00 00 00 07 76 61 6c -- 75 65 5f 5f 00 08 02 00    .....value__....
0140: 00 00 00 00 00 00 05 fc -- ff ff ff 20 53 65 72 69    ............ Seri
0150: 61 6c 69 7a 65 5f 61 5f -- 64 65 63 6b 5f 6f 66 5f    alize_a_deck_of_
0160: 63 61 72 64 73 2e 56 61 -- 6c 75 65 73 01 00 00 00    cards.Values....
0170: 07 76 61 6c 75 65 5f 5f -- 00 08 02 00 00 00 0d 00    .value__........
0180: 00 00 0b                --                            ...

C:\temp>
```

Se você passar um nome de arquivo válido, ele escreverá um despejo em hexa do conteúdo do arquivo no console.

Normalmente, usamos Console.WriteLine() para imprimir no console. Mas, usaremos **Console.Error.WriteLine()** para imprimir as mensagens de erro para que elas não sejam redirecionadas, caso usemos > ou >> para redirecionar a saída.

Usando argumentos da linha de comandos

Sempre que você cria um novo projeto de aplicação do console, o Visual Studio cria uma classe Program com um método do ponto de entrada que tem esta declaração: `static void Main(string[] args)`. Se você executar seu programa com os argumentos da linha de comandos, o parâmetro `args` conterá esses argumentos. E não é apenas para as aplicações do console também: abra qualquer arquivo Programs.cs do projeto Aplicação Windows Forms e verá a mesma coisa.

Você desejará passar os argumentos da linha de comando quando estiver depurando seu programa. Para passar argumentos quando executa seu programa no depurador do IDE, escolha "Properties..." (Propriedades) no menu Project (Projeto) e forneça-os na guia Debug (Depurar).

Os argumentos da linha de comando serão passados usando o parâmetro args.

Se args.Length não for igual a 1, então zero ou mais de um argumento foi passado na linha de comando.

O método Exit() sai do programa. Se você passar um int, ele retornará esse código de erro (que é útil ao escrever scripts de comando e arquivos em batch).

Note como estamos usando Console.Error.WriteLine() aqui.

Iremos assegurar que um arquivo válido tenha sido passado. Se não existir, imprima uma mensagem de erro diferente e retorne um código para sair diferente.

Não precisamos de um StreamReader porque estamos lendo os bytes diretamente do stream.

Use o método Stream.Read() para ler os bytes diretamente em um buffer. Observe como, desta vez, o buffer é um array de bytes. Isto faz sentido – estamos lendo bytes, não caracteres de um arquivo de texto.

```
static void Main(string[] args)
{
    if (args.Length != 1)
    {
        Console.Error.WriteLine("usage: hexdmper file-to-dump");
        System.Environment.Exit(1);
    }
    if (!File.Exists(args[0]))
    {
        Console.Error.WriteLine("File does not exist: {0}", args[0]);
        System.Environment.Exit(2);
    }
    using (Stream input = File.OpenRead(args[0]))
    {
        int position = 0;
        byte[] buffer = new byte[16];
        while (position < input.Length)
        {
            int charactersRead = input.Read(buffer, 0, buffer.Length);
            if (charactersRead > 0)
            {
                Console.Write("{0}: ", String.Format("{0:x4}", position));
                position += charactersRead;

                for (int i = 0; i < 16; i++)
                {
                    if (i < charactersRead)
                    {
                        string hex = String.Format("{0:x2}", (byte)buffer[i]);
                        Console.Write(hex + " ");
                    }
                    else
                        Console.Write("   ");

                    if (i == 7)
                        Console.Write("-- ");

                    if (buffer[i] < 32 || buffer[i] > 250) { buffer[i] = (byte)'.'; }
                }
                string bufferContents = Encoding.UTF8.GetString(buffer);
                Console.WriteLine("   " + bufferContents.Substring(0, charactersRead));
            }
        }
    }
}
```

Esta parte do programa é exatamente igual, exceto que o buffer contém bytes e não caracteres (mas String.Format() faz a coisa certa em qualquer caso).

Este é um modo fácil de converter um array de bytes em uma string. É parte de Encoding.UTF8 (outra codificação Unicode, ASCII ou outra codificação), pois codificações diferentes podem mapear o mesmo array de bytes para strings diferentes.

Não existem Perguntas Idiotas

P: Por que eu não tive de usar o método `Close()` para fechar o arquivo depois de ter usado `File.Read AllText()` e `File.WriteAltttexet()`?

R: A classe `File` possui diversos métodos estáticos úteis que abrem automaticamente o arquivo, leem ou escrevem dados e, então o fecham automaticamente. Além dos métodos `ReadAllText()` e `WriteAllText()`, á `ReadAllBytes()` e `WriteAllBytes()`, que trabalham com arrays de byte, e `ReadAllLines()` e `WriteAllLines()`, que leem e escrevem arrays de strings, sendo que cada string no array será uma linha separada no arquivo. Todos os métodos automaticamente abrem e fecham os streams, permitindo executar toda a sua operação de arquivo em uma única instrução.

P: Se `FileStream` possui métodos para ler e escrever, por que eu preciso usar `StreamReader` e `StreamWriter`?

R: A classe `FileStream` é bem útil para ler e escrever bytes em arquivos binários. Seus métodos para ler e escrever operam com bytes e arrays de bytes. Mas, muitos programas trabalham exclusivamente com arquivos de texto – como a primeira versão do Gerenciador de Desculpas, que só escrevia strings em arquivos. É aí que `StreamReader` e `StreamWriter` vêm realmente a calhar. Eles possuem métodos específicos para ler e escrever linhas de texto. Sem eles, se você quisesse ler uma linha de texto em um arquivo, deveria primeiro ler um array de bytes e, então, escrever um loop para procurar quebras de linha no array – logo, é fácil notar como eles facilitam a sua vida.

P: Quando eu devo usar File e quando devo usar FileInfo?

R: A principal diferença entre as classes `File` e `FileInfo` é que os métodos em `File` são estáticos, não precisando, portanto, criar uma instância. Por outro lado, `FileInfo` exige que você a instancie com um nome de arquivo. Em alguns casos, isso seria mais complicado, como quando você precisa apenas executar uma única operação de arquivo (como, por exemplo, apenas apagar ou mover um arquivo). Mas, se você precisar fazer muitas operações no mesmo arquivo, então será mais eficiente usar `FileInfo` porque só é preciso passar o nome do arquivo uma vez. Você deve decidir qual usar baseado em uma situação particular na qual se encontra. Em outras palavras, se você estiver fazendo uma operação de arquivo, use `File`. Se estiver fazendo muitas operações de arquivo em uma linha, use `FileInfo`.

P: Espere um minuto. Por que "Eureka!" foi escrito com um byte por caractere, mas quando eu escrevi as letras hebraicas, elas precisaram de dois bytes? E o que era aquele negócio de "FF FE" no começo dos bytes?

R: O que você está vendo é a diferença entre duas codificações Unicode bem parecidas. Letras, números, marcas de pontuação normais e alguns caracteres padrão (tais como, chaves, & e outras coisas que você encontra no teclado) da língua portuguesa são todos números Unicode baixos – entre 0 e 127. (Se você já usou o ASCII antes, eles são os mesmos que os caracteres ASCII). Se um arquivo contém somente esses caracteres Unicode com números baixos, apenas seus bytes são impressos. As coisas ficam mais complicadas quando você acrescenta caracteres Unicode com números mais altos ao conjunto. Um byte só pode conter um número entre 0 e 255. Mas, dois bytes em uma linha podem armazenar números entre 0 e 65.536 – o que, em hexa, é FFFF. O arquivo precisa ser capaz de informar a qualquer programa que o abra que ele conterá esses caracteres com números altos. Então, ele coloca uma sequência de bytes reservada especial no começo do arquivo: "FF FE". Isso é chamado de "marca de ordem do byte". Assim que o programa vê isso, ele sabe que todos os caracteres são codificados com dois bytes cada. (Então, um E seria codificado como 00 45 – com zeros no começo).

P: Por que isso é chamado de marca de ordem do byte?

R: Lembra como seus bytes foram invertidos? O valor Unicode de Shin U+05E9 foi escrito no arquivo como E9 05. Isso é chamado de "pequeno término". Volte ao código que escreveu esses bytes e mude o terceiro parâmetro para `WriteAllText(): Encoding.BigEndianUnicode`. Isso diz a ele para escrever os dados em "grande término", que não troca a posição dos bytes. Você verá os bytes aparecerem como "05 E9" desta vez. Também verá uma marca de ordem do byte diferente: "FE FF". E seu Editor de Texto Simples é inteligente o bastante para ler ambos!

Se você estiver escrevendo uma string com apenas caracteres Unicode com números baixos, ela será escrita com um byte por caractere. Mas, se ela possuir caracteres de números altos, eles serão escritos usando dois ou mais bytes cada.

A codificação que o .NET usa por padrão é chamada de UTF-8. Você pode dizer a File.WriteAllText() para usar uma codificação diferente passando um valor Encoding diferente. Você pode aprender mais sobre as codificações Unicode em http://unicode.org.

Exercício

Altere o Gerenciador de Desculpas do Brian para que ele use arquivos binários com objetos Excuse serializados, em vez de arquivos de texto.

1. **Torne a classe Excuse serializável**
   Marque a classe `Excuse` com o atributo `[Serializable]` para deixá-la serializável. Você também deverá acrescentar a linha `using`:

   ```
   using System.Runtime.Serialization.Formatters.Binary;
   ```

2. **Altere o método `Excuse.Save()` para serializar a desculpa**
   Quando o método `Save()` escreve um arquivo na pasta, em vez de usar `StreamWriter` para escrevê-lo, faz com que abra um arquivo e serializa a si mesmo. Você precisará descobrir como a classe atual pode desserializar-se.

   Dica: Qual palavra-chave você pode usar dentro de uma classe que retorna uma referência para si mesma?

3. **Altere o método `Excuse.OpenFile()` para desserializar uma desculpa**
   Você precisará criar um objeto `Excuse` temporário para desserializar a partir do arquivo e, então, copiar seus campos para a classe atual.

4. **Agora, altere o formulário para que ele use uma nova extensão de arquivo**
   Há apenas uma alteração muito pequena a ser feita no formulário. Já que não estamos mais trabalhando com arquivos de texto, não podemos mais usar a extensão `.txt`. Altere as caixas de diálogo, nomes de arquivos padrão e código de busca de diretório para que eles trabalhem com arquivos `*.excuse`.

Uau, isso foi muito fácil! Todo o código para salvar e abrir desculpas estava dentro da classe Excuse. Eu só tive de alterar a classe — quase não precisei mexer no formulário. É como se o formulário nem ligasse para o modo como a classe salva seus dados. Ela só passa o nome de arquivo e sabe que tudo será salvo corretamente.

É isso aí! Foi muito fácil alterar seu código porque a classe foi bem encapsulada.

Quando você tem uma classe que esconde suas operações internas do restante do programa e só mostra o comportamento que precisa ser exposto, ela é chamada de **classe bem encapsulada**. No programa Gerenciador de Desculpas, o formulário não possui nenhuma informação sobre como as desculpas são salvas nos arquivos. Ele apenas passa um nome de arquivo para a classe de desculpas e ela cuida do resto. Isso facilita muito fazer grandes alterações na forma como a sua classe trabalha com os arquivos. Quanto melhor você encapsular suas classes, mais fácil será alterá-las posteriormente.

Lembra-se de como o encapsulamento era um dos quatro princípios centrais da OOP? Aqui, temos um exemplo de como esses princípios melhoram seus programas.

Exercício Solução

Altere o Gerenciador de Desculpas do Brian para que ele use arquivos binários com objetos `Excuse` serializados, em vez de arquivos de texto.

Você só precisa alterar estas três instruções no formulário: duas linhas no evento Click do botão Save e uma no do botão Open — só alteram as caixas de diálogo para usar a extensão .excuse e definem o nome de arquivo save padrão.

```
private void save_Click(object sender, EventArgs e) {
      // código existente
      saveFileDialog1.Filter = "Excuse files (*.excuse)|*.excuse|All files (*.*)|*.*";
      saveFileDialog1.FileName = description.Text + ".excuse";
      // código existente
}
private void open_Click(object sender, EventArgs e) {
      // código existente
      openFileDialog1.Filter =
            "Excuse files (*.excuse)|*.excuse|All files (*.*)|*.*";
      // código existente
}
```

As caixa de diálogos padrão para salvar e abrir funcionam bem aqui.

A única alteração no formulário é fazê-lo trocar a extensão do arquivo que ele passa à classe Excuse.

Aqui está toda a classe Excuse.

```
[Serializable]
class Excuse {
      public string Description { get; set; }
      public string Results { get; set; }
      public DateTime LastUsed { get; set; }
      public string ExcusePath { get; set; }
      public Excuse( ) {
            ExcusePath = "";
      }
      public Excuse(string excusePath) {
            OpenFile(ExcusePath);
      }
      public Excuse(Random random, string folder) {
            string[ ] fileNames = Directory.GetFiles(folder, "*.excuse");
            OpenFile(fileNames[random.Next(fileNames.Length)]);
      }
      private void OpenFile(string excusePath) {
            this.ExcusePath = excusePath;
            BinaryFormatter formatter = new BinaryFormatter( );
            Excuse tempExcuse;
            using (Stream input = File.OpenRead(excusePath)) {
                  tempExcuse = (Excuse)formatter.Deserialize(input);
            }
            Description = tempExcuse.Description;
            Results = tempExcuse.Results;
            LastUsed = tempExcuse.LastUsed;
      }
      public void Save(string fileName) {
            BinaryFormatter formatter = new BinaryFormatter( );
            using (Stream output = File.OpenWrite(fileName)) {
                  formatter.Serialize(output, this);
            }
      }
}
```

O construtor para carregar desculpas aleatórias precisa procurar a extensão ".excuse", em vez dos arquivos ".txt".

Passamos "this" porque queremos que esta classe seja serializada.

Cruzadinha do Arquivo

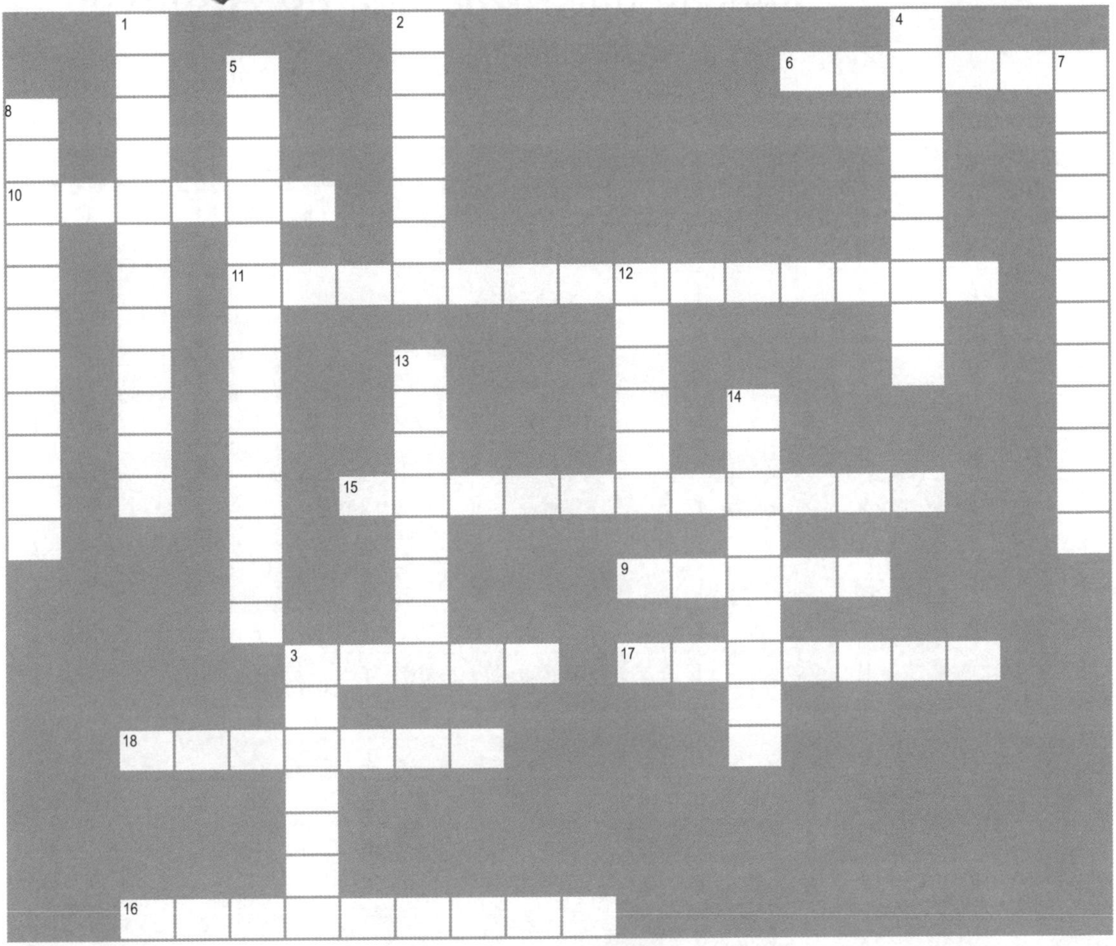

Horizontais

3. Se você não chamar este método, seu stream poderá ficar travado e aberto, impedindo outros métodos ou programas de abri-lo

6. O método na classe `File` que checa se um arquivo específico está ou não no disco

9. Esta instrução indica o final de um case dentro de uma instrução switch

10. A classe abstrata da qual `FileStream` herda

11. Um controle não visual para abrir a caixa de diálogo padrão do Windows "Salve As"

15. Como você escreve números em base 16

16. O método de `StreamReader` que lê dados em um array `char[]`

17. Um sistema de codificação que atribui um número único para cada caractere

18. Use esta instrução para indicar quais instruções devem ser executadas quando o valor em teste em uma instrução `switch` não corresponde a nenhum dos casos

Verticais

1. Esta classe possui um método que escreve um tipo em um arquivo

2. O método estático na classe `Array` que transforma um array de volta

3. O manipulador de evento executado quando alguém modifica os dados em um controle de entrada

4. Esta classe possui muitos métodos estáticos que permitem manipular as pastas

5. Usar este princípio da OOP facilita muito manter o seu código

7. Se você não usar este atributo para indicar que uma classe pode ser escrita em um stream, BinaryFormatter gerará um erro

8. Este método BinaryFormatter lê um objeto de um stream

12. \n e \r são exemplos deste tipo de sequência

13. Esta classe permite fazer todas as operações na classe File para um arquivo específico

14. Este método envia texto a um stream seguido por uma quebra de linha

Solução daCruzadinha do Arquivo

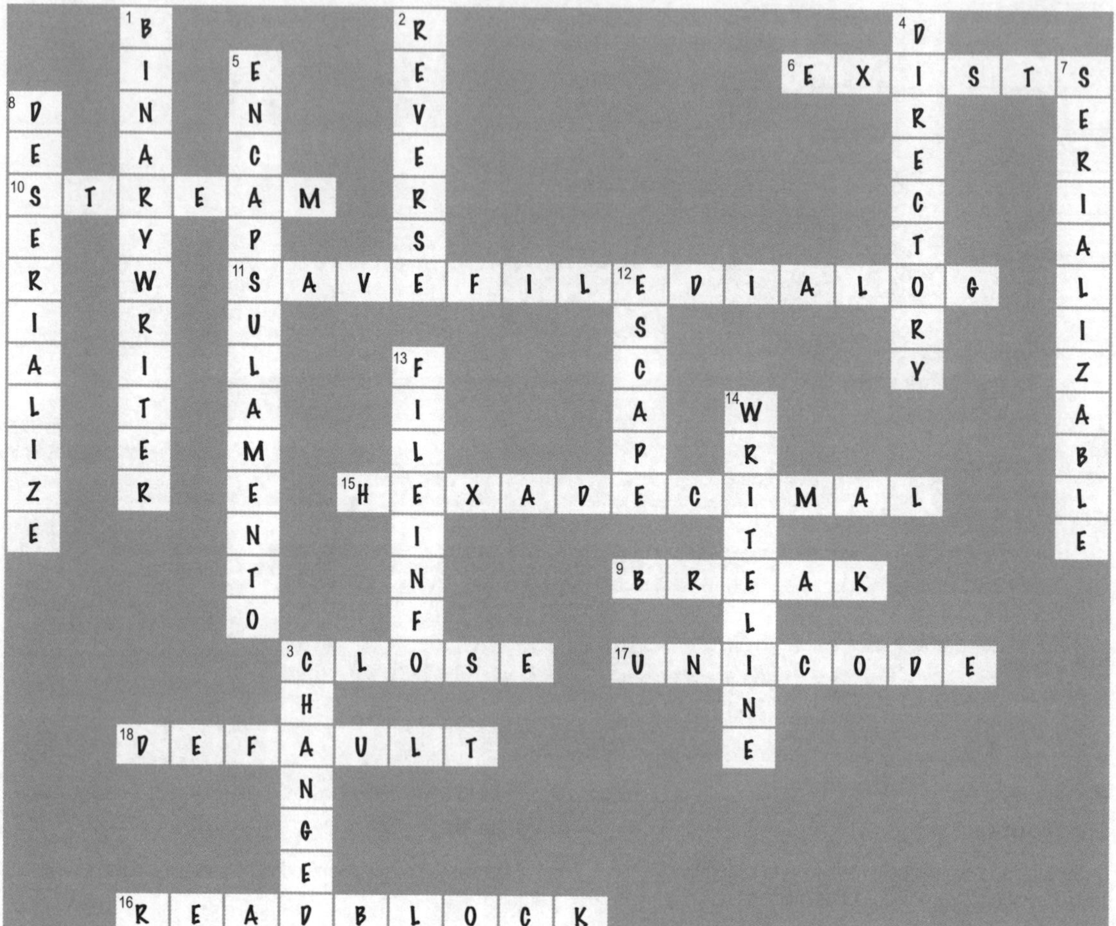

10 tratamento de exceções

Apagar incêndios é coisa do passado

Programadores não são treinados para serem bombeiros.

Você trabalhou muito, enfrentou árduas leituras de manuais e alguns livros empolgantes da série Use a Cabeça, e atingiu o ápice da sua profissão: **programador sênior**. Mas, você fica recebendo ligações aterrorizantes, no meio da noite, de sua empresa, porque **seu programa paralisa** ou não se comporta como deveria. Nada tira mais você do caminho da programação do que ter que corrigir um erro estranho... mas com o **tratamento de exceções**, você pode escrever código para **lidar com os problemas** que aparecem. Ainda melhor, você pode até mesmo reagir a esses problemas e **manter as coisas funcionando**.

Brian precisa de desculpas para passear

Brian foi transferido recentemente para a divisão internacional. Então, ele passou a viajar por todo o mundo. Mas, ele ainda precisa controlar suas desculpas, por isso instalou o programa que você fez em seu notebook e leva-o para todo lado.

Mas, o programa não está funcionando!

Brian clica no botão "Random Excuse" (Desculpa Aleatória) e um erro terrível aparece. Algo sobre não encontrar suas desculpas. O que acontece?

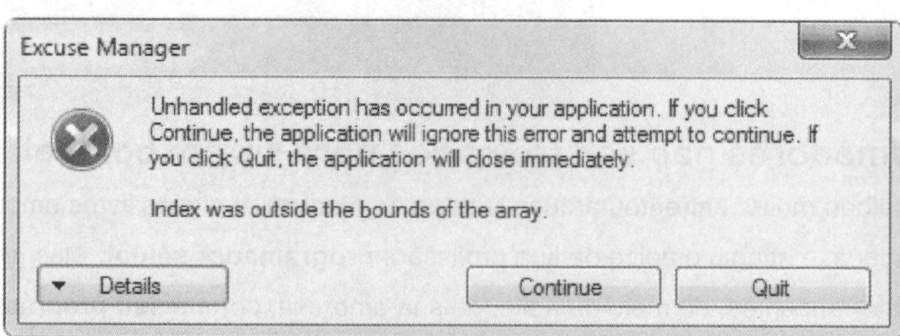

Aponte seu lápis

Eis outro exemplo de código com problemas. Esse código gera cinco tipos diferentes de exceção e as mensagens de erro são mostradas à direita. Sua tarefa é identificar a linha de código com problemas e associá-la à exceção gerada. Leia as mensagens das exceções para ter boas pistas.

```
public static void BeeProcessor() {
    object myBee = new HoneyBee(36.5, "Zippo");
    float howMuchHoney = (float)myBee;

    HoneyBee anotherBee = new HoneyBee(12.5, "Buzzy");
    double beeName = double.Parse(anotherBee.MyName);

    double totalHoney = 36.5 + 12.5;
    string beesWeCanFeed = "";
    for (int i = 1; i < (int) totalHoney; i++) {
        beesWeCanFeed += i.ToString();
    }
    float f =
      float.Parse(beesWeCanFeed);

    int drones = 4;
    int queens = 0;
    int dronesPerQueen = drones / queens;

    anotherBee = null;
    if (dronesPerQueen < 10) {
        anotherBee.DoMyJob();
    }
}
```

Chamar double.Parse("32"), vai analisar uma string e retornar um valor double, tal como, 32.

Quando você tem uma referência que não aponta para um objeto, ela recebe um valor especial chamado null. Definir uma referência para null indica ao C# que não estamos apontando para nada.

1 OverflowException was unhandled
Value was either too large or too small for a Single.

2 NullReferenceException was unhandled
Object reference not set to an instance of an object.

3 InvalidCastException was unhandled
Specified cast is not valid.

4 DivideByZeroException was unhandled
Attempted to divide by zero.
Troubleshooting tips:
Make sure the value of the denominator is not zero before performing a division operation.
Get general help for this exception.
Search for more Help Online...

5 FormatException was unhandled
Input string was not in a correct format.
Troubleshooting tips:
Make sure your method arguments are in the right format.
When converting a string to DateTime, parse the string to take the date before putting each variable into the DateTime object.
Get general help for this exception.
Search for more Help Online...

Aponte seu lápis Solução

Seu trabalho foi combinar a linha de código com um problema com a exceção gerada.

```
object myBee = new HoneyBee(36.5, "Zippo");
float howMuchHoney = (float)myBee;
```

O C# permite fazer a coerção de myBee em um float – mas não há nenhum modo de converter um objeto HoneyBee em um valor float. Quando seu código realmente é executado, o CLR não tem ideia de como realmente fazer essa coerção, portanto gera um InvalidCastException.

InvalidCastException was unhandled

Specified cast is not valid.

```
HoneyBee anotherBee = new HoneyBee(12.5, "Buzzy");
double beeName = double.Parse(anotherBee.MyName);
```

O método Parse() quer que você forneça uma string com certo formato. "Buzzy" não é uma string que ele sabe como converter num número. É por isso que ele gera um FormatException.

FormatException was unhandled

Input string was not in a correct format.

Troubleshooting tips:

Make sure your method arguments are in the right format.
When converting a string to DateTime, parse the string to take the date before putting each variable into the DateTime object.
Get general help for this exception.

Search for more Help Online...

```
double totalHoney = 36.5 + 12.5;
string beesWeCanFeed = "";
for (int i = 1; i < (int) totalHoney; i++) {
    beesWeCanFeed += i.ToString();
}
float f = float.Parse(beesWeCanFeed);
```

O loop for criará uma string chamada beesWeCanFeed que contém um número com mais de 60 dígitos. Não há uma forma de um float conter um número assim tão grande e tentar espremê-lo em um float irá gerar um OverflowException.

OverflowException was unhandled

Value was either too large or too small for a Single.

Na prática, não acontecem tantas exceções seguidamente – o programa irá gerar a primeira, então parará. Você somente veria a segunda se corrigisse a primeira.

```
int drones = 4;
int queens = 0;
int dronesPerQueen = drones / queens;
```

É realmente fácil gerar um DivideByZeroException. Apenas divida qualquer número por zero.

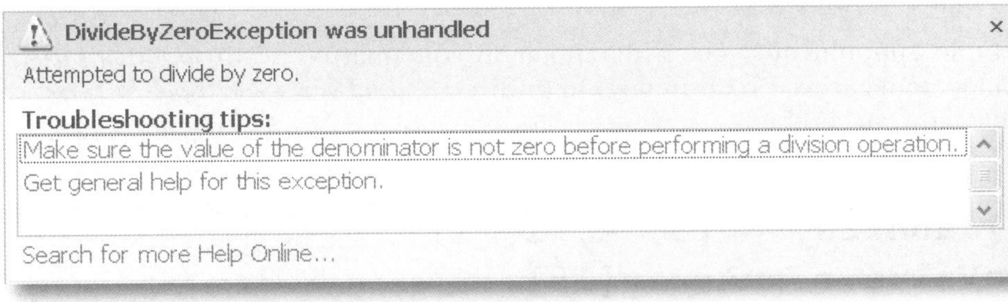

Dividir qualquer inteiro por zero sempre gera este tipo de exceção. Mesmo que você não saiba o valor de queens (rainhas), pode impedi-la de acontecer apenas checando para se certificar de que não seja zero **antes** de dividir por drones (zangões).

```
anotherBee = null;
if (dronesPerQueen < 10) {
    anotherBee.DoMyJob();
}
```

Definir a variável de referência anotherBee para ser igual a null diz ao C# que ela não aponta para nada. Logo, em vez de apontar para um objeto, ela aponta para coisa alguma. Gerar um NullReferenceException é como o C# informa que não existe um objeto cujo método DoMyJob() pode ser chamado.

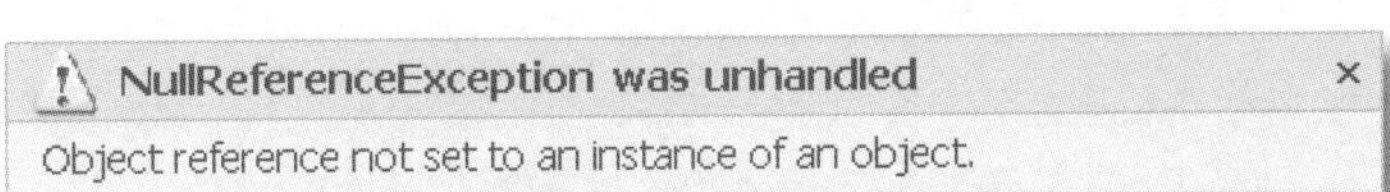

O erro `DivideByZero` não deveria ocorrer nunca. Você pode ver apenas que algo está errado examinando o código. O mesmo vale para as demais exceções. Todos estes problemas poderiam ter sido evitados — e quanto mais você souber a respeito das exceções, mais será capaz de impedir seu código de paralisar.

Quando seu programa gera uma exceção, o .NET gera um objeto Exception.

Você esteve olhando o modo como o .NET diz que algo errado ocorreu com seu programa: uma exception (exceção). No .NET, quando uma exceção ocorre, um objeto é criado para representar o problema. Ele é chamado, de forma nada surpreendente, de `Exception`.

Por exemplo, suponha que você tenha um array com quatro itens. Então, tenta acessar o décimo sexto (índice 15, uma vez que é "baseado em zero"):

ex-ce-ção, substantivo.

Uma pessoa ou coisa excluída do contexto geral ou não segue uma regra. *Embora Jim normalmente deteste doce de leite, ele fez uma* ***exceção*** *para o doce de Cinésio.*

```
int[] anArray = {3, 4, 1, 11};
int aValue = anArray[15];
```

Este código obviamente causará problemas.

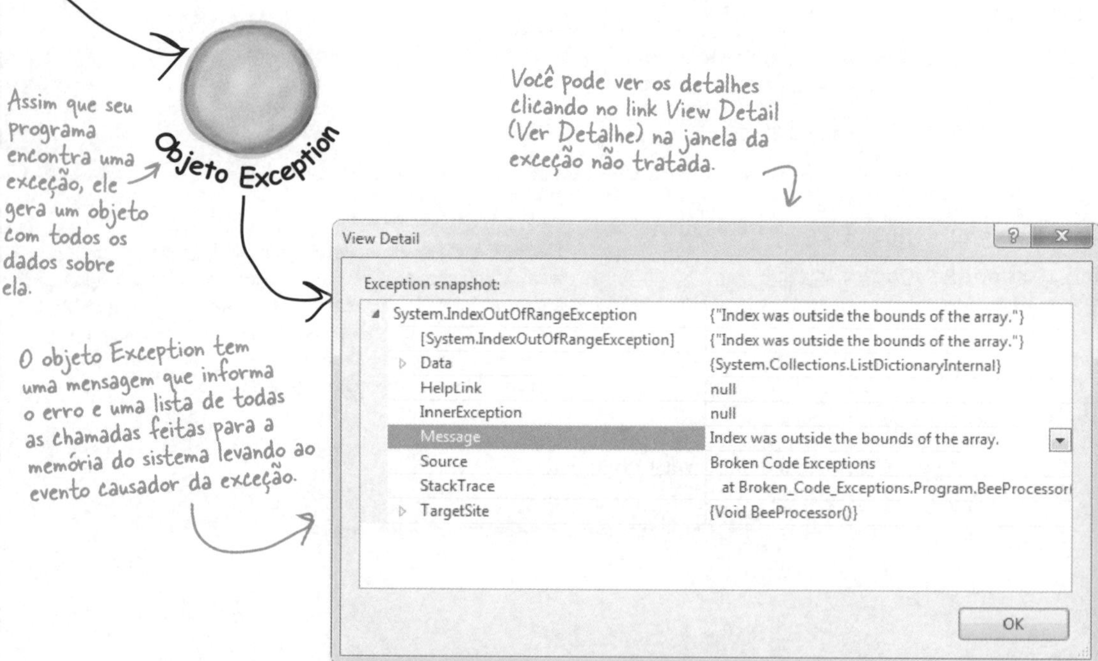

O .NET tem todo o trabalho de criar um objeto porque ele quer dar todas as informações sobre o motivo da exceção. Você pode ter de corrigir o código, ou apenas alterar a forma como lida com uma situação em particular em seu programa.

Neste caso, **`IndexOutOfRangeException`** indica um erro: você está tentando acessar um índice no array fora de seus limites. Também recupera informações sobre exatamente onde no código o problema ocorreu, o que facilita rastreá-lo (mesmo com milhares de linhas de código).

Não existem Perguntas Idiotas

P: Porque há tantos tipos de exceção?

R: Há muitas formas de escrever um código, o C# não sabe com as quais lidar. Seria difícil resolver os problemas se o programa apenas mostrasse uma mensagem de erro genérica ("Um erro ocorreu na linha 37"). É muito mais fácil rastrear e corrigir um problema no código quando você sabe especificamente o tipo de erro ocorrido.

P: Na verdade, o que é uma exceção?

R: É um objeto que o .NET cria quando um problema ocorre. Você pode gerar exceções especificamente em seu código também (falaremos mais sobre isso em um minuto).

P: O quê? É um *objeto*?

R: Sim, uma exceção é um **objeto**. As suas propriedades revelam informações a respeito da exceção. Por exemplo, ele tem uma propriedade `Message` com uma string útil, tal como "A coerção especificada era inválida" ou "O valor era grande demais ou pequeno demais para um Single", que é usado para gerar a janela da exceção. O .NET gera este objeto para dar o máximo de informação possível sobre o que estava acontecendo quando o programa executou a instrução que gerou a exceção.

P: Certo, mas ainda não entendi. Por que há tantos tipos de exceção; você pode explicar de novo?

R: Porque há muitas formas de seu código poder agir de maneiras inesperadas. Há muitas situações que simplesmente farão seu código paralisar. Seria realmente muito difícil solucionar os problemas se você não soubesse porque a paralisação ocorreu. Gerando diferentes tipos de exceção em circunstâncias diferentes, o .NET está dando realmente muita informação valiosa para ajudá-lo a encontrar e corrigir o problema.

P: Então, há exceções para me ajudar, não apenas para me perturbar?

R: Sim! As exceções são para ajudar você a esperar o inesperado. Muitas pessoas ficam frustradas quando veem o código gerar uma exceção. Mas, se você pensar sobre elas como uma forma do .NET ajudá-lo a encontrar e depurar seu programa, realmente ajudará quando você estiver tentando achar o que fez o código gerar um erro.

P: Então, quando meu código gera uma exceção, não é obrigatoriamente porque eu fiz algo errado?

R: Exatamente. Algumas vezes, seus dados são diferentes do que você esperava – como, por exemplo, se você tem um método que lida com um array mais longo ou mais curto do que o previsto. E não se esqueça de que seres humanos usarão o programa e eles quase sempre agirão de formas inesperadas. As exceções são a forma do .NET ajudá-lo a lidar com as situações inesperadas, para que seu código ainda seja executado suavemente e não paralise apenas ou forneça alguma mensagem de erro misteriosa e inútil.

P: Uma vez que eu saiba o que estou procurando, fica bem claro que o código na página anterior iria paralisar. Todas as exceções são fáceis de indicar?

R: Não. Infelizmente, há vezes em que o seu código tem problemas e será bem difícil determinar a causa apenas examinando. É por isso que o IDE tem uma ferramenta realmente útil chamada **depurador**. Ela permite parar o programa e executar as instruções passo a passo, inspecionando o valor de cada variável e o campo no decorrer. Isso facilita muito determinar onde seu código está comportando-se de uma forma diferente da que você imaginou. É aí que você tem a melhor chance de descobrir e corrigir as exceções – ou, ainda melhor, impedi-las antes que aconteçam.

As exceções são para ajudar a encontrar e corrigir as situações em que seu código se comporta de formas inesperadas.

O código de Brian fez algo inesperado

Quando Brian escreveu seu gerenciador de desculpas, ele não esperava que um usuário tentasse tirar uma desculpa aleatória de um diretório vazio.

1. O problema aconteceu quando Brian apontou o programa Gerenciador de Desculpas para uma pasta vazia no notebook e clicou no botão "Random" (Aleatória). Vamos dar uma olhada e ver se conseguimos descobrir o erro. Eis a janela da exceção não tratada exibida quando executamos o programa fora do IDE.

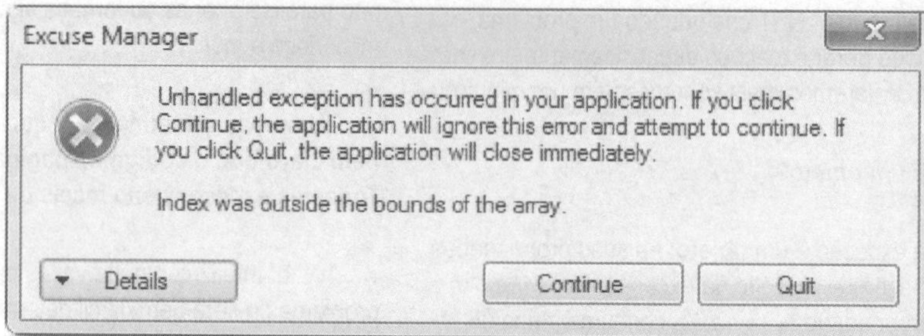

2. Certo, é um bom ponto de partida. Ela está dizendo que um índice estava fora dos limites do array, certo? Então, vamos procurar um array no código para o manipulador de evento do botão "Random Excuse" (Desculpa Aleatória).

```
private void randomExcuse_Click(object sender, EventArgs e) {
    if (CheckChanged()) {
        currentExcuse = new Excuse(random, selectedFolder);
        UpdateForm(false);
    }
}
```

3. Hum, nenhum array aqui. Mas, ele cria um novo objeto `Excuse` usando um dos construtores sobrecarregados. Talvez, exista um array no código do construtor:

```
public Excuse(Random random, string Folder) {
    string[] fileNames = Directory.GetFiles(Folder, "*.excuse");
    OpenFile(fileNames[random.Next(fileNames.Length)]);
}
```

Isso! Existe o array. Devemos estar tentando usar um índice que ultrapassa seu final.

4 Parece que `Directory.GetFiles()` retorna um array vazio quando você o aponta para um diretório vazio. Ei, podemos testar para evitar isto! Tudo a fazer é adicionar uma verificação para **ter certeza de que o diretório não está vazio** antes de abrir um arquivo e aquela incômoda janela de exceção não tratada será substituída por uma caixa de mensagem informativa.

```
private void randomExcuse_Click(object sender, EventArgs e) {
    string[] fileNames = Directory.GetFiles(selectedFolder,"*.excuse");
    if (fileNames.Length == 0) {
        MessageBox.Show("Please specify a folder with excuse files in it",
                        "No excuse files found");
    } else {
        if (CheckChanged() == true) {
            CurrentExcuse = new Excuse(random, Folder);
            UpdateForm(false);
        }
    }
}
```

Checando para ver se há arquivos de desculpas na pasta **antes** de criar o objeto Excuse, podemos evitar que a exceção seja gerada – e abrir uma caixa de mensagem útil, também.

Isso mesmo. Uma exceção é uma ferramenta realmente útil usada para encontrar os lugares onde seu código se comporta de maneiras inesperadas.

Muitos programadores ficam frustrados, na primeira vez, quando veem uma exceção. Mas, elas são realmente úteis e você pode usá-las em benefício próprio. Quando acontecer uma exceção, você terá muitas pistas que o ajudarão a entender quando seu código está reagindo a uma situação não antecipada. E isso é bom: você descobre um novo cenário que seu programa terá que lidar e tem a oportunidade de **fazer algo a respeito**.

Todos os objetos de exceção herdam de Exception

Há muitos tipos de exceções diferentes no .NET que ele pode precisar informar. Como muitas delas têm recursos semelhantes, a herança será usada. O .NET define uma classe base, chamada `Exception`, da qual todos os tipos de exceções herdam.

A classe `Exception` tem alguns membros úteis. A propriedade `Message` armazena uma mensagem fácil de ler sobre o erro. E `StackTrace` diz qual código estava sendo executado quando a exceção ocorreu e o que levou a ela (há outros, mas usaremos esses primeiro).

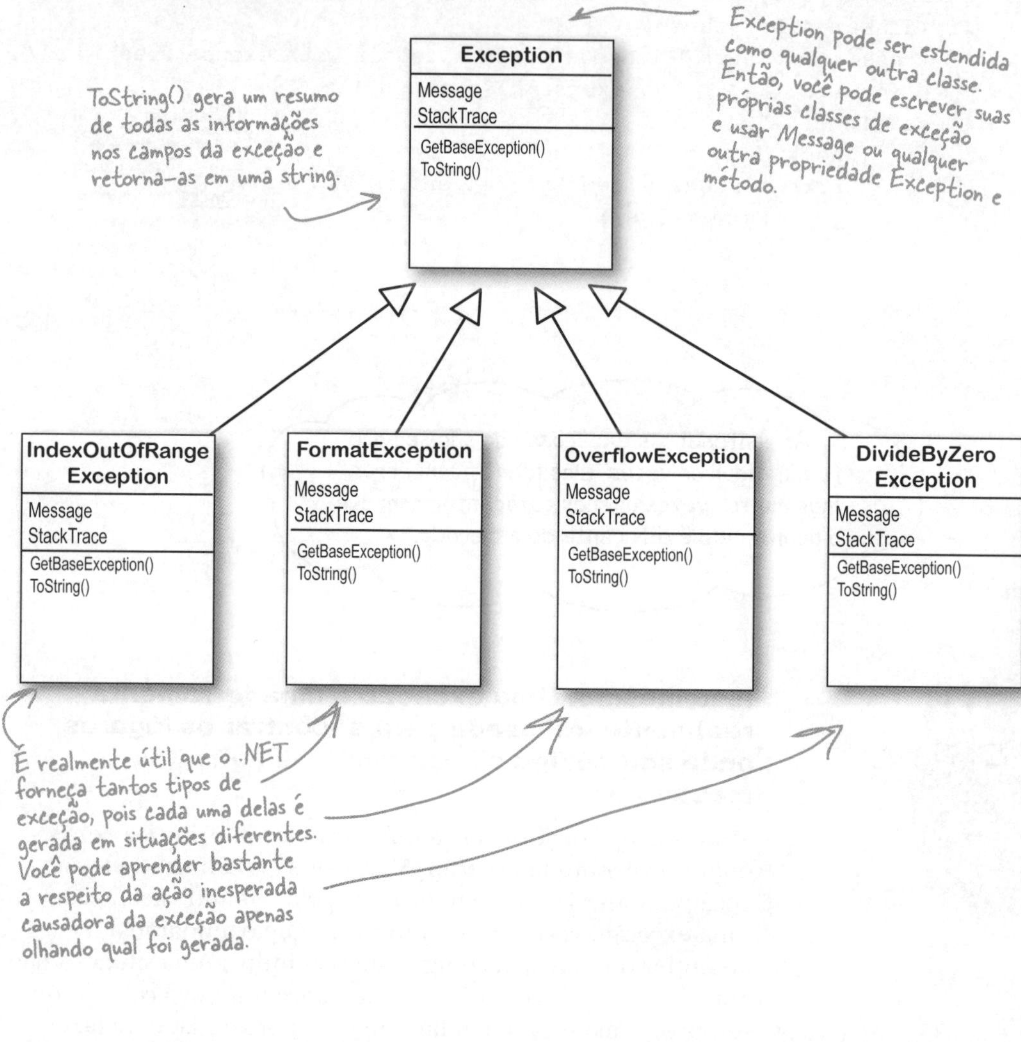

O depurador ajuda a rastrear e prevenir exceções em seu código

A barra de ferramentas Debug (Depurar) aparece somente quando você está depurando seu programa no IDE. Logo, você deverá executar um programa para conseguir ver os ícones mostrados.

Antes que você possa adicionar o tratamento de exceções ao seu programa, precisa saber quais instruções nele estão gerando as exceções. É onde o **depurador** predefinido no IDE pode ser muito útil. Você vem usando o depurador no livro, mas agora, reservemos alguns minutos e realmente entraremos nele. Quando você executa o depurador, o IDE exibe uma barra de ferramentas com alguns botões realmente úteis. Reserve um minuto para passar o mouse sobre cada um dos botões para ver o que ele faz:

Coloque seu IDE no modo Expert para expandir a barra de ferramentas Debug

Quando você começa a usar pela primeira vez o Visual Studio 2010 Express, ele está definido para o modo Basic Settings (Definições Básicas), que é ótimo para iniciar. Mas, agora que você vem usando-o por um tempo, iremos mudá-lo. Escolha **Tools** (Ferramentas) **>> Settings** (Definições) **>> Expert Settings** (Definições Avançadas) no menu (pode levar um tempo para o IDE ajustar suas definições). Agora, veja de novo a barra de ferramentas de depuração. Você verá que ele adicionou dois botões novos (as outras edições já os ativaram):

Ative e desative o modo hexadecimal

Pressione o botão Hex para ativar o modo hexadecimal, então passe com o mouse sobre qualquer campo ou variável. Então, pressione-o de novo para desativar o modo hexadecimal. O IDE converterá automaticamente os valores em hex – e você aprendeu no último capítulo como isto pode ser valioso.

Eis o mesmo valor exibido no modo hex à esquerda e no modo decimal à direita.

Use o depurador do IDE para desentocar o erro no Gerenciador de Desculpas

Vamos usar o depurador para ver mais de perto o problema encontrado no Gerenciador de Desculpas. Provavelmente, você vem usando muito o depurador nos últimos capítulos, mas iremos vê-lo passo a passo – para assegurar que não omitimos nenhum detalhe.

Depure isso

1 Adicione um ponto de interrupção ao manipulador de eventos do botão Random

Você tem um ponto de partida – a exceção ocorre quando o botão Random Excuse (Desculpa Aleatória) é clicado depois que uma pasta vazia é selecionada. Então, abra o código do botão, clique em qualquer lugar na primeira linha do método (Debug (Depurar) >> Toggle Breakpoint (Ativar Ponto de Interrupção) ou F9), então execute o programa. Selecione uma pasta vazia e clique no botão Random para fazer seu programa parar no ponto de interrupção:

```
private void randomExcuse_Click(object sender, EventArgs e)
{
    string[] fileNames = Directory.GetFiles(selectedFolder, "*.excuse");
    if (fileNames.Length == 0)     fileNames.Length == 0 | true
    {
        MessageBox.Show("Please specify a folder with excuse files in it",
                        "No excuse files found");
    }
    else
    {
        if (CheckChanged())
        {
            currentExcuse = new Excuse(random, selectedFolder);
            UpdateForm(false);
        }
    }
}
```

Passe o mouse sobre a propriedade fileNames.Length para mostrar a janela de expressão flutuante, então clique na tacha para fixá-la, para que não desapareça.

2 Percorra o manipulador de eventos e o construtor Excuse

Use o comando **Step Into** (Seguir) (usando a barra de ferramentas ou a tecla F11) para percorrer linha por linha o aplicativo. Assim que tiver selecionado uma pasta vazia, você deverá ver o programa executar `MessageBox.Show()`, então sair do manipulador de eventos.

Agora, **selecione uma pasta com desculpas** e clique de novo no botão Random, então continue seguindo o código. (Use Step Into, *não Step Over* (Passar por cima) – embora possa querer passar por cima do método `CheckChanged()`.) Quando atingir a linha que cria o novo objeto `Excuse`, ele saltará diretamente para o construtor. Passe da primeira linha para que defina a variável `fileNames`. Então, deixe o cursor do mouse parado sobre a variável para ver o valor também.

3 Use a janela Watch para reproduzir o problema

Já vimos como é poderosa a janela Watch (Observar). Agora, iremos usá-la para reproduzir a exceção. Clique com o botão direito em `fileNames` e escolha **Expression: 'fileName' >> Add Watch** (Adicionar Observação) para acrescentar uma observação à janela Watch. Então, **clique na linha vazia abaixo de fileNames e digite a expressão** `random.Next(fileNames.Length)` para informar ao depurador para adicionar uma observação. Aqui está como deve ser a janela Watch para uma pasta com três desculpas (portanto `fileNames` tem um comprimento 3).

Usaremos a janela Watch para reproduzir o problema que causou a exceção. Começaremos adicionando o array fileNames.

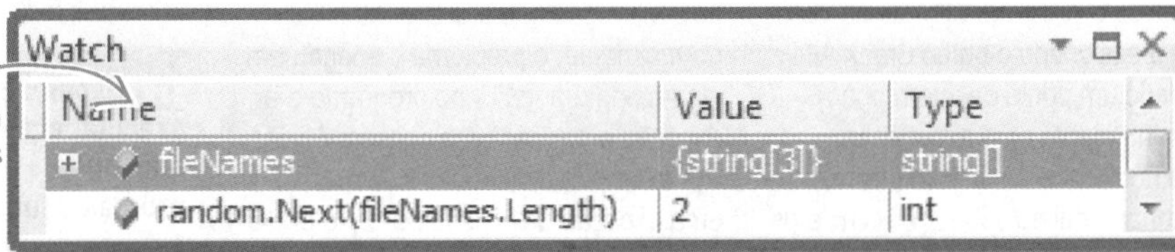

4 Defina fileNames para ser igual a um array de strings vazio

A janela Watch tem outro recurso muito poderoso – permite **alterar o valor** das variáveis e dos campos em exibição. Até permite que você **execute métodos e crie novos objetos** – e quando você faz isso, ela mostra um ícone de reavaliação (⟳) que você pode clicar para dizer à janela para executar aquela linha novamente, pois algumas vezes executar o mesmo método duas vezes gerará resultados diferentes (como em Random). Clique duas vezes em `fileNames` – você verá o texto `{string [3]}` destacado. Substitua-o por **`new string[0]`**. Você deverá ver imediatamente duas coisas. Primeiro, verá o ícone de expansão ao lado da variável `fileName` desaparecer, pois agora, está vazia. E segundo, a linha `random.Next()` ficará cinza com um ícone de reavaliação (⟳). Clique para executar o método de novo, que deverá retornar 0.

Sabemos que o problema ocorreu com um array fileNames vazio, então usaremos a janela Watch para mudar seu valor para um array de strings vazio.

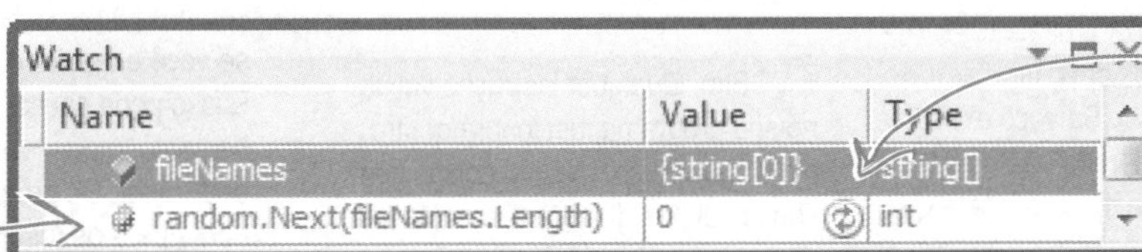

Este ícone diz à janela Watch para reavaliar o método Next().

5 Reproduza o problema que gerou a exceção original de Aldo

É aqui onde a depuração realmente fica interessante. Adicione uma linha a mais ao depurador – a instrução que efetivamente gera a exceção: `fileNames[random.Next(fileNames.Length)]`. Assim que você digitar, a janela Watch irá avaliar... e isso gerará uma exceção. Ela diz que encontrou a exceção mostrando um ponto de exclamação e mostra o texto da exceção na coluna Value (Valor).

Este ponto de exclamação é a forma da janela Watch informar que encontrou uma exceção.

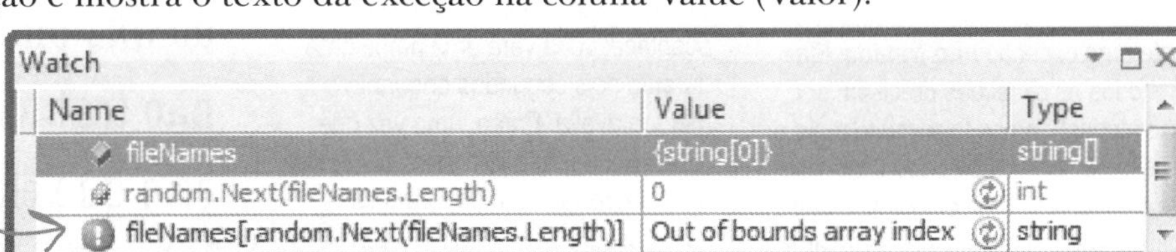

Quando você tiver uma exceção, poderá voltar e reproduzi-la no depurador. Essa é outra forma das mensagens de exceção mais descritivas poderem ajudar a corrigir o código.

Não existem Perguntas Idiotas

P: Por que a janela de exceção não tratada de Brian parece diferente daquela no IDE?

R: Quando você executa um programa dentro do IDE, está executando-o no depurador, que **interrompe o programa** (como se você tivesse pressionado o botão Break All ou inserido um ponto de interrupção) quando intercepta uma exceção e exibe-a numa janela útil. Isso permite inspecionar o objeto `Exception` e os campos e as variáveis de seu programa, possibilitando-lhe rastrear o problema.

Quando Brian executou o programa, ele não estava fazendo isso de dentro do IDE. Ele publicou seu programa e instalou-o, exatamente como você fez no Capítulo 1 com o programa Lista de Contatos. Você pode executar seu programa fora do IDE quando quiser sem publicá-lo – apenas desenvolva o programa que faz o Visual Studio criar um arquivo executável. Veja a pasta de seu projeto para obter a pasta `bin/` – um dos subdiretórios deve ter o arquivo exe do seu aplicativo. Se você executar, qualquer exceção gerada não será tratada e mostrará a mesma janela que Brian viu.

P: Então é assim? Quando uma exceção acontece fora do IDE, meu programa simplesmente para e não há nada que eu possa fazer a respeito?

R: Bom, seu programa para quando existe uma exceção ***não tratada***. Mas, nem todas as exceções precisam ser não tratadas! Vamos falar muito mais a respeito de como você pode lidar com as exceções em seu código. Não existe motivo para que seus usuários vejam uma exceção não tratada.

P: Como eu sei onde colocar um ponto de interrupção?

R: Essa é uma ótima pergunta e não existe uma resposta certa. Quando seu código gera uma exceção, é sempre uma boa ideia começar pela instrução que a gerou. Mas normalmente, o problema começou em algum ponto anterior no programa e a exceção é apenas uma consequência. Por exemplo, a instrução que gera uma exceção de divisão por zero pode estar dividindo valores que foram gerados 10 instruções antes, mas não foram usados ainda. Então, não existe uma única boa resposta a respeito de onde você deve colocar um ponto de interrupção porque cada situação é diferente. Mas, desde que você tenha uma boa ideia sobre como seu código funciona, deverá ser capaz de determinar um bom ponto de partida.

P: Posso executar qualquer método na janela Watch?

R: Sim. Qualquer instrução válida no seu programa funcionará dentro da janela Watch, mesmo coisas sem sentido algum de serem executadas dentro dessa janela. Eis um exemplo. Abra um programa, comece a executá-lo, interrompa-o e adicione isto à janela Watch: `System.Threading.Thread.Sleep(2000)`. (Lembre-se, esse método faz seu programa atrasar por dois segundos). Não há nenhum motivo para você fazer isto na vida real, mas é interessante ver o que acontece: você verá uma ampulheta durante dois segundos enquanto o método avalia. Então, uma vez que `Sleep( )` não tem valor de retorno, a janela de Watch mostrará o valor `"Expression has been evaluated and has no value"` (A expressão foi avaliada e não tem valor), para que você saiba que não retornou nada. Mas, avaliou. Não só isso, mas exibe o IntelliSense para ajudar a digitar código na janela. Isso é útil porque diz quais métodos estão disponíveis para um objeto quando seu programa está executando.

P: Espere. Então, é possível executar algo na janela Watch que mudará a forma como meu programa funciona?

R: Sim! Não permanentemente, mas pode afetar a saída de seu programa. E melhor ainda, apenas ***parar*** o cursor do mouse sobre os campos dentro do depurador pode fazer seu programa mudar seu comportamento, pois parar sobre uma propriedade ***executa seu acesso get***. Se você tem uma propriedade com um acesso get que executa um método, deixar o cursor do mouse sobre ela executará o método. E se esse método definir um valor em seu programa, o valor ficará definido se você executar o programa de novo. E isso pode causar alguns resultados bastante imprevisíveis dentro do depurador. Os programadores têm um nome para os resultados que parecem imprevisíveis e aleatórios: **heisenbugs** (uma piada que faz sentido para físicos e gatos em caixas).

Quando você executa seu programa dentro do IDE, uma exceção não tratada fará com que ele seja interrompido, como se tivesse atingido um ponto de interrupção.

Opa - o código ainda está com problemas...

Brian estava usando alegremente seu Gerenciador de Desculpas quando lembrou que tinha uma pasta cheia de desculpas criadas quando desenvolveu o programa – mas, ele esqueceu que criou aquela pasta ***antes*** de adicionar a serialização ao programa. Vamos ver o que acontece...

Não, de novo não!

1. Você pode reproduzir o de Brian – crie seu próprio arquivo de desculpas baseado em texto, usando o Bloco de Notas. A primeira linha deve ser a descrição, a segunda os resultados e a terceira da data da última utilização ("10/4/2007 12:08:13 PM", por exemplo).
2. Abra o Gerenciador de Desculpas e abra a desculpa. Uma exceção é gerada! Mas, desta vez, clique no botão Details (Detalhes) para que possamos ver o que está acontecendo. Preste atenção na **pilha de chamadas** – o que é chamado quando um método chama outro, que é chamado por outro e assim por diante.

O programa gera um SerializationException. Podemos determinar qual linha gerou a partir dos detalhes da exceção?

```
************** Exception Text **************
System.Runtime.Serialization.SerializationException: End of Stream encountered
before parsing was completed.
  at System.Runtime.Serialization.Formatters.Binary.__BinaryParser.Run()
  at System.Runtime.Serialization.Formatters.Binary.ObjectReader.
  Deserialize(HeaderHandler handler, __BinaryParser serParser, Boolean fCheck,
  Boolean isCrossAppDomain, IMethodCallMessage methodCallMessage)
  at System.Runtime.Serialization.Formatters.Binary.BinaryFormatter.
  Deserialize(Stream serializationStream, HeaderHandler handler, Boolean fCheck,
  Boolean isCrossAppDomain, IMethodCallMessage methodCallMessage)
  at System.Runtime.Serialization.Formatters.Binary.BinaryFormatter.
  Deserialize(Stream serializationStream)
  at Chapter10.Excuse.OpenFile(String ExcusePath) in C:\Documents and
  Settings\Administrator\My Documents\Visual Studio 2005\Projects\Chapter10\
  Chapter10\Excuse.cs:line 40
  at Chapter10.Excuse..ctor(Random random, String Folder) in C:\Documents
  and Settings\Administrator\My Documents\Visual Studio 2005\Projects\
  Chapter10\Chapter10\Excuse.cs:line 30
  at Chapter10.Form1.randomExcuse_Click(Object sender, EventArgs e) in
  C:\Documents and Settings\Administrator\My Documents\Visual Studio 2005\
  Projects\Chapter10\Chapter10\Form1.cs:line 146
```

Parece que temos um problema com BinaryFormatter – o que faz sentido, pois estava tentando desserializar um arquivo texto.

Você pode aprender muito examinando a pilha de chamadas Que informa quais métodos estavam em execução. Você pode ver que o método OpenFile() da classe Excuse estava sendo chamado de seu construtor (".ctor"), que foi chamado a partir da manipulador de eventos de clique do botão "Random Excuse" (Desculpa Aleatória).

3. Então, o botão Details (Detalhes) na janela de exceção não tratada diz muito sobre o que causou o problema. ***Você consegue pensar em como tomar alguma providência a respeito?***

Na verdade, existe algo que pode ser feito.

Sim, é verdade que os usuários fazem besteiras a toda hora. Isso é um fato da vida. Mas, não quer dizer que você não pode fazer nada a respeito. Há um nome para programas que lidam com os dados ruins, entrada mal formada e outras situações inesperadas de forma elegante: eles são chamados de **robustos**. E o C# fornece algumas ferramentas de tratamento de exceção realmente poderosas para ajudar a tornar seus programas mais robustos. Embora você *não possa* controlar o que os usuários fazem, *pode* certificar-se de que seu programa não paralise quando eles fizerem algo.

ro-bus-to, adjetivo.
de construção resistente; capaz de aguentar ou superar condições adversas. *Depois do desastre da Ponte do Desfiladeiro de Tacoma, a equipe de engenharia civil procurou um projeto mais **robusto** para a ponte que substituiria a que caiu.*

Veja bem!

BinaryFormatter irá gerar uma exceção se houver qualquer coisa errada com um arquivo serializado.

É fácil fazer o Gerenciador de Desculpas gerar um `SerializationException` *- apenas o forneça a qualquer arquivo que não seja um objeto Excuse serializado. Quando você tenta desserializar um objeto de um arquivo,* `BinaryFormatter` *espera que ele contenha um objeto serializado equivalente à classe que está tentando ler. Se o arquivo contiver qualquer outra coisa, o método* `Deserialize()` *gerará* `SerializationException`.

Trate as exceções com try e catch

No C#, você pode basicamente dizer: "**Experimente** este código e se uma exceção ocorrer, **capture**-a com este *outro* trecho de código". A parte do código que você está experimentando é o **bloco `try`** e a parte onde você lida com as exceções é chamada de **bloco `catch`**. No bloco `catch`, você pode fazer coisas, tais como apresentar uma mensagem de erro amigável, em vez de deixar seu programa ter um final desastroso:

```
private void RandomExcuseButton_Click(object sender, EventArgs e)
{
  // ... o código que você adicionou algumas páginas atrás vem aqui...
  try {
    if (CheckChanged( ) == true) {
      currentExcuse = new Excuse(random, selectedFolder);
      UpdateForm(false);
    }
  }
  catch (SerializationException) {
    MessageBox.Show(
      "Your excuse file was invalid.",
      "Unable to open a random excuse");
  }
}
```

Este é o **bloco try**. Você começa o tratamento de exceções com try. Neste caso, colocaremos o código existente nele.

Coloque o código que pode gerar uma exceção dentro do bloco try. Se nenhuma exceção ocorrer, ele executará exatamente como sempre e as instruções no bloco catch serão ignoradas. Mas, se uma instrução no bloco try gerar uma exceção, o restante dele **não será executado**.

A palavra-chave catch significa que o bloco a seguir contém uma **sub-rotina de exceção**.

Quando uma exceção é gerada, o programa imediatamente vai para a instrução **catch** e inicia a execução de seu **bloco catch**.

Esta é a forma mais simples de tratamento de exceções: para o programa, mostra a mensagem de exceção e continua executando.

PODER DO CÉREBRO

Se gerar uma exceção faz seu código saltar imediatamente para o bloco `catch`, o que acontecerá com os objetos e os dados com os quais você estava trabalhando antes da exceção acontecer?

O que acontece quando um método que você quer chamar apresenta riscos?

Os usuários são imprevisíveis. Eles informam todo tipo de dados estranhos para seu programa e clicam em coisas de formas que você nunca imaginou. Tudo bem, pois você pode lidar a entrada inesperada com um bom tratamento de exceções.

1 Digamos que seu usuário esteja usando seu código e forneça alguma entrada inesperada.

2 O método imediatamente faz algo arriscado, algo que pode não funcionar durante a execução.

```
public void
   Process(Input i) {
   if (i.IsBad()) {
      explode();
   }
}
```

"Durante a execução" significa apenas "enquanto seu programa está em execução". Algumas pessoas se referem às exceções como "erros de execução".

3 Você precisa saber que o método chamado apresenta riscos.

Se você puder propor um modo de fazer algo menos arriscado que evite gerar a exceção, será o melhor resultado possível! Mas, alguns riscos simplesmente não podem ser evitados e é quando você deseja fazer isto.

4 Você então escreve um código que pode lidar com a falha, caso ela aconteça. Você precisa estar preparado para qualquer eventualidade.

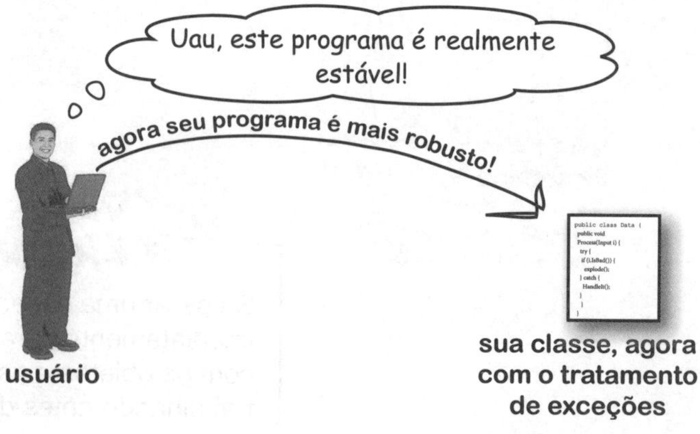

não existem Perguntas Idiotas

P: Então quando devo usar `try` e `catch`?

R: Quando estiver escrevendo código em qualquer momento que apresente riscos ou seja, que poderia gerar exceções. O truque é saber qual código é arriscado e qual é mais seguro.

Você já viu que o código que usa a entrada fornecida por um usuário apresenta riscos. Os usuários informam arquivos incorretos, palavras no lugar de números, nomes no lugar de datas e eles clicam em qualquer lugar possível e imaginável. E um bom programa pegará toda essa entrada e trabalhará de forma calma e previsível. Pode ser que ele não dê aos usuários um resultado útil, mas deve fazer com que percebam que encontrou um problema e, quando possível, sugerir uma solução.

P: Como um programa sugere uma solução para um problema que ele não conhece com antecedência?

R: É para isso que serve o bloco `catch`. Um bloco `catch` só é executado quando o código no bloco `try` gera uma exceção. É a sua chance de se certificar de que o usuário saiba que algo de errado aconteceu e informá-lo que é uma situação a ser corrigida.

Se o Gerenciador de Desculpas simplesmente paralisar quando houver uma entrada ruim, isso não será útil. Mas, se ele tentar ler a entrada e mostrar o lixo no formulário, isso também não seria bom - de fato, algumas pessoas dizem que é pior. Mas, se você fizer o programa mostrar uma mensagem de erro dizendo que um arquivo não pôde ser lido, o usuário terá uma noção que algo de errado ocorreu e terá informações para corrigir o problema.

P: Então, o depurador só deve ser usado para resolver problemas com as exceções?

R: Não. Como você já viu muitas vezes no livro, o depurador de fato é uma ferramenta muito útil que você pode usar para examinar qualquer código que tenha escrito. Algumas vezes, é útil percorrer seu código e checar os valores de certas variáveis e campos – como, por exemplo, quando você tem um método complexo e quer ter certeza de que está funcionando adequadamente.

Mas, como você provavelmente já adivinhou por causa do nome "depurador", seu uso mais comum é rastrear e remover erros. Algumas vezes esses, erros são as exceções geradas. Mas, muitas vezes, você usará o depurador para tentar encontrar outros tipos de problemas, como, por exemplo, um código que dá um resultado inesperado.

P: Eu não estou certo de ter entendido completamente o que você fez com a janela de Watch.

R: Quando você estiver depurando um programa, geralmente, desejará prestar atenção na forma como algumas variáveis e campos mudam. É para isso que serve a janela Watch. Se você adicionar inspeções para algumas variáveis, a janela Watch atualizará seus valores sempre que você seguir, sair ou passar por cima do código. Isso permite monitorar exatamente o que acontece com elas depois de cada instrução, o que pode ser útil quando você está tentando rastrear um problema.

A janela Watch também permite digitar qualquer instrução desejada e irá avaliá-la. Se a instrução atualizar qualquer um dos campos e variáveis em seu programa, então, fará isso também. Isso permite mudar os valores durante a execução do programa, o que pode ser outra ferramenta muito útil para reproduzir as exceções e outros erros.

Qualquer alteração na janela Watch afeta somente os dados na memória e apenas enquanto o programa está em execução. Reinicie o programa e os valores alterados serão desfeitos.

O bloco catch só é executado quando código no bloco try gera uma exceção. Isso lhe dá a chance de se certificar de que seu usuário seja informado para corrigir o problema.

Use o depurador para seguir o fluxo de try/catch

Uma parte importante do tratamento de exceções é que, quando uma instrução em seu bloco `try` gera uma exceção, o restante do código no bloco entra em **curto-circuito**. A execução do programa imediatamente salta para a primeira linha no bloco `catch`. ***Mas, não precisa aceitar nossa palavra...***

Depure isso

1. Certifique-se de ter incluído todo o código deste capítulo no manipulador de evento Click do botão Random Excuse (Desculpa Aleatória) em seu Gerenciador de Desculpas. Coloque um ponto de interrupção na primeira linha do manipulador de eventos. Então, execute seu programa no IDE. Clique no botão Folder (Pasta) e especifique uma pasta com um arquivo de desculpas – e assegure-se de **não ser um arquivo válido** (mas, com a extensão ".excuse"). Pressione o botão Random Excuse. O depurador deverá parar o programa no ponto de interrupção que você colocou anteriormente. Pressione o botão Step Over (Passar por Cima) (ou F10) seis vezes para chegar à instrução que chama o construtor de Excuse. Eis como a sua tela do depurador deve estar:

Eis o ponto de interrupção colocado anteriormente na primeira linha da sub-rotina de evento.

```
private void randomExcuse_Click(object sender, EventArgs e)
{
    string[] fileNames = Directory.GetFiles(selectedFolder, "*.excuse");
    if (fileNames.Length == 0)
    {
        MessageBox.Show("Please specify a folder with excuse files in it",
                        "No excuse files found");
    }
    try
    {
        if (CheckChanged() == true)
        {
            currentExcuse = new Excuse(random, selectedFolder);
            UpdateForm(false);
        }
    }
    catch (SerializationException)
    {
        MessageBox.Show(
          "Your excuse file was invalid.",
          "Unable to open a random excuse");
    }
}
```

Passe por cima das instruções até sua barra amarela da "próxima instrução" mostrar que a próxima instrução a ser executada criará o novo objeto Excuse

Use o comando Step Over (F10) no depurador para não seguir o método CheckChanged().

2. Use Step Into (F11) para seguir a instrução `new`. O depurador saltará para o construtor `Excuse` e posicionará sua barra amarela da "próxima instrução" na linha de declaração no código. Continue pressionando Step Into (F11) para seguir o método `OpenFile()`. Observe o que acontece quando você chega à linha `Deserialize()`.

Assim que você seguir a instrução new que cria o objeto Excuse, o depurador saltará para o código do construtor.

```
public Excuse(Random random, string folder)
{
    string[] fileNames = Directory.GetFiles(folder, "*.excuse");
    OpenFile(fileNames[random.Next(fileNames.Length)]);
}
```

3 Continue percorrendo código. Assim que o depurador executar a instrução `Deserialize()`, a exceção será gerada e o programa entrará em **curto-circuito** logo depois da chamada para `UpdateForm()` e **pulará diretamente para o bloco `catch`**.

O depurador destacará a instrução catch com seu bloco amarelo da "próxima instrução", mas exibe o restante do bloco em cinza para mostrar que está prestes a executar o bloco todo.

```
private void randomExcuse_Click(object sender, EventArgs e)
{
    string[] fileNames = Directory.GetFiles(selectedFolder, "*.excuse");
    if (fileNames.Length == 0)
    {
        MessageBox.Show("Please specify a folder with excuse files in it",
                        "No excuse files found");
    }
    try
    {
        if (CheckChanged() == true)
        {
            currentExcuse = new Excuse(random, selectedFolder);
            UpdateForm(false);
        }
    }
    catch (SerializationException)
    {
        MessageBox.Show(
          "Your excuse file was invalid.",
          "Unable to open a random excuse");
    }
}
```

4 Inicie o programa novamente pressionando o botão Continue (Continuar) (ou F5). Começará a executar o programa de novo, começando com qualquer coisa destacada pelo bloco amarelo da "próxima instrução" – neste caso, o bloco `catch`.

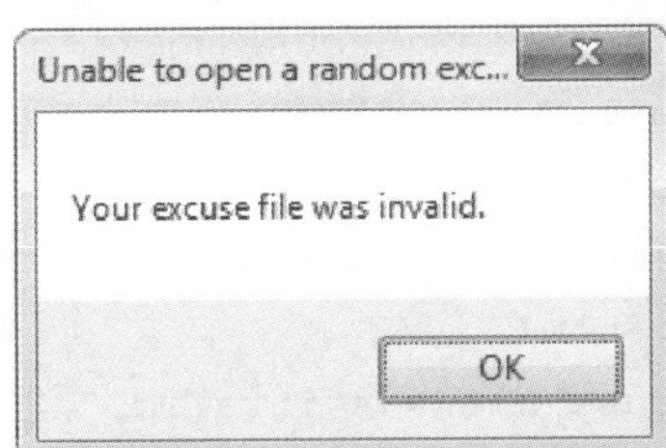

Eis uma dica para sua carreira: muitas entrevistas de emprego como programador C# incluem pergunta sobre como lidar com as exceções num construtor.

Veja bem!

Cuidado com as exceções em um construtor!

Agora, você já sabe que um construtor não tem um valor de retorno, nem mesmo `void`. Isso é porque ele realmente não retorna nada. Seu único propósito é inicializar um objeto – o que é um problema para o tratamento de exceções feito dentro do construtor. Quando uma exceção é gerada dentro do construtor, a instrução que tentou instanciar a classe **acabará sem uma instância do objeto**. *É por isso que você teve de mover o bloco `try/catch` para o manipulador de evento do botão. Dessa forma, se ocorrer uma exceção no construtor, o código não esperará que `CurrentExcuse` contenha um objeto `Excuse` válido.*

Se você tem código que SEMPRE deve executar, use um bloco finally

Quando seu programa gera uma exceção, algumas coisas podem acontecer. Se a exceção ***não for*** tratada, ele parará de processar e paralisará. Se ela ***for*** tratada, seu código saltará para o bloco `catch`. Mas, o que fazer com o restante do código no bloco `try`? E se você estiver fechando um stream ou liberando recursos importantes? O código precisa ser executado, mesmo que uma exceção ocorra ou o estado do seu programa virará uma bagunça. É aí que o bloco **`finally`** é realmente útil. Ele vem depois dos blocos `try` e `catch`. O **bloco `finally` sempre é executado**, tenha ou não uma exceção sido gerada. Eis como você poderia usá-lo para encerrar o tratamento de eventos no botão Random Excuse:

```
private void randomExcuse_Click(object sender, EventArgs e) {
    string[] fileNames = Directory.GetFiles(selectedFolder, "*.excuse");
    if (fileNames.Length == 0) {
        MessageBox.Show("Please specify a folder with excuse files in it",
                        "No excuse files found");
    } else {
        try {
            if (CheckChanged() == true) {
                currentExcuse = new Excuse(random, selectedFolder);
            }
        }
        catch (SerializationException) {
            currentExcuse = new Excuse();
            currentExcuse.Description = "";
            currentExcuse.Results = "";
            currentExcuse.LastUsed = DateTime.Now;
            MessageBox.Show(
              "Your excuse file was invalid.",
              "Unable to open a random excuse");
        }
        finally {
            UpdateForm(false);
        }
    }
}
```

O bloco finally certifica-se de que UpdateForm() seja executado, independentemente de uma exceção ser gerada. Assim, se o construtor Excuse ler uma desculpa com sucesso, chamará UpdateForm(), mas também fará isso caso o construtor gere uma exceção e limpe a desculpa.

Se o construtor de Excuse gerar uma exceção, não teremos como saber o que acontece com CurrentExcuse. Mas, sabemos que nenhuma instância de Excuse foi criada. Logo, o bloco catch cria um novo objeto Excuse e limpa todos os seus campos.

SerializationException está no namespace System.Runtime.Serialization, portanto você precisará adicionar `using System.Runtime.Serialization;` ao início do arquivo de seu formulário.

Sempre obtenha exceções específicas, tais como `SerializationException`. Geralmente, você segue uma instrução catch com um tipo específico de exceção informando o que obter. É um código C# válido ter apenas "**`catch (Exception)`**" e você pode até omitir o tipo de exceção e simplesmente usar **`catch`**. Quando você faz isto, ele **obtém todas as exceções**, não importa o tipo de exceção gerado. Mas, é ***realmente uma má prática ter um manipulador de exceção que obtém tudo*** como esta. Seu código sempre deve obter a exceção mais específica possível.

Agora depure isto

1. Atualize o manipulador de evento do botão Random Excuse com o código da página anterior. Coloque um ponto de interrupção na primeira linha do método e depure o programa.
2. Execute o programa normalmente e certifique-se de que o botão Random Excuse funcione quando você definir a pasta do programa para uma com um monte de arquivos de desculpa válidos. O depurador deve parar no ponto de interrupção definido:

```
private void randomExcuse_Click(object sender, EventArgs e)
{
    string[] fileNames = Directory.GetFiles(selectedFolder, "*.excuse");
    if (fileNames.Length == 0)
    {
        MessageBox.Show("Please specify a folder with excuse files in it",
                        "No excuse files found");
    }
    else
    {
        try
        {
            if (CheckChanged() == true)
            {
                currentExcuse = new Excuse(random, selectedFolder);
            }
        }
        catch (SerializationException)
        {
            currentExcuse = new Excuse();
            currentExcuse.Description = "";
            currentExcuse.Results = "";
            currentExcuse.LastUsed = DateTime.Now;
            MessageBox.Show(
              "Your excuse file was invalid.",
              "Unable to open a random excuse");
        }
        finally
        {
            UpdateForm(false);
        }
    }
}
```

Quando a barra de "próxima instrução" e o ponto de interrupção estão na mesma linha, o IDE mostra a seta amarela sobre o grande ponto vermelho na margem.

3. Percorra o restante do manipulador de evento do botão Random Excuse e tenha certeza de que ele seja executado como você espera. Ele deve encerrar o bloco `try`, pular o bloco `catch` (porque nenhuma exceção foi gerada) e executar o bloco `finally`.

4. Agora, defina a pasta do programa para que seja apontada para a pasta com um arquivo de desculpa inválido e clique no botão Random Excuse. Ele deverá começar a executar o bloco `try` e saltar para o bloco `catch` quando a exceção for gerada. Depois de terminar todas as instruções no bloco `catch`, executará o bloco `finally`.

não existem Perguntas Idiotas

P: Volte um pouco. Então, toda vez que meu programa encontrar uma exceção, ele parará, independentemente do que estiver fazendo, a não ser que eu escreva um código para capturá-la. Por que isso é bom?

R: Uma das melhores coisas sobre exceções é que elas informam quando você enfrenta problemas. Imagine como seria fácil num aplicativo complexo perder a noção a respeito do funcionamento de todos os muitos objetos em uso. As exceções chamam a atenção para seus problemas e ajudam a determinar suas causas para que você saiba que seu programa está fazendo o que deveria fazer.

Sempre que há uma exceção no seu programa, alguma coisa esperada não aconteceu. Talvez, uma referência de objeto não estava apontando para onde deveria, foi possível que um usuário tenha fornecido um valor que você não imaginou ou um arquivo que você achou que estaria funcionando subitamente se tornou inacessível. Se alguma coisa assim aconteceu e você não soube, é provável que a saída de seu programa esteja errada e o comportamento desse ponto em diante seja bem diferente do esperado quando desenvolveu o programa.

Agora, imagine que você não tenha a menor ideia de que um erro ocorreu e os usuários começassem a telefonar dizendo que os dados estão errados e que o programa é instável. É por isso que é *bom* que as exceções interrompam tudo o que o programa está fazendo. Isso força a você a lidar com o problema enquanto é fácil encontrá-lo e corrigi-lo.

P: Certo, então o que é uma exceção tratada e uma não tratada?

R: Quando seu programa gera uma exceção, o ambiente de execução procurará no código um bloco `catch` que lide com ela. Se você escreveu um, o bloco `catch` será executado e o que foi especificado para aquela exceção em particular. Uma vez que você tenha escrito um bloco `catch` para lidar com aquele tipo de erro antes dele ocorrer, essa exceção é considerada tratada. Se a execução não puder encontrar um bloco `catch` para coincidir com a exceção, ele irá parar tudo o que seu programa estiver fazendo e irá gerar um erro. Que é uma exceção *não tratada*.

P: Mas, não é mais fácil usar uma exceção para capturar tudo? Não é mais seguro escrever um código que sempre obtenha cada exceção?

R: **Você sempre deve fazer o melhor possível para evitar capturar `Exception`** e, em vez disto, deve capturar exceções específicas. Você conhece o velho ditado que diz que mais vale prevenir do que remediar? Isso é especialmente verdadeiro no tratamento das exceções. Depender das exceções para capturar tudo geralmente é um modo de compensar uma programação ruim. Por exemplo, é muito melhor usar `File.Exists()` para verificar um arquivo antes de tentar abri-lo do que capturar um `FileNotFoundException`. Embora algumas exceções sejam inevitáveis, você achará que um número surpreendente delas nunca será gerado em primeiro lugar.

Algumas vezes, realmente é útil deixar as exceções não tratadas. Os programas reais têm uma lógica complexa e geralmente é difícil recuperar-se corretamente quando algo dá errado, especialmente quando um problema ocorre muito dentro do programa. Apenas lidando com as exceções específicas, evitando as sub-rotinas de exceção para capturar tudo e permitindo que essas exceções apareçam para serem capturadas em um alto nível, você acaba com um código muito mais robusto.

P: O que acontece quando você tem um `catch` que não especifica uma exceção em particular?

R: Um bloco `catch` assim irá capturar qualquer tipo de exceção que o bloco `try` puder gerar.

P: Se um bloco `catch` sem nenhuma exceção especificada captura qualquer coisa, por que eu desejaria especificar?

R: Boa pergunta. Porque certas exceções podem exigir tipos diferentes de ação para o programa continuar funcionando. Uma exceção ocorrida quando você divide por zero pode ter um bloco `catch` onde você retorna e define alguns valores numéricos para salvar alguns dados com os quais estava trabalhando. Uma exceção de referência nula pode exigir que você crie novas instâncias de um objeto se quiser se recuperar do erro.

P: Todo o tratamento de erros sempre acontece em uma sequência `try/catch/finally`?

R: Não. Você pode misturar um pouco. Você pode ter **múltiplos blocos `catch`** se quiser lidar com muitos tipos diferentes de erros. Pode também não incluir o bloco catch. É perfeitamente aceitável ter um bloco `try/finally`. Isso não lidaria com nenhuma exceção, mas você teria certeza de que o código no bloco `finally` foi executado, mesmo que o bloco `try` tenha parado no meio do caminho. Mas, falaremos muito mais sobre isso num minuto.

Uma exceção não tratada implica em seu programa executado imprevisivelmente. É por isso que o programa para sempre que encontra uma.

Jogos de Verão

Sua ***tarefa*** é pegar os fragmentos de código da piscina e colocá-los nas lacunas no programa. Você pode usar o mesmo fragmento mais de uma vez e não precisa usar todos eles. Seu ***objetivo*** é fazer o programa produzir a saída.

Saída: ⟶ **`G'day Mate!`**

```
using System.IO;

public static void Main() {
    Kangaroo joey = new Kangaroo();
    int koala = joey.Wombat(
           joey.Wombat(joey.Wombat(1)));
    try {
        Console.WriteLine((15 / koala)
                  + " eggs per pound");
    }
    catch (___________________) {
        Console.WriteLine("G'Day Mate!");
    }
}
```

```
class Kangaroo {
   ____________ fs;
   int croc;
   int dingo = 0;

   public int Wombat(int wallaby) {
      _______ __;
      try {
         if (_________ > 0) {
            __ = _____.OpenWrite("wobbiegong");
            croc = 0;
         } else if (________ < 0) {
            croc = 3;
         } else {
            ___ = _____.OpenRead("wobbiegong");
            croc = 1;
         }
      }
      catch (IOException) {
           croc = -3;
      }
      catch {
           croc = 4;
      }
      finally {
         if (______ > 2) {
            croc ___ dingo;
         }
      }
      ________ ______;
   }
}
```

Nota: Cada fragmento dentro da piscina pode ser usado mais de uma vez!

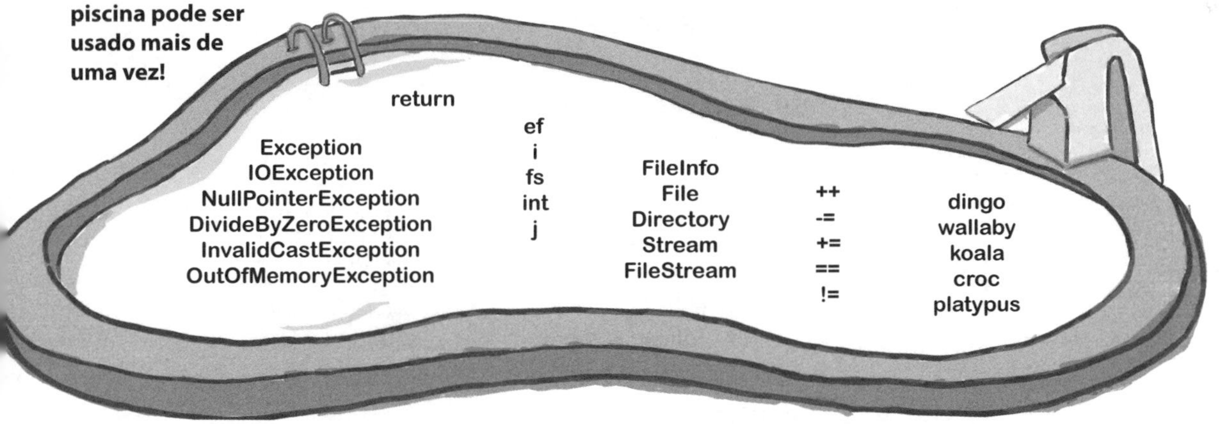

Os Jogos de Verão estão ficando mais difíceis e os nomes estão ficando mais obscuros para dar menos dicas. Você realmente precisará trabalhar no problema! Lembre-se, os Jogos de Verão são opcionais, portanto não se preocupe se você precisar continuar e voltar para este... mas se de fato quiser colocar isto em seu cérebro, os Jogos farão um bom trabalho!

Solução dos Jogos de Verão

Joey.Wombat() é chamado três vezes e na terceira, retorna zero. Isso faz WriteLine() gerar um DivideByZeroException.

```
public static void Main() {
    Kangaroo joey = new Kangaroo();
    int koala = joey.Wombat(joey.Wombat(joey.Wombat(1)));
    try {
        Console.WriteLine((15 / koala) + " eggs per pound");
    }
    catch (DivideByZeroException) {
        Console.WriteLine("G'Day Mate!");
    }
}
```

Este bloco catch apenas captura as exceções onde o código divide por zero.

A pista de que isto é um FileStream é que ele tem um método OpenRead(), e gera um IOException.

```
class Kangaroo {
    FileStream fs;
    int croc;
    int dingo = 0;

    public int Wombat(int wallaby) {
        dingo ++;
        try {
            if (wallaby > 0) {
                fs = File.OpenWrite("wobbiegong");
                croc = 0;
            } else if (wallaby < 0) {
                croc = 3;
            } else {
                fs = File.OpenRead("wobbiegong");
                croc = 1;
            }
        }
        catch (IOException) {
            croc = -3;
        }
        catch {
            croc = 4;
        }
        finally {
            if (dingo > 2) {
                croc -= dingo;
            }
        }
        return croc;
    }
}
```

Este código abre um arquivo "wobbiegong" e o mantém aberto na primeira vez em que é chamado. Mais tarde, ele abre o arquivo de novo. Mas, como ele nunca o fechou, isso faz gerar um IOException.

Lembre-se, você deve evitar as exceções para capturar tudo em seu código. Mas, também deve evitar outras coisas que fazemos para tornar os Jogos mais interessantes, tais como usar nomes de variável obscuros.

Você já sabe que sempre deve fechar os arquivos depois de usá-los. Se não fizer isso, o arquivo continuará bloqueado por estar aberto e se você tentar abri-lo novamente, um IOException será gerado.

Use o objeto Exception para obter informações sobre o problema

Desde o começo, dissemos que o .NET gera um objeto `Exception` quando uma exceção é gerada. Quando você escreve seu bloco `catch`, tem acesso a esse objeto. Veja aqui como isso funciona:

1. Um objeto está fazendo o que tem que fazer, quando encontra alguma coisa inesperada e gera uma exceção.

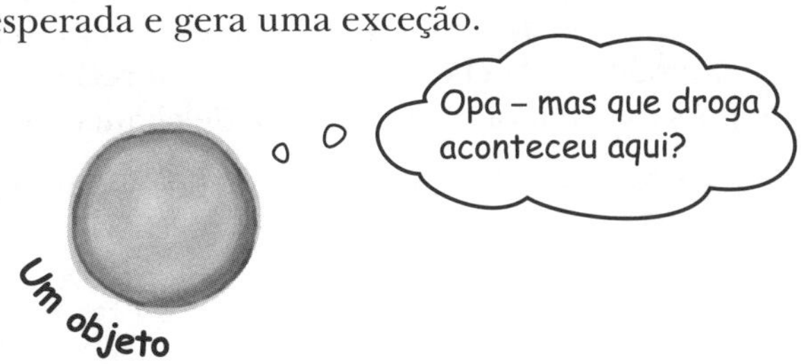

2. Por sorte, seu bloco `try/catch` capturou a exceção. Dentro do bloco `catch`, ela recebeu um nome: **ex**.

```
try {
     DoSomethingRisky();
}
catch (RiskyThingException ex) {
     string message = ex.Message;
     MessageBox.Show(message, "I took too many risks!");
}
```

Quando você especifica um tipo de exceção no bloco catch, se você fornecer um nome de variável, seu código poderá usá-la para acessar o objeto Exception.

3. O objeto da exceção fica por ali até que o bloco `catch` tenha encerrado. Então, a referência **ex** desaparece e é recolhida pelo coletor de lixo.

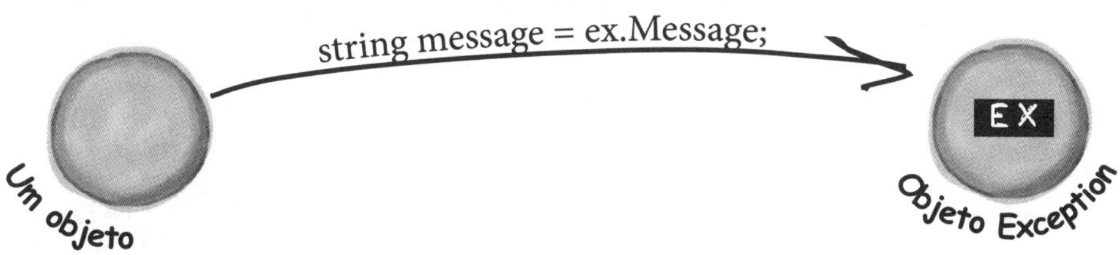

Use mais de um bloco catch para lidar com múltiplos tipos de exceções

Você também pode chamar o método ToString() da exceção para obter muitos dados pertinentes em MessageBox.

Você sabe que pode capturar um tipo específico de exceção... mas, o que acontece se você escrever um código onde mais de um problema pode ocorrer? Nestes casos, você pode querer escrever um código que lide com cada tipo de exceção. É para isso que serve usar mais de um bloco `catch`. Eis um exemplo de código para o sistema de controle de processamento de néctar da colmeia. Você pode ver como ele captura muitos tipos de exceções. Em alguns casos, ele usa as propriedades do objeto `Exception`. É bastante comum usar a propriedade `Message`, que geralmente contém uma descrição da exceção gerada. Você também pode chamar `throw`; para **rethrow** (reenviar) a mensagem, para que possa ser lidada mais na pilha de chamadas.

```
public void ProcessNectar(NectarVat vat, Bee worker, HiveLog log) {
    try {
        NectarUnit[] units = worker.EmptyVat(vat);
        for (int count = 0; count < worker.UnitsExpected, count++) {
            stream hiveLogFile = log.OpenLogFile();
            worker.AddLogEntry(hiveLogFile);
        }
    }
    catch (VatEmptyException) {
        vat.Emptied = true;
    }
    catch (HiveLogException ex) {
        throw;
    }
    catch (IOException ex) {
        worker.AlertQueen("An unspecified file error happened: "
            + "Message: " + ex.Message + "\r\n"
            + "Stack trace: " + ex.StackTrace + "\r\n"
            + "Data: " + ex.Data + "\r\n");
    }
    finally {
        vat.Seal();
        worker.FinishedJob();
    }
}
```

Algumas vezes, você deseja gerar uma exceção para o método que chamou este usando throw; para **reenviar** a exceção.

Se você não usar o objeto Exception, não haverá necessidade de declará-lo.

Quando você tem muitos blocos catch, eles são examinados em ordem. Neste código, primeiro verifica VatEmptyException, então HiveLogException. O último bloco catch é um IOException. É a classe base para várias exceções de arquivo diferentes, inclusive FileNotFoundException e EndOfStreamException.

O bloco catch atribui a exceção para a variável ex, que ele usa para recuperar informações do objeto Exception.

É bom que os dois blocos usem o mesmo nome ("ex") para Exception.

Esta instrução usa três propriedades do objeto Exception: Message, que tem a mensagem normalmente vista na janela de exceção no IDE ("Tentativa de dividir por zero"); StackTrace, que informa um resumo da pilha de chamadas; e Data, que algumas vezes contém dados pertinentes associados à exceção.

Uma classe gera uma exceção, outra a captura

Logicamente, um método dentro de uma única classe pode gerar um método que é capturado por outro método na mesma classe.

Quando você está desenvolvendo uma classe, nem sempre sabe como ela será usada. Algumas vezes, outras pessoas usarão seus objetos de uma forma que causará problemas - e, em outras, você mesmo fará isso! É onde entram as exceções.

Todo o propósito em gerar exceções é tentar perceber o que deu errado, para que você possa colocar no lugar algum tipo de plano de contingência. Você normalmente não vê um método que gera uma exceção e a captura. Uma exceção é normalmente gerada num método e, então, capturada num outro totalmente diferente – normalmente, por um objeto diferente.

Em vez disto...

Sem um bom tratamento de exceções, uma exceção pode parar o programa inteiro. Eis como funcionaria um programa que gerencia os perfis da abelha para uma rainha.

O construtor do objeto BeeProfile espera um nome de arquivo para um arquivo de dados do perfil que ele abrirá usando File.Open(). Se acontecer algum problema enquanto o arquivo é aberto, o programa fecha.

```
stream = File.Open(profile);
```

O objeto BeeProfile tentou ler um Arquivo, mas ele não existia, então File.Open() gerou uma exceção. A colmeia (hive) não a capturou e ela continua não tratada.

Note como o objeto BeeProfile intercepta a exceção, registra-a usando seu método WriteLogEntry() e gera-a novamente para que seja passada para a colmeia.

...podemos fazer isto.

O objeto `BeeProfile` pode interceptar a exceção e adicionar uma entrada de registro. Então, gera a exceção de volta para a colmeia, que a captura e se recupera de forma elegante.

```
try {
   stream = File.Open(profile);
} catch (FileNotFoundException ex) {
   WriteLogEntry("unable to find " +
      profile + ": " + ex.Message();
   throw;
}
```

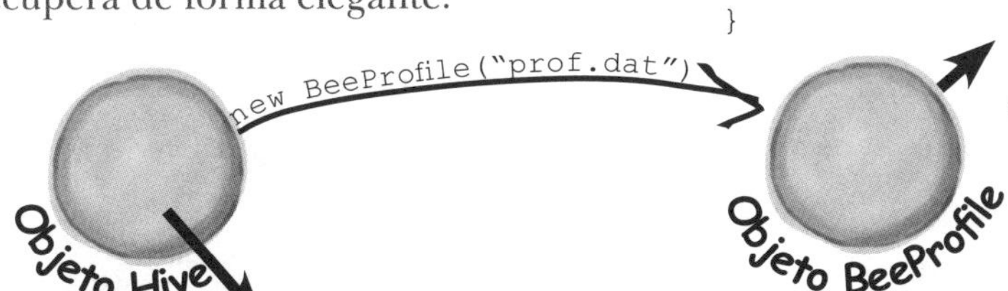


```
try {
   prof = new BeeProfile("prof.dat");
} catch (FileNotFoundException) {
   Hive.RecreateBeeProfile("prof.dat");
}
```

Agora, quando a colmeia tentar criar um novo objeto BeeProfile passando um nome de arquivo inválido, ela poderá confiar que BeeProfile registrará o erro e depois, irá alertá-la a respeito do problema gerando uma exceção. A colmeia pode capturar essa exceção e executar alguma medida corretiva – neste caso, recriar o perfil da abelha.

As abelhas precisam de uma exceção OutOfHoney

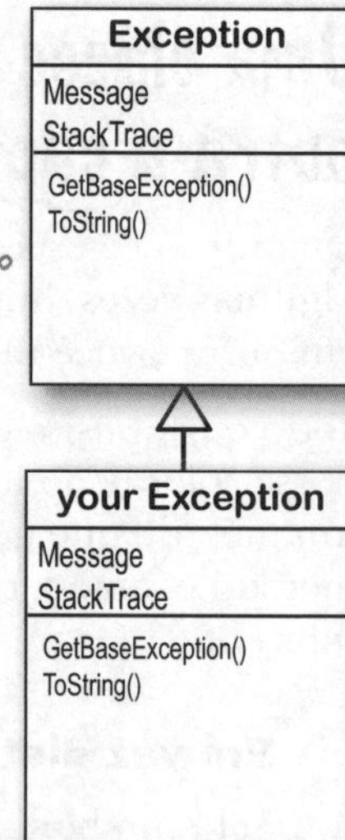

Suas classes podem gerar suas próprias exceções. Por exemplo, se você receber um parâmetro nulo num método que espera um valor, será bem comum gerar a mesma exceção que um método do .NET usaria:

```
throw new ArgumentException();
```

Seus métodos poderão gerar esta exceção se eles obtiverem valores inválidos ou inesperados em seus parâmetros.

Mas, algumas vezes você gostaria que seu programa gerasse uma exceção por causa de uma condição especial que poderia ocorrer quando executado. As abelhas que criamos na colmeia, por exemplo, consomem mel numa taxa diferente de acordo com seu peso. Se não existir mel para consumir, fará sentido fazer a colmeia gerar uma exceção. Você pode criar uma exceção personalizada para lidar com essa condição de erro específica criando sua própria classe que herda de `Exception` e, então, gerando-a quando encontrar esse erro em particular.

```
class OutOfHoneyException : System.Exception {
    public OutOfHoneyException(string message) : base(message) { }
}
class HoneyDeliverySystem {
    ...
    public void FeedHoneyToEggs() {
       if (honeyLevel == 0) {
            throw new OutOfHoneyException("The hive is out of honey.");
       } else {
            foreach (Egg egg in Eggs) {
               ...
}
public partial class Form1 : Form {
...
   private void consumeHoney_Click(object sender, EventArgs e) {
      HoneyDeliverySystem delivery = new HoneyDeliverySystem();
      try {
           delivery.FeedHoneyToEggs()
      }
      catch (OutOfHoneyException ex){
          MessageBox.Show(ex.Message, "Warning: Resetting Hive");
          Hive.Reset();
      }
   }
}
```

Você precisa criar uma classe para sua exceção e certificar-se de que ela herde de System. Exception. Note como estamos sobrecarregando o construtor para podermos passar uma mensagem de exceção.

Isso gera uma nova instância do objeto de exceção.

Se houver mel na colmeia, a exceção nunca será gerada e esse código será executado.

Você pode capturar uma exceção personalizada pelo nome como qualquer outra e fazer qualquer coisa que queira para tratá-la.

Neste caso, se a colmeia estiver sem mel, nenhuma das abelhas poderá trabalhar e o simulador não poderá continuar. A única forma de manter o programa funcionando nessas condições é redefini-la e podemos fazer isto colocando o código para redefini-la no bloco catch.

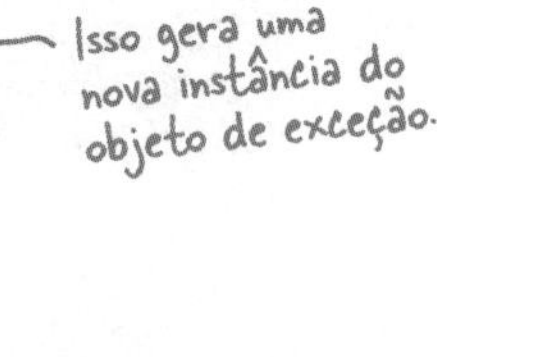

Ímãs de Geladeira de Exceção

Ordene os ímãs para que o aplicativo escreva a saída no console.

```
public static void Main() {
    Console.Write("when it ");
    ExTestDrive.Zero("yes");
    Console.Write(" it ");
    ExTestDrive.Zero("no");
    Console.WriteLine(".");
}
class MyException : Exception { }
```

saída:

when it thaws it throws.

```
}
```

```
}
```

```
}
```

```
if (t == "yes") {
```

```
Console.Write("a");
```

```
Console.Write("o");
```

```
Console.Write("t");
```

```
Console.Write("w");
```

```
Console.Write("s");
```

```
try {
```

```
} catch (MyException) {
```

```
throw new MyException();
```

```
} finally {
```

```
DoRisky(test);
```

```
        Console.Write("r");
    }
}
```

```
class ExTestDrive {
   public static void Zero(string test) {
```

```
static void DoRisky(String t) {
   Console.Write("h");
```

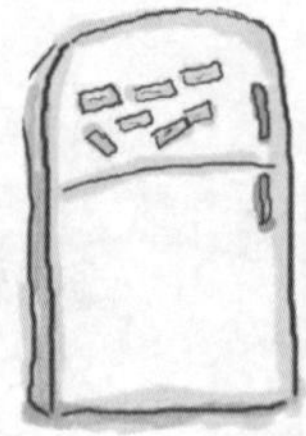

Solução dos Ímãs de Geladeira de exceção

Ordene os ímãs para que o aplicativo escreva a saída no console.

```
public static void Main() {
    Console.Write("when it ");
    ExTestDrive.Zero("yes");
    Console.Write(" it ");
    ExTestDrive.Zero("no");
    Console.WriteLine(".");
}
class MyException : Exception { }
```

saída:
when it thaws it throws.

Esta linha define uma exceção personalizada chamada MyException, que é capturada por um bloco catch no código.

```
class ExTestDrive {
    public static void Zero(string test) {
        try {
            Console.Write("t");
            DoRisky(test);
            Console.Write("o");
        } catch (MyException) {
            Console.Write("a");
        } finally {
            Console.Write("w");
        }
        Console.Write("s");
    }

    static void DoRisky(String t) {
        Console.Write("h");
        if (t == "yes") {
            throw new MyException();
        }
        Console.Write("r");
    }
}
```

O método Zero() imprime "thaws" (derrete) ou "throws" (gera), dependendo de receber ou não "yes", ou outra coisa como seu parâmetro test.

O bloco finally assegura que o método sempre imprima "w". E "s" é impresso fora do manipulador de exceção, por isso é sempre impresso também.

Esta linha será executada se doRisky() não gerar a exceção.

O método doRisky() somente gerará a exceção se for passada a string "yes".

PONTOS DE BALA

- Qualquer instrução pode gerar uma exceção se alguma coisa falhar durante a execução.
- Use um bloco `try/catch` para tratar as exceções. As exceções não tratadas farão seu programa parar a execução e exibir uma janela de erro.
- Qualquer exceção no bloco de código depois da instrução `try` fará com que a execução do programa salte imediatamente para a primeira instrução no bloco de código depois de `catch`.
- O objeto `Exception` informa sobre a exceção capturada. Se você especificar uma variável `Exception` em sua instrução `catch`, ela conterá informações a respeito de qualquer exceção gerada no bloco `try`:

```
try {
   // as instruções que podem
   // gerar exceções
} catch (IOException ex) {
   // se uma exceção for gerada,
   // ex terá informações sobre ela
}
```

- Há muitos tipos diferentes de exceções que você pode capturar. Cada uma tem seu próprio objeto que herda de `Exception`. Tente evitar sempre capturar `Exception` – capture exceções específicas.
- Cada `try` pode ter mais de um `catch`:

```
try { ... }
catch (NullReferenceException ex) {
    // estas instruções serão executadas se
    // NullReferenceException for gerado
}
catch (Overfl owException ex) { ... }
catch (FileNotFoundException) { ... }
catch (ArgumentException) { ... }
```

- Seu código pode gerar uma exceção usando `throw`:

```
throw new Exception("Exception
message");
```

- Seu código também pode **reenviar** uma exceção usando `throw;`, mas isto funciona apenas dentro de um bloco `catch`. Reenviar uma exceção preserva a pilha de chamadas.
- Você pode criar uma exceção personalizada herdando da classe base `Exception`.

```
mclass CustomException : Exception;
```

- Na maior parte do tempo, você precisa apenas gerar as exceções predefinidas do .NET, tais como `ArgumentException`. O motivo para usar tipos diferentes de exceções é poder **dar informações melhores a seus usuários**. Mostrar uma janela com o texto "Um erro desconhecido ocorreu" não é nem de longe tão útil quanto uma que diz: "A pasta de desculpas está vazia. Escolha uma pasta diferente se você quiser ler as desculpas".

Uma forma fácil de evitar muitos problemas: using fornece try e finally gratuitamente

Lembre-se, quando você declara uma referência em uma instrução "using", seu método Dispose() é automaticamente chamado no final do bloco.

Você já sabe que `using` é uma forma fácil de se certificar de que seus arquivos sempre sejam fechados. Mas, o que você não sabia é que é **apenas um atalho do C#** para `try` e `finally`!

```
using (YourClass c
        = new YourClass( ) ) {
    // código
}
```

é assim

```
YourClass c = new YourClass( );
try {
    // código
} finally {
    c.Dispose();
}
```

Quando você usa uma instrução using, está aproveitando finally para se certificar de que o método Dispose() seja sempre chamado.

Evitando exceções: implemente IDisposable para fazer sua própria limpeza

IDisposable é uma forma eficiente de evitar exceções e problemas muito comuns. Use instruções using quando você estiver trabalhando com qualquer classe que a implemente.

Os streams são ótimos porque já têm o código escrito para fecharem a si mesmos quando o objeto é descartado. Mas, se você tiver o seu próprio objeto personalizado e ele sempre precisar que algo seja feito quando for descartado? Não seria ótimo se você pudesse escrever seu próprio código que seja executado se seu objeto foi usado em uma instrução `using`?

Você somente poderá usar uma classe em uma instrução "using" se ela implementar IDisposable, caso contrário seu programa não compilará.

O C# permite fazer exatamente isso com a interface `IDisposable`. Implementa-a e escreva seu código de finalização no método `Dispose()`, como no exemplo:

Seu objeto precisará implementar IDisposable se você quiser usá-lo em uma instrução using.

```
class Nectar : IDisposable {
  private double amount;
  private BeeHive hive;
  private Stream hiveLog;
  public Nectar(double amount, BeeHive hive, Stream hiveLog) {
    this.amount = amount;
    this.hive = hive;
    this.hiveLog = hiveLog;
  }
  public void Dispose() {
    if (amount > 0) {
      hive.Add(amount);
      h ive.WriteLog(hiveLog, amount + " mg nectar added to the hive");
      amount = 0;
    }
  }
}
```

A interface IDisposable tem um único membro: o método Dispose(). O que for posto nele será executado no final da instrução using... ou sempre que Dispose() for chamado manualmente.

Este método Dispose() foi escrito para que pudesse ser chamado muitas vezes, não apenas uma.

Este código em particular esvazia qualquer néctar restante na colmeia e registra uma mensagem. É importante e precisa ser executado, portanto o colocamos no método Dispose().

Uma das diretrizes para implementar IDispose é que seu método `Dispose()` pode ser chamado diversas vezes sem efeitos colaterais. Você pode pensar o motivo desta ser uma diretriz importante?

Você pode usar múltiplas instruções `using`. Primeiro, vamos usar um objeto predefinido `Stream`, que implementa `IDisposable`. Então, trabalharemos com nosso objeto atualizado `Nectar`, que também `IDisposable`:

Você verá instruções using aninhadas como esta quando precisar declarar duas referências IDisposable no mesmo bloco de código.

```
using (Stream log = new File.Write("log.txt"))
using (Nectar nectar = new Nectar(16.3, hive, log)) {
      Bee.FlyTo(flower);
      Bee.Harvest(nectar);
      Bee.FlyTo(hive);
}
```

O objeto Nectar usa o stream de registro, que se fecha automaticamente no final da instrução using externa.

Então, o objeto Bee usa o objeto Nectar, que adicionará seu néctar à colmeia automaticamente no fim da instrução using interna.

não existem Perguntas Idiotas

P: Só posso usar objetos que implementem `IDisposable` com uma instrução using?

R: Sim. `IDisposable` foi feita para trabalhar com as instruções `using` e usar uma instrução `using` é como criar uma nova instância de uma classe, exceto que sempre chama o método `Dispose()`.

P: Pode-se colocar qualquer instrução dentro de um bloco `using`?

R: Com certeza. O propósito de `using` é ajuda a se certificar que todo objeto criado seja descartado. Mas, o que será feito com esses objetos depende inteiramente de você. De fato, você pode criar um objeto com uma instrução `using` e nem mesmo usá-lo dentro do bloco. Mas, isso seria bastante inútil. portanto não recomendamos fazê-lo.

P: Pode-se chamar `Dispose()` fora de uma instrução `using`?

R: Sim. Você não ***precisa*** usar uma instrução `using`. Você pode chamar `Dispose()` por si mesmo quando terminar de usar um objeto. Ou pode fazer qualquer limpeza que seja necessária – tal como, chamar o método `Close()` de um stream manualmente. Mas, se você usar uma instrução `using`, isso deixará seu código mais fácil de entender e impedirá que problemas ocorram, caso não descarte seus objetos.

P: Você mencionou um bloco "`try/finally`". Isto significa tudo bem se eu tiver `try` e `finally` sem um `catch`?

R: Sim! Você pode ter um bloco `try` sem um `catch` e ter apenas um `finally`. Ele se parecerá com isto:

```
try {
      DoSomethingRisky();
      SomethingElseRisky();
}
finally {
      AlwaysExecuteThis();
}
```

Se `SomethingRisky()` gerar uma exceção, o bloco `finally` será executado imediatamente.

P: `Dispose()` só funciona com arquivos e streams?

R: Não, há muitas classes que implementam `IDisposable` e quando você estiver usando uma, sempre deverá usar uma instrução `using`. (Você verá algumas classes assim nos próximos capítulos). E se você escrever uma classe que deva ser descartada de uma certa forma, poderá implementar `IDisposable` também.

Você desejará saber qual tipo de exceção é gerado para poder lidar com essa exceção.

Existe mais a respeito do tratamento de exceções do que somente imprimir uma mensagem de erro genérica. Por exemplo, no localizador de desculpas, se descobrirmos um `FileNotFoundException`, poderemos imprimir um erro que sugira onde os arquivos certos devem estar. Se tivermos uma exceção relacionada aos bancos de dados, poderemos enviar um e-mail para o administrador do banco de dados. Tudo isso depende de você capturar os tipos *específicos* de exceções.

É por isso que há tantas Classes que herdam de Exception e também o motivo de você querer escrever suas próprias classes para herdar de Exception.

O pior bloco catch: captura tudo, mais comentários

Um bloco `catch` manterá seu programa executando, se assim você quiser. Uma exceção é gerada, você a captura e, em vez de desligar e apresentar uma mensagem de erro, você continua. Mas algumas vezes, isso não é tão bom assim.

Veja a classe `Calculator`, que parece agir estranhamente a toda hora. O que está acontecendo?

```
class Calculator {
...
   public void Divide(float dividend, float divisor) {
      try {
         this.quotient = dividend / divisor;
      } catch {
         // Nota do Jim: precisamos descobrir uma forma de
         // evitar que as pessoas digitem zero num problema com divisão
      }
   }
}
```

Aqui está o problema. Se o divisor for zero, isso criará um DivideByZeroException.

Mas, existe um bloco catch. Então, por que ainda temos erros?

O programador pensou que poderia **esconder** suas exceções usando um bloco catch vazio, mas apenas causou dor de cabeça para quem for rastrear os problemas ocorridos depois.

Você deve tratar suas exceções, não escondê-las

Só porque você pode manter o programa funcionando isso não quer dizer que você *tratou* suas exceções. No código acima, a calculadora não irá paralisar... pelo menos, não no método `Divide()`. Mas, e se algum outro código chamar esse método e tentar imprimir os resultados? Se o divisor foi zero, o método provavelmente retornou um valor incorreto (e inesperado).

Em vez de apenas adicionar um comentário e esconder a exceção, você precisa **lidar com a exceção**. E se você não conseguir lidar com o problema, ***não deixe blocos catch vazios ou com comentários***! Isso só dificultará para as outras pessoas descobrirem o que está acontecendo. É melhor deixar o programa continuar a gerar exceções, pois aí, pelo menos, será fácil entender o problema.

Lembre-se, quando seu código não lida com uma exceção, ela aparece na pilha de chamadas. Permitir que uma exceção apareça é um modo perfeitamente válido de lidar com ela.

Tudo bem ao usar soluções temporárias (temporariamente)

Algumas vezes, você encontra um problema e sabe que ele é um problema, mas não está certo sobre o que fazer a respeito. Nestes casos, você pode querer registrar o problema e anotar o que está acontecendo. Isso não é tão bom quanto tratar a exceção, mas é melhor do que não fazer nada.

... mas na vida real, soluções "temporárias" têm um hábito desagradável de se tornarem permanentes.

Eis aqui uma solução temporária para a calculadora:

```
class Calculator {
...
   public void Divide(int dividend, int divisor) {
      try {
         this.quotient = dividend / divisor;
      } catch (Exception ex) {
         using (StreamWriter sw = new StreamWriter(@"C:\Logs\errors.txt");
            sw.WriteLine(ex.getMessage());
         };
      }
   }
}
```

Isto ainda precisará ser corrigido, mas a curto prazo, esclarece onde o problema ocorreu. E mais, não seria melhor descobrir por que seu método Divide está sendo chamado com um divisor zero em primeiro lugar?

Lidar com exceções nem sempre é o mesmo que CORRIGIR as exceções.

Nunca é bom ter seu programa fechando sem querer. Mas, é muito pior não ter a menor ideia do que o faz paralisar ou o que está acontecendo com os dados dos usuários. É por isso que você precisa sempre lidar com os erros previsíveis e registrar aqueles com os quais não pode lidar.

Algumas ideias simples para o tratamento de exceções

Projete seu código para lidar com as falhas de forma **ELEGANTE**.

Dê a seus usuários mensagens de erro **ÚTEIS**.

Envie exceções predefinidas do .NET sempre que puder. Apenas envie exceções personalizadas se precisar dar informações personalizadas.

Pense no código em seu bloco try que **PODERIA** sofrer um curto-circuito.

...e principalmente...

Evite erros desnecessários do sistema de arquivos... **SEMPRE USE UM BLOCO USING QUANDO UTILIZAR UM STREAM! SEMPRE SEMPRE SEMPRE!**

Ou qualquer outra coisa que implemente IDisposable.

Exercício

Use o que você sabe sobre `try/catch/finally` para melhorar o tratamento de exceções no Gerenciador de Desculpas do Aldo.

1. Adicione o tratamento de exceções aos manipuladores do evento Click do botão Open. Crie um bloco `try/catch` simples que mostre uma caixa de mensagem. Eis o que ele deve mostrar se você tentar abrir um arquivo que não seja um arquivo de desculpas real:

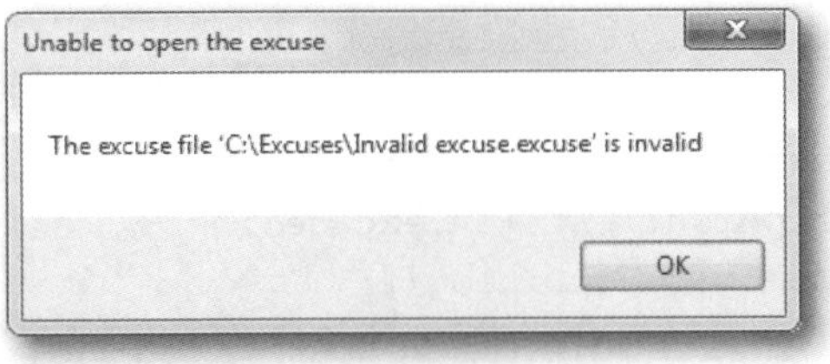

2. Você ainda não acabou. Iremos desenvolver um pequeno arquivo de desculpas inválido e desonesto. Coloque um ponto de interrupção na primeira linha do método `Excuse.Save()`, então execute o programa e salve uma desculpa. Quando o programa parar, adicione um observador para a propriedade **`LastUsed`**. então edite seu valor na janela Watch (Observar) e defina-o para **`DateTime.Parse ("October 14, 1066")`** – você deverá o valor da propriedade atualizar com essa data. Informe ao depurador para continuar (F5). Você obteve uma exceção `ArgumentOutOfRange`?

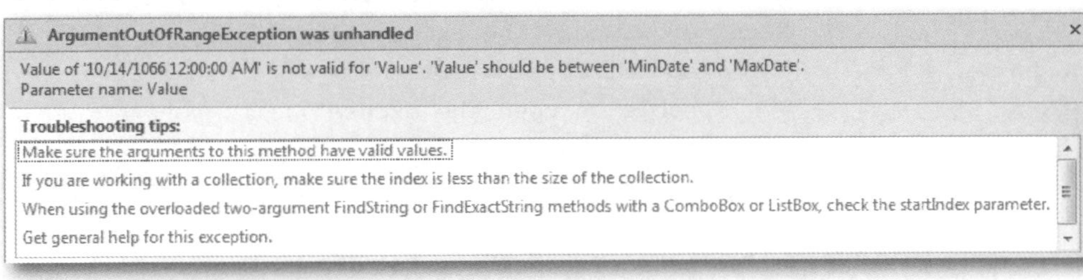

Você está obtendo essa exceção porque o formulário tentou definir a propriedade `Value` do controle `DateTimePicker` para um valor inferior a `MinDate`. Porém o mais importante, antes de ter enviado a exceção, a classe `Excuse` escreveu um arquivo. Esta é a **técnica realmente útil** que você deve ter em mente: gerar arquivos com dados ruins conhecidos para que possa usá-los depois para testar seu programa.

3. Carregue o arquivo recém-criado com dados ruins. Você deverá obter a mesma exceção. Terá uma exceção diferente se tentar abrir um arquivo que não seja um arquivo de desculpas válido. Adicione um bloco de tratamento de exceções ***aninhado naquele adicionado na etapa 2*** para que ele não falhe quando você tentar carregar um arquivo de desculpas inválido (o que pode acontecer em várias situações). Eis o que fazer:
   1. Declare uma variável booleana chamada `clearForm` acima do bloco `try/catch`. Você definirá isto para `true` se ocorrer uma exceção e verificará mais adiante se o formulário deve ser limpo.
   2. Adicione outro bloco `try/catch` dentro daquele que você acabou de adicionar ao botão Open.
   3. Adicione um bloco `finally` ao `try/catch` externo para redefinir o formulário para seu estado original vazio. Redefina `LastUsed.Value` para `DateTime.Now` (que retorna a data atual) se a variável `clearForm` for definida para `true`.

Exercício Solução

Use o que você sabe sobre `try/catch/finally` para melhorar o tratamento de exceções no Gerenciador de Desculpas do Brian.

```
private void open_Click(object sender, EventArgs e) {
  if (CheckChanged()) {
     openFileDialog1.InitialDirectory = selectedFolder;
     openFileDialog1.Filter =
        "Excuse files (*.excuse)|*.excuse|All files (*.*)|*.*";
     openFileDialog1.FileName = description.Text + ".excuse";
     DialogResult result = openFileDialog1.ShowDialog();
     if (result == DialogResult.OK) {
        bool clearForm = false;
        try {
          currentExcuse = new Excuse(openFileDialog1.FileName);
          try {
             UpdateForm(false);
          }
          catch (ArgumentOutOfRangeException) {
             MessageBox.Show("The excuse file '"
                + openFileDialog1.FileName + "' had a invalid data",
                "Unable to open the excuse");
             clearForm = true;
          }
        }
        catch (SerializationException ex) {
          MessageBox.Show("An error occurred while opening the excuse '"
             + openFileDialog1.FileName + "'\n" + ex.Message,
             "Unable to open the excuse", MessageBoxButtons.OK,
             MessageBoxIcon.Error);
          clearForm = true;
        }
        finally {
          if (clearForm) {
             description.Text = "";
             results.Text = "";
             lastUsed.Value = DateTime.Now;
          }
        }
     }
  }
}
```

Aqui está o bloco try/catch para criar um erro instantâneo, no caso de algum problema ocorrer quando o formulário chamar o construtor Excuse para carregar uma desculpa.

Eis o try/catch aninhado. Ele trata as exceções que acontecem se o arquivo é carregado, mas contém dados fora da faixa. Isto não é igual aos problemas do construtor Excuse.

Não estamos usando o objeto de exceção, portanto a instrução catch não precisa de um nome de variável depois do tipo de exceção.

Aqui, temos a caixa de mensagem do bloco try/catch externo. Ela imprime a mensagem de exceção.

Ambos os blocos catch definem clearForm para true para que esse bloco finally saiba que o formulário deve ser redefinido. Tudo bem ter um código que interage com seu bloco finally, pois você sabe que ele sempre será executado.

Cruzadinha de Exceções

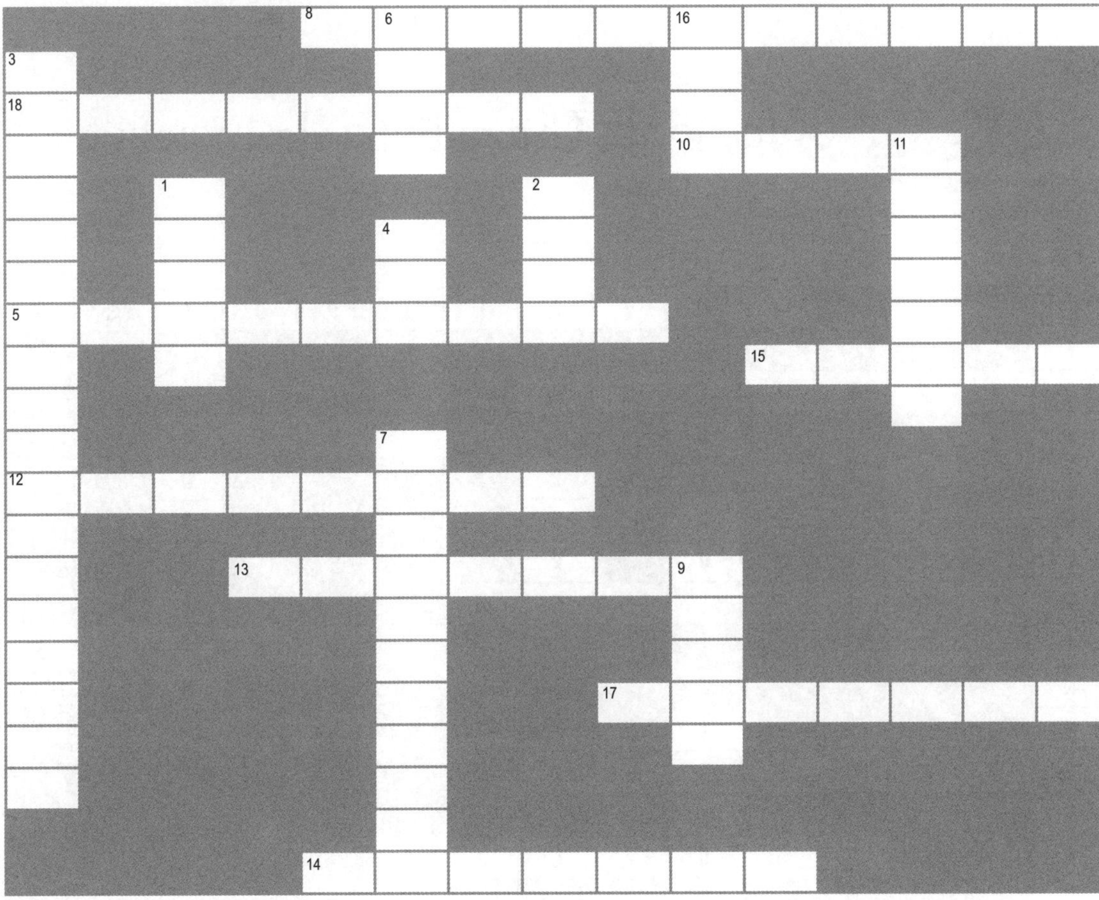

Horizontais

5. A classe base da qual `DivideByZeroException` e `FormatException` herdam

8. Uma exceção _______________ acontece quando você tenta fazer a coerção de um valor numa variável que não pode conter

10. Se a próxima instrução é um método, "Step _______" diz ao depurador para executar todas as instruções no método e interromper imediatamente depois

12. Se você ________ suas exceções, pode torná-las difíceis de rastrear

13. Este método é sempre chamado no final de um bloco `using`

14. O campo no objeto `Exception` que contém uma string com uma descrição

15. Um bloco `try` pode ter múltiplos blocos _________

17. O bloco __________ contém qualquer instrução que deva executar depois do tratamento de uma exceção

18. Uma exceção ___________ significa que você tentou representar um número grande demais numa variável que não pode manter.

Verticais

1. A janela no IDE que você pode usar para checar o valor das suas variáveis

2. Você obterá uma exceção se tentar dividir por isto

3. Alterne isto se quiser que o depurador pare a execução quando atingir uma linha específica de código

4. "Step _______" diz ao depurador para executar o restante das instruções no método atual e depois, interromper

6. O que uma referência contém se não aponta para nada.

7. Você só pode declarar uma variável com uma instrução `using` se ela
implementa esta interface

9. Quando uma instrução tem um problema, ele ______ uma exceção.

11. Um programa que lida bem com erros

16. Se a próxima instrução é um método, "Step ____" diz ao depurador para executar a primeira instrução nesse método

Solução da Cruzadinha de Exceções

				8 I	6 N	V	A	L	16 I	D	C	A	S	T
3 P					U				N					
18 O	V	E	R	F	L	O	W		T					
N					L				10 O	V	E	11 R		
T		1 W					2 Z					O		
O		A			4 O		E					B		
D		T			U		R					U		
5 E	X	C	E	P	T	I	O	N				S		
I		H								15 C	A	T	C	H
N												O		
T					7 I									
12 E	S	C	O	N	D	E	R							
R					I									
R			13 D	I	S	P	O	S	9 E					
U					P				N					
P					O				V					
Ç					S			17 F	I	N	A	L	L	Y
A					A				A					
O					B									
					L									
				14 M	E	N	S	A	G	E				

Brian finalmente consegue suas férias...

Agora que Brian conseguiu lidar com suas desculpas, as coisas no trabalho continuaram tranquilas e ele pode tirar aquelas bem merecidas (e aprovadas pelo chefe) férias...

... e as coisas estão bem lá na empresa!

Suas habilidades em tratar exceções fizeram mais do que simplesmente prevenir problemas. Elas garantiram que o chefe do Brian não tivesse a menor ideia de que alguma coisa deu errado antes!

O bom tratamento de exceções é invisível para seus usuários. O programa nunca paralisa e se acontecer qualquer problema, lida com eles de forma elegante, sem apresentar mensagens de erro confusas.

11 eventos e representantes

O que o seu código faz quando você não está olhando

Seus objetos estão começando a pensar por eles mesmos.

Você nem sempre pode controlar o que um objeto está fazendo. Algumas coisas... simplesmente acontecem. E quando acontecem, você vai querer que seus objetos sejam inteligentes o suficiente para **responderem a qualquer coisa** que apareça. É para isso que servem eventos. Um objeto *publica* um evento, outro objeto se *inscreve* nele e todos trabalham juntos para manter as coisas funcionando. O que é ótimo, até que você deseja que seu objeto controle quem pode atender. Nesses casos os **callbacks** serão úteis.

Já desejou que seus objetos pensassem por si mesmos?

Suponha que você esteja escrevendo um simulador de beisebol. Você modelará o jogo, venderá o software para um grande time (eles têm muito dinheiro, certo?) e ficará rico. Você cria seus objetos `Ball` (bola), `Pitcher` (arremessador), `Umpire` (árbitro), `Fan` (torcedor) e muitos outros. Você até escreve um código para que `Pitcher` possa pegar uma bola.

Agora, só precisa unir tudo. Você adiciona um método `OnBallInPlay()` a `Ball` e agora, deseja que seu objeto `Pitcher` responda com seu método da sub-rotina de eventos. Uma vez que os métodos tenham sido escritos, você precisa associá-los.

Esta é uma forma comumente usada de nomear os métodos – falaremos mais sobre isso daqui a pouco.

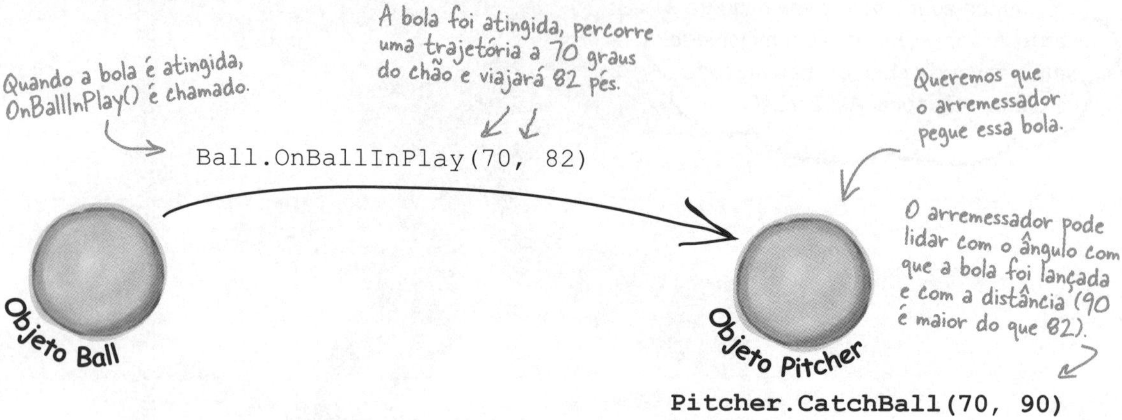

Mas como um objeto SABE responder?

Aqui está o problema. Você deseja que seu objeto `Ball` se preocupe apenas em ser atingido e que seu objeto `Pitcher` se preocupe somente em pegar as bolas em sua direção. Em outras palavras, você não desejará que seu objeto `Ball` diga ao seu objeto `Pitcher`: "Estou chegando em você".

Você deseja que um objeto se preocupe consigo mesmo, não com os outros objetos. Você irá separar as preocupações de cada objeto.

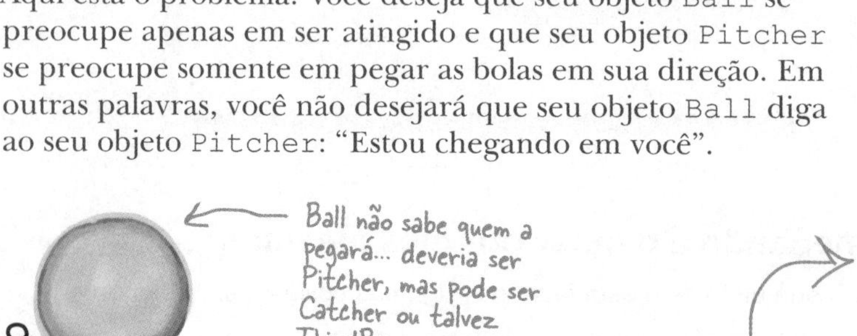

Quando um EVENTO ocorre... os objetos atendem

O que você precisa fazer quando a bola é atingida é usar um **evento**. Um evento é simplesmente ***algo que aconteceu*** em seu programa. Os objetos podem responder a eventos – como, por exemplo, nosso objeto `Pitcher`.

Ainda melhor, mais de um objeto pode atender os eventos. Assim, `Pitcher` pode atender um evento 'bola sendo atingida', bem como `Catcher`, `ThirdBaseman`, `Umpire` e até mesmo `Fan`. E cada um deles pode responder ao evento de forma diferente.

> evento, substantivo.
> **algo** que acontece, especialmente algo importante. *O eclipse solar foi um **evento** espetacular de assistir.*

Então, o que queremos é um objeto `Ball` que possa **gerar um evento**. Além disso, queremos que os outros objetos se **inscrevam nesse tipo particular de evento**... o que apenas quer dizer atendê-lo e ser notificado quando o evento ocorre.

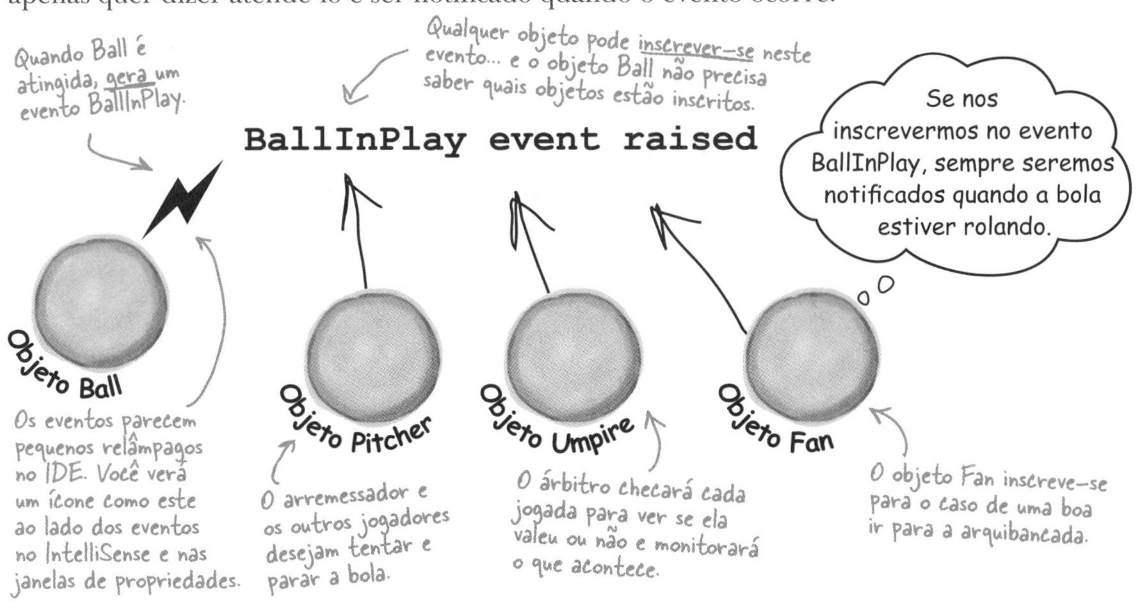

Quer FAZER ALGO com um evento? Você precisa de um manipulador de eventos

Uma vez que seu objeto "ouviu" que o evento ocorreu, ele pode executar algum código. Esse código é chamado de **manipulador de eventos**. Um manipulador de eventos obtém informações sobre o evento e é executada quando o evento ocorre.

Lembre-se de que tudo isso ocorre ***sem a sua intervenção*** durante a execução. Então, você escreve um código para gerar um evento, um código para lidar com esses eventos e ativa seu aplicativo. Assim, quando o evento ocorrer, sua sub-rotina será acionada... *sem você ter de fazer nada*. E, melhor de tudo, seus objetos têm preocupações distintas. Eles se preocupam consigo mesmos, não com os outros.

Nós estamos fazendo isso desde o início. Toda vez que você clica num botão, um evento é gerado e seu código responde a ele.

Um objeto gera seu evento, os outros atendem...

Vamos examinar como os eventos, manipuladores de evento e assinaturas funcionam no C#:

1. **Primeiro, os outros objetos se inscrevem no evento**
   Antes que `Ball` possa gerar seu evento `BallInPlay`, os outros objetos precisam inscrever-se nele. Essa é a forma deles dizerem: "Quando um evento `BallInPlay` ocorrer, quero saber".

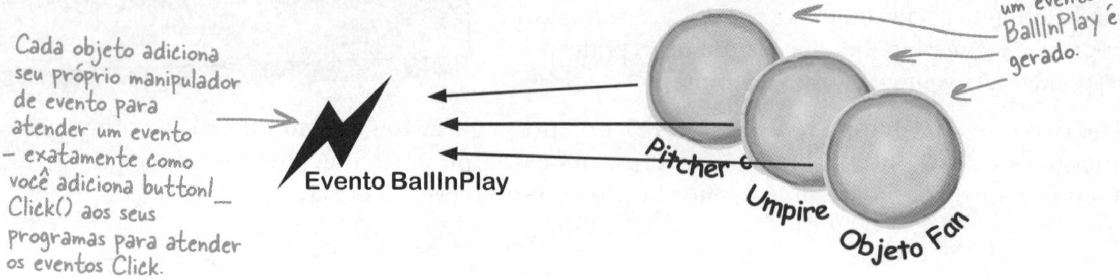

2. **Alguma coisa inicializa o evento**
   A bola é atingida. É hora do objeto `Ball` gerar um novo evento.

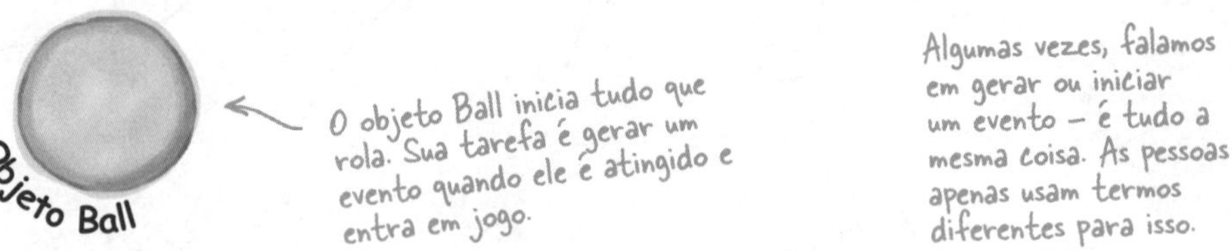

3. **A bola gera um evento**
   Um novo evento é gerado (falaremos sobre como isso é feito num minuto). O evento também tem alguns argumentos, tais como a velocidade da bola e sua trajetória. Eles são anexados ao evento como uma instância de um objeto `EventArgs`, então o evento é enviado, ficando disponível para qualquer um atendê-lo.

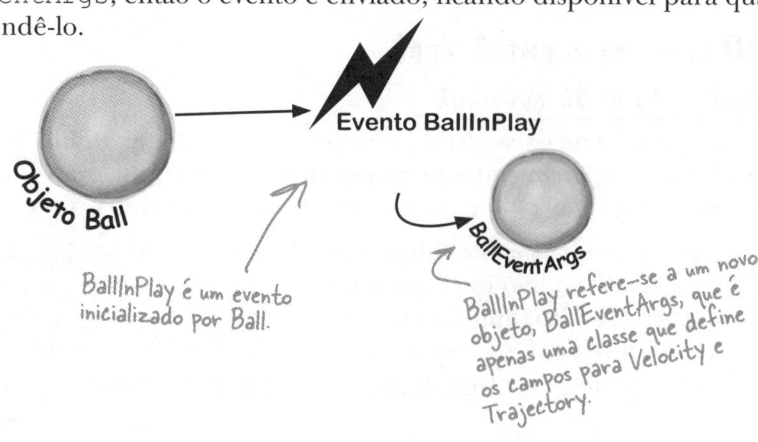

Então, outros objetos tratam o evento

Uma vez que um evento tenha sido gerado, todos os objetos inscritos são notificados e podem fazer algo em resposta.

4 Os inscritos são notificados

Uma vez que `Pitcher`, `Umpire` e `Fan` se inscreveram no evento `BallInPlay` do objeto `Ball`, todos são notificados – seus métodos de manipuladores de eventos são chamados um depois do outro.

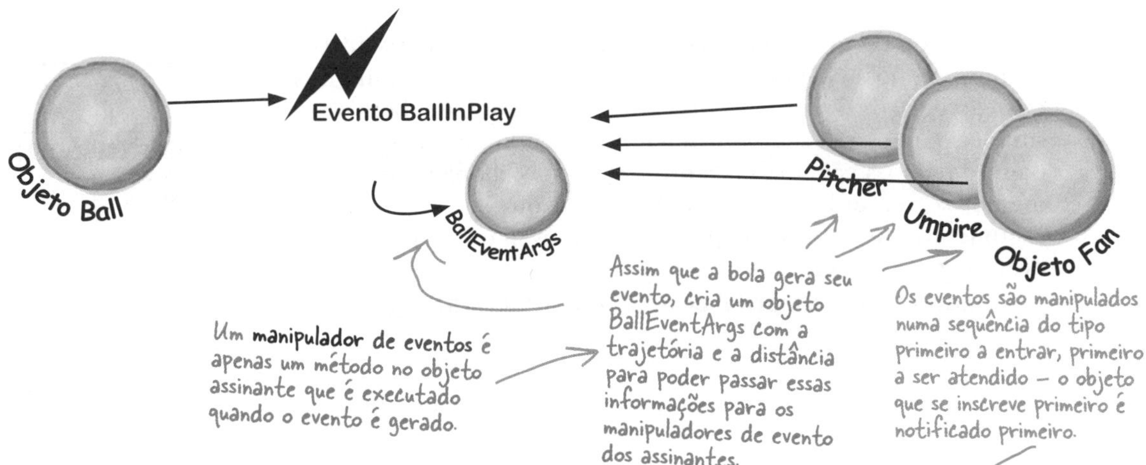

5 Cada objeto lida com o evento

Agora `Pitcher`, `Umpire` e `Fan` podem lidar com o evento `BallInPlay`, cada um da sua própria forma. Mas, eles não são executados ao mesmo tempo – seus manipuladores de evento são chamados um depois do outro, com uma referência para um objeto `BallEventArgs` como seu parâmetro.

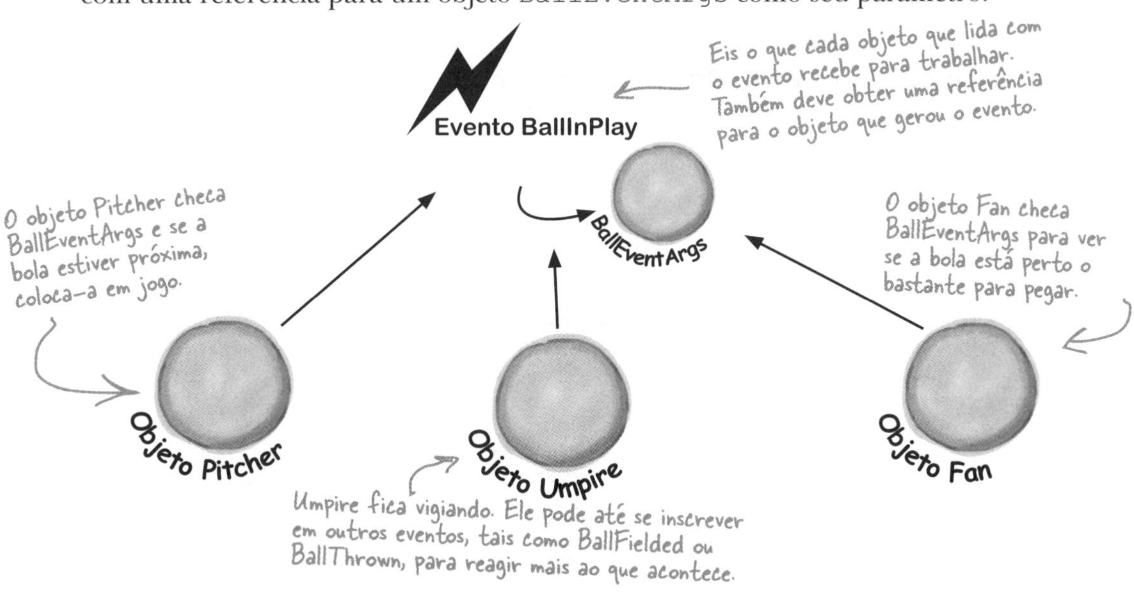

Ligando os pontos

Agora que você já entendeu o que está acontecendo, vamos examinar melhor como as peças se encaixam. Por sorte, temos apenas algumas poucas peças móveis.

É uma boa ideia (embora não seja obrigatório) que seus objetos de argumento de eventos herdem de EventArgs. Essa é uma **classe vazia** – ela não tem membros públicos.

Isto implica que você poderá fazer a **upcasting** do seu objeto EventArgs, no caso de precisar enviá-lo para um evento que não lida com ele em particular.

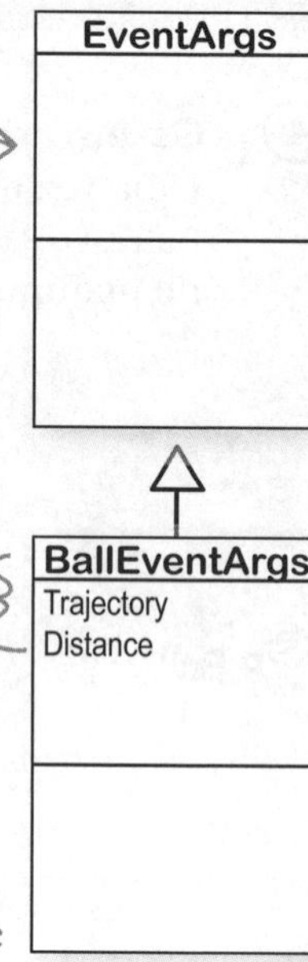

① **Precisamos de um objeto para os argumentos do evento**

Lembre-se, nosso evento `BallInPlay` tem alguns argumentos que carrega consigo. Logo, precisamos de um objeto bem simples para esses argumentos. O .NET tem uma classe padrão para isso chamada **`EventArgs`**, mas ela **não tem membros**. Seu único propósito é permitir que seu objeto de argumentos de evento seja passado para os manipuladores de evento que o utilizam. Eis a declaração da classe:

```
class BallEventArgs : EventArgs
```

A bola usará estas propriedades para passar informações para os manipuladores de eventos sobre onde a bola foi atingida.

② **Depois, deveremos definir o evento na classe que irá gerá-lo**

A classe Ball terá uma linha com a **palavra-chave `event`** – é assim que ela informa os outros objetos sobre o evento, para que eles possam inscrever-se. Essa linha pode estar em qualquer lugar na classe – normalmente, perto das declarações da propriedade. Mas, desde que esteja na classe `Ball`, os outros objetos poderão inscrever-se no evento de uma bola. Isso se parecerá com:

```
public event EventHandler BallInPlay;
```

Os eventos normalmente são públicos. Este evento é definido na classe Ball, mas queremos que Pitcher, Umpire etc., sejam capazes de ter referências para ele. Você poderia tornar um evento privado se quisesse que outras instâncias da mesma classe se inscrevessem nele.

Depois da palavra-chave event vem EventHandler. Isto **não é uma palavra reservada do C#** – é definida como parte do .NET. Ela é necessária para dizer aos objetos se inscrevendo no evento como seus manipuladores de eventos devem ser.

Quando você usa EventHandler, está dizendo aos outros métodos que suas sub-rotinas de evento precisam ter dois parâmetros: um objeto chamado sender e uma referência EventArgs chamada e. sender é uma referência para o objeto que gerou o evento e e é uma referência para um objeto EventArgs.

3 **As classes que se inscrevem precisam de métodos dos manipuladores de eventos**

Cada objeto a se inscrever no evento `BallInPlay` de `Ball` precisa ter um manipulador de eventos. Você já sabe como os manipuladores funcionam – cada vez que você adiciona um método para lidar com o evento `Click` de um botão ou um evento `ValueChanged` de `NumericUpDown`, etc., o IDE adiciona um **método do manipulador de eventos** à sua classe. O evento `BallInPlay` de Ball não é diferente e o manipulador de eventos para ele deve parecer bastante familiar:

```
void ball_BallInPlay(object sender, EventArgs e)
```

Não existe regra no C# que diga que seus manipuladores de evento precisam ter nomes especiais, mas existe uma convenção de nomenclatura bem padrão: o nome da referência do objeto, seguido por um sublinhado, seguido pelo nome do evento.

A declaração do evento BallInPlay listou seu tipo de evento como EventHandler, ou seja, precisa de dois parâmetros – um objeto chamado sender e um EventArgs chamado e – e nenhum valor de retorno.

A classe com este método como manipulador de evento em particular tem uma variável de referência Ball chamada ball, logo seu manipulador de evento BallInPlay começa com "ball_", seguido do nome do evento sendo lidado, "BallInPlay".

4 **Cada objeto individual inscreve-se no evento**

Uma vez que temos nosso manipulador de eventos configurado, os diversos objetos `Pitcher`, `Umpire`, `ThirdBaseman` e `Fan` precisam associar suas próprias sub-rotinas de evento. Cada um terá seu próprio método específico `ball_BallInPlay` que responderá de forma diferente ao evento. Então, se existir uma variável ou campo de referência do objeto `Ball` chamada `ball`, o operador += fará essa associação:

```
ball.BallInPlay += new EventHandler(ball_BallInPlay);
```

Isto diz ao C# para associar o manipulador de evento ao evento BallInPlay de qualquer objeto para o qual a referência bola está apontando.

O operador += diz ao C# para inscrever um manipulador a um evento.

Esta parte especifica qual manipulador inscrever no evento.

A assinatura do manipulador de eventos (seus parâmetros e valor de retorno) deve equivaler àquela definida por EventHandler ou o programa **não compilará**.

Vire a página, ainda há alguns detalhes... →

5. **Um objeto `Ball` gera seu evento para notificar os assinantes que ele está em jogo**

Agora que os eventos estão configurados, `Ball` pode **gerar seus eventos** em resposta a alguma outra coisa que acontece no simulador. Gerar um evento é fácil – basta chamar o evento `BallInPlay`.

```
EventHandler ballInPlay = BallInPlay;
if (ballInPlay != null)
    ballInPlay(this, e);
```

BallInPlay é copiado para uma variável, ballInPlay, que é verificada para ser null e usada para gerar o evento.

e é um novo objeto BallEventArgs.

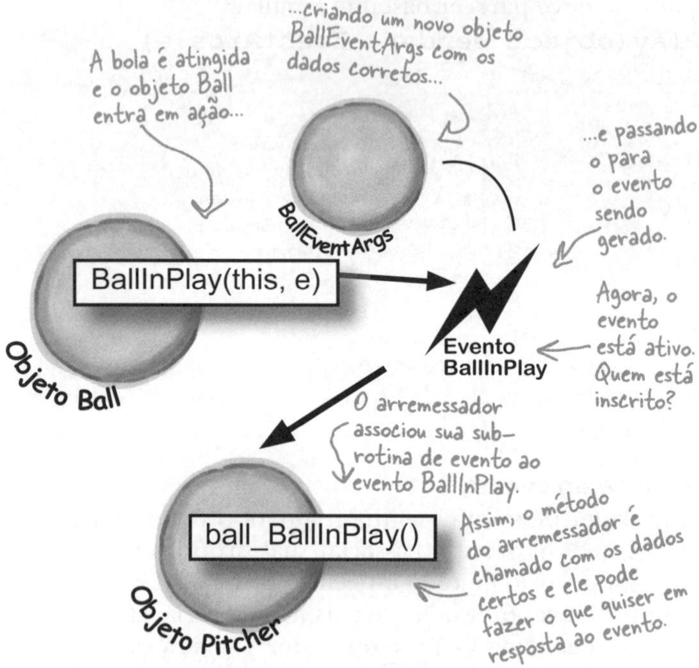

Veja bem!

Se você gerar um evento sem sub-rotinas, uma exceção será gerada.

*Se nenhum objeto adicionou seus manipuladores a um evento, ele será nulo. Por isso, cheque sempre para ter certeza de que o manipulador não é nulo antes de gerá-lo. Se você não fizer isso, uma exceção NullReferenceException será gerada. Também é por isso que você deve **copiar o evento para uma variável** antes de verificar para saber se é null - em casos <u>extremamente</u> raros, o evento pode ficar nulo entre a verificação de nulos e o momento em que é chamado.*

Use um nome padronizado quando você adicionar um método para gerar um evento

Reserve um minuto para olhar o código de qualquer formulário e digite a palavra-chave **`override`** em qualquer lugar onde você declararia um método. Assim que você pressionar o espaço, uma janela do IntelliSense aparecerá:

```
override
```

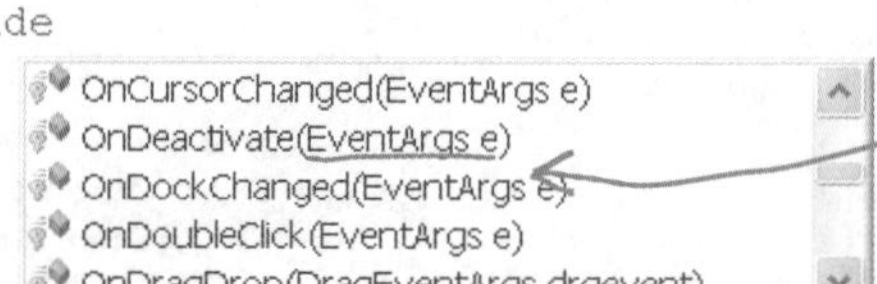

Veja como cada um destes métodos usa um parâmetro EventArgs. Eles passam esse parâmetro adiante para um evento que eles geram.

Existe um enorme número de eventos que um objeto `Form` pode gerar e cada um deles tem seu próprio método que o gera. `OnDoubleClick()` do formulário gera o evento `DoubleClick` e é para isso que ele existe. Assim, o evento de Ball deve seguir a mesma convenção: Iremos nos certificar de **haver um método `OnBallInPlay`** que tenha como parâmetro um objeto `BallEventArgs`. O simulador de beisebol irá chamá-lo quando precisar que a bola gere seu evento `BallInPlay` – assim, quando o simulador detectar que alguém atingiu a bola, criará uma nova instância de `BallEventArgs` com a trajetória da bola e a distância, e passará para `OnBallInPlay()`.

não existem Perguntas Idiotas

P: **Por que devo incluir a palavra `EventHandler` quando declaro um evento? Pensei que um manipulador de eventos fosse o que os outros objetos usavam para se inscrever nos eventos.**

R: É isso mesmo. Quando você precisa inscrever-se num evento, escreve um método chamado manipulador de eventos. Mas, você notou como usamos `EventHandler` na declaração do evento (passo #2) **e** também na linha que inscreve a sub-rotina de evento (passo #4)? O que `EventHandler` está fazendo é definir a **assinatura** do evento – isso diz aos objetos para assinarem o evento exatamente como eles precisam para definir seus métodos da sub-rotina de eventos. Especificamente, diz que se você quiser inscrever um método neste evento, ele precisará ter dois parâmetros (um `object` e uma referência `EventArgs`) e um valor de retorno `void`.

P: **O que acontece se eu tentar usar um método não equivalente àqueles definidos por `EventHandler`?**

R: Seu programa não compilará. O compilador vai certificar-se de que você não inscreveu acidentalmente um método do manipulador de eventos incompatível com um evento. É por isso que o manipulador padrão, `EventHandler`, é tão útil – assim que você o vir, saberá exatamente como deve ser seu método do manipulador de eventos.

P: **Espere, manipulador de eventos "padrão"? Existem outros tipos?**

R: Sim! Seus eventos não ***precisam*** enviar um objeto e um `EventArgs`. De fato, eles podem enviar qualquer coisa – ou nada! Olhe na última linha na janela `IntelliSense` no final da página anterior. Note como o método `OnDragDrop` usa uma referência `DragEventsArgs`, em vez de `EventArgs`. `DragEventArgs` herda de `EventArgs`, assim como `BallEventArgs`. O evento `DragDrop` do formulário não usa `EventHandler`. Ele usa algo diferente, `DragEventHandler`, e se você quiser lidar com ele, seu método da sub-rotina precisará ter um objeto e uma referência `DragEventArgs`.

Os parâmetros do evento são definidos por algo chamado *representante* – `EventHandler` e `DragEventArgs` são dois exemplos de representantes. Mas, falaremos mais disso num minuto.

P: **Então, eu posso fazer meus manipuladores de evento retornarem algo que não seja void, certo?**

R: Bom, você pode, mas isso é geralmente uma ideia ruim. Se você não retornar void de seu manipulador, não poderá *encadear* os manipuladores de evento. Isso quer dizer que você não poderá conectar mais de um manipulador a cada evento. Uma vez que o encadeamento é um recurso útil, é melhor você sempre retornar `void` nas suas sub-rotinas de evento.

P: **Encadeamento? O que é isso?**

R: É como mais de um objeto pode inscrever-se no mesmo evento – eles podem encadear seus manipuladores num evento, um depois do outro. Falaremos mais sobre isso num minuto, também.

P: **É por isso que eu usei += quando adicionei meu manipuladore de evento? Como se eu estivesse, de alguma forma, adicionando um novo manipulador aos manipuladores existentes?**

R: Exatamente! Quando você adiciona um manipulador de eventos, usa +=. Assim, seu manipulador não substitui os outros existentes. Apenas se torna mais um, no que pode ser uma longa cadeia de outros manipuladores, todos atendendo ao mesmo evento.

P: **Por que a bola usa "this" quando gera o evento `BallInPlay()`?**

R: Porque esse é o primeiro parâmetro do manipulador padrão. Você notou como o método da sub-rotina de evento `Click` tem um parâmetro chamado "objeto sender"? Esse parâmetro é uma **referência para o objeto que está gerando o evento**. Então, se você estiver lidando com um clique de botão, `sender` apontará para o botão clicado. E se você estiver lidando com um evento `BallInPlay`, `sender` apontará para o objeto `Ball` em jogo – e a bola define esse parâmetro para `this` quando gera o evento.

Um ÚNICO evento é sempre gerado por um ÚNICO objeto.

Mas, um ÚNICO evento pode ser respondido por MÚLTIPLOS objetos.

O IDE cria manipuladores de evento para você automaticamente

A maioria dos programadores segue as mesmas convenções para nomear seus manipuladores de evento. Se existir um objeto `Ball` com um evento `BallInPlay` e o nome da referência para o objeto for ball, o manipulador de eventos tipicamente será chamada de `ball_BallInPlay()`. Essa não é uma regra rígida, mas se você escrever um código assim, será mais fácil para outros programadores lerem.

Por sorte, o IDE facilita nomear seus manipuladores de evento de forma apropriada. Ele tem um recurso que **adiciona métodos do manipulador de eventos automaticamente para você** quando está trabalhando com uma classe que gera um evento. Não deveria ser surpresa que o IDE pode fazer isso por você – afinal de contas, isso é exatamente o que ele faz quando você clica duas vezes num botão em seu formulário.

Faça isto

1. **Inicie um novo aplicativo Windows e adicione `Ball` e `BallEventArgs`**

Eis a classe Ball:

```
class Ball {
    public event EventHandler BallInPlay;
    public void OnBallInPlay(BallEventArgs e) {
        EventHandler ballInPlay = BallInPlay;
        if (ballInPlay != null)
            ballInPlay(this, e);
    }
}
```

E aqui está a classe `BallEventArgs`:

```
class BallEventArgs : EventArgs {
    public int Trajectory { get; private set; }
    public int Distance { get; private set; }
    public BallEventArgs(int trajectory, int distance) {
        this.Trajectory = trajectory;
        this.Distance = distance;
    }
}
```

2. **Comece a criar o construtor de `Pitcher`**

Adicione uma nova classe `Pitcher` ao seu projeto. Crie um construtor que use uma referência `Ball` chamada `ball` como parâmetro. Deve existir uma linha de código no construtor para adicionar sua sub-rotina de eventos a `ball.BallInPlay`. Comece a digitar a instrução, mas **não digite += ainda**.

```
public Pitcher(Ball ball) {
    ball.BallInPlay
}
```

3 **Digite += e o IDE completará a instrução para você**

Assim que você digitar += na instrução, o IDE mostrará uma pequena caixa muito útil:

```
public Pitcher(Ball ball) {
    ball.BallInPlay +=
}                       new EventHandler(ball_BallInPlay);     (Press TAB to insert)
```

E logo depois que você pressionar a tecla Tab, o IDE completará a instrução para você. Ele deve ficar parecido com isto:

```
public Pitcher(Ball ball) {
    ball.BallInPlay += new EventHandler(ball_BallInPlay);
}
```

Quando você clica duas vezes num botão no designer de formulários, o IDE faz **exatamente a mesma coisa** – adicionando um manipulador de eventos automaticamente – exceto que ele adiciona o código ao método InitializeComponent() do formulário no arquivo Form1.Designer.cs, em vez de apenas colocá-lo no final do arquivo de classe.

4 **O IDE adicionará seu manipulador de eventos também**

Ainda não acabamos – você ainda precisa adicionar um método para se associar ao evento. Por sorte, o IDE também se encarrega disso pra você.

```
new EventHandler(ball_BallInPlay);

    Press TAB to generate handler 'ball_BallInPlay' in this class
```

Pressione a tecla Tab novamente para fazer o IDE adicionar esse novo manipulador de eventos à sua classe `Pitcher`. O IDE sempre seguirá a convenção `objectName_HandlerName()`:

```
void ball_BallInPlay(object sender, EventArgs e) {
    throw new NotImplementedException();
}
```

O IDE sempre preenche este NotImplementedException() como um recipiente para o caso de você executar o código que irá gerar uma exceção que informa que ainda precisa implementar algo preenchido automaticamente.

5 **Finalize o manipulador de evento do arremessador**

Agora que você tem o esqueleto do manipulador de eventos adicionado à sua classe, complete com o restante do código. O arremessador deve pegar qualquer bola baixa; senão cobrirá a primeira base.

Já que BallEventArgs é uma subclasse de EventArgs, vamos fazer a downcasting usando a palavra-chave as para podermos acessar suas propriedades.

```
void ball_BallInPlay(object sender, EventArgs e) {
    if (e is BallEventArgs) {
        BallEventArgs ballEventArgs = e as BallEventArgs;
        if ((ballEventArgs.Distance < 95) && (ballEventArgs.Trajectory < 60))
            CatchBall();
        else
            CoverFirstBase();
    }
}
```

Você adicionará estes métodos num minuto.

É hora de colocar o que você aprendeu até agora em prática. Sua tarefa é completar as classes `Ball` e `Pitcher`, acrescentar uma classe `Fan` e assegurar que todas trabalhem em conjunto numa versão bastante básica de um simulador de beisebol.

1 Complete a classe Pitcher.
Abaixo está o que já sabemos sobre `Pitcher`. Adicione os métodos `CatchBall()` e `CoverFirstBase()`. Ambos devem imprimir se o receptor pegou a bola ou correu para a primeira base.

```
class Pitcher {
    public Pitcher(Ball ball) {
        ball.BallInPlay += new EventHandler(ball_BallInPlay);
    }

    void ball_BallInPlay(object sender, EventArgs e) {
        if (e is BallEventArgs){
            BallEventArgs ballEventArgs = e as BallEventArgs;
            if ((ballEventArgs.Distance < 95) && (ballEventArgs.Trajectory < 60))
                CatchBall();
            else
                CoverFirstBase();
        }
    }
}
```

Você precisará implementar estes dois métodos para escrever uma linha no console.

2 Escreva uma classe Fan.
Crie outra classe chamada `Fan`. Ela deve ser capaz de se inscrever no evento `BallInPlay` no seu construtor. O manipulador de evento do torcedor deve ver se a distância é maior do que 400 pés (120 m), se a trajetória é maior do que 30 graus (um "home run") e pegar uma luva e tentar pegar a bola se for. Se não, ele deve gritar e torcer. Escreva o que o torcedor está fazendo no console.

Olhe a janela de saída na página da frente para ver exatamente o que deve ser impresso.

3 **Desenvolva um simulador bem simples.**
Crie um novo aplicativo. Ele deve ter dois controles `NumericUpDown`: um para a distância da bola, outro para sua trajetória. Adicione um botão, com o texto "Play ball" (Jogar a bola!). Quando ele for clicado, a bola será atingida com os valores nos dois `NumericUpDown`. Seu formulário deve parecer com este:

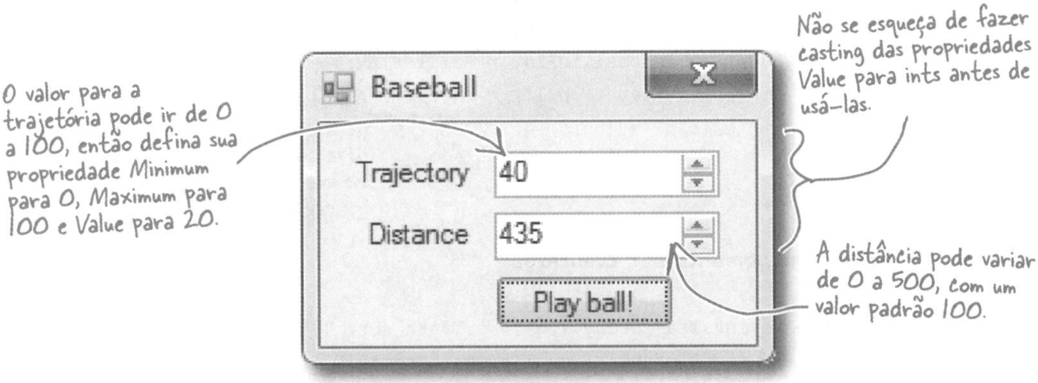

4 **Crie a seguinte saída.**
Veja se você consegue fazer seu simulador gerar esta saída com três bolas sucessivas colocadas em jogo. Escreva os valores usados para conseguir o resultado abaixo:

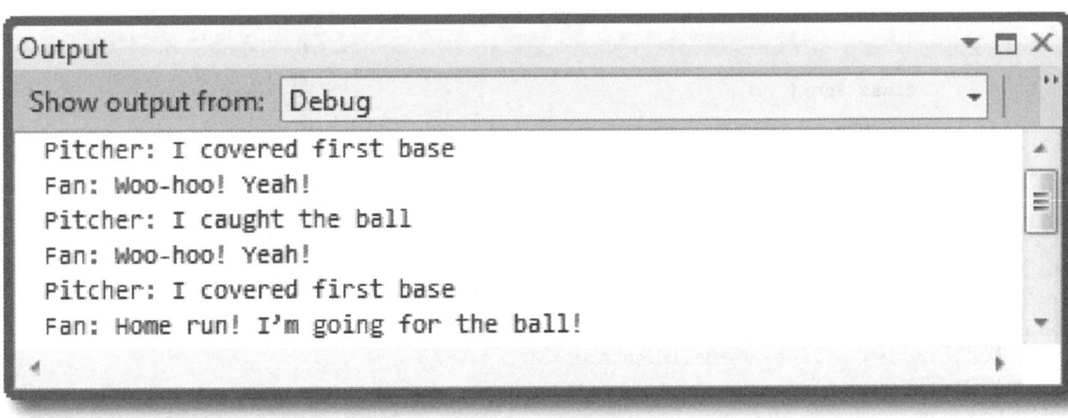

Bola 1:	**Bola 2:**	**Bola 3:**
Trajetória:	Trajetória:	Trajetória: ....
Distância:	Distância:	Distância: ....

Exercício Solução

É hora de colocar o que você aprendeu até agora em prática. Sua tarefa é completar as classes `Ball` e `Pitcher`, acrescentar uma classe Fan e assegurar que todas trabalhem em conjunto numa versão bastante básica de um simulador de beisebol.

```
class Ball
{
    public event EventHandler BallInPlay;
    public void OnBallInPlay(BallEventArgs e) {
        EventHandler ballInPlay = BallInPlay;
        if (ballInPlay != null)
            ballInPlay(this, e);
    }
}
```

O método OnBallInPlay() apenas gera o evento BallInPlay – mas, deve checar para ter certeza de que não é nulo, do contrário irá gerar uma exceção.

As propriedades de apenas leitura automáticas funcionam muito bem como argumentos de evento porque os manipuladores leem apenas os dados passados para elas.

```
class BallEventArgs : EventArgs
{
    public int Trajectory { get; private set; }
    public int Distance { get; private set; }
    public BallEventArgs(int trajectory, int distance)
    {
        this.Trajectory = trajectory;
        this.Distance = distance;
    }
}
```

O construtor do objeto Fan encadeia seu manipulador ao evento BallInPlay.

O manipulador de evento BallInPlay do torcedor procura qualquer bola que seja bem alta e longa.

```
class Fan {
    public Fan(Ball ball)
    {
        ball.BallInPlay += new EventHandler(ball_BallInPlay);
    }

    void ball_BallInPlay(object sender, EventArgs e)
    {
        if (e is BallEventArgs) {
            BallEventArgs ballEventArgs = e as BallEventArgs;
            if (ballEventArgs.Distance > 400 && ballEventArgs.Trajectory > 30)
                Console.WriteLine("Fan: Home run! I'm going for the ball!");
            else
                Console.WriteLine("Fan: Woo-hoo! Yeah!");
        }
    }
}
```

```
class Pitcher {
    public Pitcher(Ball ball) {
        ball.BallInPlay += new EventHandler(ball_BallInPlay);
    }

    void ball_BallInPlay(object sender, EventArgs e) {
        if (e is BallEventArgs) {
            BallEventArgs ballEventArgs = e as BallEventArgs;
            if ((ballEventArgs.Distance < 95) && (ballEventArgs.Trajectory < 60))
                CatchBall();
            else
                CoverFirstBase();
        }
    }

    private void CatchBall() {
        Console.WriteLine("Pitcher: I caught the ball");
    }

    private void CoverFirstBase() {
        Console.WriteLine("Pitcher: I covered first base");
    }
}
```

Você já tem o manipulador de evento BallInPlay do arremessador. Ela procura qualquer bola baixa.

```
public partial class Form1 : Form {
    Ball ball = new Ball();
    Pitcher pitcher;
    Fan fan;

    public Form1() {
        InitializeComponent();
        pitcher = new Pitcher(ball);
        fan = new Fan(ball);
    }

    private void playBallButton_Click(object sender, EventArgs e) {
        BallEventArgs ballEventArgs = new BallEventArgs(
            (int)trajectory.Value, (int)distance.Value);
        ball.OnBallInPlay(ballEventArgs);
    }
}
```

O formulário precisa de uma bola, um torcedor e um arremessador. Ele associa o torcedor e o arremessador à bola em seu construtor.

Quando o botão é clicado, o formulário diz ao arremessador para lançar a bola para o batedor, que diz à bola para inicializar seu evento BallInPlay, que chama os manipuladores de evento nos objetos Pitcher e Fan.

Aqui estão os valores usados para conseguir a saída. Seus números podem ser um pouco diferentes.

Bola 1:	**Bola 2:**	**Bola 3:**
Trajetória: 75	Trajetória: 48	Trajetória: 40
Distância: 105	Distância: 80	Distância: 435

EventHandlers genéricos permitem definir seus próprios tipos de evento

Veja a declaração de evento em sua classe `Ball`:

```
public event EventHandler BallInPlay;
```

Agora, veja a declaração do evento `Click` a partir de um botão, formulário e maioria dos outros controles que você vem usando:

```
public event EventHandler Click;
```

Notou algo? Têm nomes diferentes, mas são declarados exatamente do mesmo modo. E embora funcione bem, alguém vendo sua declaração de classe não sabe necessariamente que `BallEventHandler` sempre passará um BallEventArgs quando o evento for iniciado. Felizmente, o .NET fornece uma ótima ferramenta para comunicar essa informação muito facilmente: um `EventHandler` genérico. Mude o manipulador de evento `BallInPlay` de sua bola para que fique assim:

O argumento genérico para EventHandler tem que ser uma subclasse de EventArgs.

```
public event EventHandler<BallEventArgs> BallInPlay;
```

Você também precisará modificar o método OnBallInPlay para substituir `EventHandler` por `EventHandler<BallEventArgs>`. Agora, reconstrua seu código. Você deverá ver dois erros na janela Error List (Lista de Erros):

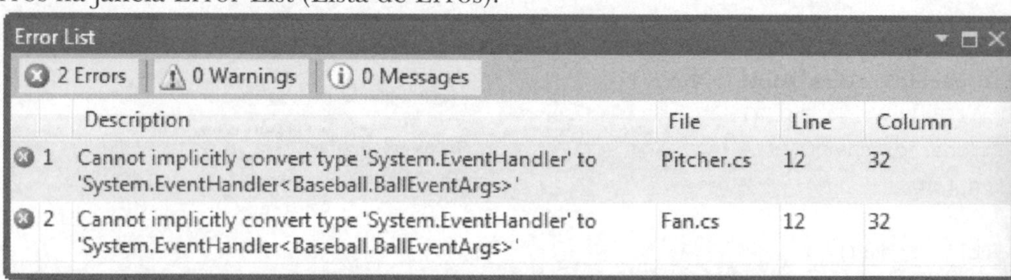

Error List

2 Errors | 0 Warnings | 0 Messages

	Description	File	Line	Column
1	Cannot implicitly convert type 'System.EventHandler' to 'System.EventHandler<Baseball.BallEventArgs>'	Pitcher.cs	12	32
2	Cannot implicitly convert type 'System.EventHandler' to 'System.EventHandler<Baseball.BallEventArgs>'	Fan.cs	12	32

Agora que você mudou a declaração do evento, suas classes `Pitcher` e `Fan` precisam ser atualizadas para que conectem os eventos passando o argumento genérico para EvenTHandler:

```
ball.BallInPlay += new EventHandler<BallEventArgs>(ball_BallInPlay);
```

Use a conversão implícita omitindo a palavra-chave new e o tipo de evento

Se você usar o IDE para criar automaticamente o método do manipulador de evento como fez há algumas páginas, ele sempre conterá a palavra-chave `new` seguida do tipo da sub-rotina de evento. Mas, se você omitir a palavra-chave new e o tipo da sub-rotina, o C# fará uma **conversão implícita** e descobrirá o tipo para você:

```
ball.BallInPlay += ball_BallInPlay;
```

Tente substituir o código nos construtores Pitcher e Fan pela linha acima. Quando você executar o programa, ele ainda funcionará bem.

Os formulários que você esteve desenvolvendo usam eventos

Toda vez que você criou um botão, clicou duas vezes nele no designer e escreveu um código para um método, tal como `button1_Click()`, esteve trabalhando com eventos.

Faça isto

1 Crie um novo projeto de aplicativo Windows. Vá para a janela Properties (Propriedades) do formulário. Lembra dos ícones no topo da janela? Clique no botão Events (Eventos – é aquele que tem um pequeno raio) para ativar **a página de eventos da janela Properties**:

Você pode ver todos os eventos para um controle: clique nele e, então, no botão de eventos na janela Properties.

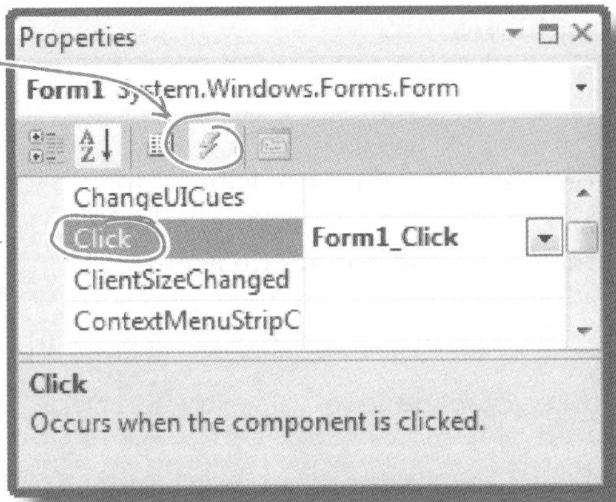

Você pode criar um evento que inicializará sempre que alguém clicar no formulário selecionando Form1_Click ao lado de Click na janela de eventos.

Pagine até Click e clique duas vezes na palavra "Click". Quando você fizer isso, o IDE adicionará um novo manipulador de evento ao seu formulário que será inicializado sempre que você clicar nele. Uma linha também será adicionada a Form1.Designer.cs para associar o manipulador ao evento.

2 Clique duas vezes na linha "Click" na página de eventos. O IDE automaticamente adicionará um método do manipulador ao seu formulário chamada `Form1_Click`. Acrescente a seguinte linha de código:

```
private void Form1_Click(object sender, EventArgs e) {
    MessageBox.Show("You just clicked on the form");
}
```

3 O Visual Studio fez mais do que simplesmente escrever uma pequena declaração de método para você. Também conectou o manipulador de eventos ao evento Click do objeto `Form`. Abra `Form1.Designer.cs` e use o recurso Quick Find Edit (busca rapida (Editar) >> Find and Replace >> Quick Find) no IDE para procurar o texto `Form1_Click` no projeto atual. Você encontrará esta linha de código:

```
this.Click += new System.EventHandler(this.Form1_Click);
```

Agora, execute o programa para ter certeza de que o código funciona!

Você não acabou ainda vire a página!

Um evento, diversos manipuladores

Eis algo bem útil que você pode fazer com os eventos: **encadeá-los** para que um único evento ou representante possa chamar muitos métodos, um depois do outro. Vamos adicionar alguns botões ao seu aplicativo e ver como isso funciona.

4 Adicione esses dois métodos ao seu formulário:

```
private void SaySomething(object sender, EventArgs e) {
    MessageBox.Show("Something");
}
private void SaySomethingElse(object sender, EventArgs e) {
    MessageBox.Show("Something else");
}
```

5 Agora, adicione dois botões ao seu formulário. Clique duas vezes em cada um deles para adicionar seu manipulador de eventos. Eis o código para as duas sub-rotinas de evento:

```
private void button1_Click(object sender, EventArgs e)
{
    this.Click += new EventHandler(SaySomething);
}
private void button2_Click(object sender, EventArgs e) {
    this.Click += new EventHandler(SaySomethingElse);
}
```

Antes de prosseguir, reserve um minuto e pense sobre o que os dois botões fazem. Cada botão **conecta um novo manipulador de eventos ao evento Click do formulário**. Nos três primeiros passos, você usou o IDE para adicionar um manipulador de eventos como sempre para abrir uma caixa de mensagem sempre que o formulário inicializa seu evento Click – acrescentou o código a `Form1.Designer.cs` que usava o operador += para conectar sua sub-rotina de evento. Agora, você adicionou dois botões que usam a mesma sintaxe para encadear manipuladores de evento adicionais ao mesmo evento Click. Portanto, **antes de prosseguir**, tente adivinhar o que acontecerá se você executar o programa, clique no primeiro botão, então clique no segundo, depois clique no formulário. Você pode descobrir isto antes de executar o programa?

Não existem Perguntas Idiotas

P: Quando eu adicionei um novo manipulador de eventos ao objeto Pitcher, por que o IDE gerou uma exceção?

R: Ele adicionou um código para gerar NotImplementedException para lembrá-lo que você ainda precisa implementar o código lá. Esta é uma exceção realmente útil, pois você pode usá-la como um recipiente, exatamente como o IDE fez. Por exemplo, você geralmente usará isto quando precisar desenvolver o esqueleto de uma classe, mas não deseja preencher todo o código ainda. Assim, se seu programa gerar essa exceção, você saberá que é porque ainda precisa terminar o código e não porque seu programa está com problemas.

Veja bem!

Os manipuladores de evento sempre precisam ser "conectadas".

*Se você arrastar um botão para seu formulário e adicionar um método `button1_Click()` com os parâmetros corretos, mas que **não esteja registrado para atender o botão**, o método nunca será chamado. Clique duas vezes no botão no designer – o IDE verá que o nome padrão da sub-rotina já foi usado, então adicionará outra com o nome `button1_Click_1()`.*

Agora execute seu programa e faça o seguinte:

★ **Clique no formulário** – você verá uma caixa de mensagem dizendo: "You just clicked on the form" (Você acabou de clicar no formulário).

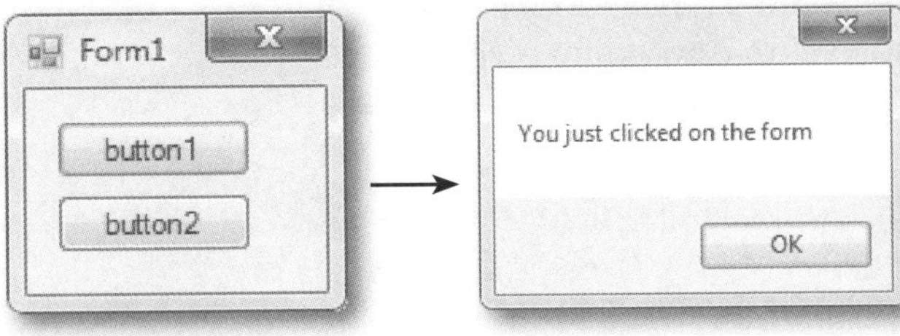

Exatamente o que você esperava – o manipulador do evento Click do formulário abre uma caixa de mensagem.

★ Agora **clique em button1** e depois, **no formulário de novo**. Você verá duas caixas mostrando: "You just clicked on the form" e, então, "Something" (Alguma coisa).

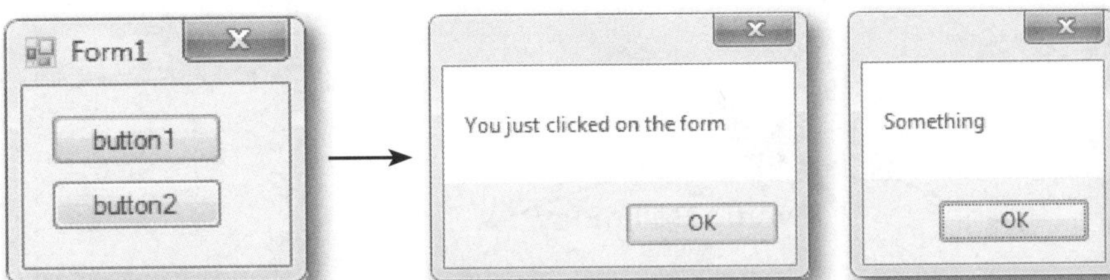

Mas, sempre que você clica em um botão, ele faz com que outra caixa de mensagem seja aberta na próxima vez em que você clicar no formulário!

★ **Clique em button2 duas vezes** e **no formulário de novo**. Você verá quatro caixas: "You just clicked on the form", "Something", "Something else" (Outra coisa) e "Something else" novamente.

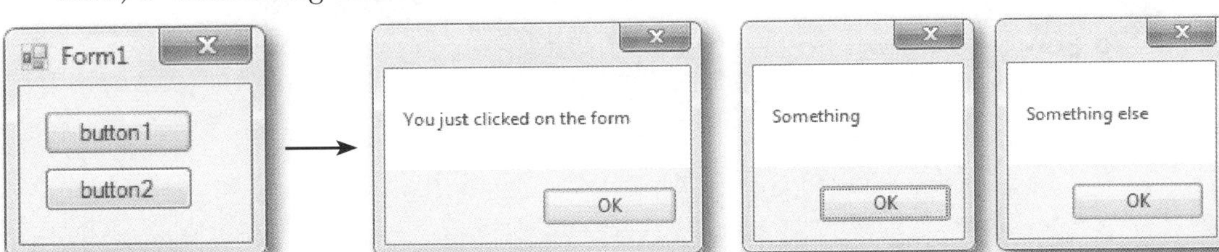

O que aconteceu?

Toda vez que você clicou em um dos botões, encadeou outro método – seja `Something()` ou `SomethingElse()` – ao evento `Click` do formulário. Você pode continuar clicando neles e continuará **encadeando os mesmos métodos** ao evento. Não importa quantos métodos estejam encadeados, nem se os mesmos métodos aparecem mais de uma vez na cadeia. Ele chamará todos cada vez que o evento iniciar, um depois do outro e na ordem em que foram adicionados.

Quando você clica nestes botões, eles encadeiam manipuladores de eventos diferentes no evento Click do formulário.

Isto significa que você não verá nada quando clicar nos botões! Você precisará clicar no formulário, pois os botões mudam o comportamento do formulário modificando seu evento Click.

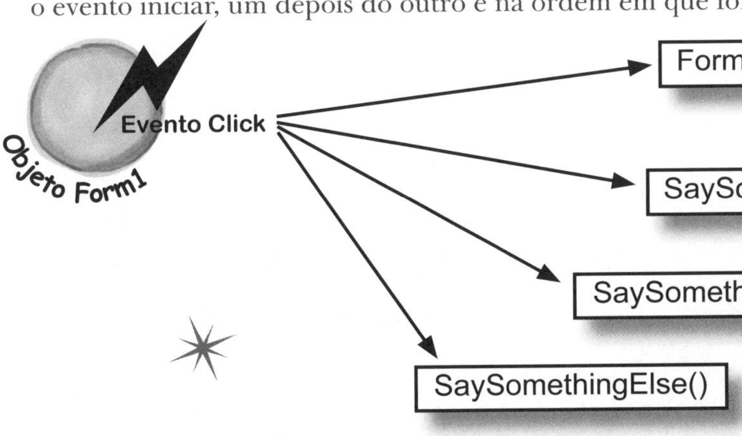

O mesmo método pode ser encadeado a um evento mais de uma vez.

Conectando emissores de eventos com receptores de eventos

Uma das coisas mais complicadas a respeito dos eventos é que o **emissor** do evento deve saber o tipo de evento a enviar – incluindo os argumentos a passar. E o **receptor** do evento deve saber a respeito do tipo de retorno e dos argumentos que seus métodos da sub-rotina devem usar.

Mas – e aí é que está a parte complicada – você não pode *unir* o emissor e o receptor. Você quer que o emissor envie o evento e *não se preocupe com quem o recebe*. E o receptor deve preocupar-se com o evento, *não com o objeto que o gerou*. Assim, tanto o emissor quanto o receptor concentram-se no evento, não um no outro.

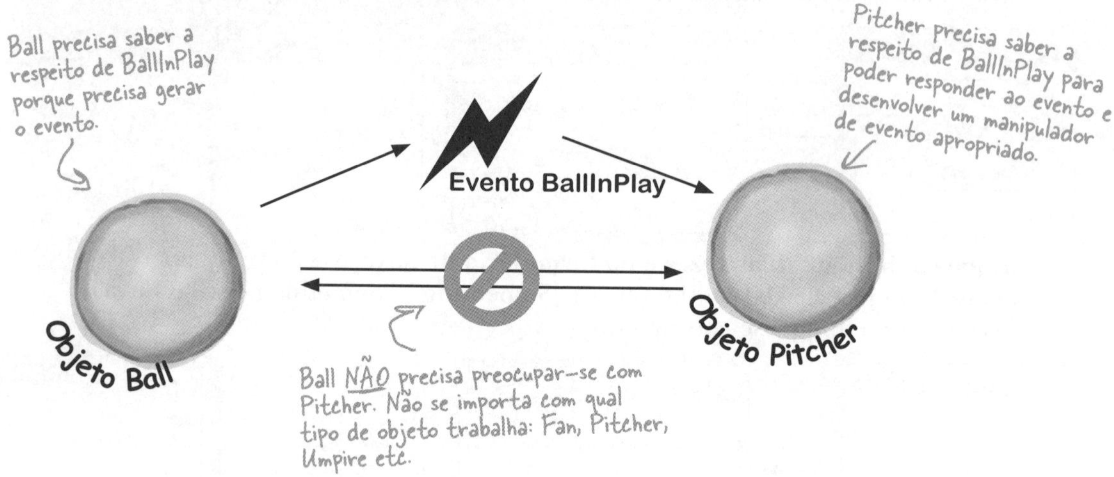

"Meu pessoal entrará em contato com o seu".

Você sabe o que o código seguinte faz:

```
Ball currentBall;
```

Ele cria uma **variável de referência** que aponta para um objeto `Ball`. Não está associada a `Ball`. Em vez disto, pode apontar para qualquer objeto ball – ou pode ser null e não apontar para nada.

Um evento precisa de um tipo de referência similar – exceto que, em vez de apontar para um objeto, precisa de um que **aponte para um método**. Todo evento precisa controlar uma lista de métodos inscritos nele. Você já viu que eles podem estar em outras classes e até ser privados. Então, como ele controla a lista de todos os métodos da sub-rotina de eventos que precisa chamar? Usa algo chamado **representante**.

> re-pre-sen-tan-te, substantivo.
>
> Pessoa autorizada ou enviada para representar outras. *O presidente enviou um **representante** ao encontro.*

Um representante COLOCA-SE NO LUGAR de um método real

Um dos aspectos mais úteis dos eventos é que quando eles são inicializados, **não sabem** de quem são os métodos do manipulador de eventos que estão chamando. Qualquer um inscrito num evento tem seu manipulador de eventos chamado. Como o evento consegue fazer isso?

Quando você cria um representante, tudo a fazer é especificar a assinatura dos métodos para os quais ele pode apontar.

Ele usa um tipo do C# chamado **representante**. Um representante é um tipo especial de referência que deixa você se **referir a um método dentro de uma classe**... e os representantes são a base dos eventos.

Você já esteve usando representantes neste capítulo! Quando criou o evento `BallInPlay`, usou `EventHandler`. Bem, `EventHandler` é apenas um representante. Se você clicar com o botão nele no IDE e selecionar "Go to definition" (Ir para definição), isto é o que você verá (teste para ver):

Então, este representante pode ser usado para se referir a qualquer método que tenha um objeto e um EventArgs, e não tenha nenhum valor de retorno.

```
public delegate void EventHandler(object sender, EventArgs e);
```

Isto especifica o valor de retorno da assinatura do representante – ou seja, um EventHandler só pode apontar para os métodos com valores de retorno void.

O nome deste representante é EventHandler.

Faça isto

Um representante adiciona um novo tipo ao seu projeto

Quando você adiciona um representante a seu projeto, está adicionando um **tipo de representante**. E quando você o usa para criar um campo ou variável, está criando uma **instância** do tipo de representante. **Então, crie um novo projeto de aplicativo do console**. Depois, adicione um novo arquivo de classe ao projeto chamado `ConvertsIntToString.cs`. Mas, em vez de colocar uma classe dentro dele, adicione uma única linha:

```
delegate string ConvertsIntToString(int i);
```

ConvertsIntToString é um tipo de representante que você adicionou ao seu projeto. Agora, você pode usá-lo para declarar as variáveis. Isto é como você pode usar uma classe ou uma interface como um tipo para definir as variáveis.

Em seguida, adicione um método chamado `HiThere()` à sua classe `Program`:

```
private static string HiThere(int i)
{
    return "Hi there! #" + (i * 100);
}
```

A assinatura deste método coincide com ReturnsAString.

Finalmente, preencha o método `Main()`:

```
static void Main(string[] args)
{
    ConvertsIntToString someMethod = new ConvertsIntToString(HiThere);
    string message = someMethod(5);
    Console.WriteLine(message);
    Console.ReadKey();
}
```

someMethod é uma variável cujo tipo é ConvertsIntToString. É muito parecida com uma variável de referência, exceto que ao invés de colocar uma etiqueta em um objeto no heap, você está colocando uma etiqueta em um método.

Você pode definir someMethod exatamente como qualquer outra variável. Quando você a chama como um método, ela chama qualquer método para o qual aponta.

A variável `someMethod` está apontando para o método `HiThere()`. Quando seu programa chama `someMethod(5)`, chama `HiThere()` e passa o argumento 5, que faz com que retorne o valor de string "`Hi There! #500`" – exatamente como se fosse chamada diretamente. Reserve um minuto e percorra o programa no depurador para ver o que está acontecendo.

Representantes em ação

Não há nada de misterioso sobre os representantes – de fato, não se emprega muito código para usá-los. Vamos utilizá-los para ajudar um dono de restaurante a ordenar os ingredientes secretos de seu famoso chefe de cozinha.

Faça isto

1. **Crie um novo projeto Windows e adicione um representante**
Os representantes geralmente aparecem fora de qualquer outra classe, então adicione um novo arquivo de classe ao seu projeto e chame-o de `GetSecretIngredient.cs`. Ele terá uma única linha de código:

```
delegate string GetSecretIngredient(int amount);
```

(Apague inteiramente a declaração da classe). Esse representante pode ser usado para criar uma variável que pode apontar para qualquer método com um parâmetro `int` e retornar uma string.

2. **Adicione uma classe para a primeira chef, Suzanne**
`Suzanne.cs` manterá uma classe que controla o ingrediente secreto da primeira chef. Terá um método privado chamado `SuzannesSecretIngredient()` com uma assinatura que coincide com `GetSecretIngredient`. Mas, ela também tem uma propriedade de somente leitura – e verifica o tipo dessa propriedade. Retorna um `GetSecretIngredient`. Assim, os outros objetos podem usar essa propriedade para conseguir uma referência para seu método `SuzannesIngredientList()`.

```
class Suzanne {
  public GetSecretIngredient MySecretIngredientMethod {
    get {
      return new GetSecretIngredient(SuzannesSecretIngredient);
    }
  }
  private string SuzannesSecretIngredient(int amount) {
    return amount.ToString() + " ounces of cloves";
  }
}
```

O método do ingrediente secreto de Suzanne tem um int chamado amount e retorna uma string que descreve o ingrediente secreto.

A propriedade GetSecretIngredient de Amy retorna uma nova instância do representante GetSecretIngredient que aponta para o seu método de ingrediente secreto.

3. **Então, adicione uma classe para a segunda chef, Amy**
O método de Amy funciona de forma muito semelhante ao de Suzanne:

```
class Amy {
    public GetSecretIngredient AmysSecretIngredientMethod {
        get {
            return new GetSecretIngredient(AmysSecretIngredient);
        }
    }
    private string AmysSecretIngredient(int amount) {
        if (amount < 10)
            return amount.ToString()
                      + " cans of sardines -- you need more!";
        else
            return amount.ToString() + " cans of sardines";
    }
}
```

O método do ingrediente secreto de Amy também tem um int chamado amount e retorna uma string, mas algo diferente do de Suzanne.

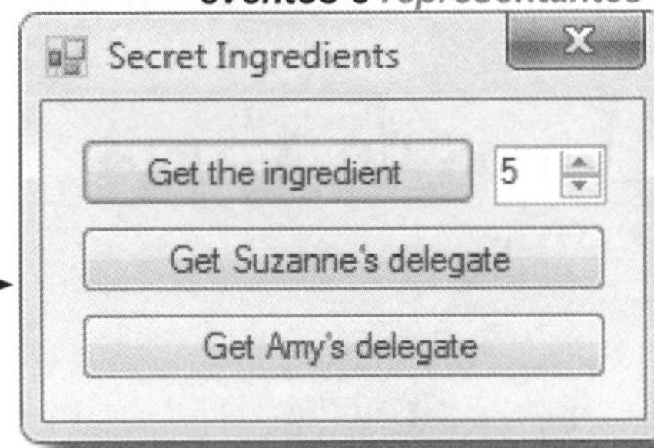

4 **Crie um novo projeto Windows adicione um representante**

Desenvolva este formulário.
Eis o código para ele:

```
GetSecretIngredient ingredientMethod =
null;
Suzanne suzanne = new Suzanne();
Amy amy = new Amy();

private void useIngredient_Click(object sender, EventArgs e) {
    if (ingredientMethod != null)
        Console.WriteLine("I'll add " + ingredientMethod((int)amount.
Value));
    else
        Console.WriteLine("I don't have a secret ingredient!");
}

private void getSuzanne_Click(object sender, EventArgs e) {
    ingredientMethod = new GetSecretIngredient(suzanne.
MySecretIngredientMethod);
}

private void getAmy_Click(object sender, EventArgs e) {
    ingredientMethod = new GetSecretIngredient(amy.
AmysSecretIngredientMethod);
```

5 **Use o depurador para ver como os representantes funcionam**

Você tem uma ótima ferramenta – o depurador do IDE – que realmente ajuda a perceber como os representantes funcionam. Faça o seguinte:

- ★ Comece executando seu programa. Primeiro, clique no botão "Get the ingredient" (Obter o ingrediente) – ele deve escrever uma linha no console que diz: "I don't have a secret ingredient" (Não tenho um ingrediente secreto).
- ★ Clique no botão "Get Suzanne's delegate" (Obter o representante de Suzanne) – isso obtém o campo `ingredientMethod` do formulário (que é um representante `GetSecretIngredient`) – e define-o para ser igual qualquer coisa que a propriedade `GetSecretIngredient` de Suzanne retorna. Essa propriedade retorna uma nova instância do tipo `GetSecretIngredient` que está apontando para o método `SuzanneSecretIngredient()`.
- ★ Clique novamente no botão «Get the ingredient». Agora que o campo `ingredientMethod` do formulário está apontando para `SuzanneSecretIngredient()`, ele chama isto, passando o valor no controle `numericUpDown` (certifique-se de que seja nomeado como **amount**) e escrevendo sua saída no console.
- ★ Clique no botão "Get Amy's delegate" (Obter o representante de Amy). Ele usa a propriedade `Amy.GetSecretIngredient` para definir o campo `ingredientMethod` do formulário para apontar para o método `AmySecretIngredient()`.
- ★ Clique no botão "Get the ingredient" mais uma vez. Agora, ele chamará o método de Amy.
- ★ Agora, **use o depurador** para ver exatamente o que está acontecendo. Coloque um ponto de interrupção na primeira linha de cada um dos três métodos no formulário. Então, **reinicie o programa** (o que redefinirá `ingredientMethod` de forma que ele seja novamente igual a null) e comece de novo com os cinco passos acima. Use o recurso Step Into (F11) do depurador para percorrer cada linha de código. Observe o que acontece quando você clica o botão "Get the ingredient". Ele vai diretamente para as classes `Suzanne` e `Amy`, dependendo de para qual método o campo `ingredientMethod` está apontando.

Jogos de Verão

Sua ***tarefa*** é pegar os fragmentos de código da piscina e colocá-los nas lacunas no código. Você pode usar o mesmo fragmento mais de uma vez e não precisará usar todos eles. Seu ***objetivo*** é completar o código de um formulário para que ele escreva esta saída no console quando seu botão **button1** for clicado.

Saída

Fingers is coming to get you!
(Dedinhos está vindo para te pegar!)

```
public Form1() {
    InitializeComponent();
    this.______ += new EventHandler(Minivan);
    this.______ += new EventHandler(____________);
}
void Towtruck(object sender, EventArgs e) {
    Console.Write("is coming ");
}
void Motorcycle(object sender, EventArgs e) {
    button1.______ += new EventHandler(____________);
}
void Bicycle(object sender, EventArgs e) {
    Console.WriteLine("to get you!");
}
void ____________(object sender, EventArgs e) {
    button1.______ += new EventHandler(Dumptruck);
    button1.______ += new EventHandler(____________);
}
void ____________(object sender, EventArgs e) {
    Console.Write("Fingers ");
}
```

Nota: Cada coisa na piscina pode ser usada mais de uma vez

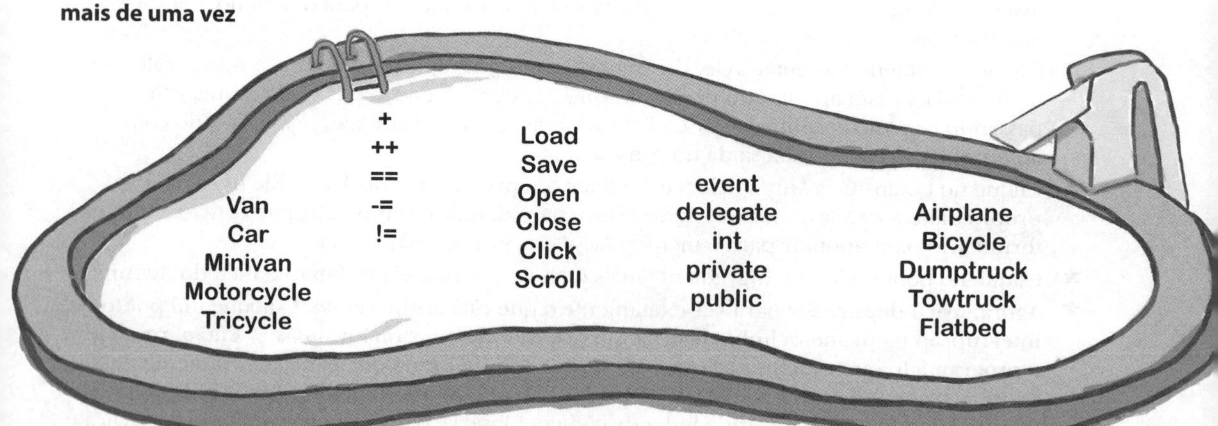

Um objeto pode assinar um evento...

Suponha que adicionamos uma nova classe ao nosso simulador, uma classe `Bat`, e ela adiciona um evento `HitTheBall`. Eis como funciona: se o simulador detectar que o jogador atingiu a bola, ele chamará o método `OnHitTheBall()` de `Bat`, que gera um evento `HitTheBall`.

Então, agora, podemos adicionar um método `bat_HitTheBall` à classe `Ball` que se inscreve no evento `HitTheBall` do objeto `Bat`. Assim, quando a bola for atingida, seu próprio manipulador de eventos chamará seu método `OnBallInPlay()` para gerar seu próprio evento, `BallInPlay`, e a reação em cadeia começará. Jogadores jogam, torcedores torcem, juízes gritam... temos um jogo de bola.

Agora, seu manipulador eventos pode pegar informações sobre quão forte foi o deslocamento do taco, determinar a distância e a trajetória, e gerar um evento BallInPlay.

O simulador detecta que o taco colidiu com a bola, então chama o método OnHitTheBall() do objeto taco.

Ball se inscreveu no evento HitTheBall.

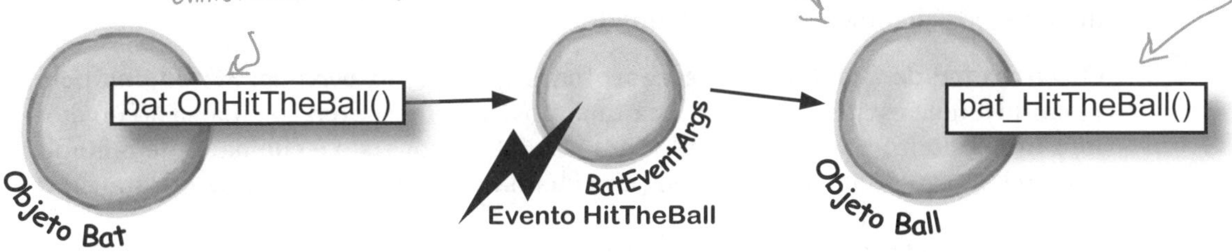

...mas isso nem sempre é algo bom!

Só há uma única bola em jogo a cada momento. Mas, se o objeto Bat usar um evento para informar à bola que ela foi atingida, qualquer objeto Ball poderá inscrever-se. Isto significa que acabamos colocando-nos no meio de um erro chato - o que acontece se um programador distraído acidentalmente adicionar mais três objetos Ball? O batedor girará o taco, acertará e **quatro bolas diferentes voarão**!

Opa! Essas bolas deveriam estar de reserva para o caso da primeira ser jogada para fora do estádio.

Mas, um programador distraído inscreveu as quatro no evento HitTheBall do taco... então, quando o taco acerta a bola atirada pelo arremessador, todas as quatro voam pelo campo!

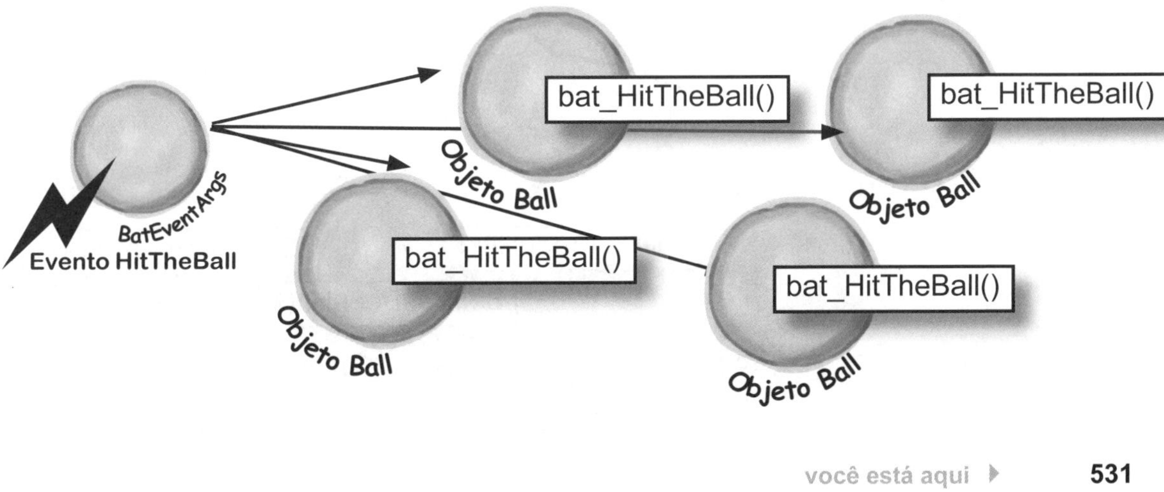

Use um callback para controlar quem atende

Nosso sistema de eventos só funcionará se tivermos um `Ball` e um `Bat`. Se você tiver vários objetos `Ball` e todos se inscreverem no evento público `HitTheBall`, todos sairão voando quando o evento for gerado. Mas isso não faz nenhum sentido... apenas um único objeto `Ball` foi atingido. Precisamos permitir que uma bola, que está sendo lançada, se associe ao taco, mas de uma forma que não permita que as outras bolas façam o mesmo.

É onde é um **callback** é útil. É uma técnica que você pode usar com os representantes. Ao invés de expor um evento no qual qualquer pessoa pode inscrever-se, um objeto usa um método (geralmente um construtor) que tem um representante como um argumento e mantém esse representante em um campo privado. Usaremos um callback para assegurar que Bat notifique exatamente um `Ball`:

1. **Bat manterá seu campo representante privado**
   A forma mais fácil de impedir os objetos `Ball` errados de se encadearem no representante de `Bat` é mantê-los privados. Dessa forma, ele tem controle sobre qual método do objeto `Ball` é chamado.

2. **O construtor de Bat tem um representante que aponta para um método na bola**
   Quando a bola está em jogo, ela cria uma nova instância do taco e passa ao objeto `Bat` um ponteiro para seu método `OnBallInPlay()`. Isto é chamado de **método callback** porque `Bat` vai utilizá-lo para chamar de volta o objeto que o instanciou.

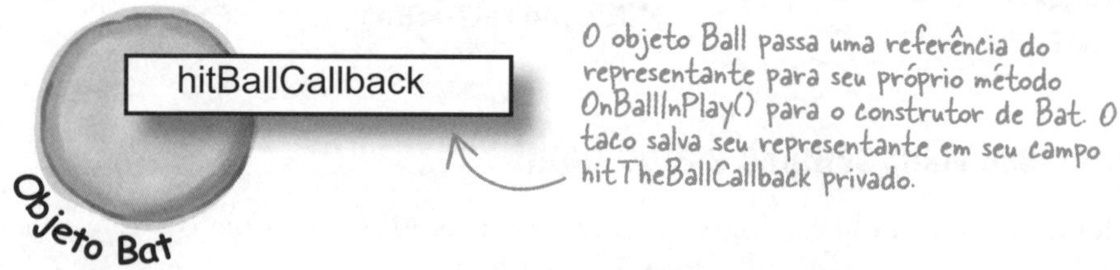

3. **Quando o taco acerta a bola, ele chama o método callback**
   Mas, uma vez que o taco mantém seu representante privado, ele pode ter uma certeza de 100% de que outras bolas não foram atingidas. Isso resolve o problema!

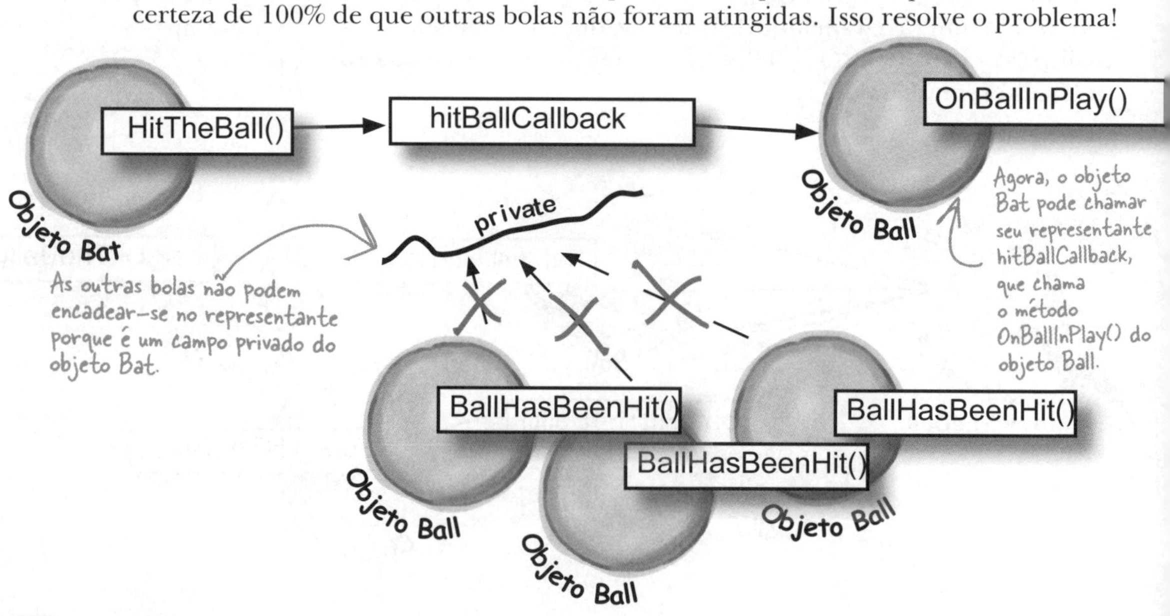

O caso do Crustáceo Dourado

tério de cinco
utos

Henry "flat foot" Hodgkins é um `TreasureHunter` (caçador de tesouros). Ele está na trilha de uma das mais valiosas posses no raro e exótico mercado de joias de tema marinho: um caranguejo dourado incrustado com jade. Assim como muitos outros `TreasureHunters`. Todos eles têm uma referência para o mesmo caranguejo em seu construtor, mas Henry quer pegar o prêmio ***antes***.

Em um conjunto de diagramas de classe roubado, Henry descobriu que a classe `GoldenCrab` gera um evento `RunForCover` toda vez que alguém tenta chegar perto. Ainda melhor, o evento inclui `NewLocationArgs`, com detalhes a respeito da rota do caranguejo. Como nenhum dos outros caçadores de tesouro sabe sobre o evento, Henry imagina que pode ficar rico.

Ele adiciona código ao seu construtor para registrar seu método `treasure_RunForCover()` como um novo manipulador de eventos para o evento `RunForCover`, na referência do caranguejo que ele possui. Então, ele envia um capanga de má reputação atrás do caranguejo, sabendo que isso vai fazê-lo fugir, esconder-se e gerar o evento `RunForCover` – o que dá ao método `treasure_RunForCover()` de Henry toda a informação necessária.

Tudo corre como planejado, até que Henry chega à nova posição e corre para agarrar o caranguejo. Ele fica espantado ao ver que três outros `TreasureHunters` estão lá, brigando pelo caranguejo.

Como os outros caçadores de tesouro chegaram na frente de Henry?

Respostas na página 537.

Solução dos Jogos de Verão

```
public Form1() {
    InitializeComponent();
    this.Load += new EventHandler(Minivan);
    this.Load += new EventHandler(Motorcycle);
}
void Towtruck(object sender, EventArgs e) {
    Console.Write("is coming ");
}
void Motorcycle(object sender, EventArgs e) {
    button1.Click += new EventHandler(Bicycle);
}
void Bicycle(object sender, EventArgs e) {
    Console.WriteLine("to get you!");
}
void Minivan(object sender, EventArgs e) {
    button1.Click += new EventHandler(Dumptruck);
    button1.Click += new EventHandler(Towtruck);
}
void Dumptruck(object sender, EventArgs e) {
    Console.Write("Fingers ");
}
```

O construtor encadeia dois manipuladores de evento nos eventos load. Eles são chamados assim que o formulário é carregado.

Os dois manipuladores do evento Load associam três sub-rotinas separadas à sub-rotina Click do botão.

Quando o botão é clicado, ele chama três manipuladores de evento que estão encadeadas.

Callback é apenas um modo de usar representantes

Um callback é uma **forma diferente de usar um representante**. Não é uma nova palavra-chave ou operador. Apenas descreve um **padrão** – uma maneira de usar representantes em suas classes de forma que um objeto possa dizer a outro: "Notifique-me quando isso acontecer – se não houver problemas!".

Faça isso

① **Defina outro representante em seu projeto de beisebol**

Uma vez que Bat terá um campo representante privado que aponta para o método OnBallInPlay() do objeto Ball, precisaremos de um representante que coincida com sua assinatura:

```
delegate void BatCallback(BallEventArgs e);
```

Os representantes nem sempre precisam estar em seus próprios arquivos. Tente colocar este no mesmo arquivo de Bat.

O callback do objeto Bat apontará para o método OnBallInPlay() do objeto Ball, assim o representante do callback precisa coincidir com a assinatura de OnBallInPlay() – logo, ele precisa ter um parâmetro BallEventArgs e um valor de retorno void.

② **Adicione a classe Bat ao projeto**

A classe Bat é simples. Ela tem o método HitTheBall() que o simulador chamará quando uma bola for atingida. Esse método usa o representante hitBallCallback() para chamar o método OnBallInPlay() da bola (ou o que quer que tenha sido passado em seu construtor).

```
class Bat {
    private BatCallback hitBallCallback;
    public Bat(BatCallback callbackDelegate) {
        this.hitBallCallback = new BatCallback(callbackDelegate);
    }
    public void HitTheBall(BallEventArgs e) {
        if (hitBallCallback != null)
            hitBallCallback(e);
    }
}
```

Verifique cada representante para ter certeza de que ele não é nulo, senão uma exceção de referência nula poderá ser gerada.

Usamos = no lugar de += porque neste caso, queremos apenas que um taco atenda a qualquer bola, portanto, esse representante só é definido uma vez. Mas, nada o impede de escrever um callback que use += para chamar de volta diversos métodos. O motivo do callback é que o objeto que faz a chamada está <u>no controle de quem está atendendo</u>. Em um evento, os outros objetos pedem que sejam notificados adicionando sub-rotinas de evento. Em um callback, os outros objetos simplesmente modificam seus representantes e pedem educadamente para serem notificados.

③ **Precisamos associar o taco à bola**

Como o construtor de Bat consegue uma referência para o método OnBallInPlay() de uma bola em particular? Fácil: Basta chamar o método GetNewBat() do objeto Ball, que você deverá adicionara Ball:

```
public Bat GetNewBat()
{
    return new Bat(new BatCallback(OnBallInPlay));
}
```

Definimos o callback no construtor do objeto Bat. Mas, em alguns casos, fará mais sentido configurar o método de callback usando um método público ou o acessador set da propriedade.

O método GetNewBat() cria um novo objeto Bat e usa o representante BatCallBack para passar uma referência para seu próprio método OnBallInPlay() para o novo taco. Esse será o método de callback que o taco usará quando atingir a bola.

④ Agora, podemos encapsular a classe `Ball` um pouco melhor

Não é comum para um dos métodos `On...`, que geram um evento, ser público. Você pode ver por si mesmo – vá para o formulário e tente chamar o método `OnClick()` do botão `playBall`. Você não poderá fazer isso porque ele é `protected` (portanto, uma subclasse pode anulá-lo). Então, vamos seguir esse padrão com nossa bola também, deixando seu método `OnBallInPlay()` protegido:

```
protected void OnBallInPlay(BallEventArgs e) {
    EventHandler<BallEventArgs> ballInPlay = BallInPlay;
    if (ballInPlay != null)
        ballInPlay(this, e);
}
```

Este é um **padrão realmente comum** que você verá muitas vezes enquanto estiver trabalhando com as classes do .NET. Quando uma delas tem um evento que é inicializado, quase sempre você encontrará um método protegido que inicia com "On".

⑤ Tudo a fazer agora é associar o formulário

O formulário não pode mais chamar o método `OnBallInPlay()` do objeto `Ball` – que é exatamente o nosso desejo. É por isso que configuramos o método `Ball.GetNewBat()`. Agora, o formulário precisa pedir a `Ball` um novo taco para poder atingi-la. E quando fizer isso, o objeto `Ball` se certificará de que seu método `OnBallInPlay()` esteja associado ao callback do taco.

```
private void playBallButton_Click(object sender, EventArgs e)
{
    Bat bat = ball.GetNewBat();
    BallEventArgs ballEventArgs = new BallEventArgs(
        (int)trajectory.Value, (int)distance.Value);
    bat.HitTheBall(ballEventArgs);
}
```

Se o formulário (ou o simulador) quiser atingir um objeto Ball, precisará obter um novo objeto Bat dessa bola. A bola se certificará de que o callback esteja associado ao taco. Agora, quando o formulário chamar o método HitTheBall() do taco, chamará o método OnBallInPlay() da bola, que inicializa seu evento BallInPlay.

Agora, **execute o programa** – ele deve funcionar exatamente como antes. Mas, agora, ele está **protegido** contra qualquer problema que poderia ser causado por mais de uma bola atendendo ao mesmo evento.

Mas, não precisa aceitar nossa palavra – use o depurador!

PONTOS DE BALA

- Quando você adiciona um representante ao seu projeto, está **criando um novo tipo** que armazena referências para os métodos.
- Os eventos usam representantes para notificar os objetos que ocorreram ações.
- Os objetos se inscreverão no evento de um objeto se quiserem reagir a alguma coisa ocorrida nesse objeto.
- `EventHandler` é um tipo de representante muito comum quando você trabalha com eventos.
- Você pode encadear muitas sub-rotinas de evento num evento. É por isso que você usa += para fazer tal coisa.
- Sempre cheque se um evento ou representante não é nulo antes de usá-lo para evitar um `NullReferenceException`.
- Todos os controles na caixa de ferramentas usam eventos para fazer as coisas acontecerem em seus programas.
- Quando um objeto passa uma referência de um método para outro objeto para que ele – e somente ele – possa retornar informações, isso é chamado de callback.
- Os eventos permitem a qualquer método se inscrever anonimamente nos eventos de seu objeto, enquanto que os callbacks permitem aos seus objetos exercerem mais controle sobre quais representantes são aceitáveis.
- Tanto os callbacks quanto os eventos usam representantes para se referirem e chamarem outros objetos.
- O depurador é uma ferramenta realmente útil para ajudar a entender como os eventos, representantes e callbacks funcionam. Aproveite isso!

Não existem Perguntas Idiotas

P: Como os callbacks diferem dos eventos?

R: Os eventos e os representantes são parte do .NET. São um modo de um objeto avisar aos demais que algo específico ocorreu. Quando um objeto publica um evento, qualquer quantidade de outros objetos pode inscrever-se sem que o objeto que publica saiba ou se importe. Quando um objeto inicializa um evento, se por acaso alguém estiver inscrito, então ele chamará cada uma de suas sub-rotinas de evento.

Os callbacks não são parte do .NET – em vez disto, "callback" é apenas um nome para o modo como usamos os representantes (ou eventos – nada o impede de usar um evento privado para desenvolver um callback). Um callback é apenas uma relação entre duas classes, onde um objeto pede que seja notificado. Compare isto com um evento, onde um objeto **requer** que seja notificado sobre o evento.

P: Então, um callback não é, na realidade, um tipo nativo no .NET?

R: Não. Um callback é um **padrão** – é apenas uma nova forma de usar os tipos existentes, palavras-chave e ferramentas do C#. Volte e olhe o código do callback que acabou de escrever para Bat e Ball. Você viu alguma palavra-chave nova que não usamos antes? Não! Mas ele usa um representante, que **é** um tipo .NET.

Acaba que há muitos padrões que você pode usar. De fato, existe uma área inteira da programação chamada ***padrões de projeto***. Há muitos problemas que você encontrará e que já foram resolvidos no passado, e os que aparecem com muita frequência têm seus próprios padrões de projeto que você pode aproveitar.

Veja o "Use a Cabeça! Padrões de Projeto" no site Web dos Laboratórios Use a Cabeça!. É uma ótima forma de aprender sobre os diferentes padrões aplicáveis aos seus programas.

www.headfirstlabs.com/books/hfdp/

P: Então, os callbacks são apenas eventos privados?

R: Não exatamente. É fácil pensar assim, mas os eventos privados são uma criatura totalmente diferente. Lembra o que o modificador de acesso private realmente significa? Quando você marca um membro de uma classe como private, apenas as instâncias da mesma classe podem acessá-la. Então, se você marcar um evento como private, outras instâncias da mesma classe poderão inscrever-se nela. Isso é diferente de um callback porque ainda envolve um ou mais objetos anonimamente se inscrevendo num evento.

P: Mas, parece exatamente com um evento, exceto pela palavra-chave event, certo?

R: O motivo pelo qual um callback parece tanto com um evento é que ambos usam **representantes**. E isso faz sentido, já que esses representantes são a ferramenta do C# que permite a um objeto passar para outro uma referência de um de seus métodos.

Mas, a grande diferença entre os eventos normais e os callbacks é que um evento é uma forma de uma classe publicar para o mundo que algo específico ocorreu. Um callback, por outro lado, nunca é público. Ele é privado e o método que faz a chamada mantém um controle estrito sobre quem ele está chamando.

O primeiro padrão que você verá é chamado de padrão "Observer" (Observador) (ou Publisher-Subscriber – Publicador-Assinante) e ele deve parecer bastante familiar. Um objeto publica informação e os outros objetos se inscrevem para obtê-la. Hummm...

O caso do Crustáceo Dourado

Como os outros caçadores de tesouro chegaram antes de Henry?

O cerne do mistério reside na forma como o caçador de tesouro busca sua presa. Mas, primeiro, precisaremos ver exatamente o que Henry achou nos diagramas roubados.

Num conjunto de diagramas de classe roubado, Henry descobre que a classe GoldenCrab gera um evento RunForCover toda vez que alguém tenta chegar. Ainda melhor, o evento inclui NewLocationArgs, com detalhes a respeito da rota do caranguejo. Mas, nenhum dos outros caçadores de tesouro sabe sobre o evento, então Henry imagina que pode ficar rico.

```
class GoldenCrab {
    public delegate void Escape(NewLocationArgs e);
    public event Escape RunForCover;
    public void SomeonesNearby() {
        NewLocationArgs e = new NewLocationArgs("Under the rock");
        RunForCover(e);
    }
}
class NewLocationArgs {
    public NewLocationArgs(HidingPlace newLocation) {
        this.newLocation = newLocation;
    }
    private HidingPlace newLocation;
    public HidingPlace NewLocation { get { return newLocation; } }
}
```

Quando alguém se aproxima do caranguejo dourado, seu método SomeonesNearby() gera um evento RunForCover e ele encontra um local para se esconder.

Então, como Henry aproveitou essa nova informação secreta?

Henry adiciona um código ao seu construtor para registrar seu método treasure_RunForCover() como uma nova sub-rotina para o evento RunForCover na referência do caranguejo que ele possui. Então, ele envia um capanga de má reputação atrás do caranguejo, sabendo que isso vai fazê-lo fugir, esconder e gerar o evento RunForCover – o que dá ao método treasure_RunForCover() de Henry toda a informação necessária.

```
class TreasureHunter {
    public TreasureHunter(GoldenCrab treasure) {
        treasure.RunForCover += new GoldenCrab.Escape(treasure_RunForCover);
    }
    void treasure_RunForCover(NewLocationArgs e) {
        MoveHere(e.NewLocation);
    }
    void MoveHere(HidingPlace Location) {
        // ... o código para ir para uma nova localização ...
    }
}
```

Henry pensou que estava sendo inteligente alterando o construtor de sua classe para adicionar uma sub-rotina de eventos que chama seu método MoveHere() quando o caranguejo gera o evento RunForCover. Mas, ele esqueceu de que os outros caçadores de tesouro herdam da mesma classe e seu código inteligente adiciona suas sub-rotinas de evento à cadeia também!

Isto explica porque o plano de Henry saiu pela culatra.
Quando ele adicionou o manipulador de eventos ao construtor `TreasureHunter`, sem querer, ***fez o mesmo para todos os outros caçadores***! Ou seja, o manipulador de eventos de todo caçador foi encadeada no mesmo evento `RunForCover`.

Assim, quando o crustáceo dourado correu para se esconder, todos foram notificados a respeito do evento. E tudo isso seria perfeito se Henry fosse o primeiro a receber a mensagem. Mas, ele não tinha como saber quando os demais caçadores foram chamados – se eles se inscreveram antes dele, receberam o evento antes.

Aponte seu lápis

Preencha as lacunas para fazer com que este jogo de "Acerte a toupeira" funcione. Você deverá fornecer o código que faz os callbacks. Uma vez feito isso, vá em frente e digite no IDE. Ou você pode tentar fazê-lo funcionar no IDE, então preencher as lacunas depois. É divertido!

```
public partial class Form1 : Form {
    Mole mole;
    Random random = new Random();
    public Form1() {
        InitializeComponent();
        mole = new Mole(random, new Mole.____________(____________________))
        timer1.Interval = random.Next(500, 1000);
        timer1.Start();
    }
    private void timer1_Tick(object sender, EventArgs e) {
        timer1.Stop();
        ToggleMole();
    }
    private void ToggleMole() {
        if (mole.Hidden == true)
            mole.Show();
        else
            mole.HideAgain();
        timer1.Interval = random.Next(500, 1000);
        timer1.Start();
    }
    private void MoleCallBack(int moleNumber, bool show) {
        if (moleNumber < 0) {
            timer1.Stop();
            return;
        }
        Button button;
        switch (moleNumber) {
            case 0: button = button1; break;
            case 1: button = button2; break;
            case 2: button = button3; break;
            case 3: button = button4; break;
            default: button = button5; break
        }
        if (show == true)  {
            button.Text = "HIT ME!";
            button.BackColor = Color.Red;
        } else {
            button.Text = "";
            button.BackColor = SystemColors.Control;
        }
        timer1.Interval = random.Next(500, 1000);
        timer1.Start();
    }
    private void button1_Click(object sender, EventArgs e) {
        mole.Smacked(0);
    }
}
```

O formulário passa um representante apont... para um método de callback no construt... toupeira. Preencha.

*Quando você clicar duas vezes no timer no formulário (depois que arrastá-lo da caixa de ferramentas), o IDE criará essa sub-rotina de eventos. Os **timers inicializam o evento Tick continuamente**. Você aprenderá a respeito deles nos próximos capítulos.*

Este método é chamado para mostrar ou ocultar a toupeira quando o tempo marcado pelo timer tiver passado.

Este switch certifica-se de que o botão certo mude de cor e texto.

Lembra do controle Timer? Arraste-o da caixa de ferramentas e clique duas vezes nele.

*Quando você digita... código, **adicione cin... manipuladores de ev... do botão**. Faça com... button2_click() ch... mole.Smacked(1), bu... chame mole.Smacke... button4 chame mo... Smacked(3) e butt... chame mole.Smacke...*

Adicione estas sub-rotinas de evento da forma normal clicando duas vezes nos botões no designer de formulários.

```
using System.Windows.Forms;
class Mole {
    public ________________ void PopUp(int hole, bool show);
    private _____________ popUpCallback;
    private bool hidden;
    public bool Hidden { get { return hidden; } }
    private int timesHit = 0;
    private int timesShown = 0;
    private int hole = 0;
    Random random;

    public Mole(Random random, PopUp popUpCallback) {
        if (popUpCallback == null)
            throw new ArgumentException("popUpCallback can't be null");
        this.random = random;
        this.__________________________ = __________________________;
        hidden = true;
    }

    public void Show() {
        timesShown++;
        hidden = false;
        hole = random.Next(5);
        __________________________(hole, true);
    }

    public void HideAgain() {
        hidden = true;
        __________________________(hole, false);
        CheckForGameOver();
    }

    public void Smacked(int holeSmacked) {
        if (holeSmacked == hole) {
            timesHit++;
            hidden = true;
            CheckForGameOver();
            __________________________(hole, false);
        }
    }

    private void CheckForGameOver() {
        if (timesShown >= 10) {
            popUpCallback(-1, false);
            MessageBox.Show("You scored " + timesHit, "Game over");
            Application.Exit();
        }
    }
}
```

Complete o representante e o campo para mantê-lo – ambos no topo da classe Mole.

É aqui que nos certificamos de que o callback não é nulo. Se for, o objeto Mole irá gerar um ArgumentException.

Quando o formulário cria um novo objeto Mole, ele passa uma referência para seu método de callback. Dê uma olhada no formulário para ver como o construtor é chamado e preencha esta lacuna.

Depois que a toupeira se mostra, precisa chamar o método no formulário para exibi-la tornando o botão vermelho e mostrando o texto «HIT ME!» (Me Acerte).

Os métodos HideAgain() e Smacked() também usam o representante de callback para chamar o método no formulário.

O jogo usa o timer para esperar um intervalo de tempo aleatório entre meio segundo e 1,5 s. Quando esse intervalo passa, ele diz à toupeira para se mostrar. O formulário dá ao objeto Mole um callback usado para dizer ao formulário para mostrar ou ocultar a toupeira em um dos cinco buracos. O formulário usa seu timer para esperar entre 0.5 s e 1.5 s mais uma vez, então diz à toupeira para se esconder.

O jogo acaba depois que a toupeira se mostrou 10 vezes. Sua pontuação é o número de vezes que você a atingiu.

Aponte seu lápis Solução

Preencha as lacunas para fazer com que este jogo de 'Acerte a toupeira' funcione. Você precisará fornecer o código que faz os callbacks. Uma vez feito isso, vá em frente e digite no IDE. É divertido!

```
public partial class Form1 : Form {
    private void Form1_Load(object sender, EventArgs e) {
        mole = new Mole(random, new Mole.__PopUp__(__MoleCallBack__));
        timer1.Interval = random.Next(500, 1000);
        timer1.Start();
    }
}

class Mole {
    public __delegate__ void PopUp(int hole, bool show);
    private __PopUp__ popUpCallback;

 ...

    public Mole(Random random, PopUp popUpCallback) {
        this.random = random;
        this.__popUpCallback__ = __popUpCallback__;
        hidden = true;
    }

    public void Show() {
        timesShown++;
        hidden = false;
        hole = random.Next(5);
        __popUpCallback__(hole, true);
    }

    public void HideAgain() {
        hidden = true;
        __popUpCallback__(hole, false);
        CheckForGameOver();
    }

    public void Smacked(int holeSmacked) {
        if (holeSmacked == hole) {
            timesHit++;
            hidden = true;
            CheckForGameOver();
            __popUpCallback__(hole, false);
        }
```

É aqui que o formulário passa uma referência de seu método MoleCallBack() para o objeto Mole. Isto permite que a toupeira chame seu método.

É aqui que o mole define seu representante e o usa para configurar um campo privado para colocar a referência junto ao metodo no formuário que modifica as cores nos botões.

Quando o formulário cria uma nova instância do objeto Mole, passa uma referência do seu método MoleCallBack() para o construtor como um parâmetro. Esta linha no construtor copia a referência para seu campo popUpCallback. Seus métodos podem usar esse campo para chamar o método MoleCallBack() no formulário.

Quando a toupeira se mostra, depois se esconde ou é amassada, o objeto Mole usa seu campo representante popUpCallback para chamar o método no formulário que muda a cor e o texto de um dos botões.

12 revisão e prévia

Conhecimento, poder e desenvolvendo coisas legais

Aprender não serve muito até que você CRIE algo.

Até que você tenha realmente escrito um código funcional, é difícil ter certeza se realmente sabe alguns dos conceitos mais complexos do C#. Neste capítulo, usaremos o que aprendemos para fazer exatamente isso. Também teremos uma prévia de algumas ideias novas aparecendo logo. Nós também vamos desenvolver a fase 1 de um ***aplicativo realmente complexo*** e assegurar que você tenha um bom domínio sobre o que já aprendeu nos capítulos anteriores. Então, ponha o cinto de segurança... é hora de ***desenvolver um software legal!***

Você percorreu um longo caminho

Percorremos um longo caminho desde que você usou o IDE para nos ajudar a prestar um favor para a Empresa de Papel da Vila Objeto. Aqui estão apenas algumas das coisas que você fez ao longo de várias centenas de páginas:

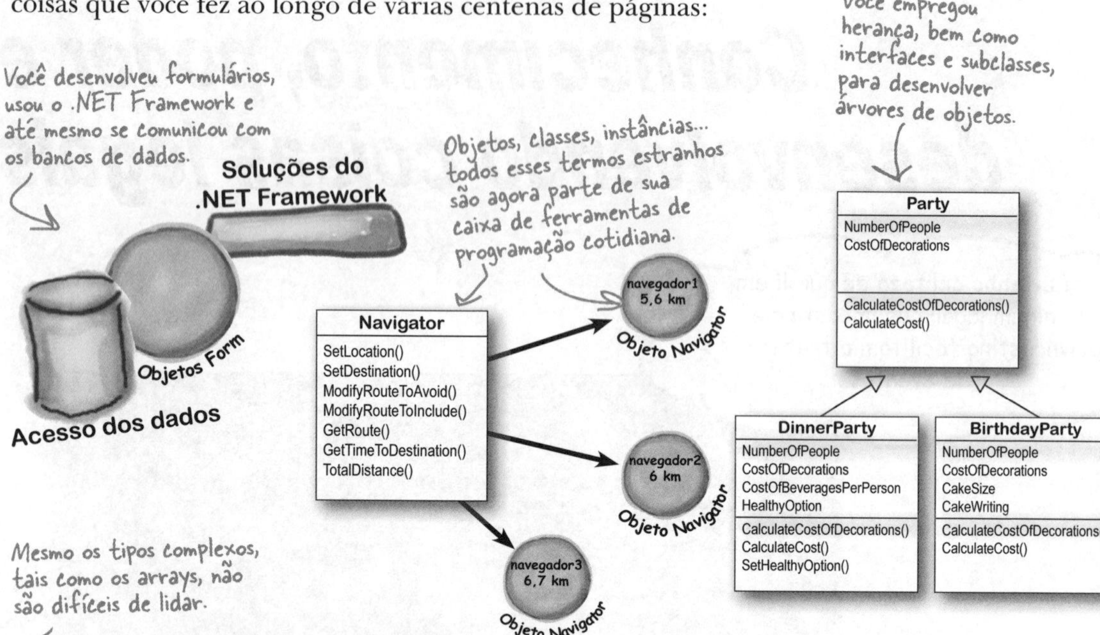

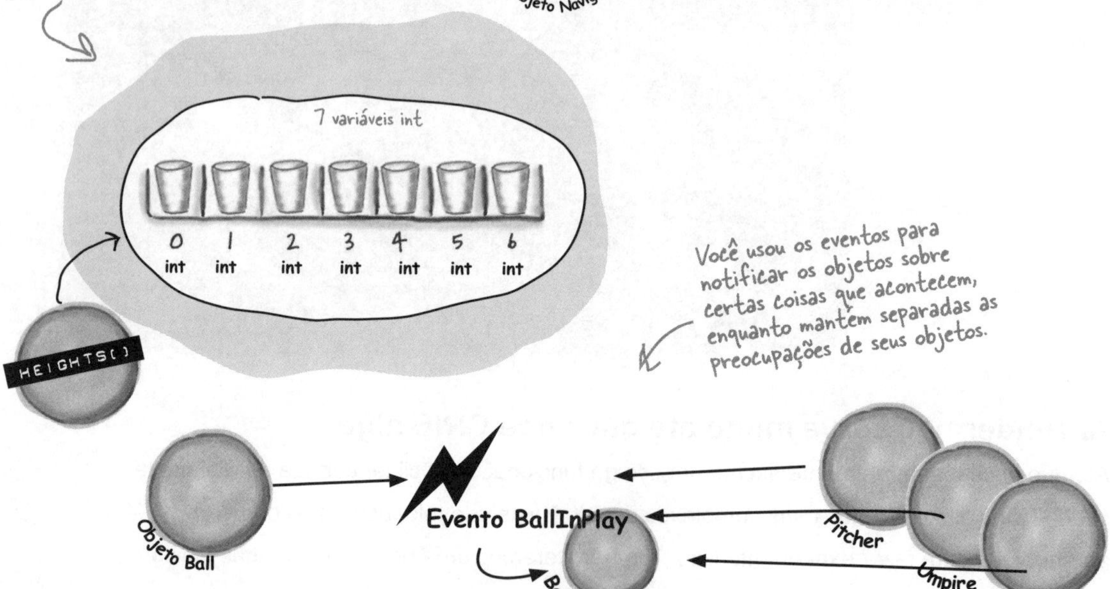

A depuração e as exceções são parte de suas técnicas de resolução de problemas.

```
private void randomExcuse_Click(object sender, EventArgs e)
{
    string[] fileNames = Directory.GetFiles(selectedFolder, "*.excuse");
    if (fileNames.Length == 0)
    {
        MessageBox.Show("Please specify a folder with excuse files in it",
                        "No excuse files found");
    }
```

Nós já fomos apicultores

Lá no Capítulo 6, desenvolvemos algumas classes de abelhas. Lembra delas?

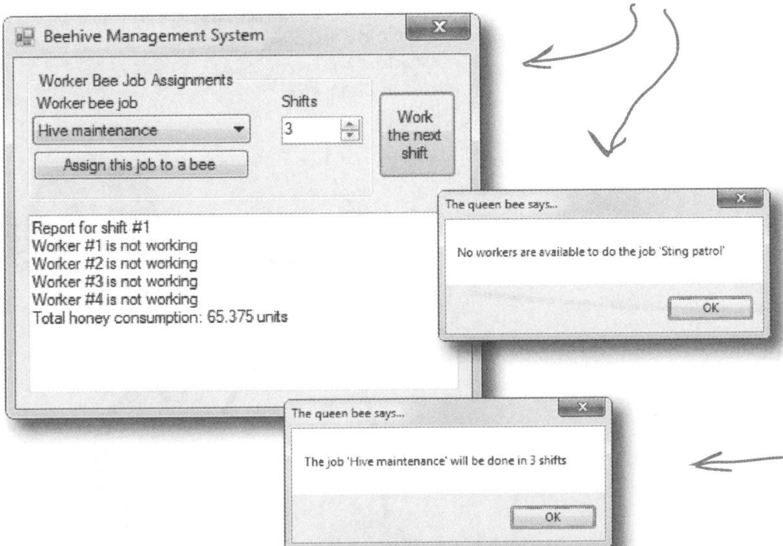

Mas, podemos fazer muito melhor agora...

No entanto, você aprendeu muito desde o Capítulo 6. Então, vamos começar do zero e criar um **simulador de colmeia animado** nos próximos capítulos. Terminaremos com uma interface do usuário que mostra a Hive (colmeia) e o campo em torno do qual as abelhas estão voando, até uma janela de estatísticas para os usuários acompanharem o que as abelhas estão fazendo.

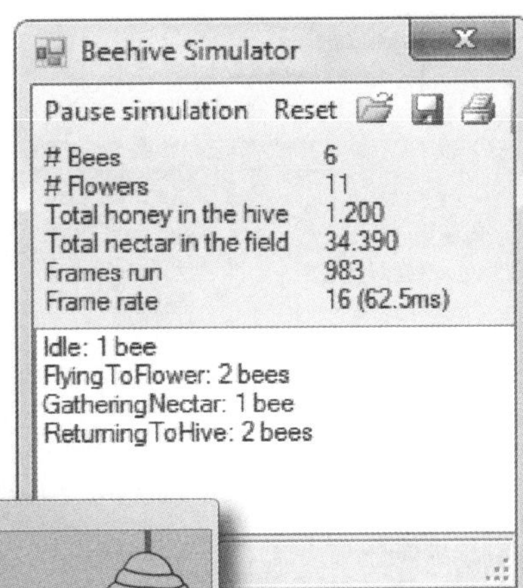

A arquitetura do simulador de hive (colmeia)

Aqui está a arquitetura para o simulador de colmeia. Mesmo que ele controle muitas bee (abelhas) diferentes, o modelo geral de objetos é bastante simples.

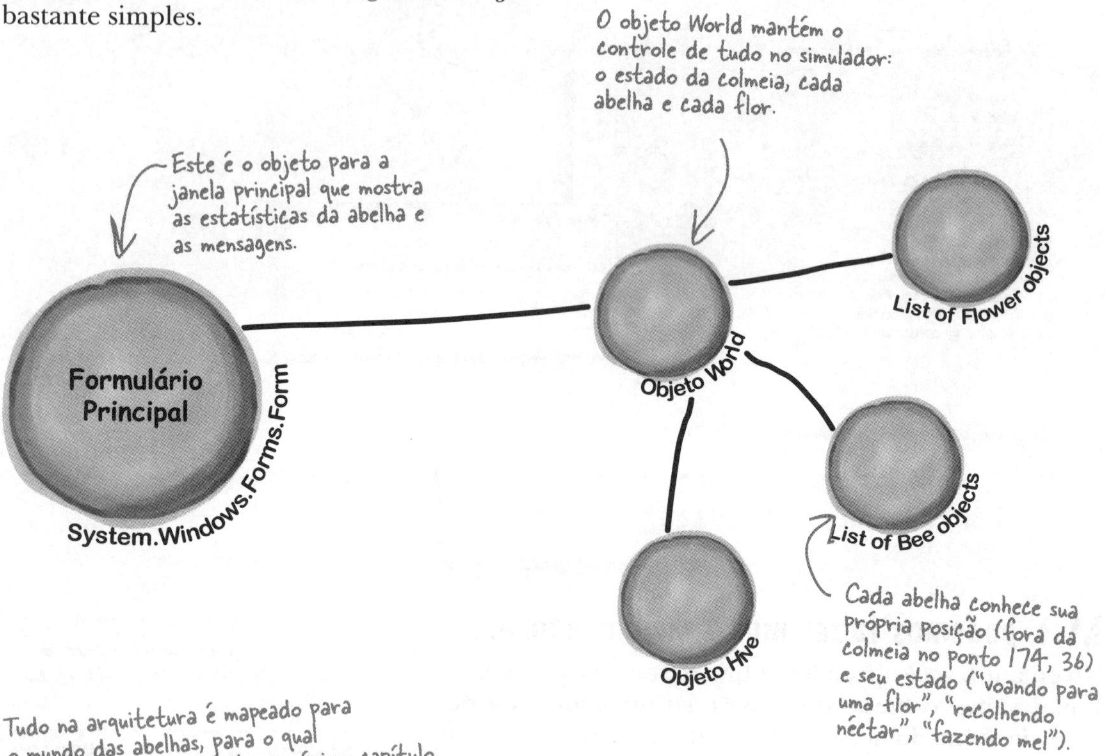

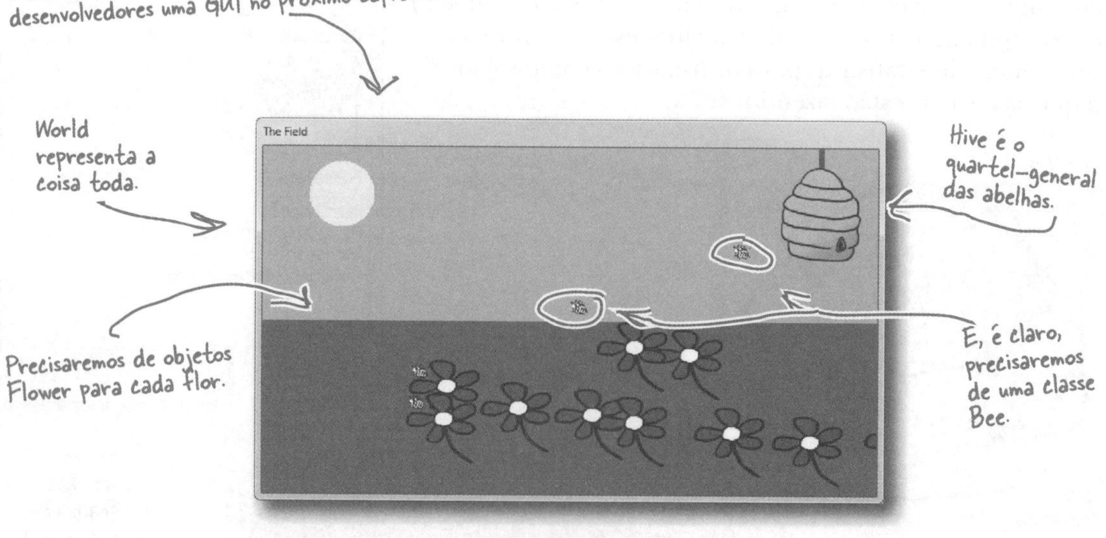

Desenvolvendo o simulador de colmeia

Naturalmente, nunca fizemos algo tão complexo antes, levará alguns capítulos para juntar todas as peças. Pelo caminho, você adicionará timers, LINQ e muita habilidade gráfica ao seu kit de ferramentas.

Aqui está o que você fará neste capítulo (faremos mais no próximo):

1. **Desenvolva uma classe Flower que envelhece, produz néctar e, finalmente, murcha e morre.**

2. **Desenvolva uma classe Bee com diversos estados diferentes (recolher néctar de uma flor, retornar à colmeia) e que saiba o que fazer de acordo com esse estado.**

3. **Desenvolva uma classe Hive que tenha uma entrada, saída, local para as abelhas que nascem e uma fábrica de mel para converter o néctar coletado em mel.**

4. **Desenvolva uma classe World que gerencie a colmeia, flores e abelhas em qualquer momento.**

5. **Desenvolva um formulário principal que calcule as estatísticas das demais classes e mantenha o mundo funcionando.**

Exercício

Vamos diretamente para um código. Primeiro, precisaremos de uma classe `Flower` (`flor`). Ela terá uma posição, definida por um ponto, idade e um tempo de vida. Conforme o tempo passa, a flor fica mais velha. Então, quando sua idade atinge seu tempo de vida, a flor morre. É sua tarefa fazer tudo isso funcionar.

Um "esqueleto" de classe é apenas suas declarações de campo, propriedades e métodos, sem implementação.

1 **Escreva o esqueleto do código para Flower**

Abaixo está o diagrama de classe para `Flower`. Escreva o esqueleto básico. `Location`, `Age`, `Alive`, `Nectar` e `NectarHarvested` são **propriedades automáticas.** `NectarHarvested` pode ser escrita; as demais **são de apenas leitura**. Neste momento, deixe os métodos em branco; vamos voltar a falar deles num minuto.

Todas estas devem ser propriedades de apenas leitura, exceto NectarHarvested.

Isto é usado somente na classe, portanto deve ser um campo privado.

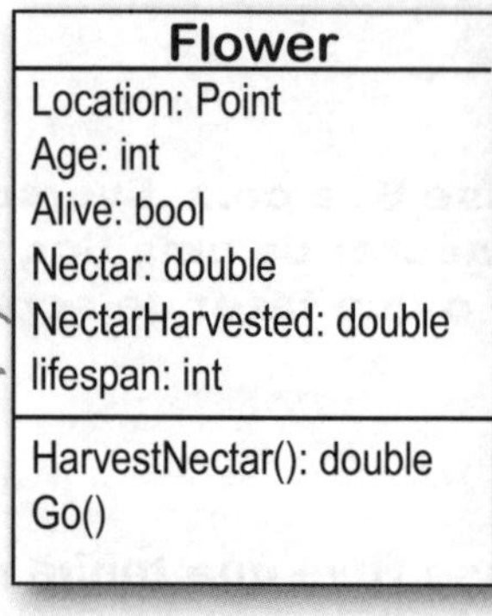

O tipo depois dos dois pontos é o da variável...

...ou o tipo de retorno do método.

2 **Adicione diversas constantes à classe**

Precisamos de muitas constantes para as flores. Adicione seis à sua classe `Flower`:

- `LifeSpanMin`, o menor intervalo que uma flor pode viver
- `LifeSpanMax`, o maior tempo de vida possível para uma flor
- `InitialNectar`, com quanto néctar uma flor inicia
- `MaxNectar`, o máximo de néctar que uma flor pode conter
- `NectarAddedPerTurn`, quanto néctar é adicionado a cada vez que a flor envelhece um pouco.
- `NectarGatheredPerTurn`, quanto néctar pode ser coletado durante um ciclo.

Só para você saber, normalmente não se mostram constantes em um diagrama de classe.

Você deve ser capaz de determinar os tipos de cada constante baseando-se em seus valores. As flores vivem entre 15.000 e 30.000 ciclos, e têm 1,5 unidades de néctar quando iniciam. Podem armazenar até 5 unidades. Em cada ciclo durante a vida da flor, ela adiciona 0,01 unidade de néctar e num único ciclo, 0,3 unidade pode ser coletada.

Como este simulador será animado, iremos desenhá-lo quadro a quadro. Usaremos a palavra "quadro", "ciclo" e "turno" alternadamente.

Você precisará adicionar `using System.Drawing;` ao início de qualquer arquivo de classe que use `Point`.

3 Crie o construtor

O construtor para `Flower` deve receber um `Point`, indicando a posição da flor, e uma instância da classe `Random`. Você deve ser capaz de usar esses argumentos para definir a posição da flor, então definir sua idade para zero, definir a flor para ficar viva e definir seu néctar para a quantidade inicial para uma flor. Já que nenhum néctar foi ainda recolhido, defina essa variável corretamente também. Finalmente, descubra o tempo de vida da flor. Eis uma linha de código para ajudar:

```
lifeSpan = random.Next(LifeSpanMin, LifeSpanMax + 1);
```

Isto só funcionará se você tiver suas variáveis e constantes nomeadas de acordo, bem como o argumento para o construtor Flower.

4 Escreva um código para o método `HarvestNectar()`

Cada vez que esse método é chamado, ele deve checar para ver se o néctar colhido no ciclo é maior do que a quantidade restante. Se for o caso, retornará zero. Se não, você deve retirar a quantidade coletada num ciclo do total restante da flor e retornar quanto foi coletado. Ah, e não se esqueça de adicionar essa quantidade à variável `NectarHarvested`, que manterá o total de néctar coletado desta flor em particular.

Dica: Nós usaremos NectarGatheredPerTurn, Nectar e NectarHarvested neste método e nada mais.

5 Escreva um código para o método `Go()`

Este será o método que fará as flores "funcionarem". Suponha que cada vez que esse método for chamado, um ciclo se passará, então atualize a idade da flor corretamente. Você também deverá ver se a idade é maior do que o tempo de vida. Se for o caso, a flor deverá morrer.

Supondo que a flor continue viva, será preciso adicionar a quantidade de néctar que cada flor tem num ciclo. Verifique o néctar máximo que sua flor pode manter e não ultrapasse isso.

O produto final será **animado**, com pequenas imagens de abelhas voando por aí. O método Go() será chamado uma vez por **quadro** e haverá vários quadros executados por segundo.

Respostas na próxima página... tente finalizar e compilar seu código antes de olhar.

Exercício Solução

Sua tarefa foi desenvolver a classe `Flower` para o simulador de colmeia.

Flower
Location: Point Age: int Alive: bool Nectar: double NectarHarvested: double lifespan: int
HarvestNectar(): double Go()

```
class Flower {
    private const int LifeSpanMin = 15000;
    private const int LifeSpanMax = 30000;
    private const double InitialNectar = 1.5;
    private const double MaxNectar = 5.0;
    private const double NectarAddedPerTurn = 0.01;
    private const double NectarGatheredPerTurn = 0.3;
    public Point Location { get; private set; }
    public int Age { get; private set; }
    public bool Alive { get; private set; }
    public double Nectar { get; private set; }
    public double NectarHarvested { get; set; }
    private int lifeSpan;

    public Flower(Point location, Random random) {
        Location = location;
        Age = 0;
        Alive = true;
        Nectar = InitialNectar;
        NectarHarvested = 0;
        lifeSpan = random.Next(LifeSpanMin, LifeSpanMax + 1);
    }

    public double HarvestNectar() {
        if (NectarGatheredPerTurn > Nectar)
            return 0;
        else {
            Nectar -= NectarGatheredPerTurn;
            NectarHarvested += NectarGatheredPerTurn;
            return NectarGatheredPerTurn;
        }
    }

    public void Go() {
        Age++;
        if (Age > lifeSpan)
            Alive = false;
        else {
            Nectar += NectarAddedPerTurn;
            if (Nectar > MaxNectar)
                Nectar = MaxNectar;
        }
    }
}
```

Location, Age, Alive e Nectar são propriedades automáticas de apenas leitura.

NectarHarvested precisará ser acessado pelas demais classes.

As flores têm tempos de vida aleatórios para que o campo de flores não mude todo no mesmo instante.

Uma abelha chama HarvestNectar() para coletar néctar da flor. Uma abelha pode apenas recolher um pouco do néctar de cada vez, por isto, ela deverá ficar em torno da flor por muitos turnos até colher todo o néctar.

Como parte da animação do simulador, o método Go() será chamado a cada quadro. Isto fará a flor envelhecer apenas uma pequena fração por quadro. Conforme o simulador for executado, essas pequenas frações vão acumulando-se.

Certifique-se de que a flor pare de adicionar néctar depois de estar morta.

`Point` está contido no namespace `System.Drawing`, então tenha certeza de adicionar `using System.Drawing;` ao início do arquivo de classe.

Vida e morte de uma flor

Nossa flor passa por um turno básico, vive, adiciona néctar, tem o néctar recolhido e, finalmente, morre.

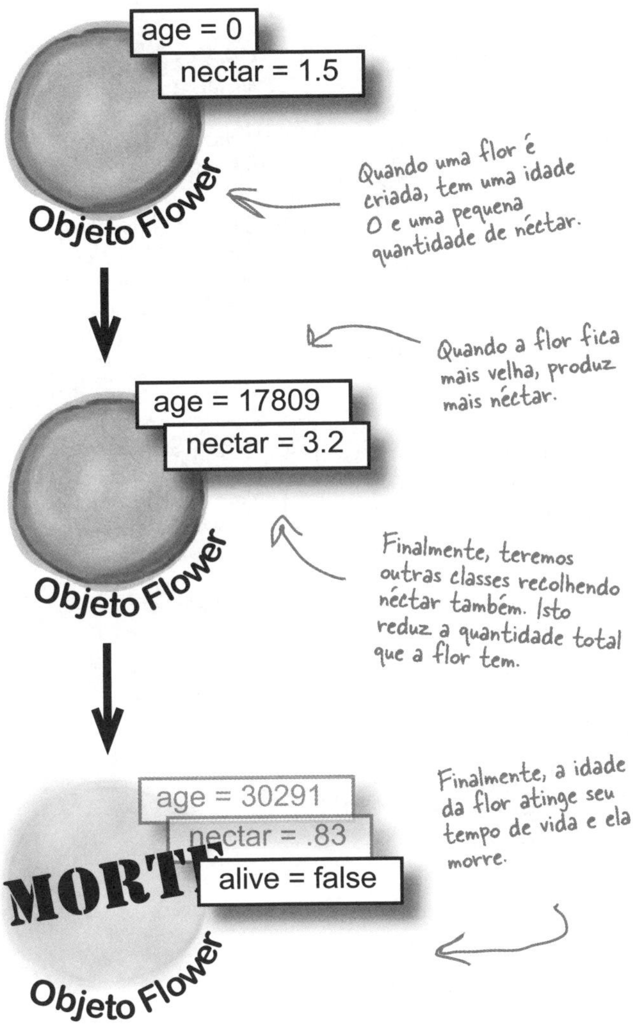

Não existem Perguntas Idiotas

P: Parece que NectarHarvested não é usado para nada na classe, exceto quando somamos a ele. Para que serve?

R: Boa pergunta! Estamos planejando um pouco para o futuro. Finalmente, o simulador vigiará as flores e o total de néctar recolhido delas para nosso monitor de estatística. Então, deixe a variável assim mesmo e nossas outras classes vão usá-la em breve.

P: Qual a razão das propriedades automáticas de apenas leitura?

R: Lembra do Capítulo 5 e como ocultamos nossos elementos privados? Sempre é uma boa prática. As flores podem tomar conta desses valores, então fizemos com que fossem de apenas leitura. Outros objetos, tais como as abelhas e a colmeia, devem ser capazes de ler essas propriedades, mas não de alterá-las. Mas, lembre-se, são de apenas leitura fora classe – o código dentro da classe pode acessar o acesso set privado.

P: Meu código está diferente do seu. Fiz alguma coisa errada?

R: Você pode ter seu código em cada método numa ordem diferente, mas desde que ele **funcione** da mesma forma que o nosso, está tudo bem. Este é outro aspecto do encapsulamento: os detalhes internos de cada classe não são importantes para as demais, desde que cada uma delas faça o que deve fazer.

PODER DO CÉREBRO

Se `Go()` aumenta a idade de `Flower` em 1 e o tempo de vida está entre 15.000 e 30.000, isso significa que `Go()` será chamado pelo menos 15.000 vezes para cada flor antes que ela morra. Como você pode lidar com uma quantidade de chamadas tão grande? E se existirem 10 flores? 100? 1000?

Agora precisamos de uma classe Bee

Com as flores prontas para serem coletadas, precisamos de uma classe `Bee`. Abaixo, está o código básico para `Bee`. Ela sabe sua idade, se está na colmeia ou não, e quanto néctar pode coletar. Também adicionamos um método para mover a abelha na direção de um ponto de destino específico.

```
class Bee {
  private const double HoneyConsumed = 0.5;
  private const int MoveRate = 3;
  private const double MinimumFlowerNectar = 1.5;
  private const int CareerSpan = 1000;

  public int Age { get; private set; }
  public bool InsideHive { get; private set; }
  public double NectarCollected { get; private set; }

  private Point location;
  public Point Location { get { return location; } }

  private int ID;
  private Flower destinationFlower;

  public Bee(int id, Point location) {
    this.ID = id;
    Age = 0;
    this.location = location;
    InsideHive = true;
    destinationFlower = null;
    NectarCollected = 0;
  }

  public void Go(Random random) {
    Age++;
  }
```

Como na classe Flower, há várias constantes específicas da abelha que devem ser definidas.

MinimumFlowerNectar é como a abelha sabe quais flores podem ser escolhidas para a coleta.

Usamos um campo de armazenamento para a posição. Se usássemos uma propriedade automática, MoveTowardsLocation( ) não poderia definir seus membros diretamente ("Location.X -= MoveRate").

Cada abelha receberá um número **exclusivo** de identificação.

Uma abelha precisa de um ID e uma posição inicial.

As abelhas começam dentro da colmeia, não têm flor para ir e não têm nenhum néctar.

Precisaremos adicionar muito mais código a Go() antes de terminarmos, mas isto serve para começar.

Aqui, usamos Math.Abs() para calcular o valor absoluto da diferença entre o destino e a posição atual.

```
private bool MoveTowardsLocation(Point destination) {
    if (Math.Abs(destination.X - location.X) <= MoveRate &&
        Math.Abs(destination.Y - location.Y) <= MoveRate)
        return true;

    if (destination.X > location.X)
        location.X += MoveRate;
    else if (destination.X < location.X)
        location.X -= MoveRate;

    if (destination.Y > location.Y)
        location.Y += MoveRate;
    else if (destination.Y < location.Y)
        location.Y -= MoveRate;

    return false;
}
```

O método começa determinando se já estamos em nosso MoveRate de destino.

Se a abelha atingiu seu destino, o método retornará true; do contrário, retornará false.

Se não estivermos perto o suficiente, então nos moveremos na direção de destino com nossa taxa de deslocamento.

O destino MoveTowardsLocation( ) move a posição atual da abelha **mudando os valores** X e Y de seu campo location. Retornará true se a abelha atingiu seu destino.

Retornamos false, pois ainda não estamos no ponto de destino. Precisamos continuarmos movendo

Exercício

As abelhas podem fazer muitas coisas. Abaixo, mostramos uma lista. Crie um novo enum que `Bee` usa chamado `BeeState`. Você também deve criar uma propriedade automática de apenas leitura chamada `CurrentState` para cada `Bee` controlar esse estado. Defina o estado inicial da abelha para idle (inativo) e no método `Go()`, adicione uma instrução switch com uma opção para cada item em enum.

O item de enum	O que significa
Idle	A abelha não está fazendo nada
FlyingToFlower	A abelha está voando para uma flor
GatheringNectar	A abelha está recolhendo néctar de uma flor.
ReturningToHive	A abelha está voltando para a colmeia
MakingHoney	A abelha está fazendo mel.
Retired	A abelha pendurou suas seis chuteiras.

Exercício Solução

As abelhas podem fazer muitas coisas. Abaixo, mostramos uma lista. Crie um novo enum que `Bee` usa chamado `BeeState`. Você também deve criar um campo privado `currentState` para cada `Bee` para controlar esse estado. Defina o estado inicial da abelha para idle (inativo) e no método `Go()`, adicione uma instrução switch com uma opção para cada item em enum.

```
enum BeeState {
  Idle,
  FlyingToFlower,
  GatheringNectar,
  ReturningToHive,
  MakingHoney,
  Retired
}
```

Aqui está o enum com todos os diferentes estados da abelha.

```
class Bee {

  // declarações da constante
  // declarações da variável

  public BeeState CurrentState { get; private set; }

  public Bee(int ID, Point initialLocation) {
    this.ID = ID;
    Age = 0;
    location = initialLocation;
    InsideHive = true;
    CurrentState = BeeState.Idle;
    destinationFlower = null;
    NectarCollected = 0;
  }
```

Precisamos também de uma variável para controlar o estado de cada abelha.

As abelhas iniciam inativas.

Você lembrou de adicionar `using System.Drawing;` no topo do arquivo de classe (pois ele usa `Point`)?

Preenchemos alguns dos estados. Tudo bem se você não conseguiu chegar até este código, mas vá em frente e adicione agora.

```
public void Go(Random random) {
    Age++;
    switch (CurrentState) {
    case BeeState.Idle:
      if (Age > CareerSpan) {
        CurrentState = BeeState.Retired;
      } else {
        // o que fazemos quando estamos inativas?
      }
      break;
    case BeeState.FlyingToFlower:
      // vá para a flor para a qual estamos indo
      break;
    case BeeState.GatheringNectar:
      double nectar = destinationFlower.HarvestNectar();
      if (nectar > 0)
        NectarCollected += nectar;
      else
        CurrentState = BeeState.ReturningToHive;
      break;
    case BeeState.ReturningToHive:
      if (!InsideHive) {
        // vá para a colmeia
      } else {
        // o que fazemos se estamos dentro da colmeia?
      } break;
    case BeeState.MakingHoney:
      if (NectarCollected < 0.5) {
        NectarCollected = 0;
        CurrentState = BeeState.Idle;
      } else {
        // como temos Hive, transformaremos néctar em mel
      }
      break;
    case BeeState.Retired:
      // Não faça nada! Estamos aposentadas!
      break;
    }
  }
}
```

Eis a instrução switch para lidar com o estado de cada abelha.

Se a idade atingir o tempo de vida da abelha, ela se aposenta. Mas, ela primeiro terminará a tarefa atual antes disto.

Vamos preencher o código mais tarde.

Aqui, coletamos o néctar da flor onde estamos trabalhando...

...e se ainda existir néctar sobrando, adicione ao que já coletamos...

...mas se não houver mais, volte para a colmeia.

Retornar para a colmeia é diferente, dependendo de já estarmos nela ou não.

A abelha adiciona meia unidade de néctar à fábrica de mel por vez. Se não houver néctar suficiente para adicionar, a fábrica não poderá usá-lo, portanto a abelha simplesmente o descarta.

Você precisará ter todos estes estados cobertos.

P.C.A.D. (Programadores Contra Abelhas Desabrigadas)

Temos abelhas e flores cheias de néctar. Precisamos escrever um código para que elas possam coletar, mas, antes que isso aconteça, onde as abelhas são criadas em primeiro lugar? E para onde elas levam todo o néctar? É para isso que serve a classe `Hive`.

A colmeia não é apenas um lugar para as abelhas voltarem. Ela tem diversos locais no seu interior, todos com posições diferentes no mundo. Existe a entrada e a saída, bem como um berçário para trazer mais abelhas ao mundo e uma fábrica para transformar néctar em mel.

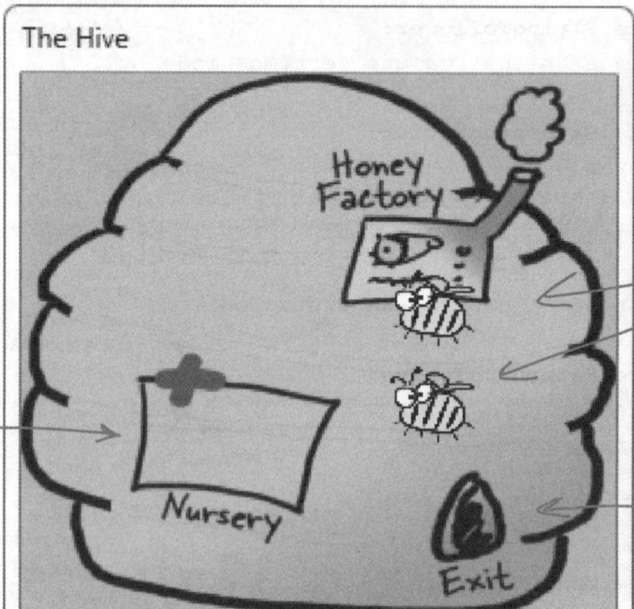

Cada local é distinto e as abelhas podem ir de um para outro exatamente como podem ir da colmeia para uma flor.

Novas abelhas são criadas e iniciam no berçário da colmeia.

As abelhas voltam pela entrada e deixam a colmeia pela saída. É tudo muito organizado.

A colmeia funciona com mel

Outra tarefa importante que a colmeia realiza é controlar quanto mel está armazenado. É preciso usar mel para a colmeia continuar funcionando e se novas abelhas precisarem ser criadas, isso exigirá mel também. Além disso, a fábrica deve empregar o néctar coletado pelas abelhas e transformá-lo em mel. Para cada unidade de néctar que entra, 0,25 unidade de mel pode ser criada.

Pense a respeito disso um momento... conforme o tempo passa, a colmeia usa mel para funcionar e para criar novas abelhas. Enquanto isso, outras abelhas estão trazendo néctar, que é transformando em mel, o que faz com que as coisas continuem funcionando.

Cabe a você (com alguma ajuda) modelar tudo isso no código do simulador.

Exercício

Cabe a você escrever o código para `Hive`.

1 Crie o código de esqueleto para `Hive`

Como fizemos com a classe `Flower`, você deve começar com um esqueleto básico para `Hive`. O diagrama de classes é mostrado ao lado. Torne `Honey` uma propriedade automática de apenas leitura, `locations` deve ser privado e `beeCount` só é usado internamente, então pode ser um campo privado.

Hive
Honey: double locations: Dictionary<string, Point> beeCount: int
InitializeLocations() AddHoney(Nectar: double): bool ConsumeHoney(amount: double): bool AddBee(random: Random) Go(random: Random) GetLocation(location: string): Point

2 Defina as constantes para `Hive`

Você precisa de uma constante para o número inicial de abelhas (6), quantidade de mel com a qual a colmeia começa (3,2), quantidade máxima de mel que pode ser armazenada (15), proporção de unidades do néctar produzido com as unidades de mel (0,25), número máximo de abelhas (8) e mínimo de mel requerido para a colmeia criar uma nova abelha (4).

Você deverá pensar em bons nomes para cada um, bem como nos seus tipos. Para os tipos, não pense somente nos valores iniciais, mas também nos valores com os quais essas constantes serão usadas. Um double é uma boa escolha para usar com outros doubles e ints com outros ints.

3 Escreva o código para trabalhar com `Locations`

Primeiro, escreva o método `GetLocation()`. Ele deve ter uma string, pesquisar essa string no dicionário `locations` e retornar o ponto associado. Se não existir, gere um `ArgumentException`.
Depois, escreva o método `InitializeLocations()`. Esse método deve configurar as seguintes posições na colmeia:

- Entrance (Entrada), em (600, 100)
- Nursery (Berçário), em (95, 174)
- HoneyFactory (Fábrica de Mel), em (157, 98)
- Exite (Saída), em (194, 213)

Cada uma mapeia uma posição num espaço 2D ocupado por nossa colmeia. Mais tarde, deveremos certificar-nos de que o simulador faça com que a colmeia cubra todos esses pontos.

Nesta simulação, estamos lidando com apenas uma colmeia, com pontos fixos. Se você quisesse muitas delas, poderia tornar os pontos relativos à colmeia, não ao espaço do mundo.

4 Desenvolva o construtor Hive

Quando uma colmeia é construída, ela deve definir seu mel para a quantidade inicial que todas as colmeias têm. Deve configurar as posições dentro da colmeia e também criar uma nova instância de `Random`. Então, `AddBee()` deve ser chamado – passando a instância `Random` que você acabou de criar – uma vez para cada abelha que inicia na colmeia.

AddBee() precisa de um objeto Random porque ele adiciona um valor aleatório à posição Nursery – assim, as abelhas não começam a se sobrepor umas às outras.

Exercício Solução

Sua tarefa era iniciar o desenvolvimento da classe `Hive`.

Adicione "using System.Drawing" porque este código usa Point.

```
class Hive {
  private const int InitialBees = 6;
  private const double InitialHoney = 3.2;
  private const double MaximumHoney = 15.0;
  private const double NectarHoneyRatio = .25;
  private const double MinimumHoneyForCreatingBees = 4.0;
  private const int MaximumBees = 8;

  private Dictionary<string, Point> locations;
  private int beeCount = 0;

  public double Honey { get; private set; }

  private void InitializeLocations() {
    locations = new Dictionary<string, Point>();
    locations.Add("Entrance", new Point(600, 100));
    locations.Add("Nursery", new Point(95, 174));
    locations.Add("HoneyFactory", new Point(157, 98));
    locations.Add("Exit", new Point(194, 213));
  }

  public Point GetLocation(string location) {
    if (locations.Keys.Contains(location))
       return locations[location];
    else
       throw new ArgumentException("Unknown location: " + location);
 }

  public Hive() {
    Honey = InitialHoney;
    InitializeLocations();
    Random random = new Random();
    for (int i = 0; i < InitialBees; i++)
      AddBee(random);
  }

  public bool AddHoney(double nectar) { return true; }
  public bool ConsumeHoney(double amount) { return true; }
  private void AddBee(Random random) { }
  public void Go(Random random) { }
}
```

Você pode nomear suas constantes de diversas formas. Sem problemas, desde que seja consistente no restante do código.

Tornamos MaximumHoney um double, pois pode ir de InitialHoney (3.2) até este valor. Já que InitialHoney deve ser double, é melhor tornar isto um double também.

Lembra dos dicionários? O nosso armazena uma posição, alinhada com um valor de string.

Não se esqueça de criar uma nova instância de Dictionary ou isto não funcionará.

O restante do método é bastante simples.

Este método impede as outras classes de trabalharem com nosso dicionário de posições e modificarem alguma coisa indevidamente. É um exemplo de encapsulamento.

Você deve chamar AddBee() uma vez para cada abelha com a qual uma colmeia inicia.

Não temos o código para estes aqui ainda, mas você deve desenvolver métodos vazios como recipientes.

Você também pode gerar um NotImplementedException em qualquer método não implementado ainda. É uma ótima maneira de controlar o código que você ainda tem que desenvolver.

Não é uma forma estranha de desenvolver o código? Nossas abelhas não sabem nada sobre flores ainda e nossa colmeia está cheia de declarações de métodos vazios. Nada funciona ainda, certo?

O código real é feito passo a passo

Seria ótimo se pudéssemos escrever o código para uma classe de uma vez só, compilá-lo, testá-lo, colocá-lo de lado e, ***então***, continuar com a próxima classe. Infelizmente, isso é quase sempre impossível.

É mais comum escrever o código exatamente como estamos fazendo neste capítulo: passo a passo. Pudemos desenvolver quase toda a classe `Flower`, mas no que se refere a `Bee`, ainda temos algum trabalho a fazer (a maior parte é dizer o que fazer em cada estado).

E agora, com `Hive`, temos muitos métodos vazios para completar. Além disso, não associamos `Bee` a `Hive`. E ainda temos o problema de como chamar o método `Go()` em todos esses objetos milhares de vezes...

Mas, nós não começamos **realmente** reunindo as classes! Primeiro, pensamos na estrutura e **depois**, começamos a desenvolver.

Primeiro você projeta, depois desenvolve

Começamos o projeto sabendo exatamente o objetivo: um simulador de colmeia. E sabemos muito sobre abelhas, flores, colmeia e o mundo onde todas trabalham juntas. É por isso que começamos com a **arquitetura**, que nos diz como as classes deveriam trabalhar umas com as outras. Depois, podemos nos concentrar em cada classe, projetando-as individualmente.

Os projetos sempre correm melhor se você tiver uma boa ideia do que está desenvolvendo **antes** de começar a desenvolver. Isso parece óbvio e de bom senso. Mas, faz toda a diferença no produto final.

Preenchendo a classe Hive

Vamos voltar à classe `Hive` e preencher alguns dos métodos vazios:

```
class Hive {
   // declarações da constante
   // declarações da variável

   // InitializeLocations( )
   // GetLocation( )
   // constructor Hive

   public bool AddHoney(double nectar) {
     double honeyToAdd = nectar * NectarHoneyRatio;
     if (honeyToAdd + Honey > MaximumHoney)
         return false;
     Honey += honeyToAdd;
     return true;
   }
   public bool ConsumeHoney(double amount) {
     if (amount > Honey)
         return false;
     else {
         Honey -= amount;
         return true;
     }
   }
   private void AddBee(Random random) {
     beeCount++;
     int r1 = random.Next(100) - 50;
     int r2 = random.Next(100) - 50;
     Point startPoint = new Point(locations["Nursery"].X + r1,
                                  locations["Nursery"].Y + r2);
     Bee newBee = new Bee(beeCount, startPoint);
     // Assim que tivermos um sistema, precisaremos adicionar-lhe esta abelha
   }
   public void Go(Random random) { }
}
```

Primeiro, determinamos em quanto mel este néctar pode ser convertido...

... então, vemos se há espaço na colmeia para armazenar essa quantidade.

Se houver, adicionaremos o mel à colmeia.

Este método recebe uma quantidade de mel e tenta consumir a quantidade da reserva da colmeia.

Se não tivermos mel suficiente na colmeia para atender a demanda, retornaremos false.

Se houver, removeremos da reserva e retornaremos true.

Este aqui é privado... apenas as instâncias Hive podem criar abelhas.

Isto cria um ponto nas 50 unidades, tanto na direção X quanto na Y da posição do berçário.

Adicione uma nova abelha à posição indicada.

Terminaremos AddBee() e preencheremos o método Go() em breve...

O método Go() da colmeia

Já escrevemos um método `Go()` para `Flower` e um para `Bee` (mesmo que tenhamos um código extra para complementar). Eis aqui o método `Go()` para a colmeia:

```
public void Go(Random random) {
  if (Honey > MinimumHoneyForCreatingBees)
    AddBee(random);
}
```

A única restrição (pelo menos por enquanto) é que a colmeia precisa ter mel suficiente para criar mais abelhas.

A mesma instância de Random que foi passada para Go() é enviada ao método AddBee().

Infelizmente, isto não é muito realista. Muitas vezes, numa colmeia atarefada, uma rainha não tem tempo de criar mais abelhas. Não temos uma classe `QueenBee`, mas vamos supor que quando houver mel suficiente para criar as abelhas, haverá 10% de chance de que uma seja criada. Podemos modelar isso da seguinte forma:

```
public void Go(Random random) {
  if (Honey > MinimumHoneyForCreatingBees
      && random.Next(10) == 1) {
    AddBee(random);
  }
}
```

Esta é uma forma fácil de simular 1 chance em 10 de uma abelha ser criada. Sugere um número aleatório entre 0 e 9. Se for 1, cria-se a abelha.

Um motivo para omitir é que você pode salvar Random – assim, pode executar de novo uma simulação específica... caso ache que fará isso posteriormente!

Não existem Perguntas Idiotas

P: Então a colmeia pode criar um número infinito de abelhas?

R: Neste momento, sim – ou, pelo menos, o limite é bem grande – mas, você está certo, isso não é muito realista. Mais tarde, voltaremos e adicionaremos uma restrição para que somente uma quantidade de abelhas exista por vez no nosso mundo simulado.

P: Não poderíamos atribuir esta instância de `Random` a uma propriedade da classe, em vez de passá-la para `AddBee()`?

R: Certamente que sim. Então, `AddBee` poderia usar essa propriedade, em vez de um parâmetro passado. Não existe uma resposta certa aqui; você deve decidir o que acha melhor.

P: Eu ainda não entendi como todos esses métodos `Go()` serão chamados.

R: Sem problemas, estamos quase nisso. Primeiro, no entanto, precisamos de mais um objeto: a classe `World`, que controlará tudo que está acontecendo na colmeia, rastreará as abelhas e tomará conta das flores.

Estamos prontos para o mundo

Com as classes `Hive`, `Bee` e `Flower` no lugar, podemos finalmente desenvolver a classe `World`. Ela coordena todas as partes individuais do nosso simulador: mantém a par do que as abelhas estão fazendo, diz à colmeia se ainda existe espaço para mais abelhas, posicionar as flores etc.:

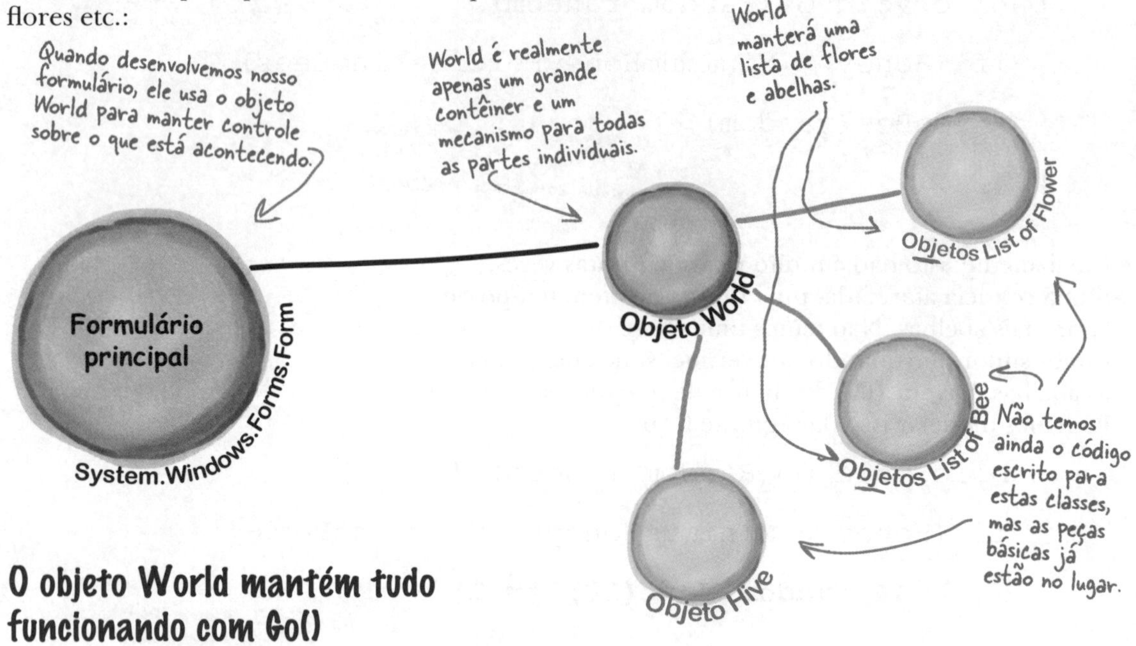

O objeto World mantém tudo funcionando com Go()

Uma das nossas maiores tarefas para o objeto `World` é, para cada turno do simulador, chamar `Go()` em cada instância `Flower`, `Bee` e `Hive`. Em outras palavras, `World` certifica-se de que a vida no simulador continue.

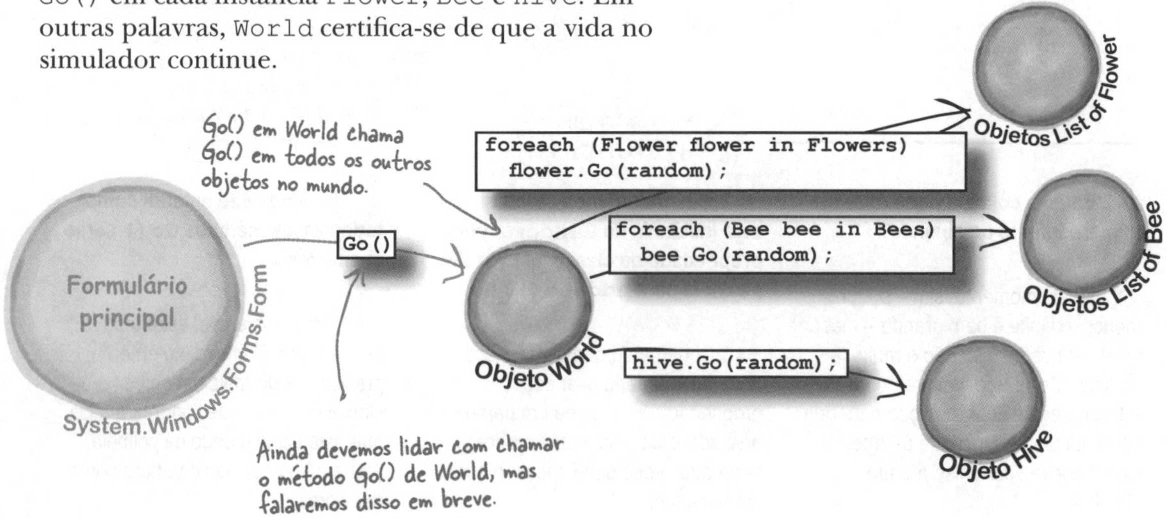

Estamos criando um sistema baseado em turnos

Nossos métodos `Go()` em cada objeto devem executar cada **turno**, ou **ciclo**, de nosso simulador. Um turno, neste caso, significa apenas uma quantidade arbitrária de tempo: por exemplo, um turno pode acontecer a cada 10 segundos, 60 segundos, 10 minutos etc.

Cada "turno" será desenhado como um único quadro de animação, assim o mundo só precisará mudar um pouquinho a cada turno.

O principal é que um turno afeta todo objeto no mundo. A colmeia envelhece em um "turno", verificando para saber se precisa adicionar mais abelhas. Cada abelha tem o seu turno, movendo-se em uma distância pequena até seu destino ou fazendo alguma pequena ação e envelhecendo. Cada flor tem seu turno, fazendo um pouco de néctar e envelhecendo também. E é isso que `World` faz: certifica-se de que, quando seu método `Go()` for chamado, cada objeto no mundo tenha seu turno para agir.

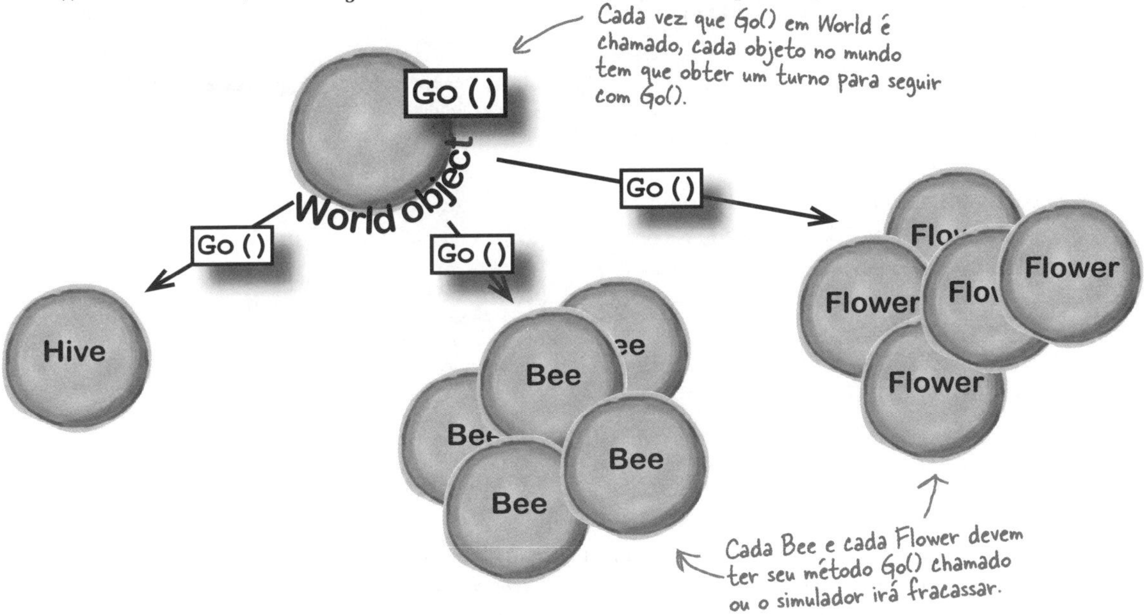

Aponte o seu lápis

Um dos grandes princípios da orientação a objeto usados neste simulador é o encapsulamento (para relembrar, volte ao Capítulo 5). Veja se você pode examinar o código desenvolvido até aqui e propor dois exemplos de encapsulamento para cada classe desenvolvida.

Hive	Bee	Flower
1.	1.	1. ....
2.	2.	2. ....

Alerta do encapsulamento!

Veja os campos públicos Hive, Bees e Flowers. Outra classe poderá redefinir sem querer qualquer um deles para null, o que causaria graves problemas! Você pode pensar em um modo de usar propriedades e métodos para os encapsular melhor?

Eis o código para World

A classe `World` é uma das mais simples no nosso simulador. Aqui está o ponto inicial do código. Mas, se você olhar de perto, notará que estão faltando algumas coisas (que você adicionará daqui a pouco).

```
using System.Drawing;
class World {
    private const double NectarHarvestedPerNewFlower = 50.0;
    private const int FieldMinX = 15;
    private const int FieldMinY = 177;
    private const int FieldMaxX = 690;
    private const int FieldMaxY = 290;

    public Hive Hive;
    public List<Bee> Bees;
    public List<Flower> Flowers;

    public World() {
        Bees = new List<Bee>();
        Flowers = new List<Flower>();
        Random random = new Random();
        for (int i = 0; i < 10; i++)
            AddFlower(random);
    }

    public void Go(Random random) {
        Hive.Go(random);

        for (int i = Bees.Count - 1; i >= 0; i--) {
            Bee bee = Bees[i];
            bee.Go(random);
            if (bee.CurrentState == BeeState.Retired)
                Bees.Remove(bee);
        }

        double totalNectarHarvested = 0;
        for (int i = Flowers.Count - 1; i >= 0; i--) {
            Flower flower = Flowers[i];
            flower.Go();
            totalNectarHarvested += flower.NectarHarvested;
            if (!flower.Alive)
                Flowers.Remove(flower);
        }
```

Isto define os limites do campo, onde as flores podem viver.

Cada mundo terá uma colmeia, uma lista de abelhas e uma de flores.

Quando criamos um novo mundo, inicializamos nossas listas, criamos uma nova colmeia e adicionamos 10 flores inicialmente.

Isto é fácil... apenas dizemos a Hive para seguir com Go(), passando uma instância Random.

Percorremos todas as abelhas atuais e dizemos que sigam com Go().

Se uma abelha estiver aposentada, devemos retirá-la do mundo.

Percorremos cada flor e dizemos que siga com Go( ).

Precisamos controlar quanto néctar foi coletado neste turno. Conseguimos isso somando o néctar coletado de todas as flores

Assim como as abelhas, removemos qualquer flor que morreu neste turno.

Aponte o seu lápis Solução

Aqui estão os que propusemos. Você sugeriu outros?

Um dos grandes princípios da orientação a objeto usados neste simulador é o encapsulamento (para relembrar, volte ao Capítulo 5). Veja se você pode examinar o código desenvolvido até aqui e propor dois exemplos de encapsulamento para cada classe desenvolvida.

Hive

1. O dicionário Locations da colmeia é privado
2. Fornece às abelhas um método para adicionar mel

Bee

1. A posição da abelha é de apenas leitura
2. Sua idade também. Assim, outras classes não podem alterá-las.

Flower

1. A flor fornece um método para recolher néctar
2. E mantém seu booleano ativo privado

```
        if (totalNectarHarvested > NectarHarvestedPerNewFlower) {
            foreach (Flower flower in Flowers)
                flower.NectarHarvested = 0;
            AddFlower(random);
        }
    }

    private void AddFlower(Random random)
    {
        Point location = new Point(random.Next(FieldMinX, FieldMaxX),
                                   random.Next(FieldMinY, FieldMaxY));
        Flower newFlower = new Flower(location, random);
        Flowers.Add(newFlower);
    }
}
```

As abelhas polinizam flores conforme recolhem o néctar. Uma vez que recolheram uma quantidade de néctar, polinizaram o suficiente para que o mundo adicione uma nova flor.

Se existir néctar suficiente no campo, o mundo acrescentará uma nova flor.

Isto lida com a sugestão de uma posição aleatória no campo...

... e então, acrescenta de uma nova flor nessa posição.

Não existem Perguntas Idiotas

P: Por que vocês não usaram um loop `foreach` para remover as flores mortas e as abelhas aposentadas?

R: Porque você **não pode remover os itens** de uma coleção dentro de um loop `foreach` que está iteragindo nela. Se você fizer isso, o .NET irá gerar uma exceção.

P: Certo, então por que cada um desses loops for começa no fim da lista e conta até zero?

R: Porque cada loop precisa preservar a numeração da lista. Digamos que você começasse no início de uma lista de cinco flores e seu loop descobrisse que uma das flores no meio estava morta. Se ele remover a flor no índice #3, a lista terá agora somente 4 flores e haverá uma nova flor no índice #3 – e essa flor será pulada porque da próxima vez que percorrermos o loop, ele verá o índice #4.

Se o loop começar pelo fim, a flor que se mover para um espaço vazio sempre já terá sido examinada, logo não há chance de esquecer uma flor.

Exercício

Com nossas quatro classes principais no lugar, temos algum trabalho a fazer para amarrar as pontas. Siga os passos abaixo e você deverá ter as classes `Bee`, `Hive`, `Flower` e `World` funcionando. Mas, cuidado: você deverá alterar vários pontos em quase todas as classes antes de terminar.

1. **Atualize `Bee` para receber uma referência `Hive` e `World`.**
Agora que temos uma classe para `Hive` e uma para `World`, os objetos `Bee` precisam saber sobre elas. Atualize seu código para receber referências para a colmeia e o mundo de uma abelha como parâmetros para seu construtor e salve essas referências para um uso futuro.

2. **Atualize a colmeia para receber uma referência `World`.**
Assim como `Bee` precisa saber sobre `Hive`, `Hive` precisa saber a respeito de `World`. Atualize `Hive` para receber uma referência `World` em seu construtor e salve essa referência. Você também deve atualizar o código em `Hive` que cria novas abelhas para passar para Bee uma referência da própria colmeia (`Hive`) e de `World`.

3. **Atualize `World` para passar a si mesmo para uma nova `Hive`.**
Atualize a classe `World` para que quando criar uma nova `Hive`, passe uma referência de si mesma.

PARE! Neste ponto, você deve ser capaz de compilar todo o código. Se não puder, examine-o e corrija qualquer erro antes de prosseguir.

4. **Coloque um limite superior nas abelhas que `Hive` pode criar.**
A classe `Hive` tem uma constante `MaximumBees` que determina quantas abelhas `Hive` pode sustentar (contando dentro e fora da colmeia). Agora que `Hive` tem acesso a `World`, você deve ser capaz de implementar essa restrição.

5. **Quando `Hive` criar abelhas, deixe que `World` saiba.**
A classe `World` usa um `List` de objetos abelha para controlar todas as abelhas que existem. Quando `Hive` criar um novo `Bee`, certifique-se de que o objeto `Bee` seja adicionado à lista geral que `World` mantém.

Dica: Examine o código próximo de onde você cria ou adiciona abelhas. Existem dois lugares onde o código relacionado a isso ocorre em Hive, então tome cuidado.

Não existem Perguntas Idiotas

P: Por que vocês geraram uma exceção no método `GetLocation()` da classe Hive?

R: Para lidar com os dados ruins passados como parâmetro. A colmeia tem alguns locais definidos, mas o parâmetro para `GetLocation()` pode passar qualquer string. O que aconteceria se existisse um erro no programa que fizesse com que uma string inválida (tal como uma string vazia ou o nome de um local inexistente no dicionário) fosse enviada como o parâmetro? O que o método deveria retornar?

Quando temos um parâmetro inválido e não é muito claro o que fazer com ele, é sempre uma boa ideia gerar um novo `ArgumentException`. Eis aqui como o método `GetLocation()` faz isto:

```
throw new ArgumentException(
      "Unknown location: " + location);
```

Esta instrução faz a classe `Hive` gerar um `ArgumentException` com a mensagem "Unknown location:" (Local desconhecido:) que contém o local não encontrado.

Isto é útil porque alerta imediatamente se um parâmetro com um local inválido é passado para o método. E ao incluir esse parâmetro na mensagem da exceção, você está dando a si mesmo uma informação valiosa que o ajudará a depurar o problema.

P: Por que armazenar todos os locais num `Point` se não estamos desenhando nada?

R: Toda abelha tem uma posição, quer você a desenhe na tela ou não. A função do objeto `Bee` é manter controle sobre o local da abelha no mundo. Cada vez que seu método `Go()` é chamado, ela precisa mover-se um pouquinho mais para seu destino.

Agora, mesmo que não estejamos desenhando uma figura da abelha até esse momento, a abelha ainda precisa controlar onde está na colmeia ou no campo, pois precisa saber se atingiu seu destino.

P: Então, por que usar `Point` para armazenar a posição e não alguma outra forma? Os Points não são específicos para o desenho?

R: Sim, um `Point` é o que todos os controles visuais usam nas suas propriedades `Location`. E mais, será útil quando fizermos a animação. No entanto, só porque o .NET emprega-o assim, não quer dizer que ele também não seja útil para controlar as posições. Sim, poderíamos ter criado a nossa própria classe `BeeLocation` com campos inteiros chamados X e Y. Mas, por que fazer a mesma coisa quando o C# e o .NET nos fornece um `Point` de bandeja?

Quase sempre é mais fácil reorientar ou estender uma classe existente que faz QUASE TUDO o que você quer do que criar uma nova do zero.

Exercício Solução

Com nossas quatro classes principais no lugar, temos algum trabalho a fazer para amarrar as pontas. Siga os passos abaixo e você deverá ter as classes `Bee`, `Hive`, `Flower` e `World` funcionando. Eis como fizemos as alterações para conseguir isso.

1 **Atualize `Bee` para receber uma referência `Hive` e `World`.**
Agora que temos uma classe para `Hive` e uma para `World`, os objetos `Bee` precisam saber sobre elas. Atualize seu código para receber referências para a colmeia e o mundo de uma abelha como parâmetros para seu construtor e salve essas referências para um uso futuro.

```
class Bee {
  // as declarações existentes da constante
  // as declarações existentes da variável
  private World world;
  private Hive hive;

  public Bee(int ID, Point InitialLocation, World world, Hive hive) {
    // código existente
    this.world = world;
    this.hive = hive;
  }
}
```

Isto é bem simples... receba estes valores e atribua-os aos campos privados.

2 **Atualize a colmeia para receber uma referência `World`.**
Assim como `Bee` precisa saber sobre `Hive`, `Hive` precisa saber a respeito de `World`. Atualize `Hive` para receber uma referência `World` em seu construtor e salve essa referência. Você também deve atualizar o código em `Hive` que cria novas abelhas para passar para Bee uma referência da própria colmeia (`Hive`) e de `World`.

```
class Hive {
  private World world;

  public Hive(World world) {
    this.world = world;
    // código existente
  }
  public void AddBee(Random random) {
    // outro código de criação de abelhas
    Bee newBee = new Bee(beeCount, startPoint, world, this);
  }
}
```

Mais código bem básico... pegue a referência, defina um campo privado. Você vai querer atribuir World PRIMEIRO porque o restante do construtor precisa utilizá-lo.

Agora, as novas abelhas precisam de uma referência para o mundo e para a colmeia.

Se você tiver problemas para fazer as coisas funcionarem, baixe o código deste exercício (e de todos os outros também) em:

www.altabooks.com.br

3 **Atualize `World` para passar a si mesmo para uma nova `Hive`.**
Atualize a classe `World` para que quando criar uma nova `Hive`, passe uma referência de si mesma.

```
public void Go(Random random) {
  if (world.Bees.Count < MaximumBees
        && Honey > MinimumHoneyForCreatingBees
        && random.Next(10) == 1) {
     AddBee(random);
  }
}
```

Podemos usar o objeto World para ver quantas abelhas existem e comparar isso com o máximo para a colmeia.

Colocamos a comparação primeiro. Se não houver mais espaço para as abelhas, não faz sentido verificar se existe mel suficiente para isso.

4 **Coloque um limite superior nas abelhas que `Hive` pode criar.**
A classe `Hive` tem uma constante `MaximumBees` que determina quantas abelhas `Hive` pode sustentar (contando dentro e fora da colmeia). Agora que `Hive` tem acesso a `World`, você deve ser capaz de implementar essa restrição.

```
private void AddBee(Random random) {
  beeCount++;
  // Calcule o ponto inicial
  Point startPoint = // inicie perto do berçário
  Bee newBee = new Bee(beeCount, startPoint, world, this);
  world.Bees.Add(newBee);
}
```

Adicionamos a nova abelha à lista geral de abelhas do mundo.

Isto demonstra um dos motivos que tornam uma referência World necessária na classe Hive.

5 **Quando `Hive` criar abelhas, deixe que `World` saiba.**
A classe `World` usa um `List` de objetos abelha para controlar todas as abelhas que existem. Quando `Hive` criar um novo `Bee`, certifique-se de que o objeto `Bee` seja adicionado à lista geral que `World` mantém.

```
public World() {
  Bees = new List<Bee>();
  Flowers = new List<Flower>();
  Hive = new Hive(this);
  Random random = new Random();
    for (int i = 0; i < 10; i++)
      AddFlower(random);
}
```

Este passa a referência para o Hive.

Dê comportamento para as abelhas

Grande parte do código que falta nas nossas classes atuais está no método `Go()` de **`Bee`**. Conseguimos codificar alguns estados antes, mas ainda temos vários por fazer (`Idle` está incompleto, `FlyingToFlower` e parte de `MakingHoney`).

Vamos finalizar esses estados restantes agora:

```
public void Go(Random random) {
    Age++;
    switch (CurrentState) {
        case BeeState.Idle:
            if (Age > CareerSpan) {
                CurrentState = BeeState.Retired;
            } else if (world.Flowers.Count > 0
                 && hive.ConsumeHoney(HoneyConsumed)) {
                Flower flower =
                 world.Flowers[random.Next(world.Flowers.Count)];
                if (flower.Nectar >= MinimumFlowerNectar && flower.Alive) {
                    destinationFlower = flower;
                    CurrentState = BeeState.FlyingToFlower;
                }
            }
            break;
        case BeeState.FlyingToFlower:
            if (!world.Flowers.Contains(destinationFlower))
                CurrentState = BeeState.ReturningToHive;
            else if (InsideHive) {
                if (MoveTowardsLocation(hive.GetLocation("Exit"))) {
                    InsideHive = false;
                    location = hive.GetLocation("Entrance");
                }
            }
            else
                if (MoveTowardsLocation(destinationFlower.Location))
                    CurrentState = BeeState.GatheringNectar;
            break;
        case BeeState.GatheringNectar:
            double nectar = destinationFlower.HarvestNectar();
            if (nectar > 0)
                NectarCollected += nectar;
            else
                CurrentState = BeeState.ReturningToHive;
            break;
```

Se estivermos inativos, vamos querer encontrar outra flor para colher néctar.

Veja se ainda existem flores e, então, consuma mel suficiente para continuar. Do contrário, ficaremos parados.

Precisamos de outra flor viva e com néctar.

Supondo que tudo funcionou, vá para a nova flor.

Assegure-se que a flor não tenha morrido, pois nos dirigíamos para ela.

É por isso que passamos uma referência da colmeia para o construtor Bee.

Se pudermos chegar até a saída, estaremos fora da colmeia. Atualize nossa posição. Já que agora estamos no formulário do campo, devemos estar voando perto da entrada.

Se estamos fora da colmeia e a flor está viva, vá até ela para começar a coletar néctar.

Esta é a saída. Quando a colmeia armazena sua posição "Exit" (Saída), corresponde ao ponto no formulário Hive que mostra a figura de uma saída.

Esta é a entrada. Quando as abelhas voam de volta para a colmeia, vão em direção à entrada da colmeia no formulário do campo.

É por isso que o dicionário de posições tem dois pares de posições "Exit" e "Entrance" diferentes.

```
        case BeeState.ReturningToHive:
            if (!InsideHive) {
                if (MoveTowardsLocation(hive.GetLocation("Entrance"))) {
                    InsideHive = true;
                    location = hive.GetLocation("Exit");
                }
            }
            else
                if (MoveTowardsLocation(hive.GetLocation("HoneyFactory")))
                    CurrentState = BeeState.MakingHoney;
            break;
        case BeeState.MakingHoney:
            if (NectarCollected < 0.5) {
                NectarCollected = 0;
                CurrentState = BeeState.Idle;
            }
            else
                if (hive.AddHoney(0.5))
                    NectarCollected -= 0.5;
                else
                    NectarCollected = 0;
            break;
        case BeeState.Retired:
            // Não faça nada! Estamos aposentadas!
            break;
    }
}
```

Se chegamos à colmeia, atualize nossa posição e o status insideHive.

Se já estamos na colmeia, vamos em direção à fábrica de mel.

Tente dar este néctar para a colmeia.

Se a colmeia pode usar o néctar para fazer mel...

...remova-o da abelha.

Se a colmeia estiver cheia, AddHoney() retornará false e, neste caso, a abelha jogará fora o restante de néctar para poder voar para outra missão.

Uma vez que uma abelha se aposenta, ela fica parada até que Hive a remova da lista. Então, ela viaja para Miami!

PODER DO CÉREBRO

Suponha que você queira mudar o simulador para que leve dois turnos para chegar a uma flor e dois para ir de volta para a colmeia. Sem escrever código nenhum, quais ***métodos*** de quais classes você deveria mudar para colocar esse novo comportamento em funcionamento?

O formulário principal diz ao mundo para funcionar com Go()

Certo, você sabe que o mundo avança um quadro a cada vez que seu método `Go()` é chamado. Mas, o que chama esse método `Go()`? Óbvio, o formulário principal! É hora de desenvolvê-lo.

Vá em frente e adicione um novo formulário ao seu projeto. Faça com que ele pareça com o formulário abaixo. Estamos usando alguns controles novos, mas vamos explicar todos eles nas próximas páginas.

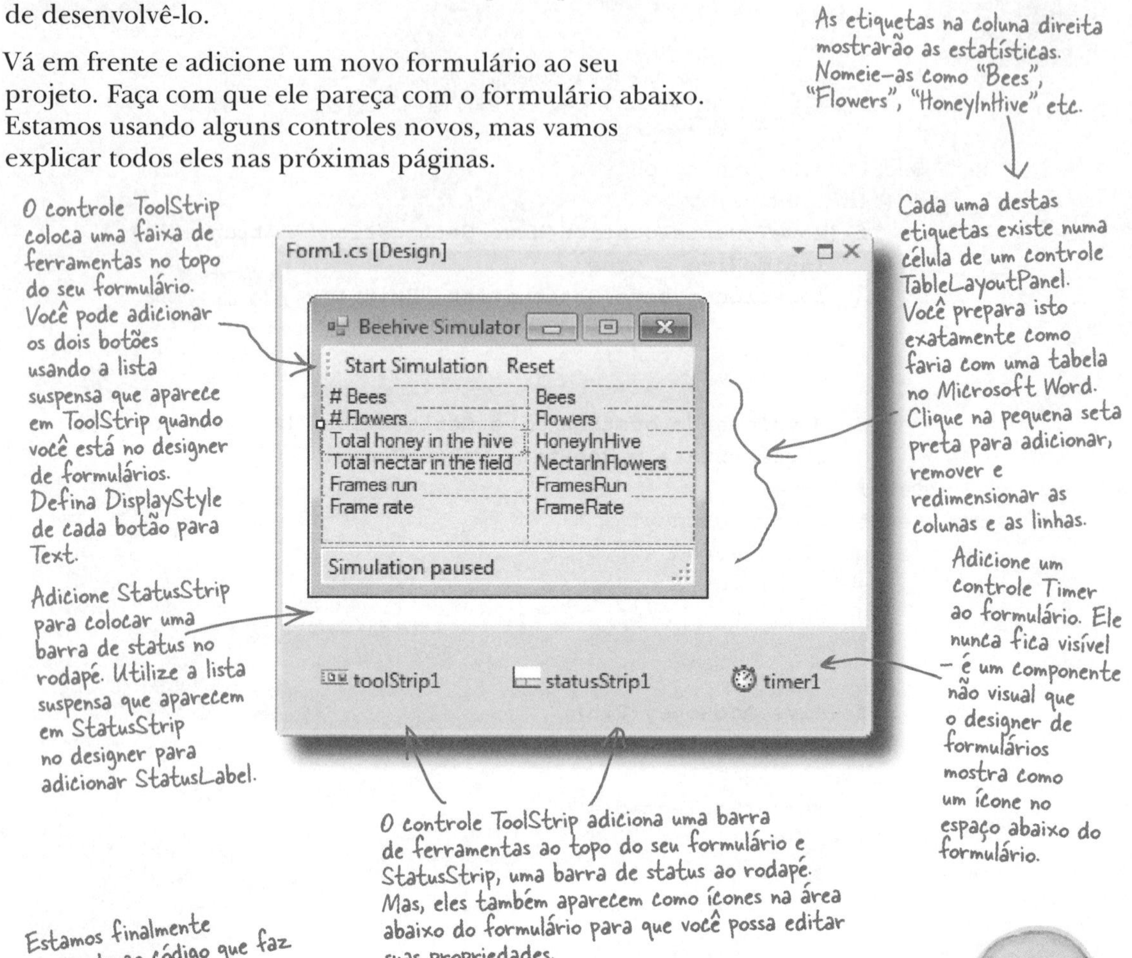

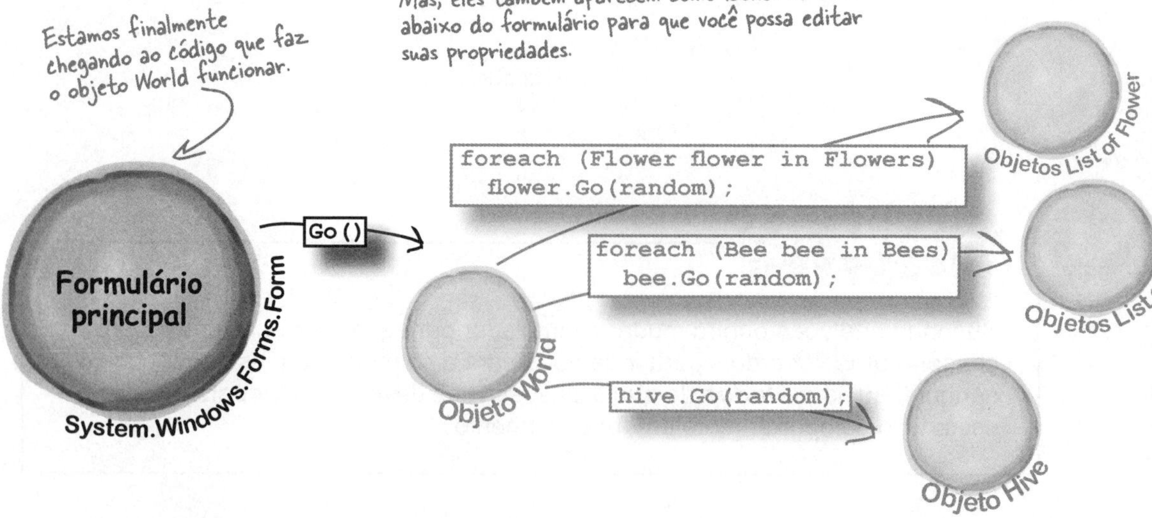

Podemos usar World para obter estatísticas

Agora, queremos que todos esses controles funcionem. Mas, não precisamos de manipuladores de clique para cada um; em vez disto, vamos usar um único método que atualizará as diferentes estatísticas na janela do simulador (explicaremos `framesRun` em breve):

Isto indica quanto tempo passou num turno... teremos que enviar este parâmetro de algum outro lugar, mas veremos isso daqui a algumas páginas.

A maior parte disto envolve conseguir dados do mundo e atualizar as etiquetas.

```
private void UpdateStats(TimeSpan frameDuration) {
    Bees.Text = world.Bees.Count.ToString();
    Flowers.Text = world.Flowers.Count.ToString();
    HoneyInHive.Text = String.Format("{0:f3}", world.Hive.Honey);
    double nectar = 0;
    foreach (Flower flower in world.Flowers)
        nectar += flower.Nectar;
    NectarInFlowers.Text = String.Format("{0:f3}", nectar);
    FramesRun.Text = framesRun.ToString();
    double milliSeconds = frameDuration.TotalMilliseconds;
    if (milliSeconds != 0.0)
        FrameRate.Text = string.Format("{0:f0} ({1:f1}ms)",
                                     1000 / milliSeconds, milliSeconds);
    else
        FrameRate.Text = "N/A";
}
```

Coincida os nomes de sua etiqueta no formulário com seu código.

Imprima o primeiro parâmetro como um número sem casas decimais, depois um espaço, então imprima o segundo parâmetro com uma casa decimal seguida das letras "ms" (entre parênteses).

A velocidade de projeção é o número de turnos por segundo. Estamos usando um objeto TimeSpan para armazenar quanto tempo levou para executar o quadro. Dividimos 1000 pelo número de milissegundos que levou para executar o quadro – isto nos dá o número total de milissegundos que levou para executar o último quadro.

Adicione este método a Form1.

Opa! De onde veio o objeto World... ainda não o criamos, criamos? E o que é essa coisa toda de tempo e quadros?

Falaremos mais sobre isto quando criarmos o objeto TimeSpan.

Vamos criar World

Você está certo, precisamos criar um objeto `World`. Adicione esta linha ao construtor de seu formulário:

```
public Form1() {
    InitializeComponent();
    world = new World();
}
```

Vá em frente e adicione um campo privado `World` ao seu formulário, chamado `world`.

Isto apenas deixa todo o código relacionado ao tempo. Sempre dissemos que precisávamos de uma forma de executar `Go()` em `World` repetidamente... parece que precisamos de algum tipo de timer.

Este código usa o mesmo método String.Format() usado no despejo em hexa. Mas, em vez de imprimir em hexa usando "x2", você usa "f3" para mostrar o número com três casas decimais.

Pare um minuto e crie um novo projeto para ver como os timers funcionam. Então, voltaremos para o simulador e colocaremos esse novo conhecimento em uso.

Timers inicializam eventos repetidamente

Lembra de como você usou um loop para animar os cães? Bom, existe uma forma melhor de fazer isso. Um **timer** é um componente especialmente útil que inicializa um evento repetidamente até mil vezes por segundo.

Faça isto

1. **Crie um novo projeto com um timer e três botões**
   Você não precisa fechar seu projeto atual; apenas abra uma nova instância do Visual Studio e inicie um novo projeto. Arraste um timer e três botões para o formulário. Clique no ícone do timer na parte inferior do designer e defina 1000 para sua propriedade Interval. Esse número é medido em milissegundos – ele diz ao timer para inicializar seu evento tique uma vez por segundo.

2. **Abra a janela Properties do IDE e clique no botão `Events`.**
   (Lembre-se, o botão Events (Eventos) parece um raio e permite que você gerencie os eventos de qualquer um dos controles do seu formulário.) O controle timer tem exatamente um evento, Tick. **Clique no ícone Timer** no designer, então **duas vezes em sua linha** na página Events e o IDE criará um novo método do manipulador de eventos para você e irá associá-lo à propriedade automaticamente.

Você também pode, simplesmente, clicar duas vezes no ícone do Timer para adicionar o manipulador de evento ao invés de usar a janela Properties

O botão Events na janela Properties (Propriedades) permite trabalhar com todos os eventos de cada um dos seus controles.

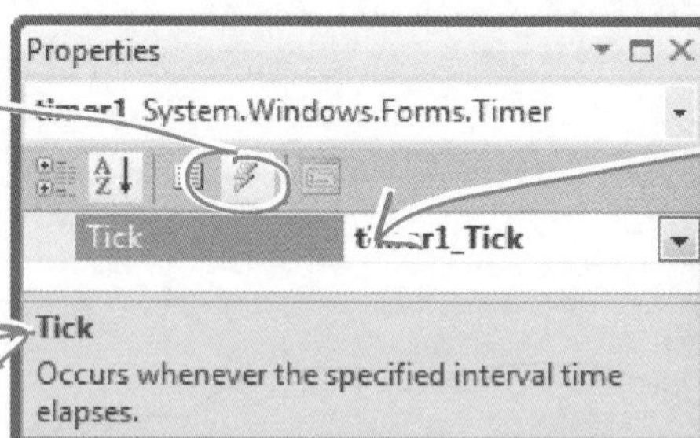

O controle Timer tem um evento Tick. Se você clicar aqui duas vezes, o IDE criará um método do manipulador de eventos automaticamente.

A parte de baixo da janela tem uma descrição do evento.

3. **Adicione código ao evento `Tick` e aos seus botões**
   Eis aqui um código que vai ajudá-lo a ter uma noção de como o timer funciona:

```
private void timer1_Tick(object sender, EventArgs e) {
    Console.WriteLine(DateTime.Now.ToString());
}
private void toggleEnabled_Click(object sender, EventArgs e) {
    if (timer1.Enabled)
        timer1.Enabled = false;
    else
        timer1.Enabled = true;
}
private void startTimer_Click(object sender, EventArgs e){
    timer1.Start();
    Console.WriteLine("Enabled = " + timer1.Enabled);
}
private void stopTimer_Click(object sender, EventArgs e) {
    timer1.Stop();
    Console.WriteLine("Enabled = " + timer1.Enabled);
}
```

Esta instrução escreve a data e a hora atuais na saída. Verifique a janela de saída para ter certeza de que o evento Tick seja inicializado uma vez a cada segundo (a cada 1000 milissegundos).

Este botões permitem lidar com a propriedade Enabled e os métodos Start() e Stop(). O primeiro botão troca Enabled entre true e false, e os outros dois chamam os métodos Start() e Stop().

A propriedade Enabled de timer inicia e para o timer.

O método Start() de timer inicia o timer e define Enabled para true. O método Stop() para o timer e define Enabled para false.

O timer está usando um manipulador de eventos nos bastidores

O evento Tick do timer é um manipulador de eventos comum e diário, exatamente como aqueles para lidar com os cliques do botão.

Nos bastidores

Como o C# e o .NET dizem ao timer o que fazer a cada ciclo? Como o método `timer1_Tick()` é executado a cada vez que o timer marca? Bom, estamos de volta aos **eventos** e aos **representantes**, exatamente o que falamos no capítulo anterior. Use o recurso "Go To Definition" (Ir Para Definição) do IDE para lembrar como o representante `EventHandler` funciona:

4. **Clique com o botão direito na variável timer1 e selecione "Go To Definition"**
O recurso "Go To Definition" fará com que o IDE automaticamente salte para o local no código onde a variável `timer1` é definida. O IDE saltará para o código criado para adicionar `timer1` como uma propriedade do objeto `Form1` em `Form1.Designer.cs`. Suba no arquivo até achar esta linha:

```
this.timer1.Tick += new System.EventHandler(this.timer1_Tick);
```

Este é o evento Tick do seu controle timer. Você definiu isto para ocorrer a cada 1000 milissegundos.

Eis aqui um dos representantes de System: o manipulador de eventos básico. É um representante... um ponteiro para um ou mais métodos.

Aqui está o método que você acabou de escrever, timer1_Tick( ). Você está dizendo ao representante para apontar para esse método.

5. **Agora, clique com o botão direito em EventHandler e selecione "Go To Definition"**
O IDE pulará automaticamente para o código que define `EventHandler`. Dê uma olhada no nome da nova aba que se abre para exibir o código: "EventHandler [from metadata]". Ou seja, o código que define `EventHandler` não está em seu código. Ele é predefinido no .NET Framework e o IDE gerou uma linha "falsa" de código para mostrar como ele é representado:

```
public delegate void EventHandler(object sender, EventArgs e);
```

Cada evento é do tipo EventHandler. Então, nosso evento Tick agora aponta para o método timer1_Tick( ).

Eis aqui porque todo evento no C# geralmente tem os parâmetros Object e EventArgs – essa é a forma do representante que o C# define para o tratamento de eventos.

PODER DO CÉREBRO

Que código você escreveria para executar o método Go() de World 10 vezes por segundo em nosso simulador de colmeia?

Adicione um timer ao simulador

Vamos adicionar um timer ao simulador. Você já tem um controle timer, provavelmente chamado `timer1`. Em vez de usar o IDE para gerar um método `timer1_Tick()`, vamos associar timer a um método do manipulador de eventos chamado `RunFrame()` manualmente:

DateTime e TimeSpan

O .NET usa a classe DateTime para armazenar informações sobre uma hora e sua propriedade Now retorna a data e a hora atuais. Se você quiser achar a diferença entre as duas horas, use um objeto TimeSpan: apenas subtraia um objeto DateTime de outro e isso retornará um objeto TimeSpan que mantém a diferença entre elas.

TimeSpan tem propriedades, tais como Days, Hours, Seconds e Milliseconds, que permitem medir o lapso de tempo em diferentes unidades.

```
public partial class Form1 : Form {
  World world;
  private Random random = new Random();
  private DateTime start = DateTime.Now;
  private DateTime end;
  private int framesRun = 0;

  public Form1() {
    InitializeComponent();
    world = new World();

    timer1.Interval = 50;
    timer1.Tick += new EventHandler(RunFrame);
    timer1.Enabled = false;
    UpdateStats(new TimeSpan());
  }

  private void UpdateStats(TimeSpan frameDuration) {
    // O código de antes para atualizar as estatísticas
  }

  public void RunFrame(object sender, EventArgs e) {
    framesRun++;
    world.Go(random);
    end = DateTime.Now;
    TimeSpan frameDuration = end - start;
    start = end;
    UpdateStats(frameDuration);
  }
}
```

Você já deve ter uma propriedade World de antes.

Isto será usado para descobrir por quanto tempo a abelha do simulador está em execução em um determinado ponto.

Queremos controlar quantos quadros – ou turnos – passaram-se.

Execute a cada 50 milissegundos.

Definimos a sub-rotina para nosso próprio método, RunFrame( ).

O Timer inicia.

Um segundo tem 1000 milissegundos, portanto nosso timer marcará 20 vezes por segundo.

Também iniciamos atualizando as estatísticas, com um novo TimeSpan (O tempo transcorrido).

Aumente a contagem dos quadros e informe a World para continuar com Go().

Depois, determinamos o tempo transcorrido desde que o último quadro foi executado.

Finalmente, atualize as estatísticas de novo com a nova duração de tempo.

Exercício

Sua tarefa é escrever os manipuladores de evento para os botões **Start Simulation** (Iniciar Simulação) e **Reset** (Redefinir) em ToolStrip. Eis o que cada botão deve fazer:

Se você ainda não arrastou ToolStrip e StatusStrip da caixa de ferramentas para o formulário, faça isto agora.

1. Inicialmente, o primeiro botão deve apresentar o texto "Start Simulation". Pressioná-lo deverá fazer a simulação iniciar e a etiqueta deverá mudar para "Pause Simulation" (Pausar Simulação). Se a simulação estiver em pausa, o botão deverá ter o texto "Resume simulation" (Recomeçar simulação).

2. O segundo botão deve ter o texto "Reset". Quando ele for pressionado, o mundo deverá ser recriado. Se o timer estiver em pausa, o texto do primeiro botão deverá mudar de "Resume Simulation" para "Start Simulation".

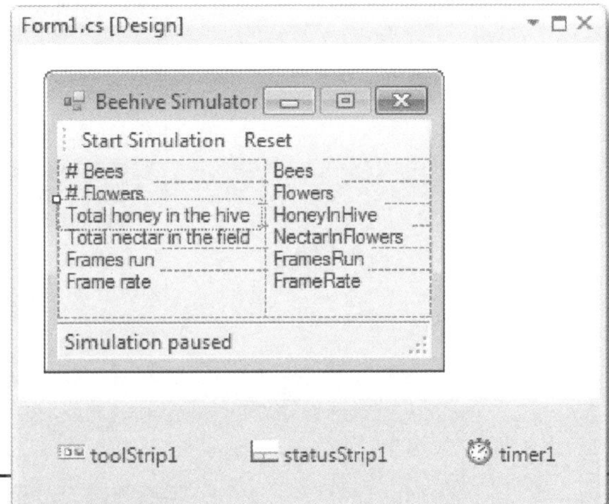

Não existe uma única resposta para esta pergunta – queremos que você pense a respeito do que ainda falta fazer.

Aponte o seu lápis

Apenas clique duas vezes em um botão ToolStrip no designer para fazer o IDE adicionar seu manipulador de eventos, exatamente como um botão normal.

O que você acha que resta fazer nesta fase do simulador? Tente executar o programa. Escreva tudo que você acha que ainda precisa fazer antes de ir para o gráfico.

....

....

....

....

....

....

....

Não existem Perguntas Idiotas

P: Usamos o termo "turno", mas estamos agora falando de quadros. Qual a diferença?

R: Semântica, apenas. Ainda estamos lidando com turnos: pequenas partes de tempo durante o qual cada objeto do mundo age. Mas, já que em breve colocaremos alguns gráficos pesados, começamos a usar "quadro" como em uma velocidade de projeção de jogos gráficos.

Exercício Solução

Sua tarefa foi escrever os manipuladores de evento para os botões Start Simulation e Reset:

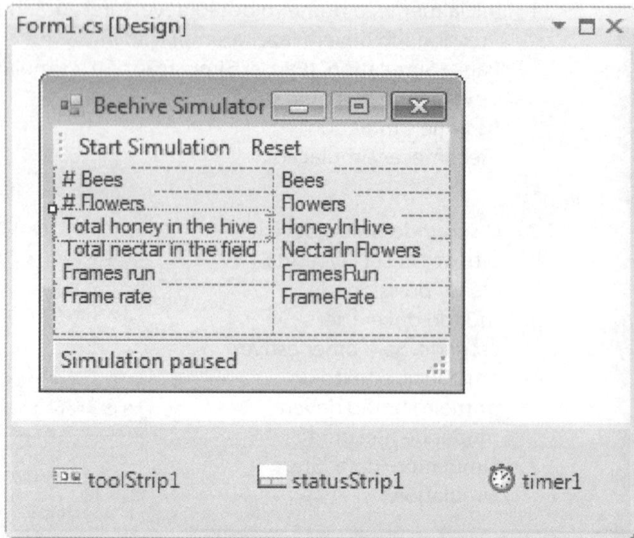


```
public partial class Form1 : Form {
// O código existente do formulário permanece sem alteração
  private void startSimulation_Click(object sender, EventArgs e) {
    if (timer1.Enabled) {
        toolStrip1.Items[0].Text = "Resume simulation";
        timer1.Stop();
    } else {
        toolStrip1.Items[0].Text = "Pause simulation";
        timer1.Start();
    }
  }

  private void reset_Click(object sender, EventArgs e) {
    framesRun = 0;
    world = new World();
    if (!timer1.Enabled)
        toolStrip1.Items[0].Text = "Start simulation";
  }
}
```

Certifique-se de que os nomes dos controles em seu formulário sejam os mesmos usados no código.

Muda o timer e atualiza a mensagem.

Redefinir o simulador é apenas uma questão de recriar a instância World e redefinir framesRun.

O único momento em que precisamos mudar a etiqueta do primeiro botão é quando ele diz "Resume simulation". Se ele disser "Pause simulation", isso não precisará ser alterado.

Teste drive

Você já fez muita coisa. Compile seu código, corrija qualquer erro de digitação e execute o simulador. Como ele se comporta?

Seus botões para iniciar/pausar e redefinir devem funcionar.

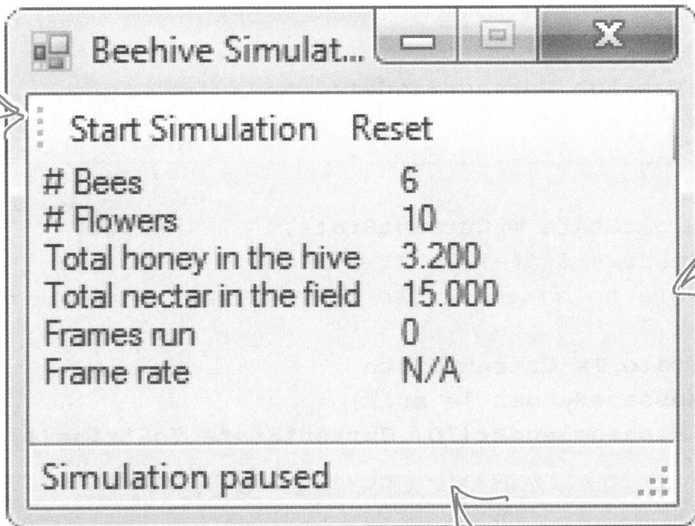

Parece ótimo! Estes números devem ser atualizados à medida que a simulação avança.

Hummm... nossa faixa de status parece ser a única coisa que não funciona.

Exercício

Eis aqui a sua chance de juntar tudo o que aprendeu até agora. Precisamos permitir que as abelhas digam ao simulador o que estão fazendo. Quando elas fizerem isso, o simulador deverá atualizar a mensagem de status no simulador. Desta vez, deixaremos para você não só escrever a maior parte do código, mas também determinar qual código precisa ser escrito. Como você pode ter um método no simulador que seja chamado sempre que uma abelha muda de estado?

Para ajudar um pouco, escrevemos o método para adicionar ao formulário. A classe Bee deve chamá-lo sempre que seu estado mudar:

* Certo, mais uma dica. Você deverá modificar todas as classes, menos uma, para fazer isto funcionar.

```
private void SendMessage(int ID, string Message) {
  statusStrip1.Items[0].Text = "Bee #" + ID + ": " + Message;
}
```

Exercício Solução

Sua tarefa era descobrir uma forma das abelhas informarem ao simulador sobre o que elas estão fazendo.

Eis o que adicionamos à classe Bee.

Usamos um **callback** para associar cada objeto abelha individual ao método SendMessage() do formulário.

Ele usa um representante chamado BeeMessage que tem um ID da abelha e uma mensagem. A abelha usa-o para enviar mensagens de volta para o formulário.

```
class Bee {
  // o código existente
  public BeeMessage MessageSender;

  public void Go(Random random) {
    Age++;
    BeeState oldState = CurrentState;
    switch (currentState) {
     // o restante da instrução switch continua o mesmo
    }
    if (oldState != CurrentState
        && MessageSender != null)
           MessageSender(ID, CurrentState.ToString());
  }
}
```

Se o status da abelha mudar, chamamos de volta o método para o qual nosso representante BeeMessage aponta e informamos esse método sobre a alteração do status.

Aqui estão as mudanças feitas em Hive.

Hive precisa de um representante também, assim pode passar para as abelhas os métodos a chamar quando são criadas em AddBee().

```
class Hive {
  // código existente
  public BeeMessage MessageSender;

  public Hive(World world, BeeMessage MessageSender) {
    this.MessageSender = MessageSender;
    // código existente do construtor
  }

  public void AddBee(Random random) {
    // código existente de AddBee()
    Bee newBee = new Bee(beeCount, startPoint, world, this);
    newBee.MessageSender += this.MessageSender;
    world.Bees.Add(newBee);
}
```

AddBee() agora deve certificar-se de que cada abelha nova receba o método para o qual aponta.

```
public delegate void BeeMessage(int ID, string Message);
```

BeeMessage é nosso representante. Ele também coincide com o método SendMessage() que escrevemos para o formulário. Adicione-o ao seu próprio arquivo chamado BeeMessage.cs – deve estar no namespace, mas fora de qualquer classe.

A classe World exibiu algumas alterações também.

```
class World {
  // o código existente

  public World(BeeMessage messageSender) {
    Bees = new List<Bee>();
    Flowers = new List<Flower>();
    Hive = new Hive(this, messageSender);
    Random random = new Random();
    for (int i = 0; i < 10; i++)
        AddFlower(random);
  }
}
```

World não precisa de um representante próprio. Apenas passa o método a chamar para a instância Hive.

Por último, mas não menos importante, eis o formulário atualizado. Tudo que não está sendo mostrado continua inalterado.

```
public partial class Form1 : Form {
  // declarações da variável

  public Form1() {
    InitializeComponent();
    world = new World(new BeeMessage(SendMessage));
    // o restante do construtor Form1
  }

  private void reset_Click(object sender, EventArgs e) {
    framesRun = 0;
    world = new World(new BeeMessage(SendMessage));
    if (!timer1.Enabled)
        toolStrip1.Items[0].Text = "Start simulation";
  }

  private void SendMessage(int ID, string Message) {
    statusStrip1.Items[0].Text = "Bee #" + ID + ": " + Message;
  }
}
```

Criamos um novo representante a partir da classe Bee (certifique-se de ter declarado BeeMessage como public) e apontamos para nosso método SendMessage().

A mesma coisa aqui... crie o mundo com o método para as abelhas chamarem de volta.

Este é o método que escrevemos para você... adicione-o também.

Vamos trabalhar com grupos de abelhas

Suas abelhas devem estar zumbindo por aí em volta da colmeia e do campo, e sua simulação deve estar funcionando! Não é legal? Mas como ainda não temos a parte visual do simulador – é o que faremos no próximo capítulo – toda a informação que temos até então são as mensagens enviadas de volta pelas abelhas com seus callbacks para o formulário principal. Então, vamos adicionar mais alguma coisa a respeito do que as abelhas estão fazendo.

Você já tem o formulário atualizando estas estatísticas e mostrando mensagens enviadas pelas abelhas conforme realizam suas tarefas.

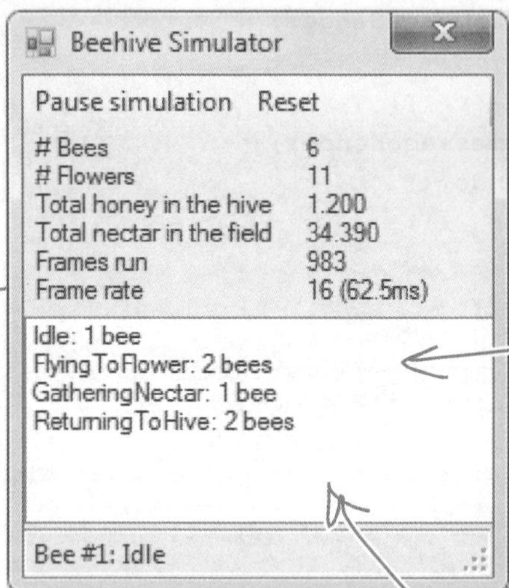

Vá em frente e adicione um ListBox ao formulário. Vamos usá-lo para mostrar algumas estatísticas adicionais sobre as abelhas no mundo.

A todo momento, há abelhas voando por aí. O novo ListBox mostrará quantas delas estão fazendo quais trabalhos. Neste caso, duas estão voando para as flores, uma está em uma flor recolhendo néctar, outra está retornando para a colmeia, e duas estão na fábrica transformando o néctar em mel.

PODER DO CÉREBRO

Você já sabe o suficiente para recolher as informações necessárias para preencher o `ListBox`; pare um minuto e pense como isso poderia funcionar. É um pouco mais complexo do que parece. O que você precisa fazer para determinar quantas abelhas estão em cada um dos vários estados `Bee.State`?

Uma coleção coleciona... DADOS

Nossas abelhas estão armazenadas em um `List<Bee>`, que é um dos tipos de coleção. E os tipos de coleção servem somente para armazenar dados... como um banco de dados. Assim, cada abelha é como uma linha de dados, completa com um estado, ID etc. Eis como nossas abelhas ficam como uma coleção de objetos:

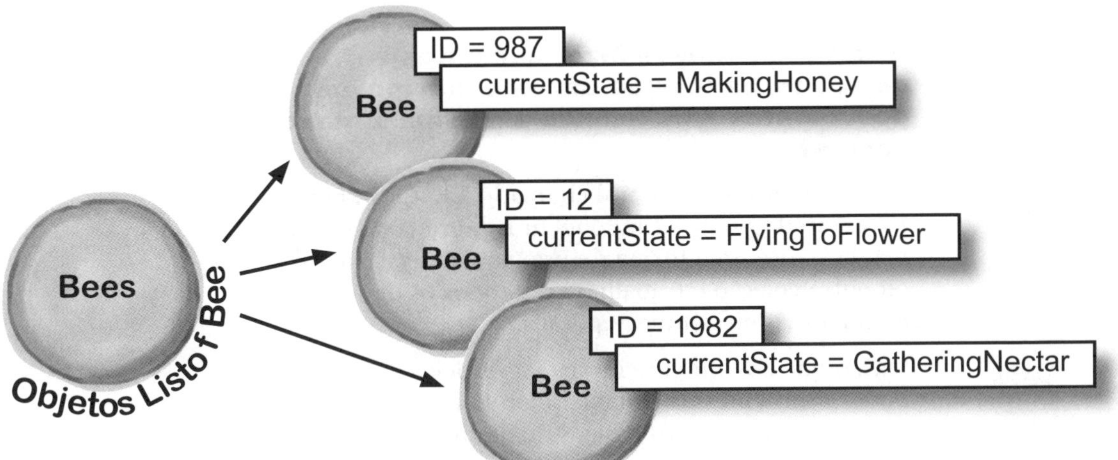

Há muitos dados nos campos dos objetos Bee. Você pode *quase* pensar numa coleção de objetos como pensa a respeito das linhas em um banco de dados. Cada objeto mantém dados em seus campos, como cada linha em um banco de dados mantém dados em suas colunas.

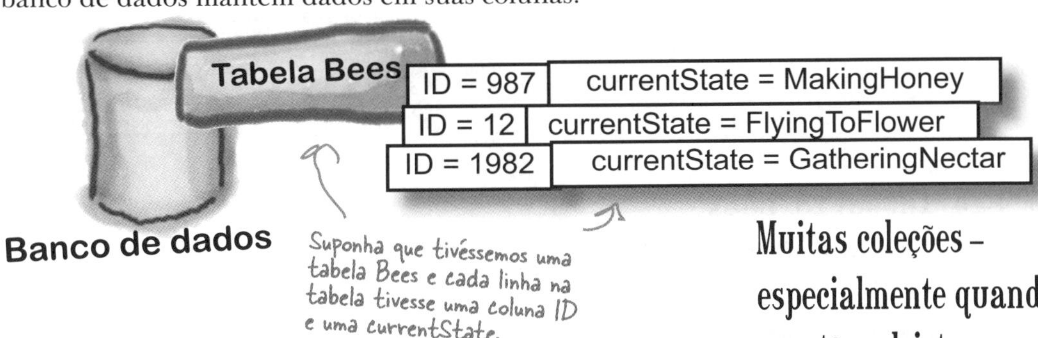

Muitas coleções – especialmente quando mantêm objetos – podem ser encaradas como armazenamentos de dados, exatamente como um banco de dados.

Quem se importa se eu posso **pensar** numa coleção como se ela fosse um banco de dados se eu não posso **usá**-la como um banco de dados? Que perda de tempo...

E se você pudesse fazer consultas em coleções, bancos de dados e mesmo em documentos XML usando a mesma sintaxe básica?

O C# tem um recurso útil chamado **LINQ** (**Language INtegrated Query** – Linguagem Integrada de Consulta). Ela dá a você uma forma de usar um array, lista, pilha, fila ou outra coleção e trabalhar com todos os dados internos de uma vez numa única operação.

Mas, o que é realmente incrível a respeito do LINQ é poder usar a mesma sintaxe que funciona com as coleções, para trabalhar com os bancos de dados.

Na maior parte do Capítulo 15, nós trabalharemos com o LINQ.

Uma consulta QUERY funciona essencialmente da mesma forma com os dados em uma coleção ou banco de dados.

```
var beeGroups =
  from bee in world.Bees
  group bee by bee.CurrentState
  into beeGroup
  orderby beeGroup.Key
  select beeGroup;
```

LINQ

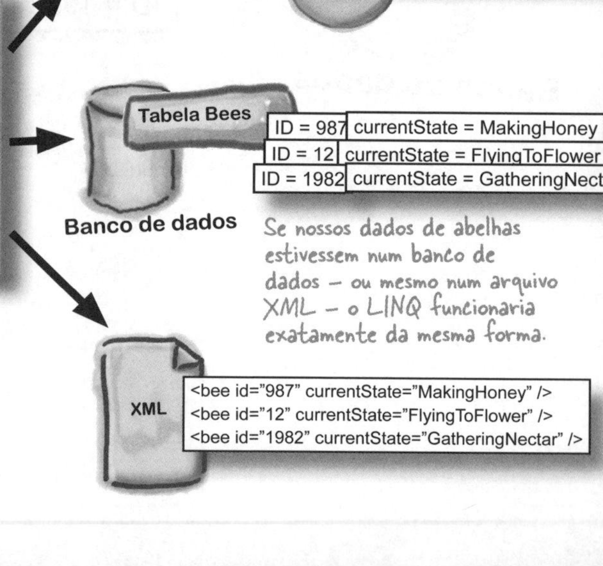

O LINQ facilita trabalhar com dados em coleções e bancos de dados

Empregaremos um capítulo inteiro para aprender o LINQ, em breve, mas podemos usá-lo e um Código Pronto para adicionar alguns recursos extras ao nosso simulador. O Código Pronto é algo que você deve digitar e não importa se não o entende. Você aprenderá sobre como ele funciona no Capítulo 15.

CÓDIGO Pronto

```
private void SendMessage(int ID, string Message) {
    statusStrip1.Items[0].Text = "Bee #" + ID + ": " + Message;
    var beeGroups =
      from bee in world.Bees
      group bee by bee.CurrentState into beeGroup
      orderby beeGroup.Key
      select beeGroup;
    listBox1.Items.Clear();
    foreach (var group in beeGroups) {
        string s;
        if (group.Count() == 1)
            s = "";
        else
            s = "s";
        listBox1.Items.Add(group.Key.ToString() + ": "
                         + group.Count() + " bee" + s);
        if (group.Key == BeeState.Idle
         && group.Count() == world.Bees.Count()
         && framesRun > 0) {
            listBox1.Items.Add("Simulation ended: all bees are idle");
            toolStrip1.Items[0].Text = "Simulation ended";
            statusStrip1.Items[0].Text = "Simulation ended";
            timer1.Enabled = false;
        }
    }
}
```

Esta é a consulta LINQ. Ela obtém todas as abelhas na coleção Bees e as agrupa pela sua propriedade CurrentState.

A Key do grupo é o CurrentState da abelha, logo, esta será a ordem em que os estados serão mostrados no formulário.

Certifique-se de que este nome seja o mesmo da caixa de listagem no seu formulário.

beeGroups vem da consulta LINQ. Podemos contar seus membros e fazer uma iteração neles.

Este pedaço do código certifica-se de que seja escrito: "1 bee" (1 abelha) e "3 bees" (3 abelhas), mantendo o plural correto.

Finalmente, adicione o status do grupo (sua chave) e a contagem à caixa de listagem.

Eis aqui outro recurso ótimo. Já que sabemos quantas abelhas estão inativas...

...podemos ver se TODAS estão. Se for o caso, a colmeia estará sem mel, então, pararemos a simulação.

Relaxe

Aprenderemos muito a respeito do LINQ nos próximos capítulos.

Você não precisa memorizar a sintaxe do LINQ ou tentar enfiar tudo isso na sua cabeça agora. Iremos praticá-la bem mais no Capítulo 15.

Teste drive (Parte 2)

Vá em frente, compile seu código e execute o projeto. Se qualquer erro for encontrado, faça uma dupla checagem na sua sintaxe, especialmente no novo código LINQ. Depois, inicie o simulador!

O timer no seu formulário controla a execução da simulação.

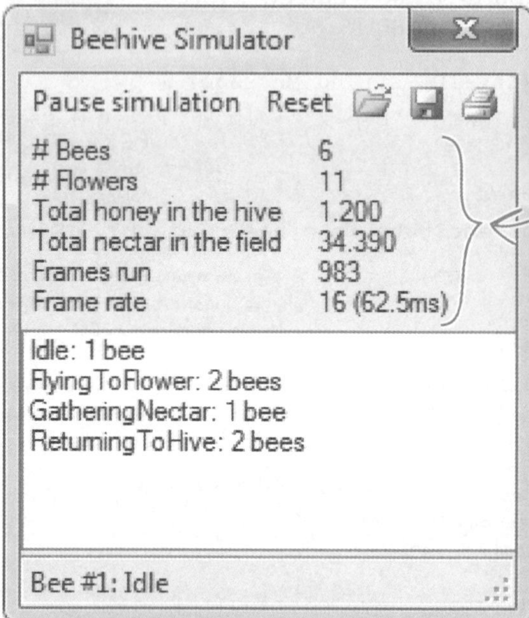

Você adicionará estes itens padrão e manipuladores para fazê-los funcionar.

Estas estatísticas vêm do formulário que consulta o objeto World.

O LINQ consulta suas coleções para lhe fornecer estes dados a cada turno.

Quando um objeto tem um método associado a um representante ou um manipulador de eventos em outro objeto, isso é uma referência que a serialização tentara seguir.

Portanto, se você tentar serializar um objeto que tinha um manipulador de eventos atendendo um evento em um controle, e não marcá-lo como [NonSerialized], ele tentará serializar o controle, que irá gerar um SerializationException.

Abelhas chamam o formulário do simulador para atualizá-lo sempre que seu status muda.

[NonSerialized] impede os dados de serem serializados

Algumas vezes, você deseja serializar parte de um objeto, não todo ele. Ele pode ter dados que você não deseja gravados no disco. Digamos que você esteja desenvolvendo um sistema no qual um usuário se conecta e queira salvar um objeto que armazena as opções do usuário e as definições em um arquivo. Você poderá marcar o campo password com o atributo [NonSerialized]. Assim, quando selecionar com Serialize() um objeto, ele pulará esse campo.

O atributo [NonSerialized] é especialmente útil quando seu objeto tem uma referência para um objeto que não é serializável. Por exemplo, se você tentar serializar Form, Serialize() irá gerar um SerializationException. Portanto, se nosso objeto tiver uma referência para um objeto Form, então quando você tentar serializá-lo, o serializador seguirá esse link e tentará serializar Form também... que irá gerar essa exceção. Mas, se você marcar o campo que mantém a referência com o atributo [NonSerialized], então Serialize() não seguirá a referência.

Um desafio final: Abra e Salve

Estamos quase prontos para começar com os gráficos e tornar nosso simulador agradável aos olhos. Primeiro, no entanto, faremos mais uma coisa com esta versão: permitir carregar, salvar e imprimir as estatísticas das abelhas.

Você adicionará o botão Print (Imprimir) agora – faremos com que ele imprima uma página de status para a colmeia no próximo capítulo.

1 **Adicione os ícones Open, Save e Print**

O controle ToolStrip tem um recurso muito útil ele pode inserir automaticamente botões com imagem para os ícones padrão: novo, abrir, salvar, cortar, copiar, colar e ajuda. Apenas clique duas vezes no ícone ToolStrip na parte inferior da janela Form Designer (Designer de Formulários) e selecione "**Insert Standard Items**" (Inserir Itens Padrão). Então, clique no primeiro item – é o ícone para "new" (novo) – e apague-o. Mantenha os próximos três porque são os de que precisamos (abrir, salvar e imprimir). Depois vem um separador e você pode apagá-lo ou movê-lo para ficar entre os botões Reset e Save. Depois, apague o restante dos botões. Defina sua propriedade **CanOverflow** para false (para que não adicione um botão de menu Overflow (Estourar) à direita da barra de ferramentas) e sua propriedade **GripStyle** para Hidden (para que remova o controle de dimensionamento do lado esquerdo).

2 **Adicione os manipuladores de evento dos botões**

Os novos botões padrão são chamados de `openToolStripButton`, `saveToolStripButton` e `printToolStripButton`. Clique duas vezes neles para adicionar seus manipuladores de evento.

Exercício

Adicione um código para fazer os botões Save e Open funcionarem.

1. Faça com que o botão Save (Salvar) serialize o mundo num arquivo. O botão Save deve parar o timer (ele pode reiniciá-lo depois de salvar, caso o simulador esteja em execução). Ele deve exibir a caixa de diálogo Save e, se o usuário especificar um nome de arquivo, deverá serializar o objeto `World` e o número de quadros que foram executados.

Quando você tentar serializar o objeto `World`, ele irá gerar um `SerializationException` com esta mensagem: `Type 'Form1' is not marked as serializable` (O tipo 'Form1' não está marcado como serializável). É porque o serializador encontrou um dos campos `BeeMessage` e tentou segui-lo. Como o representante foi associado a um campo no formulário, o serializador tentou serializar o formulário também.

Corrija este problema adicionando o atributo **[NonSerialized]** aos campos **MessageSender** nas classes `Hive` e `Bee`, portanto o .NET não tenta e serializa o código para o qual seus representantes apontam.

2. Faça o botão Open desserializar o mundo a partir de um arquivo. Cuide do timer do mesmo jeito como o botão Save: abra uma caixa de diálogo Open (Abrir), desserialize World e o número de quadros executados a partir do arquivo selecionado. Aí, você pode associar o representante `MessageSender` novamente e recomeçar o timer (se necessário).

3. Não se esqueça do tratamento de exceções! Certifique-se de que o mundo esteja em boa forma se acontecer algum problema ao ler ou escrever no arquivo. Considere abrir uma mensagem de erro legível para humanos indicando o que aconteceu de errado.

Exercício Solução

Seu trabalho era fazer os botões Save e Open funcionarem.

```
using System.IO;

using System.Runtime.Serialization.Formatters.Binary;
```

Não se esqueça das instruções using extras.

Você deverá fazer com que as classes World, Hive, Flower e Bee sejam serializáveis. Quando você serializar o mundo, o .NET encontrará as referências para os objetos Hive, Flower e Bee e irá serializá-las também.

```
[Serializable]
class World {

[Serializable]
class Hive {

[Serializable]
class Flower {

[Serializable]
class Bee {
```

```
[NonSerialized]
public BeeMessage MessageSender;
```

Certifique-se de que os campos MessageSender nas classes Hive e Bee sejam marcados como [NonSerialized].

Eis o código para o botão Salve.

```
private void saveToolStripButton_Click(object sender, EventArgs e) {
    bool enabled = timer1.Enabled;
    if (enabled)
        timer1.Stop();

    SaveFileDialog saveDialog = new SaveFileDialog();
    saveDialog.Filter = "Simulator File (*.bees)|*.bees";
    saveDialog.CheckPathExists = true;
    saveDialog.Title = "Choose a file to save the current simulation";
    if (saveDialog.ShowDialog() == DialogResult.OK) {
        try {
            BinaryFormatter bf = new BinaryFormatter();
            using (Stream output = File.OpenWrite(saveDialog.FileName)) {
                bf.Serialize(output, world);
                bf.Serialize(output, framesRun);
            }
        }
        catch (Exception ex) {
            MessageBox.Show("Unable to save the simulator file\r\n" + ex.Message,
              "Bee Simulator Error", MessageBoxButtons.OK, MessageBoxIcon.Error);
        }
    }
    if (enabled)
        timer1.Start();
}
```

Decidimos usar ".bees" como a extensão para os arquivos de gravação do simulador.

É aqui que o mundo é salvo num arquivo.

Lembre-se, quando serializamos World, tudo referido é serializado... todas as abelhas, flores e a colmeia.

Depois que salvamos o arquivo, podemos reiniciar o timer (se nós o paramos).

Aqui está o código para o botão Open.

```
private void openToolStripButton_Click(object sender, EventArgs e) {
    World currentWorld = world;
    int currentFramesRun = framesRun;

    bool enabled = timer1.Enabled;
    if (enabled)
        timer1.Stop();

    OpenFileDialog openDialog = new OpenFileDialog();
    openDialog.Filter = "Simulator File (*.bees)|*.bees";
    openDialog.CheckPathExists = true;
    openDialog.CheckFileExists = true;
    openDialog.Title = "Choose a file with a simulation to load";
    if (openDialog.ShowDialog() == DialogResult.OK) {
        try {
            BinaryFormatter bf = new BinaryFormatter();
            using (Stream input = File.OpenRead(openDialog.FileName)) {
                world = (World)bf.Deserialize(input);
                framesRun = (int)bf.Deserialize(input);
            }
        }
        catch (Exception ex) {
      MessageBox.Show("Unable to read the simulator file\r\n" + ex.Message,
      "Bee Simulator Error", MessageBoxButtons.OK, MessageBoxIcon.Error);
            world = currentWorld;
            framesRun = currentFramesRun;
        }
    }

    world.Hive.MessageSender = new BeeMessage(SendMessage);
    foreach (Bee bee in world.Bees)
        bee.MessageSender = new BeeMessage(SendMessage);
    if (enabled)
        timer1.Start();
}
```

Antes de abrir o arquivo e ler algo dele, salve uma referência para o mundo atual e framesRun. Se ocorrer um problema, você poderá retornar para elas e manter tudo funcionando.

Configure a caixa de diálogo Open e abra-a.

using garante que o stream seja fechado.

Eis onde desserializamos o mundo e o número de quadros executados para o arquivo.

Se as operações do arquivo gerarem uma exceção, iremos restaurar o mundo atual e também framesRun.

Uma vez que tudo esteja carregado, associamos os representantes e recomeçamos o timer.

Você precisará que seu simulador esteja pronto e funcionando antes de iniciar o próximo capítulo. É possível baixar uma versão funcional no site Web dos Laboratórios do Use a Cabeça!: www.altabooks.com.br

13 controles e gráficos

Deixe bonito

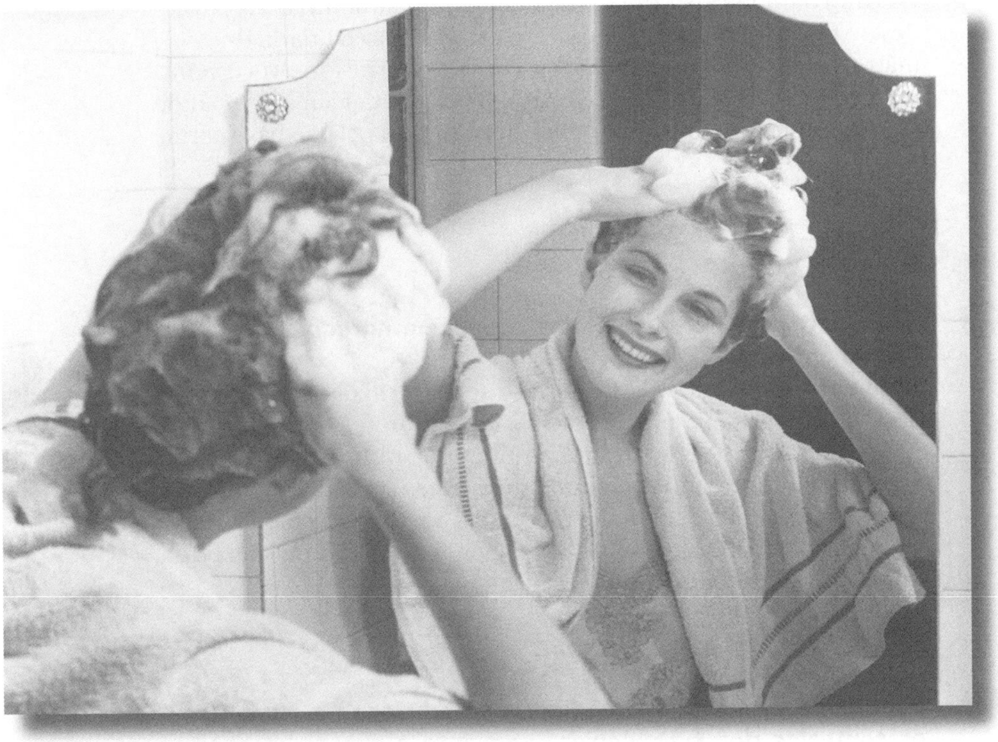

Algumas vezes é preciso fazer os gráficos você mesmo.

Passamos bastante tempo confiando que os controles lidavam com tudo o que fosse visual nos nossos aplicativos. Mas, algumas vezes isso não é suficiente - por exemplo, quando você deseja **animar uma imagem**. E, uma vez que comece a lidar com animação, vai acabar **criando seus próprios controles** para seus programas .NET, talvez adicionando um **buffer duplo**, e **mesmo desenhando diretamente nos formulários**. Tudo começa com o objeto **Graphics**, os **bitmaps** e uma determinação de não aceitar os gráficos como eles são.

Até agora você esteve usando controles para interagir com seus programas

TextBoxes, PictureBoxes, Labels... neste ponto, você já tem um bom domínio sobre como usar os controles na caixa de ferramentas do IDE. Mas, o que você ***realmente*** sabe a respeito deles? Há muito mais a respeito dos controles do que apenas arrastar um ícone para seu formulário.

- **Você pode criar seus próprios controles**
  Os controles da caixa de ferramentas são realmente úteis para desenvolver formulários e aplicativos, mas não há nada de mágico neles. São apenas classes, como as outras que você vêm escrevendo por si próprio. De fato, o C# torna fácil a criação de controles personalizados, apenas herdando da classe base certa.

- **Seus controles personalizados aparecem na caixa de ferramentas do IDE**
  Também não há nada de misterioso sobre a caixa de ferramentas no IDE. Apenas examina as classes de seu projeto e as classes predefinidas do .NET para quaisquer controles. Se houver alguma classe que implemente as interfaces corretas, exibirá um ícone para ela na caixa de ferramentas. Se você adicionar seus próprios controles personalizados, eles aparecerão na caixa de ferramentas também.

Você pode criar uma classe que herda de qualquer uma das classes de controles existentes – mesmo que não tenha nenhum outro código – e ela automaticamente aparecerá na caixa de ferramentas.

- **Você pode escrever um código para adicionar e remover os controles dos formulários, enquanto o programa está executando.**
  Só porque você prepara um formulário no designer de formulários do IDE, não significa que as coisas acabam por aí. Você já moveu muitos controles PictureBox (quando desenvolveu o aplicativo de corrida de cães). Mas, você também pode adicionar e remover os controles. De fato, quando você desenvolve um formulário no IDE, tudo o que ele faz é escrever código que adiciona os controles ao formulário... ou seja, você pode escrever um código similar e executá-lo quando quiser.

Controles de formulário são apenas objetos

Você já sabe como os **controles** são importantes para seus formulários. Você vem usando botões, caixas de texto, de imagem, de seleção, de grupo, etiquetas e outros formulários desde o Capítulo 1. Bem acaba que esses controles são apenas objetos, exatamente como tudo com o que você esteve trabalhando.

Um controle é apenas um objeto, como qualquer outro – porém, ele sabe como desenhar a si próprio. O objeto `Form` controla seus controles usando uma coleção especial chamada **`Controls`**, utilizada para adicionar ou remover os controles usando seu próprio código.

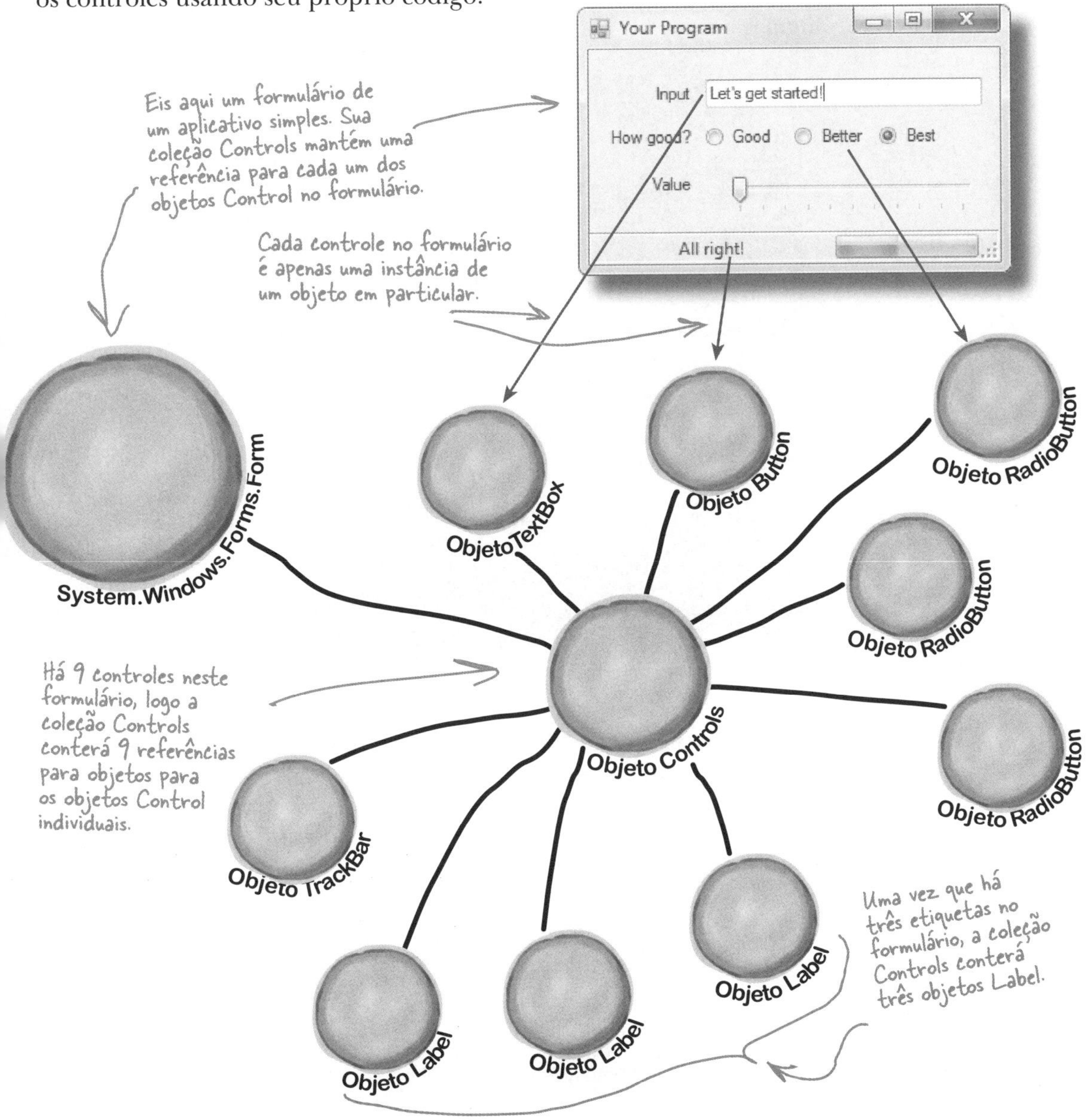

Use controles para animar o simulador de colmeia

Você desenvolveu um simulador ótimo, mas não muito bonito. É hora de criar uma visualização realmente impressionante que mostre as abelhas trabalhando. Você está prestes a desenvolver uma apresentação que animará a colmeia... e os controles são a chave.

1. **A interface de usuário mostra tudo o que está acontecendo**
   Seu simulador terá três janelas diferentes. Você já fez a janela de estatísticas principal com uma "tela de alerta" que mostra estatísticas sobre a simulação atual e as atualizações das abelhas. Agora, você adicionará uma janela que mostra o que está acontecendo dentro da colmeia e outra que mostra o campo de flores onde as abelhas recolhem o néctar.

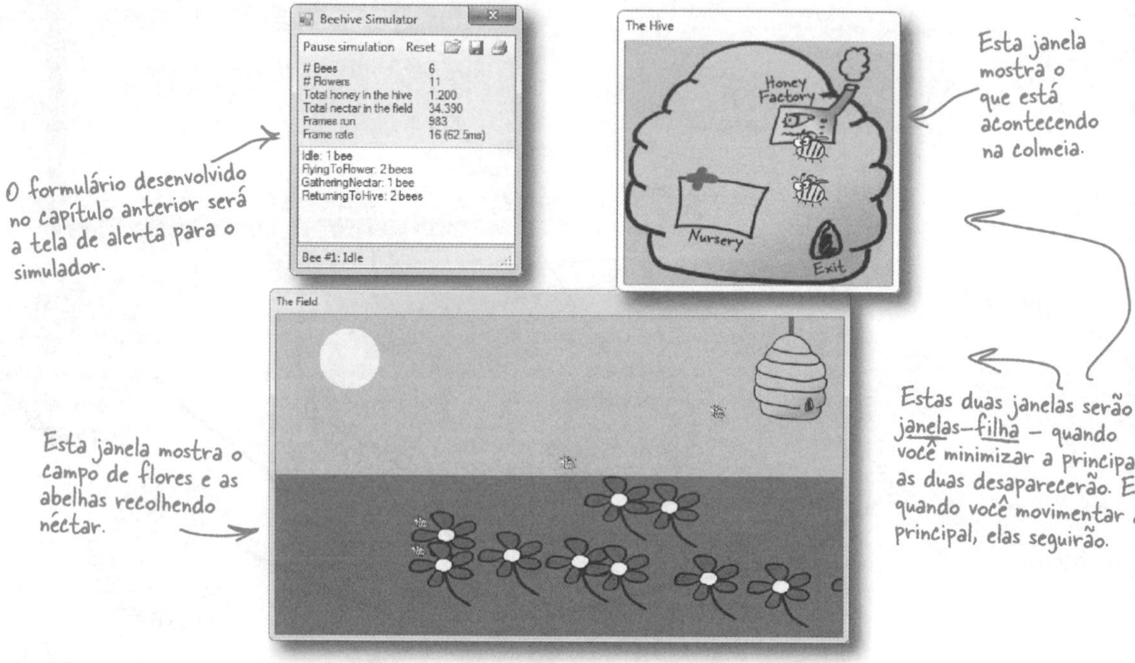

2. **Faremos o botão Print na janela de estatísticas funcionar**
   A janela de estatísticas já tem botões Open (Abrir) e Save (Salvar) funcionando, mas o botão Print (Imprimir) não funciona ainda. Conseguiremos reutilizar muito código dos gráficos para fazer o botão Print em ToolStrip imprimir uma página de informações sobre o que está acontecendo.

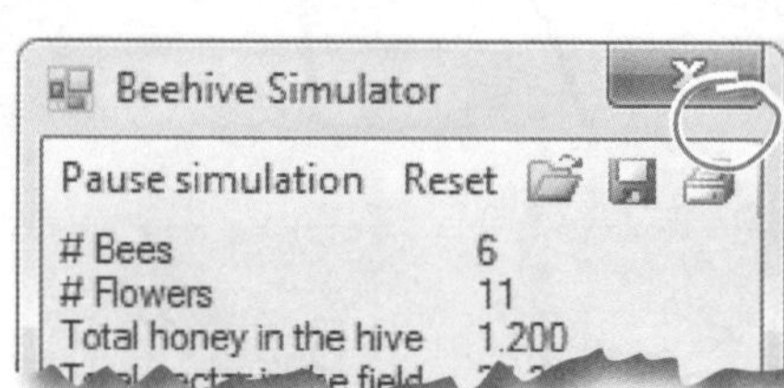

3 **A janela da colmeia mostra o que está acontecendo dentro dela**

Como as abelhas voam pelo mundo, você precisará animar cada abelha. Algumas vezes, elas estarão dentro da colmeia e, quando for o caso, elas aparecerão nesta janela.

A colmeia tem três importantes locais. As abelhas nascem no berçário, devem voar até a saída para deixar a colmeia para recolher néctar das flores e, quando voltam, precisam ir à fábrica para fazer mel.

A saída é no formulário da colmeia e a entrada é no do campo. (É por isso que colocamos ambos no dicionário de locais da colmeia.)

4 **A janela do campo é onde as abelhas recolhem o néctar**

Abelhas têm uma grande tarefa: coletar néctar das flores e trazê-lo de volta à colmeia para fazer mel. Então, elas comem mel para ter energia para voar e conseguir mais néctar.

Eis a entrada da colmeia. Quando as abelhas voam para ela, elas desaparecem do formulário do campo e reaparecem perto da saída no formulário da colmeia

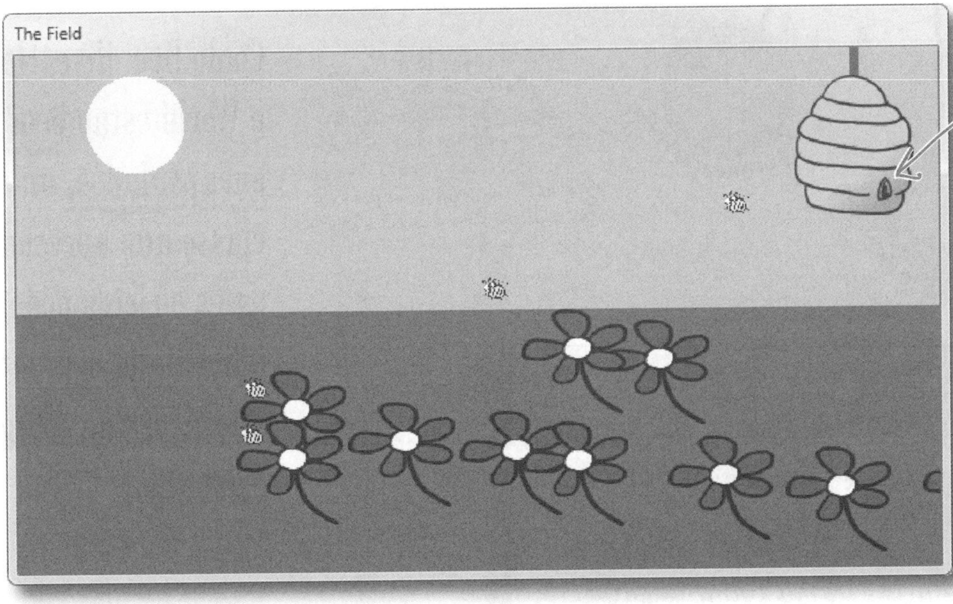

Adicione uma apresentação à sua arquitetura

Precisamos de outra classe que leia as informações no mundo e as utilize para desenhar a colmeia, abelhas e flores em dois novos formulários. Adicionaremos uma classe chamada **Renderer** para fazer exatamente isso. Como as suas outras classes estão bem encapsuladas, isso não exigirá muitas mudanças no código existente.

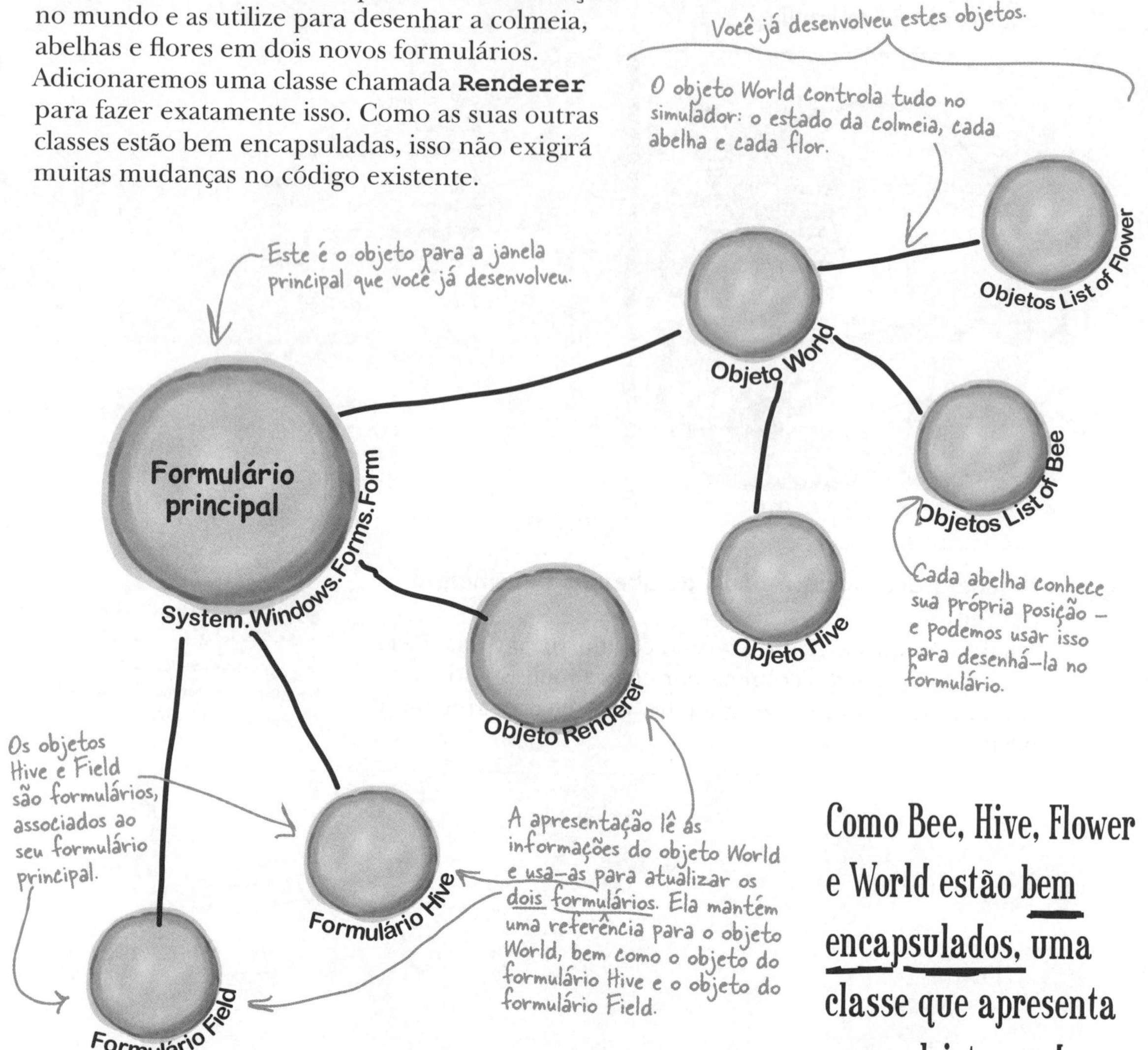

Como Bee, Hive, Flower e World estão bem encapsulados, uma classe que apresenta esses objetos pode ser adicionada sem muitas alterações no código existente.

> a-pre-sen-tar, verbo.
> apresentar ou representar artisticamente. *O professor de arte de Sally disse para a classe examinar todas as sombras e linhas no modelo e representá-las numa folha de papel.*

A apresentação desenha tudo no mundo nos dois formulários

O objeto `World` mantém registro de tudo na simulação: a colmeia, as abelhas e as flores. Mas, ele não desenha nada ou produz nenhuma saída. Isto é trabalho do objeto `Renderer`. Ele lerá todas as informações nos objetos `World`, `Hive`, `Bee` e `Flower` e os desenhará nos formulários.

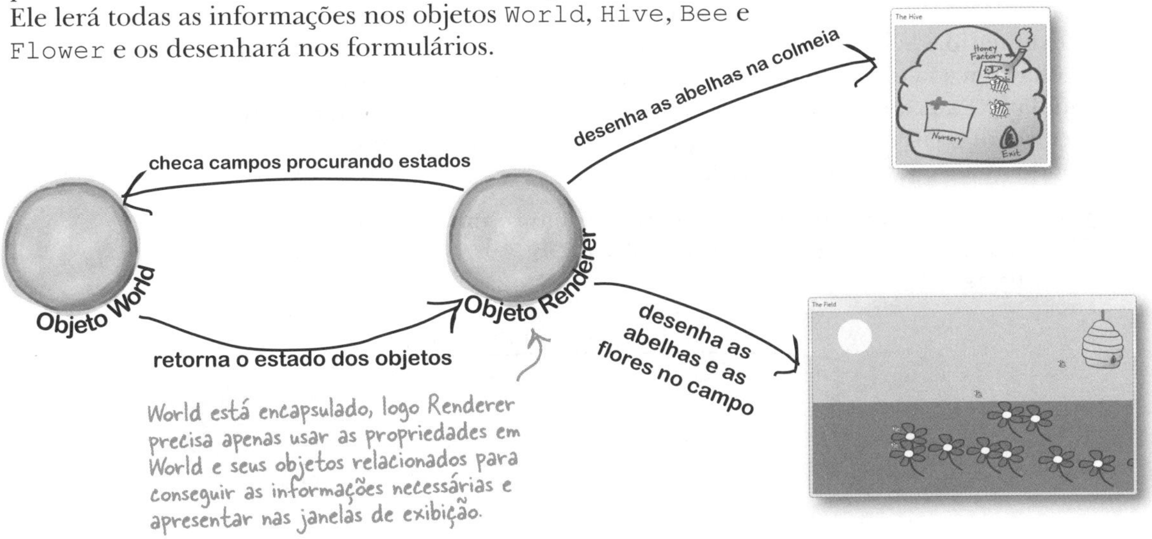

O simulador apresenta o mundo após cada quadro

Depois do formulário principal chamar o método `Go()` de `World`, ele deve chamar o método `Render()` da apresentação para redesenhar as janelas de exibição. Por exemplo, cada flor será mostrada usando um controle `PictureBox`. Mas, continuaremos com as abelhas e criaremos um controle animado. Você criará esse novo controle, chamado `BeeControl`, e definirá você mesmo seu comportamento.

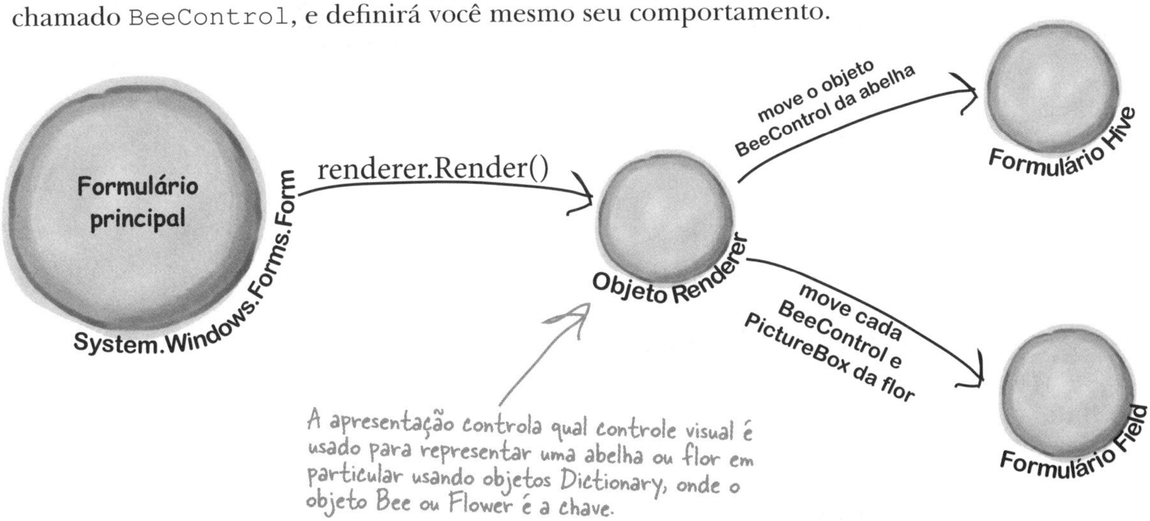

Controles são adequados para os elementos visuais

Quando uma nova abelha é adicionada à colmeia, queremos que nosso simulador adicione um novo `BeeControl` ao formulário `Hive` e mude sua posição conforme ela se movimentar pelo mundo. Quando essa abelha voar para fora da colmeia, nosso simulador deverá remover o controle do formulário `Hive` e adicioná-lo ao formulário `Field`. Quando ela voar de volta com sua carga de néctar, seu controle deverá ser removido do formulário `Field` e recolocado no formulário `Hive`. E durante todo esse processo, desejaremos usar uma representação animada de uma abelha batendo as asas. Os controles facilitarão isso.

1. O mundo adiciona uma nova abelha, a apresentação cria um novo `BeeControl` e acrescenta-o à coleção `Controls` do formulário `Hive`.

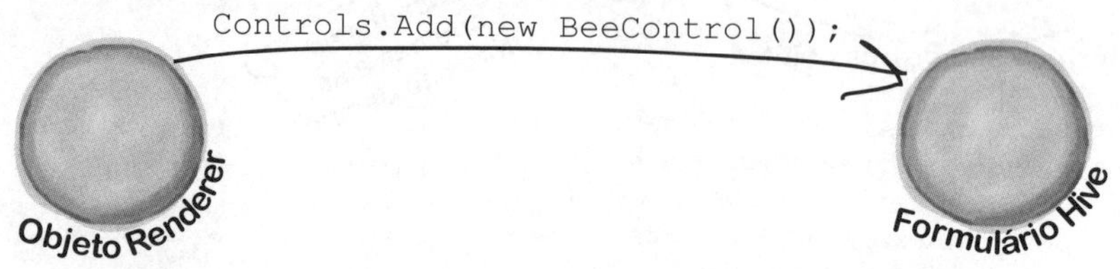

2. Quando a abelha voa para fora da colmeia e entra no campo, a apresentação remove o `BeeControl` da coleção `Controls` da colmeia e adiciona-o à coleção `Controls` do formulário `Field`.

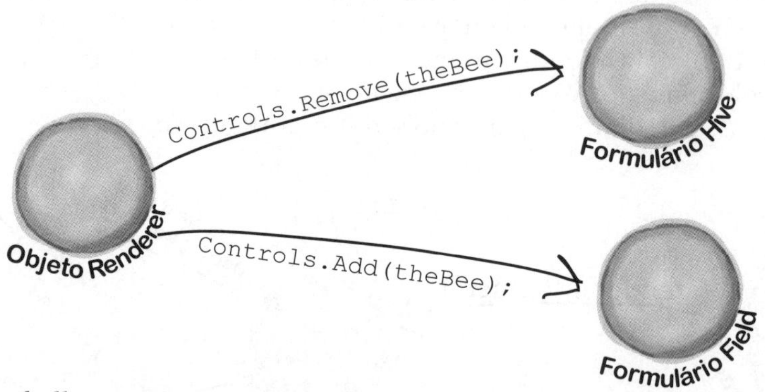

3. Uma abelha se aposentará se estiver parada e muito velha. Se a apresentação checar a lista `Bees` do mundo e perceber que a abelha não está mais nela, removerá o controle do formulário `Hive`.

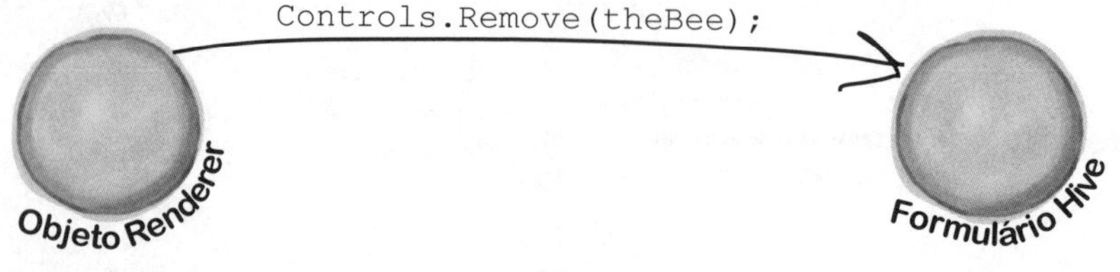

Aponte seu lápis

Você consegue descobrir o que cada um destes fragmentos de código faz? Suponha que cada um deles esteja num formulário e anote o seu melhor palpite.

```
this.Controls.Add(new Button());
```

```
Form2 childWindow = new Form2();
childWindow.BackgroundImage =
         Properties.Resources.Mosaic;
childWindow.BackgroundImageLayout =
         ImageLayout.Tile;
childWindow.Show();
```

Se você tiver um ListBox no seu formulário, poderá usar seu método AddRange() para adicionar os itens da lista.

```
Label myLabel = new Label();
myLabel.Text = "What animal do you like?";
myLabel.Location = new Point(10, 10);
ListBox myList = new ListBox();
myList.Items.AddRange( new object[]
      { "Cat", "Dog", "Fish", "None" } );
myList.Location = new Point(10, 40);
Controls.Add(myLabel);
Controls.Add(myList);
```

Você não precisa anotar linha por linha, pode só fazer um resumo do que está acontecendo no bloco de código.

```
Label controlToRemove = null;
foreach (Control control in Controls) {
    if (control is Label
         && control.Text == "Bobby")
       controlToRemove = control as
Label;
}
Controls.Remove(controlToRemove);

controlToRemove.Dispose();
```

Questão de bônus: Por que você acha que não colocamos a instrução `Controls.Remove()` dentro do loop foreach?

Tente se quiser e escreva o motivo de ter obtido o resultado mostrado pelo .NET.

Aponte seu lápis Solução

Você consegue descobrir o que cada um destes fragmentos de código faz? Suponha que cada um deles esteja num formulário e anote o seu melhor palpite.

```
this.Controls.Add(new Button());
```

Cria um novo botão e adiciona-o ao formulário. Ele terá valores padrão (ou seja, a propriedade Text estará vazia).

```
Form2 childWindow = new Form2();
childWindow.BackgroundImage =
        Properties.Resources.Mosaic;
childWindow.BackgroundImageLayout =
        ImageLayout.Tile;
childWindow.Show();
```

Existe um segundo Form no aplicativo chamado Form2, portanto o cria, define uma imagem de fundo para uma imagem do recurso chamada "Mosaic", faz essa imagem repetir-se, em vez de esticar, e exibe a janela para o usuário.

```
Label myLabel = new Label();
myLabel.Text = "What animal do you like?";
myLabel.Location = new Point(10, 10);
ListBox myList = new ListBox();
myList.Items.AddRange( new object[]
      { "Cat", "Dog", "Fish", "None" } );
myList.Location = new Point(10, 40);
Controls.Add(myLabel);
Controls.Add(myList);
```

Este código cria uma nova etiqueta, define seu texto e coloca-o numa nova posição. Então, cria uma nova caixa de listagem, adiciona quatro itens a ela e desloca-a para baixo da etiqueta. Ele adiciona a etiqueta e a caixa de listagem ao formulário, então eles são exibidos imediatamente.

O que acontecerá se não houver nenhum controle chamado "Bobby" na coleção Controls?

```
Label controlToRemove = null;
foreach (Control control in Controls) {
    if (control is Label
          && control.Text == "Bobby")
        controlToRemove = control as
Label;
}
Controls.Remove(controlToRemove);
controlToRemove.Dispose();
```

Este loop pesquisa todos os controles no formulário até achar uma etiqueta com o texto "Bobby". Assim que a encontra, remove do formulário.

Questão de bônus: Por que você acha que não colocamos a instrução `Controls.Remove()` **dentro do loop foreach?**

Se você tentar, o .NET irá gerar uma exceção. Ele precisa da coleção intacta, de outra forma. perderá seu lugar e fornecerá resultados imprevisíveis. É por isso que usamos um loop for.

Você não pode modificar a coleção Controls (ou qualquer outra) no meio de um loop foreach que faz uma iteração nela.

Desenvolva seu primeiro controle animado

Você **desenvolverá seu próprio controle** que desenha uma figura animada de abelha. Se você nunca fez animações, não é tão difícil quanto parece: você desenha uma sequência de imagens uma após a outra e produz a ilusão de movimento. Por sorte, a forma como o C# e o .NET lidam com os recursos realmente facilita fazer a animação.

Queremos um controle na caixa de ferramentas

Se você desenvolver `BeeControl` direitinho, ele aparecerá como um controle que poderá ser arrastado da caixa de ferramentas para o formulário. Parecerá um `PictureBox` mostrando uma imagem de abelha, exceto que terá asas animadas.

Baixe as imagens para este capítulo no site do Laboratório do Use a Cabeça!: www.altabooks.com.br

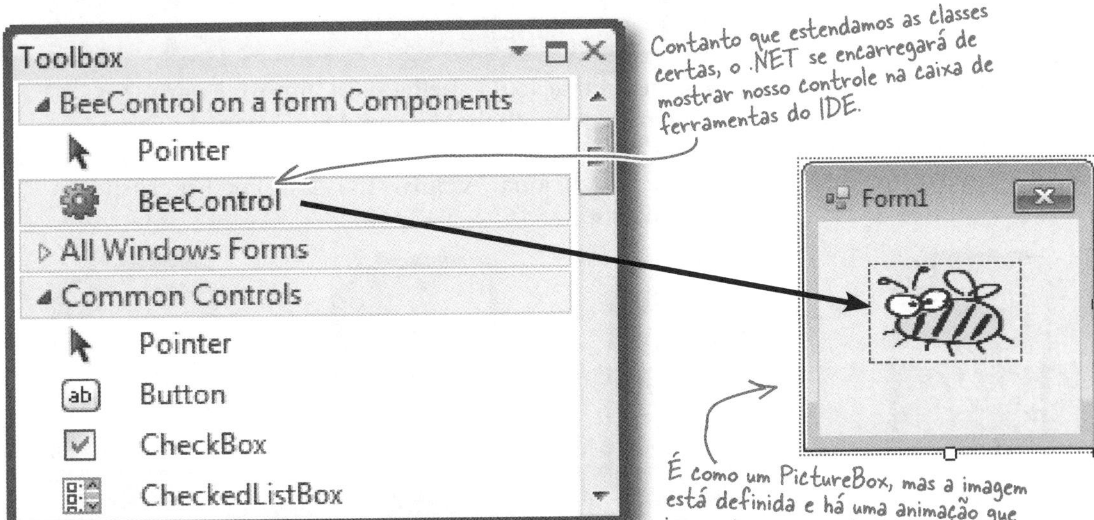

BeeControl é COMO um PictureBox... então, comecemos HERDANDO de um PictureBox

Já que cada controle na caixa de ferramentas é apenas um objeto, é fácil fazer um novo controle. Tudo a fazer é adicionar uma nova classe ao seu projeto, herdar de um controle existente e adicionar qualquer novo comportamento que deseja que seu controle realize.

Queremos um controle – vamos chamar de **BeeControl** – que mostre uma imagem animada de uma abelha batendo as asas, mas começaremos com um controle que mostre uma imagem *não* animada e adicionaremos a animação. Então, começaremos com um `PictureBox` e acrescentaremos o código para desenhar uma abelha animada nele.

Anime isto!

1. **Crie um novo projeto** e adicione quatro células de animação aos seus recursos, assim como adicionou o logotipo da Empresa de Papel da Vila Objeto ao seu projeto no Capítulo 1. Mas, em vez de adicioná-las aos recursos do *formulário*, faça com que sejam recursos do *projeto*. Encontre o **arquivo Resources.resx de seu projeto** no Navegador de Solução (Solution Explorer) (sob Properties – Propriedades). Clique duas vezes nele para abrir a página Resources (Recursos) do projeto:

No Capítulo 1, adicionamos o gráfico do logo ao arquivo Resources do formulário. Desta vez, iremos adicionar os recursos à coleção global de recursos do projeto, que os torna disponíveis para todas as classes no projeto (através da coleção Properties. Resources).

Pare um minuto e volte ao Capítulo 1 para lembrar como fazer isso.

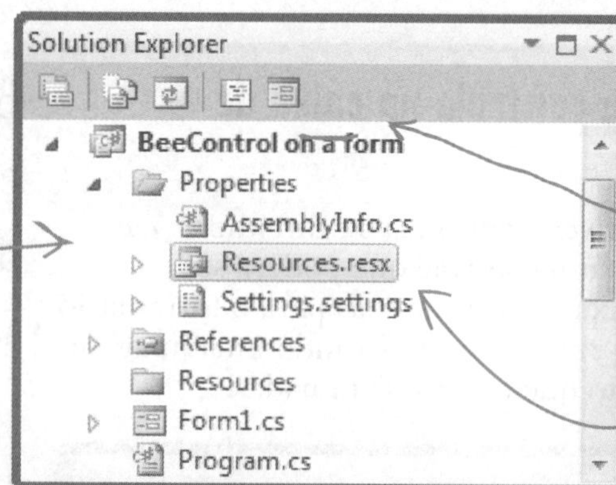

Isto aparece sob seu projeto, não em um formulário em particular.

Clique duas vezes em Resources. resx para abrir a página Resources.

2. Desenhamos quatro células de animação da abelha para importar para seus recursos que você pode baixar de **www.altabooks.com.br**. Vá para a página Resources, selecione "Images" (Imagens) na primeira lista suspensa no topo da tela e selecione "Add Existing File..." Adicionar Arquivo Existente) na lista suspensa "Add Resource" (Adicionar Recurso).

Bee animation 1.png

Bee animation 2.png

Bee animation 3.png

Bee animation 4.png

Importe cada uma destas imagens para os recursos de seu projeto.

3 Quando você adiciona imagens ou outros ao arquivo Resources do projeto, pode acessá-los usando a classe `Properties.Resources`. Basta ir para qualquer linha em seu código e digitar `Properties.Resources.` — assim que você fizer isso, o IntelliSense mostrará uma lista suspensa com todas as imagens importadas.

Quando o programa está em execução, cada imagem é armazenada na memória como um objeto Bitmap.

Note aquele "." no final... é isso que diz ao IDE para mostrar as propriedades e os métodos da classe que você digitou.

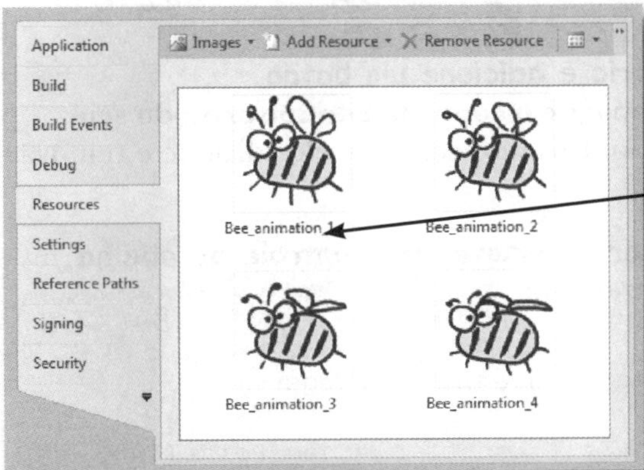


```
pictureBox1.Image =
    Properties.Resources.Bee_animation_1;
```

Isto define a figura usada como imagem de um PictureBox em particular (como nossa imagem inicial).

Estas imagens são armazenadas como propriedades públicas da classe Properties.Resources.

Você deverá acrescentar uma linha "**using System.Windows.Forms**" para PictureBox e Timer.

4 **Agora, inclua seu BeeControl!** Adicione esta classe `BeeControl` ao seu projeto:

```
class BeeControl : PictureBox {
  private Timer animationTimer = new Timer();
  public BeeControl() {
    animationTimer.Tick += new EventHandler(animationTimer_Tick);
    animationTimer.Interval = 150;
    animationTimer.Start();
    BackColor = System.Drawing.Color.Transparent;
    BackgroundImageLayout = ImageLayout.Stretch;
  }

  private int cell = 0;
  void animationTimer_Tick(object sender, EventArgs e) {
    cell++;
    switch (cell) {
      case 1: BackgroundImage = Properties.Resources.Bee_animation_1; break;
      case 2: BackgroundImage = Properties.Resources.Bee_animation_2; break;
      case 3: BackgroundImage = Properties.Resources.Bee_animation_3; break;
      case 4: BackgroundImage = Properties.Resources.Bee_animation_4; break;
      case 5: BackgroundImage = Properties.Resources.Bee_animation_3; break;
      default: BackgroundImage = Properties.Resources.Bee_animation_2;
      cell = 0; break;
    }
  }
}
```

Adicione "using System.Windows.Forms" ao início do arquivo class.

É aqui que você inicializa seu timer instanciando-o, definindo sua propriedade Interval e depois, adicionando seu manipulador de eventos Tick.

Cada vez que o evento Tick do timer inicializa, aumenta cell, então usa switch com base nisto para atribuir a figura correta à propriedade Image (herdada de PictureBox).

Uma vez que tenhamos voltado ao quadro "1, redefiniremos cell de volta para 0.

Quando você muda o código de um controle, precisa desenvolver novamente seu programa para fazer com que suas mudanças apareçam no designer.

Então, **desenvolva novamente seu programa**. Volte ao designer de formulários e examine a caixa de Ferramentas, `BeeControl` estará lá. Arraste-o para seu formulário e você terá uma abelha **animada**!

Crie um botão para adicionar BeeControl ao seu formulário

É fácil adicionar um controle a um formulário: basta acrescentá-lo à coleção `Controls`. E é fácil da mesma forma removê-lo do formulário retirando-o de `Controls`. Mas, os controles implementam `IDisposable`, então **sempre descarte seu controle** depois de removê-lo.

Agora, faça isso

1 Remova BeeControl do seu formulário e adicione um botão

Vá para o designer de formulários e **apague o controle `BeeControl` do seu formulário**. Depois, adicione um botão. Faremos com que ele adicione e remova `BeeControl`.

2 Acrescente um botão para adicionar e remover um controle da abelha

Eis o manipulador de eventos para fazer isto:

Você pode usar um inicializador de objetos para definir as propriedades BeeControl depois que ele for instanciado.

```
BeeControl control = null;
private void button1_Click(object sender, EventArgs e) {
    if (control == null) {
        control = new BeeControl() { Location = new Point(100, 100)
};
        Controls.Add(control);
    } else {
        using (control) {
            Controls.Remove(control);
        }
        control = null;
    }
}
```

Quando você adiciona um controle à coleção Controls, ele aparece no formulário imediatamente.

Estamos aproveitando uma instrução using para assegurar que o controle seja descartado depois de ser removido da coleção Controls.

Agora, quando você executar seu programa, se clicar no botão uma vez, ele adicionará um novo `BeeControl` ao formulário. Clique novamente e ele vai apagá-lo. Ele usa o campo privado `control` para manter a referência para o controle. (Define a referência para null quando não há nenhum controle no formulário.)

Nos bastidores

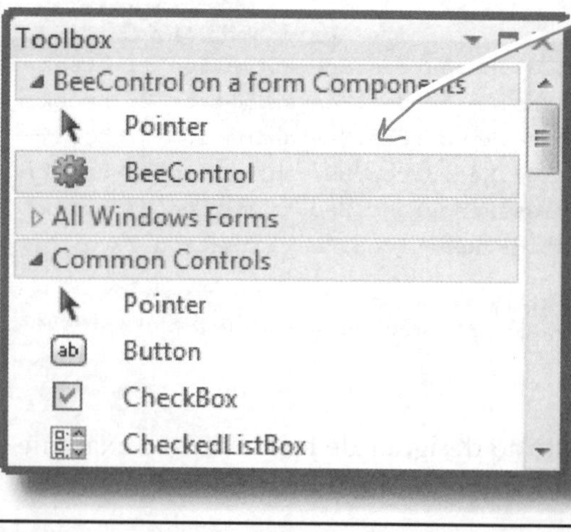

Você pode adicionar seu próprio controle à caixa de ferramentas apenas criando uma classe que herda de Control.

Cada controle visual em sua caixa de ferramentas herda de `System.Windows.Forms.Control`. Essa classe tem membros que devem ser muito familiares neste ponto: `Visible`, `Width`, `Height`, `Text`, `Location`, `BackColor`, `BackgroundImage`... todas as propriedades familiares vistas na janela Properties (Propriedades) de qualquer controle.

Seus controles precisam descartar os controles deles também!

Há um problema com `BeeControl`. Os controles precisam ser descartados depois de usados. Mas, `BeeControl` cria uma nova instância de `Timer`, que é um controle que aparece na caixa de ferramentas... e nunca chega a ser descartado! Isto é um problema. Por sorte, fácil de corrigir – apenas anule o método `Dispose()`.

A classe dos controles implementa IDisposable, logo, você precisa assegurar que cada controle usado seja descartado.

3 Anule o método Dispose() e descarte o timer

Já que `BeeControl` herda de um controle, então esse controle deve ter um método `Dispose()`. Logo, podemos simplesmente sobrescrever e estender esse método para descartar nosso timer. É só ir para o controle e digitar `override`:

```
class BeeControl : PictureBox {

   override
```

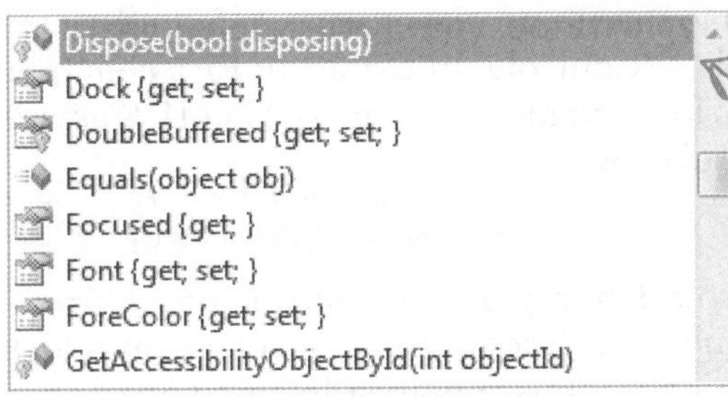

Quando você digita "override" dentro de uma classe, o IDE mostra uma janela IntelliSense com todos os métodos que podem ser anulados. Selecione o método Dispose() e ele preencherá um para você!

Assim que você clicar em `Dispose()`, o IDE preencherá o método com uma chamada para `base.Dispose()`:

```
protected override void Dispose(bool disposing) {
    base.Dispose(disposing);
}
```

4 Adicione o código para descartar o timer

Adicione um código ao final do método `Dispose()` que o IDE adicionou para você para que ele chame `animationTimer.Dispose()`, caso o argumento `disposing` seja true.

```
protected override void Dispose(bool disposing) {
    base.Dispose(disposing);
    if (disposing) {
        animationTimer.Dispose();
    }
}
```

Aqui, estamos anulando um método Dispose() protegido que é chamado pela implementação de IDisposable.Dispose() do controle. Deve descartar apenas o timer, caso o argumento disposing seja true.

Agora, `BeeControl` descartará seu timer como parte de seu próprio método `Dispose()`. Ele limpará a si mesmo! Mas, não acredite em nós – **defina um ponto de interrupção** na linha adicionada e execute seu programa. Sempre que um objeto `BeeControl` for removido da coleção `Controls` do formulário, seu método `Dispose()` será chamado.

Qualquer controle que você escreva a partir do zero é responsável por descartar qualquer outro controle (ou outros objetos descartáveis) criado.

Não entraremos mais em detalhes sobre este padrão de descarte em particular. Mas, se você pretende desenvolver controles personalizados, deverá ler isto: http://msdn.microsoft.com/en-us/library/system.idisposable. aspx

Um UserControl é uma forma fácil de desenvolver um controle

Há uma forma mais fácil de desenvolver seus próprios controles da caixa de ferramentas. Em vez de criar uma classe que herda de um controle existente, você precisará **usar o IDE para adicionar um `UserControl` ao seu projeto**. Você trabalha com um `UserControl` exatamente como faria com um formulário. Você arrasta outros controles da caixa de ferramentas para dentro dele e utiliza o designer de formulários normal no IDE. E você pode usar os eventos da mesma forma que faria com um formulário. Então, iremos desenvolver de novo `BeeControl` usando um `UserControl`.

Faça isso

1. Clique em um projeto de aplicativo Windows Forms novo. Adicione as quatro imagens de abelha aos seus recursos. Arraste um botão para o formulário e forneça-lhe exatamente o mesmo código para adicionar e remover um `BeeControl`.

2. Clique com o botão direito no Navegador de Solução e selecione "Add (Adicionar) >> User Control..." (Controle do Usuário). Faça com que o IDE adicione um controle do usuário chamado `BeeControl`. O IDE abrirá o novo controle no designer de formulários.

   Use o método animationTimer_Tick e o campo cell do antigo controle de abelha.

3. Arraste um controle Timer para seu controle do usuário. Ele aparecerá na parte inferior do designer, exatamente como acontece num formulário. Use a janela Properties (Propriedades) para **nomeá-lo como `animationTimer` e defina `Interval` para 150 e `Enabled` para true**. Então, clique duas vezes nele - o IDE adicionará seu manipulador de eventos Tick. Use o mesmo manipulador de eventos Tick usado antes para animar o primeiro controle da abelha.

4. Agora, atualize o construtor de `BeeControl`:

```
public BeeControl() {
    InitializeComponent();
    BackColor = System.Drawing.Color.Transparent;
    BackgroundImageLayout = ImageLayout.Stretch;
}
```

   Você pode fazer isto também na página Properties no IDE, em vez de usar o código.

5. Depois, **execute seu programa** – o código do botão ainda deve funcionar exatamente como antes, exceto que agora está criando seu novo `UserControl` baseado no novo `BeeControl`. Agora, o botão adiciona e remove seu `UserControl`, que é baseado num `BeeControl`.

Um UserControl é uma maneira fácil de adicionar um controle à caixa de ferramentas. Edite um UserControl exatamente como faria com um formulário – você pode arrastar outros controles da caixa de ferramentas para ele e usar seus events exatamente como os eventos de um formulário.

Você não descartou seus controles porque seus formulários fizeram isso no seu lugar.

Mas não aceite nossa palavra. Use a função de pesquisa do IDE para encontrar em seu projeto o termo "Dispose" e você verá que o IDE adicionou um método em `Form1.Designer.cs` para sobrescrever o método `Dispose()` que chama seu próprio `base.Dispose()`. Quando o formulário é descartado, **ele automaticamente descarta tudo em sua coleção `Controls`** para que você não precise se preocupar com isso. Mas, quando você começa a remover os controles dessa coleção ou criar novas instâncias dos controles (tal como `Timer` em `BeeControl`) fora da coleção `Controls`, então deve fazer o descarte você mesmo.

Não existem Perguntas Idiotas

P: Por que o código do formulário para o `BeeControl` baseado num `PictureBox` funciona como o baseado no `UserControl`?

R: Porque o código não se importa com a forma como o objeto `BeeControl` foi implementado. Ele apenas se importa em ser capaz de adicionar o objeto ao método `Controls` do formulário.

P: Eu cliquei duas vezes na minha classe `OldBeeControl` no Navegador de Solução e surgiu uma mensagem sobre adicionar componentes à minha classe. O que isso quer dizer?

R: Quando você cria um controle adicionando ao seu projeto uma classe que herda de `PictureBox` ou outro controle, o IDE faz algumas coisas inteligentes. Uma delas é permitir o trabalho com **componentes**, os controles não visuais, tais como o `Timer` e o `OpenFileDialog`, que aparecem no espaço abaixo do formulário quando você trabalha com eles.

Tente: crie uma classe vazia que herde de `PictureBox`. Então, desenvolva novamente seu projeto e clique duas vezes nele no IDE. Você receberá a seguinte mensagem:

Para adicionar componentes à sua classe, arraste-os da caixa de ferramentas e use a janela Properties para definir suas propriedades.

Arraste um `OpenFileDialog` da caixa de ferramentas para sua nova classe. Ele aparecerá como um ícone. Você pode clicar nele e definir suas propriedades. Defina algumas. Agora, volte para o código da sua classe. Veja no construtor: o IDE adicionou um código para instanciar o objeto `OpenFileDialog` e definir suas propriedades.

P: Quando eu mudei as propriedades em `OpenFileDialog`, notei uma mensagem de erro no IDE: "You must rebuild your project for the changes to show up in any open designers" (Você precisa desenvolver novamente seu projeto para que qualquer alteração nos designers abertos seja visível). Por que ocorre esse erro?

R: Porque o designer executa seu controle e até que você desenvolva novamente seu código, ele não executará a última versão do controle.

Lembra como as asas da abelha estavam batendo quando você criou pela primeira vez seu `BeeControl`, mesmo quando o arrastou da caixa de ferramentas para o designer? Você não estava executando seu programa ainda, mas o código que você escreveu estava. O timer estava inicializando seu evento Tick e seu manipulador de eventos estava alterando a imagem. A única forma do IDE fazer isso é com o código estando efetivamente compilado e sendo executado na memória em algum lugar. Assim, ele lembra você para atualizar seu código para que ele possa mostrar seus controles corretamente.

A apresentação do simulador usará seu BeeControl para desenhar abelhas animadas em seus formulários

Agora, você tem as ferramentas para começar a adicionar animação ao seu simulador. Com uma classe `BeeControl` e dois formulários, você precisa apenas de uma forma de posicionar as abelhas, movê-las de um formulário para outro e acompanhá-las. Você também precisará posicionar as flores no `FieldForm`, mas como elas não se movem, isso será bem simples. Tudo isto é o código que podemos **colocar numa nova classe, `Renderer`**. Aqui está o que essa classe faz:

Você desejará que os formulários da colmeia e do campo sejam "ligados" ao de estatística – para conseguir coisas úteis, tais como minimizá-los. Você pode fazer isso dizendo ao Windows que o formulário de estatística é o dono dos demais.

Construiremos a apresentação em um minuto. Mas, antes de começarmos a codificar, reservemos um tempo e proponhamos um plano para como a classe Renderer funcionará...

1 O formulário de estatísticas será o pai dos formulários da colmeia e do campo

O primeiro passo para adicionar gráficos ao simulador de colmeia será acrescentar dois formulários ao projeto. Você deve acrescentar um chamado `HiveForm` (para mostrar o interior da colmeia) e outro chamado `FieldForm` (que mostrará o campo de flores). Então, você deve inserir linhas no construtor do formulário principal para mostrar seus dois formulários-filho. Passe uma referência para o formulário principal para dizer ao Windows que o formulário de estatísticas é seu **dono** (owner):

```
public Form1() {
    // outro código no construtor Form1
    hiveForm.Show(this);
    fieldForm.Show(this);
```

Todo objeto formulário tem um método Show(). Se você quiser definir outro formulário como seu dono, passe uma referência para esse formulário para Show().

2 A apresentação mantém uma referência para o mundo e cada formulário-filho

Logo no início da classe `Renderer`, você deverá ter alguns campos importantes. A classe precisa saber a localização de cada abelha e flor, logo, ela precisa de uma referência para `World`. Como deverá adicionar, mover e remover controles nos dois formulários, precisará de uma referência para cada um deles:

```
class Renderer {
    private World world;
    private HiveForm hiveForm;
    private FieldForm fieldForm;
```

Inicie sua classe Renderer com estas linhas. Completaremos essa classe durante o capítulo.

3 A apresentação usa dicionários para controlar os controles

World controla seus objetos `Bee` usando um `List<Bee>` e um `List<Flower>` para armazenar suas flores. A apresentação precisa ser capaz de examinar cada um desses objetos `Bee` e `Flower` e determinar a qual `BeeControl` e `PictureBox` correspondem – ou se não puder achar um controle correspondente, precisará criar um. Então, temos a oportunidade perfeita para usar os dicionários. Precisaremos de mais dois campos privados em `Renderer`:

```
    private Dictionary<Flower, PictureBox> flowerLookup =
        new Dictionary<Flower, PictureBox>();
    private Dictionary<Bee, BeeControl> beeLookup =
        new Dictionary<Bee, BeeControl>();
```

Estes dicionários serão mapeamentos de 'um para um' entre uma abelha ou uma flor e um controle para essa abelha ou flor.

Estas duas coleções de dicionário permitem à apresentação armazenar exatamente um controle para cada abelha ou flor no mundo.

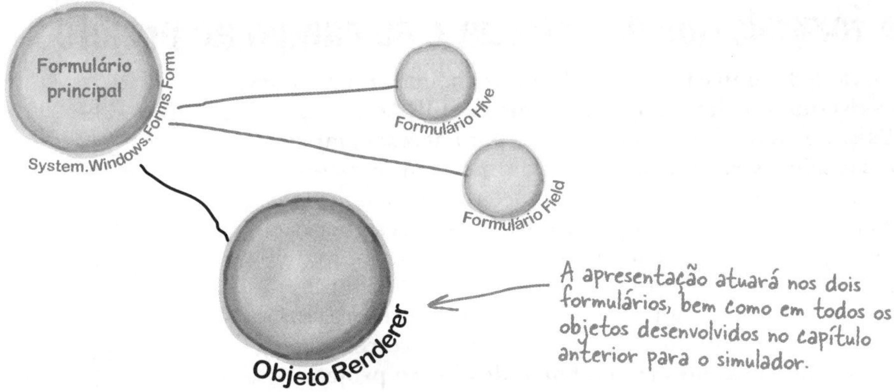

4 **As flores e as abelhas já sabem suas posições**

Há um motivo para termos armazenado cada posição da flor e da abelha usando um `Point`. Uma vez que temos um objeto `Bee`, podemos facilmente procurar seu `BeeControl` e definir sua posição.

```
beeControl = beeLookup[bee];
beeControl.Location = bee.Location;
```

Para cada abelha ou flor, podemos procurar um controle correspondente. Então, definimos a posição do controle para corresponder à posição do objeto bee ou flower.

5 **Se uma abelha não possuir um controle, a apresentação adicionará um ao formulário da colmeia**

É bem fácil para a apresentação descobrir se uma abelha ou flor em particular possui um controle. Se o método `ContainsKey()` do dicionário retornar false para um objeto `Bee` em particular, não haverá um controle no formulário para essa abelha. Neste caso, `Renderer` deverá criar um `BeeControl`, adicioná-lo ao dicionário e inserir o controle no formulário. (Ele também chama o método `BringToFront()` do controle para se certificar de que ele não fique oculto atrás dos `PictureBoxes` da flor.)

```
if (!beeLookup.ContainsKey(bee)) {
   beeControl = new BeeControl() { Width = 40, Height = 40 };
   beeLookup.Add(bee, beeControl);
   hiveForm.Controls.Add(beeControl);
   beeControl.BringToFront();
} else
   beeControl = beeLookup[bee];
```

ContainsKey() diz se a abelha existe no dicionário. Se não, precisamos acrescentá-la, juntamente com um controle correspondente.

BringToFront() garante que a abelha apareça "em cima" das flores em FieldForm e acima da imagem de fundo de HiveForm.

Lembra como um dicionário pode usar qualquer coisa como chave? Bem, este usa um objeto Bee. A apresentação precisa saber qual BeeControl no formulário pertence a cada abelha em particular. Então, procura um objeto abelha no dicionário, o que resulta no controle correto. Depois disso, a apresentação pode mover esse controle.

Adicione os formulários da colmeia e do campo ao projeto

Agora, você precisará de formulários para colocar as abelhas. Então, **comece com seu projeto existente do simulador de colmeia** e use "Add (Adicionar) >> Existing Item..." (Item Existente) para **acrescentar seu novo controle de usuário `BeeControl`**. `UserControl` tem um arquivo .cs, arquivo `.designer.cs` e arquivo `.resx` – você precisará adicionar todos os três. Depois, abra o código para os arquivos .cs e .designer.cs e mude as linhas namespace para que elas correspondam ao namespace de seu novo projeto. Desenvolva de novo seu projeto; `BeeControl` agora deverá aparecer na caixa de ferramentas. Você também precisará adicionar o gráfico aos recursos do novo projeto. Então, acrescente mais dois formulários ao projeto **clicando com o botão direito no projeto** no Navegador de Solução (Solution Explorer) e escolhendo "Windows Form..." (Formulário Windows) no menu Add. Se você nomear os arquivos como `HiveForm.cs` e `FieldForm.cs`, o IDE automaticamente definirá suas propriedades `Name` para `HiveForm` e `FieldForm`. Como os formulários são apenas objetos, esses dois serão somente mais duas classes

Isto é um controle PictureBox com seu BackgroundImage definido para a imagem do exterior da colmeia e BackgroundImageLayout definido para Stretch. Quando você carregar as imagens da colmeia no Resource Designer (Designer de Recursos), elas aparecerão nas listas de recursos quando você clicar no botão "..." ao lado de BackgroundImage na janela Properties (Propriedade).

Redimensione ambos os formulários para que eles se pareçam com estas imagens.

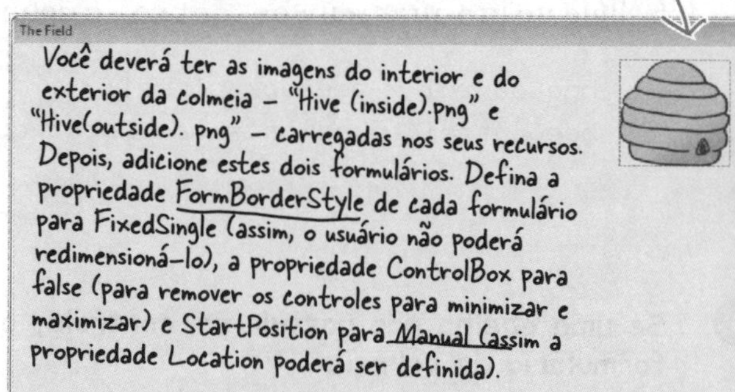

Defina a propriedade BackgroundImage do formulário para a imagem do interior da colmeia e BackgroundImageLayout para Stretch.

Descubra suas posições

Lembre-se, vá para a janela Properties, clique no ícone de raio para ativar a janela Events (Eventos), pagine até a linha MouseClick e clique duas vezes nela. O IDE adicionará o manipulador de eventos para você.

Você precisa descobrir onde a colmeia está no seu `FieldForm`. Usando a janela Properties, crie um manipulador para o **evento `MouseClick` do formulário `Hive`** e adicione o seguinte código:

```
private void HiveForm_MouseClick(object sender, MouseEventArgs e) {
    MessageBox.Show(e.Location.ToString());
}
```

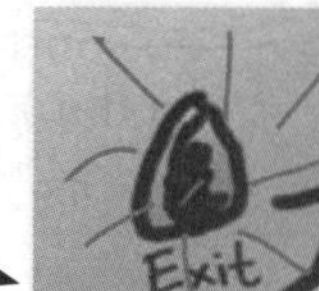

Você terá seu formulário executando nas próximas páginas. Com ele em execução, clique na saída da colmeia na imagem. O manipulador mostrará as coordenadas exatas do local clicado.

Adicione o mesmo manipulador no formulário `Field` também. Então, clicando, consiga as coordenadas da saída, do berçário e da fábrica de mel. Usando todas essas posições, você pode atualizar o método `InitializeLocations()` que escreveu na classe Hive no capítulo anterior:`InitializeLocations()`

Assim que você tiver seu simulador executando, poderá usar isto para ajustar a coleção de posições de Hive.

```
private void InitializeLocations()
{
    locations = new Dictionary<string, Point>();
    locations.Add("Entrance", new Point(626, 110));
    locations.Add("Nursery", new Point(77, 162));
    locations.Add("HoneyFactory", new Point(157, 78));
    locations.Add("Exit", new Point(175, 180));}
```

Remova o manipulador de clique do mouse quando terminar... você só precisou dela para conseguir as posições em seus formulários.

Estas são as coordenadas que funcionaram conosco, mas se seu formulário for um pouco maior ou menor, as suas serão diferentes.

Desenvolva a renderer

Eis aqui a classe `Renderer` completa. O formulário principal chama o método `Render()` dessa classe logo depois de chamar `World.Go()` para desenhar as abelhas e as flores nos formulários. Você deve certificar-se de que o gráfico das flores (`Flower.png`) esteja carregado no projeto, como as imagens da abelha animada.

Renderer
Render() Reset()

Todos os campos na apresentação são privados porque nenhuma outra classe precisa atualizar nenhuma propriedade. Ela é totalmente encapsulada. O mundo apenas chama Render() para desenhar nos formulários e Reset() para eliminar todos os controles nos formulários, se for necessário redefinir.

```
class Renderer {
    private World world;
    private HiveForm hiveForm;
    private FieldForm fieldForm;

    private Dictionary<Flower, PictureBox> flowerLookup =
         new Dictionary<Flower, PictureBox>();
    private List<Flower> deadFlowers = new List<Flower>();

    private Dictionary<Bee, BeeControl> beeLookup =
         new Dictionary<Bee, BeeControl>();
    private List<Bee> retiredBees = new List<Bee>();

    public Renderer(World world, HiveForm hiveForm, FieldForm fieldForm) {
        this.world = world;
        this.hiveForm = hiveForm;
        this.fieldForm = fieldForm;
    }

    public void Render() {
        DrawBees();
        DrawFlowers();
        RemoveRetiredBeesAndDeadFlowers();
    }

    public void Reset() {
        foreach (PictureBox flower in flowerLookup.Values) {
            fieldForm.Controls.Remove(flower);
            flower.Dispose();
        }
        foreach (BeeControl bee in beeLookup.Values) {
            hiveForm.Controls.Remove(bee);
            fieldForm.Controls.Remove(bee);
            bee.Dispose();
        }
        flowerLookup.Clear();
        beeLookup.Clear();
    }
```

A apresentação mantém referências para o mundo e para os dois formulários onde desenha as abelhas.

O mundo usa objetos Bee e Flower para controlar cada abelha e flor existentes. Os formulários usam um PictureBox para exibir cada flor e um BeeControl para mostrar cada abelha. A apresentação usa estes dicionários para conectar cada abelha e flor ao seu próprio BeeControl ou PictureBox.

Quando uma flor morre ou uma abelha se aposenta, ele usa as listas deadFlowers e retiredBees para limpar os dicionários.

O timer no formulário principal que executa a animação chama o método Render(), que atualiza as abelhas e as flores, e limpa seus dicionários.

Se o simulador for redefinido, chamará o método Controls.Remove() de cada formulário para limpar completamente os controles nos dois formulários. Ele encontra todos os controles em cada um de seus dois dicionários e remove-os dos formulários, chamando Dispose() em cada um deles. Então, ele limpa os dois dicionários.

Precisamos de dois loops foreach para desenhar as flores. O primeiro procura flores novas e adiciona seus PictureBoxes. O segundo procura flores mortas e remove seus PictureBoxes.

O primeiro loop foreach usa o dicionário flowerLookup para checar cada flor e ver se tem um controle no formulário. Se não, cria um novo PictureBox usando um inicializador de objetos, adiciona-o ao formulário e também ao dicionário flowerLookup.

DrawFlowers() usa a propriedade Location no objeto Flower para definir a posição de PictureBox no formulário.

```
private void DrawFlowers() {
    foreach (Flower flower in world.Flowers)
        if (!flowerLookup.ContainsKey(flower)) {
            PictureBox flowerControl = new PictureBox() {
                Width = 45,
                Height = 55,
                Image = Properties.Resources.Flower,
                SizeMode = PictureBoxSizeMode.StretchImage,
                Location = flower.Location
            };
            flowerLookup.Add(flower, flowerControl);
            fieldForm.Controls.Add(flowerControl);
        }

    foreach (Flower flower in flowerLookup.Keys) {
        if (!world.Flowers.Contains(flower)) {
            PictureBox flowerControlToRemove = flowerLookup[flower];
            fieldForm.Controls.Remove(flowerControlToRemove);
            flowerControlToRemove.Dispose();
            deadFlowers.Add(flower);
        }
    }
}
```

O segundo loop foreach procura qualquer PictureBox no dicionário flowerLookup que não esteja mais no formulário e remove-o.

Depois de remover o PictureBox, chama seu método Dispose(). Então, o objeto Flower é adicionado a deadFlowers para ser eliminado posteriormente.

DrawBees() também usa dois loops foreach e segue os mesmos procedimentos básicos de DrawFlowers(). Mas, é um pouco mais complexo, portanto dividimos seu comportamento em outros métodos separados para deixá-lo mais simples de entender.

```
private void DrawBees() {
    BeeControl beeControl;
    foreach (Bee bee in world.Bees) {
        beeControl = GetBeeControl(bee);
        if (bee.InsideHive) {
            if (fieldForm.Controls.Contains(beeControl))
                MoveBeeFromFieldToHive(beeControl);
        } else if (hiveForm.Controls.Contains(beeControl))
            MoveBeeFromHiveToField(beeControl);
        beeControl.Location = bee.Location;
    }

    foreach (Bee bee in beeLookup.Keys) {
        if (!world.Bees.Contains(bee)) {
            beeControl = beeLookup[bee];
            if (fieldForm.Controls.Contains(beeControl))
                fieldForm.Controls.Remove(beeControl);
            if (hiveForm.Controls.Contains(beeControl))
                hiveForm.Controls.Remove(beeControl);
            beeControl.Dispose();
            retiredBees.Add(bee);
        }
    }
}
```

DrawBees() checa se uma abelha está na colmeia, mas seu controle está no FieldForm ou vice-versa. Ele usa dois métodos extras para mover BeeControls entre os formulários.

Uma vez que BeeControl é removido, precisamos chamar seu método Dispose() – o controle do usuário descartará o timer em nosso lugar.

O segundo loop foreach funciona como em DrawFlowers(), exceto que ele precisa remover BeeControl do formulário correto.

Você precisa certificar-se de incluir using System.Drawing e using System.Windows.Forms no início do arquivo de classe Renderer.

GetBeeControl() procura uma abelha no dicionário beeLookup e retorna-a. Se não estiver lá, um novo BeeControl com 40 x 40 será criado e adicionado ao formulário da colmeia (pois é lá que as abelhas nascem).

```
    private BeeControl GetBeeControl(Bee bee) {
        BeeControl beeControl;
        if (!beeLookup.ContainsKey(bee)) {
            beeControl = new BeeControl() { Width = 40, Height = 40 };
            beeLookup.Add(bee, beeControl);
            hiveForm.Controls.Add(beeControl);
            beeControl.BringToFront();
        }
        else
            beeControl = beeLookup[bee];
        return beeControl;
    }
```

Não se esqueça que "!" quer dizer NÃO.

MoveBeeFromHiveToField() tira um BeeControl específico da coleção Controls do formulário da colmeia e adiciona-o à coleção Controls do formulário do campo.

```
    private void MoveBeeFromHiveToField(BeeControl beeControl) {
        hiveForm.Controls.Remove(beeControl);
        beeControl.Size = new Size(20, 20);
        fieldForm.Controls.Add(beeControl);
        beeControl.BringToFront();
    }
```

Como as abelhas no formulário do campo são menores do que as do formulário da colmeia, o método precisa alterar a propriedade Size de BeeControl.

```
    private void MoveBeeFromFieldToHive(BeeControl beeControl) {
        fieldForm.Controls.Remove(beeControl);
        beeControl.Size = new Size(40, 40);
        hiveForm.Controls.Add(beeControl);
        beeControl.BringToFront();
    }
```

MoveBeeFromFieldToHive() move um BeeControl de volta para o formulário da colmeia. Ela deve ser aumentada de novo.

```
    private void RemoveRetiredBeesAndDeadFlowers() {
        foreach (Bee bee in retiredBees)
            beeLookup.Remove(bee);
        retiredBees.Clear();
        foreach (Flower flower in deadFlowers)
            flowerLookup.Remove(flower);
        deadFlowers.Clear();
    }
}
```

Sempre que DrawBees() e DrawFlowers() percebem que uma abelha ou uma flor não existe mais no mundo, elas são adicionadas às listas deadFlowers e retiredBees para serem removidas no final do quadro.

Depois que todos os controles são movidos, a apresentação chama este método para eliminar qualquer flor morta ou abelha aposentada dos dois dicionários.

Agora, conecte o formulário principal aos seus dois novos formulários, HiveForm e FieldForm

É ótimo ter uma apresentação, mas, até agora, não há nenhum formulário no qual se apresentar. Podemos resolver isso voltando à classe `Form` principal (provavelmente, chamada `Form1`) e fazendo algumas alterações no código:

```
public partial class Form1 : Form {
  private HiveForm hiveForm = new HiveForm();
  private FieldForm fieldForm = new FieldForm();
  private Renderer renderer;

  // o restante dos campos

  public Form1() {
    InitializeComponent();

    MoveChildForms();
    hiveForm.Show(this);
    fieldForm.Show(this);
    ResetSimulator();
    timer1.Interval = 50;
    timer1.Tick += new EventHandler(RunFrame);
    timer1.Enabled = false;
    UpdateStats(new TimeSpan());
  }

  private void MoveChildForms() {
    hiveForm.Location = new Point(Location.X + Width + 10, Location.Y);
    fieldForm.Location = new Point(Location.X,
      Location.Y + Math.Max(Height, hiveForm.Height) + 10);
  }

  public void RunFrame(object sender, EventArgs e) {
    framesRun++;
    world.Go(random);
    renderer.Render();
    // o código anterior
  }

  private void Form1_Move(object sender, EventArgs e) {
    MoveChildForms();
  }
```

Quando o formulário principal carrega, ele cria uma instância de cada um dos outros dois formulários. Eles são apenas objetos no heap no momento – não serão mostrados até que seus métodos Show() sejam chamados.

O código para redefinir o mundo movido para o método ResetSimulator().

Mova o código para instanciar World para o método ResetSimulator().

O formulário passa uma referência dele mesmo para Form.Show() para se tornar o formulário pai.

O construtor do formulário principal move os dois formulários filho para seus lugares e depois exibe-os. Então, ele chama ResetSimulator(), que instancia Renderer.

Como os dois formulários filho têm StartPosition definido para Manual, o formulário principal pode movê-los usando a propriedade Location.

Este código move os dois formulários de forma que o formulário da colmeia fique ao lado do formulário de estatísticas principal e o formulário do campo fique abaixo dos dois.

Adicionar esta linha a RunFrame faz com que o simulador atualize os gráficos sempre que o método Go() do mundo é chamado.

O evento Move é inicializado a cada vez que o formulário principal é movido. Chamar MoveChildForms() garante que os formulários filho sempre se movam juntamente com o principal.

Use o botão Events na janela Properties para adicionar o manipulador de eventos Move.

Defina a propriedade StartPosition dos formulários do campo e da colmeia para Manual ou MoveChildForms() não funcionará.

É aqui que criamos novas instâncias das classes World e Renderer, o que redefine o simulador.

```
private void ResetSimulator() {
  framesRun = 0;
  world = new World(new BeeMessage(SendMessage));
  renderer = new Renderer(world, hiveForm, fieldForm);
}

private void reset_Click(object sender, EventArgs e) {
    renderer.Reset();
    ResetSimulator();
    if (!timer1.Enabled)
        toolStrip1.Items[0].Text = "Start simulation";
}

private void openToolStripButton_Click(object sender, EventArgs e) {
  // O restante do código neste botão fica exatamente o mesmo.

  renderer.Reset();
  renderer = new Renderer(world, hiveForm, fieldForm);
}
}
```

O botão Reset (Redefinir) precisa chamar Reset() para eliminar todos os BeeControls e PictureBoxes da flor, então redefinir o simulador.

Finalmente, é preciso adicionar código ao botão Open (Abrir) em ToolStrip para usar o método Reset() para remover as abelhas e as flores das coleções Controls dos dois formulários e criar uma nova apresentação usando um mundo recém-carregado.

Não existem Perguntas Idiotas

P: Eu vi que vocês exibem o formulário usando um método `Show()`, mas não entendi como passar `this` como parâmetro.

R: Tudo isto se relaciona com a ideia de que um formulário é apenas mais uma classe. Quando você exibe um, apenas instanciou essa classe e chamou seu método `Show()`. Há uma versão sobrecarregada desse método que tem um parâmetro, uma janela-mãe. Quando um formulário é pai de outro, isto faz com que o Windows configure uma relação especial entre eles – por exemplo, quando você minimiza a janela-mãe, automaticamente minimiza todas as janelas filha desse formulário também.

P: Podemos alterar os controles preexistentes e bagunçar seu código?

R: Não, na realidade não é possível acessar o código dos controles nativos do Visual Studio. No entanto, cada um deles é uma classe da qual você pode herdar, exatamente como herdou de `PictureBox` para criar seu `BeeControl`. Se você quiser adicionar ou alterar o comportamento em qualquer um dos controles, adicionará seus próprios métodos e propriedades que manipulam os da classe base.

Teste drive... ahn... de asas

Compile todo o seu código, elimine qualquer erro e execute seu simulador.

Suas abelhas devem estar batendo as asas alegremente agora.

Tente mudar as constantes em seu simulador e veja como a apresentação lida com mais abelhas ou flores.

É bonito, mas alguma coisa não está muito certa...

Olhe de perto para as abelhas zumbindo em torno da colmeia e para as flores, e notará alguns problemas com a forma como elas estão sendo exibidas. Lembra de como você definiu a propriedade `BackColor` de cada `BeeControl` para `Color.Transparent`? Infelizmente, isto não é o suficiente para fazer com que o simulador evite alguns problemas que são, na realidade, bem típicos dos programas gráficos.

1. **Há alguns problemas de performance sérios**
Você notou como o simulador inteiro fica mais lento quando todas as abelhas estão dentro da colmeia? Se não, tente adicionar mais abelhas aumentando as constantes na classe `World`. Preste atenção na velocidade de projeção – acrescente mais abelhas e ela começará a cair significativamente.

2. **Os fundos "transparentes" das flores não são realmente transparentes**
E há outro problema, totalmente à parte. Quando salvamos os arquivos gráficos para as flores, deixamos seus fundos transparentes. Mas, embora isso tenha garantido que o fundo de cada flor coincidisse com o fundo do formulário, não temos um resultado tão bom quando as flores se sobrepõem.

Quando você define a cor de fundo de um PictureBox para Transparent, ele pinta qualquer pixel transparente na imagem para que eles coincidam com a cor de fundo do formulário... o que nem sempre é a coisa certa a fazer.

Quando um PictureBox se sobrepõe a outro, o C# desenha pixels transparentes para que coincidam com o formulário, não com o controle que fica embaixo, fazendo com que apareçam "recortes" retangulares sempre que duas flores se sobrepõem.

3. **Os fundos das abelhas também não são transparentes**
Acaba que `Color.Transparent` realmente tem algumas limitações. Quando as abelhas estão sobrevoando as flores, o mesmo problema de "recorte" aparece. A transparência funciona um pouco melhor com o formulário da colmeia, onde a imagem de fundo do formulário aparece nas áreas transparentes do gráfico das abelhas. Mas, quando as abelhas se sobrepõem, o mesmo problema ocorre. E se você observar de perto as abelhas se movendo pela colmeia, verá algumas falhas onde as imagens das abelhas são distorcidas algumas vezes quando elas se movem.

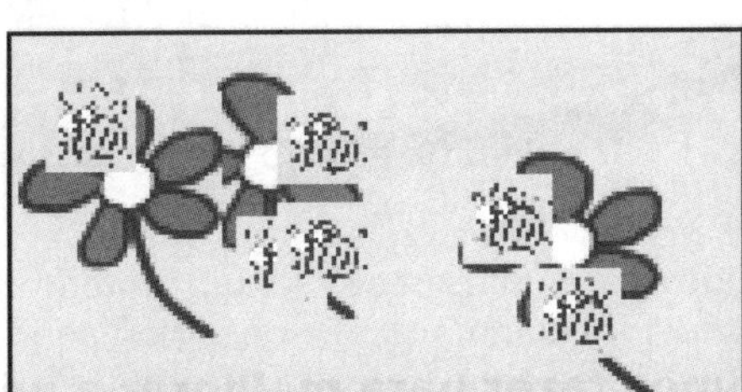

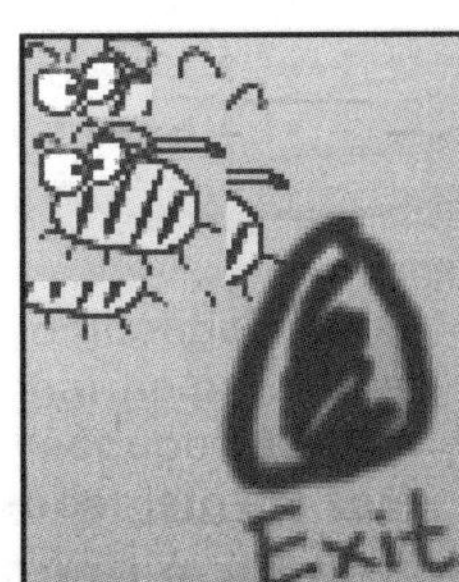

Vamos examinar de perto esses problemas de performance

Cada imagem de abelha que você baixou é grande. Realmente grande. Abra uma delas no `Picture Viewer` (Visualizador de Imagens) do Windows e veja por si próprio. Isso quer dizer que o `PictureBox` deve encolhê-la toda vez que a imagem é alterada e dimensionar uma imagem leva tempo. O motivo pelo qual as abelhas se movem muito mais lentamente quando há muitas delas voando dentro da colmeia é porque a imagem da parte interna é IMENSA. E quando você torna o fundo do `BeeControl` transparente, um trabalho dobrado deve ser feito: primeiro a imagem da abelha deve ser encolhida, depois uma parte da imagem de fundo do formulário também deve ser para que se possa desenhá-lo na área transparente atrás da abelha.

Bee animation 1.png

A imagem da abelha é realmente grande e o PictureBox precisa de tempo para encolhê-la toda vez que mostra um novo quadro da animação.

Hive (Inside).png

Os arquivos gráficos para as abelhas são realmente GRANDES. `PictureBox` precisa dimensionar a imagem sempre que um novo quadro da animação é mostrado. Isto toma muito tempo...

A imagem da parte interna da colmeia é imensa. Cada vez que uma abelha voa na frente dela, seu PictureBox precisa diminuir seu tamanho para corresponder ao do controle. Ele precisa fazer isso para mostrar a parte da figura que aparece através de qualquer parte transparente da imagem da abelha.

... assim tudo que precisamos fazer para melhorar a performance do simulador é encolher todas as imagens antes de tentar mostrá-las.

Tudo a fazer para acelerar a performance dos gráficos é adicionar um método à apresentação que dimensione qualquer imagem para um tamanho diferente. Então, podemos **redimensionar cada figura uma vez quando ela é carregada** e usar apenas a versão dimensionada no controle da abelha e para o fundo do formulário da colmeia.

Faça isto

1 **Adicione o método ResizeImage à apresentação**

Todas as imagens no seu projeto (tais como `Properties.Resources.Flower`) são armazenadas como objetos Bitmap (mapa de bits). Eis um método estático que os redimensiona. Adicione-o à classe `Renderer`:

```
public static Bitmap ResizeImage(Bitmap picture, int width, int height) {
    Bitmap resizedPicture = new Bitmap(width, height);
    using (Graphics graphics = Graphics.FromImage(resizedPicture)) {
        graphics.DrawImage(picture, 0, 0, width, height);
    }
    return resizedPicture;
}
```

Vamos examinar mais detalhadamente o que é o objeto Graphics e como esse método funciona nas próximas páginas.

2 **Acrescente este método ResizeCells ao seu BeeControl**

Seu `BeeControl` pode armazenar seus próprios objetos Bitmap – neste caso, um array de quatro deles. Eis um controle que preencherá esse array, redimensionando cada um para que ele tenha exatamente o tamanho do controle:

```
private Bitmap[] cells = new Bitmap[4];
private void ResizeCells() {
  cells[0] = Renderer.ResizeImage(Properties.Resources.Bee_animation_1, Width, Height);
  cells[1] = Renderer.ResizeImage(Properties.Resources.Bee_animation_2, Width, Height);
  cells[2] = Renderer.ResizeImage(Properties.Resources.Bee_animation_3, Width, Height);
  cells[3] = Renderer.ResizeImage(Properties.Resources.Bee_animation_4, Width, Height);
}
```

Estas linhas têm cada um dos objetos Bitmap que armazenam as imagens da abelha e os diminui usando o método ResizeImage() que escrevemos.

3 **Modifique a instrução switch para que ela utilize o array de células, não os recursos**

O manipulador do evento `Tick` de `BeeControl` tem uma instrução switch que define seu `BackgroundImage`:

```
BackgroundImage = Properties.Resources.Bee_animation_1;
```

Substitua `Properties.Resources.Bee_animation_1` por `cells[0]`. Agora, faça substituições no restante das linhas **`case`**, para que o case 2 use `cells[1]`, case 3 use `cells[2]`, case 4 use `cells[3]`, case 5 use `cells[2]` e o case padrão use `cells[1]`. Desta forma, apenas as imagens redimensionadas serão exibidas.

4 **Inclua chamadas para `ResizeCells()` no `BeeControl`**

Você deverá inserir duas chamadas para o novo método `ResizeCells()`. Primeiro, **adicione uma** ao final do construtor. Então, volte para o designer do IDE clicando duas vezes em `BeeControl` na janela Properties (Propriedades). Verifique a página Events (Eventos) na janela Properties (clicando no ícone de raio), pagine até `Resize` (Redimensionar) e clique duas vezes para **adicionar um manipulador de evento `Resize`**. Faça com que o novo manipulador do evento Resize chame `ResizeCells()` também – desta forma, as figuras da animação serão redimensionadas sempre que o formulário for.

5 **Defina manualmente a imagem de fundo do formulário**

Vá para a janela Properties e defina a imagem de fundo do formulário da colmeia para `(none)`. Então, vá para o construtor e defina a imagem para uma que tenha sido apropriadamente redimensionada.

```
public partial class HiveForm : Form {
    public HiveForm() {
        InitializeComponent();
        BackgroundImage = Renderer.ResizeImage(
                Properties.Resources.Hive__inside_,
                ClientRectangle.Width, ClientRectangle.Height);
    }
}
```

Seu formulário tem uma propriedade ClientRectangle com um Rectangle que tem as dimensões da área de exibição.

Agora, execute o simulador – é muito mais rápido!

Você redimensionou seus bitmaps usando um objeto Graphics

Vamos examinar de perto o método `ResizeImage()` que você adicionou à apresentação. Primeiro, ele cria um novo objeto `Bitmap` com o tamanho para o qual a imagem será redimensionada. Então, usa `Graphics.FromImage()` para **criar um novo objeto Graphics**. Ele usa o método `DrawImage()` do objeto Graphics para desenhar a imagem no `Bitmap`. Note como você passou os parâmetros `width` e `height` para `DrawImage()` – é assim que você diz a ele para dimensionar a imagem para o novo tamanho. Finalmente, o novo `Bitmap` criado é retornado, assim ele pode ser usado como a imagem de fundo do formulário ou uma das quatro células de animação.

Os formulários e os controles têm um método CreateGraphics() que retorna um novo objeto Graphics. Você verá muito mais a respeito disso em breve.

Você passa uma imagem para o método, junto com novas largura e altura que servirão para o redimensionamento.

```
public static Bitmap ResizeImage(Bitmap picture, int width, int height) {
    Bitmap resizedPicture = new Bitmap(width, height);
    using (Graphics graphics = Graphics.FromImage(resizedPicture)) {
        graphics.DrawImage(picture, 0, 0, width, height);
    }
    return resizedPicture;
}
```

O método FromImage() retorna um novo objeto Graphics que permite desenhar sobre essa imagem. Pare um minuto e use o IntelliSense do IDE para examinar os métodos na classe Graphics. Quando você chama DrawImage( ), ele copia a imagem no bitmap resizedPicture na posição (0,0) e redimensiona com os parâmetros width e height.

Vejamos o redimensionamento de imagens em ação

Faça isto apenas de maneira temporária. Apague o botão e o código quando tiver terminado.

Arraste um botão para o formulário Field e adicione o código seguinte. Ele cria um novo controle `PictureBox` com 100 x 100 pixels e define sua borda para uma linha preta, para que você possa ver seu tamanho. Então, usa `ResizeImage()` para compactar a imagem da abelha para 80 x 40 pixels e atribui essa nova imagem para sua propriedade `Image`. Quando `PictureBox` é adicionado ao formulário, a abelha é exibida.

O método ResizeImage() cria um objeto Graphics para desenhar num objeto Bitmap invisível. Ele retorna esse Bitmap para que possa ser exibid num formulário ou num PictureBox.

```
private void button1_Click(object sender, EventArgs e)
{
    PictureBox beePicture = new PictureBox();
    beePicture.Location = new Point(10, 10);
    beePicture.Size = new Size(100, 100);
    beePicture.BorderStyle = BorderStyle.FixedSingle;
    beePicture.Image = Renderer.ResizeImage(
        Properties.Resources.Bee_animation_1, 80, 40);
    Controls.Add(beePicture);
}
```

Você pode ver o redimensionamento da imagem em ação – a imagem compactada da abelha é muito menor do que o PictureBox. ResizeImage() a reduziu.

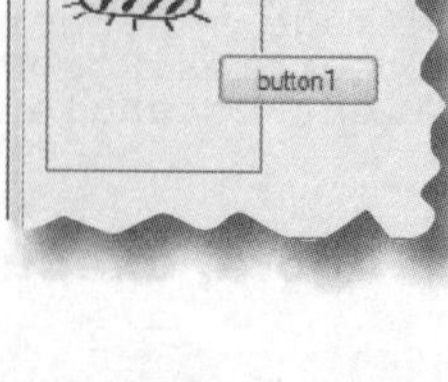

Seus recursos de imagens são armazenados em objetos Bitmap

Se você não vir nenhum problema de performance, continue adicionando abelhas até o programa ficar lento!

Quando você importa arquivos gráficos para os recursos de seu projeto, o que acontece com eles? Você já sabe que pode acessá-los usando `Properties.Resources`. Mas, o que, exatamente, seu programa está fazendo com eles, uma vez que são importados?

O .NET transforma suas imagens em um novo objeto `Bitmap`:

A classe Bitmap tem muitos construtores sobrecarregados. Este aqui carrega um arquivo gráfico do disco. Você também pode passar inteiros para a largura e a altura – isso criará um novo Bitmap sem imagem.

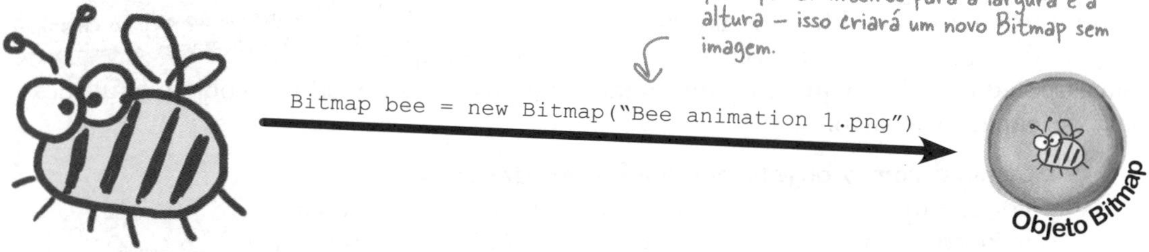

Bee animation 1.png

Então, cada bitmap é desenhado na tela

Depois que as imagens estão nos objetos `Bitmap`, seu formulário desenha-as na tela com uma chamada assim:

Esta chamada obtém um objeto Graphics para desenhar no formulário. Empregamos uma instrução using para nos certificar de que o objeto Graphics seja descartado.

```
using (Graphics g = CreateGraphics()) {
    g.DrawImage(myBitmap, 30, 30, 150, 150);
}
```

DrawImage() recebe um Bitmap, a imagem a ser desenhada...

...uma coordenada X,Y inicial...

...e um tamanho, 150 x 150 pixels.

Quanto maiores elas são...

Você viu aqueles dois últimos parâmetros para `DrawImage()`? E o que aconteceria se a imagem no `Bitmap` tivesse 175 por 175? A biblioteca de gráficos teria que redimensionar a imagem para caber em 150 por 150. E se o Bitmap contivesse uma figura com 1500 por 2025? Aí, o redimensionamento se tornaria ainda mais lento...

Esta imagem, com 300 x 300 pixels...

...é encolhida para este tamanho, que tem (para o exemplo) 150 x 150 pixels. E isso deixa seu simulador mais lento!

Redimensionar imagens usa muito poder de processamento! Se você faz isso uma única vez, não é tão sério. Mas se fizer isso a CADA QUADRO, seu programa ficará lento. Nós fornecemos imagens REALMENTE GRANDES para as abelhas e a colmeia. Quando a apresentação move as abelhas por aí (especialmente na frente da imagem do interior da colmeia), deve redimensioná-las de novo e de novo. E foi isso que causou os problemas de performance!

Use System.Drawing para ASSUMIR O CONTROLE dos gráficos você mesmo

O objeto `Graphics` faz parte do namespace `System.Drawing`. O .NET Framework vem com algumas ferramentas gráficas bem poderosas que vão bem além do controle `PictureBox` simples na caixa de ferramentas. Você pode desenhar formas, usar fontes e fazer todo tipo de gráficos complexos... e tudo isso começa com um objeto `Graphics`. Sempre que você quiser adicionar ou modificar qualquer gráfico ou a imagem de algum objeto, vai criar um objeto `Graphics` que está **associado ao objeto que quer desenhar**, então usará os métodos do objeto Graphics para desenhar nesse alvo.

> **System.Drawing**
>
> Os métodos gráficos no namespace System.Drawing, às vezes, são referidos como GDI+, que significa Graphics Device Interface (Interface Gráfica do Dispositivo). Quando você desenha com o GDI+, começa com um objeto Graphics associado a um Bitmap, formulário, controle ou outro objeto que você queira desenhar usando os métodos do objeto Graphics.

1. **Comece com o objeto que você quer desenhar**
   Por exemplo, pense num formulário. Quando você chama o método `CreateGraphics()` de um formulário, ele retorna uma instância de `Graphics` configurada para desenhar sobre si mesmo.

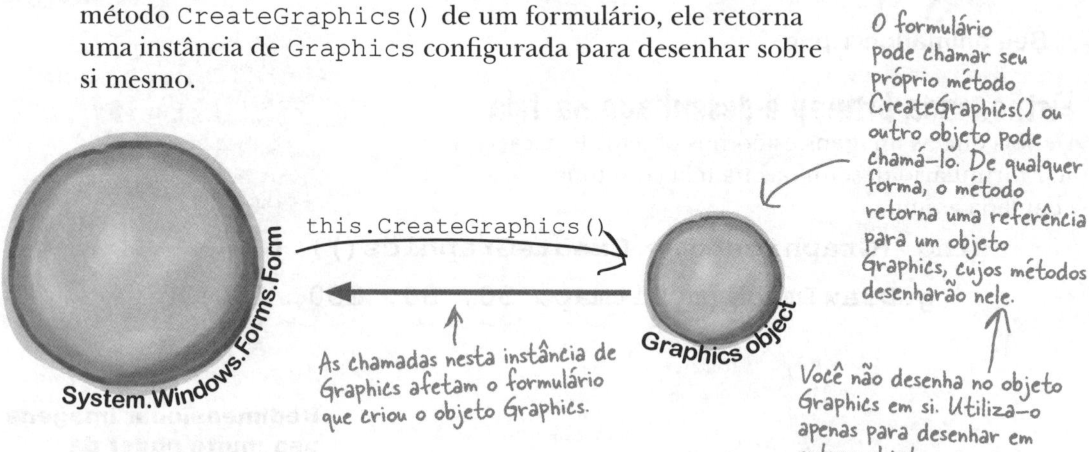

2. **Use os métodos do objeto Graphics para desenhar no outro objeto**
   Cada objeto `Graphics` tem métodos que permitem desenhar no objeto que o criou. Quando você chama os métodos no objeto `Graphics` para desenhar linhas, círculos, retângulos, texto e imagens, eles aparecem no formulário.

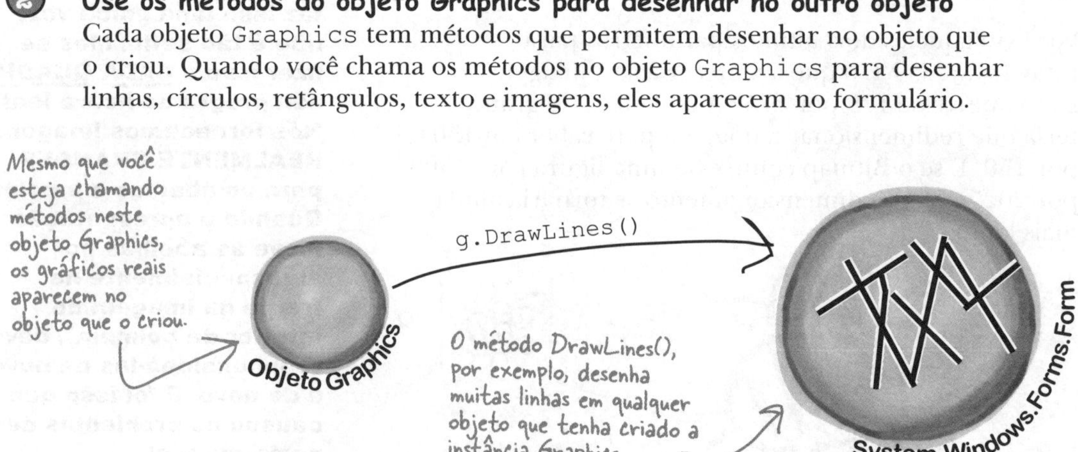

Você deve ter certeza de que tem uma linha using System. Drawing no topo de sua classe para usar estes métodos. Ou, quando adicionar um formulário ao seu projeto, o IDE acrescentará essa linha automaticamente à sua classe do formulário.

Um tour de 30 segundos pelos gráficos GDI+

656Há todo tipo de figuras e imagens que você pode desenhar, uma vez que tenha criado um objeto `Graphics`. Tudo a fazer é chamar seus métodos; eles desenharão diretamente no objeto que você criou.

1 O primeiro passo é sempre conseguir um objeto `Graphics`. Use o método `CreateGraphics()` do formulário ou passe um objeto `Graphics`. Lembre-se, `Graphics` implementa a interface `IDisposable()`, logo, se você criar um novo, empregue uma instrução `using`:

```
using (Graphics g = this.CreateGraphics()) {
```

Lembre-se, isto desenha no objeto que criou esta instância.

2 Se você quiser desenhar uma linha, chame `DrawLine()` com um ponto de início e fim, cada um representado pelas coordenadas X e Y:

```
g.DrawLine(Pens.Blue, 30, 10, 100, 45);
```

A coordenada inicial...

... e a coordenada final.

ou você pode fazer isso usando alguns Points:

```
g.DrawLine(Pens.Blue, new Point(30, 45), new Point(100, 10));
```

3 Eis o código que desenha um retângulo preenchido com cor de granito, então uma borda azul celeste. Ele usa Rectangle para definir as dimensões – neste caso, o canto superior esquerdo está em (150, 15) e tem 140 pixels de largura e 90 de altura.

```
g.FillRectangle(Brushes.SlateGray, new Rectangle(150, 15, 140, 90));
g.DrawRectangle(Pens.SkyBlue, new Rectangle(150, 15, 140, 90));
```

Há muitas cores para usar – basta digitar "Color", "Pens" ou "Brushes" seguido de um ponto e a janela IntelliSense as mostrará.

4 Você pode desenhar uma elipse ou um círculo usando os métodos `DrawCircle()` ou `FillCircle()`, que também usam `Rectangle` para especificar o tamanho da forma geométrica. O código seguinte desenha duas elipses ligeiramente deslocadas uma da outra para criar um efeito de sombreamento:

```
g.FillEllipse(Brushes.DarkGray, new Rectangle(45, 65, 200, 100));
g.FillEllipse(Brushes.Silver, new Rectangle(40, 60, 200, 100));
```

5 Use o método `DrawString()` para desenhar o texto com qualquer fonte e cor. Para isso, você deverá criar um objeto `Font`. Ele implementa `IDisposable`, então empregue uma instrução `using`:

```
using (Font arial24Bold = new Font("Arial", 24, FontStyle.Bold)) {
   g.DrawString("Hi there!", arial24Bold, Brushes.Red, 50, 75);
}
```

Se as instruções acima forem executadas em ordem, este será o resultado final no formulário. Cada uma das instruções acima corresponde aos números mostrados. O canto superior esquerdo é a coordenada (0,0).

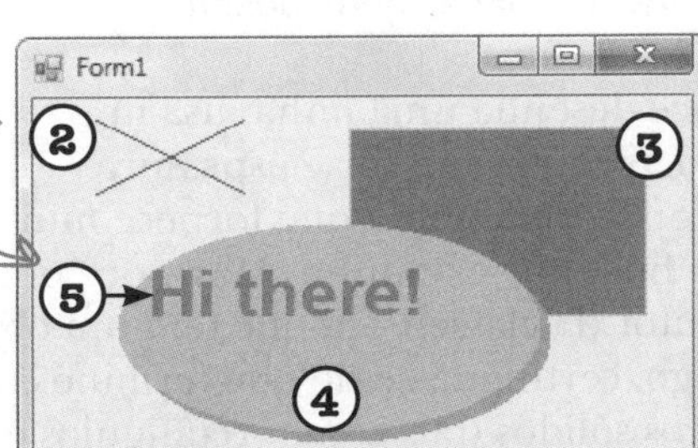

Não aparece o passo 1 nesta imagem, já que estava criando o objeto Graphics real.

Use gráficos para desenhar uma figura num formulário

Vamos criar um novo aplicativo Windows que desenha uma figura num formulário **quando você clica nele**.

Desenhe isto

1 **Comece adicionando um evento `Click` ao formulário**

Vá para a **página Events (Eventos) na janela Properties (Propriedades)** (clicando no ícone de raio), pagine até o evento Click e clique duas vezes nele. Inicie o manipulador de eventos com uma linha using para criar um objeto `Graphics`. Quando você trabalha com o GDI+, usa muitos objetos que implementam `IDisposable`. Se você não os descartar, eles lentamente roubarão recursos do seu computador até que o programa feche. Então, você acabará utilizando muitas instruções `using`:

```
using (Graphics g = CreateGraphics()) {
```

Aqui está a primeira linha do seu método de tratamento de eventos Form1_Click(). Mostraremos a você todas as suas linhas – junte todas para desenhar a imagem.

2 **Preste atenção na ordem em que você desenha as coisas em nosso formulário**

Como queremos um fundo azul celeste para esta figura, você desenhará um grande retângulo azul primeiro – depois, qualquer outra coisa será desenhada **sobre ele**. Você vai aproveitar uma das propriedades do formulário chamada `ClientRectangle`. É um `Rectangle` que define os limites da área de desenho do formulário. `Rectangles` são muito úteis – você pode criar um novo especificando um `Point` para seu canto superior esquerdo e sua largura e altura. Uma vez feito isso, ele automaticamente calculará suas propriedades `Top`, `Left`, `Right` e `Bottom`. E ele tem **métodos úteis, tais como `Contains()`, que retornará true se um determinado ponto estiver dentro dele**.

```
g.FillRectangle(Brushes.SkyBlue, ClientRectangle);
```

Isto será muito útil mais tarde no livro! O que você pensa que pode ser feito com Contains()?

3 **Desenhe a abelha e a flor**

Você já sabe como o método `DrawImage()` funciona. Adicione os recursos da imagem.

```
g.DrawImage(Properties.Resources.Bee_animation_1, 50, 20, 75, 75);
g.DrawImage(Properties.Resources.Flower, 10, 130, 100, 150);
```

4 **Adiciona uma caneta com a qual possa desenhar**

Cada vez que você desenha uma linha, usa um objeto `Pen` que determina sua cor e espessura.

Canetas são para desenhar linhas, que, por sua vez, têm uma largura. Para desenhar uma forma geométrica preenchida ou algum texto, você deverá ter um pincel.

Há uma classe `Pens` predefinida que fornece muitas canetas (`Pens.Red` é uma caneta vermelha fina, por exemplo). Mas, você pode criar suas próprias canetas usando o construtor da classe `Pen`, que tem um objeto `Brush` e uma espessura (é um flutuante, logo, certifique-se de que termine com `F`). Pincéis são como você desenhará gráficos sólidos (tais como, retângulos e elipses preenchidos). Há uma classe `Brushes` que fornece pincéis em várias cores.

```
using (pen thickBlackPen = new pen(Brushes.Black, 3.0f)){
```

Isto vai dentro da instrução using interna que cria Pen.

5 **Adicione uma seta que aponte para a flor**

Há alguns métodos `Graphics` que têm um array de `Points` e ligam-nos usando uma série de linhas ou curvas. Usaremos o método `DrawLines()` para desenhar a ponta da seta e `DrawCurve()` para desenhar sua base. Há outros métodos que usam arrays de pontos também (como, por exemplo, `DrawPolygon()`, que desenha um polígono fechado, e `FillPolygon()`, que o preenche).

```
g.DrawLines(thickBlackPen, new Point[] {
    new Point(130, 110), new Point(120, 160), new Point(155, 163)});
 g.DrawCurve(thickBlackPen, new Point[] {
    new Point(120, 160), new Point(175, 120), new Point(215, 70) });
}
```

Eis onde o bloco using termina – não precisamos mais de thickBlackPen, então é descartado.

Quando você passa um array de pontos para DrawCurve(), ele desenha uma curva suave que os conecta em ordem.

6 **Adicione uma fonte para desenhar o texto**

Quando você for desenhar texto, a primeira coisa a fazer é criar um objeto `Font`. Novamente, utilize uma instrução `using` porque `Font` implementa `IDisposable`. Criar uma fonte é simples. Há muitos construtores sobrecarregados - o mais simples usa um nome de fonte, um tamanho e um enum `FontStyle`.

```
using (Font font = new Font("Arial", 16, FontStyle.Italic)) {
```

7 **Acrescente o texto "Nectar here"**

Agora que você tem uma fonte, pode descobrir onde colocar a string determinando o tamanho que ela terá quando for desenhada. O método `MeasureString()` retorna um `SizeF` que define seu tamanho (`SizeF` é apenas a versão float de `Size` - e ambos apenas definem uma largura e uma altura). Uma vez que sabemos onde a seta termina, usaremos as medidas da string para posicionar seu centro logo acima da seta.

```
        SizeF size = g.MeasureString("Nectar here", font);
        g.DrawString("Nectar here", font, Brushes.Red, new Point(
            215 - (int)size.Width / 2, 70 - (int)size.Height));
    }
}
```

Feche ambos os blocos using.

Você pode criar um Rectangle informando um ponto e um Size (ou largura e altura). Uma vez que você tenha seu retângulo, poderá determinar seus limites e checar seu método Contains() para ver se ele contém um Point.

Aponte seu lápis

1. A maior parte do seu trabalho com **Graphics** implicará em pensar em seus formulários como uma grade de coordenadas X e Y. Eis aqui o código para construir a grade mostrada abaixo; sua tarefa é preencher as partes que faltam.

```
using (Graphics g = this.CreateGraphics())
using (Font f = new Font("Arial", 6, FontStyle.Regular)) {
  for (int x = 0; x < this.Width; x += 20) {
    ..................................................................
  } ................................................................
  for (int y = 0; y < this.Height; y += 20) {
    ..................................................................
  } ................................................................
}
```

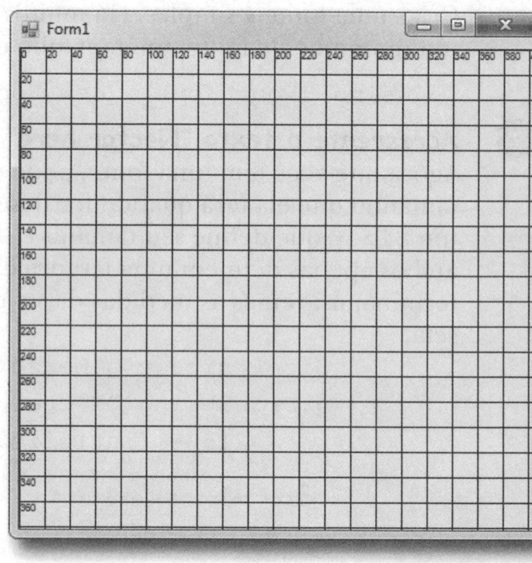

2. Você consegue imaginar o que acontece quando executar o código abaixo? Desenhe a saída no formulário, usando a grade que você acabou de desenhar para localizar os pontos específicos.

```
using (Pen pen =
        new Pen(Brushes.Black, 3.0F))
  g.DrawCurve(pen, new Point[] {
     new Point(80, 60),
     new Point(200,40),
     new Point(180, 60),
     new Point(300,40),
  });
  g.DrawCurve(pen, new Point[] {
     new Point(300,180), new Point(180, 200),
     new Point(200,180), new Point(80, 200),
  });
  g.DrawLine(pen, 300, 40, 300, 180);
  g.DrawLine(pen, 80, 60, 80, 200);
  g.DrawEllipse(pen, 40, 40, 20, 20);
  g.DrawRectangle(pen, 40, 60, 20, 300);
  g.DrawLine(pen, 60, 60, 80, 60);
  g.DrawLine(pen, 60, 200, 80, 200);
}
```

FillPolygon(), DrawLines() e outros poucos métodos gráficos possuem um construtor que tem um array de Points que definem os vértices de uma série de linhas conectadas.

3. Aqui está mais código gráfico, que lida com as formas irregulares. Determine o que é desenhado usando a grade dada abaixo.

```
g.FillPolygon(Brushes.Black, new Point[] {
        new Point(60,40), new Point(140,80), new Point(200,40),
        new Point(300,80), new Point(380,60), new Point(340,140),
        new Point(320,180), new Point(380,240), new Point(320,300),
        new Point(340,340), new Point(240,320), new Point(180,340),
        new Point(20,320), new Point(60, 280), new Point(100, 240),
        new Point(40, 220), new Point(80,160),
    });

using (Font big = new Font("Times New Roman", 24, FontStyle.Italic)) {
    g.DrawString("Pow!", big, Brushes.White, new Point(80, 80));
    g.DrawString("Pow!", big, Brushes.White, new Point(120, 120));
    g.DrawString("Pow!", big, Brushes.White, new Point(160, 160));
    g.DrawString("Pow!", big, Brushes.White, new Point(200, 200));
    g.DrawString("Pow!", big, Brushes.White, new Point(240, 240));
}
```

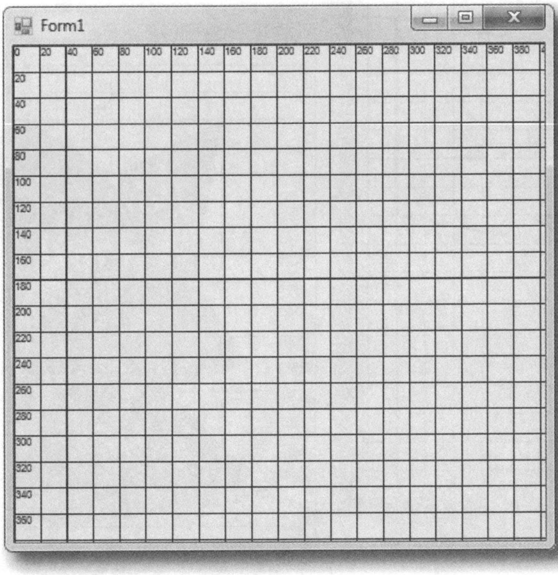

Aponte seu lápis Solução

Sua tarefa era preencher o código que faltava para desenhar uma grade e plotar dois trechos de código nas grades.

```
using (Graphics g = this.CreateGraphics())
using (Font f = new Font("Arial", 6, FontStyle.Regular)) {
    for (int x = 0; x < this.Width; x += 20) {
        g.DrawLine(Pens.Black, x, 0, x, this.Height);
        g.DrawString(x.ToString(), f, Brushes.Black, x, 0);
    }
    for (int y = 0; y < this.Height; y += 20) {
        g.DrawLine(Pens.Black, 0, y, this.Width, y);
        g.DrawString(y.ToString(), f, Brushes.Black, 0, y);
    }
}
```

Primeiro, desenhamos as linhas verticais e os números no eixo y. Há uma linha vertical a cada 20 pixels no eixo X.

Empregamos instruções using para ter certeza de que os objetos Graphics e Font sejam descartados depois do formulário ser desenhado.

Depois, desenhamos as linhas horizontais e os números no eixo X. Para desenhar uma linha horizontal, você escolhe um valor Y e desenha uma linha de (0, y) no lado esquerdo do formulário até (0, this. Width) no lado direito.

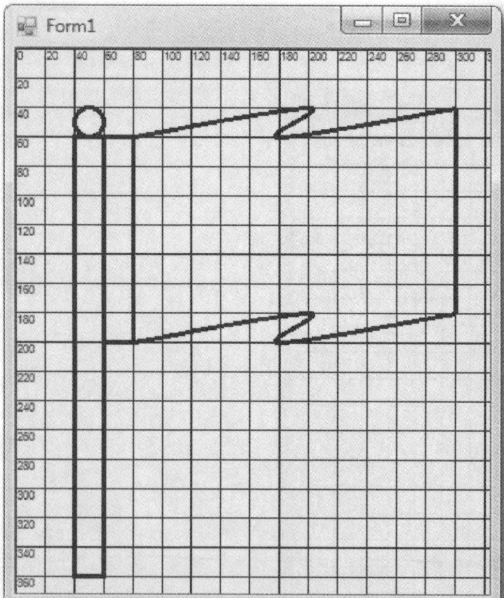

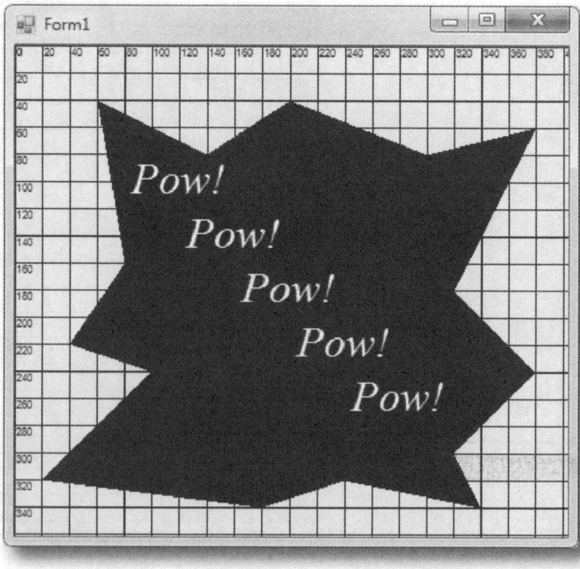

Gráficos podem resolver nosso problema de transparência...

A apresentação desenhou as abelhas de forma que elas parecem estranhas quando sobrepostas.

Lembra daqueles gráficos ridículos e com falhas? Vamos cuidar deles! `DrawImage()` é a chave para resolver o problema na apresentação onde as imagens eram desenhadas sobre caixas em torno das abelhas e flores, causando problemas de sobreposição. Começaremos voltando para nosso aplicativo Windows com a figura e mudando-o para desenhar um monte de abelhas que se sobrepõem sem nenhuma falha gráfica.

Faça isto

1. Adicione um método `DrawBee()` que desenhe uma abelha em qualquer objeto `Graphics`. Ele usa o construtor sobrecarregado `DrawImage()` que tem um Rectangle para determinar onde desenhar a imagem e o seu tamanho.

```
public void DrawBee(Graphics g, Rectangle rect) {
  g.DrawImage(Properties.Resources.Bee_animation_1, rect);
}
```

Muito melhor – clique no formulário e as abelhas vão sobrepor-se perfeitamente.

2. Aqui está o novo **manipulador de evento `Click` para o formulário**. Examine atentamente seu funcionamento – ela desenha a colmeia de forma que o canto superior esquerdo esteja bem fora do formulário, na posição (`- Width, - Height`) e tenha o dobro da largura e da altura do formulário – assim, você poderá redimensionar o formulário e ela continuará sendo desenhada corretamente. Então, ela desenha quatro abelhas usando o método `DrawBee()`.

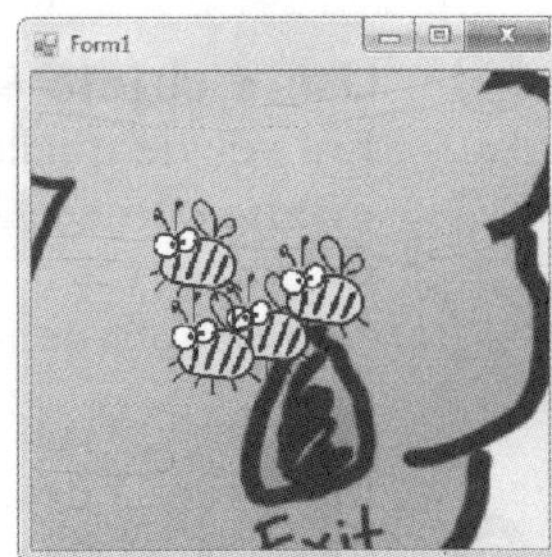

```
private void Form1_Click(object sender, EventArgs e) {
    using (Graphics g = CreateGraphics()) {
        g.DrawImage(Properties.Resources.Hive__inside_,
                -Width, -Height, Width * 2, Height * 2);
                Size size = new Size(Width / 5, Height / 5);
                DrawBee(g, new Rectangle(
                        new Point(Width / 2 - 50, Height / 2 - 40), size));
                DrawBee(g, new Rectangle(
                        new Point(Width / 2 - 20, Height / 2 - 60), size));
                DrawBee(g, new Rectangle(
                        new Point(Width / 2 - 80, Height / 2 - 30), size));
                DrawBee(g, new Rectangle(
                        new Point(Width / 2 - 90, Height / 2 - 80), size));
        }
    }
}
```

Primeiro, desenharemos o fundo da colmeia, com seu canto bem fora da página para que vejamos somente uma pequena parte. Então, desenharemos quatro abelhas de forma que elas se sobreponham – se não acontecer isso, aumente seu formulário e clique novamente.

...mas temos um porém

Mas veja o que acontece se você arrastar o formulário para fora da tela e para dentro de novo! Oh, não!

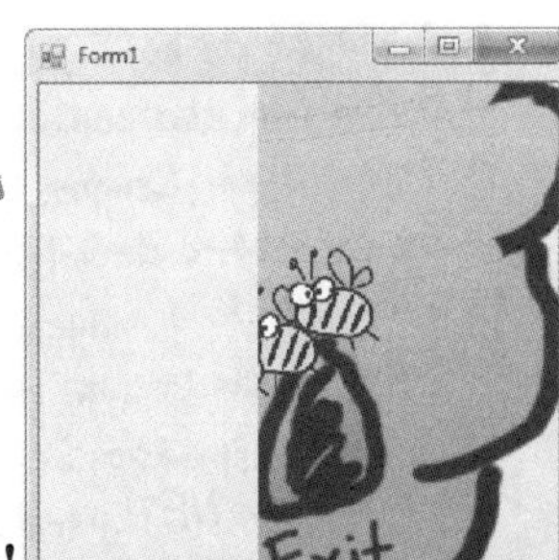

3. Execute seu programa, clique no formulário e observe como ele desenha as abelhas! Mas, alguma coisa está errada. Quando você arrasta o formulário para fora da tela e para dentro de novo, **a imagem desaparece**! Agora, volte e verifique o programa "Nectar here" (Néctar aqui) que você escreveu algumas páginas atrás - **ele tem o mesmo problema! O que você acha que aconteceu?**

Use o evento Paint para fazer seus gráficos durarem

Os formulários e os controles têm um evento Paint que disponibiliza um obje Graphics. Qualquer coisa que você desenh nele será repintada automaticamente.

De que servem os gráficos se eles desaparecem assim que uma parte do seu formulário é coberta? Para nada. Por sorte, há uma forma fácil de ter certeza de que seus gráficos durem: basta **escrever um manipulador de evento `Paint`**. Seu formulário inicializa um evento Paint toda vez que precisa ser redesenhado – como quando ele é arrastado para fora da tela. Uma das propriedades de seu parâmetro `PaintEventArgs` é um objeto `Graphics` chamado `Graphics` e qualquer coisa que você desenhar usando-o vai "durar".

1 Adicione um manipulador de evento Paint

Clique duas vezes em "Paint" (Pintar) na página Events (Eventos) na janela Properties (Propriedades) para adicionar um manipulador de evento `Paint`. O evento `Paint` é inicializado sempre que a imagem no seu formulário fica "suja". Então, desenhar seus gráficos dentro dele fará a imagem durar.

Clique duas vezes em Paint para adicionar um manipulador de evento Paint. Seu PaintEventArgs tem uma propriedade chamada Graphics – e qualquer coisa que você desenhar usando-a permanecerá no formulário.

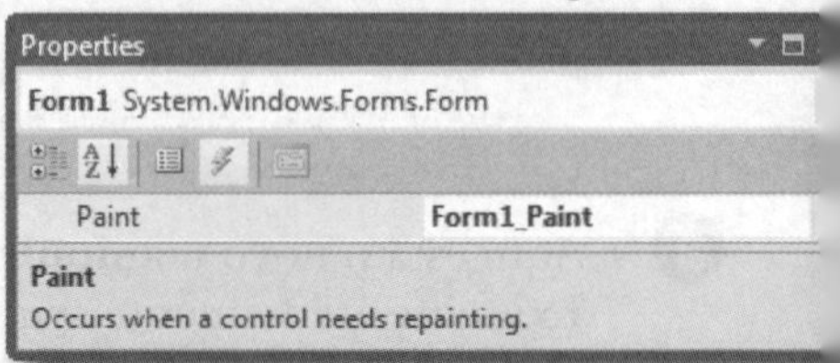

2 Use o objeto Graphics fornecido por EventArgs do evento Paint

Em vez de iniciar com uma instrução `using`, faça com que seu manipulador de evento comece assim:

```
private void Form1_Paint(object sender, PaintEventArgs e) {
    Graphics g = e.Graphics;
```

Você **não** precisa utilizar uma instrução `using` – como não foi você quem a criou, não precisa descartá-la.

3 Copie o código que desenha as abelhas sobrepostas e a colmeia

Adicione o novo método `DrawBees()` da página anterior ao seu novo controle de usuário. Então, copie o código do evento `Click` para seu novo evento `Paint` – **exceto a primeira linha com a instrução `using`**, já que você tem um objeto `Graphics` chamado `g`. (Como você não terá mais a instrução `using`, elimine sua chave de fechamento). Agora, execute seu programa. **Os gráficos não somem!**

Faça o mesmo com seu desenho "Nectar here" para que ele não suma também.

Formulários e controles redesenham-se a todo momento

Pode não parecer, mas seus formulários devem redesenhar-se a toda hora. Sempre que houver controles em um formulário, eles estarão mostrando gráficos – as etiquetas mostram texto, botões mostram uma imagem de botão, caixas de seleção desenham uma pequena caixa com um X dentro dela. Você trabalha com elas como se fossem controles arrastados, mas, na verdade, cada um deles desenha sua própria imagem. Sempre que você arrasta um formulário da tela ou para baixo de outro formulário, então arrasta-o de volta ou descobre-o, a parte coberta é agora inválida, ou seja, ela não estará mais mostrando a imagem que deveria. É nesse momento que o .NET envia uma mensagem ao formulário dizendo que ele precisa redesenhar-se. O formulário inicializa um evento Paint sempre que está "sujo" e precisa ser repintado. Se em algum momento você quiser que seu formulário ou controle redesenhe-se, pode dizer ao .NET para deixá-lo "sujo" chamando seu método Invalidade().

Exercício

Veja se você pode combinar os seus conhecimentos de formulários e controles de usuário – e consiga um pouco mais de prática usando os objetos `Bitmap` e o método `DrawImage ()` – construindo um controle de usuário que utiliza `TrackBars` para aumentar e reduzir uma imagem.

1. **Adicione dois controles `TrackBar` a um novo controle de usuário**

Crie um novo projeto de aplicativo Windows. **Adicione um `UserControl`** – chame-o de Zoomer – e defina para (300, 300) sua propriedade `Size`. Arraste dois controles `TrackBar` da caixa de ferramentas para ele. Arraste `trackBar1` para a parte inferior do controle. Depois, arraste `trackBar2` para o lado direto do controle e defina sua propriedade `Orientation` para `Vertical`. Ambos devem ter a propriedade `Minimum` definida para 1, `Maximum` e `Value` definidas para 175 e `TickStyle` definida `None`. Defina a cor de fundo de cada `TrackBar` para branco (white). Finalmente, clique duas vezes em cada `TrackBar` para adicionar uma sub-rotina de evento `Scroll`. Faça com que ambos os manipuladores chamem o método `Invalidade()` do controle.

Seu controle de usuário tem um evento `Paint` e ele funciona exatamente como o que você usou no formulário. Basta usar seu parâmetro `PaintEventArgs e`. Ele tem uma propriedade chamada `Graphics` e qualquer coisa que você desenhar usando esse objeto `Graphics` será pintada em qualquer instância do controle que você arrasta da caixa de ferramentas.

Deixe o fundo dos dois TrackBars branco porque você desenhará um retângulo branco atrás de tudo e desejará que eles se combinem.

2. **Carregue uma imagem num objeto `Bitmap` e desenhe no controle**

Adicione um campo privado `Bitmap` chamado `photo` ao seu controle do usuário Zoomer. Quando você criar a instância de `Bitmap`, use seu construtor para carregar seu arquivo de imagem favorito – usamos uma de um cachorrinho peludo. Então, adicione um evento Paint ao controle. O manipulador de evento deve criar um objeto gráfico para desenhar no controle, desenhar um retângulo branco sólido por cima do controle inteiro e, então, usar `DrawImage()` para desenhar o conteúdo de seu campo `photo` no controle de forma que seu canto superior esquerdo esteja em (10, 10), sua largura seja `trackBar1.Value` e sua altura seja `trackBar2.Value`. Depois, arraste seu controle para o formulário – redimensione o formulário para que as barras de controle fiquem nas bordas.

Quando você deslocar as barras de controle, a imagem aumentará ou diminuirá!

Sempre que o usuário arrastar uma das `TrackBars`, elas chamarão o método `Invalidate()` do controle. Isso fará com que o controle do usuário inicialize seu evento `Paint`, redimensionando a imagem. Lembre-se, já que você não criou o objeto `Graphics` – ele foi passado para você em `PaintEventArgs` – não é preciso descartá-lo. Assim, você não precisa utilizar uma instrução `using`. Apenas desenhe a imagem dentro do manipulador do evento `Paint`.

Exercício Solução

Pratique um pouco mais o uso dos objetos `Bitmap` e do método `DrawImage()` desenvolvendo um formulário que os utilize para carregar uma imagem de um arquivo e, depois, aumentá-la ou reduzi-la.

```
public partial class Zoomer : UserControl {

  Bitmap photo = new Bitmap(@"c:\Graphics\fluffy_dog.jpg");

  public Zoomer() {
     InitializeComponent();
  }

  private void Zoomer_Paint(object sender, PaintEventArgs e) {
      Graphics g = e.Graphics;
      g.FillRectangle(Brushes.White, 0, 0, Width, Height);
      g.DrawImage(photo, 10, 10, trackBar1.Value, trackBar2.Value);
  }

  private void trackBar1_Scroll(object sender, EventArgs e) {
     Invalidate();
  }
  private void trackBar2_Scroll(object sender, EventArgs e) {
     Invalidate();
  }
}
```

Este construtor Bitmap em particular carrega sua imagem de um arquivo. Ele tem outros construtores sobrecarregados, incluindo um que permite que se especifique uma largura e uma altura – e esse cria um bitmap vazio.

Substitua seu próprio arquivo – o construtor Bitmap pode ter muitos formatos de arquivo. Melhor ainda, veja se você pode usar OpenFileDialog para aplicar o zoom em qualquer imagem desejada!

Primeiro, desenhamos um grande retângulo branco para preencher o controle inteiro, depois desenhamos a foto em cima. Os dois últimos parâmetros determinam o tamanho da imagem a ser desenhada – trackBar1 define a largura e trackBar2 a altura.

Cada vez que o usuário arrasta um dos controles TrackBar, ele exibe um evento Scroll. Ao fazer com que as sub-rotinas de evento chamem o método Invalidate() do controle, fazemos com que o formulário seja repintado... e quando ele faz isso, desenha uma nova cópia da imagem com um tamanho diferente.

Cada vez que arrastamos aqui, fazemos outro novo redimensionamento de DrawImage().

```
g.DrawImage(myBitmap, 30, 30, 150, 150);
```

Examinando de perto como os formulários e os controles pintam-se de novo

Nos Bastidores

Lembre-se, dissemos que quando você começa a trabalhar com os objetos `Graphics`, realmente está assumindo o controle dos gráficos. É como se você dissesse ao .NET: "Ei, eu sei o que estou fazendo, posso lidar com essa responsabilidade extra". No caso de estar desenhando e redesenhando, você pode não querer redesenhar quando um formulário está minimizado e maximizado... ou pode querer repintar com ***mais frequência***. Uma vez que você sabe o que está acontecendo nos bastidores com seu formulário ou controle, pode assumir o comando no que se refere a redesenhar.

1. **Cada formulário tem um evento Paint que desenha os gráficos nele**
   Vá para a lista de eventos de qualquer formulário e encontrará um evento chamado **`Paint`**. Sempre que o formulário tem que se repintar, esse evento é inicializado. Cada formulário e controle usa um evento `Paint` internamente para decidir quando deve redesenhar-se. Mas, o que inicializa esse evento? Isso é feito por um método chamado **`OnPaint`** que o formulário ou o controle de usuário herda da classe `Control`. (Esse método segue o padrão visto no Capítulo 11, no qual os métodos que inicializam os eventos são nomeados com "On", seguido do nome do Evento.) Vá para qualquer formulário e anule `OnPaint`:

```
protected override void OnPaint(PaintEventArgs e) {
    Console.WriteLine("OnPaint {0} {1}", DateTime.Now, e.ClipRectangle);
    base.OnPaint(e);
}
```

   Faça isto exatamente como fez antes com Dispose().

   Anule OnPaint em qualquer formulário e adicione esta linha.

   Arraste seu formulário por aí – arraste-o metade para fora da tela, minimize-o, deixe-o atrás de outras janelas. Observe atentamente a saída escrita. Você verá que seu método `OnPaint` inicializa um evento Paint sempre que uma parte está «suja» – ou **inválida** - e precisa ser redesenhada. E se você observar atentamente `ClipRectangle`, verá que ele descreve a parte do formulário que precisa ser redesenhada. Ela é passada para `PaintEventArgs` do evento `Paint` para permitir uma melhor performance redesenhando apenas a parte inválida.

2. **`Invalidade()` controla quando redesenhar e O QUE deve ser repintado**
   O .NET inicializa o evento `Paint` quando alguma coisa interfere, cobre algo num formulário ou quando é movida para fora da tela e, depois, é exibida novamente. Ele chama `Invalidate()` e passa ao método um `Rectangle`. Este diz ao método `Invalidate()` qual parte do formulário precisa ser redesenhada... isto é, que parte dele está «suja». O .NET chama `OnPaint` para dizer ao formulário para inicializar um evento `Paint` e repintar a área suja.

   Invalidade() essencialmente diz que algum pedaço do formulário deve ser "inválido", então redesenha essa parte para ter certeza de que as coisa certas sejam exibidas.

3. **O método `Update()` dá à sua solicitação `Invalidate` uma prioridade alta**
   Você pode não perceber, mas seu formulário recebe mensagens a todo momento. O mesmo sistema que lhe diz que foi coberto e chama `OnPaint` tem todo tipo de outras mensagens que precisam ser enviadas. Veja você mesmo: digite `override` e pagine todos os métodos que começam com "On" – cada um deles é uma mensagem que o formulário responde. O método `Update()` move a mensagem Invalidate para o topo da lista de mensagens.

   Então, quando você chama isto manualmente, está dizendo ao .NET que todo o controle ou formulário é inválido e tudo deve ser redesenhado. Você pode passar seu próprio retângulo de recorte se quiser – ele será passado para PaintEventArgs do evento Paint.

4. **O método `Refresh()` do formulário é um `Invalidate()` seguido de `Update()`**
   Os formulários e os controles têm um atalho. Eles têm um método `Refresh()` que primeiro chama `Invalidate()` para invalidar toda a área do cliente (a área do formulário onde os gráficos parecem), depois chama `Update()` para ter certeza de que a mensagem vai para o topo da lista.

Não existem Perguntas Idiotas

P: Ainda parece que redimensionar os gráficos num programa como o Paint ou o PhotoShop é melhor. Por que eu não posso fazer isso?

R: Você pode, se for o responsável pelas imagens que usar em seus aplicativos e elas sempre forem usadas com as mesmas dimensões. Mas, frequentemente, este não é o caso. Muitas vezes, você recebe imagens de outras fontes, seja on-line, seja de um colega de trabalho no grupo de projeto. Ou você pode estar obtendo imagens de uma fonte de apenas leitura e assim terá que redimensioná-la no código.

P: Mas, seu eu puder redimensionar fora do .NET, é melhor, não?

R: Se você tiver certeza de que nunca precisará aumentar, pode ser. Mas, se o programa puder exibir a imagem em várias dimensões enquanto executar, você deverá fazer o redimensionamento em algum momento, de qualquer forma. Além disso, se a sua imagem tiver de ser exibida, em qualquer momento, maior do que o tamanho que você a deixou, terá problemas. É muito mais fácil diminuir do que aumentar.

Na maioria dos casos, é melhor ser capaz de redimensionar uma imagem via programação do que ser limitado por um programa externo ou restrições, como, por exemplo, os arquivos de apenas leitura.

P: Entendi que `CreateGraphics()` tem o objeto `Graphics` para desenhar num formulário, mas para que serve aquela chamada `FromImage()` no método `ResizeImage()`?

R: `FromImage()` recupera um objeto `Graphics()` para um objeto `Bitmap`. E exatamente como `CreateGraphics()` chamado num formulário retorna o objeto `Graphics` para desenhar nele, `FromImage()` recupera um objeto `Graphics` para desenhar no `Bitmap` no qual o método foi chamado.

P: Então, um objeto `Graphics` não serve apenas para desenhar num formulário?

R: Na realidade, um objeto `Graphics` é para desenhar em qualquer coisa que forneça um objeto `Graphics`. O `Bitmap` fornece um objeto `Graphics` que você pode usar para desenhar numa imagem invisível que pode ser usada depois. E você encontrará objetos `Graphics` em muitos outros lugares além de formulários. Arraste um botão para um formulário, então, entre no código e digite seu nome seguido de um ponto. Examine a janela IntelliSense que aparecerá – ela tem um método `CreateGraphics()` que retorna um objeto `Graphics`. Qualquer coisa que você desenhar aparecerá no botão! O mesmo serve para Label, `PictureBox`, `StatusStrip`... praticamente todo controle na caixa de ferramentas tem um objeto `Graphics`.

P: Espere, eu pensei que `using` fosse uma coisa usada apenas com streams. Por que estou fazendo o mesmo com os gráficos?

R: A palavra-chave `using` é útil com streams, mas é algo que você pode usar com *qualquer* classe que implemente a interface `IDisposable`. Quando você instancia uma classe implementa `IDisposable`, sempre deve chamar seu método `Dispose()` quando terminar com o objeto. Assim, ele sabe como se limpar. Com os streams, o método `Dispose()` garante que qualquer arquivo aberto seja fechado.

Os objetos `Graphics`, `Pen` e `Brush` também são descartáveis. Quando você cria qualquer um deles, eles ocupam uma pequena quantidade de memória e outros recursos e nem sempre os devolvem imediatamente. Se você estiver desenhando algo uma vez só, não notará nenhuma diferença. Mas, na maior parte das vezes, seu código gráfico será chamado sempre – como, por exemplo, num manipulador de evento `Paint`, que pode ser chamada muitas vezes por segundo para um formulário particularmente atarefado.

É por isso que você sempre deve chamar `Dispose()` dos seus objetos relacionados a gráficos. E a forma mais fácil de ter certeza de que você fez isso é utilizando uma linha `using` e deixar o .NET se preocupar com o descarte. Qualquer objeto criado com `using` terá automaticamente seu método `Dispose()` chamado no final do bloco que segue a instrução `using`. Isso garantirá que seu programa não ocupará lentamente mais e mais memória se for executado por muito tempo.

P: Se eu estiver criando um novo controle, devo usar `UserControl` ou criar uma classe que herde de um dos controles da caixa de ferramentas?

R: Isso depende do que você quer que seu novo controle faça. Se você está desenvolvendo um controle realmente parecido com um dos que já estão na caixa de ferramenta, provavelmente, achará mais fácil herdar desse controle. Mas, na maior parte das vezes, quando os programadores criam novos controles no C#, eles usam os controles do usuário. Uma vantagem significativa de um destes é que você pode **arrastar os controles da caixa de ferramentas para ele**. Ele funciona de forma muito parecida com um `GroupBox` ou outro contêiner de controles – você pode arrastar um botão ou caixa de seleção para dentro de seu controle de usuário e trabalhar com eles como se estivesse trabalhando com controles num formulário. O designer de formulários do IDE torna-se uma ferramenta poderosa para ajudá-lo a projetar os controles de usuário.

Um controle do usuário pode hospedar outros controles. O designer de formulários do IDE permite arrastar controles da caixa de ferramentas para dentro de seu novo controle de usuário.

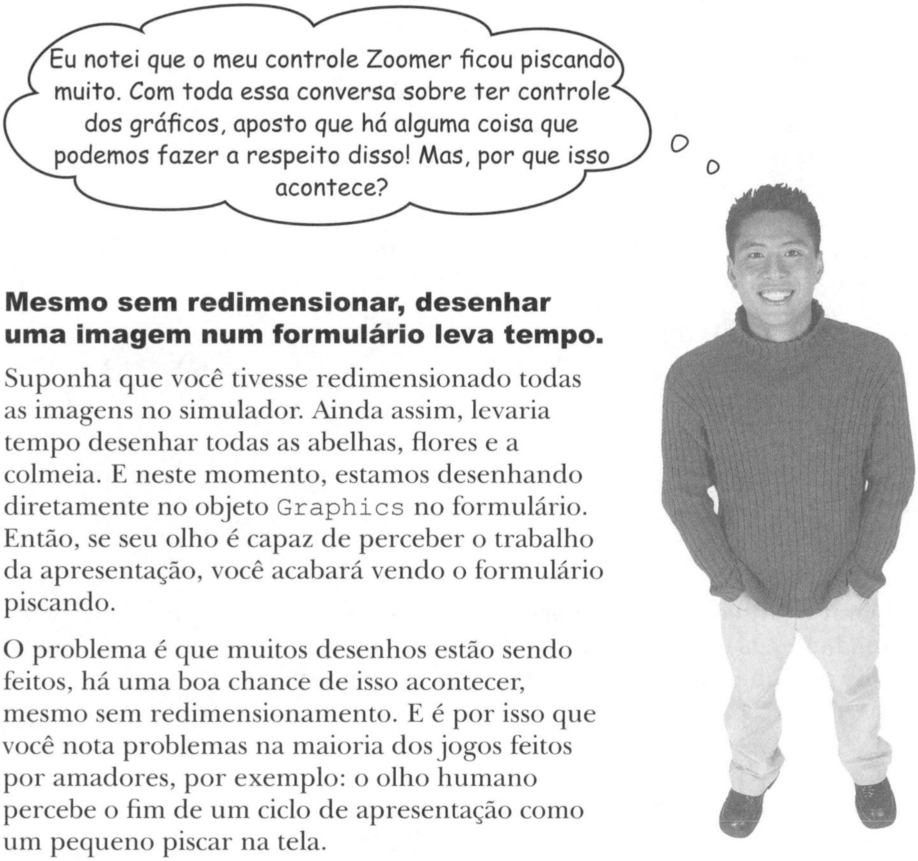

Mesmo sem redimensionar, desenhar uma imagem num formulário leva tempo.

Suponha que você tivesse redimensionado todas as imagens no simulador. Ainda assim, levaria tempo desenhar todas as abelhas, flores e a colmeia. E neste momento, estamos desenhando diretamente no objeto `Graphics` no formulário. Então, se seu olho é capaz de perceber o trabalho da apresentação, você acabará vendo o formulário piscando.

O problema é que muitos desenhos estão sendo feitos, há uma boa chance de isso acontecer, mesmo sem redimensionamento. E é por isso que você nota problemas na maioria dos jogos feitos por amadores, por exemplo: o olho humano percebe o fim de um ciclo de apresentação como um pequeno piscar na tela.

PODER DO CÉREBRO

Como você poderia livrar-se deste piscar? Se desenhar várias imagens no formulário faz ele piscar e você deve desenhá-las, como você poderia contornar isso?

Buffer duplo suaviza sua animação

Volte para o zoom de sua imagem e lide com as barras de controle. Você nota como pisca muito quando move as barras? Isto ocorre porque um manipulador de evento `Paint` primeiro deve desenhar o retângulo branco, então a imagem cada vez que a barra de controle se move um pouquinho. Quando seus olhos veem retângulos brancos e imagens alternando muitas vezes por segundo, eles interpretam isso como se o formulário estivesse piscando. É irritante... e pode ser evitado usando uma técnica chamada **buffer duplo**. Ou seja, desenhar cada quadro ou célula de animação num bitmap invisível (um "buffer") e apenas exibir o novo quadro uma vez assim que ele ter sido inteiramente desenhado. Eis aqui como isto funcionaria usando um `Bitmap`:

1. Aqui está um programa típico que desenha alguns gráficos num formulário usando seu objeto `Graphics`.

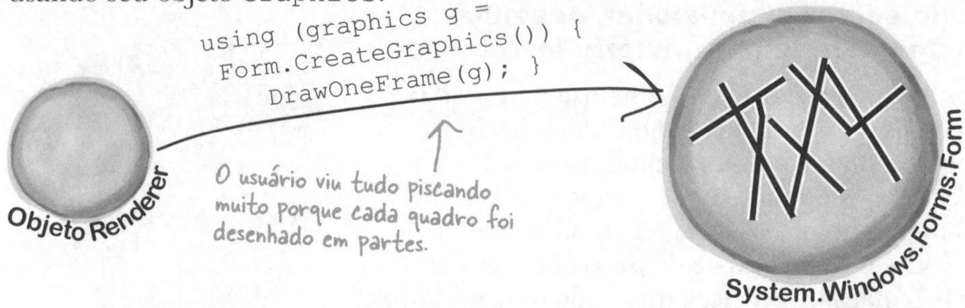

2. Para dobrar o buffer, podemos adicionar um objeto `Bitmap` ao programa para agir como um buffer. Cada vez que nosso formulário ou controle precisar ser repintado, em vez de desenhar diretamente nele, desenharemos no buffer.

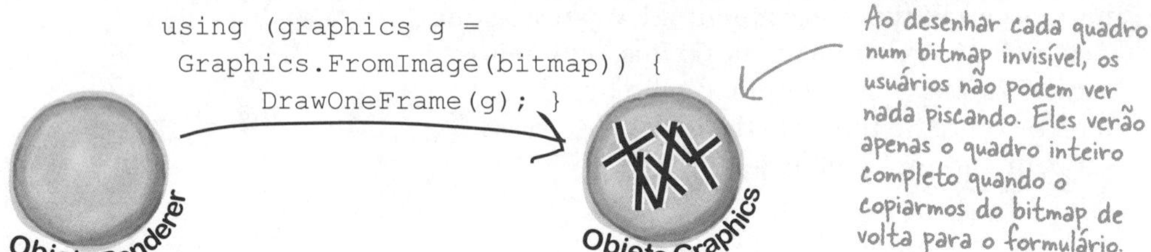

3. Agora que o quadro foi todo desenhado no objeto `Bitmap` invisível, podemos usar `DrawImageUnscaled()` para copiar de volta para o objeto `Graphics` do formulário. Tudo é copiado de uma só vez e isso elimina o efeito de piscar.

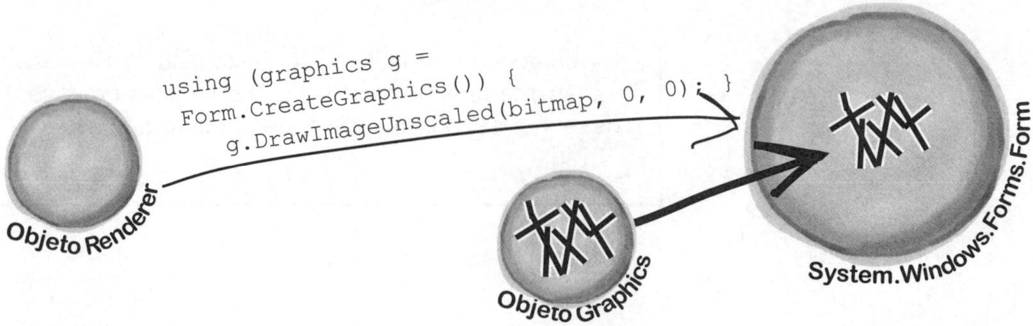

Buffer duplo é predefinido nos formulários e controles

Você mesmo pode fazer o buffer duplo usando um `Bitmap`, mas o C# e o .NET deixam tudo ainda mais fácil porque têm um suporte predefinido para essa técnica. **Tudo a fazer é definir para true sua propriedade `DoubleBuffered`**. Tente isso com o controle de usuário Zoomer – vá para a janela Properties (Propriedades), defina para true DoubleBuffered e seu controle parará de piscar! Agora, **volte ao seu controle `BeeControl`** e faça o mesmo. Isso não vai corrigir todos os problemas dos gráficos – faremos isso num minuto – mas *fará* diferença.

Agora, você está pronto para corrigir os problemas com gráficos no simulador!

Quando você usa o evento Paint para todos os gráficos, pode ativar a pintura com buffer duplo apenas alterando uma propriedade.

Faça uma vistoria no simulador de colmeia

No próximo exercício, você pegará seu simulador de colmeia e irá vistoriá-lo completamente. Provavelmente, você desejará criar um projeto novo e usar "Add >>Existing Item..." para adicionar os itens atuais de forma a ter uma cópia de segurança do seu simulador atual. (Não se esqueça de alterar seu namespace para coincidir com seu novo projeto.)

Eis o que você deverá fazer:

1. **Você começará removendo o controle do usuário `BeeControl`**
   Não existirá controle nenhum na colmeia nem no campo. Nenhum `BeeControl`, nenhum `PictureBox`, nada. As imagens das abelhas, flores e colmeia serão todas desenhadas usando os gráficos GDI+. Então, clique com o botão direito em `BeeControl.cs` no Navegador de Solução (Solution Explorer) e clique em Delete; eles serão removidos do projeto e apagados permanentemente.

2. **Você deverá ter um timer para lidar com o batimento das asas das abelhas**
   As abelhas batem suas asas bem mais devagar do que a velocidade de projeção do simulador, então você deverá ter um segundo timer mais lento. Isso não deve ser surpresa, já que o `BeeControl` tinha seu próprio timer para fazer a mesma coisa.

3. **O passo importante: vistorie a apresentação**
   Você deverá descartar a apresentação atual inteiramente porque faz tudo com controles. Você não deverá ter dicionários de pesquisa porque não haverá nenhum `PictureBox` ou `BeeControl` para pesquisar. Em vez disso, teremos dois métodos importantes: `DrawHive(g)` desenhará um formulário `Hive` num objeto gráfico e `DrawField(g)` desenhará um formulário `Field`.

4. **Por último, você deverá associar a nova apresentação**
   Os formulários `Hive` e `Field` precisarão dos manipuladores de evento `Paint`. Cada um deles chamará os métodos `DrawField(g)` ou `DrawHive(g)` do objeto `Renderer`. Os dois timers – um para dizer ao simulador para desenhar o próximo quadro e outro para bater as asas das abelhas – chamará os métodos `Invalidate()` dos formulários para repintá-los. Quando isso acontecer, os manipuladores de evento `Paint` pintarão o quadro.

Vamos começar! →

Exercício

É hora de se livrar dos problemas dos gráficos no simulador de colmeia. Use gráficos e o buffer duplo para tornar o simulador mais bem acabado.

1 Modifique o método `RunFrame()` do formulário principal

Você deverá remover a chamada para `Renderer.Render()` e adicionar duas instruções `Invalidate()`.

```
public void RunFrame(object sender, EventArgs e) {
    framesRun++;
    world.Go(random);
    end = DateTime.Now;
    TimeSpan frameDuration = end - start;
    start = end;
    UpdateStats(frameDuration);
    hiveForm.Invalidate();
    fieldForm.Invalidate();
}
```

Você deverá remover a chamada para renderer.Render(), já que esse método será removido.

Desde que você mantenha o mundo atualizado e os dois formulários tenham uma referência para o objeto apresentação, tudo que precisará fazer para animá-los é chamar seus métodos Invalidate(). As suas subrotinas de evento Paint tomarão conta do restante.

2 Adicione um segundo timer ao formulário principal para fazer as asas das abelhas baterem

Arraste um novo timer para o formulário principal e defina `Interval` para 150 ms e `Enabled` para true. Então, clique duas vezes nele e adicione o seguinte manipulador de evento:

```
private void timer2_Tick(object sender, EventArgs e) {
    renderer.AnimateBees();

}
```

Depois, acrescente este método `AnimateBees()` à apresentação para fazer as asas das abelhas baterem:

```
private int cell = 0;
private int frame = 0;
public void AnimateBees() {
    frame++;
    if (frame >= 6)
    frame = 0;
    switch (frame) {
        case 0: cell = 0; break;
        case 1: cell = 1; break;
        case 2: cell = 2; break;
        case 3: cell = 3; break;
        case 4: cell = 2; break;
        case 5: cell = 1; break;
        default: cell = 0; break;
    }
    hiveForm.Invalidate();
    fieldForm.Invalidate();
}
```

A ideia por trás do código aqui é definir um campo chamado Cell que você pode usar quando está desenhando as abelhas na apresentação. Certifique-se de que sempre esteja desenhando BeeAnimationLarge[Cell] no formulário da colmeia e BeeAnimationSmall[Cell] no formulário do campo. O timer constantemente chamará o método AnimateBees( ), o que fará com que o campo Cell continue mudando, que fará suas abelhas baterem as asas.

Se suas abelhas estiverem voando para os lugares errados, certifique-se de que suas posições estejam corretas! Use o truque do evento `MouseClick` anteriormente no capítulo para encontrar as coordenadas certas.

3 **Os formulário da colmeia e do campo precisaram de uma propriedade pública `Renderer`**

Adicione uma propriedade `Renderer` pública aos formulários do campo e da colmeia:

```
public Renderer Renderer { get; set; }
```

← Adicione isto aos dois formulários.

Não se esqueça de adicionar estes modificadores de acesso

Para fazer isto funcionar, você precisará **mudar a declaração** de `Renderer` para adicionar o modificador `public`: `public class Renderer`. Você também precisará **fazer o mesmo** para as classes `World`, `Hive`, `Bees` e `Flower`, e o enum `BeeState` - adicione o modificador de acesso `public` a cada uma de suas declarações. *(Veja* ***Sobras #2 no Apêndice*** *para entender o motivo!)*

Há dois lugares onde você criará um novo `Renderer()`: no botão para abrir (abaixo de uma chamada para `renderer.Reset()` e no método `ResetSimulator()`. **Remova todas as chamadas para `renderer.Reset()`**. Então, atualize o construtor de `Renderer` para definir a propriedade `Renderer` de cada formulário:

```
hiveForm.Renderer = this;
fieldForm.Renderer = this;
```

Tudo que Reset() fez foi remover os controles dos formulários e não há nenhum controle para remover.

4 **Configure os formulários da colmeia e do campo para a animação com buffer duplo**

Remova o código do construtor do formulário da colmeia que define a imagem de fundo. Então, remova todos os controles dos dois formulários e **defina para true as suas propriedades `DoubleBuffered`**. Por fim, adicione um manipulador de evento Paint a cada uma delas. Eis o manipulador para o formulário da colmeia – um manipulador de evento `Paint` do formulário do campo é idêntico, exceto que chama `Renderer.PaintField()`, em vez de `Renderer.PaintHive()`:

```
private void HiveForm_Paint(object sender, PaintEventArgs e) {
    Renderer.PaintHive(e.Graphics);
}
```

Ative o buffer duplo ou seus formulários piscarão!

5 **Revise a apresentação removendo código baseado em controles e adicionando gráficos**

Eis o que você precisa fazer para corrigir a apresentação:

★ Remova os dois dicionários, uma vez que não há mais controles. E ainda nele, você não precisará mais de `BeeControl`, ou `Render()`, `DrawBees()` ou `DrawFlowers()`.

★ Adicione alguns campos `Bitmap` chamados `HiveInside`, `HiveOutside` e `Flower` para armazenar imagens. Então, crie dois arrays `Bitmaps[]` chamados `BeeAnimationLarge` e `BeeAnimationSmall`. Cada um deles manterá quatro imagens de abelhas – as maiores terão 40x40 e as menores 20x20. Crie um método chamado `InitializeImages()` para redimensionar os recursos, armazená-los nesses campos e chamá-lo no construtor da classe `Renderer`.

★ Adicione o método `PaintHive()` que tem um objeto `Graphics` como parâmetro e pinte a colmeia nele. Primeiro, desenhe um retângulo com azul celeste, depois use `DrawImageUnscaled()` para desenhar o interior da colmeia, então use o mesmo método para desenhar cada uma das abelhas que estiverem dentro dela.

★ Por último, adicione o método `PaintField()`. Ele deve desenhar um retângulo com azul celeste na metade superior do formulário, um verde na inferior. Você descobrirá que duas propriedades do formulário são úteis para isto: `ClientSize` e `ClientRectangle` dizem o tamanho da área de desenho, de forma que você possa achar a metade de sua altura usando `ClientSize.Height / 2`. Depois, use `FillEllipse()` para desenhar um sol amarelo no céu, `DrawLine()` para desenhar um galho onde a colmeia estará pendurada e `DrawImageUnscaled()` para desenhar o lado de fora da colmeia. Então, desenhe cada flor no formulário. Finalmente, desenhe cada abelha (usando a imagem pequena delas) – elas devem ser pintadas por último para ficarem na frente das flores.

★ Enquanto estiver desenhando as abelhas, lembre-se de que `AnimateBees()` define o campo `cell`.

Exercício Solução

É hora de se livrar dos problemas dos gráficos no simulador de colmeia. Use gráficos e o buffer duplo para fazê-lo parecer mais bem acabado.

Eis aqui a classe Renderer completa, incluindo o método AnimateBees() que fornecemos. Certifique-se de ter feito todas as modificações nos três formulários – especialmente nos manipuladores de evento Paint nos formulários do campo e da colmeia. Eles devem chamar os métodos PaintHive() e PaintField() da apresentação, que fará toda a animação.

```
using System.Drawing;

public class Renderer {
    private World world;
    private HiveForm hiveForm;
    private FieldForm fieldForm;

    public Renderer(World TheWorld, HiveForm hiveForm, FieldForm fieldForm) {
        this.world = TheWorld;
        this.hiveForm = hiveForm;
        this.fieldForm = fieldForm;
        fieldForm.Renderer = this;
        hiveForm.Renderer = this;
        InitializeImages();
    }
```

* Não se esqueça de mudar a declaração da classe em Renderer.cs de class Renderer para public class Renderer, então, faça o mesmo para World, Hive, Flower e Bee; do contrário, obterá um erro de construção sobre a acessibilidade do campo e do tipo. Vá para Sobra #2 no Apêndice para aprender sobre por que você precisa fazer isto.

```
    public static Bitmap ResizeImage(Image ImageToResize, int Width, int Height) {
        Bitmap bitmap = new Bitmap(Width, Height);
        using (Graphics graphics = Graphics.FromImage(bitmap)) {
            graphics.DrawImage(ImageToResize, 0, 0, Width, Height);
        }
        return bitmap;
    }

    Bitmap HiveInside;
    Bitmap HiveOutside;
    Bitmap Flower;
    Bitmap[] BeeAnimationSmall;
    Bitmap[] BeeAnimationLarge;
    private void InitializeImages() {
        HiveOutside = ResizeImage(Properties.Resources.Hive__outside_, 85, 100);
        Flower = ResizeImage(Properties.Resources.Flower, 75, 75);
        HiveInside = ResizeImage(Properties.Resources.Hive__inside_,
            hiveForm.ClientRectangle.Width, hiveForm.ClientRectangle.Height);
        BeeAnimationLarge = new Bitmap[4];
        BeeAnimationLarge[0] = ResizeImage(Properties.Resources.Bee_animation_1, 40, 40);
        BeeAnimationLarge[1] = ResizeImage(Properties.Resources.Bee_animation_2, 40, 40);
        BeeAnimationLarge[2] = ResizeImage(Properties.Resources.Bee_animation_3, 40, 40);
        BeeAnimationLarge[3] = ResizeImage(Properties.Resources.Bee_animation_4, 40, 40);
        BeeAnimationSmall = new Bitmap[4];
        BeeAnimationSmall[0] = ResizeImage(Properties.Resources.Bee_animation_1, 20, 20);
        BeeAnimationSmall[1] = ResizeImage(Properties.Resources.Bee_animation_2, 20, 20);
        BeeAnimationSmall[2] = ResizeImage(Properties.Resources.Bee_animation_3, 20, 20);
        BeeAnimationSmall[3] = ResizeImage(Properties.Resources.Bee_animation_4, 20, 20);
    }
```

O método InitializeImages() redimensiona todos os recursos da imagem e armazena-os nos campos Bitmap dentro do objeto Renderer. Assim, os métodos PaintHive() e PaintField() podem desenhar as imagens não dimensionadas usando os métodos DrawImageUnscaled() dos objetos Graphics dos formulários.

```
    public void PaintHive(Graphics g) {
        g.FillRectangle(Brushes.SkyBlue, hiveForm.ClientRectangle);
        g.DrawImageUnscaled(HiveInside, 0, 0);
        foreach (Bee bee in world.Bees) {
            if (bee.InsideHive)
                g.DrawImageUnscaled(BeeAnimationLarge[cell],
                                    bee.Location.X, bee.Location.Y);
        }
    }

    public void PaintField(Graphics g) {
        using (Pen brownPen = new Pen(Color.Brown, 6.0F)) {
            g.FillRectangle(Brushes.SkyBlue, 0, 0,
                    fieldForm.ClientSize.Width, fieldForm.ClientSize.Height / 2);
            g.FillEllipse(Brushes.Yellow, new RectangleF(50, 15, 70, 70));
            g.FillRectangle(Brushes.Green, 0, fieldForm.ClientSize.Height / 2,
                    fieldForm.ClientSize.Width, fieldForm.ClientSize.Height / 2);
            g.DrawLine(brownPen, new Point(593, 0), new Point(593, 30));
            g.DrawImageUnscaled(HiveOutside, 550, 20);
            foreach (Flower flower in world.Flowers) {
                g.DrawImageUnscaled(Flower, flower.Location.X, flower.Location.Y);
            }
            foreach (Bee bee in world.Bees) {
                if (!bee.InsideHive)
                    g.DrawImageUnscaled(BeeAnimationSmall[cell],
                                        bee.Location.X, bee.Location.Y);
            }
        }
    }

    private int cell = 0;
    private int frame = 0;
    public void AnimateBees() {
        frame++;
        if (frame >= 6)
        frame = 0;
        switch (frame) {
            case 0: cell = 0; break;
            case 1: cell = 1; break;
            case 2: cell = 2; break;
            case 3: cell = 3; break;
            case 4: cell = 2; break;
            case 5: cell = 1; break;
            default: cell = 0; break;
        }
        hiveForm.Invalidate();
        fieldForm.Invalidate();
    }
}
```

A propriedade ClientSize de um formulário é um Rectangle que informa o tamanho da área de desenho.

O método PaintField() vê as abelhas e flores no mundo e desenha o campo usando suas posições. Primeiro, ele desenha o céu e o solo, em seguida o sol, então a colmeia. Depois disso, ele desenha as flores e as abelhas. É importante que tudo seja desenhado na ordem certa – se as flores fossem desenhadas antes das abelhas, então as abelhas pareceriam voar por trás das flores.

Eis o mesmo método AnimateBees() do exercício. Ele percorre as animações usando o campo Frame – primeiro, mostra a célula 0, depois 1, 2, 3, então volta para 2 e para 1 novamente. Desta forma a animação de bater asas da abelha fica suave.

Use um objeto Graphics e um manipulador de eventos para imprimir

Os métodos `Graphics` que você tem usado para desenhar nos formulários são **os mesmos que você usará para imprimir**. Os objetos de impressão do .NET em `System.Drawing.Printing` realmente facilitam adicionar impressão e visualização aos seus aplicativos. Tudo a fazer é **criar um objeto `PrintDocument`**. Ele tem um evento chamado `PrintPage`, que você pode usar exatamente como usa o evento `Tick` de um timer. Então, chame o método `Print()` do objeto `PrintDocument` e o documento será impresso. E lembre-se, o IDE torna especialmente fácil adicionar o manipulador de eventos. Eis como:

Imprima isto

1. Inicie um novo aplicativo Windows e adicione um botão ao formulário. Vá para o código e acrescente uma linha using `System.Drawing.Printing;` ao início. Clique duas vezes no botão e adicione o manipulador de eventos. Observe o que acontece assim que você digita +=:

```
private void button1_Click(object sender, EventArgs e) {
    PrintDocument document = new PrintDocument();
    document.PrintPage +=
                new PrintPageEventHandler(document_PrintPage);     (Press TAB to insert)
```

2. Pressione a tecla Tab e o IDE automaticamente preencherá o restante da linha. Isto é exatamente o mesmo que você fez para acrescentar os manipuladors de evento no Capítulo 11:

```
private void button1_Click(object sender, EventArgs e) {
    PrintDocument document = new PrintDocument();
    document.PrintPage += new PrintPageEventHandler(document_PrintPage);
                          Press TAB to generate handler 'document_PrintPage' in this clas
```

3. Assim que você pressiona Tab, o IDE gera um método do manipulador de evento e acrescenta-o ao formulário.

```
void document_PrintPage(object sender, PrintPageEventArgs e) {
    throw new NotImplementedException();
}
```

Agora, você pode colocar QUALQUER código do gráfico aqui – basta substituir a linha com throw e usar e.Graphics para fazer todo o desenho. Mostraremos isso num minuto...

O parâmetro e de `PrintPageEventArgs` tem uma propriedade `Graphics`. Basta substituir a instrução `throw` com código que chama os métodos de desenho de `e.Graphics`.

4. Agora, complete o manipulador de evento `button1_Click` chamando `document.Print()`. Quando esse método for chamado, o objeto `PrintDocument` criará um objeto `Graphics` e iniciará um evento `PrintPage` com o objeto `Graphics` como parâmetro. Qualquer coisa que o manipulador de evento desenhar no objeto gráfico será enviado para a impressora.

```
private void button1_Click(object sender, EventArgs e) {
    PrintDocument document = new PrintDocument();
    document.PrintPage += new PrintPageEventHandler(document_PrintPage);
    document.Print();
}
```

PrintDocument trabalha com a caixa de diálogo de impressão e os objetos da janela para visualizar impressão

Adicionar uma janela de visualização da impressão ou uma caixa de diálogo de impressão é muito parecido com acrescentar uma caixa de diálogo para abrir ou salvar. Tudo a fazer é criar um objeto `PrintDialog` ou `PrintPreviewDialog`, definir sua propriedade `Document` para seu objeto `Document` e chamar o método `Show()` da caixa de diálogo. A caixa de diálogo cuidará de enviar o documento para a impressora - não é preciso chamar o método `Print()`. Então, vamos adicionar isto ao botão criado no Passo 1:

Uma vez que você tem um PrintDocument e um manipulador de evento para imprimir a página, você pode abrir uma janela de visualização da impressão criando um novo objeto PrintPreviewDialog.

5

```
private void button1_Click(object sender, EventArgs e) {
    PrintDocument document = new PrintDocument();
    document.PrintPage += new PrintPageEventHandler(document_PrintPage);
    PrintPreviewDialog preview = new PrintPreviewDialog();
    preview.Document = document;
    preview.ShowDialog(this);
}

void document_PrintPage(object sender,
                         PrintPageEventArgs e) {
    DrawBee(e.Graphics, new Rectangle(0, 0, 300, 300));
}
```

Iremos reutilizar nosso método DrawBee() de algumas páginas atrás.

Use e.HasMorePages para imprimir documentos com múltiplas páginas

Se você precisar imprimir mais de uma página, precisará fazer com que seu manipulador de eventos `PrintPage` defina `e.HasMorePages` para true. Isso diz a `Document` que você tem outra página para imprimir. Ele chamará o manipulador de eventos de novo e de novo, uma vez por página, enquanto o manipulador continuar definindo a propriedade `e.HasMorePages` para true. Modifique o manipulador de evento de seu `Document` para imprimir duas páginas:

6

```
bool firstPage = true;
void document_PrintPage(object sender, PrintPageEventArgs e) {
    DrawBee(e.Graphics, new Rectangle(0, 0, 300, 300));
    using (Font font = new Font("Arial", 36, FontStyle.Bold)) {
        if (firstPage) {
            e.Graphics.DrawString("First page", Font, Brushes.Black, 0, 0);
            e.HasMorePages = true;
            firstPage = false;
        } else {
            e.Graphics.DrawString("Second page", Font, Brushes.Black, 0, 0);
            firstPage = true;
        }
    }
}
```

Se você definir e.HasMorePages para true, o objeto Document vai chamar o manipulador de eventos novamente para imprimir a próxima página.

Agora, execute novamente o seu programa e certifique-se de que ele esteja exibindo duas páginas na visualização de impressão.

Exercício

Escreva o código para o botão `Print` no simulador de forma que ele abra uma janela de visualização da impressão mostrando as estatísticas das abelhas e as imagens da colmeia e do campo.

1 Faça o botão abrir uma janela de visualização da impressão

Adicione um manipulador para o evento Click do botão que pausa o simulador, abra a caixa de diálogo de visualização da impressão e continue a simulação depois de terminar. (Se o simulador já estiver em pausa quando o botão for clicado, certifique-se de que continue em pausa depois que a visualização for mostrada.)

2 Crie o manipulador de eventos PrintPage do documento

Ele deve criar uma página que se pareça exatamente como a mostrada adiante. Vamos começar para você:

```
private void document_PrintPage(object sender, PrintPageEventArgs e) {
    Graphics g = e.Graphics;
    Size stringSize;
    using (Font arial24bold = new Font("Arial", 24, FontStyle.Bold)) {
        stringSize = Size.Ceiling(
               g.MeasureString("Bee Simulator", arial24bold));
        g.FillEllipse(Brushes.Gray,
            new Rectangle(e.MarginBounds.X + 2, e.MarginBounds.Y + 2,
            stringSize.Width + 30, stringSize.Height + 30));
        g.FillEllipse(Brushes.Black,
            new Rectangle(e.MarginBounds.X, e.MarginBounds.Y,
            stringSize.Width + 30, stringSize.Height + 30));
        g.DrawString("Bee Simulator", arial24bold,
            Brushes.Gray, e.MarginBounds.X + 17, e.MarginBounds.Y + 17);
        g.DrawString("Bee Simulator", arial24bold,
            Brushes.White, e.MarginBounds.X + 15, e.MarginBounds.Y + 15);
    }
    int tableX = e.MarginBounds.X + (int)stringSize.Width + 50;
    int tableWidth = e.MarginBounds.X + e.MarginBounds.Width - tableX - 20;
    int firstColumnX = tableX + 2;
    int secondColumnX = tableX + (tableWidth / 2) + 5;
    int tableY = e.MarginBounds.Y;
    // Sua tarefa: preencha o resto do método para fazê-lo imprimir isto
```

Criamos a oval com texto usando o método MeasureString(), que retorna um Size que contém o tamanho de uma string. Desenhamos a oval e o texto duas vezes para criar o efeito de sombra.

Você precisará disto para desenvolver a tabela.

3 Este método `PrintTableRow()` será útil

Você vai achar este método útil quando criar a tabela de estatísticas de abelhas no início da página.

```
private int PrintTableRow(Graphics printGraphics, int tableX,
                int tableWidth, int firstColumnX, int secondColumnX,
                int tableY, string firstColumn, string secondColumn) {
  Font arial12 = new Font("Arial", 12);
  Size stringSize = Size.Ceiling(printGraphics.MeasureString(firstColumn, arial12));
  tableY += 2;
  printGraphics.DrawString(firstColumn, arial12, Brushes.Black,
                firstColumnX, tableY);
  printGraphics.DrawString(secondColumn, arial12, Brushes.Black,
                secondColumnX, tableY);
  tableY += (int)stringSize.Height + 2;
  printGraphics.DrawLine(Pens.Black, tableX, tableY, tableX + tableWidth, tableY);
  arial12.Dispose();
  return tableY;
}
```

Cada vez que PrintTableRow() é chamado, ele adiciona a altura da linha impressa para tableY e retorna o novo valor.

Examine com cuidado as notas que escrevemos na página. Elas são um pouco complexas – não tenha pressa!

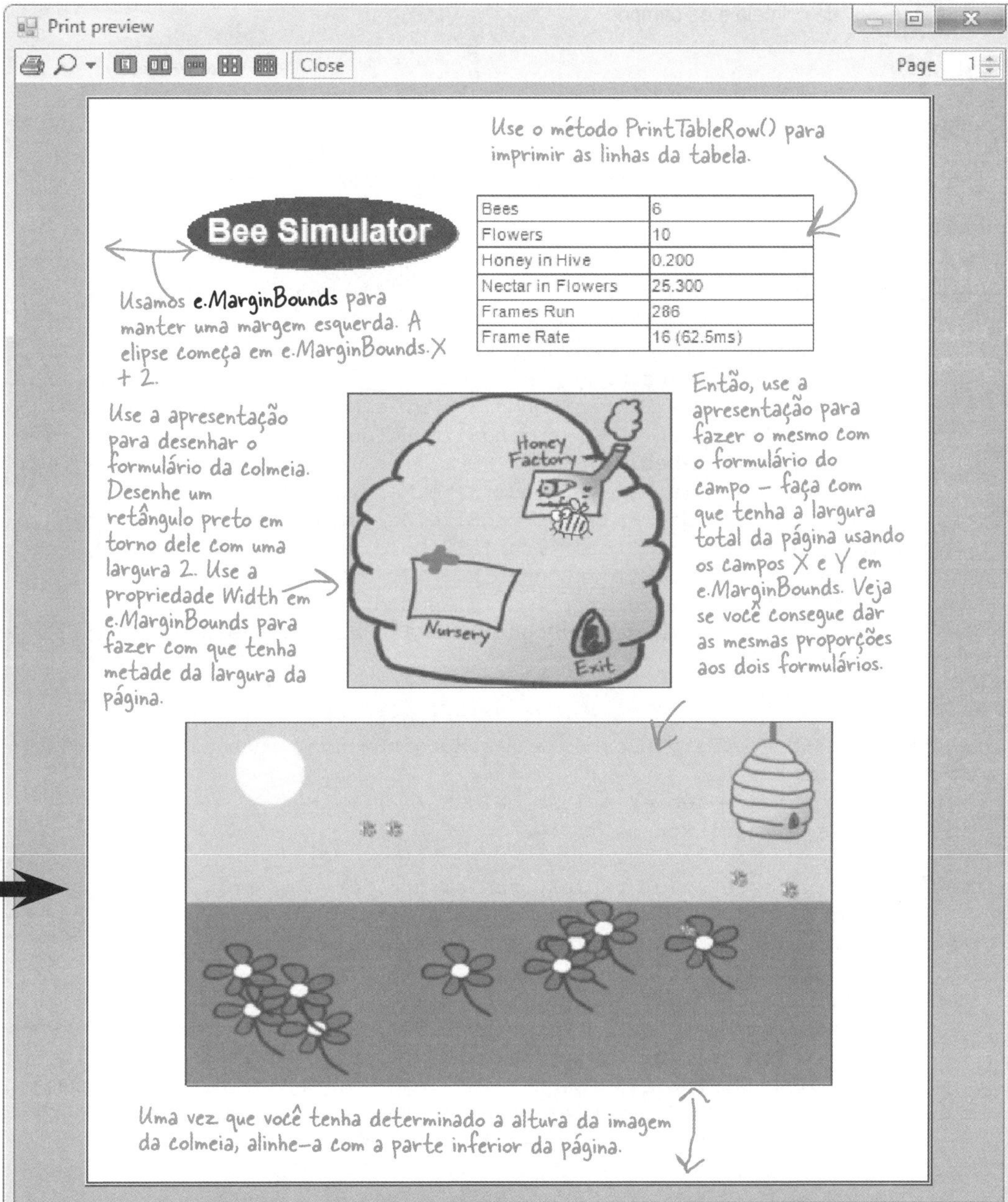

Eis uma dica: Para achar a altura de cada formulário, determine a razão de sua altura dividida por sua largura e multiplique pela largura final. Você pode posicionar o topo do formulário do campo subtraindo sua altura da margem inferior da página:(e.MarginBounds.Y + e.MarginBounds.Height – fieldHeight).

Escreva o código para o botão `Print` no simulador de forma que ele abra uma janela de visualização da impressão das estatísticas das abelhas e das imagens da colmeia e do campo.

Eis aqui o manipulador para o evento PrintPage de Document. Ele vai no formulário.

```
using System.Drawing.Printing;

private void document_PrintPage(object sender, PrintPageEventArgs e) {
   Graphics g = e.Graphics;

   Size stringSize;
   using (Font arial24bold = new Font("Arial", 24, FontStyle.Bold)) {
       stringSize = Size.Ceiling(
            g.MeasureString("Bee Simulator", arial24bold));
       g.FillEllipse(Brushes.Gray,
           new Rectangle(e.MarginBounds.X + 2, e.MarginBounds.Y + 2,
           stringSize.Width + 30, stringSize.Height + 30));
       g.FillEllipse(Brushes.Black,
           new Rectangle(e.MarginBounds.X, e.MarginBounds.Y,
           stringSize.Width + 30, stringSize.Height + 30));
       g.DrawString("Bee Simulator", arial24bold,
           Brushes.Gray, e.MarginBounds.X + 17, e.MarginBounds.Y + 17);
       g.DrawString("Bee Simulator", arial24bold,
           Brushes.White, e.MarginBounds.X + 15, e.MarginBounds.Y + 15);
   }

   int tableX = e.MarginBounds.X + (int)stringSize.Width + 50;
   int tableWidth = e.MarginBounds.X + e.MarginBounds.Width - tableX - 20;
   int firstColumnX = tableX + 2;
   int secondColumnX = tableX + (tableWidth / 2) + 5;
   int tableY = e.MarginBounds.Y;

   tableY = PrintTableRow(g, tableX, tableWidth, firstColumnX,
         secondColumnX, tableY, "Bees", Bees.Text);
   tableY = PrintTableRow(g, tableX, tableWidth, firstColumnX,
         secondColumnX, tableY, "Flowers", Flowers.Text);
   tableY = PrintTableRow(g, tableX, tableWidth, firstColumnX,
          secondColumnX, tableY, "Honey in Hive", HoneyInHive.Text);
   tableY = PrintTableRow(g, tableX, tableWidth, firstColumnX,
         secondColumnX, tableY, "Nectar in Flowers", NectarInFlowers.Text);
   tableY = PrintTableRow(g, tableX, tableWidth, firstColumnX,
         secondColumnX, tableY, "Frames Run", FramesRun.Text);
   tableY = PrintTableRow(g, tableX, tableWidth, firstColumnX,
         secondColumnX, tableY, "Frame Rate", FrameRate.Text);

   g.DrawRectangle(Pens.Black, tableX, e.MarginBounds.Y,
         tableWidth, tableY - e.MarginBounds.Y);
   g.DrawLine(Pens.Black, secondColumnX, e.MarginBounds.Y,
         secondColumnX, tableY);
```

Já tínham mostrado esta part Ela desen o cabeçal oval e configur as variáv que você usará pa desenha a tabela estatís de abe

Você entendeu como o método PrintTableRow() funciona? Tudo a fazer é chamá-lo vez para cada linha e ele imprime o tex que você quiser nas duas colunas. O tru é que ele retorna o novo valor tableY p a próxima linha.

Não se esqueça de desenhar um retângulo em torno da tabela e a linha entre as colunas.

```
        using (Pen blackPen = new Pen(Brushes.Black, 2))
        using (Bitmap hiveBitmap = new Bitmap(hiveForm.ClientSize.Width,
                                           hiveForm.ClientSize.Height))
        using (Bitmap fieldBitmap = new Bitmap(fieldForm.ClientSize.Width,
                                           fieldForm.ClientSize.Height))
        {
            using (Graphics hiveGraphics = Graphics.FromImage(hiveBitmap))
            {
                renderer.PaintHive(hiveGraphics);
            }

            int hiveWidth = e.MarginBounds.Width / 2;
            float ratio = (float)hiveBitmap.Height / (float)hiveBitmap.Width;
            int hiveHeight = (int)(hiveWidth * ratio);
            int hiveX = e.MarginBounds.X + (e.MarginBounds.Width - hiveWidth) / 2;
            int hiveY = e.MarginBounds.Height / 3;
            g.DrawImage(hiveBitmap, hiveX, hiveY, hiveWidth, hiveHeight);
            g.DrawRectangle(blackPen, hiveX, hiveY, hiveWidth, hiveHeight);

            using (Graphics fieldGraphics = Graphics.FromImage(fieldBitmap))
            {
                renderer.PaintField(fieldGraphics);
            }
            int fieldWidth = e.MarginBounds.Width;
            ratio = (float)fieldBitmap.Height / (float)fieldBitmap.Width;
            int fieldHeight = (int)(fieldWidth * ratio);
            int fieldX = e.MarginBounds.X;
            int fieldY = e.MarginBounds.Y + e.MarginBounds.Height - fieldHeight;
            g.DrawImage(fieldBitmap, fieldX, fieldY, fieldWidth, fieldHeight);
            g.DrawRectangle(blackPen, fieldX, fieldY, fieldWidth, fieldHeight);
        }
    }

    private void printToolStripButton1_Click(object sender, EventArgs e) {
        bool stoppedTimer = false;
        if (timer1.Enabled) {
            timer1.Stop();
            stoppedTimer = true;
        }
        PrintPreviewDialog preview = new PrintPreviewDialog();
        PrintDocument document = new PrintDocument();
        preview.Document = document;
        document.PrintPage += new PrintPageEventHandler(document_PrintPage);
        preview.ShowDialog(this);
        if (stoppedTimer)
            timer1.Start();
    }
```

Você deverá ter uma caneta preta com 2 pixels de largura para desenhar as linhas em torno das telas.

Os bitmaps precisam ter o mesmo tamanho da área de desenho do formulário, então ClientSize mostra-se útil.

Como a caneta e os dois bitmaps precisam ser descartados, colocamos dentro de um grande bloco using.

O método PaintHive() precisa de um objeto Graphics no qual desenhar, então este código cria um objeto Bitmap vazio e passa-o para PaintHive().

e.MarginBounds.Width tem a largura da área imprimível da página. É essa a largura que a tela do campo deve ter.

Aqui é onde a altura da tela é calculada usando a proporção entre altura/largura do formulário.

Eis o código para o botão Print. Ele pausa o simulador (se estiver Em execução), cria um PrintDocument, associa-o à sub-rotina de eventos PrintPage, mostra a caixa de diálogo, então reinicia o simulador.

Há tanto a ser feito...

Você desenvolveu um pequeno simulador que é bonito e bem feito, mas por que parar? Há muito mais a fazer por si próprio. Aqui estão algumas ideias. Veja se você consegue implementar algumas delas.

Adicione um painel de controle

Converta as constantes nas classes World e Hide em propriedades. Depois, adicione um novo formulário com um painel de controle que tenha controles deslizantes para controlá-las.

Acrescente inimigos

Inclua inimigos que atacam a colmeia. Quanto mais flores existirem, mais inimigos serão atraídos para a colmeia. Depois, crie abelhas patrulheiras com ferrões para defender a colmeia e também abelhas de manutenção que defendem e reparam a colmeia. Essas abelhas vão consumir mel extra.

Um bom simulador vai ter muitas trocas e dará ao usuário formas de decidir qual caminho escolher para influenciar o progresso da colmeia.

Adicione atualizações da colmeia

Se a colmeia tiver mel suficiente, ela deve ser aumentada. Uma colmeia maior pode manter mais abelhas, mas exige mais mel e atrai mais inimigos. Se eles causarem muitos danos, a colmeia deverá encolher novamente.

Adicione uma abelha rainha que põe ovos

Os ovos precisam de abelhas babás para cuidar deles. Mais mel na colmeia faz a abelha colocar mais ovos, o que exige mais operárias para cuidar deles, que consomem mais mel.

Adicione animação

Anime o fundo do formulário Hive de forma que o sol lentamente viaje pelo céu. Faça com que escureça de noite e desenhe estrelas e a lua. Adicione alguma perspectiva – faça as abelhas ficarem menores quanto mais longe da colmeia no campo de flores.

Use sua imaginação!

Tente pensar em formas diferentes de tornar a simulação mais interessante ou interativa.

Você imaginou uma modificação legal para o simulador? É sua chance de se exibir – envie o código-fonte do seu projeto para os fóruns do Use a Cabeça! C# em www.headfirstlabs.com/books/hfcsharp/. (em inglês).

CAPITÃO MARAVILHOSO

A MORTE DO OBJETO

Laboratório Use a Cabeça!!

$2.98

Capítulo 14

Capitão Maravilhoso, o objeto mais maravilhoso da Vila Objeto, persegue seu arqui-inimigo...
PEGUEI VOCÊ, TRAPACEIRO.
Tarde demais! Enquanto falamos, meu exército de clones está se reunindo logo abaixo de nós nessa fábrica...
...e está pronto para espalhar o caos pelas ruas da Vila Objeto!
Bem-vindo à
Vila Objeto
Lar do polimorfismo
POW!!
Destruirei as referências dos clones, uma por uma.

O Capitão Maravilhoso cerca o Trapaceiro...
...mas acaba preso também.
SELF DESTRUCT
CLANG
SELF DESTRUCT
Daqui a alguns minutos, você e meu exército serão lixo (coletado, claro)
SELF DESTRUCT
4:00
3:59
3:58
BOOM!!
Será esse o fim do Capitão Maravilhoso...?

Aponte o seu lápis

A seguir está o código detalhando o combate entre o Capitão Maravilhoso (Captain Amazing) e o Trapaceiro (Swindler), sem falar no seu exército de clones. Sua tarefa é desenhar o que está acontecendo na memória quando a classe `FinalBattle` é instanciada.

```
class FinalBattle {
  public CloneFactory Factory = new CloneFactory();
  public List<Clone> Clones = new List<Clone>() { ... };
  public SwindlersEscapePlane escapePlane;

  public FinalBattle() {
    Villain swindler = new Villain(this);
    using (Superhero captainAmazing = new Superhero()) {
      Factory.PeopleInFactory.Add(captainAmazing);
      Factory.PeopleInFactory.Add(swindler);        ❶
      captainAmazing.Think("I'll take down each clone's reference,
                              one by one");
      captainAmazing.IdentifyTheClones(Clones);
      captainAmazing.RemoveTheClones(Clones);
      swindler.Think("A few minutes from now, you AND my army will be garbage");
      swindler.Think("(collected, that is!)");
      escapePlane = new SwindlersEscapePlane(swindler);      ❷
      swindler.TrapCaptainAmazing(Factory);
      MessageBox.Show("The Swindler escaped");
    }
  }
}  ❸
[Serializable]
class Superhero : IDisposable {
      private List<Clone> clonesToRemove = new List<Clone>();
      public void IdentifyTheClones(List<Clone> clones) {
          foreach (Clone clone in clones)
              clonesToRemove.Add(clone);
      }
      public void RemoveTheClones(List<Clone> clones) {
          foreach (Clone clone in clonesToRemove)
              clones.Remove(clone);
        ...
      }
      ...
}
class Villain {
  private FinalBattle finalBattle;
  public Villain(FinalBattle finalBattle) {
    this.finalBattle = finalBattle;
  }
  public void TrapCaptainAmazing(CloneFactory factory) {
    factory.SelfDestruct.Tick += new EventHandler(SelfDestruct_Tick);
    factory.SelfDestruct.Interval = 600;
    factory.SelfDestruct.Start();
  }
  private void SelfDestruct_Tick(object sender, EventArgs e) {
    finalBattle.Factory = null;
  }
}
```

Você pode supor que Clones foi definido usando um inicializador de coleções.

❶ Começamos aqui, com o que está acontecendo no objeto factory.

❷ Desenhe o que está acontecendo bem neste ponto, quando o objeto SwindlersEscapePlane é instanciado.

❸ Desenhe uma imagem de como o heap deve parecer exatamente um segundo depois que o construtor de FinalBattle é executado.

Existe mais código aqui (incluindo o método Dispose() para implementar IDisposable) que não estamos mostrando, mas você não precisa dele para fazer o exercício.

```
class SwindlersEscapePlane {
  public Villain PilotsSeat;
  public SwindlersEscapePlane(Villain escapee) {
    PilotsSeat = escapee;
  }
}

class CloneFactory {
  public Timer SelfDestruct = new Timer();
  public List<object> PeopleInFactory = new List<object>();
  ...
}
```

Existe uma classe Clone e também não a estamos mostrando para você neste código. Você não precisa dela para responder.

Adicione etiquetas aos seus objetos para mostrar as variáveis de referência que apontam para eles.

Começamos o primeiro para você. Desenhe linhas mostrando a arquitetura – fizemos uma da fábrica de clones até o objeto Villain porque a fábrica tem referências para ele (através de seu campo PeopleInFactory).

1

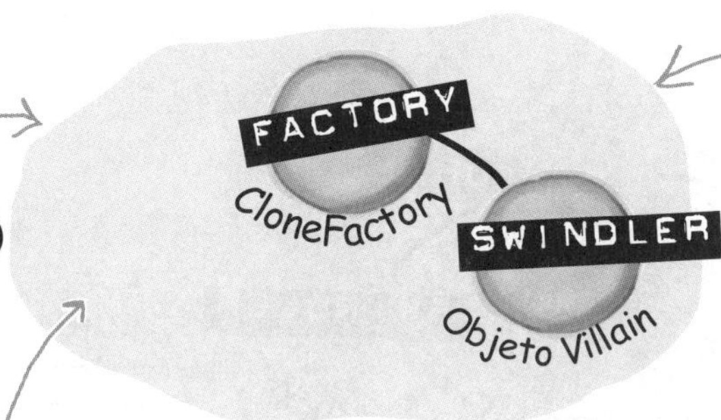

Deixamos espaço, já que há mais a ser desenhado nesta fase.

Não se preocupe em desenhar os objetos Clone e List – apenas adicione os objetos para Captain, Swindler, fábrica de clones e avião de fuga de Swindler.

2

3

Sua tarefa é desenhar o que está acontecendo com estes dois bits de memória também.

Baseando-se em seus diagramas, onde, no código, o Capitão Maravilhoso morreu?

....

....

....

....

....

Tenha certeza de anotar isso no diagrama também.

Aponte o seu lápis Solução

Desenhe o que acontece na memória no programa `FinalBattle`.

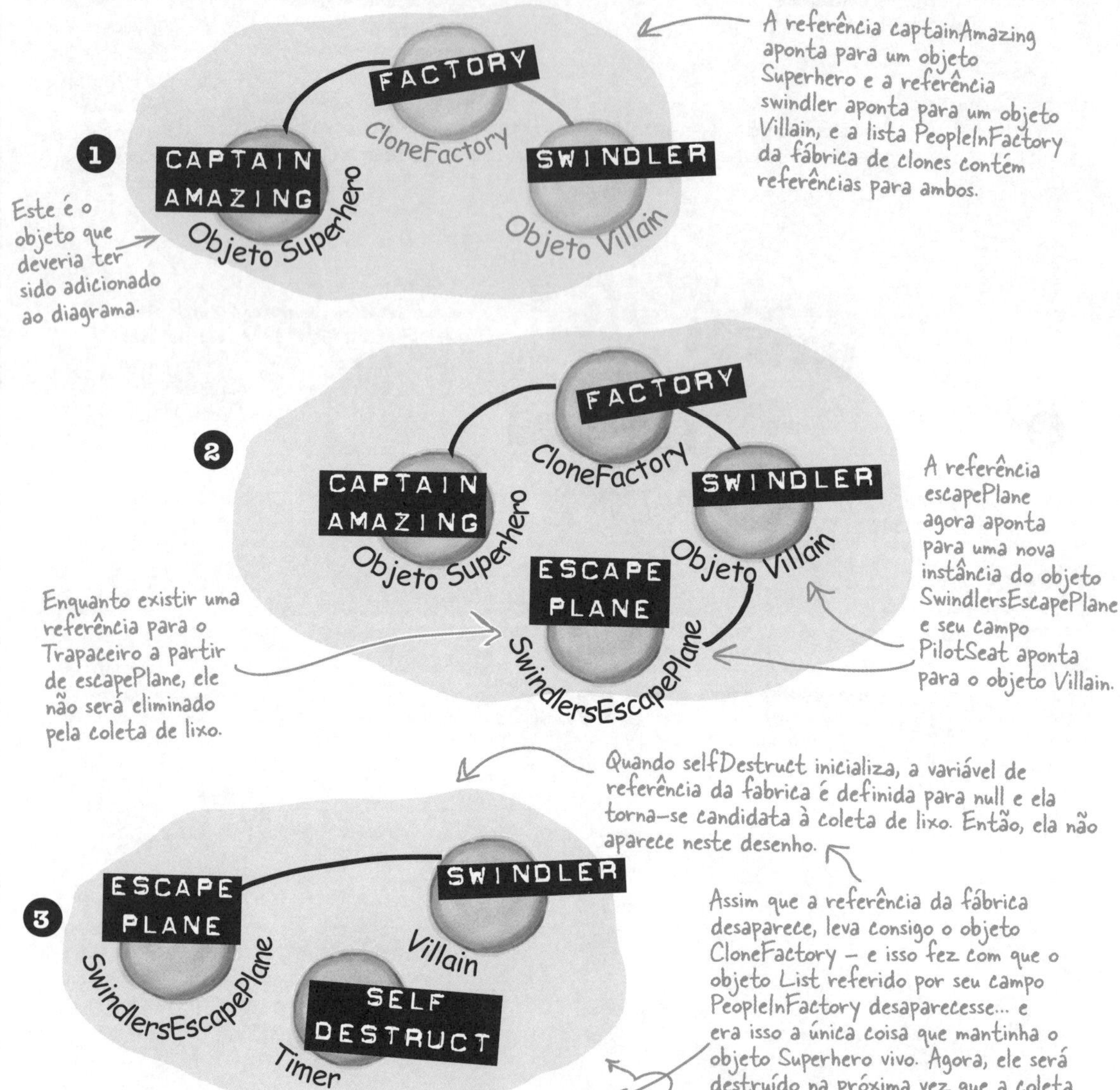

Baseando-se nos seus diagramas, onde, no código, o Capitão Maravilhoso morreu?

```
void SelfDestruct_Tick(object sender, EventArgs e) {
  finalBattle.factory = null;
}
```

Um segundo depois que o construtor FinalBattle foi executado, nosso herói se foi.

Uma vez que `finalBattleFactory` foi definido para null, ficou pronto para a coleta de lixo. E isso eliminou a última referência do Capitão!

Uma vez que a instância Superhero não tem mais a fábrica de clones fazendo referência a ela, é marcada para a coleta de lixo também.

Mais tarde, no velório
O CAIXÃO DO CAPITÃO ESTÁ VAZIO... MAS O QUE É ISSO?
6e 61 6d 65 73 70 61 63 65 20 51 7b 0d 0a 5b 53
65 72 69 61 6c 69 7a 61 62 6c 65 5d 70 75 62 6c
69 63 20 63 6c 61 73 73 20 4d 73 67 7b 0d 0a 70
75 62 6c 69 63 20 73 74 72 69 6e 67 20 61 3b 70
75 62 6c 69 63 20 73 74 72 69 6e 67 20 62 3b 70
75 62 6c 69 63 20 73 74 72 69 6e 67 20 63 3b 70
75 62 6c 69 63 20 69 6e 74 20 69 3b 0d 0a 70 75
62 6c 69 63 20 76 6f 69 64 20 53 68 6f 77 28 29
7b 4d 65 73 73 61 67 65 42 6f 78 2e 53 68 6f 77
28 63 2e 53 75 62 73 74 72 69 6e 67 28 31 2c
29 2b 69 2b 22 40 22 2b 61 2b 63 2b 22 2e 22
62 29 3b 7d 7d 7d 00 01 00 00 00 ff ff ff
00 00 00 00 00 00 0c 02 00 00 00 38 51 2c 20
56 65 72 73 69 6f 6e 3d 31 2e 30 2e 30 2e 30 2c
20 43 75 6c 74 75 72 65 3d 6e 65 75 74 72 61 6c
2c 20 50 75 62 6c 69 63 4b 65 79 54 6f 6b 65 6e
3d 6e 75 6c 6c 05 01 00 00 00 05 51 2e 4d 73 67
04 00 00 00 01 61 01 62 01 63 01 69 01 01 01 00
08 02 00 00 00 06 03 00 00 00 04 6f 62 6a 65 06
04 00 00 00 03 6e 65 74 06 05 00 00 00 07 63 74
76 69 6c 6c 65 17 00 00 00 0b
PARECE ALGUM TIPO DE CÓDIGO SECRETO. VOCÊ ACHA QUE É DO CAPITÃO?

Sua última chance de FAZER alguma coisa... o finalizador de seu objeto

Algumas vezes, você deve ter certeza de que alguma coisa aconteça ***antes*** de seu objeto ser eliminado pela coleta de lixo, tal como, **liberar os recursos não gerenciados**.

Em geral, você nunca escreverá um finalizador para um objeto que possui apenas recursos gerenciados. Tudo encontrado até então neste livro foi gerenciado – ou seja, gerenciado pelo CLR (inclusive qualquer objeto que acabe no heap). Mas, às vezes, os programadores precisam acessar um recurso Windows subjacente que não faz parte do .NET Framework. Se você encontrar um código na Internet que usa o atributo `[DllImport]`, poderá usar um recurso não gerenciado. E alguns dos recursos não .NET poderão deixar seu sistema instável se não forem "limpos" de algum modo (talvez, chamando um método). E é para isto que servem os finalizadores.

Um método especial no seu objeto chamado **finalizador** permite escrever um código que sempre será executado quando o objeto for destruído. Pense nele como o bloco `finally` personalizado de seu objeto: ele é executado por último, não importa o que aconteça.

Eis um exemplo de um finalizador na classe Clone:

```
[Serializable]
class Clone {
  string Location;
  int CloneID;

  public Clone (int cloneID, string location){
    this.CloneID = cloneID;
    this.Location = location;
  }

  public void TellLocation(string location, int cloneID){
     Console.WriteLine("My Identification number is {0} and " +
                        "you can find me here: {1}.", cloneID, location);
  }

  public void WreakHavoc(){...}

  ~Clone() {
    TellLocation(this.Location, this.CloneID);
    Console.WriteLine ("{0} has been destroyed", CloneID);
  }
}
```

Aqui está o construtor. Parece que os campos CloneID e Location são preenchidos quando um Clone é criado.

Este ~ (ou "til") diz que o código neste bloco será executado quando o objeto for eliminado pela coleta de lixo.

Este é o finalizador. Ele envia uma mensagem para o vilão informando a localização e o ID do clone desafortunado. Mas, ele é executado apenas quando o objeto é eliminado pela coleta de lixo.

Você escreve um método finalizador exatamente como faz com um construtor, mas em vez de um modificador de acesso, você coloca um ~ na frente do nome da classe. Isso diz ao .NET que o código no bloco finalizador deve ser executado logo antes do coletor de lixo eliminar o objeto.

Adicionalmente, os finalizadores não podem ter parâmetros, pois o .NET não precisa informar nada diferente de "você terminou!"

Parte deste código é para aprender apenas, não para seus programas reais.

No livro, fizemos referência a como os objetos "finalmente" são coletados como lixo, mas nunca, de fato, especificamos exatamente quando isso acontece... apenas ocorre em algum momento depois da referência para o objeto desaparecer. Iremos mostrar um código que inicializa automaticamente a coleta de lixo ***usando*** `GC.Collect()` *e* ***abre um*** `MessageBox` ***em um finalizador****. Essas coisas bagunçam o "interior" do CLR. Faremos isto para ensiná-lo sobre a coleta de lixo.* ***Nunca faça isto fora dos programas para treinamento.***

Quando EXATAMENTE um finalizador é executado?

O finalizador para seu objeto é executado **depois** de todas as referências terem acabado, mas **antes** que o objeto seja coletado como lixo. E isso acontece depois que ***todas*** as referências para seu objeto desaparecem. Mas, a coleta de lixo não acontece *imediatamente após* as referências serem eliminadas.

Imagine que você tenha um objeto com uma referência. O .NET faz com que o coletor de lixo seja executado e ele verifica seu objeto. Mas, já que existem referências para seu objeto, o coletor ignora-o e continua o trabalho. Seu objeto continua vivo na memória.

Então, algo ocorre. O último objeto mantendo uma referência para *seu* objeto decide que é hora de ir. Agora, seu objeto está lá na memória, mas não tem referências. Ele não pode mais ser acessado. Ele é basicamente um **objeto morto**.

Mas, tem um detalhe. ***A coleta de lixo é algo que o .NET controla***, não seus objetos. Então, se o coletor de lixo ainda não foi enviado por, digamos, alguns segundos ou mesmo minutos, seu objeto continuará vivo na memória. Ele não pode ser usado, mas ainda não foi coletado. **E qualquer finalizador do seu objeto (ainda) não foi executado.**

Finalmente, o .NET envia o coletor de lixo de novo. Seu finalizador é executado... possivelmente vários minutos depois que a última referência para o objeto foi removida ou alterada. Agora, que foi finalizado, seu objeto está morto e o coletor descarta-o.

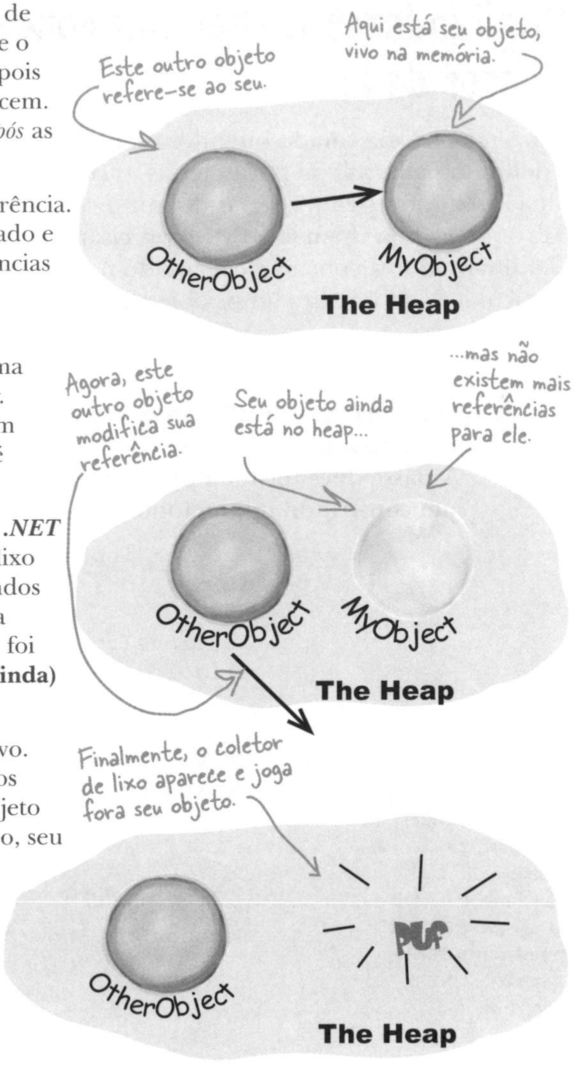

Você pode SUGERIR ao .NET que é hora de coletar o lixo

O .NET permite ***sugerir*** que coletar o lixo seria uma boa ideia. **Na maioria das vezes, você não usará esse método porque a coleta de lixo é ajustada para responder a muitas condições no CLR e chamá-la *não é realmente uma boa ideia*.** Mas, apenas para ver como um finalizador funciona, você poderia chamar a coleta de lixo por si mesmo. Quando quiser fazer isso, basta chamar `GC.Collect()`.

```
public void RemoveTheClones(
                List<Clone> clones) {
  foreach (Clone clone in clonesToRemove)
     clones.Remove(clone);
  GC.Collect();
}
```

Não podemos enfatizar o suficiente como é ruim a ideia de usar CG.Collect() em um programa que não é apenas para treinar, pois pode realmente confundir a coleta de lixo do CLR. É uma excelente ferramenta para **aprender** a coleta de lixo e os finalizadores, portanto iremos desenvolver algo para treinar para lidar com ele.

Tome cuidado, no entanto. Esse método não ***força*** o .NET a coletar o lixo imediatamente. Ele apenas diz: "Faça a coleta de lixo assim que for possível".

out.

Dispose() funciona com using, finalizadores trabalham com o coletor de lixo

E como você viu anteriormente, Dispose() funciona sem using também. Quando você escrever um método Dispose(), ele não deve ter nenhum efeito colateral que cause problemas se executado muitas vezes.

`Dispose()` é executado quando um objeto criado com uma instrução `using` é definido para null ou perde todas as suas referências. Se você não utilizar uma instrução `using`, apenas definir a referência para null não fará com que `Dispose()` seja chamado - você precisará, neste caso, chamá-lo diretamente. Um finalizador de objeto é executado na coleta de lixo para esse objeto em particular. Vamos criar alguns objetos e ver como esses dois métodos diferem:

Faça isso!

1. **Crie uma classe `Clone` e certifique-se de que ela implemente `IDisposable`**

A classe deve ter uma propriedade automática `int` chamada `Id`. Tem um construtor, um método `Dispose()` e um finalizador:

```
class Clone : IDisposable {
    public int Id { get; private set; }

    public Clone(int Id) {
        this.Id = Id;
    }

    public void Dispose() {
        MessageBox.Show("I've been disposed!",
                 "Clone #" + Id + " says...");
    }

    ~Clone() {
        MessageBox.Show("Aaargh! You got me!",
                 "Clone #" + Id + " says...");
    }
}
```

Já que a classe implementa IDisposable, ela deve ter um método Dispose().

Aqui está o finalizador. Ele será executado quando o objeto for eliminado pelo coletor de lixo.

Apenas um lembrete: abrir um MessageBox em um finalizador pode bagunçar o "interior" do CLR. Não faça isto fora de um programa de treinamento para aprender sobre a coleta de lixo.

2. **Crie um `Form` com três botões**

Eis o formulário que você deve criar.

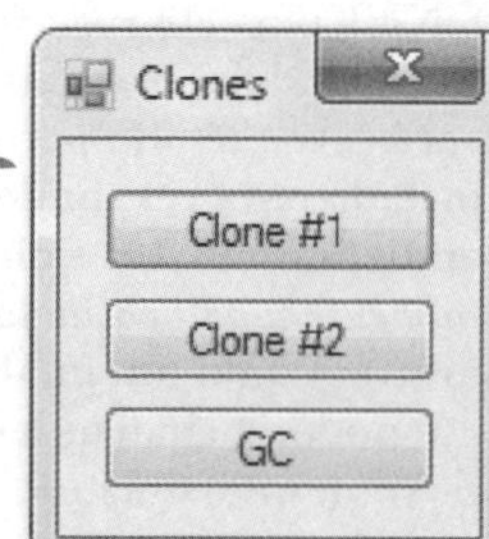

Crie uma instância de `Clone` dentro do manipulador de eventos `Click` para o primeiro botão com uma instrução `using`. Aqui está a primeira parte do código para o botão:

```
private void clone1_Click(object sender, EventArgs e) {
    using (Clone clone1 = new Clone(1)) {
        // Não faça nada!
    }
}
```

O método cria um novo Clone e imediatamente encerra-o removendo sua referência.

Já que declaramos clone1 utilizando uma instrução using, seu método Dispose() é executado.

Assim que o bloco using termina e o método Dispose() do objeto Clone é chamado, nenhuma outra referência existe para o objeto e ele é marcado para a coleta de lixo.

3 Implemente os outros dois botões

Crie outra instância de `Clone` no moderador de eventos `Click` do segundo botão e defina-a para `null` manualmente:

```
private void clone2_Click(object sender, EventArgs e) {
    Clone clone2 = new Clone(2);
    clone2 = null;
}
```

Como isto não usa uma instrução using, Dispose() nunca será executado, mas o finalizador sim.

Para o terceiro botão, adicione uma chamada para `GC.Collect()` para sugerir que a coleta de lixo ocorra.

```
private void gc_Click(object sender, EventArgs e) {
    GC.Collect();
}
```

Isto sugere que a coleta de lixo seja executada.

Lembre-se, normalmente não é uma boa ideia fazer isto. Mas aqui, tudo bem, já que é uma boa forma de aprender sobre a coleta de lixo.

4 Execute o programa e lide com `Dispose()` e os finalizadores

Clique no primeiro botão e verifique a caixa de mensagem: `Dispose()` é executado primeiro.

Mesmo que o objeto Clone1 tenha sido definido para null e seu método Dispose() executado, ele ainda está no heap esperando pela coleta de lixo.

O lixo é coletado... ***finalmente***. Na maioria dos casos, você ***não*** verá a caixa de mensagem da coleta de lixo porque seu objeto está definido para null, mas o coletor de lixo ainda não foi executado.

Agora, clique no segundo botão... nada acontece, certo? É porque não utilizamos uma instrução `using`, portanto nada de método `Dispose()`. E até que o coletor de lixo seja executado, você não verá as caixas de mensagem no finalizador.

Agora, Clone2 está no heap também, mas sem nenhuma referência para ele.

Agora, clique no terceiro botão, para sugerir a coleta de lixo. Você deve ver os finalizadores tanto de `Clone1` quanto de `Clone2` inicializarem e exibirem as caixas de mensagem.

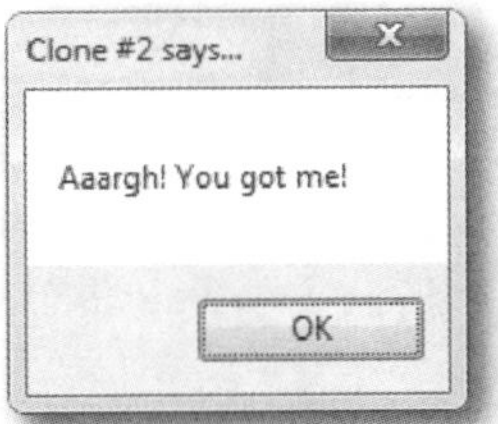

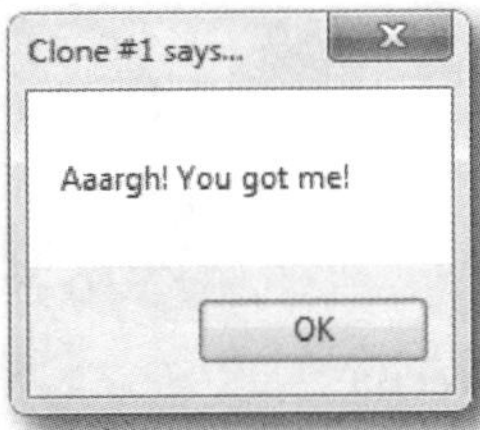

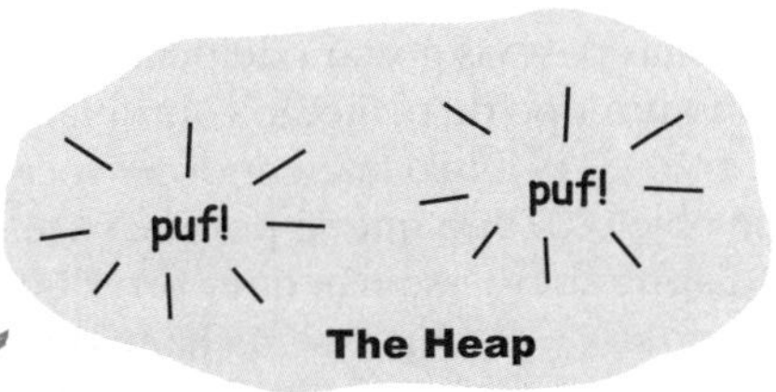

Quando GC.Collect() é executado, ambos os objetos executam seus finalizadores e desaparecem.

Lide com o programa. Clique no botão Clone #1, depois no Clone #2, então no GC. Faça isso algumas vezes. Às vezes, Clone #1 é coletado primeiro, outras vezes é o Clone #2. De vez em quando, o coletor é executado mesmo que você não tenha solicitado a coleta usando `GC.Collect()`.

Finalizadores não podem depender da estabilidade

Quando você escreve um finalizador, não pode depender de executá-lo num tempo determinado. Mesmo que você chame `GC.Collect()` — o que deve ser evitado, a não ser que você tenha realmente um bom motivo para fazer isso — o método apenas ***sugere*** que o coletor de lixo deve ser executado. Ele não é uma garantia de que a coleta ocorrerá em seguida. E quando ela ocorrer, você não tem como saber em que ordem os objetos serão coletados.

Então, o que isso quer dizer, em termos práticos? Bem, pense no que acontece se você tem dois objetos com referências um do outro. Se o objeto #1 for coletado primeiro, a referência do objeto #2 estará apontando para um objeto que não existe mais. Mas, se o objeto #2 for coletado primeiro, a referência do objeto #1 será inválida. Isso quer dizer que ***você não pode depender de referências no seu finalizador de objeto***. Ou seja, é uma péssima ideia tentar fazer algo dentro de um finalizador que dependa de referências sendo válidas.

A serialização é um ótimo exemplo de algo que você **não deveria fazer dentro de um finalizador**. Se seu objeto tem várias referências para outros objetos, a serialização depende de ***todos*** eles ainda existindo na memória... e todos os que forem referenciados por estes, e assim por diante. Então, se você tentar serializar quando a coleta de lixo estiver acontecendo, poderá acabar com partes vitais **faltando** no programa porque alguns objetos podem ter sido coletados ***antes*** do finalizador ter sido executado.

Por sorte, o C# fornece uma solução muito boa para isso: `IDisposable`. Qualquer coisa que possa modificar seus dados principais ou que dependa de outros objetos ainda existindo na memória precisa acontecer como parte do método `Dispose()`, não num finalizador.

Algumas pessoas gostam de pensar em finalizadores como um tipo de proteção contra falhas no método `Dispose()`. E isso faz sentido — você viu com seu objeto `Clone` que só porque você implementa `IDisposable`, isso não quer dizer que o método `Dispose()` do objeto será chamado. Mas, você precisa ter cuidado — se seu método `Dispose()` depender de outros objetos ainda no heap, chamar `Dispose()` dentro do finalizador poderá causar problemas. A melhor forma de contornar esse problema é certificar-se de utilizar **sempre uma instrução using** quando criar um objeto `IDisposable`.

Digamos que você tenha dois objetos com referências entre si...

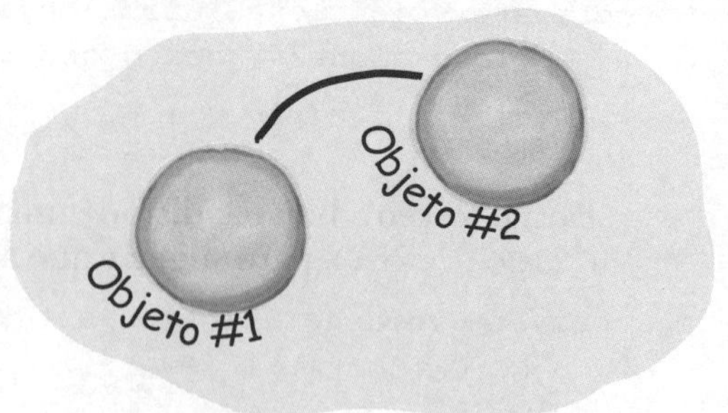

...se ambos estiverem marcados para a coleta de lixo ao mesmo tempo, o objeto #1 poderá desaparecer primeiro...

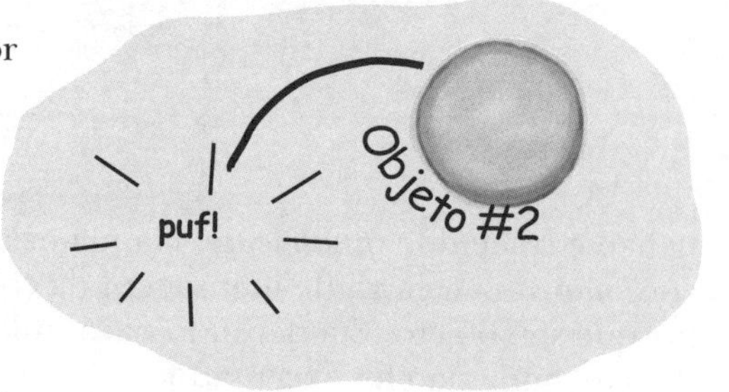

...por outro lado, o objeto #2 pode desaparecer antes do objeto #1. Você não tem como saber a ordem...

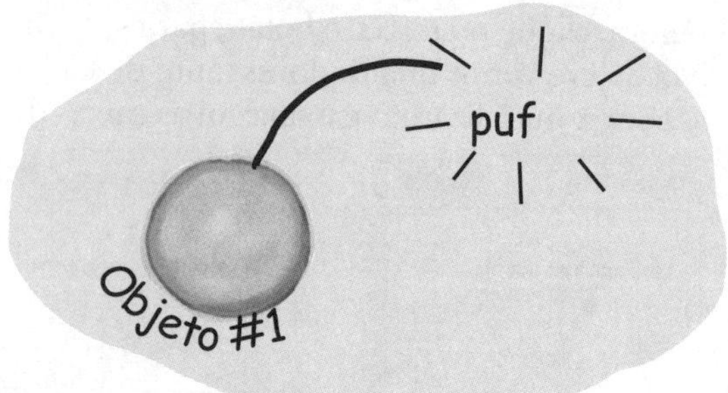

...e é por isso que um finalizador do objeto não pode depender da existência de outro objeto no heap.

Faça com que um objeto serialize a si mesmo em seu Dispose()

Uma vez que você tenha entendido a diferença entre `Dispose()` e um finalizador, é bem fácil escrever objetos que serializem a si mesmos automaticamente quando são descartados.

Faça isso!

1 Faça a classe `Clone` (da página 656) ser serializável

Basta adicionar o atributo `Serializable` no início da classe para que possamos salvar o arquivo.

```
[Serializable]
class Clone : IDisposable
```

2 Modifique o método `Dispose()` de `Clone` para serializar ele mesmo em um arquivo.

Vamos usar `BinaryFormatter` para escrever o `Clone` num arquivo em `Dispose()`:

```
using System.IO;
using System.Runtime.Serialization.Formatters.Binary;

// código existente

public void Dispose() {
  string filename = @"C:\Temp\Clone.dat";
  string dirname = @"C:\Temp\";
  if (File.Exists(filename) == false) {
    Directory.CreateDirectory(dirname);
  }
  BinaryFormatter bf = new BinaryFormatter();
  using (Stream output = File.OpenWrite(filename)) {
    bf.Serialize(output, this);
  }
  MessageBox.Show("Must...serialize...object!",
                  "Clone #" + Id + " says...");
}
```

Você vai precisar de mais algumas diretivas using para acessar as classes de E/S que usaremos.

Close criará o diretório C:\Temp e irá serializar-se em um arquivo chamado Clone.dat.

Codificamos especificamente o nome de arquivo – incluímos como literais de string no código. Isso é bom para um pequeno programa de teste como este, mas não é um problema – relaxe. Você pode pensar quais problemas isto pode causar e como poderia evitá-los?

E este método Dispose() realmente não tem efeitos colaterais? O que acontecerá se ele for chamado mais de uma vez? São coisas que você precisa pensar quando implementa IDisposable.

3 Execute a aplicação

Você verá o mesmo comportamento visto nas páginas anteriores... mas, antes do objeto `Clone1` ser eliminado pelo coletor de lixo, ele é serializado em um arquivo. Olhe o arquivo e verá a representação binária do objeto.

PODER DO CÉREBRO

Como você acha que deve ser o restante do código do objeto `Superhero`? Mostramos parte dele na página 650. Você pode escrever o restante agora?

Conversa Informal

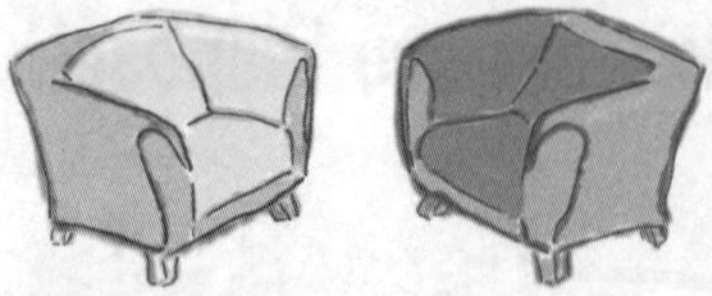

Conversa desta noite: **O método Dispose() e o finalizador se enfrentam para decidir quem é melhor.**

Dispose():

Para ser honesto, fiquei um pouco surpreso de ter sido convidado para este evento. Eu pensava que o mundo da programação tivesse chegado a um consenso. Quero dizer, eu sou muito melhor do que você. Na verdade, você é bem fraquinho. Não pode sequer serializar a si mesmo, alterar dados importantes, nada. Você é bem instável, não?

Finalizador:

Como é? Essa é boa. Sou fraquinho... Certo. Bem, eu não queria dizer isso, mas já que você chegou tão baixo... pelo menos, eu não preciso de uma interface para funcionar. Sem `IDisposable`, você é apenas mais um método inútil.

Dispose(): Existe a interface precisamente **porque** eu sou muito importante. De fato, sou o único método nela!

Finalizador: Sim, sim... continue dizendo isso para você mesmo. E o que acontece quando alguém esquece de utilizar uma instrução `using` quando instanciam seu objeto? Então, você não pode ser encontrado em lugar algum.

Dispose(): OK, você está certo, os programadores precisam saber o que estão fazendo quando precisam de mim, me chamando diretamente ou empregando uma instrução `using`. Mas, eles sempre sabem quando vou ser executado e podem me usar para fazer qualquer coisa que precisam fazer para limpar seu objeto. Sou poderoso, confiável e fácil de usar. Três em um. E você? Ninguém sabe exatamente quando você será executado ou qual será o estado da aplicação quando você finalmente decidir aparecer.

Manipuladores são o que seu programa usa quando ele evita o .NET e o CLR, e interage diretamente com o Windows. Já que o .NET não sabe nada a respeito dele, não pode limpar para você.

Finalizador: Certo, mas se você precisar fazer algo exatamente no último momento quando um objeto é eliminado pela coleta de lixo, não há como fazer isso sem mim. Posso liberar os recursos da rede, os <u>manipuladores</u> do Windows, streams ou qualquer outra coisa que possa causar problemas para o restante do programa se não for feita uma limpeza. Posso garantir que seus objetos lidem com o descarte de forma mais elegante e isso não é algo desprezível.

Dispose(): Então, não há nada que você possa fazer que eu não possa. Mas, você pensa que é importante porque é executado quando o coletor de lixo ocorre.

Finalizador: Eu prefiro isso a essa sua pose de exibido, amigo.

Não existem Perguntas Idiotas

P: Um finalizador pode usar todos os métodos e campos de um objeto?

R: Certamente. Embora você não possa passar parâmetros para um método finalizador, pode usar qualquer campo em um objeto, diretamente ou usando `this` - mas tenha cuidado porque se esses campos fizerem referência para outros objetos, estes poderão já ter sido coletados. Mas, com certeza, você pode chamar qualquer método no objeto sendo finalizado (desde que eles não dependam de outros objetos).

P: O que acontece com as exceções geradas dentro de um finalizador?

R: Boa pergunta. É completamente aceitável colocar um bloco `try/catch` dentro de um método finalizador. Tente para ver. Crie uma exceção de divisão por zero dentro de um bloco `try` no programa `Clone` que acabamos de escrever. Capture-a e exiba uma caixa de mensagem dizendo: "Acabei de capturar uma exceção", logo antes da caixa "... acabei de ser destruído" que já escrevemos. Agora, execute o programa e clique no primeiro botão, então no GC. Você verá tanto a caixa da exceção quanto a caixa destruída. (Claro, é geralmente uma ideia **muito ruim** mostrar caixas de mensagem nos finalizadores para os objetos que eram mais do que simples testes... e essas caixas podem nunca ser exibidas).

P: Com que frequência o coletor de lixo é executado automaticamente?

R: Não existe resposta para essa pergunta. Ele não é executado com nenhum período previsível e você não tem nenhuma forma de controle efetivo sobre ele. Você pode ter certeza de que ele será executado quando seu programa encerrar. Mas, para ter certeza de que ele funcionará, você terá de usar `GC.Collect()` para defini-lo... e mesmo assim, o tempo será um problema.

P: Após quanto tempo depois de chamar `GC.Collect()` o .NET vai iniciar a coleta de lixo?

R: Quando você executa `GC.Collect()`, está dizendo ao .NET para coletar o lixo assim que possível. ***Normalmente***, logo depois que o .NET acabar o que quer que esteja fazendo. Isso quer dizer que será bem rápido, mas você não tem realmente nenhum controle.

P: Se eu precisar que algo com certeza seja executado, colocarei num finalizador, certo?

R: É possível que um finalizador não seja executado. É possível impedir os finalizadores no momento da coleta de lixo. Ou o processo pode terminar inteiramente. Mas como regra geral, seu finalizador deve ser executado.

Enquanto isso, nas ruas da Vila Objeto...
CAPITÃO MARAVILHOSO... ELE VOLTOU!
MAS ALGO ESTÁ ERRADO. ELE NÃO PARECE O MESMO... E SEUS PODERES ESTÃO ESTRANHOS.
O CAPITÃO MARAVILHOSO LEVOU TANTO TEMPO PARA CHEGAR AQUI QUE O SR. FELPUDO SALVOU A SI MESMO DE CAIR DE CIMA DA ÁRVORE...
Miau!
Mais tarde...
Ainda mais tarde...
Esconderijo da Coleção do Capitão Maravilhoso
ULTRA SECRETO
PUF... PUF... ARGH! ESTOU EXAUSTO.
O que está errado? Por que os poderes do Capitão estão se comportando de forma diferente? Será o seu fim?

Uma estrutura parece um objeto...

Um dos tipos no .NET sobre o qual não falamos muito é o `struct`. `struct` é uma abreviação de **`structure`** (estrutura) e `structs` parecem muito com objetos. Podem ter campos e propriedades, como os objetos. E você pode até passá-los para um método que tenha um parâmetro do tipo `object`.

Os structs podem implementar Interfaces, mas não podem subclassificar outras classes. E os structs são fechados, portanto não podem ser subclassificados.

```
public struct AlmostSuperhero : IDisposable {
    public int SuperStrength;
    public int SuperSpeed { get; private set; }

    public void RemoveVillain(Villain villain)
    {
        Console.WriteLine("OK, " + villain.Name +
            " surrender and stop all the madness!");
        if (villain.Surrendered)
            villain.GoToJail();
        else
            villain.Kill();
    }

    public void Dispose() { ... }
}
```

Um struct pode ter propriedades e campos...

...e definir métodos.

O poder dos objetos reside na sua capacidade de imitar o comportamento do mundo real, através da herança e do polimorfismo.

Os structs servem melhor para armazenar dados, mas não têm a herança e as referências podem ser uma limitação grave.

...mas não é um objeto

Mas, os `structs` ***não são*** objetos. Eles podem ter métodos e campos, mas não podem ter finalizadores. Eles também não podem herdar de outras classes ou estruturas, nem nenhuma classe ou estrutura pode herdar deles.

Todos os structs herdam de System.ValueType, que por sua vez herda de System.Object. É por isso que todo struct tem um método ToString() – obtém de Object. Mas, é toda a herança que os structs têm permissão de fazer.

Você pode imitar um objeto independente com uma estrutura, mas elas não servem muito bem para as hierarquias de herança complexas.

Os structs não podem herdar de outros objetos.

É por isso que você usa as classes muito mais do que os structs. Mas, não significa que não têm seus usos!

Mas, o que separa os structs dos objetos mais do que qualquer outra coisa é que você ***os copia pelo valor, não pela referência***. Vire a página para ver o que isto significa...

Valores são copiados; referências são atribuídas

Você já tem uma noção de como alguns tipos são diferentes de outros. Por um lado, você tem **tipos de valor**, tais como `int`, `bool` e `decimal`. Por outro, tem **objetos** como `List`, `Stream` e `Exception`. E eles não funcionam exatamente da mesma forma, não é?

Eis um lembrete rápido sobre os tipos de valor versus objetos.

Quando você usa o sinal de igual para definir uma variável do tipo de valor para outra, isso **cria uma cópia do valor** e depois, as duas variáveis não são associadas entre si. Por outro lado, quando você usa o sinal de igual com referências, você **aponta as duas referências para o mesmo objeto**.

★ A declaração e a atribuição da variável funcionam igualmente com os tipos de valor ou objeto:

Lembra quando dissemos que os métodos e as instruções SEMPRE vivem em classes? Bem, acaba que isto não é 100% preciso -- eles também podem viver em structs.

```
int howMany = 25;
bool Scary = true;
List<double> temperatures = new List<double>();
Exception ex = new Exception("Does not compute");
```

int e bool são tipos de valor, List e Exception são tipos de objetos.

Estes são todos inicializados da mesma forma.

★ No entanto, as diferenças insinuam-se quando você começa a atribuir valores. Os tipos de valor são manipulados com cópias. Eis um exemplo:

```
int fifteenMore = howMany;
fifteenMore += 15;
Console.WriteLine("howMany has {0}, fifteenMore has {1}",
                  howMany, fifteenMore);
```

Esta linha <u>copia</u> o valor armazenado na variável fifteenMore para a variável howMany e adiciona-lhe 15.

Alterar a variável fifteenMore <u>não tem efeito</u> em howMany e vice-versa.

A saída aqui mostra que `fifteenMore` e `howMany` ***não*** estão associadas:

```
howMany has 25, fifteenMore has 40
```

★ Contudo, com as atribuições do objeto, você está atribuindo referências, não valores reais:

```
temperatures.Add(56.5D);
temperatures.Add(27.4D);
List<float> differentList = temperatures;
differentList.Add(62.9D);
```

Esta linha define a referência differentList para que ela aponte para o mesmo objeto que a referência temperatures.

Ambas as referências apontam para o mesmo objeto real

Assim, alterar `List` implica que ambas as referências verão a atualização... já que as duas apontam para um único objeto `List`.

```
Console.WriteLine("temperatures has {0}, differentlist has {1}",
                  temperatures.Count(), differentList.Count());
```

A saída aqui mostra que `differentList` e `temperatures`, na verdade, estão apontando para o ***mesmo*** objeto:

```
temperatures has 3, differentList has 3
```

Quando você chamou differentList.Add(), ele adicionou uma nova temperatura ao objeto para o qual differentList e temperatures apontam.

Estruturas são tipos de valor; objetos são tipos de referência

Quando você cria um `struct`, está criando um **tipo de valor**. Ou seja, quando você usa o igual para definir uma variável `struct` para outra, está criando uma nova *cópia* da estrutura na nova variável. Então, mesmo que um `struct` *pareça* um objeto, ele não se comporta como um.

Faça isso!

1 Crie um struct chamado Dog

Eis aqui um struct simples para controlar um cão. Ele se parece com um objeto, mas não é. Adicione-o a uma **nova aplicação do console**.

```
public struct Dog {
  public string Name;
  public string Breed;

  public Dog(string name, string breed) {
    this.Name = name;
    this.Breed = breed;
  }

  public void Speak() {
     Console.WriteLine("My name is {0} and I'm a {1}.", Name, Breed);
  }
}
```

Sim, isto não é bom encapsulamento. Permita-nos fazer isso aqui – estamos tentando demonstrar algo.

2 Crie uma classe chamada Canine

Faça uma cópia exata do struct `Dog`, mas **troque `struct` por `class`** e **mude `Dog` para `Canine`**. (Não se esqueça de renomear o construtor de `Dog`.) Agora, você tem uma classe `Canine` com a qual pode lidar, que é quase equivalente à estrutura `Dog`.

3 Adicione o método `Main()` que faça algumas cópias de `Dogs` e `Canines`

Eis o código para o método `Main()`:

```
Canine spot = new Canine("Spot", "pug");
Canine bob = spot;
bob.Name = "Spike";
bob.Breed = "beagle";
spot.Speak();

Dog jake = new Dog("Jake", "poodle");
Dog betty = jake;
betty.Name = "Betty";
betty.Breed = "pit bull";
jake.Speak();

Console.ReadKey();
```

> **Você já usou structs em seus programas. Lembra de `Point` dos Capítulos 12 e 13 ou de `DateTime` do Capítulo 9? São structs!**

Aponte o seu lápis

4 Antes de você executar o programa...

Escreva o que você acha que aparecerá no console quando executar este código:

....

....

Aponte o seu lápis Solução

O que você achou que seria escrito no console?

My name is Spike and I'm a beagle.

My name is Jake and I'm a poodle.

Veja o que aconteceu...

As referências spot e bob apontam para o mesmo objeto, então ambas mudaram os mesmos campos e acessaram o mesmo método Speak(). Mas, as estruturas não funcionam dessa forma. Quando você criou betty, fez uma cópia nova dos dados em jake. As duas estruturas são completamente independentes uma da outra.

Um novo objeto Canine foi criado e a referência spot aponta para ele.

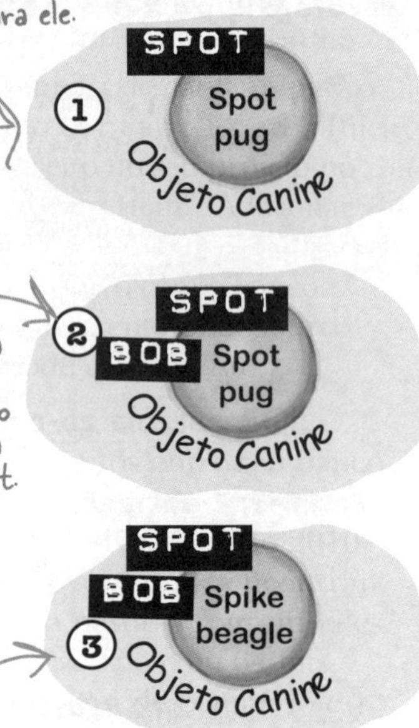


```
Canine spot = new Canine("Spot", "pug");   (1)
Canine bob = spot;   (2)
bob.Name = "Spike";
bob.Breed = "beagle";
spot.Speak();   (3)
```

A nova variável de referência bob foi criada, mas nenhum novo objeto foi adicionado ao heap – a variável bob aponta para o mesmo objeto que spot.

Já que spot e bob apontam para o mesmo objeto, spot.Speak() e bob.Speak() chamam o mesmo método e ambos produzem a mesma saída com "Spike" e "Beagle".

```
Dog jake = new Dog("Jake", "poodle");   (4)
Dog betty = jake;   (5)
betty.Name = "Betty";
betty.Breed = "pit bull";
jake.Speak();   (6)
```

Quando você cria uma nova estrutura, parece realmente semelhante com criar um objeto – você obtém uma variável que pode usar para acessar seus campos e métodos.

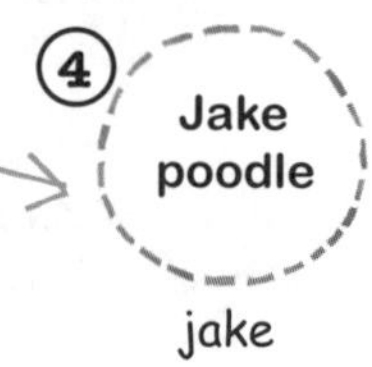

Aqui está a grande diferença. Quando você adicionou a variável betty, criou um valor inteiramente novo.

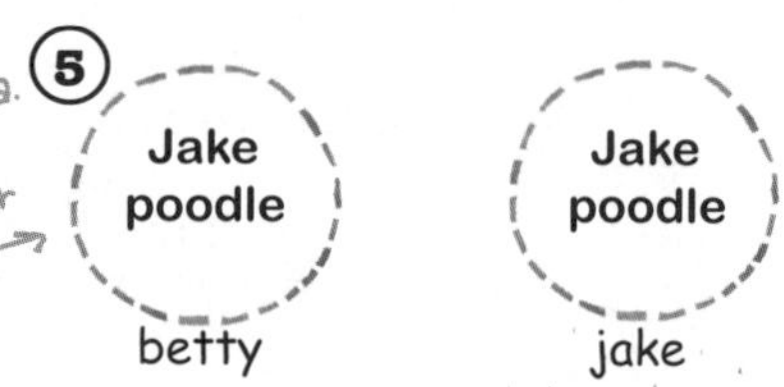

Já que você criou uma cópia nova dos dados, jake não foi afetado quando você alterou os campos de betty.

Quando define uma estrutura para ser igual a outra, está criando uma nova CÓPIA dos dados dentro da estrutura. Isso acontece porque ela é um TIPO DE VALOR.

Pilha versus the heap: mais sobre a memória

Nos bastidores

É fácil de entender como um `struct` difere de um objeto: você pode fazer uma nova cópia de um struct simplesmente usando o sinal de igual e isso não pode ser feito com um objeto. Mas, o que está realmente acontecendo nos bastidores?

O CLR do .NET divide seus dados em duas partes na memória. Você já sabe que os objetos ficam no **heap**. Uma outra parte da memória também é mantida e é chamada de **pilha**, usada para armazenar todas as variáveis locais declaradas nos métodos e os parâmetros passados para esses métodos. Você pode pensar na pilha como um monte de espaços onde se pode encaixar valores. Quando um método é chamado, o CLR adiciona mais espaços ao topo dessa pilha. Quando retorna, os espaços são removidos.

Lembre-se: quando seu programa está em execução, o CLR está gerenciando ativamente a memória, lidando com o heap e coletando lixo.

Mesmo que você possa **atribuir um struct para uma variável objeto**, os dois são coisas diferentes.

O Código

Aqui está código que você pode ver num programa.

A Pilha

É aqui que os structs e as variáveis locais ficam.

Eis a aparência da pilha depois que estas duas linhas de código são executadas.

```
Canine spot = new Canine("Spot", "pug");

Dog jake = new Dog("Jake", "poodle");
```

```
Canine spot = new Canine("Spot", "pug");

Dog jake = new Dog("Jake", "poodle");

Dog betty = jake;
```

Quando você cria um novo struct – ou qualquer outra variável do tipo de valor – um novo "espaço" é adicionado à pilha. Esse espaço é uma cópia do valor em seu tipo.

```
Canine spot = new Canine("Spot", "pug");

Dog jake = new Dog("Jake", "poodle");

Dog betty = jake;

SpeakThreeTimes(jake);


public SpeakThreeTimes(Dog dog) {
    int i;
    for (i = 0; i < 5; i++)
        dog.Speak();
}
```

Quando você chama um método, o CLR coloca suas variáveis locais no topo da pilha. Ele as remove quando termina.

Espere um pouco. Por que preciso saber isto? Não posso controlar nada diretamente, certo?

Definitivamente você deseja entender como um struct copiado pelo valor é diferente de um objeto copiado pela referência.

Algumas vezes você precisa ser capaz de escrever um método que tenha um tipo de valor ***ou*** um de referência – talvez um método que possa trabalhar com um `struct Dog` ou com um objeto `Canine`. Se você se encontrar alguma vez nessa situação, poderá usar a palavra-chave `object`:

```
public void WalkDogOrCanine(object getsWalked) { ... }
```

Se você enviar um struct para este método, ele será **embutido** dentro de um objeto especial "contêiner" que permite sua existência no heap. Enquanto esse contêiner estiver no heap, você não poderá fazer muito com o struct. Você tem que "desencaixar" o struct para poder trabalhar com ele. Por sorte, tudo isso acontece *automaticamente* quando você define um objeto para ser igual a um tipo de valor ou passa um tipo de valor para um método que está esperando um objeto.

Você também pode usar a palavra-chave "is" para ver se um objeto é uma struct ou qualquer outro tipo de valor, que tenha sido embutido e colocado no heap.

1. Eis como ficam a pilha e heap depois que você cria uma variável de objeto e define-a para ser igual a um struct `Dog`.

```
Dog sid = new Dog("Sid", "husky");
Object obj = sid;
```

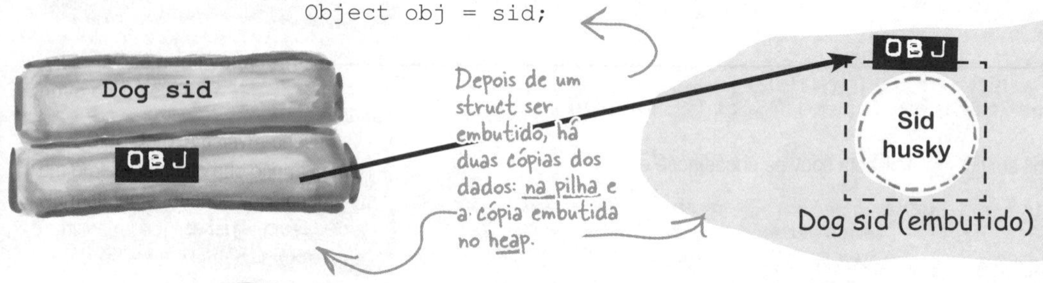

2. Se você quiser desencaixar o objeto, tudo a fazer é o casting para o tipo correto e ele será retirado automaticamente do contêiner. Você **não pode usar a palavra-chave as com os tipos de valor**, portanto precisará fazer o casting para `Dog`.

```
Dog happy = (Dog) obj;
```

Estes são os structs, então a não ser que tenham sido embutidos, não estarão no heap.

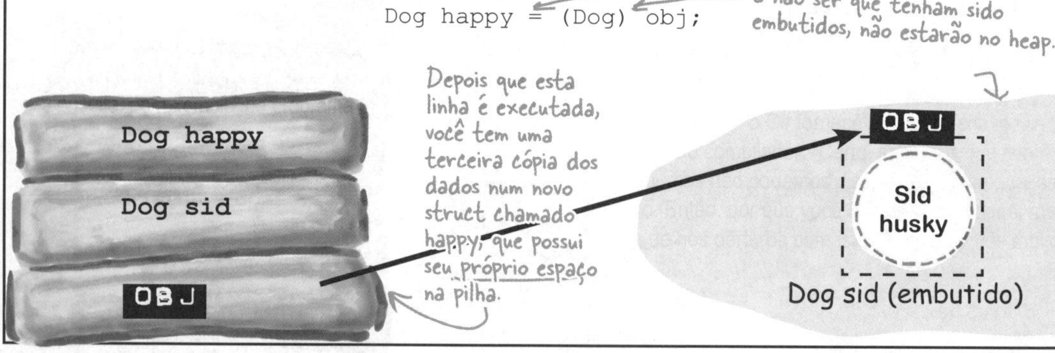

Nós bastidores

Quando um método é chamado, ele procura seus argumentos na pilha

A pilha desempenha uma parte importante em como o CLR executa seus programas. Algo que podemos assegurar é o fato de que você pode escrever um método que chama outro método, que por sua vez chama outro método. De fato, um método pode chamar a si mesmo (que é chamado de *recursão*). A pilha é o que dá ao seu programa a capacidade de fazer isso.

Eis alguns métodos de um programa de simulação de cachorros. Eles são bem simples: `FeedDog()` chama `Eat()`, que chama `CheckBowl()`.

Lembre-se da terminologia aqui: um parâmetro é como você chama a parte da declaração do método que especifica os valores necessários; um argumento é o valor real ou a referência que você passa para um método quando o chama.

```
public void FeedDog(Canine dogToFeed, Bowl dogBowl) {
    double eaten = Eat(dogToFeed.MealSize, dogBowl);
    return eaten + .05d; // A little is always spilled
}

public void Eat(double mealSize, Bowl dogBowl) {
    dogBowl.Capacity -= mealSize;
    CheckBowl(dogBowl.Capacity);
}

public void CheckBowl(double capacity) {
    if (capacity < 12.5d) {
        string message = "My bowl's almost empty!";
        Console.WriteLine(message);
    }
}
```

Eis como fica a pilha quando o método `FeedDog()` chama `Eat()`, que chama `CheckBowl()`, que chama `Console.WriteLine()`:

1. O método `FeedDog()` tem dois parâmetros, uma referência `Canine` e uma referência `Bowl`. Portanto, quando é chamado, os dois argumentos passados estão na pilha.

2. `FeedDog()` precisa passar dois argumentos para o método `Eat()`, portanto são colocados na pilha também.

3. Quando as chamadas do método se acumulam e o programa se aprofunda nos métodos que chamam os métodos que chamam outros métodos, a pilha fica cada vez maior.

4. Quando `Console.WriteLine()` sair, seus argumentos serão retirados da pilha. Assim, `Eat()` pode continuar como se nada tivesse acontecido. É por isso que a pilha é tão útil!

Use parâmetros para fazer um método retornar mais de um valor

Faça isso!

Por falar em parâmetros e argumentos, existem mais algumas maneiras de você colocar e retirar valores de seus programas, e envolvem adicionar **modificadores** às suas declarações do método. Uma das maneiras mais comuns de fazer isto é usando o **modificador** out para especificar um parâmetro de saída. Eis como funciona. Crie uma nova aplicação Windows Forms e adicione esta declaração vazia do método ao formulário. Note os modificadores out nos dois parâmetros:

Um método pode retornar mais de um valor usando parâmetros out.

```
public int ReturnThreeValues(out double half, out int twice)
{
    return 1;
}
```

Quando você tentar desenvolver seu código, verá dois erros: **O parâmetro out "half" deve ser atribuído a um valor antes do controle deixar o método atual** (e você verá uma mensagem idêntica para o parâmetro "twice"). Quando você usar um parâmetro out, ***sempre*** precisará defini-lo antes do método retornar – como sempre precisará usar uma instrução return, caso seu método seja declarado com um valor de retorno. Eis o método inteiro:

```
Random random = new Random();
public int ReturnThreeValues(out double half, out int twice) {
    int value = random.Next(1000);
    half = ((double)value) / 2;
    twice = value * 2;
    return value;
}
```

Este método precisa definir todos os seus parâmetros out antes de retornar, do contrário não compilará.

Agora que você definiu os dois parâmetros out, ele compilará. Portanto, usemos. Adicione um botão com este manipulador de eventos.

```
private void button1_Click(object sender, EventArgs e) {
    int a;
    double b;
    int c;
    a = ReturnThreeValues(b, c);
    Console.WriteLine("value = {0}, half = {1}, double = {2}", a, b, c);
}
```

Você notou como não precisou inicializar b e c? Você não precisa inicializar uma variável antes de usá-la como um argumento para um parâmetro out.

Oh oh! Há mais erros de construção: **O argumento 1 deve ser passado com a palavra-chave** out. Sempre que você chamar um método com um parâmetro out, precisará usar a palavra-chave out quando passar o argumento. Eis como deve ficar a linha:

```
a = ReturnThreeValues(out b, out c);
```

Agora, seu programa será desenvolvido. Quando o executar, o método ReturnThreeValues() definirá os três valores e irá retorná-los: a obtém o valor de retorno do método, b obtém o valor retornado pelo parâmetro half e c obtém o valor retornado pelo parâmetro twice.

Passe pela referência usando o modificador ref

Algo que você vê sempre é que toda vez que passa um `int`, `double`, `struct` ou qualquer outro tipo de valor para um método, está passando uma cópia desse valor para esse método. Há um nome para isso: **passar pelo valor**, significando que o valor inteiro do argumento é copiado.

Mas, há outro modo de passar argumentos para os métodos e é chamado de **passar pela referência**. Você pode usar a palavra-chave **`ref`** para permitir a um método trabalhar diretamente com o argumento passado para ele. Como o modificador `out`, você precisa usar **`ref`** quando declara o método e também quando o chama. Não importa se é um tipo de valor ou um tipo de referência – qualquer variável que você passa para o parâmetro ref de um método será diretamente alterada por esse método.

Internamente, um argumento out é apenas como um argumento ref, exceto que não precisa ser atribuído antes de ir para o método e deve ser atribuído antes do método retornar.

Você pode ver como funciona – adicione este método ao seu programa:

```
public void ModifyAnIntAndButton(ref int value, ref Button button) {
    int i = value;
    i *= 5;
    value = i - 3;
    button = button1;
}
```

Quando este método define os parâmetros value e button, o que realmente está fazendo é mudar os valores das variáveis q e b no método button2_Click() chamado.

E adicione um botão com este manipulador de eventos para chamar o método:

```
private void button2_Click(object sender, EventArgs e) {
    int q = 100;
    Button b = button3;
    ModifyAnIntAndButton(ref q, ref b);
    Console.WriteLine("q = {0}, b.Text = {1}", q, b.Text);
}
```

Isto imprime "q = 497, b.Text = button1" porque o método realmente alterou as variáveis q e b.

Quando `button2_Click()` chama o método `ModifyAnIntAndButton()`, passa suas variáveis `q` e `b` pela referência. O método `ModifyAnIntAndButton()` trabalha com elas exatamente como qualquer outra variável. Mas como foram passadas pela referência, o método estava atualizando na verdade as variáveis `q` e `b` o tempo todo e não apenas uma cópia delas. Portanto, quando o método sai, as variáveis `q` e `b` são atualizadas com o valor modificado.

Execute o programa e depure-o, adicionando uma observação para as variáveis `q` e `b` para ver como funciona.

O método TryParse() dos tipos de valor predefinidos usa parâmetros out

Existe um ótimo exemplo de parâmetros out desenvolvido diretamente em alguns tipos de valor predefinidos. Há muitas vezes quando você desejará converter uma string como "35.67" em double. E há um método para fazer exatamente isso: double.Parse("35.67") retornará o valor double 35.67. Mas, double.Parse("xyz") irá gerar um FormatException. Algumas vezes, isso é exatamente o que você deseja, mas outras vezes desejará verificar se uma string pode ser analisada com um valor. É onde o método TryParse() entra: double.TryParse("xyz", out d) retornará false e definirá d para 0, mas double.TryParse("35.67", out d) retornará true e definirá d para 35.67.

E mais, lembra do Capítulo 9 quando usamos uma instrução switch para converter "Spades" em Suits.Spades? Bem, há métodos estáticos Enum.Parse() e Enum.TryParse() que fazem a mesma coisa, exceto para os enums!

Use parâmetros opcionais para definir valores padrão

Muitas vezes, seus métodos serão chamados com os mesmos argumentos sempre, mas o método ainda precisa do parâmetro porque algumas vezes é diferente. Seria útil se você pudesse definir um valor padrão, para que precise apenas especificar o argumento ao chamar o método, caso ele seja diferente.

É exatamente o que fazem os parâmetros opcionais. Você pode especificar um parâmetro opcional em uma declaração do método usando um sinal de igual seguido do valor padrão para esse parâmetro. Você pode ter quantos parâmetros opcionais desejar, mas todos eles terão que vir depois dos parâmetros requeridos.

Eis um exemplo de método que usa parâmetros opcionais para verificar se alguém tem febre:

```
void CheckTemperature(double temperature, double tooHigh = 99.5, double tooLow = 96.5)
{
    if (temperature < tooHigh && temperature > tooLow)
        Console.WriteLine("Feeling good!");
    else
        Console.WriteLine("Uh-oh -- better see a doctor!");
}
```

Este método tem dois parâmetros opcionais: `tooHigh` tem um valor padrão 99,5 e `tooLow` tem um valor padrão 96,5. Chamar `CheckTemperature()` com um argumento usa os valores padrão para `tooHigh` e `tooLow`. Se você chamar com os dois argumentos, usará o segundo argumento para o valor `tooHigh`, mas ainda usará o valor padrão para `tooLow`. Você pode especificar três argumentos para passar valores para todos os três parâmetros.

Há outra opção também. Se você quiser usar algumas (mas não todos) dos valores padrão, poderá usar **argumentos nomeados** para passar valores apenas para aqueles parâmetros que deseja transmitir. Tudo que precisa fazer é fornecer o nome de cada parâmetro seguido de dois pontos e seus valores. Se você usar mais de um argumento nomeado, separe-os com vírgulas, exatamente como qualquer outro argumento.

Adicione o método `CheckTemperature()` ao seu formulário, então, adicione um botão com o seguinte manipulador de eventos. Depure para assegurar que compreende exatamente como funciona:

```
private void button3_Click(object sender, EventArgs e)
{
    // Os valores são bons para uma pessoa normal
    CheckTemperature(101.3);

    // A temperatura de um cão deve estar entre 100.5 e 102.4 Fahrenheit
    CheckTemperature(101.3, 102.5, 100.5);

    // A temperatura de Bob é sempre um pouco baixa, portanto defina tooLow para 95.5
    CheckTemperature(96.2, tooLow: 95.5);
}
```

Use parâmetros opcionais e argumentos nomeados quando quiser que seus métodos tenham valores padrão.

Use tipos nulos quando precisar de valores inexistentes

Reserve um minuto e volte para os cartões de visita convertidos em um banco de dados no Capítulo 1. Lembra como você configurou a tabela para permitir nulos para cada uma de suas colunas? Assim, se alguém omitisse um valor ou escrevesse algo ilegível, o banco de dados poderia usar null para **representar que ele não tem um valor**. Normalmente, você poderia usar apenas null. Mas para os `structs` (`ints`, `booleans` e outros tipos de valor), você não pode defini-las para null. Estas instruções:

Pareceu estranho que até a coluna Client fosse definida para permitir nulls? Uma pessoa é um cliente ou não, certo? Mas, não havia nenhuma garantia de que todo cartão tinha o campo Client preenchido e o banco de dados precisava de um modo de representar que poderíamos não saber se alguém era um cliente ou não.

```
bool myBool = null;
DateTime myDate = null;
```

causarão erros quando você tentar compilar seu programa!

Digamos que seu programa precise trabalhar com um valor de data e um de hora. Normalmente, você usaria uma variável `DateTime`. Mas, e se essa variável nem sempre tivesse um valor? É onde os tipos nulos são realmente úteis. Tudo que você precisa fazer é adicionar um ponto de interrogação (?) ao final de qualquer valor do tipo e ele se tornará um **tipo nulo** que você pode definir para null.

```
bool? myNulableInt = null;

DateTime? myNullableDate = null;
```

Nullable<DateTime>
Value: DateTime HasValue: bool ...
GetValueOrDefault(): DateTime ...

Nullable<T> é um struct que permite armazenar um tipo de valor OU um valor nulo. Aqui estão alguns métodos e propriedades em Nullable<DateTime>.

Todo tipo nulo tem uma propriedade chamada `Value` que obtém ou define o valor. Um `DateTime?` terá um `Value` do tipo `DateTime`, um `int?` terá um do tipo do `int` etc. Também terão uma propriedade chamada `HasValue` que retornará true se não for null.

Você sempre pode converter um tipo de valor em um tipo nulo:

```
DateTime myDate = DateTime.Now;
DateTime? myNullableDate = myDate;
```

Mas, você precisa fazer o casting do tipo nulo para atribuir de volta a um tipo de valor:

```
myDate = (DateTime) myNullableDate;
```

No entanto, você também possui essa propriedade Value – que também retorna o valor.

```
myDate = myNullableDate.Value
```

Se `HasValue` for falso, a propriedade `Value` irá gerar um `InvalidOperationException` e fará o casting (porque o casting é equivalente a usar a propriedade `Value`).

A interrogação T? é um alias para Nullable<T>

Quando você adiciona uma interrogação a qualquer tipo de valor (tal como int? ou decimal?), o compilador traduz isso no struct Nullable<T> (Nullable<int> ou Nullable<decimal>). Você pode ver isto por si mesmo: adicione uma variável Nullable<DateTime> a um programa, coloque um ponto de interrupção e adicione uma observação no depurador. Você verá System.DateTime? exibido na janela de observação no IDE. Isto é um exemplo de alias e não é o primeiro que você encontrou. Passe seu cursor sobre qualquer int. Verá que ele se traduz em um struct chamado System.Int32.

Int.Parse() e int.TryParse() são membros deste struct →

```
int value;
struct System.Int32
Represents a 32-bit signed integer.
```

Reserve um minuto e faça isso para cada um dos tipos no início do Capítulo 4. Note como todos eles são alias para structs – exceto string, que é uma classe chamada System.String (é um tipo de referência, não um tipo de valor).

Tipos nulos ajudam a tornar seus programas mais robustos

Os usuários fazem todos os tipos de coisas malucas. Você acha que sabe como as pessoas usarão um programa que está escrevendo, mas, então, alguém clica nos botões em uma ordem inesperada, digita 256 espaços em uma caixa de texto ou usa o Gerenciador de Tarefas do Windows para sair de seu programa na metade durante a escrita dos dados em um arquivo e de repente, ele está abrindo todos os tipos de erros. Lembra do Capítulo 10 quando falamos sobre como um programa que pode lidar com elegância com uma entrada mal formatada, inesperada ou simplesmente bizarra é chamado de **robusto**? Bem, quando você está processando a entrada bruta de seus usuários, os tipos nulos podem ser muito úteis ao tornar seus programas mais robustos. Agora, veja por si mesmo – **crie uma nova aplicação do console** e adicione esta classe RobustGuy

Quando você adicionar RobustGuy.ToString(), veja a janela IntelliSense quando fornecer Birthday.Value. Como a propriedade Value é um DataTime, você verá os membros DateTime usuais.

Use o método ToLongDateString() para converter em uma string legível pelos humanos.

```
class RobustGuy {
    public DateTime? Birthday { get; private set; }
    public int? Height { get; private set; }

    public RobustGuy(string birthday, string height) {
        DateTime tempDate;
        if (DateTime.TryParse(birthday, out tempDate))
            Birthday = tempDate;
        else
            Birthday = null;

        int tempInt;
        if (int.TryParse(height, out tempInt))
            Height = tempInt;
        else
            Height = null;
    }

    public override string ToString() {
        string description;
        if (Birthday != null)
            description = "I was born on " + Birthday.Value.ToLongDateString();
        else
            description = "I don't know my birthday";
        if (Height != null)
            description += ", and I'm " + Height + " inches tall";
        else
            description += ", and I don't know my height";
        return description;
    }
}
```

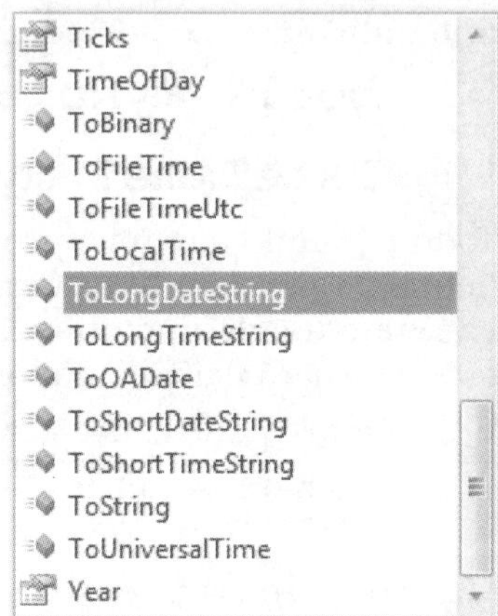

Use os métodos DateTime e int TryParse() para tentar converter a entrada do usuário em valores.

Se o usuário forneceu lixo, os tipos Nullable não terão valores, portanto, seus métodos HasValue() retornarão false.

Tente experimentar outros métodos DateTime que iniciam com "To" para ver como eles afetam a saída de seu programa.

E aqui está o método Main() para o programa. Ele usa **Console.ReadLine()** para obter a entrada do usuário:

```
static void Main(string[] args) {
    Console.Write("Enter birthday: ");
    string birthday = Console.ReadLine();
    Console.Write("Enter height in inches: ");
    string height = Console.ReadLine();
    RobustGuy guy = new RobustGuy(birthday, height);
    Console.WriteLine(guy.ToString());
    Console.ReadKey();
}
```

Console.ReadLine() permite ao usuário digitar texto na janela do console. Quando o usuário pressionar Enter, retornará a entrada como uma string.

Quando você executar o programa, verá o que acontece quando digita valores diferentes para as datas. `DateTime.TryParse()` pode descobrir muitos deles. Quando você digitar uma data que ele não pode analisar, a propriedade `Birthday` de `RobustGuy` não terá nenhum valor.

Jogos de Verão

Sua **tarefa** é pegar os fragmentos da piscina e colocá-los nas lacunas no código. Você **pode** usar o mesmo fragmento mais de uma vez e não precisa usar todos eles. Seu **objetivo** é fazer com que o código escreva esta saída no console quando uma **nova instância da classe Faucet for criada**:

```
public class Faucet {
    public Faucet() {
        Table wine = new Table();
        Hinge book = new Hinge();
        wine.Set(book);
        book.Set(wine);
        wine.Lamp(10);
        book.garden.Lamp("back in");
        book.bulb *= 2;
        wine.Lamp("minutes");
        wine.Lamp(book);
    }
}
```

A saída quando você cria um novo objeto Faucet:

```
volto em 20 minutos
```

Aqui está seu objetivo... conseguir esta saída.

```
public ________ Table {
    public string stairs;
    public Hinge floor;
    public void Set(Hinge b) {
        floor = b;
    }
    public void Lamp(object oil) {
        if (oil _____ int)
            ________.bulb = (int)oil;
        else if (oil _____ string)
            stairs = (string)oil;
        else if (oil _____ Hinge) {
            ________ vine = oil _____ ________;
            Console.WriteLine(vine.Table()
             + " " + _______.bulb + " " + stairs);
        }
    }
}

public ________ Hinge {
    public int bulb;
    public Table garden;
    public void Set(Table a) {
        garden = a;
    }
    public string Table() {
        return ________.stairs;
    }
}
```

Pontos extras: Circule as linhas onde os tipos de valor são embutidos.

Nota: Cada coisa na piscina pode ser usada mais de uma vez.

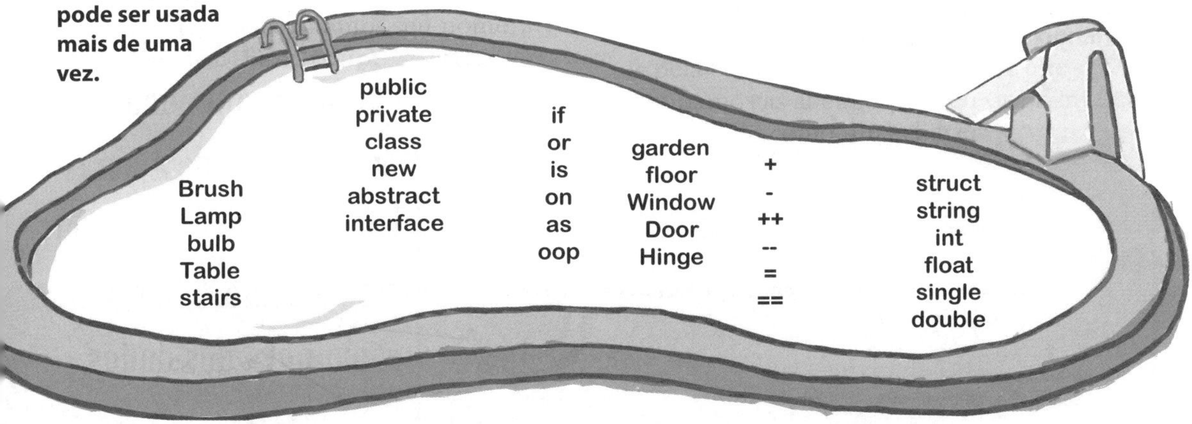

Respostas na página 675.

Não existem Perguntas Idiotas

P: Certo, volte um pouco. Por que eu devo saber sobre a pilha?

R: Porque entender a diferença entre a pilha e heap ajuda a manter seus tipos de referência e de valor corretamente. É fácil esquecer que os structs e os objetos funcionam de forma bem diferente — quando você usa o sinal de igual em ambos, eles parecem bastante semelhantes. Ter alguma ideia de como o .NET e o CLR lidam com as coisas nos bastidores ajuda a entender ***por que*** os tipos de referência e de valor são diferentes.

P: E quanto a embutir? Por que isso é importante para mim?

R: Porque você precisa saber quando as coisas acabam guardadas na pilha e quando os dados são copiados. As duas coisas exigem mais memória e mais tempo. Quando você fizer algo assim algumas vezes (ou até algumas centenas de vezes) no seu programa, não notará a diferença. Mas, digamos que você esteja escrevendo um programa que repita operações como estas até milhões de vezes por segundo. Isso não é tão absurdo de se pensar, já que é exatamente o que o simulador de colmeia fazia. Se você perceber que o programa está tomando mais memória ou ficando cada vez mais lento, será possível torná-lo mais eficiente evitando que os tipos de valor sejam embutidos na parte do programa que se repete.

P: Eu entendi como você conseguiu uma cópia nova de struct quando definiu uma variável struct para ser igual a outra. Mas, em que isso vai ser útil para mim?

R: Um lugar onde isso é bastante útil é o **encapsulamento**. Observe este código familiar de uma classe que conhece sua posição:

```
private Point location;
public Point Location {
  get { return location; }
}
```

Se Point fosse uma classe, isso seria um péssimo encapsulamento. Não importa que `location` seja privado, como você criou uma propriedade pública de apenas leitura que retorna uma referência, qualquer outro objeto seria capaz de acessá-lo.

Por sorte, `Point` é na verdade um struct. E isso quer dizer que a propriedade pública `Location`, na verdade, retorna uma nova cópia do ponto. O objeto que a utilizar pode fazer o que quiser com ela — nenhuma das alterações afetará o campo privado `location`.

P: Se `Point` é um struct, há *outras* estruturas com as quais eu tenho trabalhado todo esse tempo?

R: Sim! Um struct realmente útil e muito comum quando se trabalha com gráficos e formulários é **`Rectangle`**. Ele tem alguns métodos muito úteis bastante práticos quando é preciso determinar os limites e verificar se os pontos estão dentro ou fora do retângulo. Tudo que você precisa fazer é definir seu local e tamanho, e ele automaticamente calculará a posição de seu topo, parte inferior, lados esquerdo e direito, sua largura e altura.

Outro struct útil com o qual você já trabalhou é **`Size`**. Você já o viu em ação — usou-o quando estava determinando o tamanho de uma string com o método `MeasureString()`. É um struct também.

P: Como sei se devo criar um struct ou uma classe?

R: Na maior parte do tempo, os programadores usam classes. Os structs têm muitas limitações que podem realmente torná-los difíceis de lidar para tarefas grandes. Eles não aceitam herança, abstração nem polimorfismo e você já sabe como essas coisas são importantes para facilitar o desenvolvimento dos programas.

Os structs são realmente úteis quando você tem dados pequenos e limitados com os quais precisa trabalhar repetidamente. Retângulos e pontos são bons exemplos — não há muitas coisas que possam ser feitas com eles, mas você os utiliza repetidas vezes. Os structs tendem a ser relativamente pequenos e limitados quanto ao escopo. Se você perceber que tem uma parte pequena de alguns tipos diferentes de dados que gostaria de armazenar num campo de uma classe ou passar para um método como parâmetro, provavelmente, terá um bom candidato para criar um struct.

Um struct pode ser muito útil quando você quer melhorar o encapsulamento numa classe porque uma propriedade de apenas leitura que retorna um struct sempre faz uma cópia nova dos dados.

Aponte o seu lápis

Este método deve encerrar um objeto Clone, mas ele não funciona. Por quê não?

```
private void SetCloneToNull(Clone clone) {
    clone = null;
}
```

....

....

Pergunta surpresa, sabichão! Resposta na página 678.

Capitão Maravilhoso... mas nem tanto

Com toda essa conversa sobre embutir tipos, você deve ter agora uma boa ideia do que aconteceu com o Capitão Maravilhoso com menos poderes e cansado. De fato, ele não é o Capitão Maravilhoso de forma alguma, mas sim uma estrutura embutida:

Esta é uma grande vantagem dos structs (e outros tipos de valor) – você pode facilmente fazer cópias deles.

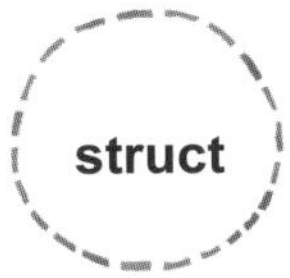

versus

1. **Os structs não podem herdar de classes ou implementar interfaces**
   Não admira que os superpoderes do Capitão pareçam tão fracos! Ele não tinha nenhum comportamento herdado.
2. **Os structs são copiados pelo valor**
   Esta é uma das coisas mais úteis sobre eles. É especialmente útil para o encapsulamento.

1. **Você não pode criar uma nova cópia de um objeto**
   Quando você define uma variável de objeto para ser igual à outra, está copiando uma ***referência*** para o ***mesmo*** objeto.
2. **Você pode usar a palavra-chave "as" com um objeto**
   Os objetos permitem o polimorfismo permitindo que um objeto funcione como qualquer um dos objetos dos quais ele herda.

Métodos de extensão adicionam novo comportamentos a classes EXISTENTES

Lembra do modificador de acesso fechado do Capítulo 7? É como você configura uma classe que não pode ser estendida.

Algumas vezes, você precisa estender uma classe da qual não pode herdar, como, por exemplo, uma classe sealed (muitas classes do .NET são fechadas (sealed), então, não se pode herdar delas). O C# lhe dá uma ferramenta poderosa para fazer isso: **métodos de extensão**. Quando você adiciona uma classe com métodos deste tipo ao seu projeto, **ela adiciona novos métodos que aparecem nas classes** que já existem. Tudo a fazer é criar uma classe estática e adicionar um método **static** que aceite uma instância da classe como primeiro parâmetro usando a palavra-chave this.

Então, digamos que você tenha uma classe sealed OrdinaryHuman (lembre que isso significa que não pode estendê-la):

A classe OrdinaryHuman é fechada, então não pode ser subclassificada. Mas, e se você quiser adicionar um método?

```
sealed class OrdinaryHuman {
    private int age;
    int weight;

    public OrdinaryHuman(int weight){
        this.weight = weight;
    }

    public void GoToWork() { /* código para trabalhar */
    public void PayBills() { /* código para pagar contas */
}
```

Você usa um método de extensão especificando o primeiro parâmetro sando a palavra-chave "this".

O método SuperSoldierSerum adiciona um método de extensão a OrdinaryHuman:

Já que queremos estender a classe OrdinaryHuman, fazemos com que o primeiro parâmetro seja this OrdinaryHuman.

```
static class SuperSoldierSerum {
    public static string BreakWalls(this OrdinaryHuman h, double wallDensity) {
        return ("I broke through a wall of " + wallDensity + " density.");
    }
}
```

Os métodos de extensão são sempre estáticos, então devem existir dentro de classes estáticas.

Assim que a classe SuperSoldierSerum é acrescentada ao projeto, OrdinaryHuman ganha um método BreakWalls. Então, agora, um formulário pode usá-lo:

Quando o programa cria uma instância da classe OrdinaryHuman, pode acessar o método BreakWalls() diretamente – contanto que tenha acesso à classe SuperSoldierSerum.

```
static void Main(string[] args){
    OrdinaryHuman steve = new OrdinaryHuman(185);
    Console.WriteLine(steve.BreakWalls(89.2));
}
```

Vá em frente, experimente! **Crie uma nova aplicação do console** e adicione as duas classes e o método Main( ). Depure no método BreakWall() e veja o que está acontecendo.

Aponte o seu lápis

Este método deve encerrar um objeto Clone, mas não funciona. Por quê não?

```
private void SetCloneToNull(Clone clone) {
    clone = null;
}
```

Logo, o parâmetro clone está apenas na pilha, portanto definir para null não afetará em nada o heap.

Tudo o que este método faz é definir seu próprio parâmetro para null, mas o parâmetro é apenas uma referência para Clone. É como colocar uma etiqueta num objeto e depois tirá-la de novo.

Não existem Perguntas Idiotas

P: Diga-me de novo por que, em vez de usar extensões, eu não poderia adicionar novos métodos necessários diretamente ao meu código de classes?

R: Você pode fazer isso e, provavelmente, até é recomendado se estamos falando em adicionar um único método a uma classe. Os métodos de extensão devem ser usados com moderação e somente quando for impossível alterar a classe com a qual você está trabalhando por algum motivo (como, por exemplo, se ela for parte do .NET Framework ou desenvolvida por terceiros). Os métodos de extensão tornam-se realmente poderosos quando você precisa acrescentar comportamento a alguma coisa a que ***normalmente não teria acesso***, tal como um tipo ou outro objeto nativo do .NET ou outra biblioteca.

P: Por que usar métodos de extensão, então? Não é possível apenas estender uma classe usando a herança?

R: Se você puder estender a classe, então geralmente acabará fazendo isso – os métodos de extensão não significam que são um substituto da herança. Mas, eles são realmente úteis quando você tem classe que não pode estender. Com os métodos de extensão, você pode mudar o comportamento de grupos inteiros de objetos e mesmo adicionar funcionalidades a algumas das classes mais básicas do .NET Framework.

Estender uma classe fornece um novo comportamento, mas exige que você utilize a nova subclasse se deseja usar esse novo comportamento.

P: O meu método de extensão afeta todas as instâncias de uma classe ou apenas algumas específicas?

R: Afetará todas as instâncias da classe estendida. De fato, uma vez que você tenha criado um método de extensão, ele aparecerá no IDE ao lado dos métodos normais da classe estendida.

Mais um ponto a lembrar sobre os métodos de extensão: você não tem acesso a nenhuma parte interna da classe fazendo um método de extensão, portanto ainda está agindo como um estranho!

Exatamente! Existem algumas classes das quais não se pode herdar.

Abra qualquer projeto, adicione uma classe e tente digitar o seguinte:

```
class x : string { }
```

Tente compilar seu código — o IDE vai gerar um erro. O motivo é porque algumas classes do .NET são **fechadas**, ou seja, você não pode herdar delas. (Você pode fazer isso com suas próprias classes, também! Basta adicionar a palavra-chave `sealed` à sua classe depois de qualquer modificador de acesso `public` e nenhuma outra classe terá permissão de herdar dela.) Os métodos de extensão dão a você uma forma de estender uma classe assim, mesmo que você não possa herdar dela.

Mas, isso não é tudo o que você pode fazer com os métodos de extensão. Além de estender as classes, você pode também estender as **interfaces**. Tudo a fazer é usar um nome de interface, em vez de um de classe, depois da palavra-chave `this` no primeiro parâmetro do método de extensão. Quando fizer isso, o método de extensão será adicionado a **toda classe que implemente essa interface**. Lembra do código LINQ que você adicionou ao seu simulador no Capítulo 12? O LINQ foi todo implementada usando métodos de extensão que estendem a interface `IEnumerable<T>`. (Você aprenderá muito mais sobre o LINQ no capítulo 15.)

Esta é outra coisa que você simplesmente não pode fazer com a herança – não existe forma de herdar de uma interface.

Estendendo um tipo básico: string

Frequentemente, você não tem a chance de alterar o comportamento dos tipos mais fundamentais de uma linguagem, tais como strings. Mas, com os métodos de extensão, pode fazer exatamente isso! Criar um novo projeto e adicionar um arquivo chamado `HumanExtensions.cs`.

Faça isso!

1 Coloque todos os seus métodos de extensão num namespace separado

É uma boa ideia manter todas as suas extensões num namespace diferente do restante do seu código. Dessa forma, você não terá problemas para encontrá-las para usar em outros programas. Configure uma classe estática para conter seus métodos, também.

```
namespace MyExtensions {
  public static class HumanExtensions {
```

Usar um namespace separado é uma boa ferramenta de organização.

A classe na qual seu método de extensão está definido deve ser estática.

2 Crie um método de extensão estático e defina seu primeiro parâmetro como `this`, então o tipo que você está estendendo.

As duas coisas principais que você deve saber quando declara um método de extensão é que ele precisa ser estático e ter a classe que está estendendo como seu primeiro parâmetro.

```
public static bool IsDistressCall (this string s){
```

"this string" diz que estamos estendendo a classe string.

The extension method must be static, too.

3 Coloque código para avaliar a string no método

```
public static class HumanExtensions {
  public static bool IsDistressCall(this string s){
    if (s.Contains("Help!"))
      return true;
    else
      return false;
  }
}
```

Você deseja que esta classe seja acessada pelo código em outro namespace, portanto **marque como public**!

Isto verifica a string procurando certo valor... algo que, com certeza, não existe na classe string padrão.

4 Crie um formulário e acrescente uma string

Agora, vá para seu código do formulário, adicione `using MyExtensions;` ao início do seu código e acrescente um botão ao formulário para que possa experimentar seu novo método de extensão dentro de seu manipulador de eventos. Agora, quando você usar uma string, terá os métodos de extensão sem problemas. Você pode ver isso por si mesmo digitando o nome da variável string, então um ponto:

```
string message = "Clones are wreaking havoc at the factory. Help!";
message.
```

Assim que você digita o ponto, o IDE mostra uma janela auxiliar com todos os métodos de string... incluindo o seu método de extensão.

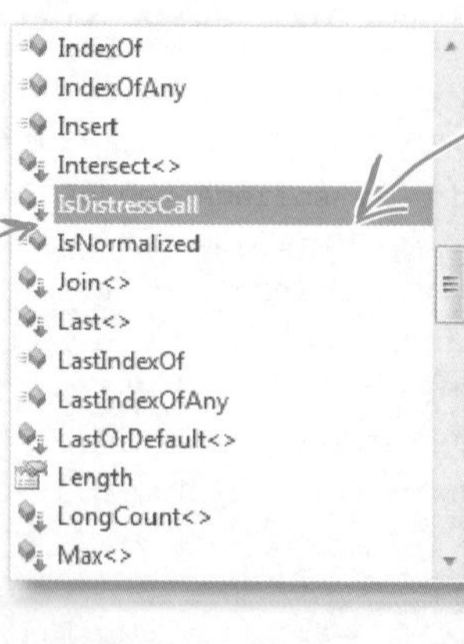

Comente a linha using e o método de extensão desaparecerá da janela IntelliSense.

Este exemplo de teste mostra a sintaxe dos métodos de extensão. Para ter uma ideia real de quão úteis eles são, basta esperar pelo próximo capítulo. Ele é a respeito do LINQ, que é implementado inteiramente com os métodos de extensão.

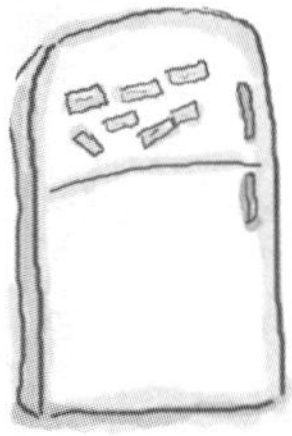

Ímãs de Geladeira de Extensão

Arrume os ímãs para produzir esta saída:

a buck begets more bucks

```
namespace Upside {

  public static class Margin {

    public static void SendIt
```

```
using Upside;
namespace Sideways {

  class Program {
```

```
    }
    public static string ToPrice
```

```
    }
```

```
    }
  }
}
```

```
      Console.ReadKey();
    }
  }
}
```

```
i.ToPrice()
```

```
s.SendIt();
```

```
i = 3;
```

```
b = false;
```

```
(this bool b) {
```

```
bool b = true;
```

```
if (b == true)
    return "be";
```

```
else
    return " more bucks";
```

```
int i = 1;
```

```
Console.Write(s);
```

```
(this string s) {
```

```
(this int n) {
```

```
public static string Green
```

```
b.Green().SendIt();
```

```
b.Green().SendIt();
```

```
static void Main(string[] args) {
```

```
if (n == 1)
    return "a buck ";
```

```
.SendIt();
```

```
else
    return "gets";
```

```
string s = i.ToPrice();
```

Ímãs de Geladeira Extensão – Solução

Arrume os ímãs para produzir esta saída:

`a buck begets more bucks`

O namespace Upside tem as extensões. O namespace Sideways contém o ponto de entrada.

A classe Margin estende a string adicionando um método chamado SendIt() que simplesmente escreve a string no console e estende o int acrescentando um método chamado ToPrice() que retorna "a buck" se o inteiro for igual a 1 ou "more bucks" se não for o caso.

```
namespace Upside {
  public static class Margin {
    public static void SendIt (this string s) {
      Console.Write(s);
    }
    public static string ToPrice (this int n) {
      if (n == 1)
          return "a buck ";
      else
          return " more bucks";
    }
    public static string Green (this bool b) {
      if (b == true)
          return "be";
      else
          return "gets";
    }
  }
}
```

O método Green estende um booleano – ele retorna a string "be" se bool é true e "gets", se é false.

É onde a classe Margin estende bool adicionando um método Green(). Se bool é true, Green retorna "be", do contrário retorna "gets".

O método do ponto de entrada usa as extensões adicionadas na classe Margin.

```
using Upside;
namespace Sideways {
  class Program {
    static void Main(string[] args) {
      int i = 1;
      string s = i.ToPrice();
      s.SendIt();
      bool b = true;
      b.Green().SendIt();
      b = false;
      b.Green().SendIt();
      i = 3;
      i.ToPrice() .SendIt();
      Console.ReadKey();
    }
  }
}
```

O UNIVERSO

CAPITÃO MARAVILHOSO RENASCIDO

A morte não foi o fim!

de Buck Barnes
DA REDAÇÃO DO UNIVERSO

VILA OBJETO

Capitão Maravilhoso desserializa a si mesmo, fazendo um retorno sensacional

Numa incrível reviravolta, o Capitão Maravilhoso retornou para a Vila Objeto. No mês passado, seu caixão foi encontrado vazio, com apenas uma estranha nota deixada onde seu corpo deveria estar. A análise da nota revelou o DNA do objeto do Capitão – todos os seus últimos valores e campos, capturados fielmente em formato binário.

Hoje, esses dados foram trazidos de volta à vida. O Capitão está de volta, desserializado a partir de sua própria brilhante nota. Quando perguntado como ele concebeu tal plano, o Capitão apenas levantou os ombros e murmurou: “Capítulo 9”. Fontes próximas do Capitão recusaram-se a comentar o significado dessa resposta misteriosa, mas admitem que antes de sua tentativa malsucedida de capturar o Trapaceiro, o Capitão passou muito tempo lendo livros, estudando o método Dispose e a persistência. Esperamos que o Capitão Maravilhoso...

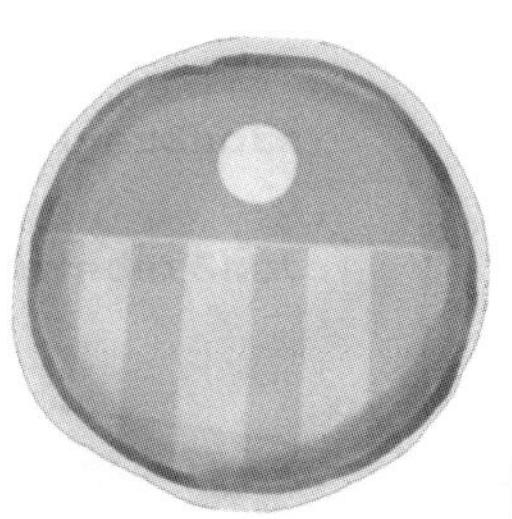
O Capitão Maravilhoso está de volta!

...leia mais em MARAVILHOSO na página A-5

Solução dos Jogos de Verão

O método Lamp() define diversas strings e ints. Se você chamá-lo com um int, ele definirá o campo Bulb para qualquer objeto apontado por Hinge.

A saída quando você cria um objeto Faucet:

back in 20 minutes

```
public class Faucet {
    public Faucet() {
        Table wine = new Table();
        Hinge book = new Hinge();
        wine.Set(book);
        book.Set(wine);
        wine.Lamp(10);
        book.garden.Lamp("back in");
        book.bulb *= 2;
        wine.Lamp("minutes");
        wine.Lamp(book);
    }
}
```

É por isso que Table deve ser um struct. Se fosse uma classe, então wine apontaria para o mesmo objeto que book.Garden, fazendo com que isto anulasse a string "back in".

Pontos extras: Circule as linhas onde os tipos de valor são embutidos.

Como o método Lamp() tem um parâmetro objeto, embutir ocorre automaticamente quando é passado um int ou uma string.

```
public struct Table {
    public string stairs;
    public Hinge floor;
    public void Set(Hinge b) {
        floor = b;
    }
    public void Lamp(object oil) {
        if (oil is int)
            floor.bulb = (int)oil;
        else if (oil is string)
            stairs = (string)oil;
        else if (oil is Hinge) {
            Hinge vine = oil as Hinge;
            Console.WriteLine(vine.Table()
            + " " + floor.bulb + " " + stairs
        }
    }
}
```

Se você passar uma strin para Lam definirá o campo Stairs par o que quer que esteja nessa strin

Lembre-se, a palavra-chave as funciona apenas com classes, não com estruturas.

```
public class Hinge {
    public int bulb;
    public Table garden;
    public void Set(Table a) {
        garden = a;
    }
    public string Table() {
        return garden.stairs;
    }
}
```

Tanto Hinge quanto Table têm um método Set(). O de Hinge defina seu campo Table chamado Garden e o de Table define seu campo Hinge chamado Floor

15 LINQ

Controle seus dados

É um mundo voltado para dados... é melhor você saber como viver nele.

Foram-se os tempos em que você podia programar por dias, mesmo semanas, sem ter de lidar com **montes de dados**. Nos dias de hoje, ***tudo tem relação com dados***. De fato, você com frequência vai ter que lidar com dados oriundos de **mais de uma fonte**... e em mais de um formato. Bancos de dados, XML, coleções de outros programas... é tudo parte do trabalho de um bom programador C#. E é aí que o **LINQ** entra. Ele não só permite que você **consulte dados** de uma forma simples e clara, mas permite também que faça **agrupamentos e mescle os dados de muitas fontes**.

Um projeto fácil...

A Empresa de Papel da Vila Objeto quer fazer uma promoção em conjunto com o Café Starbuzz. O Starbuzz tem um programa de fidelização de clientes que controla quem compra qual tipo de café e com que frequência. A Empresa de Papel quer saber **quais dos seus compradores são também clientes regulares do Starbuzz** e enviar-lhes uma caneca gratuita e um cupom que vale uma unidade de seu tipo de café favorito... e cabe a você combinar os dados para gerar a lista de compradores para enviar os brindes.

...mas os dados estão espalhados por todo lado

O Starbuzz mantém seus dados em classes, agrupadas num grande `List`. Mas, os dados da Empresa de Papel estão num banco de dados (do Capítulo 1). Queremos encontrar qualquer comprador do Starbuzz que gastou mais de $ 90 e esteja na lista de contatos da Empresa de Papel, e fazer uma lista final deles: **queremos o nome da pessoa, a empresa onde ela trabalha e seu tipo de café preferido no Starbuzz**.

Os dados do Starbuzz estão num List<T>

O pessoal do Starbuzz forneceu um programa que se conecta ao site deles e obtém todos os dados em um `List<StarbuzzData>`.

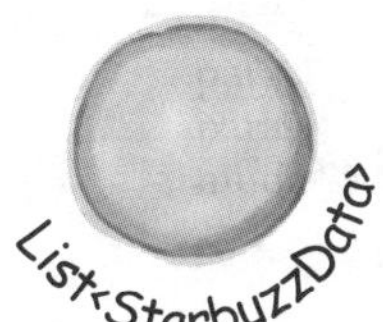

Aqui estão a classe e um enum do código do Starbuzz

Você deverá conseguir a lista de dados do Starbuzz e encontrar os compradores que coincidem com clientes da Empresa de Papel.

```
class StarbuzzData
{
   public string Name { get; set; }
   public Drink FavoriteDrink { get; set; }
   public int MoneySpent { get; set; }
   public int Visits { get; set; }
}

enum Drink {
   BoringCoffee,
   ChocoRockoLatte,
   TripleEspresso,
   ZestyLemonChai,
   DoubleCappuccino,
   HalfCafAmericano,
   ChocoMacchiato,
   BananaSplitInACup,
}
```

Você já tem os dados dos compradores

Você desenvolveu a lista de contatos da Empresa de Papel da Vila Objeto no Capítulo 1 — ela tem parte dos dados necessários.

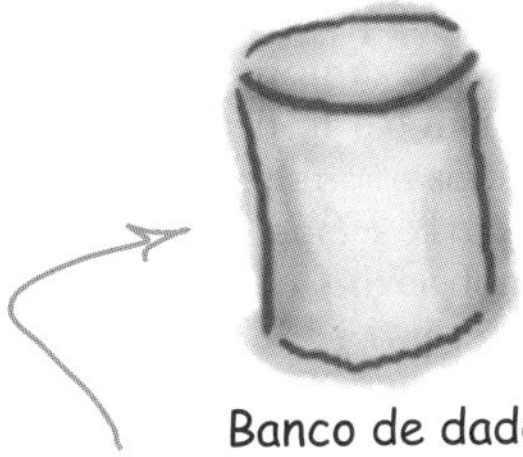

Banco de dados ContactDB

Todos os dados dos compradores da Empresa de Papel estão num banco de dados.

PODER DO CÉREBRO

Como você pode combinar os dados do Starbuzz e da Empresa de Papel para conseguir uma lista de dados completa?

LINQ pode buscar dados em múltiplas fontes

O LINQ ao seu resgate! Você usou o LINQ (ou **L**anguage **In**tegrated **Q**uery) no simulador de colmeia para controlar o que cada grupo de abelhas estava fazendo. Você aproveitou o poder do LINQ naquela ocasião para escrever consultas simples para obter os dados de uma coleção. O LINQ pode trabalhar com os dados do Starbuzz da mesma forma que fez com as abelhas, ajudando-o a usar consultas para obter os dados dos compradores. Desde que uma coleção implemente a interface `IEnumerable<T>`, você poderá usar consultas LINQ com ela.

Fornecemos o Código Pronto para a consulta LINQ no Capítulo 12. Veremos exatamente como funciona em algumas páginas.

Mas, o LINQ também permite trabalhar com mais do que apenas coleções. Você pode usar as mesmas consultas para obter dados num banco de dados ou mesmo num documento XML. Então, uma vez que você tenha coleções sob controle, poderá usar o LINQ no banco de dados da Empresa de Papel.

Aqui está a consulta que usamos no simulador de colmeia para agrupar e ordenar as abelhas por seu estado.

```
var beeGroups =
  from bee in world.Bees
  group bee by bee.CurrentState
  into beeGroup
  orderby beeGroup.Key
  select beeGroup;
```

LINQ

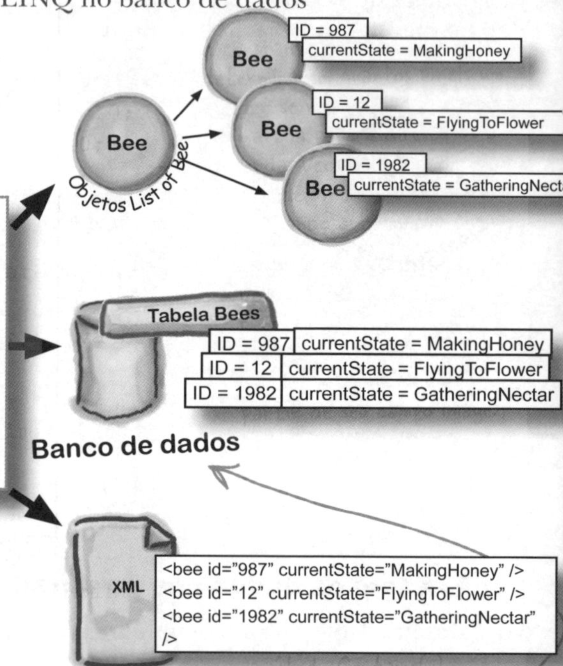

Precisamos de uma consulta similar para obter os dados dos clientes do Starbuzz, que também estão numa coleção.

Algo bom a respeito do LINQ é que a mesma consulta funciona num banco de dados ou num documento XML, seja com abelhas, clientes ou o que for.

O LINQ funciona com praticamente todos os tipos de fontes de dados utilizáveis no .NET. Seu código precisa de uma linha `using System.Linq;` no início do arquivo, mas é só isso. Melhor ainda, o IDE automaticamente coloca uma referência para o LINQ no cabeçalho dos arquivos de classe criados,

Coleções .NET já são configuradas para usar o LINQ

Todos os tipos de coleção do .NET implementam a interface IEnumerable<T>, sobre a qual você aprendeu no Capítulo 8. Mas, reserve um minuto para um lembrete: digite System.Collections.Generic.IEnumerable<int> na sua janela IDE, clique com o botão direito na linha e selecione Go to Definition (Ir para Definição) (ou pressione F12). Você verá que a interface IEnumerable define um método GetEnumerator():

Nota como IEnumerable<T> estende uma interface chamada IEnumerable? Use Go to Definition para explorar também.

```
namespace System.Collections.Generic {
  interface IEnumerable<T> : IEnumerable {
    // Resumo:
    //     Retorna um enumerador que itera a coleção.
    //
    // Retorna:
    //     Um System.Collections.Generic.IEnumerator<T> que pode
    //       ser usado para iterar a coleção.
    IEnumerator<T> GetEnumerator();
  }
}
```

Este é o único método na interface. Cada coleção implementa esse método. Você pode criar seu próprio tipo de objeto que implementou IEnumerable<T> também... e se você fizer isso, poderá usar LINQ com seu objeto.

Este método requer que seu objeto defina um caminho para se mover através dos elementos nele, um de cada vez. Isso é tudo que o LINQ pede como requisito. Se conseguir se mover por uma lista de dados, item por item, então poderá implementar IEnumerable<T>, e o LINQ poderá consultar a coleção.

Nos bastidores

O LINQ usa **métodos de extensão** para permitir consultar, ordenar e atualizar os dados. Veja você mesmo. Crie um array int chamado linqtest, coloque alguns números nele, então digite esta linha de código (não se preocupe, você vai aprender o que ela faz num minuto):

```
IEnumerable<int> result = from i in linqtest where i < 3 select i;
```

Agora, comente a linha using System.Linq; no cabeçalho do arquivo que você criou. Quando você tentar desenvolver de novo o programa, verá que essa linha não compila mais. Os métodos que você está chamando quando usa LINQ são apenas métodos de extensão usados para estender o array.

Agora, você pode ver porque os métodos de extensão no Capítulo 14 eram tão importantes... eles permitem ao .NET (e a você) adicionar todo tipo de comportamento interessante aos tipos existentes.

LINQ facilita as consultas

Eis aqui um exemplo simples da sintaxe LINQ. Ela seleciona todos os números num array `int` que sejam menores que 37 e ordena-os em ordem crescente. Faz isso usando quatro **cláusulas** que dizem em qual objeto consultar, qual critério usar na determinação de quais membros selecionar, como ordenar os resultados e como eles devem ser retornados.

```
int[] values = new int[] {0, 12, 44, 36, 92, 54, 13, 8};

var result = from v in values

             where v < 37

             orderby v

             select v;

foreach(int i in result)

  Console.Write("{0} ", i);

Console.ReadKey();
```

Isto atribui a letra "v" para substituir cada valor do array na consulta. Então, v é 0, depois 12, então 44, 36... e assim por diante. É chamado de variável da faixa

Esta consulta LINQ tem quatro cláusulas: from, where, orderby e select.

Isto quer dizer: selecione cada v no array menor que 37.

Então, coloque esses valores em ordem (do menor para o maior).

Se você já usou o SQL antes, pode parecer estranho colocar select no final, mas é assim que as coisas funcionam no LINQ.

Agora, você pode iterar a sequência que LINQ retornou para imprimir a saída.

Saída:

```
0 8 12 13 36
```

var

var é uma palavra-chave que diz ao compilador para determinar o tipo de uma variável enquanto o programa é compilado. O .NET detecta o tipo observando a variável local usada para realizar a consulta LINQ. Quando você desenvolver sua solução, o compilador substituirá var pelo tipo correto dos dados com os quais você está trabalhando.

No exemplo acima, quando esta linha é compilada:

```
var result = from v in values
```

O compilador substitui ""var"" pelo seguinte:

```
IEnumerable<int>
```

E enquanto você estiver no tema das interfaces para as coleções, lembra que falamos como IEnumerable<T> é a interface que suporta a iteração? Muitas das ótimas consultas LINQ são implementadas usando métodos de extensão que estendem IEnumerable<T>, portanto você verá muito essa interface.

Volte para o Capítulo 8 e lembre-se da interface *`IEnumerable<T>`*. ***E mais, você pode ler mais sobre ela nas Sobras #6 no Apêndice.***

LINQ é simples, mas suas consultas não têm que ser

Jimmy acaba de vender sua companhia recém-criada para um grande investidor e quer pegar uma parte de seus lucros e comprar as edições mais caras do Capitão Maravilhoso que ele puder achar. Mas, como o LINQ pode ajudá-lo a tirar o pó de seus dados e determinar quais são as revistas mais caras?

1. Jimmy baixou uma lista de edições do Capitão Maravilhoso de uma página de fãs. Ele as colocou num `List<T>` de objetos `Comic` que tem dois campos, `Name` e `Issue`.

```
class Comic {
    public string Name { get; set; }
    public int Issue { get; set; }
}
```

Não há nenhum motivo em especial para este método ser estático, a não ser facilitar chamar a partir do método do ponto de entrada de uma aplicação do console.

Jimmy usou inicializadores de objeto e de coleção para desenvolver seu catálogo:

```
private static IEnumerable<Comic> BuildCatalog()
{
    return new List<Comic> {
        new Comic { Name = "Johnny America vs. the Pinko", Issue = 6 },
        new Comic { Name = "Rock and Roll (limited edition)", Issue = 19 },
        new Comic { Name = "Woman's Work", Issue = 36 },
        new Comic { Name = "Hippie Madness (misprinted)", Issue = 57 },
        new Comic { Name = "Revenge of the New Wave Freak (damaged)", Issue = 68 },
        new Comic { Name = "Black Monday", Issue = 74 },
        new Comic { Name = "Tribal Tattoo Madness", Issue = 83 },
        new Comic { Name = "The Death of an Object", Issue = 97 },
    };
}
```

Omitimos os parênteses () da coleção e os inicializadores de objeto após <Comic> porque não precisamos deles.

A edição #74 do Capitão Maravilhoso é chamada de "Black Monday".

Reserve um minuto e vá para Sobras #6 para aprender uma parte realmente útil da sintaxe que pode ser conveniente aqui. É uma ótima oportunidade para experimentar!

2. Por sorte, existe um ativo mercado para as revistas do Capitão Maravilhoso na Lista de Greg. Jimmy sabe que a edição #57, "Hippie Madness" teve um erro de impressão e quase todas foram destruídas pela editora, e ele achou uma cópia rara recentemente vendida na lista por $ 13.525. Depois de algumas horas de pesquisa, Jimmy conseguiu desenvolver um `Dictionary<>` que mapeou os números das edições para os valores.

```
private static Dictionary<int, decimal> GetPrices()
{
    return new Dictionary<int, decimal> {
        { 6, 3600M },
        { 19, 500M },
        { 36, 650M },
        { 57, 13525M },
        { 68, 250M },
        { 74, 75M },
        { 83, 25.75M },
        { 97, 35.25M },
    };
}
```

A edição #57 vale $ 13.525,00.

Lembra desta sintaxe dos inicializadores da coleção para os dicionários do Capítulo 8?

PODER DO CÉREBRO

Olhe com cuidado para a consulta LINQ na página anterior. O que você acha que Jimmy deve colocar na consulta para encontrar as edições mais caras?

Anatomia de uma consulta

Jimmy pode analisar seus dados da revista com uma consulta LINQ. A cláusula `where` diz ao LINQ quais itens da coleção devem ser incluídos nos resultados. Mas, essa cláusula não precisa ser uma comparação simples. Ela pode incluir qualquer expressão C# válida – como, por exemplo, usar o dicionário `values` para retornar revistas que custam mais de $ 500. E a cláusula `orderby` funciona da mesma forma – podemos dizer ao LINQ para ordenar por seu valor.

```
IEnumerable<Comic> comics = BuildCatalog();
Dictionary<int, decimal> values = GetPrices();
```

A consulta LINQ obtém os objetos Comic da lista de revistas, usando os dados no dicionário values para decidir qual delas selecionar.

A primeira cláusula na consulta é from. Ela diz ao LINQ para consultar a coleção comics e se o nome comic será usado na consulta para especificar como tratar cada parte de dados individuais na coleção.

```
var mostExpensive =
    from comic in comics
    where values[comic.Issue] > 500
    orderby values[comic.Issue] descending
    select comic;
```

Você pode escolher qualquer nome que queira quando usar uma cláusula from. Escolhemos "comic".

As cláusulas where e orderby podem incluir QUALQUER instrução C#, assim, podemos usar o dicionário values para selecionar somente aquelas revistas cujo preço é maior que $ 500 e podemos ordenar os resultados de forma que as mais caras apareçam primeiro.

O nome comic foi definido na cláusula from especificamente para poder ser usado nas cláusulas where e na orderby.

```
foreach (Comic comic in mostExpensive)
    Console.WriteLine("{0} is worth {1:c}",
                      comic.Name, values[comic.Issue]);
```

Quando você adiciona "{1:c}" à saída WriteLine, isso diz que o segundo parâmetro deve ser impresso no formato local da moeda.

A consulta retornou seus resultados num IEnumerable<T> chamado mostExpensive. A cláusula select determina o que está contido nos resultados – como selecionou comic, a consulta retornou objetos Comic.

Saída:

```
Hippie Madness (misprinted) is worth $13,525.00
Johnny America vs. the Pinko is worth $3,600.00
Woman's Work is worth $650.00
```

Não se preocupe se você nunca usou o SQL – você não precisa conhecer nada sobre ele para trabalhar com LINQ. Mas, se estiver curioso, dê uma olhada em "Use a Cabeça! SQL".

Eu não engulo essa. Eu já conheço o SQL — escrever uma consulta LINQ não é exatamente como escrever uma SQL?

LINQ pode *parecer* com SQL, mas não funciona como ele.

Se você já trabalhou muito com o SQL, pode ser tentador considerar toda essa conversa sobre LINQ como clara e óbvia — e você não será o único porque muitos desenvolvedores cometem esse erro. É verdade que o LINQ usa as palavras-chave `select`, `from`, `where`, `descending` e `join`, que foram emprestadas do SQL. Mas, o LINQ é bem diferente do SQL e se você tentar pensar no LINQ como pensa em SQL, vai acabar com um código que **não faz o que você espera**.

Uma grande diferença entre os dois é que o SQL opera em ***tabelas***, que são bem diferentes dos ***objetos enumeráveis***. Uma diferença realmente importante é que as tabelas SQL não têm uma ordem, mas os objetos enumeráveis sim. Quando você executa um `select` SQL numa tabela, pode ter certeza de que a tabela não será atualizada. O SQL tem todo o tipo de segurança de dados predefinida na qual pode confiar.

Se você quiser entrar no básico: as consultas SQL são operações definidas, ou seja, elas não examinam as linhas na tabela usando nenhuma ordem previsível. Uma coleção, por outro lado, pode armazenar *qualquer coisa* — valores, estruturas, objetos etc. — e as coleções têm ordens específicas. (As linhas de uma tabela não estão em nenhuma ordem em particular, até que você faça uma consulta SQL que as ordene; os itens dentro de uma lista, por outro lado, estão em ordem.) E o LINQ permite efetuar qualquer operação suportada por qualquer coisa que esteja contida na coleção — pode até chamar métodos nos objetos na coleção. E o LINQ também faz um loop na coleção, ou seja, as operações são executadas numa ordem específica. Isso pode não parecer muito importante, mas se você está acostumado a lidar com o SQL, significa que suas consultas LINQ causarão surpresa se esperar que se comportem como SQL.

Existem também muitas outras diferenças entre LINQ e SQL, mas você não precisa entendê-las para conseguir trabalhar com o LINQ agora! Basta manter a mente aberta e não esperar que ele funcione da mesma forma que o SQL.

Todas as coleções são enumeráveis — elas implementam IEnumerable<T> — mas nem tudo que é enumerável é tecnicamente uma coleção, a menos que implemente a interface ICollection<T>, que significa implementar Add(), Clear(), Contains(), CopyTo() e Remove()... e, claro, ICollection<T> estende IEnumerable<T>. LINQ lida com sequências de valores ou objetos, não com coleções, e tudo que você precisa para uma sequência é de um objeto que implemente IEnumerable<T>.

LINQ é versátil

Você pode fazer muito mais do que simplesmente obter— uns itens de uma coleção. Pode modificar os itens retornados. E uma vez que você tenha gerado um conjunto de sequências de resultado, o LINQ fornecerá vários métodos para trabalhar com elas. Em resumo, o LINQ dá a você as ferramentas necessárias para gerenciar seus dados.

Modifique cada item retornado da consulta

Este código adicionará uma string ao final de cada string em um array. Ele não modifica o array em si — **cria uma nova sequência** de strings modificadas.

```
string[] sandwiches = { "ham and cheese", "salami with mayo",
                        "turkey and swiss", "chicken cutlet" };
var sandwichesOnRye =
    from sandwich in sandwiches
    select sandwich + " on rye";

foreach (var sandwich in sandwichesOnRye)
    Console.WriteLine(sandwich);
```

Isto adiciona a string "on rye" a cada item nos resultados da consulta.

Note que todos os itens retornados têm "on rye" acrescentados no final.

Saída:

```
ham and cheese on rye
salami with mayo on rye
turkey and swiss on rye
chicken cutlet on rye
```

Esta modificação é feita nos itens nos resultados da consulta... mas, não nos itens na coleção original ou banco de dados.

Efetue cálculos nas coleções

Lembre-se, dissemos que o LINQ fornece métodos de extensão para suas coleções (objetos de acesso do banco de dados e qualquer outra coisa que implemente IEnumerable<T>). E alguns deles são muito úteis por si só, sem efetivamente requerer uma consulta:

```
Random random = new Random();
List<int> listOfNumbers = new List<int>();
int length = random.Next(50, 150);
for (int i = 0; i < length; i++)
    listOfNumbers.Add(random.Next(100));

Console.WriteLine("There are {0} numbers",
                  listOfNumbers.Count());
Console.WriteLine("The smallest is {0}",
                  listOfNumbers.Min());
Console.WriteLine("The biggest is {0}",
                  listOfNumbers.Max());
Console.WriteLine("The sum is {0}",
                  listOfNumbers.Sum());
Console.WriteLine("The average is {0:F2}",
                  listOfNumbers.Average());
```

Nenhum destes métodos é parte das classes de coleção do .NET... eles foram todos definidos pelo LINQ.

Estes são todos métodos de extensão para IEnumerable<T> no namespace System.Linq usando uma classe estática chamada Enumerable. Mas, **não acredite em nós!** Clique em qualquer um deles e use "Go to Definition" para ver por si mesmo.

Uma sequência é um conjunto ordenado de objetos ou valores, que é o que LINQ retorna em um IEnumerable<T>.

Armazene todos ou parte dos resultados numa nova coleção

Algumas vezes, você desejará manter seus resultados de uma consulta LINQ. Você pode usar o comando `ToList()` para fazer isto:

```
var under50sorted =
  from number in listOfNumbers
  where number < 50
  orderby number descending
  select number;

List<int> newList = under50sorted.ToList();
```

Desta vez, estamos ordenando uma lista de números em ordem decrescente, do maior para o menor.

Você pode até obter um subconjunto dos resultados, usando o método `Take()`:

```
var firstFive = under50sorted.Take(6);

List<int> shortList = firstFive.ToList();
foreach (int n in shortList)
    Console.WriteLine(n);
```

ToList() converte uma variável LINQ num objeto List<T>, para que você possa manter os resultados de sua consulta. Existem também os métodos ToArray() e ToDictionary(), que fazem exatamente o que o nome indica.

Take() obtém o número fornecido de itens, do primeiro conjunto de resultados de uma consulta LINQ. Você pode colocar isto em outra var, então converter numa lista.

Veja bem!

As consultas LINQ não são executadas até que você acesse seus resultados!

Isto é chamado de "avaliação tardia" — a consulta LINQ não faz efetivamente nenhum loop até que uma instrução seja executada usando os resultados da consulta. É por isso que ToList() é importante aqui: ele diz ao LINQ para avaliar a consulta imediatamente.

Dê uma olhada na página oficial "101 LINQ Samples" (101 Amostras LINQ) da Microsoft

Existe muito mais que o LINQ pode fazer. Por sorte, a Microsoft fornece uma ótima referência sucinta para ajudar o aprendizado.

`http://msdn2.microsoft.com/en-us/vcsharp/aa336746.aspx`

Não existem Perguntas Idiotas

P: Um monte de novas palavras-chave — `from`, `where`, `orderby`, `select`... parece uma linguagem totalmente diferente. Por que ela parece tão distinta do resto do C#?

R: Porque ela serve para um propósito diferente. A maior parte da sintaxe do C# é feita para executar uma pequena operação ou cálculo de cada vez. Você pode iniciar um loop, definir uma variável, efetuar uma operação matemática ou chamar um método... essas são todas operações simples.

As consultas LINQ parecem diferentes porque uma única consulta LINQ normalmente faz várias coisas ao mesmo tempo. Vamos dar uma olhada mais de perto numa consulta bem simples:

```
var under10 =
 from number in numberArray
 where number < 10
 select number;
```

Ela parece realmente simples — não existem várias coisas nela, certo? Mas é, na realidade, um trecho de código bastante complexo. Pense a respeito do que deve ser feito por um programa para efetivamente selecionar todos os números em numberArray menores que 10. Primeiro, você precisa fazer um loop no array inteiro. Depois, cada número deve ser comparado com 10. Então, os resultados precisam ser reunidos para que seu código possa usá-los.

E é por isso que o LINQ parece um pouco estranho: porque o C# tem de espremer um monte de comportamento num espaço muito pequeno.

O LINQ permite escrever consultas que fazem coisas muito complexas usando muito pouco código.

PONTOS DE BALA

- **from** é como você especifica o IEnumerable<T> que está sendo consultado. É sempre seguido pelo nome de uma variável, depois por **in** e o nome da entrada (from valor in values).
- **where** normalmente segue a cláusula from. É onde você usa as condições C# normais para dizer ao LINQ quais itens obter (where value < 10).
- **orderby** permite ordenar os resultados. É seguido pelo critério escolhido para ordenar e opcionalmente **descending** informa para inverter a ordenação (orderby value descending).
- **select** é como você especifica o que entra nos resultados (select value).
- **Take** permite obter os primeiros itens dos resultados de uma consulta LINQ (results.Take(10)). LINQ fornece outros métodos para cada sequência: Min(), Max(), Sum() e Average().
- Você pode selecionar qualquer coisa — não está limitado a selecionar o nome criado na cláusula from. Eis um exemplo: se sua consulta LINQ obtiver um conjunto de preços de um array de valores int e nomeá-los omo value na cláusula from, você poderá retornar uma sequência de strings de preço da seguinte forma: select String.Format("{0:c}", value.

Isto é exatamente como o {0:x} usado no Capítulo 9, quando você desenvolveu o despejo em hexa. Existem também {0:d} e {0:D} para datas longas e curtas, e {0:P} ou {0:Pn} para porcentagem (com n casas decimais).

Não existem Perguntas Idiotas

P: Como a cláusula from funciona?

R: É muito parecido com a primeira linha de um loop foreach. Algo torna complicado pensar em consultas LINQ é que você não está fazendo apenas uma operação.

Uma consulta LINQ faz algo repetidamente para cada item numa coleção. A cláusula from faz duas coisas: ela diz ao LINQ qual coleção usar na consulta e atribui um nome para cada membro da coleção consultada.

A forma como a cláusula from cria um novo nome para cada item na coleção é realmente parecida com a maneira como um loop foreach trabalha. Eis a primeira linha de um loop foreach:

```
foreach (int i in values)
```

Esse loop cria uma variável temporária chamada i, que ele atribui em sequência a cada item na coleção values. Agora, observe uma cláusula from numa consulta LINQ na mesma coleção:

```
from i in values
```

Essa cláusula faz basicamente a mesma coisa. Ela cria uma variável temporária chamada i e atribui em sequência a cada item na coleção values. O loop foreach executa o mesmo bloco de código para cada item da coleção, enquanto que a consulta LINQ aplica o mesmo critério na cláusula where para cada item na coleção para determinar se eles devem ou não ser incluídos no resultado. Mas algo a lembrar é que as consultas LINQ são apenas métodos de extensão. Elas chamam métodos que fazem todo o trabalho real. Você pode chamar esses mesmos métodos sem o LINQ.

P: Como o LINQ decide o que aparece nos resultados?

R: É para isso que serve a cláusula select. Toda consulta LINQ retorna uma sequência e cada item nessa sequência tem o mesmo tipo. Isso diz ao LINQ exatamente o que a sequência deve conter. Quando você está consultando um array ou lista com um único tipo — como, por exemplo, um array de ints ou List<string> — é óbvio o que colocar na cláusula select. Mas, e se você estiver selecionando em uma lista de objetos Comic? Você pode fazer o que fez Jimmy e selecionar a classe inteira. Mas, também pode modificar a última linha da consulta para select comic.Name e retornar uma sequência de strings. Ou pode usar select comic.Issue e fazer com que retorne uma sequência de ints.

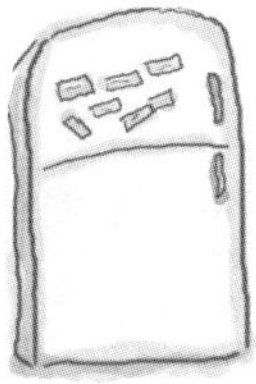

Ímãs de Geladeira LINQ

Reorganize os ímãs de forma a produzir a saída mais abaixo na página.

```
pigeon descending
Console.WriteLine("Get your kicks on route {0}",
weasels.Sum()
sparrow in bears
pigeon in badgers
where
from
from
orderby
select
select
var weasels =
int[] badgers =
var skunks =
var bears =
);
skunks
.Take(3);
pigeon + 5;
sparrow - 1;
(pigeon != 36 && pigeon < 50)
{ 36, 5, 91, 3, 41, 69, 8 };
```

Saída:

```
Get your kicks on route 66
```

Ímãs de Geladeira LINQ — Solução

Reorganize os ímãs de forma a produzir a saída mais abaixo na página.

O LINQ começa com algum tipo de sequência, coleção ou array – neste caso, um array de inteiros.

```
int[] badgers = { 36, 5, 91, 3, 41, 69, 8 };
```

"from pigeon in badgers" é um bom quebra-cabeça, mas uma consulta LINQ ilegível. "from badger in badgers" seria melhor.

```
var skunks =
    from pigeon in badgers
    where (pigeon != 36 && pigeon < 50)
    orderby pigeon descending
    select pigeon + 5;
```

Depois desta instrução, skunks contém quatro números: 46, 13, 10 e 8.

Esta instrução LINQ obtém no array todos os números menores que 50 e diferentes de 36, adiciona 5 a cada um deles, ordena-os do maior para o menor, coloca-os em um novo objeto e aponta a referência skunks para ele

```
var bears =
    skunks.Take(3);
```

É onde obtemos os três primeiros números em skunks e colocamos em uma nova sequência chamada bears.

```
var weasels =
    from sparrow in bears
    select sparrow - 1;
```

Depois desta instrução, weaseals contém três números: 45, 12 e 9.

Esta instrução apenas subtrai 1 de cada número em bears e coloca-os em weasels.

```
Console.WriteLine("Get your kicks on route {0}",
    weasels.Sum());
```

Os números em weasels somam 66.

45 + 12 + 9 = 66

Saída:

```
Get your kicks on route 66
```

LINQ pode combinar seus resultados em grupos

Você já sabe que pode usar o LINQ para desenvolver seus resultados em grupos porque foi o que fizemos com o simulador de colmeia. Vamos olhar mais de perto essa consulta e ver como funciona.

```
var beeGroups =

   from bee in world.Bees

   group bee by bee.
CurrentState

   into beeGroup

   orderby beeGroup.Key

   select beeGroup;
```

1. A consulta começa como qualquer outra que você já tenha visto — obtendo objetos bee individuais da coleção `world.Bees`, um objeto `List<Bee>`.

2. A próxima linha na consulta tem uma nova palavra-chave: **group**. Isso diz à consulta para retornar ***grupos*** de abelhas. Ou seja, em vez de retornar uma sequência, ela retornará uma **sequência de sequências**. `group bee by bee.CurrentState` diz ao LINQ para retornar um grupo para cada propriedade `CurrentState` única que ela encontrar nas abelhas que selecionar. Finalmente, precisamos dar ao LINQ um nome para o grupo. É para isso que serve a próxima linha: **into beeGroup** indica que o nome "beeGroup" se refere aos novos grupos.

3. Agora que temos grupos, podemos manipulá-los. Já que estamos retornando uma sequência de grupos, podemos usar a palavra-chave `orderby` para colocar os grupos na ordem dos valores do enum `CurrentState` (`Idle`, `FlyingToFlower` etc.). **orderby beeGroup.Key** diz à consulta para colocar a sequência de grupos em ordem, ordenando-os pela chave do grupo. Uma vez que agrupamos as abelhas por seu `CurrentState`, isso é usado como uma chave.

4. Agora, precisamos apenas usar a palavra-chave `select` para indicar o retornará pela consulta. Já que estamos retornando grupos, selecionamos seu nome: **select beeGroup;**

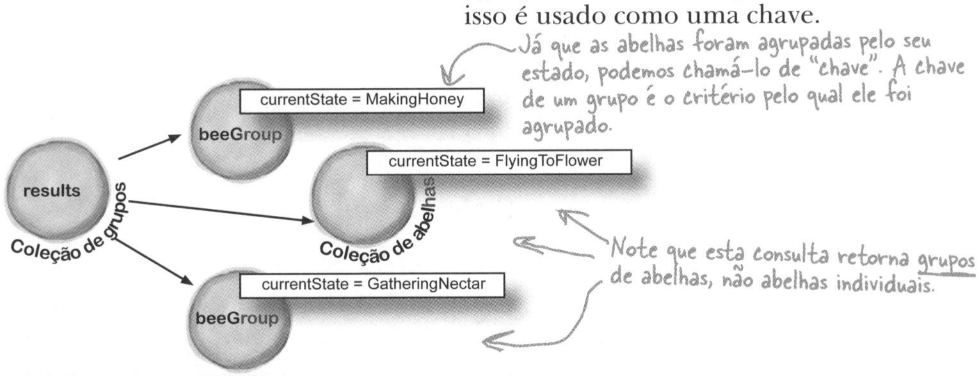

Combine os valores de Jimmy em grupos

Jimmy compra muitas revistas em quadrinho baratas, algumas de preço médio e umas poucas bem caras. Ele quer saber quais são suas opções antes de decidir quais outras comprar. Ele conseguiu os preços naquela lista do Greg e colocou-os num `Dictionary<Int,Int>` usando seu método `GetPrices()`. Agora, vamos usar LINQ para agrupá-los em três grupos: um de revistas baratas que custam menos de $ 100, outro para um preço médio entre $ 100 e $ 1000 e um terceiro para revistas muito caras que custam mais de $ 1000. Criaremos um enum `PriceRange` que usaremos como a chave para os grupos e um método chamado `EvaluatePrice()` para avaliar um preço e retornar um `PriceRange`.

1. **Todo grupo precisa de uma chave — usaremos um enum para isso**

A chave do grupo é algo que todos os membros têm em comum. Ela pode ser qualquer coisa: uma string, um número, até uma referência de objeto. Veremos os preços que Jimmy conseguiu na lista de Greg. Cada grupo que a consulta retornar será uma sequência de números de edições e a chave do grupo será um enum `PriceRange`. O método `EvaluatePrice()` tem um preço como parâmetro e retorna um `PriceRange`:

```
enum PriceRange { Cheap, Midrange, Expensive }

static PriceRange EvaluatePrice(decimal price) {
    if (price < 100M) return PriceRange.Cheap;
    else if (price < 1000M) return PriceRange.Midrange;
    else return PriceRange.Expensive;
}
```

2. **Agora, podemos agrupar as revistas por suas categorias de preço**

A consulta LINQ retorna uma **sequência de sequências**. Cada uma das sequências dentro dos resultados tem uma propriedade `Key`, que equivale ao `PriceRange` retornado por `EvaluatePrice()`. Observe atentamente a cláusula `group by` — estamos obtendo pares do dicionário e usando o nome `pair` para cada um deles: `pair.Key` é o número da edição e `pair.Value` é o preço conseguido na lista de Greg. Adicionar group `pair.Key` diz ao LINQ para criar grupos de números das edições, então juntá-los baseando-se na categoria de preços retornada por `EvaluatePrice()`:

```
Dictionary<int, decimal> values = GetPrices();

var priceGroups =
    from pair in values
    group pair.Key by EvaluatePrice(pair.Value)
        into priceGroup
        orderby priceGroup.Key descending
        select priceGroup;

foreach (var group in priceGroups) {
    Console.Write("I found {0} {1} comics: issues ", group.Count(), group.Key);
    foreach (var price in group)
        Console.Write(price.ToString() + " ");
    Console.WriteLine();
}
```

A consulta determina a qual grupo uma revista em particular pertence enviando seu preço para EvaluatePrice(). Que retorna um enum PriceRange, que é usado como a chave do grupo.

Cada um dos grupos é uma sequência, então acrescentamos um loop foreach interno para obter cada um dos preços do grupo.

Saída:

```
I found 2 Expensive comics: issues 6 57
I found 3 Midrange comics: issues 19 36 68
I found 3 Cheap comics: issues 74 83 97
```

Jogos de Verão

Sua **tarefa** é pegar os fragmentos de código da piscina e colocá-los nas lacunas no programa. Você pode usar o mesmo fragmento mais de uma vez e não precisa usar todos eles. Seu **objetivo** é fazer o código produzir esta ***saída***:

Horses enjoy eating carrots, but they love eating apples.

```
class Line {
    public string[] Words;
    public int Value;
    public Line(string[] Words, int Value)
{
        this.Words = Words; this.Value =
Value;
    }
}
```

Dica: LINQ ordena as strings em ordem alfabética.

```
Line[] lines = {
  new Line( new string[] { "eating",
"carrots,",
          "but", "enjoy", "Horses" } , 1),
  new Line( new string[] { "zebras?",
"hay",
         "Cows", "bridge.", "bolted" } ,
2),
  new Line( new string[] { "fork",
"dogs!",
         "Engine", "and" }, 3 ) ,
  new Line( new string[] { "love", "they",
         "apples.", "eating" }, 2 ) ,
  new Line( new string[] { "whistled.", "Bump" },
1 ) };
```

```
var ______ =
    from ______ in ______
    ______ line by line.______
    into wordGroups
    orderby ________.______
    select ________;
____ __________ = words.______(2);

foreach (var group in twoGroups)
{
   int i = 0;
   foreach (______ inner in ______) {
      i++;
      if (i == ______.Key) {
         var poem =
            ______ word in ______.______
            ________ word descending
            ______ word + ____;
         foreach (var word in ______)
            Console.Write(word);
      }
   }
}
```

Nota: Cada fragmento na piscina pode ser usado mais de uma vez!

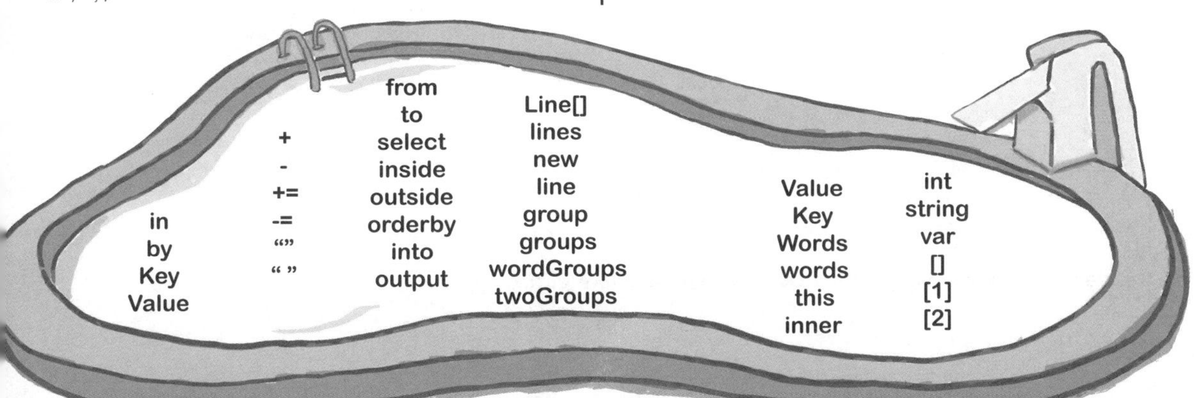

Solução dos Jogos de Verão

```
class Line {
    public string[] Words;
    public int Value;
    public Line(string[] Words, int Value) {
        this.Words = Words; this.Value = Value;
    }
}

Line[] lines = {
  new Line( new string[] { "eating", "carrots,", "but", "enjoy", "Horses" } , 1),
  new Line( new string[] { "zebras?", "hay", "Cows", "bridge.", "bolted" } , 2),
  new Line( new string[] { "fork", "dogs!", "Engine", "and" }, 3 ) ,
  new Line( new string[] { "love", "they", "apples.", "eating" }, 2 ) ,
  new Line( new string[] { "whistled.", "Bump" }, 1 )
};

var words =
    from line in lines
    group line by line.Value
    into wordGroups
    orderby wordGroups.Key
    select wordGroups;
```

Esta primeira consulta LINQ divide os objetos Line no array lines[] em grupos, agrupados por Value, em ordem crescente da chave Value.

```
var twoGroups = words.Take(2);
```

Os dois primeiros grupos são as linhas com Values 1 e 2.

```
foreach (var group in twoGroups)
{
    int i = 0;
    foreach (var inner in group) {
        i++;
        if (i == group.Key) {
            var poem =
                from word in inner.Words
                orderby word descending
                select word + " ";
            foreach (var word in poem)
                Console.Write(word);
        }
    }
}
```

Este loop faz uma consulta LINQ no primeiro objeto Line no primeiro grupo e no segundo objeto Line no segundo grupo.

Você percebeu que as duas frases "Horses enjoy eating carrots, but" e "they love eating apples" estão em ordem alfabética decrescente?

Saída: **Horses enjoy eating carrots, but they love eating apples.**

Use join para combinar duas coleções numa única consulta

Jimmy tem a coleção inteira de revistas que comprou e quer compará-las com os preços que encontrou na lista de Greg para ver se os preços que ele pagou são melhores ou piores. Ele vem controlando suas compras usando uma classe `Purchase` com duas propriedades automáticas, `Issue` e `Price`. E ele tem um `List<Purchase>` chamado `purchases` que tem todas as revistas que ele adquiriu. Mas, agora ele precisa relacionar as compras feitas com os preços encontrados na lista de Greg. Como ele pode fazer isso?

LINQ ao resgate! Sua palavra-chave `join` permite **combinar dados de duas coleções** numa única consulta. Isso é feito comparando os itens na primeira coleção com seus equivalentes na segunda. (O LINQ é inteligente o suficiente para fazer isto de forma eficiente – na prática, ele não compara cada par de itens, a não ser que seja obrigado). O resultado final é um que combina cada par correspondente.

1 Comece sua consulta com a cláusula `from` normal. Mas, em vez de segui-la com o critério usado para determinar o que aparecerá nos resultados, adicione:

`join` *`name`* **`in`** *`collection`*

A cláusula `join` diz ao LINQ para fazer um loop nas duas coleções para encontrar os pares correspondentes de um membro em cada coleção. Ela atribui *name* ao membro que recuperará da coleção associada em cada iteração. Você usará esse nome na cláusula `where`.

Jimmy obtém seus dados numa coleção de objetos Purchase chamada purchases.

```
class Purchase {
  public int Issue
            { get; set; }
  public decimal Price
            { get; set; }
}
```

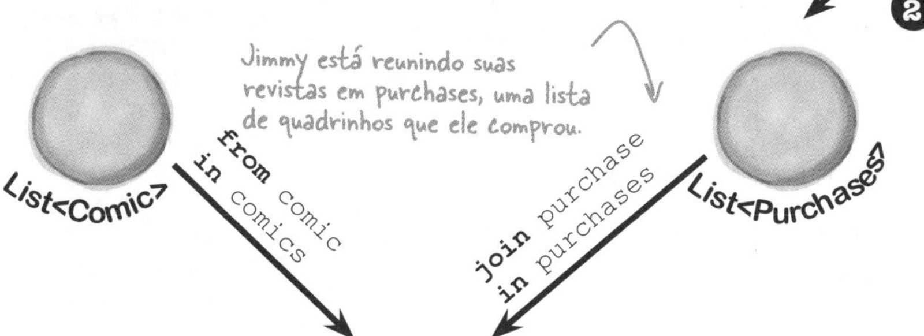

2 Depois disso, você adicionará a cláusula **on**, que diz ao LINQ como encontrar as correspondências entre as duas coleções. Segue-se o nome do membro na primeira coleção usada para procurar as correlações, seguido de **`equals`** e o nome do membro na segunda coleção que deve corresponder ao da primeira.

```
on comic.Issue
equals purchase.Issue
```

3 Você continuará a consulta LINQ com `where` e `orderby` como sempre. Você pode encerrá-la com uma cláusula `select` normal, mas na maior parte das vezes, desejará retornar resultados com os dados de uma coleção e outros dados da outra. É por isso que você usa **`select new`** para criar um conjunto personalizado de resultados usando um **tipo anônimo**.

select new é seguido de chaves que contém os dados para retornar nos resultados.

```
select new { comic.Name, comic.
Issue, purchase.Price }
```

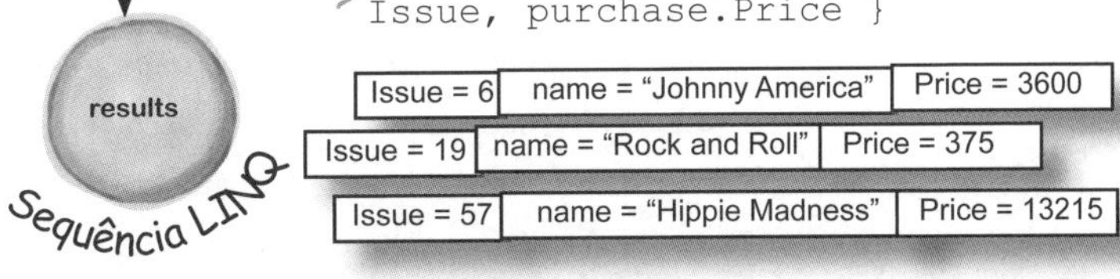

Vá para Sobras #8 no Apêndice para aprender mais sobre os tipos anônimos!

Jimmy poupa um monte de grana

Parece que Jimmy conseguiu barganhar bem. Ele criou uma lista de classes `Purchase` com suas compras e comparou-as com os preços achados na lista de Greg.

1. **Primeiro Jimmy criou sua coleção para reunir.**
Jimmy já tem sua coleção original — ele só precisou usar seu método `BuildCatalog()` existente. Então, tudo a fazer foi escrever um método `FindPurchases()` para desenvolver sua lista de classes `Purchase`.

```
static IEnumerable<Purchase> FindPurchases() {
    List<Purchase> purchases = new List<Purchase>() {
        new Purchase() { Issue = 68, Price = 225M },
        new Purchase() { Issue = 19, Price = 375M },
        new Purchase() { Issue = 6, Price = 3600M },
        new Purchase() { Issue = 57, Price = 13215M },
        new Purchase() { Issue = 36, Price = 660M },
    };
    return purchases;
}
```

Jimmy pagou $ 13.215 pela edição #57.

2. **Agora, ele pode fazer a reunião!**
Você já viu todas as partes desta consulta... agora, aqui está ela reunida em uma parte.

```
IEnumerable<Comic> comics = BuildCatalog();
Dictionary<int, decimal> values = GetPrices();
IEnumerable<Purchase> purchases = FindPurchases();

var results =
    from comic in comics
    join purchase in purchases
    on comic.Issue equals purchase.Issue
    orderby comic.Issue ascending
    select new { comic.Name, comic.Issue, purchase.Price };

decimal gregsListValue = 0;
decimal totalSpent = 0;
foreach (var result in results) {
    gregsListValue += values[result.Issue];
    totalSpent += result.Price;
    Console.WriteLine("Issue #{0} ({1}) bought for {2:c}",
              result.Issue, result.Name, result.Price);
}
Console.WriteLine("I spent {0:c} on comics worth {1:c}",
              totalSpent, gregsListValue);
```

Quando Jimmy usou a cláusula join, LINQ comparou cada item na coleção comics com cada um em purchases para ver qual tinha comic.Issue igual a purchase.Issue.

A cláusula select cria um conjunto de resultados com Name e Issue do membro comic e Price do membro purchase.

Output:

```
Issue #6 (Johnny America vs. the Pinko) bought for $3,600.00
Issue #19 (Rock and Roll (limited edition)) bought for $375.00
Issue #36 (Woman's Work) bought for $660.00
Issue #57 (Hippie Madness (misprinted)) bought for $13,215.00
Issue #68 (Revenge of the New Wave Freak (damaged)) bought for $225.00
I spent $18,075.00 on comics worth $18,525.00
```

Jimmy está muito feliz por conhecer LINQ porque ele permitiu ver a dificuldade de uma barganha que ele pode conduzir!

OK, já sei que Jimmy lidou com sua lista de revistas em quadrinhos usando as consultas LINQ para checar suas coleções... mas, e o problema da promoção do Starbuzz? Ainda não sei como o LINQ trabalha com bancos de dados.

Mesmo que nos bastidores o LINQ e o SQL sejam muito diferentes, quando você escrever seu código, ele será muito parecido com as outras consultas LINQ.

O LINQ usa a <u>mesma</u> <u>sintaxe</u> com os bancos de dados como usa com as coleções.

Você já viu no Capítulo 1 como o .NET facilita trabalhar com um banco de dados. O IDE dá uma forma realmente conveniente de se conectar com os bancos de dados, adicionar tabelas e mesmo conectar os dados dessas tabelas aos seus formulários.

Agora, você pode usar esse mesmo banco de dados ao qual já se conectou e consultá-lo usando o LINQ. Não só isso, o LINQ permite combinar seus dados do banco de dados com os dados de seus objetos perfeitamente.

De fato, você pode usar exatamente a mesma sintaxe de consulta... tudo que você precisa é ter acesso ao seu banco de dados para executar a consulta LINQ nele.

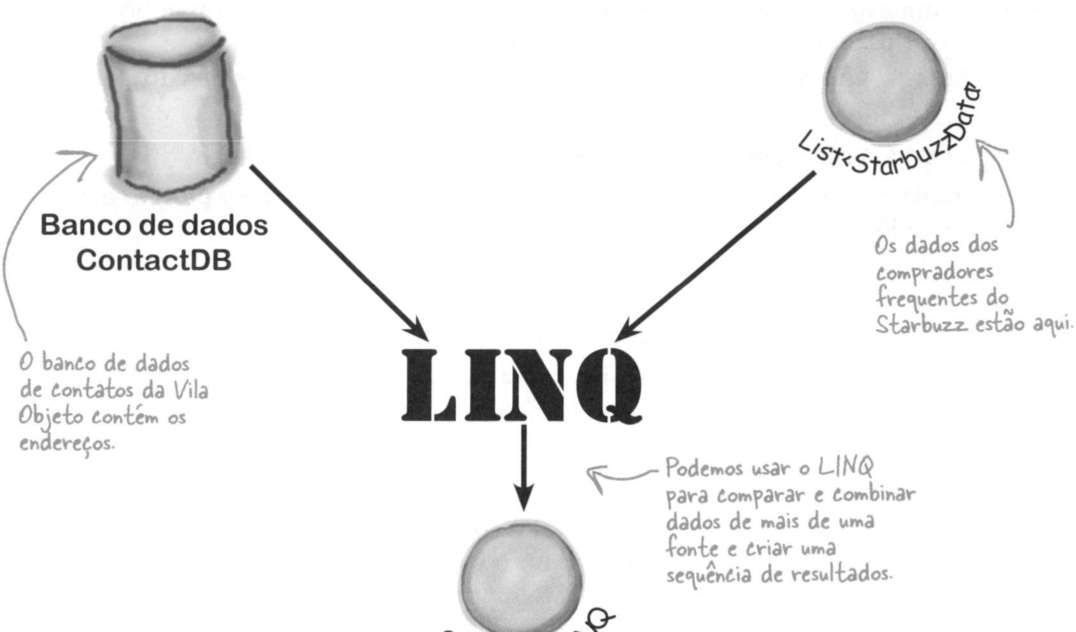

Conecte LINQ a um banco de dados SQL

LINQ opera em objetos que implementam a interface `IEnumerable<T>`, certo? Então, faz sentido acessar seu banco de dados SQL usando um objeto que implementa `IEnumerable`. E o C# facilita adicionar esse objeto ao seu projeto.

Faça isto

1 Adicione o banco de dados de contatos da Vila Objeto a um novo projeto de aplicação do console

No Capítulo 1, você criou um banco de dados SQL Server Compact de contatos para a Empresa de Papel VilaObjeto e salvou-o num arquivo chamado `ContactDB.sdf`. Inicie um novo projeto de aplicação Windows, clique com o botão direito no seu projeto no Solution Explorer (Navegador de Solução), selecione "Add Existing Item" (Adicionar Item Existente) e adicione o banco de dados. Selecione "Data Files" (Arquivos de Dados) na lista suspensa de filtro do tipo de arquivo, navegue para o arquivo com o banco de dados SQL e adicione-o ao seu projeto. (O IDE mostrará o assistente Data Source Configuration (Configuração da Fonte de Dados), mas você pode cancelar isto.)

2 Use o programa SqlMetal.exe para gerar o LINQ para as classes SQL

Há mais uma etapa que você precisa fazer para conectar os pontos entre seu banco de dados SQL e seu código, e fará isto usando um programa chamado **`SqlMetal.exe`**. É uma ferramenta da linha de comando instalada com o Visual Studio 2010 (não importa qual edição você instalou, vem com todas elas). Você pode encontrar em uma pasta chamada "Microsoft SDKs", que reside em sua pasta "Program Files" (Arquivos de Programa) (ou se você estiver executando uma versão com 64 bits do Windows, sua pasta "Program Files (x86)"). Ative um prompt de comando e execute um comando para adicionar a pasta Microsoft SDKs ao seu caminho. Se você estiver usando uma versão de 64 bits do Windows, digite isto:

```
PATH=%PATH%;%ProgramFiles(x86)%\Microsoft SDKs\Windows\v7.0A\Bin\
```

Ou se você estiver usando uma versão com 32 bits, digite isto:

```
PATH=%PATH%;%ProgramFiles%\Microsoft SDKs\Windows\v7.0A\Bin\
```

Pode estar também em uma pasta chamada "NETFX 4.0 Tools" (Ferramentas NETFX 4.0) sob a pasta Bin\. Se estiver, adicione "NETFX 4.0 Tools" ao final do comando PATH= comando.

Em seguida, mude o diretório para sua pasta de projetos (**`cd nome-pasta`**) e digite este comando:

```
SqlMetal.exe ContactDB.sdf /dbml:ContactDB.dbml
```

Eis como deve ficar quando seu comando estiver em execução:

```
Microsoft (R) Database Mapping Generator 2008 version 1.00.30729
for Microsoft (R) .NET Framework version 3.5
Copyright (C) Microsoft Corporation. All rights reserved.
```

Depois que você terminar, a sua pasta devará conter um novo arquivo chamado `ContactDB.dbml`. Use "Add Existing Item" para adicionar `ContactDB.dbml` ao seu projeto (selecione novamente "Data Files" na lista suspensa de filtro do tipo de arquivo). Quando você adicionar esse arquivo o IDE criará automaticamente mais dois arquivos: `ContactDB.designer.cs` e `ContactDB.dbml.layout`.

Você pode aprender mais sobre o SqlMetal.exe aqui:
http://msdn.microsoft.com/en-us/library/bb386987.aspx
E se por alguma razão estranha a instalação Visual Studio não o instalou para você, essa página tem um link com a página de download do Microsoft SDK.

3 Abra as classes LINQ para SQL no Object Relational Designer

Quando você executou o `SqlMetal.exe` para criar o `ContactDB.dbml` e outros arquivos, e adicionou-os ao seu projeto, criou as **classes LINQ to SQL** (LINQ para SQL). Lembre-se, as consultas LINQ são desenvolvidas para operar nos objetos que implementam a interface `IEnumerable<T>`. Mas, um banco de dados SQL Server Compact não é um objeto! É onde entram as classes LINQ para SQL. Elas contêm as classes que sabem como consultar as tabelas em seu banco de dados, mas também implementam `IEnumerable<T>` com um enumerador que retorna os dados nessa tabela.

O IDE tem uma ótima ferramenta chamada Object Relational Designer que mostra exatamente quais classes você gerou com o `SqlMetal.exe`. Assim que `ContactDB.dbml` for adicionado ao seu projeto, clique duas vezes nele para ativar o Object Relational Object. Eis o que você deve ver:

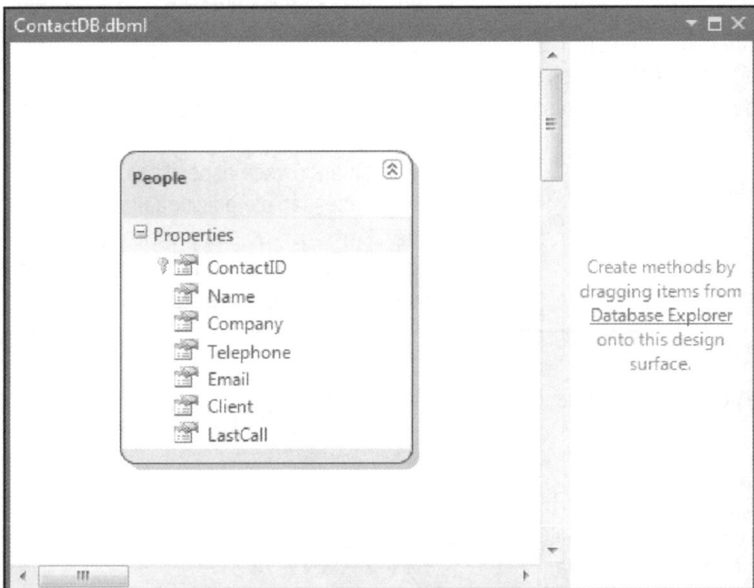

O Object Relational Designer está mostrando a classe People, que é uma classe de dados que você gerou com o SqlMetal.exe. Conecta a tabela People em seu banco de dados e retorna os dados usando a interface IEnumerable<T> para que possa ser consultada usando o LINQ. Não é bonito?

Nota rápida: Nas versões não Express do Visual Studio, você pode pular o SqlMetal.exe e arrastar sua fonte de dados SQL Server Compact Edition diretamente para o Object Relational Designer.

4 Você está pronto para escrever as consultas LINQ que obtêm os dados do banco de dados

Adicione este código ao método `Main()`. Note como usamos a palavra-chave **select new** para criar resultados personalizados que contêm apenas Name e Company.

A classe ContactDB é chamada de classe de contexto dos dados. Use sua propriedade People em uma consulta LINQ para obter os dados da tabela People.

```
string connectionString = "Data Source=|DataDirectory|\\ContactDB.sdf";
ContactDB context = new ContactDB(connectionString);

var peopleData =
    from person in context.People
    select new { person.Name, person.Company };

foreach (var person in peopleData)
    Console.WriteLine("{0} works at {1}", person.Name, person.Company);
```

Pratique usar select new. Ele obterá apenas os valores das colunas Name e Company do banco de dados.

PONTOS DE BALA

- A cláusula **`group`** diz ao LINQ para agrupar os resultados — quando você a usa, o LINQ cria uma sequência de sequências de grupo.
- Cada grupo contém membros com um membro em comum, chamado de **chave** do grupo. Use a palavra-chave **`by`** para especificar a chave do grupo. Cada sequência de grupo tem um membro **`Key`** com a chave do grupo.
- Use uma cláusula **`join`** para fazer o LINQ combinar duas coleções numa única consulta. Quando fizer isso, o LINQ irá comparar cada membro da primeira coleção com cada membro da segunda, incluindo os pares correspondentes nos resultados.
- As consultas **`join`** usam uma cláusula **`on... equals`** para dizer ao LINQ para combinar os pares de itens.
- Quando você executa uma consulta **`join`**, geralmente quer um conjunto de resultados com alguns membros da primeira coleção e outros membros da segunda. A cláusula **`select`** permite desenvolver resultados personalizados de ambas.
- O LINQ pode consultar um banco de dados SQL usando as classes **LINQ para classes SQL**. Essas classes fornecem objetos para seu programa que trabalham com o LINQ (ou seja, você pode acessar os métodos nesses objetos diretamente se quiser — experimente).
- O Object Relational Designer do IDE permite escolher as tabelas que se quer acessar usando o LINQ. Quando você especifica uma tabela que quer acessar, ele adiciona uma classe `DataContext` ao seu projeto. Quando ela é instanciada, adiciona seus membros às consultas LINQ para acessar tabelas SQL.

Não existem Perguntas Idiotas

P: —Você pode voltar atrás um pouco e explicar de novo o que é `var`?

R: Sim, claro. A palavra-chave `var` soluciona um problema chato que ocorre com o uso do LINQ. Normalmente, quando você chama um método ou executa uma instrução, fica totalmente claro quais tipos você está usando. Se você tem um método que retorna uma `string`, por exemplo, então só poderá armazenar seus resultados numa variável ou campo `string`.

Mas, o LINQ não é tão simples. Quando você desenvolve uma instrução LINQ, ela pode retornar um tipo anônimo que *não está definido em lugar nenhum no programa*. Sim, você sabe que será algum tipo de sequência. Mas, de que tipo? Não se sabe — porque os objetos que estão contidos nela dependem inteiramente do que você coloca na consulta LINQ. Veja esta consulta, por exemplo, do programa de Jimmy:

```
var mostExpensive =
  from comic in comics
  where values[comic.Issue] > 500
  orderby values[comic.Issue] descending
  select comic;
```

O que aconteceria se você modificasse a última linha para:

```
select new
  { Name = comic.Name,
    IssueNumber = "#" + comic.Issue };
```

Isto retorna um tipo perfeitamente válido: um tipo anônimo com dois membros, uma string chamada `Name` e outra chamada `IssueNumber`. Mas não temos uma definição de classe para esse tipo em nenhum lugar em nosso programa! Com certeza, você realmente não precisa executar o programa para ver exatamente como esse tipo é definido. Mas, a variável `mostExpensive` ainda precisa ser declarada com *algum* tipo.

E é por isto que o C# fornece a palavra-chave `var`, que informa ao compilador: "Certo, sabemos que isto é um tipo válido, mas não podemos dizer exatamente qual será, neste ponto. Então, por que você não descobre por si mesmo e para de nos perturba com isto? Agradecemos muito."

Não existem Perguntas Idiotas

P: Eu não entendi muito bem como join funciona.

R: Funciona com qualquer par de sequências. Digamos que você tenha uma coleção de jogadores de futebol chamada `players` — seus itens são objetos com propriedades `Name`, `Position` e `Number`. Então, podemos obter os jogadores com número maior que 10 na camisa com a seguinte consulta:

```
var results =
 from player in players
 where player.Number > 10
 select player;
```

Vamos supor que quiséssemos descobrir o tamanho da camisa de cada jogador e que obtivemos uma coleção `jerseys` com itens com uma propriedade `Number` e uma `Size`. Um `join` funcionaria muito bem para isso:

```
var results =
 from player in players
 where player.Number > 10
 join shirt in jerseys
    on player.Number
    equals shirt.Number
 select shirt;
```

P: Mas espere aí, essa consulta apenas resultará num monte de camisas. E se eu quiser associar cada jogador ao tamanho da camisa e não quiser saber qual número está escrito nelas?

R: É para isso que servem os **tipos anônimos** — você pode desenvolver um tipo anônimo apenas com os dados que deseja. E ele permite escolher nas várias coleções que você está reunindo também.Então, pode selecionar o nome do jogador e o tamanho da camisa, e mais nada:

```
var results =
 from player in players
 where player.Number > 10
 join shirt in jerseys
    on player.Number
    equals shirt.Number
 select new {
      player.Name,
      shirt.Size
 };
```

O IDE é inteligente o suficiente para determinar exatamente quais resultados são criados com sua consulta. Se você criar um loop para enumerar os resultados, assim que digitar o nome da variável, o IDE mostrará uma lista IntelliSense.

```
foreach (var r in results)
   r.
```

Note como a lista tem `Name` e `Size`. Se você adicionou mais itens à cláusula `select`, eles também apareceriam na lista. Isso porque a consulta estaria criando um tipo anônimo diferente com outros membros.

P: Eu sempre deverei adicionar esse arquivo `.dbml` que foi gerado por `SqlMetal.exe`? Ainda não entendi o que está acontecendo.

R: Sim, você sempre terá se quiser usar LINQ com seu banco de dados SQL Server Compact.

Lembre-se, o LINQ requer um objeto que implementa a interface `IEnumerable<T>`. Um banco de dados SQL normalmente não implementa essa interface... ou qualquer outra, na verdade, porque não é um objeto. Então, se você quiser que o LINQ funcione com um SQL — ou com qualquer outra fonte que você possa consultar — precisará de um objeto que interaja com ele e implemente `IEnumerable<T>`.

Mas não acredite em nós. Vá para o código recém-escrito, clique duas vezes em «People» e escolha "Go to Definition" (Ir para Definição) (ou pressione F12). Isso o levará para um acessador get `ContactDB.designer.cs` que retorna um `Table<People>`. Clique em "Table" (Tabela) e vá para a definição de novo. A classe `Table<TEntity>` estende `IQueryable<TEntity>`. Clique em "IQueryable" e vá para a definição mais uma vez, e verá que implementa `IEnumerable<T>`.

Então, o arquivo `.dbml` (e o arquivo de classe .cs junto) fornece objetos que implementam `IEnumerable`. E o IDE é bem inteligente para saber exatamente o que fazer com esse arquivo `.dbml`: quando você o gerar, adicionar ao seu projeto e abri-lo no Object Relational Designer, poderá ver os membros da classe de dados `People` que mapeiam diretamente para a tabela `People` em seu banco de dados SQL. Essa classe de dados conecta o SQL para você, lê automaticamente as tabelas de seu banco de dados e fornece dados bem incorporados em um `IEnumerable<T>` para que o LINQ possa acessar.

Você pode usar "select new" para contruir os resultados personalizados da consulta LINQ que incluam apenas os itens desejados em sua sequência de resultados.

Use uma consulta join para conectar Starbuzz e VilaObjeto

Agora, você tem todas as ferramentas necessárias para combinar os dados do Starbuzz e da Empresa de Papel da Vila Objeto num conjunto de resultados finais.

Faça isto

1 Adicione os dados SQL ao seu projeto

Se você ainda não fez isso, crie um novo projeto de aplicação do console e adicione o banco de dados SQL ContactDB. Então, use `SqlMetal.exe` para criar o Object Relational Designer com as classes "LINQ para SQL" para o projeto, adicione ao projeto e escreva uma consulta de teste simples apenas para ter certeza de que está tudo funcionando.

2 Crie os objetos Starbuzz

Eis aqui a lista com os dados dos clientes do Starbuzz. Adicione ao seu projeto:

```
class StarbuzzData {
    public string Name { get; set; }
    public Drink FavoriteDrink { get; set; }
    public int MoneySpent { get; set; }
    public int Visits { get; set; }
}
enum Drink {
    BoringCoffee, ChocoRockoLatte, TripleEspresso,
    ZestyLemonChai, DoubleCappuccino, HalfCafAmericano,
    ChocoMacchiato, BananaSplitInACup,
}
```

Os dados do Starbuzz estão numa coleção de objetos StarbuzzData. Ela contém muitos dados – você não precisará de todos eles para a promoção, então deverá selecionar apenas os necessários na consulta LINQ.

O Starbuzz tem várias bebidas ótimas e cada cliente tem sua preferida.

Você também precisará de um método para gerar alguns dados de amostra:

```
static IEnumerable<StarbuzzData> GetStarbuzzData() {
    return new List<StarbuzzData> {
        new StarbuzzData {
            Name = "Janet Venutian", FavoriteDrink = Drink.ChocoMacchiato,
            MoneySpent = 255, Visits = 50 },
        new StarbuzzData {
            Name = "Liz Nelson", FavoriteDrink = Drink.DoubleCappuccino,
            MoneySpent = 150, Visits = 35 },
        new StarbuzzData {
            Name = "Matt Franks", FavoriteDrink = Drink.ZestyLemonChai,
            MoneySpent = 75, Visits = 15 },
        new StarbuzzData {
            Name = "Joe Ng", FavoriteDrink = Drink.BananaSplitInACup,
            MoneySpent = 60, Visits = 10 },
        new StarbuzzData {
            Name = "Sarah Kalter", FavoriteDrink = Drink.BoringCoffee,
            MoneySpent = 110, Visits = 15 }
    };
}
```

GetStarbuzzData() usa um inicializador de coleção e inicializadores de objeto para configurar os objetos Starbuzz.

Novamente, você pode omitir os () da coleção e dos inicializadores do objeto.

Desenvolvemos este método de forma a existir alguns nomes que também aparecem na lista de contatos da VilaObjeto. Se você usou nomes diferentes, certifique-se de ter dados coincidentes aqui.

3 **Agora, reúna o banco de dados SQL à coleção Starbuzz**

Eis o código da consulta. Coloque seu método do ponto de entrada `Main()`:

```
IEnumerable<StarbuzzData> starbuzzList = GetStarbuzzData();


string connectionString =
    "Data Source=|DataDirectory|\\ContactDB.sdf";
ContactDB context = new ContactDB(connectionString);


var results =
    from starbuzzCustomer in starbuzzList
    where starbuzzCustomer.MoneySpent > 90
    join person in context.People
    on starbuzzCustomer.Name equals person.Name
    select new { person.Name, person.Company,
                 starbuzzCustomer.FavoriteDrink };


foreach (var row in results
    Console.WriteLine("{0} at {1} likes {2}",
                row.Name, row.Company, row.FavoriteDrink);


Console.ReadKey();
```

Precisaremos fazer uma junção para combinar os dados do Starbuzz com os dos clientes na tabela People.

O membro People em DataContext é uma coleção que lhe dá acesso à tabela People no banco de dados.

...é onde ...áusula ...et obtém ...ome e a ...resa no ...co de ...os e a ...ida ...orita nos ...dos do ...arbuzz, e coloca ...o numa única ...uência resultados.

Verifique os resultados – certifique-se de que tudo esteja funcionando como esperado.

Edite as consultas com o LINQPad

Há uma ótima ferramenta de aprendizado para explorar e usar o LINQ. É chamada de LINQPad e está disponível gratuitamente no site de Joe Albahari (um dos revisores técnicos que ajudaram a nos certificar de que "Use a Cabeça! C#" está razoavelmente sem erros). Você pode baixá-lo em:

http://www.linqpad.net/

ome: Data:

Laboratório C#

Invaders

Este laboratório contém uma especificação que descreve um programa para você desenvolver, usando o conhecimento adquirido no livro.

Este projeto é maior do que os que você viu até agora. Então, leia tudo antes de começar e reserve algum tempo para pensar. E não se preocupe se ficar preso em uma parte – não há nada novo aqui, então você pode continuar lendo o livro e voltar ao laboratório mais tarde.

Preenchemos alguns detalhes do projeto para você e certificamo-nos de que você tenha todas as peças necessárias... e mais nada.

É sua responsabilidade terminar o trabalho. Você pode baixar o executável deste laboratório no site Web... mas, não daremos o código da resposta.

O avô de todos os videogames

Neste laboratório, você vai homenagear o mais popular, reverenciado e copiado ícone da história dos videogames, um jogo que não precisa de maiores apresentações. **É hora de você desenvolver Invaders.**

Conforme o jogador destrói os invaders, sua pontuação sobe. Ela é mostrada no canto superior esquerdo.

Os invaders atacam em ondas de 30. A primeira onda move-se vagarosamente e dispara alguns tiros por vez. A próxima onda se move mais rapidamente e dispara mais tiros e com mais frequência. Se todos os 30 invaders de uma onda forem destruídos, a próxima atacará.

O jogador inicia com três naves. A primeira entra no jogo e as outras duas são mantidas em reserva. As naves sobressalentes são mostradas no canto superior direito.

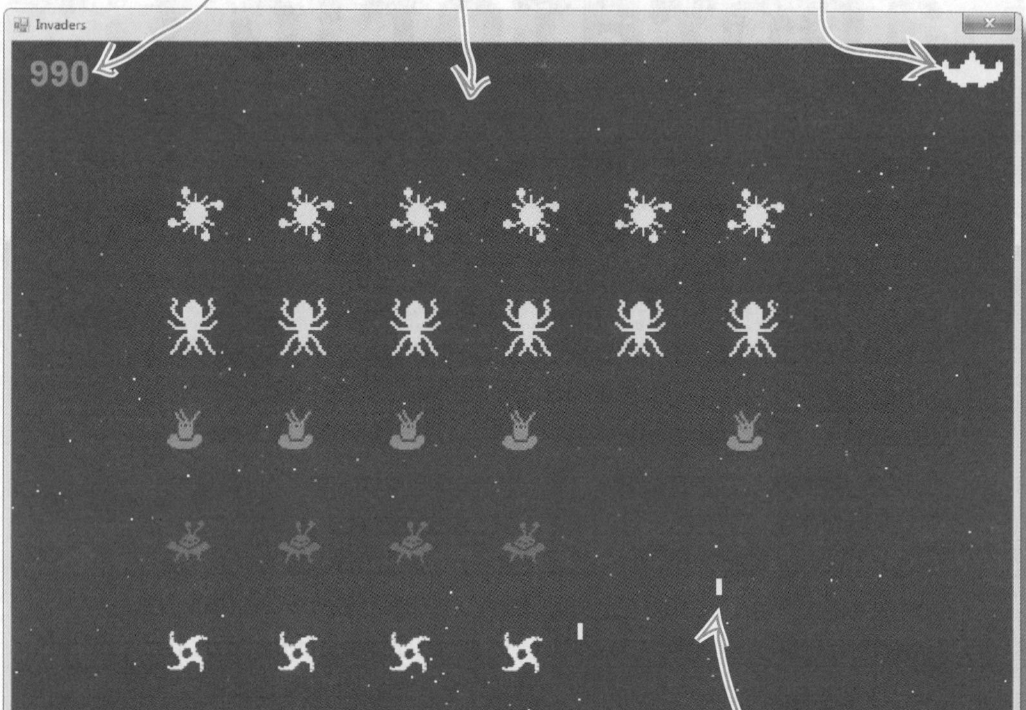

O jogador movimenta a nave para a esquerda e para a direita e dispara contra os invaders. Se um tiro atingir um deles, ele será destruído e a pontuação do jogador sobe.

Os invaders disparam de volta. Se um dos tiros atingir a nave, o jogador perde uma vida. Se todas as vidas acabarem ou se os invaders alcançarem a parte inferior da tela, o jogo terminará com um grande "GAME OVER" no meio da tela.

As estrelas coloridas no fundo piscam, mas não afetam o jogo em nada.

Sua missão: defender o planeta contra ondas e ondas de invaders

Os invaders atacam em ondas e cada uma é uma formação compacta de 30 invaders individuais. Conforme o jogador os destrói, a pontuação aumenta. Os invaders mais abaixo têm a forma de estrelas e valem 10 pontos. As naves valem 20, os discos 30, os insetos 40 e os satélites 50. O jogador começa com três vidas. Se ele perder todas ou os invaders alcançarem a parte inferior da tela, o jogo acabará.

Existem cinco diferentes tipos de invaders, mas todos eles comportam-se da mesma forma. Eles começam na parte de cima da tela e movem-se para a esquerda até atingirem a borda. Então, descem e começam a se mover para a direita. Quando atingem a borda direita, descem de novo e voltam a andar para a esquerda. Se eles atingirem a parte inferior da tela, o jogo terminará.

A primeira onda de invaders pode disparar dois tiros de cada vez – eles pararão de atirar se houver mais de dois tiros na tela. A próxima onda dispara três, a próxima quatro e assim por diante.

A barra de espaço dispara, mas só pode haver dois tiros na tela de cada vez. Quando um tiro atinge algo ou desaparece, outro pode ser disparado.

Se um tiro atinge um invader, ambos desaparecem. Se não for o caso, o tiro desaparece quando atinge o topo da tela.

O jogo deve controlar quais teclas estão sendo pressionadas atualmente. Então, pressionar a seta para a direita e a barra de espaço deve fazer a nave mover-se para a direita e disparar (se já não houver na tela dois tiros).

A seta para a esquerda move a nave na direção da lateral esquerda da tela.

A seta para a direita move a nave para a direita.

A arquitetura dos invaders

Os invaders precisam controlar uma onda de 30 invaders (incluindo suas posições, tipo e valor em pontos), nave do jogador, tiros disparados pelo jogador e pelos invaders, e estrelas no fundo da tela. Assim como no laboratório da Missão, você precisará de um objeto `Game` para controlar tudo isso e também coordenar o formulário e os objetos do jogo.

Aqui está uma visão geral do que você deverá criar:

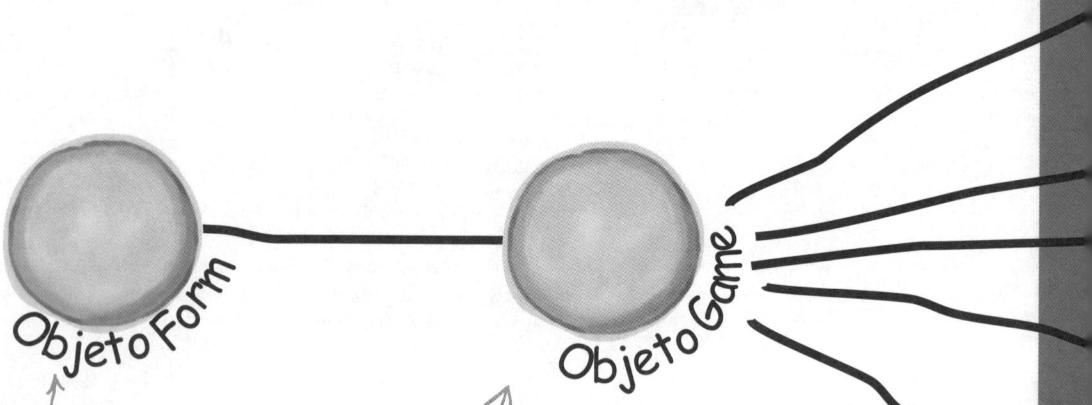

O formulário é bem simples. Ele deve ter timers para dizer ao jogo para continuar, informar as teclas pressionadas e animar os invaders e as estrelas que piscam. E deve ter um manipulador de eventos Paint para desenhar os gráficos, que apenas chama o método Draw() do objeto Game.

O objeto Game gerencia o jogo. Ele controla quantas vidas o jogador ainda tem e quantas ondas de invaders atacaram até o momento. Quando o jogo termina, gera um evento GameOver para dizer ao formulário para parar seus timers.

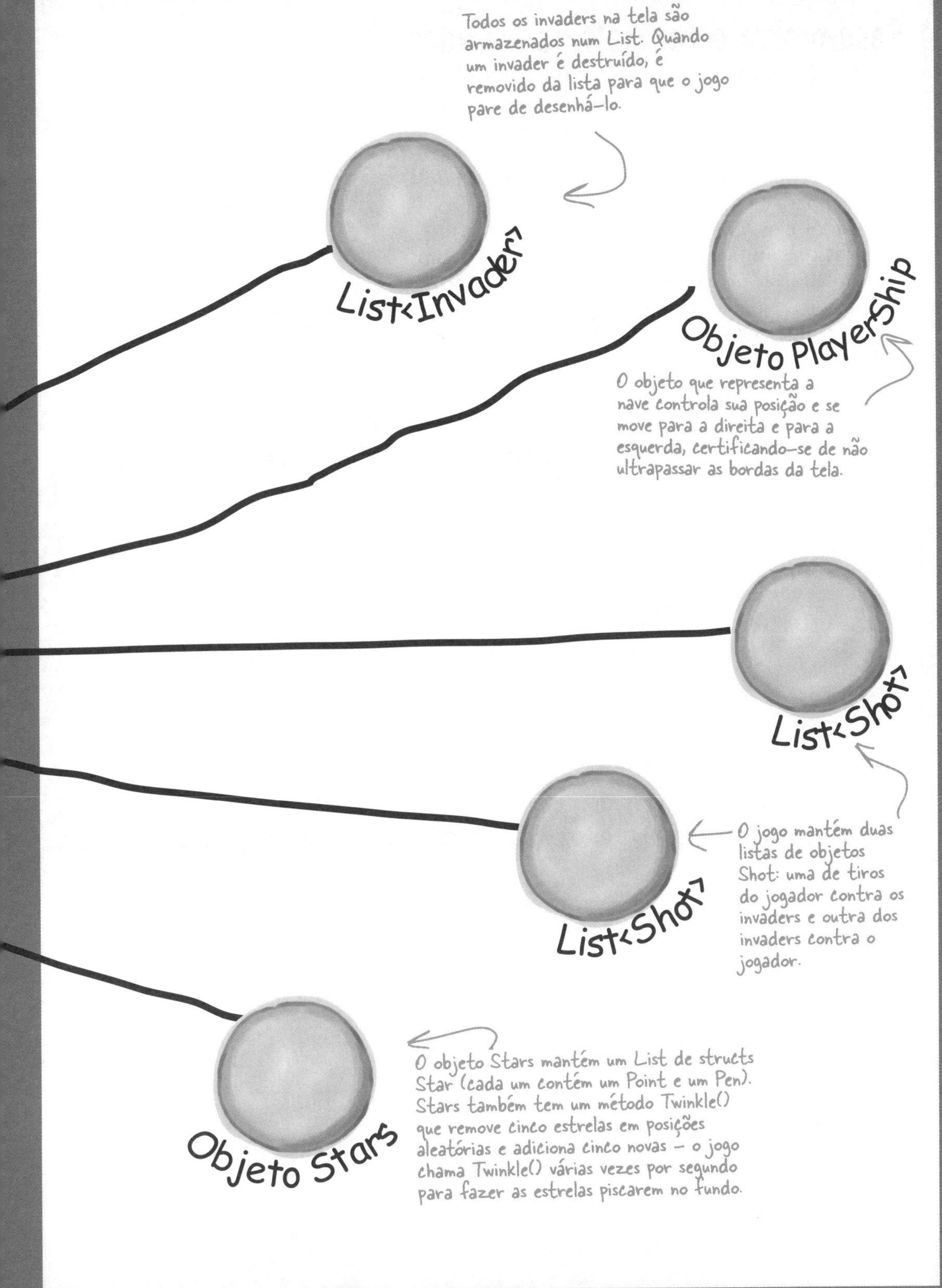
Todos os invaders na tela são armazenados num List. Quando um invader é destruído, é removido da lista para que o jogo pare de desenhá-lo.
List<Invader>
Objeto PlayerShip
O objeto que representa a nave controla sua posição e se move para a direita e para a esquerda, certificando-se de não ultrapassar as bordas da tela.
List<Shot>
List<Shot>
O jogo mantém duas listas de objetos Shot: uma de tiros do jogador contra os invaders e outra dos invaders contra o jogador.
Objeto Stars
O objeto Stars mantém um List de structs Star (cada um contém um Point e um Pen). Stars também tem um método Twinkle() que remove cinco estrelas em posições aleatórias e adiciona cinco novas – o jogo chama Twinkle() várias vezes por segundo para fazer as estrelas piscarem no fundo.

Desenvolva o formulário Invaders

O formulário Invaders tem apenas dois controles: um timer para inicializar a animação (que faz as estrelas piscarem e os invaders animarem mudando a imagem de cada invader para um quadro diferente) e outro para lidar com o andamento do jogo (a marcha dos invaders para a esquerda e a direita, o movimento do jogador e os tiros do jogador e dos invaders). Além disso, a única inteligência no formulário é um manipulador de eventos para lidar com o evento `GameOver` do jogo e os manipuladores `KeyUp` e `KeyDown` que gerenciam a entrada do teclado.

O formulário inicializa um evento KeyDown sempre que uma tecla é pressionada e um KeyUp quando ela é liberada.

Quando o formulário inicializa seu objeto Game, ele passa seu ClientRectangle para que ele conheça seus limites. Assim, você poderá mudar o tamanho do campo de batalha apenas alterando o tamanho do formulário.

Você deve adicionar dois timers: animationTimer e gameTimer.

Defina a propriedade FormBorderStyle do formulário para FixedSingle e sua propriedade DoubleBuffered para true, desative as propriedades MinimizeBox e MaximizeBox, defina seu título, então estenda com a largura que deseja que a área do jogo tenha.

O timer de animação lida com belos enfeites

As estrelas no fundo do jogo e a animação dos invaders não afetam o jogo e continuam mesmo que o jogo entre em pausa ou pare. Então, precisamos de um timer separado para estes detalhes.

Adicione código para o evento tick do timer da animação

Você deve ter um contador que vá de 0 a 3 e depois conte de volta até 0. Ele será usado para atualizar cada uma das animações dos invaders com quatro células (criando assim uma animação suave). Seu manipulador também deve chamar o método `Twinkle()` do objeto `Game`, o que deve fazer as estrelas piscarem. Finalmente, precisa chamar o método `Refresh()` do formulário para repintar a tela.

A animação ocorre mesmo quando o jogo está parado. Ou seja, as estrelas piscam e os invaders continuam animados mesmo que o jogo termine, entre em pausa ou ainda não tenha sido iniciado.

Tente um intervalo de 33 ms, que correspondente a cerca de 30 quadros por segundo. No entanto, defina o timer do jogo para um intervalo menor. A nave deve mover-se e o jogo prosseguir mais rapidamente do que as estrelas piscam.

Ajuste os timers para ter uma animação suave

Com um intervalo de animação de 33 ms, defina o timer do jogo para 10 ms. Dessa forma, a sequência do jogo principal ocorrerá mais rapidamente do que a animação (que são apenas enfeites bonitos de fundo). Ao mesmo tempo, o método `Go()` em `Game` (inicializado pelo timer do jogo, sobre o qual falaremos em breve) pode consumir muitos ciclos da CPU. Se a CPU estiver ocupada lidando com o jogo, o timer da animação ficará esperando até que ela esteja mais livre e apenas depois iniciará (e animará as estrelas e os invaders).

Se o timer da animação for definido para 33 ms, mas o método Go() do objeto Game demorar mais do que isso para executar, a animação ocorrerá assim que Go() completar.

Uma alternativa é definir ambos os timers para 5 ms e o jogo será executado e animado quase tão rapidamente quanto seu sistema pode aguentar (embora nas máquinas mais rápidas, a animação possa ficar rápida de modo irritante)

Testamos numa máquina mais lenta e descobrimos que deixar o tempo da animação em 100 ms e o intervalo do jogo em 50 ms resultou numa velocidade de projeção com cerca de 10 quadros por segundo, o que é, com certeza, aceitável. Você pode tentar começar assim e reduzir a cada intervalo até ficar satisfeito.

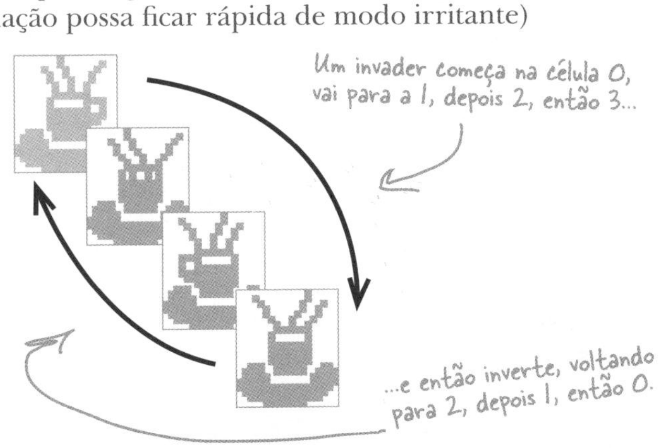

Responda à entrada do teclado

Antes que possamos codificar o timer do jogo, precisamos escrever manipuladores de evento para `KeyDown` e `KeyUp`. `KeyDown` é inicializado quando uma tecla é pressionada e `KeyUp`, quando ela é liberada. Para a maioria das teclas, podemos simplesmente agir disparando um tiro ou abandonando o jogo.

Então se o jogador estiver segurando a seta para esquerda e a barra de espaço ao mesmo tempo, a lista conterá Keys.Left e Keys.Space.

Para algumas teclas, tais como a seta para a direita ou a esquerda, vamos querer armazenar numa lista para que o timer do jogo possa usá-las para movimentar a nave do jogador. Então, também precisamos de uma lista de teclas pressionadas no objeto do formulário:

```
List<Keys> keysPressed = new List<Keys>( );
```

Precisamos de uma lista de teclas para controlar quais teclas foram pressionadas. Veremos em breve como o timer do nosso jogo vai precisar dessa lista para os movimentos.

```
private void Form1_KeyDown(object sender, KeyEventArgs e) {
  if (e.KeyCode == Keys.Q)
    Application.Exit( );

  if (gameOver)
  if (e.KeyCode == Keys.S) {
    // código para redefinir o jogo e reiniciar os timers
    return;
  }

  if (e.KeyCode == Keys.Space)
    game.FireShot( );
  if (keysPressed.Contains(e.KeyCode))
      keysPressed.Remove(e.KeyCode);
    keysPressed.Add(e.KeyCode);
}
private void Form1_KeyUp(object sender, KeyEventArgs e) {
  if (keysPressed.Contains(e.KeyCode))
    keysPressed.Remove(e.KeyCode);
}
```

A tecla 'Q' sai do jogo.

O enum Keys define todas as teclas que você pode querer verificar.

Se o jogo terminou, redefina tudo e comece de novo.

Mas, queremos que isso funcione apenas se o jogo tiver terminado. Pressionar S não deve reiniciar um jogo que está no meio.

Você vai precisar completar este código.

A barra de espaço dispara um tiro.

Removendo a tecla e adicionando-a novamente, fazemos com que seja o último item (mais atual) na lista.

A tecla pressionada é adicionada à lista de teclas, que usaremos em breve.

Queremos que a tecla mais recentemente pressionada esteja no topo da lista, então, se o jogador esbarrar num monte de teclas ao mesmo tempo, o jogo responderá à última pressionada. Assim, quando ele liberar uma tecla, o jogo responderá à próxima na lista.

Quando uma tecla é liberada, ela deve ser removida da lista de teclas pressionadas.

Volte ao projeto KeyGame que você construiu no Capítulo 4. Você usou o manipulador de eventos KeyDown lá, também!

O timer do jogo lida com o movimento e o jogo em si

gameTimer

A principal tarefa do timer do jogo é chamar `Go()` na classe `Game`. Mas, ele também tem que responder a qualquer tecla pressionada, por isto, deve verificar a lista `keysPressed` para lidar com qualquer tecla que tenha sido informada pelos eventos `KeyDown` e `KeyUp`:

Os jogadores "misturam" muitas teclas de uma só vez. Se quisermos que o jogo seja robusto, ele precisará ser capaz de lidar com isso. É por isso que estamos usando a lista keysPressed.

Este timer faz o jogo avançar em um quadro. Portanto, a primeira coisa que ele faz é chamar o método Go() do objeto Game para deixar o jogo continuar.

```
private void gameTimer_Tick(object sender, EventArgs e)
{
    game.Go();
    foreach (Keys key in keysPressed)
    {
        if (key == Keys.Left)
        {
            game.MovePlayer(Direction.Left);
            return;
        }
        else if (key == Keys.Right)
        {
            game.MovePlayer(Direction.Right);
            return;
        }
    }
}
```

keysPressed é seu objeto List<Keys> gerenciado pelos manipuladores de evento KeyDown e KeyUp. Contém toda tecla que o jogador pressionou atualmente.

A lista keysPressed tem as teclas na ordem em que foram pressionadas. Este loop foreach percorre-as até encontrar uma tecla Left ou Right, então move o jogador e retorna.

Os eventos KeyUp e KeyDown usam o enum Keys enum para especificar a key. Nós usaremos Keys.Left e Keys.Right para mover a nave.

O manipulador de eventos KeyDown lida apenas com as teclas espaço, S e Q sem adicioná-las à lista keysPressed. O que aconteceria se você movesse o código para disparar o tiro quando a tecla de espaço é pressionada para este manipulador de eventos?

Os tiros movimentam-se para cima ou para baixo, o jogador para a direita e para a esquerda, os invaders para a direita, esquerda e para baixo. Você precisará deste enum para manter controle de todas estas direções.

```
enum Direction {
    Left,
    Right,
    Up,
    Down,
}
```

Mais um detalhe do formulário: o evento GameOver

Adicione um campo privado bool chamado `gameOver` ao formulário que só será `true` quando o jogo tiver terminado. Então, adicione um manipulador de eventos para o evento `GameOver` do objeto que pare o timer do jogo (mas não o da animação, então as estrelas continuarão piscando e os invaders ainda estarão animados), defina `gameOver` para true e chame o método `Invalidate()` do formulário.

Eis um exemplo de adicionar outro evento a um formulário sem usar o IDE. Isto é codificação manual.

Quando você escrever o manipulador de eventos `Paint` do formulário, faça com que verifique `gameOver`. Se for true, escreva GAME OVER (FIM DO JOGO) com grandes letras amarelas no meio da tela. Em seguida, escreva "Pressione S para iniciar um novo jogo ou Q para sair" (Press S to start a new game ou Q to quit) no canto inferior direito. Você pode iniciar o jogo neste estado, portanto o usuário terá que pressionar S para iniciar um novo jogo.

O evento de fim de jogo e seu delegate estão contidos na classe Game, que veremos num minuto.

O timer do jogo do formulário informa ao jogo para continuar com Go()

Além de lidar com o movimento para a esquerda e para a direita, a tarefa principal do timer do jogo é chamar o método `Go()` do objeto `Game`. É onde todo o jogo é gerenciado. O objeto Game controla o estado do jogo e seu método `Go()` avança o jogo em um quadro. Isso implica em:

1. **Verificar se o jogador morreu**, usando a propriedade `Alive`. Quando o jogador morre, o jogo mostra uma pequena animação da nave implodindo (usando `DrawImage()` para fazer a nave encolher até desaparecer). A animação deve ser feita pela classe `PlayerShip`, logo `Go()` deve checar se está morto. Se não estiver, deve retornar com `returns` – desta forma, os invaders não se movem nem atiram e o jogador consegue uma folguinha (e nesse meio tempo, assistirá sua nave ser destruída).

2. **Movimentar cada um dos tiros**. Os disparados dos invaders dirigem-se para baixo e os do jogador, para cima. `Game` mantém dois objetos `List<Shot>`, um para os tiros dos invaders e outro para os do jogador. Qualquer tiro que se mover para fora da tela deverá ser removido da lista.

3. **Movimentar cada um dos invaders**. `Game` chama o método `Move()` do objeto `Invader` e informa os invaders para qual lado ir. `Game` acompanha também onde os invaders estão, no caso de precisarem descer uma linha ou mudar as direções. Então, `Game` verifica para saber se é hora deles atirarem de volta e, se for o caso, adiciona novos objetos `Shot` a `List<>`.

4. **Checar acertos**. Se o tiro do jogador atingir um invader, `Game` deverá retirá-lo do `List<>` apropriado. Em seguida, deverá checar se algum dos tiros dos invaders colidiu com a nave do jogador. Neste caso, mata o jogador definindo para false sua propriedade `Alive`. Se o jogador não tiver mais vidas, `Game` deverá gerar o evento `GameOver` para informar o formulário que o jogo acabou. O manipulador de eventos `GameOver` do formulário interrompe o timer do jogo, portanto `Go()` não será mais chamado.

Eis onde o evento GameOver da página anterior entra em jogo.

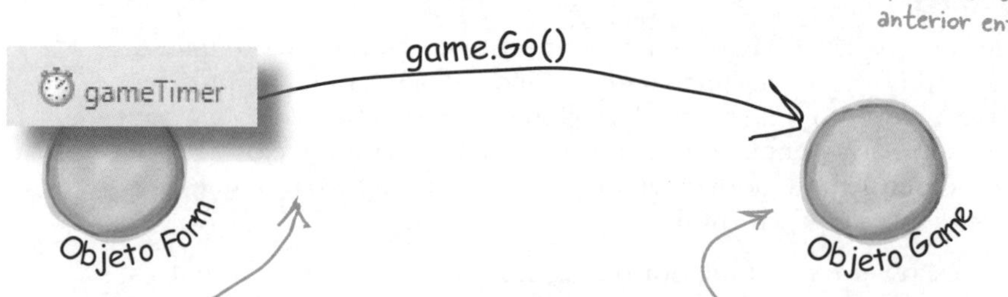

Controlando os gráficos

Nos laboratórios anteriores, os formulários usaram controles para os gráficos. Mas, agora que você sabe como usar `Graphics` e o buffer duplo, o objeto `Game` deve lidar com grande parte do desenho.

Portanto, o formulário deve ter um manipulador de eventos `Paint` (defina a propriedade `DoubleBuffered` do formulário para `true`!). Você representará o restante do desenho para o objeto `Game` chamando seu método `Draw()` sempre que o evento `Paint` do formulário for inicializado.

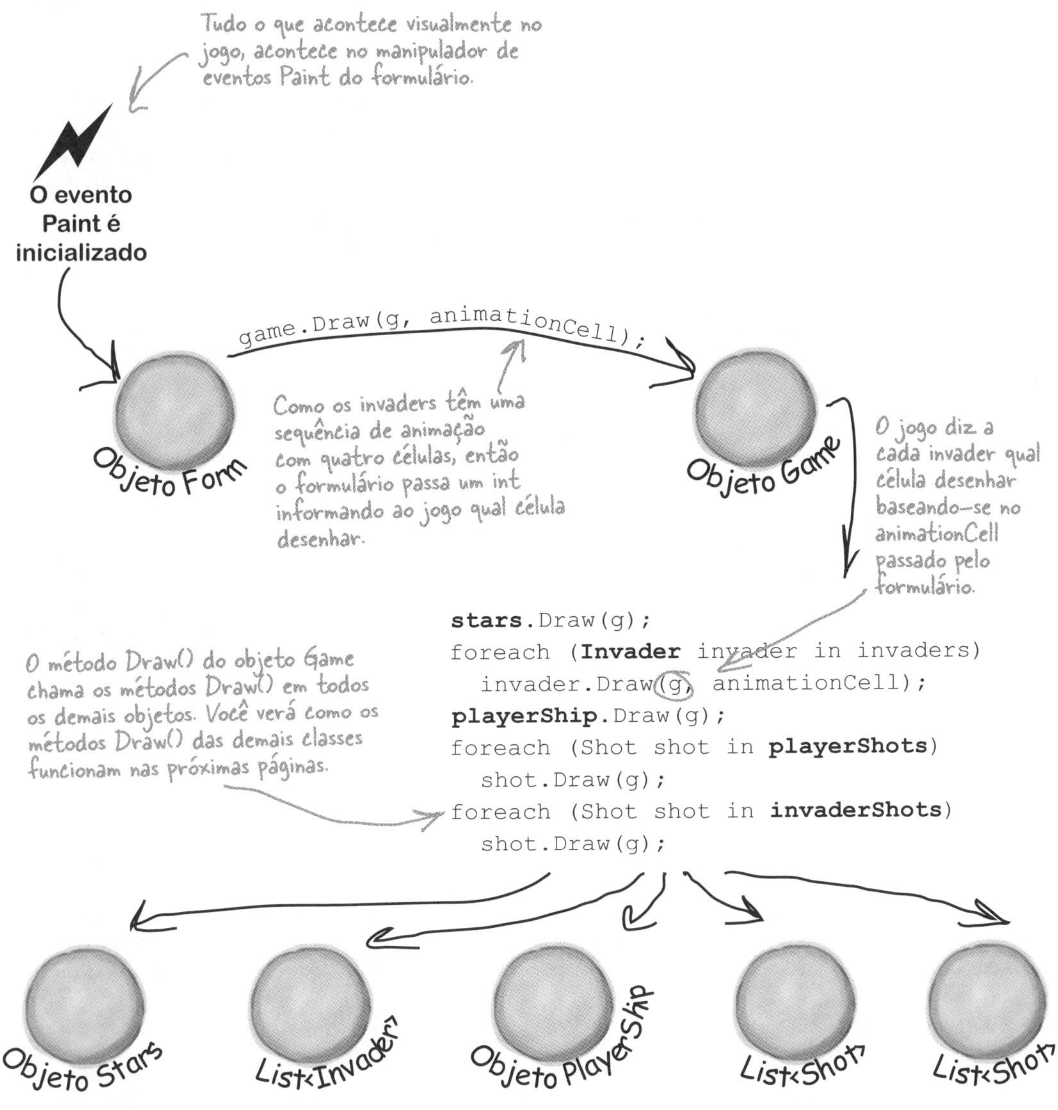

Desenvolvendo a classe Game

A classe Game é o controlador do jogo Invaders. Eis aqui um começo para o que essa classe deve ser, embora ainda exista muito trabalho a ser feito.

```
class Game {
  private int score = 0;
  private int livesLeft = 2;
  private int wave = 0;
  private int framesSkipped = 0;

  private Rectangle boundaries;
  private Random random;

  private Direction invaderDirection;
  private List<Invader> invaders;

  private PlayerShip playerShip;
  private List<Shot> playerShots;
  private List<Shot> invaderShots;

  private Stars stars;

  public event EventHandler GameOver;

  // etc...
}
```

Os campos score, livesLeft e waves controlam algumas das informações básicas a respeito do estado do jogo.

Você usará o campo frame para deixar os invaders mais lentos no começo do jogo – a primeira onda deve pular 6 quadros antes de se mover para a esquerda, a próxima 5, depois 4 e assim por diante.

Este List< > de objetos Invader controla todos os invaders na onda atual. Quando um invader é destruído, é removido da lista. O jogo verifica periodicamente para ter certeza de que a lista não está vazia – se estiver, envia a próxima onda.

Este objeto Starts controla as estrelas multicoloridas no fundo.

O objeto Game gera seu evento GameOver quando o jogador morre e não tem mais nenhuma vida. Você desenvolverá o método do manipulador de eventos no formulário e irá associá-lo ao evento GameOver do objeto Game.

Game
GameOver: event
Draw(g: Graphics, animationCell: int) Twinkle() MovePlayer(direction: Direction) FireShot() Go()

A maior parte destes métodos combina os métodos em outros objetos para fazer com que uma ação específica ocorra.

Lembre-se, estes são os métodos públicos. Você pode precisar de muitos mais métodos privados para estruturar seu código de um modo que faça sentido para você.

Os métodos da classe Game

A classe Game tem cinco métodos públicos que são inicializados por diferentes eventos que acontecem no formulário.

1. **O método Draw() desenha o jogo num objeto Graphics**

   O método Draw() tem dois parâmetros: um objeto Graphics e um inteiro com a célula da animação (um número de 0 a 3). Primeiro, deve desenhar um retângulo preto que preencha todo o formulário (usando o retângulo de exibição armazenado em boundaries, recebido do formulário). Então, o método deve desenhar as estrelas, os invaders, a nave do jogador e depois, os tiros. Finalmente, deve desenhar a pontuação no canto superior esquerdo, as naves do jogador no canto superior direito e um grande "GAME OVER" em letras amarelas se gameOver for true.

2. **O método Twinkle() faz as estrelas piscarem**

   O manipulador de eventos do timer de animação do formulário precisa ser capaz de fazer as estrelas piscarem, então, o objeto Game deverá ter um método com uma única linha para chamar stars.Twinkle().

   Escreveremos código para o objeto Stars daqui a algumas páginas.

3. **O método MovePlayer() movimenta o jogador**

   O manipulador de eventos do timer do teclado no formulário precisa mover a nave do jogador, então, o objeto Game também precisa de um método com duas linhas que tenha um enum Direction como parâmetro, verifica se o jogador está morto ou não e chama playerShip.Move() para efetuar esse movimento.

4. **O método FireShot() faz com que o jogador dispare um tiro nos invaders**

   O método FireShot() verifica se existem menos de dois tiros do jogador na tela. Se for o caso, ele deve adicionar um novo tiro à lista playerShots na posição correta.

5. **O método Go() faz com que o jogo avance**

   O timer de animação do formulário chama o método Go() do objeto Game de 10 a 30 vezes por segundo (dependendo da velocidade da CPU do seu computador). O método Go() faz tudo que o jogo precisa fazer para avançar um quadro:

   - ★ O jogo verifica se o jogador está morto usando sua propriedade Alive. Se ele ainda estiver vivo, o jogo não acabou ainda – se acabou, o formulário deverá parar o timer de animação com seu método Stop(). Nessas condições, o método Go() não fará mais nada até que o jogador esteja vivo de novo – apenas retornará.
   - ★ Cada tiro precisa ser atualizado. O jogo precisa fazer um loop nos dois objetos List<Shot>, chamando o método Move() de cada tiro. Se algum Move() do tiro retornar false, significa que o tiro saiu da tela – então, ele deve ser apagado da lista.
   - ★ O jogo então avança cada invader e permite que eles disparem.
   - ★ Finalmente, ele checa para ver se ocorreram colisões: primeiro se algum tiro passou por cima de um invader (e removendo os dois de seus objetos List<T>) e se o jogador foi atingido. Adicionaremos uma propriedade Rectangle chamada Area às classes Invader e PlayerShip – para podermos usar o método Contains() e determinar se a área da nave se sobrepõe à de um tiro.

Completando a classe Game

O problema com os diagramas de classe é que eles normalmente deixam de fora qualquer propriedade ou método que não seja público. Então, mesmo depois de ter terminado os métodos da página 726, você ainda terá muito trabalho a fazer. Eis aqui algumas coisas para você pensar:

O construtor deve configurar tudo

O objeto `Game` precisa criar todos os demais objetos – os objetos `Invader`, `PlayerShip`, `Objetos List`, para manter os tiros e o objeto `Stars`. O formulário passa um objeto `Random` inicializado e sua própria estrutura `DisplayRectangle` (para que `Game` possa **determinar os limites do campo de batalha**, o que será usado para determinar quando os tiros saem da tela e quando os invaders atingem as bordas para que eles mudem de direção). Logo, seu código precisa criar tudo mais no jogo.

Falaremos mais a respeito desses objetos individuais nas próximas páginas deste laboratório.

Desenvolva um método NextWave( )

Um método simples para criar a próxima onda de invaders será bem útil. Ele deve atribuir um novo `List` de objetos `Invader` ao campo de invaders, adicionar 30 invaders em 6 colunas para que estejam em suas posições iniciais, aumentar o campo `wave` em 1 e definir o campo `invaderDirection` para que os invaders comecem a se movimentar inicialmente para o lado direito da tela. Você também mudará o campo `framesSkipped`.

Eis um exemplo de como um método privado pode realmente ajudar na organização de sua classe Game.

Algumas outras ideias para os métodos privados

Aqui vão algumas outras ideias para os métodos privados com os quais você pode lidar e ver se alguma delas ajuda no projeto da sua classe `Game`:

- ✓ Um método para ver se o jogador foi atingido (`CheckForPlayerCollisions()`)
- ✓ Um para ver se algum dos invaders foi atingido (`CheckForInvaderCollisions()`)
- ✓ Um para mover todos os invaders (`MoveInvaders()`)
- ✓ Um para permitir aos invaders dispararem (`ReturnFire()`)

PODER DO CÉREBRO

É possível mostrar propriedades e métodos protegidos e privados num diagrama de classe, mas você raramente verá isso sendo feito. Por que você acha que é assim?

O LINQ facilita muito a detecção de colisões

Isto parece realmente complicado quando você lê pela primeira vez, mas cada consulta LINQ é apenas algumas linhas de código. Aqui vai uma dica: não complique demais!

Você tem coleções de invaders e tiros, e precisa consultá-las para encontrar certos invaders e tiros. Todas as vezes que você ouvir falar sobre coleções e pesquisa na mesma frase, deve pensar no LINQ. Eis o que precisa ser feito:

1 Descubra se a formação de invaders chegou na borda do campo de batalha

Os invaders precisam mudar de direção se qualquer um deles estiver dentro de uma área de 100 pixels da borda do campo de batalha. Quando eles estão marchando para a direita, uma vez que alcancem a borda direita do formulário, o jogo precisa informar que eles precisam descer e começar a marchar para a esquerda. A mesma checagem deve ser feita quando eles estiverem marchando para esquerda. Para isso acontecer, adicione um método privado `MoveInvaders()`, que deve ser chamado por `Go()`. A primeira coisa que ele deve fazer é verificar e atualizar o campo privado `frameSkipped` e retornar se o quadro deve ser pulado (dependendo do nível). Então, deve checar para qual direção os invaders estão movendo-se. Se eles estiverem indo para a direita, `MoveInvaders()` deverá usar o LINQ para procurar na lista `InvaderCollection` qualquer invader cujo valor X do local esteja dentro de 100 pixels do limite direito. Se algum for encontrado, os invaders deverão ser informados para marcharem para baixo e `invaderDirection` deverá ser definido para ser igual a `Direction.Left`; se não, poderá informar a cada invader para marchar para a direita. Por outro lado, se eles estiverem indo para a esquerda, o procedimento inverso deve ser efetuado, usando outra consulta LINQ para ver se os invaders estão dentro de 100 pixels da borda esquerda, marchando para baixo e mudando a direção se estiverem.

2 Determine quais invaders podem atirar

Adicione um método privado chamado `ReturnFire()`, que deve ser chamado por `Go()`. Primeiro, deve retornar se a lista de tiros dos invaders já possui wave + 1 tiro. Ele também deve retornar se `random.Next(10) < 10 - wave`. (Isto fará os invaders dispararem ao acaso e não a todo momento). Se passar nos dois testes, poderá usar LINQ para agrupar os invaders por `Location.X` e ordenar usando `descending`. Uma vez que tiver os grupos, poderá escolher um deles ao acaso e usar seu método `First()` para achar o invader mais abaixo na coluna. Certo, neste ponto você terá o atirador – você pode, então, adicionar um disparo à lista de tiros do invader exatamente abaixo do meio do invader (use a Area do invader para definir a posição do tiro).

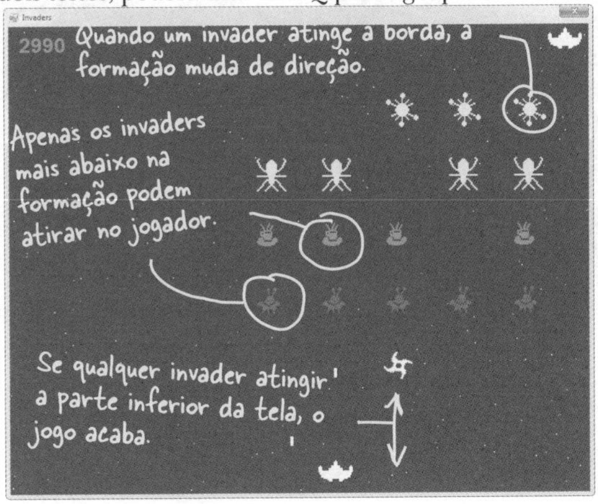

3 Verifique se ocorreram colisões entre o jogador e o invader

Você vai querer criar um método para verificar as colisões. Existem três tipos para verificar e o método `Contains()` do struct `Rectangle` será muito útil – passe a ele qualquer `Point` e ele retornará true se o ponto estiver dentro do retângulo.

- ★ Use LINQ para achar qualquer invader morto fazendo um loop nos tiros da lista de disparos do jogador e selecionando qualquer invader onde `invader.Area` contém a posição do tiro. Remova o invader e o tiro.
- ★ Adicione uma consulta para determinar se qualquer invader atingiu a parte inferior da tela – se for o caso, encerre o jogo.
- ★ Você não vai precisar do LINQ para procurar os tiros colididos com o jogador, apenas de um loop e da propriedade `Area` do jogador. (Lembre-se, **você não pode modificar uma coleção dentro de um loop foreach**. Se tentar, terá um `InvalidOperationException` com uma mensagem dizendo que a coleção foi modificada.)

Desenvolvendo a classe Invader

Invader
Location: Point InvaderType: ShipType Area: Rectangle Score: int
Draw(g: Graphics, animationCell: int) Move(direction: Direction)

A classe `Invader` controla um invader individual. Quando o objeto `Game` criar uma nova onda de invaders, adiciona 30 instâncias de `Invader` a um objeto `List<Invader>`. Cada vez que o método `Go()` é chamado, ele chama o método `Move()` de cada invader para informá-lo para se mover. E cada vez que seu método `Draw()` é chamado, chama o método `Draw()` do objeto invader. Então, você precisará criar os métodos `Move()` e `Draw()`. Você desejará adicionar um método privado chamado `InvaderImage()` também – ele será realmente útil quando você estiver desenhando o invader. Chame-o dentro do método `Draw()` para manter o campo `image` atualizado:

```
class Invader {
  private const int HorizontalInterval = 10;
  private const int VerticalInterval = 40;

  private Bitmap image;

  public Point Location { get; private set; }

  public ShipType InvaderType { get; private set; }

  public Rectangle Area { get {
    return new Rectangle(location, image.Size); }
  }

  public int Score { get; private set; }

  public Invader(ShipType invaderType, Point location, int score) {
    this.InvaderType = invaderType;
    this.Location = location;
    this.Score = score;
    image = InvaderImage(0);
  }

  // Os métodos adicionais entrarão aqui
}
```

A constante HorizontalInterval determina em quantos pixels um invader se move a cada vez que ele marcha para a direita ou a esquerda. VerticalInterval é o número de pixels que um invader desce quando a formação chega à borda do campo de batalha.

Veja o que fizemos com a propriedade Area. Uma vez que sabemos a posição do invader e seu tamanho (a partir de seu campo image), podemos acrescentar um acessador get que calcula um Rectangle da área coberta...

...ou seja, você pode usar o método Contains( ) de Rectangle dentro de uma consulta LINQ para detectar se qualquer tiro colidiu com um invader.

Um objeto Invader usa o enum ShipType para determinar o tipo da nave inimiga.

```
enum ShipType {
    Bug,
    Saucer,
    Satellite,
    Spaceship,
    Star,
  }
```

Desenvolva os métodos de Invader

Os três principais métodos para Invader são Move(), Draw() e InvaderImage(). Vamos examinar um de cada vez:

Existem cinco invaders diferentes e cada um deles tem quatro imagens de célula de animação diferentes.

Movimente as naves invaderas

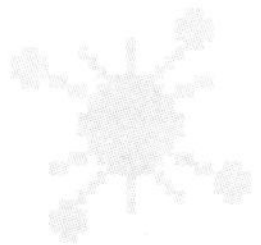

Primeiro, você precisa de um método para mover as naves invaderas. O objeto Game deve informar uma direção, usando o enum Direction, e só então, a nave deve mover-se. Lembre-se, o objeto Game é o responsável por determinar se um invader deve mover-se para baixo ou mudar de direção, de forma que sua classe Invader não se preocupe com isso.

```
public void Move(Direction direction) {
  // Este método precisa mover a nave na
  //   direção especificada
}
```


Desenhe a nave - e a célula de animação correta

Cada Invader sabe como se desenhar. Dado um objeto Graphics a desenhar e a célula de animação a usar, o invader pode mostrar a si mesmo na área de jogo usando o objeto Graphics que Game fornece.

```
public void Draw(Graphics g, int animationCell) {
  // Este método precisa desenhar a imagem da
  //   nave, usando a célula de animação correta
}
```

Obtenha a imagem do invader correta

Frequentemente, você vai precisar obter a imagem correta com base na célula de animação, então, pode querer colocar esse código num método próprio. Desenvolva um método InvaderImage() que retorna um Bitmap específico dada uma célula de animação.


```
private Bitmap InvaderImage(int animationCell) {
  // Este será mais um método de conveniência e
  //   ele retorna o bitmap correto para a célula especificada
}
```

Cada invader sabe seu tipo. Então, se você fornecer a seu InvaderImage() um número de sua célula de animação, ele poderá retornar um Bitmap que tenha o gráfico certo.

Lembre-se, você pode fazer o download destes gráficos em www.altabooks.com.br

A nave do jogador pode se mover e morrer

A classe PlayerShip controla a nave do jogador. Ela é parecida com a classe Invader, porém mais simples.

Quando a nave é atingida por um disparo, o jogo define para false sua propriedade Alive. O jogo então impede os invaders de se moverem até que a nave redefina sua propriedade Alive de volta para true.

As propriedades Location e Area são exatamente as mesmas da classe Invader.

PlayerShip
Location: Point Area: Rectangle Alive: bool
Draw(g: Graphics) Move(direction: Direction)

O método Draw() desenha a nave do jogador na posição certa – a não ser que ele esteja morto e neste caso, desenha uma animação da nave sendo esmagada pelo disparo.

O método Move() tem um parâmetro, um enum Direction e move o jogador nessa direção.

PlayerShip precisará receber um Rectangle com os limites do jogo em seu construtor e certificar-se de que a nave não se mova para fora da área em Move().

Anime a nave do jogador quando ela for atingida

O método Draw() deve ter um objeto Graphics como parâmetro. Então, deve checar sua propriedade Alive. Se o jogador estiver vivo, ele será desenhado usando sua propriedade Location. Se estiver morto, em vez de desenhar o bitmap comum no gráfico, o objeto PlayerShip usará seu campo privado deadShipHeight para animar a nave sendo lentamente esmagada pelo tiro. Depois de três segundos morta, a propriedade Alive deve ser alterada de volta para true.

Esperar três segundos é fácil – use o acessador set da propriedade Alive para definir a um campo privado DateTime para DateTime.Now. A primeira coisa que o método Go() da nave faz é usar um TimeSpan para verificar se três segundos se passaram. Se ainda não for o caso, continue executando a animação de esmagamento. Assim que os três segundos transcorrerem, defina Alive de volta para true para que o jogo saiba que deve continuar. (Você usou um truque semelhante no simulador de colmeia).

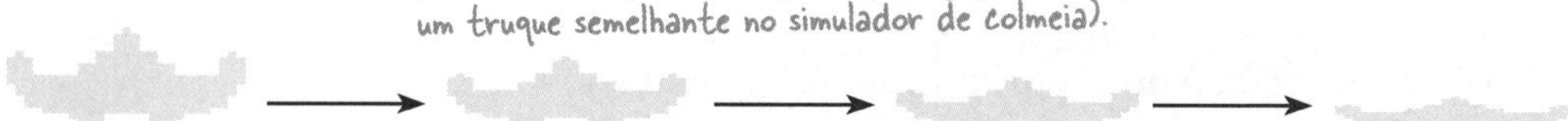

```
public void Draw(Graphics g) {
  if (!Alive) {
        Redefina o campo deadShipHeight e desenhe a nave.
    } else {
        Verifique o campo deadShipHeight. Se ele for maior do que zero, diminua
        seu valor em 1 e use DrawImage() para desenhar a nave um pouco mais
        achatada.
    }
}
```

"Tiros disparados"

Game deve ter duas listas de objetos Shot: uma para os tiros do jogador, que se movem para cima na tela, e outra para os disparos dos inimigos, que se movem para baixo. Os tiros precisam apenas de alguns detalhes para funcionar: uma posição tipo Point, um método para desenhá-lo e um para mover. Aqui está o diagrama de classe:

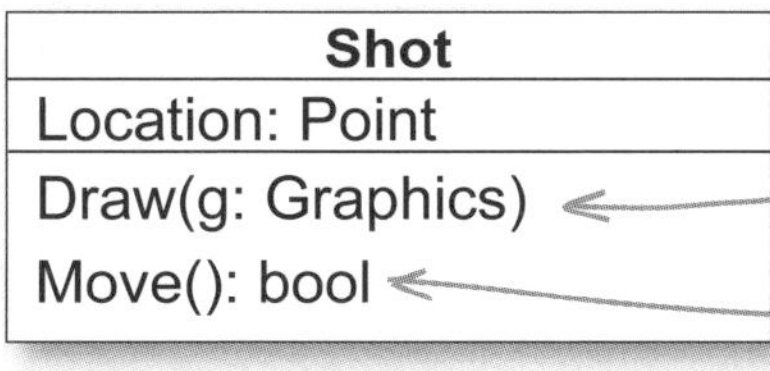

Draw() lida com o desenho do pequeno retângulo para este disparo. Game vai chamá-lo todas as vezes que a tela precisar ser atualizada.

Move() movimenta o tiro para cima ou para baixo e controla se o tiro está dentro dos limites da tela.

Aqui está o início da classe Shot:

```
class Shot {
  private const int moveInterval = 20;
  private const int width = 5;
  private const int height = 15;

  public Point Location { get; private set; }

  private Direction direction;
  private Rectangle boundaries;

  public Shot(Point location, Direction direction,
              Rectangle boundaries) {
    this.Location = location;
    this.direction = direction;
    this.boundaries = boundaries;
  }

  // seu código aqui
}
```

Você pode ajustar estes valores para fazer o jogo ficar mais fácil ou difícil... quanto menor o tiro mais fácil será desviar-se dele; tiros mais rápidos são mais difíceis de evitar.

Como o disparo atualiza sua própria posição no método Move( ), a posição pode ser uma propriedade automática de apenas leitura.

Direction é o enum com Up e Down definidos.

O jogo passa o retângulo de exibição do formulário para o parâmetro boundaries do construtor para que o tiro saiba quando sai da tela.

Sua tarefa é ter certeza de que Draw() tenha um objeto Graphics e desenhe o tiro como um retângulo amarelo. Então, Move() deve deslocar o disparo para cima ou para baixo e retornar true se o tiro ainda estiver dentro dos limites do jogo.

Brilha, brilha... você é quem diz

Aqui vai mais uma dica: inicie o projeto com apenas um formulário, uma classe Game e uma Stars. Veja se você consegue que um retângulo preto, representando o céu, seja desenhado cheio de estrelas. Isso deve dar a você uma base sólida para acrescentar as demais classes e métodos.

A última classe de que você vai precisar é `Stars`. Existem 300 estrelas e esta classe acompanha todas elas, fazendo com que 5 sejam exibidas e 5 desaparecem a cada vez que `Twinkle()` é chamado.

Primeiro, no entanto, você vai precisar de um `struct` para cada estrela:

```
private struct Star {
  public Point point;
  public Pen pen;

  public Star(Point point, Pen pen) {
    this.point = point;
    this.pen = pen;
  }
}
```

Cada estrela tem um ponto (sua posição) e uma caneta (para sua cor).

Tudo que Star faz é armazenar dados... nenhum comportamento.

A classe `Stars` deve manter um `List<Star>` para armazenar 300 destes structs `Star`. Você precisará criar um construtor para `Star` que preencha essa lista. O construtor terá um `Rectangle` com os limites da exibição e uma instância `Random` para criar os `Points` aleatórios para colocar cada estrela em um local aleatório.

Você pode definir a estrutura Star dentro de Stars. es, já que apenas Stars vai usar essa estrutura.

Eis o diagrama de classe para `Stars`, com os demais métodos necessários:

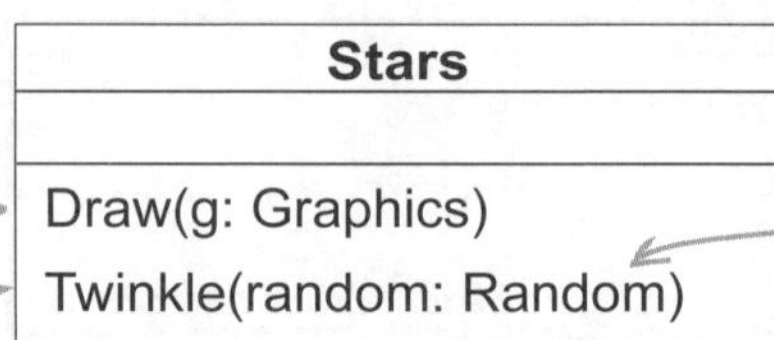

Draw() desenha todas as 300 estrelas...

...e Twinkle() obtém 5 estrelas e adiciona 5 novas.

Game mantém uma instância de Random que todos os objetos podem usar.

`Draw()` deve desenhar todas as estrelas na lista e `Twinkle()` deve remover cinco delas aleatoriamente e adicionar mais cinco em substituição.

Você também pode querer criar um método `RandomPen()` para dar uma cor aleatória para cada nova estrela criada. Deve retornar uma das cinco cores possíveis das estrelas, gerando um número entre 0 e 4 e selecionando um objeto `Pen` correspondente.

E ainda pode ser feito mais...

Acha que o jogo está bem legal? Você pode levar as coisas ainda mais adiante com algumas outras melhorias:

Adicione explosões animadas

Faça com que cada invader exploda depois de ser atingido e exiba brevemente um número para que o jogador saiba quantos pontos ele ganhou com aquele invader.

Acrescente uma nave-mãe

De vez em quando, uma nave-mãe valendo 250 pontos atravessa o topo do campo de batalha. Se o jogador conseguir atingi-la, ganha um bônus.

Adicione escudos

Adicione escudos flutuantes para que o jogador possa ocultar-se. Você pode adicionar escudos simples que barrem os tiros dos inimigos e do jogador. Depois disso, se você realmente quiser que seu jogo seja bom, modifique-os para que o jogador e os invaders possam abrir furos neles depois de certo número de tiros.

Tente fazer com que os escudos suportem um número menor de tiros conforme o jogo avança.

Crie bombardeiros

Crie um tipo especial de inimigo que mergulhe e bombardeie o jogador. Um bombardeiro deve sair da formação, avançar na direção do jogador, voar rente à parte inferior da tela e voltar à sua posição original.

Acrescente mais armas

Inicie uma corrida armamentista! Bombas inteligentes, lasers, mísseis teleguiados... existe todo tipo de armas que tanto o jogador quanto os invaders podem usar para atacar uns aos outros. Veja se você consegue adicionar três novas armas ao jogo.

Adicione mais gráficos

Você pode ir para **www.altabooks.com.br** para encontrar mais arquivos gráficos para os escudos simples, nave-mãe e mais. Temos gráficos pixelados para dar aquele estilo de anos 80 ao visual. Você consegue criar seus próprios gráficos para dar ao jogo um novo estilo?

Um bom projeto de classes deve permitir que você altere os gráficos com mudanças mínimas de código.

apêndice i: sobras

As ~~10~~ 11 principais coisas que queríamos incluir neste livro

A diversão está apenas começando!

Mostramos a você muitas ferramentas ótimas para desenvolver um **software** realmente **poderoso** com o C#. Mas, não seria possível incluir **cada uma das ferramentas, tecnologias ou técnicas** neste livro - simplesmente não existem páginas o suficiente. Tivemos que fazer algumas *escolhas realmente difíceis* a respeito do que incluir e o que deixar de fora. Aqui, apresentamos alguns tópicos que não sobreviveram aos cortes. Mas mesmo que não possamos nos aprofundar neles, ainda acreditamos que eles são **importantes e úteis**, e queremos dar a você uma pequena introdução a respeito deles.

Queremos que você possa dar a este material o mesmo tipo de tratamento completo que fomos capazes de fornecer no livro, mas simplesmente não tivemos páginas suficientes para fazê-o! Mas, ainda queremos dar um ponto de partida e um local para obter mais informações.

#1. O Básico

Antes de começarmos, eis uma classe Guy que iremos usar neste apêndice. Veja como é comentada. Reparou como a classe, seus métodos e suas propriedades são comentados com comentários com barras triplas (///)? São chamados de **comentários XML** e o IDE irá ajudá-lo a adicioná-los. Simplesmente digite "///" logo antes de uma declaração da classe, método, propriedade ou campo (e alguns outros lugares também) e o IDE preencherá o esqueleto do comentário XML. Depois, quando você usar a propriedade, método etc., o IDE exibirá as in formações dos comentários XML em sua janela IntelliSense.

O comentário XML para uma classe consiste em um bloco <summary>. Note como ele inicia como <summary> e termina com </summary>,

```
/// <summary>
/// Um cara com nome, idade e uma carteira cheia de dinheiro
/// </summary>
class Guy
{
    /*
     * Note como Name e Age são propriedades com campos de armazenamento marcados
     * como readonly. Isso significa que estes campos de armazenamento só podem ser
     * configurados quando o objeto é inicializado (nas suas declarações ou na contrução).
     */

    /// <summary>
    /// Campo de armazenamento de apenas leitura para a propriedade Name
    /// </summary>
    private readonly string name;

    /// <summary>
    /// O nome do cara
    /// </summary>
    public string Name { get { return name; } }

    /// <summary>
    /// Campo de armazenamento de apenas leitura para a propriedade Name
    /// </summary>
    private readonly int age;

    /// <summary>
    /// A idade do cara
    /// </summary>
    public int Age { get { return age; } }

    /*
     * Dinheiro não é readonly porque pode mudar durante a vida do cara.
     */

    /// <summary>
    /// O número de reais que o cara tem
    /// </summary>
    public int Cash { get; private set; }
```

Marcar um campo como readonly é uma ferramenta útil para o encapsulamento, pois significa que o campo nunca pode ser alterado assim que o objeto é instanciado.

Quando o IDE adiciona o esqueleto para um construtor ou outro método, ele adiciona as tags <param> para cada um dos parâmetros.

```
    /// <summary>
    /// O construtor define o nome, idade e dinheiro
    /// </summary>
    /// <param name="name">O nome do cara</param>
    /// <param name="age">A idade do cara</param>
    /// <param name="cash">A quantidade de dinheiro que o cara começa</param>
    public Guy(string name, int age, int cash) {
        this.name = name;
        this.age = age;
        Cash = cash;
    }

    public override string ToString() {
        return String.Format("{0} is {1} years old and has {2} bucks", Name, Age, Cash);
    }
```

É onde estamos sobrescrevendo ToString(). Isto é coberto no Capítulo 8.

```
    /// <summary>
    /// Dar o dinheiro de minha carteira
    /// </summary>
    /// <param name="amount">Quantidade de dinheiro para entregar</param>
    /// <returns>A quantidade de dinheiro entregue, ou 0 se não tiver dinheiro
       suficiente</returns>
    public int GiveCash(int amount) {
        if (amount <= Cash && amount > 0)
        {
            Cash -= amount;
            return amount;
        }
        else
        {
            return 0;
        }
    }

    /// <summary>
    /// Receber algum dinheiro em minha carteira
    /// </summary>
    /// <param name="amount">Quantidade a receber</param>
    /// <returns>Quantidade recebida, ou 0 se nenhum dinheiro for recebido</returns>
    public int ReceiveCash(int amount) {
        if (amount > 0)
        {
            if (amount > 0)
            {
                Cash += amount;
                return amount;
            }
            Console.WriteLine("{0} says: {1} isn't an amount I'll take", Name, amount);
        }
        return 0;
    }
}
```

... mais coisas básicas...

É fácil ficar atordoado ao aprender qualquer linguagem de computação e o C# não é uma exceção. É por isso que nos concentramos nas partes da linguagem que, em nossa experiência, são mais comuns para os desenvolvedores novatos e os intermediários. Mas, há uma sintaxe C# e .NET básica que realmente é útil, mas é muito mais fácil abordar com seu próprio ritmo, assim que você se acostuma com as coisas. Eis uma aplicação do console que demonstra parte disto.

```
static void Main(string[] args)
{
    // Usaremos estas instâncias Guy e Random neste exemplo.
    Guy bob = new Guy("Bob", 43, 100);
    Guy joe = new Guy("Joe", 41, 100);
    Random random = new Random();
```

Um bom modo de lidar com isto é depurar e utilizar watches para entender o que está acontecendo. A medida que avança no livro, tente experimentar alguns destes conceitos.

```
    /*
     * Aqui estão duas palavras-chave que você pode utilizar com lops. A palavra-chave
     * "continue" diz ao loop para pular para próxima alteração de um loop, a palavra-chave
     * "break" diz ao loop para terminar imediatamente.
     *
     * As intruções break, continue, throw e return são chamados instruções jump porque
     * elas fazem com que o seu programa "pule" (pump) para outro local no código quando
     * eles são executados. (Você aprende sobre pausa com instruçõe switch/case no
     * Capítulo 8 e com a instrução throw no Capítulo 10). Há mais uma intrução jump,
     * "goto", que pula para a etiqueta. (Você reconhecerá estas etiquetas como tendo uma
     * sintaxe similar a que você usa na instrução case.)
     *
     * Você pode escrever este proximo loop facilmente sem continue e break. Este é um
     * bom exemplo de como o C# deixa você fazer a mesma coisa de maneiras diferentes.
     * É por isso que você não precisa de break, continue, ou quaquer uma dessas palavras-
     * chave ou operadores para escrever qualquer programa neste livro.
     *
     * A intrução break também é utilizada com "case", o que pode ser observado no Capitulo 8.
     */
```

[Muitas pessoas dizem que pular as instruções é uma prática ruim. Geralmente, existem outros modos de você poder conseguir os mesmos resultados. Mas, é útil saber como funcionam, no caso de entrarem algumas.]

```
    while (true) {
        int amountToGive = random.Next(20);

        // A palavra-chave continue pula para a próxima iteração de um loop
        // Use a palavra-chave para apenas dar a Joe quantias acima de 10
        if (amountToGive < 10)
            continue;

        // A palavra-chave break termina um loop previamente
        if (joe.ReceiveCash(bob.GiveCash(amountToGive)) == 0)
            break;

        Console.WriteLine("Bob gave Joe {0} bucks, Joe has {1} bucks, Bob has {2} bucks",
            amountToGive, joe.Cash, bob.Cash);
    }
    Console.WriteLine("Bob's left with {0} bucks", bob.Cash);
```

A instrução continue faz com que o programa pule o resto da iteração e volte ao início do loop.

[A] instrução break faz com que o loop termine e o programa vá para a instrução Console.WriteLine().

```
// O operador condicional ?: é um if/then/else contraído em uma única expressão
// [teste booleano] ? [instrução a executar se if true] : [instrução a executar if false]
Console.WriteLine("Bob {0} more cash than Joe",
    bob.Cash > joe.Cash ? "has" : "does not have");
```

```
// O operador de união nulo ?? verifica se um valor é null e retorna
// esse valor se não for null ou o valor especificado se ele for
// [valor a testar] ?? [valor a retornar se for null]
bob = null;
Console.WriteLine("Result of ?? is '{0}'", bob ?? joe);
```

Como bob é null, o operador ?? retorna joe.

```
// Eis um loop que usa instruções goto e etiquetas. É raro vê-las,
// mas podem ser úteis com loops aninhados. (A instrução break
// apenas escapa do loop mais interno)
for (int i = 0; i < 10; i++)
{
    for (int j = 0; j < 3; j++)
    {
        if (i > 3)
            goto afterLoop;
        Console.WriteLine("i = {0}, j = {1}", i, j);
    }
}
afterLoop:
```

A instrução goto faz com que a execução pule diretamente para uma etiqueta.

Uma etiqueta é uma string de letras, números ou sublinhados, seguida de dois pontos.

```
// Quando você usa o operador = para fazer uma atribuição, ele retorna um valor que você
// pode mudar e usar em uma atribuição ou em uma instrução if
int a;
int b = (a = 3 * 5);
Console.WriteLine("a = {0}; b = {1};", a, b);
```

Esta instrução primeiro define a para 3 * 5, então define b para o resultado.

```
// Quando você coloca o operador ++ antes de uma variável, ele aumenta a variável
// primeiro, então executa o resto da instrução.
a = ++b * 10;
Console.WriteLine("a = {0}; b = {1};", a, b);
```

++b significa que b é aumentado primeiro e a é definido para b * 10.

```
// Colocar depois da variável executa a intrução antes, depois incrementa.
a = b++ * 10;
Console.WriteLine("a = {0}; b = {1};", a, b);
```

b++ significa que primeiro a é definido para b* 10, então b é aumentado.

```
/*
 * Quando você utiliza && e || para realizar testes lógicos, eles entram em curto - o
 * que significa que assim que os testes falharem, eles irão parar de executar. Quando
 * (A||B) está sendo avaliado, se A é true então(A||B) sempre será true não
 * importando o que B é. E quando(A&&B)está sendo avaliado, então se A é false
 * (A&&B) sempre será falso não importando o que B seja. Em ambos os casos, B nunca
 * será executado porque o operador não necessita do seu valor para gerar um valor de retorno.
 */
```

Quando você usa /* e */ para adicionar comentários, não tem que adicionar * no início de cada linha, mas facilita a leitura.

```
int x = 0;
int y = 10;
int z = 20;
```

Usaremos estes valores no código na próxima página!

Usar as propriedades de **curto-circuito** dos operadores "or" e "and" é outro modo de você poder escrever com eficiência uma instrução if/else. Isto é o mesmo que dizer "apenas execute (y / x == 4) se (y < z) for true.

```
// y / x irão gerar um DivideByZeroException, pois x é 0. Mas, como (y < z) é true,
// o operador || sabe que será true sem nem mesmo ter que executar a outra
// instrução, portanto ele sofre curto-circuito nunca é executa (y / x == 4)
if ((y < z) || (y / x == 4))
    Console.WriteLine("this line printed because || short-circuited");

// Como (y > z) é false, o operador && sabe que retornará false sem
// executar a outra instrução, portanto ele é curto-circuitado e não gera a exceção.
if ((y > z) && (y / x == 4))
    Console.WriteLine("this line will never print because && short-circuited");
```

```
/*
 * Muitos pensam em 1s e 0s quando pensam em programação, manipular 1s e 0s é a
 * função de operadores lógicos
 */

// Use Convert.ToString( ) e Convert.ToInt32( ) para converter um número em ou a partir
// de uma string de 1s e 0s em sua forma binária. O segundo argumento especifica se
// você está convertendo na base 2.
string binaryValue = Convert.ToString(217, 2);
int intValue = Convert.ToInt32(binaryValue, 2);
Console.WriteLine("Binary {0} is integer {1}", binaryValue, intValue);

// Os operadores &, |, ^ e ~ são AND, OR, XOR lógicos e complemento de bitwise
int val1 = Convert.ToInt32("100000001", 2);
int val2 = Convert.ToInt32("001010100", 2);
int or = val1 | val2;
int and = val1 & val2;
int xor = val1 ^ val2;
int not = ~val1;
```

Os operadores lógicos &, | e ^ são predefinidos em todos os tipos numéricos integrais, todos enums e bool. A única diferença entre & e && (e | e ||) em bool é que eles não têm um curto-circuito.

~ é a negação lógica nos tipos numéricos integrais e enums, que de certo modo, é análogo a ! para o bool.

```
// Imprima os valores -- e use o método String.PadLeft( ) para adicionar 0s à esquerda
Console.WriteLine("val1: {0}", Convert.ToString(val1, 2));
Console.WriteLine("val2: {0}", Convert.ToString(val2, 2).PadLeft(9, '0'));
Console.WriteLine("  or: {0}", Convert.ToString(or, 2).PadLeft(9, '0'));
Console.WriteLine(" and: {0}", Convert.ToString(and, 2).PadLeft(9, '0'));
Console.WriteLine(" xor: {0}", Convert.ToString(xor, 2).PadLeft(9, '0'));
Console.WriteLine(" not: {0}", Convert.ToString(not, 2).PadLeft(9, '0'));
// Note o que o operador ~ retornou: 11111111111111111111111011111110
// É o complemento de 32 bits de val1: 00000000000000000000000100000001
// Os operadores lógicos estão operando em int, que é um inteiro com 32 bits.
```

Convert.ToString( ) retorna um objeto String e estamos chamando o método PadLeft() nesse objeto para preencher o resultado com zeros.

Isto fará muito mais sentido quando você executar o programa e vir a saída. Lembre-se, você não precisa digitar todo este código – pode fazer o download no site Web do Use a Cabeça!! **www.altabooks.com.br**

```
// Os operadores << e >> deslocam os bits à esquerda e à direita. E você pode combinar
// qualquer operador lógico com =, portanto >>= ou &= é como += ou *=.
int bits = Convert.ToInt32("11", 2);
for (int i = 0; i < 5; i++)
{
    bits <<= 2;
    Console.WriteLine(Convert.ToString(bits, 2).PadLeft(12, '0'));
}
for (int i = 0; i < 5; i++)
{
    bits >>= 2;
    Console.WriteLine(Convert.ToString(bits, 2).PadLeft(12, '0'));
}
```

Isto não tem nenhuma relação com a lógica, é apenas algo útil que você vê com certa frequência.

```
// Você pode instanciar um novo objeto e chamar um método nele sem usar uma variável
// para se referir a ele.
Console.WriteLine(new Guy("Harry", 47, 376).ToString());
```

```
// Usamos o operador + para a concatenação de strings no livro e isso
// funciona muito bem. Porém, muitas pessoas evitam usar + em loops que terão que ser
// executados muitas e muitas vezes, pois sempre que + é executado, cria um objeto
// no heap que precisará ser coletado depois. É por isso que o .NET extra tem uma
// classe chamada StringBuilder, que é ótima para criar e concatenar com eficiência
// as strings. Seu método Append() adiciona uma string ao final, AppendFormat()
// anexa uma string formatada (usando {0} e {1} exatamente como String.Format()
// e Console.WriteLine()), e AppendLine() adiciona uma string com uma quebra de
// linha no final. Para obter a string concatenada final,
// chame seu método ToString().
StringBuilder stringBuilder = new StringBuilder("Hi ");
stringBuilder.Append("there, ");
stringBuilder.AppendFormat("{0} year old guy named {1}. ", joe.Age, joe.Name);
stringBuilder.AppendLine("Nice weather we're having.");
Console.WriteLine(stringBuilder.ToString());

Console.ReadKey();
```

Algo a notar aqui: neste exemplo em particular, StringBuilder é executado pior que +, pois + irá calcular previamente o comprimento da string e descobrir exatamente quanto memória alocar.

Você geralmente usa StringBuilder quando não sabe de antemão o número de concatenações que deseja realizar.

```
/*
 * Este é um bom começo, mas não está, de modo algum, completo. Por sorte a Microsoft
 * fornece a você uma lista de referência com todos os operadores do C#, palavras-chave
 * e outros itens presentes na linguagem. Dê uma olhada nela - e se você estiver apenas
 * começando com C#, não se preocupe se parecer difícil de entender. MSDN é uma ótima
 * fonte de informação, mas é feita para ser uma referência, não um guia de estudo.
 *
 * C# Referencia de programação: http://msdn.microsoft.com/en-us/library/618ayhy6.aspx
 * C# Operadores: http://msdn.microsoft.com/en-us/library/6a71f45d.aspx
 * C# Palavras-chave: http://msdn.microsoft.com/en-us/library/x53a06bb.aspx
 */
}
```

#2. Namespaces e assemblies

Tomamos a decisão de focar este livro na coisa realmente prática que você precisa saber para desenvolver e executar as aplicações. Em todo capítulo, você cria seus projetos no Visual Studio e executa-os no depurador. Mostramos onde seu código compilado acabou em um executável e como publicar esse executável de modo que as outras pessoas possam instalá-lo em suas máquinas. Isso é suficiente para você percorrer todo exercício neste livro, mas vale a pena voltar e ver um pouco mais de perto o que você está desenvolvendo.

Quando você compila seu programa C#, está criando um assembly. Um assembly é um arquivo que contém o código compilado. Existem dois tipos de assemblies. Os executáveis (às vezes chamado de "assemblies do processo") têm a extensão de arquivo EXE. Todos os programas escritos neste livro são compilados como executáveis. Eles são os assemblies que você pode executar (você sabe, arquivos EXE nos quais pode clicar duas vezes e executar). Existem também os assemblies de biblioteca, que têm a extensão de arquivo DLL. Eles contêm as classes que você pode usar em seus programas e como verá em breve, os namespaces desempenham um papel importante em como usá-los.

Você pode compreender o básico dos assemblies primeiro criando uma biblioteca de classes, então desenvolvendo um programa que a utiliza. Comece criando um novo projeto `Class Library` no Visual Studio chamado `Headfirst.Csharp.Leftover2`. Quando a biblioteca é criada pela primeira vez, ela contém o arquivo `Class.cs`. **Apague** esse arquivo e **adicione uma nova classe** chamada `Guy.cs`. Abra o novo arquivo `Guy.cs`:

```
namespace Headfirst.Csharp.Leftover2
{
    class Guy
    {
    }
}
```

Notou como o Visual Studio fez o namespace coincidir com o nome de sua biblioteca de classes? É um padrão muito comum.

Vá em frente e **preencha a classe Guy** com o código de Sobra #1 _ usaremos em um minuto. Em seguida, **adicione mais duas classes** chamadas `HiThereWriter` e `LineWriter`. Eis o código para `HiThereWriter`:

```
namespace Headfirst.Csharp.Leftover2
{
    public static class HiThereWriter
    {
      public static void HiThere(string name)
       {
          MessageBox.Show("Hi there! My name is " + name);
       }
    }
}
```

E aqui está outro código para `LineWriter` (também está no namespace `Headfirst.Csharp.Leftover2`):

```
    internal static class LineWriter {
        public static void WriteALine(string message)
        {
            Console.WriteLine(message);
        }
    }
```

> Nomeamos a biblioteca de classes como `Headfirst.Csharp.Leftover2` porque é um modo padrão de nomear os assemblies. Leia mais sobre a nomenclatura de assembly aqui: http://msdn.microsoft.com/en-us/library/ms229048.asp

Agora, tente compilar seu programa. Você verá um erro:

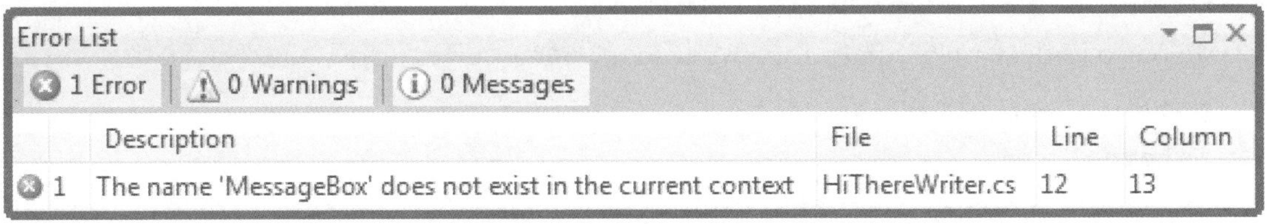

Tudo bem - sabemos como corrigir isto. Adicione uma linha ao início de sua classe:

```
using System.Windows.Forms;
```

Espere, ainda não compile! Algo está estranho aqui. Quando você digitou essa linha, notou que quando chegou em "using System.Win", a janela IntelliSense parou de forneceu sugestões? É por isso que seu programa **não se referiu ao assembly `System.Windows.Forms`**.

Vamos corrigir isto fazendo uma referência ao assembly correto. Vá para o Solution Explorer (Navegador de Solução) e expanda a pasta "References" (Referências) em seu projeto. Clique com o botão direito nela e escolha "Add Reference..." (Adicionar Referência...); uma janela deve aparecer:

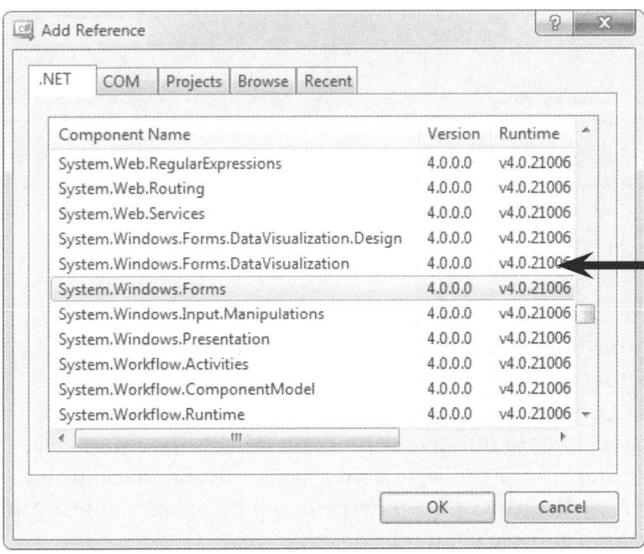

Esta janela está mostrando os assemblies que seu programa pode acessar. Alguns são armazenados no Global Assembly Cache (GAC), mas nem todo assembly no GAC aparece nesta janela. O GAC é um conjunto de assemblies central de toda máquina que todos os programas .NET no computador podem acessar. Você pode ver todos os assemblies nele digitando `%systemroot%\assembly` no menu Start (Iniciar) (ou Start/Run (Iniciar/Executar) para as versões mais antigas do Windows).

Reserve um minuto e faça isto agora. Observe como existem muitas versões diferentes de alguns assemblies. Seus programas podem referir-se a uma versão específica do assembly, portanto não irá interromper mesmo que uma versão mais recente e incompatível seja instalada no computador.

Na guia .NET, comece digitando "System.Windows.Forms" – deverá pular para esse assembly. Certifique-se de que esteja destacado e clique em OK. Agora, `System.Windows.Forms` deverá aparecer sob a pasta References no Solution Explorer, e seu programa compilará!

A janela "Add References" descobre quais assemblies exibir verificando uma chave de registro, não o GAC. Para obter mais informações: http://support.microsoft.com/kb/306149

... então, o que acabei de fazer?

Veja de perto as declarações para `LineWriter` e `HiThereWriter`:

```
public class HiThereWriter
internal static class LineWriter
```

Existem **modificadores de acesso nas declarações de classe**: `HiThereWriter` é declarada com o modificador de acesso **`public`** e `LineWriter` é declarada com **`internal`**. Em um minuto, você escreverá uma aplicação do console que se refere a essa biblioteca de classes. Um programa pode acessar apenas *diretamente* as classes públicas de outra biblioteca de classes – embora possam ser acessadas indiretamente, como quando um objeto chama outro ou retorna uma instância de um objeto interno que implementa uma interface pública.

Agora, volte para sua classe `Guy` e veja sua declaração:

```
class Guy
```

Como não há nenhum modificador de acesso, tem como padrão `internal`. Queremos declarar `Guy` a partir de outra classe, portanto **mude a declaração** para que seja pública:

```
public class Guy
```

Em seguida, tente executar seu programa no depurador. Você verá este erro:

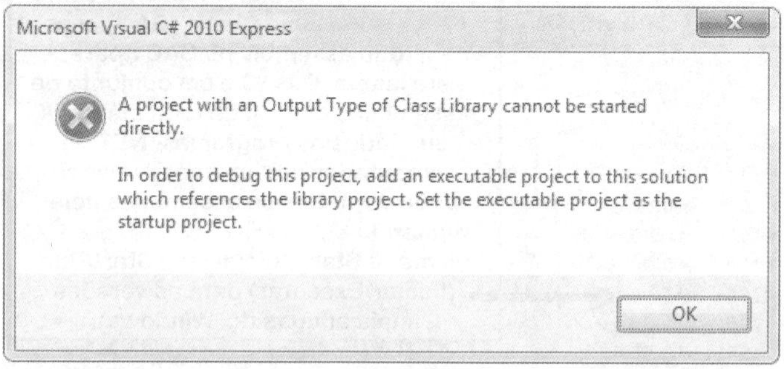

Isto faz sentido quando você pensa, pois uma biblioteca de classes não tem nenhum ponto de entrada. É como um monte de classes que outros programas podem usar. Portanto, iremos adicionar um programa executável que usa essas classes – assim, o depurador terá algo para executar. O Visual Studio tem um recurso realmente útil que iremos aproveitar em seguida: ele pode carregar diversos projetos em uma única solução. **Clique com o botão direito no Solution Explorer e escolha Add (Adicionar) >> New Project... (Novo Projeto...)** para ativar a janela Add Project usual. Adicione uma nova aplicação do console chamado `MyProgram`.

Assim que seu novo programa for carregado, deverá aparecer no Solution Explorer logo abaixo da biblioteca de classes. Clique com o botão direito em References (Referências) abaixo de MyProgram e escolha "Add Reference..." (Adicionar Referência...) no menu. Desta vez, abra a guia Projects (Projetos). Você deverá ver seu projeto da biblioteca de classes listado – selecione-o e clique em OK. Agora, ele deverá aparecer na janela References.

Vá para o início do arquivo `Program.cs` de seu novo projeto e comece a adicionar esta linha `using`:

```
using Headfirst.Csharp.Leftover2;
```

Notou como o IntelliSense seleciona "Csharp" e "Leftover2" quando você está digitando?

Agora, podemos escrever um novo programa. Comece digitando **Guy**. Veja o que aparece:

```
static void Main(string[] args)
{
```

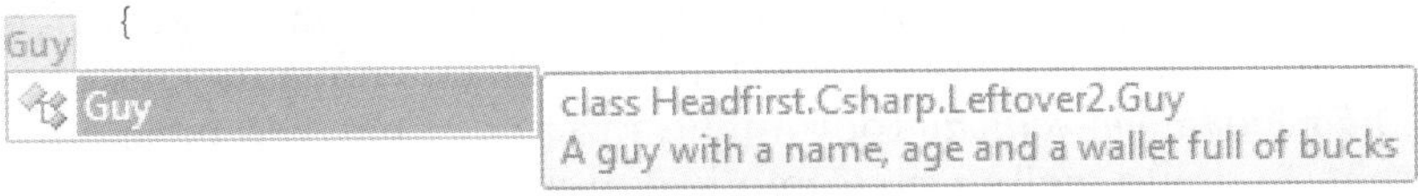

A janela IntelliSense lista o namespace inteiro para `Guy`, portanto você pode ver que está realmente usando a classe definida em outro assembly. Termine o programa:

```
static void Main(string[] args)
{
    Guy guy = new Guy("Joe", 43, 125);
    HiThereWriter.HiThere(guy.Name);
}
```

Agora, execute seu programa. Ah, espere – você vê a mesma mensagem de erro de antes, pois não pode executar uma biblioteca de classes! Tudo bem. Clique com o botão direito em seu novo projeto `MyProgram` no Solution Explorer e **escolha "Set as Startup Project"** (Definir como Projeto de Inicialização). Sua solução pode ter muitos projetos diferentes e assim é como você informa qual iniciar quando executa no depurador. Agora, execute seu programa novamente – desta vez ele é executado!

Por que você adicionou public às declarações de classe no Capítulo 13

No Capítulo 13, você mudou as declarações de classe `Renderer`, `World`, `Hive`, `Flower` e `Bee` para adicionar o modificador de acesso `public`. Por que fez isso?

Tente remover `public` da declaração `Renderer`. Terá uma mensagem de erro quando tentar desenvolver seu programa informando isto:

Inconsistent accessibility: property type 'Beehive_Simulator.Renderer' is less accessible than property 'Beehive_Simulator.HiveForm.Renderer'

(Acessibilidade inconsistente: o tipo de propriedade 'Beehive_Simulator. Renderer' é menos acessível do que a propriedade 'Beehive_Simulator. HiveForm.Renderer')

Eis o que está acontecendo. Veja a declaração de classe de HiveForm:

```
public partial class HiveForm : Form
```

Você viu esta declaração tantas vezes que provavelmente nem mesmo a notou. Mas, veja com cuidado – quando o IDE adiciona um formulário ao seu projeto, adiciona automaticamente o modificador de acesso `public`. Mas, sua classe `Renderer` é declarada sem um modificador de acesso, portanto tem como padrão `internal`. Sua construção foi interrompida quando você tentou adicionar uma propriedade pública do tipo `Renderer` à classe `HiveForm` pública. Mas, como `Renderer` não era pública, isso causou um erro inconsistente de acessibilidade.

E isso deverá fazer sentido quando você pensar. Afinal, um programa é um assembly também e outro assembly pode acessar suas classes. O que aconteceria se outro assembly tentasse referir-se à classe `HiveForm`? Veria a propriedade pública do tipo Renderer – mas, como a classe `Renderer` é interna, não conseguiria acessá-la. É por isso que há uma regra: se você tiver uma classe pública em seu assembly, então qualquer propriedade, método ou outro membro poderá usar apenas os tipos públicos.

Estamos apenas tocando na superfície dos assemblies. Há muito mais (inclusive a versão e a assinatura deles para ter segurança). Você pode ler mais sobre os assemblies aqui: http://msdn.microsoft.com/en-us/library/k3677y81.aspx

No livro, informamos que você compila seu código. Quando fazemos isto, ele é compilado para a **Common Intermediate Language** (IL), a linguagem de baixo nível usada pelo .NET. É uma linguagem assembly legível pelos humanos e todas as linguagens .NET (inclusive o C# e o Visual Basic) são compiladas para ela. O código IL é compilado na linguagem nativa da máquina quando você executa seu programa usando o **compilador de execução** do CLR, assim nomeado porque compila a IL no código nativo durante a execução (ao invés de compilar previamente antes de executar).

Isto quer dizer que seus EXEs e DLLs contêm a IL e não o código assembly nativo, o que é importante porque significa que muitas linguagens podem compilar para a IL que o CLR pode executar - inclusive o Visual Basic .NET, F#, J#, C++/CLI gerenciado, JScript .NET, Windows PowerShell, IronPython, Iron Ruby e mais. É realmente útil: uma vez que o código VB.NET compila para a IL, você pode desenvolver um assembly no C# e usá-lo em um programa VB.NET (ou vice-versa).

Se você tiver um modo Macintosh ou Linux, tente instalar o Mono. É uma implementação de fonte aberta da IL que executa os arquivos EXE que você desenvolveu no PC (geralmente digitando "mono MyProgram.exe" – mas isto funciona apenas em *alguns* assemblies .NET). Não iremos falar mais sobre isso, pois este livro é focado na tecnologia Microsoft. Mas, temos que admitir que *é* muito legal ver o jogo Go Fish ou o simulador de colmeia executado nativamente no Mac ou no Linux!

#3. Use BackgroundWorker para tornar sua IU responsiva

No livro, mostramos dois modos de você poder fazer com que seus programas realizem mais de uma coisa por vez. No Capítulo 2, você aprendeu a usar o método `Application.DoEvents()` para deixar seu formulário responder aos cliques do botão enquanto ainda está em um loop. Mas, isso ***não é uma boa solução*** (por muitas razões que não veremos), portanto mostramos uma solução muito melhor no Capítulo 4: usar um timer para inicializar um evento em um intervalo regular. Mas, mesmo quando você sabe como usar os timers, haverá vezes em que seu programa ainda estará ocupado e não será responsivo. Por sorte, o .NET fornece um componente realmente útil que facilita muito deixar que seu programa faça o trabalho em segundo plano. É chamado de **`BackgroundWorker`** e mostraremos um exemplo para demonstrar como funciona.

Comece desenvolvendo este formulário. Você precisará arrastar um `CheckBox` para ele (nomeie-o como `useBackgroundWorkerCheckbox`), dois botões (chamados `goButton` e `cancelButton`) e um `ProgressBar` (chamado `progressBar1`). Então, arraste um `BackgroundWorker` para o formulário. Ele aparecerá na caixa cinza na parte inferior do designer. Mantenha seu nome como `backgroundWorker1` e defina suas propriedades `WorkerReportsProgress` e `WorkerSupportsCancellation` para `true`.

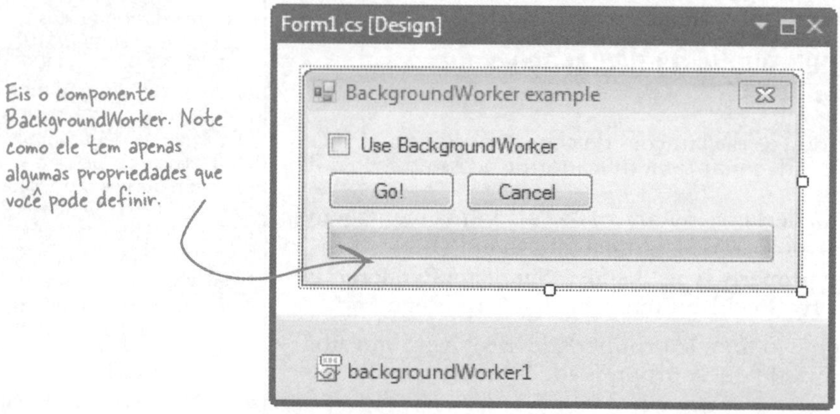

Selecione `BackgroundWorker` e vá para a página Events (Eventos) na janela Properties (Propriedades) – clique no ícone de raio. Tem três eventos: `DoWork`, `ProgressChanged` e `RunWorkerCompleted`. Clique duas vezes em cada um deles para adicionar um manipulador de eventos para cada evento.

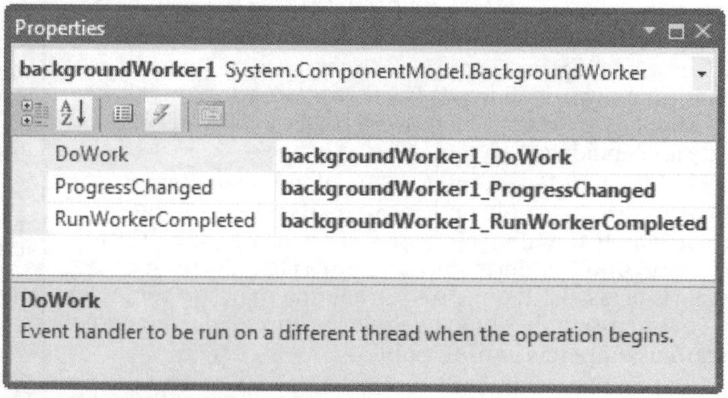

O código para o formulário está nas duas páginas a seguir.

Eis o código para o formulário.

```
/// <summary>
/// Gaste os ciclos da CPU fazendo com que o programa reduza a
/// velocidade fazendo cálculos por 100ms
/// </summary>
private void WasteCPUCycles() {
    DateTime startTime = DateTime.Now;
    double value = Math.E;
    while (DateTime.Now < startTime.AddMilliseconds(100)) {
        value /= Math.PI;
        value *= Math.Sqrt(2);
    }
}
/// <summary>
/// Clicar no botão Go inicia o gasto dos ciclos da CPU por 10 segundos
/// </summary>
private void goButton_Click(object sender, EventArgs e) {
    goButton.Enabled = false;
    if (!useBackgroundWorkerCheckbox.Checked) {
        // Se não estivermos usando o trabalho em segundo plano, simplesmente comece a
        // gastar os ciclos da CPU
        for (int i = 1; i <= 100; i++) {
            WasteCPUCycles();
            progressBar1.Value = i;
        }
        goButton.Enabled = true;
    } else {
        cancelButton.Enabled = true;

        // Se estivermos usando o trabalho em segundo plano, use seu  RunWorkerAsync()
        // para informar para iniciar seu trabalho
        backgroundWorker1.RunWorkerAsync(new Guy("Bob", 37, 146));
    }
}
/// <summary>
/// O objeto BackgroundWorker executa seu manipulador de evento DoWork em segundo plano
/// </summary>
private void backgroundWorker1_DoWork(object sender, DoWorkEventArgs e) {
    // A propriedade e.Argument retorna o argumento passado para RunWorkerAsync()
    Console.WriteLine("Background worker argument: " + (e.Argument ?? "null"));

    // Inicie o gasto dos ciclos da CPU
    for (int i = 1; i <= 100; i++) {
        WasteCPUCycles();
        // Use o método BackgroundWorker.ReportProgress para informar a % completa
        backgroundWorker1.ReportProgress(i);

        // Se a propriedade BackgroundWorker.CancellationPending for true, cancele
        if (backgroundWorker1.CancellationPending) {
            Console.WriteLine("Cancelled");
            break;
        }
    }
}
```

WasteCPUCycles() faz muitos cálculos matemáticos para pausar a CPU por 100 milissegundos, então retorna.

Quando o usuário clica no botão Go! (Ir!), o manipulador de eventos verifica para ver se a caixa de seleção "Use BackgroundWorker" (Usar BackgroundWorker) está marcada. Se não estiver, o formulário gasta os ciclos da CPU por 10 segundos. Se estiver, o formulário chama o método RunWorkerAsync() de BackgroundWorker para informar para começar a fazer seu trabalho em segundo plano.

Se o formulário estiver usando o trabalho em segundo plano, ativará o botão Cancel (Cancelar).

Quando você informa a BackgroundWorker para começar a trabalhar, fornece-lhe um argumento. Neste caso, está passando-lhe um objeto Guy (veja sobra #1 para obter sua definição).

Eis um bom exemplo de como usar o operador de união nulo ??, sobre o qual falamos na sobra #1. Se e.Argument for null, isto retornará "null", do contrário retornará e.Argument.

O método CancellationPending verifica se o método CancelAsync() de BackgroundWorker foi chamado.

Quando o método RunWorkerAsync() de BackgroundWorker é chamado, ele inicia seu manipulador de evento DoWork em segundo plano. Note como ainda está chamando o mesmo método WasteCPUCycles() para gastar os ciclos da CPU. Também está chamando o método ReportProgress() para informar uma porcentagem completa (um número de 0 a 100).

BackgroundWorker apenas inicia seus eventos ProgressChanged e RunWorkerCompleted se suas propriedades WorkerReportsProgress e WorkerSupportsCancellation são true.

```
/// <summary>
/// BackgroundWorker inicia seu evento ProgressChanged quando o encadeamento do trabalho
/// informa o progresso
/// </summary>
private void backgroundWorker1_ProgressChanged(object sender, ProgressChangedEventArgs e) {
    progressBar1.Value = e.ProgressPercentage;
}
```

Quando o manipulador de evento DoWork chama o método ProgressChanged(), faz com que BackgroundWorker gere seu evento ProgressChanged e defina e.ProgressPercentage para a porcentagem passada.

```
/// <summary>
/// BackgroundWorker inicia seu evento RunWorkerCompleted quando seu trabalho termina
/// (ou é cancelado)
/// </summary>
private void backgroundWorker1_RunWorkerCompleted(object sender, RunWorkerCompletedEventArgs e)
{
    goButton.Enabled = true;
    cancelButton.Enabled = false;
}
```

Quando o trabalho termina, o manipulador de evento RunWorkerCompleted reativa o botão Go! e desativa o botão Cancel.

```
/// <summary>
/// Quando o usuário clicar em Cancel, chame BackgroundWorker.CancelAsync() para enviar uma
/// mensagem de cancelamento
/// </summary>
private void cancelButton_Click(object sender, EventArgs e) {
    backgroundWorker1.CancelAsync();
}
```

Se o usuário clicar em Cancel, chamará o método CancelAsync() de BackgroundWorker para lhe dar a mensagem para cancelar.

Assim que você tiver seu formulário funcionando, execute o programa. É fácil ver como `BackgroundWorker` torna seu programa muito mais responsivo:

- ★ Certifique-se de que a caixa de seleção "Use BackgroundWorker" (Usar BackgroundWorker) não esteja marcada, então clique no botão Go! (Ir!). Você verá a barra de progresso começar a ser preenchida. Tente arrastar o formulário – não conseguirá. O formulário está todo bloqueado. Se você tiver sorte, poderá pular um pouco até que finalmente responda ao arrastar do mouse.
- ★ Quando tiver terminado, marque a caixa de seleção "Use BackgroundWorker" e clique novamente no botão Go!. Desta vez, o formulário será totalmente responsivo. Você pode movê-lo e até fechá-lo, e não haverá nenhum retardo. Quando acabar, ele usará o método `RunWorkerCompleted` para reativar os botões.
- ★ Com o programa em execução (usando `BackgroundWorker`), clique no botão Cancel (Cancelar). Ele atualizará sua propriedade `CancellationPending`, que informará ao programa para cancelar e sair do loop.

Você está imaginando porque precisa usar o método `ReportProgress()` ao invés de definir a propriedade `Value` de `ProgressBar` diretamente? Experimente. Adicione a seguinte linha ao manipulador de evento `DoWork`:

```
progressBar1.Value = 10;
```

Então, execute seu programa de novo. Assim que ele alcançar essa linha, irá gerar um `InvalidOperationException` com esta mensagem: "Cross-thread operation not valid: Control 'progressBar1' accessed from a thread other than the thread it was created on." (Operação de encadeamento cruzado inválida: O controle 'progressBar1' foi acessado a partir de outro encadeamento diferente daquele no qual foi criado). O motivo de ter gerado essa exceção é que `BackgroundWorker` inicia um encadeamento separado e executa o método `DoWork` nele. Portanto, há dois encadeamentos: o encadeamento GUI que está executando o formulário e o encadeamento de segundo plano. Uma das regras do encadeamento .NET é que apenas o encadeamento GUI pode atualizar os controles do formulário; do contrário, essa exceção será gerada.

Esta é apenas uma das muitas armadilhas do encadeamento que podem pegar um novo desenvolvedor – é por isso que não falamos sobre o encadeamento em outro lugar neste livro. Se você estiver procurando iniciar com os encadeamentos, recomendamos o excelente livro eletrônico de Joe Albahari sobre o encadeamento no C# e .NET: http://www.albahari.com/threading

#4. A classe Type e GetType()

Um dos aspectos mais poderosos da linguagem de programa C# é seu sistema de tipos rico. Mas, até que você tenha alguma experiência em desenvolver programas, será difícil gostar disto – de fato, pode ser um pouco confuso à primeira vista. Mas, queremos lhe dar pelo menos uma ideia de como os tipos funcionam no C# e no .NET. Eis uma aplicação do console que fornece uma introdução para algumas ferramentas que você tem à sua disposição para trabalhar com os tipos.

```
class Program {
    class NestedClass {
        public class DoubleNestedClass {
            // Conteúdo da classe aninhada ...
        }
    }

    static void Main(string[] args) {
        Type guyType = typeof(Guy);
        Console.WriteLine("{0} extends {1}",
            guyType.FullName,
            guyType.BaseType.FullName);
        // saída: TypeExamples.Guy extends System.Object

        Type nestedClassType = typeof(NestedClass.DoubleNestedClass);
        Console.WriteLine(nestedClassType.FullName);
        // saída: TypeExamples.Program+NestedClass+DoubleNestedClass

        List<Guy> guyList = new List<Guy>();
        Console.WriteLine(guyList.GetType().Name);
        // saída: List`1

        Dictionary<string, Guy> guyDictionary = new Dictionary<string, Guy>();
        Console.WriteLine(guyDictionary.GetType().Name);
        // output: saída: Dictionary`2

        Type t = typeof(Program);
        Console.WriteLine(t.FullName);
        // saída: TypeExamples.Program

        Type intType = typeof(int);
        Type int32Type = typeof(Int32);
        Console.WriteLine("{0} - {1}", intType.FullName, int32Type.FullName);
        // System.Int32 - System.Int32

        Console.WriteLine("{0} {1}", float.MinValue, float.MaxValue);
        // saída:-3.402823E+38 3.402823E+38

        Console.WriteLine("{0} {1}", int.MinValue, int.MaxValue);
        // saída:-2147483648 2147483647

        Console.WriteLine("{0} {1}", DateTime.MinValue, DateTime.MaxValue);
        // saída: 1/1/0001 12:00:00 AM 12/31/9999 11:59:59 PM

        Console.WriteLine(12345.GetType().FullName);
        // saída: System.Int32

        Console.ReadKey();
    }
}
```

Apenas mencionamos rapidamente, mas aqui está um lembrete de que você pode aninhar as classes dentro de outras. O programa contém NestedClass, que contém DoubleNestedClass.

Eis o ponto de entrada...

Você pode usar a palavra-chave typeof para transformar um tipo (como Guy, int ou DateTime) em um objeto Type. Então, pode descobrir seu nome completo e tipo base (se não herdou de nada, seu tipo base é System.Object).

Quando você obtém o tipo de um genérico, seu nome é o nome do tipo seguido de aspas invertidas e do número de seus parâmetros genéricos.

Esta é a classe System.Type. O método GetType() retorna um objeto Type.

A propriedade FullName que usamos na primeira parte deste programa é um membro de System.Type.

float é um alias para System.Single e int é um alias para System.Int32. Ambos são structs (sobre os quais você aprendeu no Capítulo 14).

Os tipos de valor numérico e DateTime têm as propriedades MinValue e MaxValue que retornam o valor válido mais alto e mais baixo.

As literais têm tipos também! E você pode usar GetType() para obter esses tipos.

Há muito mais para aprender sobre os tipos! Leia mais sobre eles aqui: http://msdn.microsoft.com/en-us/library/ms173104.aspx

#5. Equality, IEquatable e Equals()

No livro, quando você quis comparar os valores em duas variáveis, usou o operador = =. Mas, você já sabe que com todas as coisas sendo iguais, alguns valores são mais "iguais" que outros. O operador = = funciona bem para os tipos de valor (tais como `ints`, `doubles`, `DateTimes` ou outros `structs`), mas quando você usa-o nos tipos de referência, acaba comparando se duas variáveis de referência estão apontando para o mesmo objeto (ou se ambas são null). Isso é bom para aquilo que serve, mas acaba que o C# e o .NET fornecem um conjunto rico de ferramentas para lidar com a igualdade de valor nos objetos.

Para começar, todo objeto tem um método `Equals()`, que por padrão retorna true apenas se você passa uma referência para ele mesmo. E há um método estático, `Object.ReferenceEquals()`, que tem dois parâmetros e retorna true se ambos apontam para o mesmo objeto (ou se ambos são null). Eis um exemplo que você pode experimentar em uma aplicação do console:

```
Guy joe1 = new Guy("Joe", 37, 100);
Guy joe2 = joe1;
Console.WriteLine(Object.ReferenceEquals(joe1, joe2));   // True
Console.WriteLine(joe1.Equals(joe2));                    // True
Console.WriteLine(Object.ReferenceEquals(null, null));   // True

joe2 = new Guy("Joe", 37, 100);
Console.WriteLine(Object.ReferenceEquals(joe1, joe2));   // False
Console.WriteLine(joe1.Equals(joe2));                    // False
```

Novamente, estamos usando a mesma classe Guy da sobra #1.

Mas, isto é apenas o começo. Há uma interface predefinida no .NET chamada `IEquatable<T>` que você pode usar para adicionar código aos seus objetos para que eles possam informar se são iguais a outros objetos. Um objeto que implementa `IEquatable<T>` sabe como comparar seu valor com o valor de um objeto do tipo T. Tem um método, `Equals()`, e você implementa-o escrevendo o código para comparar o valor do objeto atual com o de outro objeto. Há uma página MSDN que tem mais informações sobre isto (http://msdn.microsoft.com/en-us/library/ms131190.aspx). Eis uma parte importante:

"Se você implementa Equals, também deve sobrescrever as implementações da classe base de Object. Equals(Object) e GetHashCode para que seu comportamento seja consistente com o do método IEquatable<T>.Equals. Se você sobrescrever Object.Equals(Object), sua implementação sobrescrito também será chamada nas chamadas para o método Equals(System.Object, System.Object) estático em sua classe. Isto assegura que todas as chamadas do método Equals retornem resultados consistentes, que o exemplo mostra."

Se você não fizer isto, o compilador dará um aviso.

Eis uma classe chamada `EquatableGuy`, que estende `Guy` e implementa `IEquatable<Guy>`:

```
/// <summary>
/// Um cara que sabe comparar-se com outros caras
/// </summary>
class EquatableGuy : Guy, IEquatable<Guy> {

    public EquatableGuy(string name, int age, int cash)
        : base(name, age, cash) { }

    /// <summary>
    /// Compare este objeto com outro EquatableGuy
    /// </summary>
    /// <param name="other">O objeto EquatableGuy a comparar com </param>
    /// <returns>True se os objetos têm os mesmos valores, false do contrário</returns>
    public bool Equals(Guy other) {
        if (ReferenceEquals(null, other)) return false;
        if (ReferenceEquals(this, other)) return true;
        return Equals(other.Name, Name) && other.Age == Age && other.Cash == Cash;
```

O método Equals() compara os valores reais nos campos do outro objeto Guy, verificando Name, Age e Cash para ver se são iguais e apenas retornando true se forem.

```
    }

    /// <summary>
    /// Sobrescrever o método Equals e fazer com que chame Equals(Guy)
    /// </summary>
    /// <param name="obj">O objeto a comparar com</param>
    /// <returns>True se o valor do outro objeto é igual a este</returns>
    public override bool Equals(object obj) {
        if (!(obj is Guy)) return false;
        return Equals((Guy)obj);
    }
```

Como nosso outro método Equals() já compara os caras, apenas iremos chamá-lo.

Estamos também anulando o método Equals() que herdamos de Object, assim como GetHashCode (por causa do contrato mencionado no artigo MSDN).

```
    /// <summary>
    /// Parte do contrato para sobrescrever Equals é que você precisa sobrescrever
    /// GetHashCode() também. Deve comparar os valores e retornar
    /// true se os valores forem iguais.
    /// </summary>
    /// <returns></returns>
    public override int GetHashCode() {
        const int prime = 397;
        int result = Age;
        result = (result * prime) ^ (Name != null ? Name.GetHashCode() : 0);
        result = (result * prime) ^ Cash;
        return result;
    }
}
```

Este é um padrão muito comum para GetHashCode(). Note o uso do operador XOR(^) de bitwise, um número primo e o operador condicional (?:).

E aqui está como fica quando você usa `Equals()` para comparar dois objetos `EquatableGuy`:

```
joe1 = new EquatableGuy("Joe", 37, 100);
joe2 = new EquatableGuy("Joe", 37, 100);
Console.WriteLine(Object.ReferenceEquals(joe1, joe2));   // False
Console.WriteLine(joe1.Equals(joe2));                     // True

joe1.GiveCash(50);
Console.WriteLine(joe1.Equals(joe2));                     // False
joe2.GiveCash(50);
Console.WriteLine(joe1.Equals(joe2));                     // True
```

Guy.Equals() apenas retornará true se os valores reais dos objetos forem iguais.

E agora que `Equals()` e `GetHashCode()` estão implementados para verificar os valores dos campos e das propriedades, o método `List.Contains()` funciona. Eis um `List<Guy>` que contém vários objetos `Guy`, inclusive um novo objeto `EquatableGuy` com os mesmos valores do referido por `joe1`.

```
List<Guy> guys = new List<Guy>() {
    new Guy("Bob", 42, 125),
    new EquatableGuy(joe1.Name, joe1.Age, joe1.Cash),
    new Guy("Ed", 39, 95)
};

Console.WriteLine(guys.Contains(joe1));       // True

Console.WriteLine(joe1 == joe2);              // False
```

List.Contains() irá percorrer seu conteúdo e chamará o método Equals() de cada objeto para compará-lo com a referência passada.

Mesmo que joe1 e joe2 apontem para objetos com os mesmos valores, == e != ainda comparam as referências, não os valores em si.

Não há algo que possamos fazer com isto? Vire a página e descubra!

Se você tentar comparar duas referências `EquatableGuy` com os operadores = = ou !=, apenas verificarão se ambas as referências estão apontando para o mesmo objeto e se ambas são null. Mas, e se você quiser fazê-las de fato comparar os valores dos objetos? Acaba que você pode realmente **sobrecarregar um operador** – redefinindo-o para algo específico quando ele opera nas referências de certo tipo. Você pode ver um exemplo de como isto funciona na classe `EquatableGuyWithOverload`, que estende `EquatableGuy` e adiciona a sobrecarga dos operadores = = e =!:

```
/// <summary>
/// Um cara que sabe como comparar-se com outros caras
/// </summary>
class EquatableGuyWithOverload : EquatableGuy
{
    public EquatableGuyWithOverload(string name, int age, int cash)
        : base(name, age, cash) { }

    public static bool operator ==(EquatableGuyWithOverload left,
                                   EquatableGuyWithOverload right)
    {
        if (Object.ReferenceEquals(left, null)) return false;
        else return left.Equals(right);
    }

    public static bool operator !=(EquatableGuyWithOverload left,
                                   EquatableGuyWithOverload right)
    {
        return !(left == right);
    }

    public override bool Equals(object obj) {
        return base.Equals(obj);
    }

    public override int GetHashCode() {
        return base.GetHashCode();
    }
}
```

Se usássemos == para verificar null, ao invés de Object.ReferenceEquals( ), obteríamos um StackOverflowException. Você pode descobrir o motivo?

Como já definimos ==, podemos simplesmente inverter para !=.

Se você não sobrescrever Equals() e GetHashCode(), o IDE dará este aviso: 'EquatableGuyWithOverload' defines operator = = or operator != but does not override Object.GetHashCode( ). ('EquatableGuyWithOverload' define o operador == ou o operador !=, mas não anula Object.GetHashCode().

Como EquatableGuyWithOverload age como EquatableGuy e Guy, podemos simplesmente chamar os métodos base.

Eis um código que usa os objetos `EquatableGuyWithOverload`:

```
joe1 = new EquatableGuyWithOverload(joe1.Name, joe1.Age, joe1.Cash);
joe2 = new EquatableGuyWithOverload(joe1.Name, joe1.Age, joe1.Cash);
Console.WriteLine(joe1 == joe2);     // False
Console.WriteLine(joe1 != joe2);     // True

Console.WriteLine((EquatableGuyWithOverload)joe1 ==
                                     (EquatableGuyWithOverload)joe2);    // True
Console.WriteLine((EquatableGuyWithOverload)joe1 !=
                                     (EquatableGuyWithOverload)joe2);    // False
joe2.ReceiveCash(25);
Console.WriteLine((EquatableGuyWithOverload)joe1 ==
                                    (EquatableGuyWithOverload)joe2);     // False
Console.WriteLine((EquatableGuyWithOverload)joe1 !=
                                    (EquatableGuyWithOverload)joe2);     // True
```

Espere, o que aconteceu? Está chamando os operadores = = e =! de Guy. Faça o casting para que EquatableGuyWithOverload chame os = = e =! corretos.

#6. Usar yield return para criar objetos enumeráveis

No Capítulo 8, aprendemos sobre a interface `IEnumerable` e como é usada pelo loop foreach. O C# e o .NET fornecem algumas ferramentas úteis para desenvolver suas próprias coleções, começando com a interface `IEnumerable`. Digamos que você queira criar seu próprio enumerador que retorna os valores deste enum `Sport` em ordem:

```
enum Sport
{
    Football, Baseball,
    Basketball, Hockey,
    Boxing, Rugby, Fencing,
}
```

Você mesmo pode implementar `IEnumerable` manualmente, desenvolvendo a propriedade `Current` e o método `MoveNext()`:

```
class SportCollection : IEnumerable<Sport> {
    public IEnumerator<Sport> GetEnumerator() {
        return new ManualSportEnumerator();
    }
    System.Collections.IEnumerator System.Collections.IEnumerable.GetEnumerator(){
        return GetEnumerator();
    }
    class ManualSportEnumerator : IEnumerator<Sport> {
        int current = -1;
        public Sport Current { get { return (Sport)current; } }
        public void Dispose() { return; } // Nada para despejar
        object System.Collections.IEnumerator.Current { get { return Current; } }
        public bool MoveNext() {
            int maxEnumValue = Enum.GetValues(typeof(Sport)).Length - 1;
            if ((int)current >= maxEnumValue)
                return false;
            current++;
            return true;
        }
        public void Reset() { current = 0; }
    }
}
```

IEnumerable apenas contém um método, GetEnumerator(), mas também precisamos desenvolver a classe para o enumerador retornado.

O enumerador implementa IEnumerator<Sport>. O loop foreach usa sua propriedade Current e o método MoveNext().

O método MoveNext() aumenta current e usa isto para retornar o próximo esporte no enum.

Eis um loop foreach que percorre `ManualSportCollection`. Ele retorna os esporte em ordem (Football, Baseball, Basketball, Hockey, Boxing, Rugby, Fencing):

```
Console.WriteLine("SportCollection contents:");
SportCollection sportCollection = new SportCollection();
foreach (Sport sport in sportCollection)
    Console.WriteLine(sport.ToString());
```

É muito trabalho para desenvolver um enumerador: ele tem que gerenciar seu próprio estado e controlar qual esporte é retornado. Por sorte, o C# fornece uma ferramenta realmente útil para ajudar a desenvolver facilmente os enumeradores. É chamada de `yield return` e você aprenderá sobre ela quando virar a página.

Apenas um lembrete de algo do Capítulo 15: todas as coleções são enumeráveis, mas nem tudo que é enumerável é tecnicamente uma coleção, a menos que implemente a interface ICollection<T>. Não mostramos como desenvolver as coleções desde o início, mas entender os enumeradores é certamente suficiente para você iniciar no caminho.

A instrução `yield return` é um tipo de criador de numeradores automático multifuncional. Esta classe `SportCollection` faz exatamente a mesma coisa daquela na página anterior, mas seu enumerador tem apenas três linhas de comprimento:

```
class SportCollection : IEnumerable<Sport> {
    System.Collections.IEnumerator System.Collections.IEnumerable.GetEnumerator() {
        return GetEnumerator();
    }
    public IEnumerator<Sport> GetEnumerator() {
        int maxEnumValue = Enum.GetValues(typeof(Sport)).Length - 1;
        for (int i = 0; i < maxEnumValue; i++) {
            yield return (Sport)i;
        }
    }
}
```

Como dissemos antes, é apenas o início para uma classe SportCollection. Você ainda desejará implementar a interface ICollection<Sport>.

Isto parece um pouco estranho, mas se você realmente depurar, poderá ver o que está acontecendo. Quando o compilador vê um método com uma instrução `yield return` que retorna `IEnumerator` ou `IEnumerator<T>`, **adiciona automaticamente os métodos `MoveNext()` e `Current`**. Quando executa, o primeiro `yield return` encontrado faz com que retorne o primeiro valor para o loop foreach. Quando o loop foreach continua (chamando o método `MoveNext()`), ele retoma a execução com a instrução **imediatamente após** o último `yield return` executado. Seu método `MoveNext()` retornará false se o método do enumerador retornar. Isto pode ser um pouco difícil de acompanhar no papel, mas será muito mais fácil seguir se você carregar no depurador e percorrer usando Step Into (F11). Para facilitar um pouco mais, eis um enumerador realmente simples chamado `NameEnumerator()` que faz uma iteração em quatro nomes:

```
static IEnumerable<string> NameEnumerator() {
    yield return "Bob";   // O método sai depois desta instrução ...
    yield return "Harry"; // ... e retoma aqui na próxima vez
    yield return "Joe";
    yield return "Frank";
}
```

E aqui está o loop foreach que faz uma iteração nele. Use Step Into (F11) para ver exatamente o que está acontecendo:

```
IEnumerable<string> names = NameEnumerator( ); // Coloque um ponto de interrupção aqui
foreach (string name in names)
    Console.WriteLine(name);
```

Há outra coisa que você geralmente vê em uma coleção: um **indexador**. Quando você usa colchetes [] para recuperar um objeto em uma lista, array ou dicionário (tal como `myList[3]` ou `myDictionary["Steve"]`), está usando um indexador. Um indexador é realmente apenas um método. Parece muito com uma propriedade, exceto que tem um parâmetro nomeado.

O IDE tem um fragmento de código especialmente útil. Digite **`indexer`** seguido de duas tabulações e o IDE adicionará o esqueleto de um indexador para você automaticamente.

Eis um indexador para a classe `SportCollection`:

```
public Sport this[int index] {
    get { return (Sport)index; }
}
```

Passar 3 a esse indexador retornará o valor do enum `Hockey`.

Eis um `IEnumerable<Guy>` que controla muitos caras, com um indexador que permite obter ou definir suas idades.

```
class GuyCollection : IEnumerable<Guy> {
 private static readonly Dictionary<string, int> namesAndAges = new Dictionary<string, int>()
 {
        {"Joe", 41}, {"Bob", 43}, {"Ed", 39}, {"Larry", 44}, {"Fred", 45}
 };
 public IEnumerator<Guy> GetEnumerator() {
     Random random = new Random();
     int pileOfCash = 125 * namesAndAges.Count;
     int count = 0;
     foreach (string name in namesAndAges.Keys) {
         int cashForGuy = (++count < namesAndAges.Count) ? random.Next(125) : pileOfCash;
         pileOfCash -= cashForGuy;
         yield return new Guy(name, namesAndAges[name], cashForGuy);
     }
 }
 System.Collections.IEnumerator System.Collections.IEnumerable.GetEnumerator() {
     return GetEnumerator();
 }
 /// <summary>
 /// Obter ou definir a idade de certo cara
 /// </summary>
 /// <param name="name">Nome do cara</param>
 /// <returns>Idade do cara</returns>
 public int this[string name] {
     get {
         if (namesAndAges.ContainsKey(name))
             return namesAndAges[name];
         throw new IndexOutOfRangeException("Name " + name + " was not found");
     }
     set {
         if (namesAndAges.ContainsKey(name))
             namesAndAges[name] = value;
         else
             namesAndAges.Add(name, value);
     }
 }
}
```

O enumerador usa este Dictionary privado para controlar os caras que criará, mas realmente não cria os objetos Guy em si até seu enumerador ser usado.

Ele cria os objetos Guy com quantidades aleatórias de dinheiro. Estamos apenas fazendo isto para mostrar que o enumerador pode criar objetos independentemente durante um loop foreach.

Quando um índice inválido é passado para um indexador, ele geralmente gera um IndexOutOfRangeException.

Este indexador tem um acessador set que atualiza a idade de um cara ou adiciona um novo cara a Dictionary.

E aqui está um código que usa os indexadores para atualizar a idade de um cara e adicionar mais dois caras, então, faz um loop neles:

```
Console.WriteLine("Adding two guys and modifying one guy");
guyCollection["Bob"] = guyCollection["Joe"] + 3;
guyCollection["Bill"] = 57;
guyCollection["Harry"] = 31;
foreach (Guy guy in guyCollection)
   Console.WriteLine(guy.ToString());
```

#7. Refatorar

Refatorar significa mudar o modo como seu código é estruturado sem mudar seu comportamento. Sempre que você escreve um método complexo, deve reservar alguns minutos para voltar e descobrir como pode mudá-lo, para que fique mais fácil de entender. Felizmente, o IDE tem algumas ferramentas de refatoração muito úteis predefinidas. Existem todos os tipos de refatorações que você pode fazer - aqui estão algumas que usamos com frequência.

Extrair um método

Quando estávamos escrevendo a apresentação baseada em controles no Capítulo 13, incluímos originalmente este loop foreach:

```
foreach (Bee bee in world.Bees) {
    beeControl = GetBeeControl(bee);
    if (bee.InsideHive) {
        if (fieldForm.Controls.Contains(beeControl)) {
            fieldForm.Controls.Remove(beeControl);
            beeControl.Size = new Size(40, 40);
            hiveForm.Controls.Add(beeControl);
            beeControl.BringToFront();
    } else if (hiveForm.Controls.Contains(beeControl)) {
        hiveForm.Controls.Remove(beeControl);
        beeControl.Size = new Size(20, 20);
        fieldForm.Controls.Add(beeControl);
        beeControl.BringToFront();
    }
    beeControl.Location = bee.Location;
}
```

Estas quatro linhas movem um BeeControl do formulário Field para o formulário Hive.

E estas quatro linhas movem um BeeControl do formulário Hive para o formulário Field.

Um de nossos revisores técnicos, Joe Albahari, indicou que isto era um pouco difícil de ler. Ele sugeriu que **extraíssemos estes dois blocos com quatro linhas para os métodos**. Assim, selecionamos o primeiro bloco, clicamos com o botão direito nele e selecionamos "Refactor (Refatorar) >> Extract Method... (Extrair Método)". Apareceu esta janela:

Digitamos um nome para o novo método. Decidimos chamá-lo de MoveBeeFromFieldToHive() porque descreve muito bem o que o código faz.

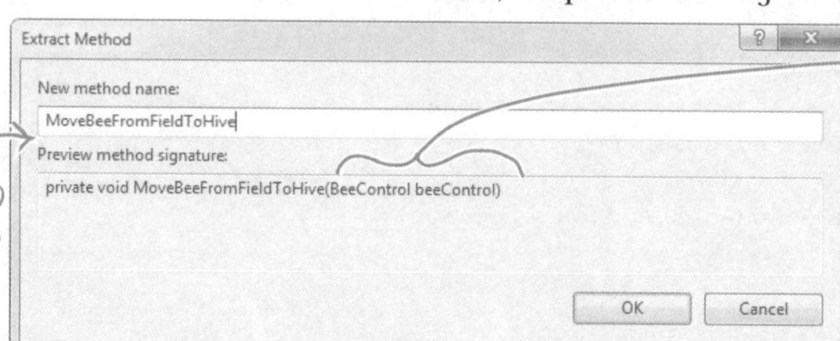

O IDE examinou o código que selecionamos e descobriu que ele usa uma variável BeeControl chamada beeControl, portanto adicionou-a como um parâmetro ao método.

Então, usamos a mesma coisa para o outro bloco com quatro linhas, extraindo-o para um método que chamamos de `MoveBeeFromHiveToField()`. Eis como o loop `foreach` ficou. É muito mais fácil de ler:

```
foreach (Bee bee in world.Bees) {
    beeControl = GetBeeControl(bee);
    if (bee.InsideHive) {
        if (fieldForm.Controls.Contains(beeControl))
            MoveBeeFromFieldToHive(beeControl);
    } else if (hiveForm.Controls.Contains(beeControl))
        MoveBeeFromHiveToField(beeControl, bee);
    beeControl.Location = bee.Location;
}
```

Renomear uma variável

Voltando ao Capítulo 3, explicamos como escolher nomes simples para suas classes, métodos, campos e variáveis torna seu código muito mais fácil de entender. O IDE realmente pode ajudar, ao nomear as coisas em seu código. Apenas clique com o botão direito em qualquer classe, variável, campo, propriedade, namespace, constante – praticamente qualquer coisa que você possa nomear - e escolha "Refactor >> Rename". Você também pode usar F2, que é útil porque assim que você começa a renomear as coisas, acaba fazendo isto o tempo todo.

Selecionamos "beeControl" no código do simulador e renomeamos. Eis como ficou:

Esta janela permite escolher um novo nome para o item. Se renomeássemos isto, digamos, como "Bobbo", então o IDE percorreria o código e **mudaria toda ocorrência** para "Bobbo".

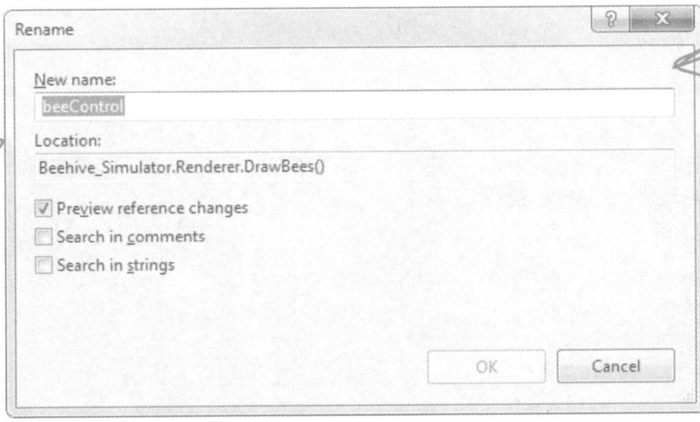

O IDE faz um trabalho realmente completo de nova nomenclatura. Se você renomear uma classe, ele mudará cada instrução que a instancia ou usa. Você pode clicar em qualquer ocorrência do nome, em qualquer lugar no código, e o IDE fará a mudança em todo lugar em seu programa.

Consolidar uma expressão condicional

Eis um modo bonito de usar o recurso "Extract Method". Abra qualquer programa, adicione um botão e adicione este código ao seu manipulador de eventos:

```
private void button1_Click(object sender, EventArgs e) {
    int value = 5;
    string text = "Hi there";
    if (value == 36 || text.Contains("there"))
        MessageBox.Show("Pow!");
}
```

E mais, ele até descobrirá se deve criar um método estático, uma vez que não usa nenhum campo.

Selecione tudo dentro da instrução `if: value = = 36|| text.Contains("there")`. Então, clique com o botão direito e selecione "Refactor >> Extract Method...". Eis o que aparece:

A expressão usa duas variáveis chamadas value e text, portanto o IDE adicionou parâmetros ao método usando esses nomes.

Toda expressão condicional é avaliada como bool, portanto o IDE criará um método que retorna um bool e substitui o teste condicional por uma chamada para esse método.

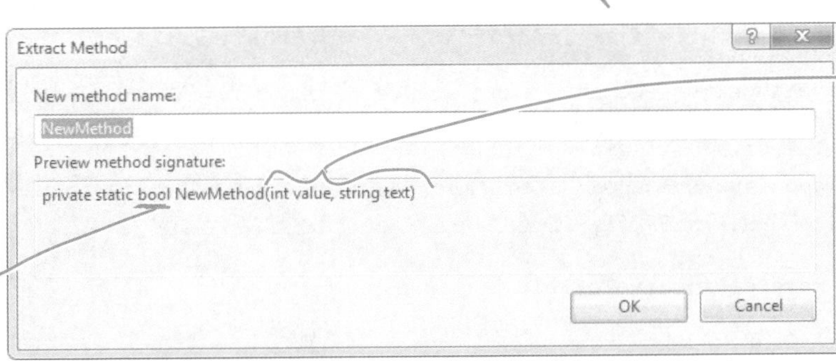

Não só tornará o código mais fácil de ler, como também você obteve agora um novo método que pode reutilizar em todo lugar!

#8. Tipos anônimos, métodos anônimos e expressões lambda

O C# permite criar tipos e métodos sem usar explicitamente as declarações nomeadas. Um tipo ou método declarado sem um nome é chamado de **anônimo**. São ferramentas muito poderosas – por exemplo, o LINQ não seria possível sem eles. Mas, é muito mais fácil dominar os tipos anônimos, métodos anônimos e expressões lambda assim que você compreende bem a linguagem, portanto não fizemos o corte para incluir no livro. Mas, eis uma introdução rápida para que você possa aprender sobre eles.

```
class Program {
    delegate void MyIntAndString(int i, string s);
    delegate int CombineTwoInts(int x, int y);

    static void Main(string[] args) {
        /*
         * No capitulo 15, você viu como a palavra-chave var deixa o IDE determinar
         * o tipo de um objeto na hora de compilar.
         *
         * Você também pode criar objetos com tipos anônimos usando var and new.
         *
         * Você pode aprender mais sobre tipos anônimos aqui:
         * http://msdn.microsoft.com/en-us/library/bb397696.aspx
         */

        // Criar um tipo anônimo que parece muito com um cara:
        var anonymousGuy = new { Name = "Bob", Age = 43, Cash = 137 };

        // Quando você digita isto, o IntelliSense do IDE seleciona automaticamente
        // os membros -- Name, Age e Cash aparecem na janela IntelliSense.
        Console.WriteLine("{0} is {1} years old and has {2} bucks",
            anonymousGuy.Name, anonymousGuy.Age, anonymousGuy.Cash);
        // Saída: Bob is 43 years old and has 137 bucks

        // Uma instância de um tipo anônimo tem um método ToString() inteligente
        Console.WriteLine(anonymousGuy.ToString());
        // Saída: { Name = Bob, Age = 43, Cash = 137 }

        /*
         * No capitulo 11, você aprendeu sobre como você pode usar um delegate para
         * referenciar um método. Em todos os exemplos de delegate que viu até agora
         * você designou um método existente a um delegate.
         *
         * Metodos anônimos são métodos que você declara em uma instrução - você
         * os declara usando chaves { }, do mesmo modo que faz com tipos anônimos.
         *
         * Você pode aprender mais sobre métodos anônimos aqui:
         * http://msdn.microsoft.com/en-us/library/0yw3tz5k.aspx
         */
```

```
        // Eis um método anônimo que escreve um int e uma string no console.
        // Sua declaração coincide com nosso delegate MyIntAndString (definido
        // acima), portanto podemos atribuí-lo a uma variável do tipo MyIntAndString.
        MyIntAndString printThem = delegate(int i, string s)
                                   { Console.WriteLine("{0} - {1}", i, s); };
        printThem(123, "four five six");
        // Output: 123 - four five six

        // Eis outro método anônimo com a mesma assinatura (int, string).
        // Este verifica se a string contém int.
        MyIntAndString contains = delegate(int i, string s)
                                  { Console.WriteLine(s.Contains(i.ToString())); };
        contains(123, "four five six");
        // Saída: False

        contains(123, "four 123 five six");
        // Saída: True

        // Você pode chamar dinamicamente um método usando Delegate.DynamicInvoke(),
        // passando os parâmetros para o método como um array de objetos.
        Delegate d = contains;
        d.DynamicInvoke(new object[] { 123, "four 123 five six" });
        // Saída: True

        /*
         * Uma expressão lambda é um tipo especial de método anônimo que usa o operador
         * =>. É chamado de operador lambda, no entando quando se fala sobre expressão
         * lambda, normalmente se diz "goes to" quando se lê o operador. Aqui está um
         * exemplo de uma expressão lambda simples:
         *
         *    (a, b) => { return a + b; }
         *
         * Você pode ler isso como "a and b goes to a plus b" (a e b vai para a mais b)
         * - é um método anônimo para adicionar dois valores. Você pode pensar em
         * expressões lambda como métodos anônimos que pegam parâmetros e retornam valores.
         *
         * Você pode aprender mais sobre expressões lambda aqui:
         * http://msdn.microsoft.com/en-us/library/bb397687.aspx
         */

        // Eis a expressão lambda para adicionar dois números. Sua assinatura coincide
        // com nosso delegate CombineTwoInts, portanto podemos atribuir a uma variável
        // delegate do tipo CombineTwoInts. Note como o tipo de retorno de
        // CombineTwoInts é int -- isso significa que a expressão lambda precisa retornar um int.
        CombineTwoInts adder = (a, b) => { return a + b; };
        Console.WriteLine(adder(3, 5));
        // Saída: 8

        // Eis outra expressão lambda -- esta multiplica dois números.
        CombineTwoInts multiplier = (int a, int b) => { return a * b; };
        Console.WriteLine(multiplier(3, 5));
        // Saída: 15

        // Você pode fazer algumas coisas bem poderosas quando combina lambda
        // com o LINQ. Eis um exemplo realmente simples:
        var greaterThan3 = new List<int> { 1, 2, 3, 4, 5, 6 }.Where(x => x > 3);
        foreach (int i in greaterThan3) Console.Write("{0} ", i);
        // Saída: 4 5 6

        Console.ReadKey();
    }
}
```

#9. Serializar dados usando DataContractSerializer

Quando reunimos as partes no Capítulo 9 que cobrem a serialização, nosso objetivo era dar a você uma ideia dos principais conceitos por trás de como funciona a serialização, e a classe `BinaryFormatter` é perfeita para isso. Mas, este não é o único modo de serializar os objetos... o que deve fazer sentido, pois existem muitos modos diferentes dos dados em um objeto poderem ser representados. Vejamos outro modo realmente útil de serializar os dados: usando o **Serializador Data Contract**.

O Serializador Data Contract (Contrato de Dados) usa uma classe chamada **`DataContractSerializer`**. Faz parte do **Windows Communication Foundation (WCF)**, um modelo de programação unificado da Microsoft para desenvolver aplicações orientados a serviços. Eis um exemplo de como podemos usá-lo para serializar e desserializar nosso objeto Guy para e a partir do XML.

```
    /* Antes de você serializar um objeto usando o Serializador Data Contract, você
     * precisa configurar um data contract. O jeito mais facil de se fazer isto é marcando
     * a classe com o atributo [Serializable]. Por padrão, o Data Contract Serializer irá
     * escrever todas as propriedades e campos read/urite publicos. Mas o que é realmente
     * útil no Serializador Data Contract é que você pode ser bem mais especifico sobre o
     * que, exatamente, é e não é serializado. Você pode associar dados à esta classe em
     * particular dando ao contract um nome e um namespace usando parâmetros nomeados.
     */
[DataContract(Name = "Guy", Namespace = "http://www.headfirstlabs.com")]
class SerializableGuy {
    // Quando você configura o contrato de dados especifico para um tipo -- como nossa
    // classe Guy -- marca cada campo ou propriedade que deseja
    // serializar com o atributo [DataMember].
    [DataMember]
    public string Name { get; private set; }
    [DataMember]
    public int Age { get; private set; }
    [DataMember]
    public int Cash { get; private set; }

    // Você pode decidir quais membros deseja serializar. Adicionamos dois campos
    // int privados chamados secretNumberOne e secretNumberTwo a nosso SerializableGuy
    // e os inicializamos com números aleatórios. secretNumberOne está marcado com o
    // atributo [DataMember], portanto será serializado como parte do contrato de dados.
    // Mas, não marcamos secretNumberTwo, portanto não será. Ambos são retornados
    // como parte de ToString().
    [DataMember]
    private int secretNumberOne = new Random().Next();
    // Como o campo secretNumberTwo não está marcado com o atributo [DataMember],
    // ele não faz parte do contrato e não será serializado.
    private int secretNumberTwo = new Random().Next();

    public SerializableGuy(string name, int age, int cash) {
        Name = name;
        Age = age;
        Cash = cash;
    }

    public override string ToString() {
        return String.Format("{0} is {1} years old and has {2} bucks [{3},{4}]",
            Name, Age, Cash, secretNumberOne, secretNumberTwo);
    }
}
using System;
```

Você pode serializar qualquer classe [Serializable] com o Serializador Data Contract. Mas, se você configurar um contrato de dados usando os atributos [DataContract] e [DataMember], terá muito mais controle sobre o que é serializado.

Os atributos [DataContract] e [DataMember] estão no namespace System.Runtime.Serialization, portanto a classe Guy precisa de uma diretiva "using System.RuntimeSerialization" no início. Você também precisará usar "Add Reference..." para adicionar uma referência ao Sys Runtime.Serialization para o seu projeto, assim como você fez na Sobre

```
using System.Text;
using System.Runtime.Serialization;
using System.IO;
using System.Xml;
class Program
{
    static void Main(string[] args)
    {
        /* Serialização do Data Contract tipicamente lê e escreve dado XML. Voce usa
         * O objeto DataContractSerializer para serializar data contract. O seu método
         * WriteObject() pode escrever para uma stream, ou para um objeto que estende
         * XmlDictionaryWriter, uma classe abstrata que controla a saida XML e pode ser
         * estendida para modificar o modo que a saida XML é escrita. Objetos são
         * desserializados usando o método ReadObject(), que pode ler dados XML a partir
         * de uma stream ou um XmlDictionaryReader.
         */
        DataContractSerializer serializer = new DataContractSerializer(typeof(SerializableGuy));

        // Criaremos um novo objeto SerializableGuy e iremos serializá-lo usando um FileStream.
        SerializableGuy guyToWrite = new SerializableGuy("Joe", 37, 150);
        using (FileStream writer = new FileStream("serialized_guy.xml", FileMode.Create)) {
            serializer.WriteObject(writer, guyToWrite);
        }

        // Podemos abrir o arquivo recém-escrito e desserializá-lo em um novo cara usando ReadObject().
        // Usaremos o método XmlDictionaryReader.CreateTextReader() para criar um
        // objeto que lê os dados XML de um stream.
        SerializableGuy guyToRead = null;
        using (FileStream inputStream = new FileStream("serialized_guy.xml", FileMode.Open))
        using(XmlDictionaryReader reader =
            XmlDictionaryReader.CreateTextReader(inputStream, new XmlDictionaryReaderQuotas())) {
            guyToRead = serializer.ReadObject(reader, true) as SerializableGuy;
        }
        Console.WriteLine(guyToRead);
        // Saída: Joe is 37 years old and has 150 bucks [1461194451,0]


        string xmlGuy = @"
<Guy xmlns=""http://www.headfirstlabs.com"" xmlns:i=""http://www.w3.org/2001/XMLSchema-instance"">
    <Age>43</Age>
    <Cash>225</Cash>
    <Name>Bob</Name>
    <secretNumberOne>54321</secretNumberOne>
</Guy>";
        byte[] buffer = UnicodeEncoding.UTF8.GetBytes(xmlGuy);

        using (XmlDictionaryReader reader =
            XmlDictionaryReader.CreateTextReader(buffer, new XmlDictionaryReaderQuotas()))
        {
            guyToRead = serializer.ReadObject(reader, true) as SerializableGuy;
        }
        Console.WriteLine(guyToRead);
        // Saída: Bob is 43 years old and has 225 bucks [54321,0]
    }
}
```

Tente colocar um ponto de interrupção aqui e adicionar reader e reader.Read() à janela Watch. O que acontece quando você renova reader.Read() algumas vezes?

Note como o campo secretNumberOne foi desserializado como parte do contrato, mas o campo secretNumberTwo não foi.

Abra o arquivo serialized_guy.xml e verá dados parecidos com isto. É muito mais fácil ler do que aquilo que BinaryFormatter escreve. Mas, é possível fazer DataContractSerializer escrever dados binários também.

Obtivemos nossa string com dados XML, convertemos em um array de bytes codificados UTF-8 e desserializamos em um novo objeto SerializableGuy.

Você pode ler mais sobre os Data Contracts e a Serialização Data Contract aqui:
http://msdn.microsoft.com/en-us/library/ms733127.aspx
E pode ler mais sobre o Windows Communication Foundation aqui:
http://msdn.microsoft.com/en-us/library/dd456779.aspx

#10. LINQ para XML

O XML – ou **L**inguagem de **M**arcação E**x**tensível – é um formato para os arquivos e os streams de dados que representa dados complexos como texto. O .NET Framework fornece algumas ferramentas realmente poderosas para criar, carregar e salvar os arquivos XML. E assim que você tiver prática com os dados XML, poderá usar o LINQ para consultá-los. Adicione "`using System.Xml.Linq;`" ao início de um arquivo e forneça este método. Ele gera um documento XML para armazenar os dados de fidelidade do cliente Starbuzz.

```
private static XDocument GetStarbuzzData() {
    XDocument doc = new XDocument(
       new XDeclaration("1.0", "utf-8", "yes"),
       new XComment("Starbuzz Customer Loyalty Data"),
       new XElement("starbuzzData",
           new XAttribute("storeName", "Park Slope"),
           new XAttribute("location", "Brooklyn, NY"),
           new XElement("person",
               new XElement("personalInfo",
                   new XElement("name", "Janet Venutian"),
                   new XElement("zip", 11215)),
               new XElement("favoriteDrink", "Choco Macchiato"),
               new XElement("moneySpent", 255),
               new XElement("visits", 50)),
           new XElement("person",
               new XElement("personalInfo",
                   new XElement("name", "Liz Nelson"),
                   new XElement("zip", 11238)),
               new XElement("favoriteDrink", "Double Cappuccino"),
               new XElement("moneySpent", 150),
               new XElement("visits", 35)),
           new XElement("person",
               new XElement("personalInfo",
                   new XElement("name", "Matt Franks"),
                   new XElement("zip", 11217)),
               new XElement("favoriteDrink", "Zesty Lemon Chai"),
               new XElement("moneySpent", 75),
               new XElement("visits", 15)),
           new XElement("person",
               new XElement("personalInfo",
                   new XElement("name", "Joe Ng"),
                   new XElement("zip", 11217)),
               new XElement("favoriteDrink", "Banana Split in a Cup"),
               new XElement("moneySpent", 60),
               new XElement("visits", 10)),
           new XElement("person",
               new XElement("personalInfo",
                   new XElement("name", "Sarah Kalter"),
                   new XElement("zip", 11215)),
               new XElement("favoriteDrink", "Boring Coffee"),
               new XElement("moneySpent", 110),
               new XElement("visits", 15))));
    return doc;
}
```

Você pode usar um XDocument para criar um arquivo XML e isso inclui os arquivos XML que você pode ler e escrever usando o DataContractSerializer.

Um objeto XMLDocument representa um documento XML. Faz parte do namespace System.Xml.Linq.

Use objetos XElement para criar elementos sob a árvore XML.

A Microsoft tem muita documentação sobre o LINQ e o LINQ para XML on-line. Você pode ler mais sobre o LINQ para XML e as classes no namespace System.Xml.Linq aqui: http://msdn.microsoft.com/en-us/library/bb387098.aspx

Salvar e carregar arquivos XML

Você pode escrever um objeto XDocument no console ou salvá-lo em um arquivo, e poderá carregar um arquivo XML nele:

```
XDocument doc = GetStarbuzzData();
Console.WriteLine(doc.ToString());
doc.Save("starbuzzData.xml");
XDocument anotherDoc = XDocument.Load("starbuzzData.xml");
```

Os métodos Load() e Save() do objeto XDocument leem e escrevem arquivos XML. E seu método ToString() apresenta tudo dentro dele como um grande documento XML.

Consultar seus dados

Eis uma consulta LINQ simples que pesquisa os dados Starbuzz usando seu XDocument:

```
var data = from item in doc.Descendants("person")
    select new { drink = item.Element("favoriteDrink").Value,
        moneySpent = item.Element("moneySpent").Value,
        zipCode = item.Element("personalInfo").Element("zip").Value };
foreach (var p in data)
    Console.WriteLine(p.ToString());
```

O método Descendants() retorna uma referência para um objeto que você associa ao LINQ.

Você já sabe que o LINQ permite chamar métodos e usá-los como parte da consulta, e isso funciona realmente bem com o método Element().

E você pode fazer consultas mais complexas também:

```
var zipcodeGroups = from item in doc.Descendants("person")
    group item.Element("favoriteDrink").Value
    by item.Element("personalInfo").Element("zip").Value
        into zipcodeGroup
        select zipcodeGroup;
foreach (var group in zipcodeGroups)
    Console.WriteLine("{0} favorite drinks in {1}",
                    group.Distinct().Count(), group.Key);
```

Element() retorna um objeto XElement e você pode usar suas propriedades para verificar valores específicos em seu documento XML.

Ler dados de um feed RSS

Você pode fazer coisas bem poderosas com o LINQ para XML. Eis uma consulta simples para **ler os artigos de nosso blog**:

```
XDocument ourBlog = XDocument.Load("http://www.stellman-greene.com/feed");
Console.WriteLine(ourBlog.Element("rss").Element("channel").Element("title").Value);
var posts = from post in ourBlog.Descendants("item")
    select new { Title = post.Element("title").Value,
        Date = post.Element("pubDate").Value};
foreach (var post in posts)
    Console.WriteLine(post.ToString());
```

O método XDocument.Load tem vários construtores sobrecarregados. Este obtém os dados XML de uma URL.

Crie uma nova aplicação do console, coloque "using System.Xml.Linq" no início, digite esta consulta dentro do método Main () e verifique o que é impresso no console.

Usamos a URL de nosso blog, **Building Better Software.**

http://www.stellman-greene.com/

#11. Windows Presentation Foundation

O Windows Presentation Foundation, ou WPF, é a plataforma de última geração da Microsoft para desenvolver aplicações visuais. É realmente incrível: tem um layout declarado pelo XML, controles dimensionáveis, um sistema totalmente novo para os controles, gráficos e animação em 2D e 3D, formatação do fluxo de texto e do documento – e existe ainda um complemento do navegador Web com plataforma cruzada que o utiliza.

Infelizmente, embora o WPF seja uma tecnologia realmente legal e altamente capaz, não é uma ferramenta particularmente boa para ensinar o C#. E esse foi nosso objetivo: colocar os conceitos C# em sua cabeça o mais rápido e facilmente possível.

Reserve um segundo e crie uma nova aplicação WPF. Simplesmente crie um novo projeto usando o IDE, mas não crie um novo projeto de aplicação Windows Forms. Ao contrário, **escolha WPF Application** (Aplicação WPF). Você notará imediatamente uma diferença no IDE:

A maior diferença que você verá é que o designer de formulários não se parece em nada com o habitual. Veremos mais em um minuto.

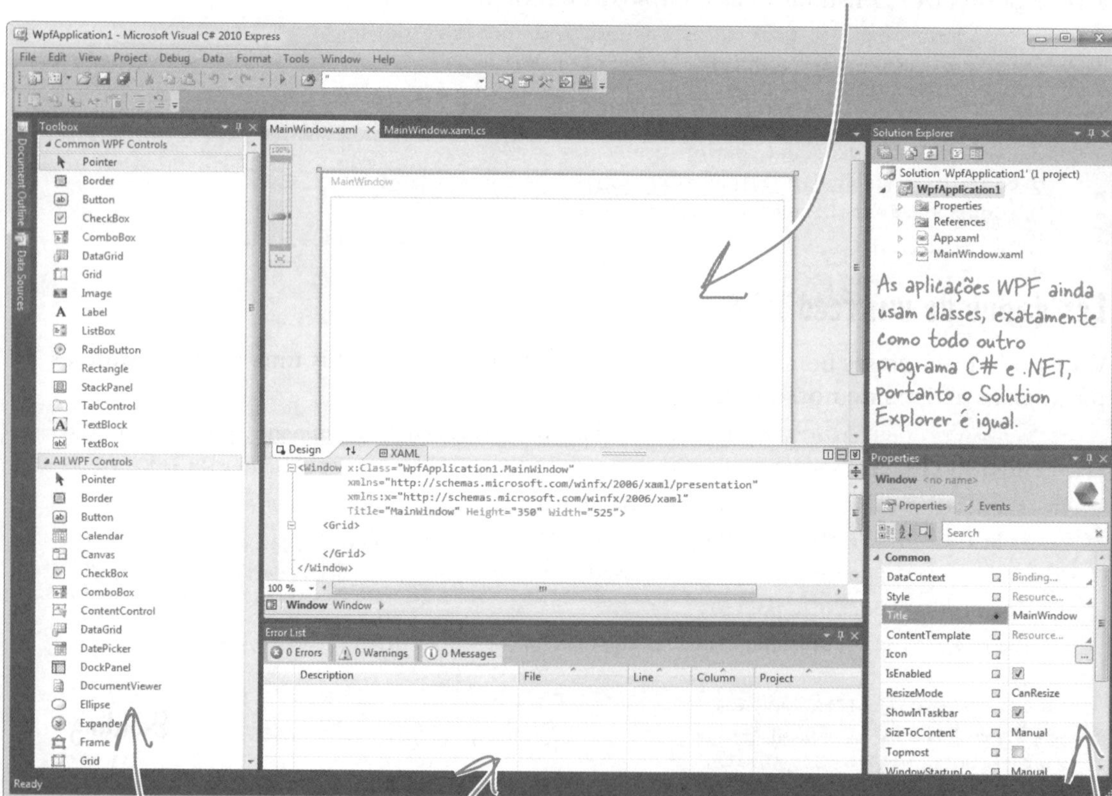

As aplicações WPF ainda usam classes, exatamente como todo outro programa C# e .NET, portanto o Solution Explorer é igual.

Veja de perto a toolbox – tem um novo conjunto de controles.

Eis a lista de erros familiar e a janela de saída que você vem usando.

A janela de propriedades parece totalmente diferente. Você a utiliza para mudar os atributos em um arquivo XAML e não as propriedades nos objetos.

Arraste um botão da toolbox para o formulário. Se este fosse uma aplicação Windows Forms, o IDE adicionaria código a `Form1.Designer.cs` para acrescentar um controle ao objeto `Form1`. Mas, o WPF é diferente: ele usa uma linguagem baseada no XML chamada XAML para definir como é o layout da interface do usuário, como interage com os objetos e mais.

Arraste este cursor para cima e para baixo para ampliar e reduzir. Quando você amplia bem de perto, sua interface do usuário ainda parece boa – não fica com pixels.

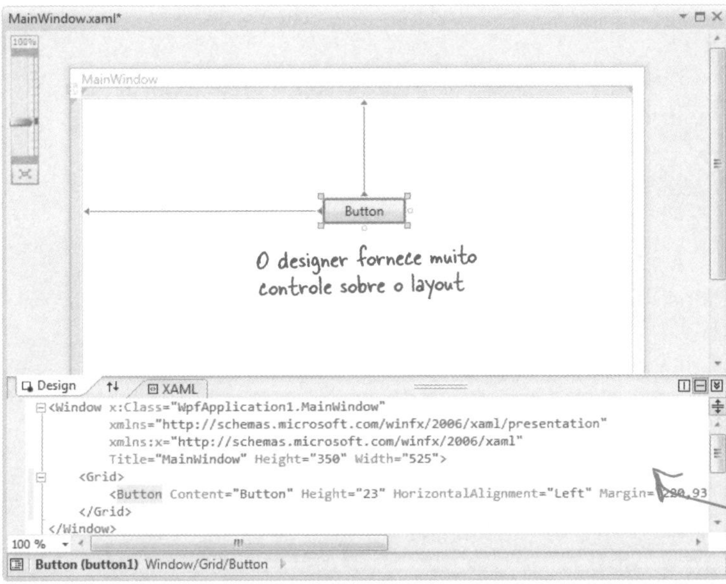

XAML significa "Linguagem de Marcação Extensível da Aplicação" e é a linguagem baseada no XML que as aplicações WPF usam para determinar onde todos os controles e outros elementos IU ficam.

O IDE tem um editor XML realmente poderoso que é otimizado para trabalhar com o XAML.

Vá para o editor XML e adicione um segundo botão digitando a linha **em negrito** abaixo no editor XAML. Você notará como o IntelliSense do IDE faz um bom trabalho ao ajudar a fornecer todas as tags.

```
<Grid>
    <Button Height="23" Margin="98,43,105,0" Name="button1"
                VerticalAlignment="Top" Click="button1_Click">Button</Button>
    <Button Height="23" Margin="5,5,100,20" Name="button2"
                VerticalAlignment="Top" Click="button2_Click">Another button</Button>
</Grid>
```

Quando você chegar à parte da linha ***"Click="button2_Click"***, não digite o nome do manipulador de eventos. Ao contrário, use a janela IntelliSense que se abre para informar ao IDE para adicionar um novo manipulador de eventos. Assim que você terminar a linha, verá um novo botão aparecer no designer. Mude para a guia `Window1.xaml.cs` e encontrará um novo método `button2_Click`. Este é todo WPF e XAML que podemos incluir aqui.

Índice Remissivo

Símbolos

A

B

D

E

F

G

H

I

P

Q

R

S

T

U

V

www.ALTABOOKS.com.br

O seu portal de conhecimento na internet

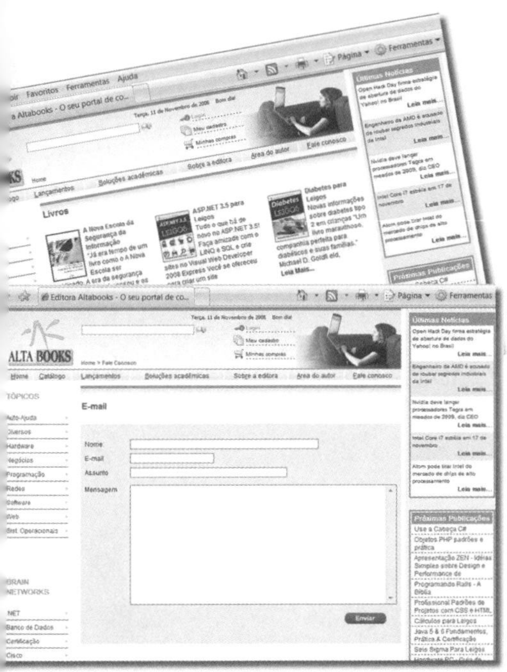

Quer saber mais sobre seus assuntos preferidos? Entre em nosso website e conheça nossos mais variados títulos.

- **Guias de Viagem**
- **Programação & Informática**
- **Redes & Sistemas Operacionais**
- **Hardware & Softaware**
- **Web & Sistemas Operacionais**
- **Ciências exatas**
- **Culinária**
- **Negócios**
- **Interesse Geral**
- **E muito mais!**

E você ainda pode efetuar sua compra direto pelo site com apenas alguns cliques.

Quer mais? Visite www.altabooks.com.br e conheça nossos lançamentos e publicações!

ALTA BOOKS
EDITORA

www.ALTABOOKS.com.br

O seu portal de conhecimento na internet

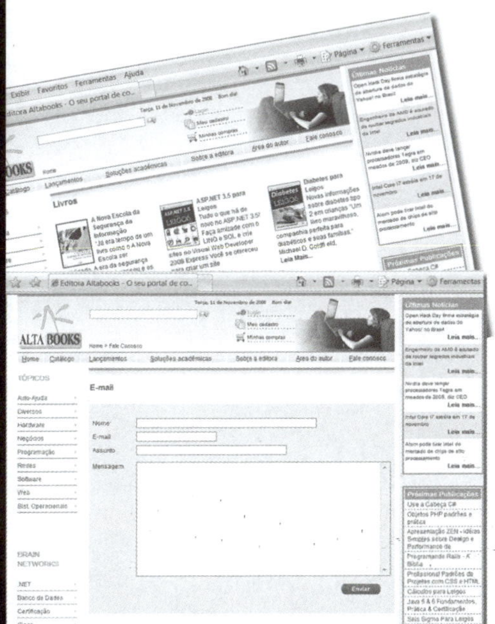

Quer saber mais sobre seus assuntos preferidos? Entre em nosso website e conheça nossos mais variados títulos.

- Guias de Viagem
- Programação & Informática
- Redes & Sistemas Operacionais
- Hardware & Softaware
- Web & Sistemas Operacionais
- Ciências exatas
- Culinária
- Negócios
- Interesse Geral
- E muito mais!

E você ainda pode efetuar sua compra direto pelo site com apenas alguns cliques.

Quer mais? Visite www.altabooks.com.br e conheça nossos lançamentos e publicações!

ALTA BOOKS
EDITOR